Praxiswissen Joomla! 4

Zu diesem Buch – sowie zu vielen weiteren O'Reilly-Büchern – können Sie auch das entsprechende E-Book im PDF-Format herunterladen. Werden Sie dazu einfach Mitglied bei oreilly.plus⁺:

www.oreilly.plus

5. AUFLAGE

Praxiswissen Joomla! 4

Das Kompendium

Tim Schürmann

Tim Schürmann

Lektorat: Alexandra Follenius
Korrektorat: Sibylle Feldmann, *www.richtiger-text.de*
Satz: III-satz, *www.drei-satz.de*
Herstellung: Stefanie Weidner
Umschlaggestaltung: Michael Oréal, *www.oreal.de*, unter Verwendung
des iStock-Fotos 93218157 von GlobalP
Druck und Bindung: BELTZ Grafische Betriebe, Bad Langensalza

Bibliografische Information der Deutschen Nationalbibliothek
Die Deutsche Nationalbibliothek verzeichnet diese Publikation in der Deutschen Nationalbibliografie;
detaillierte bibliografische Daten sind im Internet über *http://dnb.d-nb.de* abrufbar.

ISBN:
Print   978-3-96009-180-6
PDF   978-3-96010-630-2
ePub   978-3-96010-631-9
mobi   978-3-96010-632-6

5. Auflage 2022
Copyright © 2022 dpunkt.verlag GmbH
Wieblinger Weg 17
69123 Heidelberg

Dieses Buch erscheint in Kooperation mit O'Reilly Media, Inc. unter dem Imprint »O'REILLY«.
O'REILLY ist ein Markenzeichen und eine eingetragene Marke von O'Reilly Media, Inc. und wird mit
Einwilligung des Eigentümers verwendet.

Hinweis:
Der Umwelt zuliebe verzichten wir auf die Einschweißfolie.

Schreiben Sie uns:
Falls Sie Anregungen, Wünsche und Kommentare haben, lassen Sie es uns wissen: *kommentar@oreilly.de*.

Die vorliegende Publikation ist urheberrechtlich geschützt. Alle Rechte vorbehalten. Die Verwendung der
Texte und Abbildungen, auch auszugsweise, ist ohne die schriftliche Zustimmung des Verlags urheberrechtswidrig und daher strafbar. Dies gilt insbesondere für die Vervielfältigung, Übersetzung oder die Verwendung in elektronischen Systemen.
Es wird darauf hingewiesen, dass die im Buch verwendeten Soft- und Hardware-Bezeichnungen sowie Markennamen und Produktbezeichnungen der jeweiligen Firmen im Allgemeinen warenzeichen-, marken- oder
patentrechtlichem Schutz unterliegen.
Alle Angaben und Programme in diesem Buch wurden mit größter Sorgfalt kontrolliert. Weder Autor noch
Verlag können jedoch für Schäden haftbar gemacht werden, die in Zusammenhang mit der Verwendung
dieses Buches stehen.

5 4 3 2 1 0

Inhalt

Vorwort.. 11

Teil I: Einführung und Installation

1 Einführung **17**
    Ein Internetauftritt wächst und wächst 17
    Die Lösung: Content-Management-Systeme 18
    Einsatzbereiche und Vorteile von Joomla! 18
    Wie funktioniert Joomla!? 19
    Eine kleine Geschichtsstunde 20
    Versionsnummern 22
    Es geht los: Die Filmtoaster-Seiten 23

2 Installation **25**
    Voraussetzungen 26
    Testumgebung einrichten 28
    Installation von Joomla! 38
    Schreibrechte kontrollieren 56
    PHP-Einstellungen anpassen 57

3 Erste Schritte **61**
    Rundgang durch das Frontend 62
    Anmeldung am Backend 65
    Statistikerhebung 67
    Hauptmenü 68
    Statusleiste 70
    Nachinstallationshinweise 71
    Dashboard 72
    Responsive Design 77
    Der erste Beitrag 78
    Das Baukastenprinzip 80
    Mit Listen und Tabellen arbeiten 81
    Der Papierkorb 89
    Inhalte veröffentlichen und verstecken 90
    Gesperrte Inhalte freigeben 91
    Hilfen nutzen 92

Teil II: Einen Internetauftritt erstellen

4 Den Internetauftritt strukturieren **97**
    Arbeitsweisen: Beiträge und Kategorien 97
    Inhalte gliedern 100

5 Kategorien **105**
    Kategorien erstellen 106
    Verschachtelung nachträglich ändern 117
    Kategorien kopieren 119

6 Beiträge **121**
    Beiträge erstellen 122
    Schlagwörter vergeben 133
    Beiträge gliedern 135
    Bilder in Beiträge einbauen 140
    Verweise und Links einfügen 149
    Erstellungs- und Veröffentlichungsdatum 154
    Darstellung des Beitrags anpassen 155
    Beiträge umsortieren 159
    Beiträge kopieren 160
    Felder hinzufügen 161

7 Menüeinträge **169**
    Einen Menüeintrag anlegen 169
    Liste mit Kategorien 175
    Liste mit Beiträgen 181
    Mehrere Beiträge auf einer Seite: Blog & Co. 190
    Einzelner Beitrag 199
    Hauptbeiträge 202
    Indirekt erreichbare Inhalte 207
    Sichtbarkeit versteckter Inhalte 212
    Menüeinträge gliedern 213
    Reihenfolge der Menüeinträge ändern 215
    Menüeinträge (zeitgesteuert) ausblenden 216
    RSS-Feeds aktivieren (Integrationseinstellungen) 217
    Optik eines Menüpunkts ändern 218
    Seitentitel verändern 219
    Spezielle Menüpunkte 221
    Startseite festlegen 228
    Vorgaben ändern 233

8 Nützliche Werkzeuge **235**
Das Archiv nutzen 235
Schlagwörter verwalten 240
Versionsverwaltung 260
Medien verwalten 265

Teil III: Den Internetauftritt erweitern

9 Module **281**
Wozu werden Module verwendet? 282
Rundgang durch die Modulverwaltung 283
Ein Modul hinzufügen 286
Eigenschaften eines Moduls verändern 289
Reihenfolge der Module ändern 292
Menüzuweisung – auf welchen Unterseiten erscheint das Modul? 295
Module für Beiträge 297
Modul für eigene Texte 310
Module für Schlagwörter 311
Module für spezielle Situationen 314
Module umplatzieren 318
Module im Frontend bearbeiten 322
Module in Beiträge einbinden 324
Hilfe, mein Modul ist verschwunden! 326
Modulzuordnung kontrollieren und korrigieren 326

10 Menüs **329**
Menüs verwalten 330
Ein Menü anlegen 332
Ein neues Menü-Modul erstellen 334
Menüeinträge aufspüren und auflisten 337
Menüeinträge verschieben 339
Menüeinträge kopieren 342
Hilfe, mein Menüeintrag ist verschwunden! 343
Breadcrumb-Leiste (Navigationspfad) 344

11 Komponenten – Nützliche Zusatzfunktionen **347**
Module, Komponenten und Templates: ein komplexes Zusammenspiel 347
Bannerwerbung 349
Kontakte und Kontaktformulare 369
Kontakte um weitere (Daten-)Felder ergänzen 396
Newsfeeds 398
Suchfunktion und Suchstatistiken 419

12 Benutzerverwaltung und -kommunikation ... **435**

Benutzerkonten und Profile ... 436
Ein exklusives Menü für Benutzerinnen und Benutzer ... 436
Benutzergruppen ... 437
Benutzer verwalten ... 443
Zugriffsebenen – Was bekommt ein Benutzer zu sehen? ... 451
An- und Abmeldung ... 459
Registrierung ... 468
Berechtigungen – Welche Aktionen darf ein Benutzer ausführen? ... 472
Beiträge einreichen und freischalten ... 482
Benutzerprofil ... 489
Benutzerhinweise ... 495
Datenschutzwerkzeuge (Privacy Tools) ... 500
Workflows ... 509
Module zur Benutzerverwaltung ... 518
Das interne Nachrichtensystem ... 519

13 Joomla! konfigurieren ... **525**

Website vorübergehend abschalten ... 526
Vorgaben für die ausgelieferte Website ... 528
Globale Metadaten hinterlegen ... 529
Systeminformationen: Hilfe, wenn es klemmt ... 530
Logs und Debug-Meldungen: Tiefergehende Fehlersuche ... 532
Seitenauslieferung beschleunigen: Der Zwischenspeicher (Cache) ... 534
Sitzungsmanagement ... 537
Cookies ... 538
Einstellungen zum Webserver ... 539
Einstellungen zur Datenbank ... 539
Zeitzone des Servers ... 540
E-Mail-Versand einrichten (Mailing) ... 541
Internetzugriff über einen Proxy ... 542
Grundeinstellungen im Frontend ändern ... 543

14 Plug-ins ... **545**

Grundlagen ... 545
Plug-in-Einstellungen ändern ... 547
Anmeldung per LDAP und anderen Diensten ... 550
Angemeldet bleiben ... 551
Registrierung absichern mit Captchas ... 553
Zwei-Faktor-Authentifizierung ... 554
Benutzerkonten erweitern und verknüpfen ... 558
Beiträge bewerten und anpassen ... 562
Texteditoren maßschneidern ... 566

Debug-Informationen anpassen 576
Joomla!-Statistikerhebung kontrollieren 579
Cache für komplette Seiten 581

Teil IV: Erweiterungen

15 Templates verwalten **585**
Templates nachrüsten 585
Stile einsetzen 589
Templates deinstallieren 599

16 Ein eigenes Template entwickeln **601**
Das Template-Verzeichnis 602
Die Entwurfsskizze 603
Ein HTML-Grundgerüst basteln 605
Kopf für Joomla! vorbereiten 608
Komponenten einbinden 611
Modulpositionen kennzeichnen 611
Systemmeldungen einbinden 618
Name der Website einbauen 619
Link zur Startseite 620
Statische Bilder einbauen 621
Die fertige Datei index.php 623
Eigene Fehlerseite gestalten 624
Die Datei templateDetails.xml 628
Template-Paket erstellen und Testlauf in Joomla! 630
Template Overrides 632
Module Chrome 636
Ein Stylesheet einbinden 639
Vorschaubilder 642
Gezielt einzelne Elemente formatieren 642
Templates mit Parametern steuern 646
Texte im Template übersetzen 654

17 Mehrsprachigkeit **659**
Sprachpakete beschaffen und installieren 659
Sprachpakete entfernen 665
Die Sprache wechseln 665
Einen mehrsprachigen Internetauftritt erstellen 668
Einzelne Übersetzungen austauschen (Language String Overrides) 690
Eigene Sprachpakete erstellen 694
Plug-in für Sprachkürzel 702

18 Funktionsumfang erweitern — **703**
Das Joomla! Extensions Directory (JED) — 705
Erweiterungen installieren — 706
Erweiterungen verwalten und deinstallieren — 713
Wartungsfunktionen — 715
Gefahren und Probleme beim Einsatz von Erweiterungen — 717

19 Eigene Erweiterungen erstellen — **719**
Komponenten — 719
Module — 746
Plug-ins — 751

Teil V: Tipps und Tricks

20 Suchmaschinenoptimierung — **757**
Funktionsweise einer Suchmaschine — 759
Seiteninhalte optimieren — 760
Metadaten: Fluch und Segen — 764
Der Name der Website — 766
Suchmaschinenfreundliche URLs (Search Engine Friendly Links) — 767
Weiterleitungen — 772
Noch mehr Funktionen mit Erweiterungen — 775

21 Datensicherung und Wiederherstellung (Backups) — **777**
Backups mit Akeeba Backup — 778
Backups mit Bordmitteln — 788
Joomla! auf einen anderen Server verpflanzen — 790
Super-User-Passwort wiederherstellen — 792
Datenbank reparieren — 795
Menüs und Kategorien reparieren — 795

22 Aktualisierung und Migration — **797**
Sprachpakete und Erweiterungen aktualisieren — 798
Joomla! aktuell halten — 799
Aktualisierungsquellen — 805
Migration von Joomla! 3.x — 807
Über Aktualisierungen informieren lassen — 811

Anhang: TinyMCE-Editor — **813**

Index — **819**

Vorwort

Hinter dem etwas lustig klingenden Begriff Joomla! verbirgt sich ein Computerprogramm, das die Publikation und Verwaltung von Internetseiten vereinfacht. Joomla! eignet sich gleichermaßen für private Seiten wie auch für einen professionellen Internetauftritt. Dank der GNU GPL-Lizenz ist Joomla! kostenlos und liegt vollständig im sogenannten Quellcode vor, sodass man – entsprechende Motivation vorausgesetzt – das System vollständig nach seinen Wünschen verändern kann.

Über dieses Buch

Dieses Buch befasst sich mit der Installation, Konfiguration und Bedienung von Joomla!. Als kapitelübergreifendes Beispiel dient dabei der Aufbau eines kleinen Kinoportals, das zunächst nur Filmkritiken verwaltet, im weiteren Verlauf aber noch um zusätzliche Funktionen verfeinert wird. Sie erfahren, wie Sie Ihren Seiten eine individuelle Optik verpassen und Joomla! einfach um zusätzliche Funktionalitäten erweitern können.

Das Buch wurde so geschrieben, dass Sie es sowohl als Einstieg als auch als Referenz verwenden können (es ist also nicht notwendig, dem durchgehenden Beispiel von Anfang bis zum Ende zu folgen).

Kenntnisse im Umgang mit ähnlichen Anwendungen, wie etwa WordPress, sind im Folgenden nicht nötig. Das Buch richtet sich somit insbesondere auch an Einsteigerinnen und Einsteiger, die zum ersten Mal einen Internetauftritt mit einem derartigen Content-Management-System (CMS) erstellen möchten. Es erleichtert jedoch das Verständnis, wenn Sie bereits eine Internetseite mit einem entsprechenden Baukasten erstellt haben – etwa mit einem Onlinedienst wie Jimdo.

Anmerkungen zur fünften Auflage

Seit der letzten Auflage von *Praxiswissen Joomla!* war das Joomla!-Entwicklerteam wieder fleißig und hat sein Content-Management-System grundlegend überarbeitet. Insbesondere die Benutzeroberfläche hat sich in ihrer Optik und teilweise auch im Aufbau stark verändert. Dies machte zwangsläufig eine Überarbeitung von *Praxiswissen Joomla!* notwendig. Alle Bilder und Erläuterungen in diesem Buch basieren dabei auf der zum Druckzeitpunkt aktuellen Joomla!-Version 4 mit den passenden deutschen Sprachpaketen.

Warnung Da alle Joomla!-Versionen mit einer vorangestellten 4 zueinander kompatibel bleiben, gelten die Angaben in diesem Buch auch weitgehend für alle direkt nachfolgenden Joomla!-Versionen. Mit dem Erscheinen der Joomla!-Version 4.1 ist dieses Buch folglich nicht schlagartig veraltet.

Gegenüber der vorherigen Auflage wurden einige Kapitel grundlegend überarbeitet. Dazu zählen unter anderem die Kapitel über die Bedienung und die Benutzeroberfläche.

Aufbau des Buchs

Das erste Kapitel, *Einführung*, stellt Joomla! vor, geht auf seine Geschichte ein und beleuchtet die Aufgaben eines Content-Management-Systems. Anschließend nennt Kapitel 2, *Installation*, die Voraussetzungen, die für einen Betrieb von Joomla! notwendig sind, und zeigt, wie man es Schritt für Schritt installiert. In Kapitel 3, *Erste Schritte*, erfahren Sie, wie man die Kommandozentrale von Joomla! betritt und bedient.

Im zweiten Teil des Buchs entsteht ein neuer Internetauftritt, wobei als Beispiel eine Website mit Filmkritiken dient. Zunächst befasst sich Kapitel 4, *Den Internetauftritt strukturieren strukturieren*, mit den Konzepten und Arbeitsweisen von Joomla! und zeigt, wie man eine neue Website gliedert beziehungsweise aufbaut. Alle eingetippten Texte fasst Joomla! thematisch in sogenannten Kategorien zusammen. Wie Sie diese anlegen und verwalten, beschreibt Kapitel 5, *Kategorien*. Anschließend geht es in Kapitel 6, *Beiträge*, an die Eingabe der Inhalte in Form von Texten und Bildern. Wie man diese über Menüpunkte erreichbar macht, verrät Kapitel 7, *Menüeinträge*. Kapitel 8, *Nützliche Werkzeuge*, stellt schließlich noch hilfreiche Funktionen vor, die im Arbeitsalltag nützlich sind. Dazu zählen unter anderem die eingebaute Versions- und die Medienverwaltung.

Der dritte Teil stellt die in Joomla! mitgelieferten Zusatzfunktionen vor. Dazu zählen zunächst in Kapitel 9 die *Module*. Sie stellen am Rand Ihrer Website nützliche Informationen oder kleinere Funktionen bereit. Mithilfe der Module können Sie beispielsweise die beliebtesten Beiträge präsentieren oder einen Nachrichtenticker einbauen. Das Anlegen von Menüs behandelt Kapitel 10, *Menüs*. In Kapitel 11, *Komponenten – Nützliche Zusatzfunktionen*, dreht sich alles um die sogenannten Komponenten. Diese realisieren beispielsweise Kontaktformulare oder verwalten Werbebanner. Wie Sie weiteren Personen den Zugriff auf exklusive Inhalte oder sogar Joomla! selbst gestatten, erfahren Sie in Kapitel 12, *Benutzerverwaltung und -kommunikation*. Anschließend wirft Kapitel 13, *Joomla! konfigurieren*, einen Blick auf die Grundeinstellungen des Content-Management-Systems, bevor Kapitel 14, *Plug-ins*, mit den Plug-ins noch kurz auf die kleinen, nützlichen Helfer im Hintergrund eingeht.

Im vierten Buchteil erfahren Sie, wie man Joomla! um zusätzliche Funktionen und Möglichkeiten erweitert. Den Auftakt machen die Templates, die das Design der späteren Website vorgeben. Wie man weitere fertige Template beschafft und aktiviert, verrät Kapitel 15, *Templates verwalten*. Anschließend erklärt Kapitel 16, *Ein eigenes Template entwickeln*, wie man ein eigenes Template programmiert. Als Nächstes zeigt Kapitel 17, *Mehrsprachigkeit*, wie Sie mithilfe von Sprachpaketen Ihrer Website und Joomla! eine fremde Sprache beibringen. Kapitel 18, *Funktionsumfang erweitern*, erweitert den Funktionsumfang über Erweiterungspakete. Auf diesem Weg rüsten Sie beispielsweise eine Bildergalerie oder einen Kalender nach. Wie man Schritt für Schritt eigene Erweiterungen programmiert, erfahren Sie in Kapitel 19, *Funktionsumfang erweitern*.

Zum Abschluss enthüllt der fünfte Buchteil noch ein paar nützliche Tipps und Tricks. Dies beginnt mit der Suchmaschinenoptimierung in Kapitel 20, *Suchmaschinenoptimierung*, geht über das Erstellen eines Backups in Kapitel 21, *Datensicherung und Wiederherstellung (Backups)* bis hin zur Aktualisierung sowie der Migration von älteren Joomla!-Versionen in Kapitel 22, *Aktualisierung und Migration*. Anhang gibt schließlich noch einen kleinen Überblick über die Funktionen des TinyMCE-Editors.

Beispieldateien zum Download

Die in diesem Buch verwendeten Skripte und Templates finden Sie online unter *http://downloads.oreilly.de/9783960091806* zum Download.

Typografische Konventionen

In diesem Buch werden die folgenden typografischen Konventionen verwendet:

Kursivschrift
: für Datei- und Verzeichnisnamen, E-Mail-Adressen und URLs, aber auch bei der Definition neuer Fachbegriffe und für Hervorhebungen

`Nichtproportionalschrift`
: für Codebeispiele und Variablen, Funktionen, Befehlsoptionen, Parameter, Klassennamen und HTML-Tags

`Nichtproportionalschrift fett`
: für Benutzereingaben und in den Codebeispielen zur Hervorhebung einzelner Zeilen oder Abschnitte

Tipp
: Die Glühbirne kennzeichnet einen Tipp oder einen generellen Hinweis mit nützlichen Zusatzinformationen zum Thema.

Warnung
: Die Hand kennzeichnet eine Warnung oder ein Thema, bei dem man Vorsicht walten lassen sollte.

Kino
: Die kleine Filmklappe zeigt an, wo es um das Kinoportal geht, das sich als Beispiel durch das ganze Buch zieht.

Bei Verzeichnisangaben trennt immer ein Schrägstrich / mehrere einzelne (Unter-)Verzeichnisse voneinander. In der Angabe *joomla/images* wäre *images* ein Unterordner von *joomla*. Diese für Windows-Nutzer etwas ungewohnte Notation wurde absichtlich gewählt: Zum einen verwendet sie Joomla! selbst in seiner Benutzeroberfläche, und zum anderen ist sie auf den meisten (Internet-)Servern üblich. Unter Windows würde man die Verzeichnisangabe aus dem obigen Beispiel als *joomla\images* notieren.

Ressourcen und Support

Die folgende Liste enthält wichtige Internetseiten oder Anlaufstellen rund um das Thema Joomla!:

- *https://www.joomla.org* – Die Homepage von Joomla!
- *https://www.joomla.de* – Die größte deutschsprachige Seite zum Thema Joomla!
- *https://extensions.joomla.org* – Verzeichnis mit kostenlosen Joomla!-Erweiterungen
- *https://www.jgerman.de* – Internetauftritt des deutschen Übersetzerteams

Der Autor, die Danksagung und der ganze Rest

Murphys Gesetz besagt, dass alles, was schiefgehen kann, auch schiefgehen wird. Aus diesem Grund enthält das vorliegende Werk neben einem vermutlich recht hohen Zelluloseanteil und viel schwarzer Farbe zwangsläufig auch ein paar Fehler. Sie stammen vom Autor selbst und sind trotz der extrem strengen Blicke des Lektorats bis in die Druckerei durchgeflutscht. Dafür müsste man ihnen eigentlich Respekt zollen.

Falls Sie zufällig auf einen der angesprochenen Fehler treffen, lassen Sie ihn nicht in Freiheit sein Unwesen treiben, sondern melden Sie ihn an die E-Mail-Adresse *info@tim-schuermann.de*. Dies ist gleichzeitig der direkte Draht zum Autor, der sich selbstverständlich auch im Fall von Kommentaren oder anderen Anmerkungen auf Post freut. Seinen eigenen Internetauftritt betreibt der Diplom-Informatiker unter *http://www.tim-schuermann.de*. Bitte beachten Sie, dass auf beiden Wegen leider kein kostenloser Support angeboten werden kann.

Der Dank des Autors geht an die Lektorin Alexandra Follenius, die zahlreiche Vorschläge und Korrekturen beigesteuert hat. Weiterer Dank gebührt meiner Familie und natürlich allen Leserinnen und Lesern, ohne die diese Buchstabensuppe auf weiß gefärbten Holzabfällen niemals den Weg in die Händlerregale gefunden hätte.

Damit jetzt nicht noch mehr langweiliges Danksagungsdingsbums wertvollen Buchplatz wegnimmt, schließe ich hiermit das aktuelle Kapitel und fahre direkt mit dem eigentlichen Thema fort.

TEIL I
Einführung und Installation

KAPITEL 1
Einführung

In diesem Kapitel:
- Ein Internetauftritt wächst und wächst ...
- Die Lösung: Content-Management-Systeme
- Einsatzbereiche und Vorteile von Joomla!
- Wie funktioniert Joomla!?
- Eine kleine Geschichtsstunde
- Versionsnummern
- Es geht los: Die Filmtoaster-Seiten

Die ersten Schritte zum eigenen Internetauftritt führen meist über Onlinedienste wie Jimdo oder Wix sowie die »Homepage-Baukästen« von Webhostern wie Strato oder Ionos. In ihnen entwirft man eine Internetseite wie in einem Layout- oder Grafikprogramm. Augenscheinlich führen diese Baukästen schnell und unkompliziert zum Ziel. Ein Cineast könnte mit ihnen noch am Abend des Kinobesuchs eine Kritik schreiben und veröffentlichen. Die Probleme beginnen jedoch, wenn der Internetauftritt größer wird.

Ein Internetauftritt wächst und wächst ...

Je mehr Kritiken auf dem Internetauftritt landen, desto unübersichtlicher wird er. In einer ellenlangen, unsortierten Liste mit über 100 Filmkritiken findet man bei einem Besuch erst nach mehreren Minuten einen ganz bestimmten Film – wenn man nicht schon vorher entmutigt aufgibt.

Gleichzeitig wandert der Blick neidisch auf die Funktionen anderer Internetseiten. Dort fördert eine schicke Kommentarfunktion den Gedankenaustausch, eine Suchfunktion erleichtert das Aufstöbern einer bestimmten Filmkritik, und ein Kalender mit allen anstehenden Filmpremieren wäre doch auch ganz nett.

Mitunter bieten einige Leserinnen und Leser ihre Hilfe an und schicken eigene Kritiken. Die in Word- und LibreOffice-Dateien angelieferten Texte müssen allerdings erst noch irgendwie in den Webbaukasten hineinkommen sowie Korrektur gelesen und optisch an die anderen Filmkritiken angepasst werden. Ältere Texte verlangen zudem immer mal wieder nach Korrekturen und Ergänzungen – beispielsweise wenn man einen Tippfehler entdeckt oder eine Filmkritik doch zu scharf formuliert ist.

Gefällt irgendwann das Design des Internetauftritts nicht mehr, steht schließlich noch eine kleine Überarbeitungsorgie ins Haus. Bei einigen Webbaukästen lässt sich das Aussehen zudem nur in engen Grenzen an die eigenen Bedürfnisse anpassen.

Je weiter also ein Internetauftritt wächst,

- desto unübersichtlicher wird er,
- desto mehr Zusatzfunktionen kommen infrage und
- desto häufiger muss man ständig die gleichen stupiden Aufgaben lösen. Diese erfordern einen hohen Arbeitsaufwand, sind teilweise nur umständlich durchzuführen und somit unterm Strich auch noch zeitraubend.

Die Lösung: Content-Management-Systeme

Damit es gar nicht erst zu einem kleinen Chaos kommt, sollten Sie sich gleich mit Spezialprogrammen anfreunden, die Ihnen bei der Verwaltung und der Gestaltung Ihres Internetauftritts behilflich sind und Ihnen viele Standardaufgaben abnehmen. Eine solche Software bezeichnet man als *Content-Management-System*, abgekürzt CMS.

Ein Content-Management-System verwaltet selbstverständlich nicht nur Filmkritiken, sondern auch sämtliche anderen Medien, die auf Internetseiten angeboten werden können, wie etwa Bilder und Videos. Es sorgt automatisch für ihre korrekte Publikation, verknüpft sie sorgfältig miteinander und verpasst allen Seiten ein einheitliches Aussehen. Mithilfe des eingebauten Benutzermanagements schränkt man den Zugriff auf spezielle Bereiche oder Unterseiten für bestimmte Nutzergruppen ein und erlaubt externen Autorinnen und Autoren, ihre Texte direkt in das System einzugeben. Aber auch dynamische Zusatzfunktionen, wie eine Kommentarfunktion oder einen Kalender, schaltet man mit nur wenigen Mausklicks aktiv.

Damit könnte sich beispielsweise die Cineastin ihren Traum von einer kleinen Kinoseite realisieren: Filmkritiken und aktuelle Nachrichten aus Hollywood würden tagesaktuell von vielen Helfern eingegeben und automatisch vom System übersichtlich verwaltet. Mithilfe einer Kommentarfunktion ließe sich zudem ausführlich über den neuesten James Bond diskutieren. Es gibt folglich viele gute Gründe, zu einem Content-Management-System zu greifen – und natürlich nicht nur für Cineasten.

Einsatzbereiche und Vorteile von Joomla!

Joomla! ist ein Content-Management-System, mit dem sich auch umfangreiche Internetpräsenzen spielend leicht pflegen und gestalten lassen.

Seine Vorteile liegen in einer komfortablen Bedienung und seiner Erweiterbarkeit. Von Haus aus bringt es bereits viele Funktionen wie Kontaktformulare und eine Suchfunktion mit. Weitere Funktionen rüstet man bei Bedarf über eine der zahlreichen Erweiterungen nach. Joomla! verfügt über eine große, unterstützende Gemeinschaft, die Joomla! kontinuierlich vorantreibt und weiterentwickelt. Und das Beste: Sie dürfen Joomla! kostenlos verwenden – selbst für kommerzielle Zwecke.

Bei so vielen Vorteilen sollte man jedoch nicht vergessen, dass die Wahl des richtigen Content-Management-Systems auch ein wenig von den eigenen Vorlieben abhängt. Nicht verschwiegen werden darf zudem, dass Joomla! bei sehr umfangreichen Internetauftritten passen muss, für die man die volle Kontrolle über jedes einzelne Element benötigt. Für solche Aufgaben zieht man besser TYPO3 oder ein vergleichbares System aus dieser Leistungsklasse heran. Darüber hinaus werkelt Joomla! etwas langsamer als die Konkurrenten WordPress und Drupal. Dies merkt man vor allen Dingen an einer leichten Verzögerung bei der Auslieferung einer Internetseite. Dennoch bietet Joomla! einen hervorragenden Kompromiss zwischen Mächtigkeit, Schlankheit und einer einfachen Bedienung.

Die Weiterentwicklung von Joomla! koordiniert und fördert das eigens dafür gegründete gemeinnützige Unternehmen *Open Source Matters*, kurz OSM (*http://www.opensourcematters.org*).

Wie funktioniert Joomla!?

Joomla! ist kein herkömmliches Programm, das Sie auf dem heimischen PC starten und nutzen können. Stattdessen läuft es direkt auf einem im Internet angemieteten Computer, dem sogenannten *Server*. Ein solches Content-Management-System bezeichnet man daher auch als *serverseitiges CMS*. Dies bedeutet gleichzeitig, dass Konfiguration, Wartung und das Eingeben von neuen Texten aus einem Internetbrowser heraus passieren. Hierzu stellt Joomla! mehrere versteckte Unterseiten bereit, über die Sie als Verwalterin oder Verwalter später das System einrichten und über die Autoren ihre Beiträge abgeben. Normale Besucherinnen und Besucher erlangen selbstverständlich keinen Zutritt zu diesen Bereichen.

Eine Autorin, die einen neuen Beitrag hinzufügen möchte, meldet sich bei Joomla! an und gibt in einem speziellen Formular ihren Text ein. Sobald sie fertig ist, speichert das Content-Management-System diesen Text in einer im Hintergrund wartenden Datenbank. Diese bewahrt sämtliche Seiteninhalte für einen schnellen Zugriff auf. Damit ist die Arbeit der Autorin bereits beendet. Sobald sie Joomla! die Freigabe erteilt, erscheint ihr Text umgehend auf der Homepage. Um die Formatierung des Texts kümmert sich Joomla! – allerdings erst dann, wenn es ihn an einen Besucher ausliefert: Fordert der Browser eines Besuchers den Beitrag an ❶, kramt Joomla! alle Inhalte, die zu der Seite gehören, aus der Datenbank hervor ❷ und setzt sie mithilfe eines Bauplans zusammen ❸ (siehe Abbildung 1-1). Die fertige Seite reicht Joomla! dann wieder an den Browser zurück ❹.

| Tipp | Bildlich kann man sich diesen Vorgang wie die Konstruktion eines Hauses aus LEGO® vorstellen. Die genoppten Steine repräsentieren die Inhalte, die Joomla! nach dem beiliegenden Montageplan so zusammenstöpselt, dass sie ein hübsches Häuschen ergeben. Je nachdem, wie der Bauplan aussieht, erhält man eine andere Hausfassade. | |

Joomla! liefert also nicht einfach fix und fertige *statische* Seiten aus, sondern erzeugt sie erst *dynamisch* in dem Moment, in dem sie angefordert werden. Das kostet zwar jedes Mal etwas Rechenzeit auf dem Server, hat aber den unschlagbaren Vorteil, dass jede Änderung sofort auf der Homepage sichtbar ist. Darüber hinaus werden erst auf diese Weise aktive Inhalte, wie die Such- oder die Kommentarfunktion, möglich.

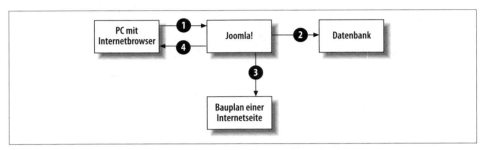

Abbildung 1-1:   Von der Anfrage bis zur Auslieferung der Seite.

Mithilfe der Baupläne trennt Joomla! zudem strikt die Inhalte von der Optik. Das hat wiederum den Vorteil, dass der Betreiber der Homepage das Aussehen aller Texte jederzeit mit nur zwei Mausklicks ändern kann – er muss lediglich einen anderen Seitenbauplan wählen.

Im Fall der Kinoseite bestimmt der Betreiber in Joomla! zunächst das Layout und legt fest, wer seiner vielen Helferinnen und Helfer überhaupt Filmkritiken schreiben darf – um den Rest braucht er sich ab sofort keine Gedanken mehr zu machen. Die externen Autoren senden ihre Kritiken nicht mehr per E-Mail zu, sondern melden sich mit ihrem Benutzerkonto direkt bei Joomla! an und hinterlassen dort ihre Texte. Der Betreiber spart somit Zeit und kann sich ganz seinen eigenen Texten und vielen weiteren Kinobesuchen widmen.

Eine kleine Geschichtsstunde

Die Geschichte von Joomla! reicht bis ins Jahr 2000 zurück. Zu diesem Zeitpunkt begann die australische Firma Miro mit der Entwicklung eines Content-Management-Systems. Um den Verkauf anzukurbeln, gab man auch eine kostenlose Ausgabe heraus. Diese *Mambo* genannte Variante stellte Miro unter die *GNU General Public License* (kurz GNU GPL, *http://www.gnu.de/documents/index.de.html*). Hierüber freute sich die beständig wachsende Fangemeinde, stellte diese spezielle Lizenz doch sicher, dass Mambo auch in Zukunft frei erhältlich sein würde. Gleichzeitig lockten ihre Konditionen zahlreiche Helfer an, die die Weiterentwicklung des Systems in ihrer Freizeit tatkräftig unterstützten.

Abbildung 1-2: Ein Content-Management-System im Wandel der Zeit – hier die Steuerzentrale der ersten Joomla!-Version 1.0 aus dem Jahr 2005.

Eben jene Entwicklergemeinschaft schlug im April 2005 vor, ihre Aktivitäten in einer Stiftung zu bündeln. Die daraufhin gegründete *Mambo Foundation* blieb jedoch faktisch in den Händen von Miro. Das hiervon enttäuschte Entwicklerteam entschied sich nach kurzer Bedenkzeit, mit einem neuen Content-Management-System zukünftig eigene Wege zu gehen. Als Startkapital nahm man den Programmcode der letzten Mambo-Version mit – dank der GNU GPL ein erlaubtes Vorgehen. Bereits wenige Tage später präsentierte das abtrünnige Entwicklerteam unter dem Namen *Joomla!* sein eigenes Projekt der Öffentlichkeit. Der Begriff stammt aus der afrikanischen Sprache Swahili und ist die (englische) Lautschrift des Worts *Jumla*. Übersetzt bedeutet es etwa so viel wie »alle zusammen« oder »in der Gesamtheit«.

Die erste Version von Joomla! war im Wesentlichen noch mit Mambo identisch, als Lizenz wählte man wieder die freie GNU GPL. Im Laufe der folgenden Jahre überarbeitete das Entwicklerteam sein Content-Management-System. Die teilweise recht umfangreichen Umbaumaßnahmen führten immer wieder zu Sprüngen in der Versionsnummer. So folgte etwa auf Version 1.0 direkt die Version 1.5. Im Jahr 2012 sprang man sogar von Version 1.6 direkt auf die Version 2.5. Glücklicherweise gehört dieses Versionschaos mittlerweile der Vergangenheit an.

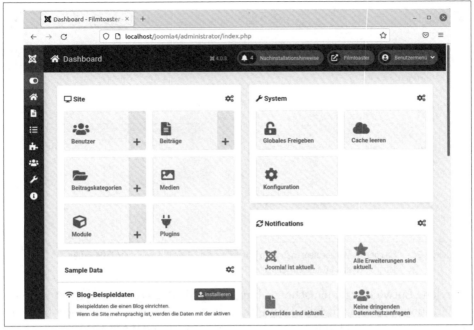

Abbildung 1-3: Die Steuerzentrale von Joomla! 4.0, die Sie in den folgenden Kapiteln nach und nach kennenlernen werden. Lassen Sie sich dabei nicht von der Funktionsvielfalt abschrecken.

Versionsnummern

Tabelle 1-1 fasst noch einmal alle bislang veröffentlichten Joomla!-Ausgaben mit ihrem Erscheinungsdatum übersichtlich zusammen.

Tabelle 1-1: Bislang veröffentlichte Joomla!-Versionen

Version	Erscheinungsdatum	Anmerkung
1.0	September 2005	Erste Joomla!-Version.
1.5	Januar 2008	Große Umbauten unter der Haube, nicht mehr kompatibel zu Version 1.0. Diese Version erhielt Fehlerkorrekturen bis zum Dezember 2012.
1.6	Januar 2011	Einführung einer erweiterten Benutzerverwaltung.
1.7	Juli 2011	Enthält gegenüber Version 1.6 vor allem Fehlerkorrekturen.
2.5	Januar 2012	Kleinere Änderungen gegenüber Version 1.7 – unter anderem kann Joomla! die Texte jetzt nicht mehr nur in MySQL-Datenbanken speichern.
3.0	September 2012	Neue Benutzeroberfläche, die sich der Bildschirmgröße anpasst.
3.1	April 2013	Einführung der Schlagwörter (Tags).
3.2	November 2013	Kleinere Verbesserungen, unter anderem in der Versionsverwaltung.
3.3	April 2014	Kleine Verbesserungen bei der Sicherheit.
3.4	Februar 2014	Kleine Verbesserungen bei der Sicherheit, Editieren von Modulen im Frontend, Entfernen der Weblink-Funktion.

Tabelle 1-1: Bislang veröffentlichte Joomla!-Versionen *(Fortsetzung)*

Version	Erscheinungsdatum	Anmerkung
3.5	März 2016	Unterstützung von PHP 7, Verbesserungen beim Texteditor.
3.6	Juli 2016	Vor allem kleinere Verbesserungen an der Benutzeroberfläche und bei der Aktualisierungsfunktion.
3.7	Mai 2017	Einführung der sogenannten Custom Fields.
3.8	September 2017	Einführung eines neuen Routing-Systems.
3.9	Oktober 2018	Die sogenannte Privacy Suite verbessert den Datenschutz.
3.10	August 2021	Diese Version bereitet den Umstieg auf Version 4.0 vor.
4.0	August 2021	Komplett neue Benutzeroberfläche, Geschwindigkeitsverbesserungen und die Einführung von Workflows.

Derzeit erhält jede Joomla!-Version eine dreistellige Nummer, wie etwa 4.0.0. Die erste Ziffer gibt die Hauptversion an. Kommen ein paar kleinere Funktionen hinzu, erhöht sich die Ziffer an der zweiten Stelle. Die letzte Nummer erhöht sich bei jeder Sicherheitsaktualisierung. Ist diese dritte Ziffer eine 0, schreibt man sie häufig nicht aus.

Auf der Joomla!-Homepage finden Sie immer die aktuellste Version, die auch für den produktiven Alltagseinsatz geeignet ist. Wenn Sie Joomla! verwenden möchten, greifen Sie einfach immer zu genau der unter *https://www.joomla.org* plakativ angebotenen Version.

Aktualisieren Sie dann Ihre Installation bei jeder neu erscheinenden Joomla!-Version. Das geschieht bequem über die Benutzeroberfläche von Joomla!. Die genauen Schritte erklärt später noch Kapitel 22, *Aktualisierung und Migration*.

Warnung Wenn Sie Joomla! auf eine Aktualisierung aufmerksam macht, spielen Sie sie umgehend ein. Nur so ist gewährleistet, dass das Content-Management-System auf dem neuesten Stand ist und keine Fehler aufweist. Letztere könnten sonst böswillige Angreifer ausnutzen, um Ihr System zu übernehmen.

Wenn Sie Joomla! nutzen möchten, installieren Sie die derzeit aktuelle Version. Dabei hilft Ihnen das direkt nachfolgende Kapitel. Bevor es jedoch losgeht, sollten Sie sich noch kurz ein paar Gedanken zu Ihrem Internetauftritt machen.

Es geht los: Die Filmtoaster-Seiten

Mit Joomla! kann sich auch ein Cineast – oder die schon erwähnte Cineastin – seinen Traum vom Internetauftritt verwirklichen: Mit dem Content-Management-System verwaltet und publiziert er unter anderem Filmkritiken und Veranstaltungstipps. Da genau diese Art von Internetauftritt recht übersichtlich ist und dennoch alle Funktionen von Joomla! in Anspruch nimmt, soll er in den folgenden Kapiteln als übergreifendes Beispiel entstehen.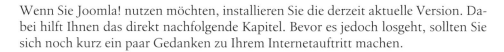

Tipp Die folgenden Kapitel enthalten dazu teilweise Schritt-für-Schritt-Anleitungen. Diese müssen Sie jedoch nicht mitmachen, um Joomla! kennenzulernen und die Bedienung zu verstehen.

Wenn Sie selbst einen neuen Internetauftritt mit Joomla! erstellen, überlegen Sie sich zunächst, welche Inhalte Sie anbieten möchten. Wollen Sie Ihren Verein vorstellen oder regelmäßig neue Strickanleitungen veröffentlichen? Fragen Sie sich auch, welche Besuchergruppen Sie zu Ihrem Internetauftritt locken möchten. Richten sich Ihre Seiten etwa nur an bestehende Vereinsmitglieder, oder wollen Sie auch Nichtmitglieder informieren? Wenn Sie bereits eine Vorstellung von Ihrem Internetauftritt haben, sind diese Fragen sehr wahrscheinlich rasch beantwortet.

Als Nächstes müssen Sie Ihrem Internetauftritt einen Namen geben. Joomla! fragt ihn nicht nur gleich bei seiner Installation ab, er taucht auch später an verschiedenen Stellen auf.

Bei einem Unternehmen oder einem Verein können und sollten Sie einfach dessen Namen verwenden – also beispielsweise *Fußballklub Holsten* oder *Spielwaren Rumbeck*. Andernfalls sollte der Name möglichst kurz und knackig sein und zudem Aufschluss darüber geben, was Sie auf der Seite anbieten beziehungsweise um was es auf Ihren Seiten geht.

Der Internetauftritt mit den Filmkritiken soll den klangvollen Namen »Filmtoaster« erhalten. Er symbolisiert perfekt, dass auf den Seiten Filme äußerst kritisch betrachtet und somit geradezu getoastet werden.

Wenn Sie einen Namen gefunden haben, sollten Sie im Internet prüfen, ob er bereits als Markenname vergeben ist. So dürfen Sie beispielsweise Ihre Internetseite nicht einfach mit *Mercedes-Benz* überschreiben.

Tipp — Nehmen Sie sich für den Namen Zeit. Ihn merken sich Ihre Besucherinnen und Besucher später und verwenden ihn, wenn sie auf Ihren Internetauftritt verweisen. Er ist somit wichtig und sollte von Ihnen nicht übereilt gewählt werden. Den Namen »Filmtoaster« zu finden, hat uns übrigens mehrere Tage gekostet.

Wenn der Name feststeht, müssen Sie Joomla! in Betrieb nehmen. Wie das funktioniert, zeigt Ihnen das folgende Kapitel.

Website oder Webseite?

Im Internet werden die Begriffe Homepage, Website und Webseite gern durcheinandergeworfen.

- Eine einzelne Seite, etwa mit einer Filmkritik, bezeichnet man neudeutsch als *Webseite*.
- Wenn ein Besucher Ihren Internetauftritt ansteuert, sieht er als Erstes die *Startseite* (auch *Homepage* oder im Englischen *Frontpage* genannt). Diese Webseite gibt in der Regel einen Überblick über das Angebot oder präsentiert besonders wichtige Informationen.
- Für den kompletten Internetauftritt hat sich die Bezeichnung *Website* eingebürgert (der englische Begriff *Site* meint hier Platz oder Ort).

Alle diese Begriffe verwendet auch Joomla! in ihrer oben genannten Bedeutung.

KAPITEL 2
Installation

In diesem Kapitel:
- Voraussetzungen
- Testumgebung einrichten
- Installation von Joomla!
- Schreibrechte kontrollieren
- PHP-Einstellungen anpassen

Bevor Sie die aktuelle Joomla!-Version auf Ihrem gemieteten Server im Internet installieren, empfiehlt es sich, zunächst ein paar Trockenübungen auf dem heimischen Computer durchzuführen. Mit einer Joomla!-Installation auf dem eigenen PC können Sie das neue System nicht nur etwas besser kennenlernen, sondern auch gefahrlos verschiedene Einstellungen testen. Darüber hinaus lassen sich ohne Risiko neue unbekannte Erweiterungen ausprobieren: Sollten diese einen Programmfehler aufweisen oder sogar Amok laufen, zerstören sie nicht das Joomla!-System auf Ihrem Server im Internet. Auch die Entwicklung von eigenen Designvorlagen und Erweiterungen vereinfacht sich.

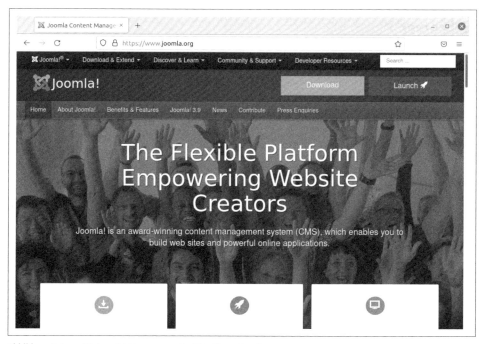

Abbildung 2-1: Die Joomla!-Homepage unter *http://www.joomla.org*.

Tipp Generell sollten Sie jeden neuen Internetauftritt zunächst auf dem heimischen Rechner erstellen und ausprobieren. Erst wenn hier keine Probleme mehr auftreten, richten Sie das System auf Ihrem Webserver ein. Damit vermeiden Sie unliebsame Überraschungen im laufenden Betrieb und Ärgernisse für die Besucher.

Unterm Strich gibt es viele gute Gründe für eine Testinstallation. Daher beschreiben die folgenden Abschnitte zunächst, wie Sie zu Hause auf dem eigenen PC eine passende Testumgebung für Joomla! einrichten. Anschließend erfahren Sie, wie Sie Joomla! sowohl auf Ihrem System als auch auf einem Server installieren, ihm Deutsch beibringen und es in Betrieb nehmen.

Voraussetzungen

Im Gegensatz zu anderen Programmen ist Joomla! keine eigenständige Anwendung. Sie können sie daher nicht einfach aus dem Internet laden und starten. Das hat einerseits den Nachteil, dass man zusätzliche Hilfsprogramme benötigt, andererseits läuft Joomla! hierdurch auf beliebigen Betriebssystemen. Welche Hilfsprogramme Joomla! fordert, klären die folgenden Abschnitte.

Tipp Im Internet können Sie Server mieten, bei denen alle notwendigen Komponenten bereits betriebsbereit eingerichtet sind. Die Installation auf dem eigenen PC vereinfachen zudem spezielle Komplettpakete. Sie sollten sich folglich nicht von der Liste der benötigten Programme abschrecken lassen.

Webserver

Sobald ein Browser eine Internetseite anfordert, wird diese Anfrage von einer speziellen Software, dem sogenannten *Webserver*, entgegengenommen und an Joomla! weitergereicht. Welchen Webserver Sie verwenden, bleibt Ihnen überlassen. Am häufigsten trifft man in der Praxis auf den freien und quelloffenen Apache der gleichnamigen Stiftung. Sie bekommen ihn kostenlos unter *https://httpd.apache.org*. Für Joomla! muss er mindestens die Versionsnummer 2.4 tragen. Problemlos verwenden lassen sich aber auch der Konkurrent Nginx ab Version 1.10 (*https://www.nginx.com*) oder der IIS von Microsoft ab Version 8 (*https://www.iis.net*). Wichtig ist nur, dass der präferierte Webserver in der Lage ist, PHP-Programme auszuführen.

PHP

PHP ist ein rekursives Akronym und steht für *PHP Hypertext Preprocessor*. In dieser einfach zu erlernenden, aber doch sehr mächtigen Programmiersprache wurde Joomla! geschrieben.

Anders als herkömmliche Programme benötigen PHP-Anwendungen zu ihrer Ausführung eine zusätzliche Hilfsanwendung, den sogenannten Interpreter. Er liest nacheinander jede Anweisung des PHP-Programms ein und führt sie aus. Das Entwicklerteam von PHP stellt unter *https://www.php.net* ein Paket bereit, das aus besagter Gehhilfe und einigen nützlichen Zusätzen besteht. Für Apache gibt es eine Erweiterung, mit deren Hilfe der Webserver PHP-Anwendungen direkt starten kann. Joomla! verlangt dabei mindestens nach PHP in der Version 7.2.5.

Warnung Insbesondere auf einem Server im Internet sollte eine möglichst aktuelle PHP-Version zum Einsatz kommen. Meiden Sie besser die schon länger veralteten und offiziell nicht mehr unterstützten Versionen. Dazu gehörten zum Erstellungszeitpunkt dieses Buchs alle PHP-Versionen vor Version 7.4.22.

Datenbank

Joomla! merkt sich alle von Ihnen und anderen Autorinnen und Autoren eingegebenen Texte in einer Datenbank. Joomla! 4 arbeitet offiziell zusammen mit:

- MySQL ab Version 5.6
- PostgreSQL ab Version 11.0

Die Joomla!-Entwicklerinnen und -Entwickler empfehlen den Einsatz von MySQL. Diese Datenbank ist kostenlos unter *https://www.mysql.com* erhältlich. Darüber hinaus ist sie bei vielen im Internet angemieteten Servern automatisch enthalten. Anstelle von MySQL können Sie auch einen vollständig kompatiblen Klon verwenden. So setzen beispielsweise immer mehr Anbieter von Mietservern auf die Alternative MariaDB (*https://mariadb.org*). Diese Datenbank verhält sich wie MySQL und arbeitet daher ebenfalls problemlos mit Joomla! zusammen.

Server im Internet

Wenn Sie Joomla! nicht nur auf Ihrem eigenen PC verwenden möchten, benötigen Sie noch einen Server, also einen ständig laufenden Computer im Internet (manchmal verwirrenderweise wie das Programm als Webserver bezeichnet). Diesen mieten Sie normalerweise bei einem sogenannten *Webhoster* an.

Da die Anbieter und ihre Angebote recht schnell wechseln, lässt sich an dieser Stelle leider keine Empfehlung für ein konkretes Produkt geben. Es gibt aber ein paar Punkte, die Sie beachten sollten: Wenn Sie zum ersten Mal einen Internetauftritt erstellen, sollten Sie einen Webhoster wählen, der die von Joomla! benötigte Software bereitstellt und sie zudem für Sie auf dem aktuellen Stand hält. Fragen Sie im Zweifel beim Webhoster nach, welche seiner Angebote für Joomla! geeignet sind. Achten Sie zudem darauf, dass der Webhoster für seine Kundschaft einen umfangreichen Support anbietet, Sie also Fragen per E-Mail und Telefon stellen können. In jedem Fall sollten Sie nur Leistungen buchen, die Sie auch tatsächlich benötigen. Der kleine Internetauftritt eines Vereins mit 20 Mitgliedern benötigt für seine monatlichen Turnierergebnisse sicherlich weder 200 GByte Speicherplatz noch 30 Datenbanken. Sollte der Verein wider Erwarten wachsen, können Sie immer noch auf ein leistungsfähigeres Angebot umsteigen. Achten Sie aber auch auf die Limitierungen der Angebote, die sich teilweise in Fußnoten verstecken. Gilt der angezeigte Preis etwa nur für einen bestimmten Zeitraum? Welche Datenmengen dürfen pro Monat ohne Zusatzkosten zu Ihren Besuchern fließen?

Tipp — Einige Webhoster richten sogar Joomla! automatisch für Sie ein. Solche Angebote eignen sich vor allem für private Internetauftritte und Joomla!-Neulinge. Sie können dann direkt mit der Gestaltung Ihres Internetauftritts beginnen und müssen sich nicht mit der Technik herumschlagen.

Alle zusammen

Damit wären auch schon alle Bestandteile beisammen. Abbildung 2-2 illustriert nochmals das Zusammenspiel der vorgestellten Komponenten: Der Webserver nimmt die Abfrage des Browsers entgegen und startet dann mithilfe von PHP das Content-Management-System Joomla!. Dieses holt seinerseits bei der Datenbank die Seiteninhalte ab und stöpselt sie mithilfe eines Bauplans zusammen. Sobald die Seite fertig ist, übergibt Joomla! sie wieder an den Webserver, der sie wiederum an den Browser ausliefert.

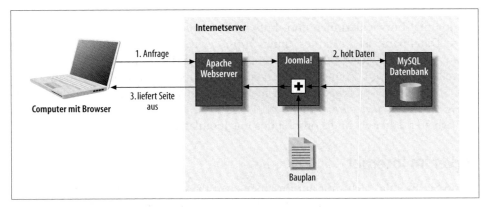

Abbildung 2-2: Der Ablauf einer Seitenanfrage.

Tipp — Übrigens schreibt niemand vor, dass alle genannten Komponenten auf ein und demselben Computer laufen müssen. Umgekehrt darf auch der Browser auf demselben Computer installiert sein wie Joomla!.

Zusammengefasst, benötigt Joomla! folgende zusätzliche Softwareprogramme:

- einen Webserver, wie zum Beispiel Apache ab Version 2.4 (*https://httpd.apache.org*),
- PHP ab Version 7.2.5 (*https://www.php.net/*) sowie
- eine Datenbank, etwa MySQL ab Version 5.6 (*https://www.mysql.com/*).

Testumgebung einrichten

Wenn Sie Joomla! auf Ihrem eigenen Computer ausprobieren möchten, müssten Sie nun alle genannten Hilfsprogramme einzeln aus dem Internet fischen, installieren und einrichten. Netterweise gibt es Komplettpakete, die alle erwähnten Komponenten enthalten – mit Ausnahme von Joomla! selbst.

Besonders beliebt ist XAMPP (*https://xampp.org*), das für Windows, Linux und macOS beziehungsweise OS X bereitsteht. Das Komplettpaket installiert in einem Rutsch den Webserver Apache, die Datenbank MariaDB und PHP. Damit schaffen Sie die Voraussetzung für den Betrieb von Joomla!. Im Folgenden soll deshalb kurz die Installation XAMPP beschrieben werden. Wie Sie sehen werden, benötigen Sie dazu nur wenige Mausklicks.

Tipp Die Datenbank MariaDB verhält sich nicht nur wie MySQL, sondern gibt sich teilweise sogar als MySQL aus. Wundern Sie sich daher nicht, wenn im Folgenden plötzlich beide Begriffe auftauchen.

Windows

Unter Windows installieren Sie XAMPP wie folgt:

1. Laden Sie sich unter *https://xampp.org* die Anwendung *XAMPP für Windows* herunter und starten Sie sie. Erlauben Sie die Ausführung mit *Ja*. Stören Sie sich nicht am jetzt erscheinenden Schriftzug *Bitnami*. Diese Firma unterstützt die Weiterentwicklung des XAMPP-Projekts und präsentiert sich deshalb immer mal wieder an mehr oder weniger prominenter Stelle.

2. Den erscheinenden Warnhinweis zur Benutzerkontensteuerung (*User Account Control, UAC*) nicken Sie mit *OK* ab. Die Meldung weist lediglich darauf hin, dass Sie XAMPP nicht in das Verzeichnis *C:\Program Files* beziehungsweise in einem deutschsprachigen Windows unter *C:\Programme* installieren sollten.

3. Jetzt meldet sich ein Installationsassistent, in dem Sie auf *Next* klicken. Damit landen Sie bei der Programmauswahl aus Abbildung 2-3. Behalten Sie hier alle Vorgaben bei und klicken Sie auf *Next*. Damit installiert der Assistent gleich alle im XAMPP-Paket enthaltenen und für Joomla! benötigten Anwendungen.

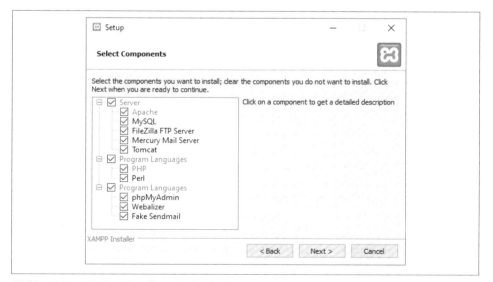

Abbildung 2-3: Mit diesen Einstellungen landen gleich Webserver, Datenbank und PHP auf der Festplatte.

Das vorgeschlagene Installationsverzeichnis aus Abbildung 2-4 übernehmen Sie ebenfalls mit *Next*.

Abbildung 2-4: Das vom Assistenten vorgegebene Installationsverzeichnis *C:\xampp* übernehmen Sie einfach.

Wählen Sie als *Language* die Sprache *Deutsch* und gehen Sie per *Next* weiter. Entfernen Sie den Haken neben *Learn more about Bitnami for XAMPP*, womit Sie die Werbung für die Produkte von Bitnami unterdrücken. Gehen Sie per *Next* zum nächsten Schritt und starten Sie die Installation mit einem weiteren Klick auf *Next*. Während der recht langwierigen Arbeit des Assistenten können sich im Hintergrund immer wieder kurzzeitig Fenster öffnen.

4. Sobald der Assistent seine Arbeit erledigt hat, beenden Sie ihn über *Finish*. Damit startet gleichzeitig das *XAMPP Control Panel*, über das Sie die in XAMPP enthaltenen Anwendungen komfortabel starten und stoppen. Bis das zugehörige Fenster aus Abbildung 2-5 erscheint, können ein paar Sekunden vergehen. Eventuell versteckt es sich im Hintergrund – holen Sie es dann mit einem Klick auf sein Symbol auf der Taskleiste nach vorne.

Klicken Sie auf *Starten* rechts neben *Apache*. Sollte sich jetzt die in Windows eingebaute Firewall melden, entscheiden Sie sich für *Abbrechen*. Auf diese Weise kann niemand von außen auf Ihre Joomla!-Installation zugreifen und während Ihrer Tests irgendwelchen Schabernack treiben. Das ist besonders wichtig, da die XAMPP-Anwendungen zugunsten der Nutzerfreundlichkeit (bewusst) einige Sicherheitslöcher aufweisen (dazu gleich noch mehr).

In jedem Fall klicken Sie im XAMPP Control Panel auf *Starten* rechts neben *MySQL*. Wenn sich die Windows-Firewall erneut meldet, wählen Sie wieder *Abbrechen*. Damit können Sie auch die Datenbank nur noch auf Ihrem eigenen Computer nutzen.

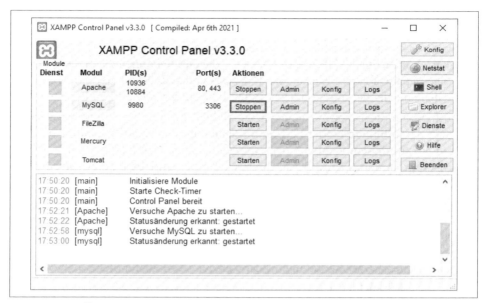

Abbildung 2-5: Über das XAMPP Control Panel starten Sie den Webserver Apache und die Datenbank.

5. Im XAMPP Control Panel sollten jetzt wie in Abbildung 2-5 die Punkte *Apache* und *MySQL* jeweils grün aufleuchten, und in den Spalten *PID(s)* und *Port(s)* müssten Zahlen stehen. Dies ist das Zeichen dafür, dass der Webserver und die Datenbank im Hintergrund laufen und auf weitere Anweisungen warten.

Lassen Sie das Fenster des XAMPP Control Panel weiterhin geöffnet. Sie können es vorübergehend an den Bildschirmrand verschieben oder verkleinern. Wenn Sie das Fenster einfach schließen, laufen der Webserver und die Datenbank im Hintergrund noch weiter.

Später erreichen Sie das XAMPP Control Panel im Startmenü hinter *XAMPP* → *XAMPP Control Panel*.

Tipp	Häufig gestellte Fragen im Zusammenhang mit Windows beantworten die Macher von XAMPP unter *https://www.apachefriends.org/faq_windows.html*. Dort sollten Sie zuerst nachschlagen, wenn XAMPP bei Ihnen nicht so laufen möchte, wie es in den folgenden Abschnitten beschrieben wird. Weitere Hilfe erhalten Sie im offiziellen XAMPP-Forum unter *https://community.apachefriends.org/f/*.

macOS

Besitzer eines Apple-Rechners mit macOS beziehungsweise OS X nehmen folgenden Weg:

1. Die XAMPP-Macher stellen gleich zwei Pakete bereit: einen herkömmlichen Installationsassistenten und eine sogenannte virtuelle Maschine. Da Letztgenannte vor allem auf älteren Apple-Computern nicht immer reibungslos läuft, soll im Folgenden der Installationsassistent im Mittelpunkt stehen. Um ihn he-

runterzuladen, wechseln Sie unter *https://xampp.org* zum Menüpunkt *Herunterladen* und fahren nach unten zum Bereich *XAMPP für OS X*. Suchen Sie dort in der Liste die höchste Versionsnummer. Sie sollte zweimal in der Liste enthalten sein. Wählen Sie die kleinere der beiden – die Größe können Sie in der gleichnamigen Spalte ablesen. Klicken Sie in der passenden Zeile auf *Herunterladen*. Der Dateiname der heruntergeladenen Datei sollte auf *installer.dmg* enden.

2. Öffnen Sie die Datei mit einem Doppelklick. macOS beziehungsweise OS X zeigt daraufhin ein Finder-Fenster mit einem großen XAMPP-Symbol an. Führen Sie auf diesem Symbol einen Doppelklick aus. Damit startet ein Installationsprogramm, das XAMPP auf Ihrem Computer einrichtet. Sofern eine Sicherheitsabfrage erscheint, erlauben Sie die Ausführung mit *Öffnen*.

3. Sie müssen jetzt Ihr Passwort eingeben und mit *OK* bestätigen. Damit erlauben Sie dem Installationsprogramm von XAMPP, die notwendigen Komponenten einzuspielen. Anschließend erscheint der Schriftzug *Bitnami*. Diese Firma unterstützt die Weiterentwicklung des XAMPP-Projekts und präsentiert sich deshalb immer mal wieder an mehr oder weniger prominenter Stelle.

4. Jetzt endlich meldet sich der Installationsassistent, in dem Sie auf *Next* klicken. Sie landen so bei der Auswahl aus Abbildung 2-6. Belassen Sie die Vorgaben und klicken Sie erneut auf *Next*. Damit installiert der Assistent gleich alle im XAMPP-Paket enthaltenen und für Joomla! benötigten Anwendungen. Bestätigen Sie auch das Installationsverzeichnis mit *Next* und entfernen Sie den Haken neben *Learn more about Bitnami for XAMPP*, womit Sie die Werbung für die Produkte von Bitnami unterdrücken. Gehen Sie per *Next* einen Schritt weiter und starten Sie mit einem weiteren Klick auf *Next* die Installation.

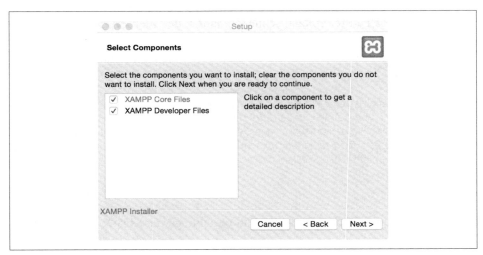

Abbildung 2-6: Die Installation von XAMPP übernimmt dieser kleine Assistent.

5. Sobald der Assistent seine Arbeit erledigt hat, beenden Sie ihn mit *Finish*. Damit startet der *XAMPP Application Manager* aus Abbildung Abbildung 2-7, über den Sie die in XAMPP enthaltenen Anwendungen komfortabel starten und

stoppen können. Gleichzeitig öffnet sich noch ein Browserfenster mit der in XAMPP enthaltenen Beispiel-Website. Wenn sich der XAMPP Application Manager hinter diesem Fenster versteckt, holen Sie ihn in den Vordergrund – etwa mit einem Klick auf sein Symbol im Dock.

Abbildung 2-7: Der Installationsassistent startet automatisch den XAMPP Application Manager und öffnet die mitgelieferte Beispielseite.

6. Wechseln Sie zum Punkt *Manage Servers* (den Abbildung 2-8 zeigt). Um die Datenbank zu aktivieren, selektieren Sie in der Liste den Punkt *MySQL Database* und klicken auf *Start*. Der Start der Datenbank kann ein paar Sekunden dauern. Sobald sie einsatzbereit ist, erscheint vor *MySQL Database* ein grüner Punkt und in der Spalte *Status* der Hinweis *Running*.

Der *Apache Web Server* sollte bereits laufen. Fehlt vor seinem Eintrag der grüne Punkt, selektieren Sie ihn und klicken dann auf *Start*.

Abbildung 2-8: Wenn der XAMPP Application Manager so aussieht, laufen Apache und MySQL.

7. Im XAMPP Application Manager sollten jetzt wie in Abbildung 2-8 die Punkte *Apache Web Server* und *MySQL Database* jeweils eine grüne Kugel besitzen und in der Spalte *Status* zudem mit einem *Running* gekennzeichnet sein. Lassen Sie den XAMPP Application Manager weiterhin geöffnet, Sie können sein Fenster aber vorübergehend an den Bildschirmrand verschieben oder verkleinern.

Den XAMPP Application Manager finden Sie später unter den Programmen im Ordner *XAMPP*. Dort genügt ein Doppelklick auf *manager-osx*, um den XAMPP Application Manager zu starten.

Linux

Linux-Anwender verfahren wie folgt:

1. Stellen Sie zunächst über Ihren Paketmanager fest, ob bereits ein Webserver (wie Apache) und die Datenbank MySQL oder ihre Kollegin MariaDB installiert sind. Ist das der Fall, müssen Sie beide Programme von Hand einrichten. Entsprechende Informationen entnehmen Sie der Dokumentation Ihrer Distribution.

2. Läuft weder MySQL noch ein Webserver, müssen Sie herausfinden, ob Sie ein 64-Bit-System nutzen. Dies ist die Voraussetzung für die Installation von XAMPP. Wenn Sie unsicher sind, öffnen Sie das Programm Terminal oder Konsole, geben den Befehl

    ```
    uname -m
    ```

    ein und bestätigen ihn mit der *[Enter]*-Taste. Erscheint als Ausgabe x86_64, nutzen Sie ein 64-Bit-System.

3. Laden Sie sich unter *https://xampp.org/* das Paket *XAMPP für Linux* in Ihr Heimatverzeichnis herunter.

4. Öffnen Sie ein Terminal beziehungsweise eine Konsole und geben Sie folgenden Befehl ein:

    ```
    chmod +x xampp-linux-x64-8.0.10-0-installer.run
    ```

    Ersetzen Sie dabei xampp-linux-x64-8.0.10-0-installer.run durch den Namen der heruntergeladenen Datei. Wie auch alle folgenden Befehle bestätigen Sie ihn mit der *[Enter]*-Taste. Damit haben Sie die heruntergeladene Datei in ein ausführbares Programm verwandelt.

5. Damit dieses seine Arbeit verrichten kann, müssen Sie es als Benutzer *root* aufrufen, der je nach Distribution auch Systemverwalter oder Administrator genannt wird. Dazu tippen Sie einfach das folgende Kommando ein:

    ```
    sudo ./xampp-linux-x64-8.0.10-0-installer.run
    ```

    Tauschen Sie auch hier wieder xampp-linux-x64-8.0.10-0-installer.run gegen den Namen der heruntergeladenen Datei aus. Nachdem Sie den Befehl mit der *[Enter]*-Taste abgeschickt haben, müssen Sie blind das Passwort des Benutzers *root* eintippen. In der Regel haben Sie es bei der Installation von Linux vergeben. Probieren Sie im Zweifelsfall Ihr eigenes aus. Es startet jetzt ein kleiner Installationsassistent, der Sie im Folgenden durch die Einrichtung von XAMPP leitet.

Der Weg über das vorangestellte sudo funktioniert allerdings nicht auf allen Distributionen. Die Folge ist in dem Fall eine Fehlermeldung. Zudem kann es passieren, dass der Installationsassistent nicht die schicke grafische Benutzeroberfläche zeigt, sondern in dem Textmodus aus Abbildung 2-9 startet. Beenden Sie dann den Assistenten mit der Tastenkombination *[Strg]+[C]*.

Sollte sudo bei Ihnen nicht funktionieren, melden Sie sich zunächst mit folgendem Befehl direkt als Benutzer *root* an:

```
su root
```

Nachdem Sie das Passwort des Systemverwalters beziehungsweise des Benutzers *root* eingegeben haben (probieren Sie es im Zweifelsfall wieder mit Ihrem eigenen), rufen Sie noch einmal den Installationsassistenten ohne das vorangestellte sudo auf:

```
./xampp*.run
```

Auch bei allen folgenden Befehlen müssen Sie dann immer das vorangestellte sudo weglassen.

Nach dem su root sind Sie als allmächtiger Benutzer *root* unterwegs. Damit haben Sie gleichzeitig alle Freiheiten und dürfen insbesondere auch das System zerstören. Sie sollten sich daher nach der Installation und dem Start der in XAMPP enthaltenen Anwendungen mit exit wieder abmelden.

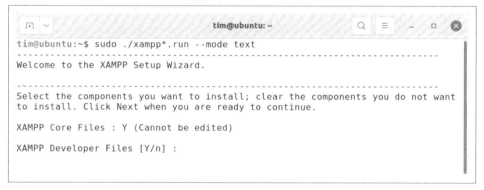

Abbildung 2-9: Der Installationsassistent startet hier im Textmodus, in dem man alle seine Fragen über Tastatureingaben beantworten muss (hier unter Ubuntu).

6. Wenn der Installationsassistent korrekt startet, sehen Sie als Erstes den Schriftzug *Bitnami*. Diese Firma unterstützt die Weiterentwicklung des XAMPP-Projekts und präsentiert sich deshalb immer mal wieder an mehr oder weniger prominenter Stelle. Anschließend sollte das Fenster aus Abbildung 2-10 erscheinen.

Erhalten Sie stattdessen die Fehlermeldung *There has been an error. This installer requires root previleges.*, konnte sudo nicht alle notwendigen Rechte erteilen. Klicken Sie in diesem Fall auf *OK* und melden Sie sich dann, wie im vorherigen Schritt beschrieben, als Benutzer *root* an (per su root).

7. Im Fenster aus Abbildung 2-10 klicken Sie auf *Next*. Übernehmen Sie die Programmauswahl ebenfalls mit *Next*. Damit installiert der Assistent gleich alle

für Joomla! benötigten Komponenten. Bestätigen Sie dann das Installationsverzeichnis mit *Next*. Entfernen Sie mit einem Mausklick das Kreuzchen neben *Learn more about Bitnami for XAMPP*, womit Sie die Werbung für die Produkte von Bitnami unterdrücken. Gehen Sie per *Next* einen Schritt weiter und lassen Sie schließlich die Installation ebenfalls mit *Next* beginnen.

Abbildung 2-10: Dieser Assistent installiert mit wenigen Mausklicks alle im XAMPP-Paket enthaltenen Komponenten.

Der Assistent entpackt nun das gesamte XAMPP-Paket in das Verzeichnis */opt/lampp*. An dieses Installationsverzeichnis sind Linux-Nutzer fest gebunden; in jedem anderen Ordner verweigern die XAMPP-Programme ihren Dienst.

8. Nachdem der Assistent seine Arbeit beendet hat, entfernen Sie das Kreuzchen neben *Launch XAMPP* und klicken auf *Finish*.
9. Starten Sie alle in XAMPP mitgelieferten Anwendungen über folgenden Befehl:
   ```
   sudo /opt/lampp/lampp start
   ```

 Tipp Alle Unterverzeichnisse von */opt/lampp* gehören dem Benutzer *root* (alias Systemverwalter beziehungsweise Administrator). Folglich darf nur er dort Veränderungen durchführen. Treten im Betrieb Probleme auf, liegt das meist an fehlenden oder falsch gesetzten Zugriffsrechten. Beheben lassen sie sich beispielsweise mit dem Kommandozeilenwerkzeug chmod (*https://de.wikipedia.org/wiki/Chmod*).

Anwendungen beenden

Wenn Sie später mit der Arbeit in und an Joomla! fertig sind, müssen Sie den Webserver und die Datenbank kontrolliert beenden. Andernfalls drohen Datenverluste!

- Unter Windows klicken Sie dazu im XAMPP Control Panel auf *Stoppen* rechts neben *MySQL* und *Apache*. Schließen Sie dann das Fenster über *Beenden*. Wenn Sie das XAMPP Control Panel über das kleine X rechts oben in der Fensterecke schließen, beendet sich das Programm übrigens nicht, sondern bleibt als Symbol rechts unten in der Taskleiste zurück. Um dann das XAMPP Control Panel komplett zu beenden, müssen Sie das Symbol mit der rechten Maustaste anklicken und *Beenden* wählen.

- Wenn Sie einen Apple-Computer mit macOS beziehungsweise OS X einsetzen, klicken Sie im XAMPP Application Manager auf *Stop All*. Beenden Sie anschließend den Application Manager.
- Linux-Nutzer geben in das Terminalfenster den Befehl

    sudo /opt/lampp/lampp stop

    ein, drücken die *[Enter]*-Taste und tippen auf Nachfrage ihr Administrator- beziehungsweise das *root*-Passwort ein. Sollte der Befehl nur zu einer Fehlermeldung führen, müssen Sie sich auch hier wieder per su root direkt als Benutzer root anmelden und dann den obigen Befehl ohne das vorangestellte sudo aufrufen.

XAMPP und die Sicherheit

Das XAMPP-Paket ist schnell installiert und eingerichtet. Wer einen sogenannten Root-Server besitzt, also einen kompletten (physischen) Server in Eigenverantwortung betreibt, kommt da schnell in Versuchung, das XAMPP-System einfach dorthin zu überspielen. Dies ist jedoch gleich aus mehreren Gründen eine schlechte und auch extrem gefährliche Idee: Um Installation und Einrichtung so einfach wie möglich zu halten, haben die Macher ein paar erhebliche Sicherheitslücken zurückgelassen und teilweise sogar bewusst aufgerissen. Im Hinblick auf Joomla! sind dies die wichtigsten Schwachstellen:

- Der MariaDB-Administrator (namens *root*) hat unter XAMPP kein Passwort.
- Das XAMPP-Verzeichnis ist unter Windows nicht geschützt.
- Das Datenbankkonfigurationsprogramm phpMyAdmin kann von jedem genutzt werden.

Alle diese Voreinstellungen ermöglichen bequemes Arbeiten am heimischen PC, ein Internetserver würde jedoch binnen kürzester Zeit zum Spielball von Angreifern.

Tipp Aus diesen Gründen sollten Sie selbst auf Ihrem Testsystem immer die Firewall Ihres Betriebssystems aktivieren und diese anweisen, jegliche Zugriffsversuche von außen zu unterbinden. Wenn Sie als Windows-Anwender den obigen Anleitungen und Tipps gefolgt sind, ist das bereits der Fall. Ganz sicher sind Sie, wenn Sie für den Testzeitraum die Internetverbindung kappen.

Am sichersten fahren Sie, wenn Ihr gemieteter Server bereits ein eingerichtetes MySQL- und Apache-Gespann mitbringt und dessen Einrichtung und Wartung vom Anbieter beziehungsweise Webhoster übernommen wird.

Falls Sie selbst für Ihren kompletten Server sorgen müssen, wie zum Beispiel im Fall eines gemieteten Root-Servers, sollten Sie unbedingt entsprechende Sicherungsmaßnahmen einleiten. Eine detaillierte Erläuterung würde jedoch den Rahmen dieses Buchs sprengen. Im Handel finden Sie aber umfangreiche Literatur zu Apache und

MySQL, die jeweils auch die Installation und Einrichtung eines sicheren Systems beschreibt.

Weitere Informationen zu den in XAMPP enthaltenen Schwachstellen und dazu, wie man sie (notdürftig) flickt, finden Sie auf der XAMPP-Homepage (*https://xampp.org*).

Installation von Joomla!

Um Joomla! installieren zu können, müssen alle Voraussetzungen aus dem Abschnitt »Voraussetzungen« auf Seite 26 erfüllt sein. Dies ist der Fall, wenn Sie dem vorherigen Abschnitt gefolgt sind und eine Testumgebung mit XAMPP eingerichtet haben. Sofern Sie einen Server im Internet angemietet haben und unsicher sind, fragen Sie sicherheitshalber Ihren Anbieter beziehungsweise Webhoster. Anschließend können Sie Joomla! installieren. Dies gelingt in neun kleinen Schritten.

Schritt 1: Joomla! herunterladen

Zunächst benötigen Sie das Content-Management-System selbst. Sie erhalten es kostenlos auf der Joomla!-Homepage unter *https://www.joomla.org*. Dort klicken Sie auf die *Download*-Schaltfläche, die Sie zu der Seite aus Abbildung 2-11 führt.

Abbildung 2-11:   Die Download-Seite mit den aktuellen Joomla!-Paketen. Hier bekommt man auch sogenannte Upgrade Packages, die ältere Versionen auf den aktuellen Entwicklungsstand heben.

Diese Seite haben die Joomla!-Entwickler immer wieder überarbeitet. Grundsätzlich können Sie dort über eine Schaltfläche das Content-Management-System in seiner aktuellen Version herunterladen. Zum Erstellungszeitpunkt dieses Buchs genügte dazu ein Klick auf das linke Rechteck mit der Beschriftung *Download Joomla! …*

Sie erhalten dann ein ZIP-Archiv (mit der Endung *.zip*), das in den meisten Fällen genau das richtige ist. Sofern Sie nicht wissentlich etwas anderes benötigen, können Sie jetzt direkt zum nächsten Abschnitt, »Schritt 2: Joomla! entpacken«, springen.

Wenn Sie ein anderes Archivformat bevorzugen oder eine ganz bestimmte (ältere) Joomla!-Version benötigen, rufen Sie die Seite *https://github.com/joomla/joomla-cms/releases* auf. Dort bieten die Joomla!-Entwickler alle in den letzten Jahren veröffentlichten Joomla!-Versionen zum Download an (Abbildung 2-12). Die aktuelle Joomla!-Version ist mit dem grünen Schild *Latest release* auf der linken Seite markiert. Alle anderen Versionen sind entweder veraltet oder spezielle Testversionen.

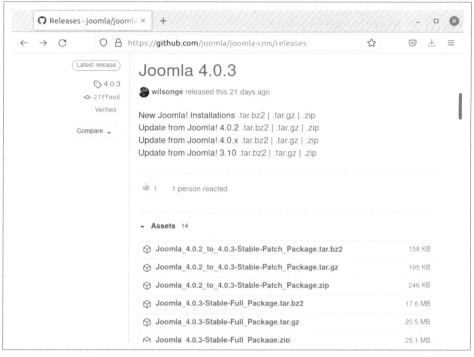

Abbildung 2-12: Die Entwickler nutzen die Seite GitHub, um Joomla! gemeinsam weiterzuentwickeln. Auf dieser Unterseite bieten sie zudem Joomla! in verschiedenen Archivformaten an.

Warnung Setzen Sie auf einem Server im Internet immer nur die aktuelle Version von Joomla! ein (die mit *Latest release* markiert ist). Die anderen Versionen können Fehler und Sicherheitslücken enthalten, über die wiederum Angreifer Ihre Joomla!-Installation übernehmen oder die zu Datenverlusten führen könnten.

Zu jeder Joomla!-Version stehen neben *New Joomla! Installations* zusätzlich zum ZIP-Archiv auch Pakete im *.tar.gz*- und *.tar.bz2*-Format bereit, die vor allem Linux-Anhänger bevorzugen. In allen drei Archiven steckt der gleiche Inhalt; die unterschiedlichen Dateigrößen rühren von den unterschiedlichen Kompressionsgraden her. Achten Sie beim Download darauf, dass das Paket den Text *Full_Package* im

Dateinamen trägt. Nur dann handelt es sich um das komplette Content-Management-System. Alle anderen bereitgestellten Pakete dienen dazu, eine ältere Joomla!-Version auf den aktuellen Stand zu bringen.

Warnung   Überschreiben Sie niemals eine alte, bestehende Joomla!-Version mit einer neuen. Entpacken Sie also beispielsweise nicht einfach das Paket der neuen Version 4 in das Verzeichnis einer bestehenden Joomla!-3.10-Installation! Aufgrund der umfangreichen Änderungen wird das sehr wahrscheinlich schiefgehen und mit einem defekten Content-Management-System enden. Um die Aktualisierung und Migration kümmert sich später noch ausführlich das gleichnamige Kapitel 22, *Aktualisierung und Migration*.

Schritt 2: Joomla! entpacken

Der Webserver erwartet alle Dokumente und Webanwendungen, die er bereitstellen soll, in einem ganz bestimmten Verzeichnis. Diesen Speicherort müssen Sie im nächsten Schritt aufspüren und dort dann das heruntergeladene Archiv mit Joomla! entpacken. Die dazu notwendigen Handgriffe hängen davon ab, ob Sie Joomla! auf Ihrem eigenen PC oder einem Server im Internet nutzen möchten. Zunächst zu Ihrem privaten Computer.

Auf dem eigenen PC

Wenn Sie den vorherigen Abschnitten gefolgt sind und mit XAMPP eine Testumgebung aufgesetzt haben, hört das gesuchte Verzeichnis auf den Namen *htdocs*.

- Unter Windows finden Sie es direkt im XAMPP-Installationsverzeichnis, also normalerweise unter *C:\xampp\htdocs*.
- Bei einem Apple-Computer mit macOS beziehungsweise OS X liegt es unter */Programme/XAMPP/xamppfiles/htdocs*.
- In Linux liegt es unter */opt/lampp/htdocs*.

Dort hinein entpacken Sie Joomla! wie folgt:

- Unter Windows klicken Sie einfach das heruntergeladene Joomla!-Archiv mit der rechten Maustaste an, wählen den Punkt *Alle extrahieren* und geben als Verzeichnis für den Assistenten *C:\xampp\htdocs\joomla* an. *C:\xampp* müssen Sie dabei gegebenenfalls durch das Installationsverzeichnis von XAMPP ersetzen. Der kleine Assistent erstellt automatisch das Unterverzeichnis *joomla* und entpackt dort dann das Content-Management-System.
- Unter macOS beziehungsweise OS X hängt das Vorgehen vom verwendeten Browser ab. Der mitgelieferte Safari-Browser entpackt das ZIP-Archiv mit Joomla! standardmäßig direkt nach dem Download. In diesem Fall müssen Sie das dabei neu entstandene Verzeichnis lediglich in *joomla* umbenennen und dieses dann in den Ordner */Programme/XAMPP/xamppfiles/htdocs* verschieben.

  Wenn Sie einen anderen Browser nutzen, müssen Sie doppelt auf das ZIP-Archiv klicken. Benennen Sie dann den entstandenen Ordner in *joomla* um und kopieren Sie ihn in das Verzeichnis */Programme/XAMPP/xamppfiles/htdocs*.

In jedem Fall selektieren Sie jetzt dort den Ordner *joomla*, indem Sie sein Symbol anklicken. Wählen Sie dann *Ablage → Informationen*. Es öffnet sich ein Fenster, in dem Sie ganz nach unten fahren. Dort gibt es den Punkt *Freigabe & Zugriffsrechte*. Klappen Sie diesen Punkt mit einem Klick auf das davorstehende Dreieck auf. Damit Sie gleich über den Browser auf Joomla! zugreifen können, muss in der Tabelle neben *everyone* der Punkt *Lesen & Schreiben* eingestellt sein. Wenn das bei Ihnen nicht der Fall ist, klicken Sie auf das Feld rechts neben *everyone* und wählen *Lesen & Schreiben*. Klicken Sie jetzt auf das Schlosssymbol rechts unten in der Ecke und geben Sie Ihr Passwort ein. Klicken Sie anschließend auf das Symbol mit dem Zahnrad und wählen Sie *Auf alle Unterobjekte anwenden*. Bestätigen Sie die Rückfrage mit *OK*. Anschließend können Sie das Infofenster wieder schließen. Damit dürfen alle Benutzer und Anwendungen den Inhalt des *joomla*-Verzeichnisses verändern. In einer Testinstallation sorgt das für ein bequemeres Arbeiten.

- Sind Sie Linux-Anwender, entpacken Sie das Joomla!-Archiv am schnellsten in einem Terminalfenster. Zunächst erstellen Sie dazu ein Unterverzeichnis für Joomla!:

    ```
    sudo mkdir /opt/lampp/htdocs/joomla
    ```

    Der folgende zweite Befehl entpackt das Joomla!-Archiv. Sofern Sie das ZIP-Archiv heruntergeladen haben, nutzen Sie das folgende Kommando:

    ```
    sudo unzip Joomla_*Full_Package.zip -d /opt/lampp/htdocs/joomla
    ```

    Bei einem *.tar.gz*-Archiv verwenden Sie seinen Kollegen …

    ```
    sudo tar xvfz Joomla_*Full_Package.tar.gz -C /opt/lampp/htdocs/joomla
    ```

    … während das folgende Ungetüm ein Archiv im *.tar.bz2*-Format auspackt:

    ```
    sudo tar xvfj Joomla_*Full_Package.tar.bz2 -C /opt/lampp/htdocs/joomla
    ```

    In jedem Fall müssen Sie abschließend noch die Zugriffsrechte anpassen:

    ```
    sudo chmod -R 777 /opt/lampp/htdocs/joomla
    ```

    Nach diesem Befehl dürfen alle Benutzer und Programme den Inhalt des *joomla*-Verzeichnisses verändern. In einer Testinstallation sorgt das für ein bequemeres Arbeiten.

    Da nur der Benutzer *root* Schreibrechte auf das Verzeichnis */opt/lampp* besitzt, fordert in den obigen Befehlen das jeweils vorangestellte sudo die notwendigen Rechte an. Das verlangte Passwort haben Sie bei der Installation Ihrer Distribution vergeben; probieren Sie im Zweifelsfall Ihr eigenes aus. Weigert sich Linux, den Befehl trotz korrektem Passwort auszuführen, melden Sie sich mit

    ```
    su root
    ```

    direkt als Benutzer *root* an, und wiederholen Sie dann die obigen Befehle ohne das vorangestellte sudo.

Sofern Sie XAMPP nicht verwenden und selbst einen Webserver aufgesetzt haben, nennt Ihnen das Handbuch Ihres Betriebssystems beziehungsweise Ihres Webservers das passende Verzeichnis (meist unter dem Stichwort »DocumentRoot« oder »Stammverzeichnis«). Unter Linux ist beispielsweise */var/www/html* äußerst beliebt.

In dieses Verzeichnis entpacken Sie jetzt das heruntergeladene Joomla!-Archiv. Wenn Sie seinen Inhalt direkt im *htdocs*-Verzeichnis ablegen, erreichen Sie Joomla! später über die Adresse *http://localhost*. Der Begriff *localhost* steht dabei immer für den aktuellen Computer, in diesem Fall folglich für Ihren eigenen.

Alternativ können Sie im *htdocs*-Verzeichnis erst noch einen Unterordner erstellen, wie etwa *joomla*, und dort den Inhalt des Joomla!-Archivs entpacken. Sie müssen dann allerdings zukünftig diesen Verzeichnisnamen noch an die Internetadresse anhängen und somit im Beispiel immer *http://localhost/joomla* in Ihrem Browser aufrufen. Im Gegenzug behalten Sie einen besseren Überblick über Ihre Joomla!-Installation und können im Fall der Fälle das Content-Management-System einfacher löschen – Sie müssen dann nur diesen Unterordner in den Papierkorb werfen. Bei einer Testinstallation ist es daher ratsam, Joomla! ein eigenes Unterverzeichnis zu spendieren. Als Verzeichnisname bietet sich das erwähnte *joomla* an.

 Tipp   Auf diese Weise lassen sich auch zwei Joomla!-Versionen parallel betreiben: Packen Sie jede von ihnen in ein eigenes Verzeichnis und wählen Sie später bei der Installation unterschiedliche Datenbanken (oder zumindest verschiedene Präfixe bei den Tabellennamen – mehr dazu folgt im sechsten Installationsschritt).

Auf einem Server im Internet

Wenn Sie Joomla! auf Ihrem angemieteten Server im Internet installieren möchten, entpacken Sie zunächst das heruntergeladene Joomla!-Archiv auf Ihrem eigenen Computer in ein Verzeichnis Ihrer Wahl.

- Unter Windows klicken Sie dazu das ZIP-Archiv mit der rechten Maustaste an, wählen den Punkt *Alle extrahieren* und folgen den Anweisungen des Assistenten. Normalerweise können Sie einfach alle Vorgaben übernehmen.
- Auf einem Apple-Computer mit macOS beziehungsweise OS X entpacken aktuelle Versionen von Safari das Archiv automatisch nach dem Herunterladen. Wenn Sie einen anderen Browser benutzen, klicken Sie das ZIP-Archiv doppelt an.
- Linux-Nutzer müssen in der Regel ebenfalls nur das Archiv mit der rechten Maustaste anklicken und dann den entsprechenden Menüpunkt zum Entpacken wählen. Alternativ öffnen Sie ein Terminalfenster und erstellen ein neues Verzeichnis mit dem Namen *joomla*:

    ```
    mkdir joomla
    ```

    Entpacken Sie dort hinein das ZIP-Archiv mit:

    ```
    unzip Joomla_*Full_Package.zip -d joomla
    ```

    das *.tar.gz*-Archiv via:

    ```
    tar xvfz Joomla_*Full_Package.tar.gz -C joomla
    ```

    beziehungsweise das *.tar.bz2*-Archiv über:

    ```
    tar xvfj Joomla_*-Full_Package.tar.bz2 -C joomla
    ```

In jedem Fall besitzen Sie jetzt ein neues Verzeichnis. Dessen kompletten Inhalt (inklusive aller Unterverzeichnisse) müssen Sie im nächsten Schritt auf Ihren angemieteten Server hochladen.

Wie das funktioniert, hängt von Ihren Zugangsmöglichkeiten ab. Häufig stellt Ihnen Ihr Webhoster ein entsprechendes Programm oder eine andere Möglichkeit zum Hochladen von Dateien bereit – hier hilft ein Blick in die Hilfeseiten Ihres Webhosters. In der Regel erlaubt er Ihnen auch den Zugriff über FTP, SSH oder ein anderes Verfahren. Dann können Sie mit einem entsprechenden Programm die Dateien hochladen. Bei einem FTP-, SFTP- oder FTPS-Zugang bietet sich etwa FileZilla an (*https://filezilla-project.org*), das durch seinen großen Funktionsumfang allerdings auch eine etwas längere Einarbeitung erfordert. Im Fall der ssh, der Secure Shell, empfiehlt sich unter Windows etwa WinSCP (*https://winscp.net*).

In welches Verzeichnis Sie Joomla! hochladen müssen, verrät Ihnen ebenfalls Ihr Webhoster. Die Onlinehilfe nennt das entsprechende Verzeichnis wahlweise *DocumentRoot*, *public_html* oder *htdocs*.

Wenn alle Dateien und Unterverzeichnisse auf Ihrem Server angekommen sind, erreichen Sie Joomla! über Ihre gemietete Internetadresse, etwa *http://www.example.com*. Diese müssen später auch Besucher ansteuern, um auf Ihre Internetseiten zu gelangen.

Ihr Webhoster erlaubt Ihnen in der Regel, eigene Unterverzeichnisse auf dem Server zu erstellen und dort dann Joomla! abzulegen. Anders als bei einer Testinstallation sollten Sie sich das jedoch gut überlegen: Um Joomla! zu erreichen, müssen Sie den Verzeichnisnamen auch hier immer an die Internetadresse anhängen. Wenn Sie beispielsweise Joomla! auf dem Server in das Unterverzeichnis *joomla* hochladen, erreichen Sie Ihre Seiten später unter der Adresse *http://www.example.com/joomla*. Diese Adresse müssen dann aber auch später Ihre Besucher kennen. Deshalb sollten Sie Joomla! auf einem Webserver nur mit guten Gründen ein eigenes Unterverzeichnis spendieren.

Schritt 3: Installationsassistenten aufrufen

Stellen Sie nun sicher, dass sowohl der Webserver als auch die Datenbank laufen. Auf einem angemieteten Webserver ist das in der Regel bereits der Fall. Wenn Sie XAMPP verwenden, verrät der Abschnitt »Testumgebung einrichten« ab Seite 28 die dazu notwendigen Schritte: Unter Windows starten Sie über das XAMPP Control Panel die Module *Apache* und *MySQL*, im Fall von macOS starten Sie im XAMPP Application Manager den *Apache Web Server* und die *MySQL Database*. Linux-Nutzer rufen den Befehl sudo /opt/lampp/lampp start in einem Terminal auf.

In jedem Fall öffnen Sie ein Browserfenster und steuern Ihre Joomla!-Installation an. Wenn Sie Joomla! auf Ihrem eigenen PC nutzen und den vorherigen Abschnitten gefolgt sind, wechseln Sie zur Adresse *http://localhost/joomla* (beziehungsweise *http://localhost*, wenn Sie Joomla! direkt in das *htdocs*-Verzeichnis entpackt haben). Sofern Sie Joomla! auf einen Server im Internet kopiert haben, rufen Sie dessen Domainnamen auf, wie etwa *http://www.example.com*.

Joomla! sammelt alle seine Einstellungen in einer Datei namens *configuration.php*. Kann es diese Datei nicht erstellen, erhalten Sie die Fehlermeldung aus Abbildung 2-13. Wenn Sie diese Meldung sehen, müssen Sie Joomla! passende Schreibrechte gewähren. Das dazu notwendige Vorgehen hängt von Ihrem angemieteten Server ab. Häufig bieten die Kundencenter der Webhoster entsprechende Möglichkeiten an. Ergänzende Informationen hierzu liefert zudem der Abschnitt »Schreibrechte kontrollieren« auf Seite 56. In jedem Fall muss Joomla! in seinem Verzeichnis Dateien erstellen können. Sobald Sie die Rechte geändert haben, laden Sie die Seite in Ihrem Browser neu oder steuern noch einmal Ihre Joomla!-Installation an.

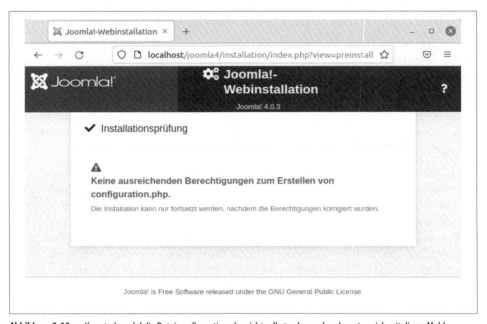

Abbildung 2-13: Konnte Joomla! die Datei *configuration.php* nicht selbst anlegen, beschwert es sich mit dieser Meldung.

Schritt 4: Sprache und Seitenname festlegen

Es meldet sich jetzt ein Assistent, der Sie zu einer fertigen Joomla!-Installation führt. Auf der ersten Seite legen Sie zunächst in der Drop-down-Liste ganz oben die Sprache fest, in der Joomla! Sie durch den Installationsprozess führt. Für die deutsche Sprache ist wie in Abbildung 2-14 der Punkt *Deutsch (Deutschland)* der richtige. Die *Sprachauswahl*, die Sie hier vornehmen, bezieht sich übrigens ausschließlich auf die Installation. Damit auch später die Benutzeroberfläche von Joomla! durchgehend in Deutsch erscheint, ist ein zusätzliches Sprachpaket notwendig (dazu folgt in wenigen Absätzen mehr).

Im unteren Teil müssen Sie Ihrem Internetauftritt einen Namen verpassen. Für die angestrebten Kinoseiten tippen Sie in das Eingabefeld hinter *Name der Joomla!-Website* kurz und knapp `Filmtoaster` ein. Dieser Name taucht später an unterschiedlichen Stellen auf, wie beispielsweise in der Titelleiste Ihres Internetbrowsers (siehe auch den Abschnitt »Es geht los: Die Filmtoaster-Seiten« auf Seite 23).

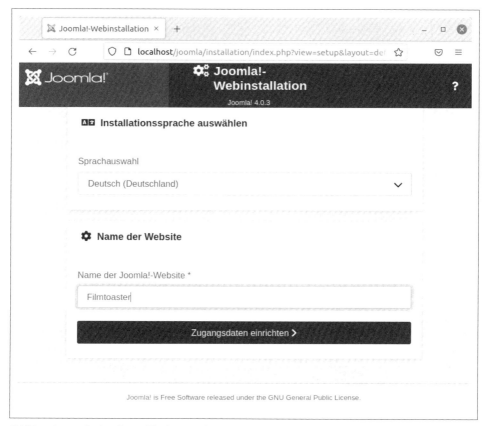

Abbildung 2-14: Die Sprachauswahl ist bereits auf Deutsch umgestellt. Darunter verlangt Joomla! den Namen der Website.

Gehen Sie anschließend via *Zugangsdaten einrichten* einen Schritt weiter.

Schritt 5: Benutzerkonto anlegen

In das oberste Eingabefeld tragen Sie zunächst Ihren vollständigen Namen ein, hier etwa Tim Schürmann (siehe Abbildung 2-15). Als Nächstes müssen Sie sich einen Benutzernamen sowie ein Passwort ausdenken. Beide zusammen erlauben später den Zugang zur Kommandozentrale und somit dem Heiligtum von Joomla!. Aus diesem Grund sollten Sie das Gespann weise wählen, es sich gut merken und vor allem möglichst geheim halten. Wer sich mit ihm später bei Joomla! anmeldet, hat vollen Zugriff auf alle Funktionen.

| Warnung | In einer lokalen Testinstallation können Sie den Benutzernamen *admin* verwenden. Er ist leicht zu merken und wird auch in vielen Anleitungen im Internet sowie in diesem Buch eingesetzt. Wenn Sie später Joomla! auf dem Server installieren, sollten Sie jedoch unbedingt einen anderen, möglichst kryptischen Benutzernamen wählen, denn Angreifer kennen *admin* bereits und müssten somit nur noch das Passwort erraten, um Zugang zu Ihrer Joomla!-Installation zu erhalten. | |

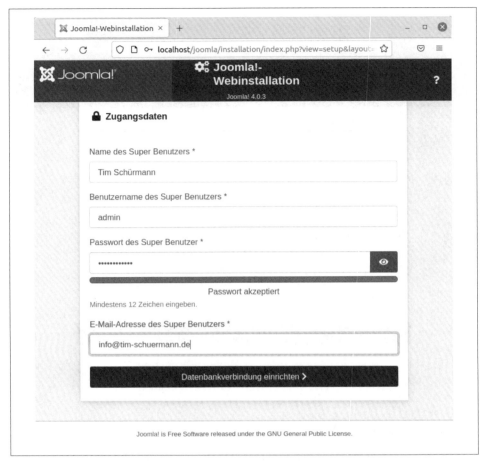

Abbildung 2-15: Mit den hier eingestellten Daten legt Joomla! gleich ein Benutzerkonto an, das weitreichende Rechte besitzt.

Der Benutzername gehört in das Feld *Benutzername des Super Benutzers*. Das Passwort tippen Sie unter *Passwort des Super Benutzer* ein. Damit keine hinter Ihnen stehende Person mitlesen kann, zeigt Joomla! für jedes Zeichen nur einen schwarzen Punkt an. Mit einem Klick auf das Augensymbol rechts decken Sie die Eingabe auf. Unterhalb des Eingabefelds zeigt Ihnen ein Balken, wie sicher Ihr gewähltes Passwort ist. Idealerweise besteht es aus einer Mischung aus Groß- und Kleinbuchstaben, Zahlen sowie einem Sonderzeichen. Das Passwort sollte zudem mindestens zwölf Zeichen lang sein. Wenn der Balken grün erscheint, ist Ihr Passwort ausreichend sicher. Beim Erstellen von besonders sicheren Passwörtern helfen sogenannte Passwortgeneratoren, die es kostenlos im Internet gibt. Ein Beispiel dafür ist das kleine Werkzeug *pwgen*, das Sie unter *https://8-p.info/pwgen/* finden.

 Tipp Die eingetippte Passwortzeichenkette speichert Joomla! zwar verschlüsselt in der Datenbank, erlangt jedoch ein Angreifer vollen Zugriff auf die Datenbank, kann er das Passwort gegen ein eigenes austauschen. Wie das genau funktioniert, verrät Kapitel 22, *Aktualisierung und Migration*. Allein schon aus diesem Grund sollten Sie in einer produktiven Umgebung besonderen Wert auf eine abgeschirmte und sichere Datenbankinstallation legen.

Abschließend hinterlegen Sie unter *E-Mail-Adresse des Super Benutzers* Ihre E-Mail-Adresse. An sie schickt Joomla! unter anderem auch wichtige Nachrichten.

Haben Sie alle notwendigen Daten hinterlegt, geht es via *Datenbankverbindung einrichten* weiter zur Einrichtung der Datenbank.

Schritt 6: Konfiguration der Datenbank

Im nächsten Schritt müssen Sie Joomla! mit der Datenbank bekannt machen. Wenn Sie dem Abschnitt »Testumgebung einrichten« auf Seite 28 gefolgt sind und eine Testumgebung mit XAMPP nutzen, hinterlegen Sie als *Datenbank Benutzer* den Namen **root** und belassen alle anderen Einstellungen. Das Ergebnis sollte wie das in Abbildung 2-16 aussehen, lediglich das Tabellenpräfix ist bei Ihnen ein anderes. Sofern Sie möglichst schnell zu einer funktionierenden Joomla!-Installation gelangen möchten, können Sie jetzt direkt mit *Joomla! installieren* die Einrichtung abschließen und zum nächsten Abschnitt, »Schritt 7: Deutsches Sprachpaket aktivieren«, auf Seite 50 springen.

Auf einem angemieteten oder selbst einrichteten Server müssen Sie allerdings die Datenbankeinstellungen einmal von oben nach unten durchgehen. Zunächst stellen Sie ganz oben unter *Datenbanktyp auswählen* ein, welche Datenbank Joomla! nutzen soll. Joomla! 4.0 kann mit MySQL und PostgreSQL zusammenarbeiten. Alternativ zu MySQL können Sie auch eine vollständig kompatible Datenbank einsetzen, wie etwa MariaDB. Wenn Sie einen Datenbanktyp vermissen, ist in PHP das entsprechende Datenbankmodul nicht geladen. In diesem Fall müssen Sie die PHP-Konfiguration verändern beziehungsweise mit Ihrem Webhoster sprechen.

Wenn Sie mit MySQL oder einer kompatiblen Datenbank wie MariaDB arbeiten, belassen Sie *Datenbanktyp auswählen* auf der Voreinstellung *MySQLi*. Diese Einstellung ist auch korrekt, wenn Sie eine Testumgebung mit XAMPP verwenden. Die Option *MySQL (PDO)* bezeichnet eine alternative Schnittstelle zur MySQL-Datenbank. Diese sollten Sie nur dann verwenden, wenn mit MySQLi Probleme auftreten oder Ihr Webhoster MySQL PDO vorschreibt.

Unter *Datenbankserver* tippen Sie den (Domain-)Namen des Servers ein, auf dem die Datenbank läuft. In der XAMPP-Umgebung ist das derselbe Rechner, auf dem auch Joomla! arbeitet. Der korrekte Wert lautet in diesem Fall *localhost*. Bitte beachten Sie, dass sich *localhost* an dieser Stelle auf den Computer bezieht, auf dem Joomla! installiert wird. Relevant ist dabei der Blickwinkel des Content-Management-Systems: Aus Sicht von Joomla! läuft die Datenbank auf seinem eigenen Computer (*localhost*).

Die meisten Webhoster lagern allerdings die Datenbank auf einen anderen Computer aus. Wenn Sie Joomla! auf einem angemieteten Server installieren, müssen Sie daher sehr wahrscheinlich hier einen anderen (Domain-)Namen eingeben. Diesen nennt Ihnen normalerweise Ihr Webhoster irgendwo in seinem Kundenbereich beziehungsweise Servicecenter. Im Zweifelsfall sollten Sie sich bei Ihrem Webhoster darüber informieren, welche Angabe hier richtig ist. Unter Umständen müssen Sie auch die Datenbank erst manuell aktivieren beziehungsweise aufsetzen.

In den nächsten beiden Feldern landen die Zugangsdaten, mit denen sich Joomla! bei der Datenbank anmeldet. Bei der Installation auf einem Server im Internet erhalten Sie das passende Bündel aus Benutzername und Passwort von Ihrem Webhoster. Bei einer lokalen Installation mit XAMPP ist *root* der *Datenbank Benutzer*, während das *Datenbank Passwort* wie in Abbildung 2-16 leer bleibt. Diese Zugangsdaten haben die XAMPP-Macher so vorgegeben. Sofern Sie die Datenbank selbst installiert haben, legen Sie in der Datenbank auch ein neues Benutzerkonto für Joomla! an.

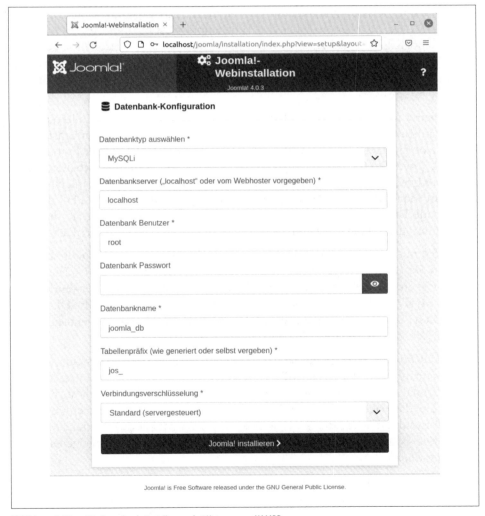

Abbildung 2-16: Die Datenbankeinstellungen bei Nutzung von XAMPP.

Warnung Hier wird noch einmal sehr deutlich eine Sicherheitslücke von XAMPP sichtbar: Jeder halbwegs intelligente Angreifer kennt den voreingestellten Benutzernamen und das Passwort. Sobald er nur irgendwie Zugriff auf das System erlangt, hätte er automatisch auch uneingeschränkten Zugriff auf die komplette MySQL-Datenbank. Setzen Sie daher XAMPP niemals ohne weitere Maßnahmen auf einem produktiven Server ein.

Abschließend fehlt noch der Name der Datenbank. Das mag zunächst etwas komisch klingen, ein Datenbankprogramm wie MySQL kann jedoch durchaus mehrere Datenbanken für jeweils unterschiedliche Zwecke verwalten. Sofern eine Datenbank mit dem hier eingetippten Namen noch nicht existiert, legt Joomla! sie gleich selbstständig an. Unter einer Testinstallation mit XAMPP dürfen Sie einen beliebigen Datenbanknamen wählen, wobei sich wie in Abbildung 2-16 das vorgegebene *joomla_db* anbietet. Wichtig ist nur, dass im Namen keine Leerzeichen enthalten sind. Bei einer Installation auf Ihrem richtigen Internetserver gibt Ihnen normalerweise Ihr Webhoster den Datenbanknamen vor. Unter Umständen müssen Sie erst manuell eine Datenbank im Kundencenter Ihres Webhosters selbst anlegen. Diesen meist kryptischen Bezeichner tragen Sie dann hier unter *Datenbankname* ein.

Warnung Wenn Sie auf Ihrem angemieteten Server den Datenbanknamen selbst wählen können, sollten Sie sich einen möglichst kryptischen ausdenken. Da *joomla_db* ein recht beliebter Name ist, probieren Angreifer ihn bei ihren Einbruchsversuchen als Erstes aus.

Alle zu speichernden Informationen legt die Datenbank in einzelnen Tabellen ab, die zur Unterscheidung jeweils einen eindeutigen Namen erhalten (wie Sie es vielleicht auch von Ihrer Tabellenkalkulation kennen). Den Namen seiner eigenen Tabellen stellt Joomla! jeweils noch ein kleines Kürzel voran. Dieses *Tabellenpräfix* hat gleich mehrere Vorteile:

- Die zu Joomla! gehörenden Tabellen lassen sich dank des Präfixes schneller identifizieren und sichern (siehe Kapitel 21, *Datensicherung und Wiederherstellung (Backups)*).
- Weitere Webanwendungen können die gleiche Datenbank (mit-)nutzen. Das ist beispielsweise dann nützlich, wenn Sie zwei Joomla!-Portale betreiben wollen, Ihr Webhoster aber nur eine Datenbank spendiert.
- Kriminelle können die Namen der Tabellen nicht so leicht erraten, was wiederum Einbrüche in Ihre Joomla!-Installation erschwert. Aus diesem Grund schlägt Joomla! auch immer eine zufällig generierte Zeichenfolge als Tabellenpräfix vor. Damit wird es fast unmöglich, die korrekten Tabellennamen zu erraten.

Tipp Einige Anleitungen, dieses Buch sowie Hilfen im Internet verwenden das Präfix *jos_*. Sie können es daher ebenfalls wählen, wenn Sie Joomla! zum ersten Mal in einer Testinstallation ausprobieren. Später auf dem richtigen Internetserver sollten Sie jedoch aus Sicherheitsgründen das von Joomla! vorgeschlagene kryptischere Kürzel übernehmen.

Wenn Joomla! irgendwann einmal auf Ihrem Computer oder Server installiert war, gibt es in der Datenbank bereits die von Joomla! verwendeten Tabellen. Diese dürften sehr wahrscheinlich auch schon (Beispiel-)Texte enthalten. Wenn Sie jetzt Joomla! neu installieren möchten, müssen Sie sich überlegen, was mit diesen alten Tabellen passieren soll. Dabei haben Sie drei Möglichkeiten:

- Sie verwenden ein neues Tabellenpräfix. Damit bleiben die alten Tabellen weiterhin in der Datenbank. Die neue Joomla!-Installation nutzt dann ausschließlich die Tabellen mit dem neuen Tabellenpräfix und beachtet die alten gar nicht weiter. Dieser Weg ist der richtige, wenn Sie die alten Daten behalten möchten.
- Sie lassen von den alten Tabellen eine Sicherheitskopie erstellen. Dazu hinterlegen Sie das Präfix der alten Tabellen im Eingabefeld *Tabellenpräfix*. Der Installationsassistent von Joomla! benennt dann die alten Tabellen um, indem er ihren Namen jeweils noch ein *bak_* voranstellt. Anschließend legt er neue leere Tabellen an, die Joomla! dann nutzt. Dieser Weg ist der richtige, wenn Sie die alten Tabellen sehr wahrscheinlich nicht mehr benötigen (sich aber noch nicht endgültig sicher sind).
- In der Regel können Sie einfach das von Joomla! vorgegebene Tabellenpräfix übernehmen. Das ist auch die richtige Einstellung, wenn Sie Joomla! zum ersten Mal installieren.

Mittlerweile verschlüsseln viele Datenbanken ihre Kommunikation. Wenn das auch bei Ihnen der Fall ist, müssen Sie unter *Verbindungsverschlüsselung* das bei Ihnen verwendete Verfahren auswählen und dann in den neu angezeigten Einstellungen die passenden Werte wählen. Welche Einstellungen Sie wählen müssen, hängt dabei von den Voraussetzungen Ihres Servers ab. Bei einem angemieteten Server sollten Sie Ihren Webhoster um Hilfe bitten. Im Zweifelsfall belassen Sie die Vorgabe *Standard (servergesteuert)*.

Sind alle Einstellungen korrekt, klicken Sie auf *Joomla! installieren*. Der Assistent prüft jetzt noch einmal alle Eingaben. Sollte er etwas bemängeln, wie etwa ein zu kurzes Passwort, passiert erst einmal scheinbar nichts weiter. Fahren Sie dann auf der Seite ganz nach oben. Dort finden Sie eine entsprechende Fehlermeldung. Beheben Sie das dort bemängelte Problem, beispielsweise indem Sie ein längeres Passwort in das entsprechende Feld tippen. Stoßen Sie anschließend die Einrichtung erneut über *Joomla! installieren* an.

Schritt 7: Deutsches Sprachpaket aktivieren

Nachdem Joomla! die Datenbank eingerichtet hat, erscheint die Glückwunschmeldung aus Abbildung 2-17. Damit ist die Installation allerdings noch nicht ganz beendet. Standardmäßig spricht Joomla! nur Englisch. Wenn Sie dem Content-Management-System schon jetzt eine weitere Sprache beibringen möchten, etwa Deutsch, stellen Sie zunächst sicher, dass eine Verbindung ins Internet besteht. Klicken Sie dann im oberen Teil auf *Zusätzliche Sprachen installieren*.

Abbildung 2-17: Direkt nach der Installation können Sie über die obere Schaltfläche eine Sprache nachrüsten.

Joomla! präsentiert Ihnen nun die Liste aus Abbildung 2-18 mit allen unterstützten Sprachen. Suchen Sie die von Ihnen gewünschte Übersetzung und setzen Sie mit einem Mausklick einen Haken in das davorstehende Kästchen. Damit Joomla! gleich Deutsch spricht, haken Sie *German* an.

Auf die gleiche Weise können Sie auch noch beliebig viele weitere Sprachen bestimmen. Die Installation der Übersetzungen dauert allerdings ein paar Sekunden. Insbesondere angemietete Server im Internet unterbrechen zu lang dauernde Arbeiten aus Sicherheitsgründen. Die Entwickler raten daher, nicht mehr als drei Sprachen gleichzeitig auszuwählen.

Tipp Installieren Sie hier nur das Sprachpaket für Deutsch (*German*). Sie können später bequem in der Kommandozentrale weitere Sprachpakete hinzufügen. Kapitel 17, *Mehrsprachigkeit*, wird sich noch ausführlich darum kümmern.

Gehen Sie dann am unteren Seitenrand einen Schritt *Weiter*. Joomla! holt sich jetzt das beziehungsweise die entsprechenden Übersetzungen aus dem Internet und spielt sie ein.

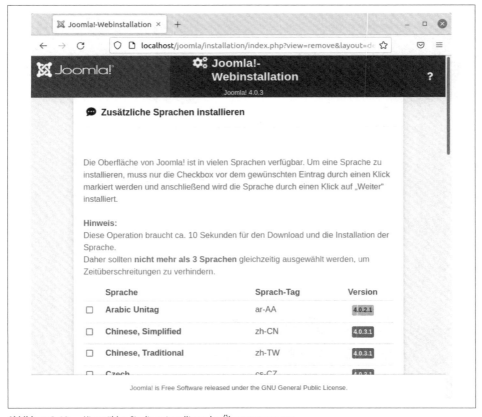

Abbildung 2-18: Hier wählen Sie die zu installierenden Übersetzungen aus.

Wann das Content-Management-System welche Sprache spricht, bestimmen Sie im nächsten Schritt aus Abbildung 2-19. Dort finden Sie zwei Tabellen.

In der oberen Tabelle (unterhalb des fett gedruckten Schriftzugs *Joomla!-Administration*) wählen Sie die Sprache aus, die Joomla! standardmäßig in der Kommandozentrale spricht. Wenn Sie *German (Germany)* aktivieren, besitzen folglich gleich alle Schaltflächen und Menüpunkte in der Steuerzentrale eine deutsche Beschriftung.

Analog bestimmen Sie in der unteren Tabelle, in welcher Sprache Joomla! Ihre Besucherinnen und Besucher begrüßt. Wenn Sie *German (Germany)* selektieren, sieht man sofort deutsche Schaltflächen.

 Warnung   Joomla! kann nur die eigenen Texte, Schaltflächen und Beschriftungen übersetzen, nicht aber die von Ihnen oder Ihren Autorinnen und Autoren eingetippten Texte. Wenn Sie während der Installation eine englische Beispiel-Website eingespielt haben, bleiben folglich Ihre Texte (erst einmal) weiterhin in Englisch.

Sobald Sie die passende Sprache ausgewählt haben, klicken Sie auf *Standardsprache konfigurieren*. Joomla! bestätigt Ihnen daraufhin die Änderung mit einer grünen Meldung.

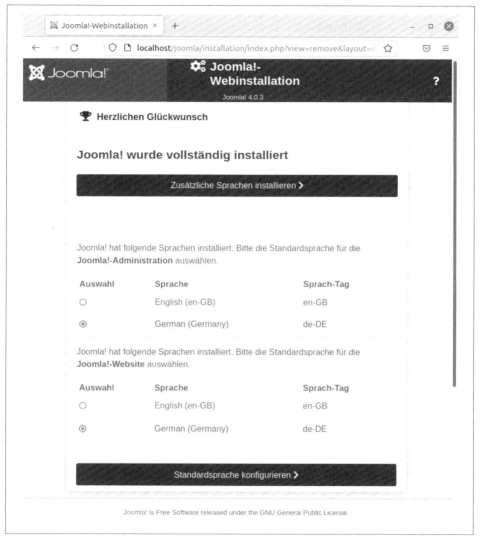

Abbildung 2-19: Hier legen Sie fest, welche Sprache Joomla! standardmäßig auf Ihren Seiten und im Kontrollzentrum sprechen soll.

Schritt 8: PHP-Einstellungen kontrollieren

Damit haben Sie es fast geschafft. Wie in Abbildung 2-20 zu sehen, präsentiert Joomla! Ihnen jedoch eventuell noch einen Bereich mit einer oder mehreren PHP-Einstellungen. Diese Einstellungen sind für den Betrieb von Joomla! nicht optimal. In der Tabelle finden Sie unter *Empfohlen* die von Joomla! erwarteten Einstellungen, unter *Aktuell* die derzeit gültigen. Diesen Empfehlungen müssen Sie aber nicht zwingend folgen, Joomla! läuft auch ohne eine Änderung der entsprechenden Einstellungen. Einiges könnte allerdings nicht bestmöglich funktionieren.

Wie Sie die vorgeschlagenen Änderungen anpassen, hängt von Ihrem Server beziehungsweise Ihrem Webhoster ab. In vielen Fällen können Sie die Einstellungen in seinem Kundenbereich ändern. Andernfalls müssen Sie die Einstellungen direkt in der dafür vorgesehenen Konfigurationsdatei *php.ini* oder je nach Server auch in der *user.ini* anpassen. Dort sollten Sie allerdings nur Änderungen vornehmen, wenn Sie mit PHP vertraut sind. Bitten Sie gegebenenfalls Ihren Webhoster um Hilfe.

Wenn Sie eine Testumgebung mit XAMPP aufgesetzt haben, können Sie die angeprangerte Einstellung aus Abbildung 2-20 einfach ignorieren.

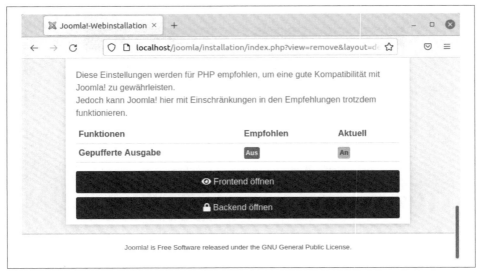

Abbildung 2-20: Der letzte Schritt auf dem Weg zur Joomla!-Installation.

Schritt 9: Startseite und Kommandobrücke aufrufen

Während der Einrichtung von Joomla! hat der Assistent auch eine Beispiel-Website erzeugt. Sie demonstriert nicht nur viele Funktionen des Content-Management-Systems, sondern dient auch als idealer Ausgangspunkt für eine eigene Seite – und das Kinoportal.

Um diese Website zu sehen, klicken Sie auf der Seite mit der Glückwunschmeldung auf *Frontend öffnen*. Das Ergebnis zeigt Abbildung 2-21. Zu dieser Startseite Ihres Internetauftritts führt zukünftig die im Abschnitt »Schritt 2: Joomla! entpacken« auf Seite 40 vorgestellte Internetadresse. In der Regel ist das der von Ihnen gemietete Domainname, etwa *http://www.example.com*. Wenn Sie Joomla! auf Ihrem eigenen Computer installiert haben und allen Schritten aus den vorherigen Abschnitten gefolgt sind, erreichen Sie die Startseite unter *http://localhost/joomla*.

Wenn Sie sich noch auf der Seite aus Abbildung 2-20 befinden, springen Sie über die Schaltfläche *Backend öffnen* zum Eingangstor der Steuerzentrale von Joomla! (aus Abbildung 2-22). Zukünftig erreichen Sie es, indem Sie der Internetadresse zu Ihrer Startseite noch ein */administrator* anhängen. Ist Ihr Internetauftritt also etwa unter der Adresse *http://www.example.com* zu erreichen, finden Sie unter *http://www.example.com/administrator* den Eingang zur Kommandobrücke. Sofern Sie Joomla! auf Ihrem eigenen PC installiert haben und allen Schritten aus den vorherigen Abschnitten gefolgt sind, erreichen Sie die Steuerzentrale unter *http://localhost/joomla/administrator*.

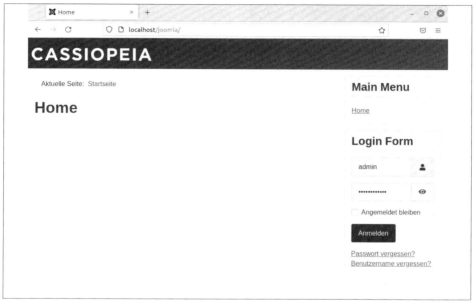

Abbildung 2-21: Die kleine mitgelieferte Beispiel-Website hat nach der Installation noch keine Inhalte.

Eventuell führt ein Klick auf eine der angesprochenen Schaltflächen nur zu einer Fehlermeldung, in der Joomla! Sie darum bittet, das Verzeichnis *installation* zu löschen. Gemeint ist das Unterverzeichnis *installation* in Ihrem Joomla!-Verzeichnis, das die Formulare aus den vorherigen Schritten enthält. Dies geschieht wieder aus Sicherheitsgründen: Bei einer Installation auf dem Server könnte jeder beliebige Besucher diese Seiten erneut aufrufen und dabei beispielsweise die Datenbank leeren oder das Passwort ändern. Folgen Sie daher unbedingt der Bitte von Joomla!. Wenn Sie mit XAMPP arbeiten und den Schritten aus den vorherigen Abschnitten gefolgt sind, finden Sie das Verzeichnis *installation*

- unter Windows im Verzeichnis *C:\xampp\htdocs\joomla*,
- unter OS X beziehungsweise macOS im Verzeichnis */Programme/XAMPP/xamppfiles/htdocs/joomla* und
- unter Linux im Verzeichnis */opt/lampp/htdocs/joomla*.

Bevor es endlich in der Steuerzentrale weitergeht und Sie dort Ihren ersten Text veröffentlichen, sollten Sie auf einem angemieteten Server noch einen Blick auf die Zugriffsrechte werfen. Genau darum kümmert sich der nächste Abschnitt. Nutzen Sie Joomla! zum ersten Mal in einer Testumgebung mit XAMPP, können Sie direkt zum nächsten Kapitel springen.

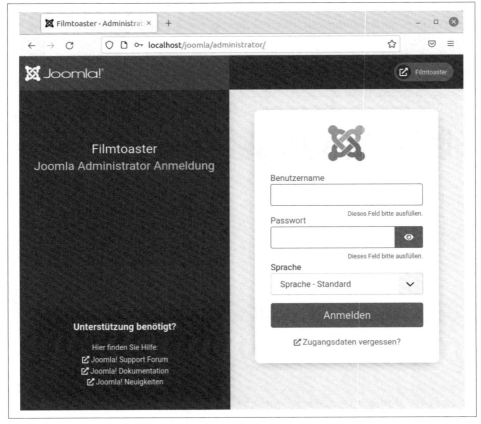

Abbildung 2-22: Der Anmeldebildschirm für die Kommandobrücke von Joomla!.

Schreibrechte kontrollieren

Insbesondere wenn Sie Joomla! auf einem Server im Internet installiert haben, sollten Sie abschließend noch die Zugriffs- und Schreibrechte der Dateien kontrollieren. Dazu bieten häufig die Kundencenter der Webhoster entsprechende Möglichkeiten an.

Normalerweise benötigt Joomla! nur lesenden Zugriff. Sobald Sie jedoch Erweiterungen einspielen oder Bilder zur Illustration Ihrer Texte hochladen möchten, müssen einige Verzeichnisse beschreibbar sein. Welche das sind, erfahren Sie entweder recht unsanft durch eine Fehlermeldung oder aber in der Verwaltungszentrale von Joomla!. Dazu steuern Sie in Ihrem Browser wieder die Kommandobrücke an (wenn Sie eine lokale Testinstallation wie in den vorherigen Abschnitten aufgesetzt haben, rufen Sie die Internetadresse *http://localhost/joomla/administrator* auf). Melden Sie sich mit dem bei der Installation vergebenen Benutzernamen und dem entsprechenden Passwort an. Anschließend wählen Sie aus dem Hauptmenü am linken Seitenrand *System* (hinter dem Schraubenschlüsselsymbol), dann *Systeminformatio-*

nen (in der englischen Sprachfassung *System Information*) und schließlich *Verzeichnisrechte* (*Folder Permissions*).

Joomla! präsentiert Ihnen nun eine Liste mit Verzeichnissen, auf die es gern (irgendwann einmal) schreibend zugreifen möchte. Für alle Einträge mit einem roten *Schreibgeschützt* (*Unwritable*) müssen Sie die Zugriffsrechte nachjustieren. Sofern Ihr FTP-Programm einen numerischen Wert für die Zugriffsrechte verlangt, tippen Sie 777 ein. Damit erlauben Sie allen Nutzern das Lesen und Schreiben der entsprechenden Datei (weitere Informationen zu diesen Nummern finden Sie beispielsweise in der Wikipedia unter *http://de.wikipedia.org/wiki/Unix-Dateirechte*).

Es ist jedoch ratsam, einigen der Verzeichnissen die Schreibrechte nur vorübergehend zu erteilen. Dies gilt insbesondere für die Unterverzeichnisse *components*, *modules*, *templates* sowie für alle Verzeichnisse unter *plugins* und *administrator* – mit Ausnahme von *cache* im Ordner *administrator*. Auf diese Weise können andere Joomla!-Benutzer oder Eindringlinge nicht einfach hinter Ihrem Rücken Erweiterungspakete oder neue Seitenvorlagen (Templates) einspielen. Falls das Kundencenter einen numerischen Wert verlangt, wäre in diesem Fall 755 passend (der Eigentümer darf alles, die restlichen Nutzer – darunter auch Joomla! – dürfen nur lesen). Möchte man selbst derartige Elemente einspielen, ergänzt man die Schreibrechte für eine kurze Zeit wieder.

Treten während des Betriebs Probleme auf, etwa bei der Installation von Sprach- oder Erweiterungspaketen, sollten Sie zunächst die korrekte Vergabe der Zugriffsrechte prüfen – vielleicht darf Joomla! überhaupt nichts in die jeweils betroffenen Verzeichnisse schreiben.

PHP-Einstellungen anpassen

In den meisten Fällen müssen Sie sich um die Einrichtung von PHP nicht weiter kümmern. Das gilt vor allem, wenn Sie eine Testumgebung mit XAMPP aufgesetzt oder einen für Joomla! geeigneten Server im Internet angemietet haben.

Tipp In diesen beiden Fällen können Sie diesen Abschnitt überspringen.

Mitunter möchten oder müssen Sie jedoch PHP selbst installieren. Einige Webhoster richten ihre Server zudem nur rudimentär ein. In solchen Fällen kommen Sie nicht umhin, PHP selbst passend einzurichten beziehungsweise an die Bedürfnisse von Joomla! anzupassen.

Einstellungen aufspüren

Die Ausführung von PHP-Programmen wie Joomla! lässt sich über zahlreiche Einstellungen beeinflussen. Wie und wo Sie diese Einstellungen ändern können, hängt von Ihrem Webhoster ab. Normalerweise dürfen Sie irgendwo im Kundenbereich die PHP-Einstellungen anpassen. Andernfalls ist die Konfigurationsdatei *php.ini* die korrekte Anlaufstelle. Sollten Sie auf diese Datei keinen Zugriff erhalten, suchen Sie die Datei *user.ini*.

Sofern Sie XAMPP verwenden, finden Sie die Datei *php.ini*

- unter Windows im Verzeichnis *C:\xampp\php*,
- unter macOS beziehungsweise OS X im Ordner */Programme/XAMPP/xamppfiles/etc* und
- unter Linux im Verzeichnis */opt/lampp/etc*.

In jedem Fall öffnen Sie die *php.ini* mit einem Texteditor. Verwenden Sie dabei keine Textverarbeitung wie etwa Word oder LibreOffice! Die Kundencenter einiger Webhoster öffnen die Datei in einem entsprechenden Editor direkt im Browser. Unter Windows können Sie zum mitgelieferten Editor greifen, unter macOS zu TextEdit. Linux-Nutzer können den Editor Nano heranziehen.

Die einzelnen Einstellungen besitzen teils kryptische Namen, wie etwa `memory_limit`. Einige Webhoster schreiben die zugehörige Beschreibung daher aus oder verwenden eigene Bezeichnungen. Glücklicherweise können für Joomla! die meisten Einstellungen auf ihren Vorgaben verbleiben.

Wenn Sie die Änderungen vorgenommen haben, müssen Sie diese nicht nur speichern, sondern anschließend auch den Webserver neu starten – beispielsweise indem Sie ihn über das XAMPP Control Panel beziehungsweise den XAMPP Application Manager stoppen und direkt wieder starten. Unter Linux geht das in einem Terminal schneller mit:

```
sudo /opt/lampp/lampp restart
```

Hauptspeicher

Joomla! selbst benötigt mindestens 64 MByte Hauptspeicher. Diesen Wert reguliert die Einstellung `memory_limit`. Um das sicherzustellen, suchen Sie in der *php.ini* die Zeile, die mit `memory_limit` beginnt:

```
memory_limit = 64M
```

Die Zahl zeigt den von Joomla! nutzbaren Hauptspeicher an. Sollte der Wert bei Ihnen höher sein, belassen Sie ihn – mehr Speicher schadet nicht.

Ausführungszeit

Einige Webhoster stellen ihre Server so ein, dass sie zu lang laufende Aktionen abwürgen. Auf diese Weise kann eine Amok laufende oder abgestürzte Anwendung nicht einfach den kompletten Internetauftritt lahmlegen. Dieses zusätzliche Sicherheitsnetz verhindert jedoch auch und insbesondere die Installation von Joomla! oder später größeren Erweiterungen. Das Content-Management-System muss mindestens 30 Sekunden lang vor sich hin rechnen dürfen. In der Datei *php.ini* sollte die zugehörige Zeile wie folgt aussehen:

```
max_execution_time=30
```

Die Zahl hinter dem Gleichheitszeichen gibt an, wie viele Sekunden lang ein PHP-Programm und somit in diesem Fall Joomla! ohne Pause laufen darf. Bei Problemen setzen Sie die Zahl herauf, mehr als 120 Sekunden sollten aber nicht notwendig sein.

Upload-Größe

Wenn Sie Ihre Webseiten mit Fotos illustrieren möchten, muss Joomla! die meist mehrere MByte großen Dateien entgegennehmen können. Auch umfangreiche Erweiterungen kommen in einem mehrere MBytes dicken Paket. Joomla! darf jedoch Dateien nur bis zu einer bestimmten Größe hochladen. Wo die Obergrenze liegt, bestimmen in der Datei *php.ini* gleich zwei Stellen.

Suchen Sie zunächst die mit `upload_max_filesize` beginnende Zeile. Hinter dem Gleichheitszeichen können Sie ablesen, wie groß eine Datei und somit auch ein Erweiterungspaket maximal sein dürfen. Bei einem Wert von `2M` kann Joomla! nur bis zu 2 MByte große Dateien auf den Server hieven. Das Content-Management-System sollte mindestens 30 MByte verarbeiten dürfen, die Einstellung somit wie folgt aussehen:

```
upload_max_filesize=30M
```

Wenn Sie den Wert angepasst haben, suchen Sie die mit `post_max_size` beginnende Zeile und tragen hinter dem Gleichheitszeichen den gleichen Wert ein.

Fehleranzeige abschalten

Abschließend sollten Sie sicherstellen, dass PHP nicht jedes noch so kleine Problem in die ausgelieferten Webseiten schreibt. Die Fehlermeldungen sind vor allen in einer Testinstallation auf dem eigenen PC hilfreich. Sobald Joomla! auf einem Server im Internet läuft, stören diese Fehlermeldungen jedoch und irritieren sowohl diejenigen, die Sie besuchen, als auch die Suchmaschinen. Darüber hinaus können sie Kriminellen wertvolle Informationen über Ihren Internetauftritt liefern. Suchen Sie die Zeile, die mit `display_errors` beginnt, sie sollte wie folgt aussehen:

```
display_errors = off
```

KAPITEL 3
Erste Schritte

In diesem Kapitel:
- Rundgang durch das Frontend
- Anmeldung am Backend
- Statistikerhebung
- Hauptmenü
- Statusleiste
- Nachinstallationshinweise
- Dashboard
- Responsive Design
- Der erste Beitrag
- Das Baukastenprinzip
- Mit Listen und Tabellen arbeiten
- Der Papierkorb
- Inhalte veröffentlichen und verstecken
- Gesperrte Inhalte freigeben
- Hilfen nutzen

Joomla! stellt eine versteckte Kommandozentrale bereit, über die Sie Ihren Internetauftritt einrichten und neue Texte eingeben. Zutritt erhalten erst einmal nur Sie als Seitenbetreiber oder Seitenbetreiberin. Später können Sie dann weiteren ausgewählten Personen, etwa dem Helfer oder der Autorin, den (eingeschränkten) Zugang erlauben. Im Folgenden soll Ihnen ein kleiner Rundgang durch die Kommandozentrale einen ersten Einblick in die Bedienung und die prinzipiellen Arbeitsweisen von Joomla! geben. Ganz nebenbei veröffentlichen Sie Ihren ersten Text und passen die Optik Ihres Internetauftritts an.

Während des Rundgangs werden Sie zwangsläufig über ein paar neue Begriffe und Ausdrücke stolpern, von denen Tabelle 3-1 vorab kurz die wichtigsten vorstellt. Leider verwendet Joomla! teilweise mehrere Begriffe für die gleichen Konzepte. Dies führt insbesondere in Anleitungen und Diskussionen im Internet mitunter zu einem kleinen Wirrwarr.

Tipp Lassen Sie sich davon jetzt nicht irritieren: Zum einen hält sich die Anzahl der neuen Begriffe in Grenzen, und zum anderen verstecken sich hinter ihnen durchweg altbekannte oder einfache Konzepte. Auch die Benutzeroberfläche sieht an vielen Stellen nur auf den ersten Blick verwirrend oder überfrachtet aus. Im Laufe des Buchs und bei der Arbeit mit Joomla! werden Sie ganz automatisch mit der Terminologie und der Benutzeroberfläche etwas vertrauter werden. Deshalb sollten Sie auch zumindest den Rundgang in diesem Kapitel aktiv anhand Ihrer Joomla!-Installation mitmachen.

Tabelle 3-1: Wichtige Begriffe und ihre Bedeutung im Überblick

Begriff	Synonyme	Bedeutung
Frontend	Website, Site	Alle Seiten, die Besucherinnen und Besucher zu sehen bekommen.
Backend	Administrationsbereich, Administration, Administrationsoberfläche, Admin	Steuerzentrale von Joomla!, in der Konfiguration und Einrichtung stattfinden.
Startseite	Homepage, Home, veraltet Front Page	Diese Internetseite bekommen Besucher immer als Erstes zu sehen, wenn sie Ihren Internetauftritt ansteuern.
Dashboard	Kontrollzentrum, Control Panel	Erste Seite im Backend, die Informationen über den Internetauftritt liefert und Links zu wichtigen Einstellungen anbietet.
Template		Eine Designvorlage, die das Aussehen der Internetseiten vorgibt.

Bevor der Ausflug in die Kommandozentrale startet, versetzt Sie der folgende Abschnitt kurz in die Perspektive Ihrer Besucherinnen und Besucher. Das erleichtert dann anschließend das Verständnis und die Arbeit auf der Kommandobrücke.

Tipp   Joomla! ist ein Gemeinschaftsprojekt zahlreicher Freiwilliger. Alle Mitwirkenden können selbst Verbesserungen einbringen oder bei der Weiterentwicklung helfen. Eine erste Anlaufstelle mit weiteren Informationen und Kontaktdaten finden Sie unter *https://www.joomla.org/contribute-to-joomla.html*.

Rundgang durch das Frontend

Sämtliche Seiten, die Besucher zu sehen bekommen, fasst man unter dem Begriff *Frontend* zusammen. Joomla! spricht auch von der *Website* oder kurz *Site*. Wie so ein Frontend aussehen kann, demonstriert besonders gut die in Joomla! mitgelieferte Beispielseite. Wenn Sie der Installationsanleitung aus Kapitel 2, *Installation*, gefolgt sind, erreichen Sie sie in Ihrem Browser unter der Adresse *http://localhost/joomla*. Sie können somit die folgenden Erklärungen direkt an Ihrem Computer nachvollziehen.

Die Startseite

Wenn eine Besucherin in ihrem Browser Ihren Internetauftritt ansteuert, landet sie zunächst immer auf der *Startseite* (englisch *Homepage* oder kurz *Home*). Diese bildet gewissermaßen das Eingangstor zu Ihrem Internetauftritt.

Abbildung 3-1 zeigt die mitgelieferte Startseite. Die Joomla!-Entwickler demonstrieren mit dieser Seite einige mögliche Funktionen, die Joomla! von Haus aus mitbringt. Betrachten Sie die einzelnen Bereiche der Startseite für einen Moment und machen Sie sich auf diese Weise etwas mit ihrem Aufbau vertraut.

Tipp	Für den Besuch der von Joomla! ausgelieferten Seiten genügt theoretisch schon ein alter Browser im Dampfbetrieb ohne zusätzlichen Schnickschnack wie JavaScript oder aktivierte Cookies. Einige Spezialfunktionen sind dann allerdings außer Gefecht gesetzt. So lässt sich beispielsweise die Druckvorschau nicht mehr aufrufen. Auch einige externe Erweiterungen können hier andere oder höhere Ansprüche stellen.	

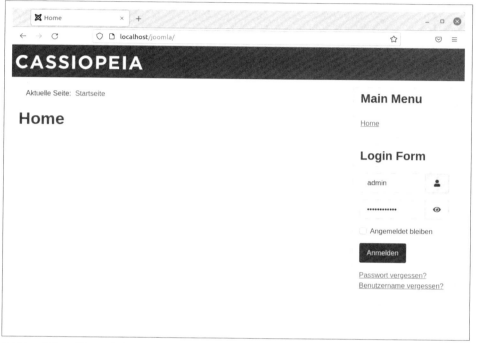

Abbildung 3-1: Die mitgelieferte Beispielseite in ihrer vollen Pracht.

Ganz oben links in der Ecke thront eine fette Überschrift, die im Moment noch *CASSIOPEIA* lautet. Direkt darunter finden Sie einen grauen Streifen mit der merkwürdigen Beschriftung *Aktuelle Seite: Startseite*. Dahinter verbirgt sich die sogenannte Breadcrumb-Leiste, die den Weg von der Startseite bis zur aktuellen Seite anzeigt. Sie dient vor allem der Orientierung auf Ihrer Seite. Im Moment weist die Breadcrumb-Leiste darauf hin, dass Sie sich auf der Startseite befinden. Der größte Bereich der Seite ist derzeit noch weiß. Diese freie Fläche müssen Sie gleich selbst mit Leben füllen.

Über das *Main Menu* am rechten Rand können die Besucher später zu den einzelnen Bereichen Ihres Internetauftritts springen und somit auf Ihrer Website navigieren. Unter Joomla! dürfen Sie so viele Menüs anlegen, wie Sie möchten. Zu Beginn finden Sie dort nur das Menü am rechten Rand. Das führt im Moment per *Home* lediglich zurück zur Startseite.

Falls Sie sich über die vielen englischen Begriffe wundern: Diese Texte hat das Erstellerteam der Beispielseite festgelegt. Sie können sie jedoch später gegen die deutschen Pendants austauschen.

Joomla! kennt noch eine ganze Reihe weiterer nützlicher Zusatzfunktionen, die es nicht direkt auf die Beispiel-Website geschafft haben. So können Sie unter anderem eine Liste mit den besonders häufig gelesenen Texten anzeigen lassen oder Werbebanner einblenden.

Benutzerkonten

Joomla! besitzt eine eigene eingebaute Benutzerverwaltung, mit der Sie den Zugriff auf bestimmte Bereiche Ihres Internetauftritts einschränken können. Dabei erhält jede Person ein sogenanntes *Benutzerkonto*, das unter anderem aus einem Benutzernamen und einem Passwort besteht. Dieses Duo muss die Person im Kasten *Login Form* hinterlegen und dort auf *Anmelden* klicken. Anschließend gewährt ihr Joomla! umgehend Zugang zu den exklusiven Unterseiten. Auf den Filmtoaster-Seiten könnte man auf diese Weise beispielsweise Vorabversionen der Filmkritiken einer kleinen Gruppe von Lektorinnen und Lektoren zugänglich machen.

Sie selbst besitzen übrigens schon ein Benutzerkonto. Den zugehörigen Benutzernamen und das Passwort haben Sie bereits bei der Installation vergeben. Joomla! hat dann dazu automatisch ein passendes Konto angelegt. Dieses Konto ist übrigens ein ganz spezielles. Sein Besitzer ist für Joomla! der sogenannte *Super User* (teilweise auch *Super Benutzer* genannt). Er ist der einzigartige, allmächtige Seitenbetreiber. Als Super User erhalten Sie nicht nur Zutritt zu grundsätzlich allen nur erdenklichen Bereichen des Frontends, sondern dürfen auch sämtliche Einstellungen ändern und erhalten obendrein noch Zugang zur Steuerzentrale von Joomla!.

Was nach der Anmeldung über das *Login Form* passiert, können Sie selbst ausprobieren. Dazu hinterlegen Sie Ihren bei der Installation ausgedachten Benutzernamen im oberen und das Passwort im unteren der beiden Felder. Es genügt, in das Feld zu klicken und dann einfach loszutippen. Wenn Sie der Installationsanleitung aus Kapitel 2, *Installation*, gefolgt sind, lautet Ihr Benutzername *admin*. Nach einem Klick auf *Anmelden* passiert allerdings auf der Beispielseite noch nicht viel. Über die Symbole mit dem Bleistift könnten Sie die entsprechenden Elemente ändern beziehungsweise bearbeiten. Verzichten Sie darauf im Moment noch. Beenden Sie stattdessen Ihre Sitzung wieder über die Schaltfläche *Abmelden*.

Alle bislang gezeigten Seiten fasst man unter dem Begriff *Frontend* zusammen. Normale Besucher bekommen ausschließlich diese Seiten zu Gesicht – vielleicht vergleichbar mit einem Kino, in dem die Zuschauer nur den Film verfolgen, nicht aber in den Vorführraum blicken können. Sie als Super User dürfen ihn aber auch betreten.

Anmeldung am Backend

Ein Internetauftritt wäre ziemlich nutzlos, könnte man ihn nicht nach eigenen Wünschen verändern. Eigens dazu besitzt Joomla! ein verstecktes Hinterzimmer (oder, um beim Bild des Kinosaals zu bleiben, den Vorführraum), in dem Sie als Betreiberin oder Betreiber hemmungslos an allen Hebeln ziehen dürfen. Hier geben Sie beispielsweise neue Texte ein, laden Bilder hoch oder aktivieren ein anderes Website-Design.

Diese Kommandobrücke bezeichnet man als *Backend*. Ins Deutsche übersetzt man den Begriff häufig etwas sperrig mit *Administrationsbereich*. Im Internet finden sich zudem alternative Übersetzungen wie *Administrationsoberfläche*, *Administratoroberfläche*, *Administration*, *Administrator* oder *Admin(-Bereich)*.

Zugang zum Backend erhalten Sie, indem Sie an die Adresse zu Ihrem Internetauftritt noch ein */administrator* anhängen. Wenn Sie der Installationsanleitung aus dem vorherigen Kapitel gefolgt sind, rufen Sie die Internetadresse *http://localhost/joomla/administrator* auf. Sie landen dann vor dem Anmeldebildschirm aus Abbildung 3-2.

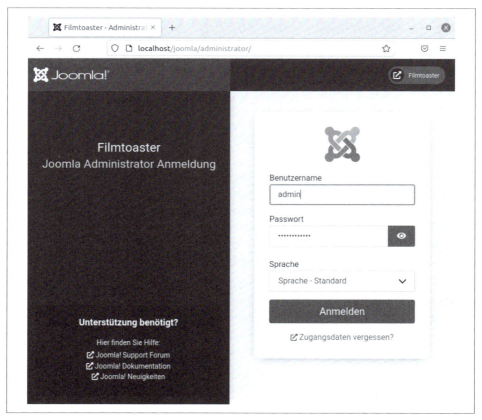

Abbildung 3-2: Der Anmeldebildschirm für das Backend.

Damit nicht jeder x-beliebige Besucher nach Gutdünken an den Schrauben des Systems drehen kann, verlangt Joomla! hier nach einem Benutzernamen und dem dazugehörigen Passwort. Als allmächtiger Super User haben Sie beides während der Installation von Joomla! festgelegt. Wenn Sie der Installationsanleitung gefolgt sind, lautet der Benutzername *admin*. Geben Sie den Benutzernamen und das Passwort in die Felder ein.

  Warnung Man kann es gar nicht oft genug sagen: Der Super User darf wirklich alles – sogar das gesamte System zerstören. Nicht umsonst bezeichnet Joomla! ihn als *Super User*. Wenn Sie sich mit seinen Daten bei Joomla! anmelden, müssen Sie folglich jeden Mausklick wohlüberlegt setzen.

Um sicherzugehen, dass sich niemand unbefugten Zutritt verschafft, sollten Sie zum einen Ihre Zugangsdaten sicher verwahren und zum anderen weitere Sicherheitsmaßnahmen Ihres Webservers nutzen, allen voran den Zugriffsschutz für Verzeichnisse (beispielsweise indem Sie das *administrator*-Verzeichnis mit einer sogenannten *.htaccess*-Datei für alle anderen Besucher abriegeln). Wie das genau funktioniert, beschreibt die Dokumentation Ihres Webservers – eine ausführliche Erläuterung würde den Rahmen dieses Buchs sprengen.

Über die Benutzerverwaltung können Sie später weiteren Benutzern (eingeschränkten) Zugang zum Backend gewähren.

  Tipp Bei dieser Gelegenheit sollten Sie auch sich selbst ein zusätzliches eigenes Benutzerkonto spendieren und die Anmeldedaten des allmächtigen Super User nur noch in Notfällen heranziehen. Damit müssen Sie dann nicht mehr jeden Klick in die Waagschale werfen. Ausführliche Informationen zu diesem Thema folgen in Kapitel 12, *Benutzerverwaltung und -kommunikation*.

Auf dem Anmeldebildschirm regelt die Drop-down-Liste *Sprache*, in welcher Übersetzung das Backend gleich erscheint. Joomla! bietet dort zur Auswahl alle Sprachen an, die ihm zuvor über ein entsprechendes Sprachpaket beigebracht wurden. Wenn Sie den Schritten aus Kapitel 2, *Installation*, gefolgt sind, stehen hier *English* und *Deutsch* zur Verfügung. Letzteres ist bereits die Voreinstellung und würde somit auch bei der Wahl von *Sprache – Standard* verwendet.

Nach einem Klick auf *Anmelden* landen Sie automatisch im Backend und somit in der Verwaltungszentrale von Joomla!. Diese präsentiert sich so wie in Abbildung 3-3. Auf den ersten Blick wirkt das Angebot ziemlich erschlagend. Lassen Sie sich davon jedoch nicht entmutigen. Im Gegensatz zum Frontend benötigen Sie für die Bedienung einen halbwegs frischen Browser mit aktivierten Cookies und JavaScript.

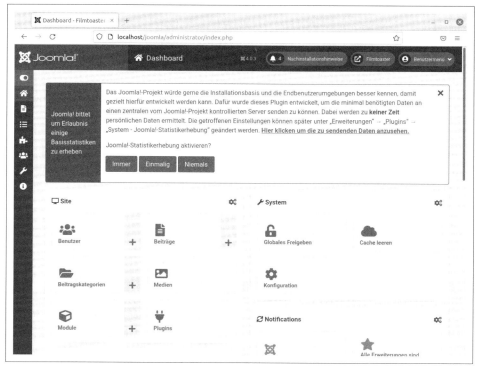

Abbildung 3-3: Die Einstiegsseite des Backends.

Statistikerhebung

Direkt nach der Installation zeigt das Backend die nicht zu übersehende Meldung aus Abbildung 3-4. Darin teilt Ihnen Joomla! mit, dass es gern ein paar Informationen über Ihr System sammeln und diese dann an seine Entwickler senden möchte. Zu diesen Daten gehört unter anderem die Joomla!-Version, die verwendete Datenbank (wie etwa MySQL) und die PHP-Version. Wenn Sie innerhalb der langen Nachricht auf den Text *Hier klicken um die zu sendenden Daten anzusehen.* klicken, zeigt Ihnen Joomla! alle Daten an, die es an das Entwicklungsteam schickt.

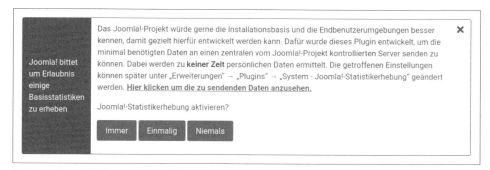

Abbildung 3-4: Seit Version 3.5 sammelt Joomla! Daten über das System und sendet diese an die Entwickler.

Diese Informationen helfen den Entwicklern, Joomla! zu verbessern. Darüber hinaus generieren diese aus den Daten mehrere Statistiken, die Sie im Internet unter *https://developer.joomla.org/about/stats.html* einsehen können. Sie selbst geben damit allerdings auch Informationen über Ihr System preis, was zudem in einigen Ländern den Datenschutz verletzen kann.

Als Seitenbetreiber müssen Sie jetzt entscheiden, ob Sie die Information über Ihr System an die Entwickler weiterleiten möchten. Wenn Sie keine Daten an die Entwickler senden wollen, klicken Sie in der Meldung aus Abbildung 3-4 auf *Niemals*.

Wenn Sie stattdessen *Einmalig* aktivieren, sammelt Joomla! die Informationen ein und schickt sie sofort ab. Alternativ kann Joomla! auch in regelmäßigen Abständen die Daten erneut zusammensuchen und sie im Hintergrund verschicken. Dazu klicken Sie auf die Schaltfläche *Immer*.

Tipp   Wenn Sie unsicher sind, klicken Sie auf *Niemals* und verbieten so die Übertragung der Daten.

In jedem Fall verschwindet die dicke blaue Nachricht. Sie können Ihre Entscheidung übrigens jederzeit ändern beziehungsweise korrigieren. Dazu klicken Sie in der Leiste am linken Bildschirmrand den Schraubenschlüssel und somit den Punkt *System* an. Im Kasten *Verwalten* rufen Sie dann *Plugins* auf. Tippen Sie in das Eingabefeld *Suche* den Text Statistikerhebung ein und klicken Sie auf das Lupensymbol. Unterhalb des Felds erscheint jetzt der Eintrag *System – Joomla!-Statistikerhebung*. Klicken Sie ihn an. Unter *Modus* können Sie einstellen, ob und, wenn ja, wie oft Joomla! die Daten senden soll. Wenn Sie eine Änderung vorgenommen haben, klicken Sie auf die Schaltfläche *Speichern & Schließen*, andernfalls nur auf *Schließen*. In der Leiste am linken Seitenrand kommen Sie über das Symbol mit dem Haus zurück zur Startseite des Backends.

Hauptmenü

Ganz am linken Rand finden Sie das Hauptmenü, über das Sie alle Funktionen und Einstellungen des Backends erreichen. Standardmäßig zeigt es nur Symbole an. Das ändert sich, wenn Sie auf das oberste Symbol klicken (das Symbol mit dem stilisierten Schalter direkt unter dem Schriftzug Joomla!). Dann fährt das Menü wie in Abbildung 3-5 auf.

Via *Menü einklappen* fahren Sie das Menü wieder ein und schaffen so gleichzeitig mehr Platz auf der rechten Seite. Wenn Sie im eingeklappten Zustand mit der Maus über die Symbole fahren, verrät der jeweilige Menüpunkt seinen Namen. Ein Klick auf einen Menüpunkt fährt in jedem Fall das komplette Menü aus.

Mit einem Mausklick auf einen Menüpunkt springen Sie direkt zu den entsprechenden Einstellungen – oder öffnen wie in Abbildung 3-6 weitere Unterpunkte. Dort hat zuvor jemand auf *Inhalt* geklickt.

Abbildung 3-5: Das Hauptmenü am linken Seitenrand lässt sich aus- und einklappen.

Abbildung 3-6: Alle Menüpunkte mit der weißen spitzen Klammer besitzen weitere Unterpunkte. Ein Klick auf einen solchen Menüeintrag klappt die Unterpunkte ein und auch wieder aus.

Statusleiste

Am oberen Fensterrand finden Sie die Leiste aus Abbildung 3-7 mit einigen weiteren nützlichen Informationen und Funktionen. Joomla! bezeichnet diesen Bereich als *Statusleiste*.

Abbildung 3-7: Die Leiste am oberen Rand fasst vor allem einige Funktionen zusammen, die sich auf Ihr Nutzerkonto beziehen.

Ganz links können Sie ablesen, wo Sie sich gerade innerhalb des Backends befinden. In Abbildung 3-7 hat jemand das sogenannte *Dashboard* aufgerufen. Rechts daneben erfahren Sie, welche Joomla!-Version Sie gerade nutzen.

Joomla! besitzt ein eigenes Nachrichtensystem, über das nicht nur die angemeldeten Mitglieder eingeschränkt kommunizieren können, sondern über das auch wichtige Systemnachrichten verschickt werden. Sobald Sie eine solche Nachricht erhalten haben, erscheint in der Statusleiste am oberen Rand ein Symbol mit einem Briefkuvert. Die danebenstehende Zahl gibt dabei an, wie viele private Nachrichten in Ihrem Postfach liegen. Mit einem Klick auf das Briefsymbol springen Sie zu Ihrem Postfach. Direkt nach der Installation, wie in Abbildung 3-7, liegen noch keine privaten Nachrichten vor, und deshalb fehlt auch das Symbol.

Über das Symbol mit dem Namen Ihrer Website – in Abbildung 3-7 also via *Filmtoaster* – öffnen Sie das Frontend in einem neuen Fenster. Nach einer Änderung können Sie so schnell zu Ihrem Internetauftritt wechseln und das Ergebnis aus der Sicht Ihrer Besucher begutachten.

Wenn Sie das *Benutzermenü* ganz rechts oben in der Ecke mit einem Mausklick aufklappen, finden Sie oben zunächst Ihren eigenen Namen. Unter diesem Namen sind Sie Joomla! derzeit bekannt. Über *Konto bearbeiten* springen Sie schnell zu den Einstellungen Ihres Benutzerkontos. Dort können Sie unter anderem nachträglich Ihren Namen und Ihr Passwort ändern. Sofern Sie Einstellungen geändert haben, lassen Sie sie über die entsprechende Schaltfläche *Speichern & Schließen*, andernfalls *Schließen* Sie die Einstellungen.

Im *Benutzermenü* richtet sich der Menüpunkt *Barrierefreiheit* an Farbenblinde sowie an Personen mit eingeschränkter Sehkraft: Mit den über ihn erreichbaren Einstellungen können Sie auf eine Schwarz-Weiß-Darstellung umschalten, den Kontrast erhöhen, Links hervorheben lassen und die Schrift vergrößern. Auch hier lassen Sie eventuelle Änderungen *Speichern & Schließen*.

Und schließlich können Sie sich im *Benutzermenü* noch vom Backend *Abmelden*. Sollten Sie längere Zeit untätig gewesen sein, setzt Sie Joomla! automatisch vor die Tür. Dies geschieht zum einen aus Sicherheitsgründen, und zum anderen brauchen Sie nicht in Panik zu geraten, sollten Sie einmal das Abmelden vergessen oder den Browser einfach gedankenlos geschlossen haben.

Warnung Andererseits können Sie hierdurch auch bereits getätigte Eingaben verlieren, wenn beispielsweise ein dringender Telefonanruf Sie vom Computer und somit von der Arbeit fernhält. Daher sollten Sie über die entsprechenden Schaltflächen Ihre Eingaben immer regelmäßig zwischenspeichern.

Nachinstallationshinweise

Direkt nach der Installation sollten Sie bereits ein paar Nachrichten des Joomla!-Entwicklungsteams bekommen haben. Am oberen Rand erscheint dann ein Glockensymbol mit dem Begriff *Nachinstallationshinweise*. Wenn Sie ihn anklicken, landen Sie auf der Seite aus Abbildung 3-8. Diese listet schlichtweg alle (wichtigen) Neuerungen in Ihrer Joomla!-Version auf. Teilweise liefern die Entwickler dort auch wichtige Hinweise und Tipps.

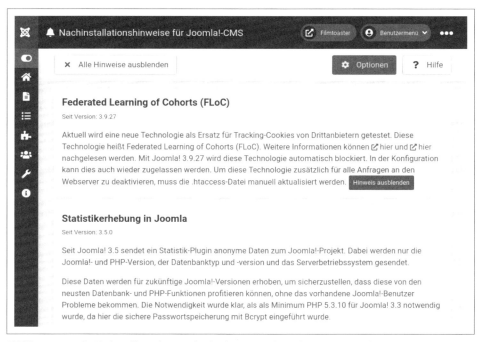

Abbildung 3-8: Die Nachinstallationshinweise beschreiben unter anderem die Neuerungen in Ihrer Joomla!-Version.

Nachdem Sie einen der Hinweise gelesen haben, müssen Sie ihn explizit mithilfe der Schaltfläche *Hinweis ausblenden* wegklicken. Erst wenn Sie das bei allen Hinweisen gemacht haben, verschwindet auch die Meldung *Nachinstallationshinweise* am oberen Rand. Sollte Ihnen das zu mühsam sein, können Sie über die entsprechende Schaltfläche auch direkt *Alle Hinweise ausblenden* lassen.

In jedem Fall sind die Hinweise damit nicht gelöscht, sondern nur ausgeblendet. Sie können sie sich jederzeit wieder ansehen, indem Sie im Hauptmenü *System* aufrufen (über den Schraubenschlüssel), im Kasten *Informationen* die *Nachinstallationshinweise* anklicken und dann die Schaltfläche *Alle Hinweise wieder einblenden* aktivieren.

Zurück zum Eingangsbereich des Backends bringt Sie im Hauptmenü am linken Rand ein Klick auf das kleine Haus (*Dashboard*).

Dashboard

Das *Dashboard* bildet die Startseite des Backends. Hier landen Sie automatisch nach Ihrer Anmeldung. Das Dashboard bietet Ihnen nicht nur einen schnellen Überblick über den Zustand Ihres Internetauftritts, sondern präsentiert auch einige Statusinformationen. Sollten Sie sich irgendwann einmal in den Einstellungen von Joomla! verlaufen haben, gelangen Sie mit einem Klick auf das kleine Haus im Hauptmenü am linken Seitenrand zurück zum Dashboard.

 Warnung   Verzichten Sie im Backend darauf, die Zurück- und Vorwärts-Schaltflächen Ihres Browsers zu verwenden. Dies bringt Joomla! unter Umständen komplett aus dem Tritt. Nutzen Sie zur Navigation ausschließlich die angebotenen Menüs und Symbole.

Schnellstartsymbole

Im Dashboard führen die vielen hellblauen Schaltflächen zu häufig benötigten Funktionen und Aufgabengebieten (siehe Abbildung 3-9). Ein Klick auf *Benutzer* führt beispielsweise umgehend zur Benutzerverwaltung. Dank dieser sogenannten *Schnellstartsymbole* (englisch *Quick Icons*) müssen Sie sich nicht erst mühsam durch die Menüs hangeln.

Abbildung 3-9:   Die Schnellstartsymbole (hier nur ein Ausschnitt) sparen im hektischen Arbeitsalltag ein paar Mausklicks.

Benachrichtigungen

Im Kasten *Notifications* informieren die Joomla!-Entwickler Sie unter anderem über Aktualisierungen (wie in Abbildung 3-10). Solange die einzelnen Felder grün erscheinen, ist Ihre Installation auf dem aktuellen Stand. Sofern Handlungsbedarf besteht, klicken Sie das entsprechende Feld an. Joomla! springt dann direkt zu den passenden Einstellungen. Liegt beispielsweise eine neue Joomla!-Version vor, landen Sie in einem Bildschirm, in dem Sie die Aktualisierung einspielen können.

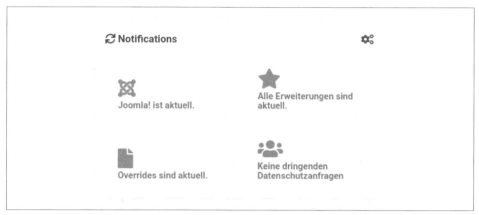

Abbildung 3-10: Dank der Benachrichtigungen erfahren Sie sofort, ob eine Aktualisierung vorliegt.

Beispieldaten

Ihr Internetauftritt ist nach der Installation noch recht karg. Über den Kasten *Sample Data* können Sie mit nur zwei Mausklicks eine größere Beispiel-Website einrichten. Zur Wahl standen zum Erstellungszeitpunkt dieses Buchs ein Blog und eine mehrsprachige Website. Abbildung 3-11 zeigt beispielhaft das Blog.

Möchten Sie einen neuen Internetauftritt erstellen, stören diese zusätzlichen Beispielinhalte allerdings nur. Ignorieren Sie daher am besten den Kasten *Sample Data*, wenn Sie das Filmtoaster-Beispiel aus diesem Buch mitmachen oder Ihren eigenen Internetauftritt erstellen möchten.

Anders sieht die Sache aus, wenn Sie erst einmal in Ruhe die verschiedenen Funktionen erkunden und kennenlernen möchten, ohne gleich selbst Texte eingeben zu müssen. Dann aktivieren Sie eine der beiden Beispiel-Websites, indem Sie sie über die entsprechende Schaltfläche *Installieren* lassen und die Frage mit *OK* bestätigen. Joomla! lädt dann die Beispieldaten herunter und spielt sie ein.

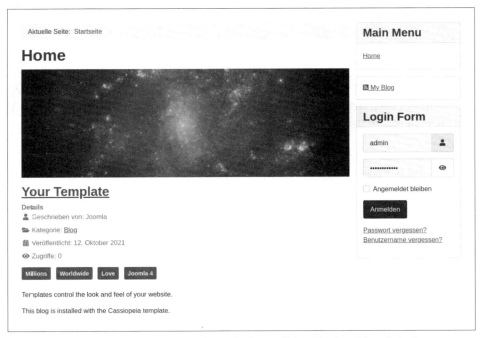

Abbildung 3-11: Wenn Sie sich für die Kategorie *Blog* entscheiden, erstellt Joomla! mehrere Seiten, die das Content-Management-System und seine Arbeitsweisen vorstellen.

Statistiken

In der Mitte des Dashboards finden Sie mehrere weitere Kästen mit Listen und Informationen. Gemäß ihren Beschriftungen enthalten sie ...

- alle bislang eingegangenen Datenschutzanfragen (*Privacy Dashboard*).

  Ihre Besucher können Sie um die Herausgabe aller Daten bitten, die Joomla! über sie gespeichert hat. Dieser Kasten sammelt alle zugehörigen Anfragen. Ausführliche Informationen hierzu liefert später noch der Abschnitt »Datenschutzerklärung und Nutzungsbedingungen« auf Seite 500.

- die gerade angemeldeten Benutzer (*Logged-in Users*, siehe Abbildung 3-12).

  Hier sind mindestens Sie selbst aufgeführt. Der Text *Administration* weist darauf hin, dass Sie derzeit im Backend angemeldet sind. In Abbildung 3-12 hat sich neben dem Super User auch noch ein weiterer, normaler Benutzer namens *Hans* angemeldet. Dass er im Frontend unterwegs ist, verrät *Site* neben seinem Namen. Mit einem Klick auf *Abmelden* können Sie den entsprechenden Benutzer wieder vor die Tür setzen.

- die zuletzt ausgeführten Aktionen (*Latest Actions*).

  In diesem Kasten können Sie verfolgen, wer zuletzt wann welche Änderungen an Ihrem Internetauftritt ausgeführt hat. Diese Liste ist beispielsweise hilfreich, wenn plötzlich eine Filmkritik auf Ihrer Seite fehlt. Sie sehen dann in der Liste, wer die Kritik versehentlich gelöscht hat. Die Liste zeigt allerdings standardmäßig immer nur die fünf letzten Aktionen. Bei einem gut besuchten Internetauftritt rutschen daher schnell wichtige Aktionen aus dem Blickfeld.

- die beliebtesten Textbeiträge (*Popular Articles*).

  Dahinter verbergen sich die am häufigsten aufgerufenen Textbeiträge. Auf den Filmtoaster-Seiten erscheinen hier folglich später die beliebtesten Filmkritiken. Neben dem Erstellungsdatum verrät Joomla! auch die Anzahl der bisherigen *Zugriffe* (und somit Besucher).

- die zuletzt hinzugefügten Textbeiträge (*Recently Added Articles*).

  In blauer Schrift finden Sie die Überschrift des Beitrags, in kleiner schwarzer Schrift folgt der Autor. Auf der rechten Seite steht noch das Erstellungsdatum.

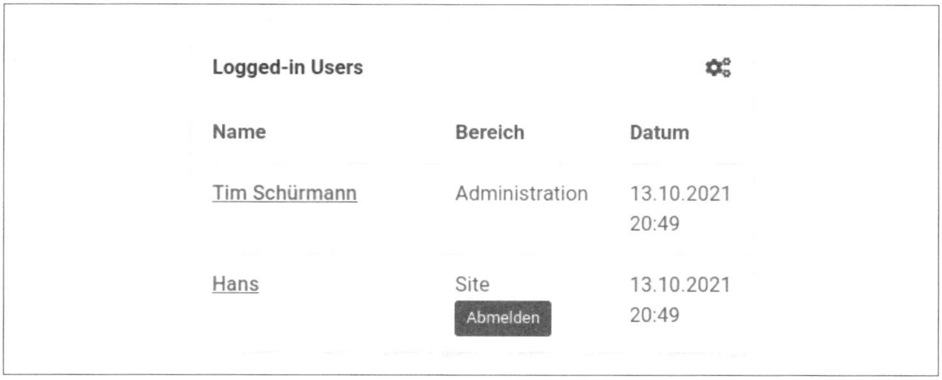

Abbildung 3-12: Die angemeldeten Benutzer: Hier hat sich ein gewisser Tim Schürmann am Backend (Administration) angemeldet.

Module hinzufügen, bearbeiten und entfernen

Das Dashboard wirkt mit den ganzen Kästen auf den ersten Blick ziemlich unübersichtlich. Mindestens ein Kasten stört sogar auf Dauer: Spätestens wenn Ihr Internetauftritt in den Regelbetrieb übergeht, benötigen Sie die Beispieldaten (*Sample Data*) nicht mehr. Netterweise dürfen Sie selbst bestimmen, welche Kästen und somit welche Informationen das Dashboard anzeigt.

Die Kästen auf dem Dashboard erzeugen sogenannte Module. Die können Sie sich wie Mini-Programme vorstellen, die jeweils einen der Kästen in das Dashboard malen. So präsentiert etwa ein Modul die Namen aller angemeldeten Personen, während ein Kollege die beliebtesten Texte ermittelt.

Um eines dieser Module loszuwerden, klicken Sie in seiner rechten oberen Ecke auf das Zahnradsymbol und wählen im Menü *Versteckt*. Blenden Sie für die Filmtoaster-Seiten auf diese Weise das Modul *Sample Data* aus.

Tipp Sinnvoll und nützlich sind vor allem die Module *Notifications*, *Privacy Dashboard* und *Logged-in Users*. Mit ihnen erfahren Sie schnell, ob eine neue Joomla!-Version vorliegt, noch Datenschutzanfragen vorliegen und wer gerade auf Ihrer Seite sein Unwesen treibt. Diese drei Module sollten Sie möglichst behalten. Mit den *Popular Articles* können Sie schnell herausfinden, welche Textbeiträge besonders beliebt sind, und dann noch mehr von dieser Sorte produzieren.

Wenn Sie ein Modul versehentlich gelöscht haben, klicken Sie ganz unten auf der Seite auf die Schaltfläche *Modul zum Dashboard hinzufügen*. Joomla! zeigt Ihnen dann alle verfügbaren Module an. Klicken Sie auf das gewünschte Exemplar und vergeben Sie im entsprechenden Feld einen *Titel*. Der bildet später auch die Überschrift im Kasten. Nach dem *Speichern & Schließen* erscheint das Modul umgehend im Dashboard.

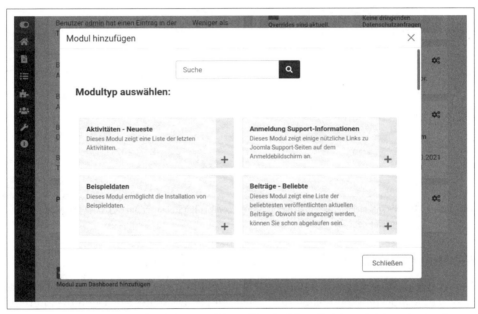

Abbildung 3-13: Joomla! bietet neben den bereits auf dem Dashboard sichtbaren Modulen noch einige weitere an, die jedoch nur in seltenen Fällen nützlich sind.

Abschließend können Sie noch das Verhalten der Module anpassen. Beispielsweise können Sie das Modul *Lastest Actions* anweisen, nicht nur die letzten fünf, sondern die letzten zehn Aktionen zu präsentieren. Um das zu erreichen, klicken Sie im Kasten auf das Zahnradsymbol und dann auf *Bearbeiten*. Damit landen Sie in den Einstellungen des Moduls. An welchen Stellschrauben Sie hier drehen können, hängt vom Modul ab. Im Fall der *Latest Actions* lässt sich die *Anzahl* der Aktionen vorgeben. Sofern Sie eine Änderung vorgenommen haben, übernehmen Sie sie via *Speichern & Schließen*, andernfalls *Schließen* Sie die Einstellungen nur.

Responsive Design

Wenn Sie Ihr Browserfenster verkleinern, passt Joomla! die dargestellte Seite automatisch an die neuen Gegebenheiten an. Dabei verschiebt es unter Umständen einige Elemente beziehungsweise Seitenbereiche. Das kann bei einem sehr kleinen Fenster sogar dazu führen, dass Joomla! die Teile der Seite wie in Abbildung 3-14 übereinanderstapelt. Darüber hinaus verschwindet dort das Hauptmenü.

Abbildung 3-14: Verkleinert man das Hauptfenster, passt Joomla! die Inhalte der gerade angezeigten Seite automatisch an den zur Verfügung stehenden Platz an.

Sie erhalten es wieder, indem Sie ganz rechts unten in der Ecke auf den Button mit den drei Streifen klicken. Die Darstellung aus Abbildung 3-14 erhält man auch, wenn man Joomla! mit einem Mobiltelefon ansteuert.

Diese Fähigkeit, die Darstellung an unterschiedliche Geräte und Fenstergrößen anzupassen, bezeichnet man als *Responsive Design* (reaktionsfreudiges Design). Es soll vor allem die Bedienung auf Smartphones und Tablet-PCs ermöglichen beziehungsweise vereinfachen. Auch das Frontend nutzt diese Technik. Probieren Sie es einfach mal aus, indem Sie ins Frontend wechseln und dann Ihr Browserfenster in der Größe verändern.

| **Tipp** | Joomla! verändert dabei die Darstellung mithilfe einer als *Bootstrap* bezeichneten Werkzeugsammlung, die ursprünglich von Twitter entwickelt wurde. Wenn Sie sich für die dahinterstehende Technik interessieren, sollten Sie einen Blick auf die Seite *http://getbootstrap.com* werfen.

Der erste Beitrag

Vermutlich können Sie es schon gar nicht mehr abwarten, Ihren Internetauftritt mit Inhalten zu füllen. Dazu müssen Sie lediglich zwei Felder in einem Formular ausfüllen. Auf diese Weise soll im Folgenden als Beispiel eine erste kleine Filmkritik entstehen.

Für Joomla! besteht ein Internetauftritt aus einem oder mehreren *Beiträgen* (englisch *Articles*). Ein Beitrag ist nichts anderes als ein Text, den Sie bei Bedarf mit Bildern, Zwischenüberschriften und Formatierungen auflockern dürfen. Ein Beitrag kann so unter anderem ein Produkt vorstellen, ein Vereinsfest ankündigen oder einen Film durch den Kakao ziehen.

Um einen neuen Beitrag und somit im Beispiel eine erste Filmkritik zu erstellen, rufen Sie im Hauptmenü am linken Seitenrand den Punkt *Inhalt* auf, entscheiden sich für *Beiträge* und klicken auf *Neu*.

| **Tipp** | Alternativ hätten Sie auch im Dashboard im Kasten *Site* auf das + neben *Beiträge* oder aber im Hauptmenü unter *Inhalt* auf das + neben *Beiträge* klicken können. Wie Sie sehen, führen in Joomla! häufig mehrere Wege zum Ziel.

Sie landen jetzt im Formular aus Abbildung 3-15. Lassen Sie sich auch hier nicht durch die vielen Schaltflächen, Register und Listen irritieren, viele davon benötigen Sie in der Praxis nur selten.

Verpassen Sie Ihrem Text zunächst im Eingabefeld *Titel* eine Überschrift. Im Beispiel soll eine Filmkritik über Toy Story entstehen. Den eigentlichen Text und somit im Beispiel die Filmkritik tippen Sie auf der bereits geöffneten Registerkarte *Inhalt* in das große Eingabefeld *Beitragsinhalt*. Klicken Sie mit der Maus hinein und schreiben Sie los. Wenn Sie das Beispiel mitmachen möchten, können Sie die kurze Kritik aus Abbildung 3-15 übernehmen oder einen Nonsens-Text eingeben. Abschließend aktivieren Sie noch auf der rechten Seite den Punkt *Haupteintrag*. Wenn Sie den entsprechenden Schalter anklicken und somit umlegen, leuchtet er grün und zeigt *Ja* an. Damit erscheint die Kritik gleich prominent auf der Startseite Ihres Internetauftritts. Abschließend *Speichern & Schließen* Sie den neuen Beitrag.

Wenn Sie jetzt ins Frontend wechseln (beispielsweise indem Sie am oberen Rand auf den Namen Ihres Internetauftritts beziehungsweise *Filmtoaster* klicken), erscheint der Beitrag wie in Abbildung 3-16.

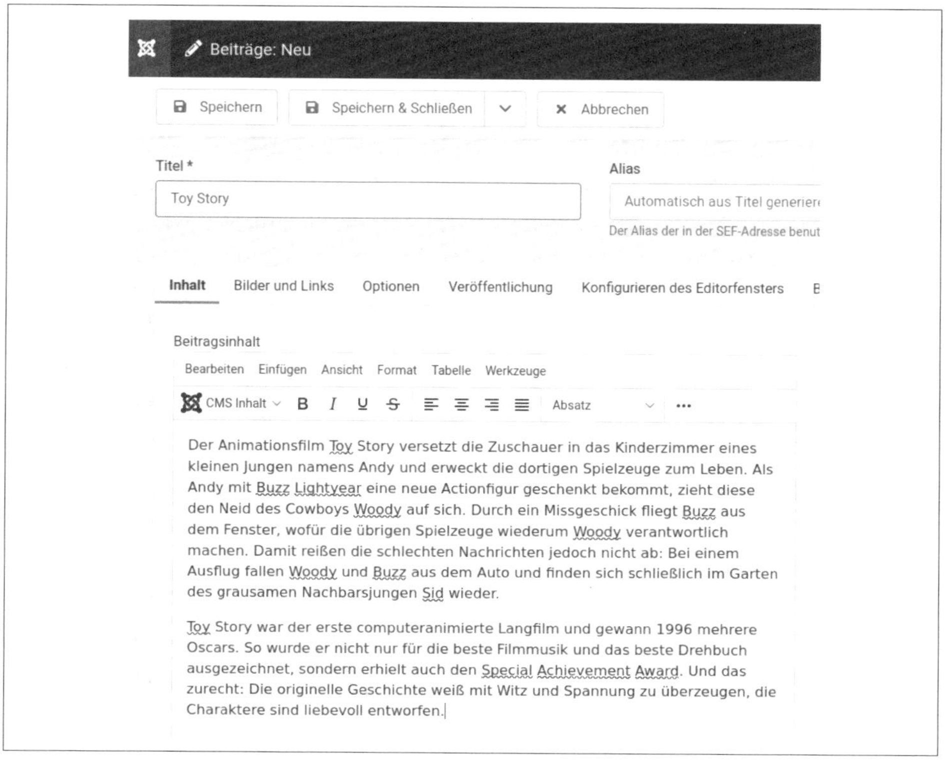

Abbildung 3-15: In diesem Formular entsteht ein Beitrag.

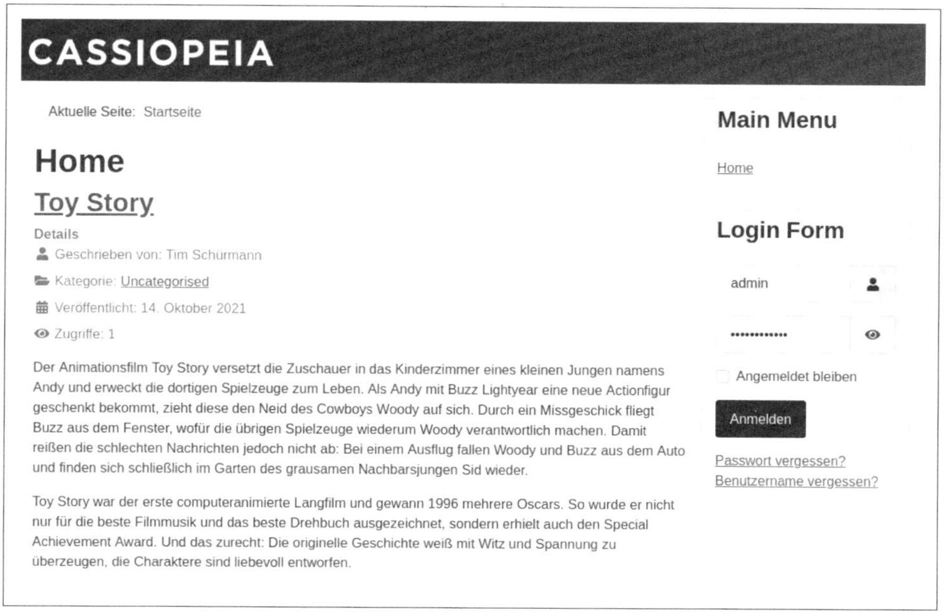

Abbildung 3-16: Die Filmkritik erscheint vorerst so im Frontend.

Joomla! zeigt dort standardmäßig zu jedem Beitrag noch ein paar Zusatzinformationen an. Dazu gehören unter anderem der Autor oder die Autorin des Texts und das Veröffentlichungsdatum. Als Seitenbetreiber dürfen Sie für jeden Beitrag selbst bestimmen, welche Informationen Joomla! anzeigt. So ließe sich beispielsweise der Name des Autors ausblenden. Wechseln Sie jetzt wieder zurück ins Backend.

Erstellen Sie als Fingerübung nach dem gleichen Prinzip einen zweiten Beitrag: Rufen Sie im Hauptmenü *Inhalt → Beiträge* auf, klicken Sie auf *Neu*, vergeben Sie einen *Titel* wie etwa Forrest Gump, hinterlegen Sie im Feld *Beitragsinhalt* eine kurze Filmkritik (oder einen Nonsens-Text), legen Sie den Schalter *Haupteintrag* um und lassen Sie den Text *Speichern & Schließen*. Auf der Startseite Ihres Internetauftritts erscheinen die beiden Beiträge jetzt übereinander.

Das Baukastenprinzip

Wie und wo die Beiträge, die Breadcrumb-Leiste, das Menü und alle anderen Elemente der Seite erscheinen, bestimmt in Joomla! eine Designvorlage, das sogenannte *Template*. Es enthält den Bauplan der gesamten Seite.

Tipp Bildlich können Sie sich ein Template wie den Grundriss eines Hauses vorstellen. Darin ist genau verzeichnet, wo die Küche und das Schlafzimmer liegen und wie viel Platz sie bieten. Analog gibt ein Template vor, wo das Menü und wo die Filmkritiken auf der Seite erscheinen.

Von Haus aus liefert Joomla! ein Template mit. Dessen Designvorgaben produzieren die recht karge Seite aus Abbildung 3-16. Unschön ist zudem, dass das Template am oberen Rand immer den Schriftzug CASSIOPEIA anzeigt. Netterweise dürfen Sie selbst an der Optik schrauben. Dazu reichen sogar nur ein paar Mausklicks.

Rufen Sie zunächst im Backend im Hauptmenü den Punkt *System* auf (hinter dem Schraubenschlüssel) und klicken Sie im Kasten *Templates* auf *Site Template Stile*. Sie sehen jetzt eine Liste mit der derzeit von Joomla! verwendeten Designvorlage. Die Entwickler haben ihr den Namen *Cassiopeia* gegeben. Klicken Sie den Link *Cassiopeia – Default* an und wechseln Sie dann zum Register *Erweitert*. Hier können Sie jetzt in Grenzen das Template und somit gleichzeitig die Optik Ihrer Website verändern.

Wenn Sie für Ihren Internetauftritt bereits ein Bild mit einem Logo vorbereitet haben, klicken Sie auf *Auswählen* und dann auf *Hochladen*. Wählen Sie die Datei mit dem Logo aus, klicken Sie nach dem Hochladen auf das entsprechende Vorschaubild des Logos und dann auf *Auswählen*. Sollten Sie noch kein Logo vorliegen haben, hinterlegen Sie den Namen Ihrer Website im Feld *Titel (alternativ zum Logo)* – im Beispiel der Kinoseiten also Filmtoaster. Gefällt Ihnen die blaue Farbgebung nicht, schalten Sie noch die *Template Farbe* auf *Alternativ*. Damit tauchen Sie die Seite in ein dunkles Rot. Nach dem *Speichern & Schließen* (ganz oben auf der Seite) erscheint anstelle des nichtssagenden Schriftzugs CASSIOPEIA entweder Ihr Logo oder der Name Ihrer Website (wie in Abbildung 3-17).

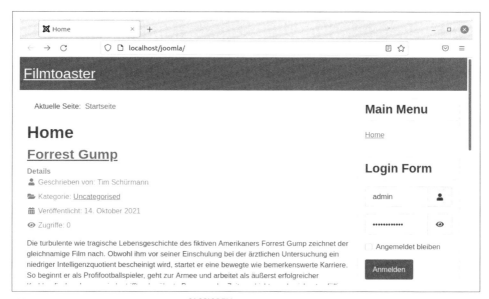

Abbildung 3-17: Hier wurde der Schriftzug »CASSIOPEIA« durch »Filmtoaster« ersetzt und eine andere Farbe gewählt.

Die verfügbaren Einstellungsmöglichkeiten hängen vom aktiven Template ab. So kennt die mitgelieferte Designvorlage *Cassiopeia* beispielsweise nur zwei Farbvarianten.

Wie Sie später noch sehen werden, kostet ein Austausch der kompletten Designvorlage ebenfalls nur wenige Mausklicks. Darüber hinaus dürfen Sie die Elemente auf der Seite in Grenzen umordnen. So lässt sich beispielsweise das Menü an den oberen Seitenrand verschieben. Bevor sich die nachfolgenden Kapitel ausführlicher mit einem Um- und Ausbau der Seite beschäftigen, sollen jedoch erst einmal die Vorgaben des mitgelieferten *Cassiopeia*-Templates genügen. Auch wenn es im Moment noch nicht so aussieht, eignet sich sein Bauplan ganz hervorragend als Basis für ganz unterschiedliche professionelle Internetauftritte.

Mit Listen und Tabellen arbeiten

Im Hauptmenü des Backends führen die meisten Menüpunkte zu einer Liste beziehungsweise einer Tabelle. Wählen Sie beispielsweise unter *Inhalt* den Menüpunkt *Beiträge* aus, liefert Ihnen Joomla! eine Aufstellung aller derzeit existierenden Beiträge. In Abbildung 3-18 finden Sie dort die im vorherigen Abschnitt angelegten Filmkritiken wieder. Lassen Sie sich auch hier nicht durch die enorme Informationsfülle abschrecken – es sieht nur auf den ersten Blick so wild aus.

Die meisten Tabellen und Listen sind allerdings recht breit. Ein Tablet sollten Sie daher waagerecht nutzen und auf einem PC das Browserfenster möglichst breit ziehen. Wenn das Browserfenster zu schmal für die Liste ist, blendet Joomla! viele Informationen aus. In der Liste mit den Beiträgen bleiben dann beispielsweise nur noch der *Status* und der *Titel* übrig.

Abbildung 3-18: Die Liste mit allen Beiträgen, die hier zwei Filmkritiken aufführt.

Aufbau der Tabellen

Direkt unter der Statusleiste liegt immer die sogenannte *Werkzeugleiste* (englisch *Toolbar*). Mit ihren Schaltflächen lassen sich die Textbeiträge in der Tabelle auf vielfältige Art und Weise bearbeiten. Ein Klick auf *Neu* würde beispielsweise einen neuen Beitrag erstellen. Welche Werkzeuge Joomla! hier im Einzelnen anbietet, hängt von der Tabelle und ihren Inhalten ab. Die Werkzeugleiste bleibt übrigens auch dann eingeblendet, wenn Sie auf einer langen Seite mit den Bildlaufleisten in Ihrem Browser nach unten fahren.

Den Hauptteil der Seite nimmt in Abbildung 3-18 die Tabelle mit den Beiträgen ein. In ihrer fünften Spalte von links finden Sie die Überschriften beziehungsweise *Titel* der Beiträge. Die übrigen Spalten liefern schnell einen Überblick über die wichtigsten Einstellungen und Eigenschaften der Texte. So erfahren Sie beispielsweise über das *Erstellungsdatum*, wann der jeweilige Beitrag angelegt wurde.

Die *Titel* der einzelnen Beiträge sind Links und lassen sich mit der Maus anklicken. Joomla! öffnet dann ein Formular, in dem Sie den entsprechenden Text ändern können. Auch in anderen Tabellen können Sie die einzelnen aufgelisteten Elemente nach dem gleichen Prinzip anklicken und so die jeweiligen Einstellungen bearbeiten (sollten Sie probeweise den Titel angeklickt haben, schließen Sie jetzt das Formular über die Schaltfläche *Schließen* in der Werkzeugleiste am oberen Rand).

Tabellen wie die aus Abbildung 3-18 kennt das Content-Management-System auch für viele andere Elemente, wie für die Menüs (erreichbar im Hauptmenü via *Menüs → Verwalten*), alle seine Benutzer (*Benutzer → Verwalten*), die verfügbaren Werbebanner (*Komponenten → Banner → Banner*) und so weiter.

Seiten umblättern

Sehr lange Tabellen und Listen verteilt Joomla! auf mehrere Seiten. Am unteren rechten Rand der Tabelle erscheinen dann die Zahlen und Schaltflächen aus Abbildung 3-19, über die Sie an die restlichen Einträge gelangen. Um sich in längeren Tabellen dabei nicht bis in alle Ewigkeit zu klicken, können Sie über die Zahlen direkt eine der Seiten anspringen. Klicken Sie beispielsweise auf die Ziffer 3, blättert Joomla! umgehend zur dritten Seite. Analog springen Sie über die Doppelpfeile zum Anfang beziehungsweise Ende der Liste.

Abbildung 3-19: Mit diesen Schaltflächen blättern Sie zwischen den Seiten.

Wie viele Zeilen die Tabelle auf jeder Seite anzeigt, bestimmt die Drop-down-Liste direkt rechts oberhalb der Tabelle mit der Beschriftung *20* (siehe Abbildung 3-20). Wählen Sie dort den kleinsten Wert von 5, erscheinen auf jeder Seite nur noch maximal fünf Zeilen. Die voreingestellten 20 Einträge sind in der Praxis bereits ein guter Kompromiss.

Abbildung 3-20: Über diese Drop-down-Liste bestimmen Sie, wie viele Zeilen eine Liste oder Tabelle auf jeder Seite anzeigt.

Wenn Ihr Internetauftritt wächst, kommen mit der Zeit immer mehr Beiträge hinzu. Die Tabelle wird folglich immer länger und unübersichtlicher. Möchten Sie dann beispielsweise die Filmkritik zu *Toy Story* ändern, müssten Sie erst umständlich die Tabelle nach dem entsprechenden Beitrag durchblättern. Diese Arbeit ersparen Ihnen die von Joomla! bereitgestellten Such- und Filterwerkzeuge.

Listen und Tabellen filtern

Um in einer Tabelle schnell das Gewünschte zu finden, können Sie zunächst die Suchfunktion heranziehen: Klicken Sie in das Eingabefeld *Suche* und tippen Sie einen Begriff ein (schreiben Sie einfach drauflos). Sobald Sie die *[Enter]*-Taste drücken oder auf das nebenstehende Symbol mit der Lupe klicken, zeigt die Tabelle nur noch die Einträge an, die irgendwie diesen Begriff enthalten. Tippen Sie beispielsweise in der Tabelle mit allen Beiträgen (zu erreichen im Hauptmenü unter *Inhalt → Beiträge*) in das Feld toy ein und drücken die *[Enter]*-Taste, präsentiert die Tabelle nur noch Beiträge, die den Begriff *toy* in der Überschrift tragen. In der Beispiel-Website ist das lediglich ein Beitrag – nämlich der mit dem Titel *Toy Story*. Über die Schaltfläche *Zurücksetzen* stellen Sie den Ursprungszustand wieder her. Die Suchfunktion ist immer dann nützlich, wenn Sie sich zumindest an ein Wort aus dem Titel des gesuchten Beitrags erinnern.

Wenn Sie auf die Schaltfläche *Filter-Optionen* klicken, blendet Joomla! die zusätzlichen Drop-down-Listen aus Abbildung 3-21 ein. Über diese können Sie alle unwichtigen Zeilen ausblenden lassen. Interessieren Sie sich beispielsweise nur für die Texte einer ganz bestimmten Autorin, wählen Sie ihren Namen einfach aus der Drop-down-Liste – *Autor wählen* – aus. Über die anderen Drop-down-Listen können Sie die Anzeige anschließend noch weiter einschränken beziehungsweise verfeinern.

Sobald Sie einen Autor oder ein anderes Filterkriterium ausgewählt haben, erscheint neben seinem Namen ein *X*. Ein Klick darauf nimmt das Filterkriterium wieder zurück. Haben Sie sich beispielsweise alle Beiträge des Autors *Tim Schürmann* anzeigen lassen, genügt ein Klick auf das *X* neben *Tim Schürmann*, um wieder sämtliche Beiträge zu sehen.

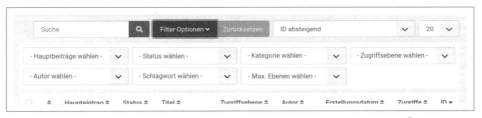

Abbildung 3-21: Diese Drop-down-Listen filtern die Inhalte von Listen und Tabellen und schaffen so mehr Übersicht.

Sie können die Filter-Optionen und die Suchfunktion sogar gleichzeitig benutzen und sich so beispielsweise alle Filmkritiken vom Autor Hans anzeigen lassen, die in ihrer Überschrift das Wort *Bond* verwenden. Dazu müssen Sie nur in der Drop-down-Liste – *Autor wählen* – den Autor *Hans* einstellen, dann in das Eingabefeld *Suche* den Begriff Bond eintippen und auf das Lupensymbol klicken.

In jedem Fall stellt ein Klick auf *Zurücksetzen* den Ursprungszustand wieder her, die Tabelle zeigt dann erneut restlos alle Einträge an.

 Tipp   Sollten Sie irgendwann einmal in einer Liste einen bestimmten Eintrag nicht finden können, klicken Sie einmal auf *Zurücksetzen*. Damit ist sichergestellt, dass Joomla! keine Zeilen in der Tabelle ausblendet.

Wenn Sie Joomla! zum ersten Mal nutzen, werden Sie jetzt vermutlich von diesen ganzen Such- und Filtermöglichkeiten erschlagen. Lassen Sie sich dadurch jedoch nicht entmutigen: Wenn Sie ein wenig aktiver mit Joomla! arbeiten, werden Sie mit den Tabellen und den Filterfunktionen automatisch etwas vertrauter. Sollten Sie die ganzen Drop-down-Listen irritieren, können Sie sie mit einem Klick auf *Filter-Optionen* wieder verstecken.

Sortierreihenfolge ändern

Rechts neben der Schaltfläche *Zurücksetzen* befindet sich noch eine Drop-down-Liste mit dem zunächst etwas ominösen Inhalt *ID absteigend*. Mit ihr können Sie die Zeilen der Tabelle sortieren lassen. Wenn Sie in der Tabelle mit allen Beiträgen (unter *Inhalt → Beiträge*) sämtliche zuletzt erstellten Texte ganz oben sehen möchten, stellen Sie die Drop-down-Liste *ID absteigend* auf *Datum absteigend*. Wählen Sie hingegen *Titel aufsteigend*, ordnet Joomla! alle Beiträge alphabetisch nach ihrem *Titel*. Ganz oben in der Tabelle stehen dann alle Beiträge, deren Überschriften mit A beginnen, darunter folgen alle mit B und so weiter.

Welche Sortierkriterien Joomla! anbietet, hängt von der jeweiligen Tabelle ab. Dazu zählen jedoch mindestens die in der Tabelle vorhandenen Spalten. Die Beiträge können Sie folglich unter anderem nach ihrem Titel (also ihren Überschriften), dem Autor und dem Erstellungsdatum sortieren lassen. Nach welcher Spalte Joomla! gerade die Einträge sortiert, markiert zusätzlich ein kleines Dreieck neben der Spaltenbeschriftung. In Abbildung 3-22 steht dieser Pfeil neben dem *Titel*, folglich sortiert Joomla! alle Beiträge in der Tabelle nach ihren Überschriften. Da der Pfeil nach oben zeigt, erfolgt die Sortierung alphabetisch aufsteigend.

Tipp Sie können die Sortierung auch schnell mit einem Klick auf die Spaltenbeschriftung ändern. Klicken Sie beispielsweise auf *Erstellungsdatum*, sortiert Joomla! umgehend alle Beiträge nach ihrem Datum. Mit einem weiteren Klick auf die Spaltenbeschriftung drehen Sie die Reihenfolge um (wechseln also zwischen aufsteigender und absteigender Sortierung).

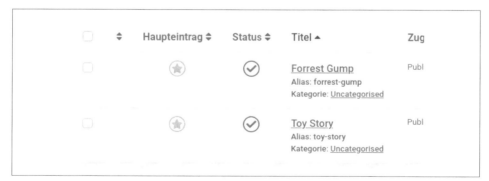

Abbildung 3-22: Joomla! sortiert hier alle Beiträge alphabetisch aufsteigend nach ihrem Titel.

Bei einigen Tabellen dürfen Sie auch das spezielle Sortierkriterium *Reihenfolge aufsteigend* einstellen. Dann zeigt Ihnen Joomla! die Elemente in der Tabelle genau in der Reihenfolge an, in der sie später auf Ihrer Website erscheinen. Das Prinzip lässt sich besonders gut am Beispiel der beiden Filmkritiken auf der Startseite erklären:

Wenn Sie den Beispielen bis hierin gefolgt sind, erscheint im Frontend die Filmkritik zu *Forrest Gump* über der von *Toy Story*. Im Backend erreichen Sie über das Hauptmenü unter *Inhalt → Hauptbeiträge* eine Liste mit allen Beiträgen, die auf der Startseite erscheinen. Hier finden Sie folglich auch die beiden Filmkritiken wieder. Steht jetzt rechts oberhalb der Tabelle die Drop-down-Liste für das Sortierkriterium auf *Reihenfolge aufsteigend*, listet Joomla! die Beiträge in genau der Reihenfolge auf, in der sie auch auf der Startseite erscheinen. Das Ergebnis zeigt Abbildung 3-23: Die Kritik zu *Forrest Gump* steht über *Toy Story*, genau wie im Frontend.

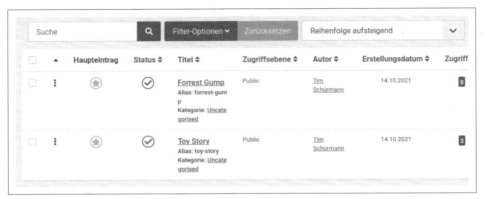

Abbildung 3-23: Die Beiträge erscheinen hier in der gleichen Reihenfolge wie später auf Ihrer Startseite.

Zum Sortierkriterium *Reihenfolge aufsteigend* gibt es noch das Gegenstück *Reihenfolge absteigend*. In dem Fall würde die Tabelle die Menüpunkte in genau der umgekehrten Reihenfolge anzeigen, in der sie auf Ihrer Website zu sehen sind. Da das eher verwirrend ist, sollten Sie diese Einstellung meiden.

Wenn Ihnen die Reihenfolge der Beiträge nicht gefällt, können Sie sie sogar direkt in der Tabelle ändern. Das ist allerdings etwas fummelig geraten: Stellen Sie zunächst sicher, dass als Sortierkriterium *Reihenfolge aufsteigend* eingestellt ist.

 Tipp   Alternativ können Sie in der Tabelle in der zweiten Spalte von links ganz oben auf das Symbol mit den beiden schwarzen Dreiecken klicken.

In der zweiten Spalte enthält jetzt jede Zeile drei kleine schwarze Punkte. An diesen schwarzen Pünktchen können Sie die jeweilige Zeile »anfassen« und an eine andere Stelle in der Tabelle ziehen – und damit gleichzeitig auch die Reihenfolge auf der Startseite ändern. Das Verfahren und die Auswirkungen erklärt am besten ein kleines Beispiel zum Mitmachen: Fahren Sie mit der Maus wie in Abbildung 3-24 auf die drei schwarzen Punkte in unteren Zeile – wenn Sie den Beispielen gefolgt sind, wäre das die Zeile für die Filmkritik *Toy Story*. Der Mauszeiger ändert dann sein Symbol.

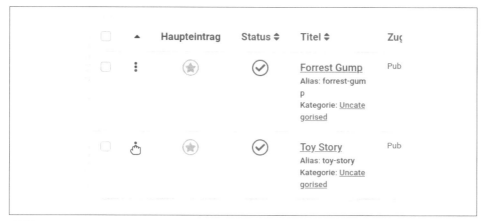

Abbildung 3-24: Sobald sich der Mauszeiger verwandelt, können Sie die Zeile an eine andere Stelle verschieben.

Halten Sie die linke Maustaste gedrückt und ziehen Sie die Zeile über ihre Kollegin. Im Beispiel ziehen Sie so wie in Abbildung 3-25 den Beitrag *Toy Story* über die Zeile *Forrest Gump*. Dieser Eintrag macht Ihnen dabei automatisch Platz.

Abbildung 3-25: Hier erhält der Menüpunkt *Toy Story* eine neue Position.

Lassen Sie jetzt die Maustaste los. Damit steht nun der Beitrag *Toy Story* über dem Beitrag *Forrest Gump* – und zwar auch auf der Startseite. Im Frontend sollte das Ergebnis wie in Abbildung 3-26 aussehen.

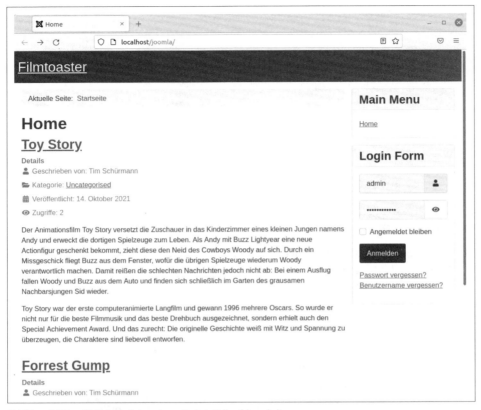

Abbildung 3-26: Die Beiträge haben eine veränderte Reihenfolge erhalten.

Neben den Beiträgen gibt es noch einige weitere Inhalte und Situationen, bei denen die Reihenfolge eine wichtige Rolle spielt. Beispielsweise können Sie auf diese Weise auch die Reihenfolge von Menüpunkten ändern.

Identifikationsnummern

Für jedes neu angelegte Element, wie zum Beispiel für einen neuen Beitrag, vergibt Joomla! eine eindeutige Identifikationsnummer. Mit ihrer Hilfe kann das Content-Management-System Elemente mit gleichem Namen auseinanderhalten. So könnten beispielsweise zwei Filmkritiken den Titel *Titanic* tragen – an diesem Thema haben sich schließlich gleich mehrere Regisseure versucht. Anhand der Identifikationsnummer kann Joomla! die Texte dennoch voneinander unterscheiden.

Auch wenn die Identifikationsnummer in den meisten Tabellen in einer eigenen Spalte namens *ID* steht, kommt man mit ihr als Anwender nur selten in Kontakt – vorausgesetzt, man hat seine Titel und Überschriften möglichst eindeutig vergeben.

| **Tipp** | Geben Sie Ihren Texten und Menüs möglichst eindeutige Titel und Beschriftungen – sie allein anhand einer nichtssagenden Identifikationsnummer auseinanderzuhalten, kann recht verwirrend werden. Bei den Kritiken zu den Titanic-Filmen könnten Sie beispielsweise in den Titel noch die Jahreszahl der Veröffentlichung einbauen. Die Kritik zu James Camerons Film erhielte dann den Titel *Titanic (1997)*. | |

Ganz nutzlos ist die ID allerdings nicht: Joomla! vergibt die Nummern fortlaufend. Später veröffentlichte Filmkritiken besitzen folglich eine höhere ID als ältere Exemplare. Die Tabellen können zudem ihre Zeilen nach den Identifikationsnummern sortieren. Damit würden dann die zuletzt erstellten Beiträge oder Menüpunkte oben, die früher erstellten weiter unten in der Tabelle erscheinen. Dazu müssen Sie in der entsprechenden Drop-down-Liste für das Sortierkriterium nur den Punkt *ID absteigend* einstellen – was übrigens meistens standardmäßig der Fall ist. Sein Kollege *ID aufsteigend* würde die Zeilen umgekehrt anordnen.

Der Papierkorb

Möchten Sie etwas mit einem der Elemente in der Tabelle anstellen, setzen Sie zunächst mit einem Mausklick einen Haken in das kleine Kästchen links neben seinem Titel. Anschließend klicken Sie in der Werkzeugleiste auf *Aktionen* und wählen eine passende Maßnahme aus. Auf diese Weise könnten Sie etwa einen Beitrag in den *Papierkorb* verfrachten. Wenn Sie den Beispielen bis hierin gefolgt sind, probieren Sie das direkt einmal aus und stecken die Filmkritik zu Forrest Gump in den Mülleimer (vertrauen Sie mir, der Beitrag bleibt Ihnen erhalten): Rufen Sie im Hauptmenü *Inhalt → Beiträge* auf. Klicken Sie in das Kästchen der Zeile *Forrest Gump*, dann in der Werkzeugleiste auf *Aktionen* und schließlich *Papierkorb*.

Der heißt in Joomla! übrigens absichtlich so: Darin entsorgte Elemente sind noch nicht ganz gelöscht, sondern lassen sich auch wieder aus ihm herausholen. Um in den Mülleimer zu linsen, öffnen Sie die *Filter-Optionen* und stellen die mit – *Status wählen* – beschriftete Drop-down-Liste auf *Papierkorb*. In der Tabelle erscheint jetzt sein Inhalt. Folglich sollten Sie dort auch die Filmkritik zu *Forrest Gump* wiederfinden. Vielleicht ist die aber doch nicht so entbehrlich, wie zunächst gedacht.

Um ein Element wiederherzustellen, markieren Sie in der Liste sein Kästchen und klicken dann in den *Aktionen* auf *Veröffentlichen*. Zum gleichen Ergebnis führt auch ein Klick auf das Mülleimersymbol in der Spalte *Status*. Wenn Sie den Beitrag auf eine der beiden Weisen wiederhergestellt haben, zeigt Joomla! den jetzt leeren Papierkorb. Um diese Ansicht wieder zu verlassen, klicken Sie auf *Zurücksetzen*.

Möchten Sie eine der Funktionen aus dem *Aktionen*-Menü auf mehrere Elemente gleichzeitig anwenden, setzen Sie mit der Maus Haken vor alle betroffenen Zeilen. Um beispielsweise sämtliche Beiträge zu löschen, setzen Sie in alle Kästchen einen Haken und klicken dann in den *Aktionen* auf *Papierkorb*. Dieser Vorgang lässt sich sogar noch etwas beschleunigen: In der Zeile mit den Spaltenbeschriftungen gibt es (ganz links) ein kleines Kästchen. Ist es aktiviert, werden mit einem Schlag alle seine

Kollegen direkt darunter selektiert (siehe Abbildung 3-27). Auf diese Weise könnte man später mit nur zwei Mausklicks alle Filmkritiken in den *Papierkorb* werfen.

Abbildung 3-27: Ein Haken in dem Kästchen ganz oben links, und schon sind sämtliche Listeneinträge darunter selektiert.

Im wahren Leben würde man den Papierkorb regelmäßig der Müllabfuhr übergeben und somit seinen Inhalt ein für alle Mal vernichten. Auch in Joomla! können Sie die Elemente im Papierkorb endgültig löschen lassen. Dazu klappen Sie zunächst die *Filter-Optionen* auf und stellen – *Status wählen* – auf *Papierkorb*. Setzen Sie jetzt jeweils einen Haken in die Kästchen vor den Elementen, die Sie endgültig loswerden möchten. Lassen Sie dann über die gleichnamige Schaltfläche in der Werkzeugleiste den *Papierkorb leeren*. Damit ist der markierte Inhalt allerdings unwiederbringlich gelöscht! Überlegen Sie sich folglich den Klick auf *Papierkorb leeren* gut.

 Warnung An einigen Stellen gibt es anstelle des Papierkorbs eine Schaltfläche *Löschen*. In diesem Fall existiert kein Papierkorb, und das entsprechende Element wandert direkt ins Nirwana!

Inhalte veröffentlichen und verstecken

In fast allen Tabellen existiert eine Spalte mit der Aufschrift *Status*. Bei den Beiträgen ist es die vierte Spalte von links. Die Symbole in dieser Spalte zeigen an, ob das jeweilige Element auch tatsächlich für Besucher des Internetauftritts sichtbar ist. Der grüne Haken verrät, dass das zugehörige Element – im Beispiel die Filmkritiken – auch irgendwo im Frontend zu sehen ist (siehe Abbildung 3-28).

Den Zustand wechseln Sie, indem Sie einen Haken in das Kästchen der entsprechenden Zeile setzen und dann das Element in der Werkzeugleiste hinter *Aktionen* entweder *Verstecken* oder *Veröffentlichen* lassen. Alternativ klicken Sie direkt auf den grünen Haken beziehungsweise den grauen Kreis in der *Status*-Spalte.

Auf diese Weise lässt sich ein Element rasch vor neugierigen Augen verstecken, ohne es gleich löschen beziehungsweise in den Papierkorb stecken zu müssen. Ist beispielsweise ein Beitrag veraltet, könnten Sie ihn zunächst auf die gezeigte Weise ausblenden und dann nach einer Überarbeitung wieder veröffentlichen. Was mit den Beiträgen funktioniert, klappt selbstverständlich auch mit Menüpunkten und anderen Inhalten.

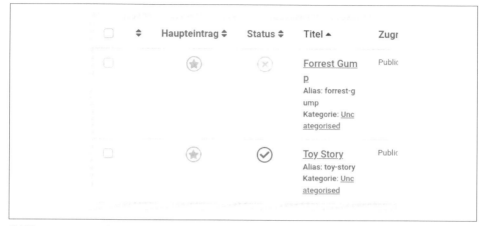

Abbildung 3-28: Ein Haken in der Spalte *Status* zeigt an, dass der Beitrag *Toy Story* für Ihre Besucher zu sehen ist. Das X vor Forrest Gump weist hingegen darauf hin, dass dieser Text derzeit versteckt ist.

Gesperrte Inhalte freigeben

Sobald Sie einen Beitrag bearbeiten, sperrt ihn Joomla! für alle weiteren Zugriffe. Kein anderer Nutzer kann ab diesem Zeitpunkt den Text mehr verändern. Diese Sperrung erfolgt auch bei vielen anderen Inhalten, beispielsweise wenn Sie einen Menüpunkt bearbeiten. Damit gewährleistet das Content-Management-System, dass nicht zwei Autoren gleichzeitig Änderungen vornehmen und so beispielsweise eine komplett unbrauchbare Filmkritik entsteht.

Von diesem Sperrvorgang bekommen sowohl Autoren als auch die Besucherinnen und Besucher Ihrer Website normalerweise nichts mit. Sobald Sie oder ein Autor seine Arbeit beendet hat, hebt Joomla! die Sperrung automatisch wieder auf. Das Content-Management-System bezeichnet diesen Vorgang als *freigeben* (englisch *Check-in*). Ein gesperrtes Element taucht innerhalb des Backends mit einem Schlosssymbol auf (siehe Abbildung 3-29).

Abbildung 3-29: Die Filmkritik zu *Toy Story* wird hier gerade von einem anderen Autor bearbeitet.

Nur derjenige, der das Element in diesem Zustand zurückgelassen hat, darf es noch bearbeiten und somit auch wieder freigeben (indem er einfach seine Arbeiten beendet). Für Besucher der Website hat dieser Zustand keine Auswirkungen. Für sie bleibt das Element auch während der Bearbeitung weiterhin zugänglich.

Es gibt jedoch ein Problem, wenn der Browser plötzlich während der Bearbeitung geschlossen wird (zum Beispiel durch einen Absturz) oder die Internetverbindung zu Joomla! abreißt. Das kann Ihnen auch passieren, wenn Sie allein mit Joomla! arbeiten. In diesem Sonderfall können Sie die Sperrung auf drei alternativen Wegen manuell aufheben:

- Klicken Sie auf das Schlosssymbol.
- Markieren Sie in der Tabelle das Kästchen des gesperrten Elements und klicken Sie dann in der Werkzeugleiste unter den *Aktionen* auf *Freigeben*.
- Unter *System* klicken Sie im Kasten *Wartung* den Punkt *Globales Freigeben* an, setzen dann Haken vor alle Punkte und klicken auf *Freigeben*. Damit geben Sie alle noch gesperrten Elemente auf einen Schlag frei.

Die Tabelle hinter *Globales Freigeben* nennt übrigens nicht die Anzahl der noch gesperrten Elemente, sondern gibt einen Einblick in die Datenbank: Links stehen die von Joomla! genutzten Tabellen, rechts ist angegeben, wie viele Tabelleneinträge von gesperrten Elementen blockiert werden. Da das schon kompliziert klingt, sollten Sie diese Ansicht ausschließlich dazu verwenden, wirklich immer nur alles freizugeben. Wenn Sie einzelne Elemente beziehungsweise Textbeiträge freigeben möchten, nutzen Sie den zuvor genannten Weg über die entsprechende Tabelle (bei den Textbeiträgen etwa die unter *Inhalt → Beiträge*).

Hilfen nutzen

Zu vielen Reglern, Eingabefeldern und Drop-down-Listen hält Joomla! eine kleine Kurzbeschreibung bereit. Sie erscheint, sobald Sie den Mauszeiger einen kurzen Moment auf dem entsprechenden Element oder seiner Beschriftung parken – wie in Abbildung 3-30.

Abbildung 3-30: Verweilt man auf einer Einstellung oder einer Schaltfläche, taucht häufig ein kleines Fenster (Tooltipp) mit mehr oder weniger nützlichen Informationen auf.

Tipp Wenn Sie die Bedeutung einer Einstellung nicht kennen, sollten Sie immer erst ihre Beschreibung auf den Schirm holen lassen.

Sollten Sie weitere Hilfe benötigen, genügt der Aufruf von *Hilfe* im Hauptmenü. Das Content-Management-System bietet Ihnen dann zahlreiche Links auf die entsprechenden Seiten der Joomla!-Homepage an (siehe Abbildung 3-31). Um an die englischsprachige Onlinehilfe zu gelangen, folgen Sie dem Link *Joomla!-Hilfe*. Über die Begriffe am linken Seitenrand gelangen Sie dann schnell zu den entsprechenden Hilfethemen.

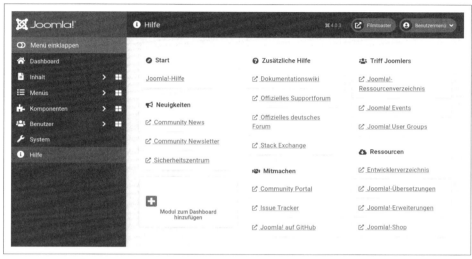

Abbildung 3-31: Über den entsprechenden Link erreichen Sie auch schnell ein offizielles deutsches Forum, in dem Sie Fragen stellen können.

In verschiedenen Teilen des Backends treffen Sie zudem immer mal wieder auf eine Schaltfläche mit der Aufschrift *Hilfe*. Ein Klick darauf genügt, um ein neues Fenster mit einem zur derzeitigen Situation passenden Hilfetext hervorzuholen.

Weitere Hilfe erhalten Sie im offiziellen Joomla!-Forum. Das erreichen Sie direkt aus dem Backend heraus über den Menüpunkt *Hilfe → Offizielles deutsches Forum*.

Tipp Im Forum tauschen sich Joomla!-Anwender aus, die anderen Anwendern unentgeltlich in ihrer Freizeit helfen. Bleiben Sie daher in den Diskussionen freundlich und haben Sie etwas Geduld.

Nach diesem kleinen Rundgang durch Frontend und Backend geht es im nächsten Kapitel direkt in medias res und somit an die eigentliche Gestaltung der Filmtoaster-Seiten.

TEIL II
Einen Internetauftritt erstellen

In diesem Kapitel:
- Arbeitsweisen: Beiträge und Kategorien
- Inhalte gliedern

KAPITEL 4
Den Internetauftritt strukturieren

Nach der Installation, der Inbetriebnahme und einem ersten kleinen Rundgang durch das Content-Management-System wird es endlich Zeit, es mit eigenen Inhalten zu füttern. Dabei muss man sich allerdings an einige feste Spielregeln halten.

Arbeitsweisen: Beiträge und Kategorien

Joomla! verwaltet von Haus aus lediglich sogenannte *Beiträge* (englisch *Articles*). Ähnlich wie Zeitungsartikel sind diese Beiträge ganz normale Texte, die durch Formatierungen, Bilder und Multimedia-Elemente aufgelockert werden. Jeder Beitrag erscheint später auf einer eigenen Unterseite Ihres Internetauftritts. Ein Beispiel für einen Beitrag zeigt Abbildung 4-1.

Dieser Beitrag trägt die Überschrift *Toy Story* und wurde von einem Autor namens *Tim Schürmann* erstellt. Die Zusatzinformationen am Anfang, wie den Autor und das Veröffentlichungsdatum, setzt Joomla! standardmäßig selbst dazu. Je nach eingegebenem Text repräsentiert ein Beitrag eine Nachrichtenmeldung, einen Reisebericht, einen Blogeintrag oder im Fall der Filmtoaster-Seiten eine Filmkritik.

Da Joomla! nur mit Beiträgen hantiert, ist man allerdings auch gezwungen, sämtliche Informationen irgendwie in einen oder mehrere Beiträge zu quetschen.

Tipp

So ist es beispielsweise nicht ohne Weiteres möglich, eine Bildergalerie aufzubauen. Um das ohne Hilfsmittel zu erreichen, könnten Sie lediglich pro Bild einen Beitrag anlegen, der dann nur das Bild ohne jeden weiteren Text enthält. Diese Methode ist aber weder für Sie als Seitenbetreiber noch für Ihre Besucherinnen und Besucher besonders bedienerfreundlich.

Wie man in Joomla! dennoch andere Daten speichert und somit aus dem Beitragskorsett ausbricht, zeigen Kapitel 11, *Komponenten – Nützliche Zusatzfunktionen*, und Kapitel 18, *Funktionsumfang erweitern*. Sie beschäftigen sich auch noch einmal mit der Bildergalerie.

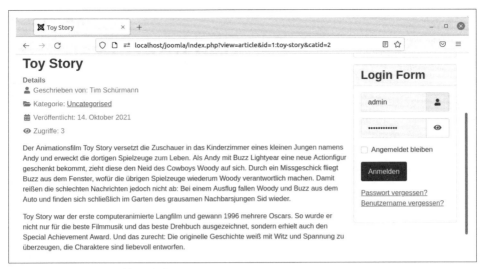

Abbildung 4-1: Ein Beispiel für einen Beitrag.

Thematisch zusammengehörende Beiträge darf man in sogenannten *Kategorien* (englisch *Categories*) gruppieren. Im Fall der Filmtoaster-Seiten könnte man beispielsweise die Kritiken zu *Vom Winde verweht* und zu *Pretty Woman* in einer Kategorie *Liebesfilme* zusammenfassen. Die Inhalte einer Kategorie präsentiert Joomla! bei Bedarf auf einer Übersichtsseite, für die Abbildung 4-2 ein Beispiel zeigt.

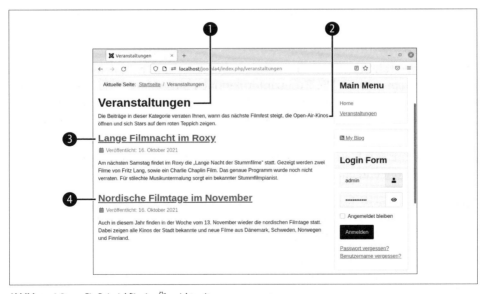

Abbildung 4-2: Ein Beispiel für eine Übersichtsseite.

Die dortige Seite präsentiert den Inhalt einer Kategorie namens *Veranstaltungen*. Unter ihrer fetten Überschrift ❶ enthält sie zunächst einen von Ihnen frei wählbaren Text ❷. In Abbildung 4-2 beginnt er mit »Die Beiträge in dieser Kategorie …«.

Für gewöhnlich umreißt er kurz, was für Beiträge Besucherinnen und Besucher in dieser Kategorie vorfindet. Darunter erhält man dann eine Auflistung aller Dinge, die die Kategorie enthält. In Abbildung 4-2 sind das die zwei ziemlich kurzen Beiträge mit den Titeln *Lange Filmnacht im Roxy* ❸ und *Nordische Filmtage im November* ❹.

Wie Joomla! auf solchen Übersichtsseiten die Inhalte präsentiert, dürfen Sie in einem begrenzten Rahmen selbst bestimmen. So würde man auf der Übersichtsseite zur Kategorie mit allen Liebesfilmen lediglich Verweise zu den eigentlichen Kritiken bevorzugen. In Abbildung 4-2 hat sich der Ersteller der Kategorie hingegen dazu entschlossen, die zwei enthaltenen Beiträge komplett abzudrucken – schließlich sind sie nicht besonders lang. Diese Darstellung eignet sich besonders gut für ein Blog oder einen Nachrichtenticker.

Kategorien darf man in andere Kategorien stecken und sie so ineinander verschachteln. Beispielsweise könnte man auf den Filmtoaster-Seiten die Kategorien mit den *Liebesfilmen*, den *Komödien* und den *Actionfilmen* gemeinsam in eine Kategorie *Filmkritiken* stecken (siehe Abbildung 4-3).

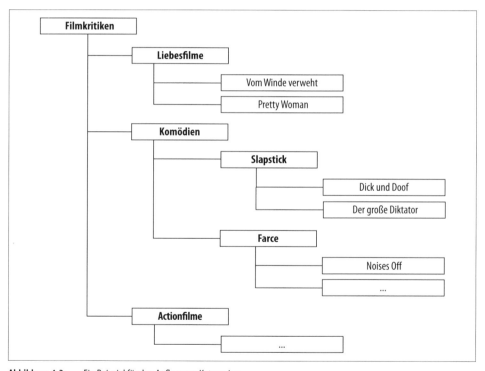

Abbildung 4-3:   Ein Beispiel für den Aufbau von Kategorien.

Diese Verschachtelung dürfen Sie beliebig weit treiben, also eine Kategorie in eine Kategorie stecken, die Sie wiederum in eine andere Kategorie packen, die Sie noch mal in eine neue Kategorie einordnen und so weiter. Nicht erlaubt sind jedoch Querbeziehungen, die zu »Kreisen« führen. Sie können also nicht die Kategorie mit den *Actionfilmen* in die Kategorie *Filmkritiken* packen und genau diese dann anschließend wieder in die *Actionfilme*.

Des Weiteren muss jeder Beitrag immer in genau einer Kategorie liegen. Joomla! zwingt Sie so dazu, Ihre Beiträge mithilfe der Kategorien zu gliedern beziehungsweise zu strukturieren. Was zunächst wie eine Einschränkung oder gar Gängelung aussieht, sorgt ganz nebenbei für einen übersichtlicheren Internetauftritt.

Inhalte gliedern

Bevor Sie jetzt mit viel Elan zum Backend wechseln und voller Tatendrang in die Tastatur greifen, sollten Sie kurz über den Aufbau Ihres zukünftigen Internetauftritts nachdenken.

Erster Schnelldurchlauf für Eilige

Für alle Ungeduldigen, die unbedingt endlich loslegen wollen, folgt hier ein kleiner Schnelldurchlauf. Er zeigt Ihnen, wie Sie eine Kategorie erstellen, darin ein paar Beiträge abladen und diese dann über einen Menüpunkt auf der Website zugänglich machen. Sofern noch nicht geschehen, melden Sie sich dazu im Backend an.

1. Schritt – Kategorie anlegen
   - Erstellen Sie eine neue Kategorie über den Menüpunkt *Inhalt* → *Kategorien* und dann einem Klick auf die Schaltfläche *Neu*.
   - Verpassen Sie ihr im Feld *Titel* einen eindeutigen Namen, wie etwa **Krimskrams**.
   - Achten Sie zudem darauf, dass die Drop-down-Liste *Übergeordnete Kategorie* auf – *Kein übergeordnetes Element* – steht und Joomla! sie somit nicht in irgendeine der schon vorhandenen Kategorien einordnet.
   - Erzeugen Sie die neue Kategorie mit einem Klick auf *Speichern & Schließen*.

2. Schritt – Beiträge anlegen

   Sobald eine Kategorie existiert, können Sie sie mit Beiträgen befüllen. Dazu gehen Sie wie folgt vor:
   - Erstellen Sie einen neuen Beitrag über den Menüpunkt *Inhalt* → *Beiträge* und dann einem Klick auf *Neu*.
   - Geben Sie dem Beitrag einen möglichst eindeutigen *Titel*. Er erscheint später auch als Überschrift auf der Website.
   - Stellen Sie in der Drop-down-Liste *Kategorie* die eben erstellte Kategorie ein (im Beispiel *Krimskrams*).
   - Tippen Sie im großen Feld den eigentlichen Text des Beitrags ein.
   - Speichern Sie den Beitrag via *Speichern & Schließen*.
   - Wenn Sie Ihre Kategorie mit weiteren Beiträgen füllen möchten, wiederholen Sie einfach diesen zweiten Schritt beliebig oft.

3. Schritt – Kategorie in ein Menü einbinden

Abschließend müssen Sie die Beiträge in der Kategorie noch über einen Menüpunkt zugänglich machen:

- Rufen Sie den Menüpunkt *Menüs* → *Main Menu* auf und klicken Sie auf *Neu*.
- Aktivieren Sie neben *Menüeintragstyp* die Schaltfläche *Auswählen*, klicken Sie im neuen Fenster auf die *Beiträge* und entscheiden Sie sich für die *Kategorieliste*.
- Klicken Sie neben *Kategorie auswählen* auf *Auswählen* und dann auf den Namen der angelegten Kategorie (im Beispiel war das *Krimskrams*).
- Verpassen Sie dem neuen Menüpunkt unter *Titel* noch eine Beschriftung (wie etwa *Zum Krimskrams*) und legen Sie ihn schließlich via *Speichern & Schließen* endgültig an.

Wenn Sie jetzt ins Frontend wechseln, finden Sie im *Main Menu* am rechten Rand den gerade angelegten Eintrag *Zum Krimskrams*. Über ihn erreichen Sie eine Liste mit allen von Ihnen vorhin im zweiten Schritt in der Kategorie *Krimskrams* angelegten Beiträgen. Dies ist gleichzeitig die Übersichtsseite Ihrer Kategorie. Sobald Sie den Titel eines Beitrags anklicken, bringt Joomla! ihn in seiner vollen Schönheit auf den Schirm. Selbstverständlich können Sie jetzt auch noch nachträglich weitere Beiträge anlegen – wiederholen Sie einfach den obigen zweiten Schritt.

Alle drei Schritte vollziehen Sie im Prinzip auch nach, wenn Sie die Filmtoaster-Seiten oder Ihren eigenen Internetauftritt aufbauen, nur dass Sie dort die vielen hier bisher übergangenen Einstellungen hinzuziehen.

Den Kern der Filmtoaster-Seiten bilden die (hoffentlich) zahlreichen Filmkritiken. Jede von ihnen ist ein eigener Beitrag. Wie im vorherigen Abschnitt bietet es sich an, sie nach Filmgenres zu sortieren. Die Kategorie *Actionfilme* beherbergt dann beispielsweise die Filmkritiken zu *James Bond: Skyfall* und *Stirb langsam*. Alle Genres fasst dann noch einmal eine übergeordnete Kategorie namens *Filmkritiken* zusammen.

Neben den Kritiken sollen noch Veranstaltungstipps zum Film- und Kinogeschehen den Auftritt abrunden. Jede Meldung stellt dabei wieder einen eigenen Beitrag dar, und diese Beiträge werden in der Kategorie *Veranstaltungen* gebündelt. Finden besonders viele Veranstaltungen statt, könnte man die einzelnen Meldungen zusätzlich noch nach Monat, Jahr oder aber Themen sortieren. In diesem kleinen Beispiel genügt es jedoch, die Veranstaltungstipps in einer einzigen Kategorie zu sammeln.

Ergänzend muss noch ein kleines Blog her, in dem die Autoren und natürlich auch der Betreiber kuriose Erlebnisse erzählen oder gegen die neueste Preiserhöhung für Popcorn wettern können. Diese einzelnen Beiträge landen in einer eigenen Kategorie namens *Blog*. (Joomla! stellt diese Beiträge dann später wie von einem Blog gewohnt dar; Sie müssen also nicht extra noch eine spezielle Blogsoftware wie Word-Press installieren.)

Abschließend braucht jeder Internetauftritt noch ein Impressum, das zwangsläufig für sich allein steht. Da Joomla! allerdings jeden Beitrag immer in einer Kategorie liegen sehen möchte, muss man hier wohl oder übel dem Impressum eine eigene Kategorie spendieren. Durch einen kleinen Kunstgriff werden die Besucher von dieser »Dummy-Kategorie« später jedoch nichts bemerken.

Unterm Strich ergibt sich damit für die Filmtoaster-Seiten die Gliederung aus Abbildung 4-4.

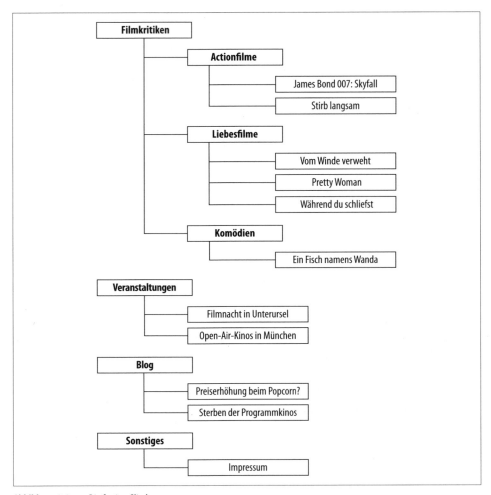

Abbildung 4-4: Die fertige Gliederung.

Die Seiten beziehungsweise Inhalte eines jeden Internetauftritts lassen sich in solch eine Hierarchie pressen. Wie man Letztere wählt, hängt vom konkreten Thema und den darzustellenden Inhalten ab.

 Tipp   Achten Sie darauf, die Kategorien nicht zu tief zu verschachteln. Andernfalls verlieren die Besucher (und Sie irgendwann auch) die Orientierung. Drei ineinandergesteckte Kategorien haben sich in der Praxis als akzeptabel erwiesen, tiefere Gliederungen sollten Sie hingegen gut begründen können.

Wenn sich Ihnen nicht direkt eine Gliederung anbietet, überlegen Sie kurz, welche Inhalte Sie den späteren Besuchern präsentieren möchten. Auf den Filmtoaster-Seiten waren dies die Filmkritiken. Versuchen Sie dabei ruhig, schon ein paar konkrete Beispiele zu finden, wie hier die Kritiken zu *James Bond: Skyfall* oder *Ein Fisch namens Wanda*. Anschließend machen Sie Gemeinsamkeiten zwischen diesen aus und bilden so Gruppen. *Pretty Woman* und *Während du schliefst* sind beispielsweise beides Liebesfilme. Es liegt also nahe, die Kritiken nach Genres zu sortieren.

Dies ist selbstverständlich nur eine von vielen Möglichkeiten. Beispielsweise hätte man auch die Qualität der Filme oder ihr Erscheinungsjahr als Sortierkriterium heranziehen können. In diesem Fall stellt sich jedoch die Frage, wie sinnvoll diese Kategorisierung für die Besucher wäre. Wenn Sie also mehrere Möglichkeiten für eine Strukturierung gefunden haben, sollten Sie immer diejenige wählen, die für die Besucher (und nicht für Sie selbst) am sinnvollsten erscheint. Dazu fragen Sie sich, wonach ein Gast sucht, wenn er auf Ihre Website stößt. Im Fall der Filmtoaster-Seiten wäre dies sicherlich eine Filmkritik zu einem konkreten Film, den er gesehen hat oder noch anschauen möchte. Folglich muss es ihm so einfach wie nur möglich gemacht werden, diese Kritik unter all den anderen zu finden.

Tipp   Malen Sie sich die Hierarchie Ihres Internetauftritts wie in Abbildung 4-4 auf Papier auf. Bei komplexen beziehungsweise umfangreichen Internetauftritten können Sie auch die Kategorien und Beispielseiten auf Karteikarten schreiben und diese dann auf dem Fußboden oder an einem Flipchart anordnen. Es gibt zudem Programme, mit denen sich derartige Diagramme zeichnen lassen – wie etwa das kostenlose LibreOffice Draw aus dem LibreOffice-Paket (*https://www.libreoffice.org/*).

Sobald eine Gliederung gefunden ist, muss man sie nur noch Joomla! beibringen, beginnend bei den Kategorien.

Tipp   Wenn Sie die Schritte in den folgenden Kapiteln immer direkt in Ihrer Joomla!-Installation umsetzen möchten, sollten Sie im Backend *System* aufrufen, im Kasten *Einstellungen* den Punkt *Konfiguration* anklicken, im Register *System* den Punkt *Sitzungslänge* auf einen Wert von *60* hochsetzen und diese Änderung dann *Speichern & Schließen*. Damit setzt Sie Joomla! erst nach 60 Minuten Untätigkeit zwangsweise vor die Tür. Sie haben folglich etwas mehr Zeit, die Abschnitte zu lesen und dann alle Kategorien, Beiträge und Menüpunkte anzulegen.

In diesem Kapitel:
- Kategorien erstellen
- Verschachtelung nachträglich ändern
- Kategorien kopieren

KAPITEL 5
Kategorien

Nachdem Sie Ihren Internetauftritt geplant und strukturiert haben, müssen Sie als Nächstes die dabei festgelegten Kategorien anlegen. Die Kategorien verwalten Sie im Backend hinter dem Menüpunkt *Inhalt → Kategorien*. Die daraufhin erscheinende Tabelle listet sämtliche existierenden Kategorien auf. Wenn Sie der Installationsanleitung aus Kapitel 2, *Installation*, gefolgt sind, finden Sie dort bereits die Kategorie aus Abbildung 5-1.

Abbildung 5-1: Die Kategorien aus den mitgelieferten Beispieldaten.

Wenn eine Kategorie in einer anderen liegt, zeigt Joomla! sie entsprechend eingerückt an. In Abbildung 5-2 beispielsweise steckt die Kategorie *Komödien* in ihrer Kollegin namens *Filmkritiken*, während sich die Kategorie *Farce* wiederum in *Komödien* befindet.

Abbildung 5-2: Verschachtelte Kategorien erscheinen in der Tabelle eingerückt.

Die Bedeutung der ersten Spalten in der Tabelle kennen Sie bereits aus den vorherigen Kapiteln. Die kryptischen Begriffe unter *Zugriffsebene* zeigen an, wer überhaupt die Kategorie betreten und somit ihre Inhalte sehen kann. Im Fall von *Public* dürfen restlos alle Besucherinnen und Besucher in der Kategorie stöbern (dazu folgt später mehr in Kapitel 12, *Benutzerverwaltung und -kommunikation*).

Die vielen Zahlen in den mittleren Spalten zeigen von links nach rechts an, wie viele Beiträge in der jeweiligen Kategorie derzeit auf Ihrer Website veröffentlicht sind, versteckt wurden, im sogenannten Archiv lagern oder aber im Papierkorb liegen. In Abbildung 5-1 gibt es beispielsweise in der Kategorie *Uncategorised* genau zwei Beiträge, die für Ihre Besucher sichtbar ist.

Tabelle 5-1 fasst noch einmal alle Spalten und ihre jeweils präsentierten Informationen zusammen.

Tabelle 5-1: Spalten der Tabelle »Beiträge«: Kategorien und ihre jeweiligen Informationen

Spalte	Bedeutung
Status	Erscheint ein grüner Haken, sind die Beiträge aus der Kategorie prinzipiell für Besucher zu sehen.
Titel	Titel beziehungsweise Name der Kategorie.
✓	So viele Beiträge aus der Kategorie sind auf Ihrer Website zu sehen.
✗	So viele Beiträge sind versteckt und somit für Besucher nicht zu sehen.
📁	So viele Beiträge befinden sich im Archiv.
🗑	So viele Beiträge liegen gerade im Papierkorb.
Zugriffsebene	Die Zugriffsebene legt fest, welche Besuchergruppen die Kategorie zu Gesicht bekommen.
ID	Die interne Identifikationsnummer der Kategorie.

Um archivierte Beiträge kümmert sich später noch ein eigener Abschnitt (siehe »Das Archiv nutzen« auf Seite 235). Zunächst gilt es erst einmal, eine neue Kategorie anzulegen.

Kategorien erstellen

Um eine neue Kategorie anzulegen, wie etwa die für die Filmkritiken, klicken Sie auf *Neu* in der Werkzeugleiste. Joomla! öffnet daraufhin den Bearbeitungsbildschirm für Kategorien aus Abbildung 5-3. Hier muss man jetzt einmal alle Einstellungen durchgehen.

Tipp   Häufig reicht es bereits, der Kategorie unter *Titel* einen Namen zu geben und die sinnvollen Vorgaben der anderen Einstellungen einfach zu übernehmen. Das gilt aber leider nicht immer.

Basisinformationen einer Kategorie

Unter *Titel* tippen Sie als Erstes die Bezeichnung für die neue Kategorie ein. Im Beispiel der Filmtoaster-Seiten wäre dies Filmkritiken. Unter diesem Namen taucht die Kategorie in der Tabelle des Backends und später auf Wunsch auch auf der Website auf. Alle von Ihnen zwingend auszufüllenden Felder kennzeichnet Joomla! mit einem kleinen Sternchen (*). Sie kommen also nicht darum herum, jeder Kategorie einen Titel zu verpassen.

Zusätzlich zum Titel dürfen Sie noch einen *Alias* vergeben. Diesen alternativen Namen benutzt Joomla! für interne Zwecke sowie für einige Sonderfunktionen, wie beispielsweise zur Suchmaschinenoptimierung (mehr dazu finden Sie in Kapitel 20, *Suchmaschinenoptimierung*). Normalerweise können Sie das Feld einfach leer lassen. Joomla! wählt dann automatisch einen passenden Alias.

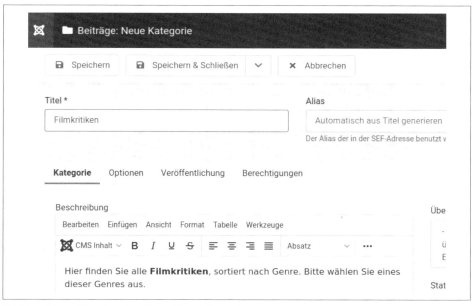

Abbildung 5-3: Dieses Formular öffnet sich beim Anlegen oder Editieren einer Kategorie (Sie sehen hier nur einen Ausschnitt).

Warnung Der Alias-Name darf aus verschiedenen Gründen keine Leerzeichen enthalten. Sollten Sie dennoch welche eintippen, ersetzt Joomla! sie beim Speichern selbstständig durch Bindestriche.

Darüber hinaus muss der Alias-Name eindeutig sein. Zwei Kategorien dürfen also nicht den gleichen Alias-Namen tragen.

Als Nächstes können Sie im großen Eingabefeld *Beschreibung* einen Text hinterlassen, der später auf der Übersichtsseite der Kategorie erscheint. Er informiert einen Besucher darüber, welche Beiträge ihn in dieser Kategorie erwarten. Für die Filmkritiken geben Sie den folgenden Text ein: »Hier finden Sie alle Filmkritiken, sortiert nach Genre. Bitte wählen Sie eines dieser Genres aus.«

Das große Eingabefeld funktioniert ähnlich wie eine kleine Textverarbeitung. Über die entsprechenden Symbole können Sie den Text sogar formatieren. Um etwa den Begriff *Filmkritiken* fett anzuzeigen, markieren Sie ihn und klicken dann auf die Schaltfläche mit dem *B*. Ein Zeichenlimit gibt es nicht, dennoch sollten Sie sich an dieser Stelle kurzfassen. Sie haben hier übrigens die gleichen umfassenden Möglichkeiten wie bei einem normalen Beitrag. So reichern Sie über *CMS Inhalt → Medien* die Beschreibung beispielsweise um ein Bild an.

Tipp   Überlegen Sie sich gut, ob Sie diese Instrumente wirklich benötigen. So konkurrieren Bilder meist mit anderen Bildern auf der Seite, zumal es in den folgenden Einstellungen noch eine alternative Methode gibt, der Kategorie offiziell ein Bild beziehungsweise ein Symbol zu verpassen.

Normalerweise genügt eine kurze und knappe Textbeschreibung. Andernfalls sollten Sie darüber nachdenken, ob die Beschreibung nicht in einen eigenen Beitrag gehört oder ob Ihr Internetauftritt anders gegliedert werden sollte. Da die Beschreibung zudem nur auf der Übersichtsseite der Kategorie erscheint, sollte Ihr Augenmerk auf einem aussagekräftigeren Titel liegen. Bei einer Rubrik namens *Filmkritiken* erübrigt sich eigentlich schon jegliche Beschreibung: Der Besucher weiß, dass er in dieser Kategorie die Filmkritiken finden wird.

Nachdem Sie eine Beschreibung hinterlegt haben, wenden Sie sich den Einstellungen aus Abbildung 5-4 rechts neben dem großen Eingabefeld zu. Bei einem kleinen Bildschirm finden Sie diese Einstellungen unterhalb des großen Eingabefelds.

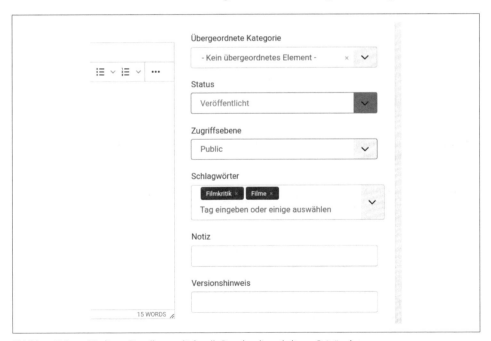
Abbildung 5-4:   Mit diesen Einstellungen dürfen alle Besucher die enthaltenen Beiträge lesen.

Die neue Kategorie *Filmkritiken* ist eine übergeordnete Kategorie, sie steckt also nicht in einer anderen. Daher ist unter *Übergeordnete Kategorie* die Voreinstellung – *Kein übergeordnetes Element* – bereits genau richtig.

Der Eintrag unter *Status* steuert, ob die Kategorie samt der in ihr enthaltenen Beiträge für Besucher sichtbar ist (*Veröffentlicht*) oder besser erst mal noch nicht (*Versteckt*).

Warnung Wenn Sie eine bestehende Kategorie verstecken, nehmen Sie auf einen Schlag sämtliche in ihr enthaltenen Beiträge von Ihrer Website. Sollte es in Ihrem Internetauftritt eine Übersichtsseite für die Kategorie geben, blendet Joomla! diese ebenfalls mit aus.

Dieses radikale Vorgehen hat zwar den Vorteil, dass Sie nicht mühsam jeden Beitrag einzeln per Hand verstecken müssen. Umgekehrt könnten damit aber Menüpunkte plötzlich ins Leere führen. Ruft ein Besucher einen solchen Menüpunkt auf, sieht er nur noch eine kryptische Fehlermeldung. Bevor Sie also eine komplette Kategorie verstecken, sollten Sie zuvor auch alle Menüpunkte verstecken, die zu dieser Kategorie oder einem Beitrag daraus führen.

Zusätzlich haben Sie in der Drop-down-Liste *Status* noch die Möglichkeit, die Kategorie direkt in den *Papierkorb* zu werfen oder sie als *Archiviert* auszumustern (zum Archiv folgt noch mehr im Abschnitt »Das Archiv nutzen« ab Seite 235).

In den meisten Fällen soll die Kategorie mit ihren Beiträgen natürlich sichtbar sein. Das gilt auch für das Filmtoaster-Beispiel. Belassen Sie daher die Voreinstellung *Veröffentlicht*.

Tipp Sollten Sie jedoch bereits eine Seite in den Produktivbetrieb überführt haben, empfiehlt es sich, zunächst alle neu angelegten Elemente auszublenden (also zu verstecken). Erst wenn sämtliche Änderungen durchgeführt worden sind, setzen Sie den *Status* wieder auf *Veröffentlicht*. Hierdurch verschrecken Sie Ihre Besucher nicht mit vorübergehenden Inkonsistenzen oder leeren Seiten.

Die *Zugriffsebene* regelt zusammen mit dem Register *Berechtigungen*, wer auf die Kategorie und ihre Inhalte zugreifen darf. Mit den Standardeinstellungen (*Zugriffsebene* auf *Public*) darf das jeder beliebige Besucher. Für die Kategorie *Filmkritiken* ist das wieder genau die richtige Einstellung. Auf die Benutzerverwaltung und ihre Möglichkeiten geht später noch Kapitel 12, *Benutzerverwaltung und -kommunikation*, ein.

Im Eingabefeld darunter können Sie der Kategorie noch ein paar *Schlagwörter* (englisch *Tags*) anheften. Diese Wörter erscheinen später standardmäßig über der Kategoriebeschreibung, zu sehen in Abbildung 5-5. Darüber hinaus können Sie wie in Abbildung 5-6 eine Liste mit besonders beliebten Schlagwörtern anzeigen lassen. In jedem Fall darf der Besucher die einzelnen Schlagwörter anklicken. Joomla! listet dann alle Inhalte auf, denen genau dieses Schlagwort irgendwann einmal angeheftet wurde. Die Schlagwörter bilden so eine zusätzliche Klassifikations- und Navigationsmöglichkeit. Sinnvoll sind Schlagwörter vor allem bei etwas größeren Internetauftritten mit vielen Inhalten.

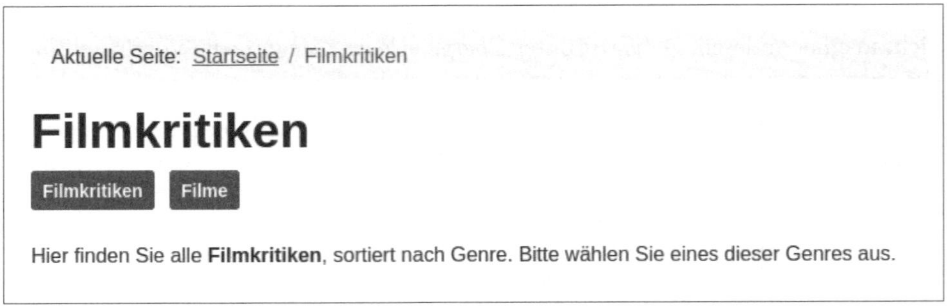

> Aktuelle Seite: Startseite / Filmkritiken
>
> # Filmkritiken
>
> `Filmkritiken` `Filme`
>
> Hier finden Sie alle **Filmkritiken**, sortiert nach Genre. Bitte wählen Sie eines dieser Genres aus.

Abbildung 5-5: Die Schlagwörter *Filmkritiken* und *Filme* erscheinen hier über der Beschreibung und erlauben so eine zusätzliche Klassifizierung der Inhalte.

> **Beliebte Schlagwörter**
>
> - Millions
> - Worldwide
> - Love
> - Joomla 4
> - Filmkritiken

Abbildung 5-6: Die Liste mit den beliebtesten Schlagwörtern motiviert Ihre Besucher dazu, sich weitere Inhalte anzusehen.

 Tipp Die Schlagwörter verleiten Besucher dazu, sich weitere (beliebte) Inhalte anzusehen. Das funktioniert aber nur, wenn Sie und Ihre Autoren konsequent allen Kategorien und später auch den Beiträgen ein oder mehrere Schlagwörter anheften. Wenn Sie das nicht durchhalten können, verzichten Sie lieber auf die Schlagwörter. Nur teilweise ausgezeichnete Inhalte könnten sonst Ihre Besucher verwirren oder sogar fehlleiten. Die Schlagwörter sind zudem nicht immer notwendig. Das gilt insbesondere für Internetauftritte mit wenigen Seiten – beispielsweise wenn sich ein Handwerksbetrieb mit zehn Beiträgen lediglich kurz vorstellen möchte.

 Um der Kategorie ein neues Schlagwort anzuheften, klicken Sie in das Eingabefeld und tippen das erste Wort ein. Für die Kategorie *Filmkritiken* bietet sich vielleicht das Schlagwort Filmkritik an. Drücken Sie anschließend die *[Enter]*-Taste – nur dann wird der Begriff übernommen. Joomla! zeigt das Wort anschließend als kleines Kästchen an. Möchten Sie weitere Schlagwörter hinzufügen, wiederholen Sie die Prozedur: Klicken Sie auf eine leere Stelle in das Feld *Schlagwörter*, schreiben Sie wieder einfach drauflos und drücken Sie die *[Enter]*-Taste. Im Filmtoaster-Beispiel könnten Sie noch Filme dazuschreiben. Während Sie tippen, schlägt Ihnen Joomla! automatisch schon vorhandene Schlagwörter vor (wie in Abbildung 5-7). Sollte in der dabei aufklappenden Liste darunter das gewünschte Wort sein, genügt ein Klick auf den entsprechenden Eintrag.

Abbildung 5-7: Jedes Schlagwort lässt sich nur genau ein Mal an die Kategorie heften.

Ein Schlagwort entfernen Sie, indem Sie auf das kleine graue Kreuzchen neben seinem Namen klicken. Sie können später jederzeit weitere Schlagwörter nachtragen. Dazu klicken Sie in das Eingabefeld und schreiben wie gehabt drauflos.

Die *Notiz* funktioniert ähnlich wie einer dieser gelben Post-it-Zettel. Der dort eingegebene Text ist nur als Gedächtnisstütze gedacht und erscheint ausschließlich im Backend. Bei einer Kategorie für Nachrichten könnten Sie sich mit seiner Hilfe beispielsweise ständig daran erinnern lassen, dass dort »Keine Meldungen älter als drei Tage« hineinwandern sollten. Für die Filmtoaster-Seiten lassen Sie das Eingabefeld *Notiz* leer. Eine Notiz können Sie übrigens nicht nur bei den Kategorien hinterlegen, Sie finden ein entsprechendes Eingabefeld auch an anderen Stellen von Joomla!. Dort können Sie dann auf die gleiche Weise eine Notiz speichern.

Tipp Wie das kurze Feld schon andeutet, sollte diese Notiz knapp gehalten bleiben und im Idealfall nur aus einem oder wenigen Stichwörtern bestehen.

Später kann es immer mal wieder vorkommen, dass Sie die Einstellungen der Kategorie anpassen müssen – beispielsweise weil sich in die Beschreibung ein Tippfehler eingeschlichen hat. Notieren Sie dann im Eingabefeld *Versionshinweis* kurz, welche Änderungen Sie dabei im Einzelnen vorgenommen haben. Im Beispiel des Tippfehlers bietet sich etwa an: »Tippfehler in der Beschreibung korrigiert.« Zusammen mit der in Joomla! eingebauten Versionsverwaltung können Sie dann leichter nachvollziehen, wer wann wo welche Änderungen vorgenommen hat. Das ist besonders nützlich, wenn Sie mit mehreren Autoren zusammenarbeiten. Fassen Sie sich im Feld *Versionshinweis* möglichst kurz, eine Zusammenfassung der Änderungen genügt. Wenn Sie zum ersten Mal eine Kategorie erstellen, wie im Beispiel der *Filmkritiken*, lassen Sie das Feld einfach leer. Weitere Informationen zur Versionsverwaltung folgen später noch im Abschnitt »Versionsverwaltung« auf Seite 260.

Layout und Kategoriebild

Wechseln Sie weiter zum Register *Optionen*. Wenn die Kategorie später im Frontend nicht direkt über einen Menüpunkt erreichbar ist, dann (und wirklich nur dann) können Sie Ihrer Übersichtsseite hier eine eigene, spezielle Optik verpassen.

Tipp Vielleicht erscheint Ihnen diese Einschränkung etwas merkwürdig. In Joomla! legen jedoch die Menüpunkte fest, wie die darüber erreichbaren Seiten aussehen. Allen anderen wird ein Standardlayout übergestülpt. Das ist beispielsweise bei Unterkategorien der Fall (also Kategorien, die in einer anderen Kategorie stecken). Sie sind auf der Website nur über die Übersichtsseiten ihrer übergeordneten Kategorie erreichbar. Damit Sie solchen Kategorien dennoch ein abweichendes Layout verpassen können, gibt es hier eine entsprechende Einstellung. Wenn Sie das jetzt verwirrend finden, warten Sie erst mal ab bis zum Kapitel 7, *Menüeinträge*. Dort folgt noch einmal ein ausführliches Beispiel.

Um in solch einem Fall ein anderes Aussehen zu wählen, entscheiden Sie sich für eine Einstellung unter *Layout*. Standardmäßig kann die Übersichtsseite ihre Inhalte einfach in einer *Liste* oder ähnlich wie in einem *Blog* anbieten. Im Fall von *Globale Einstellung* gelten die systemweiten Vorgaben. Genau die lassen Sie auch für die Kategorie der *Filmkritiken* stehen.

Über die Schaltfläche *Auswählen* können Sie der Kategorie ein Bild oder ein Symbol spendieren. Dieses sogenannte *Kategoriebild* soll primär den Wiedererkennungswert erhöhen und ergänzt später auf der Übersichtsseite die *Beschreibung* (die Sie auf der Registerkarte *Kategorie* hinterlegt haben). Ein Beispiel für solch ein Kategoriebild zeigt Abbildung 5-8.

Abbildung 5-8: Das Bild mit dem Kalender gehört zur Kategorie *Veranstaltungen*, das die Beschreibung ergänzt.

 Tipp Wählen Sie ein Bild, das noch einmal den Inhalt illustriert. Es sollte zudem dezent und nicht zu groß sein. Verzichten Sie jedoch unbedingt auf lustige ClipArt-Bildchen. Diese wirken insbesondere bei professionellen Seitenauftritten fehl am Platz. Verzichten Sie im Zweifelsfall lieber auf eine Abbildung.

Um der Kategorie ein Bild zuzuweisen, klicken Sie *Auswählen* an. Es erscheint jetzt das neue Fenster aus Abbildung 5-9.

Rechts unten im Bereich mit den Vorschaubildern bietet Joomla! alle Bilder zur Auswahl an, die bereits auf seinem Server liegen. Um ein Bild von der eigenen Festplatte hinzuzufügen, klicken Sie auf *Hochladen...* und wählen die gewünschte Datei aus. Nachdem Joomla! das Bild hochgeladen hat, klicken Sie sein Vorschaubild an. Joomla! markiert es dann mit einem Haken.

Abbildung 5-9: Die Auswahl eines Bilds für die Kategorie.

Tipp Die aufgeführten Bilder und Verzeichnisse liegen übrigens im Ordner *images* Ihrer Joomla!-Installation. Wie man darin für Ordnung sorgt, zeigt der Abschnitt »Medien verwalten« ab Seite 265.

Für die Kategorie der *Filmkritiken* klicken Sie einfach auf ein beliebiges der schon vorhandenen Bilder, auch wenn es nicht zum Thema passt. Es gibt nämlich eine spezielle Situation, in der Joomla! das einer Kategorie zugeordnete Bild ignoriert – und über genau diesen Fall werden Sie bei der *Filmkritiken*-Kategorie später noch stolpern. Es ist also hier egal, welches Bild Sie den *Filmkritiken* zuordnen – verwenden Sie einfach eines der Joomla!-Logos.

Wenn Sie sich für ein Bild entschieden haben, müssen Sie es noch einmal explizit über die Schaltfläche *Auswählen* übernehmen. Sie finden jetzt eine Vorschau im Feld rechts neben *Bild*. Haben Sie sich vertan, klicken Sie auf das *X*-Symbol. Damit werden Sie das Kategoriebild auch jederzeit wieder los.

Im untersten Eingabefeld *Alternativtext* beschreiben Sie anschließend noch ganz kurz, was auf dem Kategoriebild zu sehen ist. Diese Beschreibung hilft unter anderem Suchmaschinen und Menschen mit eingeschränkter Sehfähigkeit. Einige Bilder kann man allerdings nicht oder nur schwer beschreiben. Das gilt insbesondere für Bilder, die rein zur Dekoration dienen und lediglich Kreise oder andere Muster zeigen. In solch einem Fall lassen Sie den *Alternativtext* leer und setzen einen Haken in das Feld *Keine Beschreibung*.

Informationen und Metadaten

Weiter geht es jetzt mit dem Register *Veröffentlichung* aus Abbildung 5-10. Joomla! merkt sich, wer die Kategorie wann erstellt hat. Sobald Sie also gleich eine neue Kategorie per *Speichern* anlegt haben, erscheint im oberen linken Eingabefeld das *Er-*

stellungsdatum. Des Weiteren gelten Sie automatisch als Erstellerin oder Ersteller der Kategorie. Unter *Autor* können Sie jedoch auch eine ganz andere Person einsetzen. Das gelingt (auch jederzeit nachträglich) mit zwei Mausklicks: Sobald Sie auf das Symbol mit der weißen Büste klicken, öffnet sich eine Liste mit allen registrierten Benutzern. Wenn Sie die gewünschte Person nicht auf Anhieb finden, hilft das Suchfeld am oberen Rand. Ein Klick auf den Namen genügt, und ab sofort geht Joomla! davon aus, dass dieser Autor die Kategorie angelegt hat. Für die Kategorie mit den Filmkritiken sind Sie jedoch der Ersteller.

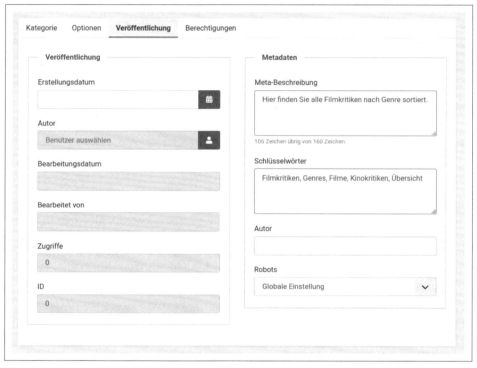

Abbildung 5-10: Das Register *Veröffentlichung* liefert unter anderem ein paar Informationen über die Kategorie, wie etwa das Erstellungsdatum.

Tipp — Ein anderer *Autor* ist beispielsweise dann sinnvoll, wenn der Filmkritiker Peter Meier sein eigenes Blog betreiben möchte. Dazu legen Sie eine neue Kategorie *Peter Meiers Blog* an, der Sie den Kritiker als *Autor* zuweisen. Bei größeren Internetauftritten teilen sich zudem meist mehrere Personen die Pflege unterschiedlicher Bereiche. In diesem Fall können Sie als Ersteller die Person auswählen, die für diese Kategorie zuständig ist. Bei offenen Fragen reicht dann ein Blick, um den passenden Ansprechpartner zu finden.

Wenn später jemand die Einstellungen der Kategorie verändert, finden Sie im Feld *Bearbeitet von* den Namen der entsprechenden Person. Das Datum der letzten Änderung verrät zudem das Feld *Bearbeitungsdatum*. Bei einer neu erstellten Kategorie sind diese beiden Felder noch leer.

Das Feld *Zugriffe* zeigt Ihnen später an, wie oft eine Besucherin oder ein Besucher die Kategorie betreten hat. Da die Kategorie im Moment noch gar nicht existiert, steht hier erst mal eine *0*.

Im Feld *ID* zeigt Joomla! die interne Identifikationsnummer der Kategorie an, die Sie auch in der Tabelle finden (siehe den Abschnitt »Identifikationsnummern« auf Seite 88). Da die Kategorie noch nicht angelegt wurde, steht auch hier wieder nur eine *0*.

Die Eingabefelder und Einstellungen auf der rechten Seite richten sich an Suchmaschinen. Die von Ihnen in die beiden Felder eingetippten Texte versteckt Joomla! in der Übersichtsseite der Kategorie. Diese sogenannten Metadaten oder Metainformationen sollen primär Suchmaschinen die Arbeit erleichtern, indem sie noch einmal den Inhalt der Seite kurz und knackig zusammenfassen (*Meta-Beschreibung*) beziehungsweise wichtige Stichwörter auflisten (*Schlüsselwörter*). Im Fall der Filmkritiken könnten Sie unter *Meta-Beschreibung* den Text Hier finden Sie alle Filmkritiken nach Genre sortiert eingeben, während der Eintrag Filmkritiken, Genres, Filme, Kinokritiken, Übersicht passende *Schlüsselwörter* zeigten.

Sollen die Suchmaschinen eine ganz bestimmte Person für den *Autor* der Übersichtsseite halten, tragen Sie seinen (vollständigen) Namen in das gleichnamige Feld ein. Für gewöhnlich reicht es aus, das Feld leer zu lassen.

Mit der Drop-down-Liste *Robots* können Sie schließlich noch festlegen, ob Suchmaschinen die Seite betreten und den Links darauf folgen dürfen. Bei einer Einstellung mit *index* dürfen Google, Bing & Co. die Seite in ihrem Index ablegen – das ist die Voraussetzung dafür, dass die Übersichtsseite später überhaupt über die Suchmaschine gefunden werden kann. *follow* erlaubt schließlich noch, dass die Suchmaschine allen Links auf der Seite folgen darf. *noindex* und *nofollow* verbieten die jeweilige Funktion.

Tipp Niemand garantiert, dass wirklich alle Suchmaschinen diese Einstellungen berücksichtigen. Zumindest die großen, wie Google und Bing, halten sich aber an die Vorgaben.

Weitere Tipps und Informationen zu den Metadaten finden Sie später noch in Kapitel 20, *Suchmaschinenoptimierung*.

Für die Kategorie *Filmkritik* übernehmen Sie die Vorgabe *Globale Einstellung*. Damit gelten die systemweiten Einstellungen, nach denen Suchmaschinen die Übersichtsseite unter die Lupe nehmen und auch allen darauf befindlichen Links folgen dürfen.

Kategorie speichern

Damit haben Sie alle erforderlichen Angaben für die neue Kategorie *Filmkritiken* zusammen. Um diese zu speichern und die Kategorie anzulegen, bietet Joomla! in der Werkzeugleiste gleich mehrere Schaltflächen an: *Speichern* dient nur dem Zwischenspeichern. Sofern die Kategorie noch nicht existiert, legt sie diese auch neu an, lässt aber den Bearbeitungsbildschirm weiterhin geöffnet. *Abbrechen* würde sämtliche Änderungen beziehungsweise Eingaben verwerfen und umgehend zur Tabelle mit allen Kategorien zurückführen. Wenn Sie später eine bestehende Kategorie bearbeiten, sehen Sie anstelle von *Abbrechen* eine *Schließen*-Schaltfläche. Sie verwirft ebenfalls alle Änderungen und kehrt zur Tabelle mit allen Kategorien zurück. Um schnell hintereinander mehrere Kategorien zu erstellen, klicken Sie neben *Speichern & Schließen* auf das nach unten gerichtete Dreieck und danach auf *Speichern & Neu*. Joomla! erzeugt dann die Kategorie und bietet umgehend ein neues leeres Formular an, in dem Sie direkt eine weitere Kategorie erstellen können.

In der Regel ist jedoch ein Klick auf *Speichern & Schließen* genau das Richtige: Diese Schaltfläche erzeugt die Kategorie und kehrt anschließend zur Tabelle mit allen vorhandenen Kategorien zurück. Im Beispiel der Filmtoaster-Seiten klicken Sie auf *Speichern & Schließen*. In der Tabelle mit den Kategorien sollten jetzt auch die *Filmkritiken* auftauchen.

Erstellen Sie jetzt auf analoge Weise eine weitere Kategorie für die Actionfilme: Klicken Sie auf *Neu*, tragen Sie `Actionfilme` unter *Titel* ein und denken Sie sich eine *Beschreibung* aus – wie etwa »Hier finden Sie Kritiken zu Actionfilmen«. In der Drop-down-Liste *Übergeordnete Kategorie* wählen Sie diesmal die zuvor angelegte Kategorie *Filmkritiken*. Damit werden die *Actionfilme* automatisch zu einer Unterkategorie der *Filmkritiken*. Wenn Sie auf Ihrer Festplatte noch ein geeignetes kleines Bild finden, können Sie der Kategorie auf der Registerkarte *Optionen* auch ein *Bild* zuweisen – notwendig ist das jedoch nicht. Klicken Sie zum Abschluss in der Werkzeugleiste neben *Speichern & Schließen* auf das nach unten gerichtete Dreieck und dann auf *Speichern & Neu*. Joomla! erstellt jetzt die Kategorie und öffnet umgehend ein neues leeres Formular. Legen Sie jetzt nach dem gleichen Prinzip jeweils eine weitere Kategorie für die *Liebesfilme* und die *Komödien* an. Denken Sie dabei daran, in der Drop-down-Liste *Übergeordnet* die Kategorie *Filmkritiken* einzustellen.

Abschließend muss noch jeweils eine Kategorie für die *Veranstaltungen*, das *Blog* und alle sonstigen Seiten her (mit dem Titel *Sonstiges*). Auch diese drei Kategorien legen Sie wie oben beschrieben an. Achten Sie aber darauf, dass diesmal *Übergeordnet* auf – *Keine übergeordnete Kategorie* – steht, die Kategorien also in keine andere gesteckt werden. Die Übersichtsseiten für die Veranstaltungen und des Blogs sollen später ohne Umschweife sofort alle darin enthaltenen Nachrichten beziehungsweise Beiträge auflisten, folglich ist die *Beschreibung* entbehrlich, das entsprechende Feld können Sie also leer lassen. Ein kleines Symbolfoto ist jedoch sinnvoll, damit der Besucher die Veranstaltungen mit nur einem Blick vom Blog unterscheiden kann. Dafür finden Sie auf unserer Download-Seite im Verzeichnis *Kapitel5* zwei kleine Fotos: Die Datei *kulis.jpg* weisen Sie der Kategorie *Blog* zu, das Foto *kalender.jpg* der Kategorie *Veranstaltungen* (indem Sie zum Register *Optionen* wechseln, *Auswählen* anklicken, per *Hochladen* das entsprechende Bild auswählen, das Vorschaubild anklicken und dann das Fenster über *Auswählen* schließen). Die Kategorie für die sonstigen Seiten benötigt kein Bild, da sie nur als Auffangbecken für das Impressum dient und ihre Übersichtsseite somit später gar nicht erst auf der Website erscheint. Geben Sie dieser Kategorie den Titel Sonstiges.

Tipp Selbstverständlich können Sie auch Bilder aus Ihrem eigenen Fundus verwenden. Achten Sie aber darauf, dass diese nicht zu groß sind – schließlich sollen sie nur den Wiedererkennungswert erhöhen und nicht gleich das Layout sprengen.

Die übrigen Einstellungen können bei allen drei Kategorien auf ihren Standardwerten bleiben. Nachdem Sie die Daten für die letzte Kategorie *Sonstiges* im Formular hinterlegt haben, klicken Sie nicht auf *Speichern & Neu*, sondern auf *Speichern & Schließen*. Damit legt Joomla! die Kategorie an und kehrt dann umgehend zur Tabelle mit allen Kategorien zurück.

In der Tabelle hinter *Inhalt → Kategorien* sollten die neuen Kategorien damit wie in Abbildung 5-11 aussehen.

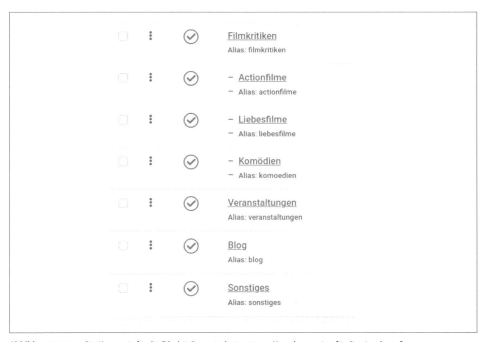

Abbildung 5-11: Die Kategorie für die Filmkritiken mit drei weiteren Unterkategorien für die einzelnen Genres.

Vergleichen Sie das Ergebnis auch mit der geplanten Gliederung aus Abbildung 4-4 auf Seite 102.

Verschachtelung nachträglich ändern

Haben Sie eine Kategorie aus Versehen unter einem falschen Kollegen einsortiert, können Sie dieses Malheur in der Tabelle hinter *Inhalt → Kategorien* auf zwei verschiedene Arten beheben:

1. Klicken Sie in der Tabelle auf den Titel der falsch einsortierten Kategorie. Packen Sie sie dann unter *Übergeordnete Kategorie* in die gewünschte Kategorie. Soll sie allein stehen und somit keiner anderen Kategorie untergeordnet werden, wählen Sie aus besagter Drop-down-Liste den Punkt – *Kein übergeordnetes Element* –. Via *Speichern & Schließen* wenden Sie die Änderungen an.
2. Markieren Sie die falsch einsortierte Kategorie, indem Sie in der Tabelle ihre Kästchen mit Haken versehen. Klicken Sie dann in der Werkzeugleiste unter den *Aktionen* auf *Stapelverarbeitung*. Es öffnet sich daraufhin das Fenster aus Abbildung 5-12. Stellen Sie in der Drop-down-Liste *Kopieren oder Verschieben in Kategorie* die neue, übergeordnete Kategorie ein (wie in Abbildung 5-12). Mit dem Punkt *Oberste Kategorie* steht die bislang noch falsch eingeordnete Kategorie anschließend allein, ist dann also keiner Kategorie mehr untergeordnet. Markieren Sie noch als *Auszuführende Aktion* das *Verschieben*, bevor Sie schließlich auf *Ausführen* klicken.

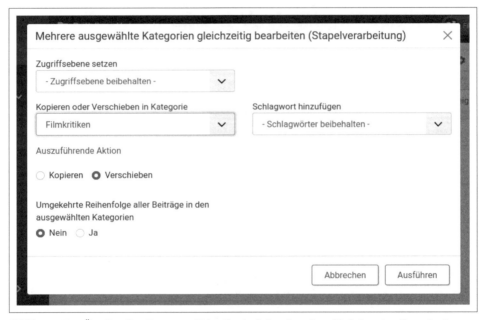

Abbildung 5-12: Über diese Einstellungen verschieben Sie schnell eine oder mehrere falsch einsortierte Kategorien. In diesem Fall würden die zuvor ausgewählten Kategorien in ihre Kollegin *Filmkritiken* gesteckt.

Mit dieser zweiten Methode können Sie sogar mehrere Kategorien auf einmal verschieben. Dazu markieren Sie einfach in der Tabelle alle Kategorien, die verschoben werden sollen, und verfahren dann wie beschrieben: Unter *Kopieren oder Verschieben in Kategorie* stellen Sie die Kategorie ein, in der alle markierten Kategorien landen sollen, aktivieren darunter *Verschieben* und klicken auf *Ausführen*.

> **Das Problem mit abgeschnittenen Drop-down-Listen**
>
> Wenn Sie in Joomla! eine Drop-down-Liste öffnen, kann es passieren, dass sie nur zum Teil zu sehen ist. Meist schneidet dann einfach der untere Fensterrand die Liste ab. In solchen Fällen müssen Sie mit den Bildlaufleisten Ihres Browsers weiter nach unten fahren. Sollte die Drop-down-Liste in einem kleinen weißen Fenster stecken (wie dem aus Abbildung 5-12), sind die Bildlaufleisten dieses weißen Fensters der richtige Partner. Ebenfalls helfen kann es, das komplette Browserfenster zu vergrößern oder zu verkleinern. Probieren Sie auch das Mausrad aus, mit dem Sie mitunter den Inhalt des Fensters verschieben können.

Kategorien kopieren

Anstatt eine neue Kategorie zu erstellen, können Sie auch eine vorhandene kopieren. Dazu gibt es in der Tabelle hinter *Inhalt → Kategorien* zwei verschiedene Wege:

1. Klicken Sie in der Tabelle auf den Titel der zu kopierenden Kategorie, dann in der Werkzeugleiste neben *Speichern & Schließen* auf das nach unten zeigende Dreieck und schließlich auf den Punkt *Als Kopie speichern*. Joomla! erstellt jetzt mit den angezeigten Einstellungen eine neue Kategorie und hängt ihrem Titel zur Unterscheidung eine aufsteigende Nummer an. Bei der ersten Kopie ist das die *(2)*. Das Duplikat landet dabei in der gleichen Kategorie wie das Original. Der Bearbeitungsbildschirm bleibt weiterhin geöffnet, Sie können die Kopie folglich umgehend nach Ihren eigenen Wünschen verändern und ihr insbesondere auch einen neuen *Titel* verpassen.

2. Alternativ markieren Sie in der Tabelle die Kategorie, die Sie kopieren möchten, indem Sie ihr Kästchen anklicken. Anschließend müssen Sie sich überlegen, ob und, wenn ja, in welche andere Kategorie Joomla! das Duplikat stecken soll. Mit dieser Information im Hinterkopf klicken Sie in der Werkzeugleiste unter den *Aktionen* auf *Stapelverarbeitung*. Es öffnet sich das Fenster aus Abbildung 5-13.

   Hier wählen Sie nun in der Drop-down-Liste *Kopieren oder Verschieben in Kategorie* die Kategorie, in der das Duplikat landen soll. Möchten Sie die Kopie in keiner der vorhandenen Kategorien ablegen, wählen Sie stattdessen den Punkt *Oberste Kategorie*. Jetzt müssen Sie nur noch darunter *Kopieren* selektieren und schließlich auf *Ausführen* klicken. Damit erhalten Sie eine exakte Kopie der Kategorie. Zur besseren Unterscheidung hängt Joomla! ihr gegebenenfalls eine aufsteigende Zahl an.

   Wenn Sie die Kopie umbenennen wollen, rufen Sie ihre Einstellungen auf (indem Sie auf ihren Titel in der Tabelle klicken) und vergeben dort dann einfach einen neuen *Titel* nebst entsprechendem *Alias*. Wichtig ist nur, dass jede Kategorie einen anderen Alias-Namen trägt.

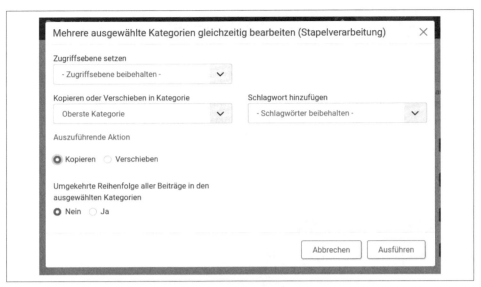

Abbildung 5-13: Mit diesen Einstellungen würden die zuvor gewählten Kategorien dupliziert.

 Warnung Die eventuell in der ursprünglichen Kategorie enthaltenen Beiträge kopiert Joomla! nicht mit. Das Duplikat ist folglich noch leer.

KAPITEL 6
Beiträge

In diesem Kapitel:
- Beiträge erstellen
- Schlagwörter vergeben
- Beiträge gliedern
- Bilder in Beiträge einbauen
- Verweise und Links einfügen
- Erstellungs- und Veröffentlichungsdatum
- Darstellung des Beitrags anpassen
- Beiträge umsortieren
- Beiträge kopieren
- Felder hinzufügen

Wenn alle benötigten Kategorien existieren, füllt man sie mit Beiträgen. Deren Verwaltung erfolgt über den Menüpunkt *Inhalt → Beiträge*. Die nun erscheinende Tabelle kennen Sie schon aus Kapitel 3, *Erste Schritte*: Sie führt restlos alle von Joomla! verwalteten Beiträge auf (siehe Abbildung 6-1).

Je mehr Beiträge hinzukommen, desto unübersichtlicher wird die Tabelle. Sie sollten daher unbedingt von den *Filter-Optionen* Gebrauch machen. Besonders hilfreich ist dabei die Drop-down-Liste – *Kategorie wählen* –, mit der Sie die Sicht auf alle Beiträge aus einer Kategorie einschränken. Des Weiteren sollten Sie sich nur noch die auf der Website sichtbaren Beiträge anzeigen lassen, indem Sie – *Status wählen* – auf *Veröffentlicht* setzen. Reicht das immer noch nicht, ziehen Sie auch die anderen Drop-down-Listen heran und lassen etwa nur die Beiträge eines ganz bestimmten Autors einblenden.

Abbildung 6-1: Die Tabelle mit allen in Joomla! gespeicherten Beiträgen.

In der Spalte *Status* kennzeichnet zunächst der grüne Haken, dass der Beitrag gerade irgendwo auf der Website zu sehen ist. Sofern das Sternchensymbol links daneben gelb aufleuchtet, ist der Beitrag ein ganz besonders wichtiger. In Abbildung 6-1 gilt das für beide Beiträge. Standardmäßig zeigt Joomla! diese extrem wichtigen Beiträge in Ihrem Internetauftritt auf der Startseite an. Was man mit derart hervorgehobenen Beiträgen sonst noch so alles anstellen kann, verrät später ausführlich der Abschnitt »Hauptbeiträge« ab Seite 202.

Direkt unter dem *Titel* eines jeden Beitrags steht in schwarzen Lettern, zu welcher *Kategorie* er gehört. In Abbildung 6-1 liegt der Beitrag *Forrest Gump* beispielsweise in der *Kategorie: Uncategorised.*

Wer den Beitrag überhaupt lesen darf, verrät die Spalte *Zugriffsebene.* Steht dort der Begriff *Public*, können alle Besucher den Text sehen (dazu folgt später noch mehr in Kapitel 12, *Benutzerverwaltung und -kommunikation*). Im hinteren Bereich nennen die übrigen Spalten den *Autor* und das *Erstellungsdatum.* Die vorletzte Spalte *Zugriffe* zeigt schließlich noch an, wie oft der Beitrag bereits von den Besucherinnen und Besuchern gelesen wurde.

Tabelle 6-1 fasst noch einmal alle Spalten und ihre jeweils präsentierten Informationen zusammen.

Tabelle 6-1: Spalten der Tabelle »Beiträge« und ihre jeweiligen Informationen

Spalte	Bedeutung
Haupteintrag	Bei einem gelben Stern gekennzeichnet wird ein besonders wichtiger Beitrag, der eine Sonderbehandlung erfährt. Meist erscheint er auf der Startseite.
Status	Der grüne Haken zeigt an, dass die Beiträge aus der Kategorie prinzipiell für Besucher zu sehen sind.
Titel	Titel des Beitrags, darunter erscheint zudem in kleiner schwarzer Schrift seine Kategorie.
Zugriffsebene	Die Zugriffsebene legt fest, welche Besuchergruppen den Beitrag lesen dürfen.
Autor	Der Autor des Beitrags.
Erstellungsdatum	Das Erstellungsdatum des Beitrags.
Zugriffe	So viele Leserinnen und Leser hatte der Beitrag bislang.
ID	Die interne Identifikationsnummer des Beitrags.

Tipp Wenn Sie die Drop-down-Liste *ID absteigend* auf *Zugriffe absteigend* stellen, präsentiert die Tabelle ganz oben die besonders häufig aufgerufenen Beiträge. Das sind somit auch die beliebtesten Beiträge. Sie sollten sich daher überlegen, ob Sie weitere Beiträge zu den entsprechenden Themen schreiben oder diese Beiträge besonders hervorheben.

Im Fall der Filmtoaster-Seiten existieren bislang nur die zwei Beiträge aus Kapitel 3, *Erste Schritte* – was sich jetzt aber umgehend ändern wird.

Beiträge erstellen

Um einen neuen Beitrag anzulegen, klicken Sie auf *Neu* in der Werkzeugleiste. Daraufhin öffnet sich der Bearbeitungsbildschirm für *Beiträge* aus Abbildung 6-2.

Tipp Häufig genügt es bereits, dem Beitrag einen *Titel* zu verpassen, den Text in das riesige Eingabefeld zu tippen und noch eine *Kategorie* auszuwählen. Die übrigen Einstellungen stehen bereits auf sinnvollen Vorgaben. Das gilt aber leider nicht für alle Fälle.

Abbildung 6-2: Alle Einstellungen für die Filmkritik von *James Bond 007: Skyfall*. Die übrigen Einstellungen auf der rechten Seite des Formulars zeigen die folgenden Abbildungen.

Titel und Alias

Verpassen Sie dem neuen Beitrag zunächst im gleichnamigen Feld einen *Titel*. Er erscheint später auf der Website als Überschrift über dem eigentlichen Beitragstext.

Für die Filmtoaster-Seiten soll eine neue Filmkritik her, folglich wäre hier als Titel der Filmname angebracht. Im Beispiel soll dies James Bond 007: Skyfall sein (siehe Abbildung 6-2).

Im Feld rechts daneben können Sie ergänzend zum Titel einen *Alias-* beziehungsweise Ersatznamen vergeben. Wie bei den Kategorien verwendet Joomla! ihn für interne Zwecke. Wenn Sie das Feld leer lassen, wählt Joomla! selbst einen passenden Alias. Bei Bedarf können Sie ihn später noch anpassen (wann das eventuell notwendig wird, verrät später noch Kapitel 20, *Suchmaschinenoptimierung*). In jedem Fall darf der Alias-Name keine Leerzeichen enthalten und muss unbedingt eindeutig sein – Sie dürfen also zwei Beiträgen nicht den gleichen Alias-Namen verpassen.

 Warnung   Sie dürfen aber durchaus mehreren Beiträgen den gleichen Titel verpassen (solange jeder Beitrag einen eindeutigen Alias besitzt). Ihre Besucher könnten zwei Beiträge mit identischem Titel jedoch verwirren. Darüber hinaus ist die Gefahr groß, dass sie die beiden Beiträge im Backend miteinander verwechseln. Geben Sie daher allen Beiträgen einen möglichst eindeutigen Titel. Das gelingt am einfachsten durch einen kleinen Zusatz. Möchten Sie beispielsweise zwei Titanic-Filme besprechen, könnten Sie noch das Erscheinungsjahr in den Titel aufnehmen. Der erste Beitrag würde dann *Titanic (1943)* heißen, der zweite *Titanic (1997)*. Damit lassen sich die beiden Filme eindeutig unterscheiden.

Text eingeben

Unterhalb des Titels folgt auf der Registerkarte *Inhalt* unübersehbar das größere Eingabefeld aus Abbildung 6-3. Darin tippen Sie den Text Ihres Beitrags ein. Über die Symbolleiste und das kleine Menü können Sie Ihren Beitragstext noch hübsch formatieren. Das funktioniert genau so, wie Sie es aus Ihrer Textverarbeitung wie z.B. Word gewohnt sind. Um beispielsweise einen markierten Text fett hervorzuheben, klicken Sie auf das Symbol mit dem *B* oder rufen *Format → Fett* auf.

Zum Einsatz kommt hier übrigens der TinyMCE-Editor. Er erlaubt nicht nur die komfortable Eingabe der Texte, sondern versucht sie auch möglichst so darzustellen, wie sie später auf der Website erscheinen. Das klappt jedoch nicht immer zuverlässig, da letztendlich das Template die Optik der Beiträge bestimmt.

Wenn Ihnen das Eingabefeld zu groß oder zu klein erscheint, können Sie es mithilfe der rechten unteren Ecke zurechtzupfen. Dort finden Sie eine kleine, geriffelte Fläche. Sobald Sie sie mit dem Mauszeiger berühren, verwandelt sich dieser in einen Doppelpfeil. Halten Sie jetzt die linke Maustaste gedrückt und ziehen Sie den Editor in die gewünschte Größe.

 Tipp   Längere Beiträge sollten Sie zunächst in einer Textverarbeitung vorschreiben. Den fertigen Text fügen Sie dann über die Zwischenablage hier in das große Feld ein und formatieren ihn abschließend noch ansprechend mit den Symbolleisten des TinyMCE-Editors.

Bei einigen Textverarbeitungen kopieren Sie allerdings auf diesem Weg auch spezielle Steuerzeichen mit, die dann wiederum im fertigen Beitrag ein kleines Chaos veranstalten und die Optik der Seite zerschießen. Um das ausschließen, sollten Sie den kopierten Text in Joomla! über den Menüpunkt *Bearbeiten → Als Text einfügen* einbauen.

Wenn Sie sich gern auf die Eingabe des reinen Texts konzentrieren möchten, können Sie den TinyMCE-Editor (vorübergehend) auch gegen ein schlichtes Eingabefeld eintauschen. Dazu klicken Sie an seinem unteren Rand auf *Editor an/aus*. Über die gleiche Schaltfläche holen Sie ihn später auch wieder zurück. Joomla! erlaubt zudem den Einsatz von anderen Editoren. Wie ein solcher Austausch funktioniert, erklärt Kapitel 13, *Joomla! konfigurieren*.

Abbildung 6-3: In diesem Editor verfassen Sie den eigentlichen Beitrag.

Tipp Sie können den Text auch direkt mithilfe sogenannter HTML-Befehle formatieren. Diese steuern normalerweise das Aussehen herkömmlicher beziehungsweise einfacher Internetseiten. Eine gute deutsche Einführung in die Thematik bietet beispielsweise die Seite *https://www.selfhtml.org*. Sie sollten jedoch vorsichtig mit diesem machtvollen Instrument umgehen. Je nach verwendeten Befehlen greifen Sie ansonsten in das von Joomla! erzeugte Seitenlayout ein, das im Extremfall dann nur noch zerstückelt beim Betrachter ankommt. Um HTML-Befehle einzugeben, blenden Sie entweder den TinyMCE-Editor wie beschrieben aus oder rufen *Werkzeuge → Quelltext* auf. Jetzt können Sie den Text mit den HTML-Befehlen eintippen. Die Auswirkungen sehen Sie allerdings erst, wenn Sie mit einem Klick auf *Speichern* beziehungsweise auf *Editor an/aus* wieder zum TinyMCE-Editor zurückkehren.

Für die Filmkritik denken Sie sich einen passenden (Nonsens-)Text aus oder übernehmen kurzerhand den Text aus Abbildung 6-3.

Lassen Sie anschließend Ihren Text über die entsprechende Schaltfläche am oberen Seitenrand *Speichern*. Joomla! erstellt dann im Hintergrund den Beitrag, lässt das Formular aber noch geöffnet. Damit ist Ihre mühevolle Tipparbeit gesichert, und Sie müssen auch nicht alle Schritte aus den folgenden Abschnitten an einem Stück nachvollziehen. Um Ihre Arbeit zu unterbrechen, klicken Sie auf *Speichern & Schließen*. Um den Beitrag dann später weiter zu bearbeiten, klicken Sie im Backend in der Tabelle unter *Inhalt → Beiträge* auf den Beitrag *James Bond 007: Skyfall*.

Tipp Auch wenn Sie Ihre eigenen Beiträge anlegen, sollten Sie zwischendurch immer mal wieder den aktuellen Stand speichern. Damit geht zum einen Ihre Arbeit nicht verloren, und zum anderen können Sie bei Bedarf mit der Versionsverwaltung aus dem Abschnitt »Versionsverwaltung« auf Seite 260 schnell zu einem vorherigen Stand zurückkehren.

Status, Kategorie und Versionshinweis

Wenden Sie sich als Nächstes den Einstellungen am rechten Seitenrand zu, die Abbildung 6-4 zeigt. Auf kleinen Bildschirmen und in kleinen Browserfenstern finden Sie die Einstellungen ganz unten auf der Seite.

Achten Sie zunächst darauf, dass dort der *Status* auf *Veröffentlicht* steht. Nur dann ist der Beitrag später für die Besucher auch zu sehen. Wenn Sie den Beitrag verstecken möchten, wählen Sie hier *Versteckt*. Das ist beispielsweise ratsam, wenn Sie den Beitrag noch einmal Korrektur lesen oder nachbearbeiten müssen. Ihre Besucher bekommen dann den unfertigen Text noch nicht zu sehen. Erst wenn Sie mit dem Beitrag zufrieden sind, schalten Sie ihn unter *Status* auf *Veröffentlicht* und somit auf Ihrer Website für alle Besucher frei. Über die Drop-down-Liste *Status* können Sie den Beitrag zudem noch direkt in den *Papierkorb* werfen oder in das Archiv stecken (was sich hinter dem Archiv verbirgt, verrät später noch der Abschnitt »Das Archiv nutzen« auf Seite 235).

In jedem Fall müssen Sie den Beitrag mit der Drop-down-Liste darunter in eine *Kategorie* stecken. Die Kritik zum James-Bond-Film gehört eindeutig in die Kategorie *Actionfilme*.

Wenn Sie die Drop-down-Liste *Kategorie* öffnen, finden Sie am oberen Ende auch ein Eingabefeld (wie das in Abbildung 6-5). Dieses hat gleich zwei Funktionen: Wenn Sie einen Begriff eintippen, zeigt Joomla! in der Liste nur noch Kategorien, die diesen Begriff in ihrem Titel enthalten. In Abbildung 6-5 gibt es beispielsweise genau drei Kategorien mit dem Wort `film`.

Tipp Wenn die Liste wirklich so unübersichtlich ist, dass Sie über das Eingabefeld eine Kategorie suchen müssen, ist in der Regel auch die Gliederung Ihres Internetauftritts zu komplex oder sogar wirr. Sie sollten dann noch einmal den Aufbau Ihres Internetauftritts überdenken. Mehr zu diesem Thema finden Sie in Kapitel 4, *Den Internetauftritt strukturieren*.

Über das Eingabefeld können Sie aber auch schnell eine neue Kategorie anlegen. Dazu tippen Sie einfach den Namen der neuen Kategorie in das Eingabefeld und drücken die *[Enter]*-Taste. Sobald Sie den Beitrag speichern, legt Joomla! im Hintergrund automatisch die Kategorie an und sortiert den Beitrag dort ein.

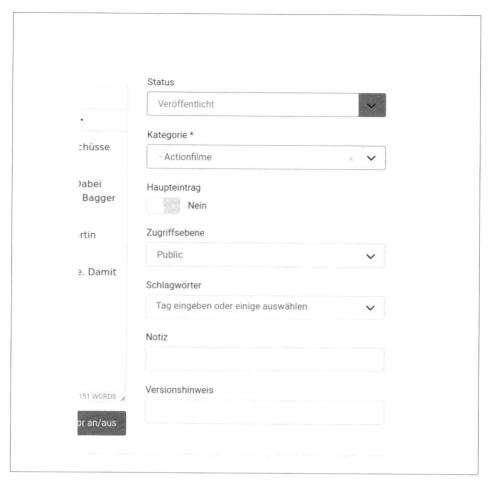

Abbildung 6-4: Per Drop-down-Listen am rechten Rand legen Sie unter anderem fest, ob der Beitrag sichtbar ist und zu welcher Kategorie er gehört.

Warnung Auf diese Weise verändern Sie nachträglich die Struktur Ihres Internetauftritts und verwirren so nicht nur Suchmaschinen, sondern insbesondere auch Ihre Besucher. Des Weiteren verwendet Joomla! einfach die Standardeinstellungen. In den meisten Fällen müssen Sie folglich hinter *Inhalt* → *Kategorien* doch wieder die Einstellungen der Kategorie aufrufen und sie nachbearbeiten. Aus diesen Gründen sollten Sie das Eingabefeld am besten ignorieren.

Im laufenden Betrieb kann es allerdings immer wieder passieren, dass Sie nachträglich neue Kategorien anlegen müssen – beispielsweise wenn die Kategorie *Komödien* vor lauter Filmkritiken zu unübersichtlich geworden ist. Man könnte in ihr dann noch die Unterkategorien *Farce*, *Tragikomödie* etc. erstellen. Eine solche gut begründete Anpassung sollten Sie immer über die Kategorieverwaltung hinter *Inhalt* → *Kategorien* vornehmen (siehe Kapitel 5, *Kategorien*) und nicht »schnell mal eben« hier beim Schreiben eines neuen Beitrags.

Beiträge erstellen | 127

Abbildung 6-5: Die Liste zeigt hier nur noch alle Kategorien an, die den Text *film* enthalten.

Mit einem *Ja* bei *Haupteintrag* würden Sie den Beitrag als besonders wichtig kennzeichnen. Alle so geadelten Beiträge könnten Sie dann später unter anderem prominent auf der Startseite anzeigen lassen. Wie das im Einzelnen funktioniert und was man mit diesen sogenannten Hauptbeiträgen noch so alles anstellen kann, verrät später der Abschnitt »Hauptbeiträge« auf Seite 202. Die Filmkritik ist nicht extrem wichtig, belassen Sie es daher hier bei *Nein*.

Welche Personen den Beitrag lesen und verändern dürfen, regelt die *Zugriffsebene* in Zusammenarbeit mit dem Register *Berechtigungen*. Standardmäßig dürfen alle Besucherinnen und Besucher den neuen Beitrag lesen, lassen Sie also die Einstellungen hier zunächst auf ihren Vorgaben. Kapitel 12, *Benutzerverwaltung und -kommunikation*, wird noch einmal ausführlich auf die Rechtevergabe zurückkommen.

Wenn Sie später irgendwann einmal im Beitragstext einen Tippfehler korrigieren oder nachträglich an den Einstellungen schrauben müssen, beschreiben Sie kurz im Eingabefeld *Versionshinweis* die von Ihnen durchgeführten Änderungen. Es genügt dabei eine möglichst kurze Zusammenfassung wie etwa »Tippfehler korrigiert«. Gemeinsam mit der Versionsverwaltung aus dem Abschnitt »Versionsverwaltung« auf Seite 260 können Sie dann leichter nachvollziehen, wer wann wo welche Änderungen vorgenommen hat. Das ist besonders nützlich, wenn Sie mit mehreren Autoren zusammenarbeiten. Sollten Sie den Beitrag gerade erst erstellen, können Sie das Feld einfach leer lassen.

 Im Fall der Filmkritik haben Sie gerade den Beitrag in die Kategorie *Actionfilme* gelegt und ihn somit angepasst. Hinterlegen Sie deshalb unter *Versionshinweis* den Text Kategorie angepasst und lassen Sie den Beitrag einmal *Speichern*. Joomla! leert dabei gleichzeitig das Feld *Versionshinweis*. Weitere Informationen zur Versionsverwaltung folgen später noch im Abschnitt »Versionsverwaltung« auf Seite 260.

Metadaten

Weiter geht es jetzt erst einmal auf der Registerkarte *Veröffentlichung* mit den Eingabefeldern auf der rechten Seite (wie sie auch Abbildung 6-6 zeigt). Die dort hinterlegten Metadaten versteckt Joomla! im ausgelieferten Beitrag, sie bleiben somit für normale Besucher Ihres Internetauftritts unsichtbar. Gedacht sind die Informationen primär für Suchmaschinen, die beispielsweise die *Schlüsselwörter* bei der Auswertung von Suchanfragen heranziehen.

Abbildung 6-6: Die Metadaten liefern Suchmaschinen wertvolle Informationen. Sie sollten daher die Felder *Meta-Beschreibung* und *Schlüsselwörter* immer ausfüllen.

Tipp Dass die Metadaten vorhanden sind, können Sie prüfen, indem Sie die Startseite Ihres Internetauftritts aufrufen und dann in Ihrem Browser die sogenannte Quelltextansicht einschalten (bei Firefox drücken Sie dazu *[Strg]+[U]*). Damit werfen Sie einen Blick hinter die Kulissen: Aus dem kryptischen Textbrei, der hier angezeigt wird, macht der Browser eine ansehnliche Webseite. Die Metadaten finden Sie ganz am Anfang dieses Codes wieder, genauer gesagt in den mit `<meta name= ...` beginnenden HTML-Befehlen. Die Seiten mit den Beiträgen enthalten jeweils die hier im Formular hinterlegten Metadaten.

Unter *Meta-Beschreibung* erklären Sie kurz und bündig, um was es in Ihrem Beitrag geht. Ein Satz sollte bereits ausreichen. *Schlüsselwörter* nimmt anschließend mehrere durch Kommata getrennte Begriffe auf. Sie fassen den Inhalt des Beitrags in kurzen Worten zusammen, im Beispiel etwa `Filmkritik, Kritik, James Bond, 007, Skyfall`.

Die Einstellung bei *Robots* sagt der Suchmaschine, ob sie die Seite überhaupt betreten und den Links darauf folgen darf. Bei einer Einstellung mit *index* dürfen Google,

Bing & Co. die Seite unter die Lupe nehmen (und in ihren sogenannten Index aufnehmen). *follow* erlaubt der Suchmaschine, allen Links auf der Seite zu folgen. *noindex* und *nofollow* verbieten die jeweilige Funktion.

Tipp   Niemand garantiert, dass sich die Suchmaschinen auch an diese Vorgaben halten. Zumindest bei den großen Suchmaschinen, wie Google und Bing, ist es jedoch der Fall.

Weitere Tipps und Informationen zu den Metadaten finden Sie später noch in Kapitel 20, *Suchmaschinenoptimierung*.

Für die Filmkritik übernehmen Sie die Vorgabe *Globale Einstellung*. Damit gelten die systemweiten Einstellungen, nach denen die Suchmaschinen den Beitrag einlesen und allen darauf befindlichen Links folgen dürfen.

Sollen die Suchmaschinen einen ganz bestimmten *Autor* für den Urheber des Beitrags halten, tragen Sie seinen (vollständigen) Namen in das gleichnamige Feld ein. Normalerweise können Sie das Feld jedoch leer lassen, insbesondere dann, wenn Sie den Autor bereits im Beitrag nennen (wie Sie das sicherstellen können, verrät der nachfolgende Abschnitt »Darstellung des Beitrags anpassen« ab Seite 155).

Ist der Beitrag urheberrechtlich geschützt, können Sie im Feld *Inhaltsrechte* darauf hinweisen. Dort hinein gehören etwa eine Nutzungslizenz, Patentangaben, Hinweise auf Warenzeichen oder ähnliche Informationen. Üblich ist auch eine Angabe à la »Copyright 2021«. Im Beispiel der Filmkritik könnten Sie dort angeben, dass das »Kopieren grundsätzlich verboten« ist. Denken Sie jedoch daran, dass es sich hier um eine Metainformation handelt, die Joomla! vor den Augen der Besucher versteckt. Es ist auch vollkommen unklar, wie die Browser beziehungsweise die Suchmaschinen mit dem Hinweis umgehen sollen – in der Praxis wird er folglich einfach ignoriert.

Tipp   Wenn Sie Ihre Besucher auf besondere Urheberrechte oder Lizenzen hinweisen möchten, schreiben Sie diese in oder unter den eigentlichen Beitrag.

Für die Filmkritik sollten die Eingabefelder jetzt wie in Abbildung 6-6 aussehen. Wechseln Sie zum Register *Inhalt* und notieren Sie kurz im Eingabefeld *Versionshinweis* Ihre durchgeführten Änderungen – etwa Metadaten ergänzt. Lassen Sie den Beitrag dann *Speichern*. (Weitere Informationen zum Versionshinweis finden Sie im Abschnitt »Status, Kategorie und Versionshinweis« auf Seite 126).

Autor und ergänzende Informationen

Das Register *Veröffentlichung* liefert links unten ein paar interessante Daten über den Beitrag. Die dortigen Eingabefelder aus Abbildung 6-7 füllt Joomla! automatisch aus – jedoch erst, nachdem Sie den Beitrag mindestens einmal gespeichert haben. Sie finden dort dann folgende Informationen:

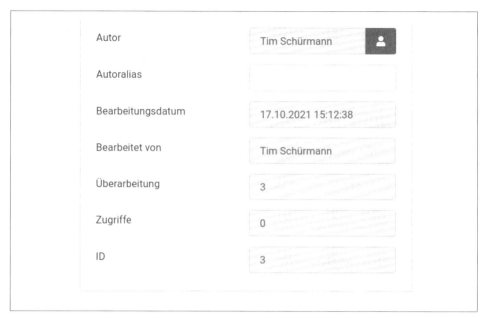

Abbildung 6-7: Bis auf den Autor gibt Joomla! die jeweiligen Informationen vor.

Autor
　Im Feld *Autor* zeigt Ihnen Joomla! an, wer den Beitrag (ursprünglich) erstellt hat. Mit einem Klick auf das Symbol mit der weißen Büste dürfen Sie auch einen anderen Benutzer zum Schöpfer des Beitrags erheben. Das ist beispielsweise dann notwendig, wenn Sie den Beitrag im Auftrag eines anderen Autors erstellen.

Autoralias
　Auf Ihrer Website können Sie auch immer den Autor des Beitrags einblenden lassen. Joomla! zeigt dann normalerweise den kompletten Namen an, wie etwa *Tim Schürmann*. Das ist jedoch nicht immer erwünscht – beispielsweise wenn mehrere Personen an einem Text beteiligt waren oder der Autor anonym bleiben möchte. Aus diesem Grund dürfen Sie dem Autor im Feld *Autoralias* einen anderen Namen verpassen. Dieses Pseudonym erscheint dann anstelle des tatsächlichen Namens über dem Text – wohlgemerkt, nur bei diesem Beitrag.

Bearbeitungsdatum, Bearbeitet von und Überarbeitung
　Das Feld *Überarbeitung* verrät, wie oft der Beitrag schon geändert wurde. Wann dies das letzte Mal geschehen ist, können Sie unter *Bearbeitungsdatum* ablesen. Der entsprechende Täter steht schließlich noch rechts neben *Bearbeitet von*.

Zugriffe
　So oft haben sich Besucher den Beitrag bereits angesehen.

ID

Im Feld *ID* steht die interne Identifikationsnummer des Beitrags (siehe auch den Abschnitt »Identifikationsnummern« auf Seite 88).

Für die Filmkritik müssen Sie den Autor nicht ändern, Sie können folglich die Felder aus Abbildung 6-7 ignorieren.

Beitrag speichern

Bis hierhin haben Sie alle Einstellungen kennengelernt, die Sie bei jedem neuen Beitrag auf jeden Fall anpassen beziehungsweise kontrollieren sollten. Anschließend lassen Sie den Beitrag speichern. Dazu haben Sie am oberen Seitenrand gleich mehrere Möglichkeiten:

- Sie klicken wie bekannt auf *Speichern*. In dem Fall sichert Joomla! alle Änderungen und legt – sofern notwendig – den Beitrag an.
- Mit einem Klick auf *Speichern & Schließen* sichert Joomla! ebenfalls den Beitrag, kehrt aber anschließend zur Tabelle mit allen Beiträgen zurück.
- Wenn Sie neben *Speichern & Schließen* auf das nach unten zeigende Dreieck klicken, sichert Joomla! via *Speichern & Neu* den Beitrag, erstellt dann aber umgehend einen neuen. Das ist vor allem dann praktisch, wenn Sie schnell mehrere Beiträge hintereinander erstellen möchten.
- Mit einem Klick auf *Abbrechen* verwirft Joomla! sämtliche noch nicht gespeicherten Änderungen und kehrt zur Tabelle mit allen Beiträgen zurück. Wenn Sie einen vorhandenen Beitrag bearbeiten, führt *Schließen* zum gleichen Ergebnis. Da Ihre Änderungen dabei verloren gehen, sollten Sie sich den Klick auf *Abbrechen* beziehungsweise *Schließen* gut überlegen.

Wenn Sie gleich alle weiteren Schritte auf den Filmtoaster-Seiten mitmachen möchten, steht jetzt noch etwas Fleißarbeit an. Erstellen Sie auf die gezeigte Art und Weise mindestens eine weitere Kritik zu einem Actionfilm, etwa zu *James Bond: Goldfinger*. Die Kategorien zu den Liebesfilmen und Komödien bleiben hingegen absichtlich noch leer. Anschließend überlegen Sie sich mindestens zwei Veranstaltungen und zwei Blogbeiträge, die in ihren jeweiligen Kategorien landen. Sie können sich dabei wieder irgendwelche kurzen Nonsens-Texte ausdenken. Wichtig ist nur, dass Sie immer jeweils ein, zwei Zeilen Text in das große Eingabefeld auf der Registerkarte *Inhalt* eintippen. Alle übrigen Einstellungen können auf ihren Vorgaben verbleiben. Nutzen Sie auch die Schaltfläche *Speichern & Neu*, um immer jeweils direkt den nächsten Beitrag in Angriff zu nehmen.

Abschließend muss noch ein Impressum her. Als *Inhalt* muss es mindestens Ihre vollständige Postanschrift und eine E-Mail-Adresse enthalten. Legen Sie das Impressum in der Kategorie *Sonstiges* ab.

Warnung Finden Sie heraus, welche Informationen Sie noch benötigen. Insbesondere wenn Sie mit Joomla! einen Unternehmensauftritt verwalten möchten, muss das Impressum zahlreiche Daten preisgeben, unter anderem das zuständige Finanzamt und die Umsatzsteuer-ID. Lassen Sie sich gegebenenfalls von einem Anwalt beraten. Einen guten ersten Anlaufpunkt bietet der Wikipedia-Artikel *https://de.wikipedia.org/wiki/Impressumspflicht*.

Schlagwörter vergeben

Sie können jedem Beitrag noch ein paar *Schlagwörter* (englisch *Tags*) anheften. Diese zeigt Joomla! später standardmäßig über dem Beitragstext an – wie in Abbildung 6-8 gezeigt. Das Aussehen der Schlagwörter bestimmt dabei das Template, in diesem Fall werden die Schlagwörter als kleine Kästchen dargestellt.

Abbildung 6-8: Die Schlagwörter *Filmkritik*, *Action*, *Daniel Craig*, *Explosion* und *James Bond* erscheinen hier über der Beschreibung und erlauben so eine zusätzliche Klassifizierung der Inhalte.

Klickt ein Besucher auf eines der Schlagwörter, zeigt ihm Joomla! alle Beiträge und Kategorien an, die ebenfalls dieses Schlagwort besitzen. Ihre Besucher können sich so beispielsweise schnell alle Beiträge anzeigen lassen, die sich irgendwie um das Thema *James Bond* drehen.

Ergänzend können Sie neben Ihren Beiträgen eine Auflistung mit besonders beliebten oder zum Beitrag passenden Schlagwörtern einblenden lassen. Diese Liste kann Joomla! zudem wie in Abbildung 6-9 anzeigen. Dabei erscheinen besonders häufig vergebene Schlagwörter in einer größeren Schrift. Diese Darstellung bezeichnet man neudeutsch auch als Schlagwörter-Wolke oder Tag-Cloud.

Abbildung 6-9: Hier wurde das Schlagwort *Filmkritik* besonders häufig vergeben.

Tipp In jedem Fall verleiten die Schlagwörter Ihre Besucher dazu, noch weitere Beiträge zu lesen. Dazu müssen Sie aber konsequent allen Beiträgen ein oder mehrere sinnvolle Schlagwörter verpassen.

Um dem Beitrag ein oder mehrere neue Schlagwörter anzuheften, öffnen Sie die Einstellungen des entsprechenden Beitrags und tippen die Begriffe auf der Registerkarte *Inhalt* rechts unten in das Eingabefeld *Schlagwörter* ein.

Auf den Filmtoaster-Seiten soll die Filmkritik zu *James Bond 007: Skyfall* ein paar Schlagwörter erhalten (wenn Sie die Beispiele aus den vorherigen Abschnitten nicht mitgemacht haben, nehmen Sie einfach einen anderen Beitrag). Dazu klicken Sie in der Tabelle hinter *Inhalt → Beiträge* auf *James Bond 007: Skyfall* und wechseln zum Register *Inhalt*. Für die Filmkritik bietet sich zunächst das Schlagwort *Action* an. Klicken Sie in das Eingabefeld *Schlagwörter*, tippen Sie das Wort Action ein und drücken Sie die *[Enter]*-Taste. Joomla! übernimmt jetzt das Wort und zeigt es wie in Abbildung 6-10 in einem kleinen Kästchen an. Möchten Sie weitere Schlagwörter hinzufügen, wiederholen Sie das Verfahren: Klicken Sie in das Feld *Schlagwörter*, tippen Sie den Begriff ein und drücken Sie die *[Enter]*-Taste. Im Filmtoaster-Beispiel könnten Sie noch den Schauspieler Daniel Craig sowie Explosion, Filmkritik und James Bond hinzufügen.

Tipp Wenn Ihnen keine Schlagwörter einfallen, suchen Sie in Ihrem Beitrag nach besonders wichtigen oder häufig verwendeten Substantiven.
Wählen Sie zudem nicht zu viele Schlagwörter. Bei mehr als fünf Begriffen sehen Ihre Besucher später nur noch einen verwirrenden Wörtersalat.

Während Sie tippen, schlägt Ihnen Joomla! automatisch schon bekannte Schlagwörter vor (wie in Abbildung 6-10 gezeigt). Sollte in der dabei aufklappenden Liste das gewünschte Wort darunter sein, genügt ein Klick auf den entsprechenden Eintrag, damit Joomla! es übernimmt. Diese Liste mit Vorschlägen spart somit nicht nur Tipparbeit, sie verhindert auch Mehrdeutigkeiten. Beispielsweise meinen *Gardine* und *Vorhang* dasselbe, die Begriffe würden aber vom dummen Joomla! als zwei verschiedene Schlagwörter behandelt. Wenn Ihnen Joomla! in der Liste ein ähnliches schon vorhandenes Schlagwort anbietet, geben Sie folglich immer diesem den Vorzug.

Abbildung 6-10: Joomla! schlägt schon bekannte Schlagwörter in einer Liste vor.

Ein vorhandenes Schlagwort können Sie wieder löschen, indem Sie auf das kleine Kreuzchen in seinem Kasten klicken. Wenn Sie umgekehrt später weitere Schlagwörter nachtragen möchten, klicken Sie einfach in das Eingabefeld und tippen wie beschrieben drauflos.

Wenn Sie alle Schlagwörter eingegeben haben, hinterlegen Sie im Feld *Versionshinweis* eine kurze Bemerkung, etwa Schlagwörter ergänzt, und lassen den Beitrag *Speichern & Schließen*. (Warum die Angabe eines Versionshinweises nützlich ist, erläutert Ihnen der Abschnitt »Status, Kategorie und Versionshinweis« auf Seite 126.)

Beiträge gliedern

Die meisten Betrachter empfinden lange Bildschirmseiten mit viel Text als eher unangenehm. Nicht nur für Autoren von Filmkritiken ergibt sich somit ein Problem: Einerseits hat man viel zu schreiben, andererseits möchte man die Augen der Leserinnen und Leser nicht ermüden und schon gar nicht Besucher zum vorzeitigen Wegklicken animieren. Joomla! löst das Problem, indem es lange Texte in kleinere, handlichere Teile zerlegt. Dabei bietet das Content-Management-System dem Autor zwei Möglichkeiten: Zum einen kann man eine Einleitung abteilen, und zum anderen lässt sich ein langer Text auf mehrere (Unter-)Seiten verteilen.

Einleitung

Zunächst sollte man sich überlegen, wie man einen Besucher überhaupt dazu bewegt, einen längeren Beitrag zu lesen. Am besten ködert man ihn mit einer kurzen, mitreißenden Einleitung, die gleichzeitig noch einen Einblick in das behandelte Thema gewährt. Einen solchen Werbetext bezeichnet man als Intro, Vorspann, Aufmacher oder Einleitung. Mit diesem Trick arbeitet übrigens fast jede Zeitschrift: Unter dem Titel folgt immer eine kleine Zusammenfassung des eigentlichen Artikels. Auf diese Weise müssen die Leserinnen und Leser nicht erst mehrere Abschnitte durcharbeiten, nur um zu merken, dass sie das Thema eigentlich gar nicht interessiert. Gleichzeitig sollte die Einleitung so gestaltet sein, dass sie zum Weiterlesen animiert.

Eine solche Einleitung ist auch bei Internetseiten sinnvoll: Auf der Startseite des Internetauftritts macht der Aufmacher Appetit auf den vollständigen Beitrag, zu dem dann eine kleine beigefügte *Weiterlesen*-Schaltfläche führt – ganz so wie in Abbildung 6-11.

Abbildung 6-11: Beispiel für eine Einleitung.

 Um Joomla! mitzuteilen, welcher Teil Ihres Beitrags die Einleitung und welcher der Haupttext ist, öffnen Sie zunächst seine Einstellungen (indem Sie unter *Inhalt → Beiträge* seinen Titel anklicken). Für die Filmtoaster-Seiten soll die Filmkritik zu *James Bond 007: Skyfall* eine Einleitung erhalten. Öffnen Sie daher ihre Einstellungen (wenn Sie die Beispiele aus den vorherigen Abschnitten nicht mitgemacht haben, können Sie einen beliebigen anderen Beitrag verwenden.)

Platzieren Sie jetzt die Textmarke genau an der Stelle im Text, an der die Einleitung endet, bei der Kritik zu *James Bond 007: Skyfall* beispielsweise die Stelle am Ende des ersten Absatzes hinter dem Wort »warten«. Wenn Sie einen eigenen Text eingetippt haben, wählen Sie ebenfalls einfach das Ende des ersten Absatzes.

 Tipp   Wie bei der Filmkritik bietet sich manchmal schon der erste Absatz als Einleitung an. Das gilt aber nur dann, wenn er schon den Inhalt umreißt. Besser ist es, am Anfang des Beitrags explizit eine neue Einleitung zu schreiben. Dieser neue Absatz sollte zum einen den Inhalt des Beitrags möglichst kurz zusammenfassen und gleichzeitig den Leser auf den Beitrag neugierig machen. Da insbesondere Letzteres nicht ganz einfach zu erreichen ist, sollten Sie sich für die Einleitung ruhig etwas Zeit nehmen.

Anschließend klicken Sie in der Symbolleiste des TinyMCE-Editors auf *CMS Inhalt* und dann auf *Weiterlesen*. Damit trennt dann wie in Abbildung 6-12 eine rote Linie die Einleitung vom restlichen Text.

Abbildung 6-12: Die rote Linie trennt die Einleitung vom eigentlichen Haupttext.

Ab sofort erscheint auf allen Seiten, die mehrere Beiträge in der Übersicht präsentieren, nur noch die Einleitung nebst einer *Weiterlesen*-Schaltfläche. Wenn Sie die Trennung wieder loswerden wollen, löschen Sie einfach die rote Linie aus dem Text (wie ein normales Zeichen).

Tragen Sie unter *Versionshinweis* den Text Einleitung festgelegt ein und lassen Sie Ihren Beitrag *Speichern*. Der nächste Abschnitt verteilt die lange Filmkritik auf mehrere (Unter-)Seiten. (Warum die Angabe eines Versionshinweises nützlich ist, erläutert der Abschnitt »Status, Kategorie und Versionshinweis« auf Seite 126.)

Unterseiten

Nachdem der Leser geködert ist, dürfen Sie seine Augen nicht durch zu viel Text ermüden. Damit das nicht passiert, können Sie längere Texte auf mehrere Internetseiten verteilen. Dafür fahren Sie zunächst mit der Einfügemarke an die Stelle im Text, an der eine neue Seite beginnen soll.

In der Filmkritik zu *James Bond 007: Skyfall* soll die Meinung des Autors auf einer neuen Seite erscheinen. Platzieren Sie deshalb die Einfügemarke am Anfang des Absatzes »James Bond 007: Skyfall verneigt sich vor den Filmen ...«. Wenn Sie einen eigenen Text eingetippt haben, wählen Sie eine beliebige andere Stelle.

In jedem Fall müssen Sie sich irgendwo hinter der Einleitung befinden, also unterhalb der roten Linie. Anschließend klicken Sie in der Symbolleiste des TinyMCE-

Editors auf *CMS Inhalt* und dann auf *Seitenumbruch*. Daraufhin erscheint das Fenster aus Abbildung 6-13.

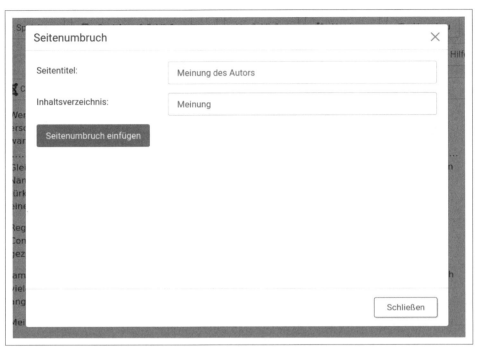

Abbildung 6-13: Der Seitentitel erscheint später ...

Wenn eine Besucherin auf die neue Seite umblättert, hängt das Content-Management-System den Text aus dem Feld *Seitentitel* an die Überschrift des Beitrags. Das sieht dann so aus wie in Abbildung 6-14: Dort wurde als *Seitentitel* der Text Meinung des Autors gewählt. Damit weiß die Leserin, auf welcher Unterseite sie sich gerade befindet. In Zeitschriften entspricht dies den Zwischenüberschriften im Text.

Damit Besucherinnen und Besucher später schneller zwischen den einzelnen Unterseiten hin und her springen können, erstellt Joomla! automatisch ein kleines Menü. In Abbildung 6-14 befindet es sich auf der rechten Seite. Über das Eingabefeld *Inhaltsverzeichnis* geben Sie vor, unter welchem Eintrag die neue Unterseite in diesem kleinen Menü erscheinen soll. Tippen Sie beispielsweise unter *Inhaltsverzeichnis* das Wort Meinung ein, erstellt Joomla! in dem kleinen Menü einen neuen Menüpunkt mit der Beschriftung *Meinung*. Ein Klick auf diesen Eintrag führt dann direkt zur entsprechenden Unterseite.

Für die Filmkritik wählen Sie als *Seitentitel* wie in Abbildung 6-13 den Text Meinung des Autors und tragen unter *Inhaltsverzeichnis* das Wort Meinung ein.

In jedem Fall sollten Sie beide Texte möglichst kurz und knackig wählen. Durch einen Klick auf *Seitenumbruch einfügen* wird dieser schließlich angelegt. Das Ergebnis auf Ihrer Website sieht dann später wie das in Abbildung 6-14 aus. Beachten Sie, dass der Seitenumbruch unabhängig von der Einleitung aus dem vorherigen Abschnitt ist.

Abbildung 6-14: ... prominent neben der Überschrift. Das zusätzlich kleine Menü auf der rechten Seite erlaubt zudem einen schnellen Wechsel zwischen den einzelnen Unterseiten.

Am Ende einer jeden Unterseite blendet Joomla! die Schaltflächen *Weiter* und *Zurück* ein. Über sie kann der Besucher zwischen den einzelnen Seiten hin und her wechseln. Die erste Seite erreicht man im kleinen Menü übrigens immer über den Titel des Beitrags (in Abbildung 6-14 ist das *James Bond 007: Skyfall*). Der Punkt *Alle Seiten* zeigt den gesamten Text auf einer einzigen Seite an.

Nach dem gezeigten Verfahren können Sie beliebige weitere Seitenumbrüche einfügen: Fahren Sie an die Stelle, an der eine neue Unterseite beginnen soll, klicken Sie unter *CMS Inhalt* auf *Seitenumbruch*, füllen Sie das Formular aus und lassen Sie den *Seitenumbruch einfügen*. Das kleine Menü aktualisiert Joomla! dann automatisch.

Ob ein oder mehrere Seitenumbrüche wirklich sinnvoll sind, hängt vom jeweiligen Text beziehungsweise seinem Inhalt ab. Als Faustregel gilt: Einen Seitenumbruch sollten Sie immer nach jeweils rund 3.500 bis 4.000 Zeichen setzen, wobei der komplette Text mindestens 5.000 Zeichen besitzen sollte. Einfügen sollten Sie einen Seitenumbruch allerdings nicht stur nach jeweils 3.500 Zeichen, sondern bevorzugt dort, wo im Text ein neuer Gedanke oder ein neues Thema beginnt. Die Filmkritik aus dem Beispiel beschreibt zunächst den Filminhalt, dem dann die Meinung des Autors folgt. Es bietet sich daher an, einen Seitenumbruch nach der Filmbeschreibung zu setzen.

Tipp   Sollte es beim Einfügen eines Seitenumbruchs Probleme geben, schalten Sie kurzzeitig den TinyMCE-Editor ab (über *Editor an/aus*). Fahren Sie dann an die Stelle im Text, an der Sie eigentlich den Seitenumbruch einfügen wollten, und tippen Sie dort folgenden kryptischen Text ein:

```
<hr title="..." alt="..." class="system-pagebreak" />
```

Zwischen die ersten beiden Anführungszeichen (hinter `title=`) schreiben Sie den Text aus dem Feld *Seitentitel*, und zwischen die anderen beiden Anführungszeichen (hinter `alt=`) gehört der Text aus dem Feld *Inhaltsverzeichnis*. Aktivieren Sie anschließend den TinyMCE-Editor wieder (über *Editor an/aus*).

 Den Beitrag mit der Filmkritik sollten Sie jetzt wieder zwischenspeichern. Dazu tippen Sie als *Versionshinweis* die Angabe Text aufgeteilt ein und klicken auf *Speichern & Schließen*. (Warum solch ein Hinweis nützlich ist, erläutert der Abschnitt »Status, Kategorie und Versionshinweis« auf Seite 126.)

Bilder in Beiträge einbauen

Derzeit besteht die Filmkritik noch aus einer hässlichen Textwüste. Höchste Zeit also, sie mit einem passenden Foto etwas aufzulockern.

 Um einen Beitrag mit einem Bild zu versehen, öffnen Sie zunächst seine Einstellungen (indem Sie in der Tabelle hinter *Inhalt → Beiträge* auf seinen Titel klicken). Auf den Filmtoaster-Seiten soll die Filmkritik zu *James Bond 007: Skyfall* mit einem Foto geschmückt werden. Öffnen Sie daher ihre Einstellungen (wenn Sie die Beispiele aus den vorherigen Abschnitten nicht mitgemacht haben, können Sie einen beliebigen anderen Beitrag verwenden.)

 Warnung   Beachten Sie dabei das Urheberrecht! Gerade bei einer Filmkritik liegt es nahe, sich irgendwo ein passendes Bild aus dem Internet zu angeln. Die Rechteinhaber populärer Filme sind jedoch in dieser Hinsicht ziemlich streng. Daher finden Sie auch auf unserer Download-Seite kein Beispielbild für die Kritik zu *James Bond 007: Skyfall*.

Wenn Sie fremde Bilder in Ihre Beiträge übernehmen möchten, fragen Sie immer den Urheber des Bilds um Erlaubnis. Andernfalls riskieren Sie eine teure Abmahnung. Weitere Informationen hierzu finden Sie im Abschnitt »Rechtliche Aspekte« auf Seite 277.

Bilder einfügen

Joomla! 4 kennt gleich mehrere Wege, auf denen Sie ein Bild in einen Beitrag einfügen können. Jeder dieser Wege hat seine Vor- und Nachteile.

1. Möglichkeit: Per Drag-and-drop

Zunächst können Sie die Bilddatei einfach mit der Maus von Ihrer Festplatte in den Text ziehen. Dazu platzieren Sie zunächst die Eingabemarke an der Stelle im Text, an der das Bild erscheinen soll. Ziehen Sie dann das Bild aus Ihrem Dateimanager auf das große Textfeld. Sobald sich der Mauszeiger über dem

TinyMCE-Editor befindet, erhält dieser eine gestrichelte Umrandung. Wenn Sie jetzt die Maustaste loslassen, erscheint ein Fenster. In seinem Eingabefeld beschreiben Sie kurz und bündig, was auf dem Bild zu sehen ist. Dieser Text ist für Suchmaschinen gedacht und hilft zudem Personen mit Einschränkungen beim Sehen. Sofern Ihr Bild nur ein Muster zeigt, das sich nicht beschreiben lässt, setzen Sie einen Haken in das Feld *Keine Beschreibung*. Nach einem Klick auf *Speichern* lädt Joomla! Ihr Bild hoch und fügt es an der Stelle der Einfügemarke ein. Diese Methode funktioniert recht unkompliziert und schnell.

2. Möglichkeit: Über die integrierte Medienverwaltung

Alternativ fügen Sie das Bild über die in Joomla! integrierte Medienverwaltung ein. Dazu fahren Sie zunächst mit der Einfügemarke an die Stelle im Text, an der das Bild später erscheinen soll – im Fall der Filmkritik ganz ans Ende des Beitrags. Klicken Sie anschließend in der Symbolleiste des TinyMCE-Editors auf die Schaltfläche *CMS Inhalt* und entscheiden sich für *Medien*. Es erscheint dann das Fenster aus Abbildung 6-15.

Im Bereich rechts unten zeigt Ihnen Joomla! alle ihm bereits bekannten Bilder jeweils in einer kleinen Vorschau an. Zur besseren Übersicht sind sie in Unterverzeichnissen zusammengefasst. Die Navigation erfolgt wie im Dateimanager Ihres Betriebssystems: Ein Doppelklick auf einen der blauen Ordner betritt ihn, via *images* gelangen Sie wieder zur obersten Ebene zurück. Sofern Ihnen eines der schon vorhandenen Bilder zusagt, klicken Sie es an.

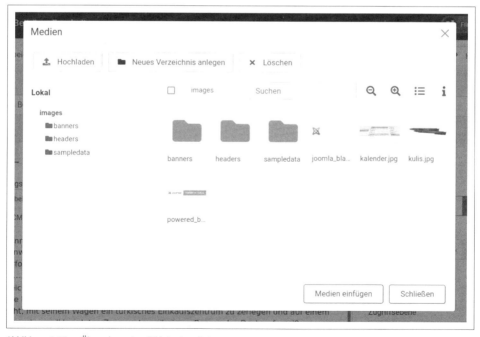

Abbildung 6-15: Übernahme eines Bilds in einen Beitrag.

Tipp   Die im oberen Bereich präsentierten Bilder liegen im Unterverzeichnis *images* Ihrer Joomla!-Installation. Wie Sie sie dort verwalten, verrät Ihnen der Abschnitt »Medien verwalten« auf Seite 265.

Haben Sie hingegen ein (einigermaßen) passendes Bild auf der Festplatte liegen, wählen Sie es nach einem Klick auf *Hochladen* aus. Joomla! holt die Datei dann zu sich auf den Server und fügt sie seinen bekannten Bildern hinzu. Dort klicken Sie das Bild einmal an. Es öffnen sich jetzt neue Einstellungen. Klicken Sie neben *Bildbeschreibung* in das Eingabefeld und fassen Sie kurz und bündig noch einmal zusammen, was auf dem Bild zu sehen ist. Für die Filmkritik wäre das beispielsweise Der Aston Martin aus dem Film James Bond 007: Skyfall. Dieser Text ist für Suchmaschinen und Besucher mit Seheinschränkungen gedacht. Zeigt das Bild ein Muster oder ein anderes Motiv, das sich nicht beschreiben lässt, markieren Sie *Keine Beschreibung*.

Zusätzlich sollten Sie dem Bild noch eine *Bildunterschrift* verpassen. Für die Filmkritik wählen Sie: Der Oldtimer aus dem Film James Bond 007: Skyfall ist ein Aston Martin DB5. Diese Bildunterschrift erscheint standardmäßig unter dem Foto und liefert für Ihre Leser später ein paar zusätzliche Informationen. Über die Eingabefelder *CSS-Klasse Bild* und *CSS-Klasse Bildunterschrift* beeinflussen Sie die Darstellung des Bilds. Die hier erlaubten Werte und ihre Auswirkungen hängen vom Template ab. Entsprechende Informationen liefert Ihnen der Entwickler des Templates. In der Regel können Sie die beiden Felder frei lassen.

Abschließend lassen Sie das Bild via *Medien einfügen* in Ihren Beitrag setzen.

 Warnung   Ab jetzt gibt es keine komfortable Möglichkeit mehr, die Ausrichtung und den Bildtitel zu verändern. Wie zumindest Letzteres dennoch gelingt, verrät Ihnen gleich der Abschnitt »Bildunterschrift und Bildbeschreibung ändern« auf Seite 145.

3. Möglichkeit: Über eine Internetadresse

Eine dritte Möglichkeit führt über die Internetadresse zu einem Bild. Diese Methode hat den Vorteil, dass Sie das Bild nicht erst auf Ihrem Computer zwischenspeichern und dann mühsam mit Joomla! wieder hochladen müssen. Das bietet sich auch im Fall des Films *James Bond 007: Skyfall* an: Unter *https://upload.wikimedia.org/wikipedia/commons/d/d3/Aston.db5.coupe.300pix.jpg* finden Sie ein Bild des Sportwagens Aston Martin DB5, wie ihn James Bond im Film *Skyfall* gefahren hat. Das Bild gehört eigentlich zum entsprechenden Wikipedia-Artikel (*https://de.wikipedia.org/wiki/Aston_Martin_DB5*). Der Fotograf Martin Hidinger hat das Foto jedoch für jede beliebige Benutzung freigegeben, die genauen Konditionen nennt die Seite *https://commons.wikimedia.org/wiki/File:Aston.db5.coupe.300pix.jpg*.

Um das Bild in die Filmkritik einzubinden, fahren Sie zunächst mit der Eingabemarke an die Stelle in Ihrem Text, an der das Bild gleich erscheinen soll. Rufen Sie dann aus dem Menü des TinyMCE-Editors den Punkt *Einfügen* → *Image* auf. Es erscheint nun das Fenster aus Abbildung 6-16.

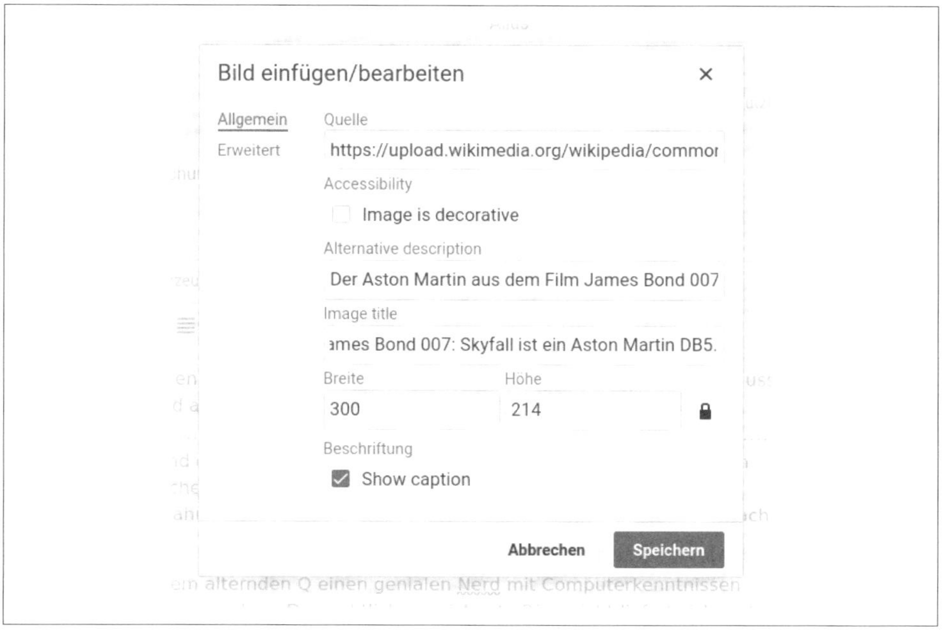

Abbildung 6-16: Über dieses Fenster können Sie ebenfalls ein Bild einbinden.

Hinterlegen Sie die Internetadresse im Feld *Quelle*. Im Beispiel der Filmkritik gehört dort hinein folglich die Adresse *https://upload.wikimedia.org/wikipedia/ commons/d/d3/Aston.db5.coupe.300pix.jpg*. Beschreiben Sie dann unter *Alternative description*, was auf dem Bild zu sehen ist. Für die Filmkritik wäre das beispielsweise Der Aston Martin aus dem Film James Bond 007: Skyfall. Dieser Text ist wieder für Suchmaschinen und Personen mit Einschränkungen beim Sehen gedacht sowie für den Fall, dass das Bild nicht angezeigt werden kann. Sofern Sie das Bild nicht beschreiben können, weil es beispielsweise ein Muster zeigt, setzen Sie einen Haken in das Feld *Image is decorative*.

Zusätzlich können Sie dem Bild eine Bildunterschrift verpassen. Sie erscheint dann später standardmäßig unter dem Foto und liefert Ihren Lesern ein paar Zusatzinformationen oder begründet, warum das Bild im Beitrag zu sehen ist. Sofern Sie eine Bildunterschrift hinzufügen möchten, hinterlegen Sie sie im Feld *Image title*. Für die Filmkritik können Sie dort eintragen: Der Oldtimer aus dem Film James Bond 007: Skyfall ist ein Aston Martin DB5. Aktivieren Sie auch noch *Show caption* – nur dann zeigt Joomla! die Bildunterschrift gleich an.

In jedem Fall lassen Sie das Bild *Speichern*.

Warnung Bei dieser Methode bindet Joomla! das Bild nur ein. Wird es auf dem fremden Server gelöscht (im Beispiel also aus der Wikipedia), fehlt es auch umgehend in Ihrem Beitrag.

In jedem Fall zeigt Joomla! das Bild jetzt aber noch nicht ganz so an, wie es später auf Ihrer Website zu sehen sein wird. Das fertige Ergebnis sehen Sie erst dann, wenn Sie den Beitrag speichern und anschließend im Frontend betrachten. Lassen Sie sich folglich hier nicht durch den Editor irritieren.

 Ihren damit optisch aufgebrezelten Beitrag sollten Sie erneut speichern. Beschreiben Sie aber vorher noch kurz Ihre durchgeführten Änderungen im Eingabefeld *Versionshinweis*. Im Beispiel bietet sich etwa `Bild eingefügt` an (mehr zum Versionshinweis finden Sie im Abschnitt »Status, Kategorie und Versionshinweis« auf Seite 126). Lassen Sie danach Ihren Beitrag *Speichern*.

 Tipp   HTML-Kenner dürfte interessieren, dass Joomla! ein Foto wie folgt in die Webseite einbettet:

```
<figure>
    <img src="images/foto.jpg" alt="Bildbeschreibung" />
    <figcaption>Bildunterschrift</figcaption>
</figure>
```

Die Bildbeschreibung landet im Attribut `alt`. Die Bildunterschrift wiederum steht zwischen `figcaption`-Tags.

Größe der Bilder ändern

Bilder fügt Joomla! immer in ihrer Originalgröße in den Text ein. (Größere) Fotos sollten Sie daher schon vor dem Hochladen mit einem Bildbearbeitungsprogramm oder über die in Joomla! enthaltene Medienverwaltung verkleinern (wie das funktioniert, zeigt der Abschnitt »Medien verwalten« auf Seite 265). Als Faustregel gilt, dass Bilder zur Illustration dabei nicht breiter als 650 Pixel sein sollten. Wenn Sie das Bild vorab verkleinern, belegt es gleichzeitig auch weniger Speicherplatz. Es müssen folglich weniger Daten durch das Internet wandern, was insbesondere diejenigen freut, die Mobiltelefone und Tablets nutzen.

Zusätzlich können Sie im TinyMCE-Editor das Bild mit der Maus in die gewünschte Größe zupfen. Dazu klicken Sie das Bild einmal an. Es erhält jetzt an seinen Ecken kleine Kästchen. Wenn Sie mit der Maus über ein Kästchen fahren, verwandelt sich der Zeiger in einen Doppelpfeil. Halten Sie jetzt die linke Maustaste gedrückt und ziehen Sie dann das Bild in die richtige Größe. Auf diese Weise lassen sich vor allem auch Bilder aus einer externen Quelle, im Beispiel das Bild aus der Wikipedia, auf passende Abmessungen bringen.

Wenn Ihnen die Methode mit der Maus zu ungenau ist, klicken Sie das Bild mit der rechten Maustaste an und rufen *Image* auf. Im jetzt erscheinenden Fenster können Sie *Breite* und *Höhe* des Bilds in Pixeln eingeben. Rechts neben den beiden Eingabefeldern finden Sie ein Schloss, das Sie per Mausklick öffnen und schließen. Bei einem geschlossenen Bügel stellt Joomla! sicher, dass das Foto später nicht verzerrt erscheint.

 Warnung   Wenn Sie die Größe mit der Maus oder über *Image* anpassen, stellt der Browser das Bild nur verkleinert beziehungsweise vergrößert dar. Die Bilddatei selbst bleibt unverändert. Sollte Ihr Foto satte 12 MByte groß sein, wandern diese weiterhin komplett durch das Internet – selbst wenn es nur in Briefmarkengröße auf Ihrer Webseite erscheint. Das wiederum dürfte Nutzer einer teuren Mobilfunkverbindung verärgern. Bringen Sie daher am besten das Bild schon vor dem Hochladen mit einem Bildbearbeitungsprogramm auf die passenden Abmessungen.

Bilder im Text umplatzieren und löschen

Um das Bild nachträglich an eine andere Stelle zu verschieben, markieren Sie das komplette Bild samt Bildunterschrift, als wäre es ein Zeichen im Text (beispielsweise bei gedrückter *[Umschalt]*-Taste mit den Pfeiltasten). Schneiden Sie es dann via *[Strg]+[X]* in die Zwischenablage aus, bugsieren Sie die Einfügemarke an die Zielposition und setzen Sie das Bild dort über *[Strg]+[V]* wieder ein.

Möchten Sie das Bild später wieder loswerden, löschen Sie es erneut wie ein einzelnes Zeichen aus dem Text. Alternativ klicken Sie es einmal an und drücken dann die *[Entf]*-Taste auf Ihrer Tastatur. Bei dieser Methode bleibt jedoch wieder die Bildunterschrift zurück, die Sie ebenfalls wie normalen Text löschen können.

Bildunterschrift und Bildbeschreibung ändern

Wenn Sie Ihrem Bild eine Bildunterschrift spendiert haben, können Sie diese jederzeit schnell nachbearbeiten. Dazu klicken Sie in den Text der Bildunterschrift und ändern sie wie auch jeden anderen Text.

Um die Bildbeschreibung beziehungsweise den alternativen Text zu verändern, klicken Sie mit der rechten Maustaste auf das Bild und rufen dann *Image* auf. Im erscheinenden Fenster können Sie Ihrem Foto dann eine andere *Alternative description* verpassen.

Alternativ deaktivieren Sie den TinyMCE-Editor über die entsprechende Schaltfläche *Editor an/aus*. Sie sehen jetzt den Text so, wie ihn Joomla! später an den Besucherbrowser ausliefert. Darunter finden Sie auch mehrere kryptische Formatierungsbefehle in spitzen Klammern. In diesem Textbrei suchen Sie jetzt Ihr Bild. Orientieren Sie sich dabei am besten an der Bildunterschrift oder am Dateinamen des Bilds. Sie werden dann auf eine Textpassage wie diese stoßen:

```
<figure>
   <img src="images/foto.jpg" alt="Bildbeschreibung" />
   <figcaption>Bildunterschrift</figcaption>
</figure>
```

Wenn Sie das Bild über den Menüpunkt *Einfügen → Image* eingefügt haben, sieht die Textpassage etwas anders aus:

```
<img title="Bildunterschrift" src="images/foto.jpg" alt="Bildbeschreibung" />
```

In jedem Fall finden Sie dort auch die Bildbeschreibung und die Bildunterschrift wieder, die Sie jetzt direkt anpassen können. Modifizieren Sie aber nur den Text zwischen den Anführungszeichen und achten Sie penibel darauf, dass Sie nicht noch andere Stellen ändern.

Tipp Wenn Ihnen der Weg über die kryptischen Kürzel zu kompliziert oder verwirrend erscheint oder sich die Texte nicht so einfach nachbearbeiten lassen, löschen Sie das Foto und fügen es einfach noch einmal mit den richtigen Werten ein. Dieser Weg ist die sichere Variante.

Einleitungs- und Beitragsbilder

Bilder lassen sich auf den gezeigten Wegen natürlich auch in der Einleitung einbinden, wie Abbildung 6-17 beweist. Wie Sie dort aber sehen, ist das Bild in der Einleitung viel zur groß. Es wäre daher gut, wenn Joomla! auf den Übersichtsseiten eine kleinere Fassung des Bilds anzeigen könnte. Wird dann auf *Weiterlesen* geklickt, soll in der Einleitung ein anderes, größeres Bild erscheinen.

Abbildung 6-17: Hier wurde ein Bild versuchsweise in die Einleitung gesetzt. Es erscheint somit auch prominent auf den Übersichtsseiten.

Genau das ermöglichen in den Einstellungen eines Beitrags die Regler und Eingabefelder auf der linken Seite des Registers *Bilder und Links*. Das dort eingestellte *Einleitungsbild* erscheint später in der Einleitung auf den Übersichtsseiten – und zwar nur dort. Das unter *Komplettes Beitragsbild* eingetragene Bild steht hingegen immer am Anfang eines Beitrags (wie in den Abbildungen 6-18 bis 6-20 gezeigt). Beide Bilder stellt Joomla! zudem immer automatisch an den Anfang des Texts.

Das jeweilige Bild binden Sie über *Auswählen* ein, woraufhin das schon aus den vorherigen Abschnitten bekannte Fenster mit der Medienverwaltung erscheint. Darin können Sie ein neues Bild hochladen oder sich für eines der vorhandenen Bilder entscheiden. In jedem Fall klicken Sie das Vorschaubild an und lassen es *Auswählen*. Joomla! zeigt dann eine Vorschau des Bilds an.

Haben Sie das falsche Bild erwischt oder möchten Sie eines der beiden Bilder wieder loswerden, entfernen Sie es über die Schaltfläche mit dem *X*.

Tipp Sie können die Größe der Bilder hier nicht mehr nachträglich verändern. Folglich müssen Sie vorab sicherstellen, dass beide Bilder die korrekten Maße aufweisen – etwa mithilfe eines Bildbearbeitungsprogramms.

Anders als in den Abbildungen 6-18 bis 6-20 würde man in der Praxis normalerweise nur ein Bild in zwei verschiedenen Größen verwenden: Das kleinere kommt in die Einleitung als *Einleitungsbild*, die größere Variante dann als Aufmacher in den Beitrag als *Komplettes Beitragsbild*. Alternativ könnte man auch als Einleitungsbild einen (pfiffig gewählten) Ausschnitt des Beitragsbilds verwenden. Bei der Filmkritik zu *James Bond 007: Skyfall* könnten Sie beispielsweise einen Scheinwerfer des Aston Martin mit einem Bildbearbeitungsprogramm ausschneiden und dies als Einleitungsbild verwenden. Als Beitragsbild setzen Sie dann das komplette Fahrzeug ein. Wie und wo genau die Bilder neben dem Text erscheinen, bestimmt übrigens das Template.

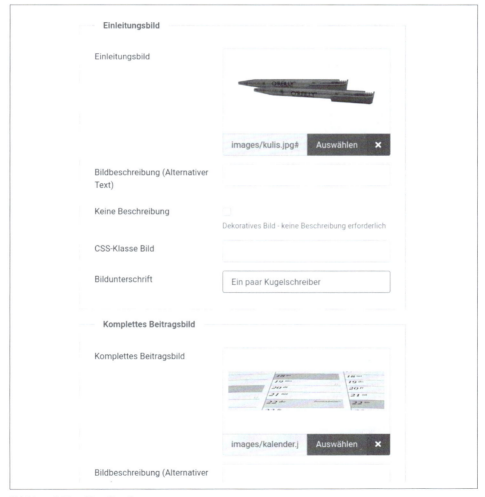

Abbildung 6-18: Diese Einstellungen ...

Abbildung 6-19: ... führen zu dieser Einleitung ...

Abbildung 6-20: ... und zu diesem Beitrag.

Verpassen Sie in jedem Fall den beiden Bildern unter *Bildbeschreibung (Alternativer Text)* auch stets eine Beschreibung. Diese erscheint unter anderem immer dann, wenn das Bild aus irgendeinem Grund nicht geladen werden konnte. Darüber hinaus hilft sie Suchmaschinen und Menschen mit eingeschränkter Sehfähigkeit, die mit einem speziellen Browser Ihren Internetauftritt besuchen. Sofern das Bild nur ein Muster zeigt und Sie keine Beschreibung vergeben können, setzen Sie stattdessen vor *Keine Beschreibung* einen Haken.

Falls gewünscht, können Sie auch noch eine *Bildunterschrift* vergeben. Hier beziehen sich die Eingabefelder ebenfalls immer auf das direkt darüber gewählte Einleitungs- beziehungsweise Beitragsbild.

Für die Filmkritik sind solche Bilder nicht notwendig; lassen Sie die Felder also leer und *Schließen* Sie die Einstellungen des Beitrags.

Verweise und Links einfügen

In Ihren Beiträgen können Sie auch auf vorhandene Kollegen verweisen sowie Links auf beliebige andere Internetseiten setzen. Beides erfordert allerdings ganz unterschiedliche Handgriffe.

Querverweise auf bestehende Beiträge einfügen

Wer sich für den Film *Skyfall* interessiert, könnte auch Gefallen am James-Bond-Klassiker *Goldfinger* finden. Man könnte daher in der Filmkritik zu *James Bond 007: Skyfall* einen Querverweis auf die Kritik zu *James Bond: Goldfinger* einfügen. Auf diese Weise lockt man geschickt den Leser auf eine andere Seite des eigenen Internetauftritts. Im Folgenden soll deshalb genau dieser Querverweis angelegt werden. Wenn Sie die Beispiele aus den vorherigen Abschnitten nicht mitgemacht haben, wählen Sie einfach zwei andere Beiträge.

Öffnen Sie zunächst die Einstellungen des Beitrags, in den Sie den Querverweis einfügen möchten. Auf den Filmtoaster-Seiten klicken Sie dazu hinter *Inhalt → Beiträge* die Kritik zu *James Bond 007: Skyfall* an.

Setzen Sie jetzt die Eingabemarke an die Position im Text, an der Sie den Querverweis einfügen möchten. In der Filmkritik fahren Sie ans Textende (hinter der Wertung »Meine Wertung: 4 von 5 Sternen.«). Klicken Sie anschließend in der Symbolleiste des TinyMCE-Editors auf die Schaltfläche *CMS Inhalt* und dann auf den Punkt *Beitrag*. Es öffnet sich das Fenster aus Abbildung 6-21, das alle vorhandenen Beiträge auflistet.

Über die *Filter-Optionen* und das Suchfeld am oberen Rand können Sie die Ansicht einschränken beziehungsweise nach einem ganz bestimmten Beitrag fahnden. Alle derzeit auf Ihrer Website veröffentlichten und somit prinzipiell sichtbaren Beiträge besitzen einen grünen Haken in der ersten Spalte *Status*. Haben Sie den gewünschten Beitrag ausgemacht, klicken Sie einfach seinen *Titel* an. Im Beispiel entscheiden Sie sich für die Kritik zu *James Bond: Goldfinger*. Joomla! fügt dann einen entsprechenden Link direkt in Ihren Text ein. Wenn ihn später ein Besucher anklickt, landet er unmittelbar bei der Filmkritik zu *James Bond: Goldfinger*.

Abbildung 6-21: Über dieses Fenster fügen Sie einen Querverweis auf einen anderen Beitrag ein.

Den Link können Sie wie jeden normalen Text nachbearbeiten und auch wieder löschen. Möchten Sie ihn nachträglich an eine andere Stelle in Ihrem Text verschieben, schneiden Sie ihn via *[Strg]+[X]* aus und fügen ihn an seiner eigentlichen Stelle im Text per *[Strg]+[C]* ein.

Der Link trägt als Beschriftung standardmäßig nur den Titel des Beitrags. Damit der Link nicht so allein im Beitrag steht, sollten Sie um ihn herum noch ein paar erklärende Worte schreiben. Im Beispiel könnten Sie vor den Link noch den Hinweis Lesen Sie auch unsere Filmkritik zu einfügen. Damit wissen Ihre Besucher, warum es einen Link zu *Goldfinger* in einer Kritik zu *Skyfall* gibt.

Einzelne Beiträge können Sie nur bestimmten Besuchern zugänglich machen (wie das funktioniert, erläutert Ihnen Kapitel 12, *Benutzerverwaltung und -kommunikation*). Verweise auf solche exklusiven Beiträge zeigt Joomla! im Text wie alle anderen Links an. Klickt ein beliebiger Besucher darauf, erscheint nur eine Fehlermeldung. Um den Besucher nicht verwirrt zurückzulassen, haben Sie zwei Möglichkeiten:

- Sie können den Querverweis auf den exklusiven Beitrag immer entsprechend kennzeichnen – beispielsweise indem Sie hinter den Link Folgendes in Klammern schreiben: (nur für registrierte Mitglieder).
- Alternativ rufen Sie die Einstellungen des exklusiven Beitrags auf, wechseln dort auf die Registerkarte *Optionen* und stellen *Nicht zugängliche Links* auf *Ja*. Joomla! zeigt dann anstelle der Fehlermeldung zumindest die Einleitung des exklusiven Beitrags an und bittet gleichzeitig den Besucher, sich anzumelden.

Links auf Internetseiten einfügen

Neben Querverweisen zu anderen Beiträgen dürfen Sie auch Links auf beliebige Internetseiten einbauen. Beispielsweise könnten Sie am Ende der Filmkritik auf die offizielle James-Bond-Seite unter *https://www.007.com* verweisen.

Dazu fahren Sie mit der Eingabemarke an die Position im Text, an der Sie den Link einfügen möchten, im Fall der Filmkritik also ans Textende (hinter der Wertung »Meine Wertung: 4 von 5 Sternen.«). Rufen Sie dann *Einfügen → Link* auf. Alternativ können Sie auch *[Strg]+[K]* drücken. Joomla! blendet jetzt das Fenster aus Abbildung 6-22 ein.

Im Feld *URL* hinterlegen Sie die Internetadresse zur gewünschten Seite, im Fall der Filmkritik wäre das *http://www.007.com*. Ein Link besteht aus einem kurzen Text oder einem Begriff, den der Besucher anklicken kann. Genau diesen Text tragen Sie im Feld *Anzuzeigender Text* ein. Im Beispiel könnte man Zur offiziellen 007-Seite eintippen.

Tipp Wenn Sie unsicher sind oder Ihnen kein passender Text einfällt, wiederholen Sie im Feld *Anzuzeigender Text* einfach noch einmal die *URL*.

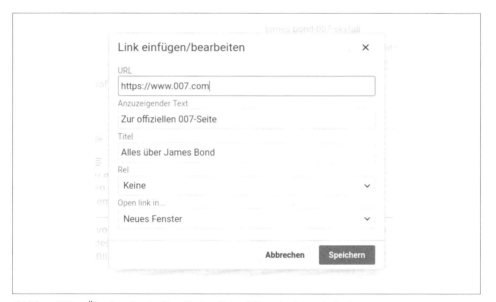

Abbildung 6-22: Über dieses Fenster fügen Sie einen Link auf eine andere Internetseite ein.

Im Feld *Titel* beschreiben Sie noch einmal ganz kurz, wohin der Link den Besucher führt. Den hier eingetragenen Text zeigt der Browser später an, wenn der Besucher seinen Mauszeiger auf dem Link platziert. Für die Filmkritik wählen Sie Alles über James Bond.

Wenn der Besucher auf den Link klickt, wechselt der Browser zur Seite *http://www.007.com*. Damit verlässt der Besucher jedoch auch Ihren Internetauftritt. Das können Sie verhindern, indem Sie *Ziel* auf *Neues Fenster* setzen. Dann öffnet der Browser die fremde Internetseite in einem neuen Fenster beziehungsweise Register (Tab). Geben Sie deshalb dieser Methode möglichst den Vorzug. Für das Beispiel sollte das Fenster jetzt wie in Abbildung 6-22 aussehen. Nach einem Klick auf *Speichern* fügt Joomla! den Link in den Text ein.

Tipp   Wenn Sie im Text ein Wort oder einen Satz markieren, klappt der TinyMCE-Editor eine kleine Symbolleiste aus. Ein Klick auf das Kettensymbol wandelt den markierten Text umgehend in einen Link um und öffnet gleichzeitig das Fenster aus Abbildung 6-22, in dem Sie nur noch die URL hinterlegen müssen. Dieser Weg führt besonders schnell zu einem Link.

Im Text können Sie den Link wie jeden anderen Text nachbearbeiten. Wenn Sie die Internetadresse oder den Titel ändern wollen, klicken Sie den Link mit der rechten Maustaste an und wählen *Link*. Alternativ klicken Sie ihn an und rufen *Einfügen → Link* auf. In beiden Fällen landen Sie wieder im bekannten Fenster aus Abbildung 6-22.

Einen Link löschen Sie wie jeden anderen Text. Alternativ können Sie die Verlinkung aufheben beziehungsweise den Link in normalen Text umwandeln. Dazu klicken Sie den Link mit der rechten Maustaste an und lassen den *Link entfernen*.

Mit der vorgestellten Methode fügen Sie Links direkt in den Text ein, Joomla! kann aber zusätzlich auch Links an den Beitrag anhängen. Diese Links erscheinen dann wie in Abbildung 6-23 wahlweise oberhalb oder unterhalb des Beitrags. Normalerweise fungieren diese Links als Quellennachweis oder zeigen auf eine Seite mit weiterführenden Informationen. In der Filmkritik könnte man beispielsweise so auf die Wikipedia-Seite zu »James Bond 007: Skyfall« verweisen.

Abbildung 6-23:   Link A erscheint später über dem Beitrag.

Dazu wechseln Sie zum Register *Bilder und Links*. Auf der rechten Seite können Sie jetzt dem Beitrag insgesamt drei Links anheften (*Link A* bis *Link C*). Wenden Sie sich zunächst den obersten drei Einstellungen zu. Im Feld *Link A* hinterlegen Sie die Internetadresse auf die externe Webseite. Im Beispiel der Filmkritik soll der Link auf den Wikipedia-Artikel zu Skyfall verweisen. Tragen Sie deshalb die Adresse `https://de.wikipedia.org/wiki/James_Bond_007:_Skyfall` ein.

In das Feld *Linktext A* wandert die Beschriftung des Links, im Beispiel etwa `Wikipedia-Eintrag zu "James Bond 007: Skyfall"`. Wenn ein Besucher den Link anklickt, öffnet der Browser die externe Seite im gleichen Fenster. Die Filmkritik würde also durch die Wikipedia-Seite ersetzt. Unter *URL-Zielfenster* können Sie dieses Verhalten ändern:

In gleichem Fenster öffnen
    Dies ist das Standardverhalten: Der Browser des Besuchers ersetzt die Filmkritik durch den Wikipedia-Artikel.

In neuem Fenster öffnen
    Der Wikipedia-Artikel erscheint in einem komplett neuen Browserfenster beziehungsweise in einem neuen Register (Tab).

Als Pop-up-Fenster öffnen
    Der Wikipedia-Artikel erscheint in einem neuen, kleinen Browserfenster ohne Navigationsleiste.

Modalfenster
    Joomla! dunkelt die Seite mit der Filmkritik ab, öffnet ein eigenes kleines Fenster und zeigt darin dann den Wikipedia-Artikel an. Sie kennen solche Fenster bereits von der Auswahl der Bilder.

Tipp   Wenn Joomla! Ihren Beitrag durch die fremde Seite ersetzt, kehrt der Besucher meist nicht mehr zu Ihrer Seite zurück. Unter Umständen verwirren Sie ihn damit sogar. Sie sollten daher Links immer in einem separaten Fenster öffnen lassen.

Für die Filmkritik wählen Sie den Punkt *In neuem Fenster öffnen*.

Auf die gleiche Weise können Sie dem Beitrag noch zwei weitere Links hinzufügen (*Link B* und *Link C*). Später auf der Website kann Joomla! diese Links dann oberoder unterhalb des Beitragstexts platzieren (in Abbildung 6-23 steht er über dem Beitragstext). Wo genau die Links erscheinen, bestimmen Sie auf der Registerkarte *Optionen* mit der Einstellung *Linkpositionierung* (die Einstellung finden Sie recht weit unten). Im Fall der Filmkritik sollte der Link am besten unterhalb des Beitrags angezeigt werden. Klicken Sie daher neben *Linkpositionierung* auf *Darunter*.

Sichern Sie Ihre Änderungen wieder. Dazu wechseln Sie zunächst auf die Registerkarte *Inhalt*, hinterlegen unter *Versionshinweis* den Text `Links hinzugefügt` und klicken auf *Speichern & Schließen*. (Mehr zum Versionshinweis finden Sie im Abschnitt »Status, Kategorie und Versionshinweis« auf Seite 126.)

Erstellungs- und Veröffentlichungsdatum

Sobald Sie einen Beitrag erstellt haben, erscheint er auf der Website – und steht dort so lange, bis Sie ihn eigenhändig wieder verstecken. Sie können den Beitrag aber auch zeitgesteuert erscheinen und wieder verschwinden lassen. Das ist insbesondere bei Nachrichten sinnvoll, die ein Verfallsdatum besitzen. Beispielsweise ist die Ankündigung eines Filmabends im Mehrzweckveranstaltungssaal von Oberursel nur so lange für die Besucher interessant, wie der Filmabend noch nicht stattgefunden hat.

Um einen Beitrag zeitgesteuert ein- und ausblenden zu lassen, öffnen Sie seine Einstellungen. Sofern Sie alle Beispiele für die Filmtoaster-Seiten bis hierhin mitgemacht haben, suchen Sie sich hinter *Inhalt → Beiträge* eine passende Veranstaltung aus und klicken ihren Titel an. Andernfalls wählen Sie einen beliebigen anderen Beitrag.

Auf der Registerkarte *Veröffentlichung* warten jetzt links oben die Einstellungen aus Abbildung 6-24.

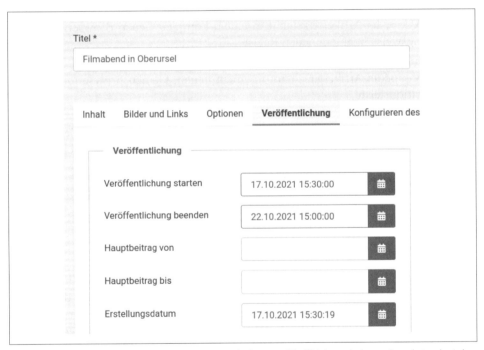

Abbildung 6-24: Hier legen Sie unter anderem fest, wann der Beitrag auf der Website erscheinen und von dort auch wieder verschwinden soll.

Unter *Veröffentlichung starten* tragen Sie ein, wann der Beitrag auf der Website auftauchen, und unter *Veröffentlichung beenden*, wann er von dort wieder verschwinden soll. Über die kleinen Kalendersymbole rechts neben den Eingabefeldern öffnen Sie dazu einen etwas größeren Kalender. Wählen Sie darin das gewünschte Datum und die passende Uhrzeit aus. Anschließend können Sie Datum und Uhrzeit auch direkt im Eingabefeld anpassen.

Um die zeitgesteuerte Veröffentlichung zu starten, lassen Sie den Beitrag einmal *Speichern*. Wenn später die Zeit des Beitrags abgelaufen ist, nimmt Joomla! ihn zwar von der Website, das Backend führt ihn aber weiterhin als veröffentlicht. In der Tabelle hinter *Inhalt → Beiträge* markiert ihn Joomla! allerdings in der Spalte *Status* mit einem Durchfahrt-verboten-Schild (⊖).

Möchten Sie später einen abgelaufenen Beitrag wieder anzeigen lassen, löschen Sie einfach die Eingabefelder *Veröffentlichung starten* und *Veröffentlichung beenden*. Alternativ rufen Sie noch einmal den Kalender auf und lassen das Datum dort *Leeren*.

Einen Beitrag können Sie auch für eine vorgegebene Zeitspanne zu einem sogenannten Hauptbeitrag erheben. Das ist beispielsweise nützlich, wenn bei Ihnen die Hauptbeiträge auf der Startseite erscheinen. Das Filmfest in Oberursel würde dann nach einer Woche wieder von der Startseite verschwinden, aber dennoch unter den übrigen Veranstaltungen weiter zugänglich sein. Ab wann ein Beitrag zu einem Hauptbeitrag geadelt werden soll (und somit auf der Startseite erscheint), bestimmen Sie unter *Hauptbeitrag von*. Wieder zu einem normalen Beitrag degradiert wird er zu dem Zeitpunkt, den Sie unter *Hauptbeitrag bis* einstellen. Auch hier legen Sie die Daten wieder über den kleinen Kalender fest. Vergessen Sie abschließend das *Speichern* nicht.

Joomla! merkt sich für jeden Beitrag, wann er angelegt wurde. Unter *Erstellungsdatum* dürfen Sie diese Angabe fälschen. Auch hier hilft der Kalender hinter dem entsprechenden Symbol bei der Auswahl.

In der Regel müssen Sie das Erstellungsdatum nicht ändern. Das gilt auch im Beispiel der Filmtoaster-Seiten. Lassen Sie daher den Beitrag *Speichern & Schließen*.

Darstellung des Beitrags anpassen

Auf Ihrer Website zeigt Joomla! neben dem Beitragstitel und dem eigentlichen Beitragstext auch noch ein paar weitere Informationen an. Dazu zählen unter anderem der Autor und das Erstellungsdatum. In Abbildung 6-25 sind sämtliche verfügbaren Informationen eingeblendet.

Welche Informationen Joomla! im Einzelnen präsentiert, dürfen Sie selbst für jeden Beitrag festlegen. Dazu öffnen Sie die Einstellungen des entsprechenden Beitrags und wechseln zum Register *Optionen*.

Warnung Es gibt noch andere Ecken und Funktionen in Joomla!, die diese Einstellungen hier überschreiben. Das sind in erster Linie die Menüpunkte (Sie lesen richtig), aber auch die Systemvorgaben nehmen Einfluss auf das Aussehen einer Seite. Und als wäre das noch nicht genug, wirken einige der Einstellungen nur unter ganz bestimmten Bedingungen beziehungsweise in ganz bestimmten Situationen (in welchen genau, erfahren Sie unter anderem im direkt folgenden Kapitel).

Die einzelnen Punkte in diesem Register bestimmen, ob das zugehörige Element auf der Seite erscheinen soll (*Anzeigen* beziehungsweise *Ja*) oder nicht (*Verbergen* beziehungsweise *Nein*). Standardmäßig stehen die meisten Punkte auf *Globale Einstellung* beziehungsweise *Global*. In diesem Fall gelten die systemweiten Vorgaben. Diese sind wiederum im Backend unter *Inhalt → Beiträge* und dort über die Schaltfläche *Optionen* auf der Registerkarte *Beiträge* änderbar.

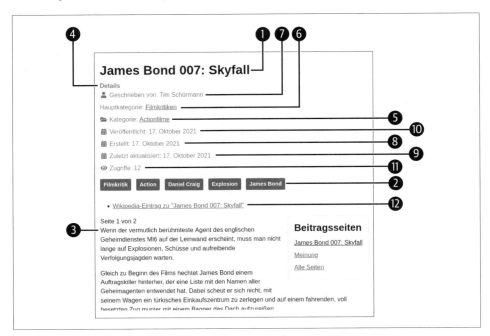

Abbildung 6-25: Die zusätzlichen Informationen stellt Joomla! an den Anfang des Beitrags.

Im Folgenden erfahren Sie, welche Drop-down-Liste welche Information ein- beziehungsweise ausblendet. Wie auch im Beispiel der Filmkritik zu *James Bond 007: Skyfall* müssen Sie in vielen Fällen an den Einstellungen nichts ändern, können also prinzipiell direkt zum nächsten Abschnitt springen. Hin und wieder können die Informationen jedoch für Ihre Besucherinnen und Besucher hilfreich sein – oder umgekehrt überflüssig. Sie sollten daher einmal die folgenden Punkte zumindest überfliegen und dabei überlegen, ob die jeweilige Information oder Funktion für Ihren Beitrag oder die Filmkritik sinnvoll ist.

 Tipp   Wenn Sie unsicher sind, belassen Sie einfach alle Einstellungen auf ihren jeweiligen Vorgaben. Das gilt auch später für Ihre eigenen Beiträge.

Layout
Hier können Sie dem Beitrag ein ganz bestimmtes Aussehen überstülpen. Behalten Sie im Zweifelsfall die Voreinstellung bei.

Titel
Der *Titel* des Beitrags erscheint standardmäßig über dem Beitrag. In Abbildung 6-25 ist dies *James Bond 007: Skyfall*. ❶ Wenn Sie den Titel *Verbergen* lassen, fehlt folglich die Überschrift über dem Beitrag.

Titel verlinken
: Mit der Einstellung *Ja* erscheint die Überschrift als Link, der (wieder) direkt zum Haupttext des Beitrags führt – also die gleiche Wirkung wie der *Weiterlesen*-Link besitzt (siehe auch den Abschnitt »Einleitung« auf Seite 135).

Schlagwörter anzeigen
: Hiermit können Sie die Schlagwörter des Beitrags ein- und ausblenden. ❷

Einleitungstext
: Einen Beitrag kann man in zwei Hälften aufspalten: in die Einleitung und den nachfolgenden Haupttext (siehe den Abschnitt »Einleitung« auf Seite 135). Ist hier *Verbergen* aktiviert, wird die Einleitung nicht angezeigt (in Abbildung 6-25 wäre dann folglich der Absatz »Wenn der vermutlich berühmteste Agent ...« verschwunden ❸). Ein Ausblenden ist beispielsweise dann sinnvoll, wenn Sie die Einleitung nur dazu benutzen, Ihre Besucher auf die Seite zu locken, dieser »Locktext« aber anschließend nicht mehr im eigentlichen Beitrag erscheinen soll.

Position der Beitragsinfo
: In Abbildung 6-25 erscheinen die Informationen zum Autor, zur Kategorie und so weiter *über* dem eigentlichen Beitragstext. Möchten Sie die ganzen Zusatzinformationen an das Ende des Beitrags verschieben, wählen Sie in dieser Liste den Punkt *Darunter*. In der Einstellung *Aufteilen* stellt Joomla! einige Informationen (wie den Autor) an den Anfang des Beitragstexts, die übrigen hingegen an das Ende. Die Wahl von *Darüber* stellt alle Informationen wieder vor den eigentlichen Text.

Beitragsinfotitel
: Über die Zusatzinformationen wie den Autor und das Veröffentlichungsdatum schreibt Joomla! noch in fetter Schrift das Wort *Details* ❹. Wenn Sie dieses Wort stört, können Sie es über die Einstellung *Beitragsinfotitel* verbergen lassen.

Kategorie
: Hierüber können Sie den Namen der Kategorie ein- und ausblenden, in der sich der Beitrag befindet. In Abbildung 6-25 ist dies *Kategorie: Actionfilme* ❺.

Kategorie verlinken
: Wenn Sie hier *Ja* einstellen, kann der Besucher mit einem Klick auf die Kategorie direkt zu ihrer Übersichtsseite beziehungsweise einer Aufstellung mit allen in ihr enthaltenen Beiträgen springen. Das Ganze funktioniert natürlich nur, wenn der Name der Kategorie auch sichtbar ist (siehe den vorherigen Punkt).

Übergeordnete Kategorie und Übergeordnete Kategorie verlinken
: Diese beiden Einstellungen funktionieren analog zu den beiden vorherigen Punkten, nur dass hier noch zusätzlich die übergeordnete Kategorie angezeigt wird. Auf den Filmtoaster-Seiten steckt beispielsweise die Filmkritik zu *James Bond 007: Skyfall* in der Kategorie *Actionfilme*, die sich wiederum in der Kategorie *Filmkritiken* befindet. Würden Sie jetzt *Übergeordnete Kategorie* auf *Anzeigen* setzen, verrät Joomla! im Beitrag zu *James Bond 007: Skyfall*, dass die *Hauptkategorie* die *Filmkritiken* sind (siehe ❻ in Abbildung 6-25). Steht *Übergeordnete Kategorie verlinken* auf *Ja*, würde zudem aus dem Wort *Filmkritiken* ein Link erstellt werden, der schnurstracks zur Übersichtsseite der Kategorie *Filmkritiken* führte.

Tipp — Die Nennung der Kategorie und der übergeordneten Kategorie ist gerade bei größeren Seiten noch einmal eine kleine Orientierungshilfe für den Besucher und ergänzt die Breadcrumb-Leiste. Empfehlenswert ist das Anzeigen der Kategorien insbesondere, wenn Sie ein Glossar, eine Wissensdatenbank oder ähnliche Seiten anbieten. Ein Besucher, der den Beitrag zur »Umlaufblende« liest, weiß dann mit einem Blick, dass sie ein Bestandteil der »Filmprojektoren« ist, die wiederum in die Kategorie der »Kinotechnik« fallen.

Autor

Hierüber können Sie den Autor des Beitrags ein- und ausblenden. In Abbildung 6-25 hat *Tim Schürmann* ❼ die Filmkritik geschrieben. Wie bei allen redaktionell betreuten Inhalten ist die Angabe der Autorin oder des Autors auch bei den Filmkritiken sinnvoll.

Autor verlinken

Wenn Sie hier *Ja* einstellen, kann eine Besucherin mit einem Klick auf den Autorennamen zu einer entsprechenden Kontaktseite springen – vorausgesetzt, Joomla! zeigt den Autor des Beitrags an, und dieser besitzt obendrein noch eine eigene Kontaktseite (wie man diese anlegt, verraten die Kapitel 11, *Komponenten – Nützliche Zusatzfunktionen*, und Kapitel 12, *Benutzerverwaltung und -kommunikation*).

Erstellungsdatum, Bearbeitungsdatum und Veröffentlichungsdatum

Joomla! kann Ihren Besuchern verraten, wann der Beitrag erstellt ❽, zuletzt geändert ❾ und veröffentlicht ❿ wurde. Diese drei Informationen sind insbesondere bei redaktionellen Inhalten sowie Nachrichten sinnvoll. Bei den Filmkritiken weiß ein Besucher so beispielsweise, ob die Rezension erst nach der Premiere der deutschen Synchronfassung geschrieben wurde.

Seitennavigation

Ein *Anzeigen* blendet am unteren Rand des Beitrags zwei Schaltflächen ein, mit denen man zum nächsten beziehungsweise vorherigen Beitrag in seiner Kategorie blättern kann. Im Fall der Filmkritik zu *James Bond 007: Skyfall* könnte der Besucher damit zur nächsten Actionfilmkritik weiterblättern.

Tipp — Diese Art der Navigation verwirrt allerdings schnell. Sie sollten sie nur dann anbieten, wenn Ihre Seiten ähnlich wie in einem Buch einzelne Kapitel repräsentieren.

Zugriffe

Wenn Sie diese Drop-down-Liste auf *Anzeigen* setzen, zeigt Joomla! Ihren Besuchern an, wie oft der Beitrag bereits gelesen wurde. In Abbildung 6-25 gab es beispielsweise schon 7 Zugriffe auf die Filmkritik ⓫.

Nicht zugängliche Links

In Ihrem Beitrag können Sie auch auf andere Beiträge verweisen, die nur bestimmte Besucher sehen dürfen (wie im Abschnitt »Querverweise auf bestehende Beiträge einfügen« auf Seite 149 beschrieben). Klickt ein beliebiger Besucher auf einen solchen Verweis, erscheint normalerweise nur eine nichtssagende

Fehlermeldung. Wenn Sie allerdings im exklusiven Beitrag die Einstellung *Nicht zugängliche Links* auf *Ja* setzen, zeigt Joomla! anstelle der Fehlermeldung zumindest die Einleitung des exklusiven Beitrags an und bittet gleichzeitig den Besucher, sich anzumelden.

Tipp Auf diese Weise landen die Leserinnen und Leser nicht in einer Sackgasse, und Sie können ihnen mit der Einleitung als Appetithappen gleichzeitig eine Registrierung schmackhaft machen.

Linkpositionierung

Dem Beitrag können Sie ein paar ergänzende Links hinzufügen (auf der Registerkarte *Bilder und Links*, siehe den Abschnitt »Links auf Internetseiten einfügen« auf Seite 151). Die Einstellung *Linkpositionierung* regelt, ob diese Links am Anfang des Beitrags (*Darüber*) oder am unteren Ende (*Darunter*) erscheinen sollen. In Abbildung 6-25 gibt es einen Link auf den Wikipedia-Artikel zum Film *James Bond: 007 Skyfall*, der direkt über dem eigentlichen Beitragstext erscheint. ⓬

Eigener »Weiterlesen«-Text

Auf einigen Seiten Ihres Internetauftritts erscheinen nur die Einleitung und somit nur der Anfang des Beitrags. Das passiert beispielsweise, wenn Joomla! alle Beiträge aus einer Kategorie präsentiert. Unter dem Einleitungstext führt dann ein *Weiterlesen*-Link die Besucher zum kompletten Beitrag. Über das Eingabefeld *Eigener »Weiterlesen«-Text* können Sie dem Link eine andere Beschriftung verpassen, zum Beispiel *Hier entlang*.

Seitentitel im Browser

Wenn jemand Ihren Beitrag liest, zeigt der Browser in seiner Titelleiste den Titel des Beitrags an. Über dieses Feld können Sie einen anderen, abweichenden Titel eintippen, den der Browser dann übernimmt. Für gewöhnlich ist das nicht notwendig.

Wenn Sie eine oder mehrere Änderungen vorgenommen haben, hinterlegen Sie im Register *Inhalt* einen passenden *Versionshinweis* und lassen den Beitrag *Speichern & Schließen*.

Beiträge umsortieren

Immer wenn Sie mehrere Beiträge hintereinander angelegt haben, sollten Sie anschließend in der Tabelle unter *Inhalt → Beiträge* noch einmal kontrollieren, ob die Beiträge auch in ihren zugedachten Kategorien gelandet sind. Falsch einsortierte Beiträge zählen in der Praxis zu den häufigsten Fehlern. Nutzen Sie als Hilfe auch die Suchfunktion und aus den *Filter-Optionen* die Drop-down-Liste – *Kategorie wählen* –. Sollten Sie vergessen haben, einen Beitrag in eine Kategorie zu stecken, befindet er sich sehr wahrscheinlich in der standardmäßig eingestellten Kategorie *Uncategorised*.

Wenn Sie bis hierhin alle Beispiele mitgemacht haben, gilt das zumindest für die Filmkritik zu *Toy Story*.

Um einen falsch eingeordneten Beitrag umzusortieren, haben Sie in der Tabelle unter *Inhalt → Beiträge* zwei Möglichkeiten:

1. Klicken Sie den Titel des Beitrags an, wählen Sie dann auf der Registerkarte *Inhalt* die passende *Kategorie* und *Speichern & Schließen* Sie die Änderung.
2. Alternativ markieren Sie den oder die falsch einsortierten Beiträge und klicken dann in den *Aktionen* auf die *Stapelverarbeitung*. Im erscheinenden Fenster stellen Sie über die Drop-down-Liste *Kopieren oder Verschieben in Kategorie* die neue Heimat der Beiträge ein, markieren darunter *Verschieben* und klicken auf *Ausführen*. Wenn die Drop-down-Liste abgeschnitten ist oder unvollständig erscheint, helfen unter Umständen die Maßnahmen aus dem Kasten *Das Problem mit abgeschnittenen Drop-down-Listen* auf Seite 119.

Die zweite Methode hat den Vorteil, dass Sie gleich mehrere Beiträge auf einmal in eine andere Kategorie verschieben können.

 Die Filmkritik zu *Toy Story* verschieben Sie auf dem ersten Weg: Klicken Sie sie hinter *Inhalt → Beiträge* an, setzen Sie die *Kategorie* auf *Komödien* und lassen Sie die Änderung *Speichern & Schließen*.

Tipp	Wenn Sie den Film gesehen haben, widerstrebt es Ihnen vielleicht, ihn als Komödie zu bezeichnen. Er zählt gleichermaßen auch zu den Animationsfilmen sowie zu den Kinder- oder Familienfilmen, und man könnte ihn sogar als Abenteuerfilm klassifizieren. Auch in der Praxis lassen sich Beiträge nicht immer eindeutig einer Kategorie zuweisen. Sie müssen dann in den sauren Apfel beißen und sich für eine Kategorie entscheiden. Sofern Sie häufig vor diesem Problem stehen, sollten Sie jedoch darüber nachdenken, ob Ihre Seitenstruktur noch passt und nicht vielleicht geändert werden muss. Mehr zu diesem Thema finden Sie in Kapitel 4, *Den Internetauftritt strukturieren*.

Beiträge kopieren

Wenn Sie einen wichtigen Beitrag duplizieren möchten, stehen Ihnen in der Tabelle unter *Inhalt → Beiträge* zwei Wege offen:

1. Klicken Sie den Titel des Beitrags an, dann neben *Speichern & Schließen* auf das nach unten zeigende Dreieck und aktivieren Sie *Als Kopie speichern*. Joomla! erzeugt so ein Duplikat, das es umgehend zur Bearbeitung öffnet.
2. Alternativ setzen Sie vor den oder die zu kopierenden Beiträge in der Tabelle einen Haken und klicken unter den *Aktionen* auf *Stapelverarbeitung*. Im erscheinenden Fenster stellen Sie über *Kopieren oder Verschieben in Kategorie* die Kategorie ein, in der die Duplikate landen sollen. Markieren Sie anschließend darunter *Kopieren* und klicken Sie auf *Ausführen*. Wenn die Drop-down-Liste abgeschnitten oder unvollständig erscheint, helfen unter Umständen die Maßnahmen aus dem Kasten *Das Problem mit abgeschnittenen Drop-down-Listen* auf Seite 119.

In jedem Fall hängt Joomla! eine fortlaufende Nummer an den Titel des Duplikats an. Die erste Kopie der Kritik zu *James Bond 007: Skyfall* würde *James Bond 007: Skyfall (2)* heißen. Diesen automatisch erzeugten Namen können Sie ganz einfach in den Einstellungen des Beitrags im Feld *Titel* ändern.

Tipp	Sie können dort der Kopie auch wieder den Namen des Originals geben. Im Beispiel hätten Sie dann zwei Beiträge mit dem Titel *James Bond 007: Skyfall*. Wichtig ist nur, dass sich die Alias-Namen der beiden Beiträge voneinander unterscheiden. Zwei Beiträge mit identischen Titeln verwirren allerdings Ihre Besucher, Sie sollten daher möglichst darauf verzichten.

Felder hinzufügen

Mitunter möchte man den Beiträgen noch ein paar Zusatzinformationen anhängen. In einem Blogbeitrag könnte man beispielsweise kurz den Autor vorstellen. Bei einer Filmkritik wäre es zudem interessant, zu erfahren, in welchem Jahr der Streifen seine Premiere feierte und wie die Regisseurin oder der Regisseur heißt. Solche Informationen könnten Sie einfach direkt in den Beitrag schreiben. Diese Arbeitsweise hat jedoch gleich mehrere Nachteile: Zum einen müssen Sie und Ihre Autorinnen und Autoren immer daran denken, den Namen des Regisseurs im Beitrag zu erwähnen. Zum anderen könnte jeder Autor diese Information unterschiedlich formatieren. Während dann in einer Filmkritik der Regisseur fett gedruckt direkt unter der Überschrift erscheint, ist sein Name in einer anderen Kritik kursiv gedruckt ganz am Ende zu finden.

Hier springt Joomla! mit den sogenannten Feldern ein (englisch *Fields*). Dabei teilen Sie Joomla! zunächst mit, welche zusätzlichen Informationen die Beiträge enthalten sollen. Im Beispiel könnten Sie dem Content-Management-System vorschreiben, dass unter jeder Filmkritik auch der Regisseur des Films erscheinen muss. Wenn Sie dann einen entsprechenden Beitrag erstellen oder ändern, blendet Joomla! passende Eingabefelder ein. Die brauchen Sie und Ihre Autoren nur noch auszufüllen. Das Content-Management-System kümmert sich anschließend automatisch um die korrekte Formatierung auf der Website.

Felder anlegen

Im ersten Schritt müssen Sie sich überlegen, welche zusätzlichen Informationen Joomla! in einem Beitrag speichern soll. Auf den Filmtoaster-Seiten möchten Sie, dass sich in jeder Filmkritik und in jedem Blogbeitrag die Autorin oder der Autor mit ein paar Zeilen kurz dem Publikum vorstellt, wie in Abbildung 6-26 gezeigt.

Damit Joomla! den entsprechenden Text beim Erstellen eines Beitrags abfragt, müssen Sie als Nächstes ein zugehöriges Eingabefeld anlegen. Dazu rufen Sie über das Hauptmenü am linken Seitenrand *Inhalt → Felder* auf und klicken in der Werkzeugleiste auf *Neu*. Sie landen damit im Formular aus Abbildung 6-27.

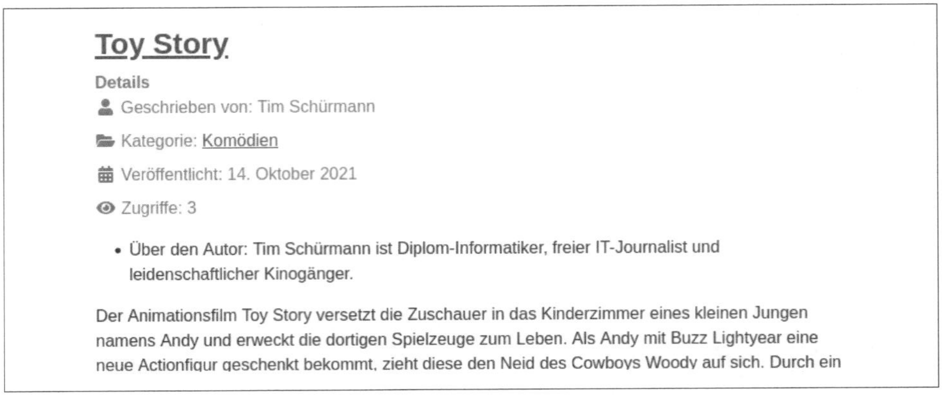

Toy Story
Details
Geschrieben von: Tim Schürmann
Kategorie: Komödien
Veröffentlicht: 14. Oktober 2021
Zugriffe: 3
• Über den Autor: Tim Schürmann ist Diplom-Informatiker, freier IT-Journalist und leidenschaftlicher Kinogänger.
Der Animationsfilm Toy Story versetzt die Zuschauer in das Kinderzimmer eines kleinen Jungen namens Andy und erweckt die dortigen Spielzeuge zum Leben. Als Andy mit Buzz Lightyear eine neue Actionfigur geschenkt bekommt, zieht diese den Neid des Cowboys Woody auf sich. Durch ein

Abbildung 6-26: Bei Blogbeiträgen, Filmkritiken und anderen subjektiven Texten hilft eine Kurzvorstellung wie diese, die Meinung im Beitrag einzuordnen und den Autor besser kennenzulernen.

Titel *
Über den Autor
Allgemein
Optionen
Veröffentlichung
Berechtigungen
Typ *
Textbereich (textarea)
Name
Automatisch aus Titel generieren
Beschriftung
Über den Autor
Beschreibung
Stellen Sie sich hier kurz in ein oder zwei Sätzen vor.
Pflichtfeld
Nein
Nur in Subforms benutzen
Nein
Standardwert
Zeilen
2
Spalten
Maximale Länge
200
Filter
Text

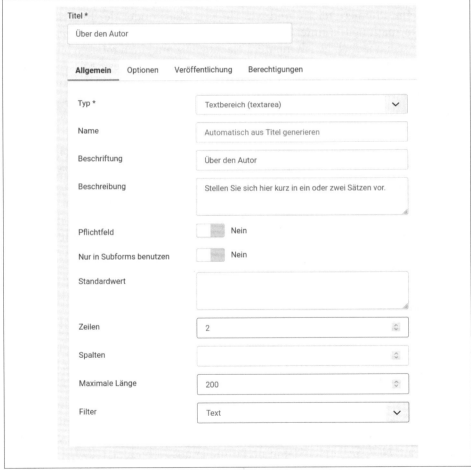

Abbildung 6-27: Hier entsteht ein neues Eingabefeld, in dem sich die Autorinnen und Autoren später kurz selbst beschreiben. Diese Einstellungen …

Verpassen Sie dem Feld zunächst ganz oben einen *Titel*. Er sollte kurz beschreiben, welche Informationen das neue Feld abfragt. Im Beispiel können Sie Über den Autor eintippen. Diesen Titel stellt Joomla! gleich auch vor das entsprechende Eingabefeld sowie später auf Ihrer Website vor den Text (wie in Abbildung 6-26). Wenn das Content-Management-System dort jeweils eine andere *Beschriftung* verwenden soll, tippen Sie sie in das gleichnamige Eingabefeld etwas weiter unten auf der Registerkarte *Allgemein*. Für das Beispiel reicht jedoch der Titel, die *Beschriftung* kann leer bleiben.

Hinterlegen Sie im Register *Allgemein* noch eine *Beschreibung*. Joomla! zeigt sie später als eine Art Hilfetext direkt unterhalb des Eingabefelds an. Die Beschreibung sollte daher kurz zusammenfassen, welche Informationen die Autoren in das neue Feld eintippen müssen. Für das Filmtoaster-Beispiel wählen Sie: Stellen Sie sich hier kurz in ein oder zwei Sätzen vor.

Wenn Sie den Schalter *Pflichtfeld* auf *Ja* umlegen, müssen Sie und Ihre Autoren das neue Eingabefeld zwingend ausfüllen. Lassen sie es leer, weigert sich Joomla!, den Beitrag zu speichern. Im Beispiel sollen sich die Autoren nicht unbedingt vorstellen müssen, weshalb Sie den Schalter auf *Nein* stehen lassen.

Entscheiden Sie sich jetzt ganz oben unter *Typ*, welche Art von Daten Joomla! speichern soll. Im Beispiel sollen die Autoren ein paar Zeilen Text hinterlegen. Infrage kommen damit die Punkte *Text* und *Textbereich*. Während *Text* nur ein kleines, kurzes Eingabefeld bereitstellt, erlaubt der *Textbereich* auch längere Texte. Für das Beispiel ist somit der *Textbereich* genau die richtige Wahl.

Abhängig vom gewählten *Typ* ändern sich jetzt in der unteren Hälfte des Registers *Allgemein* die Einstellungen. Im Fall des *Textbereichs* können Sie unter anderem die Größe des Eingabefelds (*Zeilen* und *Spalten*) und die Anzahl der erlaubten Zeichen (*Maximale Länge*) vorgeben. Im Beispiel sollen sich die Autoren mit maximal 200 Zeichen vorstellen können. Stellen Sie daher die *Maximale Länge* auf 200. Wenn Sie *Zeilen* und *Spalten* leer lassen, wählt Joomla! beziehungsweise das aktive Template eine passende Größe für das Eingabefeld. Im Beispiel soll das Feld jedoch genau 2 *Zeilen* hoch sein. Wie der Wert im Feld *Spalten* interpretiert wird und wie breit das Eingabefeld dann tatsächlich wird, hängt vom Template ab. Für das Beispiel lassen Sie das Feld leer.

Böswillige Autoren könnten versuchen, auch sogenannte HTML-Tags oder sogar Programmcode in ihren Text einzuschmuggeln. Um das zu verhindern, können Sie Joomla! die Eingaben prüfen lassen. Dazu wählen Sie unter *Filter* aus, welche Daten die Autoren eingeben dürfen. Im Beispiel ist nur ein *Text* erlaubt. Auf diese Weise schließen Sie übrigens auch Tippfehler aus: Wenn Sie ein Feld anlegen, das ein *Datum* erwartet, würde Joomla! die Eingabe 12.a4.2022 nicht annehmen.

| Warnung | Zumindest in Joomla! 4.0 gibt es in solchen Fällen keine Fehlermeldung. Joomla! ersetzt den eingegebenen Text eigenmächtig ohne Rückfrage. Gibt man beispielsweise Text in ein Feld, in dem laut *Filter* eigentlich nur Zahlen erlaubt sind, ersetzt Joomla! beim Speichern des Beitrags den Text rigoros durch eine 0. | |

Abschließend können Sie noch unter *Standardwert* einen Text vorgeben. Ihn schreibt Joomla! als Vorschlag in das Eingabefeld. Die Autoren können diesen Text dann ändern oder gegen einen eigenen Text austauschen. Für das Beispiel lassen Sie den *Standardwert* leer, womit das Formular wie in Abbildung 6-27 aussehen sollte.

Weiter geht es mit den Einstellungen auf der rechten Seite aus Abbildung 6-28. Auf kleinen Bildschirm oder in schmalen Browserfenstern finden Sie die Einstellungen unten auf der Seite.

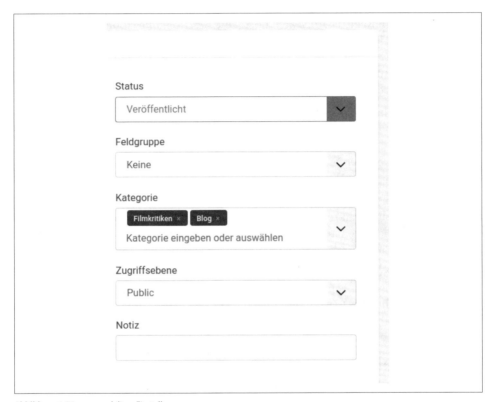

Abbildung 6-28: ... und diese Einstellungen ...

Nur wenn der *Status* auf *Veröffentlicht* steht, können Sie und Ihre Autoren das Eingabefeld gleich ausfüllen und Ihre Besucherinnen und Besucher diese Eingaben auf der Website bewundern. Auf diese Weise können Sie allerdings auch schnell das Feld aus allen Beiträgen und Ihrer kompletten Website ausblenden lassen – setzen Sie dazu einfach den *Status* auf *Versteckt*.

Ein Feld soll in der Regel nur bei einigen ausgewählten Beiträgen erscheinen. Auch im Beispiel sollen die Autorenvorstellungen nur unter den Filmkritiken und den Blogbeiträgen erscheinen, nicht aber bei den Veranstaltungen. Netterweise dürfen Sie das Feld auf die Beiträge ausgewählter Kategorien einschränken. Dazu klicken Sie zunächst unter *Kategorie* auf das kleine X neben *Alle*. Öffnen Sie jetzt die Dropdown-Liste *Kategorie* mit einem Mausklick. Wählen Sie aus der Liste nacheinander die Kategorien aus, an deren Beiträge Joomla! das neue Feld anheften soll. Im Beispiel wären das die *Filmkritiken* und das *Blog*. Wenn Sie sich verklickt haben, entfernen Sie die falsche Kategorie über das kleine *X* neben seinem Namen. Mit einem Klick neben die Drop-down-Liste beenden Sie die Auswahl. Für die Filmtoaster-Seiten sollte das Ergebnis wie in Abbildung 6-28 aussehen.

Über die *Zugriffsebene* regeln Sie schließlich noch, welche Personen das Feld überhaupt zu Gesicht bekommen. Mit der Einstellung *Public* sieht es gleich jeder (zu den Zugriffsebenen folgt später mehr in Kapitel 12, *Benutzerverwaltung und -kommunikation*).

Wenn alle Informationen zusammen sind, *Speichern & Schließen* Sie das neue Feld. Klicken Sie jetzt unter *Inhalt → Beiträge* eine Filmkritik oder einen Blogbeitrag an, der auf Ihrer Website zu sehen ist. Sofern Sie alle Beispiele mitgemacht haben, wäre das beispielsweise die Kritik zu *Toy Story*. In jedem Fall finden Sie im Bearbeitungsbildschirm das neue Register *Felder*. Dort wartet das eben angelegte Feld wie in Abbildung 6-29 auf eine Eingabe.

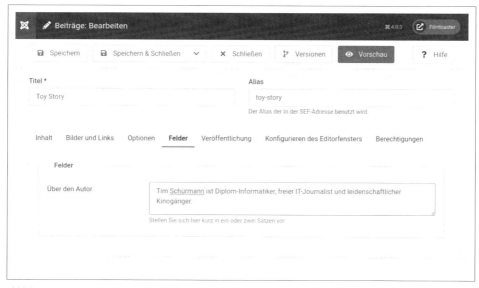

Abbildung 6-29: ... führen zu diesem neuen Eingabefeld.

Hinterlegen Sie wie in der Abbildung eine kleine Beschreibung über sich selbst. Nach dem *Speichern & Schließen* hängt Joomla! diesen Text an den Beitrag an und präsentiert ihn später wie in Abbildung 6-26 im Frontend. Wie und wo dort der Text erscheint, bestimmt wieder einmal das Template. Das in Joomla! mitgelieferte Template geht dabei sehr puristisch vor und verpasst dem Text keine schöne Optik. Andere Templates stecken die Zusatzinformationen teilweise in eigene Kästen.

Tipp Neben dem hier gezeigten Feld können sich die einzelnen Autoren auch noch auf separaten Seiten präsentieren. Wie das funktioniert, zeigt später noch der Abschnitt »Kontakte und Kontaktformulare« ab Seite 369.

Als kleine Fingerübung können Sie auf dem gezeigten Weg für die Filmkritiken noch zwei weitere Felder anlegen, die das Datum der Premiere und den oder die Regisseure speichern. Dazu rufen Sie *Inhalt → Felder* auf, klicken *Neu* an, geben als *Titel* Premiere am ein, wählen als *Typ* den *Kalender*, stellen die *Kategorie* ausschließlich auf *Filmkritiken* und lassen das Feld *Speichern & Schließen*. Für das zweite Feld klicken Sie wieder auf *Neu*, tragen als *Titel* Regisseure ein, stellen den *Typ* auf *Text*, wählen als maximale Länge 50 Zeichen, nageln die *Kategorie* auf die *Filmkritiken* fest und lassen das Feld erneut *Speichern & Schließen*. Wenn Sie jetzt hinter *Inhalt → Beiträge* den Titel einer Filmkritik anklicken und zum Register *Felder* springen, finden Sie dort auch noch die anderen beiden Felder (siehe Abbildung 6-30). Das Datum der Premiere dürfen Sie sogar bequem über den Kalender auswählen. Die beiden unteren Eingabefelder stehen allerdings nur bei einer Filmkritik bereit. Wenn Sie einen Blogbeitrag zur Bearbeitung öffnen, bietet dieser nur das Feld *Über den Autor*.

Abbildung 6-30: Wenn Sie den Beispielen gefolgt sind, gibt es bei den Filmkritiken diese drei Felder.

Feldgruppen erstellen

Prinzipiell dürfen Sie auf diese Weise beliebig viele Zusatzinformationen und somit Felder an Ihre Beiträge heften. Das Register *Felder* wird dann allerdings schnell unübersichtlich. Darüber hinaus ist seine Beschriftung *Felder* recht nichtssagend – viele Autoren dürften das Register daher ignorieren oder übersehen.

 Deshalb wäre es schön, wenn man die Felder thematisch auf jeweils eigenen Registern gruppieren könnte. Bei den drei Feldern aus Abbildung 6-30 beziehen sich beispielsweise die unteren beiden auf den in der Kritik besprochenen Film. Man könnte das Duo daher wie in Abbildung 6-31 auf ein eigenes Register verschieben. Genau das ermöglichen in Joomla! die sogenannten Feldgruppen.

Abbildung 6-31: Eine Feldgruppe bündelt ein oder mehrere Felder auf einem eigenen Register.

Um ein neues Register wie in Abbildung 6-31 zu erstellen, rufen Sie im Backend *Inhalt* → *Feldgruppen* auf. Legen Sie per *Neu* eine weitere Feldgruppe an. Joomla! katapultiert Sie daraufhin in ein Formular, in dem Sie zunächst einen neuen *Titel* vergeben. Dieser bildet später auch die Beschriftung des Registers. Im Beispiel könnten Sie Filmdaten eintragen. Die optionale *Beschreibung* steht als zusätzlicher Text auf der Registerkarte in dem hellblauen Kasten. Wenn Sie Abbildung 6-31 nachbauen möchten, wählen Sie als *Beschreibung* Ergänzende Informationen über den Film.

Nach dem *Speichern & Schließen* existiert eine neue leere Feldgruppe beziehungsweise ein neues Register. Auf dieses müssen Sie jetzt noch Ihre Felder verschieben. Dazu rufen Sie *Inhalt* → *Felder* auf. Sie könnten jetzt nacheinander die Felder der Gruppe anklicken und unter *Feldgruppe* in die neue Gruppe werfen. Es geht aber auch mit weniger Mausklicks: Markieren Sie in der Tabelle alle Felder, die zu der neuen Gruppe gehören. Im Filmtoaster-Beispiel sind das die Felder *Premiere am* und *Regisseure*. Unter den *Aktionen* öffnen Sie die *Stapelverarbeitung*. Welcher Gruppe die beiden Felder zukünftig angehören sollen, entscheiden Sie in der Dropdown-Liste *Zum Verschieben oder Kopieren der Auswahl eine Gruppe auswählen*. Im Beispiel entscheiden Sie sich dort für die *Filmdaten*. Stellen Sie sicher, dass *Verschieben* aktiviert ist, und klicken Sie auf *Ausführen*. Wenn Sie jetzt eine Filmkritik öffnen, erscheint dort das zusätzliche Register *Filmdaten* aus Abbildung 6-31.

KAPITEL 7
Menüeinträge

In diesem Kapitel:
- Einen Menüeintrag anlegen
- Liste mit Kategorien
- Liste mit Beiträgen
- Mehrere Beiträge auf einer Seite: Blog & Co.
- Einzelner Beitrag
- Hauptbeiträge
- Indirekt erreichbare Inhalte
- Sichtbarkeit versteckter Inhalte
- Menüeinträge gliedern
- Reihenfolge der Menüeinträge ändern
- Menüeinträge (zeitgesteuert) ausblenden
- RSS-Feeds aktivieren (Integrationseinstellungen)
- Optik eines Menüpunkts ändern
- Seitentitel verändern
- Spezielle Menüpunkte
- Startseite festlegen
- Vorgaben ändern

Ihre mühsam erstellten Beiträge müssen die Besucherinnen und Besucher irgendwie erreichen können. Das gelingt über entsprechende Menüpunkte, die Joomla! als *Menüeinträge* bezeichnet. Wie Sie genau die einrichten, erfahren Sie in den folgenden Abschnitten.

Einen Menüeintrag anlegen

Das Erzeugen eines neuen Menüeintrags läuft immer nach dem gleichen Schema ab: Zuerst entscheiden Sie sich, in welchem Menü der neue Menüpunkt auftauchen soll. Dann regulieren Sie ein paar Grundeinstellungen und legen schließlich fest, zu welchen Inhalten der Menüpunkt führen soll. Doch der Reihe nach.

Schritt 1: Auswahl des Menüs

Zunächst müssen Sie sich überlegen, welches Menü die neuen Einträge anbieten soll. Direkt nach der Installation von Joomla! sowie auf den Filmtoaster-Seiten fällt diese Entscheidung leicht: Dort gibt es nur das Menü aus Abbildung 7-1. Wie später Kapitel 10, *Menüs*, noch zeigen wird, können Sie beliebig viele Menüs auf Ihrer Website anbieten – auch wenn in den meisten Fällen ein Exemplar vollkommen ausreichen dürfte.

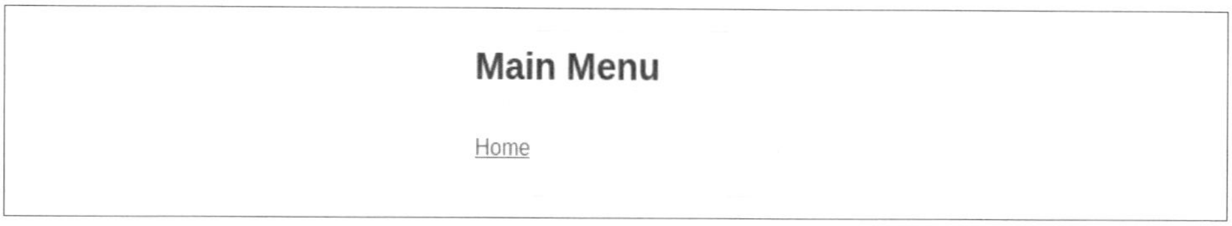

Main Menu

Home

Abbildung 7-1: Das Menü aus der mitgelieferten Beispiel-Website besitzt nur den Menüpunkt *Home*.

Jedes Menü erhält intern einen eindeutigen Namen, was wiederum im Backend die Identifizierung erleichtert. Das Menü aus Abbildung 7-1 trägt den Namen *Main Menu*. Dies hat der Ersteller der Beispiel-Website so festgelegt.

Klappen Sie jetzt im Hauptmenü des Backends das Menü *Menüs* auf. Klicken Sie dann im unteren Teil auf genau das Menü, in dem Sie den neuen Menüpunkt anlegen möchten. Im Beispiel soll der neue Menüpunkt im *Main Menu* auftauchen – wechseln Sie also zum Punkt *Menüs* → *Main Menu*. Es erscheint jetzt eine Tabelle, die sämtliche Menüpunkte des Menüs *Main Menu* auflistet. Direkt nach der Installation von Joomla! ist das nur ein einziger mit der Beschriftung *Home*.

Einen neuen Menüpunkt erstellen Sie mit einem Klick auf *Neu* in der Werkzeugleiste. Damit erscheint das Formular aus Abbildung 7-2.

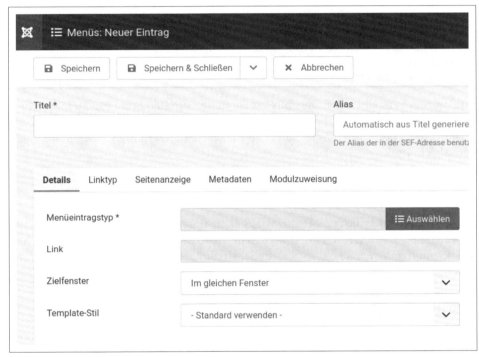

Abbildung 7-2: Über dieses Formular erstellen Sie einen neuen Menüpunkt.

Schritt 2: Grundeinstellungen kontrollieren

Als Nächstes gilt es, ein paar Grundeinstellungen zu kontrollieren. In der Regel stehen sie bereits auf den korrekten Vorgaben, Sie können sie daher in den meisten Fällen ignorieren und direkt im nächsten Abschnitt weiterlesen. Es empfiehlt sich jedoch, die folgenden Einstellungen einmal kurz durchgehen und dann im Hinterkopf zu behalten, dass es sie gibt – vielleicht benötigen Sie sie doch irgendwann.

Wenden Sie sich zunächst den Einstellungen links unten auf der Registerkarte *Details* zu, die Sie auch in Abbildung 7-2 sehen:

Link
> Jeder von Ihnen angelegte Menüpunkt führt immer zu einer ganz bestimmten Webseite. Wie alle Internetseiten besitzt auch sie eine eindeutige Internetadresse. Diese erhalten Sie, wenn Sie an die Adresse zu Ihrer Startseite (wie etwa *http://localhost/joomla/*) noch den Teil im Feld *Link* anhängen. In der Regel müssen Sie sich um diese Adresse keine weiteren Gedanken machen, Joomla! sorgt automatisch dafür, dass die korrekte Seite erscheint, und sperrt sogar das Feld *Link* gegen Änderungen. Eine Ausnahme bildet ein Menüpunkt, der auf eine externe Webseite verweist. Dann gehört in dieses Feld die zugehörige Internetadresse.

Zielfenster
> Wenn ein Besucher später auf den Menüpunkt klickt, erscheint die Seite im aktuellen Browserfenster beziehungsweise Browser-Tab. Sie können die Seite aber auch in einem separaten Browserfenster anzeigen lassen. Dazu bietet Ihnen diese Einstellung gleich zwei Varianten: *Neues Fenster mit Navigation* öffnet die Zielseite in einem normalen Browserfenster, während *Neues Fenster ohne Navigation* ein neues Fenster ohne Symbolleisten erzwingt. Das normale Verhalten erhalten Sie mit der Einstellung *Im gleichen Fenster*. Einige Browser reißen unter Umständen nicht gleich ein neues Fenster auf, sondern öffnen die entsprechende Seite nur in einem weiteren Register (Tab).

Tipp   Ein neues Fenster sollten Sie nur dann öffnen lassen, wenn die Zielseite nicht zum Angebot Ihrer eigenen Website gehört. Andernfalls irritieren Sie Ihre Besucher.

Template-Stil
> Der neue Menüpunkt führt zu einer Internetseite, der Sie unter *Template-Stil* eine ganz individuelle Optik überstülpen können. Dazu wählen Sie aus der Liste einfach eine passende aus. Für jedes Template können dabei mehrere verschiedene Optiken bereitstehen. Diese erscheinen in der Drop-down-Liste jeweils eingerückt unter dem fett dargestellten Template-Namen.

Warnung   Den hier gewählten Anstrich tragen unter Umständen auch alle weiteren Unterseiten, die über diesen Menüpunkt erreichbar sind. Sofern Sie einzelnen Seiten ein anderes Template zugewiesen haben, sollten Sie anschließend die Seiten unbedingt im Frontend kontrollieren.

Des Weiteren dürften die meisten Besucher irritiert sein, wenn die aufgerufene Webseite plötzlich komplett anders aussieht als der Rest Ihres Internetauftritts. Ändern Sie daher den *Template-Stil* nur dann, wenn es wirklich sinnvoll oder notwendig ist.

Sofern Sie in der Drop-down-Liste – *Standard verwenden* – einstellen beziehungsweise beibehalten, nutzt die Seite das systemweit gültige Template. Möchten Sie Ihrem Internetauftritt ein einheitliches Aussehen verpassen, ist dies somit genau die richtige Einstellung – wie auch im Beispiel der Filmtoaster-Seiten. Weitere Informationen zu den Templates finden Sie in Kapitel 15, *Templates verwalten*.

Weiter geht es jetzt auf der rechten Seite. Von den dortigen Einstellungen aus Abbildung 7-3 kontrollieren Sie die folgenden:

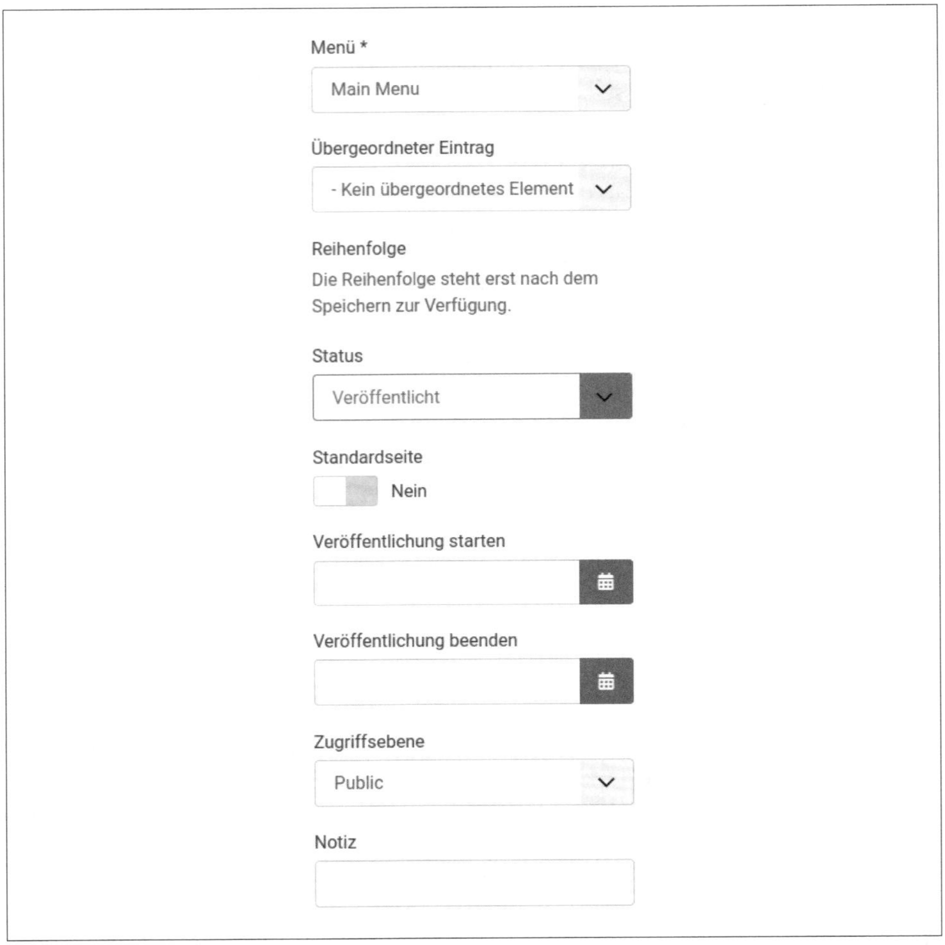

Abbildung 7-3: Die Grundeinstellungen auf der rechten Seite.

Menü
In dem hier gewählten Menü erscheint später der neue Menüpunkt. Im Fall der Filmtoaster-Seiten ist mit dem *Main Menu* schon die korrekte Heimat ausgewählt.

Zugriffsebene
Wer den Menüpunkt zu Gesicht bekommt, regelt die *Zugriffsebene*. Mit der Standardeinstellung *Public* sehen alle, die die Seite besuchen, den Menüpunkt und dürfen ihn anklicken. Das ist auch genau das Richtige für die Filmtoaster-Seiten.

Tipp Man könnte ein ganzes Menü vor normalen Besuchern verstecken, indem man alle enthaltenen Punkte eines Menüs auf eine passende *Zugriffsebene* setzt. Wesentlich eleganter ist es jedoch, einfach das komplette Menü-Modul nur den ausgewählten Benutzern zugänglich zu machen. Weitere Informationen zu den Benutzerrechten liefert Kapitel 12, *Benutzerverwaltung und -kommunikation*. Mehr Informationen zu Modulen finden Sie in Kapitel 9, *Installation*.

Notiz
> Hier können Sie eine kleine Notiz hinterlassen. Sie dient rein als Gedächtnisstütze und taucht später nur im Backend auf.

Für die Filmtoaster-Seiten belassen Sie alle Voreinstellungen aus Abbildung 7-3.

Schritt 3: Metadaten ergänzen

Als Nächstes können Sie in der über den Menüpunkt erreichbaren Seite noch ein paar Metadaten verstecken. Diese Informationen sollen vor allem Suchmaschinen etwas unter die Arme greifen. Die entsprechenden Einstellungen finden Sie auf der Registerkarte *Metadaten* – sie sollten Ihnen bereits aus den vorherigen Kapiteln bekannt vorkommen:

Meta-Beschreibung
> Hier hinterlassen Sie für Google & Co. eine kurze Beschreibung der Seiteninhalte, wie beispielsweise Kritiken zu bekannten Kinofilmen.

Robots
> Mit der Einstellung unter *Robots* legen Sie fest, ob die Suchmaschinen die Seite überhaupt betreten (eine der Optionen mit *index*) und den Links darauf folgen dürfen (eine der Optionen mit *follow*). *noindex* und *nofollow* verbieten hingegen die jeweilige Aktion. Für die Filmtoaster-Seiten belassen Sie die Vorgabe, womit Google & Co. die Seite betreten und allen Links auf ihr folgen dürfen.

Schritt 4: Typabhängige Einstellungen vornehmen

Jetzt wird es leider etwas komplizierter, denn es gilt:

Warnung In Joomla! bestimmt der Menüpunkt, was die darüber erreichbare Seite anzeigt.

Diese Regel zieht zudem später noch ein paar umständliche Konzepte und Einstellungen nach sich, die nur unter ganz bestimmten Bedingungen gelten.

Warnung Beachten Sie, dass der Menüpunkt wirklich nur bestimmt, welche *Informationen* auf der Seite zu sehen sind. Für eine ansprechende *Optik*, wie etwa neongrüne Überschriften, sorgt dann das Template.

Als Erstes müssen Sie also festlegen, was Joomla! nach einem Klick auf den Menüpunkt anzeigen soll. Dazu klicken Sie auf *Auswählen* rechts neben *Menüeintragstyp*, woraufhin das Fenster aus Abbildung 7-4 erscheint.

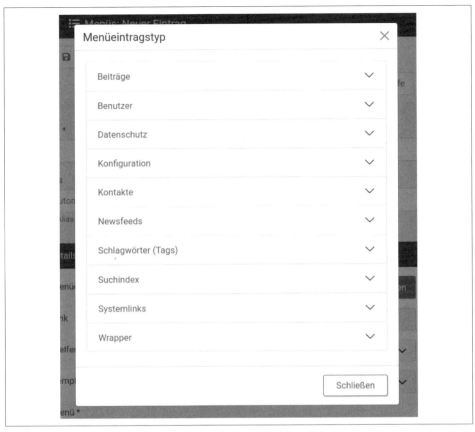

Abbildung 7-4: Joomla! sortiert alle möglichen Menüeintragstypen auf diesen Slidern.

Hier entscheiden Sie jetzt, ob der Menüpunkt auf einen einzelnen Beitrag, ein Kontaktformular, eine Liste mit mehreren Beiträgen oder etwas anderes zeigen soll. Joomla! gruppiert dabei alle Möglichkeiten thematisch auf sogenannten Slidern. Diese funktionieren ähnlich wie Schubladen: Mit einem Klick auf ihren Namen klappen Sie weitere Einstellungen nach unten aus. Soll Ihr neuer Menüpunkt zu einem oder mehreren Beiträgen führen, klappen Sie den Slider *Beiträge* mit einem Klick auf seinen Namen auf; Abbildung 7-5 zeigt das Ergebnis.

Sie könnten jetzt den Menüpunkt unter anderem auf einen *Einzelnen Beitrag* zeigen lassen. Alle hier im Fenster angebotenen Seitendarstellungen bezeichnet Joomla! als *Menüeintragstypen* (englisch *Menu Item Type*, früher auch *Menütypen*).

Für die Inhalte der Kategorien bietet Joomla! hier gleich drei mögliche Menüeintragstypen zur Auswahl – die rein zufällig genau auf die Kategorien der Filmtoaster-Seiten passen. (Wenn Sie nicht alle Beispiele bis hierhin mitgemacht haben, verwenden Sie im Folgenden einfach jeweils eine andere Kategorie, die ein paar Beiträge enthält. Für den direkt folgenden Abschnitt brauchen Sie zudem eine Kategorie, die mindestens eine Unterkategorie enthält.)

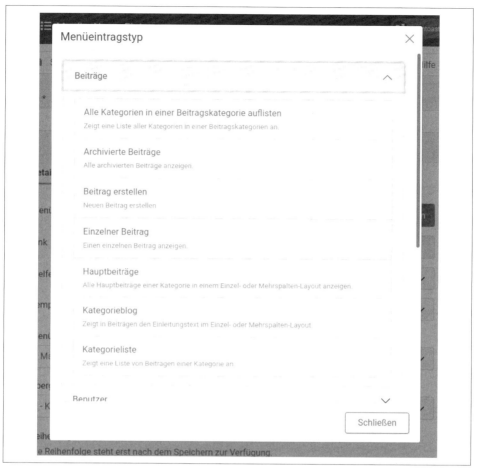

Abbildung 7-5: Hier ist der Slider *Beiträge* geöffnet, der alle Menüeintragstypen auflistet, die zu Beiträgen oder Beitragskategorien führen.

Liste mit Kategorien

Zunächst muss ein Menüpunkt her, der zu den Filmkritiken führt. Die Kritiken selbst stecken gut sortiert in den Unterkategorien *Actionfilme*, *Liebesfilme* und *Komödien*. Die über den neuen Menüpunkt zu erreichende Seite soll deshalb den Besucherinnen und Besuchern zunächst diese Unterkategorien zur Auswahl anbieten.

Für genau solche Fälle gibt es den Menüeintragstyp *Alle Kategorien in einer Beitragskategorie auflisten*. Sobald Sie ihn angeklickt haben, landen Sie wieder im Formular aus Abbildung 7-2. Es dauert unter Umständen einen kleinen Moment, bis im Feld neben *Menüeintragstyp* der gewählte Eintrag *Alle Kategorien in einer Beitragskategorie auflisten* erscheint. Warten Sie unbedingt so lange ab, bevor Sie fortfahren. Gleichzeitig verändert sich das Formular ein wenig, sodass es wie das in Abbildung 7-6 aussieht.

Abbildung 7-6: Hier entsteht ein Menüpunkt zu den Filmkritiken.

Damit weiß Joomla! jetzt, dass der neue Menüpunkt zu einer Liste mit Unterkategorien führt. Aus welcher Kategorie diese Unterkategorien stammen, stellen Sie bei *Oberkategorie wählen* ein. Im Beispiel setzen Sie besagte Drop-down-Liste auf die *Filmkritiken*. Anschließend verpassen Sie dem neuen Menüpunkt im Eingabefeld *Titel* noch eine Beschriftung, etwa auch hier Filmkritiken.

 Tipp   Wenn Ihnen jetzt der Kopf schwirrt, fahren Sie erst einmal fort. Das Konzept wird etwas klarer, wenn man (wie im Folgenden) noch ein paar weitere Menüpunkte erzeugt hat.

Kurz gefasst: Der hier erstellte Menüpunkt führt zu einer Seite, die alle Unterkategorien aus der Kategorie *Filmkritiken* zur Auswahl anbietet.

Sämtliche übrigen Einstellungen des Formulars bleiben zunächst auf den Vorgaben. Das Formular sollte damit so wie das in Abbildung 7-6 aussehen. Ein Klick auf *Speichern & Schließen* legt den neuen Menüeintrag an. Um das Ergebnis zu begutachten, wechseln Sie ins Frontend (beispielsweise indem Sie ganz oben in der Statusleiste auf den Namen Ihres Internetauftritts klicken). Wenn Sie auf der Website den neuen Menüpunkt *Filmkritiken* anklicken, landen Sie auf der Seite aus Abbildung 7-7.

Ganz offensichtlich fehlen dort noch einige Informationen. Durch Abwesenheit glänzt insbesondere die Kategorie für die Liebesfilme. Von der Kategorie *Filmkritiken* zeigt Joomla! zwar die Beschreibung an, nicht aber ihren Titel und das ihr zugeordnete Kategoriebild (siehe den Abschnitt »Layout und Kategoriebild« auf Seite 111). Diese dürftige Informationspolitik liegt an den Grundeinstellungen, die alle gerade genannten Elemente verstecken.

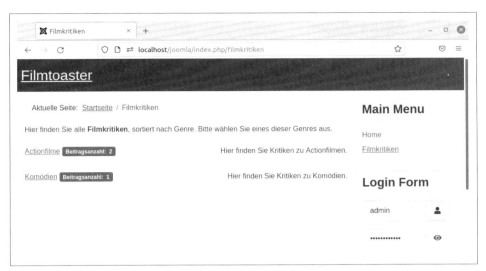

Abbildung 7-7: Über den Menüpunkt *Filmkritiken* erreicht man derzeit diese Übersichtsseite.

Erinnern Sie sich daran, dass der Menüpunkt vorgibt, was auf der Seite zu sehen ist. Um also die verschwundenen Elemente auf den Bildschirm zu holen, müssen Sie noch einmal zurück zu den Einstellungen des Menüpunkts. Für die Filmtoaster-Seiten rufen Sie dazu im Backend den Menüpunkt *Menüs → Main Menu* auf und klicken in der Tabelle den Eintrag *Filmkritiken* an. Damit landen Sie wieder im bekannten Formular. Hier wechseln Sie jetzt auf die Registerkarte *Kategorien* aus Abbildung 7-8. (Achten Sie darauf, das richtige Register zu erwischen: Gemeint ist die Registerkarte *Kategorien* und nicht *Kategorie*).

Dort lassen sich die Elemente der Seite über die entsprechenden Drop-down-Listen *Anzeigen* oder *Verbergen*. Steht die entsprechende Drop-down-Liste auf *Globale Einstellung*, gilt die Standardvorgabe. Im Filmtoaster-Beispiel gehen Sie die angebotenen Elemente einmal durch und überlegen dabei, welche Einstellungen für die Filmkritiken sinnvoll sind:

Beschreibung der obersten Kategorie und Beschreibung der Oberkategorie
  Mit *Beschreibung der obersten Kategorie* können Sie die Beschreibung der Kategorie ein- und ausblenden. Im Feld *Beschreibung der Oberkategorie* dürfen Sie diese Beschreibung zudem durch eine andere ersetzen.

  In Abbildung 7-7 zeigt Joomla! die Beschreibung der Kategorie *Filmkritiken* an: »Hier finden Sie alle Filmkritiken, sortiert nach Genre. Bitte ...« Genau diesen Text versteckt Joomla!, wenn Sie *Beschreibung der obersten Kategorie* auf *Verbergen* stellen. Sind Sie hingegen der Meinung, dass in diesem Fall eine andere Beschreibung hermuss, setzen Sie *Beschreibung der obersten Kategorie* auf *Anzeigen* und tippen dann eine alternative Beschreibung in das Eingabefeld *Beschreibung der Oberkategorie*. Wenn nun auf den Menüpunkt geklickt wird, zeigt Joomla! nicht die Beschreibung der *Filmkritiken*-Kategorie, sondern stattdessen den Text aus dem Eingabefeld *Beschreibung der Oberkategorie*.

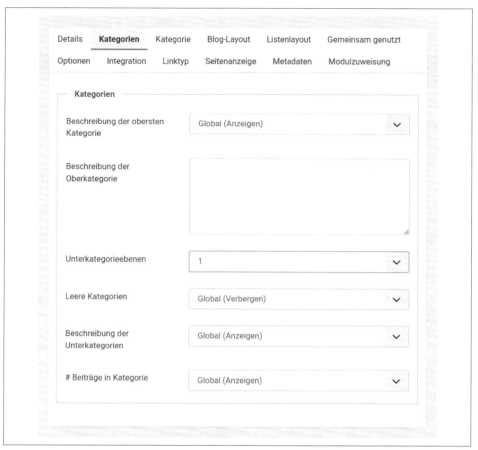

Abbildung 7-8: Diese Einstellungen regeln, welche Elemente später auf der Übersichtsseite zu sehen sein werden.

Im Filmtoaster-Beispiel soll die Beschreibung der Kategorie *Filmkritiken* erscheinen. Belassen Sie daher hier alle Voreinstellungen. Insbesondere das Eingabefeld *Beschreibung der Oberkategorie* muss leer sein.

Unterkategorieebenen

Joomla! präsentiert normalerweise immer alle in der Kategorie enthaltenen Unterkategorien einschließlich der Unter-Unterkategorien. Enthält beispielsweise die Kategorie *Komödien* auch noch die Unterkategorien *Slapstick* und *Farce*, würde Joomla! auf der Seite aus Abbildung 7-7 diese beiden Kategorien ebenfalls zur Auswahl stellen. Damit kann dann zwar direkt zur Unter-Unterkategorie *Slapstick* gesprungen werden, die Seite wird möglicherweise aber auch etwas unübersichtlicher.

Über die Drop-down-Liste *Unterkategorieebenen* können Sie deshalb die Anzeige beschränken. Bei einer *1* präsentiert Joomla! nur die direkt in der Kategorie enthaltenen Unterkategorien, bei einer *2* auch deren Unterkategorien, bei einer *3* zusätzlich die dritte Gliederungsebene und so weiter. Die Abbildungen 7-9 und 7-10 illustrieren das noch einmal.

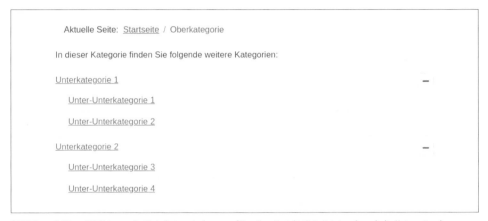

Abbildung 7-9: Bei *Unterkategorieebenen* von 1 zeigt Joomla! nur die beiden direkt enthaltenen Unterkategorien an.

Abbildung 7-10: Erhöht man die *Unterkategorieebenen* auf 2, präsentiert die Seite jetzt auch noch die Kategorien der nächsten Gliederungsebene, in diesem Fall also die Unter-Unterkategorien. Mit dem standardmäßig verwendeten Template müssen Besucher die Unter-Unterkategorien allerdings erst über die kleinen Symbole auf der rechten Seite aufklappen.

Im Fall der Filmtoaster-Seiten soll Joomla! nur die direkt in den *Filmkritiken* enthaltenen Unterkategorien *Actionfilme*, *Komödien* und *Liebesfilme* anzeigen. Setzen Sie daher die Drop-down-Liste auf *1*.

Leere Kategorien

Enthält eine Kategorie leere Unterkategorien, blendet Joomla! diese standardmäßig aus. Aus diesem Grund fehlt auch in Abbildung 7-7 die Kategorie *Liebesfilme* – schließlich wurden sie bislang noch nicht mit entsprechenden Kritiken bestückt. Dieses Verhalten ist in den meisten Fällen sinnvoll, da der Besucher dann nicht plötzlich in einer leeren Kategorie und somit in einer Sackgasse landet. Belassen Sie deshalb für die Filmtoaster-Seiten die Voreinstellung (oder setzen Sie sicherheitshalber *Leere Kategorien* auf *Verbergen*).

Beschreibung der Unterkategorien

Die Unterkategorien besitzen für gewöhnlich jeweils eigene Beschreibungen. Die der Kategorie *Actionfilme* lautet beispielsweise: »Hier finden Sie Kritiken zu Actionfilmen.« Diese Beschreibungen zeigt Joomla! normalerweise ebenfalls an (wie auch in Abbildung 7-7). Möchten Sie das verhindern, setzen Sie *Beschreibung der Unterkategorien* auf *Verbergen*. Da die Beschreibungen dem Besucher jedoch bei seiner Entscheidung für eine der Unterkategorien helfen, sollten Sie hier die Voreinstellung beibehalten (oder sicherheitshalber *Anzeigen* wählen).

Beiträge in Kategorie

Abschließend kann Joomla! noch neben jeder Unterkategorie notieren, wie viele Beiträge in ihr enthalten sind. In Abbildung 7-7 lagern beispielsweise drei Kritiken in der Kategorie *Actionfilme*. Der Besucher weiß damit schon im Voraus, welche Informationsflut ihn erwartet. Belassen Sie deshalb hier die Vorgabe.

Tipp   Wie hier trifft man in Joomla! immer wieder auf die Raute # (auch als Gitterzaun, Doppelkreuz oder Hash bezeichnet). Sie steht als Abkürzung für »Anzahl«. *# Beiträge* ist somit als »Anzahl der Beiträge« zu lesen. In der Computerbranche ist diese Schreibweise sehr verbreitet.

Das waren auch schon alle möglichen Einstellungen. Verändert hat sich damit allerdings noch nichts. Es fehlen weiterhin der Titel der Kategorie sowie das Kategoriebild. Die Einstellungen in den übrigen Registern bieten jedoch keine Möglichkeit, diese Elemente einzublenden. Stattdessen kümmern sie sich nur noch um die Inhalte der Unterkategorien *Actionfilme*, *Liebesfilme* und *Komödien* (dazu folgt später noch mehr).

Es bleibt Ihnen somit nichts anderes übrig, als entweder auf den Titel und das Bild zu verzichten oder aber die Darstellungsform und somit den Menüeintragstyp zu wechseln. Dazu aktivieren Sie wieder das Register *Details*, klicken dort auf *Auswählen* und öffnen den Slider *Beiträge*.

Da die Übersichtsseite der Filmkritiken die enthaltenen Unterkategorien auflisten soll, kommt eigentlich nur noch die *Kategorieliste* infrage. Sie ist eigentlich dazu gedacht, die in der Kategorie enthaltenen Beiträge aufzulisten. Die Unterkategorien werden dann einfach wie in Abbildung 7-11 als Bonus am unteren Seitenrand mit aufgeführt.

Sie müssen für Ihren Internetauftritt selbst entscheiden, ob der Menüeintragstyp *Alle Kategorien in einer Beitragskategorie auflisten* ausreicht oder die *Kategorieliste* die passendere Variante ist. Auf den Filmtoaster-Seiten behalten Sie der Einfachheit halber den Menüeintragstyp *Alle Kategorien in einer Beitragskategorie auflisten* bei und verzichten somit auf den Titel und das Bild (einen Menüpunkt vom Typ *Kategorieliste* lernen Sie zudem gleich noch im nächsten Abschnitt ausführlich kennen). *Schließen* Sie also das Auswahlfenster für den Menüeintragstyp und direkt anschließend auch noch das Formular via *Speichern & Schließen*.

Wenn Sie in Ihrem Internetauftritt stattdessen lieber die *Kategorieliste* nutzen möchten, wählen Sie diesen Menüeintragstyp aus und passen dann die Einstellungen auf der Registerkarte *Kategorie* an. Um die Darstellung aus Abbildung 7-11 zu erzielen, setzen Sie dort den *Kategorietitel* und die *Kategoriebeschreibung* jeweils auf *Anzeigen*. Ausführliche Informationen zur Kategorieliste samt einer Beschreibung der Einstellungen finden Sie im direkt folgenden Abschnitt.

Warnung   Wenn Sie den Menüeintragstyp wechseln, sollten Sie anschließend noch einmal alle übrigen Einstellungen des Formulars kontrollieren. Das gilt insbesondere für Einstellungen, die mit einem Sternchen (*) gekennzeichnet sind.

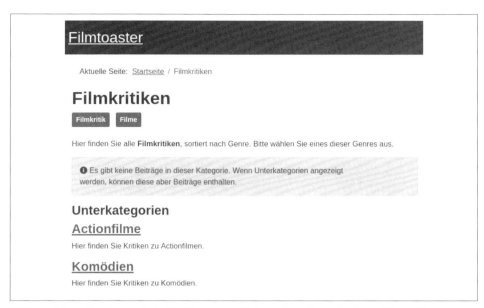

Abbildung 7-11: Wenn Sie anstelle des Menüeintragstyps »Alle Kategorien auflisten« die »Kategorieliste« wählen, sieht die Übersichtsseite nach ein paar weiteren Feineinstellungen wie hier gezeigt aus.

Damit existiert jetzt ein Menüpunkt, über den der Besucher zu den Filmkritiken gelangt. Es fehlen aber noch passende Menüeinträge für das Impressum, das Blog und die Veranstaltungen. Den Anfang machen dabei die Veranstaltungen.

Liste mit Beiträgen

Ein Menüpunkt kann selbstverständlich auch zu einer Liste mit Beiträgen führen. Eine solche Liste bietet sich vor allem für Nachrichten oder Veranstaltungstipps an. Auch auf den Filmtoaster-Seiten soll Joomla! alle Veranstaltungstipps chronologisch auflisten. Diese Tipps stecken in der Kategorie *Veranstaltungen*. Die über den neuen Menüpunkt erreichbare Seite muss folglich einfach nur alle Beiträge aus der Kategorie *Veranstaltungen* auflisten.

Dazu legen Sie zunächst einen neuen Menüpunkt an – im Fall der Filmtoaster-Seiten über *Menüs → Main Menu* und dann mit einem Klick auf *Neu*. Im Formular geht es weiter über *Auswählen* neben *Menüeintragstyp*.

Der Menüpunkt soll zu einer Liste mit Beiträgen führen. Klappen Sie folglich mit einem Mausklick den gleichnamigen Slider *Beiträge* auf. Die gewünschte Liste mit (Nachrichten-)Beiträgen produziert die *Kategorieliste*. (Lassen Sie sich dabei nicht vom Namen irritieren, sondern achten Sie auf die ziemlich klein gedruckte Beschreibung.)

Nachdem Sie die *Kategorieliste* angeklickt haben, landen Sie wieder im bekannten Formular. Unter *Kategorie auswählen* müssen Sie Joomla! jetzt noch mitteilen, aus welcher Kategorie die Beiträge stammen sollen. Auf den Filmtoaster-Seiten entscheiden Sie sich für die *Veranstaltungen*.

Abschließend geben Sie dem neuen Menüpunkt unter *Titel* eine passende Beschriftung, etwa Veranstaltungen. Das Formular sollte damit so wie das in Abbildung 7-12 aussehen.

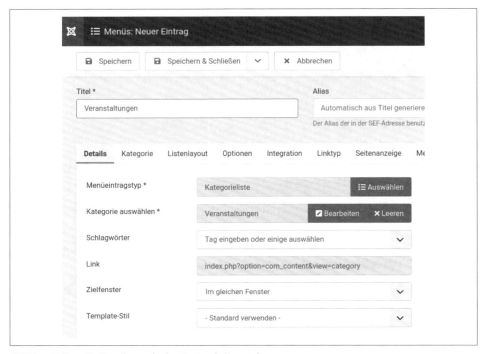

Abbildung 7-12: Die Einstellungen für den Menüpunkt *Veranstaltungen*.

Lassen Sie den neuen Menüpunkt via *Speichern* anlegen (das Formular bleibt damit noch geöffnet), wechseln Sie ins Frontend zu Ihrer Website und klicken Sie dort auf den neuen Menüpunkt *Veranstaltungen*. Abbildung 7-13 zeigt das Ergebnis.

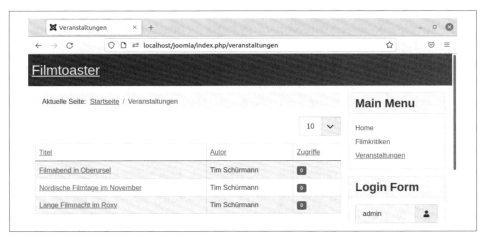

Abbildung 7-13: So sieht die Übersichtsseite der Kategorie *Veranstaltungen* aus, wenn Sie sich für den Menüeintragstyp *Kategorieliste* entschieden haben.

Ein Klick auf einen der Links in der Liste führt direkt zum entsprechenden Beitrag. Über die Drop-down-Liste rechts oben mit der *10* kann man auswählen, wie viele Beiträge beziehungsweise in diesem Fall Veranstaltungen Joomla! einem präsentieren soll. Die Links zu den übrigen Beiträgen verteilt Joomla! dann auf weitere Seiten, zu denen über entsprechende Schaltflächen umgeblättert werden muss.

Die Liste aus Abbildung 7-13 ist noch etwas karg. So wäre es schön, wenn Joomla! die Einträge nach Datum sortieren könnte und dieses auch gleich mit anzeigen würde. Zudem wäre eine Überschrift *Veranstaltungen* wünschenswert, und das schicke Kategoriebild mit dem Kalender fehlt auch noch (dieses haben Sie in Kapitel 5, *Kategorien*, zugewiesen, sofern Sie alle Schritte mitgemacht haben).

In Joomla! regelt der Menüpunkt, was auf der Seite zu sehen ist. Kehren Sie also wieder zum Backend und dort zum noch geöffneten Formular zurück. Wechseln Sie zum Register *Kategorie*, das Abbildung 7-14 zeigt.

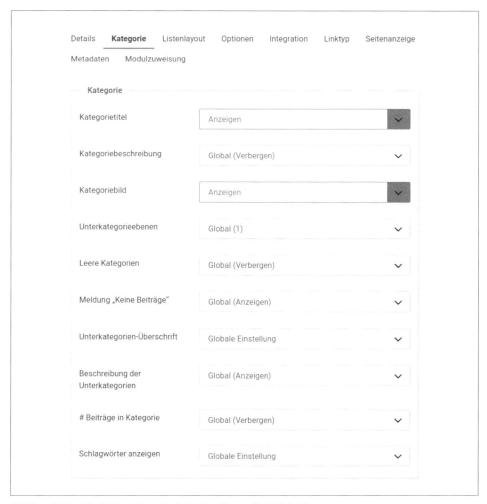

Abbildung 7-14:   Das Register *Kategorie* mit den Einstellungen für das Beispiel.

Hier stehen jetzt folgende Einstellungen zur Verfügung:

Kategorietitel
Mit *Anzeigen* erscheint auf der Seite auch der Titel der Kategorie als fette Überschrift – also genau das, was im Fall der *Veranstaltungen* geschehen soll. Stellen Sie daher diese Drop-down-Liste entsprechend um.

Kategoriebeschreibung
Wenn Sie diese Einstellung auf *Anzeigen* setzen, blendet Joomla! auf der Seite die Beschreibung der Kategorie ein. Da die Veranstaltungen keine Beschreibung besitzen, behalten Sie hier einfach die Vorgabe bei.

Kategoriebild
Steht diese Einstellung auf *Anzeigen*, erscheint auf der Seite auch das Kategoriebild. Damit im Fall der *Veranstaltungen* der schicke Kalender zu sehen ist, setzen Sie folglich diese Einstellung ebenfalls explizit auf *Anzeigen*.

Die meisten der nun folgenden Einstellungen kümmern sich um den Fall, dass die Kategorie noch Unterkategorien enthält:

Unterkategorieebenen
Normalerweise zeigt die Seite nur die direkt in der Kategorie enthaltenen Unterkategorien an. Möchten Sie auch noch deren Unterkategorien mit auf die Seite quetschen, müssen Sie die *Unterkategorieebenen* entsprechend erhöhen. Bei einer *1* zeigt die Seite nur die in ihr direkt enthaltenen Kategorien an, bei einer *2* auch deren Unterkategorien, bei einer *3* noch zusätzlich die dritte Gliederungsebene und so weiter (das Prinzip zeigen die Abbildungen 7-9 und 7-10 auf Seite 179). Da die Kategorie für die Veranstaltungen keine Unterkategorien besitzt, behalten Sie hier einfach die Voreinstellung bei.

Leere Kategorien
Enthält die Kategorie leere Unterkategorien, blendet Joomla! diese standardmäßig auf der Seite aus. Dieses Verhalten ist in den meisten Fällen sinnvoll, da Besucher dann nicht plötzlich in einer leeren Kategorie und somit in einer Sackgasse landen. Mit *Anzeigen* können Sie diese leeren Kategorien dennoch einblenden. Für die Filmtoaster-Seiten behalten Sie auch hier wieder die Vorgabe bei.

Meldung »Keine Beiträge«
Enthält die Kategorie keine Beiträge, weist Joomla! mit der Standardmeldung aus Abbildung 7-15 explizit darauf hin. In Ihrem eigenen Internetauftritt müssen Sie selbst entscheiden, ob Sie diese Meldung anzeigen lassen wollen. Auf den Filmtoaster-Seiten ist sie an dieser Stelle nützlich: Ihre Besucherinnen und Besucher erfahren so, dass keine Veranstaltungen anstehen. Behalten Sie daher hier die Voreinstellung bei.

Unterkategorien-Überschrift
Wenn sich in der Kategorie weitere Unterkategorien befinden, bietet Joomla! sie am unteren Rand zur Auswahl an, wie in Abbildung 7-16 gezeigt. Fett über den Unterkategorien erscheint noch das Wort *Unterkategorien*. Damit weiß man, dass es sich bei den *Veranstaltungen in München* und den *Veranstaltungen*

in Berlin um Unterkategorien handelt. Die fette Überschrift *Unterkategorien* können Sie ausblenden, indem Sie hier *Unterkategorien-Überschrift* auf *Verbergen* setzen.

Beschreibung der Unterkategorien
Unter jeder Unterkategorie erscheint auch immer noch ihre jeweilige Beschreibung (in Abbildung 7-16 sind das die Sätze »Hier finden Sie ...«). Möchten Sie das verhindern, setzen Sie *Beschreibung der Unterkategorien* auf *Verbergen*. Da die Beschreibungen Ihren Besuchern jedoch bei ihrer Entscheidung für eine der Unterkategorien helfen, sollten Sie hier die Voreinstellung beibehalten (oder sicherheitshalber *Anzeigen* wählen).

Abbildung 7-15: Enthält die Kategorie keine Beiträge, erscheint diese Standardmeldung.

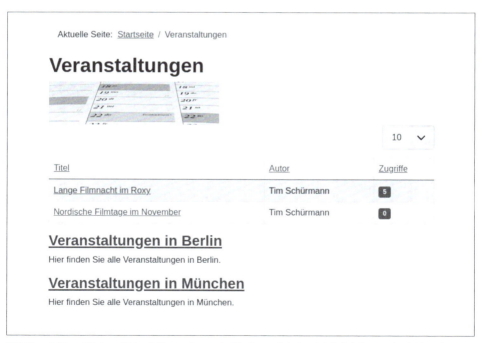

Abbildung 7-16: Mit einem Klick auf »Veranstaltungen in München« würde Joomla! alle Beiträge aus der gleichnamigen Unterkategorie einblenden.

 # Beiträge in Kategorie
   Neben jeder Unterkategorie kann Joomla! notieren, wie viele Beiträge darin enthalten sind. Der Besucher weiß damit schon im Voraus, welche Informationsflut ihn erwartet.

Schlagwörter anzeigen
   Sie können jeder Kategorie ein paar Schlagwörter (englisch *Tags*) anheften. Diese zeigt Joomla! normalerweise unter dem Titel an (in Abbildung 7-16 direkt unter *Veranstaltungen*). Wenn Sie die Schlagwörter ausblenden möchten, setzen Sie *Schlagwörter anzeigen* auf *Verbergen*.

Die Einstellungen für die Filmtoaster-Seiten sollten jetzt wie die in Abbildung 7-14 auf Seite 183 aussehen. Als Nächstes muss noch die Liste mit den Veranstaltungstipps etwas zurechtgezupft werden.

Um das Aussehen der Liste mit den Beiträgen kümmert sich das Register *Listenlayout*. Wenn Sie es aufrufen, erscheinen die Einstellungen aus Abbildung 7-17.

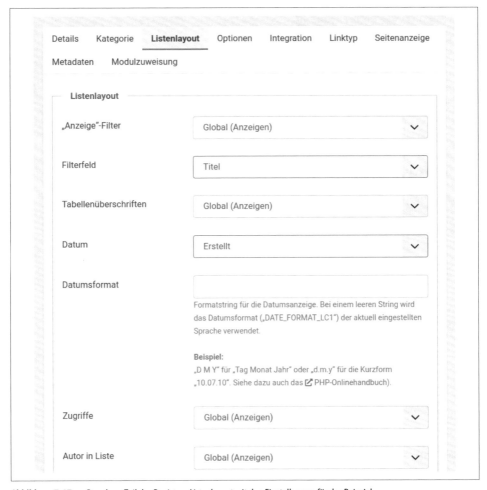

Abbildung 7-17: Der obere Teil des Registers *Listenlayout* mit den Einstellungen für das Beispiel.

Die Einstellungen im oberen Teil (über der Lücke) schalten die entsprechenden Elemente hinzu beziehungsweise ab. Abbildung 7-18 zeigt (fast) alle aktivierten Elemente im Überblick:

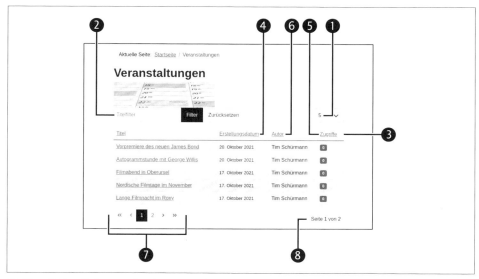

Abbildung 7-18: Die Liste mit allen aktivierten Funktionen.

»Anzeige«-Filter

Über eine Drop-down-Liste kann gewählt werden, wie viele Beiträge Joomla! ihm auf einer Bildschirmseite präsentieren soll ❶. Das ist vor allem dann sinnvoll, wenn die Kategorie sehr viele Beiträge enthält. Standardmäßig ist die Drop-down-Liste vorhanden, behalten Sie also für die Filmtoaster-Seiten die Standardeinstellung bei.

Filterfeld

Bei sehr vielen Nachrichten sollte ein Besucher die Liste auf die Beiträge beschränken können, die ihn interessieren. Genau dabei hilft das sogenannte *Filterfeld*. Hierbei handelt es sich um ein Eingabefeld, das links über der Tabelle erscheint ❷. Joomla! blendet alle Zeilen in der Liste aus, die nicht den dort eingetippten Suchtext enthalten.

Unter *Filterfeld* müssen Sie sich nur noch entscheiden, ob Joomla! das eingegebene Wort im *Titel* der Beiträge, im Namen der *Autoren*, in der Anzahl der *Zugriffe* oder in den *Schlagwörtern* suchen soll. In Abbildung 7-17 würde Joomla! die Beiträge nach den Titeln filtern – also genau das Richtige für die Veranstaltungen.

Tabellenüberschriften

Joomla! ordnet die Informationen in Spalten an. Beispielsweise sehen Sie auf der linken Seite die *Titel* der *Beiträge* und ganz rechts die Anzahl der *Zugriffe*. Damit die Besucherinnen und Besucher wissen, in welcher Spalte sich welche Information verbirgt, zeigt Joomla! passende Spaltenbeschriftungen an ❸. Wenn Sie diese ausblenden möchten, setzen Sie *Tabellenüberschriften* auf *Verbergen*. Für die Filmtoaster-Seiten belassen Sie hier die Voreinstellung, womit die Tabellenüberschriften erscheinen.

Datum
Zu jedem Beitrag verrät Joomla! wahlweise das Erstellungsdatum (*Erstellt*) ❹, das Datum der letzten Änderung (*Bearbeitet*) oder das Veröffentlichungsdatum (*Veröffentlicht*). Bei den Veranstaltungen ist insbesondere das Erstellungsdatum interessant. Wählen Sie daher in der Drop-down-Liste *Erstellt*.

Datumsformat
Joomla! druckt das Datum so, wie es das gerade aktivierte Sprachpaket vorschreibt. Bei einem deutschen Sprachpaket sieht ein Datum etwa so aus: *20. Oktober 2021* (siehe Abbildung 7-18). Dieses Format können Sie im Feld *Datumsformat* ändern. Dabei stehen die Platzhalterbuchstaben *d*, *m* und *Y* für Tag, Monat und Jahr. Um beispielsweise das Datum im amerikanischen Stil als 2021-10-20 auszugeben, tippen Sie in das Feld Y-m-d ein. Weitere Informationen zu dieser Notation finden Sie auf der Internetseite *https://www.php.net/manual/de/function.date.php*. Normalerweise (wie auch bei den Filmtoaster-Seiten) sind hier keine Änderungen notwendig. Lassen Sie daher das Feld leer.

Zugriffe
Joomla! zeigt zu jedem Beitrag an, wie häufig er bereits gelesen wurde (hinter *Zugriffe* ❺). Wenn Sie hier *Verbergen* wählen, versteckt Joomla! die entsprechenden Zahlen. Auf den Filmtoaster-Seiten ist diese Zugriffszahl gleichzeitig ein Indikator dafür, wie beliebt eine Veranstaltung ist. Belassen Sie sie daher auf ihrem Standardwert und somit eingeblendet.

Autor in Liste
Zu jedem Beitrag nennt Joomla! auch die Autorin oder den Autor ❻. Mit der Einstellung *Verbergen* können Sie das verhindern. Für die Veranstaltungen ist diese Information jedoch wichtig, behalten Sie deshalb auch hier die Vorgabe bei.

Der untere Teil der Einstellungen legt vorrangig fest, wie die Beiträge in der Liste sortiert werden:

Kategoriesortierung
Diese Einstellung legt fest, in welcher Reihenfolge die Unterkategorien aufgelistet werden sollen. Im Fall der *Kategoriereihenfolge* erscheinen die Kategorien in der Reihenfolge, in der sie auch in der Tabelle unter *Inhalt → Kategorien* im Backend zu sehen sind, wenn Sie dort in der Drop-down-Liste für das Sortierkriterium den Punkt *Reihenfolge aufsteigend* wählen (weitere Informationen hierzu finden Sie im Abschnitt »Sortierreihenfolge ändern« auf Seite 85). Da die Veranstaltungen keine weiteren Unterkategorien enthalten, belassen Sie hier einfach die Vorgabe.

Beitragssortierung
Hiermit bestimmen Sie die Reihenfolge der Beiträge in der Liste. In der Einstellung *Titel von A bis Z* würde Joomla! die Beiträge anhand ihres Titels alphabetisch aufsteigend präsentieren (Veranstaltungen mit *A* stehen oben auf der Seite, die mit *Z* unten).

Im Fall der *Beitragsreihenfolge* erscheinen die Beiträge genau in der Reihenfolge, in der sie auch in der Tabelle unter *Inhalt → Beiträge* im Backend zu sehen sind, wenn Sie dort die Drop-down-Liste *ID absteigend* auf *Reihenfolge aufsteigend* setzen. Wie Sie die Beiträge dort umsortieren, hat bereits der Abschnitt »Sortierreihenfolge ändern« auf Seite 85 erklärt.

Wenn Sie die *Beitragssortierung* auf *Zufällige Reihenfolge* setzen, listet Joomla! die Beiträge in zufälliger Reihenfolge auf. Diese Sortierung sollten Sie nur dann verwenden, wenn nicht zu viele Beiträge vorliegen. Andernfalls verwirren Sie Ihre Besucher, die bei jedem neuen Besuch den gewünschten Beitrag erst in der Liste neu aufspüren müssen. Die zufällige Reihenfolge sorgt allerdings auch dafür, dass jedes Mal ein anderer Beitrag ganz oben in der Tabelle erscheint.

Auf den Filmtoaster-Seiten sollen bei den Veranstaltungen die *Neuesten zuerst* aufgelistet werden. Ältere Beiträge beziehungsweise abgelaufene Veranstaltungen verschwinden damit am unteren Rand.

Sortierdatum
Joomla! sortiert jetzt die Beiträge in der Tabelle nach einem Datum – nur nach welchem? Nach ihrem Erstellungsdatum, dem Datum ihrer letzten Änderung oder dem Zeitpunkt ihrer Veröffentlichung? Genau das entscheiden Sie mit der Drop-down-Liste *Sortierdatum*. Bei den Veranstaltungen soll das Erstellungsdatum die Reihenfolge bestimmen – wählen Sie hier folglich *Erstellt*.

Seitenzahlen
Wenn mehr Beiträge in der Kategorie stecken, als die Tabelle gleichzeitig anzeigen kann oder soll, erscheinen am unteren Rand Schaltflächen, über die man zu den übrigen Beiträgen vor- beziehungsweise zurückblättern kann ❼. Mit der Einstellung *Anzeigen* sind diese Schalter immer sichtbar, mit *Auto* hingegen nur dann, wenn Joomla! die Tabelle auf mehrere Bildschirmseiten verteilt.

Warnung Diese Navigation sollten Sie nur dann *Verbergen*, wenn sich zum einen nur eine feste Zahl an Beiträgen in der Kategorie befindet und Sie zum anderen die Drop-down-Liste rechts oberhalb der Tabelle (, siehe Einstellung »*Anzeige*«-Filter) ebenfalls deaktiviert haben. Denn stellt ein Besucher diese Liste auf eine geringere Zahl, gelangt er nicht mehr an die dann ausgeblendeten Beiträge.

Belassen Sie daher hier immer die Voreinstellung.

Gesamtseitenzahlen
Mit *Anzeigen* verrät Joomla! rechts unter der Tabelle, auf wie viele Bildschirmseiten es die Liste aufgeteilt hat und auf welcher dieser Seiten sich die Besucherin gerade befindet ❽ (in Abbildung 7-18 beispielsweise auf *Seite 1 von 2*). Auch diese Einstellung belassen Sie am besten auf ihrer Vorgabe, womit Joomla! die Seitenzahl einblendet.

 # Beiträge
So viele Beiträge zeigt Joomla! standardmäßig in der Liste auf einer Bildschirmseite an. Sofern Sie die Drop-down-Liste rechts oberhalb der Liste ❶ aktiviert

haben (siehe Einstellung »*Anzeige*«-*Filter*), kann der Besucher diese Vorgabe ändern. Die letzten *10* Veranstaltungen sind für die Filmtoaster-Seiten ausreichend.

Haupteintrag
Sie können Beiträge zu sogenannten Haupteinträgen erheben und sie so als besonders wichtig kennzeichnen (wie im Abschnitt »Status, Kategorie und Versionshinweis« auf Seite 126 beschrieben). Standardmäßig zeigt die Tabelle aus Abbildung 7-18 immer sämtliche Beiträge aus der entsprechenden Kategorie an – die darin liegenden Haupteinträge eingeschlossen.

Mit der Drop-down-Liste *Haupteintrag* können Sie jedoch gezielt alle Haupteinträge *Verbergen* lassen. Das bietet sich beispielsweise an, wenn Sie die Haupteinträge auf einer anderen, separaten Seite sammeln möchten (wie das funktioniert, verrät gleich noch der Abschnitt »Hauptbeiträge« auf Seite 202).

Umgekehrt können Sie auch nur die Haupteinträge in der Tabelle anzeigen lassen. Dazu wählen Sie den Punkt *Nur*. Mit der Einstellung *Anzeigen* präsentiert die Liste alle Beiträge inklusive der Haupteinträge.

Für die Filmtoaster-Seiten belassen Sie die Voreinstellung.

Die Einstellungen in diesem Register sollten jetzt so wie in Abbildung 7-17 aussehen. Wenden Sie Ihre Änderungen mit *Speichern & Schließen* an und begutachten Sie das Ergebnis in der *Vorschau*. Es sollte ähnlich wie das in Abbildung 7-18 aussehen. Sofern Sie nur wenige Beiträge eingegeben haben, fehlen am unteren Rand die Elemente zur Seitennavigation. Wie weiter oben erläutert, blendet Joomla! sie lediglich bei Bedarf ein und verwirrt so Ihre Benutzergruppe nicht unnötig. Damit steht das Angebot der Veranstaltungen. Als Nächstes ist das Blog an der Reihe.

Mehrere Beiträge auf einer Seite: Blog & Co.

Mitunter sollen die Texte mehrerer Beiträge gemeinsam auf einer Seite erscheinen. Zwei Paradebeispiele wären eine Nachrichtenseite und ein Blog, bei denen mehrere Beiträge untereinander angezeigt werden. Diese Darstellung ist aber auch in anderen Lebenslagen nützlich, etwa wenn Sie mehrere wichtige Texte auf einer Seite bewerben möchten.

Auf den Filmtoaster-Seiten soll es ein klassisches Blog geben. Dessen Beiträge stecken praktischerweise schon in der Kategorie *Blog*. Es muss folglich nur noch ein Menüpunkt her, der zu einer Seite mit allen komplett ausgedruckten Beiträgen führt.

Um einen Menüpunkt auf eine solche Darstellung einzurichten, legen Sie zunächst einen neuen an – im Fall der Filmtoaster-Seiten via *Menüs → Main Menu* mit einem Klick auf *Neu*. Vergeben Sie zunächst einen passenden *Titel*. Für die Filmtoaster-Seiten wählen Sie Blog. Anschließend klicken Sie neben *Menüeintragstyp* auf *Auswählen*.

Wie in einem echten Blog soll Joomla! die Texte aller (Blog-)Beiträge nacheinander auf einer Seite anzeigen. Genau das erledigt der Menüeintragstyp *Kategorieblog*. Nachdem Sie ihn auf dem Slider *Beiträge* angeklickt haben, landen Sie wieder im bekannten Formular. Dort stellen Sie via *Auswählen* neben *Kategorie auswählen* die Kategorie mit den anzuzeigenden Beiträgen ein. Auf den Filmtoaster-Seiten ist dies das *Blog*. *Speichern* Sie Ihre Änderungen (und lassen Sie somit den Bearbeitungsschirm noch geöffnet). Wechseln Sie in das Frontend (beispielsweise mit einem Klick auf den Namen Ihres Internetauftritts ganz oben in der Statusleiste) und dort weiter zum frisch angelegten Menüpunkt *Blog*. Das Ergebnis sollte so ähnlich wie das in Abbildung 7-19 aussehen.

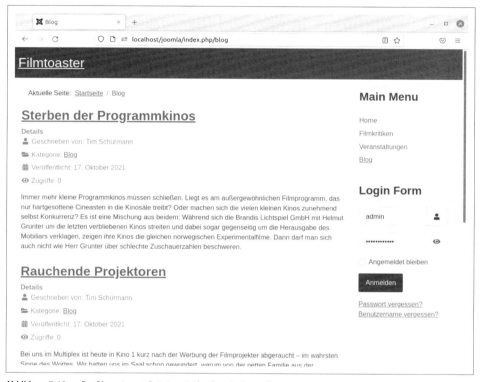

Abbildung 7-19: Das Blog mit zwei Beiträgen in den Standardeinstellungen.

Dieser Standardaufbau sieht schon ganz gut aus, liefert aber noch nicht ganz das gewünschte Ergebnis. So wäre es schön, wenn Joomla! auch noch den Titel der Kategorie *Blog* und das zugeordnete Kategoriebild (mit den Kugelschreibern) anzeigen würde.

Tipp Was die Blogbeiträge im Filmtoaster-Beispiel nicht zeigen: Um das Layout nicht zu sprengen, zeigt Joomla! standardmäßig lediglich die Einleitungen der Beiträge an. Nur wenn ein Beitrag keine Einleitung besitzt, erscheint sein kompletter Text. Auch die Beiträge in Abbildung 7-19 besitzen allesamt keine Einleitung. Damit entsteht der Eindruck eines Blogs.

Kehren Sie ins Backend zurück. Dort wechseln Sie im Formular auf die Registerkarte *Kategorie*. Genau wie im vorherigen Abschnitt, »Liste mit Beiträgen« auf

Seite 181, bestimmen Sie auch hier, welche Informationen auf der Webseite zu sehen sind. Da die Einstellungen genau die gleichen Bedeutungen haben, folgt hier nur ein kurzer Schnelldurchlauf:

Kategorietitel
Mit *Anzeigen* erscheint auf der Seite auch der Titel der Kategorie.

Kategoriebeschreibung
Mit *Anzeigen* erscheint auf der Seite auch die Beschreibung der Kategorie.

Kategoriebild
Mit *Anzeigen* erscheint auf der Seite auch das Kategoriebild.

Unterkategorieebenen
Bei einer *1* zeigt die Seite nur die direkt in der Kategorie enthaltenen Unterkategorien, bei einer *2* auch deren Unter-Unterkategorien, bei einer *3* zusätzlich noch die dritte Gliederungsebene und so weiter. Standardmäßig (*Global*) erscheinen nur die direkt in der Kategorie enthaltenen Unterkategorien.

Leere Kategorien
Mit *Anzeigen* bietet Joomla! auf der Seite auch leere Unterkategorien zur Auswahl an.

Meldung »Keine Beiträge«
Steht dieser Punkt auf *Anzeigen* und enthält eine Kategorie keine Beiträge, weist Joomla! den Besucher explizit darauf hin.

Unterkategorien-Überschrift
Sollten sich in der Kategorie noch Unterkategorien befinden, bietet Joomla! diese am unteren Rand zur Auswahl an und schreibt darüber noch in fetten Lettern das Wort *Unterkategorien*. Genau dieses Wort können Sie ausblenden, wenn Sie *Unterkategorien-Überschrift* auf *Verbergen* setzen.

Beschreibung der Unterkategorien
Enthält die Kategorie weitere Unterkategorien und zeigt Joomla! diese auf der Seite an (Einstellung *Unterkategorieebenen*), erscheinen bei der Einstellung *Anzeigen* auch noch die jeweiligen Beschreibungen.

 # Beiträge in Kategorie
Steht diese Einstellung auf *Anzeigen*, notiert Joomla! für jede Unterkategorie, wie viele Beiträge in ihr enthalten sind.

Schlagwörter anzeigen
Joomla! zeigt standardmäßig die Schlagwörter (englisch *Tags*) der Kategorie an. Das unterbinden Sie mit *Verbergen*.

Setzen Sie für das Filmtoaster-Blog den *Kategorietitel* und das *Kategoriebild* auf *Anzeigen*. Alle anderen Einstellungen können auf ihren Vorgaben bleiben.

Als Nächstes muss noch die Darstellung der Beiträge etwas angepasst werden. Die dazu notwendigen Einstellungen finden Sie auf der Registerkarte *Blog-Layout* (siehe Abbildung 7-20). Das erscheint zunächst etwas wirr und überfrachtet, zudem belegt es ziemlich viel Platz im Browserfenster. Relevant sind jedoch zunächst nur die Einstellungen ganz oben links, die auch Abbildung 7-20 zeigt. Grundsätzlich gilt dort: Bei leeren Eingabefeldern übernimmt Joomla! die entsprechenden Standardeinstellungen, zudem ist auch hier überall die Raute # als »Anzahl« zu lesen.

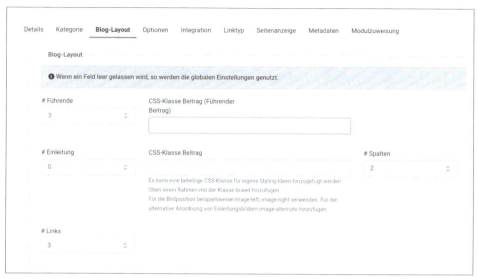

Abbildung 7-20: Die oberen Einstellungen im Register *Blog-Layout*.

Joomla! greift sich später aus der Kategorie *Blog* alle Beiträge und setzt ihre Texte nacheinander auf die Seite. Im Moment erscheinen so alle Beiträge untereinander. Für ein Blog ist das ideal, in vielen anderen Fällen möchte man die Beiträge jedoch etwas anders auf der Seite verteilen. Beispielsweise könnte man auf einer Nachrichtenseite den jüngsten Beitrag prominent wie in Abbildung 7-21 anzeigen lassen, darunter dann kleiner in Spalten die älteren Nachrichten. Genau einen solchen Umbau ermöglichen die Einstellungen auf der Registerkarte *Blog-Layout*. Mit ihnen legen Sie fest, wie Joomla! die Beiträge auf der Seite anordnen soll.

Alle ganz oben auf der Seite platzierten Beiträge nehmen automatisch immer die verfügbare Seitenbreite ein. In Abbildung 7-21 wird diese Ehre nur dem Text über die Programmkinos zuteil. Alle derart prominent präsentierten Beiträge bezeichnet Joomla! als *führende Beiträge*. Wie viele Beiträge sich dort oben auf der Seite breitmachen dürfen, legen Sie im Feld *# Führende* fest. Im Blog auf den Filmtoaster-Seiten sollen die drei aktuellsten Beiträge auf diese Weise erscheinen. Tragen Sie deshalb unter *# Führende* eine 3 ein.

Tipp Die führenden Beiträge stapelt das mitgelieferte Template wie in Abbildung 7-19 übereinander. In der Folge rutschen die restlichen Beiträge so weit auf der Seite nach unten, dass sie in vielen Fällen aus dem Blickfeld geraten. Das ist insbesondere dann problematisch, wenn Sie Ihren Besuchern einen Nachrichtenüberblick geben möchten oder sie zum Anklicken möglichst vieler Beiträge verführen wollen. Dann sollten Sie nur einen einzigen führenden Beitrag einsetzen. Der dient als Eyecatcher, während die nachfolgenden Texte in Sichtweite bleiben. Statten Sie

Ihre Beiträge zudem mit einer Einleitung aus (wie im Abschnitt »Beiträge gliedern« auf Seite 135 vorgestellt). Das hält die hier auf der Seite angezeigten Texte kurz, sodass mehr Beiträge ins Browserfenster passen.

Abbildung 7-21: Hier wurden die Blogbeiträge auf der Seite umgeordnet.

Die Optik aller führenden Beiträge können Sie über das Eingabefeld *CSS-Klasse Beitrag (Führender Beitrag)* noch beeinflussen. Welche Eingabe hier zu welchen Ergebnissen führt, hängt vom aktiven Template ab. Wenn Sie beispielsweise in das Textfeld boxed columns-1 eintippen, zieht das in Joomla! mitgelieferte Template einen Rahmen um jeden führenden Beitrag (wie in Abbildung 7-21). Fragen Sie gegebenenfalls den Designer Ihres Templates, welche Eingaben hier zu welchen Ergebnissen führen. Für Kenner von HTML und CSS: Die im Eingabefeld hinterlegten CSS-Klassen heftet Joomla! an den Beitrag. Das Stylesheet des Templates formatiert dann damit den Text entsprechend. Mehr zu diesem Thema folgt in Kapitel 16, *Ein eigenes Template entwickeln* auf Seite 601.

Tipp Wenn Sie unsicher sind, lassen Sie das Eingabefeld leer. Das Template sorgt automatisch für ein passendes Design.

Unter den führenden Beiträgen kann Joomla! ein paar weitere Kollegen nebeneinander in Spalten anzeigen. In Abbildung 7-21 gilt dies für die Beiträge über das teure Popcorn und die rauchenden Projektoren. Wie viele Beiträge dort in den Spalten erscheinen sollen, legen Sie im Eingabefeld *# Einleitung* fest. In Abbildung 7-21 sind das genau zwei Beiträge.

Die Anzahl der Spalten tippen Sie in das Feld *# Spalten* ein. Doch Vorsicht: Je mehr Spalten hinzukommen, desto schmaler werden sie, und desto gequetschter erscheinen die in ihnen platzierten Texte. In Abbildung 7-21 wurden die Beiträge auf zwei Spalten verteilt, mehr als drei Spalten sind selten sinnvoll.

Warnung Beachten Sie den Unterschied zwischen *# Einleitung* und *# Spalten*:
 # Einleitung legt fest, wie viele Beiträge Joomla! im unteren Teil der Seite anzeigt.
 # Spalten legt fest, wie viele dieser Beiträge immer jeweils nebeneinander passen.
Sie können also beispielsweise fünf Beiträge in drei Spalten anzeigen lassen. In den ersten beiden Spalten stehen dann jeweils zwei Beiträge übereinander.

Unter *Mehrspaltige Anordnung* können Sie noch festlegen, in welcher Reihenfolge die Texte über die Spalten verteilt werden. In der Einstellung *Seitlich* setzt Joomla! in jede Spalte einen Beitrag. Sind dann noch Beiträge übrig, beginnen diese darunter wieder in der ersten Spalte. Über das Eingabefeld *CSS-Klasse Beitrag* können Sie wieder die Optik der Beiträge beeinflussen. Auch hier nennt Ihnen der Template-Ersteller mögliche Werte. Lassen Sie im Zweifelsfall das Feld leer.

Auf den Filmtoaster-Seiten soll ein typisches Blog imitiert werden, das die Beiträge ausschließlich untereinander anzeigt. Da die Spalten dort folglich unerwünscht sind, tippen Sie unter *# Einleitung* eine 0 ein. Damit schalten Sie die Spaltendarstellung ab. Das Feld *# Spalten* wird damit gleichzeitig überflüssig, Sie können es also einfach ignorieren. Unter dem Strich zeigt Joomla! jetzt auf der Seite die letzten drei Blogbeiträge an.

Wenn später neue (Blog-)Beiträge hinzukommen, rutschen die alten automatisch auf der Seite weiter nach unten. Je mehr neue Beiträge hinzukommen, desto weiter geht es nach unten. Ist ein Beitrag ganz unten auf der Seite angekommen, zeigt Joomla! für ihn nur noch einen Link an. In Abbildung 7-22 sind nach der Veröffentlichung weiterer Blogbeiträge auf diese Weise die *Rauchenden Projektoren* und der *Popcorn*-Beitrag heruntergerutscht. Ein Klick auf einen der Links würde den entsprechenden (Blog-)Beitrag auf einer eigenen Seite öffnen. Wie viele Beiträge als Links erscheinen sollen, geben Sie im Feld *# Links* vor. Für das Blog auf den Filmtoaster-Seiten sollten Sie 3 festlegen.

Noch ältere Beiträge erreicht man über die Schaltflächen ganz am Ende der Seite. Das gilt selbst dann, wenn wie im Filmtoaster-Beispiel die Seite immer nur die sechs aktuellsten Beiträge anbietet (drei im Volltext und drei am unteren Rand als Links).

Tipp Wenn ein Beitrag aus dem Blog verschwinden soll, müssen Sie ihn im Backend entweder verstecken oder löschen.

Im unteren Teil des Registers *Blog-Layout* legen Sie noch fest, in welcher Reihenfolge die Beiträge erscheinen sollen und ob Joomla! auch die Beiträge aus den Unterkategorien berücksichtigen soll. Dazu müssen Sie leider wieder einmal alle Einstellungen durchgehen und kontrollieren:

Haupteintrag
Sie können Beiträge zu sogenannten Haupteinträgen erheben und sie auf diese Weise als besonders wichtig kennzeichnen (wie im Abschnitt »Status, Kategorie und Versionshinweis« auf Seite 126 beschrieben). Standardmäßig zeigt Joomla! immer sämtliche Beiträge aus der entsprechenden Kategorie an, was auch die darin liegenden Haupteinträge einschließt.

Mit der Drop-down-Liste *Haupteintrag* können Sie jedoch gezielt alle Haupteinträge *Verbergen* lassen. Das bietet sich beispielsweise an, wenn Sie die Haupteinträge auf einer anderen, separaten Seite sammeln möchten (wie das funktioniert, verrät gleich noch der Abschnitt »Hauptbeiträge« auf Seite 202).

Umgekehrt können Sie auch nur die Haupteinträge anzeigen lassen. Dazu wählen Sie in der Drop-down-Liste den Eintrag *Nur*. Mit der Einstellung *Anzeigen* erscheinen alle Beiträge inklusive der Haupteinträge.

Für die Filmtoaster-Seiten belassen Sie die Voreinstellung.

Verlinktes Einleitungsbild
Den Beiträgen können Sie ein sogenanntes Einleitungsbild zuordnen (wie im Abschnitt »Einleitungs- und Beitragsbilder« auf Seite 146 beschrieben). Wenn Sie hier *Ja* wählen, können Ihre Besucher dieses Einleitungsbild anklicken und so den Beitrag auf einer eigenen Seite öffnen. Da dies durchweg sinnvoll ist, sollten Sie hier für die Filmtoaster-Seiten ebenfalls ein *Ja* wählen, auch wenn die Blogbeiträge (noch) kein Einleitungsbild besitzen.

Unterkategorien einbinden
Bislang zeigt Joomla! nur die Beiträge aus einer Kategorie an – auf den Filmtoaster-Seiten sind das die Beiträge aus der Kategorie *Blog*. Diese Kategorie darf aber selbstverständlich auch noch weitere Unterkategorien enthalten. Deren Beiträge wiederum können Sie mit auf die Seite und somit in das Blog setzen lassen. Bis zu welcher Unter-Unterkategorie Joomla! dabei hinabsteigen soll, wählen Sie hier in der Liste *Unterkategorien einbinden*. Steht die Drop-down-Liste beispielsweise auf *1*, präsentiert Joomla! auf der Seite alle Beiträge aus der Kategorie *Blog* sowie ihren direkten Unterkategorien.

Auf den Filmtoaster-Seiten hat *Blog* keine weiteren Unterkategorien, folglich belassen Sie die Drop-down-Liste auf ihrer Voreinstellung.

 Tipp Wenn die Blogeinträge sehr zahlreich werden, können Sie dem Blog (nachträglich) weitere Unterkategorien spendieren, wie etwa *Kinos*, *Filme* und *Schauspieler*. Dort sortieren Sie dann die Beiträge ein und stellen hier *Unterkategorien einbinden* auf *1*. Damit zeigt Joomla! alle Beiträge aus der Kategorie *Blog* sowie seinen Unterkategorien *Kinos*, *Filme* und *Schauspieler* auf einer Seite an.

Kategoriesortierung
Alle Unterkategorien bietet Joomla! *zusätzlich* noch einmal am unteren Seitenrand zur Auswahl an (wie in Abbildung 7-22). In welcher Reihenfolge das geschieht, legen Sie mit der Drop-down-Liste *Kategoriesortierung* fest. Da das Blog auf den Filmtoaster-Seiten keine weiteren Unterkategorien enthält, behalten Sie hier einfach die Vorgabe bei.

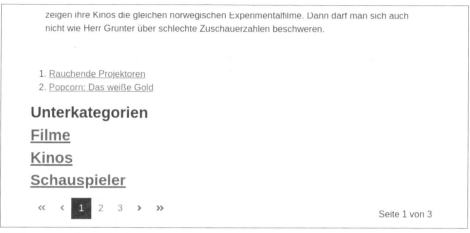

Abbildung 7-22: Hier wurden der Kategorie *Blog* noch die Unterkategorien *Filme*, *Kinos* und *Schauspieler* hinzugefügt. Klicken Sie auf eine davon, zeigt Joomla! alle darin enthaltenen Beiträge an.

Beitragssortierung
Hiermit legen Sie fest, in welcher Reihenfolge die Beiträge auf der Seite erscheinen. In der Einstellung *Titel von A bis Z* würde Joomla! die Beiträge anhand ihrer Titel alphabetisch aufsteigend präsentieren (Beiträge, die mit »A« beginnen, stehen oben auf der Seite, die mit »Z« unten).

Im Fall der *Beitragsreihenfolge* erscheinen die Beiträge genau in der Reihenfolge, in der sie auch in der Tabelle hinter *Inhalt → Beiträge* im Backend zu sehen sind, wenn Sie dort die Drop-down-Liste *ID absteigend* auf *Reihenfolge aufsteigend* setzen. Wie Sie die Beiträge dann umsortieren, hat Ihnen bereits der Abschnitt »Sortierreihenfolge ändern« auf Seite 85 erklärt.

Wenn Sie die Drop-down-Liste *Beitragssortierung* auf *Zufällige Reihenfolge* setzen, listet Joomla! die Beiträge in zufälliger Reihenfolge auf. Das sorgt dafür, dass jedes Mal ein anderer Beitrag ganz oben auf der Seite erscheint und dort die volle Aufmerksamkeit der Besucherinnen und Besucher erhält. Sie sollten die *Zufällige Reihenfolge* allerdings nur dann verwenden, wenn die Blogbeiträge nicht veralten. Andernfalls besteht die Gefahr, dass plötzlich veraltete Texte ganz oben erscheinen.

Im Blog auf den Filmtoaster-Seiten soll der neueste Beitrag ganz oben erscheinen, folglich ist hier *Neuesten zuerst* der korrekte Wert. Ältere beziehungsweise abgelaufene Beiträge verschwinden damit am unteren Rand.

Sortierdatum
: Mit der vorherigen Einstellung sortiert Joomla! die Beiträge absteigend nach ihrem Datum. Welches Datum dabei zugrunde liegt, wählen Sie in dieser Dropdown-Liste. Zur Auswahl stehen das Erstellungsdatum (*Erstellt*), das Datum der letzten Änderung (*Bearbeitet*) sowie der Zeitpunkt der Veröffentlichung (*Veröffentlicht*). Bei den Blogs soll das Erstellungsdatum die Reihenfolge bestimmen; wählen Sie hier folglich *Erstellt*.

Seitenzahlen
: Wenn mehr Beiträge in der Kategorie stecken, als auf die Seite passen, erscheinen am unteren Rand Schaltflächen, über die der Besucher zu den übrigen Beiträgen vor- beziehungsweise zurückblättern kann (siehe Abbildung 7-22). Mit der Einstellung *Anzeigen* sind diese Schalter immer sichtbar, mit *Auto* hingegen nur bei Bedarf.

 Warnung Diese Navigation sollten Sie nur dann *Verbergen*, wenn sich eine feste Zahl an Beiträgen in der Kategorie befindet. Andernfalls kann der Besucher ältere Beiträge nicht mehr aufrufen.

Behalten Sie daher für das Blog die Voreinstellung bei.

Gesamtseitenzahlen
: Zusammen mit den Schaltflächen erscheint am unteren Rand noch die Information, auf wie viele Bildschirmseiten Joomla! die Beiträge verteilt hat und auf welcher dieser Seiten sich der Besucher gerade befindet (in Abbildung 7-22 etwa *Seite 1 von 3*). Mit der Drop-down-Liste *Gesamtseitenzahlen* können Sie diese Information explizit *Verbergen* lassen. Für die Filmtoaster-Seiten belassen Sie am besten die Vorgabe, womit Joomla! die Seitenzahl einblendet.

Lassen Sie die bis hierhin vorgenommenen Einstellungen erst einmal *Speichern*. Damit ist aber leider immer noch nicht Schluss: Im Register *Optionen* verbergen sich weitere Einstellungen, mit denen Sie noch die Darstellung der einzelnen Beiträge beeinflussen können. Beim genaueren Hinsehen dürften Ihnen die Optionen extrem bekannt vorkommen: Es handelt sich um die Einstellungen der Beiträge aus dem Abschnitt »Darstellung des Beitrags anpassen« auf Seite 155 – teilweise nur in anderer Reihenfolge und weniger übersichtlich präsentiert. Da der Menüpunkt das Aussehen der Seite vorgibt, müssen Sie auch hier das Aussehen der Beiträge einstellen. Die Vorgaben, die Sie damals bei den Beiträgen eingestellt haben, übernimmt Joomla! nur, wenn Sie die entsprechenden Drop-down-Listen auf *Beitragseinstellungen verwenden* setzen. Es gibt hier jedoch auch zwei neue Einstellungen:

»Weiterlesen«
: Auf der Seite zeigt Joomla! nur die Einleitungen der Beiträge an. Sofern diese Beiträge noch einen Haupttext besitzen, erscheint standardmäßig eine *Weiterlesen*-Schaltfläche, über die der Besucher zum kompletten Beitrag gelangt. Wenn Sie hier jetzt die Drop-down-Liste *»Weiterlesen«* auf *Verbergen* setzen, verschwindet diese Schaltfläche. Der Besucher kommt dann nur noch durch einen Klick auf die Beitragsüberschrift zum Haupttext – vorausgesetzt, Sie haben *Titel verlinken* nicht auf *Nein* gestellt.

»Weiterlesen«-Titel
> Bei *Anzeigen* schreibt Joomla! zusätzlich noch den Titel des Beitrags auf die *Weiterlesen*-Schaltfläche (also beispielsweise *Weiterlesen: Sterben der Programmkinos*). Dies ist auch standardmäßig der Fall.

Im Blog können Sie die *Kategorie* und die Anzahl der *Zugriffe* jeweils *Verbergen*. Alle anderen Einstellungen belassen Sie auf ihren Vorgaben. Lassen Sie abschließend den Menüpunkt *Speichern & Schließen*, sieht das Blog aus wie in Abbildung 7-23.

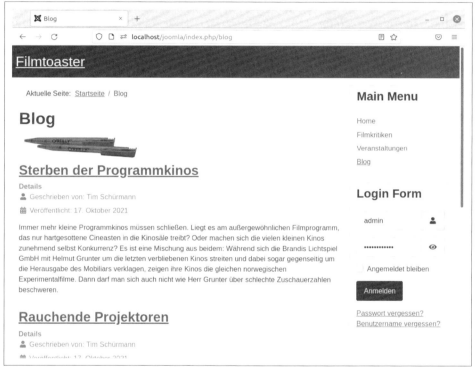

Abbildung 7-23: Das fertige Blog.

Einzelner Beitrag

Ein Menüpunkt kann auch direkt zu einem einzelnen Beitrag führen. Auf diese Weise lässt sich auf den Filmtoaster-Seiten ganz elegant das Impressum einbinden.

Dazu erstellen Sie wieder einen neuen Eintrag im entsprechenden Menü – im Filmtoaster-Beispiel via *Menüs → Main Menu* und einen Klick auf *Neu*. Vergeben Sie einen passenden *Titel*, im Beispiel etwa Impressum. Klicken Sie dann neben *Menüeintragstyp* auf *Auswählen*.

Das Impressum ist ein *Einzelner Beitrag*, entscheiden Sie sich daher für den gleichnamigen Punkt auf dem Slider *Beiträge*. Wieder zurück im Formular, klicken Sie rechts neben *Beitrag auswählen* auf *Auswählen*. In der erscheinenden Liste suchen

Sie den Beitrag, zu dem der neue Menüpunkt führen soll – im Beispiel also das *Impressum*. Nutzen Sie dabei als Hilfe die Filtermöglichkeiten und die Suchfunktion am oberen Rand. Wenn Sie beispielsweise die *Filter-Optionen* öffnen und dann – *Kategorie wählen* – auf *Sonstiges* setzen, sollte Ihnen das *Impressum* bereits entgegenleuchten (andernfalls haben Sie es in die falsche Kategorie einsortiert). Achten Sie auch darauf, dass Ihr Beitrag in der Spalte *Status* einen grünen Haken besitzt. Nur dann ist er veröffentlicht und somit prinzipiell für Ihre Besucher zu sehen. Andernfalls würde ein Klick auf den Menüpunkt später nur zu einer Fehlermeldung führen. Haben Sie den Beitrag gefunden, klicken Sie seinen Titel an (für die Filmtoaster-Seiten also das *Impressum*). Das Formular sollte damit wie das in Abbildung 7-24 aussehen.

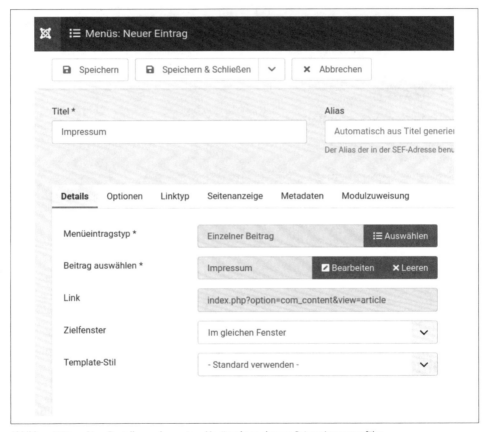

Abbildung 7-24: Diese Einstellungen legen einen Menüpunkt an, der zum Beitrag *Impressum* führt.

Legen Sie den Menüpunkt mit *Speichern* an (damit bleiben Sie im Formular). Wechseln Sie ins Frontend (beispielsweise mit einem Klick auf den Namen Ihres Internetauftritts in der Statusleiste) und gehen Sie dort weiter zum Menüpunkt *Impressum*. Das Ergebnis sollte jetzt dem aus Abbildung 7-25 ähneln.

Standardmäßig zeigt Joomla! unter dem Beitragstitel noch die Kategorie, das Veröffentlichungsdatum, den Autor und die Anzahl der Zugriffe an. Alle vier Informationen sind bei einem Impressum jedoch entbehrlich.

Um die angezeigten Informationen zu verändern, kehren Sie folglich zum Backend zurück. Auch hier bestimmt wieder der Menüpunkt, wie die über ihn erreichbare Seite aussieht. Die zugehörigen Einstellungen finden Sie auf der Registerkarte *Optionen*. Hier können Sie jetzt detailliert festlegen, welche Informationen auf der Seite erscheinen sollen. Die Einstellungen kennen Sie bereits von den Beiträgen aus dem Abschnitt »Darstellung des Beitrags anpassen« auf Seite 155 – Sie sind hier nur nicht so übersichtlich angeordnet.

Warnung Die Einstellungen hier beziehen sich nur auf die über den Menüpunkt erreichbare Seite. Würden Sie das Impressum noch auf einem anderen Weg einbinden (beispielsweise in einem anderen Menü), erscheint es dort womöglich wieder anders.

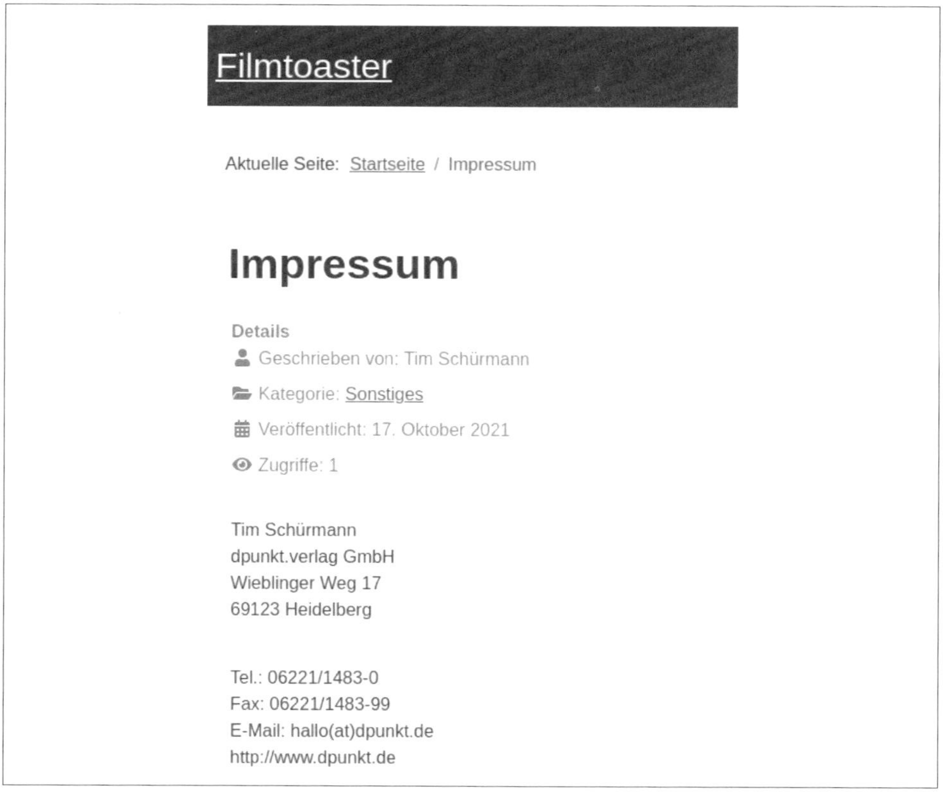

Abbildung 7-25: Das Impressum mit den Standardeinstellungen.

Für das Impressum setzen Sie die *Kategorie*, den *Autor*, das *Veröffentlichungsdatum* und die *Zugriffe* auf *Verbergen*. Nach dem *Speichern & Schließen* sieht das Ergebnis auf Ihrer Website wie das in Abbildung 7-26 aus.

Abbildung 7-26: Das angepasste Impressum.

Hauptbeiträge

Besonders wichtige oder ausgesuchte Beiträge können Sie zu sogenannten *Hauptbeiträgen* erheben (englisch *Featured Articles*). Joomla! spricht teilweise auch etwas inkonsistent von *Haupteinträgen*. Die so geadelten Beiträge dürfen Sie dann gebündelt auf einer separaten Seite präsentieren. Ein Onlinehändler könnte beispielsweise alle Sonderangebote als Hauptbeiträge kennzeichnen und diese dann zusammen auf einer eigenen Seite vorstellen. Beschäftigt sich der Internetauftritt mit Tieren, könnte man am Tag des Artenschutzes (am 3. März) alle Beiträge als Hauptbeiträge kennzeichnen, die sich mit besonders bedrohten Tieren beschäftigen. Wie Sie an diesem Beispiel sehen, sind Hauptbeiträge nicht fix: Sie können jeden Beitrag jederzeit zu einem Hauptbeitrag erheben und ihm diesen Status auch jederzeit wieder aberkennen.

Auf den Filmtoaster-Seiten könnte die Redaktion alle gerade angesagten beziehungsweise besonders lesenswerten Filmkritiken, Veranstaltungen und Blogbeiträge zu Hauptbeiträgen erheben. Diese soll dann der Besucher über einen neuen Menüpunkt *Angesagt* erreichen (englischsprachige Internetauftritte bieten häufig eine ähnliche Zusammenstellung unter dem Menüpunkt *Hot!* an).

Zunächst müssen Sie die entsprechenden Beiträge zu Hauptbeiträgen küren. Dazu rufen Sie die Beitragsverwaltung unter *Inhalt* → *Beiträge* auf. Dort haben Sie jetzt drei Möglichkeiten:

- Setzen Sie vor alle zukünftigen Hauptbeiträge in das Kästchen einen Haken und klicken Sie dann in der Werkzeugleiste unter den *Aktionen* auf *Haupteintrag*. Mit dieser Methode können Sie schnell mehrere Beiträge auf einmal als Haupteintrag auszeichnen.
- Suchen Sie die Zeile des Beitrags, den Sie zum Hauptbeitrag küren wollen. Klicken Sie dann in der Spalte *Haupteintrag* auf den grauen Kreis.

- Klicken Sie auf den Titel des Beitrags, den Sie zum Hauptbeitrag erheben möchten. Stellen Sie dann auf der rechten Seite den Punkt *Haupteintrag* auf *Ja*. Lassen Sie Ihre Änderung *Speichern & Schließen*.

In jedem Fall markiert Joomla! alle Hauptbeiträge in der Tabelle mit einem gelben Sternchen in der Spalte *Haupteintrag*.

Für die Filmtoaster-Seiten küren Sie jetzt mindestens einen Beitrag zum Hauptbeitrag. Wenn Sie bis hierin alle Schritte mitgegangen sind, können Sie die Filmkritik zu *James Bond 007: Skyfall*, einen Veranstaltungstipp und einen Blogbeitrag zum Hauptbeitrag erheben.

Sämtliche Hauptbeiträge zeigt kompakt die Tabelle hinter *Inhalt → Hauptbeiträge* an (wie in Abbildung 7-27 gezeigt).

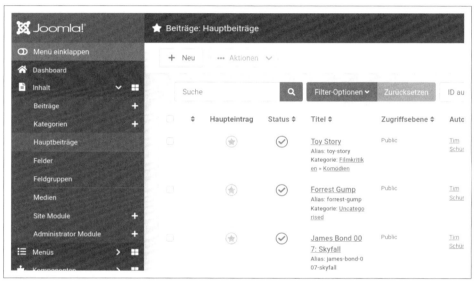

Abbildung 7-27: Diese Tabelle sammelt die Hauptbeiträge.

Alle Hauptbeiträge kann Joomla! auf einer eigenen Seite präsentieren. Dort erscheinen sie dann in einer Art Blogdarstellung, wie sie Abbildung 7-28 zeigt. Damit der Besucher dorthin gelangt, muss zunächst ein neuer Menüpunkt her.

Erstellen Sie einen solchen wie gewohnt auf den Filmtoaster-Seiten via *Menüs → Main Menu* und Klick auf *Neu*. Im Formular klicken Sie neben *Menüeintragstyp* auf *Auswählen* und entscheiden sich dann auf dem Slider *Beiträge* für den Menüeintragstyp *Hauptbeiträge*. Vergeben Sie noch einen *Titel*, im Fall der Filmtoaster-Seiten Angesagt.

Standardmäßig führt dieser Menüpunkt zu einer Seite mit allen Hauptbeiträgen aus allen Kategorien. Wenn Sie nur die Hauptbeiträge aus ganz bestimmten Kategorien anzeigen lassen möchten, wechseln Sie zum Register *Blog-Layout*. Das Feld *Kategorie auswählen* listet alle Kategorien auf, aus denen Joomla! Hauptbeiträge anzeigt.

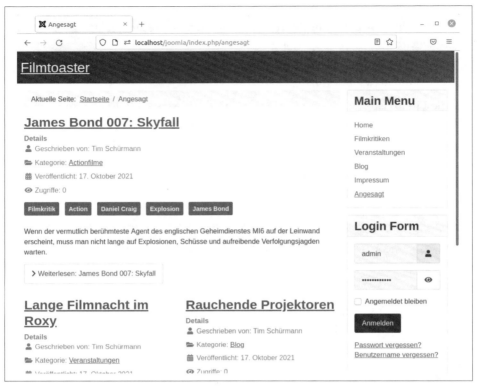

Abbildung 7-28: Die Hauptbeiträge erscheinen zusammen auf dieser Seite.

Im Moment sind das noch *Alle Kategorien*. Um nur eine oder mehrere Kategorien auszuwählen, entfernen Sie zunächst den bestehenden Eintrag mit einem Klick auf das *X* rechts neben – *Alle Kategorien* –. Klicken Sie jetzt in das Feld und klicken Sie nacheinander die gewünschten Kategorien an. Klicken Sie anschließend neben die Liste, um sie wieder zu schließen. Das Ergebnis sieht dann so ähnlich aus wie das in Abbildung 7-29. Falsch ausgewählte Kategorien werden Sie wieder los mit einem Klick auf ihr *X*.

 Warnung   Joomla! zeigt später nur die Hauptbeiträge aus den eingestellten Kategorien an. Würden Sie beispielsweise auf den Filmtoaster-Seiten die Kategorie *Filmkritiken* auswählen, präsentiert Joomla! nicht automatisch auch noch die Hauptbeiträge aus der Unterkategorie *Actionfilme*. Sie müssen also Unterkategorien separat hinzufügen.

 Für die Filmtoaster-Seiten sollte das Eingabefeld *Kategorie auswählen* nur den Punkt – *Alle Kategorien* – anzeigen und somit auf der Vorgabe verbleiben. Im Zweifelsfall entfernen Sie alle ausgewählten Kategorien über ihre *X*-Symbole.

Die übrigen Einstellungen entsprechen denen des Menüeintragstyps *Kategorieblog* aus dem Abschnitt »Mehrere Beiträge auf einer Seite: Blog & Co.« auf Seite 190. Für die Filmtoaster-Seiten tragen Sie unter *# Führende* eine 1 ein, unter *# Einleitung* eine 4 und bei den *# Spalten* eine 2.

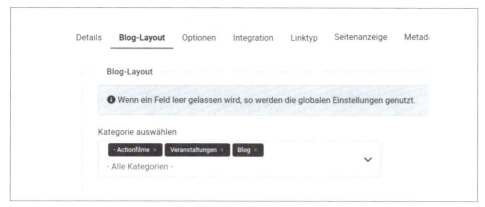

Abbildung 7-29: Mit diesen Einstellungen würde Joomla! auf der Zielseite nur noch die Hauptbeiträge aus den Kategorien *Actionfilme*, *Veranstaltungen* und *Blog* anzeigen.

In welcher Reihenfolge später die Hauptbeiträge auf der Webseite erscheinen, regeln auf der Registerkarte *Blog-Layout* die Einstellungen *Kategoriesortierung* und *Beitragssortierung*. Beide wirken dabei immer zusammen: Zunächst sortiert Joomla! die Hauptbeiträge nach ihren Kategorien gemäß der Einstellung unter *Kategoriesortierung*. Wenn Sie etwa die *Kategoriesortierung* auf *Titel von A bis Z* stellen, stehen alle Hauptbeiträge aus der Kategorie *Äpfel* später immer über den Hauptbeiträgen aus der Kategorie *Birnen* (denn *A* kommt im Alphabet vor *B*). Anschließend sortiert Joomla! noch einmal die Beiträge untereinander gemäß der *Beitragssortierung*. Die Abbildungen 7-30 bis 7-32 veranschaulichen dieses Prinzip.

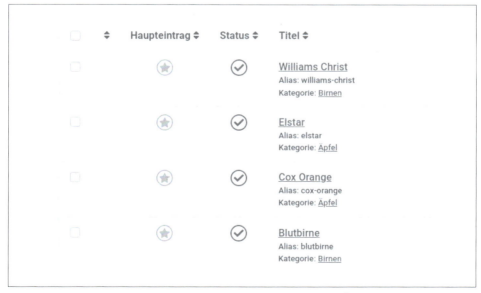

Abbildung 7-30: Die Hauptbeiträge *Cox Orange* und *Elstar* befinden sich in der Kategorie *Äpfel*, wohingegen *Blutbirne* und *Williams Christ* der Kategorie *Birnen* angehören.

Abbildung 7-31: Diese Einstellungen führen ...

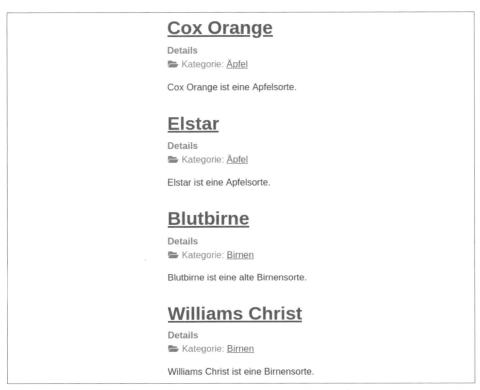

Abbildung 7-32: ... zu dieser Sortierung. Oben stehen alle Äpfel, darunter die Birnen. Die Äpfel und die Birnen sind jeweils für sich noch einmal alphabetisch aufsteigend sortiert. Aus diesem Grund steht die *Blutbirne* nicht ganz oben.

Möchten Sie auf der Seite alle Hauptbeiträge alphabetisch aufsteigend sortieren lassen, müssen Sie erst die *Kategoriesortierung* auf *Keine Sortierung* stellen und dann die *Beitragssortierung* auf *Titel von A bis Z*.

Wenn Sie die *Kategoriesortierung* auf *Keine Sortierung* und den Punkt *Beitragssortierung* auf *Reihenfolge Hauptbeiträge* stellen, erscheinen später die Hauptbeiträge in genau der Reihenfolge, die auch die Tabelle hinter *Inhalt → Hauptbeiträge* zeigt, wenn Sie dort die Drop-down-Liste *Titel aufsteigend* auf *Reihenfolge aufsteigend* stellen. Die Reihenfolge ändern Sie dort wie im Abschnitt »Sortierreihenfolge ändern« auf Seite 85 beschrieben.

Auf den Filmtoaster-Seiten spielt die Reihenfolge der Beiträge keine Rolle. Belassen Sie dort einfach die Vorgabe. Nach dem *Speichern & Schließen* führt der Menüpunkt zu einer Seite, die wie in Abbildung 7-28 nur noch die Hauptbeiträge anzeigt.

Tipp Wenn Sie die Hauptbeiträge nicht als Blog, sondern in einer Liste präsentieren möchten, müssen Sie zu einem kleinen Kniff greifen: Erstellen Sie einen Menüpunkt mit dem Menüeintragstyp *Kategorieliste*. Auf dem Register *Listenlayout* setzen Sie dann die Einstellung *Haupteintrag* auf *Nur*. Damit zeigt die Liste auf der Website ausschließlich Haupteinträge an. Die Liste passen Sie, wie im Abschnitt »Liste mit Beiträgen« auf Seite 181 beschrieben, nach Ihren Wünschen an.

Wenn Sie einen Hauptbeitrag zu einem normalen Beitrag degradieren möchten, rufen Sie entweder *Inhalt → Hauptbeiträge* oder *Inhalt → Beiträge* auf. In jedem Fall haben Sie jetzt wieder drei Möglichkeiten:

- Setzen Sie Haken in die Kästchen vor den entsprechenden Hauptbeiträgen und klicken Sie dann in der Werkzeugleiste unter *Aktionen* auf *Kein Haupteintrag*.
- Suchen Sie die Zeile des Hauptbeitrags und klicken Sie in der Spalte *Haupteintrag* auf das Sternchensymbol.
- Klicken Sie auf den Titel des Hauptbeitrags, setzen Sie auf der rechten Seite den Punkt *Haupteintrag* auf *Nein* und lassen Sie Ihre Änderung *Speichern & Schließen*.

Auch wenn ein Beitrag als Hauptbeitrag gilt, ist er auf Ihrer Website weiterhin über den bekannten Weg erreichbar – die Filmkritik zu *James Bond 007: Skyfall* also beispielsweise via *Filmkritiken → Actionfilme*. Die Veröffentlichung als Hauptbeitrag ist nur ein Zusatzangebot.

Indirekt erreichbare Inhalte

In Joomla! bestimmen die Menüpunkte, welche Informationen auf der Zielseite angezeigt werden. Und was ist mit Unterseiten, die nicht direkt über einen Menüpunkt zu erreichen sind? Die gibt es in fast jedem Internetauftritt – auch auf den Filmtoaster-Seiten.

Klickt man etwa dort den Menüpunkt *Filmkritiken* an, präsentiert Joomla! ähnlich wie in Abbildung 7-33 eine oder mehrere Unterkategorien. Die Darstellung der Seite gibt der Menüpunkt *Filmkritiken* vor. Entscheidet sich ein Besucher dort für die *Actionfilme*, stellt Joomla! alle darin enthaltenen Beiträge jedoch nicht ebenfalls in einer Liste zur Auswahl, sondern präsentiert sie in ihrem Text, ähnlich wie im Blog (siehe Abbildung 7-34).

Die Menüpunkte legen (meist) nur fest, was auf der direkt über sie erreichbaren Seite zu sehen ist, und kümmern sich nicht um die darüber erreichbaren Unterkategorien und Beiträge. Genau das ist auch auf den Filmtoaster-Seiten der Fall: Dort wurde Joomla! bislang nur mitgeteilt, was auf der Übersichtsseite der Kategorie *Filmkritiken* zu sehen ist, nicht aber, welche Informationen auf ihren Unterseiten erscheinen sollen. Um auch deren Darstellung anzupassen, ist ein Ausflug zu unterschiedlichen Stellen des Backends fällig.

Warnung Achtung, jetzt wird es noch einmal richtig kompliziert und umständlich.

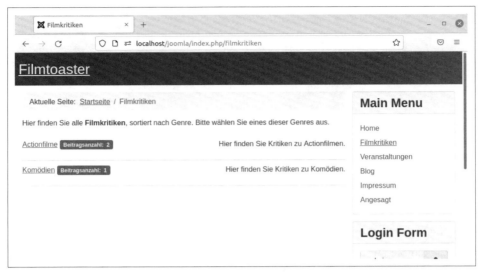

Abbildung 7-33: Die verfügbaren Unterkategorien bietet Joomla! hier in einer Liste zur Auswahl an.

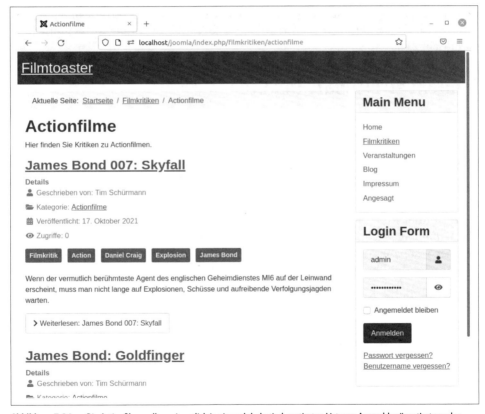

Abbildung 7-34: Die Actionfilme sollten eigentlich in einer alphabetisch sortierten Liste zur Auswahl präsentiert werden.

Wenn Sie die angezeigten Informationen auf einer Seite ändern möchten, müssen Sie in Joomla! wie folgt vorgehen:

1. Finden Sie zunächst heraus, welcher Menüpunkt zur fraglichen Kategorie beziehungsweise zum betroffenen Beitrag führt. Rufen Sie dann die Einstellungen dieses Menüpunkts auf und gehen Sie nacheinander die Register *Kategorie*, *Blog-Layout*, *Listenlayout* sowie *Gemeinsam genutzt* durch. Die dortigen Einstellungen kennen Sie bereits aus den vorherigen Kapiteln. Sie regeln, welche Informationen wie auf der Seite erscheinen sollen.

2. Liefert das noch nicht das gewünschte Ergebnis oder fehlen passende Einstellungen, rufen Sie die Einstellungen der Kategorie beziehungsweise des Beitrags auf. Prüfen Sie dort alle Einstellungen auf der Registerkarte *Optionen*.

3. Hilft das immer noch nicht, werfen Sie einen Blick in die Grundeinstellungen. Wie man dorthin gelangt, verrät Ihnen der Abschnitt »Vorgaben ändern« auf Seite 233 weiter unten.

Das komplette Verfahren erklärt am besten wieder ein Beispiel zum Mitmachen. Im Folgenden sollen die Filmtoaster-Seiten die Kritiken der Actionfilme aus Abbildung 7-34 in einer Liste zur Auswahl stellen.

Warnung Um die Vorgehensweise zu verstehen, sollten Sie die folgenden Schritte möglichst am Computer aktiv nachvollziehen. Sofern Sie das Filmtoaster-Beispiel nicht mitgemacht haben, verwenden Sie eine beliebige Kategorie, die weitere Unterkategorien enthält, und richten dann für die Kategorie einen Menüpunkt ein.

Suchen Sie zunächst den Menüpunkt, über den Sie zur Unterseite gelangen. Bei den Filmkritiken ist das der Menüpunkt *Filmkritiken*. Öffnen Sie seine Einstellungen. Für die Filmkritiken steuern Sie dazu im Backend *Menüs* → *Main Menu* an und klicken in der Tabelle auf den Eintrag *Filmkritiken*.

Interessant sind jetzt die Einstellungen im Register *Kategorie* (das dritte von links, also nicht *Kategorien*) sowie in seinen Kollegen *Blog-Layout*, *Listenlayout*, *Gemeinsam genutzt* und *Optionen*. Sie regeln, was mit den *Unterseiten* geschehen soll – im Beispiel also, wie die Übersichtsseiten der Kategorien *Actionfilme*, *Liebesfilme* und *Komödien* sowie die eigentlichen Kritiken aussehen.

Die auf den Registerkarten jeweils vorgehaltenen Einstellungen entsprechen exakt denen aus den vorherigen Abschnitten. Im Register *Kategorie* legen Sie zunächst das allgemeine Aussehen der (Unter-)Kategorien fest. Für die Filmtoaster-Seiten stellen Sie sicher, dass der *Kategorietitel* und die *Kategoriebeschreibung* auf *Anzeigen* stehen. Ein Bild gibt es nicht, die Kategorien *Actionfilme*, *Liebesfilme* und *Komödien* enthalten zudem keine weiteren Unterkategorien, die übrigen Vorgaben können Sie daher beibehalten.

Warnung Beachten Sie, dass die hier vorgenommenen Einstellungen für *alle* Unterkategorien gelten, die über den Menüpunkt erreichbar sind. Im Beispiel ändern Sie folglich gleichzeitig das Aussehen der Übersichtsseiten der *Actionfilme*, der *Liebesfilme* und der *Komödien*.

Weiter geht es mit den nächsten Registern. Im Beispiel sollen die vorhandenen Kritiken später in einer Liste dem Besucher zur Auswahl angeboten werden. Für diese Darstellung ist das Register *Listenlayout* zuständig. Hier setzen Sie für die Filmtoaster-Seiten die Einstellung *Filterfeld* auf *Titel* und das *Datum* auf *Erstellt*. Alle übrigen Einstellungen bleiben auf ihren Standardwerten. Wenn Sie unsicher sind, was diese Einstellungen bewirken, blättern Sie noch einmal zum entsprechenden Abschnitt »Liste mit Beiträgen« auf Seite 181 zurück.

Das Register *Blog-Layout* kümmert sich analog um eine Blogdarstellung, die entsprechenden Einstellungen beschreibt der Abschnitt »Mehrere Beiträge auf einer Seite: Blog & Co.« auf Seite 190. Da auf den Filmtoaster-Seiten die Kritiken jedoch in einer Liste erscheinen sollen, können Sie das Register *Blog-Layout* ignorieren.

Das Register *Gemeinsam genutzt* hält schließlich noch Einstellungen vor, die für alle Darstellungsformen gelten. Die beiden dort angebotenen Einstellungen kennen Sie ebenfalls aus den vorherigen Abschnitten: Wenn Joomla! die Beiträge auf mehrere Seiten verteilt, können die Besucher mit Schaltflächen am unteren Rand zu den übrigen Beiträgen blättern. Diese Schaltflächen lassen sich unter *Seitenzahlen* immer einblenden (*Anzeigen*) oder auch *Verbergen*. Im Fall von *Auto* zeigt Joomla! die Schaltflächen nur bei Bedarf an. Wenn Sie die Schaltflächen *Verbergen*, kann der Besucher ältere Beiträge nicht mehr aufrufen. Neben den Schaltflächen verrät Joomla! immer, auf wie viele Seiten es die Beiträge verteilt hat und auf welcher Seite sich der Besucher gerade befindet. Mit der Drop-down-Liste *Gesamtseitenzahlen* können Sie diese Information explizit *Anzeigen* oder *Verbergen* lassen. Für die Filmtoaster-Seiten behalten Sie hier einfach die Vorgaben bei.

Wenden Sie Ihre Änderungen per *Speichern & Schließen* an. Wechseln Sie dann ins Frontend zu Ihrer Website, wo Sie dem Menüpunkt *Filmkritiken* folgen und dann die *Actionfilme* aufrufen. Zwar erscheinen jetzt schon einmal der Titel und die Beschreibung der Kategorie über den Beiträgen, die Darstellung ist allerdings immer noch in Blogform.

Um die Darstellung von einem Blog auf eine Liste umzuschalten, müssen Sie sich an den Abschnitt »Kategorien erstellen« auf Seite 106 zurückerinnern: Im Bearbeitungsschirm der Kategorie gab es eine Einstellung, mit der Sie die Darstellungsform verändern konnten. Dorthin müssen Sie jetzt zurück. Für die Filmtoaster-Seiten rufen Sie im Backend *Inhalt → Kategorien* auf und klicken in der Liste die *Actionfilme* an. Wechseln Sie auf die Registerkarte *Optionen* und stellen Sie das *Layout* auf *Liste*. Nach dem *Speichern & Schließen* kontrollieren Sie kurz im Frontend auf Ihrer Website das Ergebnis. Es sollte so wie das in Abbildung 7-35 aussehen. Ändern Sie jetzt noch auf die gleiche Weise die Einstellung *Layout* bei den *Liebesfilmen* und den *Komödien*.

Abschließend können Sie noch die Darstellung der einzelnen Filmkritiken anpassen (für die Filmtoaster-Seiten ist das jedoch nicht nötig). Die entsprechenden Einstellungen verstecken sich wieder an zwei verschiedenen Stellen:

- Wenn Sie die Darstellung für alle Beiträge anpassen möchten, die irgendwie über den Menüpunkt *Filmkritiken* erreichbar sind, wechseln Sie zunächst wie-

der in die Einstellungen des Menüpunkts (via *Menüs → Main Menu*, dann *Filmkritiken* anklicken) und aktivieren dort das Register *Optionen*.
- Soll nur ein Beitrag anders aussehen, rufen Sie hingegen seine Einstellungen auf (via *Inhalt → Beiträge* und einen Klick auf seinen Titel) und wechseln zum Register *Optionen*.

Abbildung 7-35: Die Seite mit allen Actionfilmen nach dem Einstellungsmarathon.

In beiden Fällen finden Sie zahlreiche Einstellungen vor, die bereits der Abschnitt »Darstellung des Beitrags anpassen« auf Seite 155 ausführlich vorgestellt hat.

Das bisher Gesagte gilt nur, wenn die Unterseiten über einen Menüpunkt vom Typ *Alle Kategorien in einer Beitragskategorie auflisten* erreichbar sind. Bei den anderen Menüeintragstypen dürfen Sie leider lediglich teilweise an der Darstellung ihrer (Unter-)Unterseiten schrauben. Dort fehlen dann einige der vorgestellten Register *Kategorie*, *Blog-Layout*, *Listenlayout* und *Gemeinsam genutzt*. Häufig müssen Sie auch das Aussehen der Übersichtsseiten von Unterkategorien entweder akzeptieren oder aber gleich die globalen Einstellungen verändern. Letzteres hat aber unter Umständen auch wieder Auswirkungen auf alle anderen Kategorien – vorausgesetzt, ein Menüpunkt überschreibt nicht diese Einstellungen.

Vermutlich sind Sie jetzt zu Recht etwas verwirrt. Deshalb folgt hier zum Abschluss noch einmal eine kurze Zusammenfassung. Wenn Ihnen das Aussehen einer Seite nicht gefällt, verfahren Sie wie folgt:

1. Ist die betroffene Seite direkt über einen Menüpunkt zu erreichen, öffnen Sie seine Einstellungen. Passen Sie dann die Darstellung auf den entsprechenden Registern an. Die Auswirkungen der einzelnen Einstellungen erklären die vorherigen Abschnitte in diesem Kapitel.

2. Suchen Sie den Menüpunkt, der irgendwie zur betroffenen Seite führt, und rufen Sie seine Einstellungen auf. Kontrollieren Sie dort die Optionen auf den Registerkarten *Kategorie*, *Blog-Layout*, *Listenlayout* und *Gemeinsam genutzt*.
3. Wenn diese beiden Maßnahmen keine Auswirkungen zeigen, wechseln Sie in die Einstellungen der angezeigten Kategorie beziehungsweise des präsentierten Beitrags. Kontrollieren Sie dort die Einstellungen im Register *Optionen*.
4. Führt auch das nicht zu einer sichtbaren Änderung, müssen Sie die Grundeinstellungen anpassen. Wie das funktioniert, erklärt der Abschnitt »Menüeinträge gliedern« auf Seite 213.

Sichtbarkeit versteckter Inhalte

Wenn im Backend hinter *Inhalt → Kategorien* eine Kategorie in der Spalte *Status* einen grünen Haken besitzt, ist sie auf der Website veröffentlicht und somit dort für Besucherinnen und Besucher zugänglich – vorausgesetzt, die Kategorie (beziehungsweise ihre Übersichtsseite) ist irgendwo über ein Menü erreichbar.

Sobald Sie im Backend eine Kategorie verstecken (indem Sie beispielsweise auf den kleinen grünen Haken in der Spalte *Status* klicken), sind sowohl die Kategorie als auch alle darin enthaltenen Unterkategorien nicht mehr für Ihre Besucher erreichbar. Der Menüpunkt, der auf diese Kategorie verweist, bleibt jedoch erhalten und führt folglich ins Nirwana.

Probieren Sie das einmal auf den Filmtoaster-Seiten mit der Kategorie der *Filmkritiken* aus: Klicken Sie auf den grünen Haken in ihrer Zeile und wechseln Sie dann ins Frontend (beispielsweise indem Sie in der Statusleiste ganz oben auf den Namen Ihres Internetauftritts klicken). Wenn Sie jetzt dort den Menüpunkt *Filmkritiken* aufrufen, erscheint der Bildschirm aus Abbildung 7-36 – der später aber leider auch jedem Besucher der Seite gezeigt werden würde.

Abbildung 7-36: Versteckte Inhalte führen zu dieser Fehlermeldung.

Damit aber noch nicht genug: Auch alle in der Kategorie enthaltenen Beiträge sind ab sofort nicht mehr erreichbar! Gäbe es beispielsweise einen Menüeintrag, der direkt zur Filmkritik *James Bond 007: Skyfall* springt, würde dieser dann nur noch zur recht abschreckenden Fehlermeldung aus Abbildung 7-37 führen.

Bevor Sie also eine Kategorie verstecken, sollten Sie immer erst prüfen, ob

- die Kategorie noch über einen Menüpunkt erreichbar ist,
- ihre Unterkategorien noch irgendwie auf der Website erreichbar sind und
- Beiträge aus der Kategorie noch irgendwo auf der Website sichtbar sind.

Wenn zur Kategorie noch ein Menüpunkt führt, verstecken Sie zunächst den Menüpunkt und danach erst die Kategorie. Auf diese Weise können Besucher nicht in einer Sackgasse beziehungsweise vor einer unschönen Fehlermeldung landen.

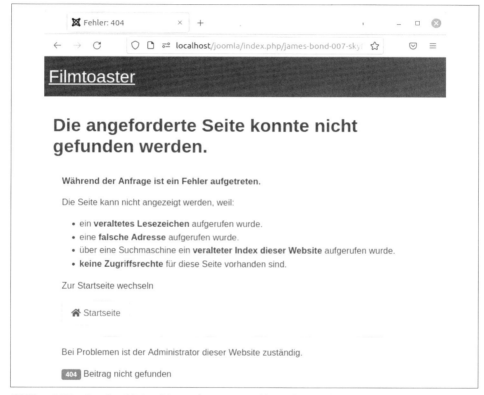

Abbildung 7-37: Kann Joomla! einen Beitrag nicht anzeigen, erschlägt es den Besucher mit dieser Fehlermeldung.

Veröffentlichen Sie die gerade testweise versteckte Kategorie wieder, indem Sie im Backend in der Tabelle hinter *Inhalt → Kategorien* die Kategorie *Filmkritiken* und alle Unterkategorien mit Haken versehen. Rufen Sie dann unter den *Aktionen* den Punkt *Veröffentlichen* auf.

Menüeinträge gliedern

Wenn der Besucher eine Filmkritik zu einem Actionfilm lesen möchte, muss er erst den Menüpunkt *Filmkritiken* anklicken und dann das entsprechende Genre auswählen. Praktischer wäre es, wenn er wie in Abbildung 7-38 direkt ein Genre aufrufen könnte. Der Besucher könnte dann wesentlich schneller – nämlich mit nur einem einzigen Mausklick – zwischen den Genres hin und her springen.

Abbildung 7-38: Ein Menü mit Unterpunkten.

Solche Unterpunkte haben zwei Vorteile:

- Man kann die Gliederung des Internetauftritts auch im Menü widerspiegeln und so den Besuchern die Orientierung erleichtern.
- Einige Templates klappen den Unterpunkt erst bei Bedarf auf, sodass das Menü weiterhin übersichtlich bleibt.

Um ein Ergebnis wie das in Abbildung 7-38 nachzubauen, müssen Sie lediglich die entsprechenden Menüpunkte erstellen und sie dann den passenden Kollegen unterordnen.

 Tipp   Behalten Sie dabei jedoch die Verschachtelungstiefe im Auge. Bei mehr als drei Gliederungsebenen (also Unter-Unter-Unterpunkten) geht die Übersicht schnell wieder verloren. In solch einem Fall sollten Sie überlegen, ob Sie Ihren Internetauftritt nicht besser anders strukturieren.

 Für das Filmtoaster-Beispiel aus Abbildung 7-38 legen Sie als Erstes den Unterpunkt zu den Actionfilmen an. Die Prozedur kurz im Schnellverfahren: Rufen Sie im Backend im Hauptmenü *Menüs* → *Main Menu* auf, klicken Sie auf *Neu*, vergeben Sie als *Titel* Actionfilme, klicken Sie neben *Menüeintragstyp* auf *Auswählen*, entscheiden Sie sich für die *Beiträge* und dort für die *Kategorieliste* und stellen Sie neben *Kategorie auswählen* via *Auswählen* die *Actionfilme* ein. Lassen Sie den neuen Menüpunkt *Speichern & Schließen*. Dieser Menüpunkt soll jetzt ein Unterpunkt des Eintrags *Filmkritiken* werden. (Wenn Sie die Schritte aus den vorherigen Abschnitten nicht mitgemacht haben, können Sie die folgenden Aktionen auch einfach anhand von zwei anderen Menüpunkten durchspielen.)

Um einen Menüpunkt einem anderen unterzuordnen, rufen Sie seine Einstellungen auf. Für das Filmtoaster-Beispiel wechseln Sie dazu im Backend zum Punkt *Menüs* → *Main Menu* und klicken dort die *Actionfilme* an.

Überlegen Sie sich dann, welchem Menüpunkt Sie den gerade geöffneten unterordnen möchten. Diesen Kollegen stellen Sie dann im Register *Details* auf der rechten

Seite in der Drop-down-Liste *Übergeordneter Eintrag* ein. Im Filmtoaster-Beispiel sollen die *Actionfilme* ein Unterpunkt der *Filmkritiken* werden. Wählen Sie folglich in der Drop-down-Liste *Übergeordneter Eintrag* den Punkt *Filmkritiken* aus.

Falls in der Liste – *Kein übergeordnetes Element* – eingestellt ist, erscheint der neue Menüpunkt auf gleicher Höhe mit seinen restlichen Kollegen.

Tipp Beim Aufbau einer Menühierarchie sollten Sie sich an Ihrer eigenen orientieren, die Sie in Kapitel 4, *Den Internetauftritt strukturieren*, ausgetüftelt haben. Damit finden sich ihre späteren Besucher schneller auf Ihrer Website zurecht.

Jetzt müssen Sie die Änderungen lediglich *Speichern & Schließen*. Im Frontend sollte nun der Menüeintrag unter dem anderen eingerückt erscheinen. Wenn Sie nicht das mitgelieferte Standard-Template verwenden, müssen Sie unter Umständen erst den Unterpunkt ausklappen. Je nach Template genügt es dazu bereits, mit der Maus über die Menüpunkte zu fahren.

Wenn Sie im Filmtoaster-Beispiel die Darstellung aus Abbildung 7-38 nachbauen möchten, müssen Sie jetzt nach dem gleichen Prinzip noch zwei weitere Menüpunkte anlegen, die auf die Liebesfilme und die Komödien verweisen.

Reihenfolge der Menüeinträge ändern

Standardmäßig zeigt ein Menü die Menüpunkte in der Reihenfolge an, in der Sie sie angelegt haben. In Abbildung 7-38 steht beispielsweise der Punkt *Veranstaltungen* über dem Punkt *Blog*. Denken Sie daran, dass einige Templates unter Umständen das Menü waagerecht darstellen und dann die Menüpunkte von links nach rechts anordnen. Das Umsortieren funktioniert dort aber nach dem gleichen Prinzip.

Um die Reihenfolge zu ändern, rufen Sie zunächst die Einstellungen des falsch einsortierten Menüpunkts auf. Im Beispiel soll das *Blog* über den *Veranstaltungen* stehen. Rufen Sie deshalb im Backend im Hauptmenü *Menüs* → *Main Menu* auf und klicken Sie dort auf *Blog*.

Auf der Registerkarte *Details* können Sie den Menüpunkt jetzt über die Einstellung *Reihenfolge* an eine andere Position innerhalb des Menüs verschieben. Dazu stellen Sie in der Drop-down-Liste den Menüpunktkollegen ein, unter beziehungsweise neben dem der Menüpunkt zukünftig erscheinen soll. Um den Menüpunkt an den oberen Rand des Menüs zu verfrachten, wählen Sie – *Erster* –, ans Ende schiebt ihn hingegen – *Letzter* –. Im Beispiel soll der Menüpunkt zum *Blog* direkt unter seinem Kollegen für die *Filmkritiken* stehen (und somit über den *Veranstaltungen*). Stellen Sie daher unter *Reihenfolge* die *Filmkritiken* ein.

Nach dem *Speichern & Schließen* rückt der Menüpunkt an die gewünschte Stelle.

Tipp Orientieren Sie sich auch bei der Reihenfolge an Ihrem Aufbau aus Kapitel 4, *Den Internetauftritt strukturieren*. Grundsätzlich sollten alle besonders wichtigen beziehungsweise häufig angeklickten Menüpunkte weiter oben stehen.

Menüeinträge (zeitgesteuert) ausblenden

Unter Umständen möchten oder müssen Sie einen Menüpunkt (vorübergehend) verstecken. Auf den Filmtoaster-Seiten gibt es beispielsweise noch keine Kritiken zu Liebesfilmen, weshalb der dazu passende Menüpunkt zu einer leeren Seite mit einem entsprechenden Hinweis führt. Um Ihre Leserinnen und Leser nicht zu verwirren, sollten Sie den Menüpunkt besser verstecken.

Dazu wechseln Sie zunächst in seine Einstellungen. Im Filmtoaster-Beispiel rufen Sie im Backend im Hauptmenü *Menüs → Main Menu* auf und klicken die *Liebesfilme* an.

Wenn Sie jetzt im Register *Details* auf der rechten Seite den *Status* auf *Versteckt* setzen, nimmt Joomla! den Menüpunkt von Ihrer Website. Er ist dann übrigens auch nicht mehr für registrierte Besucher sichtbar. Um ihn später erneut zu aktivieren, setzen Sie den *Status* wieder auf *Veröffentlicht*.

Joomla! kann einen Menüpunkt aber auch zeitgesteuert ein- und ausschalten. Das ist beispielsweise nützlich, wenn Sie nur zur Weihnachtszeit einen Menüpunkt zu winterlichen Filmen anbieten möchten. In diesem Fall klicken Sie auf der Registerkarte *Details* rechts unter *Veröffentlichung starten* auf das Kalendersymbol. Wählen Sie dann im Kalender den Zeitpunkt aus, ab dem Joomla! den Menüpunkt anzeigen soll. Klicken Sie anschließend auf das Kalendersymbol unter *Veröffentlichung beenden* und wählen Sie den Zeitpunkt aus, an dem der Menüpunkt wieder von Ihren Seiten verschwinden soll. Achten Sie noch darauf, dass der *Status* auf *Veröffentlicht* steht.

Abbildung 7-39: Hier würde Joomla! den Menüpunkt ab dem 01.12.2021 um Punkt 10:00 Uhr anbieten und ihn dann automatisch am 31.12.2021 um 22:00 Uhr wieder von der Seite nehmen.

Möchten Sie die zeitgesteuerte Anzeige wieder abschalten, löschen Sie die beiden Felder *Veröffentlichung starten* und *Veröffentlichung beenden*.

Vergessen Sie in jedem Fall nicht, Ihre Änderungen mit *Speichern & Schließen* zu sichern.

RSS-Feeds aktivieren (Integrationseinstellungen)

Möchte ein Besucher wissen, ob es einen neuen Blogbeitrag gibt, muss er erst zeitaufwendig die Filmtoaster-Seiten mit seinem Browser ansteuern und den Menüpunkt *Blog* aufrufen. Netterweise stellt Joomla! die Inhalte des Blogs zusätzlich als sogenannten Newsfeed bereit. Der Besucher muss lediglich mit seinem Browser den Newsfeed abonnieren. Der Browser holt dann in regelmäßigen Abständen den Newsfeed bei Joomla! ab und zeigt ihn an. Auf diese Weise bleibt der Besucher stets auf dem Laufenden, ohne die Filmtoaster-Seiten eigenhändig aufrufen zu müssen. (Weitere Informationen über Newsfeeds finden Sie im Abschnitt »Newsfeeds« auf Seite 398.)

Joomla! erzeugt einen solchen Newsfeed automatisch für alle Unterseiten, die häufig wechselnde Inhalte anbieten. Auf den Filmtoaster-Seiten zählen dazu neben dem Blog unter anderem auch die Seite mit allen *Veranstaltungen* sowie die Liste hinter *Filmkritiken* → *Actionfilme*.

Als Seitenbetreiber dürfen Sie die Newsfeeds einzeln deaktivieren und zumindest in Grenzen ihre Inhalte beeinflussen. Dazu ermitteln Sie zunächst den Menüpunkt, der zur entsprechenden Seite führt, und öffnen dann im Backend seine Einstellungen. Möchten Sie beispielsweise auf den Filmtoaster-Seiten den Newsfeed für das Blog deaktivieren, rufen Sie die Einstellungen des Menüpunkts *Blog* auf.

Wechseln Sie jetzt zum Register *Integration*, das Abbildung 7-40 zeigt. Es existiert allerdings nur bei Menüpunkten, für deren Webseite Joomla! einen Newsfeed erzeugen kann, und fehlt folglich bei einem Menüpunkt, der nur auf einen einzelnen Beitrag zeigt – denn schließlich wäre ein Newsfeed für eine einzelne Filmkritik sinnlos.

Wenn es ein Register *Integration* gibt, erzeugt Joomla! standardmäßig einen passenden Newsfeed. Besucher müssen nur den Menüpunkt aufrufen und können dann direkt die Informationen auf der Seite als Newsfeed abonnieren.

Abbildung 7-40: Hier regeln Sie, ob Joomla! für die erreichbare Seite einen Newsfeed erstellen soll und, wenn ja, welche Informationen dieser enthält.

Tipp Damit überhaupt kommuniziert wird, dass es einen Newsfeed gibt, sollten Sie ein Modul vom Typ *Feeds – Feed erzeugen* einrichten und es auf alle passenden Seiten platzieren (siehe auch den Abschnitt »Module für interne Newsfeeds« auf Seite 418).

Joomla! packt in den Newsfeed immer alle Inhalte der zugehörigen Seite. Damit der Feed nicht aus allen Nähten platzt, übernimmt Joomla! von Beiträgen immer nur den Einleitungstext. Möchten Sie dennoch den kompletten Beitrag im Newsfeed ausliefern, stellen Sie *In jedem Feed-Eintrag* auf *Gesamter Text*.

Möchten Sie verhindern, dass Joomla! einen Newsfeed für die über diesen Menüpunkt erreichbare Seite erzeugt, setzen Sie den Punkt *Feed-Link* auf *Verbergen*.

Tipp   Lassen Sie im Zweifelsfall hier die Einstellungen auf ihren Standardwerten.

 Für die Filmtoaster-Seiten belassen Sie bei allen Menüpunkten die Vorgaben (und lassen somit Joomla! den Feed für die verschiedenen Unterseiten generieren).

Optik eines Menüpunkts ändern

In den Einstellungen eines Menüpunkts finden Sie auch ein Register *Linktyp*. Darin können Sie in engen Grenzen das Aussehen des Menüpunkts beeinflussen. Eine Einstellung ist dabei ganz besonders interessant: *Bild zum Link* ordnet dem Menüpunkt ein (kleines) Bild zu. Letzteres erscheint dann auf der Website immer neben, über oder unter der Beschriftung des Menüpunkts (wie in Abbildung 7-41).

Abbildung 7-41: Hier wurde dem Menüpunkt zum Blog eine verkleinerte Variante der Kugelschreiber zugewiesen (Sie finden das Foto auch auf unserer Download-Seite im Verzeichnis »Kapitel7«).

Tipp   In der Regel wählt man nur ein kleines Symbol und kein größeres Foto. Beispielsweise ziert häufig ein Häuschen den Menüpunkt zur Startseite (Home).

Die Besucher können sowohl das Bild als auch die Beschriftung des Menüpunkts anklicken, um zur gewünschten Seite zu gelangen. In Abbildung 7-41 bilden folglich der Text *Blog* und das Bild zusammen einen Menüeintrag.

Um einem Menüeintrag ein Bild zu verpassen, klicken Sie auf *Auswählen*, woraufhin sich die eingebaute Medienverwaltung meldet. Darin laden Sie das gewünschte Bild über die gleichnamige Schaltfläche hoch, klicken dann sein Vorschaubild an und entscheiden sich für *Auswählen*; weitere Informationen finden Sie im Abschnitt »Medien verwalten« ab Seite 265. Um ein zugewiesenes Bild wieder loszuwerden, klicken Sie auf die Schaltfläche mit dem *X*.

Häufig sieht es etwas unschön aus, wenn den Menüpunkt wie in Abbildung 7-41 sowohl ein Bild als auch eine Beschriftung zieren. Zudem irritiert es: Soll jetzt der Text anklickt werden oder das Bild oder gar beides? Aus diesem Grund können Sie die Beschriftung abschalten, indem Sie *Menütitel anzeigen* auf *Nein* setzen. Im Beispiel aus Abbildung 7-41 würde dann der Begriff *Blog* verschwinden.

Tipp Mischen Sie Text und Bild möglichst nie, sondern ersetzen Sie entweder alle Menüpunkte eines Menüs durch Bilder oder bleiben Sie bei einer reinen Beschriftung.

Wenn möglich, sollten Sie sogar ganz auf Bilder verzichten: Zum einen könnte das Menü unruhig und unseriös wirken, wenn die Bilder nicht auf die Optik der Seite abgestimmt sind. Viel schwerer wiegt es jedoch, dass die Besucherinnen und Besucher die Bilder richtig deuten müssen: Würden Sie vermuten, dass sich hinter dem Bild mit den Kugelschreibern aus Abbildung 7-41 ein Blog befindet? Und dass man die Kugelschreiber anklicken kann? Des Weiteren stellen viele Templates die mit Bildern gespickten Menüs chaotisch und unansehnlich dar. Schlussendlich sind Bilder nicht barrierefrei, und auch Suchmaschinen können mit ihnen nichts anfangen.

Den Text im Feld *Title-Attribute für Menülinks* zeigen viele Browser später als kleinen Tooltipp an, wenn der Besucher mit dem Mauszeiger auf den Menüpunkt fährt. Sofern aus der Beschriftung nicht schon hervorgeht, wohin der Menüpunkt führt, sollten Sie hier eine kurze Erläuterung hinterlassen. (Unter der Haube packt Joomla! den Text aus dem Feld *Title-Attribute für Menülinks* in das HTML-Attribut `title` und tackert es an den Link, der den Menüpunkt repräsentiert.)

Über das Eingabefeld *CSS-Klasse für Link* können Sie dem Menüpunkt eine spezielle Optik überstülpen. Welcher in diesem Feld eingetippte Wert welche Auswirkungen hat, verrät Ihnen die Person, die das Template entwickelt hat. Die meisten Templates ignorieren jedoch diese Einstellung. Normalerweise können Sie daher das Eingabefeld leer lassen. Template-Entwickler dürfte noch interessieren, dass ein Menüpunkt später in der ausgelieferten Seite nichts anderes als ein normaler Link ist, dem man hier eine CSS-Klasse anheften kann. Analog können Sie unter *Bild Klasse* dem Bild eine eigene CSS-Klasse mit auf den Weg geben.

Abschließend können Sie den Menüpunkt mitsamt seinen Unterpunkten aus den Menüs ausblenden. Dazu setzen Sie *Im Menü anzeigen* auf *Nein*.

Für die Menüpunkte der Filmtoaster-Seiten können Sie sämtliche Einstellungen auf ihren Vorgaben belassen, auch ein Bild ist nicht notwendig.

Seitentitel verändern

Wenn Sie im Frontend einen Menüpunkt anklicken und dann einen Blick auf die Titelleiste beziehungsweise den Tab Ihres Browsers werfen, steht dort immer der Titel der aktuell angezeigten Seite. In den Einstellungen des Menüpunkts können Sie im Register *Seitenanzeige* diese Beschriftung gegen eine eigene austauschen.

Dazu tragen Sie die neue Beschriftung einfach unter *Seitentitel im Browser* ein. Das Ergebnis veranschaulichen die Abbildungen 7-42 und 7-43. Joomla! ersetzt den Seitentitel immer nur auf der direkt über den Menüpunkt erreichbaren Seite.

Abbildung 7-42: Der hier eingegebene Text ...

Abbildung 7-43: ... erscheint später als Registerbeschriftung beziehungsweise in der Titelleiste im Browser (hier am Beispiel von Firefox).

 Warnung Auch Suchmaschinen orientieren sich an diesem Seitentitel. Wenn Sie ihn ändern, sollten Sie ihn möglichst weise vergeben.

Stellen Sie zusätzlich *Seitenüberschrift anzeigen* auf *Ja*, erscheint der Text aus dem Feld *Seitentitel im Browser* auch noch einmal als Überschrift auf der Seite (wie in Abbildung 7-44).

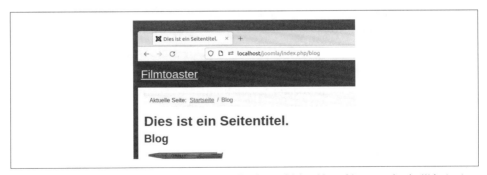

Abbildung 7-44: Auf Wunsch blendet Joomla! den Seitentitel noch einmal dick und fett auf der entsprechenden Webseite ein.

Im Feld *Seitenüberschrift* können Sie wiederum auch noch diese Überschrift austauschen. Die Auswirkungen zeigen die Abbildungen 7-45 und 7-46.

Abbildung 7-45: Diese Einstellungen ...

Abbildung 7-46: ... führen zu diesem Ergebnis.

Über das letzte Eingabefeld *CSS-Klasse Seite* können Sie dem Inhalt der Seite (also nicht der kompletten Seite) eine individuelle Optik verpassen. Welche Werte hier im Feld zu welchen Ergebnissen führen, sagt Ihnen die Entwicklerin oder der Entwickler des Templates. Die meisten Templates ignorieren diese Einstellung, Sie können das Eingabefeld also normalerweise leer lassen. Template-Entwickler dürfte noch interessieren, dass Joomla! den hier eingetragenen CSS-Klassennamen an das body-Element tackert, das die Seiteninhalte umschließt.

Auf den Filmtoaster-Seiten sind die Menüpunkte allesamt beschreibend genug. Ein zusätzlicher Titel beziehungsweise eine zusätzliche Überschrift ist somit nicht notwendig. Belassen Sie daher bei allen Menüpunkten die Vorstellungen.

Spezielle Menüpunkte

Normalerweise führt ein Menüpunkt immer auf eine Seite mit Inhalten, wie etwa zu einer Filmkritik. Joomla! kennt aber auch noch ein paar ganz spezielle Menüeintragstypen. Diese dienen rein der Optik oder helfen in Sonderfällen. Im Einzelnen können Sie:

- einen Link auf eine externe Seite setzen (mit dem Menüeintragstyp *Externe URL* von Seite 222).
- einen Menüpunkt auf einen weiteren Menüpunkt einrichten (mit dem Menüeintragstyp *Menüeintrag-Alias* von Seite 223). Das klingt etwas wirr, hilft aber bei-

spielsweise, wenn zwei Menüpunkte zur exakt gleichen Seite wie etwa das Impressum führen sollen.

- das Menü mit Trennstrichen optisch unterteilen (mit dem Menüeintragstyp *Trennzeichen* von Seite 224).
- das Menü mit Zwischenüberschriften versehen (mit dem Menüeintragstyp *Menü-Überschrift* von Seite 226).
- einen Menüpunkt zu einer Seite einrichten, die einen externen Internetauftritt einbindet (mit dem Menüeintragstyp *Iframe-Wrapper* von Seite 227).

Die folgenden Abschnitte stellen alle diese speziellen Menüpunkte und ihren jeweiligen Einsatzzweck ausführlich vor.

Externe URL

Sobald die Filmtoaster-Seiten einen größeren Bekanntheitsgrad erreichen, sind Kooperationen mit anderen Filmfans nicht auszuschließen. Beispielsweise könnte man eine Partnerschaft mit dem Betreiber einer Seite über Filmmusik eingehen. In diesem Fall ist es üblich, dass man über einen Link auf die Partner-Homepage verweist.

Glücklicherweise kann Joomla! einen Menüpunkt direkt auf eine externe Internetseite zeigen lassen.

 Bei Links beziehungsweise Menüpunkten auf externe Seiten ist Vorsicht geboten: In erster Linie dienen Menüs der Navigation im eigenen Internetauftritt. Aus diesem Grund sollten Menüeinträge, die auf externe Seiten verweisen, immer gesondert, am besten in einem eigenen Menü, erscheinen. Andernfalls läuft man Gefahr, den Besucher zu verwirren.

Erstellen Sie zunächst wie gewohnt einen neuen Menüeintrag. Auf den Filmtoaster-Seiten wechseln Sie dazu im Backend zu *Menüs → Main Menu* und klicken auf *Neu*. Aktivieren Sie dann neben *Menüeintragstyp* die Schaltfläche *Auswählen*. Entscheiden Sie sich auf dem Slider *Systemlinks* für *URL*.

Vergeben Sie jetzt einen *Titel*, im Beispiel etwa Partnerseite Filmmusik, und tragen Sie dann auf dem Register *Details* unter *Link* die Internetadresse zu dieser Seite ein. Für die Filmtoaster-Seiten könnten Sie beispielsweise *https://www.filmmusik.uni-kiel.de/* verwenden. Klickt der Besucher später den Menüpunkt an, landet er automatisch auf den Seiten der *Kieler Gesellschaft für Filmmusikforschung*.

Die übrigen Einstellungen können Sie nun noch nach Lust und Laune beziehungsweise nach Ihren Anforderungen zurechtbiegen.

 Standardmäßig öffnet Joomla! die externe Homepage im gleichen Browserfenster, sie verdrängt also Ihren eigenen Internetauftritt. Um das zu ändern, müssen Sie ein anderes *Zielfenster* auswählen. Ein neues Fenster könnte allerdings Ihre Besucher irritieren – meist sind sie überrascht, wenn nach einem Klick auf einen Menüpunkt plötzlich ein neues Fenster erscheint.

Jetzt müssen Sie nur noch Ihre Einstellungen *Speichern & Schließen*.

Menüeintrag-Alias

In der Praxis kommt es immer mal wieder vor, dass mehrere Menüeinträge auf ein und dieselbe Seite zeigen müssen. Ein Paradebeispiel dafür ist das Impressum: Zu ihm führt häufig ein Menüpunkt im Hauptmenü sowie ein Kollege in einem zweiten kleinen Menü ganz am unteren Seitenrand. Manche Internetauftritte bieten auch die Menüpunkte *Impressum* und *Kontakt* an, die beide zur selben Seite führen.

Auf den ersten Blick scheint das kein großes Problem zu sein: Man legt einfach nacheinander mehrere Menüpunkte an und lässt sie jeweils auf den gleichen Beitrag zeigen (siehe Abbildung 7-47). Dummerweise regeln in Joomla! die Menüpunkte, wie die darüber erreichbare Seite aussieht. Mit anderen Worten, jeder Menüpunkt führt zu einer eigenen Seite, auch wenn diese dann die gleichen Inhalte zeigen. Dreht man nun an den Einstellungen eines der beiden Menüpunkte, bleibt das Aussehen der anderen Seite unverändert.

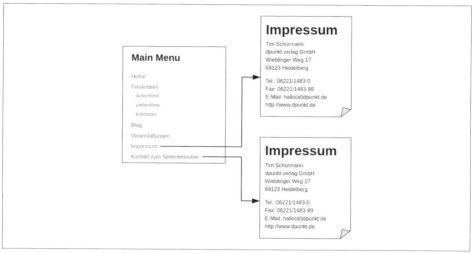

Abbildung 7-47: Jeder Menüpunkt führt zu einer eigenen Seite, auch wenn diese wie hier die gleichen Inhalte zeigen. Im Gegensatz dazu ...

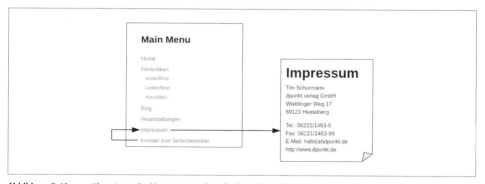

Abbildung 7-48: ... übernimmt der Menüeintrag-Alias alle Einstellungen eines anderen Menüpunkts.

Wenn Sie das nachvollziehen wollen, erstellen Sie einen weiteren Menüpunkt zum Impressum: Wechseln Sie im Backend zum Menüpunkt *Menüs → Main Menu*, klicken Sie auf *Neu*, dann neben *Menüeintragstyp* auf *Auswählen*, öffnen Sie den Slider *Beiträge*, entscheiden Sie sich für *Einzelner Beitrag*, vergeben Sie den *Titel* Kontakt zum Seitenbetreiber, klicken Sie neben *Beitrag auswählen* auf *Auswählen*, nehmen Sie das *Impressum* und setzen Sie dann auf der Registerkarte *Optionen* den Punkt *Titel* auf *Verbergen*. Nach dem *Speichern & Schließen* haben Sie jetzt zwei Menüpunkte, die zum Impressum führen. Klicken Sie *Impressum* an, landen Sie auf einer Seite, die mit *Impressum* überschrieben ist. Der Menüpunkt *Kontakt zum Seitenbetreiber* führt ebenfalls zum Impressum. Wie der fehlende Titel beweist, handelt es sich jedoch um eine komplett andere Seite.

Glücklicherweise können Sie in Joomla! aber auch einen Menüpunkt auf einen anderen Kollegen zeigen lassen (wie in Abbildung 7-48). Einen solchen Menüpunkt, der auf einen anderen Menüpunkt verweist, bezeichnet Joomla! als *Menüeintrag-Alias*. Sie können sich ihn als normalen Menüpunkt vorstellen, der immer sämtliche Einstellungen eines anderen Menüpunkts übernimmt.

Um einen Menüeintrag-Alias anzulegen, erstellen Sie wie gewohnt einen neuen Menüpunkt, weisen ihm aus der Gruppe *Systemlinks* den Menüeintragstyp *Menüeintrag-Alias* zu und wählen dann im Register *Details* unter *Alias verlinken mit* den Menüpunkt aus, dessen Einstellungen der Menü-Alias übernehmen soll. Alle übrigen der angebotenen Einstellungen können Sie nach Belieben festlegen.

Auf den Filmtoaster-Seiten soll der Menüpunkt *Kontakt zum Seitenbetreiber* auf seinen Kollegen *Impressum* zeigen. Dazu rufen Sie im Backend *Menüs → Main Menu* auf, klicken den Menüpunkt *Kontakt zum Seitenbetreiber* an, aktivieren auf der Registerkarte *Details* neben *Menüeintragstyp* die Schaltfläche *Auswählen*, öffnen den Slider *Systemlinks* und wählen den *Menüeintrag-Alias*. Jetzt müssen Sie nur noch in der Drop-down-Liste *Alias verlinken mit* auf *Auswählen* klicken, ganz links oben in der Fensterecke in der Drop-down-Liste das Menü *Main Menu* einstellen und dann in der Liste den Eintrag *Impressum* anklicken. Wenden Sie Ihre Änderungen per *Speichern & Schließen* an.

Das war bereits alles: Ab sofort gelten für beide Menüpunkte immer die gleichen Einstellungen. Unter Umständen hat sich Ihr Browser die alten Seiten gemerkt, laden Sie dann die Seiten im Frontend noch einmal neu. Setzen Sie ein Template ein, das den aktuell angeklickten Menüpunkt markiert, erscheinen sogar beide Menüpunkte hervorgehoben.

Trennzeichen

Menüs mit sehr vielen Menüpunkten können mit Trennlinien, Ornamenten oder kleinen Grafiken unterteilt und auf diese Weise etwas übersichtlicher oder hübscher gestaltet werden.

 Warnung   Setzen Sie Trennstriche und Ornamente sparsam ein. Bei mehr als zwei davon sollten Sie die Gliederung Ihres Internetauftritts prüfen. Bei kleinen Menüs (wie denen auf der Filmtoaster-Seite) können zusätzliche Trennstriche sogar kontraproduktiv sein und das Menü komplexer erscheinen lassen, als es tatsächlich ist.

Bei den meisten Internetauftritten sind Trennstriche und Ornamente daher entbehrlich – das gilt auch für das Menü auf den Filmtoaster-Seiten.

Möchten Sie dennoch eine Trennlinie einziehen, erstellen Sie wie gewohnt einen neuen Menüpunkt und verpassen ihm den Menüeintragstyp *Trennzeichen* (zu finden auf dem Slider *Systemlinks*). Ein solcher Menüpunkt lässt sich später nicht anklicken, er zeigt lediglich den *Titel* oder ein kleines Bild an – und genau damit lassen sich schnell Trennlinien erzeugen.

Zunächst könnte man auf die Idee kommen, wie in Abbildung 7-49 im Feld *Titel* eine Trennlinie mit Textzeichen nachzubauen. Wie Ihnen Abbildung 7-50 zeigt, wirkt eine solche »Linie« etwas kitschig und auch unprofessionell.

Abbildung 7-49: Diese Einstellungen ...

Abbildung 7-50: ... führen zu solch einem Trennstreifen.

Glücklicherweise können Sie dem Menüpunkt auf der Registerkarte *Linktyp* auch ein beliebiges Bild verpassen (via *Auswählen* neben *Bild zum Link*). Dieses Bild kann dann eine Linie, ein Ornament oder ein schmückendes Foto zeigen. Sie sollten lediglich darauf achten, dass das Bild zum Template passt.

Allerdings hat die Sache noch einen kleinen Haken: Joomla! verlangt, dass jeder Menüpunkt auch zwingend einen Menütitel besitzt. Sie kommen also nicht darum herum, einen (Nonsens-)*Titel* zu vergeben. Diesen müssen Sie dann direkt wieder ausblenden, indem Sie im Register *Linktyp* den Punkt *Menütitel anzeigen* auf *Nein* setzen. Damit zeigt der Menüpunkt dann nur noch das Bild und somit die Trennlinie (oder das Ornament) an.

Menü-Überschrift

Neben Trennlinien können Sie auch Zwischenüberschriften in Menüs einfügen. Abbildung 7-51 zeigt dafür ein Beispiel.

Abbildung 7-51: Beispiel für eine Zwischenüberschrift.

Eine solche Zwischenüberschrift besteht in Joomla! einfach aus einem Menüpunkt vom Menüeintragstyp *Menü-Überschrift*. Ein solcher Menüpunkt lässt sich zum einen später nicht anklicken, zum anderen wird seine Beschriftung vom Template besonders hervorgehoben beziehungsweise dargestellt.

 Warnung Setzen Sie Zwischenüberschriften sparsam ein. Bei mehr als drei von ihnen sollten Sie die Gliederung Ihres Internetauftritts prüfen. Darüber hinaus sollten Sie erwägen, das Menü in mehrere einzelne Menüs zu zerlegen. Das hat zudem den Vorteil, dass Sie die verschiedenen Menüs jeweils nur bei Bedarf einblenden können.

 Das Menü auf den Filmtoaster-Seiten ist recht übersichtlich, Sie können folglich dort auf Zwischenüberschriften verzichten.

Um eine solche Zwischenüberschrift zu erzeugen, erstellen Sie wieder einen neuen Menüpunkt. Klicken Sie dann im entsprechenden Formular neben *Menüeintragstyp*

auf *Auswählen* und entscheiden Sie sich auf dem Slider *Systemlinks* für die *Menü-Überschrift*. Jetzt müssen Sie nur noch im Feld *Titel* den Text eintippen, der später als Zwischenüberschrift erscheinen soll, dann den neuen Menüpunkt per *Speichern* anlegen, ihn über die Einstellung *Reihenfolge* an seine endgültige Position setzen und ihn *Speichern & Schließen* lassen.

Iframe-Wrapper

Ein Menüpunkt vom Typ *Iframe-Wrapper* bindet eine fremde, externe Webseite in den eigenen Internetauftritt ein (wie in Abbildung 7-52).

Abbildung 7-52: Hier wurde die Wikipedia-Seite zum Begriff *Film* über einen Menüpunkt vom Typ *Iframe-Wrapper* eingebunden.

Von dieser Methode sollten Sie aus gleich mehreren Gründen Abstand nehmen:

- Sie integrieren eine fremde Seite in den eigenen Internetauftritt. Dies wirkt auf Besucher irritierend – erst recht, wenn die integrierte Seite ein anderes Layout aufweist.
- Sie machen sich den Inhalt der fremden Seite zwar zu eigen, haben aber keine Kontrolle darüber. Das ist insbesondere dann brenzlig, wenn die integrierte Seite (plötzlich) gegen geltendes Recht verstößt. In diesem Fall könnte man Sie ebenfalls haftbar machen.
- Sie verletzen unter Umständen das Urheberrecht. Sie sollten daher vor einer Übernahme der Seite den anderen Seitenbetreiber um Erlaubnis fragen.

Binden Sie daher nur dann eine externe Seite in den eigenen Auftritt ein, wenn Sie wirklich gute Gründe dafür haben.

Ist dies der Fall, erstellen Sie wie gewohnt einen neuen Menüpunkt, dem Sie den Menüeintragstyp *Iframe-Wrapper* verpassen (zu finden auf dem Slider *Wrapper*). Im Register *Details* hinterlegen Sie unter *Webadresse* die Internetadresse der Seite, die Joomla! einbinden soll. Wie und in welcher Weise sich diese externe Webseite auf der Ihrigen breitmachen darf, regeln die folgenden Einstellungen auf der Registerkarte *Bildlaufleistenparameter*:

Breite
    So viel Platz darf die eingebundene Internetseite in der Breite einnehmen. Sie können ihn entweder in Prozent des zur Verfügung stehenden Platzes angeben (dann hängen Sie der eingetippten Zahl ein Prozentzeichen an) oder aber exakt in Bildpunkten (Pixeln).

Höhe
    So viel Platz darf die eingebundene Seite in der Höhe einnehmen. Die Angabe hier muss in Bildpunkten (Pixeln) erfolgen.

Drei ergänzende Einstellungen hält schließlich noch das Register *Erweitert* parat:

Automatische Höhe
    Sofern die eingebundene Seite zum eigenen Internetauftritt gehört, kann Joomla! die Höhe auch selbst ermitteln. Wenn Sie das erlauben wollen, setzen Sie hier ein *Ja*.

Automatisch hinzufügen
    Die unter *Webadresse* eingetippte Internetadresse muss normalerweise immer mit einem *http://* oder *https://* beginnen. Wenn Sie hier ein *Ja* setzen, dürfen Sie dies auch »vergessen«. Joomla! ergänzt dann automatisch das Präfix *http://*.

Lazy Loading
    Wenn Sie hier *Ja* aktiviert lassen, lädt später der Browser die Bestandteile der externen Webseite nur dann nach, wenn das wirklich notwendig ist.

Alle übrigen Einstellungen kennen Sie bereits aus den vorherigen Abschnitten.

Startseite festlegen

Wenn ein Besucher Ihren Internetauftritt ansteuert, landet er zunächst auf der Startseite. Sofern Sie der Anleitung aus Kapitel 2, *Installation*, gefolgt sind, zeigt die Startseite im Moment noch ein Blog mit Filmkritiken an.

Für gewöhnlich gibt die Startseite einen schnellen und kurzen Überblick über die (besonders interessanten) Inhalte der Website. Auf den Filmtoaster-Seiten könnte sie beispielsweise ein paar derzeit angesagte Filmkritiken, Veranstaltungshinweise und Blogbeiträge präsentieren. Vereine und Unternehmen wiederum könnten auf ihrer Startseite kurz den Verein beziehungsweise die Firma vorstellen.

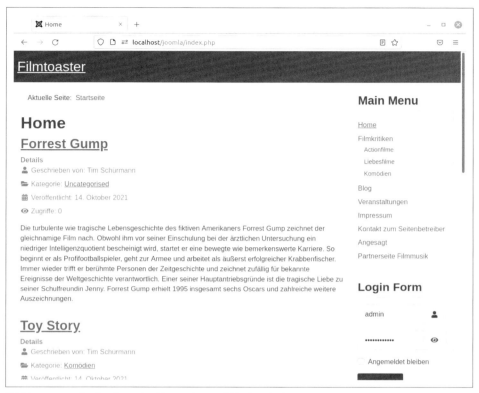

Abbildung 7-53: Die Seite hinter dem Menüpunkt *Home* bildet hier gleichzeitig die Startseite.

Startseite im Backend wechseln

Um die Startseite zu verändern, müssen Sie zunächst ins Backend wechseln. Wenn Sie dort das Menü *Menüs* aufklappen, finden Sie darin ein Haussymbol. Klicken Sie das zugehörige Menü an, landen Sie in einer Tabelle mit allen darin enthaltenen Menüpunkten. Irgendwo in der Spalte *Startseite* gibt es ein gelbes Haussymbol (siehe Abbildung 7-54).

Der so markierte Menüpunkt führt zur Startseite Ihres Internetauftritts. Direkt nach der Installation ist das der Menüpunkt *Home*. Wenn Sie die Einstellungen dieses Menüpunkts verändern, ändert sich folglich auch das Aussehen Ihrer Startseite. (Denken Sie daran: In Joomla! bestimmt der Menüpunkt, was auf der über ihn erreichbaren Seite zu sehen ist.)

Das Haussymbol können Sie auch irgendeinem anderen Menüpunkt aus einem beliebigen Menü zuweisen. Die über ihn erreichbare Seite bildet dann ab sofort die Startseite Ihres Internetauftritts. Dieser Menüpunkt muss allerdings in einem sichtbaren Menü liegen, und die über ihn erreichbare Seite darf nicht versteckt sein.

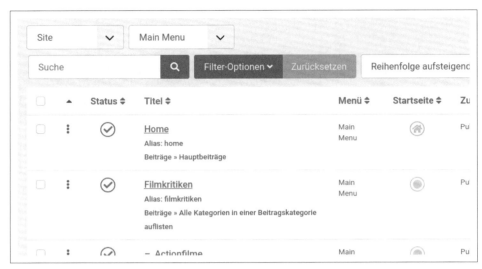

Abbildung 7-54: Das gelbe Haus markiert hier die Startseite.

 Probieren Sie das einmal auf den Filmtoaster-Seiten aus: Rufen Sie *Menüs* → *Main Menu* auf. Klicken Sie dann in der Zeile *Blog* (oder bei einem anderen sichtbaren Menüpunkt) auf den grauen Kreis in der Spalte *Startseite*. Wenn Sie jetzt das Frontend aufrufen, erscheint hier ab sofort das Blog als Startseite. Sie können weiterhin zum Menüpunkt *Home* wechseln, der nach wie vor die entsprechenden Beiträge anzeigt. Wenn Sie aber via *http://localhost/joomla* die Startseite Ihres Auftritts aufrufen, landen Sie als Erstes immer beim Blog. Stellen Sie wieder den Ursprungszustand her, indem Sie im Backend neben *Home* in der Spalte *Startseite* auf den grauen Kreis klicken.

Dieses Konzept ist zugegebenermaßen etwas gewöhnungsbedürftig: Joomla! kennt keine spezielle Startseite. Steuert ein Besucher Ihren Internetauftritt an, ruft Joomla! stattdessen einfach automatisch den mit dem gelben Haus markierten Menüpunkt auf. Das Konzept hat aber zumindest den positiven Nebeneffekt, dass immer ein Menüpunkt existiert, über den Besucher schnell wieder zur Startseite springen können.

Inhalte für die Startseite vorbereiten

Wenn Sie eine neue Startseite erstellen möchten, überlegen Sie sich zunächst, was zukünftig darauf zu sehen sein soll, und legen dann die entsprechenden Inhalte an. Möchten Sie etwa sich selbst oder Ihren Verein auf der Startseite vorstellen, erzeugen Sie einen passenden Beitrag (siehe den Abschnitt »Beiträge erstellen« auf Seite 122). Möchten Sie mit Joomla! ein Blog führen, brauchen Sie hingegen eine Kategorie mit sämtlichen Blogbeiträgen.

Auf den Filmtoaster-Seiten soll die Startseite angesagte Filmkritiken, Veranstaltungen und Blogbeiträge anzeigen, also ausgewählte Beiträge aus verschiedenen Kategorien. Für genau solch einen Zweck gibt es die Haupteinträge: Man erhebt einfach alle Beiträge, die auf der Startseite erscheinen sollen, zu Haupteinträgen. Sofern Sie die Schritte aus dem Abschnitt »Hauptbeiträge« (siehe Seite 202) nachvollzogen haben, ist das bereits der Fall. Andernfalls wechseln Sie in die Beitragsverwaltung hinter *Inhalt → Beiträge* und klicken in der Spalte *Status* bei ein paar Beiträgen auf das Sternchen. Küren Sie auf diese Weise aber nicht zu viele Beiträge zu Haupteinträgen – schließlich soll die Startseite übersichtlich bleiben. Ideal ist ein besonders angesagter Beitrag aus jeder Kategorie.

Menüpunkt für die Startseite einrichten

Als Nächstes müssen Sie sicherstellen, dass ein Menüpunkt zu diesen Inhalten führt. Dazu können Sie entweder einen neuen Menüpunkt erstellen oder aber einfach den vorhandenen Menüpunkt zur Startseite umbiegen – im Beispiel wäre das der Menüpunkt *Home*. Wichtig ist nur, dass der Menüpunkt auf *allen* Seiten sichtbar ist. Den aktuell auf die Startseite zeigenden Menüpunkt finden Sie, indem Sie im Backend das Menü *Menüs* aufklappen. Dort markiert das Haussymbol genau das Menü, in dem der Menüpunkt zur Startseite enthalten ist. Auf den Filmtoaster-Seiten rufen Sie *Menüs → Main Menu* auf. Klicken Sie dort den Menüpunkt mit dem gelben Haus an, im Beispiel also *Home*.

Egal ob Sie einen neuen Menüpunkt erstellen oder den vorhandenen abändern, Sie landen in jedem Fall im bekannten Formular aus Abbildung 7-55 mit den Einstellungen für einen Menüeintrag. Geben Sie dem Menüpunkt zunächst einen passenden *Titel*. Wählen Sie dazu einen aussagekräftigen Begriff wie *Home*, *Start* oder *Startseite* – diese Begriffe kennen die Besucher auch von den meisten anderen Internetseiten. Auf den Filmtoaster-Seiten können Sie daher den Titel *Home* belassen.

Stellen Sie anschließend sicher, dass rechts auf der Registerkarte *Details* die Einstellung *Standardseite* auf *Ja* steht. Klicken Sie dann neben *Menüeintragstyp* auf *Auswählen*. Legen Sie in dem neuen Fenster fest, was die Startseite zukünftig anzeigen soll. Wenn Sie beispielsweise nur einen Beitrag anzeigen möchten, wählen Sie auf dem Slider *Beiträge* den Punkt *Einzelner Beitrag*, bei einem Blog wäre auf dem Slider *Beiträge* der Punkt *Kategorieblog* der richtige. Grundsätzlich haben Sie hier die freie Wahl unter allen Menüeintragstypen, Sie können als Startseite sogar einen Newsfeed oder ein Suchformular anzeigen lassen. Auf den Filmtoaster-Seiten soll die Startseite alle Hauptbeiträge präsentieren. Klappen Sie dazu den Slider *Beiträge* auf und wählen Sie *Hauptbeiträge*.

Wie es jetzt weitergeht, hängt vom gewählten Menüeintragstyp ab. Bei einem einzelnen Beitrag müssen Sie noch den passenden auswählen, im Fall eines Blogs die entsprechende Kategorie. Für die Filmtoaster-Seiten sollte das Formular damit wie das in Abbildung 7-55 aussehen. Wechseln Sie noch auf das Register *Blog-Layout* und stellen Sie dort die *# Einleitung* auf 4, die *# Spalten* auf 2. Auf der Startseite erscheint zudem immer noch prominent das Wort *Home* als Überschrift. Um auch das loszuwerden, setzen Sie im Register *Seitenanzeige* die Einstellung *Seitenüberschrift anzeigen* auf *Verbergen*.

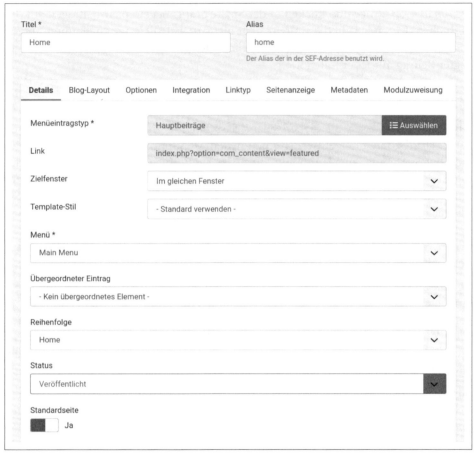

Abbildung 7-55: Diese Einstellungen biegen den Menüpunkt *Home* auf eine Seite mit allen Haupteinträgen um. (Hier sind die Einstellungen der Übersichtlichkeit halber übereinander dargestellt.)

Nach dem *Speichern & Schließen* zeigt Ihr Internetauftritt im Frontend schließlich die neue Startseite. Auf den Filmtoaster-Seiten sollte sie so ähnlich wie die in Abbildung 7-56 aussehen. Wenn Sie die Schritte aus dem Abschnitt »Haupteinträge« auf Seite 202 mitgemacht haben, existiert noch ein Menüpunkt *Angesagt*, der ebenfalls zu den Haupteinträgen führt. Er wäre folglich jetzt überflüssig und könnte verschwinden. Ob Sie ihn behalten oder im Backend *Verstecken* wollen, bleibt Ihnen überlassen – das Menü würde damit allerdings übersichtlicher.

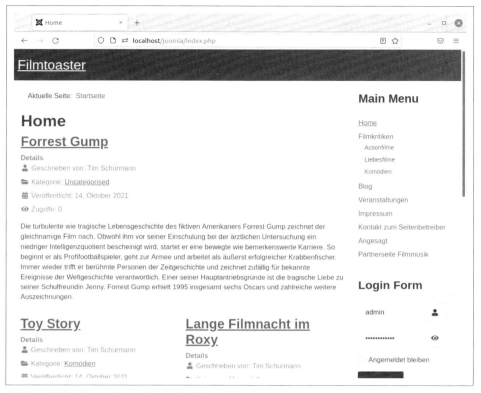

Abbildung 7-56: Dies ist die neue Startseite der Filmtoaster-Seiten.

Vorgaben ändern

Bei Ihrem Weg durch das Backend sind Sie ziemlich häufig auf den Punkt *Globale Einstellung* oder *Global* gestoßen. Joomla! übernimmt dann jeweils die systemweiten Vorgaben. Diese sind jedoch nicht in Stein gemeißelt, sondern können von Ihnen angepasst werden.

Warnung Behalten Sie dabei im Hinterkopf, dass sich eine Änderung auf *sämtliche* Seiten Ihres Internetauftritts auswirken kann – das gilt auch für Seiten und Beiträge, die man schon fast vergessen hat!

Sie sollten deshalb die globalen Einstellungen möglichst immer nur einmal direkt nach der Installation von Joomla! festlegen und sie dann nicht mehr antasten.

Um die Vorgaben anzupassen, wechseln Sie im Backend wieder zur Tabelle mit allen Beiträgen unter *Inhalt → Beiträge* (oder alternativ zur Tabelle mit allen Kategorien unter *Inhalt → Kategorien*). Dort klicken Sie die Schaltfläche *Optionen* in der Werkzeugleiste an, woraufhin sich die mit Schaltflächen und Drop-down-Listen überfrachtete Seite aus Abbildung 7-57 öffnen.

Die Einstellungen auf den einzelnen Registerkarten dürften Ihnen jedoch bekannt vorkommen. Es sind die gleichen, die schon in den vorherigen Abschnitten vorgestellt wurden. Setzen Sie beispielsweise auf der Registerkarte *Beiträge* den *Autor* auf *Verbergen*, zeigt Joomla! standardmäßig den Autor nicht mehr an – und zwar bei *allen* Beiträgen Ihres Internetauftritts.

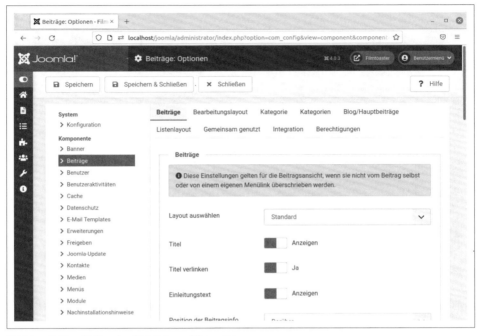

Abbildung 7-57: Die Vorgaben für Beiträge und Kategorien.

Auf den Registerkarten *Beiträge* und *Bearbeitungslayout* finden Sie alle Einstellungen für die Beiträge, analog enthalten die Register *Kategorie*, *Kategorien*, *Blog/Hauptbeiträge*, *Listenlayout* und *Gemeinsam genutzt* die Vorgaben für die Übersichtsseiten der Kategorien. Mit dem Wissen, das Sie in den vorherigen Abschnitten erworben haben, sollten die Punkte allesamt selbsterklärend sein.

Sämtliche hier gewählten Vorgaben gelten grundsätzlich so lange für alle Kategorien und Beiträge, bis Sie sie in den Einstellungen der Menüpunkte, der Kategorien oder der Beiträge explizit überschreiben. Wenn Sie Änderungen an den Vorgaben vorgenommen haben, dürfen Sie nicht vergessen, sie über die entsprechende Schaltfläche *Speichern & Schließen* zu übernehmen. Möchten Sie Ihre Änderungen hingegen verwerfen, klicken Sie auf *Schließen*.

In diesem Kapitel:
- Das Archiv nutzen
- Schlagwörter verwalten
- Versionsverwaltung
- Medien verwalten

KAPITEL 8
Nützliche Werkzeuge

Wenn sich Ihr Internetauftritt nach und nach mit Beiträgen füllt, sammeln sich immer mehr Schlagwörter und Bilder an. Einige Beiträge werden zudem veralten oder bedürfen einer Überarbeitung – beispielsweise weil der Vereinsvorstand wechselt. Joomla! hält daher noch ein paar Werkzeuge bereit, die Ihnen im Arbeitsalltag helfen. Mit der Schlagwörterverwaltung behalten Sie alle vergebenen Tags im Auge, während Sie über die Medienverwaltung nicht mehr benötigte Fotos vom Server löschen. Dank der Versionsverwaltung können Sie jederzeit Änderungen an einem Beitrag wieder zurücknehmen, während veraltete Beiträge in ein Archiv wandern. Die nachfolgenden Abschnitte stellen alle diese nützlichen Werkzeuge und Hilfen vor. Den Anfang macht dabei das Archiv.

Das Archiv nutzen

Bestimmte Beiträge haben irgendwann ausgedient. Beispielsweise könnte der Filmabend im Mehrzweckveranstaltungssaal von Oberursel vorbei sein. Damit ist auch der entsprechende Ankündigungstext hinfällig. Man könnte diesen Beitrag nun einfach löschen, indem man in der Tabelle unter *Inhalt → Beiträge* das Kästchen vor dem Namen ankreuzt und ihn dann über die *Aktionen* in den *Papierkorb* wirft. Vielleicht möchte man aber irgendwann noch einmal den Text nachlesen oder ihn für kommende Veranstaltungen wiederverwenden. Für solche Zwecke stellt Joomla! ein Archiv bereit.

Inhalte archivieren

Um einen Beitrag in das Archiv zu verschieben, haben Sie in der Tabelle hinter *Inhalt → Beiträge* folgende Möglichkeiten:

- Markieren Sie in seiner Zeile sein Kästchen und klicken Sie dann in der Werkzeugleiste auf die *Aktionen* gefolgt von *Archivieren*. Auf diese Weise können Sie auch mehrere Beiträge in einem Rutsch archivieren. Sie müssen lediglich alle gewünschten markieren und dann unter den *Aktionen* auf *Archivieren* klicken.

- Klicken Sie auf den Titel des Beitrags, stellen Sie dann den *Status* auf *Archiviert* und lassen Sie den Beitrag *Speichern & Schließen*.

In jedem Fall wird der betroffene Beitrag gleichzeitig versteckt und somit von Ihrer Website genommen.

Probieren Sie das auf den Filmtoaster-Seiten einmal aus: Wechseln Sie zu *Inhalte* → *Beiträge*, suchen Sie sich einen Veranstaltungstipp (oder einen beliebigen anderen sichtbaren Beitrag) aus und werfen Sie ihn mit einer der oben genannten Methoden in das Archiv. Prüfen Sie anschließend im Frontend, ob der Beitrag von Ihrer Website verschwunden ist, also nicht mehr unter den *Veranstaltungen* auftaucht.

Einen Überblick über alle archivierten Beiträge erhalten Sie, indem Sie die *Filter-Optionen* aufklappen und dann unter – *Status wählen* – den Punkt *Archiviert* einstellen (siehe Abbildung 8-1). Alle archivierten Beiträge tragen zudem in der Spalte *Status* das kleine Symbol einer Ablage (⬛).

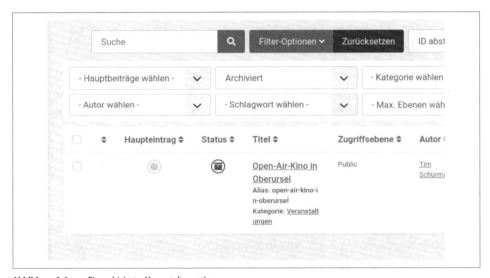

Abbildung 8-1: Ein archivierter Veranstaltungstipp.

Auf die gezeigte Weise können Sie auch andere Inhalte in das Archiv werfen, unter *Inhalt* → *Kategorien* beispielsweise komplette Kategorien.

Menüpunkt zum Archiv anlegen

Die Beiträge im Archiv können Sie auch Ihren Besucherinnen und Besuchern zugänglich machen. Auf diese Weise lassen sich beispielsweise die Daten von älteren Veranstaltungen nachschlagen. Dazu müssen Sie nur einen neuen Menüpunkt erstellen. Auf den Filmtoaster-Seiten wählen Sie *Menüs* → *Main Menu* → *Neu*.

Klicken Sie dann neben *Menüeintragstyp* auf *Auswählen* und entscheiden Sie sich in der Gruppe *Beiträge* für *Archivierte Beiträge*. Geben Sie dem neuen Menüpunkt im Eingabefeld *Titel* noch eine passende Beschriftung, im Filmtoaster-Beispiel etwa

Archiv. Auf Ihrer Website führt der neue Menüpunkt später zu einer Liste mit allen archivierten Beiträgen (wie in Abbildung 8-2).

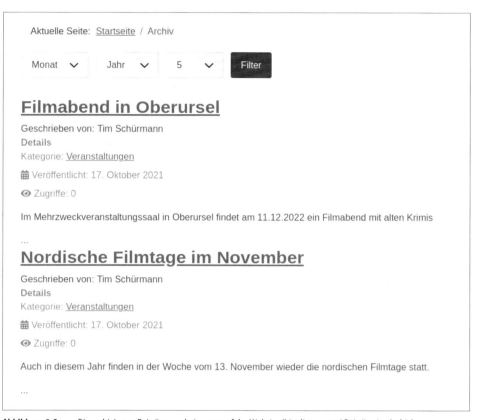

Abbildung 8-2: Die archivierten Beiträge erscheinen so auf der Website (hier liegen zwei Beiträge im Archiv).

Über die Drop-down-Listen am oberen Seitenrand kann man sich die archivierten Beiträge aus einem ganz bestimmten Monat anzeigen lassen. Die Drop-down-Liste ganz rechts bestimmt, wie viele archivierte Beiträge Joomla! auf einer Seite anzeigen soll. Nachdem ein Besucher seine Einstellungen vorgenommen hat, muss er noch auf *Filter* klicken – woraufhin das mitgelieferte Template leider nicht explizit hinweist.

Welche Informationen auf der Seite in welcher Reihenfolge zu sehen sind, regeln Sie in den Einstellungen des Menüpunkts im Register *Archiv*:

Beitragssortierung
    Hiermit legen Sie die Sortierreihenfolge der einzelnen Beiträge fest. In der Einstellung *Titel von A bis Z* würde Joomla! die Beiträge anhand ihrer Überschrift alphabetisch aufsteigend präsentieren (Artikel mit *A* stehen oben auf der Seite, die mit *Z* unten). Im Fall der *Reihenfolge* erscheinen die Beiträge genau in der Reihenfolge, in der sie auch im Backend in der Tabelle hinter *Inhalt → Beiträge* zu sehen sind, wenn Sie dort die *Filter-Optionen* öffnen, – *Status wählen* – auf *Archiviert* setzen und zusätzlich *ID absteigend* auf *Reihenfolge aufsteigend* stel-

len. Dort ändern Sie bei Bedarf die Reihenfolge genau so, wie es der Abschnitt »Sortierreihenfolge ändern« auf Seite 85 beschreibt.

Wenn Sie die *Beitragssortierung* auf *Neuesten zuerst* setzen, würde Joomla! die neuesten Beiträge ganz oben in der Liste anzeigen, bei *Ältesten zuerst* hingegen die ältesten Beiträge. Bleibt nur noch die Frage zu klären, was neue und was alte Beiträge sind. Genau das bestimmt die nächste Drop-down-Liste.

Sortierdatum
Wenn Sie in der vorherigen Drop-down-Liste *Neuesten zuerst* beziehungsweise *Ältesten zuerst* ausgewählt haben, stellen Sie hier das dabei zugrunde liegende Datum ein. Sie können die Beiträge nach ihrem Erstellungsdatum (*Erstellt*), dem Bearbeitungsdatum (*Bearbeitet*) oder nach dem Veröffentlichungsdatum (*Veröffentlicht*) sortieren lassen.

 # Beiträge
So viele archivierte Beiträge zeigt Joomla! maximal auf einer Bildschirmseite an. Sollten mehr Beiträge im Archiv vorhanden sein, muss der Besucher zwischen ihnen über Schaltflächen am unteren Seitenrand hin- und herblättern.

Filterfeld
Dem Gespann aus den Drop-down-Listen aus Abbildung 8-2 dürfen Sie noch ein Eingabefeld hinzufügen. Wenn der Besucher dort einen Begriff eintippt und auf *Filter* klickt, zeigt Joomla! nur noch die Beiträge an, die in ihrem Titel den Begriff enthalten. Um das Eingabefeld erscheinen zu lassen, stellen Sie *Filterfeld* auf *Anzeigen*.

Max. Länge des Einleitungstexts
Joomla! präsentiert auch immer den Anfang der archivierten Beiträge. Wie viele Zeichen dieser Textschnipsel lang sein soll, legen Sie unter *Max. Länge des Einleitungstexts* fest. Bei einer *100* zeigt Joomla! beispielsweise die ersten 100 Zeichen des Beitrags an, bei einer *0* hingegen den kompletten Einleitungstext.

Weiter geht es mit dem Register *Optionen*. Dort bestimmen Sie, welche Informationen Joomla! über die archivierten Beiträge überhaupt anzeigen soll. In den meisten Fällen sollten die Voreinstellungen zwar bereits passend sein, sicherheitshalber sollten Sie die Einstellungen dennoch einmal durchgehen:

Einleitungstext
Mit *Anzeigen* präsentiert Joomla! den Anfang der archivierten Beiträge. Dies ist auch die Voreinstellung. Wie lang dieser Text ist, bestimmt die Einstellung *Max. Länge des Einleitungstexts* auf der Registerkarte *Archiv*.

Position der Beitragsinfo
In Abbildung 8-2 erscheinen zu jedem Beitrag unter anderem auch sein Veröffentlichungsdatum und die Kategorie. Diese Informationen stehen standardmäßig über der Einleitung. Über *Position der Beitragsinfo* können Sie sie aber auch *Darunter* setzen lassen. Als dritte Möglichkeit kann Joomla! die Informationen aufspalten und einen Teil über den Text, die anderen Informationen darunter platzieren. In diesem Fall wählen Sie *Aufteilen*.

Beitragsinfotitel
: Über die Zusatzinformationen wie das Veröffentlichungsdatum und die Kategorie schreibt Joomla! noch das fett dargestellte Wort *Details*. Wenn Sie dieses Wort stört, können Sie es über den *Beitragsinfotitel* verbergen lassen. Zumindest unter Joomla! 4.0.3 hatte diese Einstellung jedoch keine Auswirkungen, das Wort *Details* wird immer angezeigt.

Kategorie
: Steht diese Drop-down-Liste auf *Anzeigen*, nennt Joomla! zu jedem archivierten Beitrag seine Kategorie. Dies ist auch die Vorgabe.

Kategorie verlinken
: Wenn Sie zusätzlich *Kategorie verlinken* auf *Ja* setzen, erscheint der Name der Kategorie als Link. Klickt der Besucher ihn an, gelangt er direkt zur Übersichtsseite der Kategorie.

Übergeordnete Kategorie und Übergeordnete Kategorie verlinken
: Steckt ein archivierter Beitrag in einer Unterkategorie, nennt Joomla! auch den Namen der übergeordneten Kategorie. Wenn Sie zusätzlich *Übergeordnete Kategorie verlinken* auf *Ja* setzen, erscheint der Name der übergeordneten Kategorie als Link. Klickt der Besucher diesen an, gelangt er direkt zur Übersichtsseite der übergeordneten Kategorie. Wenn Joomla! die übergeordnete Kategorie nicht anzeigen soll, setzen Sie *Übergeordnete Kategorie* auf *Verbergen*.

Titel verlinken
: Bei einem *Ja* verwandelt Joomla! die Überschrift des archivierten Beitrags in einen Link. Über ihn gelangt der Besucher dann zum vollständigen Text.

Autor
: Zu jedem archivierten Beitrag nennt Joomla! auch den jeweiligen Autor oder die Autorin. Um das zu ändern, setzen Sie diese Drop-down-Liste auf *Verbergen*.

Autor verlinken
: Wenn Sie *Autor verlinken* auf *Ja* setzen, erscheint der Name des Autors als Link. Klickt der Besucher diesen an, gelangt er direkt zu einem passenden Kontaktformular – vorausgesetzt, Sie haben für den Autor zuvor ein solches Formular erstellt (wie das funktioniert, erläutert gleich noch der Abschnitt »Kontakte und Kontaktformulare« auf Seite 369).

Erstellungsdatum, Bearbeitungsdatum und Veröffentlichungsdatum
: Über dieses Trio blenden Sie für jeden archivierten Beitrag sein (ursprüngliches) Erstellungsdatum sowie das Bearbeitungsdatum und das Veröffentlichungsdatum ein. Standardmäßig zeigt Joomla! nur das Veröffentlichungsdatum an.

Seitennavigation
: Steht diese Drop-down-Liste auf *Anzeigen* und ruft ein Besucher einen archivierten Beitrag auf, blendet Joomla! am unteren Ende der Seite Schaltflächen ein, mit denen zwischen den Beiträgen hin und her geblättert werden kann.

Zugriffe
: Mit der Einstellung *Anzeigen* verrät Joomla!, wie oft ein jeder Beitrag bereits gelesen wurde. Dies ist auch die Voreinstellung.

Für die Filmtoaster-Seiten belassen Sie alle Einstellungen auf ihren Vorgaben. Nach dem *Speichern & Schließen* gelangen Sie im Frontend über den Menüpunkt *Archiv* zu der Seite aus Abbildung 8-2.

Inhalte aus dem Archiv holen

Um einen Beitrag wieder aus dem Archiv zu holen, rufen Sie zunächst im Hauptmenü des Backends *Inhalt → Beiträge* auf. Öffnen Sie die *Filter-Optionen* und stellen Sie – *Status wählen* – auf *Archiviert*. Wenn Sie die Schritte aus den vorherigen Abschnitten mitgemacht haben, steht diese Drop-down-Liste sehr wahrscheinlich noch auf *Archiviert*. In jedem Fall haben Sie jetzt folgende Möglichkeiten:

- Setzen Sie einen Haken in das Kästchen vor dem archivierten Beitrag und wählen Sie anschließend in der Werkzeugleiste unter den *Aktionen* den Punkt *Veröffentlichen*. Auf diese Weise können Sie auch mehrere Beiträge gleichzeitig aus dem Archiv holen, Sie müssen die Kandidaten vor dem Klick auf *Veröffentlichen* lediglich markieren.
- Klicken Sie den Titel des Beitrags an, stellen Sie den *Status* auf *Veröffentlicht* und *Speichern & Schließen* Sie den Beitrag.
- Klicken Sie in der Zeile des Beitrags auf das kleine Symbol mit der Ablage ⊚ in der Spalte *Status*. Damit holt Joomla! den Beitrag aus dem Archiv, veröffentlicht ihn aber noch nicht (der Beitrag ist also weiterhin versteckt). Um ihn zu veröffentlichen, klicken Sie auf *Zurücksetzen*, suchen in der Tabelle den Beitrag und veröffentlichen ihn – beispielsweise indem Sie auf das X-Symbol in der Spalte *Status* klicken.

Nach dem gleichen Prinzip holen Sie auch andere Inhalte aus dem Archiv. Sie müssen lediglich zuvor zum entsprechenden Menüpunkt wechseln. Wollen Sie beispielsweise eine Kategorie aus dem Archiv befreien, rufen Sie *Inhalt → Kategorien* auf und verfahren dort analog zur Beschreibung für die Beiträge.

Holen Sie auf den Filmtoaster-Seiten auf einem der Wege den Beitrag wieder aus dem Archiv. Er sollte damit erneut im Frontend unter den *Veranstaltungen* erscheinen. Der Menüpunkt *Archiv* hingegen führt zu einer leeren Seite.

Wenn das Archiv leer ist, sollten Sie immer den dorthin zeigenden Menüpunkt zumindest verstecken. Dazu wechseln Sie im Backend zur Tabelle mit den Menüpunkten, auf den Filmtoaster-Seiten also zu *Menüs → Main Menu*. Klicken Sie dann in der Spalte *Status* auf den grünen Haken neben dem Menüpunkt *Archiv*.

Schlagwörter verwalten

Beiträgen, Kategorien und anderen Inhalten dürfen Sie Schlagwörter (englisch *Tags*) zuweisen. Diese Begriffe erscheinen dann beispielsweise bei Beiträgen direkt unter dem Titel (wie in Abbildung 8-3). Ein Klick auf ein Schlagwort führt den Besucher dann zu einer Liste mit allen Inhalten, denen ebenfalls das Schlagwort anheftet.

Abbildung 8-3: Hier wurden dem Beitrag die Schlagwörter *Filmkritik*, *Action*, *Daniel Craig*, *Explosion* und *James Bond* zugewiesen.

Im Laufe der Zeit sammeln sich auf diese Weise zahlreiche Schlagwörter an, die Sie immer mal wieder durchsehen und gegebenenfalls aussortieren sollten. Sämtliche jemals vergebenen Schlagwörter finden Sie im Backend hinter *Komponenten* → *Schlagwörter (Tags)* (siehe Abbildung 8-4).

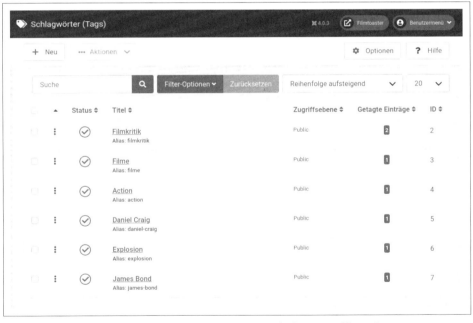

Abbildung 8-4: Diese Schlagwörter heften auf den Filmtoaster-Seiten den Beiträgen und Kategorien an.

Tabelle 8-1 fasst alle Spalten und ihre jeweils präsentierten Informationen zusammen. Weitere Informationen zur *Zugriffsebene* folgen noch in Kapitel 12, *Benutzerverwaltung und -kommunikation*.

Schlagwörter verwalten | 241

Tabelle 8-1: Spalten der Tabelle »Schlagwörter (Tags)« und ihre jeweiligen Informationen

Spalte	Bedeutung
Status	Bei einem grünen Haken ist das entsprechende Schlagwort prinzipiell für Besucher zu sehen.
Titel	Das Schlagwort selbst.
Zugriffsebene	Die Zugriffsebene legt fest, welche Besuchergruppen das Schlagwort zu sehen bekommen.
Getagte Einträge	So vielen Beiträgen beziehungsweise Elementen wurde das Schlagwort bereits angeheftet.
ID	Die interne Identifikationsnummer des Schlagworts.

Schlagwörter ausmisten

In der Tabelle hinter *Komponenten → Schlagwörter (Tags)* können Sie ein Schlagwort explizit verstecken und somit gleichzeitig von der Website nehmen. Das ist besonders dann nützlich, wenn sich eine Autorin oder ein Autor einen Spaß erlaubt und unflätige oder beleidigende Schlagwörter vergeben hat. Um ein Schlagwort auszublenden, klicken Sie einfach in der entsprechenden Zeile auf den grünen Haken. Alternativ setzen Sie in sein Kästchen einen Haken und klicken dann unter den *Aktionen* auf *Verstecken*. Damit verschwindet das Schlagwort komplett von Ihren Internetseiten, Joomla! zeigt es dort nirgendwo mehr an. Das Backend schlägt das Wort allerdings weiterhin den Autoren vor, die es an ihre Beiträge heften dürfen.

Um ein Schlagwort komplett loszuwerden, müssen Sie es in den Papierkorb stecken. Damit schlägt es Joomla! zwar den Autoren nicht mehr vor, diese könnten es dann aber einfach wieder neu eintippen. Derzeit gibt es in Joomla! keine Möglichkeit, die Eingabe von bestimmten Schlagwörtern zu verbieten. Wenn Sie also einen unbelehrbaren Spaßvogel unter Ihren Autoren haben, können Sie lediglich die Schlagwörter verstecken und den Autor komplett von der Vergabe der Schlagwörter ausschließen. Das gelingt mithilfe der Benutzerverwaltung, die Kapitel 12, *Benutzerverwaltung und -kommunikation*, vorstellt.

Die Tabelle mit allen Schlagwörtern hinter *Komponenten → Schlagwörter (Tags)* sollten Sie regelmäßig durchsehen. Achten Sie dabei insbesondere auf:

- leichte Abwandlungen (wie etwa »Filmkritik« und »Filmkritiken«),
- Synonyme (wie etwa »Sofa« und »Couch«),
- unverständliche Schlagwörter (wie etwa die »Personenvereinzelungsanlage«),
- unpassende Schlagwörter (wie »Arschloch« oder »Idiot«) und
- unvollständige oder unsinnige Schlagwörter (wie »Schwei«, »Bratf« oder »Hngl«).

Abwandlungen und Synonyme sind problematisch, weil Joomla! und in bestimmten Fällen auch Suchmaschinen die einzelnen Begriffe getrennt behandeln: Klickt ein Besucher beispielsweise auf das Schlagwort *Filmkritik* (im Singular), liefert Joomla! nicht die Beiträge mit dem Schlagwort *Filmkritiken* (im Plural). Der Besucher sieht somit nur einen Teil der eigentlich infrage kommenden Beiträge. Analoges gilt für die *Couch* und das *Sofa*. Solche Dopplungen und Synonyme zu eliminieren, ist allerdings etwas schwieriger, weil Joomla! ein Schlagwort nicht durch ein anderes ersetzen kann. Um also etwa das *Sofa* durch die *Couch* zu ersetzen, müssen Sie im Backend alle Beiträge und Kategorien abklappern, dort *Sofa* löschen und *Couch* neu eintippen.

Tipp Legen Sie deshalb von Anfang an ein paar Grundregeln fest. Das gilt erst recht, wenn Sie mit mehreren Autoren arbeiten. Beispielsweise könnten Sie vorgeben, dass die Schlagwörter immer nur in der Einzahl (im Singular) vorkommen dürfen – *Filmkritik* wäre dann erlaubt, die *Filmkritiken* hingegen nicht.

Alternativ zum Verstecken und Löschen können Sie die Schlagwörter auch ins Archiv verschieben. Das funktioniert wie bei den Beiträgen: Markieren Sie das oder die Schlagwörter und klicken Sie auf *Archivieren*.

Schlagwörter vorgeben und bearbeiten

Sie können vorhandene Schlagwörter nicht nur verstecken und löschen, sondern Sie dürfen auch eigene explizit vorgeben. Für die Filmkritiken könnten Sie beispielsweise noch das Schlagwort *Schusswechsel* hinzufügen – schließlich gibt es einen solchen in den meisten Actionfilmen.

Dazu klicken Sie in der Tabelle hinter *Komponenten* → *Schlagwörter (Tags)* in der Werkzeugleiste auf *Neu*. Das jetzt erscheinende Formular aus Abbildung 8-5 dürfte Ihnen bekannt vorkommen: Es ähnelt dem zum Anlegen eines neuen Beitrags.

Abbildung 8-5: Hier entsteht das neue Schlagwort *Schusswechsel*.

Tippen Sie zunächst das neue Schlagwort in das Feld *Titel* ein. Für die Filmtoaster-Seiten wählen Sie Schusswechsel. Wie bei den Beiträgen können Sie noch einen *Alias*-Namen vergeben. Lassen Sie das entsprechende Feld einfach leer, Joomla! wählt dann automatisch einen passenden.

Auf der Registerkarte *Schlagwortdetails* können Sie noch eine *Beschreibung* hinterlegen. Diese Beschreibung erscheint beispielsweise, wenn Sie einen Menüpunkt zu einem Schlagwort führen lassen. Wie das geht und wozu man solche Menüpunkte benötigt, erfahren Sie im übernächsten Abschnitt. Dem neuen Schlagwort *Schusswechsel* könnten Sie die Beschreibung Hier geht es um einen wilden Schusswechsel. mit auf den Weg geben.

Auf der rechten Seite des Registers *Schlagwortdetails* warten noch folgende Einstellungen, die Sie normalerweise ignorieren können. Für den Fall der Fälle sollen sie hier kurz erklärt werden:

Übergeordnet
Über diese Drop-down-Liste können Sie ein Schlagwort einem anderen unterordnen. Das Prinzip ist dasselbe wie bei den Kategorien. Beispielsweise bedingt ein Schusswechsel auch immer Action, Sie könnten folglich den *Schusswechsel* dem Schlagwort *Action* unterordnen. Auf diese Weise können Sie Ihre Schlagwörter gliedern beziehungsweise strukturieren und so die Übersicht erhöhen. Auf Ihrer Website können Sie dann in bestimmten Situationen gezielt die untergeordneten Schlagwörter ausblenden – oder absichtlich wieder anzeigen lassen (dazu folgen in den nächsten Abschnitten noch weitere Informationen).

Bei den meisten Internetauftritten mit einem überschaubaren Haufen von Schlagwörtern ist eine Gliederung jedoch nicht notwendig – das gilt auch für das Filmtoaster-Beispiel.

Status
Nur wenn der *Status* auf *Veröffentlicht* steht, ist das Schlagwort später für Ihre Besucher zu sehen. Möchten Sie das Schlagwort verstecken, wählen Sie hier zunächst *Versteckt*. Alternativ können Sie es auch direkt in den *Papierkorb* werfen oder archivieren lassen.

Zugriffsebene
Welche Personen das Schlagwort überhaupt zu Gesicht bekommen, regelt diese Drop-down-Liste. Standardmäßig dürfen alle Besucher das neue Schlagwort sehen. Kapitel 12, *Benutzerverwaltung und -kommunikation*, wird noch einmal ausführlich auf die Rechtevergabe zurückkommen.

Notiz
Hier können Sie eine kurze Anmerkung hinterlegen. Notieren Sie sich beispielsweise, warum Sie das Schlagwort erstellt haben. Der Text erscheint nicht auf der Website und ist nur zu Ihrer Erinnerung gedacht.

Versionshinweis
Wenn Sie später irgendwann einmal in der Beschreibung einen Tippfehler korrigieren oder nachträglich an den Einstellungen schrauben müssen, beschreiben Sie kurz im Eingabefeld *Versionshinweis* die von Ihnen durchgeführten Änderungen. Es genügt dabei eine möglichst kurze Zusammenfassung, wie etwa »Tippfehler korrigiert«. Wenn Sie das Schlagwort erstellen, können Sie das Eingabefeld leer lassen. Mehr zum Einsatzzweck des Versionshinweises folgt gleich noch im Abschnitt »Versionsverwaltung« auf Seite 260.

Für das Schlagwort *Schusswechsel* belassen Sie alle Einstellungen auf ihren Vorgaben, die wie in den meisten Fällen bereits passend sind.

Weiter geht es mit dem Register *Veröffentlichung*, das auf der linken Seite zunächst ein paar Informationen zum Schlagwort anzeigt. Einige Felder füllt Joomla! allerdings erst aus, wenn Sie das Schlagwort einmal gespeichert haben. Ganz oben links finden Sie dann das *Erstellungsdatum* und direkt darunter die Person, die das Schlagwort angelegt hat. Sie können diesen »Autor« auch ändern, indem Sie auf das Symbol mit der weißen Büste klicken und eine andere Person aussuchen. Im Feld *Autor-Alias* können Sie diesen Namen mit einem Pseudonym überschreiben.

Als weitere Informationen verrät Joomla! noch, wie häufig ein Schlagwort verändert wurde (Überarbeitung), wann jemand die Einstellungen des Schlagworts zuletzt verändert hat (*Bearbeitungsdatum*) und wer das war (*Bearbeitet von*). Wie häufig jemand das Schlagwort bereits angeklickt hat, können Sie im Feld *Zugriffe* ablesen. Das letzte Feld nennt schließlich noch die interne Identifikationsnummer des Schlagworts.

Auf der rechten Seite können Sie den Suchmaschinen entgegenkommen. Die dort in den Eingabefeldern hinterlegten Texte versteckt Joomla! auf der Seite, die nach einem Klick auf das Schlagwort erscheint. Unter *Meta-Beschreibung* sollten Sie daher kurz eine Beschreibung und unter *Schlüsselwörter* ein paar Begriffe notieren. Im Fall des *Schusswechsels* hinterlegen Sie unter *Meta-Beschreibung* den Text Inhalte mit dem Tag Schusswechsel und im Feld *Schlüsselwörter* die Begriffe Schusswechsel, Schüsse, Beiträge.

Sollen die Suchmaschinen einen ganz bestimmten Autor für den Urheber der Seite halten, tragen Sie dessen (vollständigen) Namen in das gleichnamige Feld ein. Die Einstellung unter *Robots* sagt der Suchmaschine, ob sie die Seite überhaupt betreten und den Links darauf folgen darf. Bei einer Einstellung mit *index* dürfen Google, Bing & Co. die Seite unter die Lupe nehmen (und in ihren sogenannten Index aufnehmen). *follow* erlaubt der Suchmaschine, allen Links auf der Seite zu folgen. *noindex* und *nofollow* verbieten die jeweilige Funktion.

Für das Schlagwort *Schusswechsel* belassen Sie alle diese Einstellungen auf ihren Vorgaben.

Wenn der Besucher ein Schlagwort anklickt, präsentiert Joomla! auf einer neuen Seite alle Inhalte, denen dieses Schlagwort anheftet. Das Aussehen dieser Seite können Sie im Register *Optionen* verändern. Welche Optiken unter *Layout* zur Verfügung stehen, hängt von den installierten Templates ab. Behalten Sie hier im Zweifelsfall die Voreinstellung bei. Tasten Sie den Inhalt des Felds *CSS-Klasse für den Schlagwortlink* möglichst nicht an. Sein kryptischer Text beeinflusst die Formatierung der Schlagwörter. Tragen Sie hier nur Begriffe ein, die Ihnen der Entwickler Ihres Templates vorgegeben hat.

Im unteren Teil der Registerkarte können Sie dem Schlagwort ein *Einleitungsbild* und ein *Beitragsbild* zuweisen. Der Begriff *Beitragsbild* ist an dieser Stelle falsch übersetzt: Joomla! bezeichnet dieses Bild an allen anderen Stellen seiner Benutzeroberfläche als *Schlagwortbild*. Die Zuweisung der Bilder funktioniert genau so wie bei den Beiträgen im Abschnitt »Einleitungs- und Beitragsbilder« auf Seite 146. Diese Bilder erscheinen später, wenn Sie einen Menüpunkt auf das Schlagwort zeigen lassen – dazu in wenigen Absätzen mehr. In den meisten Fällen benötigt ein Schlagwort keine Bilder.

Das gilt auch für das Schlagwort *Schusswechsel*. *Speichern & Schließen* Sie daher das neue Schlagwort. Wenn Sie jetzt einen neuen Beitrag erstellen und in das Feld *Schlagwörter* klicken, bietet Ihnen Joomla! auch den *Schusswechsel* an.

Die Beschreibung und alle anderen Informationen können Sie jederzeit nachträglich ändern beziehungsweise bei bereits existierenden Schlagwörtern nachtragen. Dazu klicken Sie einfach in der Tabelle hinter *Komponenten → Schlagwörter (Tags)* auf das entsprechende Schlagwort. Es öffnet sich dann das bekannte Formular aus Abbildung 8-5, in dem Sie die gewünschten Änderungen vornehmen können.

Schlagwort schnell zuweisen

Ein Schlagwort können Sie schnell mehreren Beiträgen oder Kategorien zuweisen. Auf den Filmtoaster-Seiten bietet es sich etwa an, den im vorherigen Abschnitt angelegten *Schusswechsel* allen Actionfilmen anzuheften.

Dazu rufen Sie zunächst im Backend die Beitragsverwaltung hinter *Inhalt → Beiträge* auf. Markieren Sie jetzt in der Tabelle alle Beiträge, denen Sie das (neue) Schlagwort zuweisen möchten. Auf den Filmtoaster-Seiten wären das mindestens zwei passende Actionfilme. (Wenn Sie bis hierhin nicht alle Schritte mitgemacht haben, wählen Sie alternativ zwei beliebige andere Beiträge.)

Klicken Sie dann in der Werkzeugleiste unter den *Aktionen* auf *Stapelverarbeitung*. Im erscheinenden Fenster wählen Sie unter *Schlagwort hinzufügen* das gewünschte Schlagwort aus – im Beispiel den *Schusswechsel*. Dieses Schlagwort hängt nach einem Klick auf *Ausführen* sofort allen gewählten Beiträgen an. (Wenn die Dropdown-Liste abgeschnitten erscheint, finden Sie Hilfe im Kasten *Das Problem mit abgeschnittenen Drop-down-Listen* auf Seite 119.)

Auf die gleiche Weise können Sie auch einer oder mehreren Kategorien hinter *Inhalt → Kategorien* schnell ein (neues) Schlagwort zuweisen.

Menüpunkt zu einem Schlagwort einrichten

Wenn der Besucher ein Schlagwort anklickt, zeigt Joomla! eine Seite wie die aus Abbildung 8-6 an. Sie präsentiert alle Inhalte, denen das Schlagwort anheftet.

Sie dürfen in Joomla! auch einen Menüpunkt auf eine solche Seite einrichten. Auf den Filmtoaster-Seiten könnte man beispielsweise einen Menüpunkt auf das Schlagwort *James Bond* setzen. Nach einem Klick auf den Menüpunkt würde Joomla! dann alle Beiträge, Kategorien und sonstigen Inhalte anzeigen, denen Sie irgendwann einmal das Schlagwort *James Bond* zugewiesen haben. Ein solcher Menüpunkt bietet sich beispielsweise an, wenn gerade einmal wieder ein neuer James-Bond-Film Premiere feiert und Ihre Besucher nach allem suchen, was irgendwie mit James Bond zu tun hat.

Abbildung 8-6: Nach einem Klick auf das Schlagwort *Filmkritik* hat Joomla! hier genau eine Kategorie und einen Beitrag gefunden.

Warnung Sie verändern damit aber auch gleichzeitig die Navigation. Um Ihre Besucher nicht zu verwirren, sollten Sie daher nur in Sonderfällen einen Menüpunkt auf ein Schlagwort legen – wie im genannten James-Bond-Beispiel.

Um einen entsprechenden Menüpunkt anzulegen, öffnen Sie zunächst im Backend das Menü *Menüs*. Darin entscheiden Sie sich für das Menü, in dem der neue Menüpunkt erscheinen soll. Auf den Filmtoaster-Seiten wählen Sie *Menüs → Main Menu*.

Nach einem Klick auf *Neu* erscheint das Formular aus Abbildung 8-7. Verpassen Sie dem Menüpunkt unter *Titel* zunächst eine passende Beschriftung, im Beispiel einfach Alles über James Bond. Klicken Sie dann neben *Menüeintragstyp* auf *Auswählen*. Der neue Menüpunkt soll zu einem Schlagwort führen. Klappen Sie daher den Slider *Schlagwörter (Tags)* auf und entscheiden Sie sich für die *Kompaktliste der verschlagworteten Einträge*.

Wieder im Formular, klicken Sie auf der Registerkarte *Details* in das Feld *Schlagwort* und suchen sich das gewünschte Schlagwort aus. Im Beispiel wäre das *James Bond*. Klickt jemand später auf den fertigen Menüpunkt, listet Joomla! alle Inhalte mit dem Schlagwort *James Bond* auf.

Im Feld *Schlagwort* dürfen Sie nicht nur ein, sondern beliebig viele weitere Schlagwörter hinterlegen. Falls notwendig, klicken Sie dazu noch einmal auf das Feld und wählen aus der Liste die passenden Schlagwörter aus. Im Beispiel der Filmtoaster-Seiten könnten Sie neben *James Bond* auch noch das Schlagwort *Action* wählen. Wie Joomla! dann reagiert, regeln Sie auf der Registerkarte *Eintragsauswahl*. Steht dort der *Suchtyp* auf *Alle*, listet Joomla! gleich nur die Inhalte auf, die auch wirklich alle ausgewählten Schlagwörter besitzen. Im Beispiel würde eine Filmkritik nur dann angezeigt werden, wenn ihr die Schlagwörter *James Bond* und *Action* zugewiesen worden wären. Setzen Sie hingegen den *Suchtyp* auf *Irgendeiner*, gibt Joomla! alle Inhalte aus, die mindestens eines der ausgewählten Schlagwörter besitzen. Im Beispiel sehen Besucher dann alle Filmkritiken, denen entweder das Schlagwort *James Bond* oder das Schlagwort *Action* anheftet. Wenn Sie schließlich noch *Untergeordnete Schlagwörter* auf *Inklusive* stellen, berücksichtigt Joomla! bei seiner Suche auch alle untergeordneten Schlagwörter. Für das Filmtoaster-Beispiel belassen Sie im Register *Eintragsauswahl* die Voreinstellungen. Wechseln Sie wieder zurück zum Register *Details*.

Um ein versehentlich ausgewähltes *Schlagwort* wieder aus dem gleichnamigen Feld zu entfernen, klicken Sie auf sein kleines graues *X*. Für die Filmtoaster-Seiten sollte nur James Bond im Feld *Schlagwort* stehen.

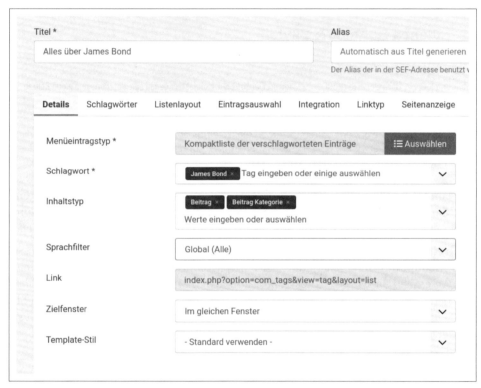

Abbildung 8-7: Hier entsteht ein Menüpunkt, der zum Schlagwort *James Bond* führt.

Wenn ein Besucher auf den Menüpunkt klickt, kramt Joomla! sämtliche Inhalte hervor, denen das Schlagwort anheftet. Neben Beiträgen können das auch Kategorien und die später noch behandelten Werbebanner und Kontakte sein. Im Extremfall gibt das auf der Seite aus Abbildung 8-6 ein kleineres Durcheinander. Um den Besucher nicht zu verwirren, können Sie das Content-Management-System daher auch anweisen, beispielsweise nur nach Beiträgen und Kategorien zu suchen – und somit die Werbebanner und Kontakte zu ignorieren. Dazu klicken Sie in das Eingabefeld *Inhaltstyp* und legen die gewünschte Einschränkung fest. Auf den Filmtoaster-Seiten wählen Sie zunächst *Beitrag*. Damit würde Joomla! später nach einem

Klick auf den Menüpunkt nur noch Beiträge anzeigen, die das Schlagwort *James Bond* besitzen. Damit Joomla! auch noch die Kategorien berücksichtigt, wählen Sie zusätzlich *Beitrag Kategorie* aus. Auf die gleiche Weise fügen Sie bei Bedarf noch weitere Inhaltstypen hinzu. Wenn Sie sich verklickt haben und ein Element wieder löschen möchten, klicken Sie auf sein kleines graues *X*. Sofern das Eingabefeld leer ist, berücksichtigt Joomla! alle Inhalte.

Die nächste Einstellung *Sprachfilter* ist nur dann von Bedeutung, wenn Sie einen mehrsprachigen Internetauftritt betreiben (wie ihn später noch Kapitel 17, *Mehrsprachigkeit*, beschreibt). Standardmäßig berücksichtigt Joomla! die Sprache nicht, sondern kramt einfach alle Inhalte mit dem entsprechenden Schlagwort heraus. Im Beispiel würde Joomla! folglich nach einem Klick auf den Menüpunkt neben deutschen auch englische Beiträge zum Schlagwort *James Bond* präsentieren. Mit dem *Sprachfilter* können Sie Joomla! hingegen auf eine Sprache festnageln. Stellen Sie hier beispielsweise *English (en-GB)* ein, sehen Besucher später nur noch alle englischsprachigen Beiträge, die das Schlagwort *James Bond* tragen. Wenn Sie hingegen *Aktuell* wählen, präsentiert Joomla! lediglich die Beiträge, die in der derzeitigen Standardsprache geschrieben wurden. Im Fall von *Alle* berücksichtigt Joomla! restlos alle Beiträge in sämtlichen Sprachen – dies ist auch die Voreinstellung.

Für die Filmtoaster-Seite sollte das Formular jetzt wie in Abbildung 8-7 dargestellt aussehen. *Speichern* Sie den Menüpunkt (und lassen Sie somit das Formular noch geöffnet). Wenn Sie jetzt ins Frontend wechseln und den neuen Menüpunkt aufrufen, werden Sie eine ähnliche Seite wie das Pendant aus Abbildung 8-8 sehen. Je nachdem, wie viele Beiträge das Schlagwort *James Bond* tragen, sieht die Liste recht kläglich, wenn nicht gar leer aus. Es wäre daher sinnvoll, dem Besucher auf der Seite noch ein paar weitere Informationen zu geben.

Abbildung 8-8: Die Liste aller Beiträge mit dem Schlagwort *James Bond*.

Das Aussehen der Seite aus Abbildung 8-8 steuern Sie in den Einstellungen des Menüpunkts im Register *Schlagwörter*. Im Einzelnen haben Sie hier folgende Möglichkeiten:

Schlagwort
　　Wenn Sie die Drop-down-Liste auf *Anzeigen* stellen, blendet Joomla! über den Suchergebnissen noch einmal den Namen des Schlagworts ein. In Abbildung

8-9 ist dies *James Bond*. Sofern Sie auf der Registerkarte *Details* mehrere Schlagwörter ausgewählt haben, schreibt Joomla! alle diese Schlagwörter über die Suchergebnisse. Für das Filmtoaster-Beispiel setzen Sie *Schlagwort* auf *Anzeigen*.

Schlagwortbild
Jedem Schlagwort können Sie in seinen Einstellungen auch ein Schlagwortbild zuordnen (siehe den Abschnitt »Schlagwörter vorgeben und bearbeiten« auf Seite 243). Dieses Bild zeigt Joomla! lediglich dann an, wenn Sie hier *Schlagwortbild* auf *Anzeigen* setzen. Das Schlagwortbild erscheint grundsätzlich nur, wenn Sie auf der Registerkarte *Details* unter *Schlagwort* nur ein einziges Schlagwort ausgewählt haben.

Schlagwortbeschreibung
Setzen Sie diese Drop-down-Liste auf *Anzeigen*, blendet Joomla! auch die Beschreibung des Schlagworts ein. Wie Sie diese Beschreibung hinterlegen, hat bereits der Abschnitt »Schlagwörter vorgeben und bearbeiten« auf Seite 243 erläutert. Die Schlagwortbeschreibung erscheint allerdings nur dann, wenn Sie auf der Registerkarte *Details* unter *Schlagwort* lediglich ein einziges Schlagwort eingestellt haben.

Bild, Bildbeschreibung (Alternativer Text) und Keine Beschreibung
Neben dem Schlagwortbild kann Joomla! noch ein weiteres Bild anzeigen, das Sie hier mit einem Klick auf *Auswählen* aussuchen.

Tipp Das ist beispielsweise nützlich, wenn Sie auf der Registerkarte *Details* unter *Schlagwort* zwei oder mehr Schlagwörter eingestellt haben. Joomla! zeigt dann die Schlagwortbilder der Schlagwörter nicht an (selbst wenn Sie *Schlagwortbild* auf *Anzeigen* gesetzt haben). Dann können Sie über das *Bild* dennoch eine Illustration oder ein Foto auf die Seite setzen lassen.

Was auf dem Bild zu sehen ist, fassen Sie möglichst kurz unter *Bildbeschreibung (Alternativer Text)* zusammen. Dieser Hinweis hilft Suchmaschinen ebenso wie den Besucherinnen und Besuchern mit einer Sehschwäche. Sofern Ihr Bild nur ein Muster anzeigt, setzen Sie einen Haken vor *Keine Beschreibung*.

Beschreibung
Im Feld *Beschreibung* können Sie eine weitere Beschreibung oder einen ergänzenden Text hinterlegen. Joomla! zeigt diese dann unter dem Schlagwort an. In Abbildung 8-9 lautet sie: »Hier finden Sie alles zum Thema James Bond.« Diesen Text hinterlegen Sie auch für das Filmtoaster-Beispiel.

Tipp Die *Beschreibung* ist vor allem dann nützlich, wenn Sie auf der Registerkarte *Details* mehrere *Schlagwörter* ausgewählt haben. Joomla! zeigt dann die einzelnen Beschreibungen der Schlagwörter nicht an (selbst wenn Sie *Schlagwortbeschreibung* auf *Anzeigen* gesetzt haben). Sie können dennoch hier über die *Beschreibung* eine solche hinterlegen. Haben Sie sich etwa für die Schlagwörter *Action* und *James Bond* entschieden, könnten Sie als *Beschreibung* den folgenden Text verwenden: »Hier finden Sie alle Actionfilme zum Thema James Bond.«

Reihenfolge
Auf der Seite aus Abbildung 8-9 sortiert Joomla! alle gefundenen Inhalte alphabetisch aufsteigend nach ihrem Titel. Eine Filmkritik zu *Diamantenfieber* stünde folglich über der zu *Octopussy*. Diese Sortierung können Sie unter *Reihenfolge* ändern. Wählen Sie dort etwa das *Veröffentlichungsdatum*, zeigt Joomla! neuere Beiträge auf der Seite weiter oben an.

Richtung
Wenn Sie sich unter *Reihenfolge* für ein Kriterium entschieden haben, können Sie über die *Richtung* die Sortierung umdrehen. Steht etwa die *Reihenfolge* auf *Titel* und die *Richtung* auf *Absteigend*, sortiert Joomla! die gefundenen Inhalte alphabetisch absteigend. Der Beitrag zum Film *Octopussy* würde folglich jetzt über der Filmkritik zu *Diamantenfieber* erscheinen.

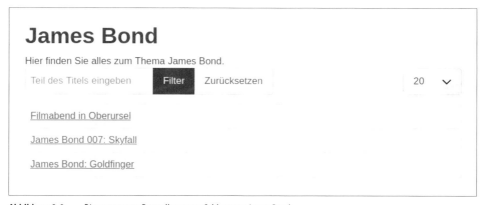

Abbildung 8-9: Die angepasste Darstellung zum Schlagwort *James Bond*.

Für das Filmtoaster-Beispiel sollte *Schlagwort* auf *Anzeigen* stehen, und im Eingabefeld *Beschreibung* sollte sich der Text `Hier finden Sie alles zum Thema James Bond.` befinden. Die anderen Einstellungen belassen Sie auf ihren jeweiligen Vorgaben.

Im Register *Listenlayout* können Sie die Darstellung der Ergebnisse bei Bedarf noch weiter beeinflussen:

Schlagwortbild
Wenn Sie diese Drop-down-Liste auf *Anzeigen* setzen, präsentiert Joomla! zu jedem Fundstück noch das entsprechende Bild, bei Beiträgen das Einleitungsbild. Joomla! 4.0.3 ignorierte die Einstellung *Schlagwortbild* jedoch komplett. Wenn Sie dennoch die Einleitungsbilder anzeigen lassen möchten, sollten Sie einen Menüpunkt vom Typ *Verschlagwortete Einträge* erstellen, wie ihn der nächste Abschnitt beschreibt.

Eintragsbeschreibung
Steht die *Eintragsbeschreibung* auf *Anzeigen*, präsentiert Joomla! zu jedem Eintrag in der Liste jeweils eine Beschreibung. Bei Beiträgen verwendet Joomla! dazu die Einleitung. Sollte diese nicht existieren, erscheint der komplette Beitragstext. Auf diese Weise sehen die Besucher dann nicht nur eine Liste mit Links, wie in

Abbildung 8-9, sondern erfahren auch, was sie hinter jedem Link erwartet. Joomla! 4.0.3 wollte allerdings keine Beschreibungen einblenden. Wenn Sie dennoch die Beschreibung anzeigen lassen möchten, sollten Sie einen Menüpunkt vom Typ *Verschlagwortete Einträge* erstellen, wie ihn der nächste Abschnitt beschreibt.

Maximale Anzahl Zeichen
Sehr lange Eintragsbeschreibungen könnten optisch die ganze Seite sprengen. Aus diesem Grund können Sie in diesem Eingabefeld vorgeben, wie lang die einzelnen Beschreibungen maximal sein dürfen. Steht hier etwa eine 20, schneidet Joomla! alle Beschreibungen nach spätestens 20 Zeichen ab. Bei einer 0 erscheinen alle Beschreibungen komplett – mitunter also der komplette Beitragstext.

Filterfeld
Bei sehr vielen Nachrichten sollte der Besucher die Liste auf die Einträge beschränken können, die ihn interessieren. Dabei hilft das sogenannte *Filterfeld*, das wie in Abbildung 8-9 links oberhalb der Liste erscheint. Joomla! blendet alle Einträge in der Liste aus, die nicht den dort eingetippten Suchtext in ihrem Titel enthalten. Hier in der Drop-down-Liste können Sie das Filterfeld *Verbergen* lassen.

Tabellenüberschriften
Setzen Sie diese Einstellung auf *Anzeigen*, verwandelt sich die Liste aus Abbildung 8-9 in eine Tabelle, wie sie Abbildung 8-10 zeigt. Meist besteht die Tabelle allerdings nur aus einer Spalte. Die Filmtoaster-Seiten präsentieren beispielsweise derzeit nur die Titel der Beiträge. Das ändert sich allerdings, wenn Sie über die entsprechende Einstellung weiter unten auch das *Datum* anzeigen lassen. Die zusammen mit der Tabelle eingeblendeten Spaltenüberschriften verraten dann, welche Informationen in welcher Spalte stehen. Darüber hinaus können Ihre Besucher mit einem Klick auf eine der Spaltenüberschriften die Sortierung selbst festlegen.

Wenn Sie jetzt unsicher sind, schalten Sie einmal probeweise die *Tabellenüberschriften* ein. *Speichern* Sie die Änderungen und kontrollieren Sie die Auswirkungen im Frontend. In der Regel können Sie jedoch diesen Punkt auf seiner Vorgabe belassen.

»Anzeige«-Filter
Wenn das Schlagwort sehr vielen Beiträgen anheftet, wird die Liste aus Abbildung 8-9 recht lang. Damit die Übersicht nicht verloren geht, verteilt Joomla! die Liste auf mehrere Seiten. Rechts oberhalb der Liste kann der Besucher in einer Drop-down-Liste wählen, wie viele Einträge auf einer Bildschirmseite erscheinen sollen. Diese Drop-down-Liste können Sie unter *»Anzeige«-Filter* auch *Verbergen* lassen.

 # Eintragsanzahl
In dieser Drop-down-Liste geben Sie vor, wie viele Einträge Joomla! standardmäßig auf einer Seite anzeigt. Wählen Sie hier etwa 30, präsentiert die Liste ab sofort 30 Beiträge pro Seite. Sofern es mehr Beiträge mit dem Schlagwort gibt,

muss der Besucher dann über die Schaltflächen aus Abbildung 8-10 umblättern. Den hier unter *# Eintragsanzahl* gewählten Wert kann der Besucher über die Drop-down-Liste rechts oberhalb der Liste selbst verändern – vorausgesetzt, Sie haben »*Anzeige*«-*Filter* nicht auf *Verbergen* gesetzt. In der Regel können Sie hier unter *# Eintragszahl* die Vorgabe belassen: 20 Einträge sind für die meisten Internetseiten bereits ein guter Kompromiss.

Abbildung 8-10: Wenn Sie das Schlagwort sehr vielen Inhalten zugewiesen haben, wird auch die Liste recht lang. Joomla! bricht sie dann auf mehrere Seiten um und erlaubt das Umblättern über diese Schaltflächen.

Seitenzahlen
Wenn Joomla! die Einträge auf mehrere Seiten verteilt, kann der Besucher über die Schaltflächen aus Abbildung 8-10 zwischen den Seiten hin und her blättern. Eben genau diese Schaltflächen können Sie hier unter dem etwas missverständlich bezeichneten Punkt *Seitenzahlen* auch *Verbergen* lassen. Damit ist der Besucher allerdings nicht mehr in der Lage, zu den anderen Seiten umzublättern. Setzen Sie daher diesen Punkt immer nur dann auf *Verbergen*, wenn Sie die *# Eintragsanzahl* auf *Alle* und den »*Anzeige*«-*Filter* auf *Verbergen* gesetzt haben. In dem Fall zeigt Joomla! sämtliche zum Schlagwort passenden Inhalte auf einer einzigen Seite an.

Stellen Sie *Seitenzahlen* auf *Auto*, blendet Joomla! die Schaltflächen nur bei Bedarf ein (wenn sich die Liste tatsächlich über mehrere Seiten erstreckt).

Gesamtseitenzahlen
Sofern Joomla! die Liste auf mehrere Seiten verteilt, erfährt der Besucher rechts unten, auf welcher Seite er sich gerade befindet. In Abbildung 8-10 sieht er die erste von insgesamt zwei Seiten. Diese Information blenden Sie aus, indem Sie *Gesamtseitenzahlen* auf *Verbergen* stellen.

Datum
Auf Wunsch blendet Joomla! neben allen Inhalten noch das jeweilige Erstellungs-, Bearbeitungs- oder Veröffentlichungsdatum ein. Sie müssen dazu lediglich in der Drop-down-Liste *Datum* die passende Einstellung wählen. Das

Ergebnis sieht dann wie in Abbildung 8-10 aus: Dort zeigt Joomla! das Veröffentlichungsdatum der jeweiligen Beiträge an.

Datumsformat
Joomla! druckt das Datum so, wie es das gerade aktivierte Sprachpaket vorschreibt – wie etwa 24. April 2022. Im Feld *Datumsformat* können Sie einen anderen Aufbau vorgeben. Dabei stehen die Platzhalterbuchstaben d, m und Y für Tag, Monat und Jahr. Wenn Sie in das Feld Y-m-d eintippen, präsentiert Joomla! jedes Datum im amerikanischen Stil: *2016-04-24*. Weitere Informationen zu dieser Notation finden Sie auf der Internetseite *https://www.php.net/manual/de/function.date.php*. Normalerweise sollten Sie das Feld leer lassen und dem Sprachpaket die Formatierung überlassen.

Für die Filmtoaster-Seiten ist das Veröffentlichungsdatum der Filmkritiken noch hilfreich. Setzen Sie daher *Datum* auf *Veröffentlicht*. Nach dem *Speichern & Schließen* führt im Frontend der Menüpunkt *Alles über James Bond* zur Seite aus Abbildung 8-11.

Abbildung 8-11: Die verbesserte Darstellung zum Schlagwort *James Bond*.

Um die Besucher nicht zu verwirren, sollte der neue Menüpunkt nur dann eingeblendet sein, wenn auch ein neuer James-Bond-Film ansteht. Da dies im Moment nicht der Fall ist, verstecken Sie den Menüpunkt – beispielsweise indem Sie im Backend hinter *Menüs* → *Main Menu* in seiner Zeile auf den grünen Haken klicken.

Menüpunkt vom Typ »Verschlagwortete Einträge«

Der im vorherigen Abschnitt angelegte Menüpunkt führt zu einer Seite wie der aus Abbildung 8-11. Sie listet alle Beiträge, Kategorien und andere Inhalte auf, denen ein ganz bestimmtes Schlagwort anheftet. Die Beiträge in Abbildung 8-11 besitzen beispielsweise alle das Schlagwort *James Bond*.

Es gibt derzeit in Joomla! noch einen zweiten Weg, einen solchen Menüpunkt einzurichten. Er führt (fast) zu dem gleichen Ergebnis, das Abbildung 8-11 bereits zeigte. Der Unterschied besteht in der Darstellung der Liste: Während der Menüpunkt aus dem vorherigen Abschnitt vom Typ *Kompaktliste der verschlagworteten Einträge* unter der Haube immer eine Tabelle erzeugt, liefert ein Menüpunkt vom Typ *Verschlagwortete Einträge* eine einfache Liste. Abhängig vom aktivierten Template hat dies eine leicht andere Darstellung zur Folge. Darüber hinaus unterscheiden sich die beiden Menüpunkte nicht, sie bieten sogar weitgehend die gleichen Einstellungen.

In den meisten Fällen können Sie deshalb diesen Abschnitt einfach überspringen beziehungsweise ignorieren. In Rücksprache mit dem Template-Ersteller kann es jedoch notwendig sein, einen Menüpunkt auf diesem alternativen Weg anzulegen. Ein Menüpunkt vom Typ *Verschlagwortete Einträge* kommt zudem der Barrierefreiheit etwas mehr entgegen. Aus diesen Gründen soll im Folgenden das Anlegen eines solchen Menüpunkts beschrieben werden.

Dazu erstellen Sie zunächst im Backend einen neuen Menüpunkt, indem Sie beispielsweise unter *Menüs* das passende Menü auswählen und dann auf *Neu* klicken. Vergeben Sie einen *Titel*, wie etwa Action und James Bond. Klicken Sie anschließend neben *Menüeintragstyp* auf *Auswählen* und entscheiden Sie sich unter *Schlagwörter (Tags)* für *Verschlagwortete Einträge*.

Unter *Schlagwort* müssen Sie jetzt die von Ihnen gewünschten Schlagwörter auswählen. Im Beispiel sollen es die Schlagwörter *Action* und *James Bond* sein. Dazu klicken Sie in das Eingabefeld *Schlagwort* und wählen aus der Liste die Schlagwörter aus. Wenn Sie ein Schlagwort wieder loswerden möchten, klicken Sie auf das kleine graue *X* neben seinem Namen.

Soll Joomla! lediglich alle Beiträge mit den Schlagwörtern *Action* und *James Bond* anzeigen oder doch sämtliche Beiträge heraussuchen, denen entweder *James Bond* oder *Action* anheftet? Diese Frage beantwortet das Register *Eintragsauswahl*. Steht *Suchtyp* auf *Alle*, liefert Joomla! nur die Inhalte zurück, denen auch tatsächlich alle ausgewählten Schlagwörter anheften. Bei der Einstellung *Irgendeiner* gibt Joomla! hingegen alle Inhalte aus, die mindestens eines der ausgewählten Schlagwörter besitzen. Steht *Untergeordnete Schlagwörter* auf *Inklusive*, berücksichtigt Joomla! bei seiner Suche auch die untergeordneten Schlagwörter. Wechseln Sie wieder zurück auf die Registerkarte *Details*.

Standardmäßig präsentiert Joomla! sämtliche Inhalte, denen die Schlagwörter anheften. Neben Beiträgen können das auch Kategorien und Werbebanner sein. Möchten Sie beispielsweise nur Beiträge anzeigen lassen, wenden Sie sich dem Feld *Inhaltstyp* zu. Joomla! zeigt nur die hier ausgewählten Inhaltsarten an. Wenn Sie in das Feld klicken und beispielsweise *Beitrag* auswählen, berücksichtigt Joomla! gleich nur noch Beiträge. Einen versehentlich gewählten Inhaltstyp löschen Sie, indem Sie auf sein *X* klicken.

Joomla! berücksichtigt direkt ausschließlich Beiträge und Inhalte, die in der unter *Sprachfilter* eingestellten Sprache verfasst wurden. Steht die Drop-down-Liste auf *Alle*, spielt die Sprache keine Rolle. Eine Änderung ist hier nur in einem mehrsprachigen Internetauftritt sinnvoll, wie ihn später noch Kapitel 17, *Mehrsprachigkeit*, beschreibt.

Wenn ein Besucher später den Menüpunkt anklickt, präsentiert ihm Joomla! einfach eine Liste mit Beiträgen und anderen Inhalten. Der Besucher weiß folglich nicht, nach welchen Kriterien die Beiträge ausgewählt wurden – es sei denn, Sie haben den Menüpunkt eindeutig beschriftet. Sie können daher nicht nur die Schlagwörter als Überschrift oben über die Liste setzen lassen, sondern sie auch noch mit ein paar weiteren Informationen garnieren. Die entsprechenden Einstellungen verteilt Joomla! auf die Register *Schlagwörter*, *Seitenzahlen* und *Einträge*. Die dort angebotenen Optionen entsprechen ihren Pendants aus dem vorherigen Abschnitt »Menüpunkt zu einem Schlagwort einrichten« auf Seite 246.

Menüpunkt zu einer Liste mit Schlagwörtern

Sie können ebenfalls einen Menüpunkt erstellen, der zu einer Seite mit allen jemals vergebenen Schlagwörtern führt. Abbildung 8-12 zeigt dafür ein Beispiel. Ein Klick auf eines der Schlagwörter führt dann wiederum zu einer Liste mit allen Inhalten, denen das Schlagwort anheftet.

Tipp — Für die Filmtoaster- und normalerweise auch für die meisten anderen Seiten ist ein solcher Menüpunkt nicht notwendig. Mit ihm führen Sie eine weitere Form der Navigation ein, die neben dem normalen Menü existiert und somit Ihre Besucher verwirren könnte. Sinnvoll ist ein solcher Menüpunkt nur, wenn Sie etwa auf Ihrer Seite eine Dokumentation oder ein Handbuch veröffentlichen, bei der die Schlagwörter als eine Art Index beziehungsweise Stichwortverzeichnis fungieren. Auf normalen Internetauftritten sollten Sie stattdessen besser eine Tag-Cloud einsetzen, die Ihre Besucher aus vielen Blogs kennen dürften. Wie man eine solche Tag-Cloud einblendet, verrät Kapitel 9, *Module*.

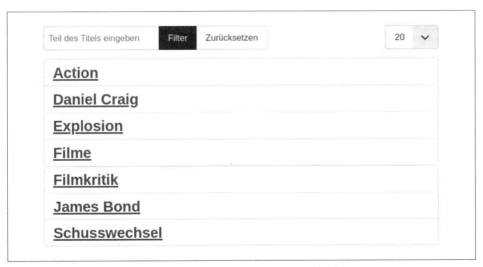

Abbildung 8-12: Joomla! kann dem Besucher sämtliche Schlagwörter zur Auswahl stellen.

Um solch einen Menüpunkt zu erstellen, klappen Sie im Backend das Menü *Menüs* auf. Wählen Sie das Menü, in dem der neue Menüpunkt erscheinen soll, und klicken Sie anschließend in der Werkzeugleiste auf *Neu*. Im erscheinenden Formular vergeben Sie einen *Menütitel*, beispielsweise `Alle Schlagwörter`. Klicken Sie neben *Menüeintragstyp* auf *Auswählen*. Entscheiden Sie sich unter *Schlagwörter (Tags)* für die *Liste aller Schlagwörter*.

Wenn ein Besucher den neuen Menüpunkt anklickt, präsentiert ihm Joomla! sämtliche existierenden Schlagwörter. Sie können die Anzeige aber auch einschränken. Dazu wählen Sie im Register *Details* unter *Übergeordnetes Schlagwort* ein Schlagwort aus. Joomla! zeigt dann nur noch dieses Schlagwort sowie alle ihm direkt untergeordneten Schlagwörter an. Möchten Sie sämtliche Schlagwörter auflisten lassen, entscheiden Sie sich für den Punkt *Root*.

Der *Sprachfilter* ist nur bei einem mehrsprachigen Internetauftritt von Bedeutung: Joomla! zeigt später nur die Schlagwörter an, die in der hier gewählten Sprache vorliegen. Stellen Sie beispielsweise *English (en-GB)* ein, sehen Besucher später nur noch die englischsprachigen Schlagwörter. Mit der Einstellung *Alle* präsentiert Joomla! sämtliche Schlagwörter – unabhängig von der Sprache. Dies ist auch die Standardeinstellung. Weitere Informationen zu einem mehrsprachigen Internetauftritt liefert später noch Kapitel 17, *Mehrsprachigkeit*.

Wenn Sie die Einstellungen jetzt *Speichern* lassen und dann im Frontend zum neuen Menüpunkt wechseln (im Beispiel wäre das *Alle Schlagwörter*), erhalten Sie eine Seite ähnlich der aus Abbildung 8-12.

Um die Darstellung der Schlagwörter auf der Seite kümmert sich in den Einstellungen des Menüpunkts das Register *Optionen*. Dort können Sie an folgenden Schrauben drehen:

Anzahl Spalten
: Einige Templates ordnen die Schlagwörter nicht wie Abbildung 8-12 untereinander, sondern nebeneinander an. Wie viele Schlagwörter Joomla! nebeneinandersetzt, legen Sie im Eingabefeld *Anzahl Spalten* fest. Bei einer 3 stehen folglich immer drei Schlagwörter nebeneinander, mit einer 1 erhalten Sie eine Liste mit Schlagwörtern.

Überschriftsbeschreibung
: Der hier eingetippte Text erscheint später über allen Schlagwörtern. Es bietet sich folglich an, dem Besucher kurz zu erklären, was er auf der Seite sieht – beispielsweise mit dem Text `Wählen Sie ein Schlagwort aus:`.

Überschriftsbild anzeigen und Überschriftsbild
: Neben der Überschriftsbeschreibung können Sie über den Schlagwörtern auch noch ein Bild oder ein Foto einblenden. Dazu klicken Sie neben *Überschriftsbild* auf *Auswählen* und entscheiden sich dann für das passende Bild. Anschließend können Sie unter *Überschriftsbild anzeigen* darüber entscheiden, ob Joomla! das Bild *Anzeigen* oder *Verbergen* soll.

Bildbeschreibung (Alternativer Text) und Keine Beschreibung
: Sofern Sie ein Überschriftsbild eingestellt haben, fassen Sie seinen Inhalt kurz im Eingabefeld *Bildbeschreibung (Alternativer Text)* zusammen. Dieser Text hilft

später Suchmaschinen sowie Menschen mit einer Sehschwäche. Sollte Ihr Bild ein Muster zeigen, setzen Sie einen Haken vor *Keine Beschreibung*.

Reihenfolge und Richtung
Standardmäßig sortiert Joomla! die Schlagwörter alphabetisch aufsteigend. Das Schlagwort *Action* steht somit wie in Abbildung 8-12 vor *Filme*. Über *Reihenfolge* können Sie ein anderes Sortierkriterium einstellen. Wenn Sie etwa *Zugriffe* wählen, erscheinen besonders häufig angeklickte Schlagwörter weiter vorn. Mit der *Richtung* entscheiden Sie schließlich noch, ob Joomla! die Schlagwörter gemäß der gewählten *Reihenfolge* aufsteigend oder absteigend anordnen soll.

Tipp	Die alphabetisch aufsteigende Sortierung ist besonders gut nachzuvollziehen und übersichtlich. Alle anderen Sortiermethoden erzeugen eine für den Besucher zunächst verwirrende Anordnung. Lassen Sie daher die Einstellungen *Reihenfolge* und *Richtung* möglichst auf ihren Standardwerten.

Schlagwortbilder, Schlagwortbeschreibung und Maximale Anzahl Zeichen
Jedem Schlagwort können Sie ein Bild und eine Beschreibung zuweisen (wie im Abschnitt »Schlagwörter vorgeben und bearbeiten« auf Seite 243 beschrieben). Die Bilder zeigt Joomla! nur dann an, wenn Sie *Schlagwortbilder* auf *Anzeigen* setzen.

Die Beschreibungen erscheinen standardmäßig unter jedem Schlagwort. Ein Beispiel dafür sehen Sie in Abbildung 8-12: Dort wurde dem Schlagwort *Schusswechsel* noch die Beschreibung Hier geht es um einen wilden Schusswechsel mit auf den Weg gegeben. Möchten Sie verhindern, dass Joomla! diese Beschreibungen anzeigt, stellen Sie *Schlagwortbeschreibung* auf *Verbergen*. Mithilfe der Beschreibungen können sich Ihre Besucher allerdings schneller für eines der Schlagwörter entscheiden. Sie sollten die Schlagwortbeschreibung daher möglichst anzeigen lassen.

Längere Schlagwortbeschreibungen können jedoch auch schnell die Seite unübersichtlich machen. Geben Sie daher unter *Maximale Anzahl Zeichen* die Länge der Beschreibung vor. Tippen Sie dort etwa eine 30 ein, zeigt Joomla! nur noch die ersten 30 Zeichen der Beschreibung an. Bei einer 0 gibt Joomla! den kompletten Text aus.

Zugriffe
Wenn Sie diese Drop-down-Liste auf *Anzeigen* stellen, blendet Joomla! unter jedem Schlagwort ein, wie oft es bereits von Besuchern angeklickt wurde. In Abbildung 8-13 wurde das Schlagwort *Action* bereits fünfmal von Besuchern angeklickt.

Weitere Einstellungen verstecken sich im Register *Auswahl*:

Maximale Einträge
Wenn der Besucher ein Schlagwort anklickt, zeigt Joomla! alle Beiträge, Kategorien und alle übrigen Inhalte mit diesem Schlagwort an – maximal aber so viele Inhalte, wie in diesem Eingabefeld vorgegeben. Tragen Sie etwa unter *Maximale*

Einträge eine 5 ein und klickt ein Besucher auf das Schlagwort *James Bond*, präsentiert Joomla! höchstens fünf Filmkritiken mit dem Schlagwort *James Bond*.

Filterfeld
Über den Schlagwörtern blendet Joomla! links oben noch ein Eingabefeld ein. Mit diesem können Besucher nach einem ganz bestimmten Schlagwort suchen. Joomla! zeigt dann nur noch die Schlagwörter an, die mit dem dort eingetippten Begriff übereinstimmen. Wenn Sie das Eingabefeld verstecken möchten, setzen Sie *Filterfeld* auf *Verbergen*.

»Anzeige«-Filter, Seitenzahlen und Gesamtseitenzahlen
Wenn es viele Schlagwörter gibt, verteilt sie Joomla! wie in Abbildung 8-13 auf mehrere Seiten. Die Besucher können dann am unteren Rand über entsprechende Schaltflächen zwischen den Seiten hin und her blättern. Wie viele Schlagwörter Joomla! auf einer Seite präsentiert, können Besucher über die Drop-down-Liste rechts oberhalb der Schlagwörter einstellen (in Abbildung 8-13 die mit der Zahl 5). Wenn Sie diese Drop-down-Liste verstecken möchten, setzen Sie *»Anzeige«-Filter* auf *Verbergen*. Möchten Sie die Schaltflächen am unteren Rand verstecken, setzen Sie *Seitenzahlen* auf *Verbergen*. Doch Vorsicht: Der Besucher hat dann keine Möglichkeit mehr, zu den anderen Schlagwörtern weiterzublättern. Bei der Einstellung *Auto* blendet Joomla! die Schaltflächen nur bei Bedarf ein – das ist auch die Voreinstellung. Rechts unterhalb der Schlagwörter erscheint noch die Angabe, auf welcher Seite sich der Besucher gerade befindet. Diese Information verschwindet, wenn Sie *Gesamtseitenzahlen* auf *Verbergen* setzen.

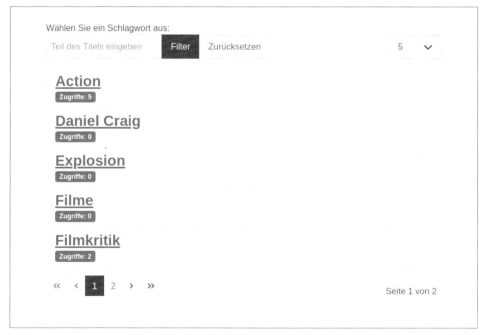

Abbildung 8-13: Die Seite mit allen Schlagwörtern lässt sich um zusätzliche Informationen ergänzen – wie etwa um die Anzahl der Zugriffe.

Versionsverwaltung

Joomla! merkt sich sämtliche Änderungen, die Sie oder einer Ihrer Autoren an den Beiträgen vornimmt. Zusammen mit der eingebauten Versionsverwaltung können Sie so jederzeit

- nachprüfen, wer was wann wie verändert hat, und
- eine ältere Fassung des Beitrags wiederherstellen.

Die Versionsverwaltung arbeitet in der Regel von Ihnen unbemerkt im Hintergrund: Wann immer Sie einen Betrag speichern, merkt sich Joomla! sämtliche Änderungen in der Datenbank. Das passiert vollautomatisch und lässt sich auch nicht abschalten.

Tipp   Fassen Sie vor dem Speichern des Beitrags im Eingabefeld *Versionshinweis* kurz zusammen, was Sie verändert haben. Damit können Sie später einfacher und schneller nachvollziehen, was sich wann verändert hat.

Joomla! erfasst zudem nicht nur die Änderungen an den Beiträgen, sondern auch an den Kategorien und an fast allen anderen Inhalten. Entdecken Sie beispielsweise in der Kategoriebeschreibung einen gravierenden Fehler, könnten Sie auch dort erst einmal schnell zu einer älteren Fassung zurückkehren. Das funktioniert genau so, wie in den nachfolgenden Abschnitten für die Beiträge beschrieben.

Wenn Sie die folgenden Beispiele mitmachen möchten, benötigen Sie einen Beitrag, den Sie mehrfach verändert und nach jeder Änderung gespeichert haben. Sofern Sie allen Schritten aus dem Abschnitt »Beiträge erstellen« auf Seite 122 gefolgt sind, ist das bereits der Fall: Dort haben Sie die Filmkritik zu *James Bond 007: Skyfall* erstellt und mehrfach verändert.

Versionsverwaltung aufrufen

Wenn Sie wissen möchten, was sich an einem Beitrag im Laufe der Zeit geändert hat, müssen Sie zunächst die Einstellungen des Beitrags aufrufen. Dazu wechseln Sie im Backend zur Tabelle hinter *Inhalt → Beiträge* und klicken den entsprechenden Beitrag an. Im Filmtoaster-Beispiel wählen Sie dort die Filmkritik zu *James Bond 007: Skyfall*. In der Werkzeugleiste finden Sie die Schaltfläche *Versionen*. Wenn Sie diese anklicken, landen Sie in der Versionsverwaltung aus Abbildung 8-14.

Dieses mit *Versionen* bezeichnete Fenster wirft einen Blick in die Vergangenheit: Die Spalte *Datum* zeigt an, wann der Beitrag geändert wurde. In Abbildung 8-14 wurde die Filmkritik insgesamt sechs Mal angepasst.

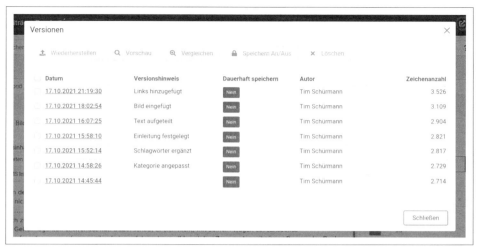

Abbildung 8-14: Der Beitrag *James Bond 007: Skyfall* wurde hier sechs Mal verändert. Zusammen mit der Ursprungsfassung gibt es von dem Beitrag folglich sieben verschiedene Versionen.

Was dabei jeweils geändert wurde, können Sie in der Spalte *Versionshinweis* ablesen – vorausgesetzt, Sie haben immer vor dem Speichern des Beitrags im Feld *Versionshinweis* kurz Ihre Änderungen beschrieben. In Abbildung 8-14 wurden beispielsweise zuletzt ein paar Links ergänzt.

Tipp Hier sehen Sie, wie wichtig es ist, immer vor dem Speichern einen Versionshinweis zu hinterlegen: Dank der kurzen Notiz können Sie in Abbildung 8-14 auf einen Blick erkennen, was sich wann verändert hat. Wenn Sie den Versionsverweis hingegen vergessen oder nicht angeben, müssen Sie sich jede einzelne Fassung des Beitrags ansehen und nach den Unterschieden suchen (wie das funktioniert, sehen Sie in wenigen Zeilen).

Wer die Änderungen durchgeführt hat, verrät die Spalte *Autor*. Sofern Sie allein arbeiten, sollten Sie dort immer der Schuldige sein.

In der letzten Spalte zeigt Ihnen Joomla! noch an, wie viele Zeichen der Beitrag lang ist beziehungsweise war. Sie sehen so auf einen Blick, ob der Beitrag im Laufe der Änderungen länger oder eher kürzer geworden ist.

In Abbildung 8-14 hat sich Joomla! sieben verschiedene Fassungen des Beitrags gemerkt. Die ursprüngliche Version steht dabei ganz unten, der Beitrag wurde folglich am 17.10.2021 um 14:45:44 Uhr erstellt. Die letzte Änderung des Beitrags steht ganz oben. Im Beispiel aus Abbildung 8-14 gab es die letzte Änderung am 17.10.2021 um 21:19:30 Uhr. Das ist derzeit auch gleichzeitig die Version des Beitrags, die auf der Website erscheint.

Ältere Versionen einsehen und vergleichen

Wenn Sie jetzt wissen möchten, wie der Beitrag zu einem früheren Zeitpunkt ausgesehen hat, klicken Sie im Fenster *Versionen* einfach auf das entsprechende Datum. Alternativ können Sie auch mit einem Mausklick einen Haken in das davorstehende Kästchen setzen und dann die *Vorschau* aktivieren. In jedem Fall erscheint das Fenster aus Abbildung 8-15. Es zeigt den Beitrag so an, wie er zum entsprechenden Zeitpunkt aussah – und zwar nicht nur den Beitragstext, sondern auch sämtliche Einstellungen.

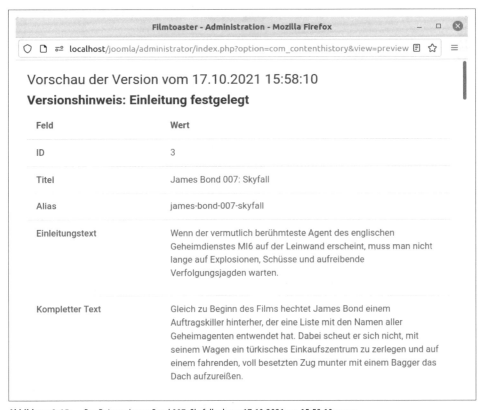

Abbildung 8-15: Der Beitrag *James Bond 007: Skyfall* sah am 17.10.2021 um 15:58:10 so aus.

Dieses Fenster ist allerdings recht unübersichtlich. Insbesondere sehen Sie nicht, was sich zur vorherigen Version geändert hat. Netterweise kann Joomla! auch zwei verschiedene Versionen des Beitrags vergleichen und die Änderungen hervorheben. Dazu markieren Sie im Fenster *Versionen* die beiden Fassungen, die miteinander verglichen werden sollen. Möchten Sie beispielsweise wissen, was sich bei der letzten Änderung im Einzelnen verändert hat, setzen Sie einen Haken in das oberste Kästchen sowie einen weiteren Haken direkt in das Kästchen darunter. Klicken Sie dann auf die Schaltfläche *Vergleichen*. Joomla! öffnet jetzt ein Fenster wie das aus Abbildung 8-16.

Abbildung 8-16: Hier stellt Joomla! die letzte und die vorletzte Fassung des Beitrags *James Bond 007: Skyfall* gegenüber.

In den ersten beiden Spalten finden Sie die beiden Fassungen des Beitrags. In der dritten Spalte zeigt Joomla! die Unterschiede an. Neu hinzugekommene Texte hebt Joomla! dabei grün hervor, bei der Überarbeitung gestrichene Texte hingegen rot. In Abbildung 8-16 sind folglich *Link A* und *Linktext A* ergänzt worden. Manchmal ist es trotz der Farbmarkierungen nicht ganz einfach, alle Änderungen zu finden.

Versionen wiederherstellen

Im Fenster *Versionen* ist es Ihnen auch möglich, zu einer beliebigen Fassung zurückzukehren. Im Beispiel aus Abbildung 8-16 könnten die Links falsch sein. Es wäre also angebracht, zur vorherigen Version des Beitrags zurückzukehren.

Dazu setzen mit der Maus einen Haken vor die Fassung, die Sie wiederherstellen möchten. Im Beispiel wäre das die zweite von oben. Klicken Sie dann auf die Schaltfläche *Wiederherstellen*. Joomla! stellt jetzt die gewählte ältere Version wieder her und speichert sie automatisch ab. Ihre Besucher sehen folglich umgehend wieder die ältere Version. Gleichzeitig landen Sie in den Einstellungen des Beitrags. Wenn Sie jetzt erneut in der Werkzeugleiste auf *Versionen* klicken, gibt es im Fenster *Versionen* zwei Besonderheiten:

- Ein Sternchen kennzeichnet die derzeit aktuell sichtbare Version des Beitrags.
- Es sind nach wie vor alle Fassungen des Beitrags aufgelistet. Joomla! hat also die letzte Version des Beitrags nicht gelöscht. In Abbildung 8-17 könnten Sie folglich jederzeit wieder zur Version mit den ergänzten Links zurückkehren. Das funktioniert wie gehabt: Setzen Sie einen Haken in das (oberste) Kästchen und klicken Sie auf *Wiederherstellen*.

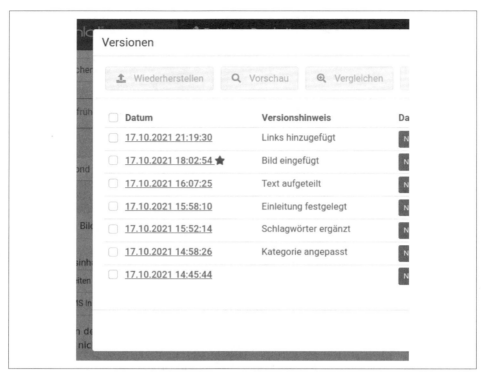

Abbildung 8-17: Wie das Sternchen zeigt, hat Joomla! den Beitrag *James Bond 007: Skyfall* auf den Stand vom 17.10.2021 um 18:02:54 zurückgesetzt.

Was aber passiert, wenn Sie eine frühere Version wiederherstellen und diese frühere Version verändern? Auch dann behält Joomla! alle früheren Versionen des Beitrags.

 Das können Sie direkt einmal ausprobieren: Wechseln Sie wie oben beschrieben zur vorletzten Version Ihres Beitrags (setzen Sie also einen Haken in das zweite Kästchen von oben und klicken Sie auf *Wiederherstellen*). Ergänzen Sie jetzt auf der Registerkarte *Veröffentlichung* ein paar *Schlüsselwörter*, etwa Ian Fleming (den Vater von James Bond), und lassen Sie den Beitrag *Speichern*. Wenn Sie auf *Versionen* klicken, sind die vorherigen Versionen des Beitrags weiterhin vorhanden. Joomla! hat einfach eine neue Version erstellt, die alle Ihre Änderungen umfasst.

Versionen löschen und die automatische Löschung stoppen

Insbesondere wenn mehrere Autoren einen Beitrag bearbeiten, können ziemlich schnell viele Versionen eines Beitrags entstehen und die Datenbank fluten. Um das zu verhindern, merkt sich Joomla! immer nur die zehn letzten Fassungen des Beitrags. Es kann jedoch vorkommen, dass Sie eine bestimmte Version auf jeden Fall behalten möchten. Auf den Filmtoaster-Seiten wäre es beispielsweise sinnvoll, die Ursprungsfassung der Filmkritik zu verwahren.

Dazu markieren Sie im Fenster *Versionen* die Fassung, die Sie behalten möchten. Im Beispiel setzen Sie folglich einen Haken in das unterste Kästchen. Klicken Sie dann auf *Speichern An/Aus*. Joomla! markiert diese Version jetzt in der Spalte *Dauerhaft speichern* mit einem *Ja*. Damit ist die Version geschützt und wird nicht von Joomla! gelöscht. Wenn Sie diese Sperrung wieder aufheben möchten, setzen Sie einen Haken vor die entsprechende Version und klicken erneut auf *Speichern An/Aus*.

Sie können eine Version auch manuell löschen. Dazu setzen Sie einen Haken in das Kästchen vor der überflüssigen Version und klicken dann auf *Löschen*. Doch Vorsicht: Damit ist die Version definitiv gelöscht und lässt sich folglich nicht mehr wiederherstellen.

Kehren Sie auf den Filmtoaster-Seiten zur letzten Version des Beitrags zurück: Setzen Sie einen Haken in das Kästchen vor der Version mit dem Versionshinweis *Links hinzugefügt* (es müsste jetzt die dritte Zeile von oben sein) und klicken Sie auf *Wiederherstellen*. *Schließen* Sie die Einstellungen des Beitrags.

Medien verwalten

In Beiträgen verschönern Fotos und Illustrationen längere Texte. Auf den Filmtoaster-Seiten könnte man etwa die Kritiken mit Fotos aus dem jeweiligen Film aufpeppen. Auch den Kategorien dürfen Sie ein kleines Bild spendieren (wie in Abbildung 8-18). Wählt man das Bild geschickt, sieht der Besucher schon auf den ersten Blick, wo er sich gerade befindet und welche Beiträge ihn erwarten.

Abbildung 8-18: Die Übersichtsseite für die Kategorie *Veranstaltungen* zeigt neben einer Auswahl der enthaltenen Beiträge auch ein kleines Bild.

Die Bilder weisen Sie den Beiträgen und den Kategorien direkt in ihren jeweiligen Einstellungen zu. Wenn Sie einen Beitrag oder eine Kategorie löschen, bleiben die

Bilder weiterhin auf dem Server liegen und belegen dort unnötig Platz. Netterweise bietet Joomla! eine eingebaute Medienverwaltung, mit der Sie nicht mehr benötigte Bilder vom Server werfen können. Umgekehrt dürfen Sie selbst mit der Medienverwaltung vorab Bilder hochladen, die dann wiederum Ihre Autoren später verwenden können. Bevor Sie die Medienverwaltung kennenlernen, folgt noch ein kurzer Blick auf den Speicherort der Bilder.

Das Medienverzeichnis

Sämtliche Bild- und sonstigen Mediendateien liegen im Unterverzeichnis *images* Ihrer Joomla!-Installation. Wenn Sie wie in Kapitel 2, *Installation*, eine Testinstallation mit XAMPP aufgesetzt haben, ist das

- unter Windows das Verzeichnis *C:\xampp\htdocs\joomla\images*,
- unter macOS beziehungsweise OS X der Ordner */Programme/XAMPP/xampfiles/htdocs/joomla/images* und
- unter Linux */opt/lampp/htdocs/joomla/images*.

Man könnte nun die eigenen Fotos einfach dort hineinkopieren. Dies ist jedoch weder komfortabel noch ratsam: Läuft Joomla! bereits auf einem Server im Internet, müsste man die Bilddateien je nach Zugang per FTP- oder SSH-Programm hochladen. Sobald mehrere Autoren ihre Kritiken schreiben möchten, müsste man jedem dieser Autoren entweder einen eigenen, zusätzlichen FTP-Zugang spendieren, oder die Autoren müssten sich einen Zugang teilen. Das erzeugt nicht nur einen erheblichen Verwaltungsaufwand, man riskiert auch schnell wieder Sicherheitsprobleme – schließlich kann man sich nie sicher sein, was ein böswilliger Autor mit den neu gewonnenen Rechten so alles in das System einschleust.

Aus diesen Gründen sollte man besser zur in Joomla! eingebauten Medienverwaltung greifen (englisch *Media Manager*). Wie der Name schon andeutet, verwaltet sie nicht nur Bilder, sondern alle Dokumente, mit denen man die Beiträge irgendwie aufpeppen oder ergänzen kann. Hierunter fallen neben Videos beispielsweise auch Excel- oder Word-Dokumente. Darüber hinaus hilft die Medienverwaltung beim Hochladen der Dateien und erlaubt die übersichtliche Gruppierung der Dateien in weiteren Unterverzeichnissen.

Die Medienverwaltung im Überblick

Die Medienverwaltung erreichen Sie im Backend über den Menüpunkt *Inhalt* → *Medien*. Sie landen damit im Bildschirm aus Abbildung 8-19.

Tipp Joomla! benötigt Schreibrechte auf das Verzeichnis *images* und seine Unterverzeichnisse. Gegebenenfalls müssen Sie dies über die entsprechenden Befehle oder Programme nachholen (wie das funktioniert, zeigte bereits Kapitel 2, *Installation*). Beachten Sie jedoch, dass das unter Umständen zu Sicherheitsproblemen führen kann: Sobald es einem Angreifer gelänge, die Kontrolle über Joomla! zu erlangen, dürfte er auch diese Verzeichnisse manipulieren.

Abbildung 8-19: Der Verwaltungsbildschirm für Medien.

Im Bereich rechts unten (siehe Abbildung 8-20) erscheint der Inhalt des *images*-Verzeichnisses. Jeder kleinere Kasten entspricht dabei genau einer Datei oder einem Unterordner. Das Symbol weist dabei auf den Dateiinhalt hin, bei Bildern präsentiert Joomla! direkt kleine Vorschauen (englisch *Thumbnails*). Unterhalb der Symbole finden Sie den zugehörigen Datei- beziehungsweise Verzeichnisnamen. Sofern Ihnen die Vorschaubilder zu klein oder zu groß erscheinen, können Sie ihre Größe über die Lupe anpassen.

Abbildung 8-20: Joomla! zeigt zu jeder Datei ein Symbol oder ein kleines Vorschaubild an.

Detailliertere Informationen zu einer Datei erhalten Sie, wenn Sie auf das i-Symbol klicken (i). Joomla! fährt dann eine Seitenleiste heraus. Sobald Sie eine Datei oder ein Verzeichnis anklicken, präsentiert die Seitenleiste wie in Abbildung 8-21 neben dem Erstellungsdatum und der Dateigröße auch noch zahlreiche weitere Informationen.

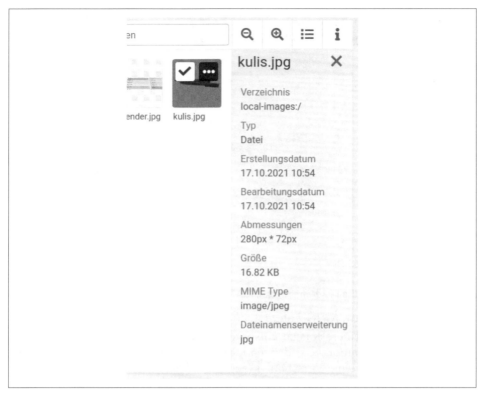

Abbildung 8-21: Bei Bildern verrät die Seitenleiste unter anderem die Auflösung.

Wenn Sie auf das Symbol mit den drei Strichen klicken (≡), präsentiert Joomla! die vorhandenen Dateien in einer Liste, in der auch die jeweilige Dateigröße und bei Bildern deren Maße erscheinen (siehe Abbildung 8-22). Hier können Sie über das i-Symbol ebenfalls die Seitenleiste öffnen, die Ihnen nach einem Klick auf eine Datei oder ein Verzeichnis viele weitere Informationen liefert. Zurück zur alten Ansicht mit den Vorschaubildern gelangen Sie mit einem Klick auf das Symbol mit den Quadraten (▦).

Wenn Sie eine Datei vermissen, tippen Sie ihren Dateinamen in das Feld *Suchen* ein. Joomla! zeigt dann schon beim Tippen nur noch die Dateien an, in deren Namen der eingetippte Begriff vorkommt. Die Suchfunktion ist vor allem dann hilfreich, wenn Sie bereits sehr viele Dateien hochgeladen beziehungsweise in Ihre Beiträge eingebunden haben.

Egal in welcher Ansicht Sie sich befinden: Ein Doppelklick auf ein Bild bringt es in seiner vollen Pracht auf den Bildschirm. Wenn die Medienverwaltung die kleinen Vorschaubilder anzeigt, können Sie alternativ mit der Maus auf die Datei fahren, dann die erscheinende Schaltfläche mit den drei Punkten anklicken und die Lupe aktivieren – ein Doppelklick führt jedoch deutlich schneller zum Ziel. In jedem Fall schließen Sie die Anzeige des Bilds, indem Sie auf das *X* rechts oben neben dem Bild klicken.

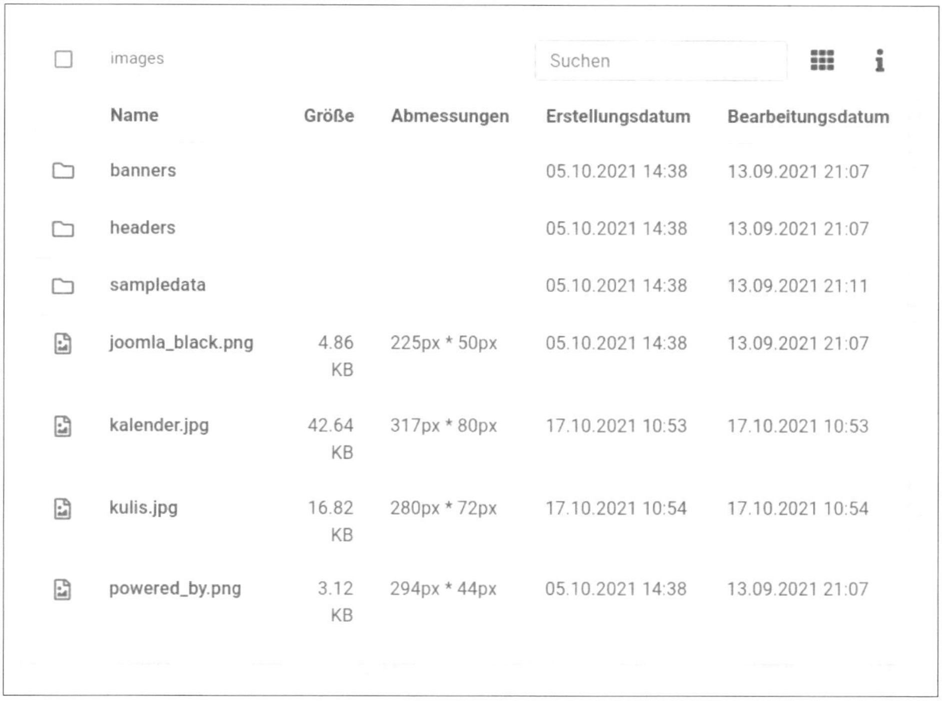

Abbildung 8-22: Die Detailansicht der Medienverwaltung liefert auch die Dateigrößen sowie die Abmessungen von Bildern.

Medien löschen

Um eine Datei oder ein Verzeichnis wieder vom Server zu entfernen, klicken Sie

- in der Darstellung mit den Vorschaubildern (aus Abbildung 8-20) nacheinander auf die zu löschenden Dateien beziehungsweise Verzeichnisse (Joomla! markiert sie dabei mit einem Haken) oder
- in der Listendarstellung aus Abbildung 8-22 auf die zugehörige Zeile (Joomla! markiert sie jetzt in der ersten Spalte blau). Wenn Sie weitere Dateien und Verzeichnisse löschen möchten, halten Sie die *[Umschalt]*-Taste gedrückt und klicken nacheinander auf die entsprechenden Zeilen.

In jedem Fall wählen Sie abschließend in der Werkzeugleiste *Löschen* und bestätigen die Rückfrage ebenfalls mit *Löschen*.

In der Darstellung mit den Vorschaubildern aus Abbildung 8-20 gibt es noch einen weiteren, schnelleren Weg, um eine Datei oder ein Verzeichnis zu entfernen: Fahren Sie mit der Maus auf die Datei oder das Verzeichnis. Klicken Sie auf die erscheinende Schaltfläche mit den drei Punkten und dann auf das Symbol mit dem Papierkorb. Bestätigen Sie auch hier die Rückfrage mit *Löschen*.

| Warnung | Doch Vorsicht: Sollte das Bild zu diesem Zeitpunkt noch in einem Beitrag enthalten sein, fehlt es dort ab sofort. Stellen Sie folglich vor dem Löschen sicher, dass das Bild nicht noch irgendwo verwendet wird. | |

Tipp Sollten Sie dennoch einmal ein Bild aus Versehen gelöscht haben, laden Sie es einfach wieder hoch. Es erscheint dann erneut automatisch an seinen alten Plätzen – vorausgesetzt, Sie haben den Dateinamen nicht verändert.

Mit Verzeichnissen Ordnung halten

Wie auf Ihrer Festplatte können Sie die Bilder und Dateien in Verzeichnissen ordnen. Alle bereits existierenden Unterverzeichnisse zeigt Joomla! in dem Kasten *Lokal* aus Abbildung 8-23 an. Unterverzeichnisse erscheinen dabei eingerückt. Mit einem Klick auf einen der Verzeichnisnamen wechseln Sie in den entsprechenden Ordner. Probieren Sie das einmal aus: Ein Klick auf *banners* führt direkt in das gleichnamige Verzeichnis mit einigen mitgelieferten Werbebannern. Alternativ können Sie auch doppelt auf das Ordnersymbol oder in der Listenansicht auf den Verzeichnisnamen klicken.

 Tipp Die Suchfunktion spürt eine Datei immer nur im aktuell angezeigten Verzeichnis auf.

Abbildung 8-23: Hier wurde in den Ordner *banners* gewechselt.

Bildverzeichnisse ändern

In der Medienverwaltung erreichen Sie über die Schaltfläche *Optionen* ein paar Grundeinstellungen. Auf der Registerkarte *Medien* finden Sie zwei Eingabefelder, mit denen Sie die Speicherorte der Bilder ändern können.

Pfad zum Dateiverzeichnis
Standardmäßig sammelt Joomla! alle Mediendateien im bekannten Unterverzeichnis *images*. Wenn Sie unbedingt ein anderes Verzeichnis als Medienablage verwenden möchten oder müssen, ändern Sie den *Pfad zum Dateiverzeichnis*. Als Alternative können Sie nur einen anderen Unterordner des Joomla!-Installationsverzeichnisses wählen; die hier eingetippte Pfadangabe interpretiert die Medienverwaltung immer relativ zum Joomla!-Ordner.

> Normalerweise ist eine Änderung des Verzeichnisses nicht notwendig, sie kann sogar zu ärgerlichen Nebeneffekten führen – beispielsweise wenn später eine Erweiterung das Verzeichnis *images* erwartet.
>
> *Pfad zum Bilderverzeichnis*
> In der Medienverwaltung landen mitunter auch private Bilder, geheime Pressetexte und andere Medien, die besser nicht direkt in Beiträgen auftauchen sollen. Damit keiner der Autoren unnötig in Versuchung gerät, können Sie Joomla! zwingen, Bilder nur noch aus einem ganz bestimmten Unterverzeichnis anzubieten.
>
> Dazu erstellen Sie zunächst das entsprechende Verzeichnis in der Medienverwaltung und tragen es dann hier im Feld *Pfad zum Bilderverzeichnis* ein. Joomla! verlangt dabei einen Pfad relativ zu seinem Installationsverzeichnis. Sollen zukünftig alle Autoren ihre Bilder nur noch aus dem Unterverzeichnis *beitraege* beziehen dürfen, tragen Sie hier `images/beitraege` ein. Wenn Sie jetzt nach dem *Speichern & Schließen* ein Bild in einen Beitrag einbinden, bietet Joomla! nur noch die Inhalte aus dem Ordner *images/beitraege* sowie dessen Unterverzeichnisse an. Das gilt übrigens nicht nur für Beiträge: Überall dort, wo Sie ein Bild auswählen oder einbinden können, bietet Joomla! nur noch Bilder aus dem *Pfad zum Bilderverzeichnis* an. Da eine nachträgliche Änderung des Verzeichnisses somit weitere Konsequenzen haben kann, sollten Sie es niemals im produktiven Betrieb wechseln. Wenn Sie den Zugriff nicht wirklich auf ein Verzeichnis beschränken müssen, behalten Sie zudem am besten hier die Voreinstellung *images* bei.
>
> Über die Medienverwaltung haben Sie selbstverständlich weiterhin Zugriff auf alle Inhalte des *images*-Ordners. Bilder in älteren Beiträgen bleiben übrigens erhalten, auch wenn sie jetzt in einem anderen, ausgeblendeten Verzeichnis liegen. Sie müssen die Beiträge somit nicht alle ändern.

Um wieder zurück zur obersten Ebene zu gelangen, klicken Sie erneut auf *images*. Den Pfad zum aktuell geöffneten Ordner finden Sie zudem oberhalb des Inhalts links neben dem Suchfeld (in Abbildung 8-23 rechts oben). Ein Klick auf einen Ordnernamen springt ebenfalls direkt zum entsprechenden Verzeichnis.

Die Medienverwaltung sperrt Sie aus Sicherheitsgründen im *images*-Verzeichnis ein. Andernfalls könnten Sie oder einer der Autoren in das Joomla!-Installationsverzeichnis wechseln, dort auf alle Systemdateien zugreifen und so das Content-Management-System (versehentlich) zerstören beziehungsweise unter die eigene Kontrolle bringen.

Joomla! bringt von Haus aus einige Ordner mit, in denen schon ein paar Bilder lagern. Im Einzelnen sind dies:

images
: Das Joomla!-Logo in verschiedenen Ausführungen.

images/banners
: Ein paar Joomla!-Werbebanner. Später sollen hier auch alle weiteren Werbebanner Ihres Internetauftritts landen.

images/headers
Ein paar Bilder zur Verzierung Ihrer Website.

images/sampledata
Einige Beispielbilder, die Galaxien und Sterne zeigen.

Über die entsprechende Schaltfläche in der Werkzeugleiste können Sie ein *Neues Verzeichnis anlegen*. In das dann erscheinende Eingabefeld tippen Sie einfach den Namen des neuen Ordners ein und lassen ihn *Erstellen*.

Tipp Wenn Ihre Beiträge häufig viele Bilder enthalten, lohnt es sich, die Seitenstruktur im Ordner *images* noch einmal mit entsprechenden Unterverzeichnissen nachzubilden. Damit würden dann beispielsweise alle Bilder zur Filmkritik *James Bond 007: Skyfall* im Verzeichnis *images/filmkritiken/actionfilme/skyfall* liegen. Auf diese Weise behält man den Überblick über das Bildmaterial, und die verschiedenen Autoren kommen sich beim Hochladen nicht gegenseitig in die Quere.

Klappt das Anlegen nicht, besitzt Joomla! keine Schreibrechte für das entsprechende Verzeichnis.

Bilder und Dokumente hochladen

Um ein eigenes Bild oder ein Dokument hinzuzufügen, klicken Sie auf *Hochladen* und wählen die entsprechende Datei aus. Alternativ ziehen Sie die Dateien aus Ihrem Dateimanager in die Medienverwaltung. Sobald eine Wolke mit dem Hinweis *Datei per Drag-and-Drop hochladen* erscheint, lassen Sie die Maustaste los. In jedem Fall lädt Joomla! die Dateien automatisch in das aktuell angezeigte Verzeichnis hoch.

Standardmäßig sind Dateien bis zu einer Größe von 10 MByte erlaubt. Den genannten Wert können Sie ändern, indem Sie in der Werkzeugleiste die *Optionen* der Medienverwaltung aufrufen und dort auf der Registerkarte *Medien* im Feld *Maximale Größe (in MB)* den gewünschten Wert in Megabyte eintragen. Lassen Sie anschließend Ihre Änderungen *Speichern*.

Warnung Der hier maximal mögliche Wert hängt zusätzlich noch von der PHP-Konfiguration und somit letztendlich auch von Ihrem Webhoster ab. Je nach gemietetem Paket sind hier größere oder kleinere Dateien erlaubt.

Die Medienverwaltung verarbeitet standardmäßig ausschließlich Bilder mit den Dateiendungen *bmp*, *gif*, *ico*, *jpg*, *jpeg*, *png*, *xcf* und *webp* sowie Dokumente mit den Endungen *pdf*, *xls* (Excel), *ppt* (PowerPoint), *txt* (einfacher Text) und *csv* (Tabellen als Comma Separated Values) nebst den Dokumenten der LibreOffice-Anwendungen (mit den Dateiendungen *odg*, *odp*, *ods* und *odt*). Erlaubt sind abschließend noch Audio- und Videodateien in den Formaten *mp3*, *m4a*, *mp4a*, *ogg*, *mp4*, *mp4v*, *mpeg* und *mov*. Wenn Sie versuchen, eine andere Datei hochzuladen, verweigert sich Joomla!. Um weitere Dateiendungen zu erlauben, öffnen Sie die Optionen und hängen dort auf der Registerkarte *Medien* im Feld *Zulässige Erweiterungen* die gewünschten Endungen, jeweils durch ein Komma getrennt, an die vorhandenen an.

Nicht immer steckt in einer hochgeladenen Datei das drin, was draufsteht. So könnte ein findiger Benutzer Ihrer Seite einer MP3-Datei den Namen *bild.jpg* geben. Solch eine Identitätsfälschung würde Joomla! passieren lassen. Glücklicherweise existieren für PHP die beiden Erweiterungen *MIME Magic* und *Fileinfo* (*https://www.php.net/manual/de/book.fileinfo.php*). Sie lassen sich nicht vom Dateinamen blenden, sondern analysieren den Inhalt der Datei. Als Ergebnis liefern sie dann ihren wahren Typ zurück. Ob eine der beiden Erweiterungen bei Ihnen installiert ist, erfahren Sie im Backend unter *System → Systeminformationen* im Register *PHP-Informationen*. Wenn es dort weder eine Sektion für *MIME Magic* noch eine für *Fileinfo* gibt, fehlen die Erweiterungen. In diesem Fall müssen Sie Ihren Webhoster kontaktieren.

Sofern eine der beiden genannten Erweiterungen auf dem Server installiert ist, prüft Joomla! mit ihr jede hochgeladene Datei und weist sie im Fall der Fälle ab. In den *Optionen* der Medienverwaltung regeln auf der Registerkarte *Medien* die folgenden Einstellungen das entsprechende Verhalten:

Eingeschränktes Hochladen
Sofern beide Erweiterungen fehlen, dürfen bei einem *Ja* sicherheitshalber nur noch Benutzer vom Rang eines Managers oder höher Dateien auf den Server laden (auf die Benutzerrechte geht später noch Kapitel 12, *Benutzerverwaltung und -kommunikation*, ein).

Dateityp überprüfen
Bei einem *Ja* prüft Joomla! jede hochgeladene Datei mit einer der beiden Erweiterungen.

Gültige Bilddateiendungen (Dateitypen), Gültige Audioerweiterungen (Dateitypen), Gültige Videoerweiterungen (Dateitypen) und Gültige Dokumenterweiterungen (Dateitypen)
Joomla! lädt nur Bilder mit den hier aufgeführten Endungen auf den Webserver. Auch hier müssen die Dateiendungen wieder jeweils durch Kommata voneinander getrennt werden.

Ignorierte Dateiendungen
Dateien mit den hier eingetragenen Dateiendungen winkt Joomla! ohne jegliche Prüfung durch.

Warnung Dieses Feld sollte möglichst immer leer bleiben. Die Gefahr, dass ein böswilliger Benutzer durch dieses Schlupfloch schädliche Programme oder urheberrechtlich geschütztes Material hochlädt, ist einfach zu groß.

Gültige Dateitypen
Als Nächstes müssen Sie Joomla! noch mitteilen, welche Arten von Dateien es hochladen darf. Dazu zählen sicherlich JPEG-Bilder und einfache Textdateien. Für jeden dieser erlaubten Dateitypen müssen Sie im Eingabefeld *Gültige Dateitypen* ein spezielles Kürzel hinterlegen. Die Angabe `text/plain` kennzeichnet beispielsweise reinen Text, wohingegen `image/jpeg` auf ein JPEG-Bild hinweist. Diese Kürzel bezeichnet man als *MIME-Typ* (eigentlich *Internet Media Type* oder auch *Content-Type*). Welches Kürzel für welchen Dateityp steht, legt derzeit die

Internet Assigned Numbers Authority (kurz IANA) fest. Eine Liste mit allen derzeit gültigen MIME-Typen finden Sie im Internet beispielsweise unter *https://www.iana.org/assignments/media-types/media-types.xhtml* oder unter *https://wiki.selfhtml.org/wiki/MIME-Type*.

Ungültige Dateitypen
Alle Dateien mit den hier eingetragenen MIME-Typen blockiert Joomla! beim Versuch, sie hochzuladen.

Sofern Sie eine oder mehrere Einstellungen angepasst haben, müssen Sie diese abschließend noch *Speichern & Schließen*. Ein Klick auf *Schließen* verwirft hingegen sämtliche Änderungen.

Bilder bearbeiten

Steht ein Bild Kopf oder sprengt es im Beitrag den vorhandenen Platz, können Sie es mit der eingebauten Bildbearbeitung passend nachbearbeiten. Dazu stellen Sie zunächst sicher, dass die Medienverwaltung die Ansicht mit den kleinen Vorschaubildern zeigt. Das ist der Fall, wenn rechts oben das Symbol ≡ zu sehen ist.

Fahren Sie dann mit der Maus auf sein kleines Vorschaubild. Klicken Sie auf die erscheinenden drei Punkte und dann auf das Bleistiftsymbol. Sie landen damit in der kleinen Bildbearbeitung aus Abbildung 8-24. Auf den entsprechenden Registerkarten können Sie Ihr Bild jetzt zuschneiden, skalieren und drehen.

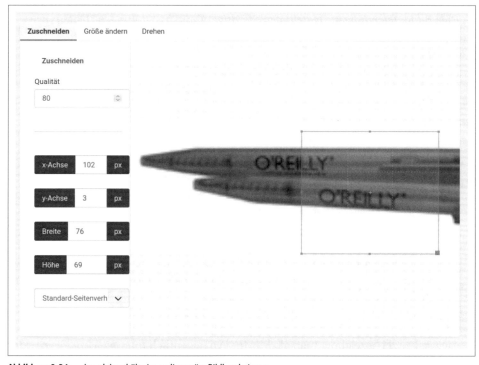

Abbildung 8-24: Joomla! enthält eine rudimentäre Bildbearbeitung.

Warnung Die Bildbearbeitung arbeitet destruktiv! Wenn Sie das Bild damit manipulieren, ist das Original nicht mehr vorhanden. In Joomla! 4.0.3 ließ sich diese Bildbearbeitung zudem nur fummelig bedienen. Und schließlich bietet die Bildbearbeitung gerade mal drei Funktionen. Um sich Ärger und Frust zu ersparen, sollten Sie Bilder und Fotos daher möglichst schon vor dem Hochladen mit einem richtigen Bildbearbeitungsprogramm vorbereiten.

Tipp Über die Schaltfläche *Zurücksetzen* können Sie jederzeit den Ursprungszustand eines Bilds wiederherstellen. Das funktioniert allerdings nur so lange, wie Sie die Bildbearbeitung noch nicht via *Schließen* oder *Speichern & Schließen* verlassen haben.

Wählen Sie zunächst unter *Zuschneiden* den gewünschten Bildausschnitt. Ihn repräsentiert das blaue Rechteck. Um es an die passende Position zu verschieben, platzieren Sie den Mauszeiger in seiner Mitte, halten die linke Maustaste gedrückt und ziehen es an seine Endposition. Das Rechteck besitzt zudem kleine Knubbel, die Sie mit der Maus anfassen und verschieben können. Ziehen Sie auf diese Weise das blaue Rechteck in die gewünschte Größe. Dabei werden Sie feststellen, dass Joomla! manchmal keine Reaktion zeigt. In diesem Fall ist ganz links unten in der Drop-down-Liste ein Seitenverhältnis eingestellt. Joomla! stellt dann immer dieses Seitenverhältnis sicher. Wenn Sie *Keine* einstellen, können Sie das blaue Rechteck beliebig skalieren.

Wenn Ihnen das Zurechtzupfen des Rechtecks zu ungenau ist, geben Sie *Breite* und *Höhe* in Pixeln in die entsprechenden Felder ein. Die Werte in *x-Achse* und *y-Achse* geben die Position der linken oberen Ecke des blauen Rechtecks an. Wenn Sie das Bild nicht beschneiden und komplett übernehmen möchten, stellen Sie unter *x-Achse* und *y-Achse* jeweils eine 0 ein sowie bei *Breite* und *Höhe* die jeweilige Breite und Höhe des Bilds.

Abschließend können Sie noch die *Qualität* vorgeben, in der Joomla! das Bild gleich speichert. Lassen Sie schließlich die Änderungen *Speichern*.

Sobald der Ausschnitt steht, wechseln Sie zum Register *Größe ändern*. Tragen Sie die neue *Breite* und *Höhe* des Bilds in Pixeln in die entsprechenden Felder ein. Auch hier können Sie wieder die *Qualität* des fertigen Bilds festlegen. Sobald die neue Größe feststeht, lassen Sie sie *Speichern*.

Auf der letzten Registerkarte lässt sich das komplette Bild noch *Drehen*. Um wie viel Grad das Foto rotieren soll, legen Sie unter *Winkel* fest. Möchten Sie das Bild auf den Kopf stellen oder auf die Seite legen, können Sie alternativ unten auf eine der *Winkel*-Schaltflächen klicken. Die *90* würde das Bild direkt um 90 Grad drehen und so auf die Seite legen. Kontrollieren Sie noch die *Qualität* und lassen Sie das Bild *Speichern*.

Dateien umbenennen und herunterladen

Mitunter haben Dateien wenig aussagekräftige Namen, wie etwa *IMG_123456.jpg*. Um den Dateinamen anzupassen, stellen Sie zunächst sicher, dass in der Medienverwaltung die Ansicht mit den Vorschaubildern aktiv ist. Das ist der Fall, wenn rechts oben das Symbol ⋮≡ zu sehen ist. Fahren Sie dann mit der Maus auf die entsprechende Datei. Klicken Sie auf die erscheinende Schaltfläche mit den drei Punkten und dann auf das Symbol mit dem *T*. Es öffnet sich jetzt ein Fenster, in dem Sie der Datei einen besseren Namen verpassen können.

Über das Symbol mit den drei Punkten können Sie sich auch schnell eine Datei herunterladen. Das ist beispielsweise nützlich, wenn ein anderer Autor ein Foto hochgeladen hat, das Sie noch in einem Bildbearbeitungsprogramm anpassen möchten. Fahren Sie dann mit der Maus auf die entsprechende Datei. Klicken Sie auf die drei Punkte und anschließend auf den nach unten zeigenden Pfeil.

Bilder einbinden

Nachdem die Bilder in der Medienverwaltung gelandet sind, möchte man sie auch irgendwie in die eigene Website einbinden. Überall dort, wo Sie Bilder einbinden können, bietet Joomla! eine entsprechende Schaltfläche an. Beim Erstellen einer Kategorie können Sie beispielsweise über das Register *Optionen* ein Bild *Auswählen*. Wenn Sie das Bild hingegen direkt in einen Beitragstext integrieren möchten, klicken Sie im Menü *CMS Inhalt* auf *Medien*.

Abbildung 8-25: Die Medienverwaltung erscheint auch beim Einbinden der Bilder.

In jedem Fall öffnet sich dann die bekannte Medienverwaltung, die Ihnen die Inhalte des *images*-Verzeichnisses kredenzt (siehe Abbildung 8-25). Wie man dieses Fenster bedient, haben Sie bereits im Abschnitt »Bilder in Beiträge einbauen« auf Seite 140 gesehen.

Mitunter ist man etwas unschlüssig bei der Entscheidung, ob ein Foto tatsächlich in einem Beitrag auftauchen sollte. Wenn Sie von einem Autorenteam unterstützt werden, können Sie diesem das Bild zeigen und es um Rat fragen. In solchen Fällen reicht es aus, dem Team per E-Mail einen Link auf das Bild zu schicken. Einen solchen Link generiert die Medienverwaltung auf Knopfdruck. Dazu stellen Sie zunächst sicher, dass sich die Medienverwaltung in der Ansicht mit den kleinen Vorschaubildern befindet. Das ist der Fall, wenn rechts oben das Symbol ≡ erscheint. Fahren Sie jetzt mit der Maus auf das betroffene Bild. Klicken Sie auf das Symbol mit den drei Punkten und dann auf das Symbol mit der Kette. Im neuen Fenster aktivieren Sie die Schaltfläche *Einen teilbaren Link erhalten*. Joomla! zeigt Ihnen dann eine Internetadresse an, die direkt zum Bild führt. Über die Schaltfläche rechts daneben können Sie die Adresse in die Zwischenablage kopieren und darüber schließlich in eine E-Mail einfügen. Wer immer die Internetadresse aufruft, sieht dann (nur) das Bild.

Rechtliche Aspekte

Gerade bei Filmkritiken ist es oftmals mehr als verlockend, einfach das Bild eines Schauspielers oder einer Filmszene von irgendeiner Seite im Internet herunterzuladen und es in den eigenen Text zu integrieren. Dieser Versuchung sollten Sie jedoch unter allen Umständen widerstehen: Sämtliche Bild-, Ton- und Textdokumente sind urheberrechtlich geschützt. Ein Einsatz auf dem eigenen Internetauftritt sollte nur nach Rücksprache mit dem jeweiligen Rechteinhaber erfolgen. Bei Bildern ist dies meist der Fotograf oder eine Bildagentur. Bittet man nicht um Erlaubnis, kann das recht schnell zu einer teuren Abmahnung und sogar zu Schadensersatzforderungen führen. Fragen Sie im Zweifelsfall einen Rechtsanwalt oder benutzen Sie ausschließlich selbst angefertigte Bilder. Doch auch hier lauern Fallen: Wenn Sie eine Person fotografiert haben, muss diese der Veröffentlichung zustimmen. Auch einige Gebäude und deren Silhouetten sind rechtlich geschützt – wie etwa der beleuchtete Eiffelturm bei Nacht oder das Atomium in Brüssel. Auch hier müssen Sie sich die Erlaubnis des Rechteinhabers einholen.

Weitere Informationen zu diesem Thema finden Sie im Internet. Eine erste Anlaufstelle ist Wikipedia mit den Beträgen unter *https://de.wikipedia.org/wiki/Urheber rechtsverletzung* und *https://de.wikipedia.org/wiki/Wikipedia:Bildrechte*.

TEIL III
Den Internetauftritt erweitern

KAPITEL 9
Module

In diesem Kapitel:
- Wozu werden Module verwendet?
- Rundgang durch die Modulverwaltung
- Ein Modul hinzufügen
- Eigenschaften eines Moduls verändern
- Reihenfolge der Module ändern
- Menüzuweisung
- Module für Beiträge
- Modul für eigene Texte
- Module für Schlagwörter
- Module für spezielle Situationen
- Module umplatzieren
- Module im Frontend bearbeiten
- Module in Beiträge einbinden
- Hilfe, mein Modul ist verschwunden!
- Modulzuordnung kontrollieren und korrigieren

In Abbildung 9-1 hat ein Besucher die Filmkritik zu *James Bond 007: Skyfall* aufgerufen. Dieser Beitrag nimmt den größten Teil der Seite ein. Um ihn herum drapiert Joomla! noch zahlreiche weitere Dinge. Auf der rechten Seite gibt es beispielsweise das *Login Form*, über das sich die Benutzerinnen und Benutzer bei Joomla! anmelden können, sowie darüber das im Laufe der letzten Kapitel etwas größer gewordene Menü.

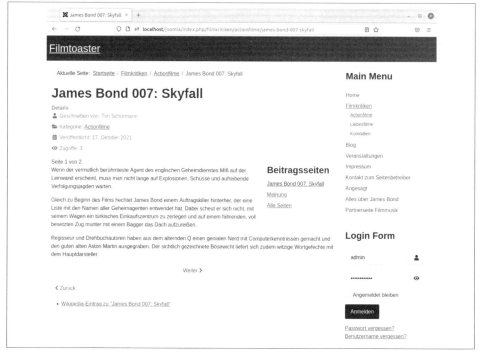

Abbildung 9-1: Rund um den Beitrag sind zahlreiche weitere Informationen und Elemente angeordnet. Dahinter steckt jeweils ein sogenanntes Modul.

Jedes dieser zusätzlichen Elemente stellt ein sogenanntes *Modul* bereit. Was es mit diesen nützlichen Gesellen auf sich hat und wie man die Module hübsch auf der Seite arrangiert, erklären die folgenden Abschnitte.

Wozu werden Module verwendet?

Neben jeder Filmkritik könnte man einen kleinen Kasten mit den derzeit beliebtesten Kritiken einblenden. Auf diese Weise verleitet man die Besucherinnen und Besucher, auch noch einen anderen Beitrag zu lesen. Genau solche Zusatzfunktionen stellen in Joomla! die sogenannten Module bereit.

Module blenden neben dem Seiteninhalt, also beispielsweise einer Filmkritik, weitere Informationen oder Funktionen ein. Bildlich können Sie sich Module als Miniprogramme vorstellen, die jeweils eine kleine Zusatzfunktion anbieten. Beispielsweise gibt es ein Modul, das eine Liste mit den beliebtesten Beiträgen anzeigt. Ein anderes stellt hingegen die nützliche Breadcrumb-Leiste bereit.

Wenn Sie eine Seite betreiben, dürfen Sie frei entscheiden, welche Module auf Ihren Webseiten zu sehen sind und wo sie auf Ihren Webseiten erscheinen. Die möglichen Plätze schreibt dabei allerdings das gerade aktive Template vor. Meist sind das ähnlich wie in Abbildung 9-1 die Bereiche am oberen und rechten Seitenrand.

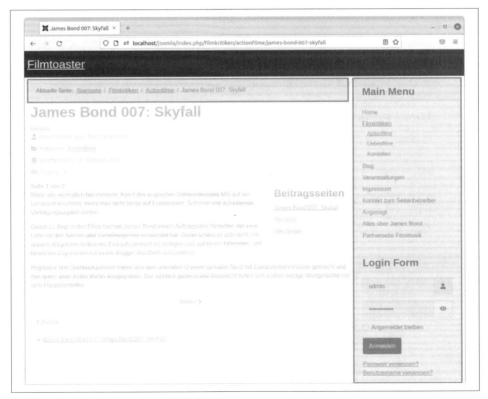

Abbildung 9-2: Die grauen, rechteckigen Kästchen kennzeichnen die möglichen Positionen für die Module.

Den vom Template vorgegebenen Seitenbauplan können Sie sich dabei wie eine Ansammlung von Schachteln vorstellen. Wenn Sie im Frontend Ihre bisher zusammengebaute Website betrachten, dürften Ihnen sicherlich schnell die rechteckigen Bereiche auffallen. Abbildung 9-2 hebt sie noch einmal deutlicher mithilfe grauer Rechtecke hervor. Genau das sind die Schachteln, in die man ein oder mehrere Module stecken darf.

Die Module haben den Vorteil, dass man sie flexibel austauschen und umbauen kann. Gibt es beispielsweise ein Modul, das die beliebtesten Beiträge noch hübscher und schneller anzuzeigen vermag, reicht es aus, das kleine Modul zu ersetzen. Der Rest des Joomla!-Systems bleibt dabei unangetastet.

Rundgang durch die Modulverwaltung

Für die Verwaltung der Module ist der Bildschirm hinter dem Menüpunkt *Inhalt* → *Site Module* zuständig. Das Ergebnis ist die Tabelle aus Abbildung 9-3.

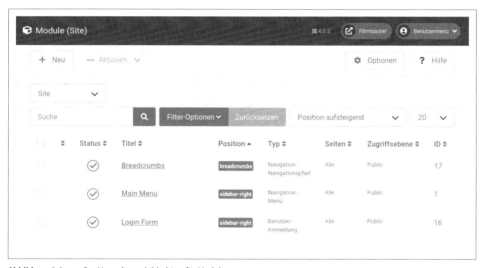

Abbildung 9-3: Der Verwaltungsbildschirm für Module.

Links oben neben der Tabelle, direkt unterhalb der Werkzeugleiste, finden Sie die Drop-down-Liste *Site*. Sofern darin *Site* eingestellt ist, führt die große Tabelle alle Module auf, die ihre Arbeit auf der Website verrichten und somit den Besuchern nützen.

Wenn Sie die Drop-down-Liste auf *Administrator* umschalten (oder alternativ *Inhalt* → *Administrator Module* aufrufen), erscheinen in der Tabelle hingegen alle Module, die irgendwo im Backend auftauchen. Das mag zunächst etwas verwirrend klingen. Das Backend ist jedoch eigentlich nichts anderes als eine kleine Joomla!-Website mit einem ganz speziellen Zweck – nämlich dem der Verwaltung Ihres Internetauftritts. Das Hauptmenü am oberen Rand funktioniert daher genau so wie die Menüs auf Ihrer Website: Auch für deren Anzeige ist ein Modul zuständig. Die

Verwaltung dieser Module erfolgt genau so wie ihre Pendants für das Frontend. Sofern Sie nicht auf Basis von Joomla! ein eigenes Content-Management-System entwickeln möchten, sind hier jedoch glücklicherweise keinerlei Änderungen erforderlich. Es besteht im Gegenteil sogar die Gefahr, dass Sie sich selbst für immer aussperren. Bis auf wenige Ausnahmen werden Sie somit ausschließlich mit den Modulen für die *Site* in Kontakt kommen.

Warnung   Achten Sie im Folgenden immer darauf, dass Sie sich bei den Modulen für die Website befinden – dass also der Punkt *Site* eingestellt ist.

Tipp   Im Englischen fasst man alle Module für die Website unter dem Begriff *Site Modules* zusammen, während ihre Kollegen für das Backend als *Administration Modules* bekannt sind. Da Letztere normalerweise nicht angetastet werden, verwendet man den Begriff *Modules* häufig synonym zu *Site Modules*. In den deutschen Übersetzungen ist allgemein nur von *Modulen* die Rede. Diese gebräuchliche Konvention soll auch in allen folgenden Abschnitten zur Anwendung kommen.

Jede Zeile der Tabelle zeigt ein Modul. Das ist genau dann auf Ihrer Website zu sehen, wenn es in der Spalte *Status* einen grünen Haken besitzt. Bei einem grauen *X* ist es hingegen für Ihre Besucher nicht zu sehen. Der Name des Moduls in der Spalte *Titel* prangt später auf Wunsch auch als Überschrift über dem Modul. Ein gutes Beispiel dafür ist das Modul für die Benutzeranmeldung: In der Tabelle taucht es als *Login Form* auf, und dies ist auch gleichzeitig die Überschrift über den Eingabefeldern auf der Website (zu sehen in den Abbildungen 9-4 und 9-5).

Abbildung 9-4:   Der Name des Moduls ...

Abbildung 9-5:   ... ist gleichzeitig sein Titel auf der Website.

Tipp Wenn Sie ein Modul in der Tabelle suchen, beachten Sie, dass Joomla! die Einträge standardmäßig nach ihrer *Position* auf der Website sortiert. Erst nach einem Klick auf die Spaltenbeschriftung *Titel* erscheinen die Module in alphabetischer Reihenfolge. Bei sehr vielen Modulen sollten Sie zudem die *Suchwerkzeuge* nutzen.

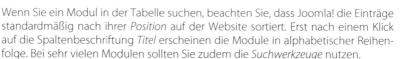

Das Template legt die Stellen auf der Website fest, an denen Sie Ihre Module ablegen dürfen. Um die Positionierung zu vereinfachen, gibt das Template diesen Stellen jeweils einen eindeutigen Namen. Einige Templates verwenden dabei recht kryptische Bezeichnungen, wie *position-3* oder *position-7*. Das in Joomla! mitgelieferte Template nutzt glücklicherweise etwas aussagekräftigere Bezeichnungen, wie etwa *sidebar-right*. In der Tabelle aus Abbildung 9-3 verrät die Spalte *Position*, an welcher Stelle auf der Website das zugehörige Modul erscheint (also den Namen der Schachtel, in der das Modul liegt).

Einige Module liegen an der gleichen Position. In Abbildung 9-3 gilt das beispielsweise für das *Main Menu* und das *Login Form*: Beide befinden sich im Bereich *sidebar-right*. Dies weist dezent darauf hin, dass Sie durchaus mehrere Module an der gleichen Position ablegen dürfen (beziehungsweise zusammen in eine Schachtel packen können). So könnten Sie beispielsweise auch die *Breadcrumbs* an den rechten Rand zum *Login Form* packen. Befinden sich mehrere Module an einer Position, werden sie dort automatisch übereinandergestapelt. Ein Paradebeispiel ist der rechte Seitenrand, an dem momentan der Kasten *Main Menu* über dem *Login Form* liegt.

Jedes Modul erledigt eine ganz spezielle Aufgabe. Das Breadcrumb-Modul zeigt beispielsweise den Weg zur aktuellen Seite, während sich das Login Form um die Anmeldung der Besucher kümmert. Auch hinter jedem einzelnen Menü steckt nichts anderes als ein Modul, das die Menüeinträge hübsch zur Auswahl bereitstellt. Um was sich ein Modul kümmert beziehungsweise welche Informationen es anzeigt, verrät in der Tabelle die Spalte *Typ*.

Unter *Seiten* erfahren Sie, auf welchen Unterseiten das Modul auftaucht. Bei *Alle* hat der Besucher das Modul immer im Blick, bei *Keine* erscheint es nirgendwo auf Ihrer Website. Im Fall von *Ausgewählte* sehen die Besucher das Modul nur auf einigen wenigen ausgewählten Webseiten – wie etwa nur auf der Startseite. Module, deren Ausgaben umgekehrt eigentlich auf allen Seiten zu sehen sind, aber nur auf einigen wenigen anderen fehlen, kennzeichnet hier ein *Alle, außer ausgewählte*.

Die restlichen Spalten verraten, welche Besuchergruppen das Modul überhaupt zu Gesicht bekommen (*Zugriffsebene*) und wie die interne Identifikationsnummer lautet (*ID*). Tabelle 9-1 fast noch einmal die Informationen der einzelnen Spalten zusammen.

Tabelle 9-1: Spalten der Tabelle »Module (Site)« und ihre jeweiligen Informationen

Spalte	Bedeutung
Status	Bei einem grünen Haken ist das Modul prinzipiell auf der Website zu sehen.
Titel	Der Titel des Moduls.

Tabelle 9-1: Spalten der Tabelle »Module (Site)« und ihre jeweiligen Informationen (Fortsetzung)

Spalte	Bedeutung
Position	Das Modul erscheint an dieser Stelle auf der Website.
Typ	Das Modul bietet diese Funktion an.
Seiten	Das Modul erscheint auf diesen Webseiten.
Zugriffsebene	Das Modul sehen nur diese Benutzergruppen.
ID	Die interne Identifikationsnummer des Moduls.

Auch für Module gibt es einen Papierkorb: Möchten Sie ein Modul wieder loswerden, beispielsweise weil Sie keine Breadcrumb-Liste brauchen, markieren Sie das kleine Kästchen in seiner Zeile und klicken dann unter den *Aktionen* auf *Papierkorb*. Einen Blick in diesen Abfallbehälter werfen Sie, indem Sie die *Filter-Optionen* öffnen und dann – *Status wählen* – auf *Papierkorb* setzen. Erst wenn Sie dort die Module noch einmal markieren und *Papierkorb leeren* anklicken, entfernt sie Joomla! endgültig. Benötigen Sie später ein so gelöschtes Modul doch noch einmal wieder, müssen Sie ein neues anlegen, das die gleiche Aufgabe löst (wie das funktioniert, erklärt der Abschnitt »Ein Modul hinzufügen« unten).

Warnung Auf diese Weise lassen sich auch Module ins Jenseits befördern, die eine Kernfunktionalität bereitstellen. Dies gilt insbesondere für die Administrator-Module.

Zwar können Sie in der Modulverwaltung immer noch ein entsprechendes neues Modul als Ersatz anlegen, das geht aber nur, wenn Sie sich nicht durch das Löschen eines wichtigen Moduls zuvor selbst ausgesperrt haben. Achten Sie folglich peinlich genau darauf, welches Modul Sie gerade markiert haben beziehungsweise löschen.

Ein Modul hinzufügen

Joomla! hält ein Modul bereit, das die beliebtesten Beiträge einblendet. Auf den Filmtoaster-Seiten könnte man so die populärsten Filmkritiken präsentieren. Damit müssten Ihre Besucher dann nicht erst umständlich nach diesen besonders interessanten Texten suchen, und darüber hinaus werden sie dazu animiert, auch ältere Beiträge zu lesen. Folglich muss auf den Filmtoaster-Seiten schleunigst ein solches Modul her.

Um der eigenen Website ein weiteres, neues Modul zu spendieren, klicken Sie in der Modulverwaltung hinter *Inhalte* → *Site Module* auf die Schaltfläche *Neu*. Es erscheint nun die Seite aus Abbildung 9-6 mit ziemlich vielen Kästen.

Hier entscheiden Sie zunächst, welche Aufgabe das neue Modul erledigen soll. Muss es die neuesten Beiträge anzeigen oder doch nur ein Foto? Mit anderen Worten: Joomla! möchte wissen, was für einen *Modultyp* (englisch *Module Type*) Sie benötigen. Beispielsweise zeigt ein Modul vom Typ *Beiträge – Neueste* die aktuellsten Beiträge an, während ein Modul vom Typ *Zufallsbild* ein Foto präsentiert.

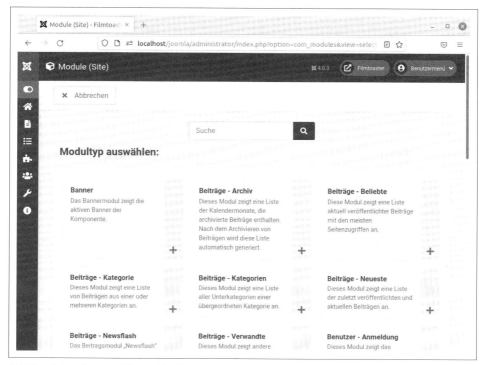

Abbildung 9-6: Im ersten Schritt wählen Sie aus, was das neue Modul anzeigen soll.

Überlegen Sie sich jetzt, welche Aufgabe das neue Modul erfüllen soll. Suchen Sie dann in der Liste den passenden Modultyp und klicken Sie seinen Kasten an. Nachträglich installierte Erweiterungspakete können das Angebot übrigens noch um weitere Modultypen ergänzen.

Auf den Filmtoaster-Seiten soll das neue Modul die beliebtesten Filmkritiken anzeigen, folglich ist der Modultyp *Beiträge – Beliebte* genau der richtige.

Tipp Joomla! hat bereits bei der Installation einige Module eingerichtet. Diese können Sie einfach an Ihre eigenen Bedürfnisse anpassen. In der Regel tragen sie als Titel die englische Übersetzung ihres Typs (der Autor der Beispiel-Homepage war offenbar nicht sehr kreativ). So steckt beispielsweise hinter dem *Login Form* ein Modul vom Typ *Benutzer – Anmeldung*.

Es öffnet sich nun ein ziemlich umfangreiches Formular, in dem Sie dem Modul zunächst im Eingabefeld *Titel* einen Namen verpassen. Auf den Filmtoaster-Seiten wählen Sie für das Modul mit den beliebtesten Beiträgen einfach `Beliebteste Kritiken`. Der Titel erscheint später auch als Überschrift über den Ausgaben des Moduls (wie in Abbildung 9-7). Wählen Sie den Titel daher möglichst so, dass er die vom Modul präsentierten Informationen kurz und knackig zusammenfasst. Damit können Sie das Modul auch später im Backend leichter identifizieren.

Anschließend müssen Sie noch auf der rechten Seite eine *Position* auswählen, an der das Modul zukünftig erscheinen soll. Im Beispiel setzen Sie das Modul an die Position *Seitenleiste-rechts [sidebar-right]*. Beim mitgelieferten Template *Cassiopeia* liegt dieser Bereich am rechten Seitenrand (wo auch das *Login Form* zu sehen ist).

Tipp   Ganz am Ende der Liste finden Sie den Abschnitt *Aktive Positionen*. Dort bietet Joomla! noch einmal alle Positionen zur Auswahl, an denen derzeit ein Modul zu sehen ist.

Weitere Hilfe zur Positionierung eines Moduls liefert gleich noch der Abschnitt »Module umplatzieren« ab Seite 318. Alle anderen Einstellungen können Sie erst einmal auf ihren Vorgaben belassen.

Sobald Sie das neue Modul *Speichern & Schließen* lassen, erscheint es umgehend im Frontend auf Ihrer Website. Im Beispiel sind die *Beliebtesten Kritiken* sehr wahrscheinlich irgendwo zwischen oder unter den anderen Modulen zu sehen (wie in Abbildung 9-7).

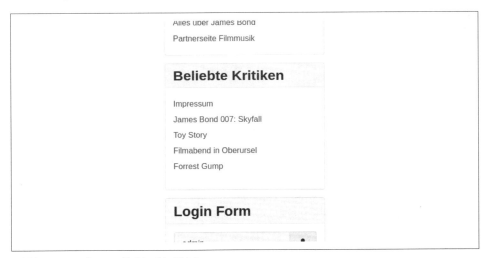

Abbildung 9-7:   Das neue Modul auf der Website.

Dort dürften Besucher das Modul jedoch schnell übersehen. Zudem zeigt es nicht nur Filmkritiken, sondern auch noch andere beliebte Beiträge an – in Abbildung 9-7 beispielsweise noch das *Impressum*. Abschließend erscheint das Modul standardmäßig auf allen von Joomla! ausgelieferten Webseiten. Zumindest im Impressum ist es jedoch entbehrlich. Netterweise lassen sich alle genannten Probleme in den Einstellungen des Moduls beheben.

Tipp   Niemand hindert Sie daran, mehrere Module des gleichen Typs hinzuzufügen. Auf diese Weise könnten Sie Ihre Website mit 6 Breadcrumb-Leisten und 14 Login Forms ausstatten. Ob das immer sinnvoll ist, steht natürlich auf einem anderen Blatt.

Eigenschaften eines Moduls verändern

Um die Einstellungen eines Moduls zu verändern, klicken Sie das Modul in der Tabelle hinter *Inhalte → Site Module* an. Auf den Filmtoaster-Seiten benötigt das im vorherigen Abschnitt erstellte Modul *Beliebteste Kritiken* noch etwas Feinschliff. Klicken Sie daher in der Tabelle seinen Titel an.

In jedem Fall landen Sie wieder im ziemlich überfüllt wirkenden Formular aus Abbildung 9-8. Es präsentiert alle Eigenschaften und Stellschrauben des Moduls.

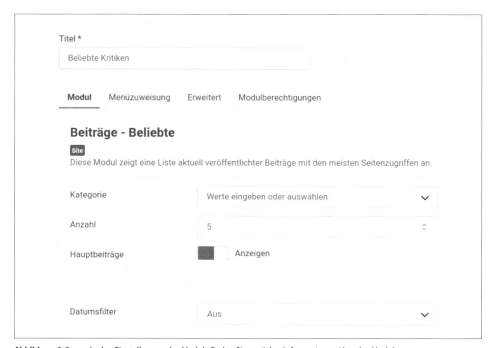

Abbildung 9-8: In den Einstellungen des Moduls finden Sie zunächst Informationen über das Modul.

Im bereits geöffneten Register *Modul* informiert Sie Joomla! zunächst noch einmal links oben über den Leistungsumfang des Moduls. Wie in Abbildung 9-8 erfahren Sie dort den Typ des Moduls (im Beispiel ist dies *Beiträge – Beliebte*) und ob es sich um ein Modul handelt, das im Frontend seinen Dienst verrichtet (*Site*). Darüber hinaus beschreibt Joomla! noch kurz den Zweck beziehungsweise die Aufgabe des Moduls.

Auf der rechten Seite finden Sie die Einstellungen aus Abbildung 9-9. Diese treffen Sie bei jedem Modul an. Kontrollieren Sie dort einmal von oben nach unten folgende Punkte:

Titel anzeigen
    Mit *Anzeigen* erscheint der *Titel* über dem Modul auf der Website. Auf den Filmtoaster-Seiten behalten Sie hier *Anzeigen* bei. Damit erscheint der Titel *Beliebteste Kritiken* weiterhin wie in Abbildung 9-7 (auf Seite 288) über den Bei-

trägen und verrät den Besuchern so, welche Informationen das Modul überhaupt anzeigt.

Position
Hier weisen Sie dem Modul einen Platz auf Ihrer Website zu. Die Drop-down-Liste bietet dazu alle möglichen Positionen der derzeit installierten Templates an. Auf den Filmtoaster-Seiten lassen Sie das Modul weiterhin an der Position *sidebar-right* stehen.

 Warnung Von der Position hängen einige weitere Einstellungen ab. Wenn Sie die Position nachträglich verändern, sollten Sie daher das Modul über die gleichnamige Schaltfläche einmal *Speichern*.

Status
Nur wenn hier *Veröffentlicht* eingestellt ist, erscheint das Modul auf der Website.

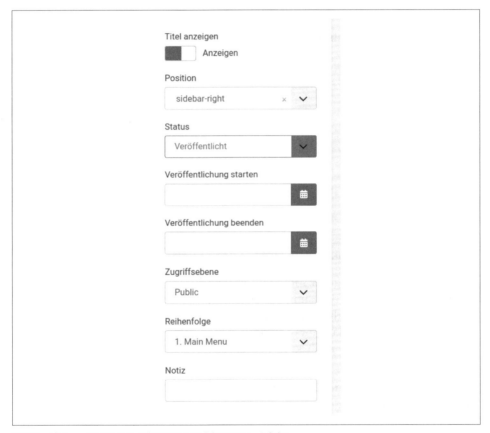

Abbildung 9-9: Die Grundeinstellungen des Moduls *Beiträge – Beliebte*.

Veröffentlichung starten und Veröffentlichung beenden
Genau wie bei einem Beitrag können Sie auch das Modul zu einem bestimmten Zeitpunkt auf der Website erscheinen und dann nach einer gewissen Zeit-

spanne automatisch wieder verschwinden lassen. Den Startzeitpunkt hinterlegen Sie unter *Veröffentlichung starten*, das Enddatum unter *Veröffentlichung beenden*. Um alles Weitere kümmert sich dann Joomla!. Ein Klick auf die Symbole rechts neben den Eingabefeldern holt jeweils einen kleinen Kalender hervor, in dem Sie das Datum bequem auswählen können. Wenn beide Eingabefelder leer sind, ist das Modul immer sichtbar.

Zugriffsebene
Diese Drop-down-Liste bestimmt zusammen mit dem Register *Modulberechtigungen*, wer das Modul zu Gesicht bekommt. Standardmäßig sind dies alle Besucher – also genau das Richtige für die beliebtesten Kritiken auf den Filmtoaster-Seiten. Mehr zur Benutzerverwaltung folgt noch in Kapitel 12, *Benutzerverwaltung und -kommunikation*.

Notiz
In diesem Feld können Sie noch eine kleine Notiz hinterlegen. Sie dient rein als Gedächtnisstütze und taucht später nur hier im Backend auf.

Für die Filmtoaster-Seiten sollten die Einstellungen jetzt so wie in Abbildung 9-9 aussehen.

Auch die Einstellungen im Register *Erweitert* bietet jedes Modul an. Normalerweise können Sie sie jedoch auf ihren Standardwerten belassen und somit ignorieren. Die Einstellungen richten sich durchweg an Template-Entwickler und setzen bis auf wenige Ausnahmen das Wissen aus Kapitel 16, *Ein eigenes Template entwickeln*, voraus. Der Vollständigkeit halber hier im Schnelldurchgang:

Layout
Hier können Sie den Modulausgaben eine ganz bestimmte vom Standard abweichende Optik überstülpen. Welche Punkte zur Auswahl stehen, hängt vom Modul und den installierten Templates ab. Belassen Sie im Zweifelsfall die *Standard*-Ansicht.

CSS-Klasse Modul
Mit diesem Feld können Template-Entwickler die Darstellung des Moduls beeinflussen. Der hier eingegebene Begriff wird dabei als Erweiterung (Suffix) an die CSS-Klasse des Moduls angehängt. Sofern Ihnen das jetzt nichts sagt, ignorieren Sie das Feld *Modulklassensuffix* einfach.

Caching
Bei einigen Modulen können Sie einen Zwischenspeicher (den sogenannten Cache) deaktivieren, der die Ausgaben des Moduls puffert. Dadurch muss das Modul seine Ausgaben nicht immer wieder erneut zusammenstellen und kann somit Besucher schneller bedienen. *Keine Zwischenspeicherung* sollten Sie nur dann wählen, wenn das Modul (häufig) veraltete Informationen ausspuckt.

Cache-Dauer
Diese Zahl gibt an, nach wie vielen Minuten die Daten im Zwischenspeicher veralten, also nach wie vielen Minuten das Modul seine Darstellung auffrischen sollte.

Modulstil
: Hier legen Sie fest, in welche HTML-Elemente das Modul seine einzelnen Inhalte verpacken soll. Mehr zu diesen Stilen finden Sie in Kapitel 16, *Ein eigenes Template entwickeln*, im Abschnitt »Das style-Attribut nutzen« auf Seite 614.

Modul-Tag
: Joomla! steckt die Inhalte des Moduls in das hier eingestellte HTML-Element, was wiederum die Darstellung des Moduls auf der Website beeinflusst. Ändern Sie die Einstellungen hier nur dann, wenn Ihnen der Template-Entwickler dazu rät.

Bootstrap-Größe
: Einige Templates nutzen das in Joomla! mitgelieferte und ursprünglich von Twitter entwickelte Bootstrap-System. Es bietet ein Raster, auf dem die Template-Entwickler die Elemente der Seite besonders schnell und ansehnlich platzieren können. Wie viele Spalten in diesem Raster das Modul einnehmen soll, stellen Sie hier unter *Bootstrap-Größe* ein – damit legen Sie also die Breite des Moduls fest. Beachten Sie, dass die Auswirkungen dieser Einstellung letztendlich vom Template und der Position des Moduls abhängen: Sperrt der Template-Entwickler alle Module in einen Kasten, der nur eine Spalte breit ist, können Sie über die *Bootstrap-Größe* das Modul nicht verbreitern. Die Einstellung ist zudem nur dann wirksam, wenn das Template das Bootstrap-System verwendet.

Header Tag und CSS-Klasse Header
: Joomla! gibt den Modultitel in dem unter *Header Tag* eingestellten HTML-Element aus. Diesem Element dürften Sie unter *CSS-Klasse Header* noch einen CSS-Klassennamen verpassen. Wenn Ihnen das jetzt nichts sagt beziehungsweise Ihnen Ihr Template-Entwickler keine gegenteiligen Anweisungen gegeben hat, ignorieren Sie die beiden Felder.

 Für die Filmtoaster-Seiten belassen Sie auch hier alle Einstellungen auf ihren Vorgaben.

Reihenfolge der Module ändern

Sofern Sie mehrere Module an ein und dieselbe Position setzen, stapelt sie Joomla! dort wie in Abbildung 9-10 einfach übereinander. Netterweise dürfen Sie die Reihenfolge der Module selbst bestimmen. Dazu haben Sie gleich zwei Möglichkeiten:

- Wechseln Sie in die Einstellungen des Moduls (indem Sie im Backend hinter *Inhalt → Site Module* das Modul anklicken). Um auf den Filmtoaster-Seiten das Modul *Beliebte Kritiken* aus Abbildung 9-10 unter das *Login Form* zu schieben, stellen Sie sicher, dass Sie sich in den Einstellungen des Moduls *Beliebte Kritiken* befinden.

  Wenden Sie sich jetzt auf der Registerkarte *Modul* auf der rechten Seite der Drop-down-Liste *Reihenfolge* zu. Joomla! ordnet das Modul immer an genau der hier eingestellten Stelle ein. Wählen Sie beispielsweise den mit einer *1* beginnenden Eintrag, landet das Modul ganz oben im Stapel. Im Beispiel sollen die beliebten Kritiken unter dem *Login Form* erscheinen. Stellen Sie folglich Punkt *3. Login Form* ein.

Wenn Sie die passende Lage gewählt haben, lassen Sie Ihre Änderungen *Speichern & Schließen*.

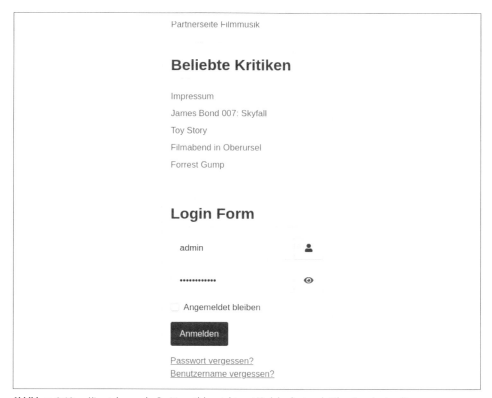

Abbildung 9-10: Hier stehen an der Position *sidebar-right* zwei Module, die Joomla! übereinanderstapelt.

Warnung In Joomla! 4.0.3 funktionierte die Drop-down-Liste *Reihenfolge* nicht immer korrekt. Wenn auch Sie davon betroffen sind, setzen Sie das Modul wieder an seine alte Position zurück und sortieren es anschließend mit der im Folgenden vorgestellten zweiten Methode. Führt auch das nicht zum gewünschten Ergebnis, verschieben Sie die anderen Module um das problematische Modul herum.

- Wechseln Sie im Backend zur Modulverwaltung hinter *Inhalt → Site Module*. Standardmäßig zeigt Joomla! hier immer alle Module an allen Positionen an. Um beim Umsortieren nicht durcheinanderzugeraten, öffnen Sie zunächst die *Filter-Optionen* und stellen die Drop-down-Liste – *Position wählen* – auf die entsprechende Position. Möchten Sie etwa wie im Beispiel die Module an der Position *sidebar-right* umsortieren, setzen Sie – *Position wählen* – auf *sidebar-right*. In der Tabelle sehen Sie jetzt nur noch Module, die sich an genau dieser Position befinden. Im Beispiel sind das die drei Module *Main Menu*, *Beliebte Kritiken* und *Login Form*.

Setzen Sie als Nächstes die Drop-down-Liste *Position aufsteigend* am oberen rechten Tabellenrand auf *Reihenfolge aufsteigend* und sortieren Sie dann in der

Tabelle die Module über die drei Punkte in der ersten Spalte (wie in Abbildung 9-11). Das entsprechende Verfahren hat bereits der Abschnitt »Sortierreihenfolge ändern« auf Sortierreihenfolge ändern vorgestellt.

Warnung Auch diese Methode funktioniert nicht immer zuverlässig: Mitunter weicht die im Backend angezeigte Reihenfolge von der auf der Website ab. In einem solchen Fall ziehen Sie das Modul erst an eine ganz andere Stelle und dann weiter an seinen eigentlichen Bestimmungsort.

Schieben Sie auf den Filmtoaster-Seiten mit einer der beiden Methoden das Modul *Beliebte Kritiken* unter das *Login Form*.

Abbildung 9-11: Diese Reihenfolge ...

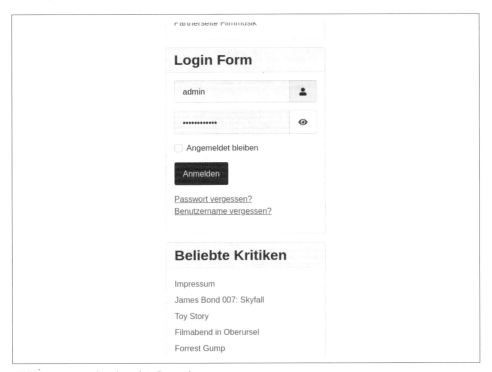

Abbildung 9-12: ... besteht auch im Frontend.

Menüzuweisung – auf welchen Unterseiten erscheint das Modul?

Häufig soll Joomla! ein Modul nur auf ganz bestimmten ausgewählten Unterseiten einblenden. Das Modul mit den beliebtesten Filmkritiken soll beispielsweise nur auf der Startseite sowie allen Unterseiten erscheinen, die irgendetwas mit den Filmkritiken zu tun haben.

Um ein Modul nur auf ganz bestimmten Seiten erscheinen zu lassen, wechseln Sie zunächst in die Einstellungen des Moduls. Für das Filmtoaster-Beispiel rufen Sie die Modulverwaltung auf (*Inhalt* → *Site Module*) und klicken dort auf den Titel des Moduls (im Beispiel *Beliebteste Kritiken*).

Wechseln Sie weiter auf die Registerkarte *Menüzuweisung*. Dort steuern Sie, auf welchen Seiten das neue Modul später erscheinen soll. Wie die noch recht einsame Einstellung *Modulzuweisung* verrät, ist das Modul derzeit *Auf allen Seiten* zu sehen.

Alternativ können Sie das Modul auch von allen Seiten verbannen. Dazu wählen Sie in der Drop-down-Liste *Auf keiner Seite*. Mit dieser Einstellung versteckt Joomla! das Modul selbst dann, wenn es veröffentlicht und somit prinzipiell zu sehen ist.

Um das Modul nur auf ausgewählten Webseiten einzublenden, setzen Sie *Modulzuweisung* auf *Nur auf den gewählten Seiten*. Joomla! zeigt Ihnen jetzt wie in Abbildung 9-13 eine ellenlange Liste mit allen existierenden Menüs und ihren Menüpunkten an. Wenn Sie alle Beispiele aus den vorherigen Kapiteln mitgemacht haben, gibt es nur ein Menü namens *Main Menu*, das über zahlreiche Menüpunkte verfügt. Alle versteckten und somit derzeit auf der Website nicht sichtbaren Menüpunkte markiert Joomla! mit dem Hinweis *Versteckt*. In Abbildung 9-13 gilt das beispielsweise für den Menüpunkt zum Archiv.

Ist Ihnen die Liste zu lang, klicken Sie am oberen Rand rechts neben *Untermenüs ausklappen* auf *Keine*. Joomla! zeigt Ihnen dann erst einmal nur alle Menüs an. Die Unterpunkte eines Menüs klappen Sie auf, indem Sie auf das nach rechts gerichtete Dreieck vor dem jeweiligen Menü klicken. Analog blenden Sie mit einem Klick auf das nach unten gerichtete Dreieck wieder alle Unterpunkte aus. Auf den Filmtoaster-Seiten stellen Sie sicher, dass Sie wie in Abbildung 9-13 alle Unterpunkte sehen. Das erreichen Sie besonders schnell und einfach, indem Sie am oberen Rand der Liste neben *Untermenüs ausklappen* auf *Alle* klicken.

Die Ausgaben des Moduls sind auf allen Seiten sichtbar, die direkt über die abgehakten Menüpunkte erreichbar sind. Besitzt also wie in Abbildung 9-13 *Filmkritiken* einen Haken, sieht ein Besucher das Modul später auch neben der Genreauswahl und allen darüber erreichbaren Filmkritiken.

Für das Modul mit den beliebtesten Filmkritiken stellen Sie folglich sicher, dass *Filmkritiken* und alle seine Unterpunkte einen Haken haben. Um das Modul zusätzlich auch auf der Startseite anzuzeigen, ist noch einer vor *Home* notwendig. Bei allen anderen Menüpunkten unterhalb entfernen Sie den Haken. Wenn Sie bis hierin alle Beispiele mitgemacht haben, müssten Sie sich aufgrund der vielen Menüpunkte dazu allerdings den Finger wund klicken. Um Ihnen das zu ersparen, bietet Ihnen Joomla! mehrere Klickhilfen an.

Abbildung 9-13: Auf den hier markierten Unterseiten ist das Modul später zu sehen. Wenn Sie nicht alle Beispiele aus den vorherigen Kapiteln mitgemacht haben, fehlen bei Ihnen hier einige Menüpunkte.

Rechts neben den Menüs sowie einigen Menüpunkten finden Sie eine Schaltfläche mit einem nach unten gerichteten Dreieck. Wenn Sie diese anklicken, öffnet sich ein kleines Menü. Über das können Sie wiederum schnell allen untergeordneten Punkten einen Haken verpassen (via *Auswählen*) oder diesen überall entfernen lassen (mit *Abwählen*). Klicken Sie also im Beispiel neben *Main Menu* auf das Dreieck und wählen Sie *Abwählen*. Die Haken verschwinden umgehend vor allen Menüpunkten des *Main Menu*. Klicken Sie jetzt auf das Dreieck rechts neben *Filmkritiken* und entscheiden Sie sich für *Auswählen*. Stellen Sie abschließend sicher, dass vor *Filmkritiken* und *Home* jeweils ein Haken steht. Das Ergebnis sollte wie in Abbildung 9-13 aussehen. Auf diese Weise haben Sie sich zahlreiche Mausklicks gespart.

Mit einem Klick auf *Alle* rechts neben *Zuordnen zu den Menüeinträgen* oberhalb der Liste können Sie auch schnell restlos alle Menüpunkte auf einen Schlag auswählen. Analog entfernt *Keine* sämtliche Haken.

Wenn die Liste mit den Menüpunkten recht lang ist, können Sie einen bestimmten Menüpunkt auch heraussuchen lassen. Dazu geben Sie den Namen des Menüpunkts in das Eingabefeld rechts oberhalb der Liste ein. Schon während des Tippens zeigt Joomla! dann in der Liste nur noch die Menüpunkte an, die dem Suchbegriff entsprechen.

Soll ein Modul auf fast allen (Unter-)Seiten erscheinen, müsste man mühsam fast alle Menüpunkte markieren. Damit das nicht zu einer Sisyphusarbeit ausartet, setzen Sie in einem solchen Fall *Modulzuweisung* auf den Punkt *Auf allen, außer den gewählten Seiten* und versehen dann nur noch die Menüpunkte mit einem Haken, auf deren Seiten das Modul *nicht* erscheinen soll.

Auf den Filmtoaster-Seiten sollte der Bereich *Menüzuweisung* nun so wie in Abbildung 9-13 aussehen. Nach dem *Speichern & Schließen* taucht das Modul jetzt nur noch auf der Startseite und neben den Filmkritiken auf.

Auf den Filmtoaster-Seiten bleibt damit jetzt aber das Problem, dass das Modul nicht nur die beliebtesten Kritiken, sondern einfach die beliebtesten Beiträge anzeigt – darunter könnte sich sogar noch das Impressum befinden. Wie der folgende Abschnitt zeigt, lässt sich das in den Einstellungen des Moduls richten, denn jedes Modul bringt abhängig von seinem Modultyp weitere Spezialeinstellungen mit.

Module für Beiträge

Joomla! bietet gleich mehrere verschiedene Module, die ganz bestimmte Beiträge präsentieren. Im Einzelnen können Sie:

- die Beiträge aus dem Archiv anbieten (mit dem Modul *Beiträge – Archiv* von Seite 300).
- die Beiträge aus einer oder mehreren Kategorien auflisten (mit dem Modul *Beiträge – Kategorie* von Seite 301).
- eine oder mehrere Kategorien zur Wahl stellen (mit dem Modul *Beiträge – Kategorien* von Seite 304).
- die neuesten Beiträge präsentieren (mit dem Modul *Beiträge – Neueste* von Seite 305).
- einen Nachrichtenticker einrichten (mit dem Modul *Beiträge – Newsflash* von Seite 307).
- zu einem Beitrag passende Kollegen vorschlagen (mit dem Modul *Beiträge – Verwandte* von Seite 309).
- natürlich auch die beliebtesten Beiträge anzeigen (mit dem Modul *Beiträge – Beliebte* aus dem direkt folgenden Abschnitt).

Beliebteste Beiträge (Beiträge – Beliebte)

Ein Modul vom Typ *Beiträge – Beliebte* listet die am häufigsten gelesenen Beiträge auf. Das Modul zeigt dabei nur die Titel der Beiträge an. Mit einem Klick auf einen der Titel gelangt man dann zum entsprechenden Beitrag. Standardmäßig berücksichtigt das Modul alle Beiträge aus restlos allen Kategorien. Wie auf den Filmtoaster-Seiten kann es Ihnen somit passieren, dass unter Umständen auch das Impressum angezeigt wird.

Welche Beiträge das Modul aus welchen Kategorien berücksichtigt, dürfen Sie in den Einstellungen des Moduls festlegen. Wenn Sie die Beispiele aus den vorherigen Abschnitten mitgemacht haben, öffnen Sie in der Modulverwaltung hinter *Inhalt → Site Module* die Einstellungen des Moduls *Beliebteste Kritiken*. Im Register *Modul* warten jetzt auf der linken Seite die Einstellungen aus Abbildung 9-14.

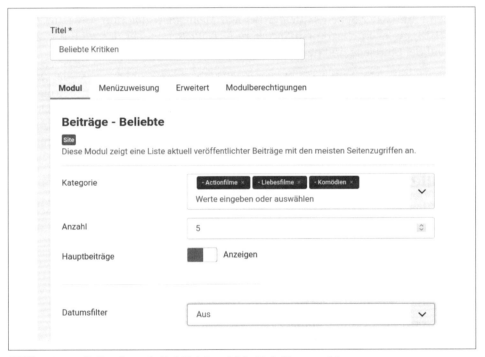

Abbildung 9-14: Die Einstellungen im Modul *Beiträge – Beliebte* für die Filmtoaster-Seiten.

Unter *Kategorie* führen Sie zunächst alle Kategorien auf, aus denen das Modul die Beiträge zusammensucht. Standardmäßig berücksichtigt das Modul alle Kategorien. Um das zu ändern, öffnen Sie die Drop-down-Liste und klicken alle erwünschten Kategorien an. Eine vorhandene Kategorie entfernen Sie mit einem Klick auf das X neben ihrem Namen.

 Auf den Filmtoaster-Seiten soll das Modul nur die beliebtesten Kritiken anzeigen. Stellen Sie deshalb die Kategorien *Actionfilme*, *Liebesfilme* und *Komödien* ein. Das Ergebnis sollte so wie das in Abbildung 9-14 aussehen.

Als Nächstes müssen Sie unter *Anzahl* einstellen, wie viele Beiträge das Modul später auflisten soll. Bei einer *5* zeigt es folglich die Titel der fünf meistgelesenen Beiträge an. Für die Filmtoaster-Seiten behalten Sie diese Voreinstellung bei.

Sofern die nächste Einstellung auf *Anzeigen* steht, nimmt das Modul auch Hauptbeiträge in seine Liste auf. Sie zu *Verbergen*, ist beispielsweise dann sinnvoll, wenn die Hauptbeiträge schon auf der Startseite erscheinen. In diesem Fall würden sie noch einmal in der Liste des Moduls auftauchen und so anderen Beiträgen wertvollen (Werbe-)Platz wegnehmen. Weitere Informationen zu den Haupteinträgen finden Sie im Abschnitt »Hauptbeiträge« auf Seite 202.

Das Modul zeigt gnadenlos auch uralte Beiträge an. Das gilt beispielsweise für die extrem beliebte, aber uralte Filmkritik zu Harry Potter aus dem Jahr 2010. Sie können das Modul aber auch dazu zwingen, nur noch Beiträge aus einem bestimmten Zeitraum zu berücksichtigen. Auf den Filmtoaster-Seiten könnten Sie beispielsweise das Modul nur noch Filmkritiken anzeigen lassen, die in den letzten zwölf Monaten erschienen sind. Auf diese Weise lenken Sie den Blick gezielt auf neuere Filmkritiken und Beiträge.

Tipp Ihre Besucher erwarten allerdings im Kasten tatsächlich die beliebtesten Kritiken aller Zeiten. Wenn Sie den Zeitraum eingrenzen möchten, sollten Sie den Titel passend dazu ändern, etwa in `Beliebteste Kritiken 2022`.

Wenn das Modul nur noch Beiträge aus einem konkreten Zeitraum berücksichtigen soll, wie etwa vom 27.04.2022 bis zum 12.07.2022, setzen Sie den *Datumsfilter* auf *Datumsbereich* und stellen dann neben *Datumsbereich von* das erste Datum ein. Dazu klicken Sie auf das Kalendersymbol und wählen das passende Datum aus – im Beispiel wäre das der 27.04.2022. Das letztmögliche Datum hinterlegen Sie nach dem gleichen Prinzip im Feld *bis Datum*.

Wenn das Modul die beliebtesten Beiträge aus den letzten zwölf Monaten anzeigen soll, setzen Sie den *Datumsfilter* auf *Relatives Datum* und tragen im Eingabefeld *Relatives Datum* die Zeitspanne in Tagen ein. Steht etwa *Relatives Datum* auf *30*, zeigt das Modul nur noch die beliebtesten Kritiken aus den letzten 30 Tagen an. Um die letzten zwölf Monate zu erhalten, müssen Sie folglich im Eingabefeld 365 hinterlegen.

Egal ob Sie den *Datumsfilter* auf *Datumsbereich* oder *Relatives Datum* gesetzt haben, bei der Auswahl der Beiträge orientiert sich das Modul am Erstellungsdatum der Beiträge. Vielleicht wurde aber die alte Filmkritik über Harry Potter im Jahr 2022 noch einmal wesentlich überarbeitet. Bei den Filmkritiken wäre es also sinnvoll, dass sich das Modul am Bearbeitungsdatum der Beiträge orientiert. Genau das legen Sie neben *Datumsbereich* fest. Dort wählen Sie aus, ob sich das Modul am *Erstellungsdatum*, am *Bearbeitungsdatum* oder am *Veröffentlichungsstart* der Beiträge orientieren soll.

Möchten Sie, dass das Modul irgendwann wieder alle Beiträge berücksichtigt, setzen Sie *Datumsfilter* zurück auf *Aus*.

Auf den Filmtoaster-Seiten soll das Modul alle beliebtesten Beiträge anzeigen, und zwar unabhängig von ihrem Alter. Belassen Sie daher *Datumsfilter* auf *Aus*. Die Einstellungen sollten damit jetzt so wie in Abbildung 9-14 aussehen. Speichern Sie Ihre Änderungen per *Speichern & Schließen* und wechseln Sie anschließend ins Frontend. Dort sollte auf der rechten Seite das Modul jetzt nur noch die beliebtesten Filmkritiken aufführen (wie in Abbildung 9-15). Wenn Sie lediglich das Beispiel der Filmtoaster-Seiten nachvollziehen möchten, können Sie jetzt direkt zum Abschnitt »Module umplatzieren« auf Seite 318 weiterspringen. Als Fingerübung können Sie jedoch die folgenden Abschnitte anlesen und dabei überlegen, ob ein solches Modul auch den Filmtoaster-Seiten beziehungsweise Ihrer eigenen geplanten Website gut zu Gesicht stünde.

Abbildung 9-15: Das Modul mit den beliebtesten Filmkritiken auf der Website.

Beiträge im Archiv (Beiträge – Archiv)

Ein Modul des Typs *Beiträge – Archiv* ermöglicht einen Zugang zu den im Archiv gespeicherten Texten. Dazu zeigt es auf der Website eine Liste mit allen Kalendermonaten, in denen archivierte Beiträge lagern (wie in Abbildung 9-16).

Abbildung 9-16: Aus diesen Monaten stammen die archivierten Beiträge.

Klickt eine Besucherin oder ein Besucher auf einen der Monate, erscheint eine Liste mit archivierten Beiträgen, die ursprünglich einmal im gewählten Monat erstellt wurden. Ein Klick auf die Überschrift eines Beitrags zeigt diesen in seiner vollen Schönheit an. Mit anderen Worten: Über dieses Modul gestatten Sie den Zugriff auf Ihr (Beitrags-)Archiv.

Das Modul bietet nur eine einzige Einstellung: Im Register *Modul* bestimmen Sie unter *# Monate*, wie viele Monate das Modul zur Auswahl anbieten soll. Damit verhindern Sie, dass bei vielen archivierten Beiträgen das Modul eine ellenlange Liste zeigt.

Beiträge aus einer Kategorie (Beiträge – Kategorie)

Ein Modul des Typs *Beiträge – Kategorie* listet einfach mehrere Beiträge auf. Abbildung 9-17 zeigt ein Beispiel. Mit einem Klick auf einen Titel gelangt der Besucher direkt zum entsprechenden Beitrag.

Abbildung 9-17: Das Modul *Beiträge – Kategorie* zeigt ausgewählte Beiträge an.

Tipp Wenn Sie Ihren Internetauftritt übersichtlich strukturiert haben, sollte dieses Modul normalerweise nicht notwendig sein. Nützlich ist es eigentlich nur, um Querverweise auf Hilfetexte, Anleitungen oder besonders wichtige Beiträge zu setzen.

Welche Beiträge das Modul anzeigt, dürfen Sie ziemlich flexibel selbst festlegen. Dazu bietet es in seinen Einstellungen gleich mehrere Register mit zahlreichen Optionen an.

Auf der Registerkarte *Modul* wählen Sie zunächst die Arbeitsweise des Moduls. Wenn der *Modus* auf *Normal* steht, können Sie in den nachfolgenden Registern selbst festlegen, welche Beiträge das Modul wie anzeigt.

Im dynamischen Modus prüft das Modul hingegen, in welcher Kategorie der Besucher gerade auf der Website unterwegs ist, und stellt dann aus genau dieser Kategorie die Beiträge zur Auswahl. Wenn Sie sich für diesen Modus entschieden haben, legen Sie unter *Auf Beitragsseiten anzeigen* fest, ob das Modul auch auf Beitragsseiten erscheinen (*Ja*) oder aber besser immer nur auf Übersichtsseiten von Kategorien zu sehen sein soll (*Nein*).

Auf der Registerkarte *Filter* legen Sie fest, welche Beiträge das Modul anzeigen und zur Auswahl stellen soll:

Anzahl
Das Modul zeigt höchstens so viele Beiträge auf einmal an. Bei einer *0* präsentiert es alle Beiträge. Wie viele Beiträge tatsächlich erscheinen, hängt noch von den folgenden Einstellungen ab.

Hauptbeiträge
Bei *Anzeigen* erscheinen im Modul auch die Hauptbeiträge, im Fall von *Verbergen* werden die Hauptbeiträge hingegen nicht mit aufgelistet. Alternativ kann

das Modul auch *Nur die Hauptbeiträge anzeigen*. Weitere Informationen zu den Hauptbeiträge finden Sie im Abschnitt »Hauptbeiträge« auf Seite 202.

Kategorien-Filtertyp und Kategorie
Unter *Kategorie* stellen Sie alle Kategorien ein, aus denen das Modul die Beiträge anzeigen soll. Klicken Sie dazu in das Feld und wählen Sie aus der Liste die gewünschten Kategorien aus. Einmal ausgesuchte Kategorien entfernen Sie wieder über das kleine *X* neben ihrem Namen. Ist im Feld nichts eingestellt, zeigt das Modul die Beiträge aus allen vorhandenen Kategorien.

Damit Sie sich bei sehr vielen Kategorien nicht mürbe klicken, können Sie auch *Kategorien-Filtertyp* auf *Exklusiv* setzen und dann im Feld *Kategorien* alle Kategorien einstellen, die das Modul nicht berücksichtigen soll.

Unterkategorienbeiträge und Kategorietiefe
Setzen Sie *Unterkategorienbeiträge* auf *Inklusive*, berücksichtigt das Modul auch alle Beiträge in Unterkategorien bis zu der unter *Kategorietiefe* gewählten Gliederungstiefe.

Schlagwörter
Das Modul berücksichtigt nur Beiträge mit den hier eingestellten Schlagwörtern (Tags). Um diese auszuwählen, klicken Sie in das Feld und selektieren dann die Schlagwörter. Hinzugefügte Schlagwörter entfernen Sie bei Bedarf mit einem Klick auf das *X* neben ihrem Namen.

Autor-Filtertyp und Autoren
Unter *Autoren* stellen Sie alle Autoren ein, deren Beiträge das Modul anzeigen soll. Weitere Autoren fügen Sie hinzu, indem Sie auf einen leeren Bereich des Eingabefelds klicken und dann aus der Liste den Autor heraussuchen. Einmal gewählte Autoren entfernen Sie über das kleine *X* neben ihrem Namen wieder. Damit Sie sich bei sehr vielen Autoren nicht müde klicken, können Sie auch *Autor-Filtertyp* auf *Exklusiv* setzen und dann unter *Autoren* alle Autoren hinterlegen, die das Modul nicht berücksichtigen soll. Steht *Autor-Filtertyp* auf *Inklusive* und ist – *Autoren wählen* – eingestellt, zeigt das Modul die Beiträge aller Autoren an.

Autoralias-Filtertyp und Autoralias
Unter *Autoralias* stellen Sie alle Autoren-Aliase ein, deren Beiträge das Modul anzeigen soll. Den Autoren-Alias können Sie in den Einstellungen eines jeden Beitrags vergeben (siehe den Abschnitt »Autor und ergänzende Informationen« auf Seite 130).

Damit Sie sich hier nicht bei sehr vielen Autoren den Finger wund klicken, können Sie auch *Autoralias-Filtertyp* auf *Exklusiv* setzen und dann alle Autoren-Aliasnamen auswählen, die das Modul nicht berücksichtigen soll. Steht *Autoralias-Filtertyp* auf *Inklusive* und ist – *Autoren Aliase wählen* – eingestellt, ignoriert das Modul den Autoren-Alias.

Beitrags-IDs ausschließen
Die Beiträge mit den hier eingetippten Identifikationsnummern zeigt das Modul nicht an. Dabei erwartet Joomla! in jeder Zeile eine Nummer.

Datumsfilter
> Abschließend können Sie die Anzeige auch noch auf Beiträge aus einem bestimmten Zeitraum beschränken. Wenn Sie das möchten, setzen Sie *Datumsfilter* auf *Datumsbereich* und stellen dann unter *Datumsbereich von* das Anfangsdatum und unter *bis Datum* das Enddatum ein. Ein Klick auf eines der Symbole rechts neben den Eingabefeldern holt einen kleinen Kalender hervor, der bei der Auswahl hilft. Unter *Datumsbereich* wählen Sie schließlich noch, ob das Modul dabei das *Erstellungsdatum*, das Veröffentlichungsdatum (*Veröffentlichungsstart*) oder das *Bearbeitungsdatum* der Beiträge heranzieht.
>
> Anstatt feste Daten vorzugeben, können Sie auch einfach alle Beiträge der letzten Tage anzeigen lassen. Dazu aktivieren Sie unter *Datumsfilter* den Punkt *Relatives Datum* und tragen dann die Anzahl der Tage ganz unten in das Eingabefeld *Relatives Datum* ein. Bei einer 30 würde das Modul nur noch die Beiträge aus den letzten 30 Tagen präsentieren.

Damit weiß das Modul, welche Beiträge es anzeigen soll. In welcher *Reihenfolge* das Modul sie präsentiert, legen Sie im gleichnamigen Register unter *Sortierung nach Beitragsfeld* fest. Das Modul sortiert die Beiträge nach dem hier eingestellten Element. Wählen Sie beispielsweise *Titel*, erscheinen die Beiträge alphabetisch nach ihren Überschriften geordnet. Die Drop-down-Liste darunter bestimmt, ob das *Auf-* oder *Absteigend* erfolgt. Wenn Sie die *Sortierung nach Beitragsfeld* auf *Beitragsreihenfolge* setzen, verwendet das Modul die von der Beitragsverwaltung vorgegebene Reihenfolge. Wie Sie diese Reihenfolge anpassen, hat bereits der Abschnitt »Sortierreihenfolge ändern« auf Seite 85 gezeigt.

Im Register *Gliederung* können Sie die angezeigten Beiträge noch gruppieren. In Abbildung 9-17 wurden beispielsweise alle Beiträge zusammengefasst, die im gleichen Monat erschienen sind. Gruppieren können Sie die Beiträge hier unter *Beitragsgliederung* nach *Jahr*, dann wie in Abbildung 9-17 nach *Monat und Jahr*, dem *Autor* und der *Kategorie*. Unter *Ausrichtung* legen Sie zudem noch fest, ob die Gruppen *Aufsteigend* oder *Absteigend* sortiert werden sollen. In Abbildung 9-17 stehen die Beiträge aus dem Juni über denen aus dem Juli, folglich wurden die Monate *Aufsteigend* sortiert. Bei einer Sortierung nach Monaten beschriftet das Modul die Gruppen nach dem Schema *Monat Jahreszahl*; in Abbildung 9-17 steht beispielsweise *Juni 2016*. Wenn Sie eine andere Notation wünschen, legen Sie diese im Feld *Monats- und Jahresanzeigeformat* fest. Der Platzhalterbuchstabe F steht dabei für den ausgeschriebenen Monat und Y für das Jahr. Weitere Platzhalter und zusätzliche Informationen zu diesem Format finden Sie auf der Internetseite *https://php.net/date*.

Abschließend dürfen Sie noch auf der Registerkarte *Anzeige* festlegen, welche Informationen das Modul zu jedem Beitrag liefern soll. Bis auf zwei Punkte sollten die Einstellungen selbsterklärend sein:

Titel verlinken
> Bei einem *Ja* gelangt der Besucher mit einem Klick auf den Beitragstitel zum entsprechenden Text.

Datum, Datumsfeld und Datumsformat
Wenn Sie neben *Datum* den Knopf *Anzeigen* aktivieren, setzt das Modul neben jeden Beitrag auch noch ein Datum – welches, bestimmt die Drop-down-Liste *Datumsfeld*. Das kryptische Gebilde im Eingabefeld *Datumsformat* bestimmt wiederum, wie das Datum auf der Website erscheint. Die einzelnen Buchstaben fungieren hier wieder als Platzhalter: Y für das Jahr, m für den Monat, d für den Tag, H für die Stunden, i für die Minuten und s für die Sekunden. Weitere Platzhalter und Informationen zu dieser kryptischen Notation finden Sie auf der Internetseite *https://php.net/date*.

 Tipp Sie sollten sich gut überlegen, ob Sie diese Informationen wirklich benötigen. Denn je mehr Daten das kleine Modul anzeigen muss, desto unübersichtlicher wird es.

Kategorien zur Auswahl stellen (Beiträge – Kategorien)

Ein Modul des Typs *Beiträge – Kategorien* listet alle Unterkategorien einer ausgewählten Kategorie auf (ältere Joomla!-Versionen kannten diesen Modultyp noch unter dem Namen *Beitragskategorien*). In Abbildung 9-18 zeigt ein solches Modul die Unterkategorien der *Filmkritiken* an. Ein Klick auf einen der Einträge führt direkt zur entsprechenden Übersichtsseite der gewählten Kategorie.

Abbildung 9-18: Über ein Modul vom Typ *Beiträge – Kategorien* gelangen Besucher schnell zu ausgewählten (Unter-)Kategorien.

 Tipp Wenn Sie Ihren Internetauftritt übersichtlich strukturiert haben, sollte dieses Modul normalerweise nicht notwendig sein. Nützlich ist es eigentlich nur, um Querverweise auf extrem wichtige (Unter-)Kategorien zu setzen, etwa in einem Handbuch oder einer Onlinehilfe.

Das Modul verlangt in seinen Einstellungen auf der Registerkarte *Modul* folgende Eingaben:

Höhere Kategorie
Das Modul bietet alle Unterkategorien aus der hier eingestellten Kategorie zur Auswahl an. Um eine Kategorie einzustellen, klicken Sie auf *Auswählen*.

Kategoriebeschreibungen
: Bei einem *Ja* zeigt das Modul zu jeder Unterkategorie auch noch ihre Beschreibung an. Da diese Beschreibungen dem Besucher bei seiner Auswahl helfen, sollten Sie hier immer möglichst *Ja* aktivieren – vorausgesetzt, die Anzahl der Kategorien ist nicht zu groß und die Beschreibungen sind kurz.

Anzahl Beiträge
: Wenn Sie diese Einstellung auf *Ja* setzen, blendet das Modul neben jeder Kategorie ein, wie viele Beiträge in ihr enthalten sind.

Unterkategorien anzeigen
: Auf Wunsch präsentiert das Modul auch noch die in den Unterkategorien enthaltenen Unter-Unterkategorien. Wenn Sie das wünschen, setzen Sie diese Einstellung auf *Ja*.

 # Erste Unterkategorie
: So viele Unterkategorien zeigt das Modul an. Hätte man im Beispiel aus Abbildung 9-18 etwa eine *2* gewählt, würde das Modul nur noch die beiden Unterkategorien *Actionfilme* und *Liebesfilme* zur Auswahl stellen. Diese Einstellung soll verhindern, dass das Modul bei sehr vielen Unterkategorien aus allen Nähten platzt.

Tipp In einem solchen Fall sollten Sie allerdings dringend darüber nachdenken, ob Ihr Internetauftritt nicht eine andere Gliederung vertragen könnte.

Maximale Ebenentiefe
: Wenn Sie sich dazu entschlossen haben, auch die Unter-Unterkategorien darstellen zu lassen (Einstellung *Unterkategorien anzeigen*), bestimmen Sie hier, bis zu welcher Gliederungstiefe das Modul die Kategorien anzeigen soll.

Im Register *Erweitert* hat sich zu den Einstellungen, die Sie schon aus dem Abschnitt »Eigenschaften eines Moduls verändern« auf Seite 289 kennen, noch die Einstellung *Überschriftgröße* hinzugeschmuggelt. Mit ihr legen Sie die Schriftgröße der angezeigten Unterkategorien fest. Dabei bezeichnet *H1* die größte und *H5* die kleinste Schriftgröße. (HTML-Kennern dürften diese Bezeichnungen bekannt vorkommen.)

Aktuellste Beiträge (Beiträge – Neueste)

Ein Modul des Typs *Beiträge – Neueste* listet die zuletzt veröffentlichten Beiträge auf. Mit diesem Modul lässt sich folglich sehr leicht ein Nachrichtenticker umsetzen. Generell ist ein solches Modul immer sinnvoll, wenn Sie in kurzen Abständen viele neue Beiträge veröffentlichen. Auf diese Weise sieht ein Besucher sofort, welche Meldungen die aktuellsten sind. Auch auf den Filmtoaster-Seiten könnte ein solches Modul wie in Abbildung 9-19 auf die neuesten Beiträge aufmerksam machen. Beachten Sie, dass das Modul nur die Titel der Beiträge anzeigt, nicht aber ihren Beitragstext. Erst wenn der Besucher auf einen der Titel klickt, bekommt er den entsprechenden Beitrag in seiner vollen Schönheit zu sehen.

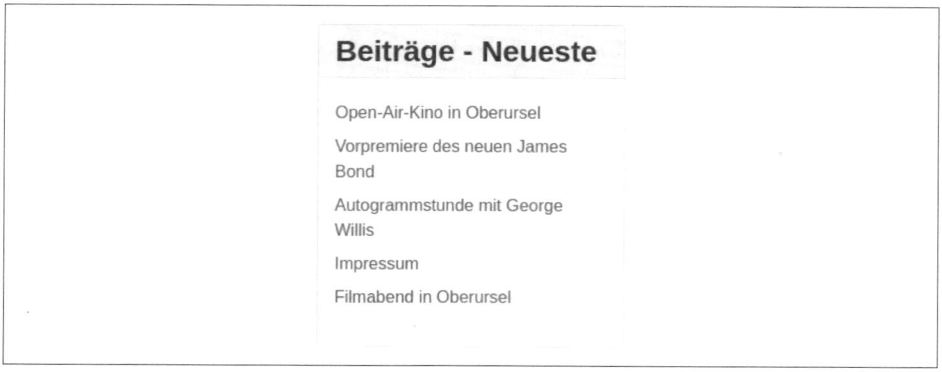

Abbildung 9-19: Die neuesten Beiträge auf der Filmtoaster-Seite.

Das Modul verlangt in seinen Einstellungen auf der Registerkarte *Modul* folgende Eingaben:

Kategorie
Das Modul listet nur Beiträge auf, die aus den hier vorgegebenen Kategorien stammen. Weitere Kategorien fügen Sie hinzu, indem Sie in das Feld klicken und dann aus der Liste die gewünschten Kategorien auswählen. Einmal ausgesuchte Kategorien entfernen Sie wieder über das kleine *X* neben ihrem Namen. Ist im Feld keine Kategorie eingestellt, zeigt das Modul die neuesten Beiträge aus allen vorhandenen Kategorien.

Anzahl
So viele Beiträge listet das Modul auf. Bei der Vorgabe 5 würde es also wie in Abbildung 9-19 die fünf zuletzt erstellten Beiträge präsentieren.

Hauptbeiträge
Steht diese Einstellung auf *Anzeigen*, berücksichtigt das Modul auch alle Hauptbeiträge. Im Fall von *Verbergen* ignoriert sie das Modul hingegen. Das ist beispielsweise dann nützlich, wenn das Modul auf der Startseite erscheint, auf der bereits alle Hauptbeiträge zu sehen sind. Schließlich können Sie das Modul auch noch dazu zwingen, ausschließlich die Hauptbeiträge anzuzeigen. Dazu setzen Sie die Drop-down-Liste auf *Nur Hauptbeiträge anzeigen*. Weitere Informationen zu den Haupteinträgen finden Sie im Abschnitt »Hauptbeiträge« auf Seite 202.

Sortieren
Hier legen Sie fest, in welcher Reihenfolge das Modul die gefundenen Beiträge anzeigt.

Autoren
Damit diese Einstellung Wirkung zeigt, muss sich zunächst ein Besucher auf der Startseite anmelden. Sie können dann das Modul dazu bewegen, nur noch die von diesem Besucher zuletzt erstellten Beiträge zu präsentieren. Dazu stellen Sie *Autoren* auf *Von mir erstellt oder geändert*. Umgekehrt verbannt *Nicht von mir erstellt oder geändert* alle Beiträge aus der Liste, bei denen der Benutzer

seine Finger im Spiel hatte. Mit der Voreinstellung *Jeder* erscheinen immer alle neuen Beiträge in der Liste – egal ob sie der Besucher erstellt oder nicht erstellt hatte.

Nachrichtenticker (Beiträge – Newsflash)

Ein Modul des Typs *Beiträge – Newsflash* präsentiert den Anfang eines oder mehrerer Beiträge (siehe Abbildung 9-20). Dabei dürfen Sie entscheiden, ob das Modul nur die zuletzt erstellten Beiträge präsentieren oder aber per Zufall welche auswählen soll. Auf den Filmtoaster-Seiten könnten Sie ein solches Modul die aktuellsten Veranstaltungshinweise anzeigen lassen (wie in Abbildung 9-20).

Beiträge - Newsflash

Filmabend in Oberursel

Im Mehrzweckveranstaltungssaal in Oberursel findet am 11.12.2022 ein Filmabend mit alten Krimis statt. Der Eintritt kostest 5 Euro pro Person, Einlass ist um 20 Uhr.

Nordische Filmtage im November

Auch in diesem Jahr finden in der Woche vom 13. November wieder die nordischen Filmtage statt. Dabei zeigen alle Kinos der Stadt bekannte und neue Filme aus Dänemark, Schweden, Norwegen und Finnland.

Abbildung 9-20: Ein Beispiel für einen Newsflash.

Warnung Bei sehr langen Beiträgen wird auch das Modul ziemlich hoch beziehungsweise lang. Sie sollten daher im Newsflash entweder nur kurze Beiträge (etwa Kurznachrichten) einblenden lassen oder aber konsequent jedem Beitrag eine Einleitung spendieren. In letzterem Fall zeigt das Modul nur noch die kurze Einleitung und nicht mehr den kompletten Beitragstext an. Wie Sie eine Einleitung anlegen, hat bereits der Abschnitt »Einleitung« auf Seite 135 gezeigt.

Das Modul verlangt in seinen Einstellungen im Register *Modul* folgende Eingaben:

Kategorie
 Hier legen Sie die Kategorie fest, aus der das Modul die Texte nimmt. Kategorien fügen Sie hinzu, indem Sie in das Eingabefeld klicken und dann aus der Liste die gewünschten Kategorien auswählen. Einmal ausgesuchte Kategorien entfernen

Sie über das kleine *X* neben ihrem Namen. Ist das Feld leer, holt sich das Modul die Texte aus sämtlichen vorhandenen Kategorien. Im Fall der Filmtoaster-Seiten klicken Sie in das leere Eingabefeld und wählen die *Veranstaltungen*.

Schlagwörter
Das Modul zeigt ausschließlich Beiträge an, denen die hier eingestellten Schlagwörter (Tags) anheften. Um ein Schlagwort hinzuzufügen, klicken Sie in das Feld und wählen ein Tag aus. Ist das Feld leer, beachtet das Modul die Schlagwörter nicht.

Beitragsbilder anzeigen
Bei einem *Ja* werden auch die Beitragsbilder der einzelnen Beiträge angezeigt. Doch Vorsicht: Das kann in dem kleinen Modul zu Gedränge führen.

Zeige Einleitungs-/Beitragsbild
Hier können Sie wählen, ob das Modul das Einleitungsbild oder das Beitragsbild anzeigen soll.

Beitragstitel anzeigen
Bei einem *Ja* werden wie in Abbildung 9-20 auch die Überschriften der Beiträge angezeigt. Andernfalls erscheinen nur die nackten Beitragstexte.

Titel verlinken
Wählt man hier *Ja*, kann der Besucher über einen Klick auf die Beitragsüberschrift direkt zum zugehörigen Beitrag springen. Voraussetzung dafür ist, dass die Überschrift unter *Beitragstitel anzeigen* aktiviert wurde.

Überschriftgröße
Hier legen Sie die Schriftgröße der Beitragsüberschriften fest. Dabei bezeichnet *H1* die größte und *H5* die kleinste Schriftgröße.

Plugin-Ereignisse ausführen
Unter der Haube von Joomla! erledigen Plug-ins Hilfsarbeiten. Das geschieht aber nur, wenn dieser Schalter auf *Ja* steht. Sie sollten ihn daher immer auf dieser Voreinstellung belassen.

Trennelement anzeigen
Wenn Sie diese Einstellung auf *Ja* setzen, fügt das Modul automatisch einen Trennstrich ein. Ob der jedoch tatsächlich auf der Website erscheint, bestimmt letztendlich das gerade aktive Template.

Einleitungstext
Steht diese Einstellung auf *Ja*, zeigt das Modul die Einleitungen der Beiträge an.

Weiterlesen-Link
Mit *Anzeigen* erscheint unter jedem Beitrag ein *Weiterlesen*-Link, über den ein Besucher zum kompletten Text gelangt. Den Link präsentiert Joomla! allerdings nur, wenn der jeweilige Beitrag eine Einleitung und einen Haupttext besitzt (siehe auch den Abschnitt »Einleitung« auf Seite 135).

Anzahl von Beiträgen
So viele Beiträge zeigt das Modul gleichzeitig an.

Hauptbeiträge
Soll das Modul die Hauptbeiträge ignorieren, setzen Sie diese Einstellung auf *Verbergen*. Das ist beispielsweise nützlich, wenn das Modul auf der Startseite erscheint und diese jedoch bereits alle Hauptbeiträge präsentiert. Umgekehrt können Sie das Modul hier auch *Nur Hauptbeiträge anzeigen* lassen. Das Ergebnis wäre ein Modul, das die Einleitungen der wichtigsten Beiträge präsentiert.

Aktuellen Artikel ausschließen
Wenn sich jemand die Ankündigung einer *Langen Filmnacht* durchliest, sollte das danebenstehende Newsflash-Modul dessen Einleitung möglichst nicht noch einmal anzeigen. Genau darauf achtet das Modul, wenn Sie hier *Ja* wählen. Der gerade geöffnete Beitrag taucht dann nicht noch einmal im Modul auf.

Ergebnisse der Sortierung
Hier stellen Sie ein, welche Beiträge das Modul anzeigen soll. Beim *Veröffentlichungsdatum* erscheinen die zuletzt veröffentlichten Beiträge, beim *Erstellungsdatum* analog die zuletzt erstellten.

| Tipp | Rufen Sie sich den Unterschied zwischen den beiden Daten ins Gedächtnis: Eine Autorin oder ein Autor hat den Beitrag zum *Erstellungsdatum* angelegt, aber auf der Website erscheint er zum ersten Mal am *Veröffentlichungsdatum*. |

Bei der Einstellung *Sortierung* übernimmt das Modul die vom Backend vorgegebene Reihenfolge. Wie Sie genau diese anpassen, hat bereits der Abschnitt »Sortierreihenfolge ändern« auf Seite 85 gezeigt.

Abschließend können Sie noch die Beiträge anhand der *Zugriffe* sortieren lassen oder aber das Modul anweisen, *Zufällig* ein paar Beiträge aus der eingestellten *Kategorie* ziehen zu lassen.

Richtung
Unter *Richtung* legen Sie zudem noch fest, ob die Sortierung *Aufsteigend* oder *Absteigend* erfolgen soll.

Verwandte Beiträge (Beiträge – Verwandte)

Ein Modul vom Typ *Beiträge – Verwandte* listet alle Beiträge auf, die mit dem derzeit angezeigten Text thematisch verwandt sind. Liest der Besucher beispielsweise gerade einen Nachrichtenbeitrag über *James Bond* und taucht dieser Name noch in einer Filmkritik auf, würde im Modul ein Link auf diese Filmkritik erscheinen.

Ob ein Beitrag mit einem anderen thematisch verwandt ist, ermittelt das Modul durch einen Vergleich ihrer Meta-Schlüsselwörter. Wie Sie diese hinterlegen, hat bereits der Abschnitt »Beiträge erstellen« auf Seite 122 erklärt. Damit also im obigen Beispiel die Filmkritik im Modul auftaucht, müsste der Name *James Bond* als Schlüsselwort sowohl in der Nachricht als auch in der Filmkritik enthalten sein.

| Warnung | Das Modul orientiert sich explizit an den Meta-Schlüsselwörtern, die Sie in den Einstellungen eines Beitrags im Register *Veröffentlichung* hinterlegen. Die *Schlagwörter* ignoriert es hingegen komplett. | |

Da das Modul somit fast alles allein macht, gibt es auch nicht besonders viel einzustellen. Steht auf der Registerkarte *Modul* der Punkt *Datum anzeigen* auf *Anzeigen*, setzt das Modul neben die gefundenen Beiträge noch ihr jeweiliges Erstellungsdatum. Wie viele Beiträge das Modul höchstens anzeigt, legen Sie im Feld *Max. Beiträge* fest. Für die meisten Fälle ist bereits die Vorgabe sinnvoll.

| Warnung | Damit das Modul sinnvolle Vorschläge machen kann, müssen Sie konsequent alle Beiträge mit Meta-Schlüsselwörtern ausstatten! Dies erfordert von allen Autoren eine strenge Disziplin. Im hektischen Arbeitsalltag vergisst man jedoch gerne schon einmal, die Meta-Schlüsselwörter einzutragen. Wenn Sie das Modul einsetzen möchten, sollten Sie daher immer mal wieder alle Beiträge abklappern und die Meta-Schlüsselwörter kontrollieren. |

Modul für eigene Texte

Ein Modul vom Typ *Eigenes Modul* zeigt einfach einen Text an. Ein Beispiel sehen Sie in Abbildung 9-21. (In älteren Joomla!-Versionen hieß der Modultyp übrigens noch *Benutzerdefiniertes Modul*, *Eigene Inhalte* oder *Leeres Modul*.)

Den Text hinterlegen Sie in den Einstellungen des Moduls auf der Registerkarte *Modul* im TinyMCE-Editor. Dort können Sie ihn zudem wie einen Beitrag formatieren.

| Warnung | Mit den vom TinyMCE-Editor angebotenen Möglichkeiten sollten Sie jedoch sparsam umgehen: Zum einen wirkt der Text in dem kleinen Modul recht schnell unruhig, zum anderen ist eigentlich das Template für die Optik verantwortlich. Bevor Sie also beispielsweise eine Textpassage fett setzen, überlegen Sie zweimal, ob das wirklich notwendig ist. |

Im Register *Optionen* können Sie veranlassen, dass das Modul den eingetippten Text auch an die Joomla!-Inhalts-Plug-ins weiterreicht. Diese kleinen Helfer arbeiten im Hintergrund und kümmern sich in Joomla! unter anderem darum, dass Sie bei neu eingereichten Beiträgen per E-Mail informiert werden. Damit das Modul den Text an die Plug-ins abgibt, stellen Sie *Inhalte vorbereiten* auf *Ja*. Wenn Sie sich nicht sicher sind, behalten Sie hingegen unter *Inhalte vorbereiten* die Vorgabe *Nein* bei.

Darüber hinaus können Sie hier noch ein *Hintergrundbild auswählen*. Dazu klicken Sie auf *Auswählen* und suchen sich dann in der Medienverwaltung das passende Bild aus. Das Modul zeigt das Bild hinter dem Text an. Über die Schaltfläche mit dem *X* werden Sie das Hintergrundbild jederzeit wieder los.

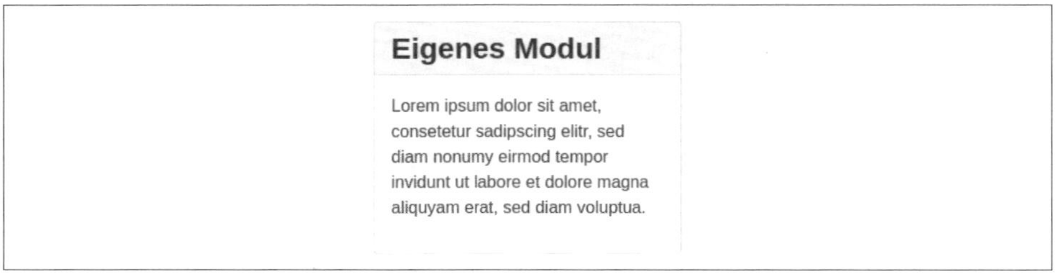

Eigenes Modul

Lorem ipsum dolor sit amet,
consetetur sadipscing elitr, sed
diam nonumy eirmod tempor
invidunt ut labore et dolore magna
aliquyam erat, sed diam voluptua.

Abbildung 9-21: Das Modul *Eigenes Modul* zeigt hier einfach einen Nonsens-Text an.

Module für Schlagwörter

Beiträgen dürfen Sie Schlagwörter (englisch *Tags*) zuweisen. Spezielle Module können diese Schlagwörter auf unterschiedliche Art und Weise präsentieren. Dazu gehört auch die berühmte Darstellung als sogenannte Tag-Cloud. Unter Joomla! 4 können Sie

- die beliebtesten Schlagwörter präsentieren (mit dem Modul *Schlagwörter – Beliebte*, siehe Seite 311). Das Ergebnis ist eine Schlagwörter-Wolke oder Tag-Cloud. Ein Klick auf ein Schlagwort öffnet dann eine Seite mit Beiträgen, die dieses Schlagwort besitzen.
- Links auf Beiträge anbieten, denen die gleichen oder zumindest ähnliche Schlagwörter anheften (mit dem Modul *Schlagwörter – Ähnliche*, siehe Seite 313).

Beliebte Schlagwörter (Schlagwörter – Beliebte)

Ein Modul vom Typ *Schlagwörter – Beliebte* zeigt alle besonders häufig vergebenen Schlagwörter an (siehe Abbildung 9-22).

Tipp Das Modul zeigt grundsätzlich nur Schlagwörter an, die hinter *Komponenten → Schlagwörter (Tags)* veröffentlicht sind.

Abbildung 9-22: Diese Schlagwörter wurden besonders häufig von Autoren verwendet.

In seinen Einstellungen bietet ein solches Modul auf der Registerkarte *Modul* folgende Stellschrauben:

Übergeordnetes Schlagwort
 Ein Schlagwort können Sie einem anderen Schlagwort unterordnen. Wenn Sie hier ein Schlagwort einstellen, berücksichtigt das Modul nur noch alle untergeordneten Schlagwörter. In der Regel können Sie diese Einstellung ignorieren, das Modul zeigt dann alle infrage kommenden Schlagwörter an.

Maximale Anzahl Schlagwörter
 So viele Schlagwörter zeigt das Modul an.

Zeitspanne
 Normalerweise berücksichtigt das Modul alle veröffentlichten Schlagwörter. Es kann aber auch nur diejenigen beachten, die in der letzten Stunde, gestern, den letzten sieben Tagen, den letzten 30 Tagen oder den letzten 12 Monaten verge-

ben wurden. Die gewünschte *Zeitspanne* müssen Sie dazu nur in der gleichnamigen Drop-down-Liste einstellen.

Reihenfolge und Richtung
Das Modul zeigt die Schlagwörter wie in Abbildung 9-22 standardmäßig in einer Liste an. Ganz oben steht dabei das Schlagwort, das am häufigsten vergeben wurde. Darunter folgt das bei Autoren zweitbeliebteste und so weiter. Sie können die Schlagwörter aber auch in alphabetischer Reihenfolge anzeigen lassen. Dazu setzen Sie *Reihenfolge* auf *Titel*. Wenn Sie dort hingegen *Zufällig* einstellen, listet das Modul die Schlagwörter in zufälliger Reihenfolge auf. Mit *Anzahl Einträge* sortiert das Modul die Schlagwörter wieder nach ihrer Häufigkeit.

In jedem Fall dürfen Sie unter *Richtung* noch einstellen, ob das Modul die Schlagwörter *Aufsteigend* oder *Absteigend* anordnen soll. Stellen Sie beispielsweise die *Reihenfolge* auf *Anzahl Einträge* und dann die *Richtung* auf *Aufsteigend*, steht im Modul das Schlagwort ganz oben, das besonders selten vergeben wurde.

Anzahl Einträge anzeigen
Wenn Sie diesen Punkt auf *Ja* setzen, blendet das Modul hinter jedem Schlagwort noch ein, wie oft dieses vergeben wurde.

»Keine Ergebnisse«-Text anzeigen
Wenn es keine Schlagwörter gibt, wird das Modul komplett ausgeblendet. Alternativ kann es aber auch einen Hinweistext anzeigen. Dazu schalten Sie *»Keine Ergebnisse«-Text anzeigen* auf *Ja* um. Den Text gibt dabei das derzeit aktive Sprachpaket vor. In der deutschsprachigen Fassung lautet er: *Keine Schlagwörter gefunden*.

Das Modul kann die Schlagwörter nicht nur wie in Abbildung 9-22 auflisten, sondern sie auch so wie in Abbildung 9-23 präsentieren. Bei dieser Darstellung erscheinen besonders häufig vergebene Schlagwörter in einer größeren Schrift. In Abbildung 9-23 wurde folglich der Begriff *James Bond* an mehr Beiträge getackert als der Begriff *Filme*. Diese Darstellung bezeichnet man als *Tag-Cloud* oder *Schlagwörter-Wolke*.

Abbildung 9-23: Ein Beispiel für die Cloud-Darstellung.

Um auf diese Darstellung umzuschalten, wechseln Sie zum Register *Erweitert* und setzen den Punkt *Layout* auf *Cloud*. Die Schriftgröße der Schlagwörter dürfen Sie anschließend auf der Registerkarte *Cloud-Layout* regulieren. Die *Minimale Schriftgröße* bestimmt dabei die Schriftgröße der besonders selten vergebenen Begriffe. Die Schriftgröße der am häufigsten genutzten Begriffe tragen Sie hingegen unter

Maximale Schriftgröße ein. Für alle anderen Schlagwörter wählt Joomla! eine passende Schriftgröße. Die Zahlen in den Eingabefeldern geben jeweils den Vergrößerungsfaktor an, um den das Modul die Standardschrift aufbläst. Wenn Sie also beispielsweise in das Feld *Maximale Schriftgröße* eine 2 eintippen, zeigt das Modul das beliebteste Schlagwort doppelt so groß wie den normalen Text an.

Tipp Die hier von Joomla! vorgegebenen Schriftgrößen sind für die meisten Fälle bereits passend. Sie können sie daher in der Regel einfach so übernehmen. Wenn Sie einen oder beide Vergrößerungsfaktoren ändern, kontrollieren Sie anschließend das Ergebnis: Je nach Template kann es sonst passieren, dass das wichtigste Schlagwort das Modul mit seiner enormen Größe sprengt.

Auch in der Darstellung als Tag-Cloud berücksichtigt das Modul alle Einstellungen im Register *Modul*. Wenn Sie dort beispielsweise die *Reihenfolge* auf *Titel* setzen, sortiert das Modul die Schlagwörter alphabetisch. Die Schriftgröße hängt allerdings weiterhin davon ab, wie oft das entsprechende Schlagwort vergeben wurde. Wenn Sie die beliebtesten Schlagwörter in einer Tag-Cloud präsentieren wollen, müssen folglich die *Reihenfolge* auf *Anzahl Einträge* und die *Richtung* auf *Absteigend* stehen.

Beiträge mit ähnlichen Schlagwörtern (Schlagwörter – Ähnliche)

Ein Modul vom Typ *Schlagwörter – Ähnliche* greift sich alle Schlagwörter des gerade angezeigten Texts und listet dann sämtliche anderen Beiträge auf, denen die gleichen Schlagwörter anheften. Liest der Besucher beispielsweise gerade die Filmkritik zu *James Bond 007: Skyfall* und klebt an diesem Beitrag das Schlagwort *Daniel Craig*, präsentiert das Modul alle anderen Beiträge mit dem Schlagwort *Daniel Craig*. Auf diese Weise können Sie den Besucher auf Beiträge aufmerksam machen, die ihn mit großer Wahrscheinlichkeit ebenfalls interessieren – ein James-Bond-Fan wird vermutlich auch andere Beiträge mit dem Schlagwort *James Bond* interessant finden.

Ein passendes Modul müssen Sie, wie im Abschnitt »Ein Modul hinzufügen« auf Seite 286 beschrieben, lediglich erstellen, einer *Position* zuweisen und *Speichern*. Es erscheint auf Ihrer Website allerdings immer nur dann, wenn

- der aktuell angezeigte Beitrag mindestens ein Schlagwort besitzt und
- es mindestens noch einen anderen Beitrag mit diesem Schlagwort gibt.

In den Einstellungen des Moduls können Sie im Register *Modul* noch an folgenden Schrauben drehen:

Maximale Anzahl Beiträge
So viele Beiträge zeigt das Modul höchstens an. Sie sollten hier keinen zu hohen Wert wählen, da das Modul sonst den Besucher mit zu vielen Vorschlägen überfordern könnte. Die standardmäßig vorgegebenen fünf Stück sind in den meisten Fällen bereits optimal.

Suchtyp
Hier legen Sie fest, wie das Modul die von ihm aufgelisteten Beiträge auswählen soll.

Wenn Sie *Alle* einstellen, müssen alle am gerade angezeigten Beitrag klebenden Schlagwörter auch genau so in einem anderen Beitrag vorkommen, damit dieser im Modul erscheint. Besitzt beispielsweise der gerade angezeigte Text die Schlagwörter *Film*, *Action* und *James Bond*, listet das Modul nur die Beiträge auf, denen ebenfalls die drei Schlagwörter *Film*, *Action* und *James Bond* anheften.

Im Fall von *Irgendeiner* muss lediglich eines der Schlagwörter übereinstimmen. Im Beispiel würde das Modul alle Beiträge anzeigen, denen das Schlagwort *Film* oder das Schlagwort *Action* oder das Schlagwort *James Bond* anheftet.

Bei der Einstellung *Hälfte* müssen mindestens die Hälfte aller Schlagwörter an einem Beitrag kleben, damit ihn das Modul anzeigt. Im Beispiel würde das Modul alle Beiträge präsentieren, denen entweder *Film* und *Action* oder *Action* und *James Bond* oder auch *Film* und *James Bond* angetackert wurden.

Ergebnissortierung

Das Modul sortiert alle gefundenen Beiträge noch einmal. Normalerweise stehen die Beiträge ganz oben, die besonders viele Schlagwörter mit dem aktuell angezeigten Text teilen. Sie können das Modul über die *Ergebnissortierung* aber auch anweisen, die Beiträge *Zufällig* anzuordnen. Wenn Sie *Anzahl der passenden Schlagwörter & Zufällig* einstellen, sortiert das Modul die Beiträge zunächst nach der Anzahl der übereinstimmenden Tags. Sollten mehrere Beiträge die gleiche Anzahl aufweisen, werden diese in zufälliger Reihenfolge angezeigt.

Module für spezielle Situationen

Unter den Modulen finden sich ein paar Exemplare, die nur in speziellen Situationen zum Einsatz kommen. So können Sie

- Ihren Besucherinnen und Besuchern einen Copyright-Hinweis anzeigen und sie darauf hinweisen, dass Sie Joomla! verwenden (mit dem Modul *Fußzeile* von Seite 314),
- ein paar Statistiken anzeigen lassen (mit dem Modul *Statistiken* von Seite 315),
- andere Internetseiten in einem kleinen Kasten einblenden (mit dem Modul *Wrapper* von Seite 316) sowie
- per Zufall ein Bild anzeigen lassen (mit dem Modul *Zufallsbild* von Seite 317).

Auf die Module *Statistiken* und *Wrapper* sollten Sie möglichst verzichten, weil sie potenzielle Sicherheitslücken darstellen und im Fall des *Wrappers* auch Haftungsfragen aufwerfen. Der Vollständigkeit halber sollen sie jedoch im Folgenden kurz vorgestellt werden.

Fußzeile

Ein Modul des Typs *Fußzeile* blendet den folgenden Hinweistext ein: *Copyright © 2021 Filmtoaster. Alle Rechte vorbehalten. Joomla! ist freie, unter der GNU/GPL-Lizenz veröffentlichte Software.* Sie dürfen diesen Text weder verändern noch einen eigenen Text vorgeben. Folglich bietet ein solches Modul auch keine weiteren Einstellungen. Wenn Sie es erstellen, sollten Sie es bevorzugt am unteren Seitenrand platzieren.

Statistiken

Ein Modul des Typs *Statistiken* gibt Informationen zur Website und über das System aus. Abbildung 9-24 zeigt eine Beispielausgabe.

Abbildung 9-24: Beispiel für die Ausgaben eines Statistik-Moduls, wobei das Modul hier alle möglichen Informationen anzeigt.

Warnung Diese Statistik sollten Sie ausschließlich in einer Testinstallation von Joomla! aktivieren, da Angreifer andernfalls wertvolle Informationen über Ihr System beziehungsweise potenzielle Schwachpunkte erhalten. Am besten ignorieren Sie daher das *Statistik*-Modul komplett.

Welche Informationen das Modul anzeigen soll, legen Sie in seinen Einstellungen im Register *Modul* fest:

Server-Informationen
 Bei *Anzeigen* spuckt das Modul Informationen über den Computer aus, auf dem Joomla! läuft.

Site-Informationen
 Bei *Anzeigen* liefert das Modul Informationen über die Website. Dazu zählen die Anzahl der Personen, die ein Benutzerkonto besitzen (die Zahl unter *Benutzer*) sowie die Anzahl der *Beiträge*.

Zugriffszähler
 Wann immer ein Besucher auf Ihrer Website einen Beitrag aufruft, erhöht Joomla! im Hintergrund einen Zähler. Dessen Stand zeigt das Modul an, wenn

Sie *Zugriffszähler* auf *Anzeigen* stellen. Mit der Interpretation der Zahl sollten Sie jedoch vorsichtig sein: Sie verrät nur, wie oft bislang alle Ihre Beiträge abgerufen wurden. Sie lässt jedoch keine Rückschlüsse auf die Beliebtheit Ihrer Beiträge oder die Anzahl der Besucher zu – schließlich könnte ein einziger Besucher fünf oder mehr Beiträge nacheinander gelesen haben. Die Aussagekraft des Zugriffszählers ist somit recht beschränkt.

Zähler erhöhen
Setzt den Zugriffszähler auf die hier eingetragene Zahl. Diese Funktion ist besonders für Seitenbetreiber interessant, die ihre Seite neu aufsetzen (müssen), den alten (Zähler-)Stand aber nicht verlieren wollen.

Wrapper

Ein Modul vom Typ *Wrapper* zeigt eine (externe) Internetseite an. Sollte die Seite nicht in das Modul passen, erscheinen wie in Abbildung 9-25 zusätzliche Bildlaufleisten.

 Warnung   Auf diese Weise machen Sie sich die fremde Seite zu eigen. Um nicht mit dem Urheberrecht zu kollidieren, sollten Sie den konkurrierenden Seitenbetreiber immer vorher um Erlaubnis bitten. Darüber hinaus sind Sie ab sofort für die integrierten Inhalte mitverantwortlich. Sollten dort also beispielsweise rechtswidrige Texte erscheinen, könnte man Sie ebenfalls haftbar machen. Schließlich besteht auch noch die Möglichkeit, dass die fremde Seite Ihren Besuchern Schadsoftware anbietet oder sogar unterschiebt. Setzen Sie daher ein Modul vom Typ *Wrapper* wirklich nur in absoluten Ausnahmefällen ein.

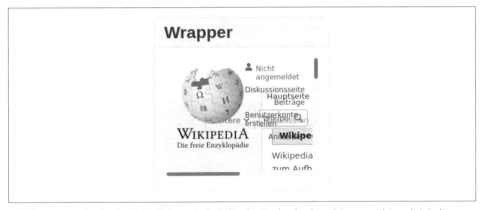

Abbildung 9-25:   Hier hat das Modul die Startseite der Wikipedia eingebunden. Diese Seite muss sich irgendwie in den kleinen Kasten des Moduls quetschen, was in vielen Fällen die Darstellung verzerrt.

In den Einstellungen des Moduls finden Sie im Register *Modul* folgende Stellschrauben:

URL
Hier tippen Sie die Internetadresse der Seite ein, die das Modul anzeigen soll – im Beispiel aus Abbildung 9-25 ist dies https://de.wikipedia.org.

Protokoll hinzufügen
Sofern im Feld *URL* das Protokoll (*http://* oder *https://* zu Beginn der Adresse) fehlt, ergänzt Joomla! diese Angabe selbstständig – vorausgesetzt, hier ist *Ja* aktiviert.

Breite
Die Internetseite füllt nicht das komplette Modul aus, sondern erscheint immer in einem abgegrenzten Bereich innerhalb des Moduls. Die *Breite* dieses Bereichs hinterlegen Sie im gleichnamigen Eingabefeld. Sie dürfen die Breite entweder in Pixeln (Bildpunkten) oder als Prozentwert eintragen. Bei 100% nimmt die Seite den kompletten vom Modul bereitgestellten Platz ein.

Höhe
Das ist die Höhe des Bereichs, in dem die Seite angezeigt wird. Sie dürfen die Höhe entweder in Pixeln (Bildpunkten) oder als Prozentwert eintragen.

Autom. Höhe
Bei einem *Ja* bestimmt das Modul die Höhe selbstständig. Das funktioniert allerdings meist mehr schlecht als recht.

Zielname
Dieses Feld richtet sich primär an Programmierende von Templates: Die externe Seite wird über das HTML-Tag `iframe` eingebunden. Diesem kann man unter *Zielname* noch einen Namen verpassen (den Zielnamen packt Joomla! in das Attribut `name`). Sofern Sie vom Entwickler Ihres Templates keine anderweitigen Anweisungen erhalten haben, lassen Sie dieses Eingabefeld leer.

Lazy Loading
Steht diese Einstellung auf *Ja*, lädt der Browser die Bestandteile der Webseite nur dann, wenn sie wirklich benötigt werden.

Zufallsbild

Ein Modul des Typs *Zufallsbild* präsentiert ein zufällig ausgewähltes Bild (siehe Abbildung 9-26). Auf den Filmtoaster-Seiten könnte man es dazu verwenden, verschiedene nostalgische Filmplakate zu präsentieren, um so an die gute alte Zeit zu erinnern. Aber auch in Foto- oder Kunstportalen sorgen zufällig gezogene Bilder für eine Auflockerung und machen Appetit auf die eigentliche Sammlung.

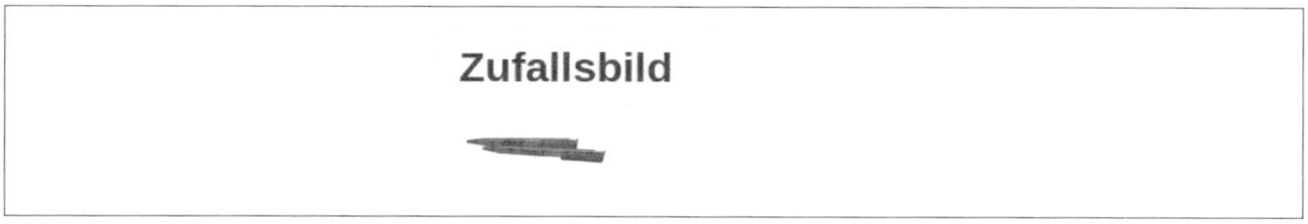

Abbildung 9-26: Ein *Zufallsbild*-Modul hat hier zufällig ein paar schmucke O'Reilly-Kugelschreiber gewählt.

Tipp Das Modul wählt immer ein Foto aus mehreren verfügbaren aus. Wenn es nur ein einziges Bild anzeigen soll, müssen Sie zu einem Trick greifen: Erstellen Sie in der Medienverwaltung hinter *Inhalt → Medien* ein neues Verzeichnis und legen Sie darin das anzuzeigende Bild ab. Das Verzeichnis mit dem einsamen Bild übergeben

Sie dann wie gleich beschrieben an das Modul. Alternativ können Sie ein Bild auch über das *Eigene Modul* anzeigen lassen, das der Abschnitt »Modul für eigene Texte« auf Seite 310 vorgestellt hat.

Damit das Modul weiß, welche Bilder es anzeigen soll, müssen Sie in seinen Einstellungen im Register *Modul* folgende Einstellungen anpassen:

Bildtyp
Hier legen Sie das Bildformat fest, wie *gif*, *png* oder *jpg*. Das Modul zeigt immer nur Fotos in genau diesem Format an. Tippen Sie etwa png ein, erscheinen im Modul ausschließlich PNG-Bilder. Beschränken Sie sich möglichst auf eines der drei genannten Formate, da nur diese von allen Browsern ohne Probleme erkannt beziehungsweise verarbeitet werden.

Bildverzeichnis
Aus dem hier hinterlegten Verzeichnis zieht das Modul per Zufall ein Bild. Den Pfad müssen Sie dabei relativ zum Joomla!-Verzeichnis eingeben. Liegen die Bilder zum Beispiel in der Medienverwaltung im Verzeichnis *galerie*, gehört der Eintrag images/galerie in das Feld.

Links
Der Besucher gelangt nach einem Klick auf das Bild zur hier eingetragenen Internetadresse. Wenn das Feld leer ist, lässt sich das Bild nicht anklicken.

Breite (px)
Die Breite des Bilds in Pixeln (Bildpunkten). Fehlt hier ein Eintrag, wird das Bild automatisch in den vom Modul bereitgestellten Kasten gequetscht.

Höhe (px)
Die Höhe des Bilds in Pixeln (Bildpunkten). Fehlt hier ein Eintrag, wird das Bild automatisch in den vom Modul bereitgestellten Kasten gequetscht.

Module umplatzieren

Mitunter ist man mit der Position eines Moduls im Nachhinein unzufrieden und würde es gern an einen anderen Platz schieben.

Auf den Filmtoaster-Seiten klebt beispielsweise das Hauptmenü in einem eigenen Kasten am rechten Rand. Die meisten Internetauftritte zeigen es jedoch am linken Seitenrand oder als waagerechtes Menü oben am Anfang der Seite.

Um ein Modul an einen anderen Ort zu verschieben, muss man zunächst herausbekommen, welche möglichen Positionen (beziehungsweise Schachteln) das Template überhaupt anbietet.

Neue Position ermitteln

Eigens zu diesem Zweck bietet Joomla! eine extrem gut versteckte Spezialvorschau. Um sie zu aktivieren, rufen Sie im Backend den Menüpunkt *System* auf. Klicken Sie anschließend im Bereich *Templates* auf die *Site Templates*. Öffnen Sie die *Optionen*, setzen

Sie dort *Vorschau von Modulpositionen* auf *Aktiviert* und *Speichern & Schließen* Sie Ihre Änderungen. Jetzt erreichen Sie die Spezialvorschau auf zwei verschiedenen Wegen:

- Rufen Sie im Hauptmenü wieder *System* und im Bereich *Templates* den Punkt *Site Templates* auf. Suchen Sie dann in der Liste das gerade aktive Template. Direkt nach der Installation von Joomla! ist das *Cassiopeia*. Klicken Sie dort auf den Link *Vorschau*.

- Öffnen Sie ein neues Browserfenster. Rufen Sie dann die Startseite Ihres Internetauftritts auf, wobei Sie der entsprechenden Internetadresse noch ein `index.php?tp=1` anhängen. Wenn Sie Kapitel 2, *Installation*, gefolgt sind und Joomla! in einer Testinstallation nutzen, steuern Sie folglich die Internetadresse *http://localhost/joomla/index.php?tp=1* an.

Tipp Das funktioniert auch bei jeder beliebigen Unterseite: Hängen Sie der Internetadresse einfach ein `?tp=1` an. Sobald Sie eine so gebildete Adresse aufrufen, sehen Sie den Bauplan der Unterseite.

Egal welchen Weg Sie zur speziellen Vorschau wählen, Sie landen immer auf einer Seite, die wie die in Abbildung 9-27 aussieht.

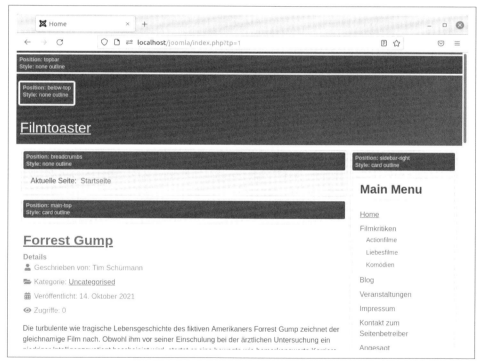

Abbildung 9-27: Diese Spezialvorschau hebt alle Positionen hervor, an denen Sie Module ablegen können.

Die grauen Kästen markieren alle möglichen Positionen für ein Modul. Jede Position erhält einen eindeutigen Namen, den Joomla! in weißer Schrift neben *Position:* anzeigt. Das *Main Menu* rechts befindet sich beispielsweise an einer Position, die den

Namen *sidebar-right* trägt. Der Begriff neben *Style:* gehört nicht mehr zum Namen, sondern bezieht sich auf die optische Darstellung. Diese Zusatzinformation richtet sich primär an diejenigen, die Templates entwickeln, Sie können sie daher ignorieren.

Auffällig in Abbildung 9-27 ist der leere Bereich am oberen Seitenrand. Dort können Sie ebenfalls Module platzieren, die entsprechende Position heißt *topbar*. Solange dort keine Module abgelegt sind, dürfen sich alle anderen Elemente der Seite etwas stärker ausbreiten und diesen leeren Bereich mitnutzen. Das ist übrigens eine nette Geste des Templates *Cassiopeia*. Andere Templates sind nicht so generös und zeigen leere Positionen einfach als leere Bereiche an.

Sie müssen jetzt die Position finden, an der Sie Ihr Modul ablegen möchten, und sich den Namen der gewählten Position merken. Auf den Filmtoaster-Seiten könnte man das Menü an den oberen Rand verlegen. Diese Position trägt den Namen *topbar*, den Sie im Hinterkopf behalten sollten. Es gibt dabei jedoch einen kleinen Haken: In der Spezialvorschau erscheinen nicht immer sämtliche möglichen Bereiche. Das gilt auch in diesem Fall, wie Sie gleich sehen werden. Für die Filmtoaster-Seiten merken Sie sich aber erst einmal die Position *topbar*.

Deaktivieren Sie die Spezialvorschau, indem Sie im Backend über den Menüpunkt *System* wieder zu den *Site Templates* wechseln, dort die *Optionen* aufrufen, die *Vorschau von Modulpositionen* auf *Deaktiviert* setzen und die Änderungen *Speichern & Schließen* lassen. Weiter geht es jetzt erneut im Backend.

 Gewöhnen Sie sich an, die spezielle Vorschau immer wieder zu deaktivieren. Ein bösartiger Hacker erhält ansonsten unter Umständen wertvolle Informationen über den Aufbau Ihres Internetauftritts.

Module über das Backend umtopfen

Um ein Modul an eine andere Position zu verschieben, kehren Sie zur Modulverwaltung hinter *Inhalt → Site Module* zurück, klicken in der Tabelle den Namen des Moduls an und suchen sich in den Einstellungen auf der Registerkarte *Details* in der Drop-down-Liste *Position* eine andere aus.

Auf den Filmtoaster-Seiten können Sie das anhand des *Main Menu* ausprobieren: Suchen Sie in der Modulverwaltung die Zeile für das *Main Menu*, klicken Sie seinen Titel an und öffnen Sie die Drop-down-Liste *Position*.

Die jetzt erscheinende Liste bietet Ihnen sämtliche möglichen Positionen aller installierten Templates zur Auswahl an. Das macht die Liste aber leider etwas unübersichtlich. Um eine andere Position einzustellen, sollten Sie zunächst in der Liste den Namen des derzeit aktivierten Templates suchen. Direkt nach der Installation von Joomla! ist im Moment das Template *Cassiopeia* aktiviert. Sie finden den entsprechenden Eintrag ganz oben in der Liste (siehe Abbildung 9-28). Zur besseren Unterscheidung zeigt Joomla! die Namen der Templates in fetten Lettern. Darunter sehen Sie die Namen aller Positionen, die das Template *Cassiopeia* anbietet. Hier müssen Sie sich nur noch für eine Position entscheiden. Die Namen der Positionen geben dabei einen Hinweis auf ihre Lage. Beispielsweise liegt die *Seitenleiste-rechts* irgendwo am rechten Seitenrand. Die Begriffe in eckigen Klammern sind übrigens die offiziellen englischen Bezeichnungen.

Abbildung 9-28: In dieser Liste wählen Sie eine neue Position für das Modul. Hier würde das Modul an eine neue Position mit dem Namen *Haupt-oben [main-top]* geschoben.

Möchten Sie dem Modul später einmal explizit keine Position zuordnen, wählen Sie in der Liste den Punkt *:: Keine ::*. Damit ist das Modul dann gleichzeitig nicht mehr auf Ihrer Website zu sehen (selbst wenn es trotzdem noch veröffentlicht ist).

Im Fall des *Main Menu* entscheiden Sie sich probeweise für die *Leiste oben [topbar]*. Wenn Sie jetzt nach dem *Speichern* ins Frontend wechseln, erscheint das *Main Menu* wie in Abbildung 9-29 am oberen Seitenrand.

Abbildung 9-29: Das Menü wurde hier an die Position *topbar* versetzt.

Das Modul, somit also das Menü, wird dort allerdings etwas anders dargestellt. So fehlen beispielsweise der graue Hintergrund und der Rahmen, die Menüpunkte positionieren sich zudem waagerecht nebeneinander. Verursacher ist das Template:

Module umplatzieren | **321**

Dieses bestimmt, wie ein Modul an der jeweiligen Position aussieht. Die Designer des Templates *Cassiopeia* haben sich dazu entschlossen, dass alle Module am rechten Seitenrand (an der Position *sidebar-right*) einen Rahmen erhalten und die Inhalte am oberen Seitenrand waagerecht liegen.

Insbesondere bei fertigen Templates aus dem Internet sieht man erst nach dem Umsetzen, ob das Modul überhaupt an die Position passt oder zu einer hässlichen Optik führt. Einen Anhaltspunkt bieten die Ausmaße der Kästen in der Spezialvorschau (werfen Sie auch noch mal einen Blick auf Abbildung 9-27 auf Seite 319). Ein großes Modul in einem kleinen Bereich kann Ihnen folglich den Gesamteindruck der Website ruinieren.

Wenn Sie noch einmal in die Einstellungen des Moduls zurückkehren und die Drop-down-Liste *Position* öffnen, finden Sie darin mehr mögliche Positionen, als in der speziellen Vorschau angezeigt. In solchen Fällen müssen Sie den Ersteller des Templates fragen, welche Position wo auf der Seite liegt. Mitunter kann man auch anhand der Positionsnamen auf den späteren Ort auf der Seite schließen. Cassiopeia bietet beispielsweise eine Position *Menü [menu]* an. Sie ist für das Hauptmenü der Website gedacht. Auch die meisten anderen Templates halten immer eine spezielle Position für das Menü bereit.

Auf den Filmtoaster-Seiten wählen Sie die Position *Menü [menu]* aus und verschieben so das Modul an diese Stelle. Nach dem *Speichern & Schließen* rutscht das Menü wie in Abbildung 9-30 eine Etage tiefer.

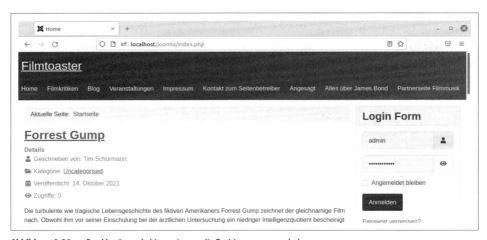

Abbildung 9-30: Das Menü wurde hier weiter an die Position *menu* verschoben.

Module im Frontend bearbeiten

Module können Sie auch direkt auf Ihrer Website bearbeiten beziehungsweise verändern. Sie müssen sich so nicht erst umständlich im Backend anmelden und sich über das Hauptmenü zur Modulverwaltung hangeln. Das spart vor allem dann Zeit, wenn Sie etwa nur mal eben einen Tippfehler im Titel eines Moduls korrigieren möchten. Es gibt allerdings gleich mehrere Einschränkungen:

- Bearbeiten lassen sich im Frontend immer nur die gerade dort sichtbaren Module.
- Sie müssen sich im Frontend irgendwie anmelden können.

  Das geschieht entweder über einen passenden Menüpunkt (wie in Kapitel 12, *Benutzerverwaltung und -kommunikation*, beschrieben) oder über ein Modul vom Typ *Benutzer – Anmeldung* (wie im Abschnitt »An- und Abmeldung« auf Seite 459 beschrieben). Wenn Sie Kapitel 2, *Installation*, gefolgt sind, können Sie das *Login Form* verwenden.

- Ihnen muss es erlaubt sein, Module im Frontend ändern zu dürfen. Das ist automatisch der Fall, wenn Sie Joomla! alleine nutzen beziehungsweise als Super User unterwegs sind. (Weitere Informationen hierzu finden Sie auch in Kapitel 12, *Benutzerverwaltung und -kommunikation*.)

Um im Frontend ein Modul zu verändern, melden Sie sich dort an – auf den Filmtoaster-Seiten etwa über das *Login Form*. Wechseln Sie dann zu einer Seite, auf der das Modul zu sehen ist. Wie in Abbildung 9-31 finden Sie in der rechten oberen Ecke des Moduls ein kleines Symbol mit einem Stift. Wenn Sie dieses Symbol anklicken, landen Sie im Formular aus Abbildung 9-32. Dort können Sie alle Einstellungen des Moduls anpassen.

Abbildung 9-31: Ein Klick auf dieses Symbol ...

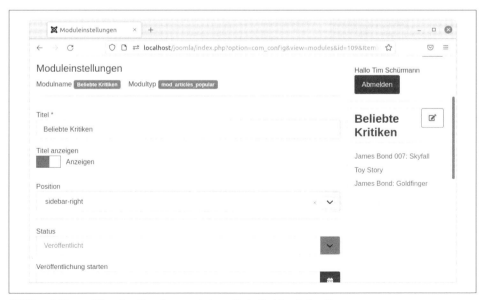

Abbildung 9-32: ... öffnet diese Einstellungen, mit denen Sie das Modul verändern können.

Die angebotenen Stellschrauben sind exakt die gleichen, die Sie auch aus dem Backend beziehungsweise den vorherigen Abschnitten kennen. Hier im Frontend sind sie lediglich anders angeordnet. Vergessen Sie nicht, Ihre Änderungen *Speichern & Schließen* zu lassen und sich wieder abzumelden.

Module in Beiträge einbinden

Die Ausgaben eines Moduls dürfen Sie auch mitten in einen Beitrag kleben. Dazu erstellen Sie zunächst das gewünschte Modul, weisen ihm aber keine Position zu. Auch den Titel können Sie nach Belieben wählen.

Nach dem *Speichern & Schließen* wechseln Sie in die Einstellungen des Beitrags (über *Inhalt → Beiträge* mit einem Klick auf den Titel des Beitrags). Setzen Sie die Eingabemarke an die Stelle im Text, an der das Modul erscheinen soll. Klicken Sie dann in der Symbolleiste des großen Eingabefelds auf *CMS Inhalt* und dann auf *Modul*. Es erscheint jetzt das Fenster aus Abbildung 9-33, das Ihnen alle möglichen Module zur Auswahl anbietet. Suchen Sie in der Liste das gewünschte Modul und klicken Sie seinen Namen an (also die entsprechende grüne Schaltfläche). Im Beitrag erscheint, wie in Abbildung 9-34, jetzt ein kryptischer Befehl wie etwa:

```
{loadmoduleid 121}
```

Abbildung 9-33: Hier wählen Sie das einzubettende Modul aus.

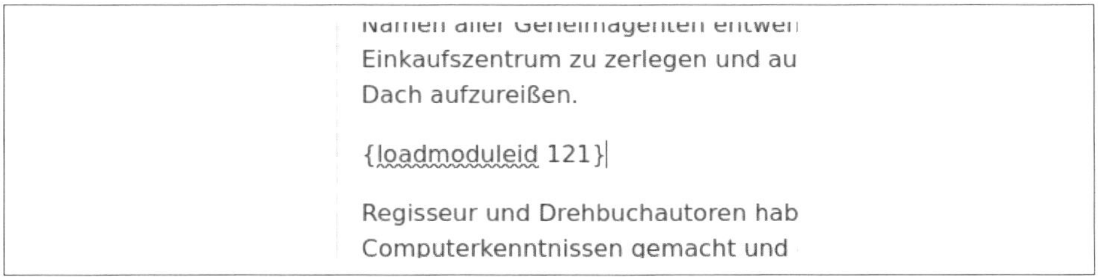

Abbildung 9-34: Diesen Platzhalter ersetzt Joomla! ...

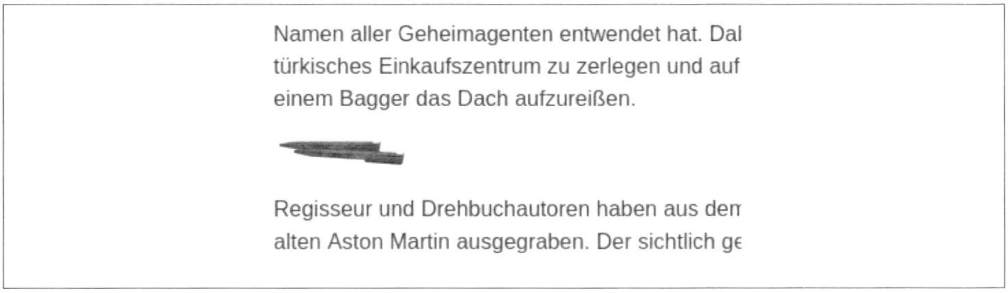

Abbildung 9-35: ... durch das *Zufallsbild*-Modul.

Diesen Platzhalter ersetzt Joomla! später automatisch durch das Modul (siehe Abbildung 9-35). Die Ziffer im kryptischen Platzhalter ist die Identifikationsnummer des Moduls, das Joomla! einblendet.

Sie dürfen den Platzhalter übrigens auch per Hand einfügen beziehungsweise verändern. Das ist allerdings etwas umständlicher: Sie müssen die Identifikationsnummer des Moduls kennen, und darüber hinaus laufen Sie Gefahr, dass sich ein Tippfehler einschleicht.

Joomla! kann im Beitrag auch alle Module anzeigen, die sich an einer ausgewählten Position befinden. Dazu tippen Sie folgenden Platzhalter ein:

    {loadposition *name*}

Ersetzen Sie dabei name durch die entsprechende Position. Möchten Sie beispielsweise im Beitrag alle Module einblenden, die an der Position sidebar-right liegen, tippen Sie folgenden Platzhalter ein:

    {loadposition sidebar-right}

Damit würden im Beitrag das *Login Form* und alle anderen Module vom rechten Fensterrand noch einmal mitten im Text auftauchen. Die hier benötigte Positionsangabe ist dabei diejenige, die in den Einstellungen des Moduls in der Drop-down-Liste *Position* in den eckigen Klammern zu finden ist.

Hilfe, mein Modul ist verschwunden!

Wenn Sie ein Modul auf Ihren Internetseiten vermissen, wechseln Sie zunächst im Backend in die Modulverwaltung hinter *Inhalt → Site Module* und klicken auf den Titel des Moduls. In seinen Einstellungen gehen Sie folgendermaßen vor:

- Prüfen Sie als Erstes, ob das Modul überhaupt veröffentlicht ist. Dazu muss im Register *Modul* der Punkt *Status* auf *Veröffentlicht* stehen.
- Das Modul muss sich zudem an einer *Position* befinden, die auch sichtbar ist. Verschieben Sie gegebenenfalls das Modul vorübergehend an eine Position, an der im Moment auch andere Module zu sehen sind.
- Kontrollieren Sie anschließend im Register *Menüzuweisung*, auf welchen Unterseiten das Modul erscheint. Stellen Sie im Zweifelsfall die *Modulzuweisung* auf den Punkt *Auf allen Seiten*. Damit ist das Modul dann garantiert irgendwo zu sehen.
- Einige Module erscheinen nur unter ganz bestimmten Bedingungen. Beispielsweise taucht ein Modul vom Typ *Beiträge – Verwandte* nur auf Seiten auf, für die es passende andere Beiträge gibt. Stellen Sie sicher, dass alle diese Bedingungen erfüllt sind – beispielsweise indem Sie einen passenden Beitrag aufrufen.
- Erscheint das Modul immer noch nicht, bekommen es nur ganz bestimmte Benutzergruppen zu sehen. Informationen zur Benutzerverwaltung erhalten Sie in Kapitel 12, *Benutzerverwaltung und -kommunikation*. Setzen Sie im Zweifelsfall im Register *Modul* die *Zugriffsebene* auf *Public*. Damit können alle Besucher das Modul sehen.

Wenn Sie ein Modul auf einer ganz bestimmten Unterseite vermissen, hilft Ihnen Joomla! noch mit einer speziellen Ansicht, die der folgende Abschnitt vorstellt.

Modulzuordnung kontrollieren und korrigieren

Wenn jemand einen Menüpunkt aufruft, landet er auf einer neuen Seite. Diese zeigt sehr wahrscheinlich auch ein paar Module an. Welche das sind, können Sie in den Einstellungen des Menüpunkts auf der Registerkarte *Modulzuweisung* kontrollieren. Hier finden Sie wie in Abbildung 9-36 eine recht monströse Tabelle mit sämtlichen jemals von Ihnen angelegten Modulen. Wichtig sind vor allem die letzten beiden Spalten.

In der Spalte *Veröffentlicht* können Sie zunächst ablesen, ob das jeweilige Modul überhaupt veröffentlicht und somit prinzipiell irgendwo in ihrem Internetauftritt für Besucherinnen und Besucher zu sehen ist. Das trifft auf alle Module zu, bei denen in der Spalte *Veröffentlicht* ein grünes *Ja* leuchtet. Alle mit einem *Nein* gekennzeichneten Module sind hingegen derzeit nicht auf der Seite zu sehen. Genau diese Einträge können Sie ausblenden, indem Sie *Versteckte Module* auf *Verbergen* setzen. Die Tabelle zeigt jetzt nur noch die veröffentlichten und somit sichtbaren Module an.

Abbildung 9-36: Wenn ein Besucher den neuen Menüpunkt anklickt, sieht er auf der dann erscheinenden Seite diese Module – vorausgesetzt, sie sind nicht versteckt.

Damit wissen Sie nun, welche Module sichtbar sind. Ein Modul muss aber nicht zwingend auf der Unterseite erscheinen. Welche Module der Seite zugeordnet und somit auf ihr zu sehen sind, können Sie in der Spalte *Anzeige* ablesen. Sofern das jeweilige Modul auf der Seite erscheint, steht dort *Ja* oder *Alle*. Ist es auf der Seite nicht zu sehen, leuchtet an der gleichen Stelle ein rotes *Nein*. Wenn Sie *Unzugeordnete Module* auf *Verbergen* setzen, zeigt Joomla! in der Tabelle nur noch die Module an, die der Seite zugeordnet und somit auf ihr zu sehen sind.

Beachten Sie den Unterschied zwischen den Spalten *Anzeige* und *Veröffentlicht*: Ein Modul erscheint nur dann auf der Seite,

- wenn es der Seite zugeordnet ist (das verrät die Spalte *Anzeige*) *und*
- wenn Sie es nicht versteckt haben (das verrät die Spalte *Veröffentlicht*).

Lange Rede, kurzer Sinn: Setzen Sie *Unzugeordnete Module* auf *Verbergen* und *Versteckte Module* auf *Verbergen*. Die Tabelle präsentiert dann nur noch genau die Module, die just in diesem Moment auf der Seite hinter dem Menüpunkt zu sehen sind.

Soll eines der Module nicht mehr auf der Seite erscheinen, klicken Sie in der Spalte *Moduldatei* auf seinen Titel. In einem neuen Fenster öffnen sich jetzt alle Einstellungen des Moduls. Dort können Sie zum einen den *Status* des Moduls auf *Versteckt* setzen. Damit ist es dann allerdings auf keiner Seite mehr zu sehen. Alternativ weisen Sie das Modul im Register *Menüzuweisung* nur noch ganz bestimmten Unterseiten zu. Wie das funktioniert, hat bereits der Abschnitt »Menüzuweisung – auf welchen Unterseiten erscheint das Modul?« auf Seite 295 erklärt. Wenn Sie eine Änderung vorgenommen haben, *Speichern & Schließen* Sie die Einstellungen. Die Schaltfläche *Schließen* verwirft hingegen alle Änderungen.

In der Tabelle aus Abbildung 9-36 verrät die *Zugriffsebene* noch, welche Besuchergruppen das jeweilige Modul angezeigt bekommen. Im Fall von *Public* kann jedermann das Modul sehen. An welcher *Position* sich das jeweilige Modul befindet, können Sie in der gleichnamigen Spalte ablesen. In Abbildung 9-36 liegt beispielsweise das *Main Menu* an der vom Template bereitgestellten Position *menu*.

In diesem Kapitel:
- Menüs verwalten
- Ein Menü anlegen
- Ein neues Menü-Modul erstellen
- Menüeinträge aufspüren und auflisten
- Menüeinträge verschieben
- Menüeinträge kopieren
- Hilfe, mein Menüeintrag ist verschwunden!
- Breadcrumb-Leiste (Navigationspfad)

KAPITEL 10
Menüs

Die Navigation in Ihrem Internetauftritt erfolgt über Menüs. Diese enthalten normalerweise mehrere Menüpunkte, die wiederum zu den Kategorien, Beiträgen und anderen Inhalten führen. Im Gegensatz zu vielen anderen Content-Management-Systemen gilt dabei die wichtige Regel:

Warnung In Joomla! bestimmt der Menüpunkt, was die dahinterliegenden Webseiten anzeigen. (Um einen schicken Anstrich kümmert sich dann das Template.)

In der Praxis vergisst man diese Regel jedoch recht schnell und wundert sich dann, warum auf einer Unterseite des Auftritts plötzlich einige Informationen und Inhalte fehlen. Man kann sie daher gar nicht oft genug erwähnen.

Wenn Sie alle Beispiele aus den vorherigen Kapiteln mitgemacht haben, dürfte das in Joomla! mitgelieferte Menü wie in Abbildung 10-1 aus allen Nähten platzen. Um das Monster etwas übersichtlicher zu gestalten, könnten Sie einige der mühsam angelegten Menüpunkte wieder entfernen. Oder aber Sie verschieben einfach weniger wichtige Menüpunkte in ein zweites Menü, das dann am rechten Seitenrand erscheint.

Abbildung 10-1: Das Menü auf den Filmtoaster-Seiten wirkt im Moment noch überladen.

In den nachfolgenden Abschnitten erfahren Sie, wie man ein neues Menü erstellt, dieses mit Menüpunkten bevölkert und schließlich noch Feineinstellungen vornimmt. Dabei werden Sie auf einige weitere sperrige Begriffe stoßen. Diese und alle bereits bekannten Konzepte fasst noch einmal kompakt der folgende Kasten *Alle*

| 329

Begriffe im Überblick zusammen. Lassen Sie sich davon nicht abschrecken – die nachfolgenden Abschnitte werden sie allesamt (noch einmal) ausführlich vorstellen.

> ### Alle Begriffe im Überblick
> Da die Begriffe und Konzepte rund um die Menüs recht verwirrend sind, folgt hier eine kurze Zusammenfassung:
> - Ein *Menü* enthält einen oder mehrere *Menüeinträge*.
> - Für jeden Menüeintrag muss man festlegen, auf was für Informationen er zeigen soll (einen Beitrag oder eine Kategorie?). Dies bezeichnet man als *Menüeintragstyp*.
> - Die Menüeinträge bestimmen, was auf den über sie erreichbaren Seiten zu sehen ist (nur der Text eines Beitrags oder auch der Name der Autorin oder des Autors?).
> - Ein Modul zeigt das Menü schließlich auf Ihrer Website an.

Menüs verwalten

Für die Verwaltung der Menüs ist im Backend der gleichnamige Menüpunkt *Menüs → Verwalten* zuständig. Die dahinterstehende Tabelle aus Abbildung 10-2 präsentiert alle derzeit existierenden Menüs.

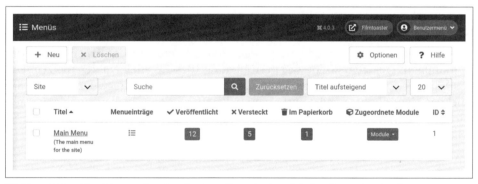

Abbildung 10-2: Diese Seite verwaltet alle vorhandenen Menüs. Direkt nach der Installation gibt es nur das Hauptmenü mit dem Namen *Main Menu*.

Anhand ihrer *Titel* sollten Sie die Menüs schnell im Frontend identifizieren können: Hinter dem *Main Menu* aus den Beispieldaten verbirgt sich das waagerechte Hauptmenü. Auf den Filmtoaster-Seiten sollte es nach den Umbaumaßnahmen aus dem letzten Kapitel am oberen Rand Ihrer Website thronen (wie in Abbildung 10-1). Andernfalls finden Sie das Menü noch am rechten Seitenrand.

Wenn Sie in der Spalte *Menueinträge* auf das Symbol mit den Strichen klicken, landen Sie in einer Liste mit allen im Menü enthaltenen Menüpunkten.

Die nächsten drei Spalten in der Tabelle hinter *Menüs → Verwalten* zeigen an, wie viele Menüpunkte des Menüs derzeit

- für Besucher zu sehen sind (*Veröffentlicht*),
- auf der Website nicht sichtbar sind (*Versteckt*) oder
- *Im Papierkorb* liegen.

Mit einem Klick auf eine der Zahlen gelangen Sie direkt zu einer Liste mit den entsprechenden Menüpunkten. Würden Sie also beispielsweise in Abbildung 10-2 in der Zeile für das *Main Menu* die *12* in der Spalte *Veröffentlicht* anklicken, erscheinen alle im Menü sichtbaren Menüpunkte. Analog würde die *1* in der Spalte *Im Papierkorb* zu einem leeren Papierkorb führen. Über *Menüs → Verwalten* kehren Sie immer wieder zur Tabelle mit allen Menüs zurück.

Die Menüverwaltung hinter *Menüs → Verwalten* legt nur fest, welche Menüs es überhaupt gibt. Ihre Darstellung auf der Website übernimmt jeweils ein entsprechendes Modul. Das hat den Vorteil, dass Sie das Modul mit dem Menü relativ frei auf der Website platzieren beziehungsweise umherschieben dürfen.

Tipp Die meisten Templates reservieren für das Menü eine entsprechende Position, manche Templates erwarten das Menü sogar zwingend dort. Häufig heißt diese Position *Navigation* oder *Menue*.

Darüber hinaus können Sie mehrere Module einrichten, die das gleiche Menü anzeigen. Das ist beispielsweise nützlich, wenn Sie das Menü auf der Startseite anders darstellen möchten als auf ihren Unterseiten oder aber das Menü auf ausgewählten Unterseiten an eine andere Position rutschen soll.

Wenn Sie wissen möchten, von welchen Modulen ein Menü derzeit angezeigt wird, suchen Sie in der Tabelle zunächst die Zeile mit dem entsprechenden Menü. Klicken Sie dann in der Spalte *Zugeordnete Module* auf *Module*. Es klappt jetzt, wie in Abbildung 10-3 gezeigt, eine Liste auf.

Abbildung 10-3: Wie ein Klick auf die Schaltfläche *Module* enthüllt, zeigt das Main Menu derzeit ein Modul namens *Main Menu* an, das zudem auf der Website an der Position *menu* erscheint.

Sie verrät, welche Module das Menü an welchen Positionen auf der Website präsentieren und welche Besuchergruppen das Menü überhaupt zu sehen bekommen. In Abbildung 10-3 wird das Menü von genau einem Modul angezeigt. Dieses trägt den Titel *Main Menu*. Es heißt somit genau wie das Menü, was wiederum die Zuordnung erleichtert (das Menü *Main Menu* wird vom Modul mit dem Namen *Main Menu* angezeigt). Die Namensgleichheit ist aber nicht zwingend, Sie können das

Menü und die Module benennen, wie Sie möchten. Das Modul in Abbildung 10-3 ist derzeit auf der Website an der Position *menu* zu sehen. Das Modul und somit das Menü sehen zudem sämtliche Besucherinnen und Besucher – darauf weist der Begriff *Public* hin.

 Tipp   Mit einem Klick auf den Modulnamen gelangen Sie direkt zu seinen Einstellungen.

Tabelle 10-1 fasst noch einmal alle Spalten der Menüverwaltung zusammen.

Tabelle 10-1: Spalten der Tabelle »Menüs« und ihre jeweiligen Informationen

Spalte	Bedeutung
Titel	Name des Menüs.
Menueinträge	Mit einem Klick auf das Symbol springen Sie zu einer Liste mit allen Menüpunkten, die das Menü anbietet.
Veröffentlicht	So viele Menüpunkte sind prinzipiell auf der Website zu sehen.
Versteckt	So viele Menüpunkte sind derzeit auf der Website unsichtbar beziehungsweise versteckt.
Im Papierkorb	So viele Menüpunkte liegen derzeit im Papierkorb.
Zugeordnete Module	Diese Module zeigen das Menü derzeit (irgendwo) auf der Website an.
ID	Die interne Identifikationsnummer des Menüs.

Die Arbeit mit den Menüs und den Menü-Modulen mag extrem umständlich erscheinen, ist aber ein gutes Beispiel für die Trennung von Inhalt und Darstellung: Den Aufbau des Menüs legt die Menüverwaltung fest, während sich ein Modul um die Anzeige auf der Website kümmert.

Um ein komplettes Menü zu löschen, setzen Sie wie unter Joomla! üblich bei dem Kandidaten in der ersten Spalte der Tabelle einen Haken und klicken anschließend in der Werkzeugleiste auf den Schalter *Löschen*.

 Warnung   Sobald Sie die Nachfrage bestätigen, entfernt Joomla! nicht nur das Menü, sondern auch alle darin enthaltenen Menüpunkte sowie das für seine Anzeige zuständige Modul. Alle diese Elemente sind dann unwiederbringlich verloren. Überlegen Sie sich folglich den Klick auf *Löschen* gut.

Ein Menü anlegen

Ein Internetauftritt sollte immer genau ein Hauptmenü anbieten. Darin sammeln Sie möglichst nur die wichtigsten Menüpunkte. So bleibt das Menü schön schlank und vor allem übersichtlich. Über die im Hauptmenü enthaltenen Menüpunkte müssen die Besucher (irgendwie) alle wichtigen Seiten Ihres Internetauftritts erreichen können.

 Auf den Filmtoaster-Seiten ermöglichen das bereits die Menüpunkte *Filmkritiken*, *Veranstaltungen*, *Blog* und *Impressum*. Alle anderen weniger wichtigen Menüpunkte, wie etwa *Angesagt*, könnten daher in ein zweites Menü wandern. Das blenden Sie

dann an einer etwas weniger prominenten Stelle ein – wie etwa auf der rechten Seite bei den anderen Modulen. Damit sind die Menüpunkte weiterhin vorhanden, der Besucher nimmt sie aber als Zusatzangebot wahr. Auf den Filmtoaster-Seiten soll folglich ein weiteres Menü her, das einige weniger wichtige Menüpunkte aufnimmt.

Ein neues Menü erstellen Sie in der Regel in zwei Schritten: Zunächst legen Sie das Menü selbst an und erstellen anschließend ein Menü-Modul, das dieses Menü dann auf der Website anzeigt.

Um ein neues Menü anzulegen, klicken Sie in der Menüverwaltung hinter *Menüs* → *Verwalten* auf *Neu* in der Werkzeugleiste. Joomla! verlangt dann auf der Registerkarte *Menüdetails* lediglich nach den drei Eingaben aus Abbildung 10-4.

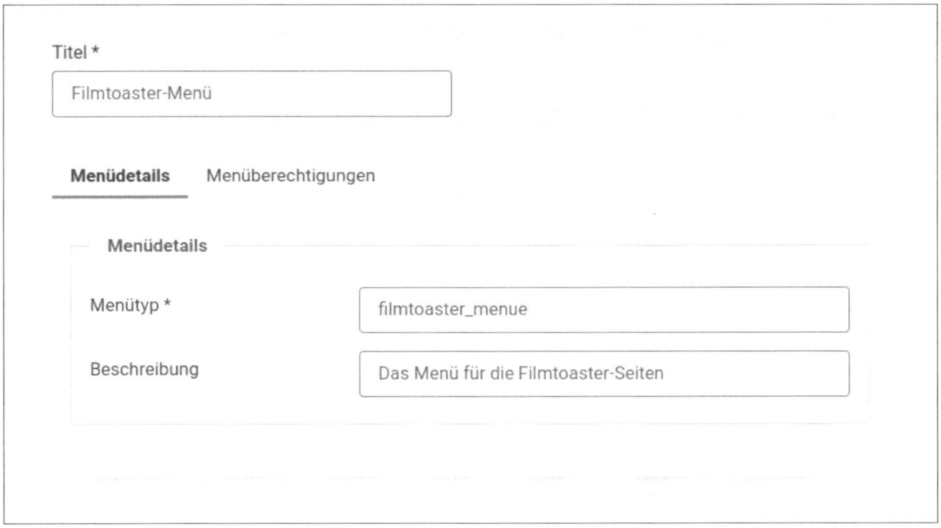

Abbildung 10-4: Joomla! braucht nur diese drei Informationen für ein neues Menü.

Bei *Titel* geben Sie dem Menü zunächst einen Namen. Unter dieser Bezeichnung finden Sie es gleich auch im Backend in der Menüverwaltung wieder. Für die Filmtoaster-Seiten wählen Sie einfach `Filmtoaster-Menü`.

Der *Menütyp* ist der interne Name für das Menü, quasi sein Identifikationsname. Er muss unter allen Menüs eindeutig sein und darf keine Leerzeichen enthalten. Für ein neues Menü auf den Filmtoaster-Seiten könnte man beispielsweise `filmtoaster_menue` wählen. Bis auf ganz wenige Ausnahmen verwendet in Zukunft lediglich Joomla! selbst diesen kryptischen Bezeichner – Sie werden mit ihm folglich nur in wenigen Fällen noch einmal in Berührung kommen.

Eine ergänzende *Beschreibung* gehört in das dritte Feld. Sie dient rein der Information und sollte kurz den Zweck des Menüs umreißen. Für die Filmtoaster-Seiten bietet sich etwa `Das Menü für die Filmtoaster-Seiten` an.

Im zweiten Register *Menüberechtigungen* legen Sie fest, welche Besuchergruppen Änderungen am Menü vornehmen dürfen. Sofern Sie allein mit Joomla! arbeiten, können Sie das Register komplett ignorieren. Um die Benutzerverwaltung kümmert sich später noch ausführlich Kapitel 12, *Benutzerverwaltung und -kommunikation*.

Für die Filmtoaster-Seiten sollten die Felder auf der Registerkarte *Menüdetails* so wie in Abbildung 10-4 aussehen. Ein Klick auf *Speichern & Schließen* legt das Menü an und führt wieder zurück zur Tabelle mit allen Menüs.

Wie ein kurzer Blick in das Frontend verrät, ist das Menü allerdings noch nicht zu sehen. Damit es dort erscheint, müssen Sie erst noch ein passendes Modul erstellen.

Ein neues Menü-Modul erstellen

Um für das Menü ein passendes Modul anzulegen, gibt es zwei Möglichkeiten:

- Wechseln Sie in die Modulverwaltung hinter *Inhalt* → *Site Module* und klicken Sie dort auf *Neu*. Entscheiden Sie sich im nächsten Bildschirm für den Modultyp *Navigation – Menü*.
- Klicken Sie in der Menüverwaltung hinter *Menüs* → *Verwalten* in der Spalte *Zugeordnete Module* auf die Schaltfläche *Ein Modul für dieses Menü hinzufügen*. Joomla! erstellt jetzt ein passendes Modul und öffnet ein neues Fenster mit seinen Einstellungen.

In jedem Fall wählen Sie im erscheinenden Formular zunächst eine passende *Position*. Für die Filmtoaster-Seiten entscheiden Sie sich für die *Seitenleiste-rechts [sidebar-right]*. Damit erscheint das Menü gleich auf der rechten Seite.

Vergeben Sie jetzt einen *Titel*. Der Titel erscheint später auf Wunsch auch als Überschrift über dem Menü. Das ist durchaus sinnvoll, da so auf einen Blick klar ist, welche Menüpunkte das Menü anbietet. Der Titel sollte folglich die Inhalte des Menüs kurz zusammenfassen. Führen beispielsweise auf einer Vereinsseite alle Menüpunkte im Menü zu irgendwelchen Turnierergebnissen, sollten Sie dem Menü-Modul den Titel *Turnierergebnisse* verpassen. Eine Ausnahme bildet das Hauptmenü, bei dem man normalerweise den Titel versteckt. Auf den Filmtoaster-Seiten wäre `Kino, Film und Co` als *Titel* ganz passend.

Als Nächstes legen Sie auf der Registerkarte *Modul* unter *Menü auswählen* fest, welches Menü das Modul anzeigen soll. Für die Filmtoaster-Seiten stellen Sie die Dropdown-Liste auf das vorhin angelegte *Filmtoaster-Menü*.

Im Register *Modul* stehen zudem noch folgende optionale Einstellungen parat:

Basiseintrag
: Den hier gewählten Menüeintrag hebt Joomla! optisch hervor. Wie das dann auf Ihrer Website aussieht, hängt vom verwendeten Template ab, die meisten heben den Menüeintrag wie in Abbildung 10-5 fett oder farbig hervor. (Für Template-Entwickler: Der Menüpunkt erhält dann die Klassennamen `current` und `active`.)

Wenn Sie die Drop-down-Liste auf ihrem Standardwert *Aktuell* belassen, hebt Joomla! immer den zuletzt angeklickten Menüpunkt optisch hervor. Ihre Besucherinnen und Besucher sehen so direkt, auf welcher Unterseite sie sich befinden. Sofern nicht wichtige Gründe dagegensprechen, sollten Sie hier folglich die Standardeinstellung belassen.

Abbildung 10-5: Das mitgelieferte Template hebt hier den gerade angeklickten Menüpunkt *Filmkritiken* durch einen Unterstrich hervor.

Menüpunkte können Sie einem anderen unterordnen. Das führt dann zu einem verschachtelten Menü wie dem aus Abbildung 10-6. Wie die Unterpunkte angezeigt werden, bestimmt das Template. In Abbildung 10-6 rückt das Template die Unterpunkte nach rechts ein und stellt sie in verkleinerter Schrift dar.

Abbildung 10-6: Ein Menü mit zwei Unterpunkten.

Die nächsten Einstellungen auf der Registerkarte *Modul* beeinflussen, welche Unterpunkte angezeigt werden:

Erste Ebene
  Das Modul zeigt nur Menüpunkte ab dieser Hierarchie- beziehungsweise Gliederungsebene an. (Mehr zu diesem Thema finden Sie im Abschnitt »Menüeinträge gliedern« auf Seite 213.)

Letzte Ebene
  Das Modul zeigt nur Menüpunkte bis zu dieser Hierarchie- beziehungsweise Gliederungsebene an. (Mehr zu diesem Thema finden Sie ebenfalls im Abschnitt »Menüeinträge gliedern« auf Seite 213.)

Untermenüeinträge anzeigen
Enthält ein Menüeintrag weitere Unterpunkte, bleiben diese bei einem *Ja* immer eingeblendet. Damit ist die komplette Gliederung von Anfang an für den Besucher sichtbar (wie in Abbildung 10-6). Bei einem *Nein* klappen die einzelnen Unterpunkte erst nach einem Klick auf ihren jeweils übergeordneten Eintrag auf. In Abbildung 10-6 müsste der Besucher folglich erst auf *Oberpunkt 1* klicken, damit er auch *Unterpunkt 1* und den *Unterpunkt 2* sieht.

Bis auf *Menü auswählen* können für die Filmtoaster-Seiten alle Einstellungen auf den Vorgaben verbleiben.

Mit den Einstellungen auf der Registerkarte *Erweitert* können Sie in Grenzen die Darstellung des Menüs beeinflussen. Wenn Sie ein fertiges Template verwenden, teilt Ihnen der Entwickler des Templates mit, welche Werte in welchen Feldern zu welchen optischen Ergebnissen führen. Andernfalls ignorieren Sie das Register *Erweitert* einfach. Mit den Standardeinstellungen sollte jedes Template ansehnliche Ergebnisse liefern. Der Vollständigkeit halber folgen hier die Einstellungsmöglichkeiten im Schnelldurchgang. Wenn Ihnen einzelne Punkte (noch) nichts sagen, lassen Sie sie erst einmal außer Acht. Mehr zu diesem Thema finden Sie später in Kapitel 16, *Ein eigenes Template entwickeln*.

Menü-Tag-ID
Hier dürfen Sie dem Menü ein individuelles ID-Attribut anheften, mit dem später dann das Template das Menü individuell formatieren kann. Beachten Sie, dass Sie dem Modul auch noch zusätzlich ein *Modulklassensuffix* und ein *Menüklassensuffix* verpassen können.

CSS-Klasse Menü
Der hier eingetippte Text wird den Menüklassen hinzugefügt (genauer gesagt der CSS-Klasse menu, die jedem Menü anhaftet).

Zielposition
JavaScript-Programmierer können hier Werte eingeben, um ein Pop-up-Fenster zu positionieren.

Layout
Über die Drop-down-Liste können Sie den Modulausgaben eine ganz bestimmte vom Standard abweichende Optik überstülpen. Welche Punkte hier zur Auswahl stehen, hängt von den installierten Templates ab.

CSS-Klasse Modul
Mit diesem Feld können Template-Entwickler die Darstellung des Moduls beeinflussen. Die hier hinterlegte CSS-Klasse wird dem div-Tag angehängt, das auf der Seite das Modul umschließt.

Caching
Aktiviert einen Zwischenspeicher (Cache), der den Inhalt dieses Moduls puffert. Dadurch muss das Modul seine Ausgaben nicht immer wieder erneut zusammenstellen und kann somit Anfragen schneller bedienen. Im Gegenzug kostet diese Funktion Speicherplatz, und man läuft zudem Gefahr, dass das

Modul veraltete Informationen ausspuckt. Belassen Sie hier im Zweifelsfall die Voreinstellung.

Cache-Dauer
So viele Minuten verbleiben die Daten im Cache, danach erneuert das Modul die Darstellung. Belassen Sie auch hier im Zweifelsfall die Voreinstellung, die für durchweg alle Internetauftritte passend ist.

Modulstil
Hier legen Sie fest, in welche HTML-Elemente das Modul seine einzelnen Inhalte verpacken soll.

Modul-Tag
Joomla! steckt die Ausgaben des Moduls in das hier eingestellte HTML-Element.

Bootstrap-Größe
In Joomla! können Templates direkt das ursprünglich vom Kurznachrichtendienst Twitter entwickelte Bootstrap-System nutzen. Es bietet ein Raster, auf dem die Template-Entwickler die Elemente der Seite besonders schnell und ansehnlich platzieren können. Wie viele Spalten in diesem Raster das Modul einnehmen soll, stellen Sie unter *Bootstrap-Größe* ein – Sie legen also die Breite des Moduls fest.

Header-Tag und CSS-Klasse Header
Joomla! gibt den Modultitel in dem unter *Header-Tag* eingestellten HTML-Element aus. Diesem Element dürften Sie unter *CSS-Klasse Header* noch einen CSS-Klassennamen verpassen.

Die Einstellungen auf den anderen Registerkarten kennen Sie bereits aus Kapitel 9, *Module*. In der Regel können Sie sie auf ihren Vorgaben belassen.

Auch bei den Filmtoaster-Seiten nehmen Sie keine weiteren Änderungen vor. Legen Sie das Menü-Modul via *Speichern & Schließen* an und werfen Sie wieder einen Blick in das Frontend. Dort glänzen das Modul und somit das Menü immer noch durch Abwesenheit. Der Grund dafür ist einfach: Standardmäßig blendet Joomla! alle leeren Menüs aus. Um das neue Menü hervorzuzaubern, muss man es folglich mit mindestens einem Menüpunkt bestücken. Dazu könnten Sie jetzt, wie im Abschnitt »Einen Menüeintrag anlegen« auf Seite 169, einen neuen Menüpunkt anlegen – oder aber kurzerhand Menüpunkte aus einem anderen Menü klauen. Dazu muss man allerdings die zu verschiebenden Menüpunkte erst einmal im Backend aufspüren.

Menüeinträge aufspüren und auflisten

Um die bereits existierenden Menüeinträge zu verändern, müssen Sie zunächst den entsprechenden Menüpunkt im Backend aufspüren. Dazu gibt es gleich mehrere Wege:

- Öffnen Sie im Hauptmenü des Backends den Punkt *Menüs* und klicken Sie im aufklappenden Untermenü dann auf das Menü, dessen Einträge Sie bearbeiten möchten.
- Suchen Sie in der Tabelle hinter *Menüs → Verwalten* das Menü, in dem Sie den Menüpunkt vermuten. Klicken Sie dann in seiner Zeile auf das Symbol mit den drei Strichen (in der Spalte *Menueinträge*).
- Rufen Sie *Menüs → Alle Menüeinträge* auf. Sie landen dann in einer Tabelle mit sämtlichen auf Ihrer Website veröffentlichten (also sichtbaren) Menüpunkten aus allen Menüs. Möchten Sie nur die Menüeinträge aus einem ganz bestimmten Menü sehen, öffnen Sie oben – *Menü wählen* – (links neben dem Eingabefeld für die Suche) und stellen dort das entsprechende Menü ein.

Auf den Filmtoaster-Seiten sollen einige Menüpunkte aus dem Hauptmenü (*Main Menu*) in das Filmtoaster-Menü umziehen. Wählen Sie daher *Menüs → Main Menu*.

Es erscheint jetzt die Tabelle aus Abbildung 10-7 Dort sehen Sie alle im *Main Menu* enthaltenen Menüpunkte. Unterpunkte erscheinen eingerückt. In Abbildung 10-7 gilt dies beispielsweise für die *Actionfilme* und die *Liebesfilme*. Ob und wie diese Unterpunkte auf der Website erscheinen, hängt von den Einstellungen des anzeigenden Moduls ab.

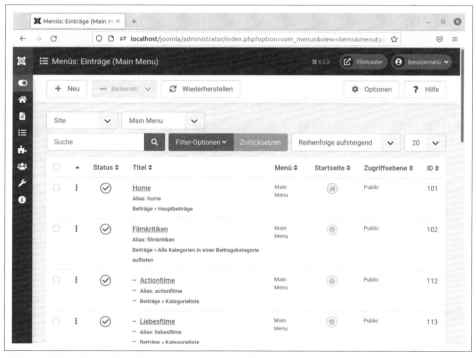

Abbildung 10-7: Die derzeitigen Menüpunkte des Hauptmenüs Main *Menu*.

Wohin ein Menüpunkt führt, steht immer in kleiner schwarzer Schrift unterhalb der einzelnen *Titel*. In Abbildung 10-7 zeigt beispielsweise der Menüeintrag *Filmkritiken* auf eine Kategorie. In der Spalte *Menü* können Sie zudem ablesen, in welchem Menü sich der jeweilige Menüpunkt befindet. Tabelle 10-2 listet alle Spalten mit ihrer jeweiligen Bedeutung auf.

Tabelle 10-2: Spalten der Tabelle »Menüs«: Einträge und ihre jeweiligen Informationen

Spalte	Bedeutung
Status	Bei einem grünen Haken ist der Menüpunkt auf der Website prinzipiell zu sehen.
Titel	Die Beschriftung des Menüpunkts.
Menü	Der Menüpunkt gehört zu diesem Menü.
Startseite	Der Menüpunkt mit dem gelben Sternchen führt zur Startseite des Internetauftritts.
Zugriffsebene	Der Menüpunkt ist nur für diese Benutzergruppe sichtbar.
ID	Die interne Identifikationsnummer des Menüpunkts.

Menüeinträge verschieben

Das Hauptmenü sollte immer nur die wichtigsten Menüpunkte anbieten. Diese Menüpunkte sollten Sie zudem so auswählen, dass die Besucherinnen und Besucher über sie alle Webseiten Ihres Internetauftritts erreichen können. Bei allen anderen Menüpunkten sollten Sie prüfen, ob sie wirklich notwendig sind. Sofern sie komplett entbehrlich sind, löschen Sie sie. Andernfalls sammeln Sie die weniger wichtigen Punkte in einem zweiten Menü.

Auf den Filmtoaster-Seiten sieht das Menü derzeit noch so wie in Abbildung 10-8 aus – sofern Sie die Beispiele aus den vorherigen Kapiteln mitgemacht haben. Essenziell sind nur die Menüpunkte *Filmkritiken*, *Veranstaltungen*, *Blog* und *Impressum*. Die Seite hinter *Angesagt* sammelt einfach ein paar wichtige Beiträge und wäre somit eigentlich entbehrlich. Analoges gilt für die übrigen Menüpunkte. Sie alle sind somit heiße Kandidaten dafür, im extra dafür angelegten *Filmtoaster-Menü* zu landen.

Abbildung 10-8: Das noch etwas überfrachtete Hauptmenü auf den Filmtoaster-Seiten.

Um einen Menüeintrag von einem Menü in ein anderes zu verschieben, klappen Sie das Menü *Menüs* auf. Klicken Sie dann das Menü an, in dem sich die Menüpunkte (noch) befinden. Anschließend markieren Sie in der Tabelle alle Menüpunkte, die Sie in ein anderes Menü verschieben wollen.

Für die Filmtoaster-Seiten setzen Sie hinter *Menüs → Main Menu* einen Haken vor *Angesagt* sowie alle weiteren infrage kommenden Menüpunkte. Sofern Sie nicht alle Schritte bis hierhin mitgemacht haben, nehmen Sie einfach einen anderen Menüpunkt.

Klicken Sie jetzt in der Werkzeugleiste unter den *Aktionen* auf *Stapelverarbeitung*. Damit öffnet sich das Fenster aus Abbildung 10-9.

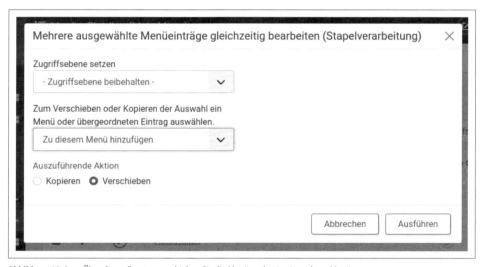

Abbildung 10-9: Über dieses Fenster verschieben Sie die Menüpunkte in ein anderes Menü.

Stellen Sie in der Drop-down-Liste *Zum Verschieben oder Kopieren der Auswahl ein Menü oder übergeordneten Eintrag auswählen* das Menü ein, in dem die Menüpunkte landen sollen. Dazu suchen Sie in der geöffneten Liste zunächst den Namen des Menüs und wählen dann das etwas eingerückte *Zu diesem Menü hinzufügen*.

Für die Filmtoaster-Seiten sollen die Menüpunkte im *Filmtoaster-Menü* landen. Suchen Sie daher in der Drop-down-Liste den schwarzen Eintrag *Filmtoaster-Menü* und klicken Sie dann das direkt darunter eingerückte *Zu diesem Menü hinzufügen* an (siehe Abbildung 10-10). Wenn die Darstellung zu klein erscheint oder die Drop-down-Liste abgeschnitten wird, hilft Ihnen der Kasten *Das Problem mit abgeschnittenen Drop-down-Listen* auf Seite 119.

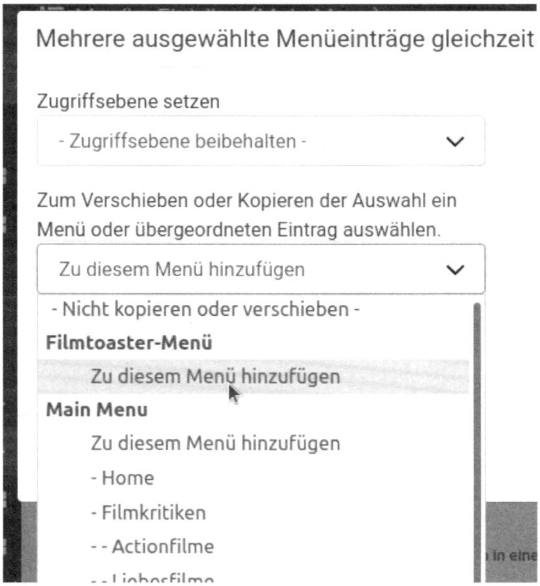

Abbildung 10-10: Mit dieser Einstellung landen gleich alle markierten Menüpunkte im Filmtoaster-Menü.

Würden Sie nicht *Zu diesem Menü hinzufügen*, sondern einen vorhandenen Menüpunkt auswählen, würde Joomla! die Menüpunkte *Angesagt* etc. gleich zu dessen Unterpunkten machen.

Achten Sie jetzt noch darauf, dass direkt unter der Drop-down-Liste der Punkt *Verschieben* aktiviert ist. *Ausführen* verschiebt schließlich die Menüpunkte.

Die angekreuzten Menüeinträge sollten jetzt aus der Tabelle verschwunden sein. Ob sie auch im korrekten Menü gelandet sind, prüfen Sie kurz hinter *Menüs → Filmtoaster-Menü*. Da dieses Menü jetzt nicht mehr leer ist, erscheint es auch endlich im Frontend. Dort müsste es ähnlich wie in Abbildung 10-9 aussehen.

Abbildung 10-11: Das neue Menü auf der Startseite.

Im Menü *Kino, Film und Co* findet der Besucher jetzt Menüpunkte zu weiteren interessanten Informationen und Seiten. Das Hauptmenü am oberen Rand ist hingegen nun kompakt und übersichtlich. Wenn Ihnen die Reihenfolge der Module am rechten Rand nicht gefällt, können Sie sie mit den Schritten aus dem Abschnitt »Reihenfolge der Module ändern« auf Seite 292 ändern.

Tipp   Es bleibt letztendlich Ihnen überlassen, wie Sie Ihre Menüs aufbauen. In jedem Fall sollten Sie jedoch versuchen, doppelte Menüeinträge zu vermeiden, die Menüs nicht mit Einträgen zu überfrachten und die Menüpunkte thematisch zu gruppieren. Sehen Sie sich auch die Menüs von anderen Internetauftritten an: Besucher haben sich an die Bedienung insbesondere von größeren Seiten wie Amazon, eBay und Apple gewöhnt.

Menüeinträge kopieren

Sie können Menüeinträge nicht nur verschieben, sondern auch kopieren. Das ist etwa dann nützlich, wenn Sie einen neuen Menüpunkt einrichten möchten, der ähnliche Einstellungen wie ein vorhandener besitzt.

Warnung   Sie könnten auf diese Weise auch schnell zwei identische Menüpunkte in zwei verschiedenen Menüs anlegen. Letzteres ist jedoch keine gute Idee, da Sie mit zwei identischen Menüpunkten Ihre Besucher verwirren. Diese wissen dann nicht, welchen der beiden Punkte sie anklicken sollen beziehungsweise welcher der richtige ist. Beschriften Sie daher alle Menüpunkte unterschiedlich und eindeutig.

Um einen oder mehrere Menüpunkte zu duplizieren, klappen Sie im Backend das Menü *Menüs* auf. Klicken Sie dann das Menü an, in dem sich der oder die zu kopierenden Menüpunkte befinden. Setzen Sie jetzt jeweils einen Haken in die Kästchen vor den zu kopierenden Menüpunkten. Sofern der abgehakte Menüpunkt weitere Unterpunkte besitzt, kopiert sie Joomla! automatisch mit.

Als Nächstes klicken Sie in der Werkzeugleiste in den *Aktionen* auf *Stapelverarbeitung*. Damit öffnet sich das Fenster aus Abbildung 10-12. Öffnen Sie die Dropdown-Liste *Zum Verschieben oder Kopieren der Auswahl ein Menü oder übergeordneten Eintrag auswählen* und wählen Sie das Menü, in dem gleich die Kopien landen sollen. Dazu suchen Sie erst den fett dargestellten Namen des Menüs. Klicken Sie dann auf das darunter eingerückte *Zu diesem Menü hinzufügen* (wie in Abbildung 10-12). Sie dürfen übrigens das Duplikat auch wieder im gleichen Menü ablegen, es muss also nicht zwingend in einem anderen Menü landen.

Wenn Sie einen vorhandenen Menüpunkt wie etwa *Home* wählen, würden die duplizierten Menüeinträge zu seinen Unterpunkten.

Stellen Sie abschließend noch sicher, dass im unteren Bereich des weißen Fensters der Punkt *Kopieren* markiert ist. Klicken Sie jetzt auf *Ausführen*. Joomla! kopiert die Menüeinträge dann in das entsprechende Menü. Auf den Filmtoaster-Seiten können Sie das kontrollieren, indem Sie *Menüs → Filmtoaster-Menü* aufrufen.

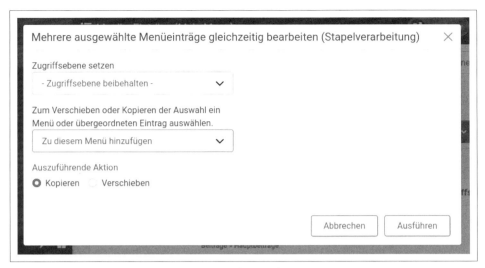

Abbildung 10-12: Mit dieser Einstellung landen die Kopien gleich im Filmtoaster-Menü.

Jedes Duplikat trägt zur Unterscheidung eine *(2)* im Namen. In den Einstellungen des Menüeintrags sollten Sie dann den Titel anpassen.

Warnung Nach dem Kopieren existieren zwei eigenständige und komplett voneinander unabhängige Menüpunkte. Wenn Sie die Einstellungen eines der beiden Menüpunkte verändern, bleibt der andere so, wie er ist.

Joomla! kann allerdings auch *einen* Menüeintrag in *mehreren* Menüs auftauchen lassen. Um diesen sogenannten Menüeintrag-Alias kümmert sich der Abschnitt »Seite 223« auf Seite 223.

Hilfe, mein Menüeintrag ist verschwunden!

Wenn Sie einen Menüpunkt auf Ihren Internetseiten vermissen, rufen Sie zunächst im Backend *Menüs → Alle Menüeinträge* auf. Joomla! zeigt Ihnen jetzt in der Liste restlos alle existierenden Menüpunkte an. Suchen Sie in der Tabelle den vermissten Menüpunkt. Nutzen Sie dazu auch die *Filter-Optionen*. Wenn Sie den Menüpunkt gefunden haben, öffnen Sie seine Einstellungen und kontrollieren folgende Punkte:

- Prüfen Sie, ob der Menüeintrag überhaupt veröffentlicht ist. Dazu muss im Register *Details* der Punkt *Status* auf *Veröffentlicht* stehen.
- Kontrollieren Sie, ob der Menüpunkt im korrekten *Menü* sitzt. Stellen Sie gegebenenfalls in der entsprechenden Drop-down-Liste seine richtige Heimat ein.
- Ist der Menüpunkt unter *Übergeordneter Eintrag* dem korrekten Menüpunkt untergeordnet? Stellen Sie im Zweifel *Übergeordneter Eintrag* auf *– Kein übergeordnetes Element –*.

- Kontrollieren Sie anschließend auf der Registerkarte *Linktyp*, ob *Im Menü anzeigen* auf *Ja* steht. Des Weiteren muss entweder *Menütitel anzeigen* auf *Ja* stehen oder aber dem Menüpunkt ein Bild zugewiesen sein (unter *Bild zum Link*).

Sind alle diese Einstellungen korrekt, wechseln Sie in die Modulverwaltung hinter *Inhalt → Site Module*. Klicken Sie dort das Modul an, in dem der Menüpunkt zu sehen sein müsste. In den jetzt angezeigten Einstellungen des Moduls geht die Prüfung wie folgt weiter:

- Kontrollieren Sie die Einstellungen *Erste Ebene*, *Letzte Ebene* und *Untermenüeinträge anzeigen*. Im Zweifelsfall setzen Sie *Erste Ebene* auf *1*, *Letzte Ebene* auf *Alle* und *Untermenüeinträge anzeigen* auf *Anzeigen*.
- Überlegen Sie, ob das Template in die Darstellung eingreift. Versteckt es beispielsweise Unterpunkte eigenmächtig? Schalten Sie probeweise auf ein anderes Template um (wie in Kapitel 15, *Templates verwalten*, beschrieben) oder verschieben Sie das Modul an eine andere *Position* auf der Webseite.

Taucht der Menüeintrag immer noch nicht auf, bekommen ihn sehr wahrscheinlich nur ganz bestimmte Benutzergruppen zu sehen. Informationen zur Benutzerverwaltung erhalten Sie in Kapitel 12, *Benutzerverwaltung und -kommunikation*. Im Zweifelsfall können Sie in den Einstellungen des Menüpunkts auf der Registerkarte *Details* die *Zugriffsebene* auf *Public* setzen. Damit bekommen das Modul aber alle Besucherinnen und Besucher zu sehen.

Tipp   Vergessen Sie nicht, Ihre geänderten Einstellungen jeweils zu *Speichern*.

Breadcrumb-Leiste (Navigationspfad)

Neben einem Menü können Sie Ihren Besucherinnen und Besuchern auch noch eine weitere Navigationshilfe mit an die Hand geben: Die sogenannte Breadcrumb-Leiste, auch Navigationspfad genannt, ist nach der Installation von Joomla! bereits am oberen Seitenrand aktiv. Sie zeigt den Weg von der Startseite bis zur aktuellen Seite an und soll Ihren Besuchern die Orientierung erleichtern. Abbildung 10-13 veranschaulicht das dahinterstehende Konzept noch einmal: Von der *Startseite* aus gelangt man über die *Filmkritiken* zur Kategorie *Actionfilme*, von der aus es weiter zur Filmkritik zu *James Bond 007: Skyfall* geht. Mit einem Klick auf einen der Links springt man dann schnell wieder zurück.

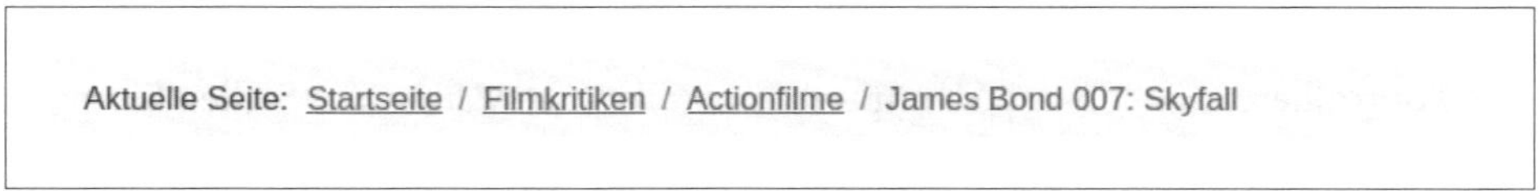

Aktuelle Seite: Startseite / Filmkritiken / Actionfilme / James Bond 007: Skyfall

Abbildung 10-13: Der Breadcrumb-Pfad zur Filmkritik *James Bond 007: Skyfall*.

In Anlehnung an Hänsel und Gretel, die versuchten, mithilfe einer von ihnen gelegten Brotkrumenspur den Weg zurück nach Hause zu finden, bezeichnet man einen solchen Pfad aus Links im Englischen als *Breadcrumbs*. Im Deutschen spricht man von einer *Brotkrumennavigation* oder einem *Navigationspfad*. Diese Hilfe sollten Sie insbesondere immer dann anbieten, wenn Ihre Seitenstruktur recht verschachtelt oder komplex ist.

In Joomla! erzeugt diesen Pfad ein Modul vom Typ *Navigation – Navigationspfad*. Die meisten Templates bieten zudem bereits eine passende Position für die Leiste an. Häufig befindet sich diese direkt unter dem Menü oder am unteren Seitenrand. Das von Joomla! eingerichtete Modul können Sie einfach in Ihre eigene Seite übernehmen, auch die Voreinstellungen passen in den meisten Fällen – zumal die Einstellungsmöglichkeiten recht überschaubar sind. Konkret bietet das Modul in seinen Einstellungen im Register *Modul* folgende Optionen:

»Aktuelle Seite« anzeigen
: Je nach gewähltem Template erscheint ganz links vor dem Navigationspfad der Text *Aktuelle Seite* (siehe Abbildung 10-13). Diesen Text können Sie durch ein Symbol ersetzen, wenn Sie hier *Verbergen* wählen. Es gibt allerdings auch Templates, die dann weder das Symbol noch den Text *Aktuelle Seite* einblenden.

Startseite anzeigen
: Wenn hier *Anzeigen* eingestellt ist, erscheint auch immer die Startseite im Pfad (in Abbildung 10-13 ist das der Punkt *Startseite* ganz links). Da damit schnell wieder zur Startseite Ihres Internetauftritts zurückgesprungen werden kann, sollten Sie diesen Schalter möglichst immer auf *Anzeigen* stehen lassen.

Text für die Startseite
: Im Pfad erscheint ganz links immer ein Link, der zurück zur *Startseite* führt (es sei denn, Sie haben *Startseite anzeigen* auf *Verbergen* gesetzt). Diesem Link können Sie hier eine andere Beschriftung verpassen und so beispielsweise das lange Wort *Startseite* durch das kürzere *Home* ersetzen. Tippen Sie dazu einfach in das Feld die gewünschte Beschriftung ein. Wenn das Feld leer ist, verwendet das Modul die vom Sprachpaket vorgegebene Beschriftung.

Letztes Element anzeigen
: Im Fall von *Anzeigen* präsentiert der Navigationspfad ganz rechts noch einmal den Titel der aktuellen Seite (in Abbildung 10-13 *James Bond 007: Skyfall*).

KAPITEL 11

Komponenten – Nützliche Zusatzfunktionen

In diesem Kapitel:
- Module, Komponenten und Templates: ein komplexes Zusammenspiel
- Bannerwerbung
- Kontakte und Kontaktformulare
- Kontakte um weitere (Daten-)Felder ergänzen
- Newsfeeds
- Suchfunktion und Suchstatistiken

In einem wachsenden Internetauftritt entsteht schnell der Wunsch, ihn mit ein paar interessanten Zusatzfunktionen aufzupeppen. Beispielsweise könnte man über kleine Werbebanner die Miete für den Webserver wieder hereinholen, und ein Kontaktformular wäre auch nicht schlecht. Derartige Funktionen bietet Joomla! von Haus aus.

Tipp Nutzen Sie nur die Zusatzfunktionen, die Sie wirklich benötigen und die Sie pflegen können. Eine Newsfeed-Sammlung klingt zwar zunächst hilfreich, Sie müssen allerdings auch immer wieder prüfen, ob die Feeds noch erreichbar sind, und gegebenenfalls weitere ergänzen. Je mehr Funktionen Sie in Ihre Seite integrieren, desto unübersichtlicher wird sie – und verwirrt gegebenenfalls Ihre Besucherinnen und Besucher.

Bevor die nachfolgenden Abschnitte die in Joomla! enthaltenen Zusatzfunktionen im Einzelnen vorstellen, wirft der nächste Abschnitt kurz noch einen Blick auf die Abläufe im Hintergrund. Diese Konzepte helfen maßgeblich beim Einrichten der Zusatzfunktionen und erklären, warum sie im Backend an verschiedenen Stellen Einstellungen vornehmen müssen.

Module, Komponenten und Templates: ein komplexes Zusammenspiel

Joomla! ist keine starre Software, sondern modular aufgebaut. Die Inhalte verwalten dabei im Hintergrund sogenannte *Komponenten*. So gibt es beispielsweise eine Komponente, die sich um die Beiträge kümmert, während eine andere Komponente Kontaktformulare verwaltet. Diese Arbeitsteilung hat den Vorteil, dass Sie recht einfach nachträglich weitere Komponenten hinzufügen und so schnell den Funktionsumfang von Joomla! erweitern können. Bildlich können Sie sich Komponenten wie LEGO®-Steine vorstellen. Auch die in den nachfolgenden Abschnitten vorgestellten Funktionen stellen jeweils passende Komponenten bereit.

Die kleinen Module, die Sie schon aus den vorherigen Kapiteln kennen, arbeiten teilweise mit den Komponenten zusammen. Möchte beispielsweise ein Modul die beliebtesten Filmkritiken anzeigen, befragt es dazu die Komponente für die Beitragsverwaltung. Deren Antwort zeigt dann das Modul einfach an. Wenn Komponenten die dicken Legosteine sind, dann kann man sich die Module als kleine Einer-Bausteine vorstellen.

Die ganzen Ausgaben der Komponenten und Module baut Joomla! schließlich anhand des Templates zu einer kompletten Seite zusammen. Im Bild der LEGO®-Steine entspricht das Template der Bauanleitung. Die Ausgaben der Komponenten, wie etwa eine Filmkritik, erscheinen dabei in der Regel in einem großen, extra dafür reservierten Bereich auf der Webseite. Die Module platziert Joomla! darum herum. Während die Ausgaben der Komponenten in einem vorgeschriebenen Bereich erscheinen, dürfen Sie die Module in Grenzen auf Ihren Webseiten umpositionieren.

Da die Begriffe und Konzepte recht verwirrend sind, sollen sie hier noch einmal kurz zusammengefasst werden:

- Eine *Komponente* übernimmt eine größere Aufgabe. Beispielsweise kümmert sich eine Komponente um die Verwaltung und die Anzeige von Kontaktformularen.
- *Module* bieten Ihren Besuchern kleine Zusatzfunktionen an. Beispielsweise gibt es ein Modul, das die beliebtesten Beiträge auflistet. Häufig arbeitet ein Modul mit einer Komponente zusammen.
- Das *Template* bildet den Bauplan Ihres Internetauftritts und legt insbesondere die Stellen fest, an denen die Ausgaben von Komponenten und Modulen erscheinen dürfen.

Abbildung 11-1 veranschaulicht noch einmal das komplexe Zusammenspiel der kleinen Module, der funktionsschweren Komponenten und der Templates.

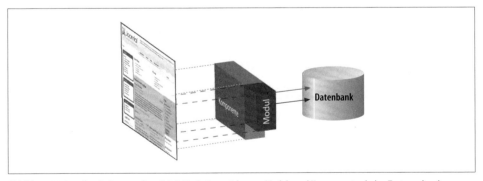

Abbildung 11-1: Der Aufbau von Joomla! als Explosionszeichnung: Module und Komponenten holen Texte und andere Daten aus der Datenbank und zeigen sie dann gemeinsam auf der Website an. Im Gegensatz zu Komponenten lassen sich Module auf der Website an eine andere Stelle verschieben.

Bannerwerbung

Der Betrieb eines Internetauftritts nagt beständig am eigenen Geldbeutel – schließlich erbringen die Webhoster ihre Leistungen nicht umsonst. Es liegt also nahe, auf der eigenen Seite etwas Werbung zu schalten, um so zumindest einen Teil der Kosten wieder hereinzubekommen. Genau zu diesem Zweck bringt Joomla! eine Komponente mit, die Werbeanzeigen, neudeutsch Werbebanner oder kurz Banner, verwaltet. Hierbei bucht ein Kunde einen gut einsehbaren Platz auf der Website. Gleichzeitig stellt er ein Bild zur Verfügung, das später nicht nur die angemietete Werbefläche zieren, sondern auch bei einem Mausklick direkt auf seine eigenen Internetseiten führen soll.

Auf den Filmtoaster-Seiten könnte beispielsweise das hiesige Programmkino *Schauburg* den Werbeplatz buchen.

Tipp Mit den Werbebannern können Sie nicht nur (bezahlte) Werbung einblenden, sondern beispielsweise auch ein Banner oder Logo einer befreundeten Website.

Werbekunden verwalten

Bevor ein Banner auf den Internetseiten landet, benötigt man zunächst einen Werbekunden. Joomla! nennt diesen nur kurz *Kunde* (im Englischen *Client*) und verwaltet *Kunden* unter *Komponenten* → *Banner* → *Kunden*. Wenn Sie diesen Menüpunkt aufrufen, landen Sie in einer Tabelle mit allen schon vorhandenen Kunden. Da es nach der Installation von Joomla! normalerweise noch keinen Kunden gibt, zeigt Joomla! dort lediglich die Meldung *Es wurden noch keine Kunden angelegt*.

Um einen neuen Kunden zu erstellen, klicken Sie in der Werkzeugleiste auf die Schaltfläche *Neu*. In das nun angezeigte Formular aus Abbildung 11-2 tippen Sie unter *Name* den Namen des Kunden ein. Auf den Filmtoaster-Seiten wäre dies die Schauburg.

Wenn der Kunde wie im Beispiel ein Unternehmen ist, gibt es dort in der Regel einen Ansprechpartner. Dessen Namen und seine E-Mail-Adresse tragen Sie in die Felder *Kontaktname* und *Kontakt E-Mail* ein. Der Ansprechpartner bei der Schauburg heißt Heinz Albers und ist unter der E-Mail-Adresse heinz@example.org zu erreichen.

Unter *Zahlweise* stellen Sie ein, wann der Kunde das Geld für das elektronische Inserat überweist. Die Schauburg bezahlt die Schaltung ihrer Werbebanner *Jährlich*. Die standardmäßig vorgegebene *Globale Einstellung* entspricht einer monatlichen Überweisung.

Wenn Sie *Statistik der Aufrufe* und *Statistik der Klicks* auf *Ja* setzen, protokolliert Joomla! akribisch, wie oft die Werbebanner des Kunden auf der Website angezeigt wurden (*Statistik der Aufrufe*) beziehungsweise wie oft ein Besucher das Banner angeklickt hat (*Statistik der Klicks*).

Abbildung 11-2: Diese Daten legen die Schauburg als neuen Kunden an.

 Warnung Diese Informationen geben nicht nur Aufschluss über den Erfolg einer Werbekampagne, sie sind auch unter Umständen notwendig, um mit dem Werbekunden abzurechnen. Allerdings produziert die Protokollierung zusätzlichen Rechenaufwand, was die Seitenauslieferung verlangsamen kann. Lassen Sie sie deshalb auf den Filmtoaster-Seiten erst einmal ausgeschaltet.

Im Feld *Zusätzliche Informationen* dürfen Sie schließlich noch ein paar weitere Daten über den Kunden hinterlegen, wie beispielsweise seine Postanschrift (wie in Abbildung 11-2).

Achten Sie darauf, dass auf der rechten Seite der *Status* auf *Veröffentlicht* steht. Nur dann sind die Werbebanner des Kunden auch gleich für Besucher zu sehen.

Wenn Sie nachträglich Informationen ändern müssen, wie etwa die E-Mail-Adresse Ihres Ansprechpartners, hinterlegen Sie unter *Versionshinweis* eine kurze Zusammenfassung – im Beispiel also Tippfehler in der E-Mail-Adresse korrigiert. Zusammen mit der Versionsverwaltung aus dem Abschnitt »Versionsverwaltung« auf Seite 260 können Sie dann die Änderungen besser nachvollziehen. Legen Sie den Kunden wie jetzt neu an, können Sie das Eingabefeld erst einmal ignorieren.

 Für die Filmtoaster-Seiten sollte das Formular damit so wie in Abbildung 11-2 aussehen.

Weiter geht es mit dem Register *Metadaten*. Dessen Einstellungen haben eine besondere Funktion: Sie können Joomla! später anweisen, die Werbebanner so zu wählen, dass ihr Inhalt zum gerade gezeigten Beitrag passt. Beispielsweise würde die Werbung des Reiseveranstalters *Hinundweg* ideal zu Abenteuerfilmen passen. Wenn ein solcher Film den Besucher interessiert, dürfte er viel eher auch auf das Reisebanner aufmerksam werden. Damit Joomla! eine solche kontextabhängige Werbeeinblendung vornehmen kann, durchsucht es die Meta-Schlüsselwörter des jeweils angezeigten Beitrags (siehe den Abschnitt »Metadaten« auf Seite 128) nach den hier unter *Schlüsselwörter* eingegebenen und jeweils durch ein Komma getrennten Stichwörtern.

Damit die Suche nach den Stichwörtern etwas schneller geht, können Sie unter *Schlüsselwörter-Präfix* ein Präfix eintippen, wie etwa Abent. Wenn Sie dazu noch *Eigenes Präfix verwenden* auf *Ja* setzen, konzentriert sich Joomla! nur noch auf die Suche nach Wörtern, die mit Abent beginnen. Zusätzlich versteckt Joomla! natürlich sämtliche *Schlüsselwörter* in allen Seiten, auf denen ein Werbebanner des Kunden erscheint. Auf dieses Angebot stürzen sich dann insbesondere Suchmaschinen (siehe Kapitel 20, *Suchmaschinenoptimierung*).

Da das Werbebanner für die Schauburg omnipräsent sein soll, lassen Sie die Eingabefelder hier in den *Metadaten* leer.

Ein Klick auf *Speichern & Schließen* führt wieder zurück zur Tabelle aller Kunden (aus Abbildung 11-3). Dort können Sie in der Spalte *Kunde* den Namen des Kunden ablesen, in der Spalte *Kontakt* steht der Name der Kontaktperson. Die Spalte mit dem grünen Haken verrät, wie viele Werbebanner des Kunden prinzipiell für Besucher zu sehen sind. Im Beispiel gibt es für die Schauburg 0 und somit noch keine veröffentlichten Werbebanner. Analog präsentieren die nächsten drei Spalten, wie viele Werbebanner des Kunden versteckt sind, im Archiv lagern oder im Papierkorb stecken. In den äußerst rechten Spalten der Tabelle stehen noch die *Zahlweise* des Kunden und seine interne Identifikationsnummer. Tabelle 11-1 fasst noch einmal alle Spalten und ihre jeweils präsentierten Informationen zusammen.

Abbildung 11-3: Hier gibt es mit der Schauburg nur einen Kunden.

Tabelle 11-1: Spalten der Tabelle »Banner«: Kunden und ihre jeweiligen Informationen

Spalte	Bedeutung
Status	Bei einem grünen Haken ist der Werbekunde veröffentlicht und seine Werbebanner auf der Website prinzipiell zu sehen.
Kunde	Name des Kunden.
Kontakt	Name eines Ansprechpartners beim Kunden.
✓	So viele Banner des Kunden sind auf der Website zu sehen.
✗	So viele Banner des Kunden sind versteckt und somit für Besucher nicht zu sehen.
📁	So viele Banner des Kunden befinden sich im Archiv.
🗑	So viele Banner des Kunden liegen gerade im Papierkorb.
Zahlweise	Der Kunde bezahlt die Werbung in diesem Rhythmus.
ID	Die interne Identifikationsnummer des Kunden.

Über die Schaltfläche *Optionen* erreichen Sie noch einige Grundeinstellungen. Im Register *Kunden* können Sie die *Zahlweise*, die Anzeige- und Klickstatistik sowie das *Schlüsselwörter-Präfix* vorgeben. Die dort gewählten Einstellungen gelten dann standardmäßig für jeden neu angelegten Kunden.

Bannerkategorien anlegen

Sofern das Internetportal floriert und viele Firmen einen Werbeplatz buchen, kann man die Banner-Bilder noch einmal thematisch in Gruppen zusammenfassen. Analog zu den Beiträgen bezeichnet Joomla! diese Gruppen als *Kategorien*.

Warnung   Verwechseln Sie die Bannerkategorien nicht mit denen für die Beiträge aus Kapitel 5, *Kategorien*, auch wenn die Arbeitsweise ganz ähnlich ist.

Diese Gruppierung dient zum einen der Übersicht: Mit 100 und mehr Bannern zu jonglieren, kann schnell etwas unübersichtlich werden. Zum anderen kann man später die Anzeige auf Werbebanner aus einer dieser Kategorien beschränken.

Tipp   Auf diese Weise lassen sich sogar themenbezogene Kampagnen schalten: Auf den Filmtoaster-Seiten könnte man alle Anzeigen, die für das Filmfestival im Juli werben, in einer eigenen Kategorie zusammenfassen. Zwei Wochen vor Beginn des Festivals weist man Joomla! an, nur noch Anzeigen aus eben jener Kategorie zu verwenden.

Da unter Joomla! jedes Werbebanner mindestens einer Kategorie zugeordnet sein muss, geht es als Nächstes zum Menüpunkt *Komponenten → Banner → Kategorien*. Sie landen damit in der Tabelle mit allen Kategorien aus Abbildung 11-4. Joomla! bringt bereits eine Kategorie namens *Uncategorised* mit. Die in den Spalten angezeigten Informationen fasst Tabelle 11-2 zusammen.

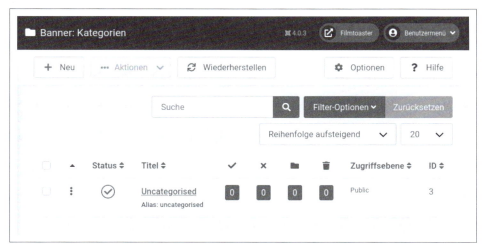

Abbildung 11-4: Standardmäßig liefert Joomla! eine Bannerkategorie namens *Uncategorised* mit.

Tabelle 11-2: Spalten der Tabelle »Banner«: Kategorien und ihre jeweiligen Informationen

Spalte	Bedeutung
Status	Bei einem grünen Haken sind die Werbebanner aus der Kategorie prinzipiell für Besucher zu sehen.
Titel	Titel der Kategorie.
✓	So viele Banner sind auf der Website zu sehen.
✗	So viele Banner sind versteckt und somit für Besucher nicht zu sehen.
📁	So viele Banner befinden sich im Archiv.
🗑	So viele Banner liegen gerade im Papierkorb.
Zugriffsebene	Die Zugriffsebene legt fest, welche Besuchergruppen die Banner in der Kategorie zu Gesicht bekommen.
ID	Die interne Identifikationsnummer der Kategorie.

Eine neue Kategorie erstellen Sie wie gewohnt mit einem Klick auf *Neu* in der Werkzeugleiste. Es erscheint dann das Formular aus Abbildung 11-5.

Es entspricht weitgehend seinem Kollegen für die Beitragskategorien: Unter *Titel* verpassen Sie zunächst der Kategorie einen Namen, für die Filmtoaster-Seiten etwa Filmtoaster Werbebanner. Wenn Sie das *Alias*-Feld frei lassen, wählt Joomla! wieder selbst einen passenden Alias- beziehungsweise Ersatznamen. Wenn Sie mögen, geben Sie der Kategorie im großen Eingabefeld noch eine *Beschreibung*. Für die Filmtoaster-Seiten sollte das Formular damit wie in Abbildung 11-5 aussehen.

Abbildung 11-5: Anlegen einer neuen (Werbe-)Kategorie.

Bannerkategorien dürfen Sie ineinander verschachteln und so für Ordnung sorgen. Beispielsweise könnte man zunächst eine Kategorie für die Anzeigen aller Kinos erstellen und dieser dann noch einmal Unterkategorien für Programm- und Multiplexkinos spendieren. Die Werbeanzeigen der wirtschaftlich gebeutelten Programmkinos könnte man dann bevorzugt behandeln. Die gerade entstehende Kategorie stecken Sie über die Drop-down-Liste *Übergeordnete Kategorie* in eine andere Kollegin. Da auf den Filmtoaster-Seiten die Schauburg der einzige Werbekunde ist und somit die Anzahl der Werbebanner überschaubar bleibt, belassen Sie *Übergeordnete Kategorie* auf – *Kein übergeordnetes Element* –.

Der *Status* sollte auf *Veröffentlicht* stehen, nur dann erscheinen später auch alle Werbebanner aus dieser Kategorie auf der Website. Mit der *Zugriffsebene* und den Einstellungen im Register *Berechtigungen* können Sie detailliert regeln, wer die Werbebanner aus der Kategorie zu Gesicht bekommt. In den Standardeinstellungen sind dies alle Besucherinnen und Besucher (mehr zu den Zugriffsrechten folgt noch in Kapitel 12, *Benutzerverwaltung und -kommunikation*).

Auch der Kategorie für die Werbebanner können Sie *Schlagwörter* anheften. Dazu klicken Sie in das gleichnamige Eingabefeld und tippen los. Bestätigen Sie jedes Wort mit der *[Enter]*-Taste. Um ein Wort wieder loszuwerden, klicken Sie auf das graue *X* neben seinem Namen. Weitere Informationen zur Schlagwortverwaltung finden Sie im Abschnitt »Schlagwörter verwalten« auf Seite 240.

Im Eingabefeld *Notiz* können Sie eine solche hinterlegen. Der hier eingegebene Text erscheint nicht auf der Website und dient nur zu Ihrer Erinnerung.

Wenn Sie irgendwann nachträglich die Einstellungen anpassen müssen, beschreiben Sie vor dem Speichern immer noch im Feld *Versionshinweis* ganz kurz, welche Änderungen Sie vorgenommen haben. Zusammen mit der Versionsverwaltung aus dem Abschnitt »Versionsverwaltung« auf Seite 260 können Sie dann die Änderungen später besser nachvollziehen.

Für die Filmtoaster-Seiten belassen Sie einfach alle Einstellungen auf ihren Vorgaben beziehungsweise leer.

Joomla! zeigt später ausschließlich die einzelnen Werbebanner an. Die Bannerkategorien bleiben hingegen für Ihre Besucher komplett unsichtbar (ganz im Gegensatz zu den Beitragskategorien). Daher sind die Einstellungen in den übrigen Registern weitgehend nutzlos. Zwar können Sie der Kategorie in den *Optionen* ein Bild zuordnen, dies bekommt aber später niemand mehr zu Gesicht. Sie können daher die Einstellungen allesamt ignorieren – mit einer kleinen Ausnahme, die sich auf der Registerkarte *Veröffentlichung* versteckt.

Wie bereits bei den Kunden im vorherigen Abschnitt erwähnt, können Sie immer zum Beitragsinhalt passende Werbebanner einblenden lassen. Zur Filmkritik zu *James Bond 007: Skyfall* würden beispielsweise die Banner aus einer Kategorie für Abenteuerreisen passen. Damit Joomla! eine solche kontextabhängige Werbeeinblendung vornehmen kann, durchsucht es die Meta-Schlüsselwörter des jeweils angezeigten Beitrags nach den hier unter *Schlüsselwörter* eingegebenen und jeweils mit einem Komma voneinander getrennten Stichwörtern. Da auf den Filmtoaster-Seiten nur das Werbeplakat der Schauburg existiert, können Sie auf diesen Mechanismus verzichten und das Feld somit leer lassen.

Legen Sie jetzt die neue Kategorie via *Speichern & Schließen* an. Damit kehren Sie gleichzeitig zur Tabelle mit allen Kategorien zurück. Dort können Sie irgendwann ausgediente Kategorien genau wie die Beitragskategorien verwalten und sie etwa in den Papierkorb werfen oder archivieren.

Die Banner einbinden

Sind eine Kategorie und mindestens ein Werbekunde vorhanden, können Sie im nächsten Schritt dessen Werbebilder einbinden. Dies geschieht hinter dem Menüpunkt *Komponenten → Banner → Banner*. Damit landen Sie in einer Tabelle, die alle verfügbaren Werbebanner auflistet. Direkt nach der Installation sind Joomla! keine bekannt, weshalb die Tabelle noch leer ist.

Um ein neues Werbebanner wie etwa das für die Schauburg anzumelden, klicken Sie in der Werkzeugleiste auf *Neu*. Es erscheint ein etwas monströses Formular, dessen linke obere Ecke Abbildung 11-6 zeigt. In diesem Formular müssen Sie jetzt wohl oder übel einmal alle Einstellungen kurz durchgehen und anpassen.

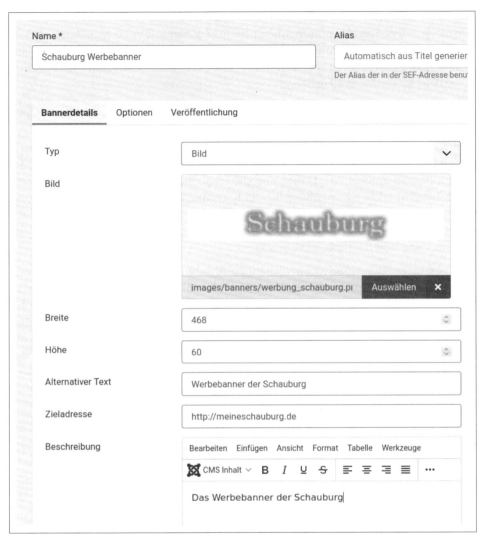

Abbildung 11-6: Diese Einstellungen legen ein neues Banner für die Schauburg an.

Basisinformationen

Vergeben Sie hier zunächst unter *Name* einen möglichst aussagekräftigen Namen für das neue Banner – im Fall der Filmtoaster-Seiten etwa Schauburg Werbebanner.

Rechts daneben können Sie einen *Alias-* beziehungsweise Ersatznamen eingeben. Er dient wie immer hauptsächlich internen Zwecken, beispielsweise hilft er bei der Suchmaschinenoptimierung. Lassen Sie ihn leer, wählt Joomla! selbst einen passenden Namen. Das ist auch genau das richtige Vorgehen auf den Filmtoaster-Seiten.

Weiter geht es jetzt darunter im bereits geöffneten Register *Bannerdetails*. Dort finden Sie zunächst eine Einstellung *Typ*, die aufgrund ihrer Arbeitsweise eine etwas ausführlichere Erklärung verlangt: In der Regel ist ein Werbebanner nichts anderes als ein Bild. Im Fall der Filmtoaster-Seiten hat die Schauburg ein Bild mit ihrem Logo geliefert, das Sie auf unserer Download-Seite im Verzeichnis *Kapitel9* finden. Mit solch einem Bild auf der Festplatte belassen Sie *Typ* auf *Bild* und klicken auf *Auswählen* rechts neben der folgenden Einstellung *Bild*. Es öffnet sich dann die Medienverwaltung, die hier ausschließlich die Bilder aus dem Unterverzeichnis *banners* anbietet, das sich wiederum standardmäßig im *images*-Ordner Ihrer Joomla!-Installation befindet (siehe auch den Abschnitt »Medien verwalten« auf Seite 265).

Tipp Wenn Sie hier eine Fehlermeldung präsentiert bekommen, kann Joomla! eben jenes Bannerverzeichnis nicht finden. Um den Fehler zu beheben, müssen Sie noch einmal zum Backend zurückkehren, dann zum Menüpunkt *Inhalt → Medien* wechseln, dort auf *Optionen* klicken und auf der Registerkarte *Komponente* einen Blick in das Eingabefeld *Bildverzeichnis-Pfad* werfen. Im dort eingetragenen Ordner erwartet Joomla! das *banners*-Verzeichnis. Steht dort beispielsweise *images*, sucht Joomla! in seinem eigenen Installationsverzeichnis den Unterordner *images/banners* und hält dort nach Werbebannern Ausschau. Sie müssen folglich in der Medienverwaltung kurz kontrollieren, ob dieses Verzeichnis existiert, und es gegebenenfalls erstellen (wie das funktioniert, wurde bereits im Abschnitt »Medien verwalten« ab Seite 265 beschrieben). Achten Sie dabei auf die korrekte Schreibweise von *banners*. Existiert das Verzeichnis bereits an der korrekten Stelle und erhalten Sie weiterhin eine Fehlermeldung, sollten Sie die Zugriffsrechte kontrollieren (siehe auch Kapitel 2, *Installation*).

Klicken Sie jetzt auf *Hochladen* und wählen Sie dann das Werbebanner auf der Festplatte (beziehungsweise von unserer Download-Seite) aus. Anschließend klicken Sie das Banner im unteren Bereich an, woraufhin Joomla! es mit einem Haken versieht. Lassen Sie es nun *Auswählen*.

Unter *Breite* und *Höhe* müssen Sie nur noch die Abmessungen des Bilds eintragen. Das Werbebanner der Schauburg ist 468 Pixel breit und 60 Pixel hoch.

Tipp Die Bildgröße verrät Ihnen auch die Medienverwaltung (siehe den Abschnitt »Medien verwalten« ab Seite 265).

Die Bildgröße ist Joomla! prinzipiell egal, dennoch haben sich für Werbebanner im Internet Standardgrößen etabliert. Verbreitet ist unter anderem das sogenannte *Fullbanner-Format* von 468 × 60 Bildpunkten (Pixel). Weitere gängige Formate nennt der Wikipedia-Artikel unter *https://de.wikipedia.org/wiki/Werbebanner*.

Den unter *Alternativer Text* eingetippten Text präsentiert der Browser immer dann, wenn das Bild nicht angezeigt werden kann – beispielsweise weil eine Besucherin oder ein Besucher mit einer Braillezeile im Internet unterwegs ist. Auch Suchmaschinen stürzen sich auf diesen Text. Beschreiben Sie hier möglichst in nur einem Satz, was auf dem Werbebanner zu sehen ist. Auf den Filmtoaster-Seiten genügt beispielsweise bereits der Hinweis Werbebanner der Schauburg.

Um die Aufmerksamkeit auf sich zu ziehen, setzen immer mehr Werbende interaktive Elemente ein. Für diese erhalten Sie anstelle eines Bilds einen kleinen Schnipsel kryptischen Programmcodes, den Sie in Ihre Webseite einbauen müssen. Ist dies bei Ihnen der Fall, markieren Sie unter *Typ* den Punkt *Benutzerdefiniert* und hinterlegen dann den Programmcode im Feld *Benutzerdefinierter Code*.

Die jetzt noch verbleibenden Einstellungen sind wieder rasch erklärt:

Zieladresse
> Klickt ein Besucher auf das Werbebanner, wird er auf die hier angegebene Internetseite weitergeleitet. In der Regel verweist die Adresse auf die Homepage des Werbenden – im Beispiel der Filmtoaster-Seiten etwa auf *http://www.meine schauburg.de*.

Beschreibung
> Hier dürfen Sie weitere Bemerkungen oder Anmerkungen zum Werbebanner eintragen, wie etwa Das Werbebanner der Schauburg.

 Im Fall der Filmtoaster-Seiten sollte das Formular jetzt so wie in Abbildung 11-6 aussehen.

Weiter geht es mit den Einstellungen auf der rechten Seite:

Status
> Die Werbetafel erscheint nur dann auf der Website, wenn sie *Veröffentlicht* ist.

Kategorie
> Hier bestimmen Sie die Kategorie, in die Joomla! die Werbetafel stecken soll. Für die Filmtoaster-Seiten wäre das *Filmtoaster Werbebanner*.

Wichtig
> Wenn Sie *Wichtig* auf *Ja* setzen, behandelt Joomla! dieses neue Banner bevorzugt. Es erscheint dann auf der Website häufiger als andere Banner. Auf diese Weise können Sie einen gut zahlenden Kunden bevorzugt behandeln. Für die Schauburg aus dem Beispiel lassen Sie die Vorgabe *Nein* stehen.

Versionshinweis
> Wann immer Sie nachträglich die Einstellungen anpassen müssen, beschreiben Sie in diesem Eingabefeld kurz Ihre Änderungen. Diese können Sie dann bei Bedarf mit der im Abschnitt »Versionsverwaltung« auf Seite 260 beschriebenen Versionsverwaltung einfacher nachvollziehen. Wenn Sie das Banner gerade erstellen, können Sie das Eingabefeld ignorieren.

 Im Fall der Filmtoaster-Seiten sollten Sie lediglich die *Kategorie* auf *Filmtoaster Werbebanner* stellen und alle anderen Einstellungen auf der rechten Seite auf ihren Vorgaben belassen.

Kunden- und Abrechnungsdetails

Wer das Banner in Auftrag gegeben hat und wie oft es angezeigt werden soll, legen Sie auf der Registerkarte *Optionen* fest. Dort warten die Einstellungen aus Abbildung 11-7.

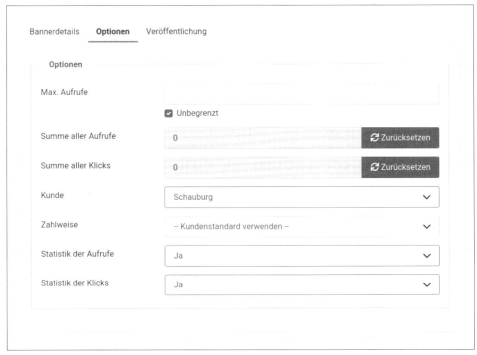

Abbildung 11-7: Wer das Werbebanner für wie viele Anzeigen gebucht hat, legt man auf dieser Registerkarte fest.

Max. Aufrufe
  Hier tippen Sie die Anzahl der gekauften Einblendungen ein. Beispielsweise könnte die Schauburg insgesamt 100 Einblendungen bezahlt haben. Als Einblendung gilt jeder Seitenaufruf, bei dem das Werbebanner erscheint. Gibt es beispielsweise nur das Banner der Schauburg und rufen 100 Menschen die Filmtoaster-Seite auf, ist das Soll bereits erfüllt. Joomla! würde dann die Werbung automatisch von Ihrer Website nehmen. Ist hingegen der Punkt *Unbegrenzt* mit einem Haken versehen, fällt diese Beschränkung weg, und der Werbevertrag läuft unbegrenzt weiter (sofern nicht das *Veröffentlichungsende* im nächsten Register *Veröffentlichung* etwas anderes vorgibt – dazu gleich mehr). Für das Banner der Schauburg gibt es kein Limit. Lassen Sie folglich den Haken bei *Unbegrenzt* stehen und das Feld leer.

Summe aller Aufrufe
  In diesem Feld können Sie ablesen, wie oft das Werbebanner schon auf der Website angezeigt wurde. Da das Banner gerade erst erstellt wird, steht der Zähler noch auf 0. Per *Aufrufe zurücksetzen* können Sie ihn später wieder auf diesen Ausgangswert zurücksetzen.

Summe aller Klicks
  Die Zahl hier gibt an, wie oft das Werbebanner bereits von Besuchern angeklickt wurde. Dieser Zählerstand ist insbesondere für eine Abrechnung mit dem

Werbenden interessant und gilt darüber hinaus als Hinweis, wie »beliebt« das Banner war. Über die Schaltfläche *Klicks zurücksetzen* können Sie den Zähler manuell wieder auf 0 stellen.

Kunde
Hier stellen Sie ein, zu welchem Kunden das Werbebanner gehört. Auf den Filmtoaster-Seiten ist das die *Schauburg*.

Zahlweise
Hier stellen Sie ein, wann der Kunde die Werbung bezahlt. Bei der Einstellung – *Kundenstandard verwenden* – gilt die Zahlweise, die Sie vorhin beim Anlegen des Kunden vorgegeben haben (siehe den Abschnitt »Werbekunden verwalten« auf Seite 349). Eine andere Einstellung müssen Sie hier wählen, wenn beispielsweise eine Sonderaktion nur über eine Woche läuft und der Kunde diese anders als üblich abrechnen möchte. Für die Schauburg aus dem Beispiel belassen Sie hier den Standardwert.

Statistik der Aufrufe und Statistik der Klicks
Joomla! zählt automatisch mit, wie oft das Werbebanner angezeigt (*Statistik der Aufrufe*) beziehungsweise angeklickt (*Statistik der Klicks*) wurde. Diese detailliertere Aufstellung ist unter Umständen auch für die Abrechnung mit dem Werbekunden notwendig.

 Warnung Allerdings produziert die Protokollierung zusätzlichen Rechenaufwand, was die Seitenauslieferung verlangsamen kann. Schalten Sie die beiden Punkte deshalb wirklich nur dann an, wenn Sie die Statistik tatsächlich benötigen.

Wenn Sie die jeweilige Einstellung auf – *Kundenstandard verwenden* – setzen, übernimmt Joomla! die entsprechenden Einstellungen des Kunden (siehe auch den Abschnitt »Werbekunden verwalten« auf Seite 349).

Da im Beispiel nur ein einsames Werbebanner der Schauburg existiert, stellen Sie beide Punkte auf *Ja*.

 Für die Filmtoaster-Seiten sollten die Einstellungen jetzt die wie in Abbildung 11-7 aussehen.

Veröffentlichungsoptionen

Ab wann das Banner für welchen Zeitraum auf der Website erscheinen soll, legen Sie auf der Registerkarte *Veröffentlichung* auf der linken Seite fest (siehe Abbildung 11-8).

Zu dem Zeitpunkt neben *Veröffentlichungsstart* erscheint das Werbebanner erstmals auf Ihrer Webseite. Wenn Sie das Feld leer lassen, ist dies sofort nach dem Speichern der Fall. Analog versteckt Joomla! das Banner am *Veröffentlichungsende*, das Banner verschwindet folglich an diesem Datum wieder von der Website. Wenn Sie das Feld leer lassen, bleibt die Werbung so lange sichtbar, bis Sie sie manuell wieder abschalten beziehungsweise verstecken.

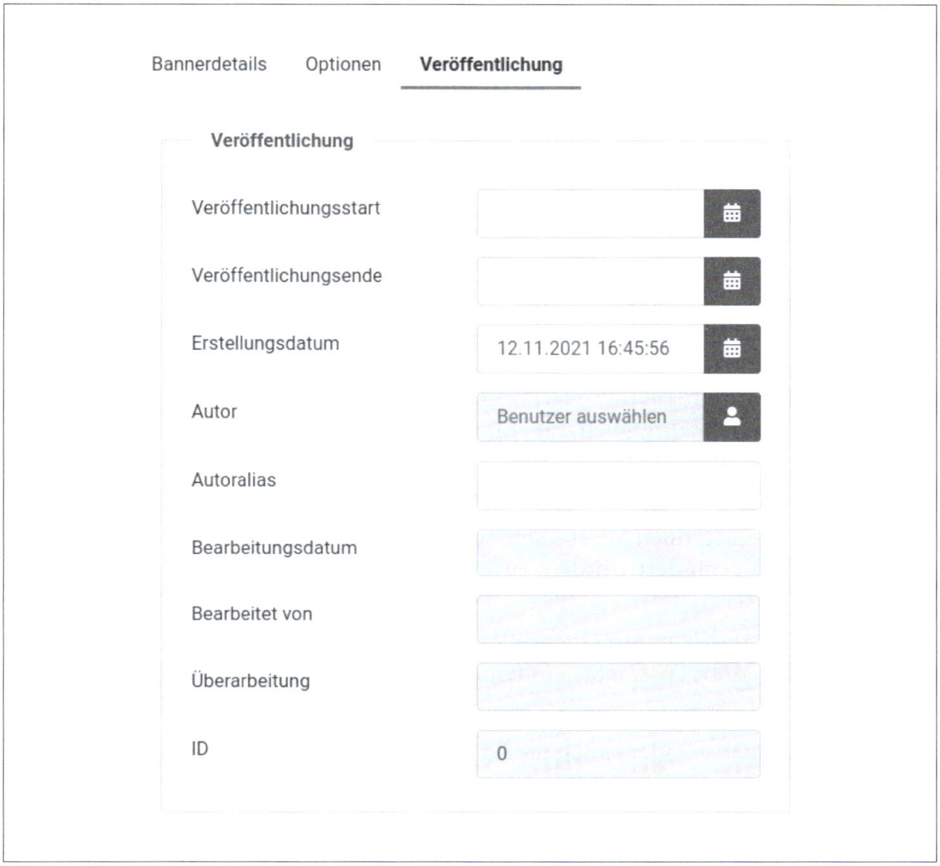

Abbildung 11-8: Diese Einstellungen legen fest, wann und wie lange das Banner auf der Website erscheinen soll.

Die Einstellungen *Veröffentlichungsstart* und *Veröffentlichungsende* sind insbesondere dann nützlich, wenn der Kunde seine Anzeige nur für einen bestimmten Zeitraum gebucht hat. In diesem Fall stellen Sie den Startzeitpunkt der Kampagne unter *Veröffentlichungsstart* ein, das Ende unter *Veröffentlichungsende*. Joomla! schaltet dann das Werbebanner automatisch frei und nimmt es nach Ablauf der Aktion wieder von der Website.

Wenn Sie ein Datum vorgeben oder ändern möchten, holt ein Klick auf das Symbol rechts neben dem jeweiligen Eingabefeld einen kleinen Kalender hervor, in dem Sie bequem das passende Datum auswählen können. Für die Filmtoaster-Seiten lassen Sie beide Felder leer. Dort soll das Werbebanner immer erscheinen.

Auf der linken Seite des Registers *Veröffentlichung* finden Sie noch die folgenden weiteren Einstellungen, die Sie jedoch in den meisten Fällen ignorieren können:

Erstellungsdatum
   An diesem Datum haben Sie das Banner im Backend angelegt. Für gewöhnlich müssen Sie es nie ändern.

Autor
: Sie selbst erstellen gerade das Werbebanner. Wenn Sie einen anderen Joomla!-Benutzer als Ersteller ausgeben möchten, klicken Sie neben *Autor* auf das Symbol mit dem Kopf und wählen dann in der Liste den entsprechenden Benutzer aus.

Autoralias
: Hier können Sie sich oder der unter *Autor* gewählten Person noch ein Pseudonym geben. Da dieser Alias-Name aber normalerweise nirgendwo sonst auftaucht, können Sie das Feld auch einfach ignorieren.

Bearbeitungsdatum
: An dem hier angezeigten Datum wurden die Einstellungen des Werbebanners zuletzt geändert. Da Sie gerade erst das Banner anlegen, ist das Feld noch leer.

Bearbeitet von
: Sollte jemand nachträglich die Einstellungen des Banners verändert haben, steht hier sein Benutzername.

Überarbeitung
: In diesem Feld können Sie ablesen, wie oft die Einstellungen des Werbebanners nachträglich verändert wurden.

ID
: Hier finden Sie die interne Identifikationsnummer des Banners, die Joomla! automatisch vergibt. Wenn Sie ein Banner anlegen, ist die Nummer noch 0.

Im Beispiel belassen Sie für das Banner der Schauburg alle Einstellungen auf ihren Vorgaben, also insbesondere auch die beiden Felder *Veröffentlichungsstart* und *Veröffentlichungsende* leer.

Kontextabhängige Werbung

Wenden Sie sich abschließend noch den Einstellungen auf der rechten Seite des Registers *Veröffentlichung* zu. Die dortigen Eingabefelder kennen Sie bereits von den Werbekunden: Sie können Joomla! später anweisen, die Werbebanner so zu wählen, dass ihr Inhalt zum gerade gezeigten Beitrag passt. Beispielsweise würde eine Werbung für einen Abenteuerurlaub in Amerika doch prima zur Filmkritik zu *James Bond 007: Skyfall* passen. Wenn der Film einen Besucher interessiert, dürfte er vermutlich auch an einem Abenteuerurlaub Interesse zeigen und die Werbung neben der Filmkritik somit eher bemerken.

Damit Joomla! eine solche kontextabhängige Werbeeinblendung vornehmen kann, durchsucht es die Meta-Schlüsselwörter des jeweils angezeigten Beitrags nach den hier unter *Schlüsselwörter* eingegebenen und per Kommata getrennten Stichwörtern. Beachten Sie, dass Joomla! nicht nur nach den hier eingegebenen Schlüsselwörtern fahndet, sondern auch noch die *Schlüsselwörter* des Kunden und der Kategorie heranzieht.

Damit die Suche nach den Stichwörtern etwas schneller geht, können Sie unter *Schlüsselwörter-Präfix* ein Präfix eintippen, wie etwa Abent. Joomla! konzentriert sich dann bei seiner Suche im Beitrag nur noch auf Schlüsselwörter, die mit Abent beginnen – das geschieht allerdings nur, wenn Sie *Eigenen Präfix verwenden* auf *Ja* setzen, andernfalls verwendet Joomla! das Präfix, das Sie beim zugehörigen Kunden hinterlegt haben (siehe den Abschnitt »Werbekunden verwalten« auf Seite 349).

Auf den Filmtoaster-Seiten ist diese Funktion nicht notwendig. Lassen Sie daher die drei Einstellungen auf ihren Vorgaben beziehungsweise die Eingabefelder leer.

Nach einem Klick auf *Speichern & Schließen* kehren Sie automatisch zur Tabelle mit allen Werbebannern aus Abbildung 11-9 zurück. Besonders wichtig in der Tabelle sind die beiden Spalten *Aufrufe* und *Klicks*.

Abbildung 11-9: Hier gibt es genau ein Werbebanner.

Aufrufe zählt, wie oft das Werbebanner bereits auf der Website angezeigt wurde. Die zweite Zahl, die in dieser Spalte hinter *von* erscheint, führt darüber Buch, wie viele Seitenaufrufe noch übrig sind, bevor das Banner wieder für immer in der Versenkung verschwindet. Steht dort *Unbegrenzt*, läuft der Werbevertrag nie aus.

Die Spalte *Klicks* verrät, wie oft Besucherinnen und Besucher schon auf das Werbebanner geklickt haben. Der Prozentwert hinter dem Bindestrich besagt, wie viel Prozent aller Besucher dies waren. Ein hoher Prozentwert deutet somit darauf hin, dass dieses Werbeangebot für die Besucher besonders verführerisch war.

Die Bedeutung der einzelnen Spalten fasst Tabelle 11-3 zusammen.

Tabelle 11-3: Spalten der Tabelle »Banner« und ihre jeweiligen Informationen

Spalte	Bedeutung
Status	Bei einem grünen Haken ist das Werbebanner prinzipiell für Besucher zu sehen.
Name	Name des Werbebanners.
Wichtig	Bei einem grünen Haken erscheint das Werbebanner bevorzugt beziehungsweise häufiger als andere.
Kunde	Dieser Kunde hat das Werbebanner in Auftrag gegeben.
Aufrufe	So oft wurde das Werbebanner bereits auf der Website angezeigt.
Klicks	So oft wurde das Werbebanner bereits angeklickt.
ID	Die interne Identifikationsnummer des Banners.

Banner auf der Website anzeigen

Die Werbebanner erscheinen allerdings nicht automatisch auf der Website. Dazu benötigen Sie die Hilfe eines passenden Moduls. Um es anzulegen, wechseln Sie zum Menüpunkt *Inhalt → Site Module*, klicken auf *Neu* und wählen *Banner*. Das damit neu erstellte Modul kümmert sich um die eigentliche Darstellung der Werbebanner auf der Website.

Geben Sie im neu geöffneten Formular dem Modul einen *Titel*, wie etwa Werbebanner. Damit dieser Titel später nicht im Frontend erscheint, setzen Sie *Titel anzeigen* auf *Verbergen*. Öffnen Sie dann auf der rechten Seite die Drop-down-Liste *Position* und wählen Sie auf Ihrer Website einen geeigneten Platz. Das mitgelieferte Template bietet für Werbebanner einen eigenen Bereich namens *Banner [banner]*. Stellen Sie diesen Punkt ein.

Für die Filmtoaster-Seiten sollte das Formular jetzt so wie in Abbildung 11-10 aussehen. Damit erscheint das Banner auf der Website gleich an einer gut sichtbaren, prominenten Stelle (die den Namen *Banner [banner]* trägt).

Sobald der Besucher auf das Werbebanner klickt, wird er auf die Internetseite des Werbenden weitergeleitet. In welchem Browserfenster die Seite erscheint, bestimmen Sie im Register *Modul* mit der Einstellung *Ziel*. Wenn Sie *In neuem Fenster öffnen* oder *Als Pop-up-Fenster öffnen* auswählen, reißt Joomla! jeweils ein neues Fenster auf. Beim Pop-up-Fenster fehlt allerdings die sonst übliche Symbolleiste mit den Navigationsschaltflächen. Der Besucher kann also auf der Internetseite des Werbenden nicht mehr einfach vor- und zurücknavigieren. Die Einstellung *In gleichem Fenster öffnen* ersetzt Ihre Internetseite durch die des Werbekunden. Um Ihre Besucher nicht zu irritieren, sollten Sie die Seite des Werbenden möglichst *In neuem Fenster öffnen* lassen.

Wie viele Werbebanner das Modul gleichzeitig untereinander anzeigen soll, bestimmt die Einstellung *Anzahl*. Wenn Sie also hier eine 5 eintragen und fünf Werbebanner hinterlegt haben, zeigt das Modul alle diese fünf Banner untereinander an.

Tipp   Ihre Internetseite sieht dann allerdings wie eine bunte Litfaßsäule aus. Um das zu vermeiden, sollten Sie entweder mit den folgenden Einstellungen die Auswahl der Werbebanner einschränken oder aber hier eine 1 hinterlegen. In dem Fall zeigt das Modul immer nur genau ein Werbebanner an.

Als Nächstes müssen Sie dem Modul noch sagen, welche Werbebanner es anzeigen soll. Das erledigen Sie auf der linken Seite. Wählen Sie dort in der entsprechenden Drop-down-Liste zunächst den Kunden aus. Für das Beispiel stellen Sie unter *Kunde* die *Schauburg* ein.

Wenden Sie sich dann direkt darunter dem Feld *Kategorie* zu. Mit seiner jetzigen Einstellung würde Joomla! sämtliche Werbebanner anzeigen. Um explizit nur die aus der Kategorie *Filmtoaster Werbebanner* anzuzeigen, klicken Sie in das Feld hinein und wählen aus der aufklappenden Liste die entsprechende Kategorie – im Beispiel also den Punkt *Filmtoaster Werbebanner*. Wenn Sie noch weitere Kategorien hinzufügen möchten, klicken Sie erneut in das Feld und treffen wie beschrieben Ihre Auswahl. Eine falsch gewählte Kategorie entfernen Sie mit einem Klick auf das *X* neben ihrem Namen.

Abbildung 11-10: Die Position bestimmt, wo auf der Website das Werbebanner erscheint.

Für die Filmtoaster-Seite sind keine weiteren Kategorien notwendig. Die Einstellungen sollten so wie in Abbildung 11-11 aussehen.

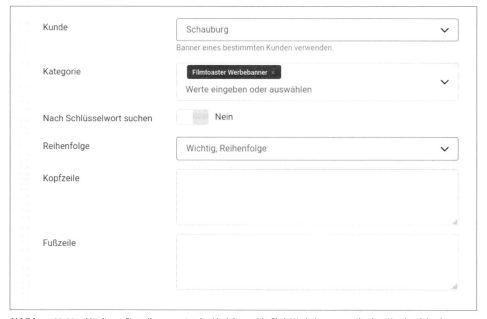

Abbildung 11-11: Mit diesen Einstellungen zeigt das Modul ausschließlich Werbebanner an, die dem Kunden *Schauburg* gehören und gleichzeitig aus der Kategorie *Filmtoaster Werbebanner* stammen.

Wenn Sie die kontextabhängige Werbeeinblendung nutzen wollen, setzen Sie noch *Nach Schlüsselwort suchen* auf *Ja*; im Fall der Filmtoaster-Seiten behalten Sie hier das *Nein* bei.

Die Kategorien enthalten in der Regel mehrere verschiedene Werbebanner. Unter *Reihenfolge* können Sie festlegen, in welcher Abfolge das Modul die Banner anzeigt. Wenn Sie *Wichtig, Zufällig* einstellen, zieht das Modul immer zufällig ein Werbebanner aus den festgelegten Kategorien. Im Fall von *Wichtig, Reihenfolge* greift sich das Modul hingegen stets die nächste Werbetafel – und zwar in genau der Reihenfolge, in der sie die Tabelle hinter *Komponenten → Banner → Banner* anzeigt, wenn Sie dort die Drop-down-Liste *Position aufsteigend* auf *Reihenfolge aufsteigend* umstellen. Die Reihenfolge ändern Sie wie im Abschnitt »Sortierreihenfolge ändern« auf Seite 85 beschrieben.

 Tipp Soll das Modul bei jedem Seitenwechsel ein anderes Werbebanner anzeigen, setzen Sie zunächst die *Anzahl* auf *1* und dann die *Reihenfolge* auf *Wichtig, Zufällig*.

Der unter *Kopfzeile* und *Fußzeile* eingetippte Text erscheint zusätzlich über beziehungsweise unterhalb des Werbebanners auf der Website.

 Tipp Mithilfe von Kopf- und Fußzeile können Sie ein Werbeplakat auch klar und deutlich als Werbung kennzeichnen. Das ist insbesondere dann notwendig, wenn die Werbung nicht eindeutig als solche erkennbar ist. Tippen Sie in dem Fall bei *Kopfzeile* einfach `Werbung` oder `Promotion` ein. Beachten Sie, dass Werbung immer klar als solche erkennbar sein muss. Kennzeichnen Sie daher die Banner im Zweifelsfall lieber überdeutlich als zu wenig. Sprechen Sie gegebenenfalls auch mit einem Fachanwalt.

Bestätigen Sie Ihre Änderungen via *Speichern & Schließen* und wechseln Sie ins Frontend. Dort zeigt sich das neue Werbebanner der Schauburg ähnlich wie in Abbildung 11-12.

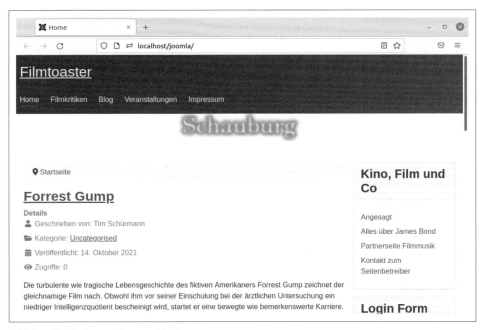

Abbildung 11-12: Das neue Banner auf der Homepage.

Warnung   Werbung muss unter Umständen als solche gekennzeichnet sein. Lassen Sie sich hier gegebenenfalls von einem Anwalt beraten.

In Joomla! gibt es mehrere Wege, ein Werbebild eindeutig als Anzeige auszuweisen: Zunächst kann bereits das Bild einen entsprechenden Hinweis enthalten, etwa das Wort *Anzeige* in der linken oberen Ecke. Des Weiteren bieten einige Templates spezielle Positionen für Werbebanner an. Sobald Sie dort dann ein Werbebanner einblenden lassen, erscheint über dem Werbebild ein Hinweis. Derartige Templates sind jedoch selten.

Statistiken

Wenn Sie die tägliche Protokollierung aktiviert haben (Einstellungen *Statistik der Aufrufe* und *Statistik der Klicks*), wie im Beispiel des Werbebanners für die Schauburg, finden Sie die Auswertung im Backend hinter dem Menüpunkt *Komponenten* → *Banner* → *Statistiken* (siehe Abbildung 11-13).

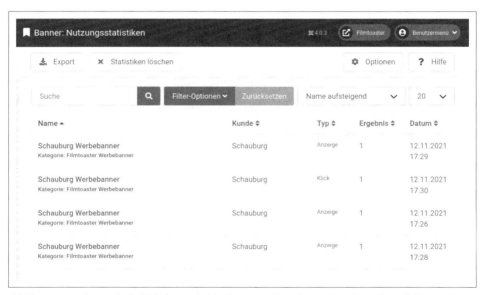

Abbildung 11-13:   Hier wurde das Werbebanner der Schauburg genau dreimal angezeigt und einmal angeklickt.

Hier treffen Sie auf eine sehr wahrscheinlich recht lange und umfangreiche Tabelle. Wie umfangreich sie ist, hängt davon ab, wie viele Werbebanner Sie von Joomla! so detailliert beobachten lassen und wie lang die Banner bereits für Besucher sichtbar sind. Um etwas Licht in den Datenwust zu bringen, sollten Sie unbedingt die *Filter-Optionen* verwenden.

Um beispielsweise herauszufinden, wie oft das Werbebanner der Schauburg am 12.11.2021 angezeigt wurde, öffnen Sie die *Filter-Optionen*, setzen – *Kunde wählen* – auf die *Schauburg* und stellen – *Kategorie wählen* – auf *Filmtoaster Werbebanner*. Damit erscheinen in der Tabelle nur noch die Werbebanner der Schauburg. Gefragt war ja, wie oft das Werbebanner den Besuchern angezeigt wurde. Setzen Sie deshalb noch – *Typ wählen* – auf *Aufrufe*. Suchen Sie jetzt alle Einträge, die das *Datum* des 12.11.2021 tragen. Als Hilfe können Sie den Betrachtungszeitraum über die beiden Felder *Anfangsdatum* und *Enddatum* einschränken. Mit einem Klick auf die nebenstehenden Symbole holen Sie einen Kalender hervor, der die Auswahl vereinfacht.

Durch diese umfassenden Filtermöglichkeiten sollten jetzt nur noch wenige Einträge übrig geblieben sein. In jedem Fall verrät die Spalte *Ergebnis*, wie oft die jeweiligen Werbebanner an dem entsprechenden *Datum* angezeigt beziehungsweise angeklickt wurden. Welchen Wert die Spalte *Ergebnis* angibt, sehen Sie in ihrer Kollegin *Typ*. Bei *Anzeige* steht unter *Ergebnis*, wie häufig das Werbebanner am entsprechenden *Datum* angezeigt wurde, bei *Klick* sehen Sie hingegen in der Spalte *Ergebnis*, wie oft jemand die Anzeige am entsprechenden *Datum* angeklickt hat.

Wie schon das kleine Beispiel zeigt, ist die Auswertung der Statistiken innerhalb von Joomla! recht mühsam. Aus diesem Grund können Sie sich alle Daten per *Export* (in der Werkzeugleiste) als Tabelle herunterladen. Im erscheinenden Fenster müssen Sie nur noch angeben, ob Joomla! die Daten vor dem Versand in einer ZIP-Datei komprimieren soll, einen Dateinamen eintippen und auf *Statistiken exportieren* klicken. Das Ergebnis ist dann eine Tabelle im CSV-Format, das jede bessere Tabellenkalkulation lesen und verarbeiten kann. Um das Exportfenster wieder loszuwerden, klicken Sie auf *Abbrechen*.

Wenn Ihnen die Einträge und Statistiken irgendwann über den Kopf wachsen, können Sie sie auch einfach über den gleichnamigen Knopf in der Werkzeugleiste löschen. Das entfernt allerdings nur die bislang gesammelten Daten, Joomla! legt weiterhin neue Statistiken an. Um auch das zu unterbinden, müssen Sie die Protokollierung abschalten (indem Sie die Punkte *Statistik der Aufrufe* und *Statistik der Klicks* in den Einstellungen des Banners und des Kunden jeweils auf *Nein* setzen).

Werbung abschalten

Wenn die Werbung ausgedient hat, können Sie sie im Backend auf drei Arten wieder verstecken beziehungsweise loswerden:

- Wenn nur ein Werbebanner ausgedient hat, rufen Sie *Komponenten → Banner → Banner* auf. Suchen Sie in der Tabelle das Banner und lassen Sie es verstecken – etwa indem Sie auf den grünen Haken in der Spalte *Status* klicken. Damit taucht es nicht mehr auf der Website auf. Alternativ können Sie das Banner natürlich auch in den Papierkorb werfen und somit komplett loswerden.

- Sollen alle Werbebanner aus einer ganz bestimmten Kategorie nicht mehr erscheinen, rufen Sie *Komponenten → Banner → Kategorien* auf. Suchen Sie in der Tabelle die Kategorie und lassen Sie sie verstecken, beispielsweise indem Sie auf den grünen Haken in der Spalte *Status* klicken. Damit erscheinen auf der Website keine Banner mehr, die sich in dieser Kategorie befinden. Die Banner aus den anderen Kategorien zeigt Joomla! weiterhin an – vorausgesetzt, Sie haben das Modul aus dem Abschnitt »Banner auf der Website anzeigen« dazu angewiesen.

- Zahlt ein Kunde nicht, können Sie auch alle Banner dieses Kunden auf einmal verstecken. Dazu rufen Sie *Komponenten → Banner → Kunden* auf und verstecken einfach den Kunden, indem Sie ihn in der Tabelle suchen und dann auf seinen grünen Haken in der Spalte *Status* klicken. Joomla! zeigt von diesem Kunden nun keine Banner mehr an. Gleiches passiert, wenn Sie den Kunden löschen.
- Möchten Sie die Werbung komplett von Ihrer Seite nehmen, müssen Sie das Modul verstecken (das Sie im Abschnitt »Banner auf der Website anzeigen« auf Seite 363 angelegt haben). Dazu rufen Sie *Inhalte → Site Module* auf und klicken in der Tabelle auf den grünen Haken vor dem Namen des Moduls.

Auch auf den Filmtoaster-Seiten soll zukünftig keinerlei Werbung mehr erscheinen. Dazu müssen Sie nur das vorhin angelegte Modul verstecken. Das gelingt, indem Sie *Inhalt → Site Module* aufrufen und in der Tabelle vor *Werbebanner* auf den grünen Haken klicken.

Kontakte und Kontaktformulare

Die Filmtoaster-Seiten florieren, es gibt fleißige Autoren, die Filmkritiken beisteuern, und die hohen Besucherzahlen sprechen für sich. Einige der Besucher würden jedoch gern mit den Autoren Kontakt aufnehmen. Abhilfe schafft eine genau für diese Zwecke mitgelieferte Komponente: Sie verwaltet Kontakt- und Adressdaten und stellt diese übersichtlich aufbereitet auf der Website bereit. Abbildung 11-14 zeigt ein Beispiel für eine solche Seite.

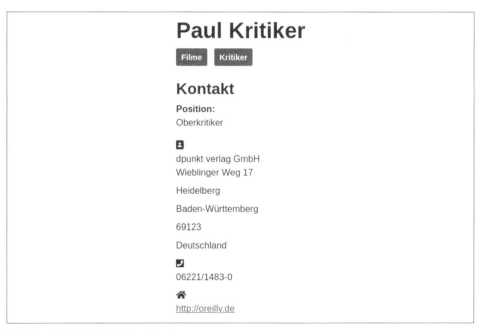

Abbildung 11-14: Beispiel für einen Kontakt.

Alle auf einer solchen virtuellen Visitenkarte untergebrachten Informationen bezeichnet Joomla! zusammenfassend als *Kontakt* (englisch *Contacts*). Auf Wunsch fügt die Komponente sogar noch ein komfortables Kontaktformular hinzu, über das der Besucher direkt eine Frage stellen kann (siehe Abbildung 11-15).

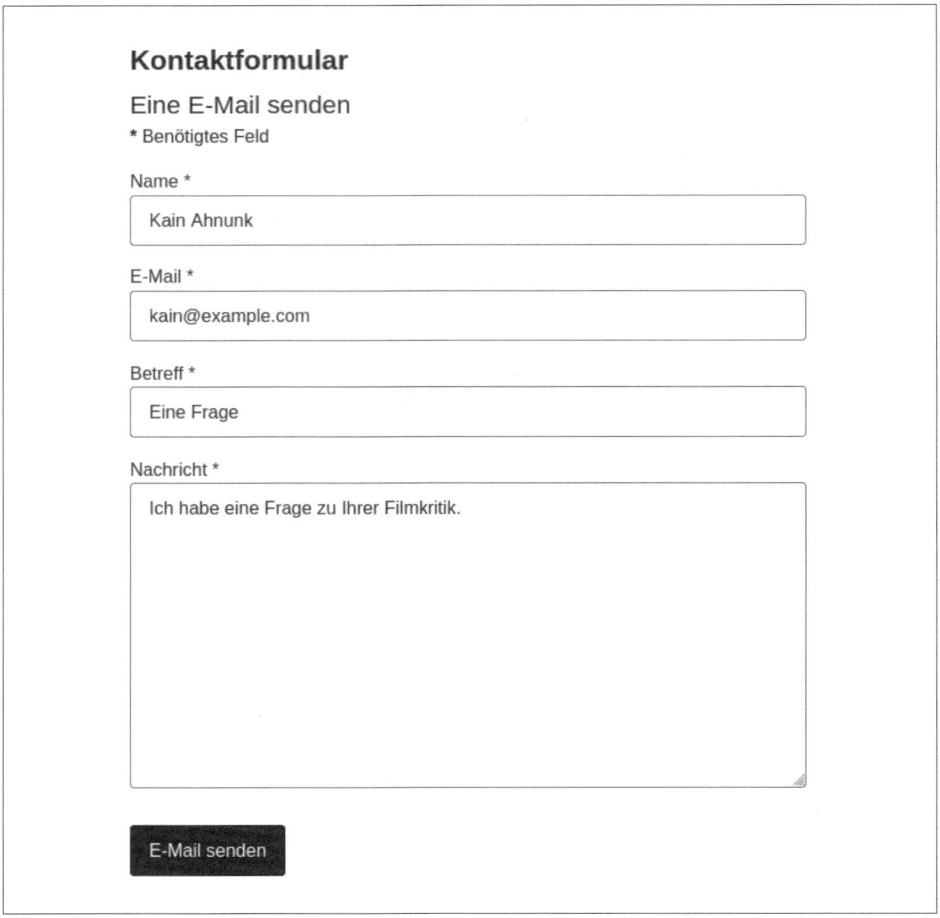

Kontaktformular

Eine E-Mail senden

* Benötigtes Feld

Name *

Kain Ahnunk

E-Mail *

kain@example.com

Betreff *

Eine Frage

Nachricht *

Ich habe eine Frage zu Ihrer Filmkritik.

E-Mail senden

Abbildung 11-15: Beispiel für ein Kontaktformular.

Auf diese Weise können Sie die Kontaktdaten beliebiger Personen anzeigen. Diese benötigen noch nicht einmal ein Benutzerkonto unter Joomla!. Das ist vor allem beim Internetauftritt einer Firma praktisch: Dort erfahren dann die Besucher auf einer entsprechenden Kontaktseite die Telefonnummer des Kundendiensts, den dortigen Mitarbeitern muss man aber keinen Zugang zu Joomla! gewähren. Des Weiteren können Sie so nicht nur die Kontaktdaten echter Personen verraten, sondern beispielsweise auch die Adressen der umliegenden Kinos bereitstellen.

Kategorien für die Kontakte anlegen

Bei sehr vielen Kontakten würde es für den Besucher recht schwierig, die richtige Person zu finden. Denken Sie beispielsweise an ein Unternehmen mit über 100 Mitarbeitern. Aus diesem Grund lassen sich die Kontakte noch einmal thematisch in Kategorien zusammenfassen. In einer Firma könnte man so alle Kundendienstmitarbeiter in einer eigenen Kategorie sammeln, während die im Vertrieb arbeitenden Personen in einer anderen Kategorie landen.

Warnung Verwechseln Sie nicht die hier behandelten Kategorien für Kontakte mit denen der Beiträge aus Kapitel 5, *Kategorien*.

Später gibt es auf der Website für jede Kategorie eine kleine Übersichtsseite, die alle in der Kategorie enthaltenen Kontakte auflistet. Abbildung 11-16 zeigt ein Beispiel für solch eine Adressliste.

Abbildung 11-16: Beispiel für die Übersichtsseite einer Kontaktkategorie.

Joomla! selbst verlangt, dass sich jeder Kontakt in genau einer Kategorie befindet. Das hat jedoch nur organisatorische Gründe: Sie können später trotzdem einen Menüpunkt direkt zu einem einzelnen Kontakt beziehungsweise zu einem Kontaktformular führen lassen (dazu in wenigen Absätzen mehr).

Die Verwaltung aller Kategorien übernimmt die Tabelle hinter *Komponenten* → *Kontakte* → *Kategorien*. Standardmäßig existiert bereits eine Kategorie mit dem Namen *Uncategorised* (siehe Abbildung 11-17). Die in der Tabelle angezeigten Informationen fasst Tabelle 11-4 zusammen.

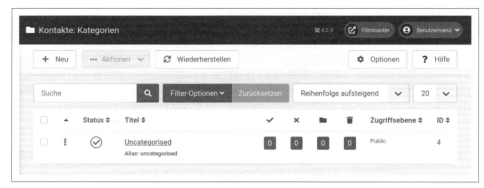

Abbildung 11-17: Hier gibt es eine Kontaktkategorie namens *Uncategorised*.

Tabelle 11-4: Spalten der Tabelle »Kontakte«: Kategorien und ihre jeweiligen Informationen

Spalte	Bedeutung
Status	Bei einem grünen Haken sind die Kontakte aus der Kategorie prinzipiell für Besucher zu sehen.
Titel	Titel der Kategorie.
✓	So viele Kontakte sind auf der Website zu sehen.
✗	So viele Kontakte sind versteckt und somit für Besucher nicht zu sehen.
📁	So viele Kontakte befinden sich im Archiv.
🗑	So viele Kontakte liegen gerade im Papierkorb.
Zugriffsebene	Die Zugriffsebene legt fest, welche Besuchergruppen die Kontakte in der Kategorie zu Gesicht bekommen.
ID	Die interne Identifikationsnummer der Kategorie.

Für die eigene Website muss jedoch in der Regel eine neue Kategorie her. Das gilt auch für die Filmtoaster-Seiten, auf denen eine neue Kategorie die Kontakte der Filmkritiker sammeln soll.

Mit der Schaltfläche *Neu* in der Werkzeugleiste legen Sie eine neue Kategorie an. Das nun erscheinende Formular dürfte Ihnen bereits aus den vorherigen Kapiteln bekannt vorkommen (siehe Abbildung 11-18). Es ähnelt seinem Kollegen für die Beiträge aus Kapitel 5, *Kategorien*. Kontrollieren und ergänzen müssen Sie die folgenden Einstellungen:

Titel
   Der Name der Kategorie, der später auch auf der Website als Überschrift erscheint. Für das Filmtoaster-Beispiel wählen Sie hier `Filmkritiker`.

Alias
   Hier können Sie einen Alias- beziehungsweise Ersatznamen für die Kategorie hinterlegen. Er dient hauptsächlich internen Zwecken – beispielsweise hilft er bei der Suchmaschinenoptimierung. Sie können das Eingabefeld in der Regel leer lassen und somit Joomla! die Wahl eines Alias überlassen.

Beschreibung

An dieser Stelle können Sie eine kurze Beschreibung hinterlegen, die später auf der Übersichtsseite der Kategorie erscheint. Da er Ihren Besuchern hilft, die passende Kontaktperson zu finden, sollten Sie hier ein paar (knappe) Worte über die enthaltenen Kontaktdaten verlieren. Bei der Kategorie für die Filmkritiker bietet sich beispielsweise Hier finden Sie die Kontaktdaten aller Filmkritiker an.

Abbildung 11-18: Die Basisdaten für die neue Kontaktkategorie.

Übergeordnete Kategorie

Die Kontaktkategorien dürfen Sie ineinander verschachteln, um so für Ordnung zu sorgen. Beispielsweise könnte man zunächst eine Kategorie für alle Filmkritiker schaffen und diese dann noch einmal in Unterkategorien mit ihren Anfangsbuchstaben einsortieren. Bei einer größeren Firma lässt sich wiederum die interne Firmenstruktur abbilden. So könnte man der Kategorie *Kundenbetreuung* die Kategorien *Produktberatung* und *Reparaturannahme* unterordnen.

Mit der Drop-down-Liste *Übergeordnete Kategorie* können Sie diese (neue) Kategorie in eine andere stecken. Im Filmtoaster-Beispiel ist die Anzahl der Filmkritiker noch überschaubar, weshalb keine untergeordneten Kategorien notwendig sind. Belassen Sie daher das Feld *Übergeordnete Kategorie* auf *– Kein übergeordnetes Element –*.

Status

Nur wenn hier *Veröffentlicht* steht, erscheinen die Kategorie und ihre Kontakte auf der Website.

Zugriffsebene

Dieser Punkt legt zusammen mit dem Register *Berechtigungen* fest, welche Personengruppen überhaupt die Kontaktinformationen in dieser Kategorie einsehen dürfen. Mit den Standardeinstellungen können später alle Besucher die Kontakte einsehen beziehungsweise die entsprechenden Kontaktformulare nutzen. Behalten Sie daher die Voreinstellungen für die Filmtoaster-Seiten bei. Mehr zu den Zugriffsrechten folgt noch in Kapitel 12, *Benutzerverwaltung und -kommunikation*.

Schlagwörter
Der Kategorie dürfen Sie im gleichnamigen Feld Schlagwörter anheften. Diese erscheinen dann später auf der Übersichtsseite der Kategorie. Um ein Schlagwort zu vergeben, klicken Sie in das Eingabefeld, tippen los und bestätigen das Wort mit der *[Enter]*-Taste. Weitere Informationen rund um die Schlagwörter finden Sie im Abschnitt »Schlagwörter verwalten« auf Seite 240.

Notiz
In diesem Eingabefeld können Sie eine kleine Notiz hinterlegen. Der hier eingegebene Text erscheint nicht auf der Website und dient nur zu Ihrer Erinnerung.

Versionshinweis
Wenn Sie nachträglich die Einstellungen der Kategorie angepasst haben, beschreiben Sie vor dem Speichern im Feld *Versionshinweis* kurz die durchgeführten Änderungen. Zusammen mit der Versionsverwaltung aus dem Abschnitt »Versionsverwaltung« auf Seite 260 können Sie dann später Ihre Änderungen einfacher nachvollziehen. Wenn Sie die Kategorie erstellen, können Sie das Eingabefeld noch leer lassen.

Für das Filmtoaster-Beispiel belassen Sie alle Einstellungen auf der rechten Seite auf ihren jeweiligen Vorgaben. Das restliche Register *Kategorie* sollte aussehen wie in Abbildung 11-18.

Auf der Registerkarte *Veröffentlichung* zeigt Joomla! nach dem Anlegen der Kategorie auf der linken Seite einige Informationen an, darunter zunächst das *Erstellungsdatum* und den Ersteller der Kategorie (neben *Autor*). Letztgenannten können Sie bei Bedarf mit einem Klick auf die Büste ändern. Werden die Einstellungen der Kategorie später irgendwann einmal geändert, verraten die beiden Felder darunter das *Bearbeitungsdatum* und den entsprechenden Übeltäter (*Bearbeitet von*). Ganz unten erfahren Sie schließlich noch die Anzahl der bisherigen Besucherinnen und Besucher (*Zugriffe*) und die interne Identifikationsnummer der Kategorie (*ID*). Da Sie die Kategorie gerade erst erstellen, stehen beide Werte noch auf *0*.

Auf der rechten Seite können Sie den Suchmaschinen entgegenkommen. Unter *Meta-Beschreibung* hinterlassen Sie für Google & Co. eine kurze Beschreibung der Kategorieinhalte, wie beispielsweise Die Kontaktdaten der Filmkritiker. Dazu passende *Schlüsselwörter* wären etwa Kontakt, Kontaktdaten, Filmkritiker. Alle diese Informationen versteckt Joomla! später in der Übersichtsseite der Kategorie. Sollen die Suchmaschinen eine ganz bestimmte Person für den *Autor* der Übersichtsseite halten, tragen Sie ihren Namen in das gleichnamige Feld ein. Für gewöhnlich reicht es aus, das Feld leer zu lassen. Mit der Drop-down-Liste *Robots* können Sie schließlich noch festlegen, ob die Suchmaschinen überhaupt die Seite betreten (eine der

Optionen mit *index*) und den Links darauf folgen dürfen (eine der Optionen mit *follow*). *noindex* und *nofollow* verbieten hingegen die jeweilige Aktion.

Für die neue Kategorie auf den Filmtoaster-Seiten behalten Sie die Vorgabe *Globale Einstellung* bei. Damit gelten die systemweiten Einstellungen, nach denen die Suchmaschinen die Übersichtsseite unter die Lupe nehmen und auch allen darauf befindlichen Links folgen dürfen.

Wenn die Kategorie später im Frontend nicht direkt über einen Menüpunkt erreichbar ist, dann (und wirklich nur dann) können Sie ihrer Übersichtsseite im Register *Optionen* unter *Layout* eine eigene, spezielle Optik verpassen.

Tipp   Denken Sie daran, dass normalerweise die Menüpunkte bestimmen, was auf der dahinterliegenden Seite zu sehen ist.

Welche Darstellungen hier zur Verfügung stehen, hängt von den installierten Templates ab. Standardmäßig bringt Joomla! nur eine Darstellungsform mit (*Standard*). Belassen Sie daher die Drop-down-Liste auf ihrem voreingestellten Wert.

Über die Schaltfläche *Auswählen* können Sie der Kategorie noch ein Bild oder ein Symbol spendieren. Es erscheint später auf der Übersichtsseite über der Beschreibung. Für die Kategorie im Filmtoaster-Beispiel ist kein Bild notwendig. Wenn Sie ein Bild einbinden, beschreiben Sie kurz im Feld *Bildbeschreibung (Alternativer Text)*, was auf dem Bild zu sehen ist. Diesen Text verarbeiten Suchmaschinen, zudem hilft er Besuchern, die Ihre Seiten mit einer Brailzeile ansteuern. Sie sollten die Beschreibung folglich immer angeben. Zeigt das Bild jedoch nur ein Muster, lassen Sie das Feld frei und markieren stattdessen *Keine Beschreibung*.

Nachdem Sie die Kategorie per *Speichern & Schließen* angelegt haben, landen Sie wieder in der Tabelle mit allen Kategorien.

Kontakte einrichten

Nachdem die Kategorie erstellt ist, wird es höchste Zeit, sie mit neuen Kontakten zu füllen. Dazu rufen Sie den Punkt *Komponenten → Kontakte → Kontakte* auf. Es erscheint eine Tabelle mit allen derzeit existierenden Kontaktmöglichkeiten. Da noch keiner existiert, ist die Seite erst mal leer.

Um einen neuen Kontakt, zum Beispiel für einen neu hinzugekommenen Filmkritiker, anzulegen, klicken Sie auf die Schaltfläche *Neu* in der Werkzeugleiste. Sie führt zu einem monströsen Formular, von dem Abbildung 11-19 die Einstellungen auf der linken Seite zeigt. Diese Einstellungen müssen Sie jetzt wohl oder übel einmal kurz durchgehen.

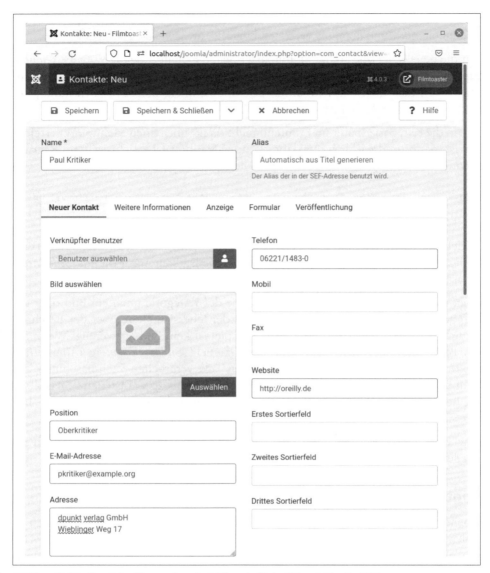

Abbildung 11-19: Diese Daten führen zu einem Kontaktformular für den fiktiven Kritiker *Paul Kritiker*.

Kontaktdaten

Geben Sie zunächst ganz oben im Eingabefeld *Name* den vollständigen Namen der Kontaktperson ein, wie etwa den des weltberühmten Paul Kritiker.

Im Eingabefeld rechts daneben können Sie noch einen Alias- beziehungsweise Ersatznamen hinterlegen. Er dient hauptsächlich internen Zwecken und hilft etwa bei der Suchmaschinenoptimierung. In der Regel können Sie das Feld leer lassen, Joomla! wählt dann automatisch einen passenden Alias. Weiter geht es jetzt darunter in dem schon geöffneten Register *Neuer Kontakt*.

Die Kontaktperson muss nicht zwangsläufig ein Benutzerkonto unter Joomla! besitzen. Falls Paul Kritiker dennoch über eines verfügt, könnten Sie es mit dem gerade neu entstehenden Kontakt verknüpfen. Dazu klicken Sie einfach neben *Verknüpfter Benutzer* auf das blaue Symbol mit dem stilisierten Kopf und dann in der erscheinenden Liste auf den entsprechenden Joomla!-Benutzer. Wenn Sie diesen mit dem Kontakt verknüpfen, kann Joomla! ein paar zusätzliche Informationen auf der Kontaktseite einblenden (dazu folgt in wenigen Absätzen mehr). Da Sie auf den Filmtoaster-Seiten als Super User im Moment der einzige Joomla! bekannte Benutzer sind, lassen Sie das Feld noch leer und verzichten somit vorerst auf eine Verknüpfung. Bei Bedarf können Sie das selbstverständlich später noch nachholen. Mehr zu den Benutzerkonten folgt in Kapitel 12, *Benutzerverwaltung und -kommunikation*.

Neben *Bild auswählen* dürfen Sie via *Auswählen* hier die elektronische Visitenkarte noch mit einem Foto aufpeppen. Im Fall der Filmtoaster-Seiten bietet sich beispielsweise ein Porträt des Kritikers an.

In den folgenden Eingabefeldern geht es jetzt ans Eingemachte. Dort hinterlegen Sie die entsprechenden Adressdaten, wie zum Beispiel die *E-Mail-Adresse* der Person, ihre Postanschrift (unter *Adresse*), den Wohnort (unter *Ort*) oder ihre *Telefon*-Nummer. Die *Position* meint den Aufgabenbereich oder die Berufsbezeichnung. In einem Verein könnte die Person beispielsweise ein *Kassenwart* sein, im Unternehmen hingegen der *CEO*.

Für die Filmtoaster-Seiten können Sie sich eine Nonsens-Adresse für Paul Kritiker ausdenken oder die Daten aus Abbildung 11-19 übernehmen.

Sämtliche Adressangaben sind übrigens optional. Sie entscheiden also selbst, welche Daten später Ihre Besucher sehen sollen.

Warnung   Geben Sie immer nur die Informationen von einer Person preis, mit denen diese auch einverstanden ist. Nicht jeder möchte seine private Telefonnummer öffentlich im Internet wiederfinden.

Weiter geht es jetzt mit den Einstellungen auf der rechten Seite (aus Abbildung 11-20):

Status
  Nur wenn hier *Veröffentlicht* eingestellt ist, erscheinen die Kontaktdaten von Paul Kritiker auf der Website.

Kategorie
  Hier stecken Sie den neuen Kontakt in eine der bestehenden Kategorien. Die Kontaktdaten von Paul Kritiker gehören in die *Filmkritiker*.

Haupteintrag
  Einen besonders wichtigen Kontakt können Sie zu einem Haupteintrag erheben. Alle so gekennzeichneten Kontakte kann Joomla! später auf einer speziellen Übersichtsseite zusammenfassen. Paul Kritiker ist jedoch nicht wichtig genug, sodass Sie hier *Nein* stehen lassen.

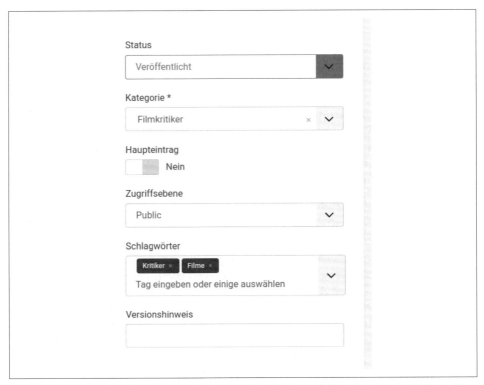

Abbildung 11-20: Diese Einstellungen steuern, ob und unter welchen Umständen die Kontaktdaten von Paul Kritiker auf der Website angezeigt werden.

Zugriffsebene
Diese Drop-down-Liste legt fest, welche Besuchergruppen die Kontaktdaten zu Gesicht bekommen. In der Standardeinstellung sind das alle Besucher der Website, also ist dies genau die richtige Einstellung für die Adresse von Paul Kritiker. Weitere Informationen hierzu folgen in Kapitel 12, *Benutzerverwaltung und -kommunikation*.

Schlagwörter
Auch dem Kontakt dürfen Sie *Schlagwörter* anheften. Diese erscheinen dann später auf der Kontaktseite über den Adressdaten. Um ein Schlagwort zu vergeben, klicken Sie in das Eingabefeld, tippen los und bestätigen es mit der *[Enter]*-Taste. Um ein Wort wieder loszuwerden, klicken Sie auf das graue X neben seinem Namen. Weitere Informationen rund um Schlagwörter finden Sie im Abschnitt »Schlagwörter verwalten« auf Seite 240.

Für Paul Kritiker bieten sich die Schlagwörter Kritiker und Filme an.

Versionshinweis
Wenn Sie die Kontaktdaten nachträglich angepasst haben, beschreiben Sie vor dem Speichern kurz im Feld *Versionshinweis* Ihre Änderungen – wie beispielsweise Wohnort hat sich geändert. Zusammen mit der Versionsverwaltung aus

dem Abschnitt »Versionsverwaltung« auf Seite 260 können Sie dann später Ihre Änderungen einfacher nachvollziehen. Wenn Sie den Kontakt erstellen, lassen Sie das Eingabefeld noch leer.

Die Einstellungen für Paul Kritiker sollten jetzt so wie in Abbildung 11-20 aussehen.

Weiter geht es im Register *Weitere Informationen*. Hier können Sie eine Beschreibung oder einen freien Text über Paul Kritiker hinterlegen. Das Eingabefeld ist nicht für die eigentlichen Kontaktdaten gedacht – die geben Sie auf der Registerkarte *Neuer Kontakt* ein. Stattdessen stellen Sie hier die Person kurz vor, etwa mit einem kleinen Lebenslauf. Über Paul Kritiker könnte man vielleicht schreiben: `Paul Kritiker ist der beste Filmkritiker der Welt. Das belegen seine 12 Pulitzerpreise.`

Angezeigte Informationen festlegen

Springen Sie weiter zum Register *Anzeige*. Die hier angebotenen Einstellungen regeln, welche der Kontaktinformationen überhaupt später auf der Website erscheinen. Beispielsweise sorgt *Verbergen* bei *Telefon* dafür, dass auf der elektronischen Visitenkarte die Telefonnummer der Kontaktperson fehlt.

Warnung	Wenn Sie allerdings einen Menüpunkt direkt auf die Kontaktseite setzen, bestimmt dieser die sichtbaren Informationen. Die Einstellungen in diesem Register würden folglich komplett ignoriert.

Tipp	Geben Sie wirklich nur die Informationen preis, die für eine Kontaktaufnahme mindestens erforderlich sind. Spam-Versender stürzen sich auf gedankenlos veröffentlichte E-Mail-Adressen schneller als hungrige Wespen auf einen Erdbeerkuchen.

Einige der hier angebotenen Punkte sind allerdings nicht ganz selbsterklärend:

Kontaktliste
  Wenn diese Einstellung auf *Anzeigen* steht, erscheint später auf der Seite mit den Kontaktdaten eine kleine Drop-down-Liste, über die der Besucher schnell zu einem anderen Kontakt aus der gleichen Kategorie wechseln kann.

vCard
  Wenn diese Einstellung auf *Anzeigen* steht, stellt Joomla! die Kontaktdaten zusätzlich im sogenannten vCard-Format zum Download bereit. Mit diesem standardisierten Dateiformat kann der Besucher den Kontakt mit wenigen Mausklicks in sein elektronisches Adressbuch übernehmen. Weitere Informationen zum vCard-Format finden Sie beispielsweise unter *https://de.wikipedia.org/wiki/VCard*.

Beiträge und # gelistete Beiträge
  Sofern Sie den Kontakt mit einem Benutzerkonto verknüpft haben, kann Joomla! alle Beiträge dieses Benutzers auflisten. Dazu stellen Sie die Drop-down-Liste auf *Anzeigen*. Wie viele Beiträge des Benutzers Joomla! auflisten soll, wählen Sie unter *# gelistete Beiträge*.

Benutzerprofil
> Sofern Sie den Kontakt mit einem Benutzerkonto verknüpft haben, kann Joomla! auf Wunsch das entsprechende Benutzerprofil anzeigen. Dazu setzen Sie diese Drop-down-Liste auf *Anzeigen*. Mehr zu den Benutzerprofilen erfahren Sie in Kapitel 12, *Benutzerverwaltung und -kommunikation*.

Ganz unten auf der Seite im Bereich *Link-Optionen* können Sie dem Kontaktformular noch eine Liste mit bis zu fünf Internetadressen hinzufügen. Dazu tippen Sie in das Feld *Link A Beschriftung* eine Bezeichnung ein, wie etwa `Mein Arbeitgeber`, und dann unter *Link A Webadresse* die entsprechende Internetadresse, beispielsweise `http://www.roxykino.com`. Wenn dann noch *Zusätzliche Links* auf *Anzeigen* steht, sieht das Ergebnis auf der Website so wie in Abbildung 11-21 aus. Die anderen Felder *Link ... Beschriftung* und *Link ... Webadresse* funktionieren nach dem gleichen Prinzip.

Abbildung 11-21: Die zusätzlichen Links auf der Website.

Unter *Alternatives Layout* können Sie der Kontaktseite schließlich eine eigene, individuelle Optik überstülpen. Welche Darstellungen hier zur Verfügung stehen, hängt von den installierten Templates ab.

 Für den Kontakt Paul Kritiker belassen Sie im Register *Anzeige* einfach alles auf den Vorgaben.

Einstellungen zur Veröffentlichung

Wechseln Sie zum Register *Veröffentlichung*. Auf der linken Seite können Sie zunächst die Kontaktseite zeitgesteuert erscheinen und wieder verschwinden lassen. Das ist beispielsweise dann nützlich, wenn Paul Kritiker nur ein Jahr für die Filmtoaster-Seiten schreibt und anschließend wieder zu einem gut dotierten Magazin wechseln wird.

Unter *Veröffentlichung starten* tragen Sie ein, wann die Kontaktdaten erstmals auf Ihrer Website erscheinen sollen, und unter *Veröffentlichung beenden* legen Sie fest, wann sie von dort wieder verschwinden. Die Kalender hinter den Symbolen rechts neben den Eingabefeldern helfen bei der Auswahl des korrekten Termins.

Die übrigen Felder füllt Joomla! aus, sobald Sie den Kontakt speichern. Im Einzelnen finden Sie hier folgende Informationen:

Erstellungsdatum
Joomla! merkt sich, wann der Kontakt angelegt wurde. Mit einem Klick auf das Kalendersymbol können Sie die Angabe fälschen. Normalerweise ist das aber nicht notwendig.

Autor
Mit einem Klick auf das blaue Kopfsymbol kann man einen anderen Benutzer zum Schöpfer des Kontakts erheben. Normalerweise ist hier keine Änderung notwendig.

Autoralias
Benutzernamen sind oftmals recht kryptisch, erst recht, wenn sie von den Angemeldeten selbst gewählt wurden. Aus diesem Grund erlaubt Joomla! hier, einen anderen Namen beziehungsweise ein Pseudonym für den *Autor* zu vergeben. Da dieser Alias aber nirgendwo mehr in Joomla! auftaucht, können Sie ihn normalerweise ignorieren – es sei denn, eine nachträglich installierte Erweiterung wertet ihn aus.

Bearbeitungsdatum, Bearbeitet von und Überarbeitung
Sollte jemand später einmal die Kontaktdaten ändern, zeigt Joomla! hier noch an, wann das zuletzt geschehen ist (*Bearbeitungsdatum*), wer der Verantwortliche war (*Bearbeitet von*) und wie oft der Kontakt schon überarbeitet wurde (*Überarbeitung*).

Zugriffe
Hier können Sie später ablesen, wie viele Besucher die Kontaktseite bereits angesehen haben. Besonders hohe Werte lassen auf besonders beliebte Kontaktpersonen schließen. Wenn bei einer Firma der Kontakt zum Kundendienst überproportional häufig besucht wird, existiert vielleicht ein grundlegendes Problem mit einem Produkt.

ID
Hier steht später die interne Identifikationsnummer des Kontakts. Da Sie ihn gerade erstellen, steht hier noch eine 0.

Für das Beispiel belassen Sie alle Einstellungen auf ihren Vorgaben beziehungsweise die Eingabefelder leer – Paul Kritiker schreibt erfreulicherweise auch zukünftig für die Filmtoaster-Seiten.

Metadaten

Auf der rechten Seite im Register *Veröffentlichung* können Sie noch ein paar Metainformationen für Suchmaschinen in der Kontaktseite verstecken:

Meta-Beschreibung und Schlüsselwörter
Meta-Beschreibung verrät in kurzen und knappen Worten, was auf der Kontaktseite zu sehen ist, wie etwa Die Kontaktdaten des berühmten Filmkritikers

Paul Kritiker. Ergänzend nimmt *Schlüsselwörter* noch ein paar durch Kommata getrennte Stichwörter auf, die auf die Kontaktseite zutreffen. Für Paul Kritiker wären beispielsweise `Paul Kritiker, Kontakt, Adresse` passend.

Robots

Unter *Robots* legen Sie fest, ob die Suchmaschinen überhaupt die Seite betreten (eine der Optionen mit *index*) und den Links darauf folgen dürfen (eine der Optionen mit *follow*). *noindex* und *nofollow* verbieten hingegen die jeweilige Aktion. In der Regel können Sie hier die Vorgabe beibehalten, nach der Suchmaschinen die Seite untersuchen und allen ihren Links folgen dürfen.

Rechte

Sind die Kontaktangaben und insbesondere das (Porträt-)Foto urheberrechtlich geschützt oder stehen sie unter einer speziellen Lizenz, können Sie einen entsprechenden Hinweis im Feld *Rechte* hinterlassen. Diese Metainformationen werten Browser jedoch nicht aus, und auch bei den Suchmaschinen ist der Nutzen dieses Eingabefelds fraglich. Sie können das Feld daher auch ignorieren.

Kontaktformular einrichten

Über die Einstellungen im letzten Register *Formular* können Sie der Seite noch ein Kontaktformular hinzufügen. Besucherinnen und Besucher können ihre Fragen in ein Feld eintippen, die Joomla! dann direkt an Paul Kritiker sendet (siehe auch Abbildung 11-15 auf Seite 370).

Das *Kontaktformular* erscheint auf der Website, wenn Sie den gleichnamigen Punkt ganz oben auf *Anzeigen* setzen. Dies ist auch gleichzeitig die Standardvorgabe.

Warnung   Das Formular erscheint nur, wenn Sie im Register *Neuer Kontakt* (beziehungsweise nach dem Speichern des Kontakts im Register *Kontakt*) eine *E-Mail-Adresse* hinterlegt oder dort den Kontakt mit einem vorhandenen Benutzer verknüpft haben. Andernfalls weiß Joomla! nicht, wohin es die Nachrichten der Besucher schicken soll.

Auf Wunsch kann sich ein Besucher eine Kopie seiner Nachricht zusenden lassen. Dazu muss er ein kleines Kästchen ankreuzen. Genau dieses Kästchen können Sie hier unter *Kopie an Absender* wahlweise *Verbergen* oder *Anzeigen* lassen. Damit schalten Sie auch gleichzeitig diese Funktion aus beziehungsweise ein.

Auf Wunsch kann Joomla! vor dem Versand der Nachricht prüfen, ob der Besucher tatsächlich über Ihren Internetauftritt zum Kontaktformular gelangt ist und dieses ausgefüllt hat. Damit hält man sich Spammer vom Leib, die mit speziellen Programmen das Internet automatisiert nach Formularen abgrasen und dann dort ihren Müll abladen. Aus technischer Sicht übergibt Joomla! dem Browser des Besuchers eine eindeutige Kennnummer (ein sogenanntes Cookie). An ihm erkennt Joomla!

den Besucher jederzeit wieder. Ein Spam-Programm, das das Kontaktformular direkt anspringt, kann kein passendes Cookie vorzeigen und wird vom Content-Management-System abgewiesen. Aus Angst, ausspioniert zu werden, deaktivieren allerdings einige Besucher in ihren Browsern die Cookie-Funktion. Wenn Sie die Prüfung einschalten, können diese Besucher dann folglich das Kontaktformular nicht mehr abschicken.

Sie müssen also abwägen, ob Sie diese sogenannte *Sitzungsprüfung* hier mit einem *Ja* aktivieren und damit einige Besucher vom Kontaktformular aussperren oder aber die Funktion lieber via *Nein* abgeschaltet lassen und damit Spam-Versand riskieren. Standardmäßig ist die Prüfung eingeschaltet. Die Session-Prüfung ist übrigens kein alleiniges Allheilmittel gegen unerwünschten Werbemüll. Spam-Versender rüsten ihre Programme ebenfalls immer weiter auf. Weiterführende Informationen zum Thema Cookies finden Sie beispielsweise unter *https://de.wikipedia.org/wiki/HTTP-Cookie*.

Der nächste Punkt *Benutzerdefinierte Antwort* ist etwas missverständlich übersetzt: Wenn Ihnen das von Joomla! bereitgestellte Kontaktformular nicht ausreicht, können Sie weitere Funktionen über eine passende Erweiterung nachrüsten. Einige dieser Erweiterungen verarbeiten dann die vom Besucher eingetippte Nachricht selbst. In einem solchen Fall müssen Sie Joomla! daran hindern, die Nachricht zu verschicken. Genau das passiert, wenn Sie *Benutzerdefinierte Antwort* auf *Ja* setzen.

Warnung Legen Sie hier den Schalter wirklich nur dann um, wenn eine Erweiterung Sie explizit dazu auffordert. Andernfalls verkommt das Kontaktformular einfach nur zu einer nutzlosen Ansammlung von netten Eingabefeldern.

Nachdem Joomla! die Nachricht verschickt hat, kann es den Besucher auf eine andere Webseite weiterleiten. Dessen Internetadresse tragen Sie unter *Kontakt Weiterleitung* ein. Lassen Sie das Feld leer, bleibt das Kontaktformular auch nach dem Absenden der Nachricht geöffnet.

Für Paul Kritikers Kontaktformular übernehmen Sie hier überall die Standardeinstellungen.

Kontakt anlegen

Damit wären alle Angaben für die Kontaktseite von Paul Kritiker beisammen. Legen Sie ihn per *Speichern & Schließen* an. Damit landen Sie in der Tabelle aus Abbildung 11-21. Dort sehen Sie unter den einzelnen Namen der Kontakte noch einmal die Kategorie, in der sie sich befinden. Die Bedeutung der einzelnen Spalten fasst noch einmal Tabelle 11-5 zusammen. Als kleine Fingerübung können Sie jetzt auf die gleiche Weise ein paar Kontakte für weitere Kritiker erstellen.

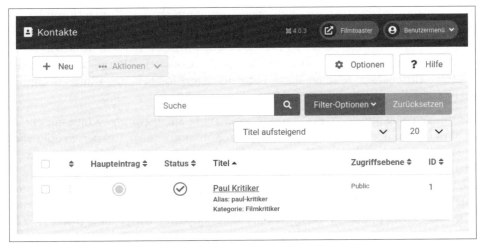

Abbildung 11-22: Hier existiert ein Kontakt für Paul Kritiker.

Tabelle 11-5: Spalten der Tabelle »Kontakte« und ihre jeweiligen Informationen

Spalte	Bedeutung
Haupteintrag	Bei einem gelben Sternchen wurde der Kontakt zu einem Haupteintrag erhoben.
Status	Bei einem grünen Haken ist der Kontakt prinzipiell für Besucher zu sehen.
Titel	Der Name des Kontakts beziehungsweise der Kontaktperson.
Zugriffsebene	Die Zugriffsebene legt fest, welche Besuchergruppen den Kontakt zu sehen bekommen.
ID	Die interne Identifikationsnummer des Kontakts.

Kontakt als Impressum

Ein solcher Kontakt eignet sich ebenfalls ideal dazu, ein etwas hübscheres Impressum zu erschaffen. Anders als bei einem Beitrag besitzt es auch gleich noch ein Kontaktformular. Um das alte Impressum auszutauschen, erstellen Sie einen weiteren Kontakt per *Neu*, vergeben Impressum als *Name*, füllen die Felder auf der Registerkarte *Neuer Kontakt* aus und hinterlegen im Eingabefeld auf der Registerkarte *Weitere Informationen* alle übrigen (Pflicht-)Informationen des Impressums.

Normalerweise nimmt das Feld *Name* den Namen der Kontaktperson auf, in diesem Fall wären das also Sie als Seitenbetreiber beziehungsweise der Name Ihres Unternehmens. Der *Name* bildet aber auch gleichzeitig die Überschrift des späteren Kontaktformulars, weshalb er hier auf *Impressum* steht. Um doch noch den Namen einer Kontaktperson beziehungsweise Ihres Unternehmens zu nennen, haben Sie mehrere Möglichkeiten:

- Sie löschen *Impressum* im Feld *Name* und tragen dort wieder Ihren Namen beziehungsweise den Namen des Unternehmens ein. Damit dient dieser Name aber später auch gleichzeitig als Überschrift.
- Sie geben den Namen einfach zusammen mit der Straße in das Feld *Adresse* im Register *Neuer Kontakt* ein. Dies wäre die eleganteste Lösung.

- Sie »missbrauchen« das Eingabefeld *Position*, indem Sie dort den Namen des Betreibers, des Vereins oder des Unternehmens eintippen.

Den fertigen Kontakt packen Sie abschließend in die mitgelieferte, aber noch leere *Kategorie* namens *Uncategorised*. Sie könnten selbstverständlich auch eine neue, eigene Kategorie für den Kontakt anlegen. Wie jedoch schon der Beitrag für das Impressum wird auch der Kontakt direkt in das Menü eingebunden, die Kategorie spielt folglich keine Rolle. Wichtig ist jedoch, dass Sie den Kontakt nicht zu den Filmkritikern stecken. Andernfalls würde das Impressum später fälschlicherweise auch noch einmal unter diesen auftauchen. *Speichern & Schließen* Sie das fertige Impressum.

Kontakte mit einem Menüpunkt verbinden

Die mühevoll angelegten Kontakte sind bislang im Frontend noch nicht erreichbar – es fehlen schlichtweg passende Menüpunkte. Folglich müssen schleunigst einige solche her. In Joomla! kann dabei der Menüpunkt:

- zu allen Kontakten aus einer Kontaktkategorie führen (mit dem Menüeintragstyp *Inhalte einer Kontaktkategorie auflisten* von Seite 385),
- alle vorhandenen Kontaktkategorien zur Auswahl stellen (mit dem Menüeintragstyp *Alle Kontakte einer Kontaktkategorie auflisten* von Seite 390) sowie
- einen einzelnen Kontakt anzeigen (mit dem Menüeintragstyp *Einen einzelnen Kontakt in das Menü einbinden* von Seite 391).

Auf den Filmtoaster-Seiten kommt dabei die erste Möglichkeit infrage.

Inhalte einer Kontaktkategorie auflisten

Wenn es mehrere Kontaktpersonen beziehungsweise Ansprechpartner gibt, bietet sich eine klassische Adressliste an. Ein Beispiel dafür zeigt Abbildung 11-23.

Abbildung 11-23: Die Liste mit allen Filmkritikern auf der Website.

Joomla! listet darin einfach alle Kontakte aus einer Kategorie auf. Ein Klick auf einen der Kontakte bringt den Besucher dann zur zugehörigen elektronischen Visitenkarte. In Abbildung 11-23 listet Joomla! alle Filmkritiker aus der gleichnamigen Kategorie auf.

Um einen Menüpunkt für eine solche Liste einzurichten, klappen Sie im Backend das Menü *Menüs* auf. Wählen Sie dann das Menü, in dem der neue Menüpunkt erscheinen soll. Auf den Filmtoaster-Seiten rufen Sie das *Filmtoaster-Menü* auf. Wenn Sie nicht die Beispiele aus den vorherigen Kapiteln mitgemacht haben, können Sie stattdessen das *Main Menu* verwenden.

Klicken Sie in jedem Fall in der Werkzeugleiste auf *Neu*. Im erscheinenden Formular verpassen Sie dem neuen Menüpunkt zunächst im Feld *Titel* eine Beschriftung, wie etwa Kontakte Filmkritiker. Anschließend müssen Sie festlegen, worauf der Menüpunkt überhaupt zeigen soll. Dazu klicken Sie neben *Menüeintragstyp* auf *Auswählen*. Interessant sind jetzt die Angaben unter *Kontakte*, klappen Sie also diesen Punkt mit einem Mausklick auf.

Der neue Menüpunkt soll zu einer Liste mit allen Kontaktdaten führen. Infrage kommt dazu der Punkt *Kontakte in Kategorie auflisten*. Er stellt alle Kontakte aus einer Kategorie zur Auswahl. Dieser Menüeintragstyp ist folglich genau der richtige für die Liste mit allen Filmkritikern. Klicken Sie also für das Filmtoaster-Beispiel den Punkt *Kontakte in Kategorie auflisten* an.

Zurück im bekannten Formular, stellen Sie unter *Kategorie auswählen* nach einem Klick auf *Auswählen* die Kategorie ein, deren Kontakte Joomla! anzeigen soll. Im Beispiel sind dies die *Filmkritiker* (siehe Abbildung 11-24).

Abbildung 11-24: Diese Einstellungen erzeugen einen Menüpunkt, der zum Inhalt einer Kontaktkategorie führt.

Auf der Registerkarte *Kategorie* regeln Sie, welche Informationen über die Kontaktkategorie – im Beispiel also die *Filmkritiker* – auf der Webseite erscheinen sollen. Es handelt sich dabei um die gleichen Einstellungen, die Sie schon bei den Kategorien für Beiträge im Abschnitt »Liste mit Beiträgen« auf Seite 181 kennengelernt haben.

Für die Kontaktdaten der Filmkritiker stellen Sie lediglich sicher, dass die *Kategoriebeschreibung* auf *Anzeigen* steht, und belassen alle anderen Einstellungen auf ihren Vorgaben.

Joomla! zeigt später alle Kontaktdaten wie in Abbildung 11-23 in einer kleinen Tabelle an. Auf der Registerkarte *Listenlayout* legen Sie fest, welche Informationen in dieser Tabelle auftauchen sollen. Joomla! präsentiert standardmäßig *Position*, *Telefon*, *Ort*, *Bundesland* und *Land*. Die Einstellungen hier sollten bis auf folgende Ausnahmen selbsterklärend sein:

Filterfeld
Wenn Sie hier *Anzeigen* wählen, blendet Joomla! über der Liste mit allen Kontakten ein sogenanntes Filterfeld ein (in Abbildung 11-23 auf Seite 385 ganz links oben die *Kontaktfiltersuche*). Wenn der Besucher dort einen Begriff eintippt und die *[Enter]*-Taste drückt, zeigt Joomla! nur noch zu diesem Begriff passende Kontakte an. Damit findet der Besucher gerade bei sehr vielen Kontakten schneller den gewünschten Ansprechpartner. Bei so wenigen Kontakten wie auf den Filmtoaster-Seiten können Sie es ausblenden und somit die Voreinstellung belassen.

»Anzeige«-Filter und # Kontakte auflisten
Der Besucher kann über eine Drop-down-Liste wählen, wie viele Kontakte Joomla! ihm auf einer Bildschirmseite präsentieren soll. In Abbildung 11-23 auf Seite 385 sind es *20*. Diese Auswahlmöglichkeit sollten Sie Ihren Besuchern geben, wenn es sehr viele Kontakte gibt. Über die Einstellung *»Anzeige«-Filter* können Sie die Drop-down-Liste *Anzeigen* oder *Verbergen* lassen. Wie viele Kontakte die Tabelle standardmäßig auf einer Seite präsentiert, bestimmen Sie ganz unten neben *# Kontakte auflisten*.

Tabellenüberschriften
Das mitgelieferte Template stellt später die Kontakte wie in Abbildung 11-23 auf Seite 385 dar. Der Wohnort und die weiteren Zusatzinformationen stehen dort jeweils in einer eigenen Spalte. Damit der Besucher weiß, welche Informationen in welcher Spalte stehen, blendet Joomla! entsprechende Spaltenbeschriftungen ein. Genau diese Beschriftungen schalten Sie über den Punkt *Tabellenüberschriften* ein und aus.

Seitenzahlen
Wenn mehr Kontakte in der Kategorie stecken, als die Tabelle gleichzeitig anzeigen kann, erscheinen am unteren Rand Schaltflächen, über die der Besucher zu den übrigen Kontakten vor- und zurückblättern kann. Unter *Seitenzahlen* können Sie diese Schaltflächen *Verbergen* oder explizit *Anzeigen* lassen. Bei *Auto* erscheinen die Schaltflächen nur, wenn sie tatsächlich benötigt werden.

Gesamtseitenzahlen

> Mit *Anzeigen* sehen Sie unterhalb der Tabelle, auf wie viele Bildschirmseiten Joomla! die Tabelle aufgeteilt hat und auf welcher dieser Seiten sich der Besucher gerade befindet.

Diese beiden zuletzt genannten Einstellungen sollten Sie immer auf ihrer Vorgabe belassen. Joomla! blendet die entsprechenden Elemente immer dann ein, wenn sie notwendig werden. Andernfalls besteht die Gefahr, dass der Besucher nicht mehr zu den übrigen Kontakten weiterblättern kann.

Sortierung nach

> Joomla! sortiert die Kontakte in der Tabelle nach dem hier eingestellten Kriterium. Der Punkt *Name* sortiert die Kontakte beispielsweise alphabetisch aufsteigend nach den Namen der Personen. Sie dürfen die Reihenfolge auch eigenhändig vorgeben. Dazu stellen Sie zunächst *Sortierung nach* auf den Punkt *Sortierung*. Nachdem Sie dann gleich den Menüpunkt angelegt haben, wechseln Sie zur Tabelle hinter *Komponenten* → *Kontakte* → *Kontakte* und stellen dort die Drop-down-Liste *Titel aufsteigend* auf *Reihenfolge aufsteigend*. In der jetzt angezeigten Reihenfolge erscheinen die Kontakte auch den Besuchern. Die Reihenfolge können Sie jetzt wie im Abschnitt »Sortierreihenfolge ändern« auf Seite 85 beschrieben anpassen.

Für die Kontaktdaten der Filmkritiker können Sie alle Voreinstellungen übernehmen. Wenn Sie jetzt den neuen Menüpunkt *Speichern* und ihm dann im Frontend folgen, erreichen Sie die Seite aus Abbildung 11-25. Klicken Sie dort den Kontakt für *Paul Kritiker* an, landen Sie auf seiner Kontaktseite mit dem Kontaktformular aus Abbildung 11-26.

♀ Startseite / Kontakte Filmkritiker

Filmkritiker

Hier finden Sie die Kontaktdaten aller Filmkritiker.

Titel	Details
Paul Kritiker	Telefon: 06221/1483-0 Oberkritiker Heidelberg, Baden-Württemberg, Deutschland
Tim Schürmann	Dortmund, NRW, Deutschland
Yasmin Hansen	Telefon: 0123-456789 München, Bayern, Deutschland

Abbildung 11-25: Hier wurden ergänzend zu Paul Kritiker noch zwei weitere Kontakte hinterlegt.

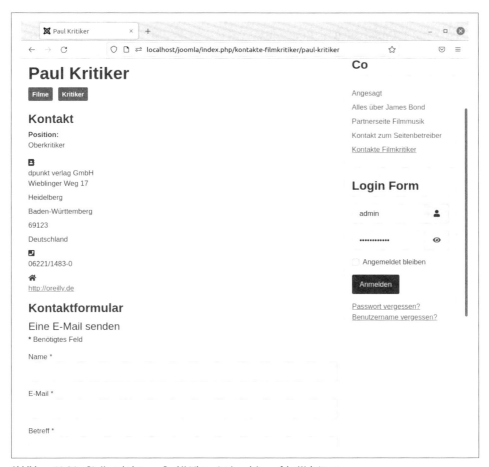

Abbildung 11-26: Die Kontaktdaten zu Paul Kritiker zeigt Joomla! so auf der Website an.

Wie man das Aussehen dieser Seite manipuliert, haben Sie bereits im Abschnitt »Angezeigte Informationen festlegen« auf Seite 379 erfahren. Es gibt allerdings noch eine zweite Stelle, an der Sie das Aussehen der Seite beeinflussen können. Wechseln Sie dazu wieder zurück ins Backend in die Einstellungen des Menüpunkts. Dort finden Sie noch die zwei Register *Kontaktanzeigeoptionen* und *E-Mail-Optionen*. Die dortigen Einstellungen entsprechen exakt denen aus dem Abschnitt »Angezeigte Informationen festlegen«. Sie bestimmen das Aussehen der Kontaktseiten, die irgendwie über diesen Menüpunkt erreichbar sind. Die Einstellungen, die Sie hier beim Menüpunkt festlegen, überschreiben diejenigen, die Sie im Abschnitt »Angezeigte Informationen festlegen« vorgenommen haben.

Wenn Sie also das Aussehen einer Kontaktseite wie der von *Paul Kritiker* verändern möchten, gehen Sie dazu immer wie folgt vor:

1. Öffnen Sie die Einstellungen des Kontakts und stellen Sie im Register *Anzeige* die anzuzeigenden Informationen ein. Achten Sie auch darauf, dass die Felder

in den übrigen Registern korrekt ausgefüllt sind – eine nicht vorhandene Adresse kann Joomla! auch nicht anzeigen.

2. Führt das nicht zum gewünschten Ergebnis, prüfen Sie, über welchen Menüpunkt die Kontaktseite erreichbar ist. Rufen Sie dann seine Einstellungen auf und kontrollieren Sie dort die Drop-down-Liste in den Registern *Kontaktanzeigeoptionen* und *E-Mail-Optionen*.

Wenn Sie den Filmtoaster-Beispielen gefolgt sind, verlassen Sie jetzt per *Schließen* die Einstellungen.

Alle Kategorien einer Kontaktkategorie auflisten

Haben Sie sehr viele Kontakte in gleich mehreren Kontaktkategorien angelegt, können Sie Ihren Besuchern auch zunächst alle Kontaktkategorien zur Auswahl anbieten. Dies erledigt ein Menüpunkt vom Menüeintragstyp *Alle Kontaktkategorien auflisten*. Über ihn erreicht ein Besucher zunächst eine Aufstellung mit mehreren Kontaktkategorien. Nachdem er sich für eine Kategorie entschieden hat, präsentiert ihm Joomla! alle in der Kategorie enthaltenen Kontakte in einer Art Adressliste (wie Sie sie schon aus dem vorherigen Abschnitt aus Abbildung 11-25 kennen). Aus dieser Liste wählt der Besucher dann wiederum die gewünschte Kontaktperson aus.

Für die Filmtoaster-Seiten ist ein solcher Menüpunkt nicht notwendig: Dort kommen als Kontaktpersonen nur die wenigen Filmkritiker infrage, die wiederum alle in einer Kategorie liegen.

Um in Ihrem Internetauftritt einen Menüpunkt für eine Liste mit Kontaktkategorien anzulegen, klappen Sie zunächst das Menü *Menüs* auf. Klicken Sie das Menü an, in dem der neue Menüpunkt sein neues Zuhause finden soll. Legen Sie dann via *Neu* einen neuen Menüeintrag an und vergeben Sie einen passenden *Titel*. Klicken Sie neben *Menüeintragstyp* auf *Auswählen*, öffnen Sie den Slider *Kontakte* und entscheiden Sie sich für *Alle Kategorien einer Kontaktkategorie auflisten*.

Wenden Sie sich jetzt im Register *Details* der Drop-down-Liste *Oberkategorie wählen* zu. Wenn darin *Root* eingestellt ist, bietet Joomla! dem Besucher gleich *sämtliche* Kontaktkategorien zur Auswahl an. Möchten Sie nur die Unterkategorien einer ganz bestimmten Kontaktkategorie anzeigen lassen, wählen Sie diese in der Drop-down-Liste aus.

Prüfen Sie dann die Einstellungen im Register *Kategorien* (dem zweiten von links). Auch die dort angebotenen Einstellungen kennen Sie bereits von den Beitragskategorien: Mit *Beschreibung der obersten Kategorie* können Sie die Beschreibung der Kategorie ein- und ausblenden. Der Text im Feld *Beschreibung der Oberkategorie* ersetzt die Beschreibung der Kategorie. Die spätere Übersichtsseite präsentiert alle enthaltenen Unterkategorien bis zur angegebenen Hierarchiestufe, die unter *Unterkategorieebenen* eingestellt ist. Steht *Leere Kategorien* auf *Anzeigen*, stellt Joomla!

auch leere Unterkategorien zur Auswahl. Die *Beschreibung der Unterkategorien* können Sie mit der gleichnamigen Einstellung ein- und ausblenden. Abschließend kann Joomla! den Besuchern zusätzlich noch verraten, wie viele Kontakte jeweils in einer Unterkategorie enthalten sind. Dazu setzen Sie *# Kontakte in der Kategorie* auf *Anzeigen*.

Wenn Sie dem angelegten Menüpunkt folgen, sehen Sie eine Auswahl mit enthaltenen Kontaktkategorien. Sobald Sie eine davon anklicken, landen Sie auf einer Seite, die alle Kontakte in dieser Unterkategorie auflistet. Das Aussehen genau dieser Seite regeln die Einstellungen in den Registern *Kategorie* (dem dritten von links) und *Listenlayout*. Ihre Einstellungen entsprechen ihren gleichnamigen Kollegen aus dem vorherigen Abschnitt »Inhalte einer Kontaktkategorie auflisten« auf Seite 385.

Sobald alle Einstellungen korrekt gesetzt sind, lassen Sie den Menüpunkt *Speichern & Schließen*.

Einen einzelnen Kontakt in das Menü einbinden

Sie können auch einen Menüpunkt zu einem ausgewählten Kontakt führen lassen. Das ist beispielsweise nützlich, wenn Sie Ihren Internetauftritt allein betreiben oder es nur einen (offiziellen) Ansprechpartner gibt. Sie können mit einem Kontakt sogar das Impressum ersetzen. Für die Filmtoaster-Seiten haben Sie dazu im vorherigen Abschnitt schon einen passenden Kontakt angelegt (im Abschnitt »Kontakt als Impressum« auf Seite 384). Sie müssen diesem nur noch einen entsprechenden Menüpunkt spendieren. Wenn Sie das Filmtoaster-Beispiel nicht bis hierhin mitgemacht haben, wählen Sie im Folgenden einfach einen beliebigen anderen existierenden Kontakt.

Um einen Menüpunkt auf einen einzelnen Kontakt zeigen zu lassen, klappen Sie im Backend das Menü *Menüs* auf. Entscheiden Sie sich für das Menü, in dem der Menüpunkt zukünftig erscheinen soll. Für das Filmtoaster-Beispiel wählen Sie *Menüs → Main Menu*.

Hier könnten Sie jetzt mit einem Klick auf *Neu* einen neuen Menüpunkt anlegen. Wenn Sie jedoch alle Beispiele bis hierhin mitgemacht haben, hätten Sie dann anschließend zwei Menüpunkte, die auf ein Impressum zeigen würden. Um das zu verhindern, ändern Sie kurzerhand den Menüeintragstyp des vorhandenen *Impressum*-Menüpunkts. Dazu klicken Sie in der Tabelle den Eintrag *Impressum* an.

Egal welchen Weg Sie beschreiten, in jedem Fall landen Sie im Formular aus Abbildung 11-27. Klicken Sie dort neben *Menüeintragstyp* auf *Auswählen*. Der Menüpunkt soll auf einen einzelnen Kontakt zeigen. Klappen Sie daher den Slider *Kontakte* auf und klicken Sie den passenden Menüeintragstyp *Einzelner Kontakt* an. Wieder zurück im Formular, müssen Sie noch festlegen, zu welchem Kontakt der neue Menüpunkt führen soll. Dazu klicken Sie rechts neben *Kontakt auswählen* auf

Auswählen und in der erscheinenden Liste auf den gewünschten Kontakt – im Beispiel das *Impressum*. Für das Beispiel sollte das Formular jetzt so wie in Abbildung 11-27 aussehen.

Speichern Sie den Menüpunkt (lassen Sie also das Formular noch geöffnet) und folgen Sie in der *Vorschau* dem *Impressum*. Die jetzt angezeigte Seite verwendet noch die üblichen Slider, Besucher müssten folglich erst das *Kontaktformular* aufklappen. Gerade bei einem Impressum wäre es jedoch besser, wenn alle Informationen einschließlich des Kontaktformulars immer komplett sichtbar wären.

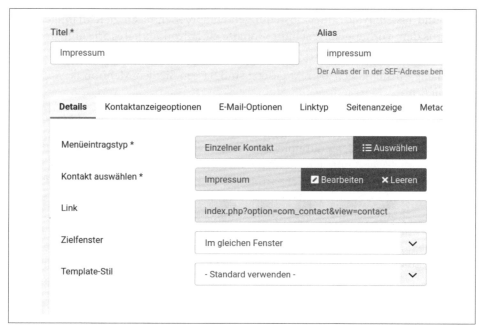

Abbildung 11-27: Hier entsteht ein Menüpunkt, der auf die Kontaktseite mit dem Impressum führt.

Um das zu ändern, müssen Sie sich wieder daran erinnern, dass in Joomla! der Menüpunkt bestimmt, was auf der Zielseite zu sehen ist. Wechseln Sie also zurück zu den Einstellungen des Menüpunkts. Dort bestimmen die *Kontaktanzeigeoptionen* und die *E-Mail-Optionen* das Aussehen der Seite und des Kontaktformulars. Ihre Einstellungen entsprechen exakt denen aus dem Abschnitt »Angezeigte Informationen festlegen« auf Seite 379. Für das Impressum belassen Sie alle Vorgaben. Nach dem *Speichern & Schließen* sieht das Impressum auf Ihrer Website ähnlich wie das in Abbildung 11-28 aus.

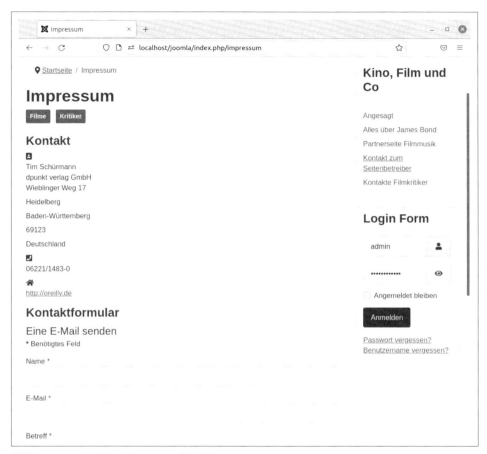

Abbildung 11-28: Das fertige Impressum auf der Website.

Symbole und weitere Grundeinstellungen

Werfen Sie noch einmal einen kurzen Blick auf Abbildung 11-28. Dort sehen Sie mehrere kleine Symbole – etwa bei der Telefonnummer einen Telefonhörer. Auf diese Weise wird schneller klar, was welchem Zweck dient.

Wenn Sie die Symbole loswerden beziehungsweise durch einen Text ersetzen wollen, müssen Sie in die Grundeinstellungen der Kontakt-Komponente wechseln. Sie versteckt sich im Backend unter *Komponenten → Kontakte* hinter der Schaltfläche *Optionen* (zu finden in der Werkzeugleiste). Das Ergebnis ist ein neuer Schirm mit ziemlich vielen Registerblättern. Auf ihnen können Sie vorgeben, welche Informationen auf den Kontaktseiten und den Übersichtsseiten der Kontaktkategorien standardmäßig zu sehen sind. Die Einstellungen entsprechen jeweils denen, die Sie in den vorherigen Abschnitten kennengelernt haben.

Eine Ausnahme bildet das Register *Symboleinstellungen* aus Abbildung 11-29. Dort bestimmen Sie, ob und, wenn ja, welche Symbole auf der Kontaktseite erscheinen sollen.

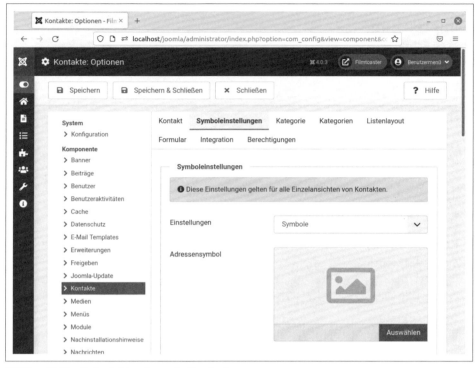

Abbildung 11-29: Die Symboleinstellungen der *Kontakte*-Komponente.

Die oberste Drop-down-Liste *Einstellungen* legt fest, ob den Informationen auf den Kontaktseiten *Symbole*, jeweils ein *Text* oder nichts (*Keine*) vorangestellt wird. Wenn Sie den *Text* wählen, erscheint der Kontakt wie in Abbildung 11-30. Die fett hervorgehobenen Begriffe gibt das jeweils aktive Sprachpaket vor.

Entscheiden Sie sich hingegen für die *Symbole*, können Sie das jeweils zu verwendende Piktogramm in den nachfolgenden Feldern frei wählen – es muss also vor der Telefonnummer nicht zwangsläufig ein Telefon erscheinen. Um ein anderes, eigenes Piktogramm zuzuweisen, klicken Sie einfach rechts neben dem entsprechenden Eingabefeld auf *Auswählen*, laden dann das Bild mit der Medienverwaltung hoch, wählen es darin aus und lassen es schließlich *Auswählen*. Ein eigenes Symbol werden Sie wieder los, indem Sie auf das *X* klicken. Vergessen Sie nicht, nach einer Änderung die Grundeinstellungen in der Werkzeugleiste mit *Speichern & Schließen* zu bestätigen.

Impressum

Kontakt

Adresse:
Tim Schürmann
dpunkt verlag GmbH
Wieblinger Weg 17

Heidelberg

Baden-Württemberg

69123

Deutschland

Telefon:
06221/1483-0

COM_CONTACT_WEBPAGE:
http://oreilly.de

Abbildung 11-30: Hier wurden die Symbole gegen Texte eingetauscht. Das COM_CONTACT_WEBPAGE rührt von einem (noch) nicht übersetzten Text im deutschen Sprachpaket her.

Hauptkontakte

Besonders wichtige Kontakte dürfen Sie zu sogenannten Haupteinträgen (englisch *Featured Contacts*) erheben und diese dann gemeinsam in einer eigenen Liste präsentieren. In einem Unternehmen könnten Sie so beispielsweise die wichtigsten Anlaufstellen für Ihre Kunden zusammenfassen, auch wenn sie sich in unterschiedlichen Abteilungen und somit verschiedenen (Kontakt-)Kategorien befinden. Das Prinzip ist das gleiche wie bei den Beiträgen, die Haupteinträge hier bei den Kontakten haben jedoch ansonsten nichts mit den Haupteinträgen bei den Beiträgen gemeinsam.

Um einen Kontakt als Haupteintrag zu adeln, wechseln zunächst zum Menüpunkt *Komponenten* → *Kontakte* → *Kontakte*. Suchen Sie in der Tabelle den entsprechenden Kontakt. Jetzt haben Sie zwei Möglichkeiten: Zum einen können Sie in der Spalte *Haupteintrag* auf den grauen Kreis klicken, der sich daraufhin in ein gelbes Sternchen verwandelt. Alternativ klicken Sie auf den Titel des Kontakts, setzen im Register *Kontakt bearbeiten* den *Haupteintrag* auf *Ja* und lassen die Änderung *Speichern & Schließen*. In jedem Fall zeigt die Tabelle hinter *Komponenten* → *Kontakte* → *Kontakte* bei allen geadelten Kontakten ein gelbes Sternchen in der Spalte *Haupteintrag* an.

Um Ihren Besuchern eine Liste mit allen diesen wichtigen Kontakten zu präsentieren, legen Sie wie bekannt einen neuen Menüpunkt an (beispielsweise via *Menüs* → *Main Menu* und einem Klick auf *Neu*), klicken im erscheinenden Formular neben *Menüeintragstyp* auf *Auswählen* und entscheiden sich auf dem Slider *Kontakte* für die *Hauptkontakte*. Die übrigen Einstellungen des Formulars kennen Sie bereits vom Menüeintragstyp *Kontakte in Kategorie auflisten* aus dem Abschnitt »Inhalte einer Kontaktkategorie auflisten« auf Seite 385. Lediglich die *Kontaktanzeigeoptionen* stecken hier im Register *Formular*.

Kontakte um weitere (Daten-)Felder ergänzen

Derzeit bestimmt Joomla!, welche Informationen ein Kontakt anzeigt. Wenn Sie einen neuen Kontakt erstellen, können Sie unter anderem die Adresse, die Telefonnummer und die E-Mail-Adresse hinterlegen. Mitunter möchte man jedoch noch weitere Angaben speichern. Ein Unternehmen könnte beispielsweise die Abteilung kommunizieren wollen, in der die entsprechende Person arbeitet. Solche Informationen müssten Sie dann auf der Registerkarte *Weitere Informationen* hinterlegen. Alternativ können Sie auch weitere, eigene Datenfelder hinzufügen. Das funktioniert genau so wie bei den Feldern für die Beiträge (aus dem Abschnitt »Felder hinzufügen« auf Seite 161).

Rufen Sie zunächst im Backend den Menüpunkt *Komponenten → Kontakte → Felder* auf und erstellen Sie via *Neu* ein weiteres Feld. Vergeben Sie einen Titel, etwa *Abteilung*. Die Einstellungen entsprechen ihren Kollegen für die Felder der Beiträge: Stellen Sie unter *Typ* ein, welche Information Sie speichern möchten. Im Fall der Abteilung reicht der *Text*. Abhängig von Ihrer Wahl ändern sich im unteren Teil die Einstellungen. Im Fall der Abteilung geben Sie bei *Maximal Länge* eine 20 vor. Die übrigen Einstellungen hat bereits der Abschnitt »Felder hinzufügen« auf Seite 161 vorgestellt. Wenn alles passt, lassen Sie das neue Feld *Speichern & Schließen*. Legen Sie bei Bedarf weitere Felder an.

Wenn Sie jetzt einen neuen Kontakt erstellen oder einen vorhandenen bearbeiten, finden Sie dort ein neues Register *Felder*, das alle von Ihnen angelegten Datenfelder beherbergt. Im Beispiel fragt Joomla! dort wie in Abbildung 11-31 die *Abteilung* ab. Später auf der Website zeigt Joomla! dann die entsprechenden Informationen zusammen mit dem Kontakt an (siehe Abbildung 11-32).

Abbildung 11-31: Hier wurde das Feld *Abteilung* ergänzt.

Abbildung 11-32: Das mitgelieferte Template positioniert die Informationen aus den Feldern im oberen Teil der Kontaktseite.

Wenn Sie mehrere Felder anlegen, sammelt Joomla! sie weiterhin im Register *Felder* aus Abbildung 11-31. Das wird damit nicht nur etwas unübersichtlich, die Beschriftung *Felder* ist auch ziemlich nichtssagend. Netterweise können Sie mehrere thematisch zusammengehörende Felder in einer Gruppe zusammenfassen. Auch das gelingt genau so wie bei den Beiträgen: Wechseln Sie im Backend zu *Komponenten → Kontakte → Feldgruppen* und klicken Sie auf *Neu*. Geben Sie der Gruppe einen *Titel*, wie etwa Unser Unternehmen. Der Titel sollte möglichst in einem oder zwei Worten angeben, welche Felder die neue Gruppe zusammenfasst. Der Titel dient später gleichzeitig als Beschriftung für das entsprechende Register. Lassen Sie die neue Feldgruppe *Speichern & Schließen*.

Als Nächstes müssen Sie die Felder in die neue Gruppe werfen. Dazu rufen Sie im Backend wieder den Menüpunkt *Komponenten → Kontakte → Felder* auf. Setzen Sie einen Haken vor alle Felder, die zur neuen Feldgruppe gehören sollen. Im Beispiel ist das nur die *Abteilung*. Wählen Sie jetzt unter den *Aktionen* die *Stapelverarbeitung*. Öffnen Sie im erscheinenden Fenster die untere Drop-down-Liste mit der ellenlangen Beschriftung *Zum Verschieben oder Kopieren der Auswahl eine Gruppe auswählen*. Stellen Sie dort die Feldgruppe ein, zu der die markierten Felder gehören. Im Beispiel wäre das *Unser Unternehmen*. Achten Sie darauf, dass *Verschieben* aktiviert ist, und klicken Sie auf *Ausführen*. Damit gehört das Feld *Abteilung* zur Gruppe *Unser Unternehmen*.

Wenn Sie jetzt einen Kontakt erstellen oder bearbeiten, finden Sie dort das etwas aussagekräftigere Register *Unser Unternehmen*, auf dem wiederum die Eingabe der *Abteilung* erfolgt (siehe Abbildung 11-33).

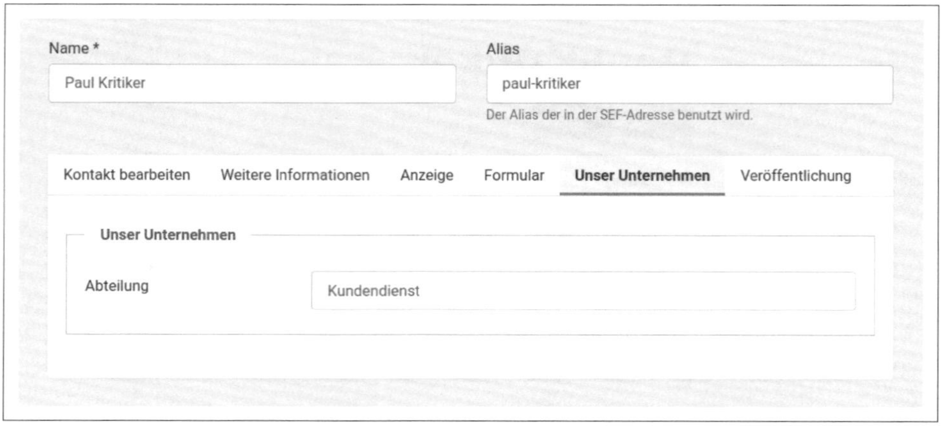

Abbildung 11-33: Das Feld *Abteilung* befindet sich hier in der Feldgruppe (und somit auf der Registerkarte) »Unser Unternehmen«.

Newsfeeds

Das Internet ist voller Informationen, die sich ständig verändern. Viele Seiten liefern brandaktuelle Nachrichten im Sekundentakt oder aktualisieren wichtige Beiträge in raschen Zeitabständen. Ist man auf viele dieser Internetquellen angewiesen oder an ihren Inhalten interessiert, müsste man immer wieder alle Seiten nach neuen Informationen abklappern – schließlich weiß man nie, wann eine Internetseite ihre Texte aktualisiert. Um dieses zeitaufwendige Problem zu lösen, wurde das Konzept der sogenannten Nachrichtenkanäle, englisch *Newsfeeds*, ins Leben gerufen. Dabei packt jede Internetseite die Schlagzeilen ihrer aktuellsten Beiträge in eine spezielle Textdatei. Ein Internetbrowser oder ein spezielles Auswertungsprogramm sammelt diese kleinen Dateien ein, wertet sie aus und stellt sie übersichtlich und optisch ansprechend in einer Liste dar. Nach einer festgelegten Wartezeit schaut der Browser dann selbstständig nach einer aktualisierten Fassung der Newsfeed-Datei. Man könnte auch sagen, die Internetseiten »füttern« (engl. »feed«) den Browser auf diese Weise mit Nachrichten. Im Ergebnis erhält man so die moderne Form eines Nachrichtentickers, mit dessen Hilfe der Browserbenutzer stets alle neu eingetrudelten Beiträge im Blick behält. Eine in Joomla! mitgelieferte Komponente kann solche Newsfeeds einsammeln und die darin gespeicherten Informationen auf einer eigenen Seite präsentieren. Alternativ präsentiert ein Modul einen Newsfeed, zudem kann Joomla! auch Newsfeeds für seine eigenen Seiten erzeugen und über ein entsprechendes Modul Ihren Besucherinnen und Besuchern zum Abruf anbieten.

Auf den Filmtoaster-Seiten könnte man eine Liste mit Newsfeeds rund um das Thema Film anbieten. Setzt man dabei auf Newsfeeds mit den aktuellsten Nachrichten aus der Branche, erhält man nebenbei und ohne viel Aufwand sogar ein kleines Nachrichtenportal.

Warnung Anbieter von Newsfeeds sehen es für gewöhnlich nicht gern, wenn ihre mühsam erstellten Informationen plötzlich auf einer anderen Internetseite auftauchen. Sie sollten daher die jeweiligen Seitenbetreiber vorab um Erlaubnis fragen. Andernfalls riskieren Sie eine kostenpflichtige Abmahnung.

Kategorien für die Newsfeeds anlegen

Da bei vielen abonnierten Newsfeeds schnell der Überblick verloren gehen kann, gruppiert Joomla! die Nachrichtenkanäle in Kategorien. Auf diese Weise lassen sich Newsfeeds mit ähnlichem Inhalt oder Themenbezug bequem zusammenfassen. Grundsätzlich muss in Joomla! jeder Newsfeed genau einer Kategorie angehören.

Warnung Die Kategorien für Newsfeeds funktionieren zwar nach dem gleichen Prinzip, sind aber nicht identisch mit denen für die Beiträge aus Kapitel 5, *Kategorien*.

Für die Verwaltung der Kategorien ist die Tabelle hinter dem Menüpunkt *Komponenten* → *Newsfeeds* → *Kategorien* zuständig. Standardmäßig existiert schon eine Kategorie mit dem nichtssagenden Namen *Uncategorised* (siehe Abbildung 11-34). Tabelle 11-6 verrät die Bedeutung der einzelnen Spalten.

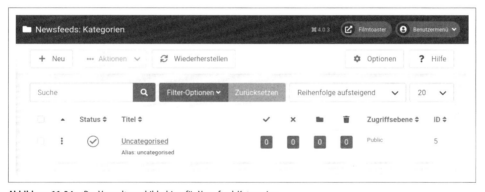

Abbildung 11-34: Der Verwaltungsbildschirm für Newsfeed-Kategorien.

Tabelle 11-6: Spalten der Tabelle »Newsfeeds«: Kategorien und ihre jeweiligen Informationen

Spalte	Bedeutung
Status	Bei einem grünen Haken sind die Newsfeeds aus der Kategorie prinzipiell für Besucher zu sehen.
Titel	Titel der Kategorie.
✓	So viele Newsfeeds aus dieser Kategorie sind auf der Website zu sehen.
✗	So viele Newsfeeds aus dieser Kategorie sind versteckt und somit für Besucher nicht zu sehen.
▬	So viele Newsfeeds aus dieser Kategorie befinden sich im Archiv.

Tabelle 11-6: Spalten der Tabelle »Newsfeeds«: Kategorien und ihre jeweiligen Informationen *(Fortsetzung)*

Spalte	Bedeutung
🗑	So viele Newsfeeds aus dieser Kategorie liegen gerade im Papierkorb.
Zugriffsebene	Die *Zugriffsebene* legt fest, welche Besuchergruppen die Newsfeeds in der Kategorie zu Gesicht bekommen.
ID	Die interne Identifikationsnummer der Kategorie.

 Auf den Filmtoaster-Seiten sollen die Newsfeeds zum Thema Film in einer eigenen Kategorie landen.

Um eine funkelnagelneue Kategorie zu erstellen, wählen Sie *Neu* in der Werkzeugleiste. Das nun erscheinende Formular aus Abbildung 11-35 ähnelt seinem Kollegen für die Beiträge aus Kapitel 5, *Kategorien*.

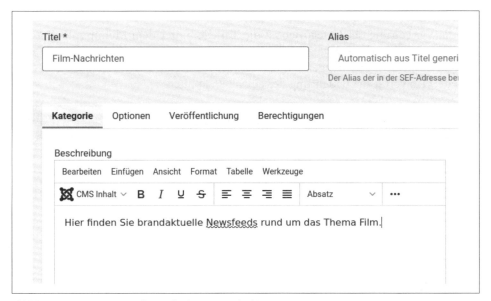

Abbildung 11-35: Die Basiseinstellungen für die neue Newsfeed-Kategorie.

Geben Sie zunächst der Kategorie unter *Titel* einen Namen. Er erscheint später auch auf der Website als Überschrift. Für das Filmtoaster-Beispiel wählen Sie hier Film-Nachrichten. In das *Alias*-Feld gehört ein Ersatzname für die Kategorie, den Joomla! für interne Zwecke verwendet (unter anderem bei der Suchmaschinenoptimierung). Sie können das Feld in der Regel leer lassen, Joomla! wählt dann automatisch einen passenden Namen aus.

Beschreiben Sie im großen Eingabefeld kurz und knapp, welche Newsfeeds die Besucher in dieser (neuen) Kategorie erwarten. Der hier eingetippte Text erscheint später auf der Übersichtsseite der Kategorie. Für die Filmtoaster-Seiten wählen Sie Hier finden Sie brandaktuelle Newsfeeds rund um das Thema Film.

Weiter geht es mit den Einstellungen auf der rechten Seite. Auch wenn sie in den meisten Fällen schon auf den korrekten Werten stehen, sollten Sie sie dennoch einmal kurz überfliegen:

Übergeordnete Kategorie
Die neue Kontaktkategorie dürfen Sie hier in eine andere stecken. Durch die so entstehende Verschachtelung sorgen Sie bei sehr vielen Newsfeeds für weitere Ordnung. Auf den Filmtoaster-Seiten ist das nicht notwendig, lassen Sie deshalb das Feld *Übergeordnete Kategorie* auf – *Kein übergeordnetes Element* –.

Status
Nur wenn hier ein *Veröffentlicht* steht, erscheint die Kategorie samt ihrer Newsfeeds auf der Website.

Zugriffsebene
Dieser Punkt legt zusammen mit dem Register *Berechtigungen* fest, welche Personengruppen die Newsfeeds überhaupt ansehen dürfen. Für das Beispiel belassen Sie hier die Voreinstellung, womit alle Besucher die Newsfeeds aus dieser Kategorie lesen können. Mehr zu den Zugriffsrechten folgt noch in Kapitel 12, *Benutzerverwaltung und -kommunikation*.

Schlagwörter
Der Kategorie dürfen Sie im gleichnamigen Feld *Schlagwörter* anheften. Diese erscheinen dann auch später auf der Übersichtsseite der Kategorie. Um ein Schlagwörter hinzuzufügen, klicken Sie in das Eingabefeld, tippen los und bestätigen das Wort mit der *[Enter]*-Taste. Um ein Wort wieder loszuwerden, klicken Sie auf das graue *X* neben seinem Namen. Weitere Informationen rund um die Schlagwörter finden Sie im Abschnitt »Schlagwörter verwalten« auf Seite 240.

Notiz
In diesem Eingabefeld können Sie eine kleine Notiz hinterlegen. Der hier eingegebene Text erscheint nicht auf der Website und dient nur zu Ihrer Erinnerung.

Versionshinweis
Wenn Sie die Einstellungen der Kategorie nachträglich angepasst haben, halten Sie Ihre Änderungen vor dem Speichern kurz im Feld *Versionshinweis* fest. Mit der Versionsverwaltung aus dem Abschnitt »Versionsverwaltung« auf Seite 260 können Sie dann später Änderungen schneller nachvollziehen.

Für das Beispiel sollte die linke Seite des Formulars jetzt wie in Abbildung 11-35 aussehen, die Einstellungen auf der rechten Seite bleiben auf ihren Vorgaben.

Weiter geht es auf der Registerkarte *Veröffentlichung*. Auf der linken Seite zeigt Joomla! ein paar Informationen über die Kategorie an – allerdings erst, wenn Sie die Kategorie einmal gespeichert und somit angelegt haben. Dann können Sie links oben das *Erstellungsdatum* und den *Autor* ablesen. Letztgenannten können Sie über das Büstensymbol nachträglich ändern. Unter *Bearbeitungsdatum* erfahren Sie, wann die Einstellungen der Kategorie zuletzt geändert wurden. Die dafür verantwortliche Person liefert das Feld *Bearbeitet von*. *Zugriffe* nennt die Anzahl der Besucher, die bereits einen Blick in die Kategorie geworfen haben. Die *ID* verrät schließlich noch die Identifikationsnummer der Kategorie. Da Sie gerade eine neue Kategorie erstellen, stehen beide Zähler noch auf *0*.

Auf der rechten Seite können Sie den Suchmaschinen entgegenkommen. Unter *Meta-Beschreibung* hinterlassen Sie für Google & Co. eine kurze Beschreibung der Kategorieinhalte, wie beispielsweise `Newsfeeds zum Thema Film`. Dazu passende *Schlüsselwörter* wären etwa `Newsfeeds, Film, Nachrichten`. Diese Informationen versteckt Joomla! später in der Übersichtsseite der Kategorie. Sollen die Suchmaschinen eine ganz bestimmte Person für den *Autor* der Übersichtsseite halten, tragen Sie seinen Namen in das gleichnamige Feld ein. Normalerweise können Sie das Feld leer lassen. Mit *Robots* legen Sie noch fest, ob die Suchmaschinen überhaupt die Seite betreten (eine der Optionen mit *index*) und den Links darauf folgen dürfen (eine der Optionen mit *follow*). *noindex* und *nofollow* verbieten hingegen die jeweilige Aktion. Für die neue Kategorie auf den Filmtoaster-Seiten behalten Sie die Vorgabe *Globale Einstellung* bei, nach der die Suchmaschinen die Übersichtsseite unter die Lupe nehmen und auch allen darauf befindlichen Links folgen dürfen.

Wenn die Kategorie später im Frontend nicht direkt über einen Menüpunkt erreichbar ist, dann (und wirklich nur dann) können Sie ihrer Übersichtsseite auf der Registerkarte *Optionen* unter *Layout* eine eigene, spezielle Optik verpassen.

Tipp Denken Sie daran, dass die Menüpunkte bestimmen, was auf der dahinterliegenden Seite zu sehen ist.

Welche Darstellungen hier zur Verfügung stehen, hängt von den installierten Templates ab. Standardmäßig bringt Joomla! nur eine Darstellungsform namens *Standard* mit. Belassen Sie daher die Drop-down-Liste auf ihrem voreingestellten Wert.

Über die Schaltfläche *Auswählen* können Sie der Kategorie noch ein Bild oder ein Symbol spendieren, das später auf der Übersichtsseite erscheint. Im Feld *Bildbeschreibung (Alternativer Text)* beschreiben Sie dann kurz, was auf dem Bild zu sehen ist. Diesen Text werten nicht nur Suchmaschinen aus, er erscheint auch immer dann im Browser, wenn dieser das Bild nicht anzeigen kann. Zeigt das Bild nur ein Muster, lassen Sie das Feld leer und setzen stattdessen einen Haken vor *Keine Beschreibung*. Im Beispiel ist kein Bild notwendig, lassen Sie daher *Bild* und das Eingabefeld leer.

Damit wären für die Newsfeed-Kategorie auf den Filmtoaster-Seiten alle notwendigen Informationen beisammen.

Nach dem *Speichern & Schließen* landen Sie wieder in der Tabelle mit allen Newsfeed-Kategorien.

Newsfeeds einrichten

Sobald die Kategorie existiert, kann man endlich einen Newsfeed anzapfen. Dazu rufen Sie im Menü den Punkt *Komponenten → Newsfeeds → Feeds* auf. Joomla! präsentiert Ihnen hier später alle in Joomla! angemeldeten Newsfeeds. Um eine neue eigene Nachrichtenquelle einzubinden, klicken Sie auf die Schaltfläche *Neu* in der Werkzeugleiste.

Basiseinstellungen

Daraufhin erscheint das Formular aus Abbildung 11-36. Geben Sie dem Newsfeed zunächst ganz oben im Eingabefeld *Titel* einen Namen. Dieser Name erscheint später auch als Überschrift über sämtlichen Nachrichten.

Auf den Filmtoaster-Seiten soll der Newsticker von *kino.de* mit den aktuellen Filmstarts angezapft werden. Im Beispiel wäre daher vielleicht `Kino.de Newsfeed` ganz passend.

Im Feld *Alias* rechts daneben können Sie dem Newsfeed einen Alias- beziehungsweise Ersatznamen verpassen. Diesen verwendet Joomla! für interne Zwecke, wie etwa zur Suchmaschinenoptimierung. Für gewöhnlich können Sie das Feld ignorieren, Joomla! wählt dann selbst einen passenden Alias.

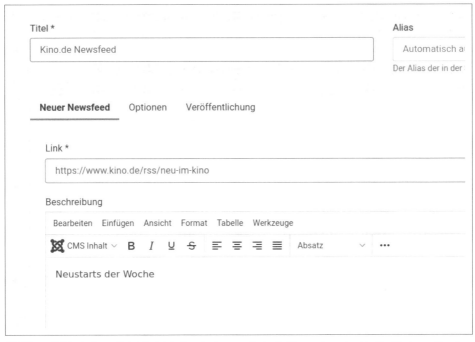

Abbildung 11-36: In diesem Beispiel wird ein Newsfeed angezapft, der die Filmpremieren der aktuellen Woche von kino.de bezieht.

Wenden Sie sich jetzt dem Register *Neuer Newsfeed* zu. Auf ihm hinterlegen Sie unter *Link* die Internetadresse zur entsprechenden Newsfeed-Datei. Um sie zu ermitteln, müssen Sie auf die Homepage des Newsfeed-Anbieters wechseln und dort nach entsprechenden Hinweisen Ausschau halten. Häufig finden Sie irgendwo ein kleines Symbol, das mit *RSS* oder *XML* beschriftet ist. Ein Klick darauf fördert dann die benötigte Internetadresse zutage. Auf *http://kino.de* gab es bei Drucklegung dieses Buchs ganz unten auf der Seite den Menüpunkt *RSS-Feed*, der zu einer Aufstellung mit allen angebotenen Newsfeeds führte. Die RSS-Datei mit den anstehenden Filmpremieren stand dabei unter der Adresse *https://www.kino.de/rss/neu-im-kino* bereit. Genau die tippen Sie jetzt für die Filmtoaster-Seiten in das Feld *Link*.

Beschreiben Sie dann im großen Eingabefeld darunter kurz und knapp, welche Meldungen der Newsfeed dem Besucher später präsentiert. Auf den Filmtoaster-Seiten könnten Sie beispielsweise eintippen: `Neustarts der Woche`. Joomla! zeigt diese Beschreibung später über dem Inhalt des Newsfeeds an.

Tipp   Einige Newsfeeds bringen selbst eine solche Beschreibung mit. In diesem Fall können Sie die Beschreibung hier weglassen. Alternativ hinterlegen Sie eine eigene Beschreibung und blenden die im Newsfeed mitgelieferte Beschreibung aus (dazu in wenigen Zeilen mehr).

Auf der rechten Seite stecken Sie den neuen Newsfeed unter *Kategorie* in eine Newsfeed-Kategorie. Im Beispiel wählen Sie die im vorherigen Abschnitt angelegten *Film-Nachrichten*.

Die übrigen Einstellungen auf der rechten Seite sind wieder alte Bekannte, die in der Regel auf ihren Vorgaben verbleiben können. Daher folgt hier kurz der Schnelldurchgang:

Status
    Nur wenn der *Status* auf *Veröffentlicht* steht, erscheinen die Inhalte des Newsfeeds später auf Ihrer Website.

Zugriffsebene
    Hier legen Sie fest, wer die im Newsfeed enthaltenen Informationen zu sehen bekommt. In der Standardeinstellung *Public* sind das restlos alle Besucher, was genau das Richtige für die Filmstarts ist. Weitere Informationen hierzu folgen später noch in Kapitel 12, *Benutzerverwaltung und -kommunikation*.

Schlagwörter
    Dem Newsfeed dürfen Sie im entsprechenden Eingabefeld noch *Schlagwörter* anheften. Diese erscheinen dann auch später über den Inhalten des Newsfeeds. Um ein weiteres Schlagwort zu vergeben, klicken Sie in das Eingabefeld, tippen los und bestätigen das Wort mit der *[Enter]*-Taste. Um ein Wort wieder loszuwerden, klicken Sie auf das *X* neben seinem Namen. Weitere Informationen rund um die Schlagwörter finden Sie im Abschnitt »Schlagwörter verwalten« auf Seite 240.

Für den Newsfeed aus dem Beispiel bieten sich die Schlagwörter Neustarts und Filme an.

Versionshinweis
Wenn Sie die Einstellungen irgendwann nachträglich anpassen müssen, beschreiben Sie vor dem Speichern kurz im Feld *Versionshinweis*, welche Änderungen Sie vorgenommen haben – beispielsweise Der Link hat sich geändert. Zusammen mit der Versionsverwaltung aus dem Abschnitt »Versionsverwaltung« auf Seite 260 können Sie dann später Änderungen schneller nachvollziehen.

Weiter geht es mit dem Register *Optionen*. Dort können Sie auf der linken Seite die bereits auf der Registerkarte *Neuer Newsfeed* eingetippte *Beschreibung* noch mit zwei zusätzlichen Bildern aufpeppen. Wenn Sie diese Möglichkeit nutzen möchten, klicken Sie neben *Erstes Bild* beziehungsweise *Zweites Bild* auf *Auswählen*, laden in der Medienverwaltung ein Bild hoch, klicken es an und lassen es *Auswählen*. Wie die Beschreibung das jeweilige Bild umfließen soll, stellen Sie neben *Textumfließung des Bildes* ein. Beispielsweise steht der Text bei der Auswahl *Rechts* später immer rechts vom Bild. Wie genau das Bild später auf der Seite erscheint, bestimmt jedoch das jeweils aktivierte Template. In jedem Fall sollten Sie unter *Bildbeschreibung (Alternativer Text)* den Inhalt des Bilds in knappen Worten beschreiben. Den alternativen Text werten Suchmaschinen und Spezialbrowser für Personen mit Seheinschränkungen aus. Darüber hinaus präsentiert ihn der Browser, wenn er das jeweilige Bild nicht anzeigen kann. Zeigt Ihr Bild nur ein Muster, lassen Sie das Feld leer und setzen stattdessen einen Haken neben *Keine Beschreibung*. Abschließend können Sie noch eine *Bildunterschrift* vergeben. Sie zeigt der Browser an, wenn der Besucher mit der Maus über das Bild fährt.

Tipp Viele Newsfeeds enthalten selbst Bilder, zudem sind ihre Inhalte häufig selbsterklärend. Fassen Sie sich daher bei der Beschreibung möglichst kurz und binden Sie eigene Bilder nur dann ein, wenn sie wirklich notwendig sind.

Veröffentlichungsoptionen

Weiter geht es mit dem Register *Veröffentlichung*. Dort können Sie die Inhalte des Newsfeeds zeitgesteuert erscheinen und wieder verschwinden lassen. Dazu tragen Sie unter *Veröffentlichung starten* ein, wann der Newsfeed erstmals auf der Website auftauchen soll, und unter *Veröffentlichung beenden*, wann er von dort wieder verschwindet. Mit den Schaltflächen rechts neben den Eingabefeldern zaubern Sie kleine Kalender hervor, die bei der Auswahl des korrekten Termins helfen. Sofern die beiden Felder leer sind, steht der Newsfeed auf Ihren Seiten immer parat.

Die übrigen Felder und Einstellungen auf der linken Seiten füllt Joomla! automatisch nach dem Anlegen des Newsfeeds. Im Einzelnen finden Sie hier folgende Informationen:

Erstellungsdatum
Joomla! merkt sich, wann Sie den Newsfeed angelegt haben. Unter *Erstellungsdatum* dürfen Sie diese Angabe auch fälschen beziehungsweise überschreiben,

indem Sie auf das Kalendersymbol auf der rechten Seite klicken und das entsprechende Datum wählen.

Autor
Hier steht diejenige Person, die den Newsfeed angelegt hat (und nicht der Ersteller der eigentlichen Newsfeed-Texte). Über einen Klick auf das Symbol mit der Büste können Sie bei Bedarf einen anderen Benutzer als Autor einstellen.

Autor-Alias
Benutzernamen sind oftmals recht kryptisch, erst recht, wenn sie von den Angemeldeten selbst gewählt wurden. Aus diesem Grund erlaubt Joomla! Ihnen, hier einen anderen Namen zu vergeben. Da dieser Alias aber nirgendwo sonst in Joomla! auftaucht, können Sie ihn ignorieren – es sei denn, eine nachträglich installierte Erweiterung wertet ihn aus.

Bearbeitungsdatum, Bearbeitet von und Überarbeitung
Unter *Bearbeitungsdatum* zeigt Ihnen Joomla! an, wann hier die Einstellungen zum letzten Mal geändert wurden. Welche Person die Änderungen durchgeführt hat, steht im Feld *Bearbeitet von*. Wie häufig die Einstellungen im Laufe der Zeit geändert wurden, verrät schließlich noch das Feld *Überarbeitung*.

ID
Im Feld *ID* zeigt Joomla! die interne Identifikationsnummer des Newsfeeds an. Da Sie gerade den Newsfeed erstellen, steht hier noch eine 0.

Auf den Filmtoaster-Seiten bleiben alle Einstellungen auf ihren Vorgaben und somit insbesondere die Felder *Veröffentlichung starten* und *Veröffentlichung beenden* leer. Damit sind die Informationen aus dem Newsfeed umgehend auf der Website zu sehen.

Metadaten

Die auf der rechten Seite erfragten und an Suchmaschinen gerichteten Metadaten kennen Sie bereits aus vorherigen Abschnitten:

Meta-Beschreibung und Schlüsselwörter
Meta-Beschreibung verrät in knappen Worten, um was es im Newsfeed geht, wie etwa Die aktuellen Filmstarts, gemeldet von Kino.de. Ergänzend nimmt *Schlüsselwörter* ein paar durch Kommata getrennte Stichwörter auf. Auf den Filmtoaster-Seiten passen beispielsweise Filmstarts, Kino.de, Newsfeed.

Robots
Hier legen Sie fest, ob die Suchmaschinen überhaupt die Seite betreten (eine der Optionen mit *index*) und den Links darauf folgen dürfen (eine der Optionen mit *follow*). *noindex* und *nofollow* verbieten hingegen die jeweilige Aktion. In der Regel können Sie hier die Vorgabe beibehalten, womit Suchmaschinen die Seite untersuchen und allen ihren Links folgen dürfen.

Inhaltsrechte
Sind die Newsfeed-Inhalte urheberrechtlich geschützt oder stehen unter einer speziellen Lizenz, können Sie einen entsprechenden Hinweis in diesem Feld

hinterlegen. Da Browser diese Informationen jedoch nicht auswerten, können Sie das Feld ignorieren.

Im Filmtoaster-Beispiel tragen Sie nur die oben genannte *Meta-Beschreibung* und die *Schlüsselwörter* ein, alle anderen Einstellungen bleiben wieder auf ihren Vorgaben.

Darstellung anpassen

Welche im Newsfeed mitgelieferten Inhalte überhaupt auf Ihrer Website erscheinen sollen, bestimmen Sie auf der Registerkarte *Optionen* auf der rechten Seite unter *Anzeige*. Da jeder Newsfeed andere Einstellungen benötigt, sollten Sie sie einmal von oben nach unten kurz durchgehen:

Anzahl der Beiträge
In der Regel liefert ein Newsfeed nicht nur eine, sondern mehrere Meldungen. Wie viele Joomla! davon auf Ihrer Website anzeigen soll, legt die hier eingetippte Zahl fest. Die vorgegebenen fünf Stück sind bereits ein guter Standardwert.

Cache-Dauer
Joomla! schaut in regelmäßigen Abständen nach, ob es bereits eine neue Version der Newsfeed-Datei gibt. Wie viele Minuten Joomla! zwischen diesen Nachfragen warten soll, bestimmen Sie im Feld *Cache-Dauer*. Bei einer Seite, die in sehr schnellen Zyklen neue Nachrichten generiert (wie beispielsweise ein Börsenticker), können Sie den Standardwert entsprechend verringern. Ansonsten sollten Sie ihn möglichst beibehalten, um Joomla! auch noch Luft für andere Aufgaben zu lassen und den Anbieter des Newsfeeds nicht zu überlasten.

Schreibrichtung
Arabisch wie auch viele andere Sprachen liest man von rechts nach links. Sofern die Inhalte des Newsfeeds diese Schreibrichtung ebenfalls verwenden, setzen Sie diese Drop-down-Liste auf *Rechts nach Links*. Die in Europa übliche Schreibrichtung von *Links nach Rechts* ist bereits die Standardeinstellung.

Newsfeed-Bild
Hier regeln Sie, ob Joomla! die im Newsfeed mitgelieferten Bilder *Anzeigen* oder *Verbergen* soll. Meist sind es Piktogramme oder verkleinerte Fotos. Die können allerdings unter Umständen Ihr Seitenlayout sprengen. Wenn Sie unsicher sind, lassen Sie daher die Bilder erst einmal sicherheitshalber *Verbergen*.

Newsfeed-Beschreibung
Die meisten Newsfeeds bieten auch eine kurze Beschreibung ihrer Inhalte an. Joomla! präsentiert diesen Text später über den eigentlichen Nachrichtentexten. Wenn Sie das verhindern möchten, beispielsweise weil Sie schon auf der Registerkarte *Neuer Newsfeed* eine eigene *Beschreibung* vorgegeben haben, setzen Sie diese Drop-down-Liste auf *Verbergen*.

Newsfeed-Inhalt
Hiermit können Sie die eigentlichen Nachrichtentexte im Newsfeed *Verbergen*. Das ist etwa dann sinnvoll, wenn Sie auf Ihrer Website die Newsfeeds nur vorstellen, nicht aber auch ihre Inhalte übernehmen möchten.

Anzahl Zeichen
Die im Newsfeed ausgelieferten Meldungen können recht lang sein. Joomla! kann deshalb die Texte nach einer bestimmten Länge abschneiden. Dazu tippen Sie in das Feld die Anzahl der maximal anzuzeigenden Zeichen ein. Bei der voreingestellten *0* zeigt Joomla! immer die kompletten Meldungen an.

Layout
Wenn der Newsfeed später im Frontend nicht direkt über einen Menüpunkt erreichbar ist, dann (und wirklich nur dann) können Sie ihm hier eine eigene, spezielle Optik verpassen. Welche Darstellungen hier zur Verfügung stehen, hängt von den installierten Templates ab. Von Haus aus bringt Joomla! nur eine Darstellungsform namens *Standard* mit. Belassen Sie daher die Drop-down-Liste auf ihrem voreingestellten Wert.

Feed-Reihenfolge
Normalerweise zeigt Joomla! immer die neuesten Nachrichten im Newsfeed als Erstes an. Diese Reihenfolge können Sie hier umdrehen: Mit der Einstellung *Ältesten zuerst* zeigt Joomla! auf Ihrer Website zuerst die ältesten Nachrichten im Newsfeed an.

 Der Newsfeed von *kino.de* enthält keine Bilder und nur recht kurze Texte. Die Beschreibung ist zudem recht nützlich, um dem Besucher einen kurzen Überblick über die Inhalte zu geben. Belassen Sie daher alle Einstellungen auf ihren Vorgaben.

Newsfeed anlegen

Damit wären alle Daten für den Newsfeed beisammen. Legen Sie ihn per *Speichern & Schließen* an, womit Sie automatisch wieder in der Tabelle mit allen Newsfeeds aus Abbildung 11-37 landen. Dort steht unter den einzelnen Titeln der Newsfeeds noch einmal die Kategorie, in der sie liegen. Die in den anderen Spalten angezeigten Informationen verrät Tabelle 11-7.

Tabelle 11-7: Spalten der Tabelle »Newsfeeds«: Kategorien und ihre jeweiligen Informationen

Spalte	Bedeutung
Status	Bei einem grünen Haken ist der Newsfeed prinzipiell für Besucher zu sehen.
Titel	Titel des Newsfeeds.
Zugriffsebene	Die Zugriffsebene legt fest, welche Besuchergruppen den Newsfeed ansehen können.
# Beiträge	Joomla! zeigt so viele Nachrichten aus dem Newsfeed an.
Cache-Dauer	So lange wartet Joomla!, bis es den Newsfeed aktualisiert.
Sprache	Die Nachrichten aus dem Newsfeed erscheinen in dieser Sprachfassung Ihrer Website.
ID	Die interne Identifikationsnummer des Newsfeeds.

Abbildung 11-37: Der hinterlegte Newsfeed mit den Filmpremieren von kino.de.

Newsfeeds mit einem Menüpunkt verbinden

Abschließend müssen Sie den Newsfeed noch über einen Menüpunkt auf Ihrer Website zugänglich machen. Dazu klappen Sie im Backend das Menü *Menüs* auf. Wählen Sie dort das Menü, in dem der neue Menüpunkt erscheinen soll. Auf den Filmtoaster-Seiten rufen Sie *Menüs → Filmtoaster-Menü* auf. Wenn Sie die entsprechenden Schritte aus den vorherigen Kapiteln nicht mitgemacht haben, können Sie auch das *Main Menu* wählen.

In jedem Fall klicken Sie in der Werkzeugleiste auf *Neu*. Verpassen Sie dem Menüpunkt einen *Titel*, etwa Film-Newsfeeds. Klicken Sie dann auf *Auswählen* neben *Menüeintragstyp*. Interessant ist jetzt das Angebot auf dem Slider *Newsfeeds*. Ein Menüpunkt kann dabei

- die Newsfeeds aus einer Newsfeed-Kategorie zur Auswahl anbieten (mit dem Menüeintragstyp *Newsfeeds in Kategorie auflisten* von Seite 409),
- sämtliche vorhandenen Newsfeed-Kategorien zur Auswahl stellen (mit dem Menüeintragstyp *Alle Kategorien in einer Newsfeed-Kategorie auflisten* von Seite 414) oder
- zu den Texten eines einzelnen Newsfeeds führen (mit dem Menüeintragstyp *Einzelner Newsfeed* von Seite 415).

Auf den Filmtoaster-Seiten soll der Menüpunkt zu einer Seite mit allen Newsfeeds aus der Kategorie *Film-Nachrichten* führen. Klicken Sie daher auf den Punkt *Newsfeeds in Kategorie auflisten*.

Newsfeeds in Kategorie auflisten

Wenn Sie sich wie im Beispiel für den Menüeintragstyp *Newsfeeds in Kategorie auflisten* entschieden haben, zeigt Joomla! gleich alle Newsfeeds aus einer ganz bestimmten Newsfeed-Kategorie an. Genau die müssen Sie jetzt einstellen, indem Sie neben *Kategorie* auf *Auswählen* klicken und sich dann für die passende entscheiden.

Auf den Filmtoaster-Seiten wählen Sie die *Film-Nachrichten*. Das Formular sollte damit wie das in Abbildung 11-38 aussehen.

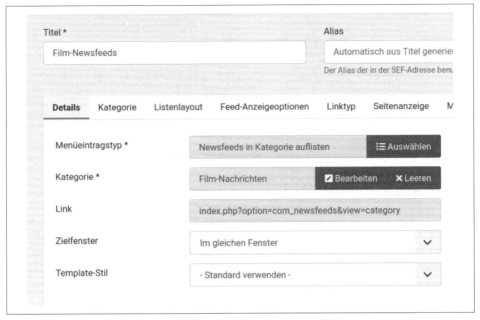

Abbildung 11-38: Hier entsteht ein neuer Menüpunkt für die Newsfeed-Kategorie *Film-Nachrichten*.

Legen Sie jetzt den Menüpunkt mit *Speichern* an (lassen Sie das Formular also noch geöffnet) und rufen Sie im Frontend den neuen Menüpunkt *Film-Newsfeeds* auf. Sie gelangen damit zur Übersichtsseite der Newsfeed-Kategorie *Film-Nachrichten* aus Abbildung 11-39.

Abbildung 11-39: Die Kategorie *Film-Nachrichten* auf der Website.

Joomla! listet hier sämtliche Newsfeeds aus der Kategorie *Film-Nachrichten* auf. Wenn Sie alle Schritte bis hierin mitgemacht haben, ist das nur genau einer. Mit einem Klick auf seinen Titel *Kino.de Newsfeed* gelangen Sie zum eigentlichen Newsfeed und seinen Inhalten (siehe Abbildung 11-40).

Abbildung 11-40: So sieht der von Kino.de bereitgestellte Newsfeed auf der Joomla!-Website aus.

Sofern Sie Joomla! auf einem Computer im Heimnetzwerk oder lokal installiert haben, benötigen Sie eine funktionierende Internetverbindung. Ansonsten werden zwar die angelegten Newsfeeds angezeigt, nicht aber die darin enthaltenen Texte abgeholt. Joomla! zeigt dann eine entsprechende Fehlermeldung an. Ein Klick auf eine der Nachrichtenüberschriften führt übrigens direkt zur kompletten Meldung auf *https://www.kino.de*. Der Text *Neustarts der Woche* ist die Beschreibung, die Sie dem Newsfeed verpasst haben (im Abschnitt »Newsfeeds einrichten« auf Seite 403). Der Satz *Alle neuen Filme in den deutschen Kinos* liefert hingegen der Newsfeed mit – Sie hätten sich folglich eine eigene Beschreibung sparen können.

Wie im Beispiel sieht man bei einigen Newsfeeds erst in der Vorschau auf der Website, dass Informationen überflüssig sein oder umgekehrt fehlen können. In solchen Fällen muss man nachträglich noch etwas an der Optik drehen. Im Filmtoaster-Beispiel wäre es vielleicht sinnvoll, die im Newsfeed mitgelieferte Beschreibung auszublenden. In solchen Fällen müssen Sie daran denken, dass in Joomla! der Menüpunkt bestimmt, was die über ihn erreichbaren Seiten zeigen. Wechseln Sie also noch einmal zurück zu den Einstellungen des Menüpunkts im Backend.

Im Register *Kategorie* regeln Sie, welche Informationen über die Newsfeed-Kategorie – in diesem Fall die *Film-Nachrichten* – erscheinen sollen. Sie steuern hier folglich die Inhalte der Seite aus Abbildung 11-39. Die einzelnen Einstellungen sollten Ihnen bereits aus vorherigen Abschnitten bekannt vorkommen, daher nur noch mal im Schnelldurchgang:

Kategorietitel
Zeigt den Titel der Kategorie als Überschrift an, im Beispiel *Film-Nachrichten*.

Kategoriebeschreibung
Blendet die Beschreibung der Newsfeed-Kategorie ein und aus, im Beispiel wäre dies der Text *Hier finden Sie brandaktuelle Newsfeeds rund um das Thema Film*.

Kategoriebild
Blendet die Bilder der Newsfeed-Kategorie ein und aus; im Beispiel wurden keine vergeben.

Unterkategorieebenen
Die Übersichtsseite präsentiert alle enthaltenen Unterkategorien bis zu dieser Hierarchiestufe.

Leere Kategorien
Wenn Sie hier *Anzeigen* wählen, bietet Joomla! den Besuchern auch leere Unterkategorien zur Auswahl an.

Beschreibung der Unterkategorien
Dieser Punkt blendet die Beschreibungen der Unterkategorien ein und aus.

 # Feeds in Kategorie
Steht diese Drop-down-Liste auf *Anzeigen*, verrät Joomla!, wie viele Newsfeeds jeweils in den einzelnen Unterkategorien enthalten sind.

Später präsentiert Joomla! alle Newsfeeds wie in Abbildung 11-39 in einer kleinen Liste oder Tabelle. Im Register *Listenlayout* legen Sie fest, welche Informationen in und um dieser Liste auftauchen sollen:

Filterfeld
Sofern Sie hier *Anzeigen* wählen, blendet Joomla! über der Liste mit allen Newsfeeds ein Filterfeld ein (in Abbildung 11-39 links oben über der Liste). Wenn der Besucher dort einen Begriff eintippt und die *[Enter]*-Taste drückt, zeigt Joomla! nur noch zu diesem Begriff passende Newsfeeds an. Damit findet der Besucher schneller den gewünschten Newsfeed. Über die Drop-down-Liste *Filterfeld* können Sie das Eingabefeld auch *Verbergen* und somit von der Webseite nehmen.

»Anzeige«-Filter
Der Besucher kann über eine Drop-down-Liste wählen, wie viele Newsfeeds Joomla! ihm auf einer Bildschirmseite anbieten soll (in Abbildung 11-39 links

oben neben dem Filterfeld). Diese Möglichkeit sollten Sie ihm geben, wenn die Liste sehr viele Newsfeeds enthält.

 # Beiträge
Wenn Sie diese Drop-down-Liste auf *Anzeigen* setzen, verrät eine weitere Spalte in der Liste (beziehungsweise der Tabelle), wie viele Nachrichten sich in den jeweiligen Newsfeeds befinden.

Newsfeed-Links
Wie in Abbildung 11-39 dargestellt, zeigt Joomla! für jeden Newsfeed dessen Internetadresse an. Ein Klick auf diesen Link führt in den meisten Browsern direkt zu den mehr oder weniger kryptischen Rohdaten des Newsfeeds. Wenn Sie das unterbinden möchten, setzen Sie diese Drop-down-Liste auf *Verbergen*.

Seitenzahlen
Wenn mehr Newsfeeds in der Kategorie stecken, als die Liste beziehungsweise Tabelle auf einmal anzeigen kann, erscheinen am unteren Rand Schaltflächen, über die der Besucher zu den übrigen Newsfeeds vor- beziehungsweise zurückblättern kann. Über die Einstellung *Seitenzahlen* können Sie die Schaltflächen auch *Verbergen* lassen. Unter Umständen kommt der Besucher dann aber nicht mehr zu den übrigen Newsfeeds. Belassen Sie daher hier möglichst immer die Voreinstellung. Joomla! blendet dann die Schaltflächen ein, wenn sie benötigt werden.

Gesamtseitenzahlen
Mit *Anzeigen* erscheint unterhalb der Liste die Information, auf wie viele Bildschirmseiten Joomla! die Liste aufgeteilt hat und auf welcher dieser Seiten sich der Besucher gerade befindet.

Über einen Klick auf einen Newsfeed erreichen Sie seine Inhalte (wie sie Abbildung 11-40 auf Seite 411 zeigt). Was auf dieser Seite zu sehen ist, bestimmt das Register *Feed-Anzeigeoptionen*. Die darauf vorhandenen Einstellungsmöglichkeiten entsprechen exakt denen aus dem Abschnitt »Darstellung anpassen« auf Seite 407. Die dort vorgenommenen Einstellungen werden von denen hier angebotenen überschrieben.

Sie können folglich auch im Filmtoaster-Beispiel endlich die im Newsfeed mitgelieferte Beschreibung ausblenden. Dazu setzen Sie die *Newsfeed-Beschreibung* auf *Verbergen* und lassen die Änderung *Speichern & Schließen*. Über dem Newsfeed erscheint dann nur noch die von Ihnen vorgegebene Beschreibung – im Beispiel also die *Neustarts der Woche*.

Wenn Sie also das Aussehen einer Newsfeed-Seite wie der aus Abbildung 11-40 verändern möchten, gehen Sie dazu immer wie folgt vor:

1. Öffnen Sie die Einstellungen des Newsfeeds (*Komponenten* → *Newsfeeds* → *Feeds*, dann ein Klick auf den entsprechenden Newsfeed) und stellen Sie im Register *Optionen* die anzuzeigenden Informationen ein.

2. Führt das nicht zum gewünschten Ergebnis, prüfen Sie, über welchen Menüpunkt der Newsfeed erreichbar ist, rufen seine Einstellungen auf und kontrollieren dort das Register *Feed-Anzeigeoptionen*.

Alle Kategorien in einer Newsfeed-Kategorie auflisten

Wenn Sie viele Newsfeed-Kategorien angelegt haben, können Sie Ihren Besuchern diese Kategorien auf einer Seite zur Auswahl anbieten. Ein Klick auf eine der Kategorien führt dann zu den enthaltenen Newsfeeds. Im Filmtoaster-Beispiel existiert nur eine Newsfeed-Kategorie, weshalb solch eine Übersicht nicht notwendig ist – Sie können daher diesen Abschnitt überspringen.

Möchten Sie solch eine Liste mit Newsfeed-Kategorien erstellen, legen Sie zunächst einen neuen Menüpunkt an, vergeben einen *Titel*, klicken neben *Menüeintragstyp* auf *Auswählen*, klappen die *Newsfeeds* auf und entscheiden sich für den Punkt *Alle Kategorien in einer Newsfeed-Kategorie auflisten*.

Sofern unter *Oberkategorie wählen* der Punkt *Root* eingestellt ist, bietet Joomla! gleich sämtliche existierenden Newsfeed-Kategorien zur Auswahl an. Alternativ können Sie in der Drop-down-Liste auch eine einzelne Kategorie auswählen. Joomla! zeigt dann nur noch die darin enthaltenen Unterkategorien an.

Auf der Registerkarte *Kategorien* (der zweiten von links) warten noch folgende Einstellungen, die Ihnen ebenfalls bekannt vorkommen dürften:

Beschreibung der obersten Kategorie und Beschreibung der Oberkategorie
    Mit *Beschreibung der obersten Kategorie* können Sie die Beschreibung der Kategorie ein- und ausblenden. Der Text im Feld *Beschreibung der Oberkategorie* ersetzt diese Beschreibung.

Unterkategorieebenen
    Joomla! präsentiert gleich alle in der Kategorie enthaltenen Unterkategorien bis zu dieser Hierarchiestufe.

Leere Kategorien
    Wenn diese Drop-down-Liste auf *Anzeigen* steht, bietet Joomla! Ihren Besuchern auch leere (Unter-)Kategorien zur Auswahl an.

Beschreibung der Unterkategorien
    Hiermit blenden Sie die Beschreibungen der Unterkategorien ein und aus.

 # Feeds in Kategorie
    Steht diese Drop-down-Liste auf *Anzeigen*, erscheint neben jeder Unterkategorie die Anzahl der enthaltenen Newsfeeds.

Wenn Sie einem Menüpunkt vom Typ *Alle Kategorien in einer Newsfeed-Kategorie auflisten* folgen, bietet Ihnen Joomla! die Newsfeed-Kategorien zur Auswahl an. Sobald Sie eine davon anklicken, landen Sie auf einer Seite, die alle Newsfeeds dieser Kategorie auflistet (ähnlich wie in Abbildung 11-39 auf Seite 410). Das Aussehen genau dieser Seite regeln die Einstellungen in den Registern *Kategorie* (dem dritten von links) und *Listenlayout*. Ihre Einstellungen entsprechen ihren Namensvettern beim Menüeintragstyp *Newsfeeds in Kategorie auflisten* aus dem vorherigen Abschnitt. Wie schließlich die darüber erreichbaren Newsfeed-Nachrichtenseiten aussehen, bestimmen die *Feed-Anzeigeoptionen*. Auch ihre Einstellungen entsprechen denen des Menüeintragstyps *Newsfeeds in Kategorie auflisten*.

Einzelner Newsfeed

Abschließend können Sie noch einen Menüpunkt auf einen einzelnen Newsfeed setzen. Dazu erstellen Sie einen neuen Menüpunkt, vergeben einen *Titel*, klicken neben *Menüeintragstyp* auf *Auswählen*, öffnen die *Newsfeeds* und entscheiden sich für *Einzelner Newsfeed*. Klicken Sie dann neben *Newsfeed* auf *Auswählen* und suchen Sie sich im erscheinenden Fenster den zu verknüpfenden Newsfeed aus. Anschließend können Sie noch auf der Registerkarte *Feed-Anzeigeoptionen* festlegen, welche Informationen Joomla! aus dem Newsfeed anzeigen soll. Die dortigen Einstellungen entsprechen wieder denen aus dem Abschnitt »Darstellung anpassen« auf Seite 407, wobei die hier vorgenommenen Änderungen ihre Pendants überschreiben.

Schlagwörter verstecken und die Grundeinstellungen

Sowohl den Newsfeed-Kategorien als auch den Newsfeeds dürfen Sie jeweils Schlagwörter anheften. Diese zeigt Joomla! dann immer auf der Übersichtsseite der Kategorie oder über dem Newsfeed an (wie in Abbildung 11-40 auf Seite 411).

Wenn Sie die Schlagwörter (vorübergehend) verstecken möchten, müssen Sie die Grundeinstellungen der Newsfeed-Komponente aufrufen. Dazu wechseln Sie zum Menüpunkt *Komponenten → Newsfeeds → Feeds* und aktivieren in der Werkzeugleiste die *Optionen*. Auf den jetzt angezeigten Registerkarten können Sie vorgeben, welche Informationen standardmäßig auf den Seiten der Newsfeed-Kategorien und der einzelnen Newsfeeds zu sehen sind. Die Einstellungen entsprechen jeweils denen, die Sie in den vorherigen Abschnitten kennengelernt haben.

Möchten Sie die Schlagwörter über allen Newsfeeds ausblenden, setzen Sie im Register *Newsfeed* den Punkt *Tags anzeigen* auf *Verbergen*. Analog können Sie die Schlagwörter auf den Übersichtsseiten aller Newsfeed-Kategorien ausblenden, indem Sie im Register *Kategorie* den Punkt *Tags anzeigen* auf *Verbergen* setzen. Vergessen Sie nicht, Ihre Änderungen zu *Speichern*.

Es gibt jedoch eine kleine Ausnahme: Wenn Sie einen Menüpunkt direkt auf einen Newsfeed richten (mit dem Menüeintragstyp *Einzelner Newsfeed*), können Sie in den Einstellungen des Menüpunkts im Register *Feed-Anzeigeoptionen* unter *Tags anzeigen* die Schlagwörter nur für diesen einen Newsfeed *Verbergen* lassen.

Module für externe Newsfeeds

Sie können einen Newsfeed nicht nur über einen Menüpunkt zugänglich machen, sondern auch von einem Modul anzeigen lassen. Zuständig ist dabei das Modul vom Typ *Feeds – Externen Feed anzeigen*. Es holt einen Newsfeed von einem anderen Internetauftritt ab und präsentiert die im Newsfeed gespeicherten Informationen (wie in Abbildung 11-41).

Abbildung 11-41: Das Modul zur Newsfeed-Anzeige präsentiert hier einen Newsfeed des Internetportals kino.de. Die Überschrift »Newsfeed von kino.de« ist der Titel des Moduls, alle anderen Texte stammen aus dem Newsfeed.

Ein solches Modul arbeitet unabhängig von der Newsfeed-Komponente. Folglich haben Sie in Joomla! zwei Möglichkeiten, Newsfeeds von anderen Webseiten auf der eigenen anzuzeigen.

 Tipp Ob Sie den Newsfeed über einen Menüpunkt zugänglich machen oder ihn in einem Modul anzeigen, bleibt Ihnen überlassen. Der Weg über den Menüpunkt bietet sich vor allem dann an, wenn Sie viele Newsfeeds verwalten müssen. Das Modul erscheint in der Regel irgendwo am Seitenrand, ist aber auf Wunsch auf allen Seiten zu sehen.

Um das Modul zu aktivieren, rufen Sie im Backend *Inhalt → Site Module* auf, klicken *Neu* an und entscheiden sich für *Feeds – Externen Feed anzeigen*. Verpassen Sie dem Modul einen *Titel*, auf den Filmtoaster-Seiten etwa `Newsfeed von kino.de`. Suchen Sie für das Modul eine passende *Position*. Im Beispiel können Sie die *Seitenleiste-rechts [sidebar-right]* wählen.

Weiter geht es jetzt mit dem Register *Modul* auf der linken Seite. Mit den dortigen Einstellungen steuern Sie das Verhalten des Newsfeeds und die angezeigten Informationen. Da die Einstellungen vom Newsfeed abhängen, müssen Sie sie wohl oder übel einmal durchgehen:

Feed-URL
Hier müssen Sie die Internetadresse zum entsprechenden Newsfeed hinterlegen. Diese ermitteln Sie, indem Sie auf der Internetseite des Newsfeed-Anbie-

ters nach einem kleinen orangefarbenen Symbol mit mehreren weißen Halbkreisen suchen. Alternativ verstecken sich die Newsfeeds auch gern hinter einem Symbol mit der Aufschrift *RSS* oder *XML*. In jedem Fall führt ein Klick auf eines der Symbole direkt zum Newsfeed. Die dabei in Ihrem Browser angezeigte Internetadresse übertragen Sie dann in das Feld *Feed-URL*.

RTL-Feed
Sofern die Inhalte des Newsfeeds von rechts nach links gelesen werden (*Right to Left*), müssen Sie diesen Schalter auf *Ja* setzen.

Feed-Titel
Enthält der Newsfeed eine Überschrift, wird diese per *Anzeigen* später auf der Website angezeigt (in Abbildung 11-41 ist dies *Neu im Kino*).

Feed-Beschreibung
Einige Newsfeeds enthalten eine kurze Beschreibung ihrer Inhalte. In Abbildung 11-41 lautet sie beispielsweise Alle neuen Filme in den deutschen Kinos. Wenn Sie die *Feed-Beschreibung* auf *Nein* setzen, versteckt das Modul diese Beschreibung.

Feed-Datum
Wenn Sie diesen Schalter auf *Ja* umlegen, präsentiert das Modul auch noch das Datum des Newsfeeds.

Feed-Bild
Einige Newsfeeds liefern ein Bild mit. Dieses verstecken Sie, indem Sie *Feed-Bild* auf *Verbergen* setzen.

Feed-Einträge
In der Regel enthält ein Newsfeed mehrere Kurznachrichten. Die hier eingetippte Zahl legt fest, wie viele dieser Nachrichten das Modul anzeigen sollen.

Beitragsbeschreibung
Die im Newsfeed enthaltenen Nachrichten dürfen neben der obligatorischen Schlagzeile auch einen erläuternden Text enthalten. Wenn Sie hier *Anzeigen* wählen, werden diese Beschreibungen ebenfalls im Modul angezeigt.

Veröffentlichungsdatum
Jede Nachricht im Newsfeed trägt auch ein Datum. Sofern diese Einstellung auf *Ja* steht, zeigt das Modul es unter jeder Nachricht an.

Wortanzahl
Die im Newsfeed enthaltenen Nachrichtentexte können recht lang sein. Damit man mit diesen Textmassen nicht das schöne Layout der eigenen Website zerschießt, darf man den Text über dieses Eingabefeld zurechtstutzen. Die Beschriftung ist dabei etwas irreführend: Der Text enthält später höchstens so viele Zeichen, wie das Eingabefeld vorgibt. Tragen Sie hier etwa eine 10 ein, ist jeder Nachrichtentext aus dem Newsfeed höchstens zehn Zeichen lang. Joomla! achtet dabei darauf, keine Wörter mittendrin abzuschneiden. Dadurch werden die Texte in aller Regel (wesentlich) kürzer, als es der Wert im Feld *Wortanzahl* eigentlich erlauben würde. Bei einer 0 zeigt Joomla! den gesamten Text.

Tipp   Kontrollieren Sie nach der Aktivierung des Moduls seine Ausgaben in der *Vorschau*. Wenn der Newsfeed wie in Abbildung 11-41 schon eine Überschrift mitbringt, sollten Sie den Titel des Moduls ausblenden (indem Sie auf der rechten Seite *Titel anzeigen* auf *Verbergen* setzen). Zahlreiche lange Nachrichtenbeiträge können Ihnen zudem das Seitenlayout zerstören. Begrenzen Sie daher die *Wortanzahl*.

Module für interne Newsfeeds

Auf Wunsch erstellt Joomla! für ausgewählte Seiten Ihres Internetauftritts einen eigenen Newsfeed. Immer wenn ein neuer Beitrag oder eine neue Nachricht erstellt wird, geht dann eine Kurzfassung über den Newsfeed an alle Abonnentinnen und Abonnenten. Diese müssen dann nicht erst Ihren Internetauftritt besuchen, nur um zu erfahren, ob es irgendwelche neuen Beiträge gibt. Je nach Browser ist das Abonnieren eines solchen Newsfeeds recht umständlich oder erfordert zahlreiche Mausklicks.

Ein Modul vom Typ *Feeds – Feed erzeugen* macht nicht nur den Besucher auf die von Joomla! generierten Newsfeeds aufmerksam, es vereinfacht auch das Abonnement. Dazu blendet es wie in Abbildung 11-42 ein kleines Symbol ein. Ein Mausklick darauf genügt, und schon bietet der Browser an, den Newsfeed für die aktuell angezeigte Seite zu abonnieren.

Abbildung 11-42: Ein Modul des Typs *Feeds – Feed erzeugen* erlaubt das bequeme Abonnieren des Newsfeeds für die aktuelle Seite. Ein Klick auf dieses kleine Symbol beziehungsweise den Link genügt bereits.

Erstellen Sie zunächst ein neues Modul, indem Sie im Backend *Inhalt → Site Module* aufrufen, auf *Neu* klicken und dann *Feeds – Feed erzeugen* auswählen. Vergeben Sie einen *Titel* wie etwa Unser Newsfeed und weisen Sie das Modul einer *Position* zu – beispielsweise *Seitenleiste-rechts [sidebar-right]*. *Speichern* Sie die Einstellungen und lassen Sie somit das Formular noch geöffnet.

Das Modul erscheint automatisch nur auf solchen Webseiten, auf denen Joomla! einen Newsfeed bereitstellt. Standardmäßig sind das alle Übersichtsseiten für die Kategorien. Wenn Sie die Filmtoaster-Beispiele mitgemacht haben, können Sie folglich einen Newsfeed für die Veranstaltungen und das Blog abonnieren. Dieses intelligente Verhalten hat den Vorteil, dass Sie das Modul normalerweise einfach auf allen Ihren Webseiten eingeblendet lassen können (und somit jetzt nicht wieder zum Abschnitt »Menüzuweisung – auf welchen Unterseiten erscheint das Modul?« auf Seite 295 zurückblättern müssen).

Sie dürfen selbst bestimmen, für welche Webseiten Joomla! einen Newsfeed anbietet. Das geschieht wiederum in den Einstellungen der Menüpunkte, die zu den entsprechenden Webseiten führen. Wie das genau funktioniert, verrät der Abschnitt »RSS-Feeds aktivieren (Integrationseinstellungen)« auf Seite 217.

Den Aufbau von Newsfeeds regeln derzeit gleich mehrere Quasi-Standards. Am weitesten verbreitet ist das RSS-Format in der Version 2.0.

| Tipp | Lustigerweise hat sich mit den Versionen auch das Akronym verändert: In Version 0.91 stand es noch für *Rich Site Summary*, in Version 1.0 dann für *RDF Site Summary*, und schließlich ist es heute die Abkürzung für *Really Simple Syndication*. Als Grundlage dient in allen Fällen das textbasierte Austauschformat XML. | |

Alternativ kann das Modul die Newsfeeds im Konkurrenzformat ATOM 1.0 anbieten. Dazu setzen Sie in seinen Einstellungen im Register *Modul* das *Feed-Format* auf *Atom 1.0*. Das im selben Register im Eingabefeld eingetippte *Label* erscheint neben dem kleinen Symbol (in Abbildung 11-42 lautet er *Feed-Einträge*). Wenn Sie das Feld leer lassen, verwendet Joomla! einen vom Sprachpaket mitgelieferten Text. Den Text können Sie auch komplett abschalten, indem Sie *Label anzeigen* auf *Nein* setzen.

Weitere Informationen zu den Newsfeeds finden Sie unter anderem im entsprechenden Wikipedia-Artikel unter *https://de.wikipedia.org/wiki/RSS_(Web-Feed)*.

Suchfunktion und Suchstatistiken

Sie können Ihren Besuchern in Ihrem Internetauftritt eine Suchfunktion anbieten. Sollte ein Besucher dann nicht auf Anhieb eine passende Filmkritik finden, kann er sie über die Suchfunktion doch noch aufspüren lassen.

In Joomla! 4.0 ist nur noch eine Suchfunktion vorhanden. Sie wurde *Smart Search* getauft, was das deutsche Sprachpaket etwas sperrig mit *Suchindex* übersetzt. Dahinter verbirgt sich eine halb intelligente Suchfunktion. In einem ersten Schritt analysiert sie sämtliche in Joomla! gespeicherten Inhalte – diesen Vorgang bezeichnet man als Indexierung. Auf diese Weise kann die Suchfunktion später die Fundstellen schneller aufspüren und einfacher nach Relevanz sortieren.

Darüber hinaus schlägt sie alternative Suchbegriffe vor – beispielsweise anstelle von »jems bond« den Begriff »James Bond« (siehe Abbildung 11-43). Sie kennen diese Funktion vielleicht von Google (»Stattdessen suchen nach ...«). Die Suchmaschine stand auch bei einer weiteren Funktion Pate: Sobald Besucher zu tippen beginnen, versucht Joomla!, den Suchbegriff zu erraten, und unterbreitet in einer Drop-down-Liste ein paar Vorschläge.

Standardmäßig ist die Suchfunktion deaktiviert. Um Smart Search in Betrieb zu nehmen, ist daher noch etwas Vorarbeit notwendig.

Abbildung 11-43: Die Suchfunktion hilft bei Tippfehlern im Suchbegriff.

Suchindex aktivieren

Zunächst müssen Sie sicherstellen, dass Joomla! alle schon vorhandenen Inhalte analysiert und in seinen Index aufgenommen hat. Dazu wechseln Sie zum Menüpunkt *Komponenten* → *Suchindex* → *Index*. Sie landen damit in einer Tabelle mit allen von Joomla! bereits gefundenen und analysierten Inhalten (siehe Abbildung 11-44). Nur die hier aufgelisteten Inhalte berücksichtigt Smart Search später bei der Suche. Die Spalte *Typ* verrät dabei, ob es sich um einen Beitrag, eine Kategorie, ein Schlagwort oder etwas anderes handelt.

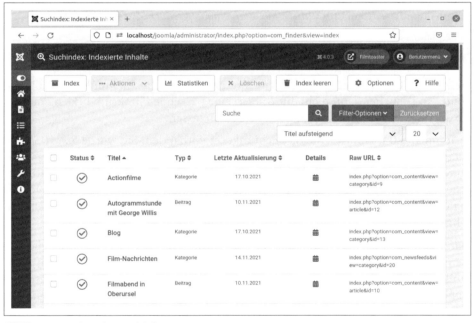

Abbildung 11-44: Die indexierten Inhalte.

Sollte die Tabelle leer sein, klicken Sie auf *Index*. Damit stoßen Sie die Analyse der Inhalte erneut an. Es öffnet sich dabei ein neues Fenster mit einem Fortschrittsbalken. Sobald Joomla! mit der Arbeit fertig ist, landen Sie wieder in der Tabelle. Prüfen Sie auch, ob die Suchfunktion im Hintergrund aktiv ist. Dazu rufen Sie im

Hauptmenü *System* auf, wechseln im Bereich *Verwalten* zu den Plug-ins und suchen in der Tabelle den Punkt *Inhalt – Suchindex*. In seiner Zeile sollte in der Spalte *Status* ein grüner Haken stehen. Andernfalls klicken Sie in der Spalte *Status* auf das graue X. Kehren Sie dann zur Tabelle hinter *Komponenten* → *Suchindex* → *Index* zurück und lassen Sie den *Index* erneut erzeugen.

Arbeitet die Suchfunktion später nicht mehr korrekt oder hat eine Erweiterung Inhalte an Joomla! vorbei in die Datenbank geschmuggelt, können Sie über die entsprechende Schaltfläche den kompletten *Index leeren* und somit das Gedächtnis der Suchfunktion löschen. Auch hier müssen Sie anschließend den *Index* wieder neu erstellen lassen.

In der Tabelle aus Abbildung 11-44 können Sie Inhalte auch explizit von der Suche ausschließen. Dazu verstecken Sie einfach das entsprechende Element. Möchten Sie beispielsweise verhindern, dass Smart Search den Beitrag zum *Filmabend in Oberursel* findet, klicken Sie einfach seinen grünen Haken in der Spalte *Status* weg.

Die übrigen Spalten können Sie in der Regel ignorieren: Wann Smart Search die Inhalte zum letzten Mal analysiert hat, verrät die Spalte *Letzte Aktualisierung*. Wenn Sie auf das kleine Kalendersymbol in der Spalte *Details* fahren, erscheint ein kleines Fenster, das anzeigt, seit wann der entsprechende Inhalt auf Ihrer Website zu sehen ist und wann er wieder von der Website verschwindet. Wenn Sie die kryptische *Raw URL* an die Internetadresse zu Ihrer Startseite anhängen und dann die so gebildete Adresse in Ihrem Browser aufrufen, landen Sie direkt auf der Webseite mit dem entsprechenden Inhalt.

Jetzt wird es noch einmal komplizierter: Smart Search fasst die Inhalte Ihrer Website selbstständig in Gruppen thematisch zusammen. Beispielsweise finden sich in der Gruppe *Baden-Württemberg* alle Kontakte, die in diesem Bundesland wohnen. Analog sammelt die Gruppe *Tim Schürmann* alle vom gleichnamigen Benutzer erstellten Beiträge und Kategorien. Diese Gruppen bezeichnet ein deutsches Joomla! als *Inhaltsgruppen* oder kurz Gruppen. Welche Inhaltsgruppen Smart Search gebildet hat, präsentiert Joomla! in einer eigenen Tabelle. Diese erreichen Sie, indem Sie den Menüpunkt *Komponenten* → *Suchindex* → *Index* aufrufen (siehe Abbildung 11-45).

Wie Sie dort sehen, hat Joomla! auch noch einmal Untergruppen gebildet. So gibt es in Abbildung 11-45 eine Inhaltsgruppe *Autor*. Diese enthält für jeden Benutzer eine weitere Inhaltsgruppe: Die Untergruppe *Tim Schürmann* sammelt dabei alle Inhalte, die der entsprechende Benutzer irgendwann einmal erstellt hat.

Die Inhaltsgruppen legt Smart Search selbst an, eingreifen oder die Gruppen verändern dürfen Sie zumindest in Joomla! 4.0.3 leider noch nicht. Hält Joomla! versehentlich einen gewissen »James Bond« für einen Autor, bleibt dies unverrückbar so. Sie können lediglich einzelne Gruppen verstecken – beispielsweise mit einem Klick auf ihren grünen Haken in der Spalte *Status*. Damit schließt sie Joomla! allerdings nicht von der Suche aus. Lediglich die Besucher Ihrer Website können später nicht mehr die Suche auf diese Inhaltsgruppe einschränken (dazu gleich noch mehr).

In der Spalte *Gruppen* können Sie ablesen, wie viele Untergruppen Smart Search jeweils gebildet hat. Sie müssen so die eingerückten Inhaltsgruppen nicht per Hand zählen. Wie viele Inhalte in einer Gruppe liegen, können Sie in der Spalte *Veröffentlichter indexierter Inhalt* ablesen. In Abbildung 11-45 hat beispielsweise *Tim Schürmann* schon insgesamt 23 Dinge erstellt – dazu zählen unter anderem Beiträge, Kategorien und Schlagwörter. Wenn Sie wissen möchten, für welche Inhalte der Super User im Einzelnen verantwortlich zeichnet, klicken Sie einfach auf die Zahl in der Spalte *Veröffentlichter indexierter Inhalt*. Joomla! wechselt dann automatisch wieder zur bekannten Tabelle aus Abbildung 11-44, zeigt dort aber nur noch die Inhalte an, die der Benutzer Tim Schürmann erstellt hat. In der Tabelle aus Abbildung 11-45 gibt es außerdem die Spalte *Gesperrter indexierter Inhalt*. In ihr können Sie ablesen, wie viele Inhalte aus der jeweiligen Gruppe derzeit nicht für Besucher sichtbar sind. In Abbildung 11-45 sind beispielsweise alle von *Tim Schürmann* erstellten Inhalte sichtbar.

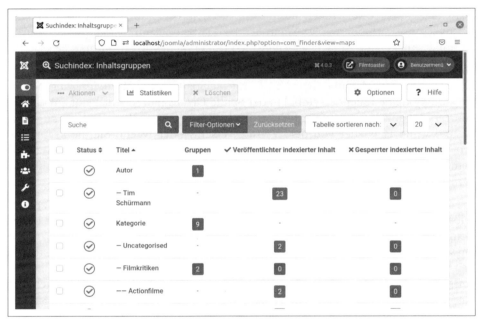

Abbildung 11-45: Die Inhaltsgruppen dienen der Klassifizierung von Begriffen.

Tipp   Insbesondere dann, wenn man eine englischsprachige Anleitung zu diesem Thema konsultiert, trifft man auf weitere wirre Bezeichnungen. In der deutschen Sprachfassung ordnet Joomla! die Inhalte (etwa eine Filmkritik) in Inhaltsgruppen (beispielsweise Kategorien) ein. Im Englischen heißt das ganze Klassifikationskonzept *Content Maps*, die Inhaltsgruppen sind die *Map Group*s oder *Branches*, während die darin liegenden Inhalte als *Nodes* bezeichnet werden. Wer einen Blick in die Datenbank wirft, findet dort die Inhaltsgruppen in einer Tabelle namens *Taxonomy*.

Suchformular anzeigen

Als Nächstes müssen Sie die neue Suchfunktion auf der Website zugänglich machen. Das geschieht über einen neuen Menüpunkt. Erstellen Sie ihn wie gewohnt, indem Sie das Menü *Menüs* aufklappen und dann das Menü auswählen, in dem der

Menüpunkt erscheinen soll. Prädestiniert ist das Hauptmenü und somit in der Regel das *Main Menu*. Klicken Sie schließlich auf *Neu* in der Werkzeugleiste.

Im Formular aktivieren Sie neben *Menüeintragstyp* die Schaltfläche *Auswählen* und entscheiden sich auf dem Slider *Suchindex* für den Menüeintragstyp *Suche*. Vergeben Sie einen *Titel* wie etwa Suche und legen Sie den Menüpunkt mit *Speichern* an (lassen Sie also die Einstellungen noch geöffnet).

Wenn Sie jetzt im Frontend dem neuen Menüpunkt folgen, landen Sie bei einem augenscheinlich einfachen Eingabefeld. Mit einem Klick auf *Erweiterte Suche* erscheinen wie in Abbildung 11-46 mehrere Drop-down-Listen, mit denen Sie die Suche weiter einschränken können. Um etwa nur alle Beiträge von einem ganz bestimmten Autor durchsuchen zu lassen, setzt man *Suche nach Autor* auf die entsprechende Person. Die Drop-down-Listen dürften Ihnen zudem nach der Lektüre des letzten Abschnitts bekannt vorkommen: Joomla! stellt hier für jede (veröffentlichte) Inhaltsgruppe genau eine Drop-down-Liste bereit.

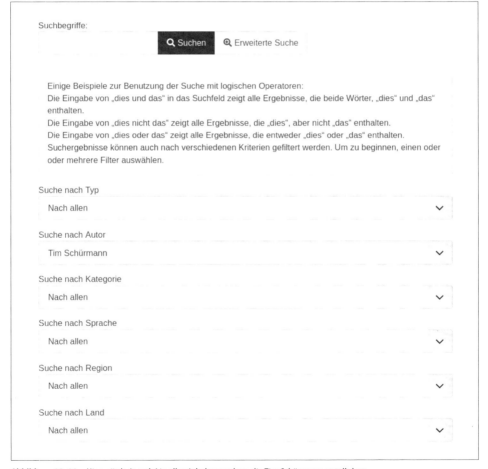

Abbildung 11-46: Hier würde Joomla! in allen Inhalten suchen, die Tim Schürmann erstellt hat.

Wie der Text über den Drop-down-Listen vorschlägt, kann man die Suchanfrage mit logischen Operatoren verfeinern. Die Eingabe von bond nicht Joomla würde etwa alle Beiträge zutage fördern, die den Begriff »bond« und gleichzeitig nicht den Begriff »Joomla« enthalten.

Das Aussehen dieses Suchformulars können Sie in den Einstellungen des Menüpunkts anpassen. Dazu wechseln Sie noch einmal zurück ins Backend. Dort dürfen Sie zunächst auf der Registerkarte *Details* im Feld *Suchanfrage* einen Suchbegriff vorgeben. Im Gegensatz zur normalen Suche liefert Joomla! hier jedoch sofort alle passenden Fundstellen, sobald der Besucher den Menüpunkt anklickt (der Besucher hat also gar keine Chance, einen anderen Suchbegriff einzutippen). Das ist beispielsweise nützlich, wenn Sie einen Menüpunkt »Zu allen Inhalten mit dem Wort Bond« anbieten möchten.

Öffnen Sie jetzt das Register *Optionen*. Darin können Sie alle Bestandteile der Suche im Frontend ein- und ausschalten:

Datumsfilter
  Wenn Sie diese Drop-down-Liste auf *Anzeigen* setzen, erscheinen im Formular auch noch die zwei weiteren Eingabefelder aus Abbildung 11-47. Mit ihnen kann man die Suche auf Inhalte aus einem ganz bestimmten Zeitraum beschränken.

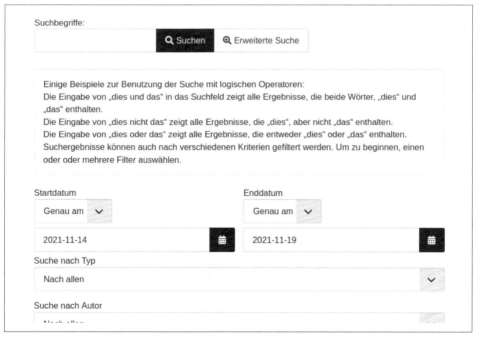

Abbildung 11-47: Der aktivierte Datumsfilter.

Möchten Sie beispielsweise nur in Beiträgen fahnden, die zwischen dem 14.11.2021 und dem 19.11.2021 veröffentlicht wurden, stellen Sie unter *Startdatum* die Drop-down-Liste auf *Genau am*, klicken darunter auf das Kalendersymbol und wählen den 19.11.2021 aus. Anschließend stellen Sie die Drop-down-Liste *Enddatum* auf *Genau am*, klicken auf das Kalendersymbol des zugehörigen Eingabefelds und stellen den 14.11.2021 ein. Das Ergebnis sieht dann so wie in Abbildung 11-47 aus. Wie Sie merken, ist die Bedienung der Felder nicht ganz trivial. Sie sollten sich daher überlegen, ob Sie sie Ihren Besuchern anbieten.

Erweiterte Suche
Hiermit können Sie die erweiterten Einstellungen aus Abbildung 11-46 komplett ab- beziehungsweise wieder anschalten.

Erweiterte Suche öffnen
Wenn Sie diese Einstellung auf *Anzeigen* setzen, zeigt Joomla! die erweiterten Einstellungen immer an. Sie muss also nicht erst mit einem Klick auf *Erweiterte Suche* geöffnet werden.

Ergebnis-Taxonomie
Zu jeder Fundstelle zeigt Joomla! an, wo es den Beitrag gefunden hat. In Abbildung 11-48 können Sie beispielsweise ablesen, dass der Beitrag *James Bond 007: Skyfall* vom Autor *Tim Schürmann* stammt und in der Kategorie *Actionfilme* liegt. Wenn Sie diese Zusatzinformationen ausblenden möchten, setzen Sie *Ergebnis-Taxonomie* auf *Verbergen*.

Ergebnisbeschreibung
Zu jedem gefundenen Beitrag zeigt Joomla! auch seinen Anfang – wie in Abbildung 11-48.

Abbildung 11-48: Zu jedem gefundenen Beitrag zeigt Joomla! einen kurzen Teil seines Texts sowie einen zu ihm führenden Link.

Wenn Sie diesen Textauszug unterdrücken möchten, setzen Sie die Drop-down-Liste *Ergebnisbeschreibung* auf *Verbergen*.

Länge der Beschreibung
In diesem Eingabefeld legen Sie fest, wie viele Zeichen vom Anfang eines gefundenen Beitrags erscheinen sollen. Standardmäßig sind das *255* Zeichen.

Datum
   Zu jedem Fundstück verrät Joomla! auch das Erstellungsdatum. In Abbildung 11-48 wurde der Beitrag zu James Bond beispielsweise am 17. Oktober 2021 angelegt. Wenn Sie dieses Datum ausblenden lassen möchten, setzen Sie die gleichnamige Einstellung auf *Verbergen*.

Ergebnis-URL
   Über jedes Suchergebnis setzt Joomla! noch einen Link, der direkt zur entsprechenden Fundstelle führt. In Abbildung 11-48 ist die Filmkritik zu *James Bond 007: Skyfall* etwa unter der Adresse *http://localhost/joomla/index.php/filmkritiken/actionfilme/7-james-bond-007-skyfall* zu erreichen. Diese Links können Sie ausblenden lassen, indem Sie *Ergebnis-URL* auf *Verbergen* setzen. In jedem Fall gelangt der Besucher mit einem Klick auf den Titel (in Abbildung 11-48 also mit einem Klick auf *James Bond 007: Skyfall*) zum entsprechenden Beitrag.

Im nächsten Register *Erweitert* warten noch folgende Einstellungen:

»Anzeige«-Filter
   Über eine Drop-down-Liste kann der Besucher festlegen, wie viele Fundstellen Joomla! ihm auf einer Seite präsentiert. Über diese Einstellung können Sie besagte Drop-down-Liste *Anzeigen* und *Verbergen* lassen.

Seitenzahlen
   Besonders viele Fundstellen verteilt Joomla! über mehrere Seiten. Der Besucher kann dann über Knöpfe am unteren Seitenrand zwischen den Seiten hin und her springen. Mit dieser Einstellung können Sie diese *Anzeigen* und *Verbergen*. Bei *Auto* zeigt Joomla! sie nur dann an, wenn sie benötigt werden.

Gesamtseitenzahlen
   Joomla! zeigt auch an, auf wie viele Seiten es die Suchergebnisse verteilt und auf welcher Seite sich der Besucher gerade befindet. Über die Einstellung *Gesamtseitenzahlen* können Sie diese Information *Verbergen* lassen.

Anzahl der Einträge pro Seite auswählen
   Bei sehr vielen Suchergebnissen verteilt Joomla! die Fundstellen auf mehrere Seiten. Wie viele Suchergebnisse dabei standardmäßig auf einer Seite erscheinen sollen, stellen Sie hier ein.

Leere Suche erlauben
   Wenn hier ein *Nein* steht, muss der Besucher mindestens einen Begriff in das Suchfeld eintippen.

Alternative Suchbegriffe
   Gibt es zu einem Begriff keine Fundstellen, schlägt Smart Search einen ähnlichen Begriff vor (»Meinten Sie …?«). Sucht jemand etwa nach »jems bond«, bietet Smart Search »James Bond« als Alternative an. Setzen Sie die Drop-down-Liste *Alternative Suchbegriffe* auf *Nein*, macht Joomla! keine derartigen Vorschläge mehr.

Abfrageerklärung
   Über die Liste mit allen Fundstücken schreibt Joomla! noch eine kleine Erklärung, wie etwa: *Unter der Annahme, dass »james« benötigt wird, wurden fol-*

gende Ergebnisse gefunden:. Diesen Hinweistext können Sie abschalten, indem Sie die Einstellung *Abfrageerklärung* auf *Nein* setzen.

Sortierfeld
Hier geben Sie vor, in welcher Reihenfolge Joomla! die Fundstellen auflisten soll, wie etwa nach dem *Datum*.

Sortierrichtung
Ergänzend zur vorherigen Einstellung können Sie die Sortierreihenfolge noch umdrehen. Möchten Sie beispielsweise, dass Joomla! die ältesten Beiträge in der Liste zuerst anzeigt, stellen Sie *Sortierfeld* auf *Datum* und dann die *Sortierrichtung* auf *Absteigend*.

Wenn Sie eine Änderung vorgenommen haben, lassen Sie sie abschließend *Speichern & Schließen*.

Filter erstellen und verwalten

Standardmäßig durchforstet Smart Search sämtliche Inhalte. Mithilfe sogenannter Filter können Sie die Suche gezielt auf bestimmte Bereiche einschränken. Beispielsweise lässt sich so festlegen, dass Joomla! ausschließlich die vom Autor Hans Hansen erstellten Inhalte durchsuchen soll.

Um einen Filter zu erstellen, rufen Sie im Backend *Komponenten → Suchindex → Filter* auf. Um einen neuen Filter anzulegen, klicken Sie in der Werkzeugleiste auf *Neu*, woraufhin das Formular aus Abbildung 11-49 erscheint.

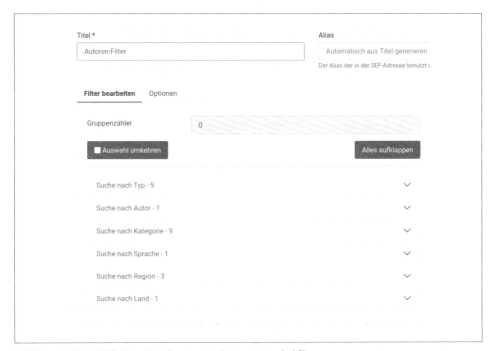

Abbildung 11-49: Mithilfe dieses Formulars erzeugen Sie einen neuen Suchfilter.

In diesem Formular verpassen Sie dem Filter unter *Titel* einen neuen Namen, wie zum Beispiel `Autoren-Filter`. Wie bei den Beiträgen und Kategorien dürfen Sie auch hier wieder einen *Alias*-Namen vergeben. Wenn Sie das Feld leer lassen, wählt Joomla! automatisch einen passenden für Sie aus. Nur wenn der *Status* auf *Veröffentlicht* steht, ist der Filter später auch verwendbar.

Im unteren Bereich auf der Registerkarte *Filter bearbeiten* klicken Sie sich jetzt die benötigten Einschränkungen zusammen. Joomla! zeigt dazu für jede Inhaltsgruppe einen Slider an. Abbildung 11-50 zeigt als Beispiel den Slider für die Autoren.

Abbildung 11-50: Hier können Sie die Suche auf einen ganz bestimmten Autor beschränken.

Auf diesem ausgeklappten Slider finden Sie alle Autorinnen und Autoren. Die Zahl hinter *Suche nach Autor* zeigt an, wie viele es gibt. Im Beispiel aus Abbildung 11-50 ist das genau einer, nämlich *Tim Schürmann*.

Soll die Suchfunktion nur noch Inhalte finden, die dieser Autor erstellt hat, klicken Sie in das Kästchen vor dem Namen. Nach dem *Speichern* des Filters erhöht sich der *Gruppenzähler*: An ihm können Sie ablesen, wie viele Häkchen Sie bereits auf den Slidern gesetzt haben (und wie viele Inhaltsgruppen die Suchfunktion später berücksichtigt).

Nach dem gleichen Prinzip öffnen Sie nacheinander die anderen Slider und markieren die Inhalte, die Joomla! später durchsuchen soll. Über die entsprechenden Schaltflächen können Sie schnell die jeweilige *Auswahl umkehren* lassen. *Alles aufklappen* öffnet auf einen Schlag sämtliche Slider.

Auf der Registerkarte *Optionen* können Sie unter *Filterzeitplan* die Suche schließlich noch auf einen bestimmten Zeitraum eingrenzen. Die Drop-down-Liste und die Eingabefelder funktionieren wie ihre Kollegen aus dem Suchformular (aus dem vorherigen Abschnitt »Suchformular anzeigen« auf Seite 422).

Links unter *Veröffentlichung* können Sie das *Erstellungsdatum* des Filters fälschen. Dazu klicken Sie einfach auf das Kalendersymbol und wählen den passenden Tag aus. Joomla! merkt sich zudem, wer den Filter erstellt hat. Mit einem Klick auf das Symbol mit der weißen Büste dürfen Sie auch einen anderen Benutzer zum Ersteller küren. Da Benutzernamen in der Regel kryptisch sind, können Sie den vollen Namen des Benutzers unter *Alias* eintragen. Einen Nutzen haben diese Einstellungen im Register *Veröffentlichung* derzeit übrigens noch nicht, sie dienen rein Ihrer Information. Ganz unten zeigt Joomla! noch an, wann die Einstellungen des Filters zuletzt angepasst wurden (*Bearbeitungsdatum*) und wer die Änderungen vorgenommen hat (*Bearbeitet von*).

Nachdem Sie den Filter endgültig per *Speichern & Schließen* angelegt haben, landen Sie wieder in der Tabelle mit allen Filtern. Dort zeigt die Spalte *Gruppenzahl* an, wie viele Inhaltsgruppen der Filter umfasst. Im Beispiel war das nur 1 Autor. Tabelle 11-8 fasst noch einmal die Bedeutung aller Spalten zusammen.

Tabelle 11-8: Spalten der Tabelle für die Suchfilter und ihre jeweiligen Informationen

Spalte	Bedeutung
Status	Bei einem grünen Haken ist der Filter prinzipiell einsatzbereit.
Titel	Der Titel des Filters.
Autor	Der Ersteller des Filters.
Erstellt am	Der Filter wurde an diesem Datum erstellt.
Gruppenzahl	Der Filter schließt so viele Inhaltsgruppen ein.
ID	Die interne Identifikationsnummer des Filters.

Abschließend müssen Sie den Filter noch anwenden. Dazu rufen Sie wieder die Einstellungen des entsprechenden Menüpunkts auf (wenn Sie die Beispiele mitgemacht haben, ist dies *Menüs* → *Main Menu*, dann ein Klick auf *Suche*). Dort setzen Sie im Register *Details* den Punkt *Filter durchsuchen* auf den gerade angelegten *Autoren-Filter* und klicken auf *Speichern & Schließen*. Wenn Sie jetzt in der Vorschau das Suchformular aufrufen und einen Begriff eintippen, liefert Joomla! nur noch solche Suchergebnisse, die den Kriterien aus dem Filter entsprechen – im Beispiel also ausschließlich die Inhalte, die der Super User erstellt hat.

Suchindex-Statistiken

Die Suchfunktion hält ein paar Statistiken bereit. Diese rufen Sie hinter *Komponenten* → *Suchindex* → *Index* über *Statistiken* in der Werkzeugleiste auf. Leider liefert die jetzt erscheinende Tabelle aus Abbildung 11-51 nur eine knappe Zusammenfassung – welcher Suchbegriff wie oft eingetippt wurde, erfährt man nicht.

Um auch diese Informationen zu erhalten, müssen Sie Joomla! die Suchanfragen auf Ihrer Website beobachten lassen. Da das Rechenzeit kostet, ist diese Funktion standardmäßig abgeschaltet. Um sie zu aktivieren, rufen Sie im Backend *Komponenten* → *Suchindex* → *Statistiken* auf. Klicken Sie auf die *Optionen*, setzen Sie *Suchstatistiken sammeln* auf *Ja* und *Speichern & Schließen* Sie die Einstellungen.

Jetzt müssen Sie sich ein wenig gedulden oder selbst ein paar Suchanfragen im Frontend stellen. Die Tabelle hinter *Komponenten* → *Suchindex* → *Statistiken* füllt sich dann wie in Abbildung 11-52 mit allen Suchbegriffen. Unter *Zugriffe* können Sie ablesen, wie häufig der Suchbegriff bereits aufgerufen wurde. *Ergebnisse* verrät hingegen, wie viele Fundstellen die Suchfunktion zum entsprechenden Begriff zutage gefördert hat.

Abbildung 11-51: Die Statistik bezieht sich auf den Index.

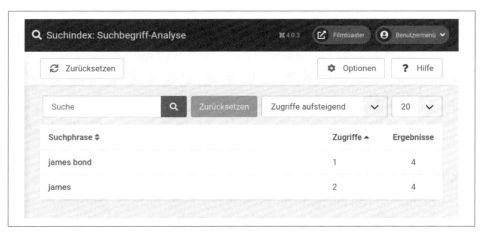

Abbildung 11-52: Hier haben Besucher zweimal nach »james« gesucht.

Ein Besucher nutzt die Suchfunktion vor allem dann, wenn er einen bestimmten Beitrag gar nicht oder nicht schnell genug findet. Sie sollten daher regelmäßig in der Liste unter *Komponenten → Suchindex → Statistiken* die besonders häufig gesuchten Begriffe nachschlagen und zu diesen dann immer Folgendes überprüfen:

- Existiert überhaupt ein Beitrag, ein Kontakt oder eine andere Seite zu diesem Begriff? Wenn die Besucher auf den Filmtoaster-Seiten besonders häufig nach Titanic suchen, sollten Sie eine entsprechende Filmkritik schreiben. Suchen auf einer Vereinsseite besonders viele Menschen nach den Mitgliedsbeiträgen, sollte man einen direkt über das Menü erreichbaren Beitrag mit den entsprechenden Informationen einrichten.
- Existiert ein Beitrag zu einem ähnlichen Thema oder unter einem Synonym? Beispielsweise könnten Sie einen Beitrag über Gardinen erstellt haben, während

jedoch vornehmlich nach Vorhängen gesucht wird. In diesem Fall sollten Sie den Begriff Vorhänge in den Text aufnehmen oder vielleicht sogar den Titel des Beitrags ändern.

- Sind die Beiträge und Kontakte zu diesem Begriff leicht über Ihre Menüs zu erreichen? So sollten beispielsweise zu der besonders häufig gesuchten Titanic-Kritik möglichst wenige Mausklicks führen.

Aktiv werden müssen Sie allerdings dann, wenn die Zugriffe eines Suchbegriffs erkennbar höher sind als die der anderen Suchbegriffe.

Um die Suchstatistiken zu löschen und mit der Erfassung wieder von vorne zu beginnen, klicken Sie in der Werkzeugleiste auf *Zurücksetzen*.

Warnung Das Sammeln und Berechnen der Suchstatistik kostet zusätzlich Rechenzeit, wodurch sich unter Umständen die Auslieferung der Webseiten verzögern kann. Überlegen Sie sich also gut, ob Sie die Statistiken erstellen lassen möchten. Schalten Sie sie daher möglichst nur über einen kurzen Zeitraum ein oder wenn Sie den Verdacht haben, dass die Suchfunktion überproportional oft verwendet wird.

Such-Modul

Sie können die Suchfunktion auch über ein Modul einblenden. Dieses zeigt lediglich ein Eingabefeld an, in das die Besucher ihren Suchbegriff eintippen und mit der *[Enter]*-Taste abschicken. Das Modul erlaubt somit einen noch schnelleren Zugriff auf die Suchfunktion.

Ein Modul vom Typ *Suchindex* stellt ein Suchfeld bereit. Um es anzulegen, rufen Sie *Inhalt → Site Module* auf, klicken *Neu* an und wählen den *Suchindex*. Vergeben Sie einen *Titel*, wie etwa Suche, und entscheiden Sie sich für eine *Position*.

Tipp Besucher erwarten die Suchfunktion rechts oben in der Ecke oder links in der Nähe des Hauptmenüs. Auf den Filmtoaster-Seiten könnten Sie daher die Position *Seitenleiste-rechts [sidebar-right]* wählen und dann das Modul dort ganz nach oben schieben.

Sobald Sie das Modul *Speichern*, sollte es im Frontend wie in Abbildung 11-53 erscheinen und bereits nutzbar sein. Die Darstellung hat allerdings noch Optimierungspotenzial.

Abbildung 11-53: Das Suchmodul wirkt in den Standardeinstellungen etwas überladen.

Wie das Modul suchen soll und was es wie anzeigt, dürfen Sie in den Einstellungen des Moduls festlegen. Kontrollieren Sie zunächst die Einstellungen auf der Registerkarte *Modul*:

Suchfilter
   Hier können Sie einen Suchfilter hinzuschalten und so die Liste mit den Ergebnissen weiter einschränken.

Suchvorschläge
   Wenn Sie diese Einstellung auf *Anzeigen* setzen, unterbreitet das Suchfeld ähnlich wie Google schon beim Tippen mögliche Vorschläge.

Erweiterte Suche
   Im Fall von *Anzeigen* erscheinen unter dem Suchfeld die Filter-Optionen, die Sie auch schon aus den vorherigen Abschnitten kennen. Da das allerdings, wie Abbildung 11-54 zeigt, schnell das Layout sprengt, kann man mit dem Punkt *Verknüpfung zur Komponente* auch nur einen Link auf das große Suchformular einblenden.

Abbildung 11-54: Die Filter unter dem Suchfeld sprengen schnell die Optik.

Bezeichnung Suchfeld und Alternative Bezeichnung
   Den unter *Alternative Bezeichnung* eingegebenen Text parkt Joomla! vor dem Suchfeld. Das passiert allerdings nur, wenn *Bezeichnung Suchfeld* auf *Anzeigen*

steht. Lassen Sie das Eingabefeld *Alternative Bezeichnung* leer, verwendet das Modul einen vom derzeit aktiven Sprachpaket vorgegebenen Begriff (in Abbildung 11-54 *Suchen*).

Suchbutton
Standardmäßig löst die *[Enter]*-Taste den Suchvorgang aus. Über diese Einstellung kann man neben dem Suchfeld zusätzlich noch eine kleine Schaltfläche einblenden, die ebenfalls die Suche anstößt.

Tipp Viele Besucher dürften nicht wissen, dass sie die Suche über die *[Enter]*-Taste einleiten müssen (schließlich ist das nicht selbstverständlich). Lassen Sie daher den *Suchbutton* ruhig *Anzeigen*.

OpenSearch-Unterstützung und OpenSearch-Titel
Wenn Sie in die Adresszeile Ihres Browsers einen Begriff eintippen, schickt der Browser diesen Begriff direkt an eine Suchmaschine. Welche dabei zum Einsatz kommt, können Sie entweder über eine kleine Drop-down-Liste oder in den Browsereinstellungen festlegen.

Die Suchfunktion auf Ihrer Joomla!-Website ist aber ebenfalls nichts anderes als eine Suchmaschine – die allerdings nur Ihren Internetauftritt durchsucht. Da liegt die Idee nahe, die Suchfunktion einfach im Browser als weitere Suchmaschine hinzuzufügen. Auf diese Weise ließe sich direkt aus dem Browser heraus nach einer Filmkritik auf den Filmtoaster-Seiten suchen. Genau das ermöglicht eine Technik namens *OpenSearch*.

Damit sich Joomla! den Browsern als potenzielle Suchmaschine zu erkennen gibt, setzen Sie *OpenSearch-Unterstützung* auf *Ja* und tragen dann unter *OpenSearch-Titel* eine Bezeichnung ein, unter der die Suchfunktion von Joomla! später im Browser auftaucht.

Damit erscheint jetzt Ihr Internetauftritt für den Browser wie eine Internetsuchmaschine. Um sie in den Browser zu integrieren, müssen Sie oder Ihre Besucher eine Website ansteuern, auf der das *Suchen*-Modul zu sehen ist. Das dann folgende Prozedere hängt vom Browser ab.

Item-ID festlegen
Um diese Einstellung zu verstehen, muss man etwas um die Ecke denken und sich zudem daran erinnern, dass in Joomla! die Menüpunkte bestimmen, was auf einer Internetseite zu sehen ist. Netterweise können Sie die Einstellung *Item-ID festlegen* in der Regel einfach ignorieren, die Suche funktioniert trotzdem korrekt.

Wenn ein Besucher einen Suchbegriff in das Feld des Moduls eintippt und die *[Enter]*-Taste drückt, präsentiert Joomla! ein Suchformular, das im unteren Teil alle Fundstellen auflistet.

In Joomla! dürfen Sie allerdings mehrere Menüpunkte anlegen, die jeweils zu einem eigenen Suchformular führen (auch wenn mehrere Suchformulare Ihre Besucher wohl verwirren würden und somit eigentlich nicht sinnvoll sind). Welches dieser Suchformulare das Modul dann verwendet, bestimmen Sie unter *Item-ID festlegen*, indem Sie dort den entsprechenden Menüpunkt einstellen. Entscheiden Sie sich etwa für den Menüpunkt *Erweiterte Suche*, wird Joomla! später selbstständig den Menüpunkt *Erweiterte Suche* aufrufen, im dahinter wartenden Suchformular den Suchbegriff hinterlegen und die Suche starten. Die Suche erfolgt dann zudem genau so, wie Sie es in den Einstellungen des Menüpunkts *Erweiterte Suche* vorgegeben haben.

Das Ganze klingt nicht nur kompliziert, leider ist es das auch (tatsächlich sind die Abläufe im Hintergrund sogar noch komplexer).

Die richtigen Einstellungen zu finden, hängt von Ihrem Internetauftritt ab. Allgemein ist es ratsam, zunächst den Titel des Moduls via *Titel anzeigen* zu *Verbergen*. Das macht das Modul etwas kompakter und somit unauffälliger. Dass es sich um eine Suche handelt, erklärt das Eingabefeld selbst. Sie können daher die *Bezeichnung* Suchfeld auch auf *Verbergen* setzen. Gleiches gilt für die *Erweiterte Suche*. Den *Suchbutton* sollten Sie jedoch *Anzeigen* lassen. Damit erhalten Sie ein kompaktes Suchmodul. Vergessen Sie nicht, Ihre Änderungen zu *Speichern*.

KAPITEL 12
Benutzerverwaltung und -kommunikation

In diesem Kapitel:
- Benutzerkonten und Profile
- Ein exklusives Menü für Benutzerinnen und Benutzer
- Benutzergruppen
- Benutzer verwalten
- Zugriffsebenen – Was bekommt ein Benutzer zu sehen?
- An- und Abmeldung
- Registrierung
- Berechtigungen – Welche Aktionen darf ein Benutzer ausführen?
- Beiträge einreichen und freischalten
- Benutzerprofil
- Benutzerhinweise
- Datenschutzwerkzeuge (Privacy Tools)
- Workflows
- Module zur Benutzerverwaltung
- Das interne Nachrichtensystem

Gute Filmkritiken zu verfassen, kostet recht viel Zeit. Da kommt es gerade recht, wenn andere Cineasten ihre Unterstützung anbieten. Um den neuen Autoren das Schreiben von Beiträgen zu gestatten, muss man ihnen Zugriff auf die entsprechenden Funktionen des Joomla!-Systems gewähren. Hierfür ist die Benutzerverwaltung zuständig. Mit ihr können Sie zudem Teile Ihres Internetauftritts nur ausgewählten Besuchern zugänglich machen. Ein Verein könnte so beispielsweise einen exklusiven Bereich für seine Mitglieder schaffen.

Tipp Überlegen Sie sich, ob Sie überhaupt eine Benutzerverwaltung benötigen. Dies ist immer dann der Fall, wenn Sie bestimmte Seiten nur einem kleinen Besucherkreis zugänglich machen wollen oder wenn noch weitere Personen neue Beiträge schreiben müssen.

In allen anderen Fällen ignorieren Sie einfach die Benutzerverwaltung (und somit dieses Kapitel). Sie müssen sich dann nicht bei jeder Seite und jeder Funktion überlegen, wer sie nutzen darf. Ohne Benutzerverwaltung ist Ihr Internetauftritt folglich wesentlich einfacher zu verwalten und zu warten.

Um die Arbeitsweisen der Benutzerverwaltung besser verstehen zu können, steht zunächst noch einmal ein kleiner Ausflug in die exklusiven VIP-Bereiche des Frontends auf dem Programm.

Warnung Mit der Benutzerverwaltung können Sie flexibel bis ins kleinste Detail festlegen, wer welche Inhalte sehen und verändern darf. Damit ist die Benutzerverwaltung allerdings auch recht komplex. Die Entwickler haben zudem einige der Einstellungen unnötig kompliziert gestaltet und teilweise auch noch recht gut versteckt. Es gilt daher, besonders wachsam zu sein, um am Ende nicht versehentlich einem Benutzer mehr zu erlauben, als er eigentlich darf.

Benutzerkonten und Profile

Damit Joomla! unterscheiden kann, wer welche Funktionen aufrufen und nutzen darf, erhält jede privilegierte Person ein eigenes Benutzerkonto. Es besteht aus einem geheimen Passwort und einem eindeutigen Benutzernamen. Mit diesen beiden Daten meldet sich der Besucher dann bei Joomla! an und erhält umgehend Zutritt zu den exklusiven Bereichen der Website. Einen derart privilegierten Besucher bezeichnet Joomla! als *Benutzer* (englisch *User*).

Wenn Sie Kapitel 2, *Installation*, gefolgt sind, geschieht die Anmeldung auf der Startseite im *Login Form*. Als allmächtiger Seitenbetreiber besitzen Sie selbst bereits ein eigenes Benutzerkonto. Tragen Sie jetzt einmal dessen Daten (mit denen Sie das Backend sonst auch immer betreten) in das *Login Form* ein und klicken Sie auf *Anmelden*. Viel verändert sich zum jetzigen Zeitpunkt jedoch noch nicht: Über die Bleistiftsymbole können Sie die entsprechenden Module verändern. Des Weiteren dürfen Sie die jeweiligen Beiträge direkt im Frontend *Bearbeiten* – den entsprechenden Link finden Sie immer rechts neben dem Titel. Diese Funktionen bleiben allerdings erst einmal Ihnen als Seitenbetreiber vorbehalten, angemeldete Besucherinnen und Besucher dürfen das standardmäßig nicht. Sie können später Ihren Autoren jedoch das Bearbeiten der Inhalte erlauben und müssen ihnen somit nicht den Zugang zum Backend gewähren. In jedem Fall erreichen Sie über den Punkt *Bearbeiten* ein Formular, in dem Sie den Beitrag komfortabel ändern können. Dabei stehen Ihnen alle Einstellungen zur Verfügung, die auch das Backend anbietet, teilweise nur auf andere Register verteilt.

Da es noch keine exklusiven Beiträge gibt, sehen Sie im Frontend auch nach der Anmeldung erst einmal nur die Inhalte, die auch alle Besucher sehen. Beenden Sie daher Ihren Rundgang durch das Frontend, indem Sie sich auf der Startseite über die gleichnamige Schaltfläche im *Login Form* wieder *Abmelden*.

Joomla! merkt sich neben dem Benutzernamen und dem Passwort noch ein paar weitere Informationen über den Benutzer. Dazu gehören sein richtiger Name, seine E-Mail-Adresse, die Sprache, die er spricht, und wann er sich zum letzten Mal bei Joomla! angemeldet hat. Alle diese Informationen zusammen bilden eine Art Steckbrief, den Joomla! als *Profil* bezeichnet.

Ein exklusives Menü für Benutzerinnen und Benutzer

Die Menüpunkte zu allen exklusiven Inhalten und Funktionen sollten Sie in einem eigenen Menü sammeln. Das hat gleich mehrere Vorteile: Unter anderem überfrachten Sie nicht das Hauptmenü. Darüber hinaus können Sie das Menü bei Bedarf nur den exklusiven Besuchern präsentieren. Ein eigenes Menü für registrierte Benutzer verwenden auch viele große Internetseiten, wie etwa Amazon (dort gibt es das Menü *Mein Konto*) oder eBay (*Mein eBay*).

Daher sollen auch auf den Filmtoaster-Seiten die speziellen Menüpunkte in einem eigenen Menü landen. Rufen Sie deshalb im Backend *Menüs* → *Verwalten* auf, klicken Sie *Neu* an, geben Sie als *Titel* Benutzermenü und als *Menütyp* benutzermenue ein. Lassen Sie das Menü *Speichern & Schließen*, klicken Sie in der Tabelle auf *Ein Modul für dieses Menü hinzufügen*, vergeben Sie in Anlehnung an die Menüs von Amazon und eBay den Titel Mein Filmtoaster, wählen Sie als *Position* den Punkt *Seitenleiste-rechts [sidebar-right]* und lassen Sie das Modul *Speichern & Schließen*. Das neue Menü wird damit gleich am rechten Rand Ihrer Website erscheinen und in den folgenden Abschnitten nach und nach mit nützlichen Menüpunkten bestückt.

Auf Ihren eigenen Internetseiten müssen Sie selbst entscheiden, ob Sie die Menüpunkte für angemeldete Benutzerinnen und Benutzer in einem eigenen Menü sammeln möchten. Sofern sich die Benutzer lediglich anmelden und einige exklusive Beiträge lesen können, passen die dazu notwendigen Menüpunkte auch noch ins Hauptmenü. Als Faustregel gilt: Gibt es mehr als drei Menüpunkte, die sich ausschließlich an angemeldete Benutzer richten, sollten Sie diese Menüpunkte in einem eigenen Menü zusammenfassen.

Benutzergruppen

Mehrere Benutzer kann Joomla! in einer Benutzergruppe zusammenfassen. Auf den Filmtoaster-Seiten könnte man beispielsweise alle Filmkritiker in eine Gruppe namens *Kritiker* stecken. Auf diese Weise behält man zum einen den Überblick, und zum anderen muss man später nicht mühsam jedem Benutzer einzeln passende Rechte einräumen.

Sämtliche Benutzergruppen verwalten Sie im Backend hinter *Benutzer → Gruppen*. Wie Abbildung 12-1 zeigt, liefert Joomla! von Haus aus schon ein paar Gruppen mit.

Die Spalte *Aktivierte Benutzer* verrät Ihnen, wie viele Benutzer sich aus der jeweiligen Gruppe bei Joomla! anmelden können. In der Benutzergruppe *Super Users* gibt es im Moment nur 1 Person, die sich bei Joomla! anmelden darf. Das sind Sie selbst.

Sollte ein Benutzer Schabernack treiben und etwa munter Werbebeiträge veröffentlichen, können Sie sein Benutzerkonto (vorübergehend) sperren. Der Benutzer kann sich dann nicht mehr bei Joomla! anmelden. In der Spalte *Gesperrte Benutzer* können Sie ablesen, wie viele Benutzerkonten in den jeweiligen Benutzergruppen derzeit gesperrt sind. Im Moment steht in der Spalte überall eine 0, folglich gibt es kein gesperrtes Benutzerkonto.

Warnung	Die Spalte verrät ausschließlich, wie viele Benutzerkonten *gesperrt* sind. Joomla! kennt allerdings auch noch sogenannte *deaktivierte* Benutzerkonten, die hier in der Tabelle aber nicht gemeint sind (zu den deaktivierten Konten erfahren Sie im nächsten Abschnitt noch mehr).	
Tipp	Wenn es in einer Benutzergruppe sehr viele gesperrte Benutzer gibt, sollten Sie unbedingt prüfen, ob unter den Mitgliedern der Gruppe ein Problem besteht. Meldet sich beispielsweise eine Person immer wieder unter einem anderen Namen an? Oder sind die Kritiker vielleicht doch nicht so vertrauenswürdig wie gedacht?	

Überlegen Sie auch, ob Sie der entsprechenden Gruppe nicht weitere Rechte entziehen sollten: Wer beispielsweise keine Beiträge schreiben darf, kann auch keine Werbung einreichen. Alternativ bietet es sich an, alle Querulanten in eine eigene weitere Benutzergruppe zu stecken.

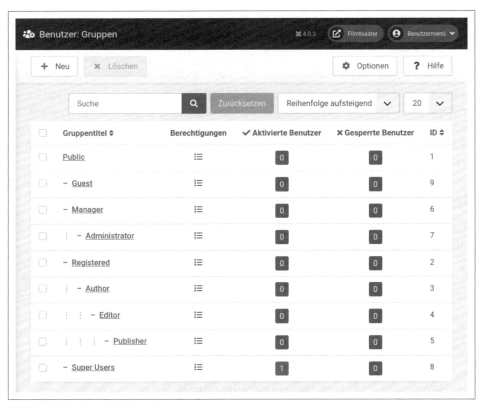

Abbildung 12-1: Die mitgelieferten Benutzergruppen.

Wenn Sie wissen möchten, wie viele Benutzer in einer Benutzergruppe stecken, müssen Sie einfach die beiden Zahlen aus den Spalten *Aktivierte Benutzer* und *Gesperrte Benutzer* addieren. Beispielsweise gibt es in Abbildung 12-1 in der Benutzergruppe *Super Users* eine Person, die sich bei Joomla! anmelden darf. Deaktivierte beziehungsweise gesperrte Benutzer gibt es in dieser Gruppe noch keine. Folglich umfasst die Benutzergruppe *Super Users* insgesamt nur einen Benutzer (nämlich Sie selbst). Da es im Moment außer Ihnen keine weiteren Benutzer gibt, sind die anderen Gruppen alle leer.

 Warnung   Wie der Titel *Super Users* andeutet, dürfen die Mitglieder dieser Gruppe an wirklich allen Schrauben des Systems drehen. Überlegen Sie sich also gut, wen Sie noch in diese Gruppe aufnehmen. Im Idealfall sollte das außer Ihnen niemand mehr sein.

Um nicht Gefahr zu laufen, versehentlich irgendwelche Einstellungen zu ändern, sollten Sie sich zudem für die tägliche Arbeit ein zweites Benutzerkonto einrichten, das nicht zur Gruppe der *Super Users* gehört.

Benutzergruppen dürfen Sie ineinander verschachteln und so Untergruppen bilden (ganz ähnlich, wie es auch bei den Kategorien für die Beiträge möglich ist). Die Liste aus Abbildung 12-1 zeigt Untergruppen immer eingerückt. So ist beispielsweise *Administrator* eine Untergruppe von *Manager*, die wiederum eine Untergruppe von *Public* bildet.

Die Mitglieder einer Untergruppe dürfen automatisch das Gleiche anstellen wie die Mitglieder der übergeordneten Gruppe – und darüber hinaus noch etwas mehr. Beispielsweise darf ein *Administrator* nicht nur wie ein *Manager* neue Beiträge erstellen, sondern auch noch zusätzlich neue Menüs erschaffen. Eine Untergruppe »übernimmt« also immer die Rechte von ihrer übergeordneten Gruppe und erweitert sie um zusätzliche Befugnisse. Wie Sie gleich sehen werden, erleichtert dieser Mechanismus die Rechtevergabe.

Die in Joomla! mitgelieferten Gruppen dürfen standardmäßig Folgendes anstellen:

Public
: Diese Gruppe fasst alle Besucher zusammen, die Ihren Internetauftritt betreten und nicht über ein Benutzerkonto verfügen. Diese »normalen« Besucher dürfen lediglich die Seiten im Frontend betrachten; das Backend bleibt für sie grundsätzlich tabu.

Guest
: Benutzer dieser Gruppe besitzen die gleichen Rechte wie diejenigen in der Gruppe *Public*, sie dürfen also nur die Seiten im Frontend anschauen. Wie Sie die Zugehörigkeit zu dieser Gruppe einsetzen können, erfahren Sie auf der nächsten Seite.

Registered
: Mitglieder dieser Gruppe besitzen ein Benutzerkonto und können sich auf der Startseite Ihres Internetauftritts anmelden. Anschließend dürfen sie Bereiche einsehen, die normale Gäste nicht zu Gesicht bekommen.

Author
: Mitglieder dieser Gruppe dürfen (über ein entsprechendes Formular) zusätzlich Beiträge schreiben und ihre eigenen ändern.

Editor
: Mitglieder der Gruppe *Editor* dürfen zusätzlich auch noch alle übrigen Beiträge ändern – ganz egal, ob diese von ihnen selbst oder einem anderen Autor stammen.

Publisher
: *Publisher* können das Gleiche wie der *Editor*, zusätzlich dürfen sie aber auch noch den Status der Beiträge verändern. Insbesondere dürfen sie Beiträge freigeben, sperren, in den Papierkorb werfen und festlegen, welche Benutzergruppen den Text überhaupt zu Gesicht bekommen.

Manager
: Die Mitglieder dieser Gruppe haben im Frontend die gleichen Rechte wie die *Publisher*. Darüber hinaus dürfen sie sich im Backend anmelden und dort Inhalte anlegen und erstellen. Da sie nur Zugriff auf die Menüs *Inhalt* und *Kom-*

ponenten haben, können sie weder Menüs anlegen noch Benutzer verwalten, Grundeinstellungen ändern oder Module und Komponenten installieren oder verändern.

Administrator
Benutzer dieser Gruppe sind den allmächtigen *Super Users* fast gleichgestellt. Sie dürfen allerdings nicht die Grundeinstellungen ändern oder einen Benutzer zum Super User erheben. Darüber hinaus dürfen sie Erweiterungen, Templates und Sprachpakete weder nachinstallieren noch löschen.

Super Users
Mitglieder dieser Gruppe haben Zutritt zu allen Bereichen und Einstellungen.

Diese Gruppenaufteilung ist nicht in Stein gemeißelt. Sie können sowohl die Gruppen als auch ihre Rechte fast beliebig verändern und um weitere Gruppen ergänzen (dazu folgt in wenigen Zeilen mehr).

Zusätzlich zu dieser Gruppenaufteilung sind noch zwei unumstößliche Regeln zu beachten:

- Sobald ein Gast Ihre Homepage betritt, gehört er automatisch zur Gruppe *Guest*, selbst dann, wenn er gar kein Benutzerkonto besitzt. Mit diesem Kniff kann man den Aktionsradius normaler unbekannter Besucher ohne große Verrenkungen einschränken.

- Sobald sich ein Besucher bei Joomla! um ein Benutzerkonto bewirbt (sich also registriert), steckt das Content-Management-System ihn zunächst automatisch in die Gruppe *Registered*. Gegebenenfalls müssen Sie den Benutzer anschließend manuell in eine andere Gruppe verschieben.

Tipp   Sie können die beiden Gruppen auch gegen andere austauschen. Dazu klicken Sie auf *Optionen* und wenden sich auf der neuen Seite dem Register *Benutzeroptionen* zu. Dort stellen Sie unter *Gast Benutzergruppe* ein, in welcher Gruppe sich automatisch Gäste (also nicht angemeldete Besucher) befinden. In welcher Gruppe die Benutzer direkt nach ihrer Registrierung landen, legt hingegen *Gruppe für neue Benutzer* fest.

Überlegen Sie sich in jedem Fall eine solche Änderung gut. Denn gerade die unbekannten Gäste sollten so wenige Aktionen wie möglich ausführen können – was aber schon genau die Gruppe *Guest* sicherstellt.

Die Gruppen *Public* und *Guest* scheinen nur auf den ersten Blick identisch zu sein; tatsächlich ist die Einteilung in diese beiden Gruppen aber extrem hilfreich: In Joomla! 2.5 gab es die Gruppe *Guest* noch nicht. Dort wurden einfach alle vorbeischlendernden Besucher automatisch in die Gruppe *Public* einsortiert. Wollten Sie jetzt einen Beitrag oder ein Werbebanner ausschließlich diesen normalen Besuchern zeigen, standen Sie vor einem Problem: Da alle anderen Benutzergruppen *Public* untergeordnet sind, hätten auch die angemeldeten Benutzer notgedrungen immer das Werbebanner gesehen. Der mit Joomla! 3.0 eingeführten neuen Gruppe *Guest* sind aber keine anderen Gruppen untergeordnet. Um also das Werbebanner vor allen angemeldeten Benutzern zu verstecken, müssen Sie es lediglich auf Benutzer der

Gruppe *Guest* einschränken. (Wie das funktioniert, erfahren Sie in den nächsten Absätzen.)

Wenn Sie sich aufgrund dieses verwirrenden Konzepts jetzt zu Recht etwas am Kopf kratzen, lesen Sie erst einmal weiter. Der Zusammenhang zwischen den Benutzergruppen erschließt sich gleich in der Praxis noch etwas besser.

In vielen einfachen Fällen reichen die vorhandenen Benutzergruppen bereits aus – allerdings nicht immer. Wer die vorhandenen Benutzer einfach irgendwie in die vorhandenen Gruppen einordnet, gewährt unter Umständen einigen Benutzern mehr Rechte, als eigentlich notwendig wären. Deshalb sollte man kurz überlegen, welche Benutzergruppen man überhaupt für die eigene Internetseite benötigt.

Auf den Filmtoaster-Seiten sollen wie bisher alle vorbeischlendernden Besucher sämtliche Beiträge, Veranstaltungshinweise und Blogbeiträge lesen können. Wer ein Benutzerkonto besitzt, gelangt an ein paar zusätzliche Inhalte – wie etwa exklusive Vorabberichte. Einige ausgewählte Benutzer sollen zudem über ein spezielles Formular eigene Filmkritiken einreichen können. Damit Werbefachleute dieses Angebot nicht schamlos ausnutzen und die Filmtoaster-Seiten mit Beiträgen über Potenzmittel überschwemmen, wird jeder eingereichte Beitrag erst nach einer Prüfung durch den Seitenbetreiber (also Sie) freigeschaltet. Unter dem Strich müssen also vier Benutzergruppen her:

- einmal die normalen Besucher ohne eigenes Benutzerkonto,
- alle registrierten Personen (die zusätzlich ein paar exklusive Beiträge lesen dürfen),
- Filmkritiker (die Kritiken schreiben und einreichen dürfen)
- und schließlich noch eine Gruppe für Sie als allmächtigen Seitenbetreiber.

Im nächsten Schritt prüft man, wie sich am besten Untergruppen bilden lassen. Auf den Filmtoaster-Seiten liegt etwa die Hierarchie aus Abbildung 12-2 nahe.

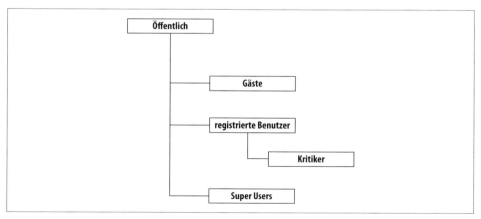

Abbildung 12-2: Die geplanten Benutzergruppen für die Filmtoaster-Seiten.

Zunächst gibt es ganz oben eine Benutzergruppe, deren Mitglieder lediglich alle öffentlichen Kritiken lesen können (in Abbildung 12-2 heißt sie *Öffentlich*). Die registrierten Benutzer dürfen natürlich ebenfalls alle Seiten im Frontend sehen, sind damit also eine Untergruppe von *Öffentlich*. Die Kritiker haben die gleichen Rechte wie die registrierten Benutzer, dürfen aber zusätzlich Beiträge schreiben. Damit sind sie eine Untergruppe der registrierten Benutzer. Sie als Super User dürfen alles und bilden somit eine eigene Gruppe. Damit bleiben noch die nicht registrierten Gäste ohne Benutzerkonto übrig. Diese dürfen nur die öffentlichen Kritiken lesen, bilden also ebenfalls direkt eine Untergruppe von *Öffentlich*.

Die Benutzergruppe *Öffentlich* nimmt somit später in der Praxis keine Benutzer auf. Sie dient hier lediglich zur besseren und einfacheren Steuerung der Rechte: Was die Gruppe *Öffentlich* darf, dürfen später automatisch alle Benutzer und Besucher.

Selbstverständlich können Sie auch auf diesen Kniff verzichten und beispielsweise einfach alle Benutzergruppen den Gästen unterordnen (schließlich dürfen die registrierten Benutzer, Kritiker und Sie als Super User immer auch das, was die Gäste dürfen). Allerdings ist es dann nicht mehr möglich, mit bestimmten Werbebannern oder der Bitte um eine Registrierung ausschließlich die Gäste zu quälen.

Für die Gäste, die registrierten Benutzer, Sie als Super User und die Gruppe *Öffentlich* gibt es mit *Guest*, *Registered*, *Super Users* und *Public* jeweils schon eine passende Gruppe in Joomla! (vergleichen Sie Abbildung 12-2 mit Abbildung 12-1). Joomla! sorgt zudem schon dafür, dass alle Besucher, die zufällig vorbeikommen, automatisch in der Gruppe *Guest* landen.

Bleiben noch die Kritiker. Es ist jetzt extrem verführerisch, die Schreiberlinge einfach in die schon vorhandene Gruppe *Author* zu stecken. Die Mitglieder dieser Gruppe dürfen allerdings beliebige Beiträge erstellen. Genau das sollte man allerdings unbekannten Personen erst einmal verbieten – nicht, dass man sich auf diese Weise doch im Blog Werbung für Potenzmittelchen einfängt. Im Beispiel sollen die Kritiker später nur Filmkritiken schreiben dürfen. Folglich muss auf den Filmtoaster-Seiten eine neue Gruppe für die Kritiker her, die selbst eine Untergruppe von *Registered* ist.

 Warnung   Man könnte natürlich auch der Gruppe *Author* einfach die entsprechenden Rechte entziehen. Allerdings besteht dabei immer die Gefahr, dass man eine (andere) erlaubte Aktion übersieht und der Benutzer dann doch wieder mehr darf, als man ihm eigentlich gestatten möchte. Das gilt besonders unter Joomla!, wo man die Rechte der Gruppen in kryptischen, unübersichtlichen Tabellen festlegt, die sich auch noch an verschiedenen Stellen des Backends verstecken. Um also bei der Rechtevergabe nicht versehentlich irgendwelche Schlupflöcher zu hinterlassen, sollten Sie sich möglichst an folgender Vorgehensweise orientieren:

Die Rechte bestehender Gruppen kann man bei Bedarf erweitern.

Bevor man die Rechte einer bestehenden Gruppe einschränkt, sollte man besser eine neue Gruppe mit weniger Rechten erstellen und diese frische Gruppe dann mit den gerade notwendigen Rechten ausstatten.

Um eine neue Benutzergruppe anzulegen, klicken Sie auf *Neu* in der Werkzeugleiste. Verpassen Sie der neuen Gruppe unter *Gruppentitel* einen Namen und stellen Sie in der Drop-down-Liste noch eine übergeordnete Gruppe ein. Im Fall der Filmtoaster-Seiten muss eine Gruppe für die Kritiker her. Klicken Sie also auf *Neu* in der Werkzeugleiste, vergeben Sie den Gruppentitel Kritiker und setzen Sie *Übergeordnete Gruppe* auf *Registered*.

Damit dürfen die Kritiker schon einmal das Gleiche wie alle übrigen registrierten Benutzer – und somit noch nicht sehr viel. Was die Mitglieder der neuen Gruppe noch zusätzlich anstellen dürfen, regeln Sie gleich separat. Klicken Sie deshalb einfach auf *Speichern & Schließen*, um die Gruppe anzulegen. Für die Filmtoaster-Seiten sollte das Ergebnis in der Übersicht jetzt so wie in Abbildung 12-3 aussehen.

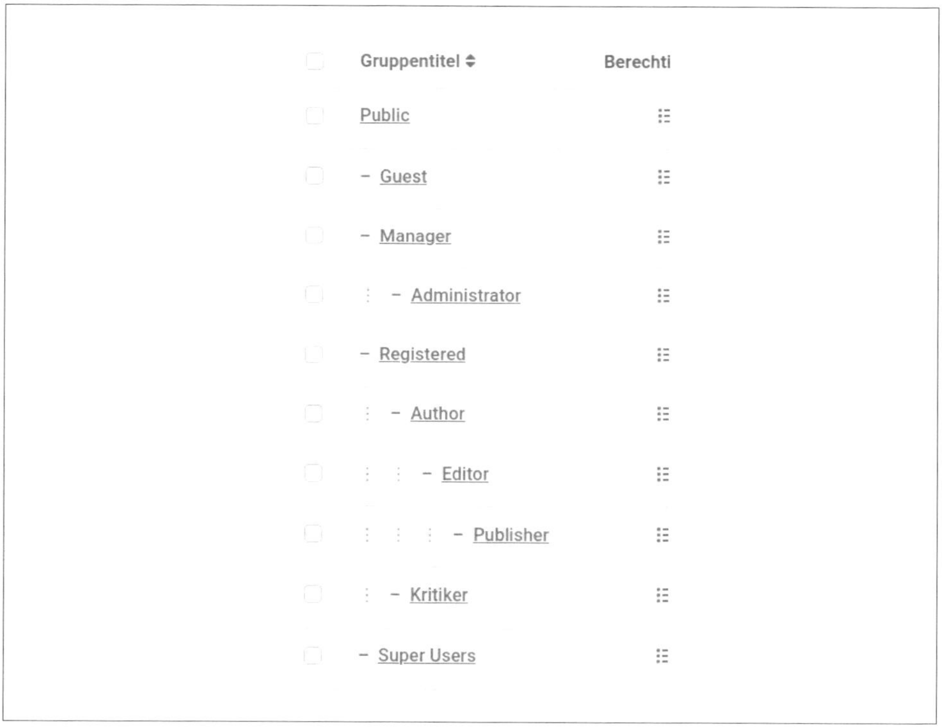

	Gruppentitel ⇕	Berechti
☐	Public	⋮⋮
☐	– Guest	⋮⋮
☐	– Manager	⋮⋮
☐	– Administrator	⋮⋮
☐	– Registered	⋮⋮
☐	– Author	⋮⋮
☐	– Editor	⋮⋮
☐	– Publisher	⋮⋮
☐	– Kritiker	⋮⋮
☐	– Super Users	⋮⋮

Abbildung 12-3: Die angelegte Benutzergruppe für die Kritiker.

Benutzer verwalten

Nachdem alle benötigten Benutzergruppen existieren, kann man endlich ein Benutzerkonto anlegen und so dem ersten Kritiker zumindest schon einmal die Anmeldung im Frontend gestatten.

Sie verwalten alle Benutzer hinter dem Menüpunkt *Benutzer → Verwalten*. Die dort erscheinende Tabelle aus Abbildung 12-4 präsentiert sämtliche derzeit vorhandenen Benutzerkonten. Die Tabelle ist ziemlich breit und lässt sich zumindest in Joomla! 4.0.3 leider auch nicht verkleinern.

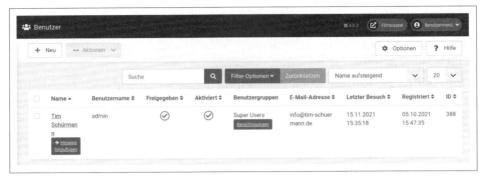

Abbildung 12-4: Die Benutzerverwaltung.

☞ **Warnung** Die Benutzerverwaltung kennt keinen Papierkorb! Wenn Sie also ein Benutzerkonto markieren, dann die *Aktionen* öffnen und auf *Löschen* klicken, ist es sofort verloren. Der entsprechende Benutzer kann sich dann nicht mehr bei Joomla! anmelden. Sie sollten einen Benutzer daher vor dem Löschen erst einmal nur sperren (dazu in wenigen Zeilen mehr).

Direkt nach der Installation von Joomla! ist hier nur ein einziger Benutzer vorhanden – das sind Sie selbst. Wie die Spalte *Benutzergruppen* verrät, gehört er zur Gruppe der *Super Users*. Ihnen ist somit einfach alles erlaubt.

☞ **Warnung** Schon allein aus diesem Grund sollten Sie das bei der Installation festgelegte Passwort niemals weitergeben.

Die Spalte *E-Mail-Adresse* verrät, wie der Benutzer über die elektronische Post zu erreichen ist. Rechts daneben zeigt *Letzter Besuch* das Datum der letzten Anmeldung. In der Spalte *Registriert* erfahren Sie noch, wann das Benutzerkonto (von Ihnen) erstellt wurde.

Nach einem Klick auf den grünen Haken in der Spalte *Freigegeben* kann sich der entsprechende Benutzer nicht mehr am System anmelden. Eine solche Sperrung ist zum Beispiel dann sinnvoll, wenn der Benutzer auf Ihrer Website Schindluder getrieben hat und man ihn so erst mal in Quarantäne schickt. Sie können die Sperrung natürlich auch im Menü *Aktionen* via *Sperren* und *Freigeben* vornehmen.

☞ **Warnung** Zwar können Sie sich hier nicht selbst aussperren, dennoch sollten Sie immer genau darauf achten, wessen Konto Sie an dieser Stelle auf Eis legen. Gerade bei vielen Benutzern verrutscht man gern mal in der Zeile.

Die *Aktiviert*-Spalte spielt eine wichtige Rolle, wenn sich Besucher über das Frontend registrieren. Joomla! erstellt dann zunächst ein deaktiviertes Konto, das entweder der Benutzer oder Sie selbst erst noch explizit aktivieren müssen (zu diesem Verfahren folgt später noch mehr im Abschnitt »Registrierungsformular bereitstellen« auf Seite 469). Tabelle 12-1 fasst noch einmal die Bedeutung aller Spalten zusammen.

Tabelle 12-1: Spalten der Tabelle »Benutzer« und ihre jeweiligen Informationen

Spalte	Bedeutung
Name	Der vollständige Name des Benutzers.
Benutzername	Mit diesem Benutzernamen muss sich die Person bei Joomla! anmelden.
Freigegeben	Bei einem grünen Haken kann sich der Benutzer bei Joomla! anmelden.
Aktiviert	Wenn Besucher ein Benutzerkonto beantragen, müssen Sie dieses explizit aktivieren. Das ist genau dann passiert, wenn hier ein grüner Haken zu sehen ist.
Benutzergruppen	Der Benutzer gehört zu dieser Gruppe.
E-Mail-Adresse	Die E-Mail-Adresse des Benutzers.
Letzter Besuch	Zu diesem Zeitpunkt hat sich der Besucher das letzte Mal angemeldet.
Registriert	Das Benutzerkonto wurde an diesem Datum angelegt.
ID	Die interne Identifikationsnummer des Benutzers.

Benutzerkonten im Backend anlegen

Damit ein Besucher exklusive Beiträge lesen oder ein Autor seine Filmkritiken schreiben kann, müssen Sie zunächst ein Benutzerkonto für die Person anlegen. Dazu rufen Sie den Menüpunkt *Benutzer → Verwalten* auf und klicken *Neu* an. Sie landen damit im ziemlich üppigen Formular aus Abbildung 12-5, dessen Einstellungen Sie wohl oder übel einmal durchgehen müssen.

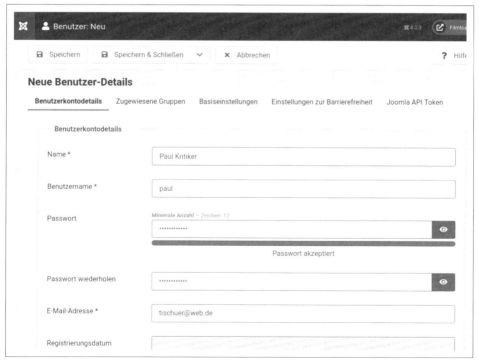

Abbildung 12-5: Hier entsteht ein neues Benutzerkonto für einen Herrn namens Paul Kritiker.

Füllen Sie zunächst die persönlichen Daten auf der Registerkarte *Benutzerkontodetails* aus (siehe Abbildung 12-5). Dazu gehören:

Name
Dies ist der vollständige Name des Benutzers, hier zum Beispiel Paul Kritiker.

Benutzername
Mit diesem Namen meldet sich der neue Benutzer später auf Ihrer Website an. Der Benutzername muss nicht mit dem tatsächlichen Namen identisch sein und darf keine Leerzeichen enthalten. In der Regel verwendet man nur den Vor- oder einen Spitznamen. Wenn Sie den Schritten aus Kapitel 2, *Installation*, gefolgt sind, lautet Ihr eigener Benutzername admin. Für Paul Kritiker können Sie als Benutzernamen paul wählen.

Passwort
Mit dem hier eingegebenen Passwort meldet sich der neue Benutzer später auf Ihrer Website an. Es dient somit ausschließlich der Authentifizierung. Der Benutzer kann dieses Passwort später selbst ändern. Das Passwort müssen Sie blind eingeben. Dies soll verhindern, dass jemand hinter Ihnen das Passwort mitlesen kann.

Wenn Sie das Feld frei lassen, generiert Joomla! zufallsgesteuert selbst ein Passwort, das es dann dem Benutzer per E-Mail zuschickt. Dieses Vorgehen hat den Vorteil, dass man sich als Super User nicht selbst ein sicheres Passwort ausdenken muss. Zudem gerät man nicht in Verdacht, mit den Passwörtern seiner Benutzer Schindluder zu treiben.

Warnung   Gibt man selbst ein Passwort vor, sollte man immer ein möglichst schwer zu erratendes wählen. Im Idealfall ist es mindestens zwölf Zeichen lang und enthält neben Ziffern auch noch eine Mischung aus Groß- und Kleinbuchstaben. Tabu sind dagegen Eigennamen, Geburtsdaten und ähnliche persönliche Informationen.

Wie sicher Ihr Passwort ist, zeigt der Balken unter dem Eingabefeld: Sobald er auf Grün wechselt, erachtet Joomla! das Passwort als ausreichend sicher.

Passwort wiederholen
Wenn Sie selbst ein Passwort vorgeben, müssen Sie es hier noch einmal eingeben, um Tippfehler auszuschließen.

E-Mail-Adresse
Unter dieser E-Mail-Adresse ist der Benutzer zu erreichen. Sie muss immer eindeutig sein; zwei Benutzer dürfen folglich nicht die gleiche E-Mail-Adresse verwenden.

Registrierungsdatum und Letzter Besuch
Sobald Sie das Benutzerkonto angelegt haben, zeigt Joomla! hier an, wann genau das war (*Registrierungsdatum*) und wann sich der Benutzer zum letzten Mal angemeldet hat (*Letzter Besuch*).

Letzter Passwort-Reset und Anzahl Passwort-Resets
Wenn ein Besucher sein Passwort vergessen hat, kann er bei Joomla! ein neues anfordern. In diesen Feldern erfahren Sie, wie oft der Besucher diesen Dienst

schon in Anspruch genommen hat (*Anzahl Passwort-Resets*) und an welchem Datum das zuletzt passiert ist (*Letzter Passwort-Reset*). Wie und auf welchem Weg ein vergesslicher Benutzer an ein neues Passwort gelangt, verrät später noch der Abschnitt »Vergessene Benutzernamen und Passwörter« auf Seite 466.

System-E-Mails erhalten
Steht dieser Punkt auf *Ja*, sendet Joomla! wichtige interne System- und Fehlermeldungen per E-Mail auch an diesen Benutzer.

Warnung Gedacht sind diese Nachrichten für Administratoren und Super User (wie Sie einer sind). Achten Sie folglich darauf, dass nur Empfänger mit entsprechend weitreichenden Rechten diese Nachrichten erhalten. Als Faustregel gilt, dass der Benutzer mindestens Zugang zum Backend haben sollte.

Benutzerstatus
Wenn Sie diesen Schalter auf *Ja* umlegen, ist der Benutzer gesperrt und kann sich nicht mehr anmelden.

Passwortzurücksetzung fordern
Wenn Sie diesen Punkt auf *Ja* setzen, muss sich der Benutzer bei seiner nächsten Anmeldung ein neues Passwort ausdenken. Das ist beispielsweise sinnvoll, wenn Sie den Verdacht haben, dass jemand Fremdes in Ihre Datenbank gelinst hat.

ID
Hier finden Sie die interne Identifikationsnummer des Benutzers. Da Sie das Konto noch nicht angelegt haben, sehen Sie dort eine *0*.

Legen Sie für die Filmtoaster-Seiten ein Benutzerkonto für Paul Kritiker an. Wie in Abbildung 12-5 tippen Sie unter *Name* seinen Namen ein, wählen als *Benutzernamen* paul, denken sich ein *Passwort* aus, tippen dieses ein weiteres Mal in das Feld *Passwort wiederholen* und geben noch eine *E-Mail-Adresse* ein. Wenn Sie nicht über eine zweite E-Mail-Adresse verfügen, verwenden Sie hier eine fiktive, die auf *@example.com* endet. Solche Adressen sind für derartige Testzwecke vorgesehen und führen immer ins Nirwana.

Als Nächstes markieren Sie auf der Registerkarte *Zugewiesene Gruppen* die Benutzergruppe, zu der der neue Benutzer ab sofort gehören soll.

Auf den Filmtoaster-Seiten gehört Paul Kritiker zu den *Kritikern*. Entfernen Sie daher den Haken vor *Registered* und setzen Sie einen neuen bei *Kritiker* (wie in Abbildung 12-6).

Jeder Benutzer darf übrigens in mehreren Gruppen gleichzeitig stecken. Er darf dann alles, was diesen Benutzergruppen erlaubt ist. Beispielsweise könnte es auf einer Vereinsseite eine Benutzergruppe für alle Tennisspieler und eine weitere für die Fußballer geben. Damit der Koordinator für die Jugendarbeit später auf die Seiten beider Bereiche zugreifen kann, packt man ihn kurzerhand in beide Gruppen. Wie auch auf den Filmtoaster-Seiten steckt man jedoch meist jeden Benutzer in genau eine Benutzergruppe. Zum einen vereinfacht das die Rechtevergabe, und zum anderen räumen Sie so einer Person nicht versehentlich mehr Macht ein. Im Beispiel sollten Sie daher überlegen, ob Sie den Koordinator für die Jugendarbeit nicht in eine eigene Benutzergruppe sperren. Damit können Sie ihm bei Bedarf sogar noch einige zusätzliche Aktionen erlauben – oder vorhandene gezielt einschränken.

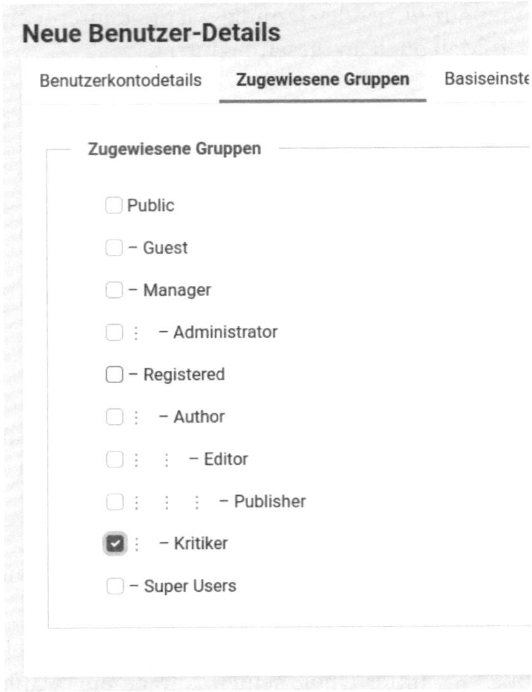

Abbildung 12-6: Dieses Register regelt die Gruppenzugehörigkeit des neuen Benutzers.

Normalerweise gelten für den neuen Benutzer die üblichen Standardeinstellungen. Spricht beispielsweise das Frontend Deutsch, geht Joomla! davon aus, dass auch der Benutzer Deutsch versteht. Ist das jedoch einmal nicht der Fall, können Sie auf der Registerkarte *Basiseinstellungen* aus Abbildung 12-7 einige dieser Vorgaben überschreiben und dem Besucher unter anderem eine andere Sprache oder Zeitzone zuweisen. Sofern die entsprechende Drop-down-Liste auf *– Standard verwenden –* steht, gelten die Vorgaben von Joomla!.

Im Einzelnen warten hier folgende Einstellungen:

Backend-Template-Stil
Wenn der Benutzer Zugang zum Backend besitzt, bekommt er es in der hier eingestellten Optik zu Gesicht. Für gewöhnlich müssen Sie hier keine Änderungen vornehmen.

Backend-Sprache
In der hier eingestellten Sprache erscheint das Backend, sobald sich der Benutzer angemeldet hat (vorausgesetzt, er besitzt die nötigen Rechte dazu).

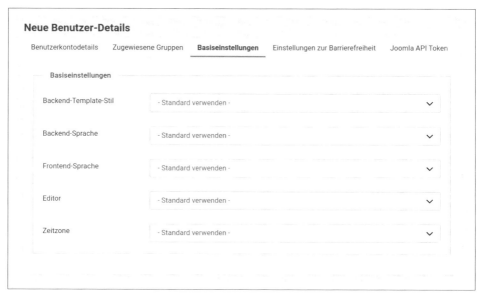

Abbildung 12-7: In diesem Register können Sie dem Benutzer unter anderem eine andere Sprache zuweisen und ihn in eine ganz bestimmte Zeitzone stecken.

Frontend-Sprache
Die Website erscheint in dieser Sprache, sobald sich der Benutzer auf ihr angemeldet hat – vorausgesetzt, Sie betreiben eine mehrsprachige Website.

Editor
Wenn ein Benutzer einen neuen Beitrag einreichen möchte, gibt Joomla! ihm einen kleinen Texteditor an die Hand, in den er seinen Text mehr oder weniger komfortabel eintippen kann.

Standardmäßig verwendet Joomla! für solche Zwecke den TinyMCE-Editor, den Sie schon aus den vorangegangenen Kapiteln kennen. Alternativ darf man dem Benutzer auch ein karges Eingabefeld vorsetzen (Einstellung *Editor – Keiner*), das allerdings nicht die Eingabe von HTML-Befehlen verhindert. Einen Autor, der die Freiheiten des TinyMCE-Editors zu weit auskostet und infolgedessen das Seitenbild zerstört, kann man durch einen derartigen Tausch allein also nicht zügeln.

Tipp Sie können aber die »bösen« HTML-Befehle herausfiltern. Wie das funktioniert, erklärt später noch der Abschnitt »Textfilter für Benutzergruppen« auf Seite 488.

Allerdings stellt ein schlichtes Eingabefeld weniger Leistungsansprüche an die Browser der Besucher. Einem sehbehinderten Autor, der auf einen Screenreader oder gar eine Brailzeile angewiesen ist, kann man beispielsweise mit einem Tausch das Leben wesentlich erleichtern.

Die dritte Alternative, *Editor – CodeMirror*, aktiviert ein Eingabefeld, das sich an Softwareentwickler richtet. Es hebt in erster Linie eingetippten Programmcode hervor.

Tipp Über Erweiterungen können Sie zusätzliche Texteditoren hinzufügen. Mehr Informationen hierzu finden Sie in Kapitel 18, *Funktionsumfang erweitern*.

Zeitzone
Joomla! merkt sich zu jedem Beitrag auch sein Erstellungsdatum. Sollten die Autoren über die ganze Welt verstreut sein und somit in verschiedenen Zeitzonen leben, würden diese Datumsangaben vollständig durcheinandergeraten. Aus diesem Grund kann man hier festlegen, in welcher Zeitzone sich der Benutzer gerade befindet.

 Für Paul Kritiker können Sie im Register *Basiseinstellungen* alle Vorgaben belassen. Legen Sie sein Benutzerkonto per *Speichern & Schließen* an.

Dabei schickt Joomla! dem Benutzer eine kleine Begrüßungsnachricht. Damit das klappt, muss das Content-Management-System allerdings E-Mails verschicken können. Sollte das nicht der Fall sein, erhalten Sie eine entsprechende Warnmeldung (in der Regel *Could not instantiate mail function*). In der Testinstallation ist das nicht weiter tragisch. Läuft Joomla! später im Internet, sollten Sie zunächst die Grundeinstellungen kontrollieren (um die sich gleich noch Kapitel 13, *Joomla! konfigurieren*, kümmert) und gegebenenfalls Ihren Provider ansprechen.

Egal ob der E-Mail-Versand fehlschlug oder nicht, der neue Benutzer Paul Kritiker taucht jetzt in der Übersichtsliste hinter *Benutzer → Verwalten* auf. Da Sie ihn selbst im Backend angelegt und dabei zudem nicht gesperrt haben, leuchtet sowohl in der *Freigegeben-* als auch in der *Aktiviert*-Spalte ein grüner Haken. Paul Kritiker könnte sich somit umgehend im Frontend anmelden.

Probieren Sie das gleich einmal aus: Wechseln Sie ins Frontend und melden Sie sich dort im *Login Form* als `paul` mit dem entsprechenden Passwort an. Da es für ihn noch keine exklusiven Funktionen gibt, sieht er erst einmal nur die bereits existierenden Inhalte.

Benutzer in eine andere Gruppe verschieben

Wenn Sie nachträglich mehrere Benutzer in eine andere Benutzergruppe verschieben möchten, rufen Sie im Backend zunächst die Benutzerverwaltung auf (via *Benutzer → Verwalten*). Markieren Sie in der Tabelle jetzt alle Benutzer, die Sie in eine andere Benutzergruppe verschieben möchten. Klicken Sie dann in der Werkzeugleiste unter den *Aktionen* auf *Stapelverarbeitung*. Im neuen Fenster stellen Sie unter *Gruppe auswählen* die neue Heimat für die Benutzer ein und aktivieren darunter *Zur Gruppe zuweisen*. Klicken Sie abschließend auf *Ausführen*.

Alternativ können Sie die Benutzer auch einer anderen Benutzergruppe hinzufügen; sie stecken also anschließend in mehreren Benutzergruppen (und dürfen dann auch alles, was diesen beiden Benutzergruppen erlaubt ist). Dazu markieren Sie den oder die Benutzer in der Tabelle wieder und rufen in den *Aktionen* die *Stapelverarbeitung* auf. Welcher Gruppe sie hinzugefügt werden sollen, entscheiden Sie unter *Gruppe auswählen*. Stellen Sie jetzt noch sicher, dass darunter *In Gruppe hinzufügen* markiert ist, und klicken Sie schließlich auf *Ausführen*.

Um mehrere Benutzer aus einer Gruppe hinauszuwerfen, markieren Sie diese erneut in der Tabelle, rufen in den *Aktionen* die *Stapelverarbeitung* auf und wählen unter *Gruppe auswählen* die Benutzergruppe, aus der Sie die Benutzer verbannen wollen. Stellen Sie jetzt noch sicher, dass *Aus Gruppe löschen* aktiviert ist, und klicken Sie schließlich auf *Ausführen*.

Benutzer zwangsweise abmelden

Als Super User können Sie unerwünschte Benutzer per Mausklick abmelden. Dazu wechseln Sie im Backend zum *Dashboard* und betrachten den Bereich *Logged-in Users*. Dort reicht ein Klick auf *Abmelden* vor dem Benutzernamen, um den zugehörigen Benutzer vor die Tür zu setzen. Dieser kann sich dann natürlich wieder umgehend neu anmelden. Um ihn dauerhaft auszusperren, müssen Sie ihn in der Benutzerverwaltung (*Benutzer → Verwalten*) richtig sperren.

| Warnung | Man sollte sich jedoch genau überlegen, ob man den Benutzer zwangsweise abmeldet. Bearbeitet er nämlich gerade einen Text, führt das nicht nur zu einem verärgerten Autor. Joomla! sperrt in diesem Fall auch den Beitrag für alle weiteren Bearbeitungen. Hiermit soll vermieden werden, dass zwei Benutzer gleichzeitig an einem Text werkeln und so Inkonsistenzen entstehen. Mehr zu gesperrten Elementen finden Sie im Abschnitt »Gesperrte Inhalte freigeben« auf Seite 91. | |

Zugriffsebenen – Was bekommt ein Benutzer zu sehen?

Welche Benutzergruppen auf welche Inhalte zugreifen dürfen, regeln in Joomla! die sogenannten *Zugriffsebenen* (englisch *Access Levels*). Genauso umständlich wie der deutsche Name ist auch das dahinterstehende Konzept.

| Warnung | Es geht hier zunächst nur darum, welche Beiträge, Menüs und andere Inhalte die Mitglieder einer Benutzergruppe überhaupt zu sehen bekommen. Welche Funktionen und Aktionen die Benutzer aufrufen dürfen, regeln Sie in Joomla! separat über die sogenannten Berechtigungen, um die sich später noch der Abschnitt »Berechtigungen – Welche Aktionen darf ein Benutzer ausführen?« auf Seite 472 kümmert. | |

Arbeitsweise

Theoretisch müssten Sie für jeden Beitrag, jeden Menüpunkt und alle anderen sichtbaren Elemente mühsam einstellen, welche Benutzergruppen sie betrachten dürfen und welche nicht. Schon bei 20 Filmkritiken und circa 15 Menüpunkten der gut florierenden Filmtoaster-Seiten würde das eine ganz schöne Sisyphusarbeit, die obendrein noch ziemlich fehleranfällig wäre. Joomla! geht deshalb einen anderen Weg.

Alle Benutzergruppen, die das Gleiche sehen dürfen, schreibt man zunächst auf eine Liste. Auf den Filmtoaster-Seiten entsteht gerade eine neue Kritik zum aktuellen James-Bond-Film. Diesen Entwurf sollen erst einmal nur die *Super Users* und die *Kritiker* zu Gesicht bekommen. Um das zu erreichen, würde man also zunächst eine neue Liste anlegen und die *Kritiker* und *Super Users* darauf notieren.

Tipp — Sehr oft vergisst man die *Super Users*. Diese besitzen jedoch keine Sonderstellung, sondern bilden eine ganz normale Benutzergruppe. Man kann ihnen also ebenfalls die Zugriffsrechte entziehen beziehungsweise gar nicht erst einräumen. Das führt dann beispielsweise zu der kuriosen Situation, dass man als Seitenbetreiber zwar einen Beitrag schreiben, ihn dann aber nicht im Frontend lesen darf. Denken Sie daher immer auch an die *Super Users*, wenn Sie die Rechte manipulieren.

Diese Liste bekommt nun einen eindeutigen Namen, wie etwa `KritikerZugriff`. Genau diesen Namen heftet man wiederum den entsprechenden Inhalten an, im Beispiel also der neuen Filmkritik.

Sobald sich Paul Kritiker angemeldet hat, knöpft sich Joomla! die Liste *KritikerZugriff* vor und prüft, ob Paul in einer der darauf notierten Benutzergruppen steckt. Wenn ja, zeigt es den Beitrag an. Die Listen bezeichnet Joomla! als *Zugriffsebenen*. Abbildung 12-8 veranschaulicht noch einmal das komplette Prozedere.

Da das Konzept ziemlich komplex ist, noch einmal kurz zusammengefasst: Auf einer Liste notieren Sie ein paar Benutzergruppen. Wenn Sie diese Liste dann an einen Menüpunkt (oder etwas anderes) heften, dürfen die Mitglieder der Benutzergruppen diesen Menüpunkt (beziehungsweise die anderen Inhalte) sehen. Gleich bei der Arbeit mit den Zugriffsebenen wird das Konzept noch etwas klarer.

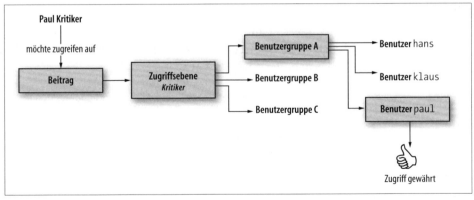

Abbildung 12-8: In diesem Beispiel möchte Paul Kritiker einen Beitrag lesen. Dem Beitrag wurde die Zugriffsebene *Kritiker* zugewiesen. Bevor Joomla! den Blick auf den Beitrag freigibt, schaut es nach, welche Benutzergruppen zu dieser Zugriffsebene gehören. Nur wenn Paul Kritiker in einer dieser Gruppen steckt, bekommt er den Beitrag zu Gesicht.

Die Zugriffsebenen verwaltet der Bildschirm hinter dem Menüpunkt *Benutzer* → *Zugriffsebenen* (siehe Abbildung 12-9).

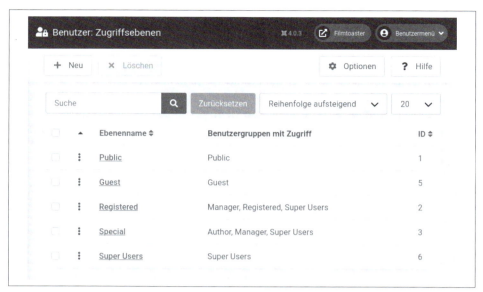

Abbildung 12-9: Die bereits mitgebrachten Zugriffsebenen.

In der Spalte *Benutzergruppen mit Zugriff* können Sie ablesen, welche Benutzergruppen zur jeweiligen Zugriffsebene gehören. (Mit anderen Worten: Die Spalte verrät, welche Gruppen auf der jeweiligen Liste stehen.) Joomla! schließt dabei automatisch immer alle untergeordneten Benutzergruppen mit ein. Die Zugriffsebene *Registered* umfasst folglich neben der Benutzergruppe *Author* auch dessen Untergruppe *Editor*.

Um Ihnen die Auswahl zu erleichtern, fasst Tabelle 12-2 noch einmal alle von Joomla! mitgebrachten Zugriffsebenen zusammen.

Tabelle 12-2: Die standardmäßig vorhandenen Zugriffsebenen

Zugriffsebene	Den Beitrag, den Menüpunkt etc. sieht ...
Public	jeder
Guest	nur alle nicht angemeldeten Besucher
Registered	alle gerade angemeldeten Benutzer
Special	alle gerade angemeldeten Benutzer, die zusätzliche Aktionen ausführen dürfen (im Einzelnen Benutzer der Gruppen *Author, Editor, Publisher, Manager, Administrator* und *Super User*)
Super Users	nur alle Super User

In der Praxis geht man jetzt alle zu versteckenden Elemente durch und überlegt, welche Zugriffsebene die passende ist oder ob man gar eine komplett neue benötigt.

Auf den Filmtoaster-Seiten wurde allen Filmkritiken die standardmäßig vorgeschlagene Zugriffsebene *Public* zugewiesen (werfen Sie auch hier einen Blick in die Spalte *Zugriffsebene* der Tabelle hinter *Inhalt → Beiträge*). Damit dürfen alle Besucher die Beiträge lesen, selbst wenn sie kein Benutzerkonto besitzen. Das ist in den meisten Fällen genau das richtige Verhalten.

Nur die Kritiker und die Super User sollen allerdings den Entwurf zur neuen Filmkritik sehen dürfen. Dazu muss man dem Beitrag eine passende Zugriffsebene zuweisen. Mit Blick auf Tabelle 12-2 wären *Public* und *Registered* die falschen Zugriffsebenen, denn dann würden auch alle Gäste beziehungsweise im zweiten Fall jeder x-beliebige angemeldete Benutzer die Filmkritik sehen. *Special* passt dummerweise ebenfalls nicht: Die Benutzergruppe *Kritiker* ist eine Untergruppe von *Registered* und nicht von *Author*. Würde man also dem Formular die Zugriffsebene *Special* verpassen, könnten die Kritiker nicht darauf zugreifen (sehen Sie sich dazu auch noch einmal die Hierarchie in Abbildung 12-6 auf Seite 448 an). Mit anderen Worten: Es muss eine neue Zugriffsebene her.

Tipp   Sie merken sicher schon, dass die Rechtevergabe in Joomla! die Hirnwindungen ziemlich verknoten kann. Gemeinerweise wird das in den nächsten Abschnitten noch schlimmer.

Neue Zugriffsebene anlegen

Um eine neue Zugriffsebene zu erstellen, klicken Sie unter *Benutzer → Zugriffsebenen* in der Werkzeugleiste auf *Neu*. Verpassen Sie dann im erscheinenden Formular unter *Ebenentitel* der Zugriffsebene einen Namen und markieren Sie im Register *Benutzergruppen mit Zugriff* alle Benutzergruppen, die zu dieser Zugriffsebene gehören sollen (siehe Abbildung 12-9).

Abbildung 12-10: Die neue Zugriffsebene umfasst die beiden abgehakten Benutzergruppen.

Warnung   Joomla! schließt dabei automatisch immer alle Untergruppen mit ein. Wenn Sie also beispielsweise einen Haken vor *Author* setzen, dürfen später auch alle Mitglieder der Gruppen *Editor* und *Publisher* auf die entsprechenden Inhalte zugreifen.

454 | Kapitel 12: Benutzerverwaltung und -kommunikation

Im Fall der Filmtoaster-Seiten genügt es, wie in Abbildung 12-10 die Gruppen *Kritiker* und *Super Users* zu markieren. Als *Ebenentitel* wählen Sie einfach `Kritiker`.

Via *Speichern & Schließen* geht es wieder zurück zur Übersicht. Dort taucht jetzt auch die neue Zugriffsebene auf. Sobald Sie sie etwa einem Beitrag anheften, sehen ihn nur noch die Mitglieder der Benutzergruppen *Kritiker* und *Super Users*. Wie das genau funktioniert, zeigt der direkt folgende Abschnitt.

Zugriffsebene anwenden

Wenn die passende Zugriffsebene existiert, müssen Sie sie noch den entsprechenden Inhalten zuweisen. Das geschieht immer in den jeweiligen Einstellungen über eine Dropdown-Liste namens *Zugriffsebene*. Möchten Sie beispielsweise die Sicht auf einen Beitrag einschränken, bemühen Sie *Inhalt → Beiträge*, klicken dann auf den Namen des Beitrags und stellen die *Zugriffsebene* in der gleichnamigen Drop-down-Liste ein.

Tipp Grundsätzlich sollte man einer Benutzergruppe immer nur den Zugriff auf die gerade eben notwendigen Inhalte gewähren.

Probieren Sie das auf den Filmtoaster-Seiten direkt aus: Steuern Sie den Menüpunkt *Inhalt → Beiträge* an und suchen Sie sich eine Filmkritik aus, die derzeit noch auf Ihrer Webseite zu sehen ist. Wenn Sie alle Beispiele mitgemacht haben, können Sie *James Bond 007: Skyfall* wählen. Klicken Sie den *Titel* des Beitrags an und stellen Sie im Register *Inhalt* am rechten Rand die Einstellung *Zugriffsebene* auf die *Kritiker* (wie in Abbildung 12-11). Nach dem *Speichern* wechseln Sie ins Frontend. Dort ist der Beitrag jetzt verschwunden. Das ändert sich schlagartig, wenn Sie sich über das *Login Form* anmelden – idealerweise als `paul`, sofern Sie die vorherigen Abschnitte mitgemacht haben. Dann finden Sie die Filmkritik zu *James Bond 007: Skyfall* an ihrer alten Stelle wieder und können sie auch wie gewohnt aufrufen.

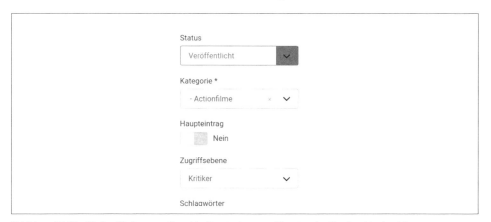

Abbildung 12-11: Die Zugriffsebene regelt, welche Benutzerinnen und Benutzer den Menüpunkt sehen können.

Nehmen Sie im Backend Ihre Änderungen jetzt zurück, indem Sie die *Zugriffsebene* des Beitrags wieder auf *Public* stellen und auf *Speichern & Schließen* klicken.

Probleme mit der Sichtbarkeit von Beiträgen

Wenn Sie mithilfe der Zugriffsebenen einen Beitrag vor den Augen anderer verstecken, könnte er (oder sogar ein Textauszug) dennoch weiterhin erreichbar sein. Um dieses Problem besser erklären zu können, muss schnell ein weiterer kleiner Beitrag her. Wenn Sie die Filmtoaster-Beispiele nicht mitgemacht haben oder mitmachen möchten, erstellen Sie einen (Nonsens-)Beitrag, der direkt über einen Menüpunkt erreichbar ist, und überspringen dann den nächsten Absatz.

Eine ordentliche Kritik besteht aus einer Einleitung, einer kurzen Zusammenfassung des Filminhalts und einem saftigen Fazit. Damit die Kritiker an diesen Aufbau denken und nicht nur zwei kurze Sätze einreichen, könnte man eine kleine Stilfibel zusammenstellen und in einem neuen Beitrag bereitstellen. In der Stilfibel wäre auch eine Kurzanleitung für den TinyMCE-Editor und das dazugehörige Eingabeformular gut aufgehoben. Erstellen Sie also schnell einen neuen Beitrag via *Inhalt → Beiträge* mit einem Klick auf *Neu*, verpassen Sie ihm den *Titel* Stilfibel, legen Sie ihn in die für solche allgemeinen Beiträge gedachte Kategorie *Sonstiges* und denken Sie sich einen passenden Text aus (es reicht ein Nonsens-Text). Alle anderen Einstellungen bleiben zunächst auf ihren Vorgaben. Nach dem *Speichern & Schließen* müssen Sie die Stilfibel noch über ein Menü zugänglich machen. Rufen Sie also *Menüs → Benutzermenü* auf (wenn Sie bis hierhin nicht alle Beispiele mitgemacht haben, gehen Sie über *Menüs → Main Menu*). Klicken Sie auf *Neu*, aktivieren Sie *Auswählen*, entscheiden Sie sich für den Menüeintragstyp *Einzelner Beitrag* (auf dem Slider *Beiträge*), vergeben Sie als *Titel* beispielsweise Stilfibel, klicken Sie rechts neben *Beitrag auswählen* auf *Auswählen*, suchen Sie in der Liste den Beitrag *Stilfibel* und klicken Sie ihn an. *Speichern* Sie Ihre Änderungen (lassen Sie also die Einstellungen des Menüpunkts noch geöffnet). Wie Ihnen ein Blick ins Frontend zeigt, existiert jetzt ein neuer Menüpunkt *Stilfibel*.

Den Menüpunkt zum Beitrag sehen im Moment noch alle Gäste: Wenn Sie einen Blick zurück ins Backend in die Einstellungen des Menüpunkts werfen, steht dort die *Zugriffsebene* auf *Public* (Sie finden die Einstellung auf der rechten Seite ganz unten). Um die Stilfibel auf die Kritiker zu beschränken, haben Sie jetzt drei Möglichkeiten:

- Sie setzen den *Menüpunkt* zum Beitrag auf die Zugriffsebene *Kritiker*.

  Damit sehen nur noch die angemeldeten Kritiker und die Super User den Menüpunkt, womit auch wiederum der Beitrag von normalen Besuchern nicht mehr erreicht werden kann. Zumindest fast: Gibt es noch irgendwo einen anderen Menüpunkt, der auf diesen Beitrag verweist, kann ein Besucher den Beitrag darüber immer noch einsehen. Zudem taucht der Beitrag in den Suchergebnissen auf.

- Sie können den *Beitrag* auf die Zugriffsebene *Kritiker* setzen.

  Damit sieht allerdings noch jeder Besucher den Menüpunkt. Ein Klick darauf würde dann eine nichtssagende Fehlermeldung produzieren. Nur die angemeldeten Kritiker und Super User erreichen darüber den tatsächlichen Beitrag. Die anderen Benutzer dürfte die Fehlermeldung jedoch irritieren, weshalb Sie diese Methode meiden sollten.

- Sie gehen auf Nummer sicher und stellen sowohl den *Menüpunkt* als auch den *Beitrag* unter die Zugriffsebene *Kritiker*. Damit dürfen garantiert nur noch die angemeldeten Kritiker und Super User den Beitrag sehen.

Unter Joomla! sollte man durchaus beherzt paranoid zu Werke gehen und die letzte Variante wählen. Auf diese Weise läuft man gar nicht erst Gefahr, einen Beitrag doch noch für Unbefugte lesbar zu hinterlassen.

Warnung   Das Gleiche gilt übrigens nicht nur für Beiträge, sondern auch für andere Inhalte, wie etwa Kontaktformulare. Wenn Sie also den Zugriff auf ein bestimmtes Element einschränken möchten, müssen Sie die Zugriffsebene bei allen Menüpunkten, die auf das Element verweisen, bei den beteiligten Kategorien und bei den Elementen selbst passend einstellen.

Um nun also endlich die Stilfibel nur noch für die Kritiker sichtbar zu machen, kehren Sie zu den Einstellungen des Menüpunkts zurück und setzen dort die *Zugriffsebene* auf *Kritiker*. *Speichern & Schließen* Sie die Änderung. Rufen Sie jetzt *Inhalt → Beiträge* auf, suchen Sie in der Tabelle die *Stilfibel*, klicken Sie ihren Titel an und stellen Sie in ihren Einstellungen ebenfalls die *Zugriffsebene* auf *Kritiker*. Nach dem *Speichern & Schließen* sehen nur noch Kritiker und Super User die Stilfibel.

Aber auch wenn Sie wie gezeigt den Menüpunkt und den Beitrag mit einer Zugriffsebene vor der Allgemeinheit verstecken, können Sie dennoch den Anfang vom Text bewusst im Frontend anzeigen lassen: Auf den Übersichtsseiten der Kategorien präsentiert Joomla! einem Besucher normalerweise immer nur genau die Beiträge, die er auch tatsächlich lesen darf. Die Abbildungen 12-12 und 12-13 zeigen dafür ein kleines Beispiel: Die Filmkritik zu *Indiana Jones IX* dürfen nur registrierte Benutzer sehen. In der Liste aus Abbildung 12-13 taucht sie daher wie erwartet nicht auf.

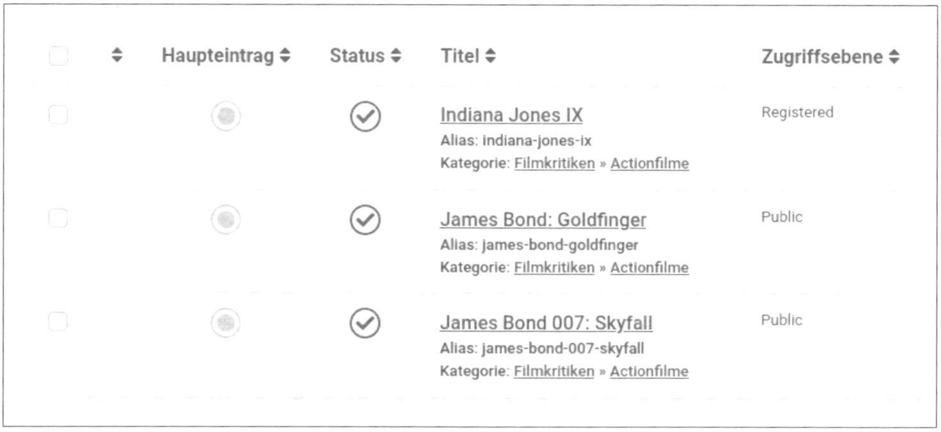

	♦	Haupteintrag ♦	Status ♦	Titel ♦	Zugriffsebene ♦
☐		●	✓	Indiana Jones IX Alias: indiana-jones-ix Kategorie: Filmkritiken » Actionfilme	Registered
☐		●	✓	James Bond: Goldfinger Alias: james-bond-goldfinger Kategorie: Filmkritiken » Actionfilme	Public
☐		●	✓	James Bond 007: Skyfall Alias: james-bond-007-skyfall Kategorie: Filmkritiken » Actionfilme	Public

Abbildung 12-12: Die Filmkritik zu Indiana Jones IX dürfen in diesem Beispiel nur angemeldete Benutzer lesen.

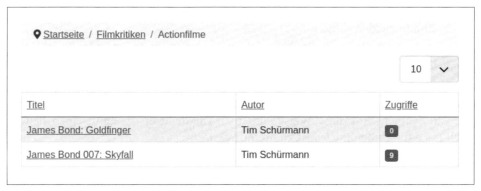

Abbildung 12-13: Im Frontend bekommen folglich normale Besucher diesen Beitrag nicht zu Gesicht.

Wenn Sie jetzt allerdings die Einstellungen des entsprechenden Menüpunkts öffnen (im Beispiel also *Menüs → Main Menu* aufrufen und *Actionfilme* anklicken) und dann auf der Registerkarte *Optionen* den Punkt *Nicht zugängliche Links* auf *Ja* setzen, sehen alle Besucher wie in Abbildung 12-14 auf der entsprechenden Seite auch die Beiträge, die eigentlich einigen ausgewählten Benutzern vorbehalten sind. Wie die Abbildung zeigt, weist Joomla! immerhin deutlich darauf hin, dass den Beitrag nur angemeldete Benutzer lesen dürfen. Auf diese Weise können Sie Ihren Besuchern eine Registrierung schmackhaft machen.

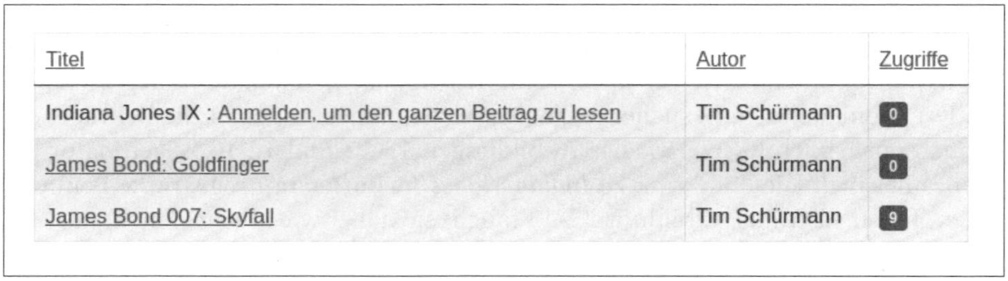

Titel	Autor	Zugriffe
Indiana Jones IX : Anmelden, um den ganzen Beitrag zu lesen	Tim Schürmann	0
James Bond: Goldfinger	Tim Schürmann	0
James Bond 007: Skyfall	Tim Schürmann	9

Abbildung 12-14: Der Text »Anmelden, um den ganzen Beitrag zu lesen« ist ein Link, über den sich die Besucher anmelden können.

Je nachdem, wo der exklusive Beitrag auf Ihrer Website Erwähnung findet, kann ein Besucher seine komplette Einleitung lesen. Das ist genau dann der Fall, wenn:

- der erlesene Beitrag gemeinsam mit anderen auf einer Seite erscheint (wie etwa im Blog der Filmtoaster-Seiten) und
- Sie in den Einstellungen des zu dieser Seite führenden Menüpunkts (im Beispiel also den Einstellungen des Menüpunkts *Blog*) auf der Registerkarte *Optionen* den Punkt *Nicht zugängliche Links* auf *Ja* setzen.

Das Ergebnis zeigt Abbildung 12-15: Ein x-beliebiger Besucher kann dann zwar nicht den kompletten Beitrag lesen, wohl aber die Einleitung.

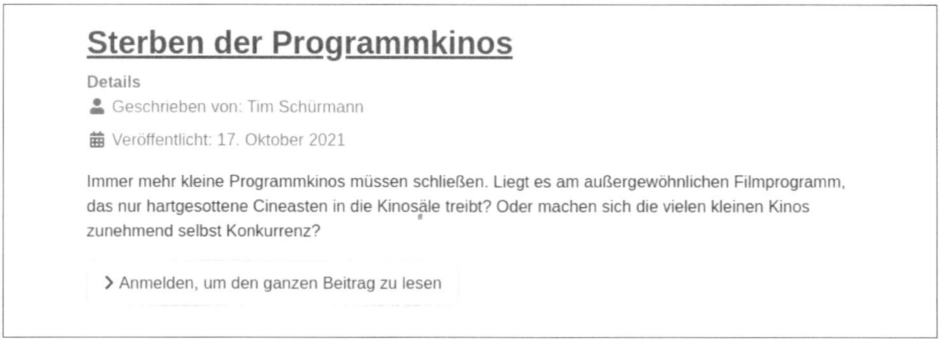

> **Sterben der Programmkinos**
> Details
> 👤 Geschrieben von: Tim Schürmann
> 📅 Veröffentlicht: 17. Oktober 2021
>
> Immer mehr kleine Programmkinos müssen schließen. Liegt es am außergewöhnlichen Filmprogramm, das nur hartgesottene Cineasten in die Kinosäle treibt? Oder machen sich die vielen kleinen Kinos zunehmend selbst Konkurrenz?
>
> › Anmelden, um den ganzen Beitrag zu lesen

Abbildung 12-15: Diesen Blogbeitrag können eigentlich nur angemeldete Benutzer lesen. Da er aber im Blog erscheint und in den Einstellungen des Menüpunkts zum Blog *Nicht zugängliche Links* auf *Anzeigen* steht, zeigt Joomla! dennoch die Einleitung beliebigen Besuchern an.

Zusammenfassung

Da die Arbeit mit Zugriffsebenen recht verwirrend und irritierend ist, folgt hier noch einmal eine kurze Zusammenfassung.

Wenn Sie den Zugriff auf bestimmte Inhalte einschränken möchten, gehen Sie wie folgt vor:

- Erstellen Sie eine neue Zugriffsebene (*Benutzer* → *Zugriffsebenen*) und weisen Sie ihr alle Benutzergruppen zu, die später die Inhalte einsehen dürfen. Um unnötige Arbeit zu sparen, sollten Sie zuvor prüfen, ob es nicht schon eine passende Zugriffsebene gibt.
- Öffnen Sie die Einstellungen des Elements, dessen Zugriff Sie einschränken wollen (wie etwa einen Beitrag), und stellen Sie dort in der entsprechenden Drop-down-Liste die gerade angelegte *Zugriffsebene* ein.
- Klappern Sie jetzt alle Menüpunkte und Kategorien ab, über die das Element (direkt) erreichbar ist, und passen Sie gegebenenfalls auch noch deren Zugriffsebenen an.

An- und Abmeldung

Wenn Sie ausgewählten Personen ein Benutzerkonto eingerichtet und mit passenden Zugriffsrechten ausgestattet haben, müssen sich diese auch irgendwie im Frontend an- und nach der Arbeit auch wieder abmelden können. Dafür gibt es gleich mehrere verschiedene Möglichkeiten.

An- und Abmeldung über ein Modul

Zunächst können Sie ein Modul vom Typ *Benutzer – Anmeldung* anlegen. Direkt nach der Installation existiert bereits ein solches Modul mit dem Titel *Login Form* (siehe Abbildung 12-16).

Abbildung 12-16: Über ein Modul vom Typ *Benutzer – Anmeldung* können sich Benutzer an- und auch wieder abmelden.

Über die entsprechenden Links in einem solchen Modul können sich vergessliche Naturen auch an ihren Benutzernamen und ihr Passwort erinnern lassen. Darüber hinaus lässt sich ein solches Modul auf der Website relativ frei platzieren, und es nimmt wenig Platz weg. Nach der erfolgreichen Anmeldung wechselt das Modul seinen Inhalt und bietet ab sofort eine Schaltfläche zum Abmelden an.

Wenn Sie ein neues Modul erstellen möchten, rufen Sie *Inhalt → Site Module* auf, klicken auf *Neu* und entscheiden sich für *Benutzer – Anmeldung*.

Standardmäßig präsentiert sich das Modul wie in Abbildung 12-16. In seinen Einstellungen können Sie noch etwas an der Optik und den Funktionen schrauben. Insbesondere dürfen Sie festlegen, was nach der Anmeldung und nach der Abmeldung passiert. Im Einzelnen stehen auf der Registerkarte *Modul* folgende Einstellungen bereit:

Text davor
Der hier eingegebene Text erscheint direkt unter dem Titel (also der Überschrift) des Moduls.

Text danach
Der hier eingegebene Text erscheint am Ende des Moduls (also unterhalb des *Passwort vergessen?*-Links).

Anmeldungsweiterleitung
Sofern die Anmeldung erfolgreich war, ruft Joomla! automatisch den hier eingestellten Menüpunkt auf. In der Regel sollte die dort wartende Seite einen Begrüßungstext oder aktuelle Hinweise für die Benutzer enthalten. Sofern kein Menüpunkt eingestellt ist, bleibt Joomla! einfach auf der gerade angezeigten Seite.

Abmeldungsweiterleitung
Nachdem sich ein Besucher wieder abgemeldet hat, ruft Joomla! automatisch diesen Menüpunkt auf. Ist kein Menüpunkt eingestellt, bleibt Joomla! auf der aktuellen Seite.

Anmeldung
 Diese Einstellung ist etwas missverständlich übersetzt: Besucher können sich über das Modul auch selbst ein Benutzerkonto erstellen – sofern Sie dies gestatten. Klickt eine Besucherin auf den entsprechenden Link, springt Joomla! zum hier eingestellten Menüpunkt. Dieser sollte zu einem entsprechenden Registrierungsformular führen. Weitere Informationen zur Registrierung finden Sie später noch im Abschnitt »Registrierung« auf Seite 468.

Begrüßung zeigen
 Nach dem Anmelden ersetzt das Modul seine Eingabefelder durch eine Schaltfläche zum Abmelden. Sofern Sie hier *Ja* wählen, zeigt Joomla! direkt darüber einen Begrüßungstext in der Form Hallo Benutzername an.

Benutzer-/Name anzeigen
 Sofern *Begrüßung zeigen* aktiviert ist, bestimmt diese Einstellung, ob nach dem Hallo der vollständige *Name* oder nur der *Benutzername* folgt.

Profillink anzeigen
 Wenn Sie diesen Schalter auf *Anzeigen* umlegen, zeigt das Modul nach der Anmeldung einen Link an, über den der Benutzer zu einer Seite mit seinem Profil springen kann.

Beschreibung anzeigen
 In Abbildung 12-16 zeigt das Modul rechts in den beiden Eingabefeldern jeweils ein Symbol an: Neben dem Feld für den Benutzernamen ist eine Büste zu sehen, neben dem Feld für das Passwort ein Auge. Diese Symbole tauscht das Modul gegen Textbeschriftungen aus, wenn Sie *Beschreibung anzeigen* auf *Text* setzen. Das Ergebnis zeigt Abbildung 12-17. Die eigentliche Darstellung bestimmt das Template, das unter Umständen auch nur auf die Anzeige der Symbole optimiert ist. Setzen Sie in einem solchen Fall *Beschreibung anzeigen* wieder auf *Icons*.

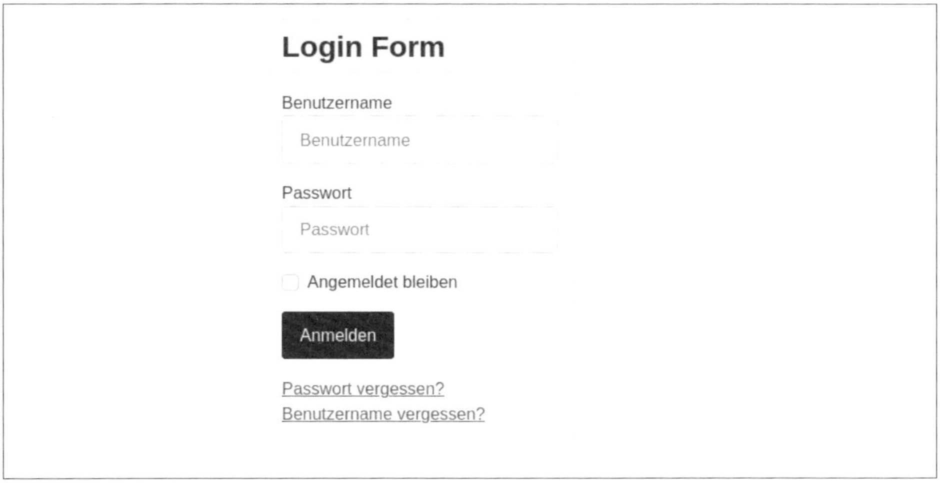

Abbildung 12-17: Hier wurden die Symbole in den Eingabefeldern durch passende Beschriftungen ersetzt.

Bei sehr vielen verschiedenen Modulen auf Ihrer Website wird das Modul allerdings von den Besuchern gern schon mal übersehen. Abhilfe schafft ein passender Menüpunkt.

Anmeldeformular

Alternativ oder zusätzlich zum Anmelden-Modul dürfen Sie Menüpunkte einrichten, über die sich die Benutzer an- und abmelden können. Ein solcher Menüpunkt führt zunächst zum schicken Anmeldeformular aus Abbildung 12-18. Es bietet die gleichen Funktionen und Möglichkeiten wie das Modul. Um sich anzumelden, müssen Besucher lediglich ihren Benutzernamen und ihr Passwort in den beiden Feldern hinterlegen und dann auf *Anmelden* klicken. Das ganze Prozedere erfordert allerdings einen Mausklick mehr als die Anmeldung über das Modul.

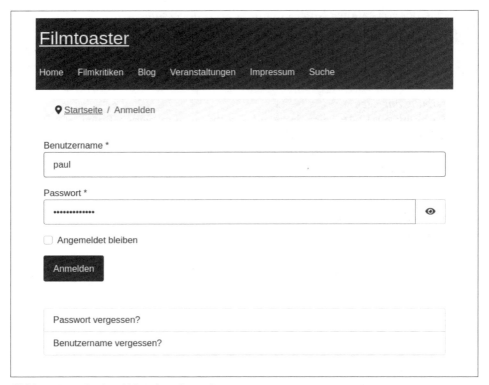

Abbildung 12-18: Das Anmeldeformular im Frontend.

 Wenn Sie das Anmeldeformular anbieten möchten, erstellen Sie zunächst einen neuen Menüpunkt. Für die Filmtoaster-Seiten rufen Sie dazu *Menüs → Benutzermenü* auf und klicken auf *Neu* (wenn Sie die Beispiele aus den vorherigen Kapiteln nicht mitgemacht haben, erstellen Sie den Menüpunkt in einem anderen Menü).

 Tipp   Im Zweifelsfall sollten Sie den Menüpunkt zum Anmelden im Hauptmenü unterbringen. Dort suchen ihn Besucher bevorzugt.

Vergeben Sie in den Einstellungen des Menüeintrags einen passenden *Titel*, wie etwa Anmelden oder Log in. Klicken Sie dann auf *Auswählen* und entscheiden Sie sich auf dem Slider *Benutzer* für den Menüeintragstyp *Anmeldeformular*. Mit den Standardeinstellungen würde der Menüpunkt dann zu dem kleinen Formular aus Abbildung 12-18 führen.

Dieses Formular können Sie in den Einstellungen des Menüpunkts im Register *Optionen* noch etwas aufpeppen. Das Register ist dabei in zwei Bereiche unterteilt. Im oberen der beiden legen Sie fest, was nach einer erfolgreichen Anmeldung passiert:

Nachdem der Benutzer im Formular aus Abbildung 12-18 auf *Anmelden* geklickt hat, ruft Joomla! automatisch einen Menüpunkt auf. Zu welchem Menüpunkt Joomla! dabei wechselt, legen Sie unter *Menüeintrag für Anmeldeweiterleitung* fest. Würden Sie dort beispielsweise nach einem Klick auf *Auswählen* die *Veranstaltungen* einstellen, sehen die Benutzer direkt nach ihrer Anmeldung automatisch immer erst alle Veranstaltungshinweise. Sofern das Feld *Menüeintrag für Anmeldeweiterleitung* leer bleibt, wechselt Joomla! hingegen zum Profil des Benutzers, also einer Seite mit all seinen persönlichen Daten. Der Besucher muss dann von dort aus Ihren Internetauftritt erkunden.

Tipp Viele Websites springen zurück zur Startseite. Auf den Filmtoaster-Seiten müssten Sie dazu *Menüeintrag für Anmeldeweiterleitung* auf *Home* stellen. Wenn die Anmeldung erfolgreich war, zeigt Joomla! allerdings keine Bestätigung an. Lediglich das Anmelden-Modul und eventuell ein paar neue Menüpunkte weisen auf eine erfolgreiche Anmeldung hin. Viele Benutzer dürften folglich erst einmal irritiert überlegen, ob denn die Anmeldung tatsächlich geklappt hat. Die Standardeinstellung (in Form des leeren Felds) ist daher ein guter Kompromiss: Da der Benutzer seine Profildaten sieht, weiß er umgehend, dass er angemeldet sein muss. Wenn Sie allerdings exklusiv für Ihre angemeldeten Benutzer ein Blog oder einen Nachrichtenticker betreiben, sollten Sie dorthin springen – damit bekommt der Benutzer direkt die exklusiven Inhalte präsentiert.

Joomla! kann nach der erfolgreichen Anmeldung nicht nur einen Menüpunkt aufrufen, sondern prinzipiell auch eine beliebige Internetseite Ihres Internetauftritts anzeigen. Dazu stellen Sie zunächst *Anmeldeweiterleitungstyp* auf *Interne URL* und tragen dann im aufklappenden Eingabefeld *Anmeldeweiterleitung* die Internetadresse zur gewünschten Seite ein. Auf diese Weise können Sie auch zu einer Unterseite springen, die nicht direkt über einen Menüpunkt erreichbar ist. Bleibt das Eingabefeld leer, landet der Benutzer wieder in seinem eigenen Benutzerprofil.

Im Anmeldeformular präsentiert Joomla! nur ziemlich lieblos die notwendigen Eingabefelder (wie in Abbildung 12-18). Netterweise dürfen Sie darüber noch einen beliebigen Text anzeigen lassen, zum Beispiel: Bitte melden Sie sich mit Ihrem Benutzernamen und Ihrem Passwort an. Dazu tippen Sie den Text in das Eingabefeld *Beschreibungstext*. Den zeigt Joomla! allerdings nur an, wenn darüber die *Anmeldebeschreibung* auf *Anzeigen* steht.

Abschließend können Sie das Formular auch noch mit einem Bild oder Symbolfoto aufpeppen. Wenn Sie das möchten, klicken Sie auf *Auswählen* rechts neben *Anmel-*

debild. Dann öffnet sich die Medienverwaltung, in der Sie das Bild hochladen, dann anklicken und schließlich *Auswählen*. Über das *X* werden Sie das Bild später wieder los.

 Warnung   Sowohl den *Beschreibungstext* als auch das *Anmeldebild* stellen einige Templates nicht korrekt oder nur recht hässlich dar. Hier müssen Sie im Einzelfall entscheiden, ob Sie den Beschreibungstext und das Bild eingeblendet lassen.

 Für die Filmtoaster-Seiten setzen Sie *Anmeldeweiterleitungstyp* auf *Menüeintrag* und *Menüeintrag für Abmeldeweiterleitung* auf *Home*. Damit landet der Benutzer nach der Anmeldung wieder auf der Startseite. Alle anderen Einstellungen belassen Sie auf ihren Vorgaben.

Wenn der erfolgreich angemeldete Benutzer den Menüpunkt noch einmal aufruft, zeigt Joomla! nicht das Formular aus Abbildung 12-18 an. Stattdessen landet der Benutzer auf einer Webseite mit einer einsamen Schaltfläche *Abmelden*, wie sie Abbildung 12-19 zeigt.

Sobald der Benutzer die Schaltfläche anklickt, meldet ihn Joomla! ab. Gleichzeitig ruft Joomla! den Menüpunkt auf, den Sie unter *Menüeintrag für Abmeldeweiterleitung* vorgegeben haben. Ist das Feld leer, landet der Benutzer wieder auf der Startseite. Sofern Sie keine bessere Alternative haben, belassen Sie diese Vorgabe. Damit kehrt der Benutzer zurück zu einem ihm gut bekannten Ausgangspunkt.

Abbildung 12-19:   Über diese Schaltfläche kann sich der Benutzer wieder abmelden.

Alternativ können Sie den Benutzer auch auf eine beliebige andere Internetseite Ihrer Website lenken. Dazu setzen Sie *Abmeldeweiterleitungstyp* auf *Interne URL* und tragen dann im erscheinenden Eingabefeld *Abmeldeweiterleitung* die Internetadresse der entsprechenden Seite ein.

Damit die Seite mit der Schaltfläche *Abmelden* nicht ganz so leer wirkt, können Sie noch einen beliebigen Text darüber anzeigen lassen – etwa `Um sich abzumelden, klicken Sie bitte auf die Schaltfläche`. Dazu hinterlegen Sie diesen Text im Feld *Beschreibungstext*. Den Text präsentiert Joomla! allerdings nur, wenn direkt über dem Feld der Punkt *Abmeldebeschreibung* auf *Anzeigen* steht. Zusätzlich zum Text blendet Joomla! auf Wunsch auch ein Bild ein. Wenn Sie das möchten, klicken Sie einfach neben *Abmeldebild* auf *Auswählen*. Dann öffnet sich die Medienverwaltung, in der Sie das Bild hochladen, dann anklicken und schließlich *Auswählen*. Gefällt Ihnen das Bild nicht mehr, klicken Sie einfach auf das *X*.

Für die Filmtoaster-Seiten genügen auch hier wieder die Standardeinstellungen.

Es gibt allerdings noch ein kleines Problem: Für einen angemeldeten Benutzer ist es nicht offensichtlich, dass er sich über den Menüpunkt auch wieder abmelden kann. Um das zu ändern, haben Sie drei Möglichkeiten:

- Sie passen den Menütitel entsprechend an und ändern ihn etwa auf An- und Abmelden.
- Sie belassen den Menütitel und fügen noch einen weiteren Menüpunkt zum Abmelden hinzu (wie im nächsten Abschnitt beschrieben).
- Sie fügen einen weiteren Menüpunkt zum Abmelden hinzu (wie im nächsten Abschnitt beschrieben). Gleichzeitig präsentieren Sie den Menüpunkt zum Anmelden ausschließlich den nicht angemeldeten Besuchern.

Die letzte Variante ist die eleganteste: Sobald sich ein Besucher über *Anmelden* angemeldet hat, verschwindet der Menüpunkt. Dazu wechseln Sie noch einmal zurück zum Register *Details* und setzen die *Zugriffsebene* auf *Guest*, die für genau solche Fälle existiert. Ändern Sie diese Einstellung auch auf den Filmtoaster-Seiten. Weitere Informationen zur Zugriffsebene *Guest* finden Sie im Abschnitt »Zugriffsebenen – Was bekommt ein Benutzer zu sehen?« auf Seite 451.

Warnung Es gibt hier noch einen kleinen Schönheitsfehler: Wenn Sie auf der Registerkarte *Optionen* das Feld neben *Menüeintrag für Abmeldeweiterleitung* leer lassen, erhalten Benutzer nach ihrer Anmeldung eine Fehlermeldung. Der Grund ist simpel: Der Benutzer hat den Menüpunkt *Anmelden* aufgerufen. Diesen darf der Benutzer aber direkt nach der Anmeldung nicht mehr sehen, was dann zu der Fehlermeldung führt (genau das haben Sie gerade festgelegt, als Sie die *Zugriffsebene* auf *Guest* gestellt haben). Wenn Sie *Menüeintrag für Abmeldeweiterleitung* hingegen auf einen anderen Menüpunkt setzen, ruft Joomla! automatisch einen anderen Menüpunkt auf, den der Benutzer sehen darf. Sie merken sicher schon: Die Zugriffsebenen können die Hirnwindungen ziemlich verknoten – insbesondere wenn wie hier mehrere wirken.

Lassen Sie abschließend den Menüpunkt *Speichern & Schließen*. Im Frontend können Sie sich dann über ihn bei Joomla! anmelden. Sobald das geschehen ist, verschwindet der Menüpunkt. Einen Kollegen zum Abmelden legen Sie im nächsten Abschnitt an.

Abmelden über einen Menüpunkt

Nach erledigter Arbeit sollten sich Benutzer explizit wieder von Joomla! abmelden. Damit ist sichergestellt, dass Fremde nicht unbemerkt das Benutzerkonto übernehmen können. Abmelden können sich die Benutzer auf gleich mehreren Wegen: Wenn Sie ein Modul vom Typ *Benutzer – Anmeldung* anbieten, müssen Benutzer lediglich auf dessen Schaltfläche *Abmelden* klicken (siehe den Abschnitt »An- und Abmeldung über ein Modul« auf Seite 459). Sofern Sie einen Menüpunkt vom Menüeintragstyp *Anmeldeformular* erstellt haben, können die Benutzer diesen Menüpunkt aufrufen und dann auf *Abmelden* klicken (siehe den vorherigen Abschnitt »Anmeldeformular« auf Seite 462).

 Es gibt aber auch noch eine dritte Möglichkeit: Sie können explizit einen Menüpunkt zum Abmelden einrichten. Ein Klick darauf genügt, und schon ist der Benutzer abgemeldet. Hierzu erstellen Sie wie gewohnt einen neuen Menüpunkt. Auf den Filmtoaster-Seiten rufen Sie dafür *Menüs → Main Menu* und dann *Neu* auf.

Klicken Sie neben *Menüeintragstyp* auf *Auswählen* und entscheiden Sie sich auf dem Slider *Benutzer* für *Abmelden*. Vergeben Sie noch einen aussagekräftigen *Titel*, wie etwa Abmelden.

Wenn ein Benutzer den Menüpunkt anklickt, meldet ihn Joomla! zunächst ab und leitet ihn dann auf eine Seite weiter. Welche Seite das ist, dürfen Sie im Register *Optionen* unter *Abmeldeweiterleitungsseite* festlegen. Wenn Sie keine bessere Alternative haben, lassen Sie Joomla! zurück zur Startseite springen. Auf diese Weise kehrt der Benutzer wieder zu einem ihm gut bekannten Ausgangspunkt zurück. Klicken Sie dazu auf *Auswählen* und dann auf den Menüpunkt, der zur Startseite führt. Im Fall der Filmtoaster-Seiten wählen Sie folglich als *Abmeldeweiterleitungsseite* den Punkt *Home*.

Standardmäßig ist der Menüpunkt immer zu sehen – insbesondere auch für alle vorbeischlendernden Besucher, die gar kein Benutzerkonto besitzen. Wenn diese Personen auf den Menüpunkt klicken, passiert zwar nichts, er dürfte Ihre Besucher aber dennoch irritieren. Abhilfe ist recht schnell geschaffen: Stellen Sie einfach im Register *Details* eine passende *Zugriffsebene* ein. Auf den Filmtoaster-Seiten wählen Sie *Registered*. Damit sehen den Menüpunkt nur noch angemeldete Benutzer.

Vergessen Sie nicht, den Menüpunkt *Speichern & Schließen* zu lassen.

Vergessene Benutzernamen und Passwörter

Insbesondere dann, wenn sich Benutzer nur selten an Ihrem Internetauftritt anmelden, vergessen sie schon einmal ihr Passwort oder ihren Benutzernamen. Sie selbst können als Super User beide Informationen im Backend in den Einstellungen eines Benutzerkontos (hinter *Benutzer → Verwalten*) einsehen und auch ändern. Der Benutzer muss Sie jedoch dazu erst per E-Mail kontaktieren.

Alternativ können Sie zwei Formulare bereitstellen, über die ein Benutzer selbst ein neues Passwort anfordern beziehungsweise sich an seinen Benutzernamen erinnern lassen kann. Sinnvollerweise sollten beide in einem für alle Besucher sichtbaren Menü erscheinen.

Tipp	Wenn Sie ein Modul vom Typ *Benutzer – Anmeldung* anbieten, enthält dieses bereits zwei Links, über die ein Benutzer ein neues Passwort anfordern und sich an seinen Benutzernamen erinnern lassen kann (siehe den Abschnitt »An- und Abmeldung über ein Modul« auf Seite 459). Zwei zusätzliche Menüpunkte sind dann nicht zwingend notwendig.

Als Erstes zum vergessenen Passwort: Erstellen Sie zunächst einen neuen Menüpunkt. Auf den Filmtoaster-Seiten wählen Sie dazu *Menüs → Benutzermenü* und klicken dann auf *Neu*.

Weisen Sie dem Menüpunkt hinter *Auswählen* auf dem Slider *Benutzer* den Menüeintragstyp *Passwort zurücksetzen* zu. Vergeben Sie abschließend noch einen *Menütitel*, wie etwa Passwort vergessen, und lassen Sie ihn *Speichern & Schließen*. Der fertige Menüeintrag führt dann im Frontend zur Seite aus Abbildung 12-20.

Abbildung 12-20: Um ein neues Passwort zu erhalten, muss der Besucher seine E-Mail-Adresse hinterlegen.

Hier muss der vergessliche Benutzer seine E-Mail-Adresse hinterlassen, an die Joomla! dann eine Nachricht mit einem Bestätigungscode schickt. Diesen Code muss der Benutzer zusammen mit seinem Benutzernamen in das jetzt neu angezeigte Formular übertragen. Erst danach darf er endlich ein neues Passwort vergeben. Mit dieser ganzen Prozedur soll sichergestellt werden, dass niemand ein vorhandenes Benutzerkonto kapert.

Warnung   Das Verfahren funktioniert nur, wenn Joomla! E-Mails versenden kann und darf. Weitere Informationen dazu finden Sie im Abschnitt »E-Mail-Versand einrichten (Mailing)« auf Seite 541.

Wie oft sich ein Benutzer auf diesem Weg selbst ein neues Passwort zuschicken lassen kann, legen Sie im Backend unter *Benutzer → Verwalten* in den *Optionen* auf der Registerkarte *Passwortoptionen* fest. Benutzer dürfen innerhalb der neben *Zurücksetzungsdauer* eingestellten Zeitspanne nur so oft ein Passwort anfordern, wie es das *Zurücksetzungsmaximum* vorgibt. Die Zahlen unter *Zurücksetzungsdauer* entsprechen dabei Stunden. Mit den Vorgaben kann ein Benutzer also pro Stunde höchstens zehnmal ein neues Passwort anfordern.

Etwas weniger kompliziert funktioniert die Erinnerung an einen vergessenen Benutzernamen: Erstellen Sie wieder einen neuen Menüpunkt (auf den Filmtoaster-Seiten via *Menüs* → *Benutzermenü* mit einem Klick auf *Neu*), verpassen Sie ihm aber diesmal per *Auswählen* auf dem Slider *Benutzer* den Menüeintragstyp *Benutzername erneut zusenden*. Als *Titel* bietet sich etwa Benutzername vergessen an. Nach dem *Speichern & Schließen* führt der Menüpunkt dann zur Seite aus Abbildung 12-21.

Abbildung 12-21: Um an seinen Benutzernamen erinnert zu werden, muss der Besucher ebenfalls seine E-Mail-Adresse hinterlassen.

Sobald hier der Benutzer seine E-Mail-Adresse eingetippt hat, sendet Joomla! ihm den Benutzernamen zu.

Registrierung

Bislang mussten Sie immer mühsam per Hand neue Benutzerkonten für Ihre Besucher einrichten. Sie können aber auch ein Formular anbieten, über das dann Besucher selbst ein Benutzerkonto beantragen dürfen. Diesen Vorgang bezeichnet Joomla! als *Registrierung*. Das Verfahren nimmt Ihnen etwas Arbeit ab, umgekehrt können aber auch Scherzbolde zahlreiche Benutzerkonten für Ihre Nachbarn, Freunde oder fiktive Personen anlegen. Das kann man zwar nicht gänzlich verhindern, aber mit in Joomla! eingebauten pfiffigen Funktionen drastisch erschweren. Zunächst muss jedoch erst einmal das erwähnte Formular her, über das sich Besucher registrieren können.

Benutzerregistrierung aktivieren

Die Registrierung erlaubt Joomla! nur dann, wenn Sie im Backend unter *Benutzer* → *Verwalten* in den *Optionen* auf der Registerkarte *Benutzeroptionen* den Punkt *Benutzerregistrierung* auf *Ja* setzen und die Einstellungen *Speichern & Schließen* lassen.

Sofern Sie ein Modul vom Typ *Benutzer – Anmeldung* anbieten (wie das *Login Form* auf den Filmtoaster-Seiten), zeigt dieses Modul umgehend einen Link *Registrieren* an. Über ihn gelangen Besucher direkt zum Registrierungsformular (das der nächste Abschnitt ausführlich vorstellt).

Tipp   Sollte die Registrierung missbraucht werden, können Sie auf dem genannten Weg auch schnell die komplette Registrierung wieder abschalten. Setzen Sie dazu hinter *Benutzer → Verwalten* in den *Optionen* den Punkt *Benutzerregistrierung* auf *Nein* zurück. Ein Menüpunkt zum Registrierungsformular läuft dann ins Leere, während gleichzeitig aus dem *Login Form* der entsprechende Link verschwindet. Sie können anschließend im Backend aufräumen beziehungsweise die unrechtmäßig erstellten Benutzerkonten löschen.

Registrierungsformular bereitstellen

Um einen Menüpunkt auf das Registrierungsformular zeigen zu lassen, erstellen Sie zunächst einen neuen Menüeintrag. Auf den Filmtoaster-Seiten rufen Sie dazu *Menüs → Benutzermenü* und dann *Neu* auf.

Klicken Sie neben *Menüeintragstyp* auf *Auswählen* und entscheiden Sie sich auf dem Slider *Benutzer* für das *Registrierungsformular*. Vergeben Sie noch einen aussagekräftigen *Titel*, wie etwa Registrieren. Der Menüpunkt ist nur für Gäste interessant, die nicht angemeldet sind. Um den Menüpunkt nur diesen Personen anzuzeigen, setzen Sie noch die *Zugriffsebene* auf *Guest*.

Das war bereits alles. Nach dem *Speichern & Schließen* erreichen Sie im Frontend über den neuen Menüpunkt das Registrierungsformular aus Abbildung 12-22.

Hier muss der Besucher seinen vollständigen Namen, einen selbst gewählten Benutzernamen, zweimal das selbst gewählte Passwort und seine E-Mail-Adresse eintippen. Das Passwort muss dabei den angegebenen Kriterien entsprechen, standardmäßig also mindestens zwölf Zeichen lang sein. Der Balken unter dem Eingabefeld zeigt an, ob Joomla! mit dem Passwort zufrieden ist.

Sobald auf *Registrieren* geklickt wird, verschickt Joomla! eine E-Mail. Der Benutzer muss jetzt den in der zugeschickten E-Mail angegebenen Link entweder anklicken oder in seinem Browser aufrufen. Durch diese Prozedur versucht das Content-Management-System, sicherzustellen, dass der Besucher eine echte Person ist, das Postfach tatsächlich existiert und kein Scherzbold ein Konto für seinen Nachbarn anlegt.

Warnung   Da dieses Verfahren halb automatisch abläuft, ist es nicht hundertprozentig sicher. Beispielsweise nützt es nicht viel, dass die E-Mail-Adressen existieren und eindeutig sein müssen: Ein böswilliger Benutzer legt sich einfach beliebig viele weitere Postfächer bei einem kostenlosen E-Mail-Dienst an und erfindet irgendwelche Fantasienamen. Sie können die Hürden dafür mit einem sogenannten Captcha erhöhen, um das sich später noch das Kapitel 14, *Plug-ins*, kümmert.

Darüber hinaus kann diese Form der Registrierung zu vielen Karteileichen führen, wenn sich zum Beispiel Besucher zwar registrieren, das entsprechende Konto aber nie wieder in Anspruch nehmen. Aus diesem Grund sollte man in regelmäßigen Abständen in der Benutzerverwaltung (hinter *Benutzer → Verwalten*) aufräumen und veraltete Datensätze entfernen oder zumindest deaktivieren.

Sollte Joomla! keine E-Mails verschicken können, sieht der Besucher eine entsprechende Fehlermeldung. Im Hintergrund hat Joomla! allerdings schon ein neues Benutzerkonto eingerichtet, dieses aber noch nicht aktiviert. Damit kann sich der Besucher weder anmelden noch das Benutzerkonto erneut beantragen (denn es existiert ja schon). Um den Besucher nicht verwirrt zurückzulassen, sollten Sie daher immer kurz selbst prüfen, ob der E-Mail-Versand klappt. Dazu benötigen Sie allerdings ein zweites Postfach (beispielsweise bei einem kostenlosen Freemail-Anbieter oder in Form einer E-Mail-Weiterleitung). Spielen Sie dann selbst Besucher und registrieren Sie über das Formular einen neuen fiktiven Benutzer.

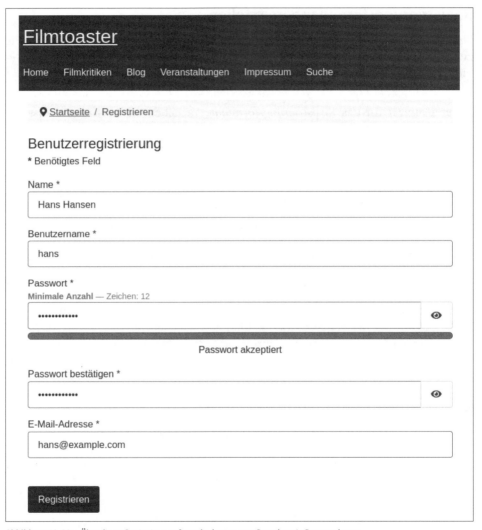

Abbildung 12-22: Über dieses Registrierungsformular beantragen Besucher ein Benutzerkonto.

Probieren Sie das direkt einmal selbst aus: Registrieren Sie im Formular einen Besucher namens Hans Hansen, dessen Benutzername hans lautet. Wenn Sie über ein zweites Postfach verfügen, verwenden Sie dieses als *E-Mail-Adresse*, andernfalls nutzen Sie eine E-Mail-Adresse mit der Endung *@example.com*, wie etwa *hans@example.com*. Solche Adressen sind für Testzwecke gedacht und führen ins Nirwana. Sie bekommen dann zwar keine Bestätigungs-E-Mail, sehen aber zumindest eine Erfolgs- beziehungsweise Fehlermeldung. Denken Sie sich abschließend noch ein *Passwort* aus. Sofern nach einem Klick auf *Registrieren* eine Fehlermeldung oder eine leere Seite erscheint beziehungsweise der E-Mail-Versand hakt, müssen Sie die E-Mail-Einstellungen von Joomla! ändern. Das erfolgt in den Grundeinstellungen, auf die später noch Kapitel 13, *Joomla! konfigurieren*, zurückkommen wird. Für den Moment ignorieren Sie eine etwaige Meldung.

Benutzer aktivieren

Nach der Registrierung taucht im Backend in der Liste hinter *Benutzer → Verwalten* der neue Benutzer auf. In seiner Zeile finden Sie wie in Abbildung 12-23 zwei graue X-Symbole in den Spalten *Freigegeben* und *Aktiviert*. Klicken Sie das X in der Spalte *Aktiviert* an. Hierdurch aktiviert Joomla! das Benutzerkonto. Gleichzeitig schaltet es das Content-Management-System auch noch frei, wie der grüne Haken in der Spalte *Freigegeben* zeigt. Damit darf sich der Benutzer jetzt im Frontend anmelden.

Abbildung 12-23: Das deaktivierte und noch nicht freigegebene Benutzerkonto für Hans Hansen.

Bei jeder neuen Registrierung müssen Sie wie gezeigt erst das Benutzerkonto aktivieren und freischalten. Bei sehr vielen Registrierungen kann das schon mal in Arbeit ausarten. Joomla! kann den Benutzer aber auch aktivieren, sobald er auf den Link in seiner Bestätigungs-E-Mail klickt. Dazu wechseln Sie über *Benutzer → Verwalten* in den *Optionen* zum Register *Benutzeroptionen*, setzen dort die Einstellung *Kontenaktivierung durch* auf *Benutzer* und lassen die Änderung *Speichern*. Diese Maßnahme sollten Sie sich aber gut überlegen. Denn damit kann sich jetzt jeder Besucher eigenmächtig ein Benutzerkonto verschaffen: Er muss lediglich das Formular aus Abbildung 12-22 ausfüllen und den Link in der Bestätigungs-E-Mail anklicken. Anschließend kann er sich umgehend anmelden. Böswillige Besucher sind damit imstande, sich gleich mehrere Benutzerkonten zu organisieren. Sie sollten daher möglichst die Voreinstellung belassen und Konten immer erst selbst im Backend aktivieren.

Warnung   Anstelle von *Benutzer* könnten Sie auch *Keine* auswählen. Damit aktiviert Joomla! das Benutzerkonto immer sofort und ohne Rückfrage. Ein böswilliger Angreifer könnte sich dann automatisiert beliebig viele Benutzerkonten anlegen. Ignorieren Sie daher am besten, dass es die Einstellung *Keine* überhaupt gibt.

In den Optionen finden Sie noch ein paar weitere nützliche Einstellungen: Sobald ein Besucher über das Registrierungsformular ein Konto beantragt hat, schickt Ihnen Joomla! automatisch eine Benachrichtigung per E-Mail. Wenn Sie das nicht mehr wünschen, setzen Sie *Informationsmail an Administratoren* auf *Nein*.

Wenn Sie einen mehrsprachigen Internetauftritt betreiben, sollte der neuer Benutzer von Anfang an die Beiträge in seiner Sprache sehen. Setzen Sie *Frontend-Sprache* auf *Anzeigen*, fragt Joomla! alle Benutzer schon bei der Registrierung nach ihrer bevorzugten Sprache. Bei einem einsprachigen Internetauftritt sollten Sie hier *Verbergen* belassen, bei einem mehrsprachigen immer *Anzeigen* wählen.

Sobald sich Besucher über das Formular registrieren, landen sie automatisch in der Benutzergruppe, die neben *Gruppe für neue Benutzer* eingestellt ist.

 Warnung   Belassen Sie hier möglichst die Voreinstellung *Registered*. Damit kann der neue Benutzer erst einmal nur exklusive Beiträge lesen und somit keinen Schabernack treiben. Erst wenn Sie einem Benutzer vertrauen, stecken Sie ihn in eine andere Benutzergruppe.

Setzen Sie niemals die *Gruppe für neue Benutzer* auf *Super Users* und *Kontenaktivierung durch* auf *Keine*. Damit könnte jeder x-beliebige Besucher umgehend Ihren kompletten Internetauftritt übernehmen.

Vergessen Sie nicht, Ihre veränderten Einstellungen per *Speichern & Schließen* abzuschließen.

Berechtigungen – Welche Aktionen darf ein Benutzer ausführen?

Joomla! regelt auf unterschiedliche Weise,

- was ein Benutzer zu *sehen* bekommt und
- welche Aktionen er *ausführen* darf.

Auf welche Inhalte ein Benutzer überhaupt zugreifen darf und was er somit zu Gesicht bekommt, legen Sie über die Zugriffsebenen fest (wie im Abschnitt »Zugriffsebenen – Was bekommt ein Benutzer zu sehen?« auf Seite 451 beschrieben). Damit sieht ein Besucher zwar schon bestimmte Funktionen, kann sie aber unter Umständen gar nicht auslösen oder bekommt nur eine Fehlermeldung zu Gesicht.

 Das gilt auch auf den Filmtoaster-Seiten: Dort können sich die Filmkritiker zwar anmelden, bislang aber nur Beiträge lesen. Im Folgenden soll ihnen auch erlaubt werden, bestehende Kritiken zu bearbeiten – allerdings wirklich nur die Filmkritiken.

Berechtigungen anpassen

Um den Mitgliedern einer Benutzergruppe eine Aktion zu erlauben, wechseln Sie zunächst zum Menüpunkt *System*, rufen im Bereich *Einstellungen* die *Konfiguration* auf und öffnen das Register *Berechtigungen*. Dort wartet das Registermonster aus Abbildung 12-24.

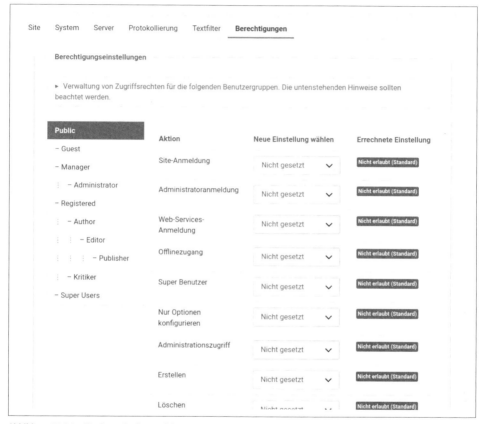

Abbildung 12-24: Hier legen Sie fest, welche Benutzergruppe welche Aktionen ausführen darf. Die Abbildung zeigt aus Platzgründen nur den oberen Teil der Einstellungen.

Es ist jedoch harmloser, als es auf den ersten Blick scheint. Ganz links sehen Sie in einem Kasten alle existierenden Benutzergruppen. Untergruppen erscheinen wieder eingerückt.

Die Einstellungen auf der rechten Seite beziehen sich immer auf die gerade ausgewählte Benutzergruppe. Um der Gruppe der Filmkritiker das Bearbeiten von Beiträgen zu erlauben, klicken Sie auf *Kritiker*. (Wenn Sie die Beispiele aus den vorherigen Abschnitten nicht mitgemacht haben, nutzen Sie stattdessen im Folgenden immer die Gruppe *Author*.) Abbildung 12-25 zeigt das Ergebnis.

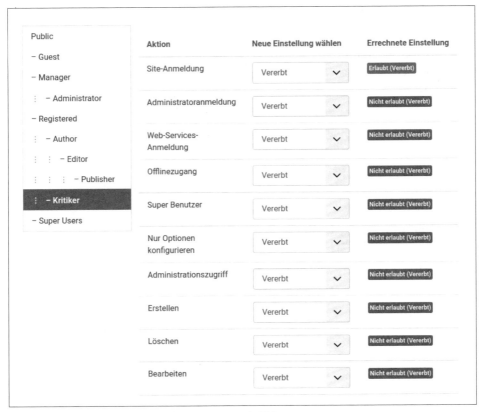

Abbildung 12-25: Die Berechtigungen für die Benutzergruppe der Kritiker.

Konzentrieren Sie sich jetzt auf die rechte Seite. In jeder Zeile finden Sie eine *Aktion*, die die Kritiker ausführen könnten. Insgesamt stehen die Aktionen aus Tabelle 12-3 zur Verfügung.

Tabelle 12-3: Mögliche Aktionen

Aktion	Die Mitglieder der Gruppe dürfen
Site-Anmeldung	... sich am Frontend anmelden (etwa über das *Login Form*).
Administratoranmeldung	... sich am Backend anmelden.
Web-Services-Anmeldung	... sich über eine Programmierschnittstelle bei Joomla! anmelden.
Offlinezugang	... sich anmelden, auch wenn die Website abgeschaltet ist (sich also im Offlinemodus befindet).
Super Benutzer	... wirklich alles, egal was die übrigen Einstellungen hier noch so festlegen. Die Mitglieder der Gruppe sind folglich allmächtig.
Nur Optionen konfigurieren	... die Optionen ändern.
Administrationszugriff	... auf alle Bereiche im Backend zugreifen, dabei aber nicht die Konfiguration verändern.
Erstellen	... Inhalte erstellen.
Löschen	... Inhalte löschen.

Tabelle 12-3: Mögliche Aktionen *(Fortsetzung)*

Aktion	Die Mitglieder der Gruppe dürfen
Bearbeiten	... bestehende Inhalte verändern beziehungsweise nachbearbeiten.
Status bearbeiten	... bestehende Inhalte sperren und wieder freigeben.
Eigene Inhalte bearbeiten	... ihre selbst erstellten Inhalte verändern beziehungsweise nachbearbeiten.
Inhalt von eigenen Feldern bearbeiten	... den Inhalt von Feldern bearbeiten.

Einige der Aktionen schließen sich gegenseitig aus. Das gilt beispielsweise für *Bearbeiten* und *Eigene Inhalte bearbeiten*. Wenn Sie Letztgenanntes erlauben, dürfen die Mitglieder jeweils nur ihre eigenen Inhalte nachbearbeiten. Bei *Bearbeiten* können sie hingegen restlos alle Inhalte verändern, was natürlich ihre eigenen einschließt. Folglich ist nur eine der beiden Aktionen sinnvoll.

Die Spalte *Errechnete Einstellung* zeigt an, was die Mitglieder der Gruppe im Moment dürfen. Den Kritikern aus Abbildung 12-25 ist es demnach erlaubt, sich am Frontend anzumelden – mehr jedoch nicht.

Dies ändern Sie über die Drop-down-Listen in der Spalte *Neue Einstellung wählen*. Steht dort ein *Erlaubt*, dürfen die Mitglieder der Gruppe die entsprechende Aktion ausführen, bei *Verweigert* hingegen nicht.

Im Moment steht dort überall noch *Vererbt*. Damit übernimmt die Gruppe die Einstellungen ihrer übergeordneten Gruppe. Die *Kritiker* sind eine Untergruppe von *Registered*. Wenn Sie diese auf der linken Seite anklicken, sehen Sie, dass dort die *Seitenanmeldung* in der Spalte *Neue Einstellung wählen* auf *Erlaubt* steht. Als Untergruppe übernehmen die Kritiker genau diese Vorgabe. Man sagt, sie *erben* diese Einstellung. Kehren Sie jetzt wieder zu den Kritikern zurück.

Um nun den Kritikern das Bearbeiten von Beiträgen zu erlauben, setzen Sie die Drop-down-Liste in der Zeile *Bearbeiten* auf *Erlaubt*. Doch halt: Damit würden Sie den Kritikern gestatten, beliebige Inhalte zu bearbeiten. Prinzipiell dürften sie dann auch Blogbeiträge ändern und Veranstaltungstipps umschreiben. Das wird insbesondere dann zu einem Problem, wenn Sie Erweiterungen installieren. So könnten die Kritiker beispielsweise auch die Preise der Produkte in einem Onlineshop ändern.

Warnung   Grundsätzlich sollte man einer Benutzergruppe immer nur so viel erlauben, wie gerade eben notwendig ist. Damit führt man die (normalerweise unbekannten) Benutzer nicht in Versuchung, die Funktionen zu missbrauchen.

Glücklicherweise kann man den Kritikern auch ganz gezielt nur das Bearbeiten von Beiträgen und sogar ausschließlich das Ändern von Filmkritiken gestatten. Dazu belassen Sie die Drop-down-Liste auf *Vererbt* und verlassen die Konfiguration über *Schließen* (in der Werkzeugleiste).

Für die Verwaltung der Beiträge ist die Tabelle hinter *Inhalt* → *Beiträge* zuständig. Wechseln Sie dorthin, rufen Sie die *Optionen* auf (rechts oben in der Werkzeugleiste) und aktivieren Sie dann das Register *Berechtigungen*. Dessen Inhalt dürfte Ihnen ziemlich bekannt vorkommen (siehe Abbildung 12-26).

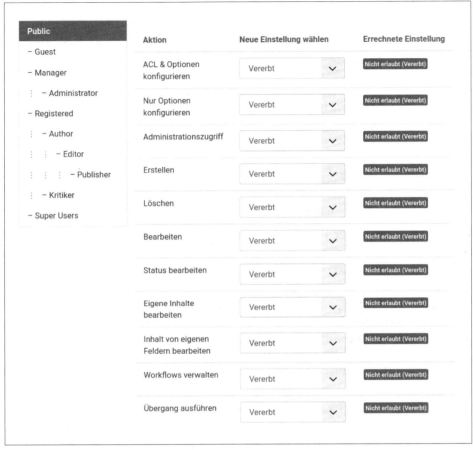

Abbildung 12-26: In den Optionen regeln Sie für jede Benutzergruppe, welche Aktionen diese ausführen darf.

In diesem Register stellen Sie ein, was die einzelnen Benutzergruppen mit den Beiträgen anstellen dürfen. Beachten Sie, dass es wirklich nur um Aktionen geht, die in irgendeiner Weise die Beiträge manipulieren. Insgesamt stehen hier die Aktionen aus Tabelle 12-4 bereit.

Tabelle 12-4: Mögliche Aktionen für Beiträge

Aktion	Die Mitglieder der Gruppe dürfen
ACL & Optionen konfigurieren	... hinter *Inhalt* → *Beiträge* in den *Optionen* die Vorgaben verändern.
Nur Optionen konfigurieren	... hinter *Inhalt* → *Beiträge* in den *Optionen* die Vorgaben verändern, wobei allerdings das Register *Berechtigungen* tabu bleibt.
Administrationszugriff	... auf die Beitragsverwaltung zugreifen (also beispielsweise die Tabelle mit allen Beiträgen einsehen).
Erstellen	... Beiträge erstellen.

Tabelle 12-4: Mögliche Aktionen für Beiträge *(Fortsetzung)*

Aktion	Die Mitglieder der Gruppe dürfen
Löschen	... vorhandene Beiträge löschen.
Bearbeiten	... vorhandene Beiträge bearbeiten.
Status bearbeiten	... Beiträge sperren und freigeben.
Eigene Inhalte bearbeiten	... als Ersteller eines Beitrags diesen nachträglich verändern.
Inhalt von eigenen Feldern bearbeiten	... die Inhalte von an die Beiträge angehängten Feldern bearbeiten.
Workflows verwalten	... Workflows verwalten.
Übergang ausführen	... im Rahmen der Workflows festgelegte Übergänge ausführen.

Klicken Sie hier wieder die *Kritiker* an. Wie erwartet und von der Spalte *Errechnete Einstellung* bestätigt, dürfen diese im Moment noch nichts. Damit sie Beiträge ändern dürfen, setzen Sie in der Zeile *Bearbeiten* die Drop-down-Liste auf *Erlaubt*. Doch auch hier muss man aufpassen: Damit würde man den Kritikern erlauben, beliebige Beiträge zu ändern, also auch Blogbeiträge. Man darf ihnen also eigentlich nur gestatten, die Beiträge aus der Kategorie der Filmkritiken und ihrer Unterkategorien (Actionfilme, Komödien etc.) zu ändern.

Belassen Sie deshalb die Drop-down-Liste auf *Vererbt*, schließen Sie die Optionen mit einem Klick auf *Schließen* und rufen Sie *Inhalt → Kategorien* auf. Den Kritikern muss man erlauben, Beiträge für die Kategorie *Filmkritiken* zu ändern. Suchen Sie daher die *Filmkritiken* in der Tabelle und klicken Sie sie an. In den Einstellungen der Kategorie wechseln Sie jetzt zum Register *Berechtigungen*. Dort finden Sie die bereits zu Genüge bekannten Einstellungen (siehe Abbildung 12-27).

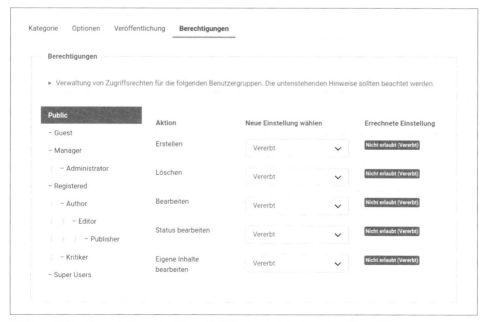

Abbildung 12-27: Hier regeln Sie, welche Aktionen die Kritiker innerhalb der Kategorie ausführen dürfen.

Mit ihnen stellen Sie ein, was die einzelnen Benutzergruppen mit den *Beiträgen in dieser Kategorie* anstellen dürfen. Dabei stehen die Aktionen aus Tabelle 12-5 zur Verfügung.

Tabelle 12-5: Mögliche Aktionen für die Beiträge einer Kategorie

Aktion	Die Mitglieder der Gruppe dürfen
Erstellen	... Beiträge in dieser Kategorie erstellen.
Löschen	... bestehende Beiträge in dieser Kategorie löschen.
Bearbeiten	... bestehende Beiträge in dieser Kategorie nachbearbeiten.
Status bearbeiten	... bestehende Beiträge in dieser Kategorie sperren oder freigeben.
Eigene Inhalte bearbeiten	... ihre eigenen Beiträge nachträglich korrigieren beziehungsweise verändern.

Um den Kritikern das Bearbeiten von Beiträgen in dieser Kategorie zu erlauben, klicken Sie zunächst links die *Kritiker* an und setzen dann in der Zeile *Bearbeiten* die Drop-down-Liste auf *Erlaubt*. *Speichern* Sie anschließend Ihre Änderungen und stellen Sie dann sicher, dass Sie sich wieder im Register *Berechtigungen* befinden. Aktivieren Sie die *Kritiker* und beobachten Sie, wie sich die Spalte *Errechnete Einstellung* verändert hat (siehe Abbildung 12-28).

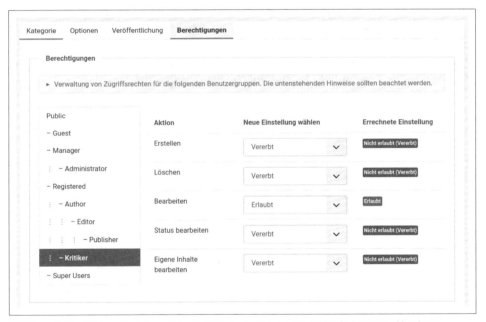

Abbildung 12-28: Mit dieser Einstellung dürfen die Kritiker in der Kategorie *Filmkritiken* die Beiträge nachbearbeiten.

 Warnung   Beachten Sie, dass die so erlaubte Aktion automatisch auch für die Beiträge in allen Unterkategorien gilt. Wenn Sie das verhindern möchten, müssen Sie nacheinander die Einstellungen der Unterkategorien aufrufen und dort dann die entsprechenden Aktionen wieder verbieten.

Melden Sie sich jetzt im Frontend mit einem Benutzer an, der in der Gruppe der *Kritiker* steckt. Wenn Sie die vorherigen Abschnitte mitgemacht haben, melden Sie sich als Benutzer paul an. Dieser sieht jetzt neben allen Filmkritiken einen Link *Bearbeiten*, über den er die entsprechenden Beiträge nachbearbeiten kann. Der Link erscheint allerdings wirklich nur neben Filmkritiken, gegebenenfalls müssen Sie erst noch eine Filmkritik aufrufen.

Nach dem gleichen Prinzip ändern Sie auch die Zugriffsrechte für alle anderen Elemente, Inhalte und Kategorien. Die angebotenen Aktionen sind dabei jeweils immer die gleichen. Selbst den Zugriff auf nachträglich über Erweiterungen installierte Komponenten und Module können Sie auf diese Weise regeln. (Achten Sie stets auf die Schaltfläche *Optionen* in der Werkzeugleiste beziehungsweise werfen Sie in den jeweiligen Einstellungen einen Blick ins Register *Berechtigungen*.)

Tabellen wie die aus Abbildung 12-28 regeln, wer auf welche Funktionen zugreifen darf. Man bezeichnet sie daher auch als *Access Control Lists*, kurz ACLs. Die deutsche Fassung von Joomla! spricht überwiegend einfach von *Berechtigungen*, die englische von *Permissions*. Der Begriff »Access Control List« taucht vor allem im Internet in Anleitungen und Foren auf.

Vererbungslehre

Damit Sie nicht versehentlich zu viele Rechte erteilen oder gar Benutzer aussperren, sollten Sie immer im Hinterkopf behalten, wie sich die Rechte »weitervererben«:

- Zum einen gibt eine Benutzergruppe ihre Befugnisse an alle ihre Untergruppen weiter. Können beispielsweise die Mitglieder der Gruppe *Registered* einen Beitrag erstellen, dürfen das automatisch auch alle untergeordneten *Kritiker* – es sei denn, man verbietet ihnen das explizit wieder.

- Zum anderen gibt ein Einstellungsbildschirm die Befugnisse an seine »untergeordneten« Kollegen weiter.

    Haben Sie beispielsweise den *Kritikern* erlaubt, Beiträge in der Kategorie *Filmkritiken* zu schreiben, dürfen sie automatisch auch Beiträge in allen enthaltenen Unterkategorien erstellen – es sei denn, Sie ändern die Berechtigungen in den Einstellungen der Unterkategorien.

    Durch diese Abhängigkeiten bildet sich eine sogenannte Rechte-Hierarchie (*Permission Hierarchy*): Die Einstellungen in der Konfiguration (unter *System* → *Konfiguration* → *Berechtigungen*) gelten erst einmal auch für die komplette Beitragsverwaltung. Deren Einstellungen gelten wiederum für alle Kategorien, und deren Einstellungen gelten auch wieder für jeden einzelnen Beitrag.

| **Warnung** | Abschließend gibt es noch einen kleinen, aber wichtigen Sonderfall: Die Einstellung *Verweigert* ist immer unumstößlich. Ein so ausgesprochenes Verbot lässt sich von sämtlichen »Erben« nicht mehr umgehen beziehungsweise zurücknehmen. Haben Sie beispielsweise der Benutzergruppe *Registered* mit der Einstellung *Verweigert* verboten, Beiträge in der Kategorie *Filmkritiken* zu bearbeiten, können Sie diese Einschränkung weder für ihre Untergruppe der *Kritiker* noch für einzelne Beiträge zurücknehmen. | |

Es ist folglich recht kompliziert, herauszufinden, ob ein Benutzer eine bestimmte Aktion ausführen darf. Joomla! muss dazu in der Regel gleich mehrere Einstellungen abklappern. Dabei geht das Content-Management-System ähnlich vor wie Sie im vorherigen Abschnitt:

Tipp Um die folgende Detektivarbeit besser nachvollziehen zu können, sollten Sie die jeweiligen Schritte selbst parallel im Backend durchspielen.

Möchte Paul Kritiker einen Beitrag bearbeiten, wirft Joomla! zunächst einen Blick in die Konfiguration hinter *System → Konfiguration → Berechtigungen*. Dort steht unter der Benutzergruppe *Kritiker* die Aktion *Bearbeiten* auf *Vererbt*. Um herauszufinden, was da vererbt wird, muss Joomla! bei der übergeordneten Benutzergruppe *Registered* nachschlagen. Dort steht die Aktion *Bearbeiten* ebenfalls auf *Vererbt*. Also geht es weiter zur nächsten übergeordneten Gruppe. Das wäre *Public*, wo *Bearbeiten* auf *Nicht gesetzt* steht. In diesem Fall nimmt Joomla! an, dass das Bearbeiten von Inhalten verboten ist.

Warnung Im Gegensatz zur Einstellung *Verweigert* lässt sich das Verbot bei *Nicht gesetzt* später wieder zurücknehmen. *Nicht gesetzt* ist folglich weniger strikt, Sie können also beispielsweise den *Kritikern* nachträglich das Bearbeiten von Beiträgen erlauben.

Abbildung 12-29 visualisiert diese Suche noch einmal.

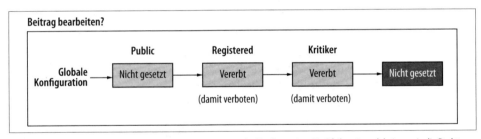

Abbildung 12-29: So ermittelt Joomla! die Berechtigungen in der Konfiguration. Die Pfeile zeigen dabei an, wie die Rechte jeweils weitergegeben werden.

Damit hat Joomla! schon einmal herausgefunden, dass das Bearbeiten von Inhalten – und somit auch das Ändern von Beiträgen – prinzipiell verboten wäre. Allerdings gibt es noch weitere Stellen im Backend, an denen sich entsprechende Einstellungen verstecken. Joomla! ermittelt deshalb, welche Komponente im aktuellen Fall zuständig ist. Das ist im Beispiel die Beitragsverwaltung hinter *Inhalt → Beiträge*. Dort schaut Joomla! dann in die *Optionen* auf die Registerkarte *Berechtigungen*, wo das bekannte Spielchen von vorne losgeht: Bei der Benutzergruppe *Kritiker* steht neben *Bearbeiten* der Punkt *Vererbt*. Also muss Joomla! die Einstellungen der übergeordneten Benutzergruppe *Registered* konsultieren. Auch dort ist in der Zeile *Bearbeiten* die Drop-down-Liste auf *Vererbt* gesetzt. Es gilt somit die Einstellung der nächsten übergeordneten Gruppe *Public*. Dort steht diesmal allerdings ebenfalls *Vererbt*. Damit gelten jetzt die Einstellungen aus der Konfiguration, womit das Bearbeiten von Inhalten erst einmal weiterhin verboten ist. Paul hat somit wieder Pech. Abbildung 12-30 fasst noch einmal den aktuellen Ermittlungsstand von Joomla! zusammen.

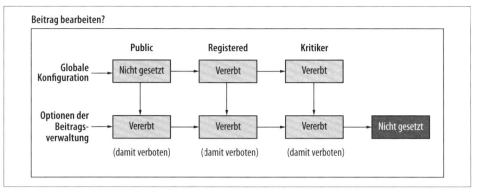

Abbildung 12-30: Die weiteren Ermittlungen in der Beitragsverwaltung. Beachten Sie, dass sich die Rechte sowohl von der Benutzergruppe als auch von den Vorgaben aus der Konfiguration übertragen.

Vielleicht darf Paul Kritiker aber einen Beitrag in einer der Kategorien bearbeiten. Also muss Joomla! alle Kategorien abklappern. In den Einstellungen der *Filmkritiken* angekommen, steht auf der Registerkarte *Berechtigungen* für die Benutzergruppe *Kritiker* die Aktion *Bearbeiten* auf *Erlaubt* (vorausgesetzt, Sie haben das Beispiel aus dem vorherigen Abschnitt mitgemacht).

Damit weiß Joomla!, dass Paul Beiträge in der Kategorie *Filmkritiken* bearbeiten darf. Das gilt allerdings nur, wenn eine übergeordnete Benutzergruppe dies nicht noch explizit *Verweigert* (erinnern Sie sich an die Sonderregel unten auf Seite 479). Also muss Joomla! erneut die Einstellungen der übergeordneten Benutzergruppen abklappern. Bei der Gruppe *Registered* steht die Aktion *Bearbeiten* auf *Vererbt*, Gleiches gilt für die Benutzergruppe *Public*. Da die Einstellung *Verweigert* somit nicht auftaucht, darf Paul aufatmen und doch noch den Beitrag bearbeiten. Wie sich die Rechte unterm Strich vererbt beziehungsweise übertragen haben, veranschaulicht Abbildung 12-31 noch einmal.

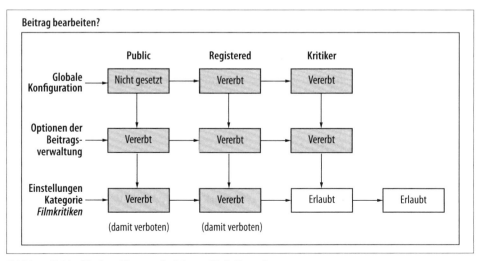

Abbildung 12-31: Die abgeschlossenen Ermittlungen für die Kategorie.

Da die Kategorie *Filmkritiken* Unterkategorien enthält, muss Joomla! auch dort noch einmal jeweils deren Einstellungen überprüfen. Im Beispiel stehen sie allesamt auf *Vererbt*. Somit gelten die Vorgaben der Kategorie *Filmkritiken* – Paul darf also auch in den *Actionfilmen*, *Komödien* und *Liebesfilmen* Beiträge bearbeiten.

Dieses ganze Prozedere führt Joomla! bei jeder Aktion durch, die ein Benutzer ausführt. Glücklicherweise zeigt Joomla! seine jeweiligen (Zwischen-)Ermittlungen immer in der allseits bekannten Spalte *Errechnete Einstellung* an. Man muss folglich nicht selbst umständlich Detektiv spielen.

 Warnung Wenn eine Aktion erlaubt ist, muss sie nicht unbedingt auch im Frontend nutzbar sein. Das klingt zunächst paradox. Fehlt jedoch ein Menüpunkt zum entsprechenden Formular, wird ein Kritiker keine neuen Beiträge einreichen können – selbst wenn er dafür noch so viele Rechte besitzt. Eine solche Situation entsteht beispielsweise, wenn man die Zugriffsebenen (versehentlich) falsch setzt oder schlichtweg vergisst, einen passenden Menüpunkt anzulegen.

Wenn Sie über *Benutzer* → *Verwalten* in der Benutzerverwaltung wechseln, finden Sie dort unter jedem Benutzernamen den Link *Berechtigungen*. Ein Klick darauf zeigt detailliert an, was der Benutzer derzeit alles darf. Diese Ansicht bezeichnet Joomla! als *Berechtigungsbericht*. Die dabei angezeigte Tabelle ist allerdings ziemlich groß und unübersichtlich. Sie sollten daher unbedingt über die *Filter-Optionen* die Darstellung einschränken. Beachten Sie weiterhin, dass die einzelnen Komponenten in der zweiten Spalte mit ihrem internen Namen aufgeführt sind. Die für die Werbebanner zuständige Komponente firmiert dort beispielsweise als *com_banners*. Den Berechtigungsbericht gibt es übrigens nicht nur für die Benutzer, sondern auch für alle Benutzergruppen hinter *Benutzer* → *Gruppen*. Dort müssen Sie allerdings neben dem Namen der Gruppe auf das Symbol in der Spalte *Berechtigungen* klicken.

Beiträge einreichen und freischalten

Benutzerinnen und Benutzern können Sie ein Formular anbieten, über das sie Beiträge einreichen können. Damit Autoren darüber nicht einfach Werbung auf Ihren Seiten veröffentlichen, müssen Sie die eingereichten Beiträge anschließend explizit kontrollieren und freischalten. Bevor es jedoch so weit ist, müssen Sie erst einmal Ihren Autoren einen Menüpunkt zum Formular einrichten.

Beiträge im Frontend schreiben

Autoren verfassen ihre Beiträge im Frontend in einem dafür vorgesehenen Formular, wie es Abbildung 12-32 zeigt.

 Auf den Filmtoaster-Seiten sollen die Kritiker eigene Filmrezensionen einreichen können. Folglich muss dort schleunigst ein solches Formular her. Dazu müssen Sie nur einen passenden Menüpunkt anlegen.

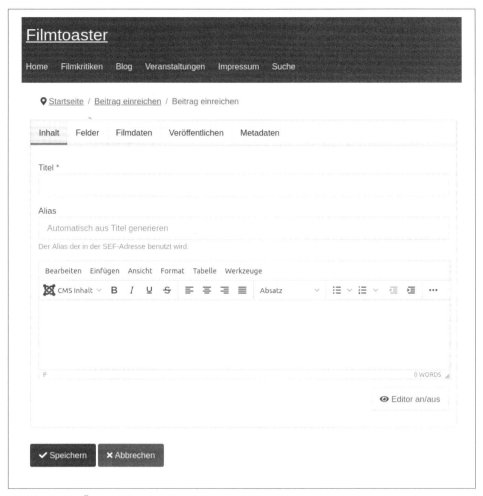

Abbildung 12-32: Über dieses Formular reichen Autoren ihre Beiträge ein.

Dazu rufen Sie im Backend *Menüs* auf und klicken das Menü an, in dem der neue Menüpunkt erscheinen soll. Auf den Filmtoaster-Seiten wäre dies das *Benutzermenü*. Erstellen Sie dort via *Neu* einen neuen Menüpunkt. Klicken Sie dann neben *Menüeintragstyp* auf *Auswählen* und entscheiden Sie sich auf dem Slider *Beiträge* für *Beitrag erstellen*. Vergeben Sie einen *Titel*, wie etwa Beitrag einreichen. Damit nicht jeder x-beliebige Besucher einen Beitrag schreiben kann, wählen Sie rechts unten noch eine passende *Zugriffsebene*. Wenn Sie bis hierhin alle Beispiele mitgemacht haben, entscheiden Sie sich für die *Kritiker*, andernfalls könnte *Special* infrage kommen. Lassen Sie den neuen Menüpunkt via *Speichern & Schließen* anlegen.

Nach einer Anmeldung im Frontend (etwa über das *Login Form*) gelangen Sie jetzt über den Menüpunkt zum Formular aus Abbildung 12-32. Das gilt allerdings nur, wenn Sie die passenden Berechtigungen besitzen.

So darf der im Abschnitt »Benutzerkonten im Backend anlegen« auf Seite 445 angelegte Paul Kritiker noch nicht auf das Formular zugreifen. Wenn Sie sich mit seinen Zugangsdaten im Frontend anmelden und auf den Menüpunkt klicken, erhalten Sie eine Fehlermeldung. Um das zu beheben, müssen Sie auf das Wissen aus dem vorherigen Abschnitt zurückgreifen und über die Berechtigungen den entsprechenden Benutzergruppen das Erstellen von Beiträgen erlauben. Im Filmtoaster-Beispiel soll die Gruppe der *Kritiker* neue Beiträge erstellen dürfen – allerdings ausschließlich Filmkritiken. Um das zu erreichen, rufen Sie *Inhalt* → *Kategorien* auf. Die Kritiker sollen Beiträge in der Kategorie *Filmkritiken* und allen ihren Unterkategorien anlegen dürfen. Rufen Sie daher die Einstellungen der Kategorie *Filmkritiken* auf. Wechseln Sie dann zum Register *Berechtigungen*, klicken Sie die *Kritiker* an und setzen Sie die Drop-down-Liste neben *Erstellen* auf *Erlaubt*. Anschließend *Speichern & Schließen* Sie die Änderungen. Ab jetzt dürfen auch die Kritiker und somit der Benutzer Paul Kritiker im Frontend den Menüpunkt aufrufen.

Das Formular enthält auf der Registerkarte *Inhalt* den TinyMCE-Editor, den Sie bereits aus dem Backend kennen. Welche weiteren Einstellungen bereitstehen, hängt vom Autor beziehungsweise seiner Benutzergruppe ab. So darf Paul Kritiker auf der Registerkarte *Veröffentlichen* unter anderem die *Kategorie* einstellen, *Schlagwörter* vergeben und einen *Versionshinweis* hinterlegen. Sie als Super User können hingegen zusätzlich noch den Beitrag verstecken lassen und ihn zu einem Haupteintrag erheben. In jedem Fall entsprechen die angebotenen Einstellungen denen aus dem Backend (die Kapitel 6, *Beiträge*, vorgestellt hat).

Jeder Beitrag muss in mindestens einer Kategorie liegen. Aus diesem Grund darf ein Autor auf der Registerkarte *Veröffentlichen* auch eine *Kategorie* einstellen. Zur Auswahl stehen dabei allerdings nur die Kategorien, in denen der Autor einen Beitrag ablegen darf. Sie können aber auch eine ganz bestimmte Kategorie fest vorgeben. Dazu kehren Sie noch einmal in die Einstellungen des Menüpunkts zurück und wechseln dort zum Register *Optionen*. Setzen Sie die *Spezifische Kategorie* auf *Ja*, klicken Sie neben *Kategorie auswählen* auf *Auswählen* und entschieden Sie sich dann für eine Kategorie. Nach dem *Speichern* wäre der Autor im Frontend nicht mehr in der Lage, die Kategorie zu verändern – selbst wenn er es theoretisch dürfte. Auf den Filmtoaster-Seiten sollen die Kritiker jedoch die Kategorie selbst bestimmen können. Belassen Sie daher *Spezifische Kategorie* auf *Nein*.

Wenn der Autor im Frontend den Beitrag über die entsprechenden Schaltflächen speichert oder den Vorgang abbricht, springt Joomla! automatisch wieder zur Startseite. Dieses Verhalten ist in den meisten Fällen das passende. Sie können das Content-Management-System aber auch anweisen, stattdessen einen ganz bestimmten Menüpunkt aufzurufen. Dazu klicken Sie auf der Registerkarte *Optionen* neben *Einreichungs-/Abbruchsweiterleitung* auf *Auswählen* und klicken dann den gewünschten Menüpunkt an. Soll der Autor bei einem Klick auf *Abbrechen* eine eigene Seite sehen, stellen Sie *Eigene Weiterleitung beim Abbruch* auf *Ja*, klicken neben *Abbruchsweiterleitung* auf *Auswählen* und klicken den passenden Menüpunkt an.

Sofern Sie eine Änderung vorgenommen haben, *Speichern & Schließen* Sie die Einstellungen.

Hin und wieder treffen angemeldete Benutzer auf die dicke fette Schaltfläche *Neuer Beitrag* aus Abbildung 12-33. Sie taucht auf Übersichtsseiten auf, in deren Kategorien der Benutzer einen Beitrag erstellen darf. Ein Klick auf *Neuer Beitrag* führt dann direkt zum bereits bekannten Formular.

Abbildung 12-33: Über die Schaltfläche links unten kann ein Benutzer schnell einen neuen Beitrag anlegen.

Eingereichte Beiträge freischalten

Wenn ein Benutzer einen Beitrag im Frontend verfasst hat, bleibt der Text so lange versteckt, bis Sie ihn explizit im Backend veröffentlichen.

Sofern Sie die vorherigen Abschnitte mitgemacht haben, probieren Sie das einmal in der Praxis aus: Melden Sie sich im Frontend über das *Login Form* als Benutzer paul an. Rufen Sie dann den Punkt *Beitrag einreichen* auf. Denken Sie sich jetzt einen *Titel* aus und tippen Sie etwas Text ein (wie in Abbildung 12-34). Auf der Registerkarte *Veröffentlichen* stecken Sie ihn in die *Kategorie* der *Actionfilme*. Nach dem *Speichern* verkündet Joomla!, dass der Beitrag eingereicht ist. Zudem fehlt er noch in der Liste hinter *Filmkritiken → Actionfilme*.

Abbildung 12-34: Dieser Beitrag ...

Einen eingereichten Beitrag finden Sie wieder, wenn Sie im Backend den Menüpunkt *Inhalt → Beiträge* ansteuern. Spätestens wenn Sie hier in den *Filter-Optionen* die Drop-down-Liste – *Kategorie wählen* – auf *Actionfilme* setzen, sollte Ihnen Pauls Kritik direkt ins Auge springen (siehe Abbildung 12-35).

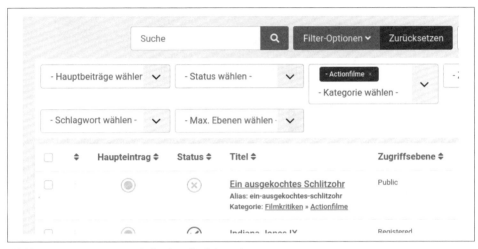

Abbildung 12-35: ... muss erst im Backend veröffentlicht werden.

Hier können Sie sich den Beitrag in Ruhe ansehen, bei Bedarf seine Einstellungen ändern und ihn schließlich wie gewohnt veröffentlichen (etwa mit einem Klick auf das *X*-Symbol in der Spalte *Status*).

 Tipp   Auf dem Dashboard finden Sie auch immer die fünf zuletzt angelegten Beiträge im Bereich *Recently Added Articles*.

Durch diese explizite Freischaltung ist sichergestellt, dass Ihr Internetauftritt nicht von Werbung überquillt und die Filmkritiken keine Beleidigungen enthalten.

 Tipp   Bei sehr vielen Autoren empfiehlt es sich, vertrauenswürdige Helfer zu engagieren. Ihr Benutzerkonto steckt man dann in eine der Gruppen *Manager* oder *Administrator*. Damit dürfen sie sich am Backend anmelden und die Beiträge verwalten. (Was Manager und Administratoren noch so alles anstellen dürfen, verriet der Abschnitt »Benutzergruppen« auf Seite 437).

Konfigurieren des Editorfensters

Wenn Sie sich selbst im Frontend anmelden (etwa über das *Login Form*) und dann über den entsprechenden Menüpunkt einen neuen Beitrag erstellen, erscheint das schon bekannte Formular aus Abbildung 12-36. Es bietet Ihnen alle Einstellungen an, die Sie auch aus dem Backend kennen – mit einer Ausnahme: Es fehlt das Register *Bilder und Links*. Das gilt sogar dann, wenn Sie als allmächtiger Super User unterwegs sind. Möchten Sie dem Beitrag ein Einleitungsbild zuweisen, müssten Sie dazu folglich ins Backend wechseln.

Um das Register einzublenden, rufen Sie im Backend *Inhalt → Beiträge* auf, klicken die *Optionen* an, wechseln zum Register *Bearbeitungslayout*, setzen dort *Bilder und Links im Frontend* auf *Anzeigen* und lassen die Änderungen *Speichern & Schließen*. Wenn Sie ab jetzt im Frontend einen Beitrag bearbeiten oder neu erstellen, finden Sie im entsprechenden Formular immer auch das Register *Bilder und Links*.

Abbildung 12-36: Dem Formular zur Eingabe eines Beitrags fehlt ein Register.

Sie können das Register aber auch gezielt nur bei ganz bestimmten Beiträgen erscheinen oder verstecken lassen. Dazu öffnen Sie zunächst im Backend hinter *Inhalt → Beiträge* die Einstellungen des entsprechenden Beitrags. Wechseln Sie zum Register *Konfigurieren des Editorfensters*, das Abbildung 12-37 zeigt. Dort legen Sie jetzt unter *Bilder und Links im Frontend* fest, ob das Register *Bilder und Links* später bei diesem Beitrag im Frontend erscheinen soll. Vergessen Sie nicht, die Änderung zu *Speichern*.

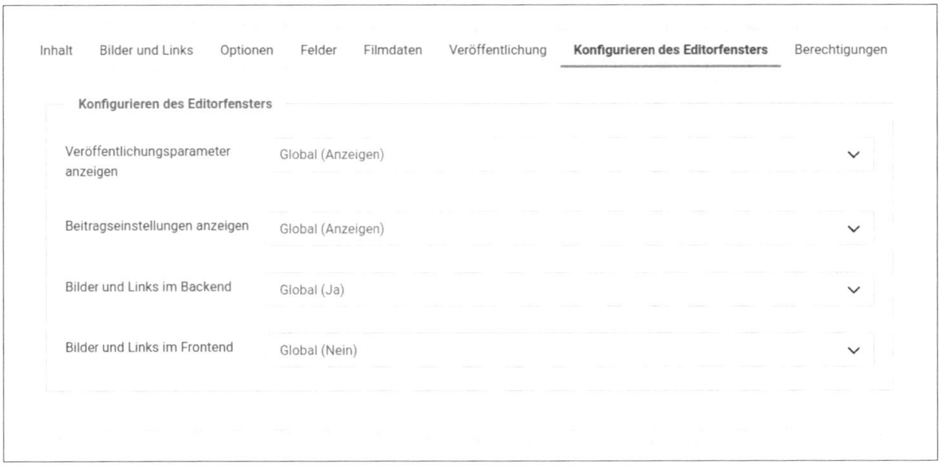

Abbildung 12-37: Auf dieser Registerkarte können Sie die anderen Kollegen ausblenden.

Im Register *Konfigurieren des Editorfensters* gibt es noch drei weitere Einstellungen, mit denen Sie die übrigen Register hier im Formular ein- oder ausblenden können. Setzen Sie beispielsweise *Veröffentlichungsparameter anzeigen* auf *Verbergen*, verschwindet das Register *Veröffentlichung* – allerdings nur im Backend. Durch das Ausblenden der Register wird das komplette Formular übersichtlicher. Zudem geraten andere Autoren nicht in Versuchung, die entsprechenden Einstellungen zu ändern.

Textfilter für Benutzergruppen

Wenn Sie unbekannten Personen das Schreiben von Beiträgen gestatten, dürfen diese ihre Texte auch mit HTML-Befehlen anreichern beziehungsweise »aufhübschen«. Dabei besteht allerdings die Gefahr, dass ein Autor seine Freiheiten zu stark ausreizt und das Layout somit vollkommen durcheinanderbringt. Darüber hinaus könnten böswillige Autoren auf diesem Weg recht leicht schädlichen Programmcode einschmuggeln. Aus diesen Gründen darf man unter *System → Konfiguration* auf der Registerkarte *Textfilter* den Gebrauch von HTML-Befehlen einschränken.

 Warnung Um dieses Angebot sinnvoll nutzen zu können, müssen Sie sich zumindest ein wenig mit HTML auskennen. Belassen Sie im Zweifelsfall alle Einstellungen im Register *Textfilter* auf ihren Vorgaben, denn sie sind bereits durchweg sinnvoll gewählt. Im schlimmsten Fall können Autoren ihre Texte kursiv oder fett auszeichnen, aber keinen Programmcode einschmuggeln. Weitere Informationen zu HTML finden Sie später noch in Kapitel 16, *Ein eigenes Template entwickeln*.

Zunächst suchen Sie in der Spalte *Filtergruppen* die Benutzergruppe heraus, die Sie kontrollieren möchten. Wählen Sie dann in der Drop-down-Liste rechts daneben ein *Filterverfahren* aus. Dabei stehen folgende Möglichkeiten zur Auswahl:

- *Kein HTML* untersagt jeglichen Gebrauch von HTML.
- Bei *Standard Blockierte Elemente* lässt Joomla! alle HTML-Tags durchgehen mit Ausnahme einiger Befehle, die beim Einschmuggeln von fremdem Programmcode helfen könnten. Weitere HTML-Elemente und Attribute können Sie über die entsprechenden Eingabefelder rechts daneben hinzufügen. Die einzelnen Elemente und Attribute trennen Sie dabei jeweils durch ein Komma oder Leerzeichen.
- *Eigene Elemente* erlaubt ausschließlich die in den Feldern rechts daneben eingetippten HTML-Elemente und Attribute. Auch hier muss man wieder die einzelnen Elemente und Attribute durch Kommata oder Leerzeichen trennen.
- *Blockierte Elemente* funktioniert genau entgegengesetzt zu *Eigene Elemente*: Joomla! verbietet dann die in den Feldern rechts daneben eingetippten HTML-Elemente und Attribute. Hier muss man ebenfalls die einzelnen Elemente und Attribute durch Kommata oder Leerzeichen trennen.
- *Keine Filterung* erlaubt schließlich alle möglichen HTML-Befehle.

 Tipp Möchten Sie in Ihrem Internetauftritt den Autoren besser nicht trauen, sollten Sie hier überall *Kein HTML* aktivieren und die betroffenen Personengruppen über die aktivierte Filterung (und die möglichen Konsequenzen) informieren.

Benutzerprofil

Jeder Benutzer besitzt einen Steckbrief, der alle Informationen über ihn kompakt zusammenfasst. Ein Beispiel zeigt Abbildung 12-38. Zu den gespeicherten Informationen gehören unter anderem der vollständige Name, die Sprache des Benutzers und das Datum seines letzten Besuchs. Diesen Steckbrief bezeichnet Joomla! als *Benutzerprofil* oder kurz *Profil* (englisch *Profile*). Das Profil sieht immer nur der Benutzer selbst, somit bekommt das Profil aus Abbildung 12-38 nur Paul Kritiker zu Gesicht, aber kein anderer Besucher.

Abbildung 12-38: Das Profil des Benutzers Paul Kritiker.

Benutzerprofil anzeigen

Damit ein Benutzer sein Profil und somit die über ihn gespeicherten Informationen einsehen kann, müssen Sie einen passenden Menüpunkt einrichten. Dazu erstellen Sie wie gewohnt einen neuen Menüeintrag. Auf den Filmtoaster-Seiten wechseln Sie zu *Menüs* → *Benutzermenü* rufen *Neu* auf.

Klicken Sie dann neben *Menüeintragstyp* auf *Auswählen* und entscheiden Sie sich auf dem Slider *Benutzer* für das *Benutzerprofil*. Vergeben Sie einen passenden *Titel*, wie etwa Profil anzeigen.

Da normale Besucher kein Profil besitzen, wäre für sie der Menüpunkt nutzlos und sehr wahrscheinlich auch verwirrend. Wählen Sie daher noch eine passende *Zugriffsebene*. Auf den Filmtoaster-Seiten bietet sich dazu *Registered* an. Damit sehen den Menüpunkt nur noch angemeldete Benutzer.

Nach dem *Speichern & Schließen* existiert damit ein Menüpunkt, der zum Profil des gerade angemeldeten Benutzers führt. Das können Sie im Frontend direkt ausprobieren: Melden Sie sich dort mit Ihrem Benutzernamen und dem zugehörigen Passwort an (auf den Filmtoaster-Seiten etwa über das *Login Form*) und folgen Sie dem neuen Menüpunkt *Profil anzeigen*. Joomla! präsentiert Ihnen jetzt Ihren Steckbrief mit allen über Sie gespeicherten Informationen (wie in Abbildung 12-38).

Über die Schaltfläche *Profil bearbeiten* können Sie beziehungsweise später der jeweilige Benutzer die Daten korrigieren – und so beispielsweise das Passwort wechseln. Zum hinter der Schaltfläche wartenden Formular können Sie auch direkt einen Menüpunkt führen lassen.

Benutzerprofil bearbeiten

Die Angaben im Profil können Benutzer komfortabel über ein Formular ändern beziehungsweise korrigieren (wie es Abbildung 12-39 zeigt). Auf diesem Weg dürfen die Benutzer auch insbesondere ihre E-Mail-Adresse und ihr Passwort ändern, ohne Sie damit behelligen zu müssen. Zu diesem Formular gelangen die Benutzer entweder, indem sie auf *Profil bearbeiten* in ihrem Profil klicken, oder aber über einen passenden Menüpunkt.

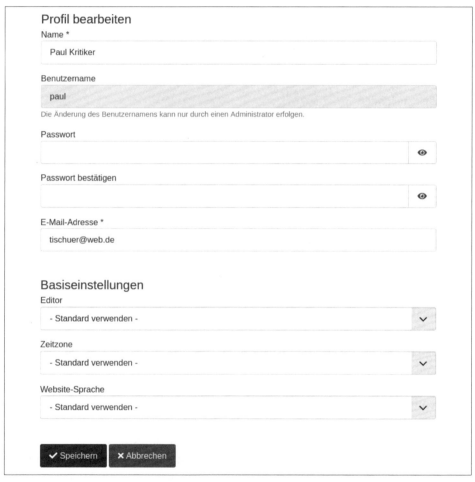

Abbildung 12-39: In diesem Formular darf der Benutzer einige seiner persönlichen Daten ändern.

Um einen passenden Menüpunkt anzulegen, öffnen Sie im Backend das Menü *Menüs* und wählen das passende Menü aus. Im Filmtoaster-Beispiel verwenden Sie das *Benutzermenü*. Klicken Sie dann neben *Menüeintragstyp* auf *Auswählen* und entscheiden Sie sich auf dem Slider *Benutzer* für *Benutzerprofil bearbeiten*. Vergeben Sie einen passenden *Titel*, wie etwa Profil bearbeiten. Da normale Besucher mit dem Menüpunkt nichts anfangen können, setzen Sie noch eine passende *Zugriffsebene*. In den meisten Fällen dürfte dabei *Registered* bereits die richtige Wahl sein. Damit bekommen nur angemeldete Besucher den Menüeintrag zu Gesicht. *Speichern & Schließen* Sie die Einstellungen.

In jedem Fall führt der Menüpunkt einen angemeldeten Benutzer zum Formular aus Abbildung 12-39. Im oberen Bereich darf der Benutzer seinen Namen, seinen Benutzernamen, sein Passwort und seine E-Mail-Adresse korrigieren. Um dabei Tippfehler zu vermeiden, muss er Passwort und E-Mail-Adresse jeweils zweimal eintragen. Den Benutzernamen darf er zudem nur dann ändern, wenn er die passenden Berechtigungen besitzt. Sollen allen angemeldeten Benutzer ihren Benutzernamen ändern dürfen, setzen Sie im Backend unter *Benutzer* → *Verwalten* in den *Optionen* auf der Registerkarte *Benutzeroptionen* den Punkt *Benutzername veränderbar* auf *Ja*.

Im unteren Bereich des Formulars aus Abbildung 12-39 kann der Benutzer einen anderen Editor wählen (was aber nur Auswirkungen hat, wenn er auch Beiträge schreiben darf) sowie die *Zeitzone* und die von ihm präferierte Sprache einstellen. Wenn Ihnen die letzten drei Einstellungsmöglichkeiten zu weit gehen, wechseln Sie im Backend zum Menüpunkt *Benutzer* → *Verwalten*, rufen dort die *Optionen* auf und stellen auf der Registerkarte *Benutzeroptionen* den Punkt *Einstellungen im Frontend* auf *Verbergen*.

Tipp Alle Benutzer, die Zugriff auf das Backend haben, erreichen die Einstellungen aus Abbildung 12-39 auch über das *Benutzermenü* (ganz rechts oben in der Ecke) und den Punkt *Konto bearbeiten*.

Passwörter reglementieren

Viele Benutzer tendieren dazu, besonders simple und einfach zu merkende Passwörter zu wählen. Klassiker sind *123456*, *abcde*, *passwort*, *qwertz* oder noch einmal der Benutzername. Diese Passwörter lassen sich jedoch leicht von böswilligen Hackern erraten, die wiederum so das Benutzerkonto übernehmen können. Um das zu unterbinden, dürfen Sie in Grenzen festlegen, wie ein Passwort aufgebaut sein muss, damit es Joomla! akzeptiert. Rufen Sie dazu im Backend *Benutzer* → *Verwalten* auf und wechseln Sie in die *Optionen*. Im Register *Passwortoptionen* finden Sie jetzt die Einstellungen aus Abbildung 12-40.

Wie lang ein Passwort mindestens sein muss, geben Sie unter *Minimale Passwortlänge* vor. Standardmäßig muss ein Passwort zwölf Zeichen lang sein, was derzeit ein guter Standardwert ist. Die offensichtlich nicht besonders sicheren Passwörter *abcd* und *1234* wären somit verboten.

Ein gutes Passwort besteht zudem aus einer möglichst gesunden Mischung aus Groß- und Kleinbuchstaben, Zahlen sowie Sonderzeichen. Die nächsten Einstellungen legen fest, wie viele Zahlen (*Minimal enthaltene Ziffern*), Sonderzeichen (*Minimal enthaltene Sonderzeichen*), Großbuchstaben (*Minimal enthaltene Großbuchsta-*

ben) und Kleinbuchstaben (*Minimal enthaltene Kleinbuchstaben*) die Passwörter der Benutzer mindestens enthalten müssen. Sie sollten in den Eingabefeldern jeweils eine *1* einstellen. Damit müssen die Besucher in ihren Passwörtern mindestens eine Zahl, ein Sonderzeichen, einen Großbuchstaben und einen Kleinbuchstaben unterbringen. Damit sind die extrem trivialen Passwörter, etwa *abcd* oder *12345*, ebenfalls wirksam unterbunden.

Abbildung 12-40: Diese Einstellungen regeln, wie die Passwörter der Benutzer aufgebaut sein müssen.

Vergessen Sie nicht, Ihre Änderungen mit *Speichern & Schließen* zu sichern.

Passwörter zurücksetzen

Sie können einen Benutzer zwingen, sich ein neues Passwort auszudenken. Das könnte etwa dann der Fall sein, wenn Sie den Verdacht haben, dass ein Passwort zu einfach ist oder aber ein Benutzer sich längere Zeit nicht mehr angemeldet hat.

Um das Passwort zurückzusetzen, wechseln Sie in der Benutzerverwaltung hinter *Benutzer → Verwalten* in die Einstellungen des entsprechenden Benutzers, setzen dort *Passwortzurücksetzung fordern* auf *Ja* und lassen die Änderung *Speichern & Schließen*. Wenn sich der Benutzer das nächste Mal am System anmeldet, muss er sich ein neues Passwort ausdenken.

Sind mehrere Benutzer betroffen, setzen Sie in der Tabelle hinter *Benutzer → Verwalten* einen Haken in ihre jeweiligen Kästchen, klicken in den *Aktionen* auf *Stapelverarbeitung*, markieren unter *Passwortzurücksetzung fordern* den Punkt *Ja* und aktivieren *Ausführen*. Diese massenhafte Passwortrücksetzung bietet sich beispielsweise an, wenn Sie die Benutzer in eine andere Benutzergruppe gesteckt haben.

Profile um weitere (Daten-)Felder ergänzen

Zu jedem Benutzer merkt sich Joomla! dessen vollständigen Namen und seine E-Mail-Adresse. Häufig möchte man jedoch noch weitere Angaben speichern, wie etwa eine Telefonnummer oder die Adresse. Dazu können Sie selbst passende Datenfelder ergänzen. Das funktioniert wie bei den Beiträgen:

Rufen Sie zunächst im Backend den Menüpunkt *Benutzer → Felder* auf und erstellen Sie via *Neu* ein weiteres Feld. Vergeben Sie einen *Titel*, etwa Telefonnummer. Stellen Sie unter *Typ* ein, welche Information Sie speichern möchten. Im Fall der Telefonnummer reicht der *Text*. Abhängig von Ihrer Wahl ändern sich im unteren Teil die Einstellungen, die bereits der Abschnitt »Felder hinzufügen« auf Seite 161 vorgestellt hat. Im Fall der Telefonnummer geben Sie bei *Maximale Länge* eine 15 vor. Lassen Sie das neue Feld *Speichern & Schließen*. Nach dem gleichen Prinzip können Sie weitere Felder anlegen.

Wenn Sie jetzt ein neues Benutzerkonto anlegen oder ein vorhandenes bearbeiten, finden Sie dort ein neues Register *Felder*, das alle von Ihnen angelegten Datenfelder beherbergt. Im Beispiel fragt Joomla! dort wie in Abbildung 12-41 die *Telefonnummer* ab. Später auf der Website zeigt Joomla! die Felder wie in Abbildung 12-42 im Profil an.

Abbildung 12-41: Hier wurde das Feld *Telefonnummer* ergänzt.

Mehrere thematisch zusammengehörende Felder dürfen Sie in einer Gruppe zusammenfassen. Auch das gelingt genau so wie bei den Beiträgen: Wechseln Sie im Backend zu *Benutzer → Feldgruppen* und klicken Sie auf *Neu*. Geben Sie der Gruppe einen *Titel*, wie etwa Kontaktdaten. Der Titel sollte möglichst in einem oder zwei Worten angeben, welche Felder die neue Gruppe zusammenfasst. Der Titel erscheint unter anderem auch später im Frontend über den entsprechenden Feldern. Lassen Sie die neue Feldgruppe *Speichern & Schließen*.

Abbildung 12-42: Das mitgelieferte Template positioniert die Informationen aus den Feldern im Profil.

Als Nächstes müssen Sie die Felder in die neue Gruppe werfen. Dazu rufen Sie im Backend wieder den Menüpunkt *Benutzer → Felder* auf. Setzen Sie einen Haken vor alle Felder, die zur neuen Feldgruppe gehören. Im Beispiel ist das nur die *Telefonnummer*. Wählen Sie jetzt unter den *Aktionen* die *Stapelverarbeitung*. Öffnen Sie im erscheinenden Fenster die untere Drop-down-Liste *Zum Verschieben oder Kopieren der Auswahl eine Gruppe auswählen*. Stellen Sie dort die Feldgruppe ein, zu der die markierten Felder gehören. Im Beispiel wären das die *Kontaktdaten*. Achten Sie darauf, dass *Verschieben* aktiviert ist, und klicken Sie auf *Ausführen*. Damit gehört das Feld *Telefonnummer* zur Gruppe *Kontaktdaten*.

Wenn Sie jetzt einen Kontakt erstellen oder bearbeiten, finden Sie dort das etwas aussagekräftigere Register *Kontaktdaten*, auf dem wiederum die Eingabe der *Telefonnummer* erfolgt. Auch im Frontend erscheint jetzt wie in Abbildung 12-43 die *Telefonnummer* unter den *Kontaktdaten*.

Abbildung 12-43: Das Feld *Telefonnummer* befindet sich hier in der Feldgruppe *Kontaktdaten*.

Benutzerhinweise

An einzelne Benutzerkonten dürfen Sie Notizen kleben – ganz analog zu den kleinen gelben Post-it-Zetteln. Auf ihnen können Sie beispielsweise notieren, dass der Besucher schon häufig als Rowdy aufgefallen ist oder beim nächsten Vereinstreffen den Protokollführer spielen muss.

Einem Benutzerkonto dürfen Sie beliebig viele dieser sogenannten *Benutzerhinweise* (englisch *User Notes*) anheften. Um dabei den Überblick zu behalten, lassen sich die Hinweise thematisch in Kategorien zusammenfassen, den sogenannten *Hinweiskategorien*. Joomla! verlangt, dass jeder Hinweis in mindestens einer Kategorie liegt.

Auf den Filmtoaster-Seiten ist der Benutzer *hans* mehrfach negativ aufgefallen. Bevor Sie sein Benutzerkonto endgültig sperren, geben Sie ihm noch eine Woche Bewährungszeit. Damit der Termin nicht in Vergessenheit gerät, soll er als Hinweis am Benutzerkonto pappen. Zudem soll eine eigene Hinweiskategorie namens *Schlechtes Benehmen* alle Hinweise sammeln, die sich auf ein rüpelhaftes Betragen beziehen. Wenn Sie den Benutzer *hans* bisher nicht angelegt haben, nehmen Sie im Folgenden einfach einen anderen.

Tipp   Die Hinweise sind nur für Administratoren im Backend sichtbar. Wofür Sie die Hinweise dort verwenden beziehungsweise was Sie darin notieren, bleibt vollständig Ihnen überlassen. Einen bestimmten Anwendungszweck schreibt Joomla! nicht vor.

Hinweiskategorien anlegen

Sämtliche Hinweiskategorien verwaltet der Bildschirm hinter *Benutzer → Hinweiskategorien*. Wie der eine einsame Eintrag andeutet, bringt Joomla! bereits eine Kategorie namens *Uncategorised* mit, die als Sammelbecken für alle möglichen Hinweise dient.

Um eine neue Kategorie zu erstellen, klicken Sie in der Werkzeugleiste auf *Neu*. Das jetzt erscheinende Formular aus Abbildung 12-44 sieht nicht nur exakt so aus wie sein Kollege für die Beitragskategorien, die Bedienung ist auch identisch.

Hier noch einmal kurz die Einstellungen im Schnelldurchgang:

Titel
    Der Name der Kategorie; für die Filmtoaster-Seiten wählen Sie hier Schlechtes Benehmen.

Alias
    Ein Alias-Name für den Titel, im Beispiel lassen Sie das Feld leer.

Beschreibung
    Der hier eingetippte Text sollte kurz umreißen, was für Hinweise in der Kategorie zu finden sind, auf den Filmtoaster-Seiten etwa: Diese Kategorie sammelt alle Hinweise, die ein schlechtes Benehmen der Benutzer anmahnen oder protokollieren.

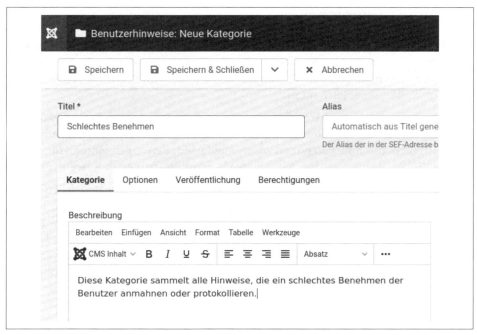

Abbildung 12-44: Diese Einstellungen erzeugen eine neue Hinweiskategorie.

Übergeordnet
　Sie können mehrere Hinweiskategorien ineinander verschachteln und so weiter gliedern. Die gerade neu entstehende Kategorie ist dabei der hier eingestellten untergeordnet. Im Beispiel soll die Kategorie alleine stehen, belassen Sie daher die Vorgabe – *Kein übergeordnetes Element* –.

Status
　Nur wenn die Kategorie *Veröffentlicht* ist, kleben die darin gesammelten Hinweise an ihren jeweiligen Benutzern.

Zugriffsebene
　Hier legen Sie fest, wer die Kategorie zu sehen bekommt.

Schlagwörter
　Der Kategorie können Sie noch ein paar Schlagwörter anheften. Für die Filmtoaster-Seiten ist das nicht nötig.

Notiz
　Hier können Sie eine Notiz hinterlegen. In der Regel können Sie das Feld ignorieren.

Versionshinweis
　Joomla! merkt sich jede Änderung an den Einstellungen. Mit der Versionsverwaltung aus dem Abschnitt »Versionsverwaltung« auf Seite 260 können Sie dann bei Bedarf schnell die Änderungen rückgängig machen. Damit das etwas einfacher gelingt, sollten Sie im Feld *Versionshinweis* kurz protokollieren, welche Änderungen Sie an den Einstellungen durchgeführt haben.

Für die Hinweiskategorie auf den Filmtoaster-Seiten sollten die Einstellungen jetzt so wie in Abbildung 12-44 aussehen.

Bleiben noch die Einstellungen in den anderen Registern: Auf der Registerkarte *Veröffentlichung* können Sie unter *Autor* einen anderen Benutzer zum Ersteller der Hinweiskategorie küren und ein paar Metadaten hinterlegen. Letzteres ist jedoch nicht notwendig, da die Benutzerhinweise nur im Backend erscheinen und Suchmaschinen dort keinen Zutritt haben. Da die Hinweiskategorie nicht im Frontend erscheint, sind auch die Einstellungen im Register *Optionen* nutzlos: Ein alternatives Layout wie auch ein Bild bekommt niemand zu sehen. Mit anderen Worten: Sie können das Register ignorieren.

Für die Filmtoaster-Seiten legen Sie jetzt die neue Hinweiskategorie via *Speichern & Schließen* an. Als Nächstes muss der Hinweis für den Benutzer *hans* her.

Benutzerhinweise anlegen

Sämtliche Hinweise verwalten Sie hinter *Benutzer* → *Benutzerhinweise*. Um einen Hinweis hinzuzufügen, aktivieren Sie *Neu* in der Werkzeugleiste. Daraufhin erscheint das übersichtliche Formular aus Abbildung 12-45. Zunächst tippen Sie einen *Betreff* ein. Er sollte kurz zusammenfassen, um was es geht. Im Filmtoaster-Beispiel könnten Sie Bewährungszeit wählen.

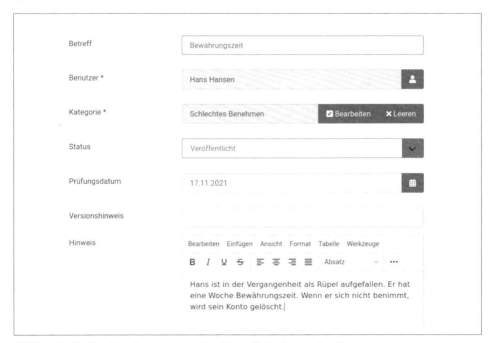

Abbildung 12-45: Diese Einstellungen erzeugen einen Hinweis für den Benutzer *Hans Hansen*.

Anschließend heften Sie den Hinweis an den entsprechenden Benutzer. Dazu klicken Sie erst neben *Benutzer* auf den Knopf mit der weißen Büste und dann im neuen Fenster auf den Namen der Person – im Beispiel *Hans Hansen*. (Wenn Sie nicht alle vorherigen Beispiele mitgemacht haben, können Sie auch einen beliebigen anderen Benutzer wählen.)

Darunter packen Sie den Hinweis noch in eine Hinweis-*Kategorie*. Dazu klicken Sie auf *Auswählen* und entscheiden sich dann für eine Kategorie. Im Beispiel soll das die gerade angelegte Kategorie *Schlechtes Benehmen* sein. Achten Sie darauf, dass der *Status* auf *Veröffentlicht* steht. Nur dann ist der Hinweis auch mit dem Benutzerkonto verknüpft.

Auf den Filmtoaster-Seiten muss sich der Benutzer *hans* eine Woche lang vorbildlich benehmen. In sieben Tagen steht folglich noch einmal eine Überprüfung (des Hinweises) an. Dann entscheidet sich, ob nur der Hinweis oder das Benutzerkonto gelöscht wird. Damit man diesen Termin nicht vergisst, gibt es das *Prüfungsdatum*. Klicken Sie auf das kleine Kalendersymbol und wählen Sie einen Tag in einer Woche aus. Leider funktioniert das Prüfungsdatum nicht wie ein Wecker, sondern ergänzt den Hinweis lediglich um ein Datum. Sie erhalten folglich keine Erinnerungsnachricht, sondern müssen immer mal wieder bei *Benutzer → Benutzerhinweise* vorbeischauen. Das Prüfungsdatum ist zudem optional. Wenn Sie es in Ihren eigenen Hinweisen nicht benötigen, ignorieren Sie das zugehörige Feld einfach.

Die Benutzerhinweise unterstehen der eingebauten Versionsverwaltung. Joomla! merkt sich folglich immer sämtliche Änderungen. Über die Versionsverwaltung aus dem Abschnitt »Versionsverwaltung« auf Seite 260 können Sie dann schnell zu einer älteren Fassung des Hinweises zurückkehren. Damit das einfacher gelingt, sollten Sie im Feld *Versionshinweis* immer kurz zusammenfassen, welche Änderungen Sie vorgenommen haben. Wenn Sie wie jetzt den Benutzerhinweis erstellen, können Sie das Feld noch leer lassen.

Abschließend tippen Sie noch unter *Hinweis* den eigentlichen Hinweistext ein (also den Text, den Sie auch auf einen Post-it-Zettel schreiben würden). Im Filmtoaster-Beispiel können Sie den Text aus Abbildung 12-45 übernehmen. Es stehen Ihnen hier übrigens wieder alle Formatierungsmöglichkeiten des TinyMCE-Editors zur Verfügung,

Nachdem Sie den neuen Hinweis mit *Speichern & Schließen* angelegt haben, landen Sie wieder in der Tabelle mit allen Hinweisen.

Benutzerhinweise verwalten

In der Tabelle hinter *Benutzer → Benutzerhinweise* finden Sie sämtliche angelegten Benutzerhinweise und die Informationen aus Tabelle 12-6.

Tabelle 12-6: Spalten der Tabelle »Benutzerhinweise« und ihre jeweiligen Informationen

Spalte	Bedeutung
Status	Bei einem grünen Haken ist der Hinweis veröffentlicht (er »klebt« dann am entsprechenden Benutzer).
Betreff	In dieser Spalte finden Sie den Betreff und darunter immer in kleiner Schrift die Hinweiskategorie, zu der der Hinweis gehört.

Tabelle 12-6: Spalten der Tabelle »Benutzerhinweise« und ihre jeweiligen Informationen *(Fortsetzung)*

Spalte	Bedeutung
Benutzer	Der Hinweis wurde diesem Benutzer zugeordnet.
Prüfungsdatum	An diesem Datum muss jemand den Hinweis noch einmal auf seine Richtigkeit überprüfen.
ID	Die interne Identifikationsnummer der Kategorie.

Wechseln Sie direkt weiter in die Benutzerverwaltung hinter *Benutzer → Verwalten*. Hier finden Sie jetzt unter den Namen jeweils eine blaue Schaltfläche. In der Zeile für *hans* zeigt sie zudem auf der rechten Seite ein kleines, unscheinbares, nach unten zeigendes Dreieck (siehe Abbildung 12-46).

Abbildung 12-46: Diese Schaltfläche ermöglicht einen schnellen Zugriff auf die Hinweise des Benutzers.

Mit einem Klick auf die Schaltfläche legen Sie schnell einen neuen Hinweis für den entsprechenden Benutzer an. Ein Klick auf das Dreieck klappt ein Menü auf. Über den Punkt *Hinweisliste für diesen Benutzer anzeigen* gelangen Sie schnell zu einer Liste mit allen Hinweisen für diesen Benutzer (genauer gesagt, wechselt Joomla! zur Tabelle hinter *Benutzer → Benutzerhinweise* und zeigt dort nur noch die Hinweise des entsprechenden Benutzers an). Der Punkt *Hinweis anzeigen* öffnet das Fenster aus Abbildung 12-47 mit allen Hinweisen des Benutzers.

Abbildung 12-47: Dieses Fenster zeigt übersichtlich alle Hinweise eines Benutzers an. Für *Hans Hansen* gibt es im Moment nur einen.

Datenschutzwerkzeuge (Privacy Tools)

Joomla! speichert über seine Benutzerinnen und Benutzer einige private Daten. Dazu gehören zumindest der vollständige Name und die E-Mail-Adresse. Mitunter möchte eine Benutzerin erfahren, was das Content-Management-System im Einzelnen über sie weiß. Die Datenschutzverordnungen einiger Länder schreiben sogar vor, dass Website-Betreiber ihren Besuchern auf Anfrage alle über sie gespeicherten Informationen herausgeben müssen. Die Benutzer können zudem verlangen, dass ihre privaten Daten gelöscht werden.

Die Umsetzung dieser Bitten vereinfachen die in Joomla! eingebauten Datenschutzwerkzeuge, im Englischen *Privacy Tools* genannt. Sie sammeln alle zu einem Benutzer gespeicherten Informationen aus der Datenbank, verpacken sie in ein Paket und stellen sie dem Benutzer zum Download bereit. Darüber hinaus helfen sie beim Löschen von privaten Informationen.

Um Rechtssicherheit zu erhalten, sollten Sie zudem eine Datenschutzerklärung erstellen sowie die Nutzungsbedingungen hinterlegen. Die Privacy Tools können dann Besucher bei einer Registrierung dazu zwingen, der Datenschutzerklärung und den Nutzungsbedingungen zuzustimmen. Erst danach erlaubt Joomla! ihnen eine Anmeldung.

Die folgenden Abschnitte befassen sich ausführlich mit den einzelnen Möglichkeiten der Privacy Tools. Los geht es mit der Datenschutzerklärung und den Nutzungsbedingungen.

Datenschutzerklärung und Nutzungsbedingungen

Spätestens sobald sich Benutzer auf Ihren Seiten für ein Benutzerkonto registrieren können, sollten Sie eine Datenschutzerklärung und die Nutzungsbedingungen für Ihre Seiten festlegen. Dazu erstellen Sie jeweils einen passenden Beitrag (via *Inhalt → Beiträge* mit einem Klick auf *Neu*).

Welche Informationen Sie in die Datenschutzerklärung und die Nutzungsbedingungen aufnehmen sollten oder müssen, hängt von Ihrem Internetauftritt ab. Lassen Sie sich im Zweifelsfall von einem Anwalt beraten. Als Grundlage können dabei die Angaben unter *Benutzer → Datenschutz → Datenschutzhinweise* dienen. Dort listet Joomla! penibel auf, welche Informationen es derzeit wie erhebt und speichert (siehe Abbildung 12-48). Mit einem Klick auf einen der Punkte klappen die entsprechenden Informationen auf. Unter anderem informiert Sie Joomla! hier, welche Daten es in Cookies speichert. Nachträglich installierte Erweiterungen können eventuell weitere Punkte ergänzen.

Warnung   Nach der Installation einer Erweiterung müssen Sie somit gegebenenfalls auch Ihre Datenschutzerklärung anpassen!

Umgekehrt können Sie sich nicht darauf verlassen, dass jede Erweiterung hier detailliert über ihr Treiben informiert. Die Datenschutzhinweise sind somit immer nur ein erster Anhaltspunkt. Sprechen Sie gegebenenfalls auch mit der Entwicklerin oder dem Entwickler der Erweiterung.

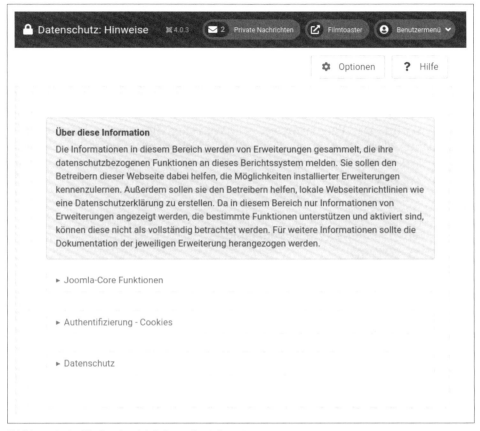

Abbildung 12-48: Hier fasst Joomla! alle Datenschutzinformationen zusammen.

Die Beiträge mit der Datenschutzerklärung und den Nutzungsbedingungen sollten Sie in einer eigenen Kategorie verstauen – auf den Filmtoaster-Seiten gibt es für diese Zwecke bereits die Kategorie *Sonstiges*. Achten Sie darauf, dass die Datenschutzerklärung und die Nutzungsbedingungen (sowie die Kategorie, in der sie liegen) veröffentlicht sind. Darüber hinaus sollten die beiden Beiträge für alle Besucher sichtbar sein. Stellen Sie also in ihren jeweiligen Einstellungen sicher, dass die *Zugriffsebene* auf *Public* steht.

Des Weiteren sollten Sie die Datenschutzerklärung und die Nutzungsbedingungen über entsprechende Menüpunkte für alle Besucher jederzeit zugänglich machen. Auf den Filmtoaster-Seiten könnten Sie die Menüpunkte im *Benutzermenü* unterbringen. Die passenden Menüpunkte erstellen Sie wie gehabt (indem Sie unter *Menüs* das Menü anklicken, *Neu* aufrufen und als *Menüeintragstyp* auf dem Slider *Beiträge* den Punkt *Einzelner Beitrag* verwenden).

Damit Besucher bei ihrer Registrierung sowohl der Datenschutzerklärung als auch den Nutzungsbedingungen zustimmen müssen, sind jetzt noch ein paar weitere Mausklicks erforderlich. Rufen Sie im Backend den Punkt *System* auf und klicken

Sie dann im Bereich *Verwalten* auf *Plugins*. Suchen Sie in der Tabelle den Eintrag *System – Datenschutz Zustimmung*. Sie finden ihn am schnellsten, wenn Sie in das Suchfeld Datenschutz eintippen und die *[Enter]*-Taste drücken. Klicken Sie den Punkt *System – Datenschutz Zustimmung* an. (Vorsicht, es gibt noch einen weiteren Eintrag *Datenschutz Zustimmung*: Klicken Sie denjenigen an, der mit *System* beginnt.)

Sie landen damit in den Einstellungen eines sogenannten Plug-ins. Das sind kleine Helfer im Hintergrund, mit denen sich noch Kapitel 14, *Plug-ins*, ausführlich beschäftigen wird. Das Plug-in *System – Datenschutz Zustimmung* kümmert sich gleich darum, dass Besucher der Datenschutzerklärung zustimmen müssen. Dazu müssen Sie dem Plug-in allerdings noch die Informationen aus Abbildung 12-49 mit auf den Weg geben.

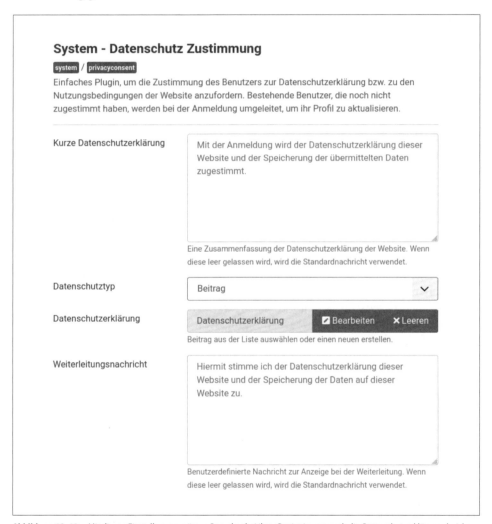

Abbildung 12-49: Mit diesen Einstellungen müssen Besucher bei ihrer Registrierung auch die *Datenschutzerklärung* abnicken.

Klicken Sie zunächst rechts neben *Datenschutzerklärung* auf *Auswählen* und dann auf den Beitrag, der die Datenschutzerklärung enthält. Wenn Sie bereits einen Menüpunkt zur Datenschutzerklärung eingerichtet haben, können Sie alternativ den *Datenschutztyp* auf *Menüpunkt* setzen und dann neben *Datenschutz-Menüpunkt* via *Auswählen* den entsprechenden Menüpunkt einstellen.

Wenn sich später ein Besucher im Frontend registriert, muss er im zugehörigen Formular auch die Datenschutzerklärung abnicken (wie in Abbildung 12-50). Den dort angezeigten Text ändern Sie bei Bedarf unter *Kurze Datenschutzerklärung*. Wenn im Moment schon Benutzerkonten existieren, haben die entsprechenden Benutzer der Datenschutzerklärung noch nicht zugestimmt. Meldet sich später einer dieser Benutzer an, legt ihm Joomla! automatisch die Datenschutzerklärung vor und bittet ihn, sie zu akzeptieren. Dabei präsentiert das Content-Management-System die *Weiterleitungsnachricht*, die Sie im entsprechenden Eingabefeld anpassen können.

Abbildung 12-50: Bei der Registrierung muss der neue Benutzer jetzt immer explizit der *Datenschutzerklärung* zustimmen.

In jedem Fall setzen Sie auf der rechten Seite noch den *Status* auf *Aktiviert*. Nur dann müssen die Besucher der Datenschutzerklärung zustimmen.

Sie können Ihre Benutzer dazu zwingen, die Datenschutzerklärung regelmäßig erneut zu akzeptieren. Dazu wechseln Sie auf die Registerkarte *Ablaufdatum* und legen *Einschalten* auf *Ja* um. Stellen Sie jetzt in den nachfolgenden Feldern ein, nach wie vielen Tagen Joomla! erneut die Zustimmung einfordern soll (*Periodische Überprüfung (Tage)*) und nach wie vielen Tagen die Zustimmung als nicht mehr erteilt gilt (*Zustimmungsdauer*). Joomla! erinnert zudem den Benutzer daran, dass er in Kürze der Datenschutzerklärung erneut zustimmen muss. Wie viele Tage im Voraus das erfolgt, bestimmen Sie unter *Erinnerung*. Normalerweise müssen Sie die Zustimmung nicht immer wieder erneut einholen. Sinnvoll ist das jedoch, wenn sich die Datenschutzerklärung geändert hat. Fragen Sie hier gegebenenfalls einen Anwalt um Rat.

Lassen Sie Ihre Änderungen *Speichern & Schließen*. Wenn Sie jetzt versuchen, sich im Frontend zu registrieren, müssen Sie wie in Abbildung 12-50 die Datenschutzerklärung abnicken. Mit einem Klick auf *Datenschutzerklärung* öffnet Joomla! den entsprechenden Beitrag in einem neuen Fenster.

Die Zustimmung zu den Nutzungsbedingungen fordert nach dem gleichen Prinzip ein anderes Plug-in ein: Rufen Sie im Backend den Menüpunkt *System* auf und klicken Sie unter *Verwalten* auf *Plugins*. Suchen Sie in der Tabelle nach dem Eintrag *Benutzer – Nutzungsbedingungen*. Am schnellsten finden Sie ihn, wenn Sie im Suchfeld Nutzungsbedingungen eintippen und die *[Enter]*-Taste drücken. Klicken Sie das Plug-in *Benutzer – Nutzungsbedingungen* an.

Rechts neben den *Nutzungsbedingungen* geht es über *Auswählen* zu einer Liste mit allen Beiträgen. Klicken Sie dort den Beitrag mit den Nutzungsbedingungen an. Der Text neben *Kurze Nutzungsbedingungen* erscheint später im Registrierungsformular (siehe Abbildung 12-51). Passen Sie diesen Text bei Bedarf an. Stellen Sie abschließend den *Status* auf *Aktiviert*. Nur dann erzwingt Joomla! gleich die Zustimmung zu den Nutzungsbedingungen. *Speichern & Schließen* Sie die Einstellungen.

Wenn sich jetzt ein Besucher auf Ihrer Website registrieren möchte, muss er neben der Datenschutzerklärung auch noch die Nutzungsbedingungen wie in Abbildung 12-51 abnicken. Ein Klick auf den Link öffnet die Nutzungsbedingungen in einem kleinen Fenster.

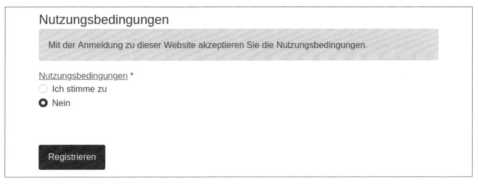

Abbildung 12-51: Hier muss der Besucher auch den Nutzungsbedingungen zustimmen.

Alle Benutzer, die der Datenschutzerklärung zugestimmt haben, finden Sie im Backend hinter *Benutzer → Datenschutz → Zustimmungen*. Wenn Sie dort einen Benutzer markieren und dann seine *Zustimmung löschen* lassen, muss er die Datenschutzerklärung noch einmal abnicken. Das ist beispielsweise dann praktisch, wenn Sie die Datenschutzerklärung nachträglich geändert haben: Löschen Sie dann hier alle Einträge, wodurch sämtliche Benutzer bei ihrer nächsten Anmeldung automatisch den neuen Bedingungen zustimmen müssen. Zumindest in Joomla! 4.0.3 funktioniert das allerdings nur für die Datenschutzerklärung, die Nutzungsbedingungen lassen sich nicht wiederholt abnicken.

Datenschutzanfragen einreichen und bearbeiten

Wenn ein Benutzer wissen möchte, welche Informationen Joomla! über ihn speichert, müsste er Ihnen eine E-Mail schicken oder Sie anderweitig kontaktieren. Gleiches gilt, wenn Sie alle über ihn gespeicherten Daten löschen sollen. Sie selbst müssten dann umständlich im Backend und in der Datenbank alle relevanten Informationen heraussuchen beziehungsweise löschen. Netterweise greift Ihnen auch hier Joomla! unter die Arme: Zunächst können Sie ein Formular bereitstellen, über das ein Benutzer die über ihn gespeicherten Daten anfordern oder aber um eine Löschung bitten kann. Im Backend hilft Ihnen dann Joomla! bei der Umsetzung der Anfrage. So erstellt Joomla! mit wenigen Mausklicks ein Paket mit allen gewünschten Daten und schickt es dem Benutzer per E-Mail zu. Analog entfernt das Content-Management-System per Klick alle privaten Daten des Nutzers aus der Datenbank.

Zuerst muss jedoch das Formular her, über das der Benutzer eine Datenschutzanfrage stellen kann. Dazu erzeugen Sie einen neuen passenden Menüpunkt. Auf den Filmtoaster-Seiten können Sie ihn in das Benutzermenü verfrachten, indem Sie im Backend *Menüs → Benutzermenü* aufrufen und dann auf *Neu* klicken.

Als *Menüeintragstyp* wählen Sie auf dem Slider *Datenschutz* den Punkt *Anfrage erstellen*. Vergeben Sie noch einen passenden *Titel*, wie etwa Datenschutzanfrage stellen. Da das Formular nur für alle registrierten Benutzer gedacht ist, sollten Sie noch die *Zugriffsebene* zumindest auf *Registered* setzen. *Speichern & Schließen* Sie den Menüeintrag.

Wenn Sie sich jetzt im Frontend mit einem Benutzer anmelden, führt Sie der neue Menüpunkt zum Formular aus Abbildung 12-52. Unter *Anfragetyp* muss sich der Benutzer zunächst entscheiden, ob alle seine Daten in Joomla! gelöscht werden sollen (*Löschen*) oder ob er alle über ihn gespeicherten Daten zugeschickt bekommen möchte (*Exportieren*). An die angegebene E-Mail-Adresse schickt Joomla! später die gewünschten Informationen. Sie muss folglich existieren und zudem zu einem Benutzerkonto passen.

Abbildung 12-52: Über dieses Formular kann der Benutzer alle über ihn gespeicherten Daten anfordern.

Tipp Die Beschriftung der Felder ist nicht trivial. Sie sollten daher Ihren Benutzern einen kleinen Beitrag anbieten, in dem Sie die Eingabefelder und die komplette Prozedur erklären.

Via *Senden* reicht der Benutzer seinen Wunsch ein. Er erhält dann eine E-Mail mit einem Link, den er anklicken beziehungsweise aufrufen muss. Damit bestätigt er seinen Wunsch.

Dieser Wunsch wiederum taucht im Backend als sogenannte *Anfrage* auf. Zunächst finden Sie im Dashboard im Kasten *Privacy Dashboard* einen Hinweis darauf, wie viele Anfragen bereits eingegangen sind (siehe Abbildung 12-53). Darüber hinaus sammelt Joomla! alle Anfragen unter *Benutzer* → *Datenschutz* → *Anfragen* (siehe Abbildung 12-54).

Abbildung 12-53: Hier wurde über das Frontend eine Datenschutzanfrage gestellt, die um die Herausgabe (das *Exportieren*) der in Joomla! gespeicherten Informationen bittet.

Abbildung 12-54: Hier hat jemand mit der E-Mail-Adresse *paul@example.com* eine Anfrage gestellt.

Hat der Benutzer den Link in seiner E-Mail noch nicht angeklickt, sehen Sie *Wartend* in der Spalte *Status*. Am *Anfragetyp* können Sie ablesen, ob die entsprechende Person ihre Daten aus Joomla! löschen lassen möchte oder ob Sie ihr alle Daten zuschicken sollen (*Exportieren*). Wann die Anfrage gestellt wurde, verrät die Spalte *Angefragt*. Tabelle 12-7 fasst noch einmal die Bedeutung der Spalten zusammen. Über die Schaltfläche *Neu* können Sie für einen beliebigen Benutzer eine Anfrage anlegen. Diesen Weg sollten Sie gehen, wenn ein Besucher sich bei Ihnen per E-Mail oder telefonisch gemeldet hat.

Tabelle 12-7: Spalten der Tabelle »Datenschutz«: Informationsanfragen und ihre jeweiligen Informationen

Spalte	Bedeutung
Aktivitäten	Die möglichen Aktionen.
Status	Der aktuelle Bearbeitungsstand der Anfrage.

Tabelle 12-7: Spalten der Tabelle »Datenschutz«: Informationsanfragen und ihre jeweiligen Informationen *(Fortsetzung)*

Spalte	Bedeutung
E-Mail-Adresse	Die E-Mail-Adresse des Benutzers.
Anfragetyp	Bei *Löschen* möchte der Benutzer seine Daten löschen lassen. Im Fall von *Exportieren* fordert der Benutzer alle über ihn gespeicherten Daten an.
Angefragt	Die Anfrage wurde zu diesem Zeitpunkt eingereicht.
ID	Die interne Identifikationsnummer der Kategorie.

Sofern der Benutzer nicht binnen 24 Stunden auf den Link in seiner Bestätigungs-E-Mail klickt, sieht Joomla! die Anfrage als ungültig an und markiert sie entsprechend in der Liste. Hat der Benutzer hingegen rechtzeitig auf den Link geklickt, leuchtet in der Spalte *Status* ein *Bestätigt*. Erst jetzt können Sie die Anfrage bearbeiten. Dazu klicken Sie in der Liste die entsprechende E-Mail-Adresse an.

Im neuen Bildschirm sehen Sie noch einmal alle Informationen über die Anfrage. In der Werkzeugleiste können Sie die Anfrage nachträglich *Ungültig machen* und sie so ablehnen. Das weitere Vorgehen hängt jetzt davon ab, was für eine Anfrage gestellt wurde:

- Sofern der Benutzer alle über ihn gespeicherten Daten angefordert hat, senden Sie sie ihm per E-Mail. Dazu genügt ein Klick auf *Datenexport per E-Mail senden*. Alternativ können Sie die Daten auch via *Daten exportieren* als Paket herunterladen und es dann dem Benutzer auf einem anderen Weg zukommen lassen. Die letzte Methode ist immer dann der richtige Weg, wenn die Daten zu groß für den E-Mail-Versand sind.

- Sofern der Benutzer um die Löschung aller seiner Daten gebeten hat, lassen Sie über die gleichnamige Schaltfläche die *Daten löschen*. Die Beschriftung ist allerdings etwas irreführend: Tatsächlich löscht Joomla! die Daten nicht, sondern anonymisiert sie nur. Unter anderem macht es aus dem Benutzernamen *hans* eine kryptische Zeichenkette. Durch dieses Vorgehen verlieren Sie keine wertvollen Filmkritiken oder andere Inhalte, es kann dennoch niemand mehr den wahren Autor herausfinden.

Sobald der Benutzer zufriedengestellt ist, klicken Sie auf *Abschließen*, womit die Anfrage bearbeitet ist.

Warnung Wenn Sie eine Anfrage einmal abgeschlossen haben, können Sie nicht noch einmal den Export anwerfen. Der Benutzer muss dann wohl oder übel eine neue Anfrage stellen.

Benutzeraktivitäten protokollieren

Joomla! merkt sich sämtliche Aktionen seiner Benutzer. Wer wann was gemacht hat, können Sie über ein Protokoll nachvollziehen. Im Backend erreichen Sie es unter *Benutzer → Benutzeraktivitäten*. Die dortige Seite zeigt Abbildung 12-55. Zusammen mit den *Filter-Optionen* können Sie detailliert das Verhalten Ihrer Benutzer nachvollziehen. Bei Bedarf laden Sie sich das Protokoll über die Schaltfläche *Alle als CSV exportieren* als Tabelle herunter. Joomla! verwendet dabei das CSV-Format, das alle Tabellenkalkulationen einlesen und auswerten können.

Das Protokoll hilft vor allem bei der Fehlerbehebung und identifiziert Spammer unter den Benutzern, kollidiert aber gleichzeitig mit so manchem Datenschutzrecht. Vielen Benutzern dürfte es zudem unheimlich sein, wenn jemand anderes sie auf der Website beobachten kann.

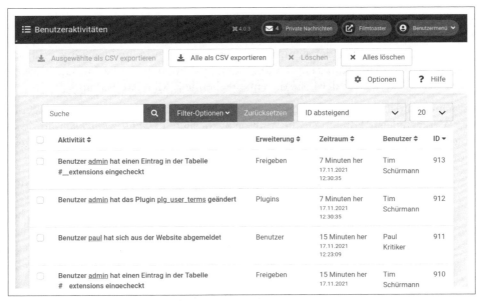

Abbildung 12-55: Standardmäßig merkt sich Joomla! penibel jede durchgeführte Aktion.

Um den Verfolgungswahn von Joomla! zu bremsen, können Sie zunächst in der Werkzeugleiste *Alles löschen*. Damit wären zumindest die bisherigen Aufzeichnungen Geschichte.

Wechseln Sie als Nächstes in die *Optionen*. Dort können Sie unter *Ereignisprotokollierung* die Aufzeichnung für jede Komponente einzeln deaktivieren. Entfernen Sie beispielsweise den Haken neben *Beiträge*, merkt sich Joomla! nicht mehr, welche Benutzer wann einen Beitrag geändert, bearbeitet oder gelöscht haben. Überlegen Sie sich, welche Komponenten Sie wirklich noch beobachten müssen, und entfernen Sie die übrigen Haken. *Speichern & Schließen* Sie die Einstellungen.

 Tipp   Normalerweise muss Joomla! keine der Aktivitäten verfolgen. Sollte in Ihrem Internetauftritt etwas klemmen, können Sie die Protokollierung auch nachträglich immer wieder gezielt einschalten. Sie sollten jedoch zuvor alle Benutzer über diesen Schritt informieren, etwa über die Serienmail-Funktion.

Wenn Sie die Datensammlung komplett abschalten möchten, rufen Sie im Backend *System* auf, klicken dann im Bereich *Verwalten* auf *Plugins* und suchen in der Tabelle den Eintrag *System – Benutzeraktivitäten*. Besonders schnell finden Sie ihn, wenn Sie im Suchfeld Benutzeraktivitäten eintippen und die *[Enter]*-Taste drücken. In jedem Fall klicken Sie in seiner Zeile in der Spalte *Status* auf den grünen Haken. Damit deaktivieren Sie das Plug-in *System – Benutzeraktivitäten*, das für das Protokoll verantwortlich ist.

Workflows

Wenn jemand auf den Filmtoaster-Seiten eine neue Kritik geschrieben hat, sollte sicherheitshalber eine andere Person noch einmal über den Text schauen und ihn redigieren. Erst wenn dieser Gegenleser keine Einwände mehr hat, veröffentlicht er den Beitrag. In Unternehmen oder Vereinen kommen ähnliche Situationen vor: Bevor ein Beitrag online geht, müssen ihn Vorgesetzte begutachten und freischalten.

Solche Arbeitsabläufe lassen sich in Joomla! über sogenannte *Workflows* sicherstellen. Als Seitenbetreiber geben Sie dabei die einzelnen erforderlichen Schritte vor. Das Content-Management-System stellt anschließend sicher, dass diese Schritte auch eingehalten werden. Um die Workflows nutzen zu können, benötigen Sie allerdings das geballte Wissen aus den vorherigen Kapiteln und Abschnitten. Vertraut sein müssen Sie unter anderem mit den Beiträgen, den Benutzergruppen und vor allem den Berechtigungen.

Warnung   Aufgrund der von Joomla! genutzten Konzepte und Arbeitsweisen ist das Anlegen eines Workflows kompliziert und komplex, zudem müssen immer die Zugriffsebenen und die Berechtigungen stimmen. Um mit den Workflows vertrauter zu werden, sollten Sie die Beispiele aus den folgenden Abschnitten aktiv am Computer mitmachen. Des Weiteren sollten Sie Ihren eigenen Workflow unbedingt erst in einer Testinstallation ausprobieren, bevor Sie ihn in Ihrer eigentlichen Website einrichten. Verlieren Sie auch nicht den Mut, sollte ein Workflow zunächst nicht so funktionieren, wie Sie ihn erdacht haben.

Workflow planen

Bevor Sie in Joomla! einen neuen Workflow erstellen, sollten Sie sich den gewünschten Ablauf überlegen. Auf den Filmtoaster-Seiten soll jede neu geschriebene Filmkritik erst einmal von einem Super User begutachtet werden. Der Super User schaltet den Beitrag dann endgültig frei oder schiebt ihn in den Papierkorb.

Diesen Ablauf muss man jetzt in die Arbeitsweise von Joomla! übertragen. Das Content-Management-System geht davon aus, dass ein Beitrag nach seiner Erstellung mehrere verschiedene *Phasen* durchläuft. Im Beispiel wird die Filmkritik zunächst geprüft und ist danach dann entweder veröffentlicht oder im Papierkorb zu finden – mit anderen Worten: Es gibt die drei Phasen *Wird geprüft*, *Veröffentlicht* und *Gelöscht*. Ein englisches Joomla! spricht übrigens von *Stages*, im Internet stolpert man in Anleitungen auch immer wieder über den Begriff *Zustand*. (Letztgenannter wäre übrigens nicht nur die bessere deutsche Übersetzung, sondern auch die in der Betriebswirtschaft übliche Bezeichnung.)

Tipp   Bildlich können Sie sich einen Workflow in Joomla! wie eine kleine Fabrik vorstellen. Darin läuft der erstellte Beitrag an mehreren Arbeitsstationen vorbei. Jede dieser Stationen entspricht einer Phase.

Wenn Sie in Ihrem Ablauf die Phasen ausgemacht haben, die ein Beitrag durchläuft, müssen Sie sich als Nächstes überlegen, welche Aktionen ausgeführt werden sollen. Im Beispiel soll der Super User einen Beitrag *annehmen* oder *ablehnen* können. Wenn der Super User einen Beitrag annimmt, soll er anschließend veröffentlicht sein. Lehnt er analog den Beitrag ab, soll dieser danach im Papierkorb landen. Jede Aktion schiebt den Beitrag also auch immer unweigerlich in eine andere Phase. Joomla! bezeichnet daher die möglichen Aktionen als *Übergänge* (englisch *Transitions*).

 Tipp   Im Bild der Fabrik entsprechen die Übergänge den Förderbändern, die einen Beitrag zur jeweils nächsten Arbeitsstation transportieren, also zur nächsten Phase.

Den kompletten Ablauf kann man wie in Abbildung 12-56 als Diagramm visualisieren. Die Kästchen sind die einzelnen Phasen, die ein Beitrag prinzipiell durchlaufen kann. Die Pfeile symbolisieren die möglichen Übergänge zwischen diesen Phasen.

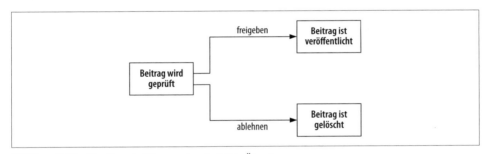

Abbildung 12-56: Hier gibt es drei Phasen und zwei mögliche Übergänge.

Ein solches Diagramm sollten Sie auch immer für Ihren eigenen Workflow aufzeichnen. Das Beispiel ist zudem absichtlich recht einfach gehalten. In der Praxis haben Workflows in der Regel deutlich mehr Phasen und Übergänge. In jedem Fall müssen Sie als Nächstes Joomla! mit diesem Ablauf bekannt machen.

Neuen Workflow erstellen

Um einen neuen Workflow festlegen zu können, müssen Sie erst einmal die Funktion aktivieren. Dazu rufen Sie im Backend *Inhalt → Beiträge* auf, wechseln dort in die *Optionen*, öffnen das Register *Integration* und setzen ganz unten auf der Seite *Workflow aktivieren* auf *Ja*. Nach dem *Speichern & Schließen* finden Sie im Menü *Inhalt* den neuen Punkt *Workflows*. In der darüber erreichbaren Tabelle verwalten Sie sämtliche Workflows (siehe Abbildung 12-57). Die Bedeutung der einzelnen Informationen in den Spalten verrät Tabelle 12-8.

Warnung Von Haus aus bringt Joomla! bereits einen Workflow mit. Dies ist gleichzeitig der immer standardmäßig zum Einsatz kommende Workflow. Er garantiert, dass sich Joomla! im Zweifelsfall so verhält, wie Sie es bis hierhin gewohnt waren. Sie sollten ihn daher möglichst nicht verändern.

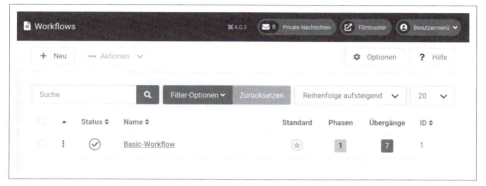

Abbildung 12-57: Hier verwalten Sie sämtliche Workflows.

Tabelle 12-8: Spalten der Tabelle »Workflows« und ihre jeweiligen Informationen

Spalte	Bedeutung
Status	Bei einem Haken kann der Workflow genutzt werden.
Name	Der Name des Workflows.
Standard	Der hier mit einem Sternchen markierte Workflow kommt standardmäßig zum Einsatz.
Phasen	So viele Phasen umfasst der Workflow.
Übergänge	So viele Übergänge besitzt der Workflow.
ID	Die interne Identifikationsnummer der Kategorie.

Mit dem Ablauf im Hinterkopf können Sie jetzt einen neuen Workflow erstellen. Klicken Sie dazu auf *Neu* in der Werkzeugleiste. Im erscheinenden Formular geben Sie dem Workflow einen eindeutigen *Namen*. Aus ihm sollte hervorgehen, wozu der Workflow existiert beziehungsweise was er sicherstellt. Auf den Filmtoaster-Seiten wäre vielleicht `Filmkritik erstellen` recht passend. Unter *Beschreibung* können Sie noch kurz den Aufbau des Workflows schildern. Kontrollieren Sie zudem, ob auf der rechten Seite der *Status* auf *Aktiviert* steht. Nur dann können Sie den Workflow auch gleich einsetzen. Via *Speichern & Schließen* legen Sie den Workflow an. Damit existiert jetzt ein Workflow, der allerdings noch nichts macht.

Phasen festlegen

Als Nächstes müssen Sie die Phasen erstellen, die ein Beitrag durchläuft. Im Beispiel durchläuft eine Kritik die drei Phasen *Wird geprüft*, *Veröffentlicht* und *Gelöscht*. Um sie in Joomla! anzulegen, klicken Sie in der Zeile des Workflows auf das Symbol mit der Zahl in der Spalte *Phasen*.

In der erscheinenden Tabelle listet Joomla! alle Phasen des Workflows auf. Das Content-Management-System hat bereits für Sie eine erste *Grundphase* angelegt, die Sie verwenden können, aber nicht müssen. Auch das Filmtoaster-Beispiel ignoriert sie. Dort sollen drei neue Phasen her. Um eine weitere anzulegen, klicken Sie auf *Neu* und verpassen ihr einen Namen – im Beispiel ist das Wird geprüft. Bei der Namensfindung können Sie sich an den Beschriftungen der Kästchen in Ihrem Ablaufdiagramm orientieren.

Tipp   In komplexen Workflows kann es sehr viele Phasen geben. Wählen Sie daher die jeweiligen Namen weise und aussagekräftig.

Darunter können Sie die Phase noch kurz beschreiben. Achten Sie darauf, dass der *Status* auf *Aktiviert* steht, nur dann kann der Beitrag gleich diese Phase durchlaufen und somit im Beispiel die Filmkritik geprüft werden. Nachdem der Beitrag erstellt wurde, soll er sich umgehend in der Phase *Wird geprüft* befinden. Dazu setzen Sie *Standard* auf *Ja*. Die so markierte Phase ist automatisch immer die erste nach der Erstellung des Beitrags.

Lassen Sie die Phase *Speichern & Schließen* und erzeugen Sie nach dem gleichen Prinzip eine weitere Phase namens *Veröffentlicht* und eine dritte namens *Gelöscht*. Stellen Sie sicher, dass bei diesen Phasen jeweils der *Standard* auf *Nein* und der *Status* auf *Aktiviert* steht. Für das Beispiel sollte die Tabelle mit den Phasen jetzt wie die in Abbildung 12-58 aussehen. Kehren Sie über die entsprechende Schaltfläche in der Werkzeugleiste *Zurück* zur Liste mit allen Workflows.

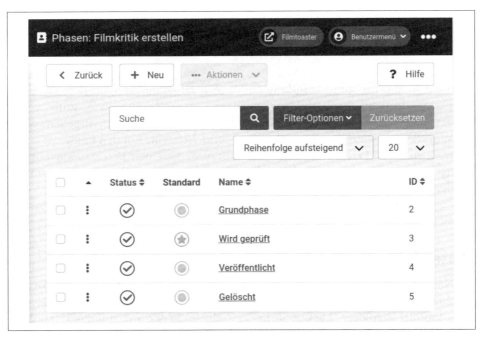

Abbildung 12-58: Die Phasen für das Beispiel.

Übergänge anlegen

Damit weiß Joomla! jetzt, welche Phasen ein Beitrag durchläuft. Als Nächstes müssen Sie dem Content-Management-System noch erklären, welche Übergänge möglich sind. Im Beispiel gibt es zwei Übergänge: Der eine veröffentlicht den Beitrag, während ihn der zweite in den Papierkorb schiebt. Zunächst zur Veröffentlichung.

Um einen neuen Übergang zu erstellen, klicken Sie in der Zeile Ihres Workflows unter *Übergänge* auf die Zahl. Dort erzeugen Sie einen Übergang mit einem Klick auf *Neu*.

Verpassen Sie dem Übergang zunächst einen Namen, im Beispiel wäre Beitrag freigeben recht passend. Wenden Sie sich dann dem Register *Übergang* zu. Hier legen Sie fest, von welcher Phase (*Aktuelle Phase*) der Beitrag in welche andere wechselt (*Zielphase*). Im Beispiel wechselt der Beitrag von der Phase *Wird geprüft* zur Phase *Veröffentlicht*. Stellen Sie daher unter *Aktuelle Phase* die Phase *Wird geprüft* ein und unter *Zielphase* die Phase *Veröffentlicht* (wie in Abbildung 12-59).

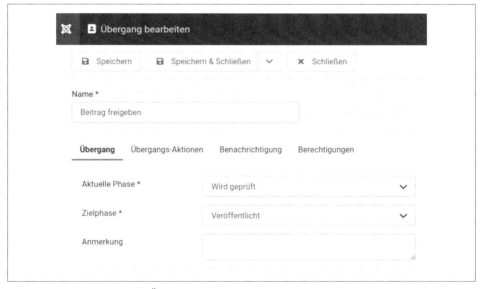

Abbildung 12-59: Hier überführt der Übergang den Beitrag von der Phase *Wird geprüft* in die Phase *Veröffentlicht*.

Wenn der Beitrag die Phase wechselt, kann Joomla! den Beitrag wahlweise in den Papierkorb werfen, archivieren, verstecken oder auf der Website veröffentlichen. Die passende Aktion stellen Sie im Register *Übergangs-Aktionen* unter *Veröffentlichungsstatus* ein. Im Beispiel soll die Filmkritik veröffentlicht werden. Bei Bedarf können Sie den Beitrag unter *Haupt-Status* noch mit einem *Ja* zu einem Hauptbeitrag erheben – oder ihn mit einem *Nein* explizit zu einem normalen Beitrag degradieren. Für das Beispiel ignorieren Sie diese Einstellung.

Sobald der Beitrag veröffentlicht wurde, kann Joomla! den beteiligten Personen eine Benachrichtigung schicken und so etwa alle Filmkritiker darüber informieren, dass die Kritik jetzt auf der Webseite zu sehen ist (wie in Abbildung 12-60). Die dazu notwendigen Einstellungen nehmen Sie auf der Registerkarte *Berechtigungen* vor. Joomla! verschickt nur dann eine Nachricht, wenn *Benachrichtigung senden* auf *Ja* steht. Den Text der Nachricht tippen Sie in das Eingabefeld darunter ein. Dabei dürfen Sie Platzhalter verwenden: [title] ersetzt Joomla! später durch den Titel des Beitrags, [user] durch den beteiligten Benutzer und [state] durch die neue Phase. Für das Beispiel können Sie hier Eine neue Kritik wurde auf der Website veröffentlicht hinterlegen. Welche Benutzergruppen und welche Benutzer die Nachricht erhalten sollen, legen Sie mit den letzten beiden Einstellungen fest. Klicken Sie in das entsprechende Feld und wählen Sie eine Gruppe beziehungsweise einen Benutzer aus. Im Beispiel könnten Sie die Gruppe der *Kritiker* informieren. Weitere Empfänger fügen Sie nach dem gleichen Prinzip hinzu, versehentlich hinzugefügte entfernen Sie mit einem Klick auf das *X* neben ihren Namen.

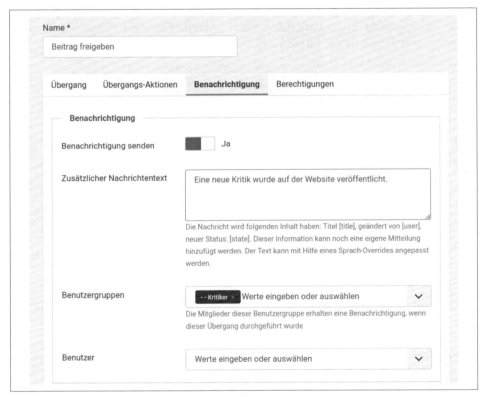

Abbildung 12-60: Mit diesen Einstellungen würde Joomla! allen *Kritikern* die Nachricht schicken, sobald der Beitrag die Phase *Veröffentlicht* erreicht hat.

Mit den bisherigen Einstellungen veröffentlicht der Übergang einen Beitrag auf der Webseite. Das soll im Beispiel allerdings nur einem Super User erlaubt sein. Wer den Übergang auslösen darf (und somit im Bild das Förderband einschaltet), regeln Sie auf der Registerkarte *Berechtigungen*. Für das Beispiel aktivieren Sie dort die *Super Users*. Rechts neben der Aktion *Übergang ausführen* sollte bereits ein grünes *Erlaubt* leuchten, womit sich weitere Einstellungen erübrigen.

Damit wäre der Übergang fertig. *Speichern & Schließen* sie ihn. Im Beispiel müssen Sie noch einen weiteren Übergang anlegen, der den Beitrag ablehnt. Dazu klicken Sie wieder auf *Neu*, vergeben als *Name* `Beitrag ablehnen`, setzen die *Aktuelle Phase* auf *Wird geprüft* und die *Zielphase* auf *Gelöscht*, wechseln zum Register *Übergangs-Aktionen*, stellen dort den *Veröffentlichungsstatus* auf *Papierkorb* und *Speichern & Schließen* den Übergang.

Damit sollte die Tabelle mit allen Übergängen wie die in Abbildung 12-61 aussehen. In den Spalten können Sie noch einmal ablesen, von welcher Phase (Spalte *Aktuelle Phase*) der Beitrag in welche Phase überführt wird (Spalte *Zielphase*). Wenn Sie alle Übergänge angelegt haben, prüfen Sie hier noch einmal, ob die Phasen korrekt sind. Andernfalls funktioniert Ihr Workflow nicht wie geplant.

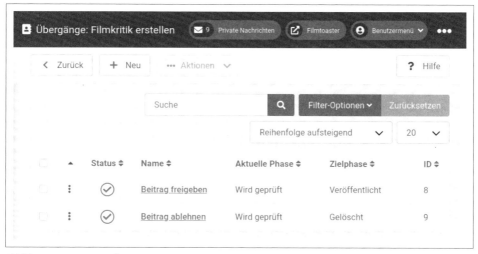

Abbildung 12-61: Die zwei Übergänge für das Beispiel.

Damit wäre der Workflow komplett. Abschließend müssen Sie Joomla! noch mitteilen, wann und wo der Workflow zum Einsatz kommen soll.

Workflow zuweisen

Einen Workflow weisen Sie in Joomla! den Beitragskategorien zu. Im Beispiel soll der Workflow immer dann angewendet werden, wenn ein Kritiker eine neue Filmkritik schreibt, also immer dann, wenn ein neuer Beitrag in der Kategorie *Filmkritiken* oder einer seiner Unterkategorien erstellt wurde. Wechseln Sie daher zu den Einstellungen der Kategorie *Filmkritiken* (via *Inhalt → Kategorien* und Klick auf die *Filmkritiken*). Wenn Sie die bisherigen Filmtoaster-Beispiele in diesem Buch nicht mitgemacht haben, nutzen Sie eine andere Beitragskategorie.

Dort gibt es jetzt wie in Abbildung 12-62 ein neues Register *Workflow*. Stellen Sie darin neben *Workflows* den gerade angelegten Workflow ein, im Beispiel also *Filmkritik erstellen*, und *Speichern & Schließen* Sie die Einstellungen.

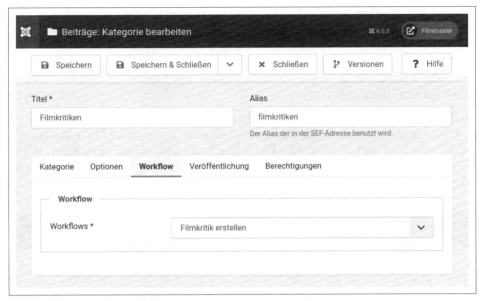

Abbildung 12-62: Die Kategorie *Filmkritiken* nutzt hier den neu erstellten Workflow.

Workflow testen und durchlaufen

Abschließend müssen Sie den Workflow testen. Dazu melden Sie sich im Frontend mit einem Benutzer an, der Kritiken schreiben darf. Wenn Sie die Schritte aus den vorherigen Abschnitten mitgemacht haben, melden Sie sich als paul an. Erstellen Sie einen neuen Beitrag. Auf der Registerkarte *Veröffentlichen* finden Sie jetzt den neuen Punkt *Workflow* (siehe Abbildung 12-63). Dort ist bereits eingestellt, dass der Beitrag geprüft wird. Wenn Sie im Backend einen Beitrag erstellen, gibt es dort ebenfalls die Einstellung *Workflow*, die sich allerdings auf der Registerkarte *Inhalt* versteckt.

Abbildung 12-63: Beim Anlegen eines neuen Beitrags ist bereits die erste Phase des Workflows eingestellt.

Sobald Sie den Beitrag mit *Speichern* einreichen, finden Sie ihn wie gewohnt im Backend hinter *Inhalt → Beiträge*. Die Tabelle zeigt jetzt allerdings auch in einer zusätzlichen Spalte die *Phase* an, in der sich der jeweilige Beitrag befindet (siehe Abbildung 12-64).

Abbildung 12-64: Detaillierte Informationen über die Phase erhalten Sie, wenn Sie die Maus kurz auf dem dortigen Symbol parken.

Um den Workflow voranzutreiben, klicken Sie den Titel des Beitrags an und wechseln so in seine Einstellungen. Auf der rechten Seite gibt es jetzt den Punkt *Workflow*. Nicht mehr ändern dürfen Sie den *Status*, zudem lässt sich der Beitrag nicht mehr zu einem *Haupteintrag* erheben – beides steuert jetzt der Workflow. Wenn Sie den Beitrag begutachtet haben, stellen Sie den Workflow auf *Beitrag freigeben* (siehe Abbildung 12-65).

Abbildung 12-65: Unter *Workflow* wählt man den nächsten gewünschten Übergang, den Joomla! nach dem Speichern ausführt.

Sie stoßen damit beim *Speichern* den entsprechenden Übergang an. Dabei wechselt der Beitrag automatisch zur Phase *Veröffentlicht*. Gleichzeitig hat Joomla! den *Status* auf *Veröffentlicht* gesetzt, der Beitrag erscheint folglich auf der Website. Der Workflow ist damit abgeschlossen.

Warnung Der extrem einfache Workflow im Beispiel besitzt einige Unzulänglichkeiten. So steht der Status jetzt fest zementiert auf *Veröffentlicht*. Sie können den Beitrag also nicht mehr einfach wieder von der Website nehmen. Dies demonstriert gleichzeitig, dass Sie Workflows immer vorab gut testen sollten. Darüber hinaus erfordern Workflows eine sehr genaue Planung. Bei einem Fehler könnten Beiträge sonst feststecken.

Eine häufige Fehlerquelle stellen zudem falsch gesetzte Berechtigungen dar. Wenn bei Ihnen ein Workflow klemmt, sollten Sie daher auch immer die Berechtigungen kontrollieren.

Module zur Benutzerverwaltung

Joomla! bietet zwei weitere Module für Ihre Website an. Das eine präsentiert alle neu registrierten Benutzer, das andere verrät Ihren Besuchern, wer gerade angemeldet ist. Sie fügen sie wie bekannt via *Inhalt → Site Module* und Klick auf *Neu* hinzu.

Neu angemeldete Benutzer (Benutzer – Neueste)

Ein Modul vom Typ *Benutzer – Neueste* präsentiert die zuletzt registrierten Benutzer. Auf diese Weise werden alle anderen Besucher auf neue Mitglieder oder Autoren aufmerksam.

 Warnung Dieses Modul sollten Sie deshalb nicht für jeden beliebigen Besucher freigeben – normalerweise geht es nicht jeden etwas an, wer sich zuletzt registriert hat.

Wie in Abbildung 12-66 zeigt das Modul nur die Benutzernamen, nicht aber die vollständigen Namen an.

Abbildung 12-66: Nach dem *admin* haben sich hier noch drei weitere Benutzer registriert.

In den Einstellungen des Moduls können Sie zum einen die Anzahl der angezeigten Benutzer vorgeben (unter *Benutzeranzahl*). Wenn Sie die Einstellung *Gruppenfilter* auf *Ja* setzen, zeigt das Modul dem gerade angemeldeten Benutzer nur noch die Personen an, die sich mit ihm in der gleichen oder einer untergeordneten Benutzergruppe befinden.

Angemeldete Benutzer anzeigen (Benutzer – Wer ist online)

Ein Modul des Typs *Benutzer – Wer ist online* informiert darüber, wie viele Besucher sich gerade auf der Seite tummeln. Abbildung 12-67 zeigt dazu ein Beispiel.

Abbildung 12-67: Derzeit schauen sich zwei Benutzer auf der Seite um.

In den Einstellungen des Moduls legen Sie unter *Anzeige* fest, welche Informationen das Modul präsentiert. *# von Gästen / Benutzern* beschränkt sich auf die Anzahl der derzeit angemeldeten Benutzer und Gäste (wie in Abbildung 12-67). *Benutzernamen* zeigt nur die Namen der derzeit angemeldeten Benutzer, und *Beides* vereint beide Informationen. Wenn Sie *Gruppenfilter* auf *Ja* setzen, zeigt das Modul dem gerade angemeldeten Benutzer nur noch die Personen an, die sich mit ihm in der gleichen oder einer untergeordneten Benutzergruppe befinden.

Warnung Normalerweise geht es niemanden etwas an, welche und wie viele Personen gerade bei Joomla! angemeldet sind. Sie sollten daher das Modul ausschließlich angemeldeten Benutzern zeigen.

Das interne Nachrichtensystem

Joomla! bietet ein eingebautes Nachrichtensystem, über das Benutzer miteinander kommunizieren können. Die Benutzer müssen dazu allerdings das Backend betreten und das Nachrichtensystem nutzen dürfen. Aber auch Joomla! selbst hat ab und an das Bedürfnis, mit einem der Administratoren zu reden. Das ist zum Beispiel immer dann der Fall, wenn jemand einen neuen Beitrag, wie zum Beispiel eine Filmkritik, einreicht.

Empfangene Nachrichten

Sobald eine Nachricht eingeht, landet sie im Joomla!-eigenen Postfach (englisch *Inbox*). Dass ein neuer Brief eingegangen ist, verrät eine entsprechende Meldung in der Statusleiste am oberen Seitenrand (siehe Abbildung 12-68).

Abbildung 12-68: In diesem Fall sind zehn Nachrichten eingegangen.

Über einen Klick auf *Private Nachrichten* oder alternativ über den Menüpunkt *Benutzer* → *Nachrichten* → *Private Nachrichten* gelangen Sie zu einer Liste mit allen empfangenen Meldungen (siehe Abbildung 12-69).

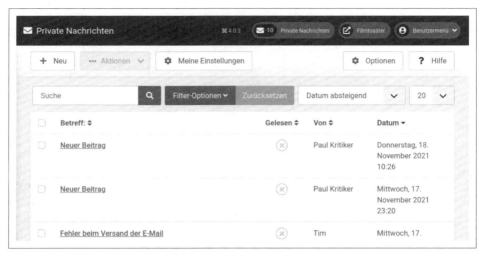

Abbildung 12-69: Hier sieht man einige der eingegangenen Nachrichten. Die jüngsten stammen von einem Benutzer namens Paul Kritiker und weisen auf neue Beiträge hin.

Die Spalte *Von* verrät, von wem diese Nachricht stammt. *Datum* nennt das Sendedatum, und *Gelesen* vermerkt, ob Sie die Meldung bereits gelesen haben. Bei einem Kreis mit einem *X* wie in Abbildung 12-69 haben Sie auf die Nachricht bislang noch keinen Blick geworfen.

Um eine der Nachrichten anzusehen, klicken Sie auf ihren *Betreff*. Auf der nun erscheinenden Seite können Sie mit einem Klick auf *Antworten* direkt eine Antwort verfassen. Letzteres funktioniert allerdings nur dann, wenn nicht Joomla! selbst die Nachricht verschickt hat.

Nachrichten verschicken

Um jemanden eine neue Nachricht zu schreiben, klicken Sie in Ihrem Postfach (hinter *Benutzer* → *Nachrichten* → *Private Nachrichten*) in der Werkzeugleiste auf *Neu*. Im nun angezeigten Formular klicken Sie neben *An* auf die Schaltfläche mit der weißen Büste und suchen dann aus der Liste den Empfänger heraus. Beachten Sie, dass dabei nur Benutzer zur Auswahl stehen, die das Nachrichtensystem verwenden dürfen.

Anschließend tippen Sie im Eingabefeld *Betreff* das Thema ein und schütten schließlich unter *Nachricht* Ihr Herz aus. Ein Klick auf *Senden* schickt den Brief auf die Reise.

Einstellungen für das Nachrichtensystem

Einstellungen rund um das Nachrichtensystem erlauben in Ihrem Postfach (hinter *Benutzer → Nachrichten → Private Nachrichten*) gleich zwei Schaltflächen in der Werkzeugleiste. Die unter *Meine Einstellungen* veränderten Punkte gelten nur für das eigene Postfach:

Posteingang sperren
    Bei einem *Ja* weist Joomla! sämtliche Zustellversuche ab. Sie erhalten also keine Post mehr.

E-Mail-Benachrichtigung bei neuen Nachrichten
    Diesen Punkt sollten Sie insbesondere dann auf *Ja* stellen, wenn Sie nur selten das Backend besuchen. Joomla! benachrichtigt dann den Postfachinhaber per E-Mail, sobald eine neue Nachricht eingegangen ist.

Nachrichten automatisch löschen nach (Tagen)
    So viele Tage lang bewahrt Joomla! eingegangene Nachrichten auf. Überschreitet eine Nachricht diese Lagerfrist, löscht das Content-Management-System sie automatisch. Davon unabhängig können Sie natürlich auch jede Nachricht manuell in den Papierkorb stecken.

Neben den privaten Einstellungen können Sie hinter den *Optionen* noch festlegen, wer überhaupt auf das interne Nachrichtensystem zugreifen darf. Das funktioniert wie im Abschnitt »Berechtigungen – Welche Aktionen darf ein Benutzer ausführen?« auf Seite 472 beschrieben.

Serienmail

Für den nächsten Samstag wurde kurzfristig ein interessantes Sonderprogramm im Roxy-Kino angesetzt. Um nun alle registrierten Benutzer über dieses Ereignis zu informieren, kann man auf die *Serienmail*-Funktion zurückgreifen (von älteren Joomla!-Versionen als *Massenmail* bezeichnet). Sie versendet eine E-Mail an eine oder mehrere Benutzergruppen. Eine solche Rundmail ist auch dann äußerst nützlich, wenn im System plötzlich mal etwas klemmt oder Wartungsarbeiten anstehen, die einen Zugriff oder gar die Erreichbarkeit der Website beeinträchtigen.

Tipp Sie sollten diese Funktion nur für die genannten Zwecke heranziehen. Andernfalls könnte es passieren, dass sich die Empfänger über zu viel unnötige Post beschweren.

Für einen Massenversand müssen allerdings ein paar Voraussetzungen erfüllt sein. Zunächst einmal muss jeder Benutzer über eine gültige E-Mail-Adresse verfügen, die in seinem Profil eingetragen ist (siehe den Abschnitt »Benutzerprofil« ab Seite 489). Darüber hinaus muss Joomla! E-Mails verschicken können. (Auf die dazu eventuell notwendigen Einstellungen geht noch Kapitel 13, *Joomla! konfigurieren*, ein.)

Sind diese Bedingungen erfüllt, rufen Sie im Menü den Punkt *Benutzer* → *Serienmail an Benutzer* auf. Es öffnet sich nun das Formular aus Abbildung 12-70.

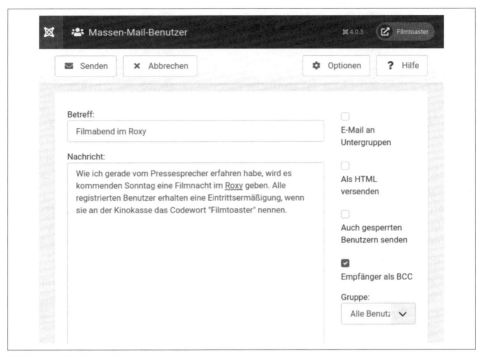

Abbildung 12-70: Die Funktion zum Versenden von Serienmails.

Bevor Sie hier die Serienmail-Funktion zum ersten Mal nutzen, sollten Sie einmal einen Blick in die *Optionen* hinter der gleichnamigen Schaltfläche in der Werkzeugleiste werfen. Joomla! bietet dort auf der Registerkarte *Massen-Mail-Benutzer* zwei Einstellungen an:

Betreffpräfix
  Den hier eingetippten Text klebt Joomla! vor den Betreff einer jeden Nachricht. Auf den Filmtoaster-Seiten könnte man etwa die Zeichenkette [Filmtoaster] eingeben, womit beim Empfänger dann eine Betreffzeile à la [Filmtoaster] Filmabend im Roxy ankommt. Auf diese Weise sehen die Empfänger auf einen Blick, woher die E-Mail stammt.

Signatur
  Der hier eingetippte Text erscheint immer am Ende einer jeden Nachricht. Üblich sind Informationen zum Absender, beispielsweise: Diese Nachricht wurde Ihnen von den Filmtoaster-Seiten geschickt.

 Warnung   Firmen müssen bestimmte Regeln einhalten und beispielsweise in ihrer Korrespondenz immer auch den Namen des Geschäftsführers und den Firmensitz nennen. Informieren Sie sich hier am besten bei einem Anwalt, bevor Sie das erste Mal Massenmails verschicken.

Änderungen an den Einstellungen müssen Sie *Speichern & Schließen*, andernfalls klicken Sie auf *Schließen*.

Damit ist die Massenmail-Funktion einsatzbereit. Um eine E-Mail zu versenden, vergeben Sie im Formular aus Abbildung 12-70 auf der linken Seite einen *Betreff* und tippen dann Ihre *Nachricht* ein. Falls Sie auf der rechten Seite noch *Als HTML versenden* markieren, dürfen Sie hier sogar HTML-Befehle verwenden, um den Nachrichtentext etwas hübscher zu gestalten. Eine Vorschau des Ergebnisses bietet die Massenmail-Funktion allerdings nicht.

Als Nächstes wählen Sie unter *Gruppe* die Empfänger. *Alle Benutzergruppen* sendet die Nachricht an wirklich alle registrierten Benutzer. Dummerweise erlaubt Joomla! darunter immer nur die Auswahl einer Gruppe als Empfänger. Wenn Sie allerdings einen Haken bei *E-Mail an Untergruppen* setzen, bezieht Joomla! auch noch alle jeweils untergeordneten (und in der Drop-down-Liste eingerückten) Gruppen in den Versand mit ein. Wählen Sie beispielsweise die *Manager*, würden dann auch die Administratoren die E-Mail erhalten. Soll Joomla! auch allen eigentlich gesperrten Benutzern die Nachricht schicken, setzen Sie noch einen Haken vor *Auch gesperrten Benutzern senden*.

Sofern der Punkt *Empfänger als BCC* mit einem Haken versehen ist, setzt Joomla! alle Empfänger der Nachricht auf BCC (*Blind Carbon Copy*). Diese Funktion dürften Sie von Ihrem E-Mail-Programm kennen: Sie sorgt dafür, dass die Empfänger die E-Mail-Adressen der anderen Empfänger nicht zu Gesicht bekommen. Schon aus Gründen des Datenschutzes sollten Sie diese Funktion immer aktiviert lassen.

Sind alle Informationen beisammen, können Sie die E-Mail mithilfe der Schaltfläche *Senden* abschicken.

KAPITEL 13
Joomla! konfigurieren

In diesem Kapitel:
- Website vorübergehend abschalten
- Vorgaben für die ausgelieferte Website
- Globale Metadaten hinterlegen
- Systeminformationen: Hilfe, wenn es klemmt
- Logs und Debug-Meldungen: Tiefergehende Fehlersuche
- Seitenauslieferung beschleunigen: Der Zwischenspeicher (Cache)
- Sitzungsmanagement
- Cookies
- Einstellungen zum Webserver
- Einstellungen zur Datenbank
- Zeitzone des Servers
- E-Mail-Versand einrichten (Mailing)
- Internetzugriff über einen Proxy
- Grundeinstellungen im Frontend ändern

Joomla! hält an verschiedenen Stellen Funktionen, Einstellungen und Informationen bereit, die sich auf das gesamte System beziehen beziehungsweise in bestimmten Notfallsituationen helfen können. Zwar benötigen Sie sie somit nicht täglich, sie zu kennen, kann Sie jedoch im Fall der Fälle retten.

Tipp Sie sollten die folgenden Abschnitte einmal lesen, bei Bedarf die jeweiligen Vorgaben in Ihrer Joomla!-Installation gerade rücken und den angebotenen Funktionsumfang im Hinterkopf behalten.

Warnung Wenn Sie unsicher sind, belassen Sie die entsprechenden Werte auf ihren Vorgaben. Die Einstellungen sind durchweg sinnvoll belegt.

Einen großen Teil der Einstellungen sammelt Joomla! in einem überdimensionalen Formular. Das erreichen Sie, indem Sie im Backend den Menüpunkt *System* aufrufen und dann im Bereich *Einstellungen* auf *Konfiguration* klicken. Beispielsweise können Sie dort vom TinyMCE- auf einen anderen Editor umschalten. Vergessen Sie nicht, Ihre Änderungen immer über die entsprechende Schaltfläche zu *Speichern*. Ihre Kollegin *Schließen* verwirft hingegen alle Modifikationen.

Viele Einstellungen speichert Joomla! dabei in der Datei *configuration.php*, die das Content-Management-System während der Installation in seinem Verzeichnis angelegt hat. Sind dieser Datei die Schreibrechte komplett entzogen, können Sie die im Folgenden beschriebenen Einstellungen nicht verändern. Allerdings hat das auch den Vorteil, dass Benutzer mit Zugang zum Backend nicht einfach den Namen Ihrer Website austauschen oder die E-Mail-Einstellungen durcheinanderbringen können. Nachdem Sie die Grundeinstellungen angepasst haben, sollten Sie daher der Datei *configuration.php* die Schreibrechte unbedingt wieder entziehen. (Falls Ihr FTP-Programm einen numerischen Wert verlangt, wählen Sie die *444*, damit kann Joomla! die *configuration.php* nur noch lesen.)

 Tipp Erstellen Sie von der *configuration.php* für den Fall der Fälle immer eine Sicherungskopie auf Ihrem eigenen PC. Geraten Ihnen die Grundeinstellungen einmal durcheinander, haben Sie so noch einen Rettungsring.

Website vorübergehend abschalten

Unter *System → Konfiguration* auf der Registerkarte *Site* können Sie im Bereich *Website* unter anderem Ihren Internetauftritt vom Netz nehmen (siehe Abbildung 13-1).

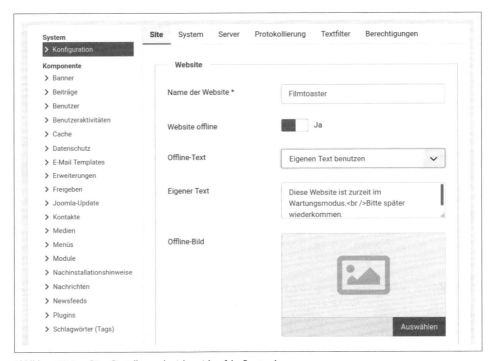

Abbildung 13-1: Diese Einstellungen beziehen sich auf das Frontend.

Steht neben *Website offline* der Schalter auf *Ja*, wird das gesamte Frontend abgeschaltet (»offline genommen«). Diesen Zustand bezeichnet ein deutschsprachiges Joomla! auch als Wartungsmodus.

 Tipp Sie sollten Ihre Website immer dann offline schalten, wenn umfangreiche Wartungsarbeiten oder Umbauten anstehen.

Was Joomla! dann anstelle Ihrer Website anzeigt, bestimmen die aufklappenden Einstellungen *Offline-Text*, *Eigener Text* und *Offline-Bild*. Ist unter *Offline-Text* der Punkt *Verbergen* aktiviert, präsentiert Joomla! lediglich den kargen Anmeldebildschirm aus Abbildung 13-2. Standardmäßig dürfen sich nur Mitglieder der Benutzergruppen *Manager*, *Administrator* und *Super Users* über das Formular mit Benutzername und Passwort anmelden und die Seite betrachten. Mithilfe der Benutzerverwaltung können Sie aber auch weiteren ausgewählten Gruppen den Zugang gestatten (hinter *System → Konfiguration* auf der Registerkarte *Berechtigungen* via *Offlinezugang*, siehe Kapitel 12, *Benutzerverwaltung und -kommunikation*).

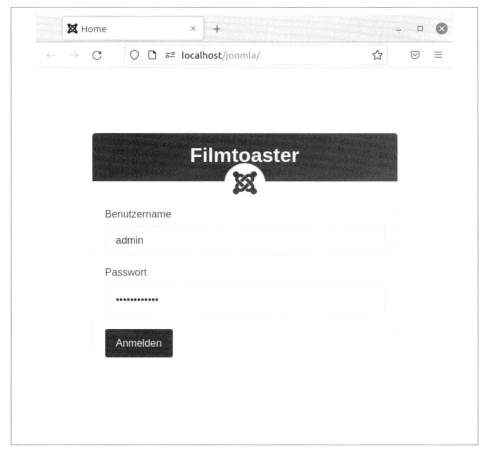

Abbildung 13-2: Das offline geschaltete Frontend zeigt diesen Schirm an.

In der Einstellung *Eigenen Text benutzen* erscheint zusätzlich noch die unter *Eigener Text* eingetippte Meldung. Sie können die Vorgabe dort einfach überschreiben oder anpassen. Das `<br />` sorgt für einen Zeilenumbruch.

Tipp Die Offlinenachricht dürfen Sie mit HTML-Befehlen anreichern beziehungsweise aufhübschen.

Anstelle des eigenen Texts können Sie Joomla! auch einen *Standardtext benutzen* lassen. Den schreibt das jeweilige Sprachpaket vor, bei einem deutschen Joomla!

lautet er: *Diese Website ist auf Grund von Wartungsarbeiten nicht erreichbar. Bitte später wiederkommen.*

Der Anmeldebildschirm des abgeschalteten Frontends sieht ziemlich karg aus. Neben *Offline-Bild* können Sie ihn über die Schaltfläche *Auswählen* noch mit einem Bild aufpeppen. Es empfiehlt sich hier beispielsweise das Logo der Seite beziehungsweise Ihres Unternehmens. Mit einem Klick auf das *X* werden Sie das Bild später wieder los.

Vorgaben für die ausgelieferte Website

Hinter *System* → *Konfiguration* können Sie auf der Registerkarte *Site* im Bereich *Website* auch noch ein paar Vorgaben ändern, die das Verhalten der ausgelieferten Website steuern. So dürfen Sie dort den standardmäßig von Joomla! angebotenen Texteditor wechseln. Relevant sind dabei folgende Punkte:

Name der Website
: Hier steht der Name Ihres Internetauftritts, wie beispielsweise *Filmtoaster*. Das ist genau der Name, den Sie auch schon bei der Installation von Joomla! vorgeben mussten. Er erscheint an verschiedenen Stellen – auf den Seiten des Backends beispielsweise in der Titelleiste des Browsers.

Frontend-Bearbeitung
: Benutzer mit entsprechenden Rechten dürfen die Module direkt auf Ihrer Website verändern. Joomla! blendet dazu passende Schaltflächen ein. Ein Klick darauf genügt, um die Einstellungen des Moduls zu öffnen. Das ist zwar bequem, man läuft aber Gefahr, ein Modul versehentlich zu verändern. Sie können deshalb die Schaltflächen auch ausblenden, indem Sie unter *Frontend-Bearbeitung* den Punkt *Keine* einstellen.

Als dritte Möglichkeit finden Sie dort *Module & Menüs*. Wenn Sie diesen Punkt auswählen, können die Benutzer nicht nur die Module, sondern auch noch die Menüpunkte auf Ihrer Website bearbeiten.

Standard Editor
: Suchen Sie hier den Editor aus, der standardmäßig zur Eingabe von Texten verwendet wird. Zur Auswahl stehen wie immer der TinyMCE-Editor, ein einfaches Eingabefeld (Einstellung *Editor* → *Keine*) und der an Softwareentwickler gerichtete *Editor* → *CodeMirror*, der Programmcode hübsch formatiert beziehungsweise hervorhebt.

Standard Zugriffsebene
: Diese Zugriffsebene schlägt Joomla! standardmäßig bei allen neu erstellten Inhalten (wie Beiträgen, Menüpunkten, Kontaktformularen etc.) vor.

Standard Listenlänge
: Standardmäßig zeigen die Tabellen im Backend (wie etwa die hinter *Inhalt* → *Beiträge*) so viele Zeilen auf einmal an.

Standard Feed-Länge
Die von Joomla! selbst generierten Newsfeeds enthalten maximal so viele Einträge.

Feed-E-Mail
In seine eigenen Newsfeeds packt Joomla! nicht nur die Einleitung der Beiträge, sondern auch die E-Mail-Adressen der jeweiligen Autoren – zumindest dann, wenn Sie hier *Autor-E-Mail* einstellen. Wählen Sie stattdessen *Website-E-Mail*, taucht in den Newsfeeds immer nur die Standard-E-Mail-Adresse der Filmtoaster-Seite auf. Das ist sehr wahrscheinlich Ihre eigene. In der Standardeinstellung enthält der Newsfeed keine E-Mail-Adressen.

| Tipp | Klären Sie vorab mit Ihren Autorinnen und Autoren, ob diese ihre E-Mail-Adresse überhaupt in den Newsfeeds sehen möchten – schließlich lesen auch Spammer die Newsfeeds mit. | |

Globale Metadaten hinterlegen

Unter *System* → *Konfiguration* enthält im Register *Site* der Bereich *Metadaten* Informationen, die Joomla! unsichtbar in jede ausgelieferte Seite integriert. Diese Daten werten unter anderem Internetsuchmaschinen aus.

Die unter *Meta-Beschreibung* eingetippte Information versteckt Joomla! in allen Seiten Ihres Internetauftritts. Sie sollten daher nur Begriffe und Erläuterungen verwenden, die sich auf den gesamten Auftritt beziehen. Auf den Filmtoaster-Seiten könnte sie zum Beispiel so lauten: `Auf den Filmtoaster-Seiten finden Sie Kritiken zu aktuellen Kinofilmen`. Für die einzelnen Beiträge können Sie diese Metadaten dann gezielt ersetzen beziehungsweise überschreiben (mehr dazu finden Sie in Kapitel 6, *Beiträge*). Darüber hinaus können Sie in den Einstellungen der Menüeinträge maßgeschneiderte Metadaten für die darüber erreichbaren Seiten hinterlegen (siehe den Abschnitt »Schritt 3: Metadaten ergänzen« auf Seite 173).

| Tipp | HTML-Profis dürfte interessieren, dass Joomla! die Daten über das `<meta>`-Tag in der ausgelieferten Seite versteckt. Wie das Ergebnis aussieht, verrät Ihnen die sogenannte Seitenquelltextansicht Ihres Browsers. | |

Mit *Robots* legen Sie fest, ob die Suchmaschinen überhaupt die Seite betreten (ein Punkt bei *index*) und den Links beziehungsweise Menüpunkten darauf folgen dürfen (ein Punkt bei *follow*). *noindex* und *nofollow* verbieten hingegen die jeweilige Aktion. Niemand garantiert allerdings, dass die Suchmaschinen diese Einstellungen berücksichtigen. Zumindest die großen, wie Google und Bing, halten sich aber an die Vorgaben.

Im Kasten *Inhaltsrechte* können Sie des Weiteren Informationen zum Urheberrecht hinterlassen. Falls Besucher beispielsweise sämtliche Texte des Internetauftritts nach Lust und Laune kopieren und weiterverarbeiten dürfen, sollten Sie dies hier notieren. Allerdings sind diese Angaben nicht verbindlich und zudem auch noch vor den Augen normaler Besucher versteckt.

Bei einem *Ja* neben *Autor-Meta-Tag anzeigen* versteckt Joomla! auch noch den Namen des jeweiligen Autors in den Metadaten eines Beitrags.

Wenn Sie abschließend *Joomla!-Version anzeigen* auf *Ja* setzen, posaunt Joomla! an verschiedenen öffentlichen Stellen seine Versionsnummer heraus. Angreifer und Hacker können so leichter herausfinden, welche Sicherheitslücken in Ihrer Joomla!-Version noch offen stehen und ausgenutzt werden können. Sie sollten deshalb diesen Schalter immer auf *Nein* belassen.

Systeminformationen: Hilfe, wenn es klemmt

Unter dem Menüpunkt *System* finden Sie im Bereich *Informationen* den Punkt *Systeminformationen*. Wie in Abbildung 13-3 zu sehen ist, führt er zu einer Seite mit fünf Registern. Dort präsentiert Joomla! zahlreiche Daten über Ihre Installation und vor allem den Server. Sie helfen daher vor allem, wenn etwas klemmt.

Auf der Registerkarte *Systeminformationen* präsentiert Joomla! zunächst alle auf dem Server eingesetzten Programme nebst ihren jeweiligen Versionsnummern. Hier können Sie unter anderem nachsehen, ob diese Anwendungen und Dienste noch die Anforderungen von Joomla! erfüllen.

Das nächste Register zeigt die für Joomla! wichtigsten *PHP-Einstellungen* an, während Sie unter *Konfigurationsdatei* den Inhalt der Datei *configuration.php* finden. Diese Datei speichert die Grundeinstellungen von Joomla!. Ändern können Sie diese Einstellungen zu einem großen Teil bequem über *System → Konfiguration* (wie in den vorherigen Abschnitten beschrieben).

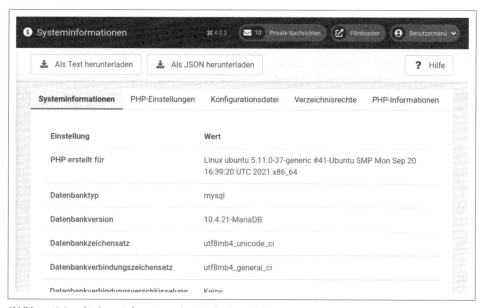

Abbildung 13-3: Die Systeminformationen des aktuellen Joomla!-Systems.

Besonders wichtig ist das Register *Verzeichnisrechte*. Hier sind sämtliche Unterverzeichnisse der Joomla!-Installation aufgeführt, in die das Content-Management-System irgendwann einmal Dateien schreiben möchte (siehe Abbildung 13-4). Sollten Sie später einmal eine Erweiterung nicht installieren oder keine Fotos hochladen können, schauen Sie immer auch in diesem Register nach – vielleicht besitzt Joomla! nicht die passenden Schreibrechte. Um alle Joomla!-Funktionen ohne Einbußen nutzen zu können, muss hier jeder Eintrag mit einem grün leuchtenden *Beschreibbar* versehen sein.

Warnung Aus Sicherheitsgründen sollten Sie jedoch die Schreibrechte für einige der Verzeichnisse bewusst entziehen. Ist beispielsweise das Unterverzeichnis *components* nur lesbar, kann dort auch niemand ungewollt neue und eventuell sogar bösartige Erweiterungen installieren.

Dummerweise speichern einige Erweiterungen ihre Einstellungen direkt in einem dieser Verzeichnisse. Dann müssen Sie entweder in den sauren Apfel beißen und den Zugriff auf die betroffenen Ordner wieder dauerhaft gestatten oder aber auf eine andere, gleichwertige Erweiterung ausweichen.

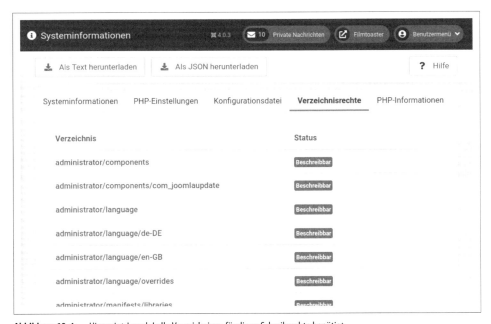

Abbildung 13-4: Hier zeigt Joomla! alle Verzeichnisse, für die es Schreibrechte benötigt.

Das letzte Register, *PHP-Informationen*, sammelt ganz unverblümt alle Daten, die Joomla! über die PHP-Umgebung ergattern kann. Hier erfährt man unter anderem, wie viel Hauptspeicher das Content-Management-System nutzen darf (Zeile `memory_limit`) und bis zu welcher Größe Dateien auf den Server wandern dürfen (Zeile `upload_max_filesize`). Um die übrigen Zeilen interpretieren zu können, benötigt man allerdings weitergehende PHP-Kenntnisse. Ändern können Sie die meisten Eigenschaften in der Konfigurationsdatei *php.ini* (zu der Sie weitere Informationen in Kapitel 2, *Installation*, im Abschnitt »Ausführungszeit« auf Seite 58 finden).

Die auf den Registerkarten angezeigten Informationen können Sie auch als Textdatei herunterladen. Das ist beispielsweise nützlich, wenn ein Problem auftritt und Sie Ihren Webhoster kontaktieren beziehungsweise eine Frage im Joomla!-Forum stellen (*http://forum.joomla.org*). Bei Bedarf können Sie dann die Textdatei an die helfende Person weiterreichen, die wiederum so einen schnellen Überblick über die Situation auf Ihrem Server erhält.

Warnung   In der Textdatei fehlen alle sensiblen Informationen, wie etwa die Zugangsdaten zur Datenbank. An diesen Stellen steht jeweils nur ein xxxxxx. Dennoch verrät die Textdatei einem Angreifer viele wichtige Informationen über Ihren Internetauftritt. Überlegen Sie sich daher gut, an wen Sie die Textdatei weitergeben. Stellen Sie sie möglichst niemals in ein öffentlich zugängliches Forum.

Um die Informationen als Textdatei herunterzuladen, klicken Sie auf die Schaltfläche *Als Text herunterladen*. Über ihre Kollegin können Sie die Informationen alternativ im JSON-Format herunterladen. Letztgenanntes vereinfacht anderen Programmen die (automatisierte) Auswertung der Systeminformationen. Zum Zeitpunkt der Bucherstellung gab es allerdings noch keine frei erhältlichen Programme, die mit den Systeminformationen im JSON-Format etwas Sinnvolles hätten anfangen können. In der Praxis benötigen Sie in der Regel nur die normale Textdatei. Informationen zum JSON-Format erhalten Sie im entsprechenden Wikipedia-Artikel unter *https://de.wikipedia.org/wiki/JavaScript_Object_Notation*.

Logs und Debug-Meldungen: Tiefergehende Fehlersuche

Bei Fehlern, Problemen oder einem lahmen System bringen Sie mehrere Diagnosefunktionen unter Umständen auf die richtige Spur. Zunächst können Sie unter *System* → *Konfiguration* auf der Registerkarte *Protokollierung* im Bereich *Protokollierung* das *Protokollieren* einschalten (siehe Abbildung 13-5). Ab jetzt protokolliert Joomla! Fehlermeldungen und seine übrigen Tätigkeiten im darüber angegebenen *Protokollverzeichnis*. Die anfallenden Meldungen speichert das Content-Management-System dort in gleich mehreren Dateien (den sogenannten Logs). In der Datei *error.php* finden Sie beispielsweise missglückte Anmeldeversuche Ihrer Benutzerinnen und Benutzer. Das alles klappt allerdings nur, wenn Joomla! Schreibrechte für das Verzeichnis besitzt. Wenn Sie nachträglich Erweiterungen installiert haben, setzen Sie auch noch den Punkt *Veraltete (deprecated) API protokollieren* auf *Ja*. Sobald dann eine Erweiterung auf eine veraltete Programmierschnittstelle zugreifen möchte, vermerkt dies Joomla! ebenfalls in den Logs. Eine solche Erweiterung könnte (vor allem zukünftig) Probleme bereiten oder sogar gar nicht mehr korrekt laufen. Wenn Sie sich mit der Entwicklung von Erweiterungen auskennen, entdecken Sie so zudem noch Programmcode, den Sie an die neue Joomla!-Version anpassen müssen.

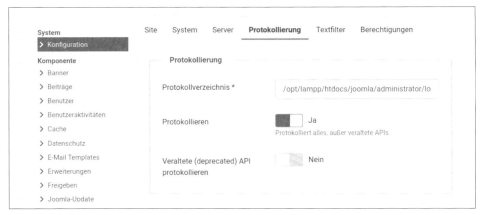

Abbildung 13-5: Die Einstellungen zum Protokoll.

Weitere Hilfe bei der Fehlersuche erhalten Sie über *System → Konfiguration* auf der Registerkarte *System* im Bereich *Fehlersuche (Debug)*. Die hier angebotenen Einstellungen sind insbesondere auch für Entwicklerinnen und Entwickler von Erweiterungen interessant:

System debuggen
  Wenn Sie diese Einstellung aktivieren, plaudert Joomla! am unteren Rand von jeder ausgelieferten Seite alle seine (intern) durchgeführten Aktionen aus – darunter finden sich auch sämtliche Interaktionen mit der Datenbank (siehe Abbildung 13-6).

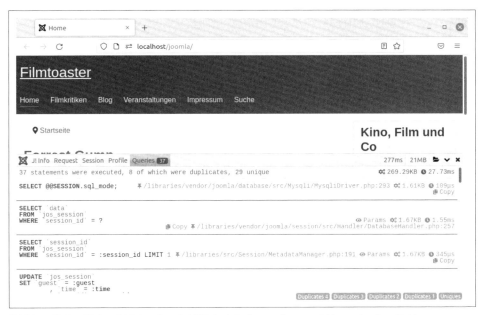

Abbildung 13-6: Die Joomla!-Debug-Konsole hilft beim Aufspüren von Programmfehlern und anderen Problemen.

Logs und Debug-Meldungen: Tiefergehende Fehlersuche | 533

In dieser sogenannten *Joomla!-Debug-Konsole* klappen Sie die einzelnen Bereiche mit einem Mausklick auf. Der Bereich *Queries* listet beispielsweise sämtliche Datenbankabfragen auf, die zur Anzeige der Seite notwendig waren.

Diese Ausgabenflut stört jedoch die Besucher und erlaubt obendrein noch Kriminellen einen tiefen Einblick in Ihr System. Sie sollten deshalb *System debuggen* immer nur dann auf *Ja* stellen, wenn Sie eigene Komponenten entwickeln und dabei auf Fehlersuche gehen oder aber wenn größere Fehler im Betrieb auftauchen.

Sprache debuggen

Bei einem *Ja* liefert Joomla! am unteren Seitenrand zahlreiche Informationen zum aktuell verwendeten Sprachpaket, darunter beispielsweise alle nicht übersetzten Texte. Zudem umrahmen zwei Sternchen alle aus dem Sprachpaket stammenden Texte.

Eine weitere Debug-Einstellung versteckt sich noch auf der Registerkarte *Server* im Bereich *Server*. Mit dem dortigen Punkt *Fehler berichten* aktivieren Sie das Diagnosesystem von PHP (also der Programmiersprache, in der Joomla! geschrieben wurde). Damit erscheinen dessen Fehler und Warnungen direkt auf den von Joomla! erzeugten Seiten. Die Drop-down-Liste regelt dabei, welche Art von Meldungen PHP ausgeben soll: Bei *Standard* gelten die diesbezüglich vorgegebenen Einstellungen in der *php.ini*-Konfigurationsdatei. *Keine* unterdrückt sämtliche von PHP ausgehenden Meldungen, *Einfach* gibt alle Meldungen der Kategorien E_ERROR, E_WARNING und E_PARSE aus, und *Maximum* liefert alles, was das PHP-System hergibt (Kategorie E_ALL).

Tipp   Wenn Sie sich nicht mit PHP auskennen, belassen Sie hier die Voreinstellung *Standard*.

Seitenauslieferung beschleunigen: Der Zwischenspeicher (Cache)

Alle Elemente, die Sie auf Ihrer Website sehen, muss Joomla! erst erzeugen: Ruft ein Besucher eine Seite ab, greift Joomla! zunächst in die Datenbank, stellt die Inhalte zusammen und hübscht das Ergebnis mithilfe des Templates auf. Dies alles nimmt recht viel Zeit und Rechenleistung in Anspruch. Um den Besucher der Seite nicht lange warten zu lassen, puffert Joomla! auf Wunsch die einmal erstellten Ergebnisse in einem Zwischenspeicher, dem sogenannten Cache. Bei der nächsten Anfrage greift das Content-Management-System einfach auf die darin abgelegten Zwischenergebnisse zurück. Dadurch fallen insbesondere die zeitraubenden Datenbankanfragen weg. Joomla! liefert folglich die Seiten in wesentlich höherer Geschwindigkeit aus.

Der Cache klingt somit verlockend. Allerdings kann es mitunter vorkommen, dass dem Besucher (vorübergehend) veraltete Inhalte angezeigt werden. In der Vergangenheit geriet der Zwischenspeicher auch immer mal wieder nach einer Aktualisierung von Joomla! durcheinander, wodurch sich wiederum der gesamte Internetauftritt merkwürdig verhielt. Des Weiteren gibt es einige Erweiterungen, deren Ausgaben sich nicht zwischenspeichern lassen. Dazu gehören unter anderem Formulare. Abschließend beansprucht der Zwischenspeicher auf Ihrem Server zusätzlichen Festplattenplatz. Aus all diesen Gründen ist der Zwischenspeicher standardmäßig deaktiviert.

Tipp Sie können nur durch einen Test herausfinden, ob der Zwischenspeicher bei Ihnen Probleme verursacht. Dazu erstellen Sie Ihren Internetauftritt zunächst in einer Testinstallation und aktivieren dort probehalber den Zwischenspeicher. Gibt es keine Beeinträchtigungen, schalten Sie den Cache auch auf dem Server ein. Kontrollieren Sie aber immer mal wieder zwischendurch, ob alle Funktionen Ihrer Website wie gewünscht funktionieren. Sofern sich Ihr Internetauftritt merkwürdig verhält oder Informationen fehlen, sollten Sie immer zunächst den Zwischenspeicher deaktivieren beziehungsweise löschen (dazu gleich noch mehr).

Wenn Sie jetzt verunsichert sind, belassen Sie einfach die Voreinstellung und ignorieren diesen Abschnitt.

Den Zwischenspeicher anwerfen und einrichten dürfen Sie hinter *System → Konfiguration* auf der Registerkarte *System* im Bereich *Zwischenspeicher (Cache)*. Dort aktivieren Sie zunächst den Cache über die gleichnamige Einstellung. Dabei haben Sie die Wahl zwischen zwei Betriebsarten:

- Mit der Einstellung *AN – Normales Caching* steckt Joomla! jedes Element auf der Website separat in den Zwischenspeicher. Der benötigte Speicherplatz hält sich dabei in Grenzen. Sie haben zudem die Möglichkeit, für jedes Modul die Zwischenspeicherung zu deaktivieren (in den Einstellungen des jeweiligen Moduls). Das ist etwa sinnvoll, wenn ein Modul besonders aktuelle Informationen anzeigen muss, wie im Fall eines Nachrichtentickers. Das normale Caching empfiehlt sich somit vor allem für Websites, auf denen häufig neue Beiträge erscheinen oder die in kurzen Abständen aktualisiert werden.

- In der Einstellung *AN – Erweitertes Caching* packt Joomla! größere Bereiche der Website in den Zwischenspeicher. Dazu schaut Joomla! zunächst, welche Module auf der Website nah beieinanderstehen, und speichert ihre Ausgaben dann als einen großen Block im Cache. Damit kann Joomla! die fertige Seite noch schneller zusammenstöpseln und ausliefern, im Gegenzug kostet diese Methode deutlich mehr Speicherplatz. Darüber hinaus können Sie die Zwischenspeicherung nicht mehr für einzelne Module deaktivieren. Die Joomla!-Entwickler raten zudem davon ab, das erweiterte Caching bei sehr großen Internetauftritten einzusetzen.

Das standardmäßig vorgegebene *AUS – Cache deaktiviert* schaltet den Zwischenspeicher komplett ab.

Tipp Wenn Sie den Cache nutzen möchten, aber zwischen den beiden verfügbaren Methoden schwanken, entscheiden Sie sich für die Betriebsart *AN – Normales Caching*. Sie eignet sich für alle Internetauftritte gleichermaßen.

Wenn Sie den Cache aktivieren, klappen die folgenden drei weiteren Einstellungen auf:

Cache-Speicher
Hier wählen Sie die Lagerstätte für den Cache. Standardmäßig landen die zwischengespeicherten Daten in einzelnen Dateien, die wiederum das Unterverzeichnis *cache* Ihrer Joomla!-Installation sammelt. Dieses Verzeichnis muss folglich für Joomla! beschreibbar sein. Ein anderes Verzeichnis können Sie bei Bedarf unter *Cache-Verzeichnis* hinterlegen. Weitere Speicherorte für den Cache lassen sich zudem über Erweiterungen nachrüsten.

Plattformspezifischer Cache
Über Erweiterungen können Sie Joomla! dazu bringen, bestimmte Inhalte nur an Smartphones oder nur an Desktop-PCs auszuliefern. Des Weiteren können auch Templates zwischen Smartphones und einem Desktop-PC unterscheiden und dann Teile der Seite verstecken. Solche Erweiterungen und Templates lassen sich jedoch leicht durch den Cache durcheinanderbringen. Auf dem Smartphone könnten dann auch Inhalte erscheinen, die Sie eigentlich über die Erweiterung ausgeschlossen haben. Das lässt sich verhindern, indem Sie *Plattformspezifischer Cache* auf *Ja* setzen. Der Zwischenspeicher unterscheidet dann zwischen Smartphones und Desktop-PCs. Den Schalter *Plattformspezifischer Cache* müssen Sie nicht umlegen, wenn Ihr Template die Website nur über die CSS-Technik an die unterschiedlichen Geräte anpasst. Dies ist bei den meisten Templates der Fall.

 Tipp Wenn Sie jetzt verwirrt sind, belassen Sie *Plattformspezifischer Cache* auf *Nein*.

Cache-Dauer
So viele Minuten verbleibt ein gepuffertes Element maximal im Cache. Nachdem diese Zeit abgelaufen ist, wird das Element auf jeden Fall aktualisiert.

Sie können den Cache-Speicher auch manuell leeren beziehungsweise zurücksetzen. Das ist beispielsweise dann notwendig, wenn sich Joomla! merkwürdig verhält, munter weiter veraltete Seiten ausspuckt oder wenn das Cache-Verzeichnis umfangreiche Dimensionen annimmt und so Ihr Platz auf dem Server auszugehen droht.

Um den Cache zu bereinigen, rufen Sie *System* auf und klicken im Bereich *Konfiguration* auf *Cache leeren*. Joomla! zeigt Ihnen dann eine Tabelle ähnlich der aus Abbildung 13-7 an (bei deaktiviertem Cache ist die Tabelle leer).

Jede Zeile führt eine Komponente oder ein Modul auf, für das Joomla! Daten im Cache abgelegt hat. In der Spalte *Cache-Gruppe* stehen die internen Namen der Komponenten und Module. So steckt hinter *com_content* die Beitragsverwaltung, während *com_contact* alle Kontakte verwaltet. *_system* bezeichnet das Kernsystem von Joomla!. Unter *Dateianzahl* können Sie ablesen, wie viele Dateien für die jeweilige Komponente im Unterverzeichnis *cache* lagern. In der Regel besteht eine ausgelieferte Webseite aus mehreren solcher im Cache abgelegten Dateien. Die *Größe* gibt schließlich noch an, wie viel Platz auf der Festplatte die Dateien im Cache belegen. Um den Cache zu leeren, klicken Sie in der Werkzeugleiste auf *Alles löschen*. Alternativ können Sie auch gezielt nur die Daten einer einzelnen Komponente beziehungsweise eines Moduls aus dem Cache entfernen. Dazu setzen Sie einen Haken in das entsprechende Kästchen und klicken dann auf *Löschen*.

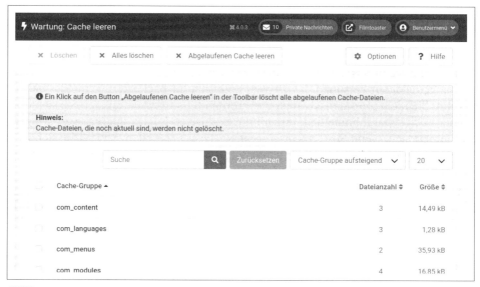

Abbildung 13-7: Die Cache-Verwaltung.

Tipp Da sich eine Seite aus mehreren Cache-Bestandteilen zusammensetzt, besteht dabei die Gefahr, dass weiterhin veraltete Daten in die ausgelieferte Webseite einfließen. Lassen Sie daher am besten immer gleich den kompletten Cache leeren.

Unter Umständen bleiben einige Daten im Cache liegen, obwohl Joomla! schon längst eine aktualisierte Fassung der Seite ausliefert. Um gezielt nur diese Karteileichen zu löschen, klicken Sie auf *Abgelaufenen Cache leeren*.

Sitzungsmanagement

Unter *System → Konfiguration* finden Sie auf der Registerkarte *System* im Bereich *Sitzung (Session)* Einstellungen zum sogenannten Sitzungs- oder Session-Management, mit dessen Hilfe Joomla! einzelne Besucher voneinander unterscheidet.

War ein angemeldeter Benutzer längere Zeit untätig, meldet Joomla! ihn aus Sicherheitsgründen automatisch wieder ab. Nach wie vielen Minuten dies geschieht, legen Sie im Feld *Sitzungslänge* fest.

Tipp Hier einen richtigen Wert zu finden, ist eine kleine Gratwanderung: Wählt man die Zeitspanne zu lang, besteht womöglich ein Sicherheitsrisiko. Wählt man sie zu kurz, wird der Autor unter Umständen während seiner Arbeit vor die Tür gesetzt. Übernehmen Sie daher im Zweifelsfall erst einmal die Vorgabe. Sollte sie zu knapp bemessen sein, erhöhen Sie sie nach und nach um jeweils fünf Minuten.

Über jeden gerade angemeldeten Benutzer muss sich Joomla! ein paar Informationen merken. Diese helfen unter anderem, den Benutzer zu identifizieren. Wo Joomla! diese Informationen zwischenspeichert, bestimmen Sie unter *Sitzungsspeicher*. Standardmäßig wandern die Informationen verschlüsselt in die Datenbank. Sie können die Informationen aber auch in einzelnen Dateien ablegen. In welchem Verzeichnis das geschieht, bestimmen Sie unter *Session-Speicherpfad*.

Standardmäßig unterscheidet Joomla! zwischen den im Frontend und den im Backend angemeldeten Personen. Selbst wenn Sie sich im Backend angemeldet haben, erkennt Sie nicht automatisch auch das Frontend. Stattdessen müssen Sie sich dort immer noch separat anmelden, um auf die exklusiven Inhalte zugreifen zu können. Das ändert sich, wenn Sie *Gemeinsame Sitzungen* auf *Ja* stellen. Sobald Sie sich jetzt im Backend anmelden, erkennt Sie auch automatisch das Frontend – und umgekehrt.

Solange *Sitzungs-Metadaten verfolgen* aktiviert ist, merkt sich Joomla! noch einige zusätzliche Informationen über den Benutzer. Diese können unter anderem bei der Fehlersuche nützlich sein.

Cookies

Wenn ein Besucher Ihre Website betritt, speichert Joomla! in seinem Browser ein sogenanntes Cookie. Das ist nichts anderes als eine lange, eindeutige Ausweisnummer (siehe auch *https://de.wikipedia.org/wiki/HTTP-Cookie*). Mit ihrer Hilfe erkennt Joomla! den Besucher unter anderem bei einem Seitenwechsel wieder. Das kann jedoch in einigen seltenen Situationen scheitern – insbesondere dann, wenn man Joomla! mit anderen Webanwendungen wie etwa einem Forum oder einem Onlineshop verknüpft. Mit den beiden Einstellungen unter *System → Konfiguration* auf der Registerkarte *Site* im Bereich *Cookies* lassen sich diese Unstimmigkeiten beseitigen.

Tipp   Die beiden Einstellungen richten sich an erfahrene Administratoren beziehungsweise Experten. Wenn Ihnen die folgenden Ausführungen nichts sagen, lassen Sie die beiden Felder einfach leer. Falsche Einträge führen im schlimmsten Fall dazu, dass sich niemand mehr bei Joomla! anmelden kann.

Das ausgeteilte Cookie gilt immer nur für eine ganz bestimmte Domain. Das kann zu Problemen führen, wenn Sie mehrere Subdomains verwenden. Angenommen, Sie betreiben Joomla! unter *www.filmtoaster.de* und einen Onlineshop unter *shop.filmtoaster.de*. Dann gilt das Cookie nicht auch automatisch für die Subdomain *shop.filmtoaster.de*. Um das zu ändern, geben Sie in das Feld *Domaincookie* den Domainnamen ohne die Subdomains und mit einem vorangestellten Punkt ein – im Beispiel also .filmtoaster.de. Dann gilt das ausgeteilte Cookie auch für sämtliche Subdomains und somit im Beispiel für *shop.filmtoaster.de*. Wenn Sie hingegen in das Eingabefeld eine komplette Domain eintragen, wie etwa *www.filmtoaster.de*, gelten die Cookies ausschließlich für diese.

Der *Cookie-Pfad* wird unter anderem dann nützlich, wenn Joomla! auf dem Webserver in einem Unterverzeichnis liegt und im Hauptverzeichnis eine andere Webanwendung werkelt. In solch einem Fall kann man Joomla! mitteilen, ab welchem Pfad die Cookies gelten – und genau den hinterlegt man dann unter *Cookie-Pfad*. Webseiten außerhalb dieses Pfads können die Cookies dann nicht mehr auswerten.

Einstellungen zum Webserver

Unter *System* → *Konfiguration* finden Sie auf der Registerkarte *Server* im Bereich *Server* alle Einstellungen, die den Webserver betreffen (also das Programm, das die Webseiten schlussendlich ausliefert):

Tempverzeichnis
Der hier hinterlegte Pfad führt zu einem (beschreibbaren) Ordner, in dem Joomla! temporäre Daten ablegen darf. Für gewöhnlich ist dies der Unterordner *tmp* der Joomla!-Installation.

GZIP-Komprimierung
Bei einem *Ja* wird eine Seite vor ihrer Übermittlung an den Browser im GZIP-Format komprimiert. Damit schrumpfen zwar die zu übertragenden Datenmengen, Browser und Webserver müssen diese Technik aber auch unterstützen.

HTTPS erzwingen
Moderne Webserver können mit den Browsern verschlüsselt und somit abhörsicher kommunizieren. Dies muss in der Regel im Webserver explizit aktiviert werden. Verschlüsselt übertragene Webseiten erkennt man im Browser an dem vorangestellten *https://* in ihrer Internetadresse.

Standardmäßig liefert Joomla! seine Seiten unverschlüsselt aus. Wenn Sie *HTTPS erzwingen* auf *Nur Administrator* setzen, ist das Backend nur noch über eine solche verschlüsselte Verbindung erreichbar. In der Einstellung *Gesamte Website* gilt das sogar für Ihren kompletten Internetauftritt.

In beiden Fällen muss die Verschlüsselung in Ihrem Webserver aktiviert und somit von Joomla! nutzbar sein.

Einstellungen zur Datenbank

Hinter *System* → *Konfiguration* warten auf der Registerkarte *Server* im Bereich *Datenbank* noch einmal alle Einstellungen zur Datenbank, die Joomla! auch bei der Installation abgefragt hat (mehr dazu finden Sie in Kapitel 2, *Installation*).

Warnung Korrekturen sind hier nur dann notwendig, wenn Sie mit Ihrem Internetauftritt auf einen anderen Server umziehen oder sich etwas an der Datenbank ändert – beispielsweise wenn Sie das Zugangspasswort ändern mussten. Andernfalls besteht immer die Gefahr, dass Joomla! anschließend nicht mehr läuft.

Typ
: Der Name der verwendeten Datenbanksoftware. Den Unterschied zwischen den Einstellungen *MySQL*, *MySQLi* und *MySQL (PDO)* erläutert in Kapitel 2, *Installation*, der Abschnitt »Schritt 6: Konfiguration der Datenbank« auf Seite 47.

Server
: Der Name des Computers, auf dem die Datenbank läuft, wie zum Beispiel *filmtoaster.de* oder bei einer lokalen Installation *localhost*. Letztgenannter Name ist auch immer dann korrekt, wenn die Datenbank auf demselben Computer wie Joomla! läuft.

Benutzer
: Mit dem hier eingetragenen Benutzernamen meldet sich Joomla! bei der Datenbank an. Ihn bekommt man in der Regel vom Betreiber des Servers zugewiesen. Beim Einsatz von XAMPP ist dies root.

Passwort
: Mit diesem Passwort meldet sich der Benutzer an der Datenbank an.

Datenbank
: Der Name der von Joomla! genutzten Datenbank.

Präfix
: Dieses Präfix stellt Joomla! allen seinen Tabellen innerhalb der Datenbank voran. Wenn Sie hier ein anderes Präfix eintragen, müssen die zugehörigen Joomla!-Tabellen bereits existieren.

Verbindungsverschlüsselung
: Die Art der Authentifizierung bei der Datenbank.

Zeitzone des Servers

Die Einstellung hinter *System → Konfiguration* auf der Registerkarte *Server* im Bereich *Zeitzone* bestimmt die Zeitzone, in der sich Ihr Internetauftritt befindet. Aus der Liste wählen Sie dazu einfach die Hauptstadt des entsprechenden Landes. Steht der Server, auf dem Joomla! läuft, beispielsweise in Deutschland, müssen Sie in der Liste den Eintrag *Berlin* suchen.

Insbesondere Server im Internet nutzen allerdings nicht die Ortszeit, sondern sind auf die koordinierte Weltzeit (*Coordinated Universal Time*, kurz UTC) eingestellt. In diesem Fall müssen Sie in der Drop-down-Liste den allerersten Punkt wählen, *Koordinierte Weltzeit (UTC)*.

Die korrekte Auswahl der Zeitzone ist wichtig, da sie von einigen Funktionen und Komponenten genutzt wird. Erfragen Sie deshalb im Zweifelsfall die richtige Einstellung bei Ihrem Webhoster.

 Tipp Achten Sie auch darauf, dass jedem Ihrer Benutzer die für ihn korrekte Zeitzone zugewiesen wurde (siehe den Abschnitt »Benutzerkonten im Backend anlegen« auf Seite 445 in Kapitel 12, *Benutzerverwaltung und -kommunikation*).

E-Mail-Versand einrichten (Mailing)

Joomla! muss in vielen Situationen E-Mails versenden. Das beginnt bei der Begrüßungs-E-Mail für neu registrierte Benutzer und reicht über Rundbriefe bis hin zu wichtigen Systemnachrichten an den Super User. Wie und auf welchem Weg Joomla! diese E-Mails verschickt, regeln die Einstellungen hinter *System* → *Konfiguration* auf der Registerkarte *Server* im Bereich *E-Mailing*:

Mail senden
Wenn Sie diesen Punkt auf *Nein* setzen, verschickt Joomla! keine E-Mails mehr. Damit schalten Sie gleichzeitig aber auch einige Funktionen ab, die unbedingt auf das Versenden von Nachrichten angewiesen sind. Beispielsweise können sich Besucher nicht mehr registrieren (wie in Kapitel 12, *Benutzerverwaltung und -kommunikation*, im Abschnitt »Registrierung« ab Seite 468 beschrieben). Die E-Mail-Funktion abzuschalten, ist folglich nur dann ratsam, wenn Sie Wartungsarbeiten durchführen oder der E-Mail-Versand aus irgendeinem Grund (vorübergehend) gestört ist.

Serienmails deaktivieren
Mit einem *Ja* verbieten Sie den Versand von Massenmails, wie ihn der Abschnitt »Serienmail« ab Seite 521 beschreibt.

Absenderadresse
Diese E-Mail-Adresse erscheint als Absender in allen versendeten E-Mails.

Absendername
Diesen Namen verwendet Joomla! als Absender in allen E-Mails.

Mailer
Hier legen Sie fest, wer den eigentlichen Versand der E-Mails übernimmt. Dies kann entweder die in PHP integrierte E-Mail-Funktion sein (Einstellung *PHP-Mail*), das Hilfsprogramm *Sendmail* (das hierzu auf dem Server installiert sein muss) oder ein sogenannter SMTP-Server. Letzteren stellen beispielsweise viele Anbieter von kostenlosen E-Mail-Postfächern (»Freemail«) bereit.

Welche der nachfolgenden Einstellungen Sie noch ausfüllen müssen, hängt vom gewählten *Mailer* ab. Im Fall von *PHP-Mail* sind Sie bereits fertig.

Sofern das Hilfsprogramm *Sendmail* die E-Mails verschicken soll, tragen Sie unter *Sendmailverzeichnis* noch den kompletten Pfad zum Programm ein (also sein Verzeichnis samt Programmnamen). Das so entstehende Kommando ruft Joomla! dann für den Versandvorgang auf.

Beim Einsatz eines SMTP-Servers klappen noch folgende Einstellungen auf. Die jeweils korrekten Werte nennt Ihnen in der Regel der Anbieter des Postfachs:

Server
Hier tippen Sie den kompletten Namen des SMTP-Servers ein.

Port
An diesem Port wartet der SMTP-Server auf eine Verbindungsanfrage. Bei einer ungesicherten Verbindung wird meistens Port 25 verwendet, eine gesicherte Kommunikation erfolgt hingegen häufig über Port 465 oder 587.

SMTP-Sicherheit
Damit die Kommunikation mit dem SMTP-Server nicht belauscht werden kann, verwenden viele SMTP-Server eine Verschlüsselung. Welches Verfahren dabei zum Einsatz kommt, stellen Sie hier ein.

SMTP-Authentifizierung
Wenn der SMTP-Server eine Authentifizierung mit Benutzername und Passwort verlangt, wählen Sie hier *Ja*. Aufgrund des zunehmenden Spams ist dies mittlerweile bei fast allen SMTP-Servern der Fall. Zum Versand einer E-Mail müssen Sie dann einen Benutzernamen und ein Passwort nennen. Das ist in der Regel das gleiche Gespann, mit dem Sie Zugang zu Ihrem Postfach erhalten. Damit Joomla! die E-Mails versenden kann, hinterlegen Sie den Benutzernamen im Feld *Benutzer*, das *Passwort* im Eingabefeld darunter. Einige SMTP-Server verlangen zudem immer einen ganz bestimmten *Absendernamen* und eine ganz bestimmte *Absenderadresse*. Wenn Sie ein Postfach bei einem kostenlosen E-Mail-Anbieter nutzen, müssen Sie häufig als *Absendername* Ihren eigenen Namen eintragen und als *Absenderadresse* die E-Mail-Adresse des Postfachs.

Tipp   Beschaffen Sie sich für Ihren Internetauftritt ein eigenes Postfach (beispielsweise bei einem kostenlosen E-Mail-Anbieter). Auf diese Weise können Sie Ihre private Kommunikation von Ihrem Internetauftritt trennen.

Ob alle Ihre Einstellungen stimmen und Joomla! E-Mails verwenden kann, prüfen Sie mit einem Klick auf *Test-E-Mail senden*. Joomla! schickt dann eine E-Mail an die *Absenderadresse*.

Internetzugriff über einen Proxy

Hin und wieder muss Joomla! auf das Internet zugreifen – etwa um eine neue Aktualisierung herunterzuladen. In vielen Unternehmen erfolgt der Zugang zum Internet jedoch über einen sogenannten Proxy-Server. Dieser dient in der Regel der Sicherheit, häufig untersucht er den Datenverkehr auf Viren. Wenn Sie Joomla! im Intranet eines solchen Unternehmens einsetzen, müssen Sie das Content-Management-System auf den Proxy-Server hinweisen. Andernfalls kann sich Joomla! nicht mehr selbst aktualisieren.

Damit Joomla! den Proxy-Server nutzt, rufen Sie *System → Konfiguration* auf, wechseln zum Register *Server* und setzen im Bereich *Proxy* den Punkt *Proxy aktivieren* auf *Ja*. Es klappen jetzt weitere Eingabefelder auf, in denen Sie die notwendigen Zugangsdaten für den Proxy-Server hinterlegen. Die nennt Ihnen der Administrator Ihres Unternehmens. Sofern Sie den Proxy-Server selbst eingerichtet haben, sollten Sie die abgefragten Daten bereits kennen: Tragen Sie zunächst unter *Hostname* den Namen des Proxy-Servers ein. In das Feld darunter gehört der *Port*, an dem der Proxy-Server auf Verbindungsanfragen lauscht. Schließlich müssen Sie noch den Benutzernamen und das Passwort hinterlegen, mit dem sich Joomla! beim Proxy-Server anmelden muss, um Zugang zum Internet zu bekommen.

Sollte sich Joomla! hinter einem sogenannten Load Balancer oder einem Reverse Proxy befinden, müssen Sie noch *Load Balancer aktivieren* auf *Ja* stellen. Können Sie mit den Begriffen nichts anfangen, belassen Sie die Voreinstellung *Nein*.

Grundeinstellungen im Frontend ändern

Einige der zuvor beschriebenen Einstellungen können Sie auch direkt im Frontend ändern. Dazu müssen Sie allerdings zunächst einen passenden neuen Menüpunkt einrichten.

Warnung Normalerweise gibt es dafür keinen Grund: Über den Menüpunkt erreicht man nur Einstellungen, die Sie als Seitenbetreiber ein Mal bei der Installation von Joomla! festlegen und dann im Betrieb nicht mehr ändern sollten. Wenn Sie die Einstellungen im Frontend bereitstellen, laufen Sie sogar Gefahr, dass andere angemeldete Benutzer sie eventuell ändern. Verzichten Sie daher möglichst auf einen solchen Menüpunkt.

Den Menüpunkt erstellen Sie, wie in Kapitel 10, *Menüs*, beschrieben: Rufen Sie im Backend unter *Menüs* das gewünschte Menü auf, klicken Sie auf *Neu* und dann neben *Menüeintragstyp* auf *Auswählen*. Öffnen Sie den Slider *Konfiguration* und entscheiden Sie sich für den Punkt *Websitekonfiguration*. Vergeben Sie noch einen passenden *Titel*, wie etwa Website-Einstellungen.

Abbildung 13-8: Über dieses Formular lassen sich einige Grundeinstellungen ändern.

Damit nicht x-beliebige Besucher den Menüpunkt zu Gesicht bekommen, wählen Sie noch eine passende *Zugriffsebene*. An den Grundeinstellungen sollte in der Regel nur die Gruppe der *Super Users* schrauben dürfen, deshalb ist das auch in den meisten Fällen die richtige Einstellung. Lassen Sie den neuen Menüpunkt via *Speichern & Schließen* erstellen. Wenn Sie sich jetzt im Frontend anmelden (etwa über das *Login Form*) und dem neuen Menüpunkt folgen, erreichen Sie die Seite aus Abbildung 13-8. Die dort angebotenen Einstellungen kennen Sie bereits aus den vorherigen Abschnitten. So können Sie unter anderem den Namen der Website anpassen.

KAPITEL 14
Plug-ins

In diesem Kapitel:
- Grundlagen
- Plug-in-Einstellungen ändern
- Anmeldung per LDAP und anderen Diensten
- Angemeldet bleiben
- Registrierung absichern mit Captchas
- Zwei-Faktor-Authentifizierung
- Benutzerkonten erweitern und verknüpfen
- Beiträge bewerten und anpassen
- Texteditoren maßschneidern
- Debug-Informationen anpassen
- Joomla!-Statistikerhebung kontrollieren
- Cache für komplette Seiten

Eine Theatervorstellung wäre ohne die vielen guten Geister im Hintergrund zum Scheitern verurteilt – angefangen bei den Bühnenarbeitern über die Maske bis hin zur Requisite, die im Fundus nach geeigneten Gegenständen sucht.

Auch Joomla! kennt solche unsichtbaren Helferlein, die Module und Komponenten bei ihrer Arbeit unterstützen. Diese sogenannten *Plug-ins* sind mit kleinen Robotern vergleichbar, die im Hintergrund jeweils eine ganz bestimmte spezialisierte Aufgabe erfüllen.

Grundlagen

Sofern Sie dem Filmtoaster-Beispiel aus den vorherigen Kapiteln gefolgt sind, haben Sie schon mehrfach die Dienste von Plug-ins in Anspruch genommen. Beispielsweise schickt die Suchfunktion gleich mehrere spezialisierte Plug-ins los, die alle Inhalte nach passenden Fundstellen durchkämmen. Andere Plug-ins wiederum tauschen in Beiträgen schnell noch bestimmte Textpassagen aus, bevor die komplette Seite den Browser des Besuchers erreicht. Sogar den TinyMCE-Editor, in den Sie Ihre Beiträge eintippen, stellt ein entsprechendes Plug-in bereit.

Für gewöhnlich kommen weder Sie als Seitenbetreiber noch ein Besucher mit den installierten Plug-ins direkt in Kontakt. Das Wissen um die kleinen Helfer kann allerdings äußerst nützlich sein – etwa wenn etwas plötzlich nicht mehr funktioniert oder Sie gezielt eine bestimmte Funktion deaktivieren möchten. Beispielsweise könnten Sie die Suche in den Kontaktdaten komplett unterbinden, indem Sie einfach das dafür zuständige Plug-in deaktivieren. Umgekehrt bieten ein paar standardmäßig deaktivierte Plug-ins nützliche Zusatzfunktionen. So sichern einige Plug-ins die Anmeldung weiter ab.

Das Wissen um die aktiven Plug-ins kann zudem bei Sicherheitsproblemen hilfreich sein. Sollte beispielsweise eine Sicherheitslücke in einem der Helfer bekannt werden, lässt er sich vorübergehend außer Gefecht setzen, bis eine entsprechende Aktualisierung bereitsteht. Auf die gleiche Weise tauschen Sie auch den TinyMCE-Editor gegen einen anderen Kollegen aus.

Alle von Haus aus mitgelieferten Plug-ins listet Ihnen Joomla! auf, wenn Sie im Backend den Menüpunkt *System* aufrufen und dann unter *Verwalten* den Punkt *Plugins* anklicken (siehe Abbildung 14-1).

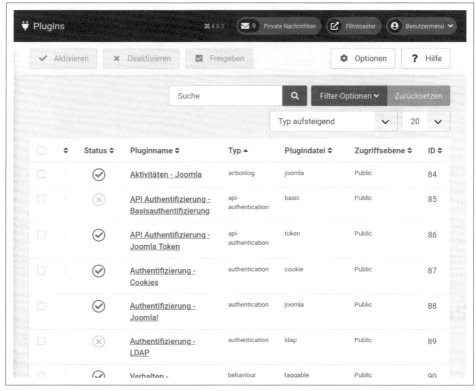

Abbildung 14-1: Die Plug-in-Verwaltung im Backend.

Joomla! gruppiert alle Plug-ins nach ihren jeweiligen Aufgabengebieten. Um was sich ein Plug-in genau kümmert, verrät die Spalte *Typ*. In Joomla! 4.0.3 können dabei Plug-ins

- die Aktionen von Benutzern aufzeichnen (*actionlog*),
- Anfragen von anderen Programmen gestatten beziehungsweise diese authentifizieren (*api-authentication*),
- die Benutzeranmeldung steuern (*authentication*),
- ein bestimmtes Verhalten der Website sicherstellen und beispielsweise die Versionierung unterstützen (*behaviour*),
- ein Captcha bereitstellen (*captcha*),
- Inhalte manipulieren (*content*),
- einen Editor zur Eingabe von Texten bereitstellen (*editors*),
- die vorhandenen Texteditoren um zusätzliche Funktionen erweitern (*editors-xtd*),

- Erweiterungen betreuen, indem sie diese beispielsweise selbstständig aktualisieren (*extension*),
- Felder bereitstellen, wie etwa eines zur Eingabe eines Datums (*fields*),
- ein oder mehrere Verzeichnisse bereitstellen (*filesystem*),
- den Index für die Suche erstellen (*finder*),
- Erweiterungen installieren (*installer*),
- Bilder skalieren, beschneiden oder anderweitig bearbeiten (*media-action*),
- Daten für die Privacy Tools liefern (*privacy*),
- ein intelligentes Symbol im Dashboard bereitstellen (*quickicon*),
- eine Beispiel-Website einspielen (*sampledata*),
- spezielle Systemfunktionen bereitstellen (*system*),
- eine Zwei-Faktor-Authentifizierung durchführen (*twofactorauth*),
- Benutzer verwalten (*user*),
- Funktionen über eine spezielle Schnittstelle anderen Anwendungen zur Verfügung stellen (*webservices*) und
- die Übergänge in einem Workflow manipulieren (*workflow*).

Im Laufe der Joomla!-Versionen sind immer mal wieder neue Plug-in-Typen hinzugekommen, während andere wegfielen.

Plug-in-Einstellungen ändern

Wenn Sie in der Tabelle hinter *System → Plugins* auf den Namen eines Plug-ins klicken, gelangen Sie zu seinen Einstellungen. Auf der linken Seite finden Sie zunächst in fetten Lettern den Namen des Plug-ins. In Abbildung 14-2 sind beispielsweise die Einstellungen des Plug-ins *Suchindex – Kontakte* geöffnet.

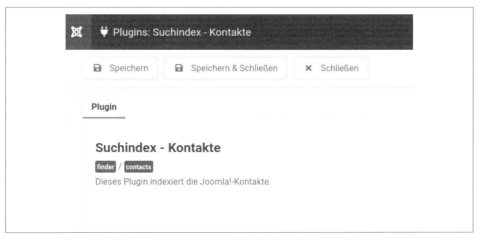

Abbildung 14-2: Links oben in den Einstellungen des Plug-ins erfahren Sie noch einmal, um was für ein Plug-in es sich handelt und welche Aufgabe es erfüllt.

Das linke der beiden grauen Kästchen verrät den Typ des Plug-ins – in Abbildung 14-2 handelt es sich um ein Plug-in, das bei der Suche hilft (*finder*). Das zweite graue Kästchen ist nur für Programmierende interessant: Darin steht der Name einer Datei, die den Programmcode für das Plug-in enthält. Unterhalb der beiden grauen Kästchen finden Sie schließlich noch eine kurze Beschreibung des Plug-ins und seiner Aufgabe.

Die Einstellungen auf der rechten Seite sind für alle Plug-ins gleich (siehe Abbildung 14-3). Im Einzelnen finden Sie dort folgende Einstellungen und Informationen:

Abbildung 14-3: Diese Einstellungen finden Sie nicht nur beim Plug-in *Suche – Kontakte*.

Status
Hiermit schalten Sie das Plug-in ein (*Aktiviert*) und aus (*Deaktiviert*).

Zugriffsebene
Die *Zugriffsebene* regelt, für welche Benutzergruppe das Plug-in aktiv wird. Die Vorgabe sollten Sie nur dann ändern, wenn Sie zum einen die Funktionen des Plug-ins kennen und zum anderen seine Dienste ausschließlich speziellen Benutzergruppen zugänglich machen wollen.

Reihenfolge
Bei einigen Plug-ins spielt es eine Rolle, in welcher Reihenfolge sie ihre Arbeit aufnehmen. Über diese Drop-down-Liste dürfen Sie die Reihenfolge beeinflussen. In Abbildung 14-4 führt die Liste beispielsweise sämtliche Such-Plug-ins auf. Das Plug-in *Suchindex – Kontakte* steht dort an zweiter Stelle, direkt darüber hat sich sein Kollege für die Kategorien geschoben. Um das gerade geöffnete

Plug-in früher oder später anlaufen zu lassen, stellen Sie in der Liste einfach seine neue Position ein. Soll Joomla! beispielsweise die Kontaktdaten immer erst ganz zum Schluss indexieren, wählen Sie unter *Reihenfolge* den Punkt *Letzte* und *Speichern* die Änderung ab. Alternativ können Sie die Reihenfolge auch in der Plug-in-Verwaltung hinter *System → Plugins* über die kleinen Kästchen in der ersten Spalte verändern. Wie Sie sie bedienen, hat bereits in Kapitel 3, *Erste Schritte*, der Abschnitt »Sortierreihenfolge ändern« auf Seite 85 gezeigt.

Tipp In der Regel müssen Sie die Reihenfolge hier nicht verändern.

Abbildung 14-4: Die Reihenfolge der Such-Plug-ins.

Plugintyp
Hier können Sie noch einmal ablesen, was für ein Typ das Plug-in ist. In Abbildung 14-3 handelt es sich um ein *finder*-Plug-in, also um ein Plug-in, das ganz bestimmte Teile des Internetauftritts durchsucht und diese dem Suchindex hinzufügt.

Plugindatei
In dieser Datei befindet sich der Programmcode des Plug-ins. Diese Information ist nur für Joomla!-Entwickler von Interesse.

Je nach Plug-in finden Sie auf der linken Seite unter der Beschreibung des Plug-ins noch weitere Einstellungen. Auch sie sind durchweg bereits sinnvoll vorbelegt.

Einige Plug-ins bieten äußerst nützliche Zusatzfunktionen, von denen allerdings ein paar nur in besonderen Situationen sinnvoll sind. Die nachfolgenden Kapitel stellen nacheinander diese Zusatzfunktionen vor. Sie müssen dann selbst entscheiden, ob die Funktionen für Ihre Website infrage kommen.

Tipp Belassen Sie im Zweifelsfall die Voreinstellungen beziehungsweise somit insbesondere deaktivierte Plug-ins deaktiviert. Im Extremfall können Sie sich sonst von Joomla! aussperren. Wenn Sie die Dienste eines Plug-ins in Anspruch nehmen möchten, sollten Sie die Einstellungen zunächst in einer Testinstallation ausprobieren.

Anmeldung per LDAP und anderen Diensten

Bei jeder Anmeldung am Content-Management-System müssen Sie Joomla! Ihren Benutzernamen und Ihr Passwort nennen. Eines der Plug-ins aus der Gruppe *authentication* überprüft daraufhin die Gültigkeit Ihrer Daten. Standardmäßig schlägt dabei das Plug-in *Authentifizierung – Joomla!* einfach in der Datenbank nach. Seine Kollegen laufen auf Wunsch aber auch eine andere Stelle an, wobei Joomla! 4.0.3 von Haus aus nur noch eine Alternative mitbringt.

 Tipp Diese Plug-in-Art soll auch die Erstellung sogenannter *Bridges* vereinfachen. Dabei reicht das Plug-in die Anmeldedaten an ein externes System weiter, wie zum Beispiel ein Forum. Auf diese Weise muss sich der Benutzer nicht doppelt anmelden (zunächst bei Joomla! und anschließend noch einmal am Forum). Bereits existierende Authentication-Plug-ins für verschiedene Anwendungen finden Sie im Extensions-Verzeichnis auf der Joomla!-Homepage (*https://extensions.joomla.org/extension/access-a-security/site-access/*).

 Warnung Achten Sie darauf, dass Sie immer ein Authentifizierungs-Plug-in aktiviert haben. Andernfalls können Sie sich nie wieder bei Joomla! anmelden.

Viele Firmen speichern die Benutzerdaten ihrer Mitarbeiter auf einem speziell dafür eingerichteten Server. Ähnlich wie bei einem Telefonbuch können dann andere Programme die dortigen Informationen bei Bedarf abfragen. Die Kommunikation mit einem solchen Verzeichnisdienst über ein Netzwerk regeln verschiedene Standards. Der mittlerweile am häufigsten verwendete heißt *Lightweight Directory Access Protocol*, kurz LDAP.

Das Plug-in *Authentifizierung – LDAP* kontaktiert auf Wunsch (als sogenannter LDAP-Client) einen solchen LDAP-Server und gleicht die dort gespeicherten Daten mit den zuvor eingetippten Anmeldedaten ab. Damit das reibungslos klappt, verlangt das Plug-in in seinen Einstellungen verschiedene Basisinformationen. Wenn Sie selbst beziehungsweise in Ihrer Institution über einen Verzeichnisdienst verfügen, werden Sie die erforderlichen Parameter kennen. In allen anderen Fällen lassen Sie das Plug-in deaktiviert. Im Einzelnen bietet das Plug-in folgende Einstellungen:

LDAP-Host
  Rechnername des LDAP-Servers, beispielsweise *ldap.meinserver.de*.

LDAP-Port
  TCP-Port, an dem der LDAP-Server auf eingehende Anfragen lauscht.

LDAP V3
  Bei einem *Ja* verwendet Joomla! die LDAP-Version 3, andernfalls noch die alte Version 2.

TLS aushandeln
  Bei einem *Ja* versucht Joomla!, verschlüsselt mit dem LDAP-Server zu kommunizieren. Zum Einsatz kommt dabei das TLS-Verfahren.

Zertifikat ignorieren
: Bei einem *Ja* verifiziert Joomla! nicht das vom Server gelieferte Zertifikat. Das ist beispielsweise dann erforderlich, wenn der LDAP-Server ein selbst signiertes Zertifikat verwendet.

Weiterleitungen folgen
: Bei einem *Ja* setzt Joomla! das `LDAP_OPT_REFERRALS`-Flag.

Autorisierungsmethode
: Legt fest, mit welcher Methode sich das Plug-in am LDAP-Server anmeldet.

Basis-DN
: Bestimmt den Punkt, von dem aus das Verzeichnis durchsucht werden soll.

Suchstring
: Die hier eingetippte Suchanfrage wird vom Plug-in verwendet, um die Benutzerdaten im Verzeichnis aufzustöbern. Die Anfrage muss dem LDAP-Standard entsprechen. Die Zeichenkette `[search]` ersetzt Joomla! dabei durch die Benutzeranmeldung. Ein Beispiel für einen Anfragetext wäre `uid=[search]`.

Benutzer DN
: Mit der hier eingetragenen Anfrage ermittelt das Plug-in die sogenannte Benutzer-DN. Die Zeichenkette `[username]` ersetzt Joomla! dabei durch die Benutzeranmeldung. Ein Beispiel für eine Eingabe wäre `uid=[username], dc=my-domain, dc=com`.

Benutzername und Passwort
: Die Verbindungsparameter für die DN-Lookup-Phase. Für einen anonymen DN-Lookup lassen Sie einfach beide Felder leer. Andernfalls vergeben Sie hier den entsprechenden Benutzernamen und das zugehörige Passwort eines administrativen Benutzerkontos.

Attribut: Voller Name
: In dieses Feld gehört der Name des LDAP-Attributs, das den vollständigen Namen des Benutzers enthält.

Map: E-Mail
: In dieses Feld gehört der Name des LDAP-Attributs, das die E-Mail-Adresse des Benutzers enthält.

Attribut: Benutzer-ID
: In dieses Feld gehört der Name des LDAP-Attributs, das die Benutzer-ID des Benutzers enthält.

Mehr zum Konzept der Verzeichnisdienste und zum LDAP-Standard finden Sie im Internet, beispielsweise unter *https://de.wikipedia.org/wiki/Lightweight_Directory_Access_Protocol*.

Angemeldet bleiben

Wenn sich ein Benutzer bei Joomla! anmeldet, kann er wie in Abbildung 14-5 einen Haken vor *Angemeldet bleiben* setzen. Damit muss er sich nicht mehr um eine Ab- und Anmeldung kümmern. Selbst wenn er Ihre Website verlässt und erst Stunden später zurückkehrt, erkennt ihn Joomla! und meldet ihn automatisch wieder an.

Um den Besucher wiedererkennen zu können, erzeugt das Plug-in *Authentifizierung – Cookies* eine eindeutige Identifikationsnummer, das sogenannte Cookie. Dieses Cookie speichert das Plug-in im Browser des Besuchers. Sobald der Besucher nach einer längeren Abwesenheit erneut Ihre Website betritt, liest Joomla! das Cookie aus, prüft es und meldet dann den Benutzer automatisch wieder an.

Abbildung 14-5: Markiert ein Besucher »Angemeldet bleiben«, erkennt ihn Joomla! automatisch wieder.

Das ganze Verfahren funktioniert allerdings nur, wenn der Browser des Besuchers nicht automatisch alle Cookies beim Beenden löscht. Des Weiteren darf sich der Besucher nicht mehr explizit abmelden (etwa über die gleichnamige Schaltfläche im Anmelden-Modul). Joomla! löscht beim Abmelden das Cookie automatisch.

Aus Sicherheitsgründen gilt das Cookie nur 60 Tage lang. Diese Zeitspanne dürfen Sie in den Einstellungen des Plug-ins unter *Cookie-Lebensdauer* verändern. Tragen Sie dazu in das Eingabefeld die Gültigkeitsdauer des Cookies in Tagen ein. Je länger ein Cookie gültig ist, desto unsicherer ist es. Belassen Sie hier im Zweifelsfall den vorgegebenen Wert.

Um die Sicherheit weiter zu erhöhen, verschlüsselt das Plug-in das Cookie. Dazu verwendet Joomla! ein Passwort, den sogenannten Schlüssel. Je länger der Schlüssel ist, desto sicherer ist zwar das Cookie, desto länger braucht Joomla! aber auch wieder für die Entschlüsselung. Die Länge des Schlüssels können Sie in den Einstellungen des Plug-ins unter *Schlüssellänge* festlegen. Auch hier sollten Sie im Zweifelsfall den vorgegebenen Wert belassen.

Damit Joomla! einen Besucher wiedererkennt, brauchen Sie neben dem Plug-in *Authentifizierung – Cookies* noch den Kollegen *System – Angemeldet bleiben*.

 Warnung   Für Ihre Besucher ist das Verfahren äußerst bequem – schließlich müssen sie den Benutzernamen und das Passwort nicht mehr eintippen. Es hat aber auch einen entscheidenden Nachteil: Erlangt eine kriminelle Person Zugriff auf den Computer des Besuchers (etwa per Schadsoftware über das Internet), kann sie mit dem Browser Ihre Website ansteuern und erhält umgehend Zutritt zu eigentlich geschützten

Bereichen. Problematisch ist das vor allem, wenn der Besucher auch Beiträge schreiben oder andere Einstellungen verändern darf. Sie sollten sich daher überlegen, die Funktion komplett abzuschalten. Dazu deaktivieren Sie die Plug-ins *Authentifizierung – Cookies* und *System – Angemeldet bleiben*.

Registrierung absichern mit Captchas

Spammer und Angreifer benutzen gern Programme, die automatisch in kurzer Zeit zahlreiche Benutzerprofile anlegen. Um das zu verhindern, wurden die sogenannten Captchas erfunden. Das sind kleine Kästchen, die dem Besucher eine Aufgabe stellen (wie in Abbildung 14-6). Menschen können diese Aufgabe leicht lösen, Computerprogramme jedoch nicht. Ein neues Benutzerkonto bekommt aber nur, wer die Captcha-Aufgabe richtig gelöst hat. Dumme Programme bleiben so wirkungsvoll ausgesperrt.

Auch Joomla! kann Captchas einsetzen. Hier stellen entsprechende Plug-ins solche Captchas bereit. Die mitgelieferten Plug-ins greifen dabei auf die Hilfe des Google-Diensts *reCAPTCHA* zurück. Dieser erzeugt das Captcha und prüft die korrekte Eingabe.

Wenn Sie ein Captcha in Joomla! einsetzen möchten, benötigen Sie ein Benutzerkonto bei Google (das Sie unter *https://www.google.de* erhalten). Melden Sie sich dann bei Google an und rufen Sie die Seite *https://www.google.com/recaptcha* auf. Registrieren Sie sich dort für ein reCAPTCHA. Zum Zeitpunkt der Bucherstellung mussten Sie dazu *https://www.google.com/recaptcha/admin* aufrufen und auf der neuen Seite das Plussymbol anklicken. Tippen Sie unter *Label* und *Domains* jeweils den Domainnamen Ihrer Website ein. Wählen Sie dann als *reCAPTCHA-Typ* die Version 2. Akzeptieren Sie die Nutzungsbedingungen und klicken Sie anschließend auf *Senden*. Google reCAPTCHA erzeugt jetzt zwei sogenannte Schlüssel (Keys): den *Websiteschlüssel* (auch als *Site Key* bezeichnet) und den *Geheimen Schlüssel* (alias *Secret Key*). Beide bestehen aus recht langen, kryptischen Zeichenketten.

Notieren Sie sich diese Schlüssel und wechseln Sie dann im Backend von Joomla! zur Plug-in-Verwaltung hinter *System → Plugins*. Suchen Sie dort in der Tabelle den Eintrag *Captcha – reCAPTCHA* und klicken Sie ihn an. Im neuen Formular stellen Sie zunächst sicher, dass der *Status* auf *Aktiviert* steht. Anschließend hinterlegen Sie auf der linken Seite den *Websiteschlüssel* sowie den *Geheimer Schlüssel*.

Die *Version* ganz oben legt fest, was für eine Art Aufgabe das reCAPTCHA stellt. Das Plug-in kann in Joomla! 4.0.3 allerdings nur mit der Version 2.0 umgehen, was zum Ergebnis aus Abbildung 14-6 führt.

Des Weiteren können Sie das *Aussehen* des Captchas festlegen. Wählen Sie hier eine Optik, die zum Rest Ihrer Website passt. Wenn Sie unsicher sind, lassen Sie die Vorgabe stehen. Ergänzend können Sie noch die *Größe* und somit die Abmessungen des Captchas verändern. Im Zweifelsfall sollten Sie hier *Normal* belassen.

Wenn Sie die Einstellungen vorgenommen haben, lassen Sie sie *Speichern & Schließen*. Weiter geht es in den Grundeinstellungen der Benutzerverwaltung. Dazu rufen

Sie *Benutzer → Verwalten* auf, wechseln in die *Optionen* und wenden sich dem Register *Benutzeroptionen* zu. Hier stellen Sie *Captcha* auf *Captcha – reCAPTCHA*. Nach dem *Speichern & Schließen* müssen ab sofort alle Besucher auf dem Registrierungsformular erst ein Captcha lösen, bevor sie ein neues Benutzerkonto erhalten. Ein Captcha erscheint übrigens auch immer dann, wenn ein vergesslicher Benutzer ein neues Passwort oder seinen Benutzernamen anfordert (siehe dazu ebenfalls den Abschnitt »Vergessene Benutzernamen und Passwörter« auf Seite 466).

Abbildung 14-6: Bevor ein Besucher ein neues Benutzerkonto erhält, muss er sich gegenüber Google noch als Mensch ausweisen.

Joomla! bringt noch ein zweites Captcha-Plug-in namens *CAPTCHA – Unsichtbares reCAPTCHA* mit. Dieses funktioniert wie sein Kollege, integriert das Captcha aber unsichtbar in die Seite. Die Bedienung ist weitgehend identisch: Verschaffen Sie sich bei Google auf die gezeigte Weise einen Websiteschlüssel und einen geheimen Schlüssel für ein unsichtbares Captcha. Rufen Sie dann im Backend *System → Plug-ins* auf und klicken Sie das Plug-in *CAPTCHA – Unsichtbares reCAPTCHA* an. Hinterlegen Sie in den entsprechenden Feldern den *Websiteschlüssel* sowie den *geheimen Schlüssel*. Damit die Besucher wissen, dass die Seite durch ein Captcha geschützt ist, blendet das Plug-in auf der Seite einen entsprechenden Hinweis ein. Wo dieser erscheinen soll, bestimmen Sie unter *Badge*. Setzen Sie noch den *Status* auf *Aktiviert* und lassen Sie die Einstellungen *Speichern & Schließen*. Wechseln Sie wieder in die Benutzerverwaltung hinter *Benutzer → Verwalten*, rufen Sie die *Optionen* auf und stellen Sie im Register *Benutzeroptionen* den Punkt *Captcha* auf *CAPTCHA – Unsichtbares reCAPTCHA*. Nach dem *Speichern & Schließen* ist das unsichtbare Captcha auf Ihren Seiten aktiv.

Zwei-Faktor-Authentifizierung

Wenn jemand einen Benutzernamen und das zugehörige Passwort stiehlt, kann er sich bei Joomla! anmelden und dort Schabernack treiben. Sie können das mit einem Verfahren erschweren, das als Zwei-Faktor-Authentifizierung bezeichnet wird. Dabei tippt ein Besucher zunächst wie gewohnt seinen Benutzernamen und sein Passwort ein. Damit gibt sich Joomla! aber noch nicht zufrieden, sondern verlangt noch nach einem zweiten Ausweis.

Das kann zum einen ein spezieller USB-Stick der Firma Yubico mit einem digitalen Ausweis sein, den der Besucher an den Computer anstöpselt. Alternativ kann der Besucher mit einer speziellen App auf seinem Smartphone einen Sicherheitscode generieren lassen. Erst wenn er auch diesen Joomla! mitgeteilt hat, erhält er Zugang zu den exklusiven Inhalten. Der Sicherheitscode wird nach einem ausgeklügelten Verfahren erzeugt, sodass ein Angreifer ihn weder erraten noch abfangen kann. Unter anderem ist er nur 30 Sekunden lang gültig.

In beiden Fällen müsste ein Angreifer also nicht nur den Benutzernamen und das Passwort herausfinden, sondern auch noch den USB-Stick beziehungsweise das Smartphone des Benutzers erbeuten. Da man sich auf zwei verschiedene Arten gegenüber Joomla! ausweisen muss, gibt es zwei Sicherheitsfaktoren – daher die Bezeichnung Zwei-Faktor-Authentifizierung (englisch *Two-Factor Authentication*). Mit diesem Verfahren können Sie nicht nur die Anmeldung im Frontend, sondern auch die Anmeldung im Backend absichern.

Die Zwei-Faktor-Authentifizierung erhöht die Sicherheit, sie hat aber auch einige Nachteile: Zum einen setzt sie voraus, dass Ihre Benutzer entweder ein Smartphone besitzen oder aber sich einen speziellen USB-Stick bei Yubico bestellen. Zum anderen wird die Anmeldung aufwendiger und schreckt daher viele Benutzer ab. Benutzer können allerdings selbst entscheiden, ob sie die Zwei-Faktor-Authentifizierung nutzen möchten oder nicht. Sie können sie daher unverbindlich anbieten.

Standardmäßig ist die Zwei-Faktor-Authentifizierung komplett deaktiviert. Um sie einzuschalten, rufen Sie im Backend den Punkt *System → Plugins* auf. Suchen Sie in der Tabelle die beiden Plug-ins *Zwei-Faktor-Authentifizierung – Google Authenticator* und *Zwei-Faktor-Authentifizierung – YubiKey*.

Das jetzt notwendige Vorgehen hängt vom gewünschten Verfahren ab: Wenn Sie eine Anmeldung über die App *Google Authenticator* ermöglichen möchten, klicken Sie auf *Zwei-Faktor-Authentifizierung – Google Authenticator*. Ist hingegen der Einsatz über einen YubiKey erwünscht, klicken Sie auf *Zwei-Faktor-Authentifizierung – YubiKey*.

In jedem Fall wählen Sie jetzt unter *Einsatzbereich* aus, ob diese Form der Anmeldung nur auf Ihrer *Website*, im Backend (*Administrator*) oder in beiden Fällen zum Einsatz kommen soll. Im Zweifelsfall lassen Sie *Beide* aktiviert. Schalten Sie jetzt die Zwei-Faktor-Authentifizierung ein, indem Sie den *Status* auf *Aktiviert* setzen. *Speichern & Schließen* Sie die Einstellungen.

Tipp Sie können gleichzeitig beide Plug-ins aktivieren. So haben später Ihre Benutzer die Wahl, welche Methode sie zur Anmeldung nutzen möchten.

Damit haben Sie die Zwei-Faktor-Authentifizierung eingeschaltet. Jetzt sind die Benutzer am Zug. Sobald Sie eine der beiden Methoden aktiviert haben, erscheint sowohl beim Anmeldeformular als auch im Anmelden-Modul ein zusätzliches Eingabefeld (wie in Abbildung 14-7).

Dieses Feld ist erst dann von Bedeutung, wenn sich ein Benutzer bewusst für die Zwei-Faktor-Authentifizierung entschieden hat. Andernfalls reicht es weiterhin aus, den Benutzernamen und das Passwort einzutippen.

Abbildung 14-7: Den zusätzlichen Sicherheitscode muss man in das entsprechende Feld eintippen.

 Tipp   Damit sich Ihre Benutzer nicht über das zusätzliche Eingabefeld wundern, sollten Sie ihnen kurz dessen Einsatzzweck mitteilen.

Möchte eine Benutzerin die Zwei-Faktor-Authentifizierung verwenden, meldet sie sich zunächst wie gewohnt bei Joomla! an und wechselt dann zu ihrem Profil. Gegebenenfalls müssen Sie einen entsprechenden Menüpunkt einrichten (siehe auch den Abschnitt »Benutzerprofil« auf Seite 489). Sobald sie ihr Profil bearbeitet, gibt es ganz unten im Formular den Abschnitt *Zwei-Faktor-Authentifizierung* (siehe Abbildung 14-8).

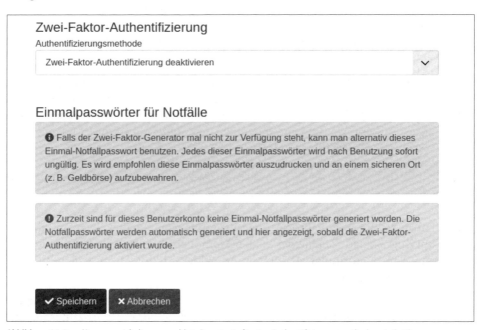

Abbildung 14-8: Hier muss sich die angemeldete Benutzerin für eine Authentifizierungsmethode entscheiden.

Unter *Authentifizierungsmethode* kann die Benutzerin jetzt die gewünschte Methode auswählen. Anschließend blendet Joomla! im unteren Teil mehrere Anweisungen ein, die einmal durchgeführt werden muss.

Im Fall des *Google Authenticator* muss die Benutzerin zunächst die passende App auf ihrem Smartphone installieren. Ist das erledigt, startet sie die App auf ihrem Smartphone und gibt dann die von Joomla! angezeigten Registrierungsdaten ein (die unter *Schritt 2* neben *Konto* und *Schlüssel* angezeigt werden). Die App erzeugt nun einen Schlüssel, der unter *Schritt 3* im Feld *Sicherheitscode* eingetippt wird. Anschließend muss sie die Einstellungen einmal *Senden*.

Tipp Damit die Zwei-Faktor-Authentifizierung auf diesem Weg klappt, müssen die Uhrzeit auf dem Smartphone sowie die auf dem Server korrekt eingestellt sein.

Wählt ein Benutzer dagegen die Authentifizierungsmethode *YubiKey*, muss er zunächst seinen speziellen USB-Stick einstöpseln. Diesen erhält er beim Hersteller Yubico unter *https://www.yubico.com*. Anschließend muss er mit der Maus in das Feld *Sicherheitscode* klicken und dann die goldfarbene Fläche auf dem YubiKey berühren. Nach dem *Senden* gleicht Joomla! den Sicherheitscode ab.

Sie können die Zwei-Faktor-Authentifizierung auch im Backend für jeden Benutzer einzeln einschalten. Dazu rufen Sie unter *Benutzer* → *Verwalten* die Einstellungen des entsprechenden Benutzers auf. Im neuen Register *Zwei-Faktor-Authentifizierung* stellen Sie zunächst die gewünschte *Authentifizierungsmethode* ein und folgen dann den Anweisungen darunter. Das Vorgehen ist dabei identisch mit dem bereits vorgestellten im Profil des Benutzers.

Sobald die Zwei-Faktor-Authentifizierung von der Benutzerin oder dem Benutzer oder auch Ihnen aktiviert wurde, reichen zur Anmeldung der Benutzername und das Passwort nicht mehr aus. Wie die Anmeldung abläuft, hängt vom gewählten Verfahren ab. In jedem Fall muss der Benutzer wie gewohnt den Benutzernamen und das Passwort eintippen. Zusätzlich ist im dritten Feld ein Sicherheitscode zu hinterlegen, den entweder der Google Authenticator oder der YubiKey erzeugt. Nach einem Klick auf *Anmelden* prüft Joomla! dann alle Eingaben.

Es kann passieren, dass der Google Authenticator nicht funktioniert oder der PC keinen USB-Port für den YubiKey hat. In dem Fall wäre der Benutzer ausgesperrt. Um gegen solche Notfälle gewappnet zu sein, ruft der Benutzer nach der Einrichtung der Zwei-Faktor-Authentifizierung noch einmal sein Profil auf. Ganz unten auf der Seite findet er jetzt Einmalpasswörter für Notfälle. Diese kann er anstelle des von der App erzeugten Sicherheitscodes oder des YubiKey verwenden. Jedes dieser Passwörter funktioniert allerdings nur genau einmal – und danach nie wieder. Der Benutzer sollte folglich die Einmalpasswörter auf einem Zettel notieren und diesen am besten in einem Safe deponieren. Im Backend können Sie die Einmalpasswörter übrigens einsehen, indem Sie hinter *Benutzer* → *Verwalten* in die Einstellungen des entsprechenden Benutzers wechseln. Sie finden dann die Einmalpasswörter auf der Registerkarte *Zwei-Faktor-Authentifizierung*.

Benutzerkonten erweitern und verknüpfen

Die Plug-ins vom Typ *user* ergänzen die Benutzerverwaltung um zusätzliche Funktionen und Automatiken. Unter anderem kann Joomla!

- halb automatisch die Benutzerkonten konsistent halten (über das Plug-in *Benutzer – Joomla!* ab Seite 558),
- die Benutzerkonten selbstständig mit Kontakten verknüpfen (über das Plug-in *Benutzer – Kontakterstellung* ab Seite 559) sowie
- die Profile um zahlreiche weitere häufig benötigte Informationen erweitern (über das Plug-in *Benutzer – Profile* ab Seite 560).

Benutzerkonten konsistent halten

Das Plug-in *Benutzer – Joomla!* hält die Benutzerdaten konsistent. Beispielsweise kümmert es sich darum, dass beim Löschen eines Benutzerkontos keine Rückstände verbleiben.

 Tipp Lassen Sie daher dieses Plug-in möglichst immer aktiviert!

In den Einstellungen des Plug-ins können Sie sein Verhalten steuern, wobei sich jede Einstellung auf eine ganz bestimmte Situation bezieht:

Normalerweise melden sich Benutzer mit ihrem Benutzernamen und dem zugehörigen Passwort bei Joomla! an. Die Authentication-Plug-ins erlauben jedoch auch die Anmeldung auf anderen Wegen. Dabei kann es passieren, dass ein Authentication-Plug-in zwar »Benutzer ist erfolgreich angemeldet« verkündet, aber die entsprechende Person in Joomla! (noch) kein Benutzerkonto besitzt. Solch eine Situation tritt beispielsweise ein, wenn Sie einen LDAP-Server zur Authentifizierung einsetzen (und somit das Plug-in *Authentifizierung – LDAP*) oder aber Erweiterungen nachinstallieren, die eine Anmeldung über Facebook & Co. erlauben. In solchen Fällen erstellt das Plug-in *Benutzer – Joomla!* automatisch ein passendes Benutzerkonto. Damit ist sichergestellt, dass jede Person, die sich irgendwann einmal erfolgreich angemeldet hat (auf welchem Weg auch immer), unter Joomla! ein Benutzerkonto besitzt. Das passiert allerdings nur, wenn in den Einstellungen des Plug-ins der Punkt *Automatisch Benutzer erstellen* auf *Ja* steht.

Wenn Sie ein Benutzerkonto anlegen, schickt Joomla! der entsprechenden Person eine E-Mail mit ihrem Passwort und ihrem Benutzernamen – vorausgesetzt, *Benachrichtigungs-E-Mail an den Benutzer* steht auf *Ja*.

Meldet sich ein Benutzer ab, räumt das Plug-in hinter ihm auf und beendet beispielsweise alle noch bestehenden Sitzungen. Das macht das Plug-in jedoch nur, wenn es *Alle Sitzungen beenden* darf.

Benutzer automatisch mit Kontakten verknüpfen

Ein Benutzerkonto können Sie mit einem Kontakt(-Formular) verbinden (wie im Abschnitt »Kontakte und Kontaktformulare« auf Seite 369 beschrieben). Diese Handarbeit nimmt Ihnen das Plug-in *Benutzer – Kontakterstellung* ab: Sobald Sie einen neuen Benutzer anlegen, erstellt es automatisch einen dazu passenden Kontakt.

Dazu müssen Sie lediglich das Plug-in aktivieren und in seinen Einstellungen noch sein Verhalten festlegen:

Automatisch erstellte Kontaktseite
Auf einer Kontaktseite können Sie neben Adresse und Telefonnummer unter anderem auch die Homepage des Benutzers nennen. Diese Angabe kann das Plug-in automatisch ausfüllen. Das klappt allerdings nur, wenn die zugehörigen Internetadressen einem einheitlichen Schema folgen.

Angenommen, jeder Benutzer besäße unter *http://www.example.com/benutzername* eine eigene Website. Der Internetauftritt von Hans Hansen wäre demnach unter *http://www.example.com/hans* zu erreichen. In diesem Fall tippen Sie http://www.example.com/[username] in das Feld *Automatisch erstellte Kontaktseite*. Sobald Sie jetzt einen neuen Benutzer erstellen, ersetzt das Plug-in zunächst den Platzhalter [username] durch den Benutzernamen und schreibt dann die entstandene Internetadresse in das Feld *Website* des zuvor erstellten Kontakts.

Neben [username] gibt es noch weitere Platzhalter: [name] steht für den kompletten Namen des Benutzers, [userid] für seine interne Identifikationsnummer und [email] für seine E-Mail-Adresse.

Tipp	Es ist ziemlich unwahrscheinlich, dass sämtliche Internetadressen Ihrer Benutzerinnen und Benutzer einem festen Schema folgen. Sinnvoll nutzbar ist die Ausfüllhilfe daher eigentlich nur im Intranet beziehungsweise dann, wenn Sie selbst den Benutzern jeweils eine Webseite bereitstellen.
	Damit das Plug-in keine falschen Internetadressen in den Kontakten ablegt, sollten Sie im Zweifelsfall das Feld lieber leer lassen.

Kategorie
Die vom Plug-in erstellten Kontakte landen standardmäßig in dieser Kontakt-Kategorie.

Kontakt automatisch veröffentlichen
Mit einem *Ja* veröffentlicht Joomla! alle vom Plug-in erstellten Kontakte, bei einem *Nein* bleiben sie sicherheitshalber erst einmal versteckt.

Tipp	Sobald ein Besucher das Registrierungsformular ausgefüllt hat, erzeugt das Plug-in umgehend einen Kontakt. Damit dieser nicht schon veröffentlicht wird, bevor das zugehörige Benutzerkonto überhaupt aktiviert ist, sollten Sie hier das *Nein* stets beibehalten.

Profile erweitern

Wenn sich ein Benutzer im Frontend anmeldet, erhält er immer auch Zugang zu einer Profilseite. Wie in Abbildung 14-9 zu sehen ist, nennt sie gerade einmal den Namen, das Registrierungsdatum sowie das Datum des letzten Besuchs – vorausgesetzt, Sie haben keine Felder hinzufügt.

Abbildung 14-9: Das Benutzerprofil ohne Einfluss durch das Plug-in.

Das Plug-in *Benutzer – Profile* erweitert das Profil um zusätzliche Informationen, wie etwa den Wohnort, die Telefonnummer oder das Geburtsdatum. Dazu müssen Sie das Plug-in lediglich aktivieren.

Welche Informationen das Benutzerprofil dann zusätzlich führt, legen Sie in den Einstellungen des Plug-ins fest. Dort schalten Sie im unteren Bereich *Benutzerprofilfelder zum Bearbeiten des Benutzerprofils* über die Drop-down-Listen die jeweilige Information frei. So können Sie beispielsweise den Besuchern erlauben, auch ihren Wohnort oder ihre Telefonnummer zu hinterlegen. Für jede dieser Zusatzfunktionen gibt es dabei folgende drei Möglichkeiten:

- In der Einstellung *Benötigt* muss der Benutzer die entsprechende Information über sich preisgeben,
- bei *Optional* kann er sie eingeben, und
- im Fall von *Deaktiviert* taucht die Information im Profil gar nicht erst auf.

Wenn Sie beispielsweise den *Ort* auf *Optional* stellen, kann jeder registrierte Benutzer über die Schaltfläche *Profil bearbeiten* seinen Wohnort nachtragen – er muss es aber nicht tun.

Einige der Informationen sollte man bereits abfragen, wenn der Benutzer sein Konto beantragt. Welche Daten das dabei angezeigte Registrierungsformular einfordert, stellen Sie im oberen Bereich *Benutzerprofilfelder für die Registrierungs- und Administrationsmaske* ein. Setzen Sie dort beispielsweise *Ort* auf *Benötigt*, muss der Benutzer schon bei der Registrierung seinen Wohnort preisgeben – andernfalls bekommt er kein Konto.

Durch diese Trennung zwischen Registrierungsformular und Benutzerprofil können Sie bei der Registrierung zusätzliche beziehungsweise andere Informationen abfragen, als später im Benutzerprofil auftauchen.

Warnung   Nach dem deutschen Datenschutzrecht dürfen Sie allerdings nur solche Informationen von Ihren Benutzern sammeln, die gerade eben notwendig sind. Insbesondere Unternehmen sollten hierauf penibel achten. Lassen Sie sich gegebenenfalls von einem Rechtsanwalt beraten.

Als Super User können Sie alle aktivierten Profildaten wie gewohnt in der Benutzerverwaltung hinter *Benutzer → Verwalten* ändern. In den Einstellungen eines Benutzers finden Sie dann alle vom Plug-in gesammelten Informationen im Register *Benutzerprofil* wieder.

Zur Eingabe der einzelnen Profildaten stellt Joomla! jeweils ein normales Eingabefeld bereit, in das der Besucher irgendwelche Daten eintippen kann. Das Content-Management-System prüft folglich nicht, ob wirklich eine Stadt oder ein Fantasiename wie »&g348Hgze« eingetippt wurde.

Das Plug-in kann den Besuchern bei der Registrierung auch allgemeine Nutzungsbedingungen vorlegen. Erst wenn der Besucher diesen Bedingungen zustimmt, erhält er ein Benutzerkonto.

Warnung   Diese Funktion kollidiert mit den Privacy Tools, die ebenfalls die Nutzungsbedingungen abfragen können (siehe den Abschnitt »Datenschutzwerkzeuge (Privacy Tools)« auf Seite 500). Entscheiden Sie sich für einen der beiden Wege.

Dazu erstellen Sie zunächst einen normalen Beitrag, in dem Sie die entsprechenden Bedingungen auflisten. Anschließend setzen Sie in den Einstellungen des Plug-ins den Punkt *Allgemeine Nutzungsbedingungen* auf *Benötigt*. Klicken Sie dann neben *Nutzungsbedingungen auswählen* auf *Auswählen*. Suchen Sie in der Liste den Beitrag mit den Nutzungsbedingungen und klicken Sie ihn an. Damit präsentiert Joomla! ab sofort bei der Registrierung die Auswahl aus Abbildung 14-10.

Abbildung 14-10:   Hier bekommt der Besucher erst dann ein Benutzerkonto, wenn er die Nutzungsbedingungen akzeptiert. Die wiederum erreicht er mit einem Klick auf »Allgemeine Nutzungsbedingungen«.

Dort muss der Besucher explizit *Zustimmen* markieren und so die Nutzungsbedingungen absegnen. Ein auf diese Weise einmal erteiltes Einverständnis kann er nicht wieder zurücknehmen. Den Beitrag mit den Nutzungsbedingungen zeigt Joomla! an, wenn der Besucher auf den Link *Allgemeine Nutzungsbedingungen* klickt.

Beiträge bewerten und anpassen

Plug-ins der Kategorie *content* manipulieren die in Joomla! gespeicherten Texte oder reichern sie um zusätzliche Informationen oder Funktionen an. Mit ihnen können Sie insbesondere

- Beiträge von Besuchern mit bis zu fünf Punkten bewerten lassen (mit dem Plug-in *Inhalt – Bewertung* ab Seite 562),
- E-Mail-Adressen in Beiträgen verschleiern (mit dem Plug-in *Inhalt – E-Mail-Verschleierung* ab Seite 563),
- die Seitennavigation anpassen (mit dem Plug-in *Inhalt – Seitennavigation* ab Seite 563),
- Seitenumbrüche und das entsprechende kleine Menü verändern (mit dem Plug-in *Inhalt – Seitenumbruch* ab Seite 564) sowie
- in Beiträge eingesetzte Module steuern (mit dem Plug-in *Inhalt – Module laden* ab Seite 565).

Beiträge bewerten

Wenn Sie das Plug-in *Inhalt – Bewertung* aktivieren, können Besucher die Beiträge auf Ihren Seiten bewerten. Abbildung 14-11 zeigt dafür ein Beispiel. Die Besucher können bis zu fünf Sterne für einen sehr guten Beitrag vergeben.

Abbildung 14-11: Über die Drop-down-Liste bewerten Besucher einen Beitrag.

Damit diese Funktion auf der Website erscheint, rufen Sie zunächst *System → Plug-ins* auf und suchen in der Tabelle das Plug-in *Inhalt – Bewertung*. Klicken Sie es an und setzen Sie den *Status* auf *Aktiviert*.

Mit den Einstellungen auf der linken Seite können Sie unter *Position* noch festlegen, ob die Bewertung *Oben* oder *Unten* vom eigentlichen Beitragstext aus gesehen erscheint. Wenn Sie *Anzahl Stimmen* auf *Anzeigen* umlegen, verrät das Plug-in darüber hinaus, wie viele Benutzer bereits abgestimmt haben. Da die Besucher so die

Qualität der Bewertung einschätzen können, sollte die Anzahl der Stimmen wenn möglich angezeigt werden.

Lassen Sie die Einstellungen *Speichern & Schließen*. Rufen Sie dann hinter *Inhalt → Beiträge* die Einstellungen des Beitrags auf, den die Besucher bewerten sollen, und wechseln Sie zum Register *Optionen*. Unten im Bereich *Optionen* stellen Sie die neu hinzugekomme Einstellung *Beitragsbewertung* auf *Anzeigen*. Nach dem *Speichern & Schließen* können die Besucher den Beitrag wie in Abbildung 14-11 bewerten.

E-Mail-Adressen verschleiern

Spam-Programme grasen das Internet nach E-Mail-Adressen ab, um sie dann im nächsten Schritt mit Werbung zu bombardieren. Das Plug-in *Inhalt – E-Mail-Verschleierung* versteckt alle E-Mail-Adressen in Beiträgen vor solchen Spam-Programmen (im Englischen spricht man von *Cloaking*, das hier im Sinne von *Verhüllen* gebraucht wird). Da diese Funktion somit äußerst nützlich ist, arbeitet es bereits standardmäßig im Hintergrund. In seinen Einstellungen erlaubt das Plug-in zwei Betriebsmodi:

- Setzen Sie den *Modus* auf *Nicht verlinkter Text*, stellt das Plug-in jede E-Mail-Adresse als normalen Text dar.
- Entscheiden Sie sich hingegen für *Als linkbare »mailto« Adresse*, verwandelt das Plug-in jede E-Mail-Adresse in einen Link. Klickt ein Besucher einen solchen Link an, öffnet sich automatisch sein E-Mail-Programm. Gleichzeitig tarnt das Plug-in die E-Mail-Adresse durch den Einsatz von JavaScript. Folglich müssen Ihre Besucher diese Programmiersprache in ihrem Browser aktiviert haben – andernfalls bleibt das E-Mail-Programm geschlossen.

Mittlerweile erkennen die Programme der Spammer aber auch solche Tarnungen. Ein Allheilmittel gegen unerwünschte Werbung bietet das Plug-in somit zwar nicht, es blockt aber zumindest viele einfache E-Mail-Sammler ab. Da man mithilfe des Plug-ins die Arbeit der Spam-Versender zumindest erschwert, sollten Sie es möglichst aktiviert lassen.

Seitennavigation anpassen

Zwischen den Beiträgen einer Kategorie kann der Besucher normalerweise über passende Schaltflächen *Weiter* und *Zurück* blättern (siehe Abbildung 14-12). Diese beiden Schaltflächen stellt das Plug-in *Inhalt – Seitennavigation* bereit.

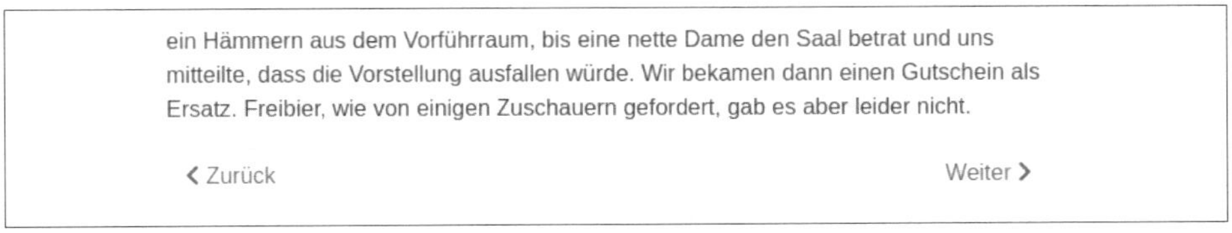

> ein Hämmern aus dem Vorführraum, bis eine nette Dame den Saal betrat und uns mitteilte, dass die Vorstellung ausfallen würde. Wir bekamen dann einen Gutschein als Ersatz. Freibier, wie von einigen Zuschauern gefordert, gab es aber leider nicht.
>
> ❮ Zurück   Weiter ❯

Abbildung 14-12: Die Seitennavigation auf der Website.

In den Einstellungen des Plug-ins dürfen Sie unter *Position* festlegen, wo es die Schaltflächen einblenden soll: entweder wie gewohnt am unteren oder alternativ am oberen Ende des Beitrags. In der Drop-down-Liste darunter legen Sie fest, ob dies relativ zum *Gesamten Beitrag* oder nur relativ zu dessen *Text* gelten soll.

Die Schaltflächen beschriftet das Plug-in standardmäßig mit *Weiter* und *Zurück*. Unter *Link-Text* können Sie das Plug-in aber auch anweisen, stattdessen die jeweiligen Beitragstitel zu verwenden. Das Ergebnis sieht dann so wie in Abbildung 14-13 aus.

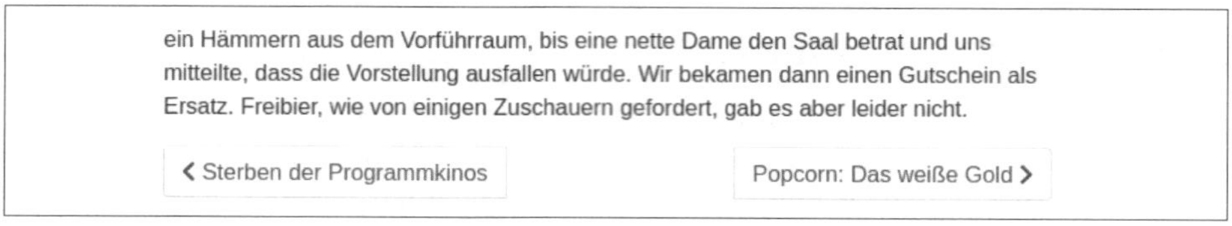

Abbildung 14-13: Hier hat das Plug-in die Schaltflächen mit den Titeln der Beiträge beschriftet.

Seitenumbrüche steuern

Bei einem mehrseitigen Beitrag sorgt das Plug-in für *Inhalt – Seitenumbruch* ein kleines Inhaltsverzeichnis (wie in Abbildung 14-14). Darüber hinaus erzeugt es den eigentlichen Seitenumbruch in einem Beitrag. (Wie man Seitenumbrüche in einen Beitrag einfügt, haben Sie bereits in Kapitel 6, *Beiträge*, im Abschnitt »Unterseiten« auf Seite 137 gesehen.)

Abbildung 14-14: Das Plug-in *Inhalt – Seitenumbruch* erzeugt ein solches Inhaltsverzeichnis.

Das Plug-in hält in seinen Einstellungen einige Stellschrauben bereit, mit denen Sie das Menü und sein Verhalten an Ihre Bedürfnisse anpassen können. Im Einzelnen haben Sie folgende Möglichkeiten:

Seitentitel anzeigen
> Wenn Sie einen Beitrag verfassen und dabei einen Seitenumbruch einfügen, können Sie der neuen Unterseite auch eine eigene Überschrift verpassen. Später auf der Website erscheint diese Überschrift dann neben dem eigentlichen Titel des Beitrags (wie in Abbildung 14-15).
>
> Wenn Sie hier *Seitentitel anzeigen* auf *Verbergen* setzen, präsentiert Joomla! immer nur den Titel des Beitrags. In Abbildung 14-15 würde also nur noch *James Bond 007: Skyfall* erscheinen.

> **♀ Startseite** / **Filmkritiken** / **Actionfilme** / James Bond 007: Skyfall
>
> # James Bond 007: Skyfall - Meinung des Autors
>
> Details
> 👤 Geschrieben von: Tim Schürmann
> 📁 Kategorie: Actionfilme
> 📅 Veröffentlicht: 17. Oktober 2021

Abbildung 14-15: An den eigentlichen Titel des Beitrags, hier *James Bond 007: Skyfall*, hängt Joomla! auch immer noch die Überschrift der Unterseite an – in diesem Fall die Meinung des Autors.

Verzeichnisüberschrift und Eigene Überschrift
Das kleine Menü aus Abbildung 14-14 enthält neben den Links zu allen Unterseiten auch die Überschrift *Beitragsseiten*. Sie können dem Kasten jedoch noch eine andere Überschrift spendieren, wie etwa *Inhaltsverzeichnis*. Dazu hinterlegen Sie sie einfach im Feld *Eigene Überschrift*. Wenn Sie die Überschrift (vorübergehend) komplett ausblenden möchte, stellen Sie *Verzeichnisüberschrift* auf *Verbergen*.

Inhaltsverzeichnis
Hierüber blenden Sie das komplette Inhaltsverzeichnis ein (*Anzeigen*) oder aus (*Verbergen*). Unabhängig von der Einstellung wird der Seitenumbruch weiterhin ausgeführt. Um diesen zu unterbinden, müssen Sie ihn aus dem Beitrag entfernen.

Alles anzeigen
Steht diese Einstellung auf *Anzeigen*, erscheint im Inhaltsverzeichnis der Punkt *Alle Seiten*. Er führt zu einer Seite mit dem kompletten Beitragstext.

Darstellung in
Normalerweise verteilt Joomla! den Beitrag auf mehrere Unterseiten. Alternativ können Sie ihn aber auch auf Registerkarten (Einstellung *Tabs*) oder sogenannten Slidern anordnen. Wie die beiden Alternativen auf der Webseite aussehen, hängt stark vom aktivierten Template ab.

In Beiträge eingebundene Module steuern

Das Plug-in *Inhalt – Module laden* blendet ein Modul mitten in einen Beitrag ein. Wie das funktioniert, wurde bereits im Abschnitt »Module in Beiträge einbinden« auf Seite 324 beschrieben. In der Kurzfassung: Klicken Sie auf die Schaltfläche *CMS Inhalt*, dann auf *Modul* und wählen Sie eines der Module aus. Joomla! fügt jetzt einen kryptischen Platzhalter ein, den wiederum das Plug-in *Inhalt – Module laden* gegen das Modul austauscht.

Tipp Hilfreich ist dieses Plug-in besonders bei selbst geschriebenen Modulen, die von vornherein auf eine Integration in einen Beitrag ausgelegt wurden.

Das Plug-in lässt sich in seinen Einstellungen unter *Style* in folgende Betriebsmodi versetzen, die besonders für Template-Entwickler interessant sind:

 Tipp Wenn Ihnen die folgenden Ausführungen nichts sagen oder Ihnen der Template-Entwickler keine Einstellung vorschreibt, belassen Sie *Style* unbedingt auf der Voreinstellung.

Mit Tabelle umgeben – Spalten (table)
  Das Plug-in packt die Ausgaben des Moduls in eine HTML-Tabelle.

Mit Tabelle umgeben – Horizontal (horz)
  Das Plug-in packt die Ausgaben des Moduls in eine HTML-Tabelle und diese noch einmal in eine andere Tabelle.

Mit Div umgeben (xhtml)
  Das Modul wird mit dem HTML-Tag <div> eingerahmt. Die genaue Formatierung erfolgt dann über ein Stylesheet.

Mehrfach mit Divs umgeben (rounded)
  Arbeitet wie *Mit Divs umgeben*, nur dass diesmal mehrere verschachtelte <div>-Tags verwendet werden. Die genaue Formatierung erfolgt dann wieder über ein entsprechendes Stylesheet.

Nicht umgeben – reiner Inhalt (none)
  Die Ausgaben des Moduls werden direkt, also ohne weitere umfassende HTML-Tags, ausgegeben. Bei den mitgelieferten Modulen führt das zu einer etwas durcheinandergewürfelten Darstellung. Diese Einstellung ist insbesondere dann sinnvoll, wenn die einzelnen Module ihre Formatierung selbst übernehmen.

Texteditoren maßschneidern

Wenn Sie einen neuen Beitrag erstellen, können Sie seinen Text in einem Editor schreiben und formatieren. Diesen Editor stellt ein Plug-in vom Typ *editors* bereit. Joomla! liefert von Haus aus gleich drei solcher Plug-ins und somit drei verschiedene Texteditoren mit:

- Der bekannte TinyMCE-Editor funktioniert wie eine kleine Textverarbeitung (Plug-in *Editor – TinyMCE*).
- Der CodeMirror-Editor richtet sich vor allem an Programmierer (Plug-in *Editor – CodeMirror*).
- Ein simples Textfeld (Plug-in *Editor – Keiner*). Der Name rührt daher, dass das Plug-in keine weiteren Eingabehilfen anbietet. Es stellt also in gewissem Sinne »keinen« Editor (englisch *No Editor*) dar. Beachten Sie jedoch, dass die Autoren ihre Texte mit HTML-Befehlen anreichern können. Eine böswillige Person könnte auf diesem Weg nicht nur das Layout der Seite sprengen, sondern auch schadhaften Programmcode einschmuggeln. Nutzen Sie daher immer auch die von Joomla! angebotenen Textfilter, die Kapitel 12, *Benutzerver-*

waltung und -kommunikation, im Abschnitt »Textfilter für Benutzergruppen« auf Seite 488 vorgestellt wurden.

Welchen Editor (und somit welches Plug-in) Joomla! standardmäßig verwendet, legen Sie in den Grundeinstellungen hinter *System → Konfiguration* auf der Registerkarte *Site* im Bereich *Website* unter *Standard Editor* fest. In der Drop-down-Liste finden Sie alle aktivierten Editor-Plug-ins.

In den Einstellungen der Plug-ins können Sie zudem das Verhalten und das Funktionsangebot der Editoren verändern. Möchten Sie beispielsweise, dass Ihre Autoren die Texte nur eingeschränkt formatieren können, beschneiden Sie kurzerhand in den Einstellungen des TinyMCE-Editors seine Symbolleisten. Doch zunächst zum ebenfalls interessanten Editor CodeMirror.

CodeMirror-Editor

Der CodeMirror-Editor richtet sich primär an HTML-Kenner, die ihre (Beitrags-)Texte manuell mit HTML-Tags formatieren möchten. Nach außen gibt sich der CodeMirror-Editor recht karg, hebt aber unter anderem die HTML-Tags farblich hervor (das sogenannte Syntax-Highlighting) und markiert die aktuelle Zeile mit der Eingabemarke hellblau (wie in Abbildung 14-16).

Abbildung 14-16: Der CodeMirror-Editor im Einsatz, hier mit aktivierten Zeilennummern.

Tipp Aktivieren Sie diesen Editor nur dann, wenn sich alle Autoren gut mit HTML auskennen. Bleiben Sie im Zweifelsfall bei einem der anderen beiden Editoren.

In den Einstellungen des zuständigen Plug-ins *Editor – CodeMirror* können Sie im Register *Plugin* ein paar weitere Eingabehilfen aktivieren beziehungsweise deaktivieren:

Zeilennummerierung
Standardmäßig zeigt der Editor am linken Seitenrand wie in Abbildung 14-16 auch die Zeilennummern an. In den Einstellungen des Plug-ins können Sie diese Nummerierung abschalten, indem Sie *Zeilennummerierung* auf *Aus* setzen.

Code-Faltung
In Abbildung 14-16 gibt es ganz am linken Rand mehrere kleine Dreiecke. Wenn Sie eines davon anklicken, versteckt der Editor das HTML-Element rechts daneben. In Abbildung 14-16 würde ein Klick auf das Dreieck in Zeile 4 die Überschrift *Eintrittspreise* einklappen. Sie sehen dann in der Zeile nur noch ein Ersatzsymbol. Ein erneuter Klick auf das Dreieck würde die Überschrift wieder hervorholen. Auf diese Weise können Sie unwichtige Passagen ausblenden. Die Dreiecke und somit die Versteckmöglichkeit schalten Sie ab, indem Sie *Code-Faltung* auf *Aus* setzen.

Rand für Optionen
Wenn Sie diese Einstellung auf *An* setzen, nutzt der Editor den linken Rand für zusätzliche Funktionen, wie etwa Codemarkierungen.

Zeilenumbruch
Ist diese Funktion mit *An* aktiviert, umbricht der Editor lange Zeilen automatisch.

Aktive Zeile hervorheben
Steht *Aktive Zeile hervorheben* auf *An*, hebt der Editor die aktuelle Zeile mit der Eingabemarke hellblau hervor. In Abbildung 14-16 sehen Sie so mit einem Blick, dass sich die Eingabemarke in Zeile 5 befindet.

Wortauswahl hervorheben
Wenn Sie im Text irgendwo das Wort *Film* markieren, hebt der Editor alle anderen Vorkommen von *Film* optisch hervor. Sie erkennen so blitzschnell, wo in Ihrem Text noch überall das Wort *Film* erscheint. Das macht der Editor allerdings nur, wenn Sie *Wortauswahl hervorheben* auf *An* stellen.

Tags hervorheben
Wenn Sie die Eingabemarke in einem HTML-Tag platzieren, färbt der Editor automatisch das zugehörige andere HTML-Tag ein. Auf diese Weise sehen Sie im Tag-Salat sofort die beiden zusammengehörenden HTML-Tags. Der Editor markiert die beiden Tags allerdings nur dann, wenn *Tags hervorheben* auf *An* steht.

Klammern hervorheben
Steht diese Einstellung auf *An*, hebt der Editor auch zusammengehörende Klammern hervor.

Tag-Vervollständigung
Wenn Sie ein HTML-Tag eingeben, ergänzt der Editor automatisch das passende End-Tag. Sie sparen sich damit etwas Tipparbeit, einige Autoren finden

diese Hilfe jedoch störend oder irritierend. Sie können sie daher abschalten, indem Sie *Tag-Vervollständigung* auf *Aus* setzen.

Klammervervollständigung
Steht diese Einstellung auf *An*, ergänzt der Editor auch automatisch Klammern.

Automatischer Fokus
Wann immer der Editor erscheint, blinkt in ihm bereits die Eingabemarke, und Sie können direkt lostippen (man sagt, der Editor besitzt den Fokus). Steht *Automatischer Fokus* auf *Aus*, müssen Sie hingegen immer erst in den Editor klicken, um losschreiben zu können.

Tastenbelegung
Wenn Sie mit den Texteditoren Vim, Emacs oder Sublime-Text vertraut sind, dürfen Sie hier die dort geltende Tastenbelegung *einschalten*. Sie können dann den CodeMirror-Editor beispielsweise mit den Tastenkürzeln von Emacs bedienen.

Vollbildmodus und Zusatztaste
Möchte sich ein Autor auf die Eingabe seines Texts konzentrieren, kann er den Editor in den Vollbildmodus versetzen. Dazu drückt er eine ganz bestimmte Taste, standardmäßig *[F10]*. Der Editor füllt dann das komplette Browserfenster aus. Wieder zurück zur normalen Darstellung gelangt der Autor mit einem erneuten Druck auf *[F10]*. Welche F-Taste in den Vollbildmodus schaltet, dürfen Sie in der gleichnamigen Drop-down-Liste vorgeben. Einige Browser belegen die F-Tasten allerdings selbst. Unter Firefox klappt beispielsweise *[F10]* ein Menü auf. Sie können daher unter *Zusatztaste* noch eine oder mehrere weitere Tasten auswählen. Diese muss der Autor dann zusammen mit der unter *Vollbildmodus* eingestellten Taste drücken, um den Vollbildmodus aufzurufen. Markieren Sie beispielsweise *Strg*, öffnet die Tastenkombination *[Strg]+[F10]* den Vollbildmodus.

Auf der Registerkarte *Aussehen* können Sie noch an der Optik des Editors schrauben. Es geht dabei ausschließlich darum, welche Farben und Schriften der Editor selbst verwendet, und nicht, wie später der eingetippte Beitrag auf der Website aussieht.

Tipp Belassen Sie hier alle Einstellungen auf ihren Vorgaben: Die Joomla!-Entwickler haben bereits die Farben so gewählt, dass sich der Editor optisch perfekt in das Backend einfügt.

Im Einzelnen haben Sie folgende Möglichkeiten:

Theme
Hier suchen Sie sich ein Farbschema aus. Im Fall von *blackboard* zeigt der Editor beispielsweise den Text in grell weißer Schrift auf einem schwarzen Hintergrund.

Aktive Zeilenhervorhebungsfarbe
In dieser Farbe hebt der Editor die aktuelle Zeile mit der Eingabemarke hervor. Um eine andere Farbe auszuwählen, klicken Sie in das Eingabefeld.

Tag-Hervorhebungsfarbe
Wenn die Eingabemarke in einem HTML-Tag steht, markiert der Editor das dazugehörige andere HTML-Tag in dieser Farbe. Um eine andere Farbe auszuwählen, klicken Sie in das Eingabefeld.

Schriftart, Schriftgröße (px) und Zeilenhöhe (em)
Der Editor verwendet die hier eingestellte *Schriftart*, die er in der darunter vorgegebenen Schriftgröße anzeigt. Die Angabe der Schriftgröße erfolgt in Pixeln. Wie hoch eine Textzeile ausfällt, legen Sie unter *Zeilenhöhe (em)* fest. Die Angabe ist dabei relativ zur Schriftgröße: Bei einer *1.2* ist eine Zeile 1,2-mal so hoch wie die Schrift.

Bildlaufleistenstil
Hiermit legen Sie fest, wie die Bildlaufleisten erscheinen sollen. Im Fall von *Einfach* sehen Sie am rechten Rand einen Balken, den Sie mit der Maus hoch- und runterschieben müssen. Bei *Überlappen* hat dieser Balken abgerundete Ecken.

Weitere Informationen zu CodeMirror finden Sie unter *https://codemirror.net*.

TinyMCE-Editor

Das Plug-in *Editor – TinyMCE-Editor* bietet den TinyMCE-Editor an, den vermutlich jeder Joomla!-Benutzer kennt. Er ist nach der Installation der Standardeditor und bietet umfangreiche Hilfsfunktionen bei der Texteingabe (siehe Abbildung 14-17). Um so viel Komfort nutzen zu können, müssen die Benutzer in ihren Browsern allerdings JavaScript aktiviert haben.

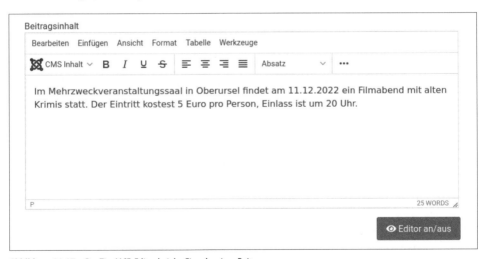

Abbildung 14-17: Der TinyMCE-Editor bei der Eingabe eines Beitrags.

Über die zahlreichen Symbole lassen sich die eingetippten Texte umfassend formatieren. Dabei besteht allerdings auch immer die Gefahr, dass Autoren das Layout sprengen oder durcheinanderbringen. Aus diesem Grund können Sie den Funktionsumfang in den Einstellungen des Plug-ins gezielt beschneiden. Auf der Registerkarte *Plugin* finden Sie zunächst die etwas unübersichtlichen Einstellungen aus Abbildung 14-18.

Wenden Sie sich zunächst dem unteren Bereich zu, der die Register *Voreinstellung 2* bis *Voreinstellung 0* zeigt. Jedes dieser Register zeigt eine Variante der Symbolleiste. Auf der Registerkarte *Voreinstellung 2* finden Sie beispielsweise eine Symbolleiste mit besonders wenigen Funktionen. Sie erlaubt im Wesentlichen nur, den Text fett und/oder kursiv zu gestalten sowie durchzustreichen. Den größten Funktionsumfang finden Sie im Register *Voreinstellung 0*.

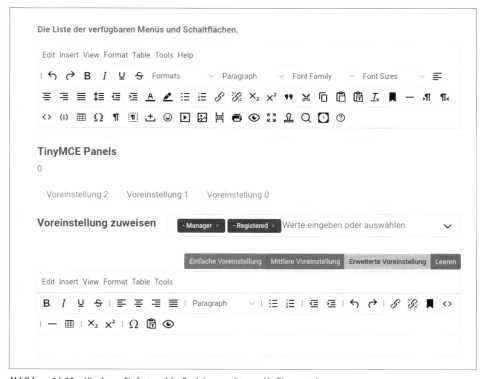

Abbildung 14-18: Hier legen Sie fest, welche Funktionen später zur Verfügung stehen.

Wer welche dieser drei Symbolleisten später zu Gesicht bekommt, verrät das Feld *Voreinstellung zuweisen*. Die Symbolleiste auf der Registerkarte *Voreinstellung 1* können später alle Autoren verwenden, die sich in der Gruppe *Manager* oder der Gruppe *Registered* befinden. Wenn Sie die Register einmal durchgehen, sehen Sie schnell, dass *Administratoren*, *Editoren* und *Super Users* den größten Funktionsumfang nutzen dürfen. Alle anderen erhalten deutlich weniger Aktionsmöglichkeiten. Wenn Sie denken, dass eine dieser Gruppen besser nicht die Symbolleisten des entsprechenden Registers nutzen sollte, klicken Sie auf das kleine *X* neben ihrem Namen. Um einer weiteren Gruppe den Zugriff auf die Symbolleiste zu gestatten, klicken Sie in das Eingabefeld *Voreinstellung zuweisen* und wählen dann die gewünschte Benutzergruppe aus.

Damit enden die Anpassungsmöglichkeiten aber nicht: Die von Joomla! bereitgestellten Symbolleisten in den drei Registern dürfen Sie selbst noch anpassen. Möchten Sie eine der angebotenen Aktionen verbieten, ziehen Sie das entsprechende Symbol per Drag-and-drop aus der Symbolleiste. Um beispielsweise zu verhindern, dass die *Manager* den Text fett formatieren dürfen, wechseln Sie zum Register *Voreinstellung 1* und ziehen bei gedrückter Maustaste das *B*-Symbol aus der Leiste heraus. Lassen Sie dann die Maustaste wieder los. Umgekehrt können Sie weitere Funktionen hinzufügen, indem Sie aus der Palette am oberen Rand (direkt unter *Die Liste der verfügbaren Menüs und Schaltflächen*) den gewünschten Eintrag per Drag-and-drop an eine passende Position in der Symbolleiste ziehen. Um beispielsweise den *Managern* doch wieder zu gestatten, ihre Texte fett zu gestalten, ziehen Sie bei gedrückter Maustaste aus der Palette ganz oben das *B*-Symbol wieder zurück in die Symbolleiste des Registers *Voreinstellung 1*.

Wenn Sie Ihre Symbolleiste komplett verbaut haben, leert sie ein Klick auf das rote *Leeren*. Über die anderen bunten Schaltflächen stellen Sie zudem schnell die Ausgangssituation wieder her. Ein Klick auf das grüne *Einfache Voreinstellung* zaubert die Symbolleiste auf den Schirm, die normalerweise das Register *Voreinstellung 2* bereithält.

Tipp Der Umbau der Symbolleisten ist recht kompliziert. Sie sollten daher zunächst ein wenig in einer Testinstallation von Joomla! experimentieren. Belassen Sie im Zweifelsfall die vorgegebenen Symbolleisten und Einstellungen – diese reichen für die meisten Fälle bereits aus.

Unterhalb der Register finden Sie noch einige weitere Einstellungen, mit denen Sie primär an der Optik des Editors schrauben.

Das Aussehen des Editors gibt ein sogenanntes Skin vor. Wie bei Templates handelt sich dabei um Designvorlagen, die unter anderem die Farbe der Symbolleisten vorgeben. Joomla! bringt standardmäßig zwei Skins mit, zwischen denen Sie wählen können. Unter *Website-Skin* stellen Sie dabei das Skin ein, das der TinyMCE-Editor im Frontend nutzen soll. Analog verwendet der TinyMCE-Editor im Backend das unter *Administrator-Skin* eingestellte Skin. Wenn Sie dem Editor ein eigenes, individuelles Aussehen verpassen möchten, rufen Sie die Seite *https://skin.tiny.cloud* auf. Dort finden Sie einen Baukasten, in dem Sie mit wenigen Mausklicks den TinyMCE-Editor anders einfärben und optisch umgestalten können. Geben Sie Ihrem Skin auf jeden Fall unter *Skin Name* einen eindeutigen Namen. Wenn Sie fertig sind, klicken Sie auf *Download*. Sie erhalten dann eine ZIP-Datei, die Sie auf Ihrer Festplatte entpacken. Dabei purzelt ein Verzeichnis heraus, das Sie mit allen seinen Inhalten auf Ihren Server in das Unterverzeichnis */media/editors/tinymce/skins* Ihrer Joomla!-Installation kopieren. Joomla! erkennt das neue Skin selbstständig und bietet es in den Dropdown-Listen *Website-Skin* und *Administrator-Skin* an.

Möchten Sie ein Bild oder ein Foto in Ihren Beitrag einfügen, müssen Sie es nur in den TinyMCE-Editor ziehen. Weitere Informationen zu diesem Drag-and-drop-Verfahren finden Sie im Abschnitt »Bilder in Beiträge einbauen« auf Seite 140. Bilder lassen sich auf diese Weise allerdings nur einfügen, wenn *Drag & Drop für Bilder* auf *An* steht. Joomla! speichert ein so eingefügtes Bild automatisch in dem Ordner, den Sie unter *Bildverzeichnis* hinterlegt haben. Ist dort *Nichts ausgewählt* eingestellt, landen die Bilder im Ordner *images* (das Sie aus dem Abschnitt »Medien verwalten« auf Seite 265 kennen). Wenn Sie *Drag & Drop für Bilder* auf *Aus* stellen, können die Autoren ihre Fotos nicht mehr auf den TinyMCE-Editor ziehen, sondern müssen sie über *CMS Inhalt* und den Punkt *Medien* in ihren Text einfügen.

Warnung Doch Vorsicht: In einigen Browsern wie Firefox können Autoren trotzdem Bilder in den Text ziehen. Das Bild wird dann in eine spezielle Codierung überführt und direkt im Text ablegt. Damit landet das Bild nicht mehr in der Medienverwaltung, sondern zusammen mit dem Beitragstext in der Datenbank. In der Folge haben Sie nur noch eine eingeschränkte Kontrolle über das Bild, zumal die Datenbank bei mehreren Fotos munter vollläuft. Es reicht in diesem Fall allerdings aus, das Bild aus dem Text zu löschen, um es komplett zu entfernen.

Um gar nicht erst in solch eine Situation zu kommen, sollten Sie das Drag-and-drop-Verfahren möglichst immer angeschaltet lassen.

Aus den eingegebenen Texten produziert der TinyMCE-Editor waschechten HTML-Code, also den Stoff, aus dem eine Internetseite aufgebaut ist. Das Ergebnis speichert er anschließend in der Datenbank. Joomla! selbst greift sich später diesen fertigen Textbaustein und liefert ihn so, wie er ist, an den Browser der Besucher aus.

Tipp Um zu sehen, was der Editor aus dem eingegebenen Text fabriziert, erstellen Sie probeweise einen neuen Beitrag. Klicken Sie nun auf *Editor an/aus* (rechts unterhalb des TinyMCE-Editors). Jetzt sehen Sie, wie der Text in der Datenbank ausschaut. Um die korrekte Interpretation dieses Zeichenwirrwarrs kümmert sich dann später Ihr Browser. Per *Editor an/aus* kehren Sie wieder zum TinyMCE-Editor zurück.

Findet der TinyMCE-Editor im Text Sonderzeichen und Umlaute, kann er sie durch spezielle HTML-Kürzel, die sogenannten *Entities*, ersetzen. Aus dem Umlaut ä würde dann beispielsweise die Zeichenfolge ä. Der Browser macht aus diesem kryptischen Zeichenbrei auf dem Bildschirm wieder ein ä. Wenn Sie solch eine Ersetzung vornehmen lassen möchten, setzen Sie *Entity-Kodierung* auf *Namentlich*. Bei der Einstellung *Numerisch* würde der Editor das Zeichen durch eine Zahl in hexadezimaler Schreibweise austauschen. Das ä würde dann zu ä. Dies ist lediglich eine alternative Notation, der Effekt ist letztendlich der gleiche. Durch die Ersetzung ist sichergestellt, dass jeder Browser die Sonderzeichen und Umlaute korrekt anzeigt.

Wenn Sie die *Autom. Sprachauswahl* auf *An* stellen, spricht der TinyMCE-Editor immer die gleiche Sprache wie Joomla!. Sie können den TinyMCE-Editor aber auch zwingen, eine ganz bestimmte Sprache zu sprechen. Dazu setzen Sie *Autom. Sprachauswahl* auf *Aus* und wählen dann in der neu erscheinenden Drop-down-Liste *Sprach-Code* die gewünschte Sprache aus. Jedes Kürzel steht dabei für eine mögliche Sprache, *it* beispielsweise für Italienisch, *de* für Deutsch. Eine Liste der Sprachkürzel finden Sie im Internet unter *https://en.wikipedia.org/wiki/List_of_ISO_639-1_codes* in der Spalte *639-1*. Wenn Sie die automatische Sprachauswahl abschalten, nutzt der TinyMCE-Editor nicht die Sprachpakete von Joomla!, sondern seine eigenen. Fehlt in der Drop-down-Liste *Sprach-Code* die von Ihnen gesuchte, müssen Sie erst das passende TinyMCE-Sprachpaket nachinstallieren. Dazu laden Sie sich von der Website des TinyMCE-Editors unter *https://www.tiny.cloud* das Sprachpaket herunter. Zu der Zeit, als dieses Buch geschrieben wurde, musste man danach etwas suchen. Die passende Download-Seite war dabei direkt unter *https://www.tiny.cloud/get-tiny/language-packages/* zu erreichen. Markieren Sie die gewünschten Sprachen dort und klicken Sie auf *Download Selected*. Das so erhaltene Archiv entpacken Sie auf Ihrer Festplatte. Im Archiv steckt mindestens eine Datei mit der Endung *.js*. Alle Dateien mit dieser Endung kopieren Sie ins Unterverzeichnis *media/vendor/tinymce/langs* Ihrer Joomla!-Installation. Anschließend stehen unter *Sprach-Code* die gewünschten Sprachen bereit (gegebenenfalls müssen Sie einmal die Einstellungen des Plug-ins schließen und wieder öffnen).

Der TinyMCE-Editor versucht, den eingetippten Text so anzuzeigen, wie er später auf der Website aussehen wird. Das derzeit aktive Template teilt dazu dem Editor mit, wie die Überschriften, die einzelnen Absätze und der restliche Text aussehen müssen. Wenn Sie das nicht möchten, schalten Sie *Template-CSS-Klassen* auf *Aus*. Der TinyMCE-Editor formatiert den Text dann nach den Vorgaben von Joomla!. Gleiches passiert übrigens auch, wenn *Template-CSS-Klassen* auf *An* steht und das Template dem Editor keine Formatierungsanweisungen liefert. Sind Sie ein Template-Entwickler und möchten den Text im TinyMCE-Editor formatieren, müssen Sie ein Stylesheet in der Datei *editor.css* ablegen und dann diese Datei in Ihrem Template-Verzeichnis im Unterordner *css* ablegen. Joomla! findet dort das Stylesheet automatisch. Als Vorlage können Sie die Datei *editor.css* verwenden, die im Unterverzeichnis *templates/system/css* Ihrer Joomla!-Installation liegt. Weitere Informationen zur Template-Entwicklung finden Sie in Kapitel 16, *Ein eigenes Template entwickeln*.

Wenn Sie in einen Beitrag einen Link einfügen (indem Sie ein Wort markieren und auf das Kettensymbol klicken), geben Sie normalerweise eine vollständige Internetadresse wie diese an:

http://localhost/joomla/index.php/filmkritiken/actionfilme/7-james-bond-007-skyfall

Solche Internetadressen mit dem *http://* und dem Domainnamen (im Beispiel *localhost*) bezeichnet man als *absolute* Adressen. Wenn Sie die Einstellung *URLs* auf *Absolut* stellen, ergänzt der TinyMCE-Editor automatisch das *http://* sowie den Pfad zur Startseite Ihres Internetauftritts. Im Beispiel bräuchten Sie daher nur

index.php/filmkritiken/actionfilme/7-james-bond-007-skyfall

einzutippen. Solche am Anfang abgehackten Adressen bezeichnet man als *relative* Adressen. Den Anfang *http://localhost/joomla/* würde dann der TinyMCE-Editor hinzufügen. Belassen Sie *URLs* auf *Relativ*, führt der TinyMCE-Editor diese Ergänzung nicht durch.

Tipp   Sind Sie unsicher, behalten Sie hier die Vorgabe *Relativ* bei.

Wenn Sie neben *Neue Zeilen* den Punkt *<p>-Elemente* einstellen, erzeugt der TinyMCE-Editor bei einem Druck auf die *[Enter]*-Taste immer einen komplett neuen Absatz. Im Fall von *
-Elemente* führt die *[Enter]*-Taste nur zu einem einfachen Zeilenumbruch.

Mit der Auszeichnungssprache *Markdown* können Sie schnell Überschriften, Listen, kursiv geschriebene Wörter und andere Formatierungen kennzeichnen. Rahmt man beispielsweise ein Wort mit Unterstrichen ein, wie etwa _James Bond_, wird dieser Text später kursiv dargestellt, also *James Bond*. Der TinyMCE-Editor kann diese Markdown-Notation verstehen und auswerten. Dazu müssen Sie allerdings erst die Einstellung *Markdown* auf *An* umlegen. Weitere Informationen zum Markdown-Standard liefert der Wikipedia-Artikel unter *https://de.wikipedia.org/wiki/Markdown*.

In der rechten unteren Ecke des TinyMCE-Editors finden Sie ein kleines graues Dreieck. Wenn Sie dieses bei gedrückter Maustaste verschieben, ändern Sie gleichzeitig die Größe des Eingabefelds. Das ist insbesondere bei längeren Texten hilfreich. Solange *Größenänderung* auf *An* steht, kann der Autor das Feld auf diese Weise vertikal vergrößern und verkleinern. Setzen Sie *Horizontale Verkleinerung* auf *An*, funktioniert das auch horizontal.

Am unteren Rand des TinyMCE-Editors finden Sie eine kleine, unscheinbare Leiste. Sie zeigt für HTML-Kenner immer noch das jeweils aktuelle HTML-Element an. Diese Anzeige können Sie ausblenden, indem Sie *Elementpfad* auf *Aus* setzen.

Kriminelle Autoren könnten versuchen, schädlichen (HTML-)Code in ihre Beiträge zu schmuggeln. Standardmäßig entfernen Joomla! und der TinyMCE-Editor alle potenziell gefährlichen Elemente aus den Texten oder wandeln sie in unschädliche Zeichenfolgen um. Mit gleich mehreren Einstellungen können Sie in diese Säuberungsaktion gezielt eingreifen.

| **Warnung** | Dazu benötigen Sie allerdings HTML-Kenntnisse. Wenn Sie unsicher sind oder sich mit HTML nicht auskennen, belassen Sie die Einstellungen unbedingt auf ihren jeweiligen Voreinstellungen. | |

In den Grundeinstellungen von Joomla! können Sie zunächst einen sogenannten Textfilter einschalten. Wie das funktioniert, hat bereits der Abschnitt »Textfilter für Benutzergruppen« auf Seite 488 gezeigt. Der TinyMCE-Editor kann diesen Textfilter mitnutzen. Alle dort verbotenen HTML-Tags filtert der Editor dann automatisch vor dem Speichern aus dem Text. Dazu stellen Sie *Joomla!-Textfilter benutzen* auf *An*. Alternativ können Sie in den nachfolgenden Eingabefeldern die HTML-Tags hinterlegen, die verboten beziehungsweise explizit erlaubt sind. Dazu setzen Sie *Joomla!-Textfilter benutzen* auf *Aus*. Der Textfilter aus Joomla! hat jedoch den Vorteil, dass Sie für jede Benutzergruppe unterschiedliche HTML-Tags verbieten können. Wenn Sie *Joomla!-Textfilter benutzen* auf *Aus* stellen, verbietet der TinyMCE-Editor die in den nachfolgenden Eingabefeldern hinterlegten HTML-Tags allen Benutzern.

Wenn *Joomla!-Textfilter benutzen* auf *Aus* steht, wirft der Editor alle unter *Verbotene Elemente* eingetippten HTML-Tags automatisch über Bord. Ihre Namen müssen Sie ohne die spitzen Klammern eintragen. Mehrere Tags sind dabei jeweils durch ein Komma voneinander zu trennen. Das Feld darf zudem nicht leer sein. Wenn Sie alle HTML-Tags erlauben möchten, müssen Sie hier einen Begriff eintippen, den es im HTML-Standard nicht gibt, wie zum Beispiel cms. Umgekehrt lässt der Editor alle unter *Erlaubte Elemente* eingetippten HTML-Tags durchgehen. Mehrere Tag-Namen sind auch hier wieder jeweils durch Kommata zu trennen. Wenn Sie das Feld leer lassen, entscheidet der TinyMCE-Editor selbst, welche Tags er aus dem Text klaubt. Diese Elemente können Sie im Feld *Zusätzlich erlaubte Elemente* um weitere erlaubte Tags ergänzen. Mehrere Exemplare sind wieder durch Kommata voneinander zu trennen.

Tipp Die beiden letzten Felder hängen folglich zusammen:

Entweder Sie listen in *Erlaubte Elemente* alle HTML-Elemente auf, die der TinyMCE-Editor durchgehen lassen soll, oder aber Sie lassen das Feld *Erlaubte Elemente* leer. Dann bestimmt der TinyMCE-Editor, welche Tags er durchwinkt. Diese Tags können Sie dann im Feld *Zusätzlich erlaubte Elemente* um weitere erlaubte Tags ergänzen.

Ganz unten auf der Seite können Sie schließlich noch über die Einstellungen *Eigene Plugins* und *Eigene Buttons* den TinyMCE-Editor um eigene Werkzeuge ergänzen. Weitere Informationen dazu finden Sie auf der TinyMCE-Homepage (*https://www.tiny.cloud*).

Auf der zweiten Registerkarte *Erweitert* geben *HTML-Höhe* und *HTML-Breite* die Ausmaße des TinyMCE-Editors in Pixeln an.

Debug-Informationen anpassen

Wenn Sie unter *System* → *Konfiguration* auf der Registerkarte *System* den Punkt *System debuggen* auf *Ja* setzen (siehe auch den Abschnitt »Logs und Debug-Meldungen: Tiefergehende Fehlersuche« auf Seite 532), beobachtet und analysiert dieses Plug-in das System. Die dabei von ihm gesammelten Informationen schreibt es immer ungeniert an den unteren Rand einer jeden von Joomla! ausgelieferten Seite.

Die am unteren Seitenrand ausgegebenen Informationen stören normale Besucher, Angreifer dagegen werden sich über den tiefen Einblick in Ihr System freuen. Sie sollten deshalb die Ausgaben wirklich nur in Notfällen oder in einer Testumgebung aktivieren. Wenn Sie sie dennoch einschalten, sollten Sie zumindest die Ausgaben auf einen ausgewählten Personenkreis beschränken – am besten den der Super User oder Administratoren. Dazu rufen Sie die Einstellungen des Plug-ins *System – Debug* auf und wenden sich dort dem Register *Plugin* zu. Unter *Erlaubte Gruppen* stellen Sie alle Benutzergruppen ein, die die Debug-Informationen zu Gesicht bekommen sollen. Um eine Gruppe hinzuzufügen, klicken Sie in das Feld und wählen die gewünschte Benutzergruppe aus. Wenn Sie eine Gruppe wieder entfernen möchten, klicken Sie auf das kleine *X* neben ihrem Namen.

Warnung   Wenn hier keine Gruppe eingestellt ist, sind die Ausgaben des Plug-ins für alle Besucher sichtbar.

Die übrigen Einstellungen legen fest, welche Daten das Plug-in sammeln beziehungsweise generieren soll. Die meisten richten sich dabei an Entwickler und Programmierer:

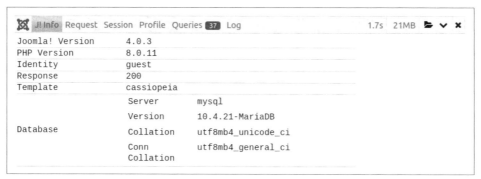

Abbildung 14-19: Ein Beispiel für die vom Plug-in erzeugten Informationen.

Speichernutzung anzeigen
   Bei *Anzeigen* verrät das Plug-in, wie viel Speicherplatz Joomla! belegt hat. In Abbildung 14-19 hat das Content-Management-System für den Aufbau der Seite beispielsweise 21 MByte benötigt.

Anfrage
   Bei *Anzeigen* liefert das Plug-in auf der Registerkarte *Request* Informationen über die Anfrage des Browsers.

Sitzungsdaten
   Bei *Anzeigen* erscheinen auf der Registerkarte *Session* Informationen zur aktuellen Sitzung, darunter etwa der aktuelle Benutzername.

Laufzeitverhalten anzeigen
   Bei *Anzeigen* ermittelt das Plug-in, wie lange Joomla! für welche Aktionen benötigt hat. Die Ergebnisse erscheinen auf der Registerkarte *Profile*.

Abfragen anzeigen
   Bei *Anzeigen* listet das Plug-in auf der Registerkarte *Queries* alle Datenbankabfragen auf, die notwendig waren, um die aktuell angezeigte Seite zusammenzubauen. Um die Ergebnisse interpretieren zu können, benötigen Sie Kenntnisse der Datenbanksprache SQL.

Tipp   Dieses Protokoll ist besonders wertvoll, um Einbruchsversuche aufzudecken. Sie aufzuspüren, erfordert allerdings Wissen über die internen Abläufe von Joomla!.

Sollten bestimmte Anfragen überproportional häufig gestellt worden sein, könnte das ebenfalls auf einen Einbruchsversuch hindeuten.

Stellt eine selbst programmierte Komponente zu viele Anfragen, sollte man überlegen, ob man diese Anfragen nicht irgendwie zusammenfassen kann und so wiederum Rechenzeit spart.

Mit den übrigen drei Einstellungen können Sie auf der Registerkarte *Queries* noch zusätzliche Informationen hinzuholen. Wenn Sie beispielsweise *Abfrage Erklärung* auf *Anzeigen* setzen, erscheint neben jeder Datenbankabfrage der Link *Explain*. Klicken Sie ihn an, zeigt Joomla! weitere Detailinformationen. Analog können Sie sich mit *Abfrage Traces* den Aufruf-*Stack* hinzuholen. Sie erfahren folglich, welche Funktionen in welcher Datei bei der Datenbankabfrage involviert waren.

Beim Zusammenstellen der Seite könnten Fehler oder Probleme aufgetreten sein. Welche und wie viele Meldungen es gab, verrät das Plug-in auf der Registerkarte *Log*. Dazu muss allerdings im Register *Protokollierung* der Punkt *Protokolleinträge anzeigen* auf *Anzeigen* stehen. Wenn Sie Erweiterungen einsetzen oder selbst Erweiterungen entwickeln, sollten Sie noch *Veraltete (deprecated) Core API protokollieren* auf *Ja* stellen. Sollte dann eine Erweiterung eine veraltete Funktion beziehungsweise Schnittstelle aufrufen, weist Joomla! Sie auf der zusätzlichen Registerkarte *Deprecated-core* darauf hin. Allerdings verwendet auch Joomla! noch munter solche veralteten Funktionen, weshalb Sie sehr wahrscheinlich eine recht lange Liste mit Warnungen sehen werden.

Auf Wunsch deckt das Plug-in *System – Debug* auch fehlende Übersetzungen und defekte Sprachpakete auf – vorausgesetzt, Sie haben unter *System → Konfiguration* auf der Registerkarte *System* den Punkt *Sprache debuggen* auf *Ja* gestellt. Um die dann vom Plug-in angezeigten Informationen interpretieren zu können, müssen Sie sich mit dem Aufbau der Sprachpakete auskennen. Den beschreibt ausführlich Kapitel 17, *Mehrsprachigkeit*. In den Einstellungen des Plug-ins dürfen Sie im Register *Sprache* festlegen, welche Fehler es im Einzelnen am unteren Seitenrand protokolliert:

Fehler in Sprachdateien anzeigen
Ein Sprachpaket besteht aus mehreren einzelnen Dateien mit der Endung *.ini*, die wiederum jeweils die eigentlichen Übersetzungen für einen ganz bestimmten Teil von Joomla! enthalten. Wenn Sie *Fehler in Sprachdateien anzeigen* auf *Anzeigen* setzen, meldet das Plug-in alle defekten beziehungsweise nicht lesbaren *.ini*-Dateien am unteren Seitenrand.

Sprachdateien anzeigen
Bei *Anzeigen* nennt das Plug-in alle von Joomla! geladenen *.ini*-Dateien am unteren Seitenrand.

Nicht übersetzte Sprachstrings anzeigen
Diese Einstellung ist besonders für Übersetzer nützlich: Bei einem *Ja* erscheint am unteren Seitenrand das Register *Untranslated*. Darin listet das Plug-in alle Texte der gerade angezeigten Seite auf, die noch nicht übersetzt wurden (wie in Abbildung 14-20).

Das erste Wort entfernen
Für jede Beschriftung einer Schaltfläche oder eines Eingabefelds gibt es einen Platzhalter wie etwa `MOD_LOGIN_REGISTER`. Zu jedem dieser sogenannten Sprachstrings hinterlegt der Übersetzer im Sprachpaket eine passende Übersetzung. Das Plug-in schlägt dabei eine passende Übersetzung vor, indem es den Sprachstring in seine einzelnen Wörter zerlegt – im Beispiel führt dies zu `MOD LOGIN RE-`

GISTER. Das erste Wort gibt in der Regel einen Hinweis auf den Fundort des Sprachstrings. Im Beispiel steht MOD für ein Modul. Wenn die Einstellung *Das erste Wort entfernen* auf *Ja* steht, entfernt das Plug-in dieses erste Wort. Im Beispiel schlägt es folglich LOGIN REGISTER als Übersetzung vor.

Vom Anfang entfernen
Sie dürfen auch selbst bestimmen, welche Wörter das Plug-in am Anfang entfernen soll. Dazu tippen Sie die Wörter in das Eingabefeld *Vom Anfang entfernen*, mehrere Wörter trennen Sie mit einem geraden Strich, also etwa MOD|COM|PLG.

Am Ende entfernen
Analog entfernt das Plug-in alle hier eingetragenen Wörter am Ende der vorgeschlagenen Übersetzung. Mehrere Wörter sind wieder durch einen Strich | zu trennen.

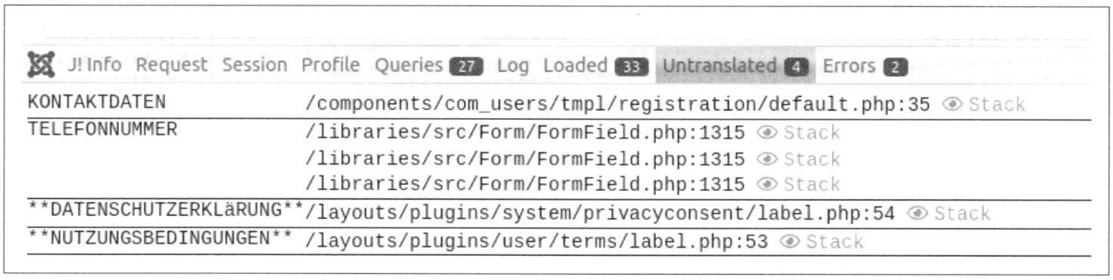

```
J! Info  Request  Session  Profile  Queries 27  Log  Loaded 33  Untranslated 4  Errors 2
KONTAKTDATEN              /components/com_users/tmpl/registration/default.php:35  Stack
TELEFONNUMMER             /libraries/src/Form/FormField.php:1315  Stack
                          /libraries/src/Form/FormField.php:1315  Stack
                          /libraries/src/Form/FormField.php:1315  Stack
**DATENSCHUTZKLäRUNG**    /layouts/plugins/system/privacyconsent/label.php:54  Stack
**NUTZUNGSBEDINGUNGEN**   /layouts/plugins/user/terms/label.php:53  Stack
```

Abbildung 14-20: Hier fehlen die Übersetzungen für nachträglich hinzugefügte Felder.

Joomla!-Statistikerhebung kontrollieren

Das Plug-in *System – Joomla!-Statistikerhebung* sendet regelmäßig Informationen über Ihre Website an die Joomla!-Entwickler. Diese können dann mithilfe der übermittelten Daten Joomla! verbessern. Darüber hinaus fließen die Daten in die Statistik unter *https://developer.joomla.org/about/stats.html* ein. Dort können Sie unter anderem ablesen, welche Joomla!-Versionen derzeit wie häufig im Einsatz sind.

Welche Informationen das Plug-in an die Joomla!-Entwickler schickt, können Sie den Einstellungen des Plug-ins einsehen. Die gesuchten Informationen erscheinen dort allerdings erst, wenn das Plug-in tatsächlich aktiviert ist und Sie dann dem Link *Hier klicken um die zu sendenden Daten anzusehen* folgen. Wie in Abbildung 14-21 gehören zu den übermittelten Informationen vor allem die PHP-Version, die verwendete Datenbank, die Art des Webservers und das zugrunde liegende Betriebssystem.

Die *Eindeutige ID* ist eine Identifikationsnummer, die bei jeder Joomla!-Installation anders lautet. Die Joomla!-Entwickler können so besser die einzelnen Internetauftritte auseinanderhalten. Mit einem Klick auf *Eindeutige ID zurücksetzen* können Sie für Ihre Website eine neue Identifikationsnummer generieren lassen.

Das Plug-in sendet die Informationen nicht, wenn Sie entweder das komplette Plug-in deaktivieren oder aber den *Modus* auf *Niemals senden* stellen.

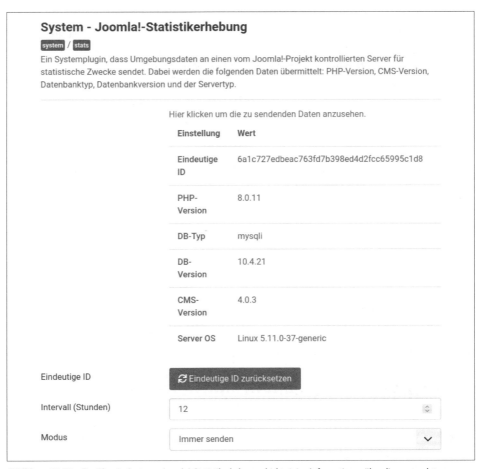

Abbildung 14-21: Das Plug-in *System – Joomla!-Statistikerhebung* schickt einige Informationen über die verwendete Software an seine Entwickler.

Tipp Die übermittelten Daten enthalten zwar keine sensiblen Informationen, zumindest anhand der eindeutigen ID lässt sich jedoch Ihre Joomla!-Installation identifizieren. Es kann daher aus Datenschutzgründen sinnvoll oder sogar notwendig sein, das Plug-in zu deaktivieren. Das gilt insbesondere für den Internetauftritt eines Unternehmens. Sprechen Sie sich hier gegebenenfalls mit einem Anwalt ab. Schalten Sie im Zweifelsfall das Plug-in und somit die Datenübermittlung ab.

Möchten Sie hingegen die Joomla!-Entwickler unterstützen, lassen Sie das Plug-in aktiviert und setzen den *Modus* auf *Immer senden*. Das Plug-in schickt dann die Informationen regelmäßig an die Entwickler. In welchen Abständen das geschieht, legen Sie unter *Intervall (Stunden)* fest. Tragen Sie dort eine 12 ein, überträgt das Plug-in nach zwölf Stunden die Daten erneut an die Entwickler. Das wiederholte Senden ist durchaus sinnvoll: Nur so erfahren die Joomla!-Entwickler von einer Aktualisierung der Datenbank, des Webservers oder einer anderen Serverkomponente.

Stellen Sie den *Modus* auf den Punkt *Auf Aufforderung*, zeigt das Plug-in im Backend wieder den großen blauen Kasten, den Sie schon aus dem Abschnitt »Statistikerhebung« auf Seite 67 kennen.

Cache für komplette Seiten

Um die Auslieferungszeiten zu verkürzen, puffert Joomla! einmal erstellte Seitenteile auf Wunsch in einem Zwischenspeicher, dem sogenannten Cache. Zusätzlich zu diesem bereits aus Kapitel 13, *Joomla! konfigurieren*, Abschnitt »Seitenauslieferung beschleunigen: Der Zwischenspeicher (Cache)« auf Seite 534, bekannten Verfahren puffert das Plug-in *System – Seitencache* auch noch die *komplette* an den Browser ausgelieferte Internetseite.

Warnung Dieses Plug-in ist standardmäßig deaktiviert, weil es in einigen Situationen Probleme auslösen kann. Betroffen sind vor allem Seiten mit Formularen oder interaktiven Elementen, die dann nicht mehr so funktionieren, wie sie eigentlich sollten.

Sofern ständig nur veraltete Seiten ausgeliefert werden oder Sie ein anderes Fehlverhalten bemerken, deaktivieren Sie zunächst dieses Plug-in und schalten erst danach auch den Cache hinter *System → Konfiguration* aus. Es kann zudem helfen, den Cache einmal komplett zu löschen.

In seinen Einstellungen bietet das Plug-in die Möglichkeit, den Zwischenspeicher in den Browser des Besuchers zu verlagern. Dazu legen Sie *Browser-Cache benutzen* auf *Ja* um. Die Seiten müssen damit gar nicht erst durch das relativ lahme Internet wandern.

Sie können Joomla! zudem anweisen, ausgewählte Seiten nicht im Cache zu speichern. Dabei haben Sie zwei Möglichkeiten, die Sie auch beide gleichzeitig einsetzen dürfen:

- Zunächst können Sie die Menüpunkte hinterlegen, die zu den auszuschließenden Seiten führen. Dazu klicken Sie in das Feld *Menüeinträge ausschließen* und wählen den Menüpunkt aus. Wiederholen Sie das Verfahren, bis alle Menüeinträge gesammelt sind. Um einen Menüpunkt wieder zu entfernen (und dessen Seite somit in den Cache auszulagern), klicken Sie auf das kleine *X* neben dem Namen des Menüpunkts.
- Alternativ können Sie die Internetadresse der auszuschließenden Seite auf der Registerkarte *Erweitert* in das große Eingabefeld *URL ausschließen* eintragen. Achten Sie darauf, dass in jeder Zeile genau eine Adresse steht. Damit Sie sich nicht die Finger wund tippen, dürfen Sie auch sogenannte reguläre Ausdrücke verwenden. Das sind spezielle Kürzel, die gleich mehrere Internetadressen beschreiben. Beispielsweise steht die Zeile:

```
\/component\/users\/
```

stellvertretend für alle Adressen, die die Zeichenfolge /component/users/ enthalten. Weitere Informationen zu regulären Ausdrücken finden Sie beispielsweise in der Wikipedia unter *https://de.wikipedia.org/wiki/Regul%C3%A4rer_Ausdruck* sowie in der PHP-Dokumentation unter *https://www.php.net/manual/de/pcre.pattern.php*.

TEIL IV
Erweiterungen

KAPITEL 15

Templates verwalten

In diesem Kapitel:
- Templates nachrüsten
- Stile einsetzen
- Templates deinstallieren

Wie jedes Content-Management-System trennt auch Joomla! den Inhalt von der Darstellung. Dadurch können Sie das Website-Design mit wenigen Mausklicks wechseln. Das grundlegende Erscheinungsbild, die Farbgebung und die Anordnung der einzelnen Inhalte steuert in Joomla! eine Designvorlage, das sogenannte *Template*. Unter anderem gibt es die Schriftart vor und weist Bereiche aus, an denen Sie Module platzieren dürfen. Vereinfacht gesagt, enthält ein Template den Bauplan oder das Skelett der späteren Website.

Tipp Unter der Haube besteht ein Template lediglich aus herkömmlichen HTML- und CSS-Anweisungen, die mit einer Handvoll Spezialbefehlen angereichert werden. Ein Template unterscheidet sich folglich nicht wesentlich von jeder anderen Internetseite. Wie einfach die Erstellung eines Templates abläuft, zeigt gleich noch Kapitel 16, *Ein eigenes Template entwickeln*, auf Seite 601.

Templates nachrüsten

Das derzeit aktive Template dürfen Sie gegen ein anderes Exemplar austauschen. Genau darum kümmert sich die Template-Verwaltung. Sie erreichen sie, indem Sie im Hauptmenü des Backends *System* aufrufen und dann im Bereich *Templates* die *Site Templates* anklicken. Sie erreichen auf diesem Weg eine Liste mit allen installierten Templates (wie in Abbildung 15-1).

Joomla! 4.0.3 bringt bereits ein Template mit: *Cassiopeia* von den Joomla!-Entwicklern. Dieses ist nach der Installation bereits aktiv. Wie eine Website mit dem jeweiligen Template prinzipiell aussehen könnte, lässt sich anhand der Vorschaubilder in der Spalte *Bild* erahnen. Wenn Ihnen die Vorschaubilder zu klein sind, klicken Sie eines an. Es öffnet sich dann in einem neuen Fenster eine etwas größere Vorschau. Die dabei angezeigte Webseite ist in der Regel eine fiktive.

Die *Version* des jeweiligen Templates finden Sie in der Liste aus Abbildung 15-1 in der gleichnamigen Spalte. Ihre Kollegin *Datum* nennt das Erstellungsdatum. *Cassiopeia* stammt beispielsweise aus dem Jahr 2017, erfüllt aber dennoch erstaunlich viele aktuelle Anforderungen.

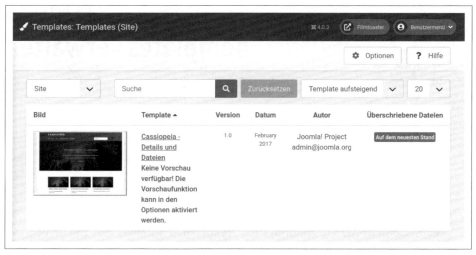

Abbildung 15-1: Von Haus aus bringt Joomla! 4.0.3 ein Template mit.

Die aufgelisteten Templates sind jeweils für die Optik Ihrer Website zuständig. Wenn Sie die Drop-down-Liste *Site* auf *Administrator* umstellen oder alternativ *System → Administrator Templates* aufrufen, sehen Sie ein weiteres Template namens *Atum*. Dieses Template sorgt für ein optisch ansprechendes Backend. Sie lesen richtig: Auch das Aussehen des Backends bestimmt in Joomla! ein Template. Sie können folglich dem kompletten Backend eine andere Optik verpassen, indem Sie einfach auf ein anderes für das Backend gedachtes Template umschalten. Wie Sie hier in der Template-Verwaltung sehen, gibt es standardmäßig nur ein Template für das Backend. Für den Wechsel auf ein anderes Template besteht zudem selten Anlass. Um wieder alle für die Website verfügbaren Templates zu sehen, stellen Sie die Drop-down-Liste links oben zurück auf *Site*.

Fertige Templates beschaffen

Ein mitgeliefertes Template ist nicht gerade als große Auswahl zu bezeichnen. Um diese Situation zu verbessern, könnte man entweder selbst zur Tastatur greifen und ein eigenes Template schreiben, oder man wählt die bequemere Variante und sucht im Internet nach bereits fertigen Exemplaren. Schier zahllose Seiten bieten dort ebenso viele Templates für alle nur erdenklichen Situationen und Anlässe an, wie etwa das Angebot aus Abbildung 15-2 beweist. Größere Template-Sammlungen gab es bei Drucklegung des Buchs beispielsweise unter:

- *https://www.joomlaplates.de/*
- *https://www.joomlart.com/joomla/templates*
- *https://joomla-templates.com/*

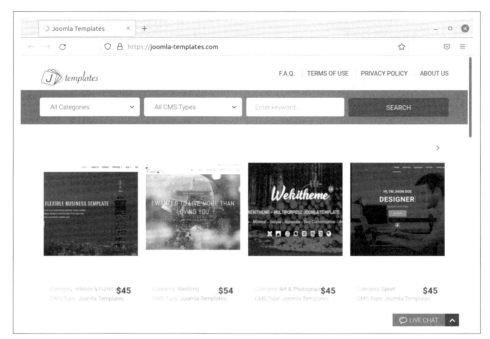

Abbildung 15-2: Freie Templates zuhauf gibt es beispielsweise unter *http://www.joomlaos.de*.

Beim Stöbern sollten Sie jedoch zwei wichtige Dinge im Auge behalten:

Das Urheberrecht
Nicht alle angebotenen Templates dürfen Sie auch tatsächlich in allen Situationen kostenfrei nutzen.

Die Joomla!-Version
Greifen Sie nur zu Templates, die für Ihre Joomla!-Version gedacht sind: Vorlagen für ältere Versionen unterscheiden sich in einigen Punkten von denen für Joomla! 4 und können unter Umständen zu unschönen oder nicht funktionierenden Ergebnissen führen. Je nach Alter blockiert Joomla! sogar die Installation von überholten Templates.

Suchen Sie sich für die Filmtoaster-Seiten auf einer der oben genannten Internetseiten einfach irgendein Template aus, das Ihnen gefällt. In den folgenden Beispielen kommt das Template *Helix Ultimate* zum Einsatz, das bei Drucklegung dieses Buchs unter *https://www.joomshaper.com/joomla-templates/helixultimate* erhältlich war.

Templates installieren

Jedes Template landet normalerweise in einer Datei mit der Endung *.zip* oder *.tar.gz* auf Ihrer Festplatte. Um die darin enthaltene Vorlage in Joomla! zu registrieren, wählen Sie im Backend aus dem Hauptmenü *System* und klicken dann im Bereich

Installieren auf *Erweiterungen*. Der Link führt Sie umgehend zu der Seite aus Abbildung 15-3.

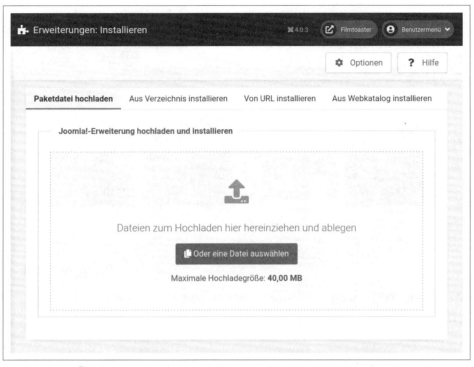

Abbildung 15-3: Über dieses Formular installiert man ein neues Template.

 Stellen Sie hier sicher, dass Sie sich im Register *Paketdatei hochladen* befinden. Ziehen Sie jetzt das Archiv mit dem Template aus Ihrem Dateimanager auf die große graue Fläche. Alternativ klicken Sie auf die grüne Schaltfläche *Oder eine Datei auswählen* und suchen dann die Archivdatei mit dem Template auf Ihrer Festplatte. In jedem Fall lädt Joomla! das Template auf den Server und bindet es ein. Laden Sie auf diesem Weg auch das vorhin für die Filmtoaster-Seiten heruntergeladene Template hoch.

Alternativ kann Joomla! das Template auch selbst herunterladen und einspielen. Dazu tippen Sie auf der Registerkarte *Von URL installieren* die Internetadresse der Paketdatei in das Eingabefeld *Von URL installieren* ein und klicken auf *Überprüfen und Installieren*. Damit besitzen Sie dann allerdings keine Kopie des Templates auf der eigenen Festplatte.

Wenn Sie das Template in einem Archiv erhalten, das nicht auf *.zip* oder *.tar.gz* endet, müssen Sie es zunächst auf Ihrer Festplatte entpacken. Den herausgepurzelten Inhalt transferieren Sie anschließend von Hand in genau das Verzeichnis auf Ihrem Webserver, das Ihnen Joomla! auf der Registerkarte *Aus Verzeichnis installieren* im Eingabefeld *Aus Verzeichnis installieren* nennt. Nach einem Klick auf *Überprüfen* *und Installieren* spielt Joomla! das Template dann ein. Löschen Sie abschließend die hochgeladenen Dateien aus dem unter *Aus Verzeichnis installieren* angegebenen Verzeichnis.

Im Filmtoaster-Beispiel sollte das neue Template jetzt in der Liste mit allen Templates erscheinen (zu erreichen über *System → Site Templates*). Um die Website auf sein Design umzustellen, benötigt man allerdings noch die Hilfe der sogenannten Stile.

Stile einsetzen

Einige Templates gibt es in verschiedenen Varianten. So darf man häufig zwischen einem roten, grünen oder blauen Anstrich wählen. Andere Templates bringen wiederum passende Abwandlungen für Weihnachten und Ostern mit. Auf diese Weise lassen sich später die Themenbereiche der eigenen Website unterschiedlich farblich hervorheben oder zu speziellen Anlässen stimmungsvoll dekorieren. Solche Varianten eines Templates bezeichnet Joomla! als *Stile* (englisch *Styles*).

Alle derzeit vorhandenen Stile finden Sie hinter *System → Site Template Stile*. In der angezeigten Tabelle finden Sie für jedes Template immer mindestens einen Stil mit seiner Standardoptik – meist trägt dieser Stil ein *Default* oder *Standard* im Namen. Zu welchem Template ein Stil gehört, verrät die Spalte *Template*. In Abbildung 15-4 gibt es beispielsweise für das *Cassiopeia*- und das *Helix Ultimate*-Template jeweils einen Stil.

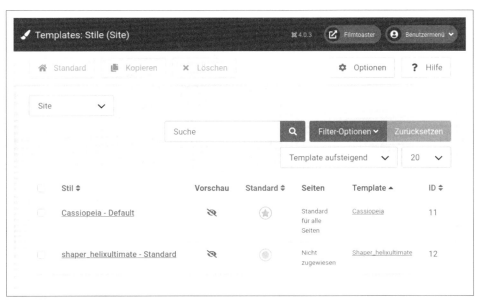

Abbildung 15-4: Hier gibt es für jedes Template einen Stil.

Stile austauschen

Welcher Stil gerade standardmäßig zum Einsatz kommt, zeigt hinter *System → Site Template Stile* die Spalte *Standard* mit einem gelben Stern an. Nach der Installation von Joomla! ist das der Stil *Cassiopeia – Default*.

Um den Stil zu wechseln und somit Ihrer Website ein anderes Aussehen zu verpassen, setzen Sie einfach ein Häkchen in sein Kästchen und klicken dann auf *Standard* in der Werkzeugleiste.

 Warnung   Sie weisen Ihrer Website also nicht direkt ein Template zu, sondern immer nur einen ganz bestimmten Stil.

 Auch zum vorhin installierten Template wurde gleich ein passender Stil namens *shaper helixultimate – Standard* eingerichtet. Schalten Sie die Filmtoaster-Seiten jetzt auf diesen Stil um, indem Sie einen Haken in das Kästchen vor dem Namen setzen und auf *Standard* klicken.

 Tipp   Alternativ können Sie auch einfach in der Zeile des Stils auf den Knopf mit dem grauen Kreis in der Spalte *Standard* klicken.

Abbildung 15-5 zeigt das Ergebnis in der *Vorschau*. Sehr wahrscheinlich dürften jetzt bei Ihnen einige Module fehlen, oder die Darstellung erscheint etwas chaotisch.

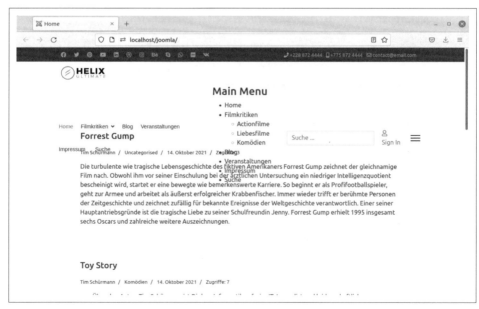

Abbildung 15-5:   Die Filmtoaster-Seiten unter dem Einfluss des Stils *shaper helixultimate – Standard*.

Dieses vermeintliche Chaos lässt sich recht schnell erklären: Jeder Bereich, in dem man Module platzieren darf, erhält vom Template einen eindeutigen Namen. Dummerweise gibt es hierfür keine festen Regeln – jedes Template kann seine Bereiche bezeichnen, wie es ihm beliebt. Platziert man nun beispielsweise ein Menü in einen Bereich namens *sidebar-right*, der jedoch nach einem Designwechsel im neuen Template fehlt, weiß Joomla! nicht mehr, wohin mit dem Modul, und blendet es vorsichtshalber lieber ganz aus. Andere Bereiche liegen plötzlich an komplett anderen Stellen. Genau das ist übrigens auch die Erklärung dafür, dass in Abbildung 15-5 die Menüs durcheinandergeraten sind.

Nach Installation und Aktivierung eines fremden Templates sollten Sie daher immer noch einmal im Frontend prüfen, ob alle aktivierten Module erreichbar sind. Sollte eines von ihnen plötzlich verschwunden sein, fehlt im neuen Template die Position, an dem das Modul vorher verstaut war. Hier bleibt Ihnen dann nur übrig, entweder die betroffenen Module an eine andere Position zu verschieben oder aber ein anderes Template zu wählen.

Um herauszufinden, welche Positionen ein Template unter welchen Namen zur Verfügung stellt, rufen Sie die Template-Verwaltung auf (*System → Site Templates*), klicken auf *Optionen*, setzen die *Vorschau von Modulpositionen* auf *Aktiviert*, *Speichern & Schließen* die Änderungen und stellen sicher, dass Sie sich in der Tabelle mit den Stilen befinden (etwa indem Sie *System → Site Template Stile* aufrufen). Klicken Sie jetzt rechts neben dem Namen des gewünschten Stils auf das Kästchen mit dem Pfeil. Alternativ können Sie auch in der Liste mit allen Templates (hinter *System → Site Templates*) unter dem Namen des entsprechenden Templates auf *Vorschau* klicken (in der Spalte *Template*).

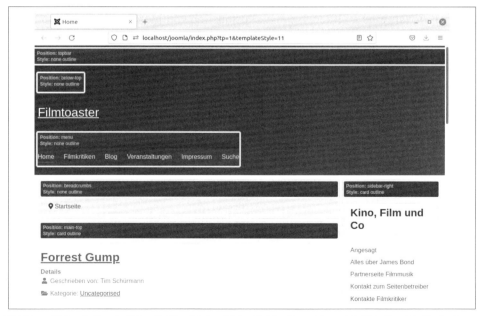

Abbildung 15-6: In dieser Ansicht markiert Joomla! alle möglichen Modulpositionen, hier am Beispiel des Templates *Cassiopeia*.

In jedem Fall erscheint die Darstellung aus Abbildung 15-6. Die Namen der Positionen stehen jeweils in kleiner Schrift links oben in den Ecken der einzelnen Bereiche.

Einige Template-Entwickler sind so nett und verraten die Namen der Bereiche auf ihrer Homepage. Häufig kommen durchnummerierte Positionen wie *position-0*, *position-1* und so weiter zum Einsatz, die Betonung liegt dabei allerdings auf »häufig«: Sie können sich nie sicher sein, dass ein Modul an *position-7* auch nach einem Template- (beziehungsweise Stil-)Wechsel noch auf der Seite auftaucht.

Wie man ein Modul in einen anderen Bereich verschiebt, hat bereits Kapitel 9, *Module*, gezeigt (wechseln Sie in die Einstellungen des entsprechenden Moduls und wählen Sie dort unter *Position* einen neuen Liegeplatz aus). Wenn Sie das Template *Helix Ultimate* einsetzen möchten und bei Ihnen das Hauptmenü wie in Abbildung 15-5 durcheinander erscheint, setzen Sie es an die Position *menu-modal*.

Da in den nachfolgenden Kapiteln ein eigenes Template entstehen soll, sparen Sie sich im Filmtoaster-Beispiel die aufwendige Prüfung aller Module und wechseln wieder zurück zum Stil *Cassiopeia – Default*, indem Sie hinter *System → Site Template Stile* in seiner Zeile einen Haken in das Kästchen setzen und dann auf *Standard* klicken.

Vergessen Sie nicht, die Spezialvorschau mit den Modulpositionen wieder abzuschalten. Andernfalls könnten Angreifer einen wertvollen Einblick in den Aufbau Ihrer Seite erhalten. Klicken Sie also hinter *System → Site Templates* auf *Optionen*, setzen Sie die *Vorschau von Modulpositionen* auf *Deaktiviert* und *Speichern & Schließen* Sie diese Änderung.

Stile gibt es nicht nur für die Templates des Frontends, sondern natürlich auch für die Templates des Backends. Diese Stile zeigt Joomla! an, wenn Sie *System → Administrator Template Stile* aufrufen. Nach der Installation von Joomla! gibt es für das Template *Atum* einen passenden (Standard-)Stil. Den derzeit aktiven Stil markiert Joomla! wieder mit einem gelben Sternchen in der Spalte *Standard*. Um den Stil und somit das Aussehen des Backends zu ändern, gehen Sie wie gehabt vor: Setzen Sie einen Haken in das Kästchen des entsprechenden Stils und klicken Sie auf *Standard*.

Tipp Sinnvoll ist ein Austausch eines Stils für das Backend beispielsweise dann, wenn man selbst eine Joomla!-Distribution zusammenstellt und vertreibt. Auf diese Weise lässt sich etwa das Joomla!-Logo im Backend durch ein eigenes ersetzen. Darüber hinaus hilft ein neues Design, sich in mehreren gleichzeitig betreuten Joomla!-Installationen schneller zurechtzufinden. Viele Agenturen nutzen zudem ein eigenes Template mit ihrer eigenen Corporate Identity.

Lassen Sie sich jetzt wieder alle Stile für das Frontend anzeigen, indem Sie *System → Site Template Stile* aufrufen.

Stile erstellen und verändern

Der standardmäßig aktive Stil *Cassiopeia – Default* sieht eigentlich nicht schlecht aus. Alle Seiten zeigen jedoch derzeit noch viel Blau. Die Filmtoaster-Seiten sollen deshalb einen anderen Farbanstrich erhalten. Um das zu erreichen, muss man glücklicherweise nicht gleich Kontakt mit dem Template-Autor aufnehmen, sondern lediglich einen neuen Stil erstellen.

Dazu überlegen Sie sich zunächst, für welches Template Sie einen neuen Stil erstellen möchten. Im Fall der Filmtoaster-Seiten ist dies *Cassiopeia*. Wechseln Sie dann zum Menüpunkt *System → Site Template Stile*. Dort markieren Sie jetzt einen Stil, der zum gewünschten Template gehört. Im Beispiel setzen Sie einen Haken in das Kästchen vor *Cassiopeia – Default*. Lassen Sie den Stil über die entsprechende Schaltfläche in der Werkzeugleiste *Kopieren*. Der so geklonte Stil erhält automatisch den Namen des ursprünglichen Stils, wobei Joomla! zur Unterscheidung noch eine *(2)* anhängt. Beim Duplikat handelt es sich um einen vollkommen eigenständigen Stil, der im Moment allerdings noch die gleiche Optik liefert wie das Original *Cassiopeia – Default*. Das wiederum können Sie ändern, indem Sie auf den Namen des Duplikats klicken. Damit landen Sie in den Einstellungen des Stils.

Tipp Natürlich könnten Sie auch einfach einen vorhandenen Stil bearbeiten. Für Notfälle empfiehlt es sich jedoch immer, das Original in der Hinterhand zu behalten. Ganz nebenbei können Sie damit stets die ursprünglichen Einstellungen nachschlagen.

Dort dürfen Sie Ihrem neuen Stil zunächst einen anderen Namen verpassen (siehe Abbildung 15-7). Auf den Filmtoaster-Seiten könnten Sie ihn beispielsweise Cassiopeia - Filmtoaster nennen.

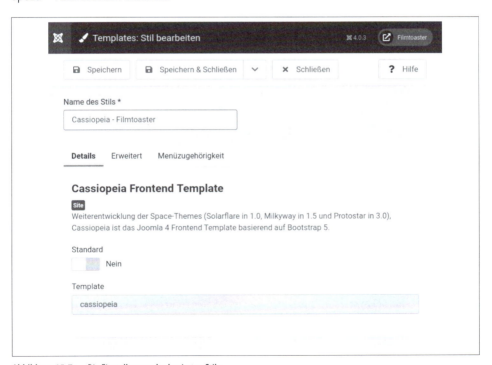

Abbildung 15-7: Die Einstellungen des kopierten Stils.

Wenn Sie *Standard* auf *Alle* setzen, nutzt Ihre Website standardmäßig immer diesen Stil. Er würde also in der Tabelle hinter *System → Site Template Stile* das gelbe Sternchen erhalten. Bei einem *Nein* ist der Stil hingegen nicht der Standardstil.

Im Filmtoaster-Beispiel soll der neue Stil standardmäßig alle Webseiten aufhübschen. Stellen Sie deshalb *Standard* auf *Alle*.

Jedes Template bietet noch ein paar weitere Einstellungen an, mit denen Sie sein Aussehen in bestimmten Grenzen verändern können. Genau diese Stellschrauben finden Sie im Register *Erweitert*. Wie in Abbildung 15-8 lässt sich meist eine (Hintergrund-)Farbe wählen. Welche Einstellungen hier genau zur Verfügung stehen, hängt vom jeweiligen Template ab.

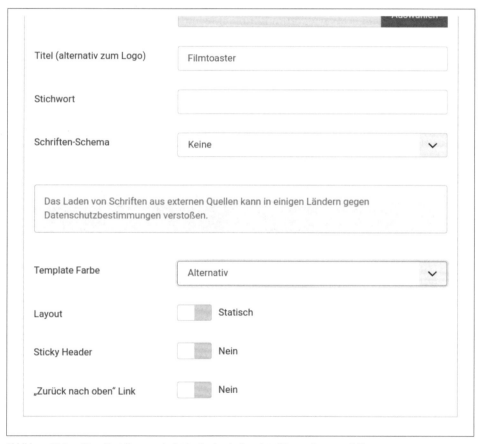

Abbildung 15-8: Diese Einstellungen erlaubt das Cassiopeia-Template (hier nur der untere Teil).

 Tipp   Ein Stil ist somit nichts anderes als eine Sammlung ganz bestimmter Template-Einstellungen.

Das Template *Cassiopeia* bietet die Einstellungen aus Abbildung 15-8 an. Netterweise darf man dort auch eine andere *Template Farbe* wählen. Um den Filmtoaster-Seiten das Blau abzugewöhnen, stellen Sie dort die Farbe auf *Alternativ* um.

Im Register *Erweitert* bietet das Template *Cassiopeia* noch weitere interessante Einstellungen an. So dürfen Sie den *Titel* der Website (auf den Beispielseiten *Filmtoaster*) gegen ein *Logo* oder ein beliebiges anderes Foto austauschen. Dazu klicken Sie auf *Auswählen*, laden in der Medienverwaltung das Logo hoch, klicken es dort an und lassen es *Auswählen*.

Warnung Es ist natürlich verführerisch, den Namen der Website durch das Logo des Vereins oder des Unternehmens auszutauschen. Den Namen der Website können jedoch Suchmaschinen und Menschen mit einer Sehschwäche lesen – bei einem Bild ist das nicht der Fall. Das Bild besitzt zudem eine feste Größe. Überlegen Sie sich also gut, ob Sie wirklich den Namen der Website durch ein Logo ersetzen wollen.

Unter *Schriften-Schema* können Sie sich zudem noch eine andere Schriftart für Ihre Website aussuchen. Die *Schriften aus dem Web* lädt Joomla! dabei aus dem Internet von Google herunter. Da der Suchmaschinenbetreiber damit gleichzeitig Informationen über Ihre Besucherinnen und Besucher erhält, kann dies unter Umständen die Datenschutzrichtlinien in Ihrem Land verletzen. Darauf weist auch die gelbe Meldung noch einmal hin. Für die Filmtoaster-Seiten belassen Sie daher die Vorgabe *Keine*.

Der Text unter *Stichwort* erscheint später als Untertitel unter dem Namen oder dem Logo der Website. Im Filmtoaster-Beispiel wäre vielleicht `Filmkritiken, Veranstaltungstipps und mehr ...` ganz passend. Der im Feld *Titel* hinterlassene Text erscheint als Seitenüberschrift. Wenn Sie ihn weglassen, setzt Cassiopeia seinen eigenen Namen als Titel auf die Website. Andere Templates gehen nicht so dreist vor und verwenden standardmäßig den bei der Installation von Joomla! vorgegebenen Seitennamen.

Lassen Sie jetzt die Änderungen *Speichern & Schließen*. Wenn Sie das Ergebnis im Frontend betrachten, sehen Sie, dass Ihre Website nun ein rotes bis bräunliches Farbschema verwendet und die Überschrift links oben in der Ecke den Slogan *Filmkritiken, Veranstaltungstipps und mehr* ... besitzt.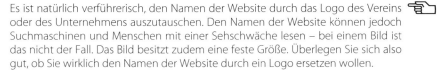

Tipp Einige Templates erlauben die Wahl einer beliebigen Farbe. Achten Sie dann darauf, dass man den Text weiterhin gut lesen kann. Ideal ist ein schwarzer oder dunkler Text auf einem hellen oder hellgrauen Hintergrund. Ein weißer Text auf schwarzem Hintergrund lässt sich hingegen nur schwer entziffern. Gleiches gilt auch für extrem knallige Farben, wie etwa ein leuchtendes Rot. Sofern Sie nicht gerade eine Internetseite zur Popkultur der 1980er-Jahre anbieten, sollten Sie dezente und zurückhaltende Farben wählen. Dies wirkt gerade bei einem Unternehmensauftritt seriöser. Verwenden Sie zudem nur einige wenige Farben – auch wenn Sie bei einigen Templates weitaus mehr einstellen können.

Im Zweifelsfall sollten Sie die vom Template vorgeschlagenen Farbschemata beibehalten. Diese sind in Regel aufeinander abgestimmt.

Abbildung 15-9: Der neue Stil im Einsatz: Hier wurde auf einen Rotton umgeschaltet, den auch die Schaltflächen nutzen.

 Kehren Sie auf den Filmtoaster-Seiten nun zum ursprünglichen Stil zurück. Dazu klicken Sie auf den grauen Kreis in der Zeile für den Stil *Cassiopeia – Default* und erheben ihn somit wieder zum Standardstil.

Verschiedene Designs auf einer Website

 In einigen Fällen kann es wünschenswert sein, den Besuchern manche Unterseiten des Internetauftritts in einem anderen Stil zu präsentieren. Im Filmtoaster-Beispiel könnte man beispielsweise das Blog gegenüber dem Rest in einem anderen Layout erstrahlen lassen. Auf diese Weise zeigt man einem Betrachter auch optisch, wo er sich gerade befindet (wenn Sie die Beispiele aus den vorherigen Kapiteln nicht mitgemacht haben, wählen Sie im Folgenden einfach einen anderen Menüpunkt, der nicht zur Startseite führt).

Um einen Stil nur auf bestimmte (Unter-)Seiten anzuwenden, wechseln Sie zunächst wieder über *System → Site Template Stile* in die Stile-Verwaltung. Überlegen Sie sich jetzt, welchen Stil Sie den ausgewählten Unterseiten (wie etwa dem Blog) überstülpen möchten.

 Warnung   Auch wenn es trivial klingt: Dies darf nicht das derzeit aktive Standard-Template sein – denn das erscheint bereits standardmäßig auf allen Seiten.

 Auf den Filmtoaster-Seiten könnte man das Blog in den im vorherigen Abschnitt angelegten Stil *Cassiopeia – Filmtoaster* tauchen.

Dessen Namen klicken Sie jetzt an, womit Sie in seinen Einstellungen landen. Wechseln Sie weiter zum Register *Menüzugehörigkeit*. Dort setzen Sie jetzt Häkchen vor alle Menüeinträge, deren Zielseiten mit diesem Stil dargestellt werden sollen (wie in Abbildung 15-10).

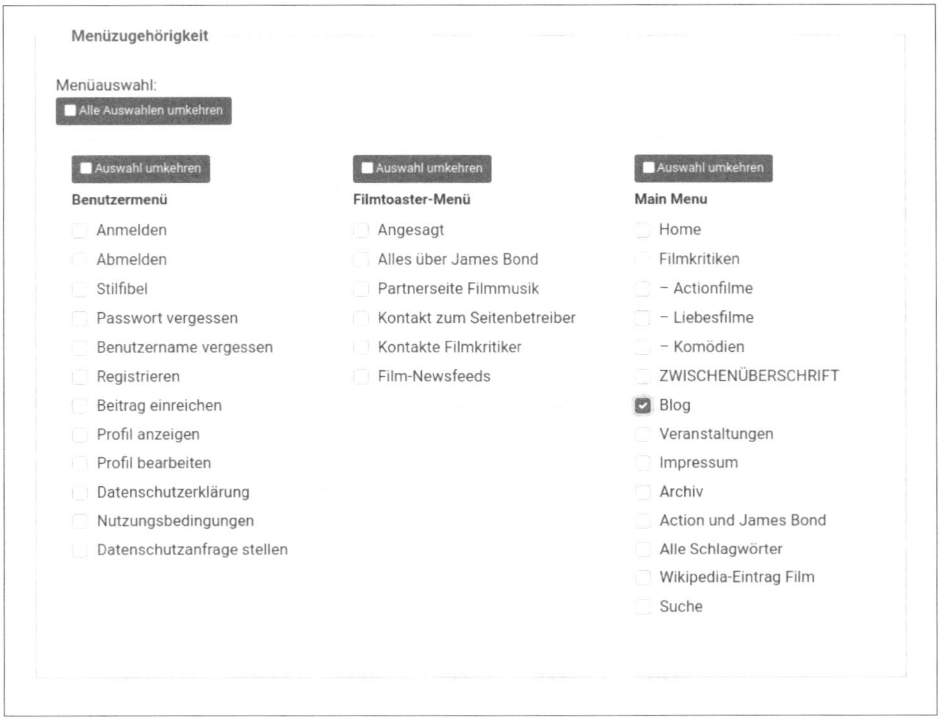

Abbildung 15-10: Joomla! wendet den Stil nur auf die Unterseiten mit den Häkchen an.

Für die Filmtoaster-Seiten stellen Sie sicher, dass wie in Abbildung 15-10 ein Häkchen vor dem Punkt *Blog* steht. Damit erscheinen gleich alle Seiten, die über den Menüpunkt *Blog* erreichbar sind.

Sobald Sie die Änderungen via *Speichern & Schließen* übernehmen, wird in der Tabelle mit allen Stilen in der Spalte *Seiten* neben *Cassiopeia – Filmtoaster* darauf hingewiesen, dass dieser Stil *Auf 1 Seiten(n) zugewiesen* und somit auf einer Seite zu sehen ist (siehe Abbildung 15-11). In der Spalte *Seiten* erfahren Sie zudem, welche Stile gerade *Nicht zugewiesen* sind und somit derzeit nicht zum Einsatz kommen. Den Standardstil kennzeichnet die Spalte *Seiten* mit dem Text *Standard für alle Seiten*.

Wenn Sie jetzt im Frontend das *Blog* aufrufen, erscheint es in der entsprechenden Aufmachung.

Warnung Auf Ihren eigenen Seiten sollten Sie einen solchen Layoutwechsel immer nur äußerst sparsam, vorsichtig und mit Bedacht einsetzen. Ein deutlicher Layoutwechsel wird in der Regel nicht nur als unangenehm empfunden, sondern gleichzeitig auch mit einem Themenwechsel assoziiert. Sofern auf der entsprechenden Unterseite nicht ein vollkommen anderer Inhalt folgt, sollten Sie nur Stile mit dezenten Änderungen beispielsweise im Titelbild oder mit einem leicht kräftigeren Farbton gegenüber dem Ursprungsdesign wählen.

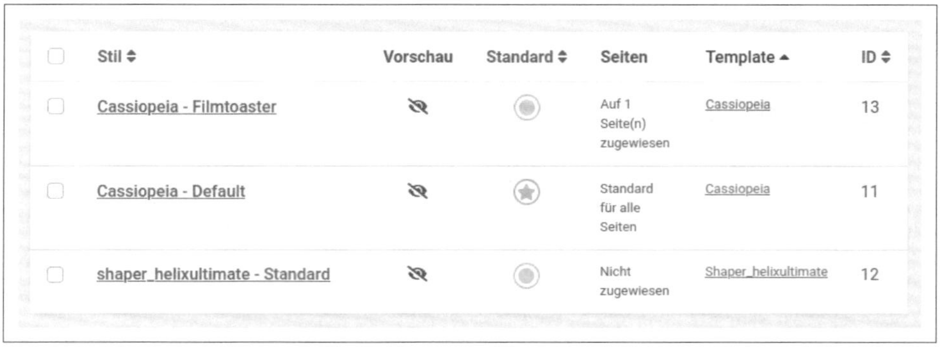

	Stil ⇕	Vorschau	Standard ⇕	Seiten	Template ▲	ID ⇕
☐	Cassiopeia - Filmtoaster	👁	⊙	Auf 1 Seite(n) zugewiesen	Cassiopeia	13
☐	Cassiopeia - Default	👁	⭐	Standard für alle Seiten	Cassiopeia	11
☐	shaper_helixultimate - Standard	👁	⊙	Nicht zugewiesen	Shaper_helixultimate	12

Abbildung 15-11: Wie die Spalte *Seiten* verrät, verschönert der Stil *Cassiopeia – Filmtoaster* genau eine ausgewählten Seite.

Um das Blog wieder von seinem hässlichen roten Anstrich zu befreien, klicken Sie im Backend *Cassiopeia – Filmtoaster* an, entfernen auf der Registerkarte *Menüzugehörigkeit* den Haken vor *Blog* und lassen die Änderungen *Speichern & Schließen*.

Wenn Sie einigen Unterseiten einen anderen Stil zuweisen möchten, können Sie alternativ auch die Einstellungen des entsprechenden Menüpunkts aufrufen. Stellen Sie dort dann auf der Registerkarte *Details* den Punkt *Template-Stil* auf den gewünschten Stil.

Stil im Frontend ändern

Um einen Stil anzupassen, mussten Sie bislang immer erst die Template-Verwaltung hinter *System → Site Template Stile* aufrufen und dann den entsprechenden Stil anklicken. Sie können aber auch auf Ihrer Website einen Menüpunkt einrichten, der zu allen Einstellungen des Standardstils führt. Auf diese Weise können Sie direkt auf Ihrer Website die Optik verändern.

Dazu klappen Sie im Backend das Menü *Menüs* auf. Klicken Sie dann das Menü an, in dem Sie den neuen Menüpunkt unterbringen möchten. Wenn Sie alle bisherigen Beispiele aus den vorherigen Kapiteln mitgemacht haben, bietet sich das *Benutzermenü* an. Klicken Sie in der Werkzeugleiste auf *Neu* und vergeben Sie einen Menütitel – wie etwa Stil verändern. Aktivieren Sie die Schaltfläche *Auswählen* und entscheiden Sie sich auf dem Slider *Konfiguration* für die *Template-Optionen*. Damit nicht jeder x-beliebige Besucher an den Einstellungen drehen kann, stellen Sie sicherheitshalber noch eine passende *Zugriffsebene* ein. Normalerweise sollten nur die *Super Users* die Optik verändern dürfen. Legen Sie den Menüpunkt schließlich per *Speichern & Schließen* an.

Wenn Sie sich jetzt im Frontend anmelden (etwa im *Login Form*) und dem neuen Menüpunkt folgen (im Beispiel war das *Stil verändern*), landen Sie auf der Seite aus Abbildung 15-12. Hier finden Sie die gleichen Einstellungen, die Sie auch schon aus dem Backend kennen.

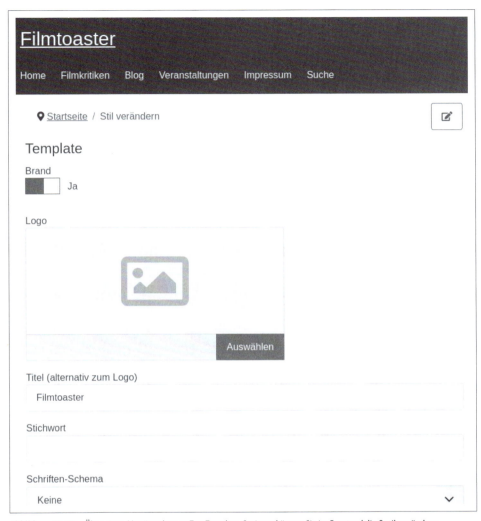

Abbildung 15-12: Über einen Menüpunkt vom Typ *Template-Optionen* können Sie im Frontend die Optik verändern.

Templates deinstallieren

Um ein Template und alle seine Stile wieder loszuwerden, wechseln Sie zunächst im Backend in die Template-Verwaltung hinter *System → Site Template Stile*. Stellen Sie dort sicher, dass die Stile des Templates nicht mehr aktiv sind: Sie dürfen keinen gelben Stern in der Spalte *Standard* tragen. Zudem müssen die Stile in der Spalte *Seiten* jeweils *Nicht zugewiesen* sein. Küren Sie gegebenenfalls einen anderen Stil zum Standard (siehe auch den Abschnitt »Stile austauschen« auf Seite 590). Möchten Sie etwa auf den Filmtoaster-Seiten das Template *Helix Ultimate* wieder loswerden, darf in der Zeile des Stils *shaper_helixultimate – Standard* kein gelber Stern in der Spalte *Standard* leuchten.

Wechseln Sie jetzt zum Menüpunkt *System* und klicken Sie im Bereich *Verwalten* auf *Erweiterungen*. Es dauert eventuell einen kleinen Moment, bis Joomla! reagiert. Öffnen Sie dann die *Filter-Optionen*, stellen Sie unter – *Typ wählen* – den Punkt *Template* ein, markieren Sie das Kästchen vor dem zu löschenden Template (im Beispiel vor dem Template *shaper_helixultimate*) und klicken Sie auf *Deinstallieren*. Sobald Sie die Rückfrage bestätigen, ist das Template inklusive seiner Stile gelöscht.

 Warnung   Achten Sie immer darauf, dass es stets mindestens ein Template für die Website und das Backend gibt.

Nicht immer findet man im Internet ein passendes Template, einige bieten zudem nur unzureichende Einstellungsmöglichkeiten. In diesen Fällen können Sie auch ein eigenes Template entwickeln. Wie das funktioniert, erfahren Sie im nächsten Kapitel.

KAPITEL 16
Ein eigenes Template entwickeln

In diesem Kapitel:
- Das Template-Verzeichnis
- Die Entwurfsskizze
- Ein HTML-Grundgerüst basteln
- Kopf für Joomla! vorbereiten
- Komponenten einbinden
- Modulpositionen kennzeichnen
- Systemmeldungen einbinden
- Name der Website einbauen
- Link zur Startseite
- Statische Bilder einbauen
- Die fertige Datei index.php
- Eigene Fehlerseite gestalten
- Die Datei templateDetails.xml
- Template-Paket erstellen und Testlauf
- Template Overrides
- Module Chrome
- Ein Stylesheet einbinden
- Vorschaubilder
- Gezielt einzelne Elemente formatieren
- Templates mit Parametern steuern
- Texte im Template übersetzen

Wer in der Vielzahl der im Internet herumschwirrenden Templates nicht das passende für die eigene Website findet, darf auch selbst Hand anlegen und eigene Seitenbaupläne konstruieren. Aufgrund der dabei fast unbegrenzten Gestaltungsmöglichkeiten zählt ein eigenes Template allerdings schon zur Kür.

Tipp Wenn Sie den Arbeitsaufwand scheuen, können Sie auch ein fertiges Template als Ausgangsbasis nehmen und es Ihren Wünschen entsprechend anpassen. Beachten Sie bei solchen Änderungen aber immer die Lizenzen des jeweiligen Templates – nicht alle Designer erlauben das »Entstellen« ihrer Werke.

Ein Template ist nichts anderes als eine normale Internetseite, die mit speziellen Markierungen versehen wurde. Diese Marken kennzeichnen, an welchen Stellen Joomla! später seine eigenen Inhalte platzieren darf. Die nachfolgenden Abschnitte beschreiben, wie man zu Fuß in kleinen Schritten zu einem individuellen Website-Design gelangt. Wohin die Reise geht, zeigt Abbildung 16-1.

Dieses Beispiel ist absichtlich extrem einfach gehalten. Das Ergebnis wird die Besucherinnen und Besucher folglich nicht vom Hocker reißen. Im Gegenzug bleibt es jedoch verständlich. Sofern Sie Gefallen an der Template-Entwicklung gefunden haben, können Sie es bequem als Ausgangspunkt für professionellere Ergebnisse heranziehen.

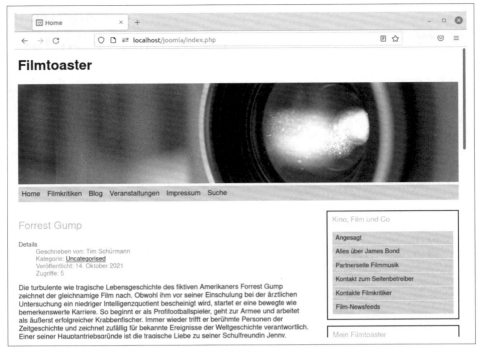

Abbildung 16-1: Die fertige Seite mit dem selbst gebastelten Template.

 Tipp Alle im Folgenden entwickelten Dateien und Beispiele finden Sie auch auf unserer Download-Seite im Verzeichnis *Kapitel16*.

Um die Internetseite erstellen zu können, benötigen Sie allerdings das Wissen um den HTML-Standard sowie die *Cascading Style Sheets* (kurz CSS). Beide Techniken zu erklären, würde den Rahmen dieses Buchs sprengen. Sie finden jedoch beim Buchhändler Ihres Vertrauens ausführliche Literatur. Die folgenden Abschnitte setzen geringe Kenntnisse in beiden Standards voraus.

Das Template-Verzeichnis

Werfen Sie zunächst einen Blick in das Unterverzeichnis *templates* Ihrer Joomla!-Installation. Wenn Sie mit der Installationsanleitung aus Kapitel 2, *Installation*, eine Testinstallation mit XAMPP aufgesetzt haben, finden Sie es

- unter Windows im Verzeichnis *C:\xampp\htdocs\joomla\templates*,
- unter macOS beziehungsweise OS X im Ordner */Programme/XAMPP/xamppfiles/htdocs/joomla/templates* und
- unter Linux im Verzeichnis */opt/lampp/htdocs/joomla/templates*.

Genau dort legt das Content-Management-System alle seine Templates nach dem Hochladen ab. Jedes Verzeichnis enthält genau ein Template. Wechseln Sie nun in eines dieser Unterverzeichnisse, etwa in *cassiopeia*. Die Dateien und Ordner, die Sie hier sehen, finden Sie auch bei den anderen Templates wieder.

Mindestens vorhanden sein müssen dabei die folgenden zwei Dateien:

- *index.php* enthält den eigentlichen Seitenbauplan.
- *templateDetails.xml* liefert wichtige Informationen über das Template, die später unter anderem auch im Backend auftauchen.

Optional dürfen noch die folgenden Dateien und Ordner existieren:

- *template_thumbnail.png* und *template_preview.png* enthalten jeweils ein Vorschaubild des fertigen Templates (*template_thumbnail.png* besitzt vorzugsweise die Abmessungen 200 × 150 Pixel, das Bild in *template_preview.png* erscheint hingegen in einer Größe von circa 600 × 400 Pixeln).
- Zum Template gehörende Bilder, wie beispielsweise ein großes, schickes Logo. Um die Übersicht zu behalten, sammelt man sie für gewöhnlich im Unterverzeichnis *images*.
- Stylesheets in Form von CSS-Dateien. Sie sorgen später für ein hübsches Äußeres. Den allgemeinen Template-Sitten folgend, sollten sie im Unterverzeichnis *css* liegen.

Alle diese Dateien und Verzeichnisse müssen im Folgenden nacheinander erzeugt und mit Inhalten gefüllt werden. Dazu erstellen Sie zunächst auf Ihrer Festplatte irgendwo ein neues Arbeitsverzeichnis.

Tipp Die wichtigsten Dateien eines Templates können Sie auch direkt im Backend einsehen und verändern, indem Sie unter *System → Site Templates* das gewünschte Template suchen und neben ihm in der Spalte *Template* auf *Details und Dateien* klicken. Auf der neuen Seite finden Sie am linken Seitenrand alle wesentlichen (HTML-)Dateien. Wenn Sie eine der PHP-Dateien anklicken, öffnet sie Joomla! in einem Editor. Der ist jedoch alles andere als bequem und kann mit einem richtigen Texteditor nicht mithalten.

Bevor Sie dieses Arbeitsverzeichnis jetzt mit Dateien befüllen, sollten Sie sich in einem ersten Schritt kurz ein paar Gedanken über den gewünschten Seitenaufbau machen. Diese Vorarbeit erleichtert später die Arbeit und beugt chaotischen beziehungsweise unansehnlichen Ergebnissen vor.

Tipp Entwickeln und testen Sie ein Template zunächst immer in einer lokalen Joomla!-Installation. Erst wenn Sie mit dem Layout zufrieden sind, installieren Sie das Paket dann auf Ihrem richtigen Webserver. Andernfalls laufen Sie Gefahr, Ihre Besucher mit einem zerstückelten Layout zu verschrecken.

Die Entwurfsskizze

Ein Template stellt den Bauplan für alle von Joomla! ausgelieferten Webseiten bereit. Überlegen Sie sich daher zunächst, welche Elemente ständig auf allen Seiten zu sehen sein müssen. In der Regel sind das ein Hauptmenü und der Name Ihrer Website. Viele Internetauftritte stellen zudem auf jeder Seite eine Suchfunktion bereit und zeigen ein schmückendes Foto oder ein Logo an. Für alle diese Elemente muss das Template jeweils einen entsprechenden Platz reservieren.

Einplanen müssen Sie auch einen Bereich für die Ausgaben der Komponenten. Dort erscheinen dann später unter anderem die Beitragstexte, die Kontaktformulare oder die Liste mit den Suchergebnissen. Zusätzlich existieren meist ein oder mehrere weitere Bereiche, in denen der Seitenbetreiber seine Module ablegen darf.

Damit Sie nichts vergessen, erstellen Sie am besten eine Liste mit allen Elementen, für die das Template einen geeigneten Platz reservieren muss. Beim Template für die Filmtoaster-Seiten sind das:

- der Name des Internetauftritts,
- ein hübsches Foto, das als Blickfang dient (ein solches Bild bezeichnet man auch als *Teaser-Bild* oder *Aufmacher*),
- das Hauptmenü,
- eine Fußleiste mit Hinweisen auf den Seitenbetreiber,
- ein Bereich für die Ausgaben der Komponenten (und somit die eigentlichen Seiteninhalte),
- ein weiterer Bereich, in denen der Seitenbetreiber zusätzliche Module platzieren kann.

Besorgen Sie sich daher einen Bleistift, einen Radiergummi und ein ganz normales Blatt Papier. Darauf skizzieren Sie jetzt den späteren Seitenaufbau. In Abbildung 16-2 finden Sie eine solche Zeichnung für das hier angestrebte Beispiel-Template. Die Kästchen repräsentieren dabei die einzelnen Seitenbestandteile: Oben steht der Name der Website, darunter soll ein Foto die Blicke der Besucherinnen und Besucher auf sich ziehen. Es folgen ein waagerechtes Hauptmenü und schließlich ein größerer Bereich für die Ausgaben der Komponenten. In der Seitenleiste rechts daneben darf der Seitenbetreiber seine Module ablegen. Am unteren Rand informiert schließlich noch eine Fußleiste über den Seitenbetreiber.

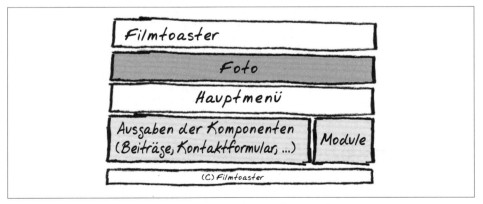

Abbildung 16-2: Das Beispiel-Template soll später diesen einfachen Aufbau verwenden.

Tipp	Der Einfachheit halber beschränkt sich das Beispiel-Template auf das Layout aus Abbildung 16-2, das für die Darstellung auf PCs geeignet ist. Ein richtiges Template muss sich jedoch auch an die kleinen Bildschirme von Smartphones und Tablets anpassen. Dies erreichen Sie mit passenden Stylesheets, die dann Bestandteile ausblenden und übereinanderstapeln. Dies sollten Sie beim Zeichnen im Hinterkopf behalten. Idealerweise legen Sie weitere Skizzen an, die alle Seiteninhalte auf einem Smartphone oder einem Tablet zeigen.	

Es geht an dieser Stelle übrigens noch nicht um die Optik, sondern primär um die Anordnung der Elemente sowie ihre Proportionen zueinander – Ihre Skizze muss folglich kein Kunstwerk sein. Behalten Sie beim Zeichnen im Hinterkopf, dass die Höhe und Breite der Bereiche je nach Inhalt variieren wird, schließlich könnte der Seitenbetreiber auf die waghalsige Idee kommen, gleich mehrere Module in der rechten Seitenleiste zu stapeln.

Der gewählte Aufbau orientiert sich am mitgelieferten Joomla!-Template und ist recht universell einsetzbar. Wenn Sie zum ersten Mal ein Template erstellen, sollten Sie wie hier einen möglichst einfachen Aufbau wählen. Später lässt er sich dann immer noch modifizieren beziehungsweise um weitere Bereiche ergänzen.

Die fertige Skizze legen Sie neben Ihre Tastatur: Sie erleichtern später den Zusammenbau und beugen unliebsamen Überraschungen vor. Darüber hinaus behalten Sie so Ihr Ziel im Blick. Im nächsten Schritt gilt es, den geplanten Aufbau aus den Skizzen Joomla! mitzuteilen.

Ein HTML-Grundgerüst basteln

Wie eine Webseite aufgebaut sein soll, verrät Joomla! die Datei *index.php*. Sie enthält eine Internetseite, die mit ein paar Joomla!-eigenen Platzhaltern gespickt ist.

Um die Datei *index.php* anzulegen und mit einem Bauplan zu füllen, starten Sie Ihren Texteditor. Welchen Sie verwenden, bleibt Ihrem eigenen Geschmack überlassen, solange er Dateien in der sogenannten UTF-8-Zeichencodierung speichert (siehe Kasten »Zeichencodierung«).

Zeichencodierung

Alle Dateien Ihres Templates müssen Sie mit Ihrem Texteditor in der sogenannten UTF-8-Zeichencodierung speichern. Viele Editoren machen das von Haus aus, bei anderen müssen Sie es erst in einem Menü einstellen oder explizit beim Speichern der Datei angeben.

Vereinfacht gesagt, legt die Zeichencodierung fest, wie die einzelnen Textzeichen auf der Festplatte abgespeichert werden. Die UTF-8-Zeichencodierung hat den Vorteil, dass sie auch mit Sonderzeichen zahlreicher westlicher Sprachen zurechtkommt. Wenn Sie der technische Hintergrund interessiert, finden Sie weitere Informationen im Internet unter *https://de.wikipedia.org/wiki/UTF-8* sowie *https://home.unicode.org*.

Unter Windows können Sie zum mitgelieferten Editor greifen, der jedoch alles andere als komfortabel zu bedienen ist. Weitaus mehr Funktionen bietet beispielsweise *Notepad++*, den Sie kostenlos unter *https://notepad-plus-plus.org/* bekommen. Dir Editor hebt sogar die einzelnen HTML-Tags farblich hervor.

Als Ausgangspunkt für das geplante Filmtoaster-Template verwenden Sie das Grundgerüst aus Beispiel 16-1. Der Text zwischen den Tags <footer> und </footer> erscheint später als Fußzeile am Ende der Seite. In der Regel erhält er wie in Beispiel 16-1 einen Copyright-Hinweis oder Kontaktdaten. Den kryptischen Zeichenhaufen © ersetzt der Browser später durch das Copyright-Zeichen.

Beispiel 16-1: Das Grundgerüst einer HTML-Datei

```
<!DOCTYPE html>
<html>
<head>
   <title>Filmtoaster</title>
</head>
<body>
   <footer>&copy; 2022 Filmtoaster</footer>
</body>
</html>
```

Speichern Sie Beispiel 16-1 unter dem Namen *index.html* in Ihrem Arbeitsverzeichnis ab – achten Sie darauf, dass die Endung zunächst noch *.html* lautet.

Tipp Der Windows-Editor hängt seinen Dateien sehr gern (zusätzlich) die Endung *.txt* an, die Windows dann auch noch vor Ihren Augen versteckt. Achten Sie daher darauf, dass die Datei wirklich *index.html* heißt. Der Windows-Explorer erkennt dann den Typ *HTML-Dokument*.

Öffnen Sie die Datei anschließend in Ihrem Browser. Das Ergebnis sollte so wie in Abbildung 16-3 aussehen.

Abbildung 16-3: Die einfache HTML-Datei erscheint so im Firefox-Browser.

Tipp Im Moment weiß der Browser noch nicht, in welcher Schriftgröße und Schriftart er die Fußzeile anzeigen soll. Aus diesem Grund wählt er einfach selbst eine geeignete Darstellung. Dies hat wiederum zur Folge, dass die Seite in Ihrem Internetbrowser etwas anders aussehen kann als in Abbildung 16-3.

Als Nächstes müssen Sie für jedes Element aus den Entwürfen einen entsprechenden Bereich reservieren. Solche (rechteckigen) Bereiche kennzeichnet man in HTML mit den Tags `<div>` und `</div>`.

Orientieren Sie sich zunächst wieder am Entwurf aus Abbildung 16-2 auf Seite 604. Gemäß dieser Skizze benötigen Sie einen Bereich für den Namen der Webseite und einen weiteren für das Foto:

```
<div>
    <!-- Bereich für den Namen der Website -->
</div>
<div>
    <!-- Bereich für das Foto -->
</div>
```

Alles, was zwischen `<!--` und `-->` steht, gilt als Kommentar und wird später vom Browser ignoriert. Auf diese Weise können Sie auch ein paar Notizen im Template hinterlegen.

Auf das Foto folgt in Abbildung 16-2 ein Bereich für das Hauptmenü. HTML5 verlangt, dass Bereiche mit Menüs oder anderen Navigationselementen zwischen `<nav>` und `</nav>` eingekesselt werden:

```
<nav>
    <!-- Bereich für das Hauptmenü -->
</nav>
```

Unter dem Hauptmenü sollen die Ausgaben der Komponenten und somit die eigentlichen Seiteninhalte erscheinen – wie etwa ein Beitragstext oder ein Kontaktformular. Zum Schluss gibt es noch einen Bereich, in dem der Seitenbetreiber später Module platzieren kann. Dieser Bereich bietet somit ergänzende Informationen beziehungsweise Funktionen an, die in einer Seitenleiste angezeigt werden sollen. Solche Inhalte rahmen laut HTML5-Standard die Tags `<aside>` und `</aside>` ein:

```
<div>
    <!-- Bereich für die Komponenten -->
</div>
<aside>
    <!-- Bereich für die Module -->
</aside>
```

Die komplette HTML-Datei sieht damit aus wie Beispiel 16-2:

Beispiel 16-2:   Das Grundgerüst des Templates

```
<!DOCTYPE html>
<html>
<head>
    <title>Filmtoaster</title>
</head>
<body>
    <div>
        <!-- Bereich für den Namen der Website -->
    </div>
```

Beispiel 16-2: Das Grundgerüst des Templates *(Fortsetzung)*

```
<div>
   <!-- Bereich für das Foto -->
</div>
<nav>
   <!-- Bereich für das Hauptmenü -->
</nav>
<div>
   <!-- Bereich für die Komponenten -->
</div>
<aside>
   <!-- Bereich für die Module -->
</aside>
<footer>&copy; 2022 Filmtoaster</footer>
</body>
</html>
```

 Warnung   Der HTML-Standard bietet auch Tags an, mit denen man Tabellen erstellen kann. Viele Webentwickler haben in der Vergangenheit einfach alle Seitenbestandteile in eine riesige Tabelle gepackt und so die Bilder und Texte auf der Seite positioniert.

Für diese Aufgabe sind Tabellen jedoch eigentlich nicht geschaffen. Ein so aufgebauter Internetauftritt ist daher weder responsive noch barrierefrei: Auf einem Smartphone bleiben die Inhalte starr in der riesigen Tabelle, was dann heftige Wischgesten bei Ihren Besuchern auslöst. Lässt sich zudem ein erblindeter Mensch die Internetseite von einem Spezialprogramm vorlesen, trägt dieses jede Zeile und jede Spalte laut als solche vor.

Nutzen Sie daher Tabellen niemals zur Formatierung, sondern ausschließlich für tabellarische Daten – etwa die aktuellen Eintrittspreise Ihres Lieblingskinos.

Damit steht bereits die Grundstruktur des Templates. Wenn Sie die Datei *index.html* speichern und in einem Browser öffnen, sehen Sie außer der Fußzeile allerdings noch nicht viel vom geplanten Layout. Als Nächstes geht es deshalb darum, die noch leeren Bereiche nach und nach mit Inhalten zu füllen.

Kopf für Joomla! vorbereiten

Spezielle Befehle im Template kennzeichnen, wo Joomla! seine Module und Inhalte einfügen darf. Dabei handelt es sich nicht mehr um HTML-Tags, sondern um Joomla!-eigene Platzhalter, deren Aussehen nur an die HTML-Befehle angelehnt wurde.

 Tipp   Genauer gesagt, handelt es sich um Befehle in der Auszeichnungssprache XML. Sie erlaubt die Definition von eigenen Tags im HTML-Stil. Doch keine Angst: Für den Entwurf eines Templates brauchen Sie keine XML-Kenntnisse. Es genügt vollauf, wenn Sie wissen, welche speziellen Befehle Joomla! gegen welche Inhalte austauscht.

Metadaten und Zeichencodierung einbauen

Wenn Sie Beispiel 16-2 in Ihrem Browser öffnen, erscheint auf dem entsprechenden Tab beziehungsweise in der Titelleiste der Begriff *Filmtoaster*. Dies gibt der Kopf fest vor:

```
<head>
    <title>Filmtoaster</title>
</head>
```

Besser und flexibler wäre es jedoch, wenn der Browser immer den im Backend hinter *System → Konfiguration* im Register *Site* unter *Name der Website* eingetragenen Begriff anzeigen würde. Dazu müssen Sie nur den Kopf wie folgt ändern:

```
<head>
    <jdoc:include type="head" />
</head>
```

Den Platzhalter `<jdoc:include type="head" />` ersetzt Joomla! vor der Auslieferung der fertigen Seite unter anderem durch Folgendes:

- Ein `<title>`-Tag mit dem Namen der aktuellen Seite.
- `<meta>`-Tags mit Metadaten für Suchmaschinen.
- Die verwendete Zeichencodierung. Für HTML-Kenner: Joomla! setzt in den Kopf die Zeile `<meta charset=utf-8" />`.
- Zusätzliche (versteckte) Links auf die Newsfeeds. Für HTML-Kenner: Joomla! setzt mehrere `<link>`-Tags.

Mit anderen Worten: Joomla! legt für Sie alle notwendigen Informationen im Kopf ab. Sie müssen sich folglich nicht mehr mit den kryptischen Tags im Kopf herumschlagen, der Platzhalter `<jdoc:include type="head" />` genügt – mit zwei kleinen Ausnahmen: Die Schreibrichtung und die Sprache, in der die aktuelle Webseite geschrieben wurde, müssen Sie jeweils noch selbst hinzufügen.

Aktuelle Sprache einbinden

Joomla! erlaubt mehrsprachige Internetauftritte, in denen jede Seite in einer anderen Sprache verfasst sein kann. Sie sollten daher dem Browser und insbesondere Suchmaschinen noch verraten, in welcher Sprache die aktuelle Webseite vorliegt. Das geschieht gemäß HTML5-Standard über das Attribut `lang` im `<html>`-Tag:

```
<html lang="en-gb" >
```

Zwischen die Anführungszeichen gehört nicht etwa der Name der Sprache, sondern das zugehörige international gültige Sprach-Tag. Im obigen Beispiel steht `en-gb` für britisches Englisch. Netterweise müssen Sie sich um diese Kürzel nicht weiter kümmern, denn es gibt auch hier wieder einen praktischen Platzhalter:

```
<?php echo $this->language; ?>
```

Er wird automatisch durch das passende Sprach-Tag aus dem gerade aktiven Sprachpaket ersetzt. Ist beispielsweise auf der aktuellen Seite das deutsche Sprachpaket aktiv, wird `<?php echo $this->language; ?>` gegen das Sprach-Tag de-de ausgetauscht. Sie müssen somit den Platzhalter lediglich in das Attribut lang einsetzen:

```
<html lang="<?php echo $this->language; ?>" >
```

Welche Sprache welches Sprach-Tag besitzt, erfahren Sie im Backend unter *System → Sprachen* in der Spalte *Sprach-Tag*. Weitere Informationen zur Mehrsprachigkeit und den Sprachpaketen finden Sie in Kapitel 17, *Mehrsprachigkeit*.

Tipp   Wie das `<?php` andeutet, handelt es sich hier eigentlich nicht um einen Platzhalter, sondern um einen Befehl in der Programmiersprache PHP. Sie müssen aber auch im Folgenden kein PHP beherrschen, um Templates entwickeln zu können – gehen Sie einfach weiterhin davon aus, dass es sich bei den kryptischen Gebilden um Platzhalter handelt.

Schreibrichtung vorgeben

Neben der Sprache sollten Sie auch noch angeben, ob der Text von links nach rechts oder wie etwa im Arabischen von rechts nach links gelesen wird. Das geschieht im `<html>`-Tag mit dem Attribut dir:

```
<html lang="<?php echo $this->language; ?>" dir="ltr">
```

In den Anführungszeichen hinter dir steht entweder das Kürzel ltr für die hierzulande gebräuchliche Schreibrichtung von links nach rechts (*left to right*) oder rtl für die umgekehrte Richtung (*right to left*). Für die gerade auf der Webseite geltende Schreibrichtung gibt es den Platzhalter:

```
<?php echo $this->direction; ?>
```

Er wird automatisch durch das passende Kürzel ltr oder rtl ersetzt – je nachdem, welches der beiden das gerade aktive Sprachpaket vorgibt. Sie müssen den Platzhalter nur noch in das Attribut dir einbauen:

```
<html lang="<?php echo $this->language; ?>" dir="<?php echo $this->direction; ?>">
```

Tipp   PHP-Kenner dürfte noch interessieren, dass language und direction Attribute der Klasse JDocumentHTML sind. Ein Objekt dieser Klasse greift sich das Template und baut damit die fertige Seite zusammen. $this zeigt dabei innerhalb des Templates auf das derzeit aktuelle JDocumentHTML-Objekt. Dieses wiederum bietet noch einige weitere nette Informationen und Manipulationsmöglichkeiten, die zum Teil in den nachfolgenden Abschnitten zum Einsatz kommen. Weitere Informationen zu JDocumentHTML und seiner Oberklasse JDocument finden Sie in der Joomla!-Dokumentation unter *http://api.joomla.org/*.

Der Anfang des Templates für die Filmtoaster-Seiten sollte jetzt wie in Beispiel 16-3 aussehen:

Beispiel 16-3:   Der Anfang des Templates mit den Platzhaltern

```
<!DOCTYPE html>
<html lang="<?php echo $this->language; ?>" dir="<?php echo $this->direction; ?>">
```

Beispiel 16-3: Der Anfang des Templates mit den Platzhaltern *(Fortsetzung)*

```
<head>
   <jdoc:include type="head" />
</head>
<body>
   ...
```

Komponenten einbinden

Die Komponenten müssen irgendwo ihre Ausgaben ablegen dürfen. Genau diese Stelle markieren Sie mit folgendem Platzhalter:

```
<jdoc:include type="component" />
```

Dort erscheinen folglich später die eigentlichen Seiteninhalte, wie etwa ein Beitragstext, ein Kontaktformular oder die Liste mit den Suchergebnissen – je nachdem, welche Komponente Joomla! gerade aufgeweckt hat.

Warnung Wenn der Platzhalter mehrfach in Ihrem Template enthalten ist, tauchen auch die Ausgaben der Komponenten mehrfach auf Ihren Seiten auf. Die Besucher sehen dann nicht nur jeden Beitrag doppelt, einige Komponenten könnten auch Fehler produzieren. Achten Sie daher darauf, dass Sie den Platzhalter wirklich nur ein einziges Mal in Ihrem Template verwenden.

Im Filmtoaster-Template gehört der Platzhalter in den dafür zugedachten Bereich, den Ihnen Beispiel 16-4 zeigt:

Beispiel 16-4: Der gekennzeichnete Bereich für die Komponenten

```
...
</aside>
<div>
   <!-- Bereich für die Komponenten -->
   <jdoc:include type="component" />
</div>
<aside>
...
```

Modulpositionen kennzeichnen

In Ihrem Template müssen Sie alle Stellen kennzeichnen, an denen der Seitenbetreiber später seine Module ablegen darf. Das wiederum geschieht in mehreren Schritten.

Modulpositionen identifizieren und benennen

Identifizieren Sie zunächst alle Positionen, an denen später Module erscheinen dürfen. Dazu gehören insbesondere die Stellen für das Hauptmenü und eventuell für Werbung reservierte Bereiche – denn auch diese Elemente erzeugen in Joomla! jeweils Module.

Das Filmtoaster-Template besitzt zwei Stellen, an denen später Module erscheinen können: einmal im Bereich für das Hauptmenü und einmal im extra für Module reservierten Bereich.

Jeder Position müssen Sie einen eigenen eindeutigen Namen geben. Dabei können Sie, wenn Sie mögen, durchaus kryptische Wörter wie etwa *hng3lzgr* verwenden, die Namen erscheinen jedoch später auch im Backend (wie in der Liste aus Abbildung 16-4). Sie sollten folglich möglichst sprechende Begriffe wählen: Bei der Bezeichnung *menu* weiß der Seitenbetreiber sofort, dass es sich sehr wahrscheinlich um eine Position für ein (Haupt-)Menü handelt. Er muss also nicht lange herumraten, welche Position wo auf der Seite liegt. Wenn Sie Ihr Template weitergeben wollen, sollten Sie zudem englische Begriffe wählen – die verstehen die meisten Seitenbetreiber.

Warnung Benennen Sie deshalb auch nicht einen Bereich auf der rechten Seite mit *left*. Das verwirrt später neben dem Seitenbetreiber auch Sie als Template-Entwickler.

Da jedes Template seine Modulpositionen anders benennt, müssen Sie nach einem Template-Wechsel immer erst umständlich im Backend alle Module an die neuen Positionen verschieben (wie im Abschnitt »Stile austauschen« auf Seite 590 beschrieben). Diese Arbeit können Sie dem Seitenbetreiber zumindest ein wenig erleichtern, indem Sie die Positionsbezeichnungen aus dem standardmäßig von Joomla! genutzten *Cassiopeia*-Template übernehmen. So nennt *Cassiopeia* beispielsweise die rechte Seitenspalte *sidebar-right*. Wenn Sie im gerade entstehenden Filmtoaster-Template den Bereich für die Module ebenfalls *sidebar-right* nennen, erscheinen nach einem Template-Wechsel die Module aus der Seitenleiste automatisch im passenden Bereich.

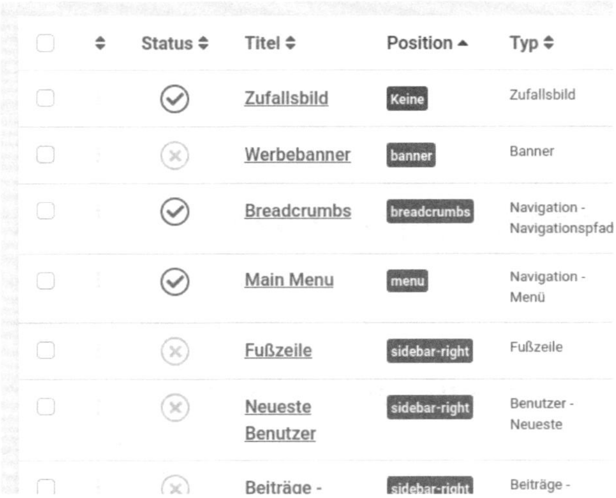

Status	Titel	Position	Typ
✓	Zufallsbild	Keine	Zufallsbild
✗	Werbebanner	banner	Banner
✓	Breadcrumbs	breadcrumbs	Navigation - Navigationspfad
✓	Main Menu	menu	Navigation - Menü
✗	Fußzeile	sidebar-right	Fußzeile
✗	Neueste Benutzer	sidebar-right	Benutzer - Neueste
✗	Beiträge -	sidebar-right	Beiträge -

Abbildung 16-4: Wenn Sie ein Modul einer Position zuweisen, zeigt Joomla! im Backend die vom Template vorgegebenen Namen an – unter anderem hier in der Tabelle hinter *System* → *Site Module*.

Auch das Filmtoaster-Template soll diese Positionsnamen übernehmen: Der Bereich für das Hauptmenü heißt *menu*, der Bereich für die Module erhält den Namen *sidebar-right*.

Schreiben Sie als Gedächtnisstütze die gewählten Namen in die zugehörigen Bereiche in Ihrer Entwurfsskizze. Abbildung 16-5 demonstriert das am Filmtoaster-Beispiel.

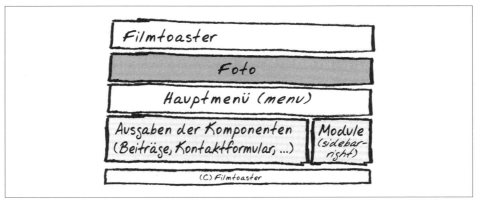

Abbildung 16-5: Den Positionen für die Module wurden hier eindeutige Namen zugewiesen.

Positionen mit Platzhaltern kennzeichnen

Als Nächstes markieren Sie in Ihrem Template jede dieser Positionen mit einem Platzhalter der Form:

```
<jdoc:include type="modules" name="NamederPosition" />
```

Im Attribut name hinterlegen Sie dabei den Namen der entsprechenden Modulposition. Den kompletten Platzhalter ersetzt Joomla! dann später durch alle Module, die der Seitenbetreiber im Backend genau dieser Position zugeordnet hat. Den Platzhalter

```
<jdoc:include type="modules" name="sidebar-right" />
```

tauscht Joomla! folglich gegen alle Module, die im Backend der Position *sidebar-right* zugeordnet wurden.

Im Filmtoaster-Template gibt es zwei Stellen, an denen Module erscheinen können: die Stelle für das Hauptmenü mit dem Namen *position-1* und der Bereich am Ende der Seite mit dem Namen *position-7*. In der HTML-Datei müssen Sie deshalb an den zugehörigen Stellen jeweils einen passenden Platzhalter einfügen, was zum Ergebnis aus Beispiel 16-5 führt.

Beispiel 16-5: Die gekennzeichneten Modulpositionen im Filmtoaster-Template

```
...
<body>
   ...
   <nav>
      <!-- Bereich für das Hauptmenü -->
      <jdoc:include type="modules" name="menu" />
   </nav>
```

Beispiel 16-5: Die gekennzeichneten Modulpositionen im Filmtoaster-Template *(Fortsetzung)*

```
...
<aside>
   <!-- Bereich für die Module -->
   <jdoc:include type="modules" name="sidebar-right" />
</aside>
<footer>&copy; 2022 Filmtoaster</footer>
</body>
...
```

Wenn Sie in Ihrem eigenen Template auf die gezeigte Weise die Modulpositionen kennzeichnen, sollten Sie folgendes Problem im Hinterkopf behalten:

 Warnung   An jeder Modulposition darf der Seitenbetreiber grundsätzlich beliebige Module platzieren.

Wer später das Filmtoaster-Template einsetzt, darf also an der eigentlich für das Hauptmenü reservierten Position *menu* neben einem Menü-Modul auch munter andere Module ablegen – wie etwa das Modul mit den beliebtesten Beiträgen. Es gibt derzeit keine Möglichkeit, das zu verhindern. Als Template-Entwickler haben Sie daher nur zwei Möglichkeiten:

- Sie gestalten Ihre Seiten so universell, dass der Seitenbetreiber an jeder Modulposition beliebige Module ablegen kann. Im Filmtoaster-Beispiel sollten Sie dann die `<nav>`-Tags gegen `<div>`-Tags tauschen.
- Sie ignorieren das Problem einfach. Wenn der Seitenbetreiber zum Hauptmenü unbedingt noch die beliebtesten Beiträge platzieren möchte, muss er mit einer zerstörten Optik leben. Diesen Weg gehen die meisten Template-Macher – einschließlich derjenigen, die Joomla! selbst entwickeln. In diesem Fall sollten Sie bei der Weitergabe des Templates die anderen Seitenbetreiber darauf hinweisen, an welche Positionen welche Module gehören.

Damit weiß Joomla! jetzt, an welchen Stellen Module erscheinen können. Es gibt allerdings noch zwei kleine Probleme.

Das style-Attribut nutzen

Hat der Seitenbetreiber an einer Position mehrere Module platziert, erscheinen ihre Ausgaben standardmäßig einfach direkt hintereinander. Zu welchem Chaos das führen kann, demonstriert Abbildung 16-6, in der zwei Module zu sehen sind: Das erste gibt einen Text aus, das zweite erlaubt die Anmeldung bei Joomla!.

Für einen Besucher ist nur sehr schwer zu erkennen, wo ein Modul aufhört und das andere anfängt. Um das effektiv verhindern zu können, müsste Joomla! die Module jeweils noch einmal in ein paar HTML-Tags verpacken – nur dann lässt sich später per CSS bequem ein Rahmen um jedes Modul zeichnen.

Abbildung 16-6: Hier sind gleich mehrere Module übereinandergestapelt. Wo eines anfängt und ein anderes aufhört, kann man nur erahnen.

Des Weiteren fehlen bei allen Modulen die Titel. So müsste etwa über dem kleinen Anmeldeformular eigentlich noch der Titel *Login Form* erscheinen. Man muss also Joomla! noch irgendwie dazu bringen, die Modultitel auszugeben.

Modulausgaben verpacken

Beides lässt sich einfacher erreichen, als es zunächst klingt: Sie müssen den Platzhalterbefehlen `<jdoc:include type="modules" ... />` lediglich ein optionales drittes Attribut namens `style` hinzufügen. Mit ihm steuern Sie, wie Joomla! die einzelnen Module an der entsprechenden Stelle in welche HTML-Tags einpacken soll. Ein

```
<jdoc:include type="modules" name="sidebar-right" style="html5" />
```

sorgt beispielsweise dafür, dass Joomla! die unter `sidebar-right` platzierten Module jeweils zwischen `<div>` und `</div>` setzt und dabei auch noch den Titel des Moduls ausgibt.

Im Einzelnen dürfen in den Anführungsstrichen von `style` folgende Werte stehen:

html5
: Die an dieser Position platzierten Module verpackt Joomla! jeweils zwischen `<div>`-Tags, die Modultitel werden zu einer Überschrift dritter Ordnung. Das Ergebnis folgt dabei dem HTML5-Standard:

```
<div class="moduletable">
    <h3>Titel des Moduls</h3>
    ... Hier folgen die Ausgaben des Moduls ...
</div>
```

table
: Die an dieser Position platzierten Module steckt Joomla! jeweils in eine eigene (HTML-)Tabelle:

```
<table>
  <tr>
    <th>Titel des Moduls</th>
  </tr>
  <tr>
    <td> ... Hier folgen die Ausgaben des Moduls ... </td>
  </tr>
</table>
```

Da diese Variante weder barrierefrei noch responsive ist, sollten Sie am besten auf sie verzichten.

outline
: Die an dieser Position platzierten Module landen ausschließlich in <div>-Tags. Zusätzlich gibt Joomla! für jedes Modul Zusatzinformationen aus. Das Ergebnis ähnelt der speziellen Template-Vorschau mit allen Modulpositionen (wie sie der Abschnitt »Neue Position ermitteln« auf Seite 318 vorgestellt hat). outline kann in der Erstellungsphase eines Templates helfen, sollte aber niemals auf der späteren Website zum Einsatz kommen.

none
: Mit none erscheinen hier nur die »reinen« Inhalte der Module, Joomla! gibt keine zusätzlichen Tags aus. Dies ist auch die Standardeinstellung, wenn das Attribut style="..." fehlt.

Das Attribut style sorgt also dafür, dass eine der oben aufgeführten Tag-Sammlungen um die Ausgabe eines jeden Moduls gelegt wird. Der Titel eines Moduls erscheint dabei natürlich nur, wenn der Seitenbetreiber im Backend in den Einstellungen des Moduls die Anzeige des Titels erlaubt hat (indem Sie im Backend unter *System* → *Site Module* das Modul anklicken, muss im Register *Modul* der Punkt *Titel anzeigen* auf *Anzeigen* stehen).

Da für das Filmtoaster-Template keine Tabellen zur Formatierung erwünscht sind, erhalten alle Platzhalter der Form <jdoc:include type="modules" ... > das zusätzliche Attribut style="html5":. Das Ergebnis zeigt Beispiel 16-6.

Beispiel 16-6: Die mit dem style-Attribut erweiterten Modulpositionen

```
...
<body>
...
<nav>
  <!-- Bereich für das Hauptmenü -->
  <jdoc:include type="modules" name="position-1" style="html5" />
</nav>
...
<aside>
  <!-- Bereich für die Module -->
  <jdoc:include type="modules" name="position-7" style="html5" />
</aside>
```

Beispiel 16-6: Die mit dem style-Attribut erweiterten Modulpositionen *(Fortsetzung)*

```
...
</body>
```

Warnung `style` bestimmt nur, in welche Tags die einzelnen Module eingefasst werden. Die eigentlichen Inhalte und Ausgaben der Module bleiben davon unberührt. So packt beispielsweise das Modul für die Benutzeranmeldung (*Login Form*) auch weiterhin alle möglichen Eingabefelder in ein Formular (Tag `<form>`) – komme, was da wolle. Erst mit den später noch vorgestellten sogenannten *Template Overrides* (siehe den gleichnamigen Abschnitt »Template Overrides« ab Seite 632) können Sie auch hier eingreifen.

Tipp Wenn Sie jetzt verwirrt sind, erweitern Sie alle Platzhalter für die Module immer um das Attribut `style="html5"` (so in Beispiel 16-6 gezeigt). Joomla! fasst dann jedes Modul noch einmal in `<div>`-Tags ein und gibt den Modultitel mit aus (solange im Backend nichts Gegenteiliges eingestellt ist).

style-Attribut über das Backend steuern

Wenn Sie in Ihrem Internetauftritt ausschließlich exklusive Beiträge für registrierte Besucher anbieten, wird das Anmeldeformular besonders wichtig. Es bietet sich dann an, den Modultitel *Login Form* zu einer Überschrift zweiter Ordnung zu erheben (ihn also zwischen `<h2>`-Tags zu stecken). Bei allen anderen Modulen sollen die Titel jedoch weiterhin in `<h3>`-Tags eingerahmt bleiben. Wenn Sie `style="html5"` verwenden, ist genau das möglich: Sie dürfen die vorgegebenen Tags auch ganz gezielt bei einzelnen Modulen austauschen. Dazu rufen Sie im Backend die Einstellungen des Moduls auf und wechseln ins Register *Erweitert*. Das unter *Modul-Tag* eingestellte Tag verwendet Joomla! anstelle der `<div>`-Tags. Mit dem *Header Tag* rahmt Joomla! den Modultitel ein. Die Einstellungen aus Abbildung 16-7 führen beispielsweise zu folgendem Ergebnis:

```
<aside>
   <h2>Titel des Moduls</h2>
   ... Hier folgen die Ausgaben des Moduls ...
</aside>
```

Abbildung 16-7: Mit dem *Modul-Tag* rahmt Joomla! die Ausgaben des Moduls ein. Das *Header Tag* bestimmt, wie zwischen welchen Tags der Modultitel steht.

Die Einstellungen gelten nur für dieses Modul. Alle anderen Module rahmt Joomla! weiterhin in <div>-Tags ein. Wenn Sie von diesem Angebot Gebrauch machen, wird allerdings die noch anstehende Formatierung aufwendiger – denn Sie müssen ab sofort immer daran denken, dass es auch Module geben kann, die zwischen <aside>-Tags stecken und deren Modultitel Überschriften zweiter Ordnung sind. Wenn Sie Ihr Template später an andere weitergeben, müssen Sie zudem damit rechnen, dass die Seitenbetreiber irgendeinen beliebigen anderen Wert unter *Modul-Tag* oder *Header-Tag* auswählen könnten.

Tipp Das Konzept ist zugegebenermaßen verwirrend, bietet aber eine hohe Flexibilität: Der Seitenbetreiber bestimmt im Backend für jedes einzelne Modul, wie es später in das Template eingebettet wird. Die Mehrarbeit hat der Template-Entwickler, der alle möglichen Situationen berücksichtigen muss. Wenn Sie zum ersten Mal ein Template entwickeln, sollten Sie die Einstellungsmöglichkeiten im Backend einfach ignorieren. Genau das passiert im Folgenden auch beim Filmtoaster-Template.

Systemmeldungen einbinden

Wenn sich ein Besucher anmelden möchte und dabei versehentlich ein falsches Passwort eintippt, zeigt ihm Joomla! den Hinweis aus Abbildung 16-8 an. Neben dieser gibt es noch einige weitere Situationen, in denen das Content-Management-System Ihren Besuchern einen Warnhinweis anzeigt, beispielsweise dann, wenn der Besucher das Kontaktformular nicht korrekt ausgefüllt hat.

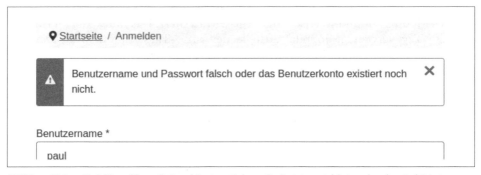

Abbildung 16-8: Die Fehlermeldung gibt Joomla! automatisch aus. Der Text stammt dabei aus dem derzeit aktivierten Sprachpaket.

Ihr Template muss irgendwo auf der Seite einen Platz für diese Systemmeldungen reservieren. Die entsprechende Stelle kennzeichnen Sie mit dem Platzhalter:

```
<jdoc:include type="message" />
```

Ihn ersetzt Joomla! durch die Warnung beziehungsweise die Fehlermeldung. Sofern kein Fehler auftrat, wird der Platzhalter einfach komplett ignoriert.

Warnung   Wenn Sie `<jdoc:include type="message" />` weglassen oder vergessen, gibt Joomla! auch keine Fehlermeldung aus. Ihre Besucher erfahren also beispielsweise nicht, dass ihr eingegebenes Passwort einen Tippfehler enthielt. Stellen Sie daher immer sicher, dass der Platzhalter in Ihrem Template auftaucht!

In den meisten Templates erscheinen die Systemmeldungen direkt über den Ausgaben der Komponente. Damit springen sie dem Besucher direkt ins Auge.

Deshalb folgt auch das Filmtoaster-Template dieser Konvention. Platzieren Sie den Platzhalter `<jdoc:include type="message" />` direkt über seinem Kollegen für die Komponenten. Das sieht dann aus wie in Beispiel 16-7.

Beispiel 16-7:   Die eingebetteten Meldungen

```
...
</nav>
<div>
   <!-- Bereich für die Komponenten -->
   <jdoc:include type="message" />
   <jdoc:include type="component" />
</div>
<aside>
...
```

Das war bereits alles: Tritt irgendein Fehler auf, gibt Joomla! zukünftig direkt über den Ausgaben der Komponente eine entsprechende Systemmeldung aus.

Name der Website einbauen

Damit Besucher sofort wissen, auf welchem Internetauftritt sie gelandet sind, sollte man immer auch den Namen der Website in großen Lettern einblenden. Dank eines passenden Platzhalters ist der schnell eingebaut. Im Filmtoaster-Template soll ganz oben auf der Webseite der Name des Internetauftritts erscheinen. Den liefert der Platzhalter:

```
<?php echo Factory::getApplication()->get('sitename'); ?>
```

Ihn ersetzt Joomla! durch den Namen der Webseite, den Sie im Backend im Menü *System → Konfiguration* auf der Registerkarte *Site* unter *Name der Website* vorgeben können. Den Platzhalter müssen Sie nur noch an der richtigen Stelle einsetzen:

```
...
<div>
   <!-- Bereich für den Namen der Website -->
   <h1><?php echo Factory::getApplication()->get('sitename'); ?></h1>
</div>
...
```

Hier im Filmtoaster-Beispiel erheben die `<h1>`-Tags den Namen außerdem zu einer Überschrift erster Ordnung.

Wie das php bereits oben andeutet, handelt es sich bei der Zeile nicht mehr um einen Platzhalter, sondern wieder um einen Befehl in der Skriptsprache PHP. Wenn Sie kein PHP beherrschen, können Sie die obige Zeile weiterhin als Platzhalter ansehen, der später ersetzt wird. Allerdings gibt es hier eine kleine Ergänzung: Um den Platzhalter nutzen zu können, müssen Sie ganz am Anfang der Datei noch folgende Zeilen einfügen:

```
<?php
use Joomla\CMS\Factory;
?>
```

Wenn dieses Gebilde fehlt, erhalten Sie später beim Aufruf Ihrer Website eine Fehlermeldung. Für PHP-Kenner: Joomla! 4 nutzt intensiv die sogenannten Namespaces. Die use-Anweisung sorgt dafür, dass sich Factory nutzen lässt.

Link zur Startseite

Klickt ein Besucher den Namen der Website an, soll er automatisch zurück zur Startseite gelangen. Dieses Verhalten ist im Internet üblich: Hat sich ein Besucher versehentlich verlaufen, kann er so immer wieder zum Ausgangspunkt zurückkehren. Damit das klappt, muss man zunächst den Namen der Website in einen (anklickbaren) Link verwandeln. Dazu kesselt man ihn mit den Tags <a> und </a> ein:

```
<h1><a><?php echo Factory::getApplication()->get('sitename'); ?></a></h1>
```

Wohin der Browser springen soll, verrät ihm das href-Attribut. In diesem Fall soll der Besucher wieder auf der Startseite landen:

```
<h1><a href="http://localhost/joomla"><?php echo Factory::getApplication()->
get('sitename'); ?></a></h1>
```

Damit könnten Sie das Template aber nur auf Ihrem eigenen Computer verwenden. Würden Sie später eine Seite auf einem Webserver einrichten, müssten Sie das Template mit dem Texteditor anpassen. Netterweise gibt es den Platzhalter <?php echo $this->baseurl; ?>, der die Internetadresse zur Startseite liefert. So verwandelt sich der Titel in die folgende kryptische Zeile:

```
<h1><a href="<?php echo $this->baseurl; ?>"><?php echo Factory::getApplication()->
get('sitename'); ?></a></h1>
```

Suchmaschinen sollte man noch explizit darauf hinweisen, dass dieser Link zurück zur Startseite führt. Das übernimmt ein zweites Attribut rel="home". Das komplette Gebilde sieht damit aus wie das in Beispiel 16-8:

Beispiel 16-8: Der eingebaute Name der Website

```
...
<div>
    <!-- Bereich für den Namen der Website -->
    <h1><a href="<?php echo $this->baseurl; ?>" rel="home"><?php echo Factory::
        getApplication()->get('sitename'); ?></a></h1>
</div>
...
```

Statische Bilder einbauen

Unter dem Namen der Website soll ein Foto erscheinen, das als Blickfang dient. Für die Filmtoaster-Seiten finden Sie auf unseren Download-Seiten im Ordner *Kapitel16* ein passendes Bild in der Datei *filmprojektor.png*. Alternativ verwenden Sie irgendein eigenes kleineres Foto.

In jedem Fall könnten Sie das Bild einfach in Ihr Arbeitsverzeichnis kopieren. In der Praxis hat es sich jedoch eingebürgert, alle Bilder und Fotos in einem weiteren Unterverzeichnis *images* zu sammeln. Da gleich noch viele weitere Dateien zum Template hinzukommen, bleibt so ganz nebenbei auch die Übersicht gewahrt. Erstellen Sie also in Ihrem Arbeitsverzeichnis ein weiteres Unterverzeichnis *images* und legen Sie dort das Foto ab.

Tipp   Achten Sie darauf, dass das Dateiformat Ihrer Bilder von jedem Browser erkannt und verarbeitet werden kann. Unproblematisch sind die Formate PNG, GIF und JPG.

Anschließend müssen Sie das Bild noch in die Internetseite einbinden. Das geschieht wiederum über ein passendes `<img>`-Tag:

```
<img src="images/filmprojektor.png" alt="Ein Filmprojektor" />
```

In diesem Fall erwartet der Browser das Bild in einer Datei namens *filmprojektor.png* im Unterverzeichnis *images*. Bei der Installation des Templates schiebt Joomla! diesen Ordner mitsamt dem enthaltenen Foto allerdings in das entsprechende Template-Verzeichnis. Damit das schicke Foto später dort gefunden wird, muss man die komplette Internetadresse zum Bild angeben. Diese setzt sich aus der Adresse zur Startseite (wie etwa *http://localhost/joomla*) und dem Verzeichnispfad zur Bilddatei zusammen:

```
<img src="http://localhost/joomla/templates/filmtoaster/images/filmprojektor.png"
alt="Ein Filmprojektor" />
```

$this->baseurl, Uri::root() und Uri::base()

Eine Internetadresse wie

```
http://localhost/joomla/index.php/filmkritiken
```

besteht aus mehreren Bestandteilen. Ganz vorne findet sich der Name des Webservers, im Beispiel *http://localhost*. Es folgt der Pfad zur Startseite */joomla*. Die restlichen Bestandteile */index.php/filmkritiken* führen schließlich zur gewünschten Seite.

Die Platzhalter `<?php echo Uri::base(); ?>` und `<?php echo Uri::root(); ?>` ersetzt Joomla! jeweils durch den Domainnamen und den Pfad zur Startseite. Im obigen Beispiel erhalten Sie folglich die Internetadresse *http://localhost/joomla*.

Wenn Sie in den runden Klammern ein `true` einfügen, also beispielsweise `<?php echo Uri::base(true); ?>` schreiben, ersetzt Joomla den Platzhalter nur noch durch den (relativen) Pfad zur Startseite. Im Beispiel erhalten Sie folglich */joomla*. Genau dieses Ergebnis liefert auch `<?php echo $this->baseurl; ?>`.

Das `<img>`-Tag:

```
<img src="<?php echo $this->baseurl; ?>/templates/filmtoaster/images/
filmprojektor.png" alt="Teaser-Bild" />
```

würde nach der Ersetzung folglich so aussehen:

```
<img src="/joomla/templates/filmtoaster/images/filmprojektor.png" alt="Ein
Filmprojektor" />
```

Der Browser nimmt jetzt an, dass die Datei auf demselben Webserver liegt wie Joomla!, ergänzt selbst den entsprechenden Domainnamen (im Beispiel *http://localhost*) und hat somit wieder die Internetadresse, unter der er das Bild abrufen kann.

Wenn Sie ein Template für das Backend entwickeln, müssen Sie noch einen Unterschied zwischen `Uri::base();` und `Uri::root();` beachten: Der Platzhalter `<?php echo Uri::base(); ?>` liefert dort den Pfad mit einem angehängten */administrator*. Im Beispiel würde Joomla! folglich den Platzhalter ersetzen zu: *http://localhost/joomla/administrator*.

Welchen der Platzhalter Sie verwenden, bleibt Ihnen überlassen beziehungsweise hängt von der entsprechenden Situation ab. Zusammengefasst, lässt sich sagen: Es gibt mehrere Platzhalter, die die Internetadresse zur Startseite liefern.

Unter *templates* sammelt Joomla! alle Templates. Darin liegt später das Filmtoaster-Template im Unterverzeichnis *filmtoaster*, in dem wiederum im Ordner *images* das Foto *filmprojektor.png* anzutreffen ist (siehe auch den Abschnitt »Das Template-Verzeichnis« auf Seite 602).

Die Adresse *http://localhost/joomla* existiert allerdings nur, wenn Sie der Installationsanleitung aus Kapitel 2, *Installation*, gefolgt sind. Wollen Sie Ihr Template auch in einer anderen Joomla!-Installation nutzen, müssten Sie alle zum Template gehörenden Dateien durchgehen und darin die (Verzeichnis-)Namen anpassen. Abhilfe schafft der Platzhalter `<?php echo Uri::root(); ?>`, der später automatisch durch die Internetadresse zur Startseite ersetzt wird. Damit verwandelt sich die Pfadangabe in folgendes Gebilde:

```
<img src="<?php echo Uri::root(); ?>/templates/filmtoaster/images/filmprojektor.
png" alt="Ein Filmprojektor" />
```

Bei diesem Platzhalter handelt es sich wieder um einen PHP-Befehl. Um ihn nutzen zu können, müssen Sie am Anfang Ihrer Datei zwischen `<?php` und `?>` zusätzlich die Zeile `use Joomla\CMS\Uri\Uri;` hinterlegen. Dort sollte es dann so aussehen:

```
<?php
use Joomla\CMS\Factory;
use Joomla\CMS\Uri\Uri;
?>
```

Wenn Sie nachträglich den Namen Ihres Templates ändern, müssen Sie im `<img>`-Tag den Verzeichnisnamen *filmtoaster* anpassen. Netterweise gibt auch hier wieder einen Platzhalter: `<?php echo $this->template ?>` wird später durch den Template-Namen ersetzt. Damit sieht das komplette `<img>`-Tag so aus:

```
    <img src="<?php echo Uri::root(); ?>/templates/<?php echo $this->template; ?>/
        images/filmprojektor.png" alt="Ein Filmprojektor" />
```

Dieses `<img>`-Tag setzen Sie jetzt an der dafür vorgesehenen Stelle ein, wie es Beispiel 16-9 für das Filmtoaster-Template demonstriert.

Beispiel 16-9:   Das ins Template eingebaute Foto

```
...
<div>
    <!-- Bereich für das Foto -->
    <img src="<?php echo Uri::root(); ?>/templates/<?php echo $this->template; ?>/
            images/filmprojektor.png" alt="Ein Filmprojektor" />
</div>
...
```

Tipp Um Wartung und Weitergabe zu vereinfachen, sollten Sie die Verzeichnisnamen in Ihrem Template niemals »fest verdrahten«, sondern möglichst immer aus den oben vorgestellten Platzhaltern zusammensetzen.

Die fertige Datei index.php

In den vorhergehenden Abschnitten fanden spezielle Platzhalter ihren Weg in die Internetseite. Da es nun keine reine HTML-Datei mehr ist, geben Sie ihr den von Joomla! gewünschten Dateinamen *index.php*.

Abschließend sollten Sie noch sicherstellen, dass nur Joomla! den Inhalt dieser Datei auswerten darf. Dafür ergänzen Sie direkt nach dem `<?php` diese Zeile:

```
defined('_JEXEC') or die;
```

Versucht nun jemand – wie beispielsweise ein Angreifer – das Template direkt in seinem Browser zu öffnen, blockiert Joomla! das. Damit bleibt fremden Besuchern der Einblick in den Aufbau Ihres Templates verwehrt. Die gesamte Datei *index.php* für das Filmtoaster-Template sehen Sie noch einmal in Beispiel 16-10.

Beispiel 16-10:   Die erste Version des Filmtoaster-Templates

```
<?php
defined('_JEXEC') or die;
use Joomla\CMS\Factory;
use Joomla\CMS\Uri\Uri;
?>
<!DOCTYPE html>
<html lang="<?php echo $this->language; ?>" dir="<?php echo $this->direction; ?>">
<head>
    <jdoc:include type="head" />
</head>
<body>
    <div>
        <!-- Bereich für den Namen der Website -->
        <h1><a href="<?php echo $this->baseurl; ?>" rel="home"><?php echo Factory::
            getApplication()->get('sitename'); ?></a></h1>
    </div>
```

Beispiel 16-10: Die erste Version des Filmtoaster-Templates *(Fortsetzung)*

```
<div>
    <!-- Bereich für das Foto -->
    <img src="<?php echo Uri::root(); ?>/templates/<?php echo $this->template; ?>/
        images/filmprojektor.png" alt="Ein Filmprojektor" />
</div>
<nav>
    <!-- Bereich für das Hauptmenü -->
    <jdoc:include type="modules" name="menu" style="html5" />
</nav>
<div>
    <!-- Bereich für die Komponenten -->
    <jdoc:include type="message" />
    <jdoc:include type="component" />
</div>
<aside>
    <!-- Bereich für die Module -->
    <jdoc:include type="modules" name="sidebar-right" style="html5" />
</aside>
<footer>&copy; 2022 Filmtoaster</footer>
</body>
</html>
```

Damit wären bereits zwei von Joomla!s Forderungen erfüllt: Es existiert die zentrale Datei *index.php*, und das Bild liegt vorschriftsmäßig im Unterverzeichnis *images*.

Eigene Fehlerseite gestalten

Sollte Joomla! aus irgendeinem Grund einen Betrag nicht finden können oder ein anderer schwerwiegender Fehler auftreten, sieht der Besucher die Meldung aus Abbildung 16-9.

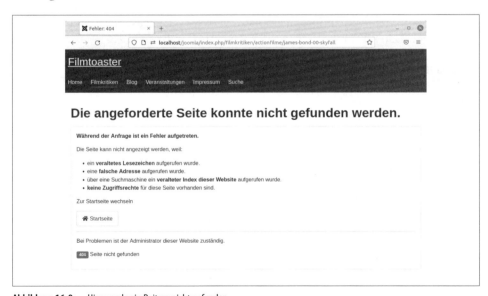

Abbildung 16-9: Hier wurde ein Beitrag nicht gefunden.

Das Aussehen dieser Fehlerseite können Sie in Ihrem Template selbst bestimmen. Dazu erstellen Sie in Ihrem Arbeitsverzeichnis die Textdatei *error.php*. Wann immer ein Fehler auftritt, zeigt Joomla! die Webseite aus dieser Datei an. Sie ist wie die *index.php* eine HTML-Datei und mit ein paar Joomla!-eigenen Platzhaltern gewürzt. Eine extrem einfache Fassung sehen Sie in Beispiel 16-11.

Beispiel 16-11: Beispiel für eine extrem einfache error.php

```
<?php
defined('_JEXEC') or die;
use Joomla\CMS\Factory;
?>
<!DOCTYPE html>
<html lang="<?php echo $this->language; ?>" dir="<?php echo $this->direction; ?>">
<head>
    <jdoc:include type="head" />
</head>
<body>
<body>
    <div>
        <!-- Name der Website -->
        <h1><a href="<?php echo $this->baseurl; ?>/" rel="home"><?php echo Factory::
                    getApplication()->get('sitename'); ?></a></h1>
    </div>
    <nav>
        <!-- Bereich für das Hauptmenü -->
        <jdoc:include type="modules" name="menu" style="html5" />
    </nav>
    <div>
        <!-- Fehlermeldung -->
        <p>Folgender Fehler ist aufgetreten:</p>
        <p>Nummer: <?php echo $this->error->getCode(); ?> </p>
        <p>Grund: <?php echo $this->error->getMessage(); ?> </p>
        <p><a href="<?php echo $this->baseurl; ?>/index.php">Zurück zur Startseite</a></p>
    </div>
    <footer>&copy; 2022 Filmtoaster</footer>
</body>
</html>
```

Ganz oben auf der Seite erscheint zunächst wieder der Name der Website, darunter das Hauptmenü. Damit können Besucher später schnell wieder auf eine existierende Seite zurückwechseln.

Die folgenden Zeilen geben eine Fehlermeldung aus. Den Platzhalter `<?php echo $this->error->getCode(); ?>` ersetzt Joomla! dabei durch die interne Fehlernummer. Ein nicht gefundener Beitrag trägt beispielsweise immer die Nummer *404*. Eine etwas aussagekräftigere Beschreibung liefert `<?php echo $this->error->getMessage(); ?>`. Abschließend bietet Beispiel 16-11 dem Besucher noch die Möglichkeit, über einen Link wieder direkt zur Startseite zu springen. Den Platzhalter `<?php echo $this->baseurl; ?>` kennen Sie schon aus den vorherigen Abschnitten.

In Abbildung 16-9 sehen Sie noch zahlreiche weitere Meldungen und insbesondere einige Hinweise auf mögliche Fehlerquellen. Diese Texte könnten Sie jetzt einfach abtippen. Damit würden jedoch auch in einem englischsprachigen Internetauftritt alle Hinweise immer in Deutsch erscheinen. Joomla! bietet deshalb für die Texte aus Abbildung 16-9 passende Platzhalter an. Welcher Platzhalter durch welchen Text ersetzt wird, bestimmt das gerade aktive Sprachpaket. Tabelle 16-1 zeigt beispielhaft, welche Platzhalter das deutsche Sprachpaket in welche Hinweistexte eintauscht. Wenn Sie die Platzhalter nutzen, übersetzt Joomla! folglich die Texte bei Bedarf automatisch in eine andere Sprache. Die von `<?php echo $this->error->getMessage(); ?>` gelieferte Fehlermeldung erscheint ebenfalls immer automatisch in der richtigen Sprache.

Tabelle 16-1: Hinweistexte für die Fehlerseite

Platzhalter	Text mit deutschem Sprachpaket
`<?php echo Text::_('JERROR_LAYOUT_NOT_ABLE_TO_VISIT'); ?>`	Die Seite kann nicht angezeigt werden, weil:
`<?php echo Text::_('JERROR_LAYOUT_PAGE_NOT_FOUND'); ?>`	Die angeforderte Seite konnte nicht gefunden werden.
`<?php echo Text::_('JERROR_LAYOUT_AN_OUT_OF_DATE_BOOKMARK_FAVOURITE'); ?>`	ein veraltetes Lesezeichen aufgerufen wurde.
`<?php echo Text::_('JERROR_LAYOUT_SEARCH_ENGINE_OUT_OF_DATE_LISTING'); ?>`	über eine Suchmaschine ein veralteter Index dieser Website aufgerufen wurde.
`<?php echo Text::_('JERROR_LAYOUT_MIS_TYPED_ADDRESS'); ?>`	eine falsche Adresse aufgerufen wurde.
`<?php echo Text::_('JERROR_LAYOUT_YOU_HAVE_NO_ACCESS_TO_THIS_PAGE'); ?>`	keine Zugriffsrechte für diese Seite vorhanden sind.
`<?php echo Text::_('JERROR_LAYOUT_REQUESTED_RESOURCE_WAS_NOT_FOUND'); ?>`	Die angefragte Quelle wurde nicht gefunden!
`<?php echo Text::_('JERROR_LAYOUT_ERROR_HAS_OCCURRED_WHILE_PROCESSING_YOUR_REQUEST'); ?>`	Während der Anfrage ist ein Fehler aufgetreten!
`<?php echo Text::_('JERROR_LAYOUT_PLEASE_TRY_ONE_OF_THE_FOLLOWING_PAGES'); ?>`	Bitte eine der folgenden Seiten ausprobieren:
`<?php echo Text::_('JERROR_LAYOUT_GO_TO_THE_HOME_PAGE'); ?>`	Zur Startseite wechseln
`<?php echo Text::_('JERROR_LAYOUT_HOME_PAGE'); ?>`	Startseite
`<?php echo Text::_('JERROR_LAYOUT_PLEASE_CONTACT_THE_SYSTEM_ADMINISTRATOR'); ?>`	Bei Problemen ist der Administrator dieser Website zuständig.

Wenn Sie die Platzhalter aus Tabelle 16-1 nutzen möchten, müssen Sie zu Beginn Ihrer Datei hinter `<?php defined('_JEXEC') or die;` noch die Zeile `use Joomla\CMS\Language\Text;` ergänzen. Der Anfang der Datei sieht damit wie folgt aus:

```
<?php
defined('_JEXEC') or die;
use Joomla\CMS\Factory;
use Joomla\CMS\Language\Text;
?>
```

Damit jeder Besucher die Fehlermeldungen versteht, sollten Sie folglich die in Beispiel 16-11 hervorgehobenen Zeilen durch die aus Beispiel 16-12 ersetzen.

Beispiel 16-12: Die verbesserten Fehlermeldungen in der Datei error.php

```
...
<div>
    <!-- Fehlermeldung -->
    <h2><?php echo $this->error->getCode(); ?> - <?php echo $this->error->getMessage(); ?></h2>
    <p><strong><?php echo Text::_('JERROR_LAYOUT_NOT_ABLE_TO_VISIT'); ?></strong></p>
    <ul>
        <li><?php echo Text::_('JERROR_LAYOUT_AN_OUT_OF_DATE_BOOKMARK_FAVOURITE'); ?></li>
        <li><?php echo Text::_('JERROR_LAYOUT_SEARCH_ENGINE_OUT_OF_DATE_LISTING'); ?></li>
        <li><?php echo Text::_('JERROR_LAYOUT_MIS_TYPED_ADDRESS'); ?></li>
        <li><?php echo Text::_('JERROR_LAYOUT_YOU_HAVE_NO_ACCESS_TO_THIS_PAGE'); ?></li>
        <li><?php echo Text::_('JERROR_LAYOUT_REQUESTED_RESOURCE_WAS_NOT_FOUND'); ?></li>
        <li><?php echo Text::_('JERROR_LAYOUT_ERROR_HAS_OCCURRED_WHILE_PROCESSING_YOUR_
                        REQUEST'); ?></li>
    </ul>
    <p><strong><?php echo Text::_('JERROR_LAYOUT_PLEASE_TRY_ONE_OF_THE_FOLLOWING_PAGES'); ?>
                        </strong></p>
    <ul>
        <li><a href="<?php echo $this->baseurl; ?>/index.php" title="<?php echo Text::_('JERROR_
LAYOUT_GO_TO_THE_HOME_PAGE'); ?>"><?php echo Text::_('JERROR_LAYOUT_HOME_PAGE'); ?></a></li>
    </ul>
    <p><?php echo Text::_('JERROR_LAYOUT_PLEASE_CONTACT_THE_SYSTEM_ADMINISTRATOR'); ?></p>
</div>
...
```

Die Tags <ul> ... </ul> erzeugen eine Aufzählung, die einzelnen Aufzählungspunkte kesseln <li> und </li> ein. Das damit erzielte vorläufig noch etwas karge Ergebnis zeigt Abbildung 16-10. Es lässt sich aber mit den Cascading Style Sheets passend aufhübschen.

Abbildung 16-10: Die individuelle Fehlermeldung.

Die Datei templateDetails.xml

Als Nächstes muss Joomla! irgendwie mitgeteilt werden, wie das Template heißt, wer der Autor ist und welche Dateien beteiligt sind. Alle diese Angaben sammelt die Textdatei *templateDetails.xml*. Grundsätzlich hat sie den Aufbau aus Beispiel 16-13, der dort schon mit den passenden Beispielwerten für das Filmtoaster-Template gefüllt wurde.

Beispiel 16-13: Der Inhalt der Datei templateDetails.xml

```xml
<?xml version="1.0" encoding="utf-8"?>
<extension type="template" client="site">

    <!-- Ein paar allgemeine Informationen über das Template: -->
    <name>filmtoaster</name>
    <creationDate>23.01.2022</creationDate>
    <author>Tim Schürmann</author>
    <authorEmail>info@tim-schuermann.de</authorEmail>
    <authorUrl>http://www.tim-schuermann.de</authorUrl>
    <copyright>Copyright (C) 2022 Tim Schürmann, alle Rechte vorbehalten.</copyright>
    <license>GNU GPL</license>
    <version>0.1</version>
    <description>Hier steht eine Beschreibung des Templates</description>

    <!-- Alle Dateien und Verzeichnisse des Templates: -->
    <files>
        <folder>images</folder>
        <filename>index.php</filename>
        <filename>error.php</filename>
        <filename>templateDetails.xml</filename>
    </files>

    <!-- Die Modulpositionen, die das Template anbietet: -->
    <positions>
        <position>menu</position>
        <position>sidebar-right</position>
    </positions>
</extension>
```

Joomla! verwendet erneut eigene Tags im HTML-Stil, die gemäß ihrem Namen auszufüllen sind.

Tipp Genau genommen handelt es sich hierbei um eine XML-Datei. Diese Auszeichnungssprache erlaubt die Definition von eigenen Tags im Stil von HTML. Weiterführende Informationen finden Sie unter *https://www.w3.org/XML/* oder in vielen Büchern zu diesem Thema. Um Templates zu schreiben, muss man die Sprache aber nicht beherrschen.

Zwischen die Tags fügen Sie Ihre Template-Informationen ein. Am einfachsten ist es, eine bestehende Datei zu kopieren und sie dann den eigenen Bedürfnissen anzupassen. Dabei erscheinen alle Angaben vor `<files>` später als Information im Backend in der Liste hinter *System → Site Templates*.

Die erste Zeile

```
<?xml version="1.0" encoding="utf-8"?>
```

ist rein technischer Natur und muss so immer vorhanden sein. XML-Kenner werden die Zeilen wiedererkennen, alle anderen können sie einfach gedankenlos übernehmen.

Die nächste Zeile

```
<extension type="template" client="site">
```

sagt Joomla!, dass es sich hierbei um ein Template (`type="template"`) für Joomla! handelt, das das Aussehen der Website (`client="site"`) verändert. Der Name des Templates gehört zwischen die `<name>`-Tags. Im Beispiel lautet der Template-Name filmtoaster.

Warnung Den hier vergebenen Template-Namen zieht Joomla! zur Erstellung des zugehörigen Template-Verzeichnisses heran. Sofern das Content-Management-System den hier stehenden Begriff nicht direkt als Verzeichnisnamen verwenden kann, bastelt es sich kurzerhand aus den bestehenden Angaben einen eigenen. Aus diesem Grund sollten Sie dem Template immer den gleichen Namen verpassen wie dem Verzeichnis, in dem es später residiert.

Alle folgenden Angaben sind Zusatzinformationen:

`<creationDate>23.01.2022</creationDate>`
Das Erstellungsdatum des Templates. Es bleibt Ihnen überlassen, welches Datumsformat Sie verwenden. So wäre hier beispielsweise auch Jan/23/2022 oder 23-01-2022 möglich.

`<author>Tim Schürmann</author>`
Der Autor beziehungsweise Ersteller des Templates.

`<authorEmail>info@tim-schuermann.de</authorEmail>`
Die E-Mail-Adresse des Autors. Auf diesem Weg können die späteren Anwender bei Problemen, Fragen oder Anregungen mit Ihnen in Kontakt treten.

`<authorUrl>http://www.tim-schuermann.de</authorUrl>`
Die Internetadresse des Autors.

`<copyright>Copyright (C) 2022 Tim Schürmann, alle Rechte vorbehalten.</copyright>`
Informationen zum Urheberrecht.

`<license>GNU GPL</license>`
Die Lizenz, unter der das Template verbreitet werden darf. In diesem Fall wurde die freie GNU General Public License gewählt (*https://www.gnu.org/licenses/*). Genauso wäre aber natürlich auch eine kommerzielle Lizenz denkbar.

`<version>0.1</version>`
Die Versionsnummer des Templates. Wie schon beim Datum gibt es auch hier keine feste Vorschrift für ihren Aufbau. Dennoch sollten Sie sich an den übli-

chen Standard halten und wie im Beispiel durch Punkte getrennte Zahlen verwenden.

`<description>Hier steht eine Beschreibung des Templates</description>`
Eine Beschreibung des Templates. Sie soll anderen Joomla!-Betreibern das Template kurz vorstellen und auf mögliche Einsatzbereiche hinweisen.

Der folgende Bereich zwischen `<files>` und `</files>` führt alle Dateien auf, die zum Template gehören. Jeder Dateiname wird dabei noch einmal von den Tags `<file name>` und `</filename>` eingekesselt:

```
<filename>index.php</filename>
<filename>error.php</filename>
<filename>templateDetails.xml</filename>
```

Um sich bei vielen Dateien und Unterverzeichnissen nicht die Finger wund zu tippen, kann man auch einfach ganze Verzeichnisse einschließen:

```
<folder>images</folder>
```

Hiermit würden automatisch alle Dateien und Unterverzeichnisse im Ordner *images* zum Template gehören.

Wenn Sie später ein Paket für die Weitergabe des Templates geschnürt haben, greift Joomla! auf diese Informationen bei der Installation zurück. Nur die Dateien und Verzeichnisse, die zwischen `<files>` und `</files>` in der Datei *templateDetails.xml* vermerkt wurden, kopiert Joomla! später in das zugehörige Template-Verzeichnis auf dem Webserver. Damit dort keine zerstückelte Designvorlage landet, sollten Sie immer besonders gut darauf achten, dass hier restlos alle zum Template gehörenden Dateien und Verzeichnisse aufgelistet sind.

Im unteren Teil der Datei stehen zwischen `<positions>` und `</positions>` noch einmal die Namen aller Modulpositionen, die das Template anbietet. Jeder Name wird dabei von `<position>` und `</position>` eingerahmt:

```
<positions>
    <position>menu</position>
    <position>sidebar-right</position>
</positions>
```

Für die Filmtoaster-Seiten speichern Sie jetzt Beispiel 16-13 unter dem Dateinamen *templateDetails.xml* in Ihrem Arbeitsverzeichnis. Achten Sie dabei auf die Groß- und Kleinschreibung im Dateinamen.

Template-Paket erstellen und Testlauf in Joomla!

Damit sind bereits die Minimalvoraussetzungen an ein Template erfüllt. Verpacken Sie den Inhalt Ihres Arbeitsverzeichnisses in ein ZIP-Archiv. Rufen Sie dann im Backend von Joomla! den Menüpunkt *System* auf und wechseln Sie im Bereich *Installieren* zu den *Erweiterungen*. Klicken Sie auf der Registerkarte *Paketdatei hochladen* auf *Oder eine Datei auswählen* und wählen Sie das gerade zuvor erzeugte ZIP-Archiv.

Joomla! öffnet jetzt die ZIP-Datei und schaut, welche Zeichenkette zwischen den <name>-Tags steht. Diese Information verwendet es, um im Unterverzeichnis *templates* der Joomla!-Installation ein Verzeichnis mit diesem Namen anzulegen. Dort hinein kopiert es alle Dateien und Verzeichnisse, die zwischen <files> und </files> im unteren Teil der Datei *templateDetails.xml* angemeldet sind.

Falls Sie dabei eine Fehlermeldung erhalten, prüfen Sie noch einmal die exakte Schreibweise der einzelnen Dateien und des Verzeichnisses sowie den Inhalt der Datei *templateDetails.xml* auf Tippfehler.

Warnung Tippfehler sind die am häufigsten vorkommenden Probleme bei der Template-Entwicklung. Meist überliest man sie unbewusst. Achten Sie daher vor allem auf fehlende Buchstaben oder Buchstabendreher.

Hat alles geklappt, taucht das neue Filmtoaster-Template im Menü *System → Site Templates* auf. Hinter *System → Site Template Stile* hat Joomla! sogar schon einen passenden Stil namens *filmtoaster → Standard* angelegt (wie Abbildung 16-11 zeigt).

	Stil ≑	Vorschau	Standard ≑	Seiten	Template ▲	ID ≑
☐	Cassiopeia - Default	⌀	★	Standard für alle Seiten	Cassiopeia	11
☐	filmtoaster - Standard	⌀	☆	Nicht zugewiesen	Filmtoaster	12

Abbildung 16-11: Das selbst erstellte Template hat nach der Installation einen eigenen Stil.

Machen Sie den Stil zum Standardstil (etwa indem Sie das Kästchen des Stils *filmtoaster – Standard* markieren und dann auf *Standard* klicken). Im Frontend erstrahlt dann die eigene Website im selbst gestrickten und derzeit noch etwas minimalistischen neuen Template (siehe Abbildung 16-12).

Alle Bestandteile der Seite werden derzeit untereinandergesetzt. Dieses Ergebnis war allerdings zu erwarten – schließlich haben die <div>-Tags zunächst keine optischen Auswirkungen. Folglich bleiben im Browser die aneinandergereihten Joomla!-Inhalte übrig.

Deinstallieren Sie jetzt wieder das Filmtoaster-Template. Dazu rufen Sie im Backend *System → Site Template Stile* auf, kreuzen einen beliebigen anderen Stil an (wie etwa *Cassiopeia – Default*) und klicken dann auf *Standard*. Anschließend rufen Sie *System* und dann unter *Verwalten* den Punkt *Erweiterungen* auf. Öffnen Sie die *Filter-Optionen* und stellen Sie dann unter *– Typ wählen –* den Punkt *Template* ein, setzen Sie einen Haken in das Kästchen vor *filmtoaster* und klicken Sie auf *Deinstallieren*. Wenden Sie sich jetzt wieder Ihrem Arbeitsverzeichnis zu.

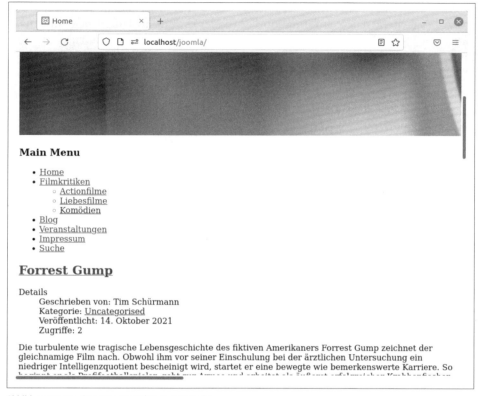

Abbildung 16-12: Das eigene Template in der Vorschau.

 Tipp Das wiederholte Installieren und Deinstallieren ist leider während der Template-Entwicklung immer mal wieder notwendig: Aufgrund des zugrunde liegenden Installationsmechanismus kann man Änderungen häufig nicht mehr direkt im installierten Template vornehmen.

Damit steht das Grundgerüst des Templates. In einigen seltenen Fällen kann es jedoch notwendig sein, in die Ausgaben der Module und Komponenten einzugreifen – etwa wenn Sie im Template dem Modul mit den beliebtesten Beiträgen eine ganz bestimmte Optik aufzwingen möchten. Dabei helfen die in den folgenden Abschnitten vorgestellten Techniken *Template Overrides* und *Module Chrome*.

Template Overrides

Bislang gaben die platzierten Komponenten und Module aus, was sie wollten. Die Module für die Menüs und die beliebtesten Beiträge liefern ihre Texte beispielsweise immer in einer Liste (<ul>). Sie konnten nur diese komplette Liste mit weiteren Tags umschließen – mit anderen Worten: das Bett zimmern, in das die jeweilige Liste fällt. Insbesondere schlampig programmierte Module und Komponenten aus dem Internet pressen ihre Inhalte schon mal eigenmächtig in Tabellen oder stellen mitunter sogar das gesamte Layout auf den Kopf.

Was die Komponenten und Module so produzieren, enthüllt wieder einmal die Quelltextansicht Ihres Browsers. Der HTML-Schnipsel aus Beispiel 16-14 zeigt die (der Übersicht halber gekürzten) Ausgaben des Moduls für die beliebtesten Beiträge:

Beispiel 16-14:   Ausschnitt aus einer Ausgabe des Moduls für die beliebtesten Beiträge

```
<div class="moduletable" >
   <h3>Beliebteste Kritiken</h3>
   <ul class="mostread">
      <li>
         <a href="/joomla/index.php/filmkritiken/actionfilme/james-bond-007-skyfall">
         <span>James Bond 007: Skyfall</span></a>
      </li>
      <li>
         <a href="/joomla/index.php/filmkritiken/komoedien/toy-story">
         <span>Toy Story</span></a>
      </li>
   </ul>
</div>
```

Mithilfe des Attributs `class` – etwa `class="mostread"` – lassen sich die einzelnen Elemente über Stylesheets hübsch formatieren; die Liste selbst wird man darüber jedoch nicht los.

In die Ausgaben der Module eingreifen

Glücklicherweise dürfen Templates Einfluss auf die Ausgabe von Komponenten und Modulen nehmen. Um die dahinterstehenden Mechanismen besser verstehen zu können, ist zunächst ein kleiner Ausflug in das Joomla!-Installationsverzeichnis notwendig.

Warnung   Da es gleich ans Eingemachte geht, benötigen Sie gute Kenntnisse in der HTML- und PHP-Programmierung. Ohne entsprechendes Wissen sollten Sie die Ausgaben der Module und Komponenten besser unangetastet lassen.

Wechseln Sie in den Unterordner *modules/mod_articles_popular* Ihrer Joomla!-Installation. In diesem Verzeichnis residiert das Modul *mod_articles_popular*, das die beliebtesten Beiträge einsammelt und anzeigt.

Tipp   *mod_articles_popular* ist der interne Name des Moduls. Leider nutzt Joomla! ihn nur unter der Haube. Sie müssen also ein wenig raten, in welchem Verzeichnis welches Modul liegt. Da jedoch durchweg auf kryptische Bezeichnungen verzichtet wurde, sollte sich der korrekte Ordner im *modules*-Verzeichnis schnell aufspüren lassen.

Wann immer das Modul irgendwelche Inhalte ausgeben muss, zieht es die Dateien im Unterverzeichnis *tmpl* zurate. Im Fall des Moduls für die beliebtesten Beiträge finden Sie darin nur eine einzige Datei namens *default.php*. Die in dieser Datei gespeicherten Anweisungen sagen dem Modul ganz detailliert, wie es seine Daten zu formatieren hat. Öffnen Sie die Datei *default.php* in einem Texteditor, und voilà – Sie haben die bekannte Liste aus Beispiel 16-14 vor sich.

 Tipp   Mit anderen Worten: Die Datei *default.php* ist nichts anderes als eine Art »Template für die Modulausgaben« – nicht umsonst steht der Verzeichnisname *tmpl* als Abkürzung für »Template«.

Die immer wieder eingestreuten <?php ... ?>-Tags weisen dezent darauf hin, dass die Datei *default.php* eine Mischung aus HTML- und PHP-Befehlen enthält. Letztere regeln, wie die darzustellenden Inhalte – hier etwa die beliebtesten Beiträge – in den HTML-Rest einzubetten sind.

In dieses Kauderwelsch könnten Sie nun direkt eingreifen und beispielsweise alle Listen-Tags gegen <div>-Elemente austauschen. Dieses rabiate Vorgehen hat allerdings zwei gravierende Nachteile: Zum einen verändern Sie damit direkt Joomla!-eigenen Code, der mit dem nächsten Versions-Update wieder überschrieben würde. Zum anderen laufen Sie Gefahr, das Modul unbrauchbar zu machen – ein kleiner Tippfehler genügt, und schon gibt das Modul auf der Website nur noch Müll aus.

Glücklicherweise gibt es einen trickreichen Ausweg: Das (Filmtoaster-)Template wird kurzerhand mit einer eigenen Version der *default.php* ausgestattet. Dazu erstellen Sie im Arbeitsverzeichnis Ihres Templates einen Ordner namens *html*. Darin legen Sie ein weiteres Unterverzeichnis an, das genauso heißt wie das Modul – im Beispiel also *mod_articles_popular*. Dort hinein kopieren Sie die originale *default.php*-Datei (also die aus dem Unterverzeichnis *modules/mod_articles_popular/tmpl*).

Diese Kopie können Sie jetzt in Ihrem Template-Verzeichnis nach Herzenslust anpassen und beispielsweise die Listen-Tags gegen <div>-Pendants austauschen.

Später sucht das Modul für die beliebtesten Beiträge immer zuerst im Unterverzeichnis *html* des aktuellen Templates nach einem Unterverzeichnis *mod_articles_popular*. Wird es fündig, verwendet es die darin abgelegte Datei *default.php* zur Formatierung seiner Inhalte. Andernfalls nimmt es die Datei aus seinem eigenen Ordner. Das Template überschreibt folglich mit seiner eigenen Fassung der *default.php* die originale *default.php* des Moduls – daher rührt auch die Bezeichnung *Template Overrides* für dieses Konzept.

Sollte einmal etwas schiefgehen, deaktivieren Sie entweder kurzzeitig das Template im Backend, oder Sie löschen die verkorkste *default.php* aus Ihrem Template.

Abschließend müssen Sie das Verzeichnis *html* noch in Ihrer Datei *templateDetails.xml* anmelden:

```
<files>
...
<folder>html</folder>
...
</files>
```

Jetzt können Sie den Inhalt Ihres Arbeitsverzeichnisses wieder in ein ZIP-Archiv verpacken und das so entstandene Template-Paket in Joomla! wie gewohnt einspielen.

Nach dem gleichen Schema bearbeiten Sie selbstverständlich auch alle anderen Module: Erstellen Sie im Verzeichnis *html* einen weiteren Ordner mit dem Namen des Moduls und kopieren Sie dann dessen *tmpl*-Dateien dort hinein.

Es gibt grundsätzlich immer nur eine *default.php*, der allerdings bei einigen Modulen noch ein paar weitere Dateien zur Seite stehen. Ein Beispiel wäre *mod_articles_news*, das sich um die Ausgabe der letzten Beiträge kümmert. Es benötigt neben der *default.php* noch die *_item.php*, die *horizontal.php* (diese kümmert sich um eine horizontale Anordnung der Meldungen) und die *vertical.php* (falls eine vertikale Anordnung der Meldungen gewünscht ist). Diese zusätzlichen Dateien müssen Sie folglich ebenfalls kopieren und entsprechend anpassen.

In die Ausgaben der Komponenten eingreifen

Die Ausgaben der Komponenten lassen sich nach dem gleichen Prinzip überschreiben. Dort gibt es allerdings eine kleine Besonderheit zu beachten:

Wie Sie aus den vorangegangenen Kapiteln wissen, stellt Joomla! die Beiträge je nach Situation unterschiedlich dar. Auf der Startseite gibt es beispielsweise nur eine kurze Einleitung, und erst bei einem Klick auf *Weiterlesen* erscheint der Beitrag in seiner ganzen Pracht. Für die Darstellung der Beiträge ist im Hintergrund die Komponente mit dem (internen) Namen *com_content* zuständig. Abhängig von der aktuellen Situation muss sie den Text entsprechend formatieren und aufbereiten. Mit anderen Worten: *com_content* bietet verschiedene Ansichten auf den Text. Insgesamt kennt die Komponente fünf verschiedene solcher Ansichten: für die Darstellung der Hauptbeiträge (*Featured Articles*), für alle archivierten Beiträge, für die Übersichtsseite einer Kategorie, für die Liste mit allen Kategorien und schließlich noch für die einzelnen Beiträge.

Tipp Das sind genau die Ansichten, für die Sie auch einen Menüpunkt anlegen können.

Damit nun die Komponente *com_content* jeden Beitrag mit den von Ihnen veränderten HTML-Tags ausspuckt, muss das Template die entsprechende Darstellung überschreiben.

Dazu wechseln Sie zunächst in das Verzeichnis *components/com_content* Ihrer Joomla!-Installation. Dies ist die Heimat der Komponente *com_content*. Dort geht es direkt weiter in das bekannte Unterverzeichnis *tmpl*, das wiederum für jede von der Komponente bereitgestellte Ansicht genau ein Verzeichnis enthält. Die Darstellung eines Beitrags bestimmen beispielsweise die Dateien im Ordner *article*. Seinen Inhalt müssen Sie jetzt wieder in Ihr Template kopieren – allerdings in einen ganz bestimmten Zielordner.

Wechseln Sie dazu in Ihrem Arbeitsverzeichnis in den Ordner *html* und erstellen Sie dort ein weiteres Unterverzeichnis für die Komponente – in diesem Fall mit dem

Namen *com_content*. Darin erzeugen Sie nun für jede Ansicht, deren Darstellung Sie überschreiben wollen, einen weiteren Ordner. Im Beispiel soll die Darstellung eines Beitrags geändert werden. Die zuständige Ansicht lag im Verzeichnis *article*, folglich muss hier der neue Ordner ebenfalls den Namen *article* erhalten. In ihn kopieren Sie jetzt wiederum die Dateien.

Zusammengefasst, müssen Sie im Beispiel also alle Dateien aus dem Joomla!-Verzeichnis

/components/com_content/tmpl/article

in den Ordner

html/com_content/article

Ihres Arbeitsverzeichnisses kopieren. Dort angekommen, dürfen Sie die Dateien wieder nach Herzenslust verändern. Auf die gleiche Weise verfahren Sie auch mit den anderen Komponenten.

Denken Sie daran, dass das Verzeichnis *html* in der Datei *templateDetails.xml* angemeldet sein muss.

Module Chrome

Bislang wurden Module über einen Platzhalter der Form

```
<jdoc:include type="modules" name="sidebar-right" style="html5" />
```

in das Template eingehängt. In diesem Fall landen anstelle des Platzhalters alle Module auf der Website, denen die Position `sidebar-right` zugewiesen wurde. Die Angabe `html5` hinter `style` sorgt noch dafür, dass Joomla! jedes von ihnen in `<div>` und `</div>` einrahmt. Neben `html5` gibt es verschiedene andere Verpackungsmethoden, die bereits im Abschnitt »Das style-Attribut nutzen« auf Seite 614 vorgestellt wurden.

Diesen Einrahmungsmechanismus bezeichnet Joomla! als *Module Chrome*. Allgemein handelt es sich um eine Handvoll HTML-Tags, die vor oder hinter der Ausgabe eines jeden Moduls stehen beziehungsweise wie eine Klammer die Ausgabe des Moduls umschließen. Diese zusätzlichen Tags können dann genutzt werden, um die Seite hübsch zu formatieren. Normalerweise wird dieser Mechanismus verwendet, um einen mehr oder weniger ansehnlichen Rahmen um jedes Modul zu zeichnen und die einzelnen Module so für den Besucher optisch besser voneinander zu trennen. Darüber hinaus hilft Module Chrome, die eigenen Seiten barrierefrei zu halten.

Joomla! bringt von Haus aus die Module-Chrome-Stile mit, die im Abschnitt »Das style-Attribut nutzen« auf Seite 614 vorgestellt wurden. Sofern Ihnen diese Vorgaben nicht ausreichen, dürfen Sie für Ihr Template beliebig viele weitere Stile entwerfen – Grundkenntnisse in der PHP-Programmierung vorausgesetzt.

Tipp   Beachten Sie, dass diese Stile dann ausschließlich in Ihrem eigenen Template verfügbar sind.

Für einen eigenen Module-Chrome-Stil erstellen Sie zunächst ein Unterverzeichnis namens *html* in Ihrem Template-Ordner. Sofern Sie mit den Template Overrides aus dem vorherigen Abschnitt arbeiten, sollte es bereits existieren. Darin erzeugen Sie das Verzeichnis *layouts*, in dem wiederum der Ordner *chromes* entsteht. Insgesamt sollte sich in Ihrem Arbeitsverzeichnis jetzt das Verzeichnis *html/layouts/chromes* befinden. Dort erzeugen Sie nun für jeden eigenen Stil eine leere Textdatei mit der Endung *.php*. Der Dateiname ist gleichzeitig der Name des neuen Module-Chrome-Stils und somit auch der Bezeichner, den Sie dem Platzhalter

```
<jdoc:include type="modules" name="sidebar-right" style="STILNAME" />
```

mit auf den Weg geben. Im Beispiel des Filmtoaster-Templates taufen Sie den Stil auf den schlichten Namen `film` und erstellen folglich die Datei *film.php*. In ihr können Sie jetzt das Modul mit passenden HTML-Tags und PHP-Befehlen zusammensetzen. Ganz am Anfang sollten Sie zunächst sicherstellen, dass nur das Joomla!-Template auf diese Datei Zugriff erhält und somit Angreifer aus dem Internet vor verschlossenen Türen stehen:

```
<?php
defined('_JEXEC') or die;

?>
```

Vor das `?>` gehört jetzt ein Schwung PHP-Anweisungen, die den Rahmen der Module erzeugen und ausgeben. Dabei helfen die folgenden Variablen:

- `$displayData['module']->content` – Enthält die Ausgaben des Moduls.
- `$displayData['module']->title` – Enthält den Titel des Moduls.

Als einfache Fingerübung könnten Sie die Ausgaben des Moduls zunächst mit div-Tags einrahmen:

```
<?php
defined('_JEXEC') or die;

echo "<div>" . $displayData['module']->content . "</div>";
?>
```

Jetzt fehlt nur noch der Titel des Moduls. Ob er auf der Website erscheinen soll, legt ein entsprechender Schalter im Backend fest. Seine Stellung verrät `$displayData['module']->showtitle`. Diese Variable ist true, wenn die Modulüberschrift angezeigt werden soll. Eine kurze if-Abfrage in PHP genügt, und der Titel erscheint genau dann, wenn er es auch soll:

```
<?php
defined('_JEXEC') or die;

echo "<div>";
if ($displayData['module']->showtitle) echo "<h2>" .
    $displayData['module']->title . "</h2>";
echo $displayData['module']->content;
echo "</div>";

?>
```

Da es sich um eine normale PHP-Funktion handelt, dürfen Sie Ihrer Kreativität freien Lauf lassen und somit beliebig komplexe Module-Chrome-Stile produzieren.

Das war es bereits. Vergessen Sie nicht, das Verzeichnis *html* in der Datei *template-Details.xml* anzumelden:

```
<files>
...
<folder>html</folder>
...
</files>
```

Ab jetzt können Sie den neuen Stil in Ihrem Template (in der Datei *index.php*) wie einen der vordefinierten Stile nutzen. Ein

```
<jdoc:include type="modules" name="sidebar-right" style="film" />
```

verwandelt Joomla! dann später in:

```
...
<div>
<h2>Beliebteste Kritiken</h2>
<!-- Hier folgen die Inhalte des Beliebteste-Beiträge-Moduls -->
</div>
...
```

Jedes Modul besitzt noch ein paar individuelle Einstellungen, die Sie im Register *Erweitert* finden. Alle diese Parameter des Moduls fordern Sie via $displayData['params']->get('einstellung') an. Beispielsweise erhält man die *CSS-Klasse Modul* über $displayData['params']->get('moduleclass_sfx'). Diese kann man dann wiederum im Attribut class ablegen. Das Ergebnis zeigt Beispiel 16-15.

Beispiel 16-15: Die fertige Datei film.php

```
<?php
defined('_JEXEC') or die;

echo "<div class=\"" . $displayData['params']->get('moduleclass_sfx') . "\" >";
if ($displayData['module']->showtitle) echo "<h2>" . $displayData['module']->title . "</h2>";
echo $displayData['module']->content;
echo "</div>";

?>
```

Um die Namen der übrigen Parameter herauszufinden, muss man allerdings etwas Archäologie betreiben und in den Quellcode der Module hinabsteigen. Darüber hinaus können Sie sich an den mitgelieferten Stilen orientieren, die Sie im Unterverzeichnis *layouts/chromes* Ihrer Joomla!-Installation finden.

Tipp Einige dieser Parameter sind für die Darstellung an dieser Stelle irrelevant. So ist es beispielsweise für die Optik und insbesondere die Umrandung des Moduls egal, ob der Cache des Moduls aktiviert ist oder nicht.

Ein Stylesheet einbinden

Das im vorherigen Kapitel erstellte Template ist zwar schon funktionsfähig, die Webseiten wirken jedoch noch ziemlich karg. Ändern lässt sich das über *Cascading Style Sheets*, kurz *CSS*.

Erstellen Sie zunächst in Ihrem Arbeitsverzeichnis ein Unterverzeichnis namens *css*, in dem, den allgemeinen Konventionen folgend, ein Template alle Stylesheets sammelt. Im einfachen Filmtoaster-Template gibt es nur ein einziges Stylesheet. Dessen Regeln finden allesamt in einer Textdatei Platz, die den Namen *template.css* tragen soll – auch die meisten anderen Templates verwenden diesen Dateinamen.

Inhalt und Aufbau dieses Stylesheets erfordern jetzt etwas Fleißarbeit. Mit entsprechenden CSS-Regeln müssen Sie dort die einzelnen HTML-Tags und die Inhalte formatieren. Da die Joomla!-Entwickler die Ausgaben der Komponenten und Module eher schlecht als recht dokumentieren, müssen Sie zwangsläufig mit den entsprechenden Entwicklerwerkzeugen Ihres Browsers immer mal wieder einen Blick unter die Haube werfen. Bevor Sie weiterarbeiten, sollten Sie sich folglich mit diesen Werkzeugen vertraut machen.

Im Zusammenspiel mit Joomla! ist insbesondere die Quellcodeansicht hilfreich. Sie zeigt die Webseite so an, wie Joomla! sie ausliefert. Diese sogenannte Seitenquelltextansicht rufen Sie unter Firefox, Google Chrome und Edge mit der Tastenkombination *[Strg]+[U]* auf. In jedem Fall dürfte die Seitenquelltextansicht aus einem wirren Haufen von HTML-Tags mit etwas JavaScript bestehen. Da nur der Browser diese Tags verarbeiten muss, bemüht sich Joomla! nicht besonders um Lesbarkeit. Über die Suchfunktion (erreichbar in der Regel via *[Strg]+[F]*) können Sie jedoch schnell ein gewünschtes Element aufspüren. Suchen Sie am besten nach dem Titel, einer Überschrift oder sonstigen markanten Texten. Wenn Sie beispielsweise die HTML-Tags eines Moduls mit dem Titel *Login Form* interessiert, lassen Sie den Browser einfach nach `Login Form` fahnden.

Bei allen genannten Browsern können Sie mit *[F12]* die kompletten Entwicklerwerkzeuge öffnen. Darunter befindet sich meist auch ein Werkzeug, das nach einem Mausklick auf ein Element in der Webseite die entsprechenden (CSS-)Eigenschaften, die Abmessungen und die HTML-Tags preisgibt. In Firefox ist dafür beispielsweise der Inspektor zuständig, den Sie mit der Tastenkombination *[Strg]+[Umschalt]+[C]* aktivieren. Mit ihm lässt sich ein Objekt auf der Seite etwas einfacher untersuchen als in der Seitenquelltextansicht.

Weitere Informationen über die Entwicklerwerkzeuge und ihre Bedienung finden Sie in der Onlinehilfe Ihres Browsers. Obwohl es etwas Zeit kostet: Wenn Sie Joomla!-Templates entwickeln möchten, lohnt sich die Einarbeitung.

Für die Filmtoaster-Seiten finden Sie auf unseren Download-Seiten im Ordner *Kapitel16* eine sehr einfache *template.css*, die Sie als Vorlage verwenden können. Achten

Sie in jedem Fall darauf, dass Sie beim Bearbeiten des Stylesheets die Zeichencodierung UTF-8 nutzen.

Damit der Browser weiß, dass er die im Stylesheet abgelegten Regeln verwenden soll, erweitern Sie am Anfang die *index.php*, wie in Beispiel 16-16 gezeigt:

Beispiel 16-16:   Der Anfang der angepassten index.php

```
<?php
defined('_JEXEC') or die;
use Joomla\CMS\Factory;
use Joomla\CMS\Uri\Uri;

$this->getWebAssetManager()->registerAndUseStyle('stylesheet', 'templates/' . $this->template . '/css/template.css');
?>
```

Die vorletzte Zeile sorgt dafür, dass die CSS-Datei ordnungsgemäß gefunden und eingebunden wird, womit wiederum der Browser ab sofort die gewünschte Schriftart verwendet. Wenn Sie weitere CSS-Dateien einbinden möchten, müssen Sie für jede eine solche kryptische Zeile hinzufügen. Dabei können Sie einfach die oben hervorgehobene Zeile duplizieren, müssen dann aber am Ende den Dateinamen austauschen und stylesheet gegen einen anderen, beliebigen, aber in Ihrem kompletten Template eindeutigen Namen ersetzen.

Wenn Sie sich für die Hintergründe interessieren: In Joomla! 4 kontrolliert der sogenannte *Web Asset Manager* alle Stylesheets und JavaScripts. Er kümmert sich auch später darum, dass diese sogenannten Assets korrekt geladen werden. Jedes Asset und somit auch jedes Stylesheet merkt sich der Web Asset Manager unter einem frei wählbaren Namen. Damit fällt es später leichter, noch einmal auf das Stylesheet zuzugreifen. Das obige Beispiel gibt dem eingebundenen Stylesheet den wenig kreativen Namen stylesheet. Damit der Web Asset Manager mehrere Stylesheets auseinanderhalten kann, müssen Sie jedem Stylesheet einen anderen Namen geben.

Des Weiteren benötigt der Asset Manager noch den Dateinamen und den Speicherort des Stylesheets (beziehungsweise Assets) – und zwar relativ vom Joomla!-Verzeichnis aus. Im obigen Beispiel liegen alle Templates im Verzeichnis *templates*. Den Platzhalter $this->template ersetzt Joomla! durch den Namen des Templates, was gleichzeitig dem Verzeichnisnamen entspricht. */css/template.css* gibt schließlich noch den Unterordner und die Datei mit dem Stylesheet an. Für PHP-Kenner: Per $this->getWebAssetManager() greifen Sie auf den Web Asset Manager zu. Die Funktion registerAndUseStyle() registriert das Stylesheet und weist gleichzeitig den Web Asset Manager an, das Stylesheet einzubinden.

In der Datei *error.php* binden Sie das Stylesheet nach dem gleichen Prinzip ein, im Filmtoaster-Template sieht der Anfang der Datei damit aus wie in der *index.php*.

Abschließend müssen Sie die neue CSS-Datei noch in der *templateDetails.xml* anmelden. Der Einfachheit halber können Sie in der <files>-Sektion das komplette Unterverzeichnis *css* ergänzen:

```
...
<files>
    <folder>css</folder>
    <folder>html</folder>
    <folder>images</folder>
    <filename>index.php</filename>
    <filename>error.php</filename>
    <filename>templateDetails.xml</filename>
</files>
...
```

Um sicherzugehen, dass sich bis hierhin kein Tippfehler eingeschlichen hat, sollten Sie jetzt den Inhalt Ihres Arbeitsverzeichnisses wieder in ein ZIP-Archiv packen und unter Joomla! installieren (indem Sie *System* aufrufen, im Bereich *Installieren* zu den *Erweiterungen* wechseln, auf *Oder eine Datei auswählen* klicken und das ZIP-Archiv auswählen). Anschließend machen Sie den Stil *filmtoaster – Standard* über *System → Site Template Stile* zum *Standard* und betrachten das Ergebnis im Frontend. Dort sollte die Seite wie in Abbildung 16-13 aussehen. Sofern das bei Ihnen nicht der Fall ist oder schon bei der Installation ein Fehler auftrat, prüfen Sie alle Dateinamen und die Dateiinhalte auf Tippfehler. (Sie können sie mit den Dateien auf unserer Download-Seite vergleichen.) Darüber hinaus sollten Sie in den Einstellungen Ihres Browsers den Cache leeren.

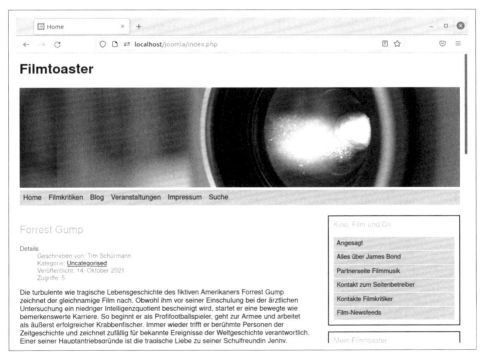

Abbildung 16-13: Die Seite unter dem Einfluss des Filmtoaster-Templates.

Deinstallieren Sie jetzt das Filmtoaster-Template wieder für den nächsten Schritt.

Vorschaubilder

Im Backend können Sie über *System → Site Templates* zu einer Aufstellung mit allen Templates wechseln. Dort geben Vorschaubilder einen Ausblick auf das Layout der jeweiligen Templates. Ein Klick auf eines der Bilder holt zudem eine etwas größere Variante auf den Schirm.

Um auch für das Filmtoaster-Template solch ein Vorschaubild einzubinden, schießen Sie ein Bildschirmfoto Ihrer Seite. Dieses speichern Sie, wenn möglich, einmal mit den Abmessungen von circa 200 × 150 Bildpunkten (Pixeln) in der Datei *template_thumbnail.png* und dann noch einmal in einer größeren Fassung mit ungefähr 600 × 400 Bildpunkten (Pixeln) in der Datei *template_preview.png*. Beide Bilddateien verfrachten Sie dann in Ihr Template-Verzeichnis (dort liegt auch die *index.php*).

Die zwei Vorschaubilder für das Filmtoaster-Template finden Sie auf unserer Download-Seite im Verzeichnis *Kapitel16*.

Vergessen Sie nicht, die Bilder in der *templateDetails.xml*-Datei anzumelden. Dazu erstellen Sie für beide einen weiteren Eintrag zwischen <files> und </files>, wie es Beispiel 16-17 zeigt.

Beispiel 16-17: Die angemeldeten Vorschaubilder in der Datei templateDetails.xml

```
<files>
  ...
  <filename>template_thumbnail.png</filename>
  <filename>template_preview.png</filename>
</files>
```

Gezielt einzelne Elemente formatieren

Mitunter möchte man ein ganz bestimmtes Modul auf der Seite optisch hervorheben. Wenn beispielsweise Ihre Beiträge ausschließlich angemeldete Besucher lesen dürfen, können Sie das Modul zur Anmeldung (alias *Login Form*) knallbunt anmalen. Dazu weisen Sie ihm zunächst im Backend einen eigenen, selbst ausgedachten Klassennamen zu und schreiben dann eine passende CSS-Regel. Wie das im Einzelnen funktioniert, erklären die folgenden Abschnitte. Zunächst geht es um die Umgestaltung des Modultitels.

Auf diesem Weg können Sie zwar ein ganz bestimmtes Modul optisch hervorheben, das gelingt aber nur, wenn der Seitenbetreiber im Backend die passenden Einstellungen wählt. Das führt insbesondere zu einem Problem, wenn Sie Ihr Template an andere weitergeben möchten. In dem Fall müssen Sie dem Seitenbetreiber vorab verraten, welche Einstellung im Backend welche optischen Auswirkungen hat.

Der Seitenbetreiber möchte in der Regel das Template jedoch nur einspielen und direkt nutzen können. Gestalten Sie Ihr Template daher möglichst allgemein und machen Sie von den im Folgenden beschriebenen Möglichkeiten nur sparsam Gebrauch. Ihr Template sollte immer auch ein ansprechendes Ergebnis ohne die Eingriffe des Seitenbetreibers bieten. Das Filmtoaster-Template wird daher von den Möglichkeiten keinen Gebrauch machen.

Header-Tag und Header-Klasse

Standardmäßig verpackt Joomla! jeden Modultitel in <h3>-Tags und kürt sie so zu Überschriften dritter Ordnung. Beim Modul *Login Form* sieht das beispielsweise so aus:

```
<div class="moduletable">
    <h3>Login Form</h3>
    <form ... >
    ...
</div>
```

Sie können den Titel eines Moduls aber auch in andere Tags verpacken lassen. Dazu rufen Sie im Backend unter *Inhalt → Site Module* die Einstellungen des Moduls auf, wechseln ins Register *Erweitert* und wählen unter *Header Tag* das gewünschte neue Tag aus. Stellen Sie dort etwa h2 ein, erhebt Joomla! den Titel des Moduls zu einer Überschrift zweiter Ordnung, beim *Login Form* also:

```
<div class="moduletable">
    <h2>Login Form</h2>
    <form ... >
    ...
</div>
```

Im Backend können Sie im Feld *CSS-Klasse Header* sogar noch Klassennamen hinterlegen, die Joomla! dann an den Titel anheftet. Wenn Sie beispielsweise wichtig in das Eingabefeld eintippen, führt das zu folgendem Ergebnis:

```
<div class="moduletable">
    <h2 class="wichtig">Login Form</h2>
    <form ... >
    ...
</div>
```

Über das Header-Tag und den Klassennamen können Sie jetzt ganz gezielt den Titel dieses einen Moduls umformatieren. Das Ganze funktioniert allerdings nur, wenn Joomla! den Modultitel ausgibt. Das passiert dann, wenn:

- im Backend in den Einstellungen des Moduls auf der Registerkarte *Modul* der Punkt *Titel anzeigen* auf *Anzeigen* steht und
- Sie in der *index.php* ein style-Attribut einsetzen, das den Titel ausgibt (siehe den Abschnitt »Das style-Attribut nutzen« auf Seite 614).

Sofern bei Ihnen der Modultitel nicht so erscheint wie erwartet, sollten Sie die genannten Bedingungen prüfen.

CSS-Klasse für ein Modul

Sie können jedem Modul auch ganz gezielt ein individuelles Äußeres verpassen und beispielsweise das Modul *Login Form* orangefarbenen anstreichen. Alle anderen Module bleiben dabei, wie sie sind. Wenn Sie in der *index.php* das style-Attribut html5 oder outline verwenden (siehe den Abschnitt »Das style-Attribut nutzen« auf

Seite 614), setzt Joomla! das Modul noch einmal zwischen weitere Tags, denen es wiederum den Klassennamen `moduletable` verpasst, wie etwa:

```
<div class="moduletable">
    <h3>Login Form</h3>
    <form ... >
    ...
</div>
```

Diesen Klassennamen dürfen Sie bei jedem Modul um einen individuellen ergänzen. Dazu öffnen Sie unter *Inhalt* → *Site Module* die Einstellungen des entsprechenden Moduls (im Beispiel also des *Login Form*) und wechseln ins Register *Erweitert*. Den im Feld *CSS-Klasse Modul* hinterlegten Text hängt Joomla! an den Klassennamen. Tippen Sie dort etwa den Text `farbig` ein, erhält das Modul den Klassennamen `moduletable farbig`:

```
<div class="moduletable farbig">
    <h3>Login Form</h3>
    <form ... >
    ...
</div>
```

Sie müssen dann lediglich noch eine passende CSS-Regel erstellen.

CSS-Klasse für ein Menü und Menü-Tag-ID

Ein Menü-Modul gibt das Menü in einer nicht nummerierten Liste aus:

```
<ul class="mod-menu mod-list nav">
    <li><a ...>Home</a></li>
    ...
</ul>
```

Diese Liste erhält standardmäßig die Klassennamen `mod-menu`, `mod-list` und `nav`. Im Backend von Joomla! können Sie hier noch einen eigenen Klassennamen ergänzen. Auf diese Weise können Sie die Menüpunkte eines ganz bestimmten Menüs gezielt umformatieren.

Dazu wechseln Sie im Backend zu *Inhalt* → *Site Module* und klicken dort das Menü-Modul an, dem Sie ein anderes Aussehen verpassen möchten. In den Einstellungen geht es dann zum Register *Erweitert*, wo Sie im Eingabefeld *CSS-Klasse Menü* einen eigenen Klassennamen ergänzen. Wenn Sie hier etwa `wichtig` eintragen, erhalten Sie folgendes Ergebnis:

```
<ul class="mod-menu mod-list nav wichtig">
    <li><a ...>Home</a></li>
    ...
</ul>
```

Beachten Sie den Unterschied zum *CSS-Klasse Modul* aus dem vorherigen Abschnitt: Die Klasse für das Menü heftet Joomla! an das `<ul>`-Tag, die Klasse für das Modul hingegen an das umrahmende `<div>`-Tag.

Alle Elemente einer Seite mit dem gleichen Klassennamen erhalten immer das gleiche Aussehen. Manchmal soll jedoch ein einziges Element ganz gezielt anders formatiert werden. Dafür bietet HTML das Attribut id. Ihm weisen Sie als Wert einen beliebigen Bezeichner zu, den es aber auf der ganzen Seite nur ein einziges Mal gibt. Joomla! verwendet überwiegend Klassennamen und keine IDs. Eine der wenigen Ausnahmen gibt es bei den Menü-Modulen: Im Backend finden Sie in den Einstellungen noch das Eingabefeld *Menü-Tag-ID*. Dort können Sie eine ID hinterlegen, die Joomla! dann an die Liste mit den Menüpunkten anpinnt. Tippen Sie beispielsweise unter *Menü-Tag-ID* den Wert menue101 ein, führt das zu folgendem Ergebnis:

```
<ul id="menue101" class="mod-menu mod-list nav ">
  ...
</ul>
```

Ob Sie ein Menü über die Klasse oder die ID umformatieren, hängt von Ihrem konkreten Template beziehungsweise Ihren Gegebenheiten ab:

- Die Klassennamen im Feld *CSS-Klasse Menü* können Sie auch noch an andere Menü-Module heften und diese so einheitlich von den restlichen Kollegen abheben.
- Eine *Menü-Tag-ID* sollten Sie nicht wiederverwenden. Ihr Einsatz ist somit vor allem dann sinnvoll, wenn Sie genau ein Menü optisch hervorheben möchten.

CSS-Klasse für Links

Neben Modulen können Sie auch einen einzelnen Menüpunkt hervorheben. Auf diese Weise könnten Sie etwa auf ein Kontaktformular oder ein neues Produkt aufmerksam machen. Das gelingt, indem Sie diesem Menüpunkt einen eigenen Klassennamen anheften. Dazu rufen Sie zunächst im Backend *Menüs → Alle Menüeinträge* auf und klicken dann in der Tabelle den Menüpunkt an, den Sie optisch aufbrezeln wollen – wie etwa *Home*. Wechseln Sie ins Register *Linktyp*. Hier können Sie jetzt unter *CSS-Klasse für Link* einen frei wählbaren Klassennamen angeben. Wenn Sie hier beispielsweise fett hinterlegen, tackert ihn Joomla! dann wie folgt an den Menüpunkt:

```
<ul class="mod-menu mod-list nav">
  <li><a href="/joomla/index.php" class="fett">Home</a></li>
  ...
</ul>
```

Beachten Sie, dass der Klassenname am Link klebt und nicht am Listeneintrag. Alle übrigen Menüpunkte lassen sich nach dem gleichen Prinzip optisch umgestalten.

| Warnung | Hervorgehobene Menüpunkte fallen zwar ins Auge, sie können Besucherinnen und Besucher aber auch verwirren. So könnte man den Eindruck erhalten, dass der umgestaltete beziehungsweise fett hervorgehobene Menüpunkt nicht anklickbar ist – oder umgekehrt die übrigen Menüpunkte inaktiv sind. Überlegen Sie sich daher dreimal, ob und, wenn ja, welche Menüpunkte Sie hervorheben. |

Templates mit Parametern steuern

Wenn Sie im Backend den Menüpunkt *System → Site Template Stile* aufrufen und dort den Stil *Cassiopeia – Default* anklicken, finden Sie auf der Registerkarte *Erweitert* mehrere Einstellungsmöglichkeiten (siehe Abbildung 16-14). Mit ihnen können Sie die Optik der Seite recht komfortabel anpassen (siehe den Abschnitt »Stile einsetzen« auf Seite 589).

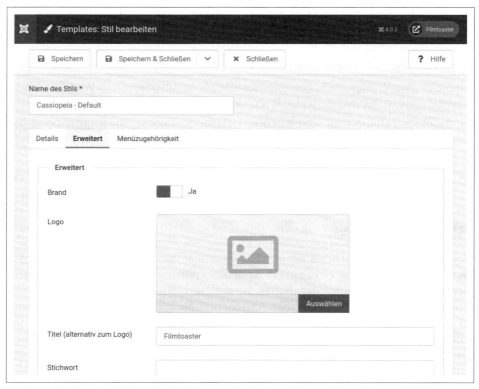

Abbildung 16-14: Die Parameter des Cassiopeia-Templates.

Diese Möglichkeiten bezeichnet Joomla! als *Parameter*. Die in ihre Felder eingetippten beziehungsweise dort schon eingestellten Werte übergibt Joomla! an das Template, das diese wiederum auswerten und weiterverarbeiten kann.

Welche Parameter das Template anbietet, dürfen Sie als Template-Entwickler entscheiden. Auf diese Weise können Sie dem Seitenbetreiber gestatten, das Foto auszutauschen oder eine andere Hintergrundfarbe auszuwählen. Einen neuen Parameter fügen Sie dabei in drei Schritten hinzu:

1. Zunächst sagen Sie Joomla!, welche Parameter Sie benötigen.
2. Anschließend müssen Sie in Ihrem Template die Einstellungen des Benutzers auslesen (wie etwa den Dateinamen des neuen Fotos) und
3. diese Daten dann auswerten (etwa indem Sie das Foto anzeigen).

Parameter festlegen

Das Filmtoaster-Template soll drei Parameter anbieten: Der Seitenbetreiber soll ein eigenes Foto wählen können, die Seiten in eine andere Farbe tauchen dürfen und schließlich noch unter den Namen der Website einen frei wählbaren Slogan beziehungsweise Untertitel setzen können. Das Ergebnis soll wie in Abbildung 16-15 aussehen.

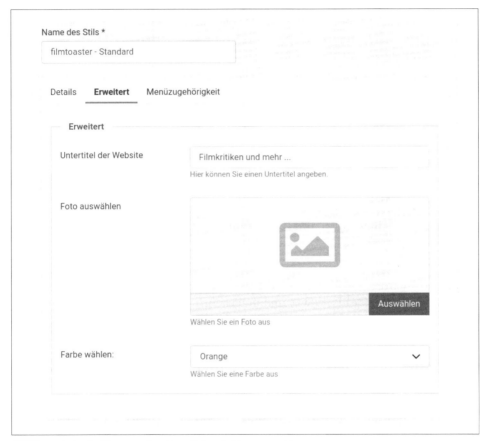

Abbildung 16-15: Das Filmtoaster-Template soll diese drei Parameter anbieten.

Im Backend sollen also drei Parameter auftauchen. Genau das muss man jetzt im ersten Schritt Joomla! bekannt geben.

Register auswählen

Welche Parameter im Backend auftauchen, legt die Datei *templateDetails.xml* fest. In ihr müssen Sie vor dem Tag `</extensions>` einen neuen Abschnitt

```
<config>
...
</config>
```

Templates mit Parametern steuern | 647

erstellen. Im Folgenden sollen drei neue Parameter her. Diese listet man zwischen den Tags <fields name="params"> und </fields> auf:

```
<config>
    <fields name="params">
    ...
    </fields>
</config>
```

Die Parameter erscheinen entweder auf der Registerkarte *Erweitert* (wie in Abbildung 16-15 zu sehen) oder im Register *Details*. Sie können selbst entscheiden, welche Parameter später auf welchem der beiden Registerkarten erscheinen sollen. Die meisten Templates sammeln mittlerweile alle Parameter im Register *Erweitert*.

Sämtliche für das Register *Erweitert* gedachten Parameter müssen Sie in der *template Details.xml* zwischen <fieldset name="advanced"> und </fieldset> setzen, wohingegen alle Parameter auf der Registerkarte *Details* zwischen <fieldset name="basic"> und </fieldset> gehören:

```
<config>
    <fields name="params">
        <fieldset name="advanced">
            <!-- Hier folgen alle Parameter im Register Erweitert -->
        </fieldset>
        <fieldset name="basic">
            <!-- Hier folgen alle Parameter im Register Details -->
        </fieldset>
    </fields>
</config>
```

Wenn Sie nur das Register *Erweitert* benötigen, lassen Sie die Tags <fieldset name="basic"> ... </fieldset> weg und umgekehrt.

Beim Filmtoaster-Template sollen die angebotenen Parameter allesamt auf der Registerkarte *Erweitert* erscheinen, womit sich der Wust aus Tags zu folgendem Haufen reduziert:

```
<config>
    <fields name="params">
        <fieldset name="advanced">
            <!-- Hier folgen alle Parameter im Register Erweitert -->
        </fieldset>
    </fields>
</config>
```

 Tipp   Wenn Ihnen das bis hierhin etwas kompliziert vorkam, verwenden Sie in Ihrer *templateDetails.xml* einfach immer dieses Grundgerüst und listen an der Stelle des Kommentars alle vom Template angebotenen Parameter auf.

Eingabefeld erstellen

Jetzt endlich kann man die eigentlichen Parameter festlegen. Für jeden von ihnen müssen Sie ein <field>-Tag erstellen. Attribute legen schließlich fest, um was für einen Parameter es sich handelt und wie er später im Backend aussieht.

Im Filmtoaster-Template soll der Seitenbetreiber zunächst einen Slogan beziehungsweise einen Untertitel vorgeben können. Diesen muss er im Backend in ein Eingabefeld eintippen können:

```
<field type="text" />
```

Damit der Seitenbetreiber weiß, was er in das Feld eingeben muss, erhält es über das Attribut label noch eine Beschriftung:

```
<field type="text" label="Untertitel der Website" />
```

Mit dem Attribut description können Sie noch eine Beschreibung hinterlegen. Diese zeigt der Browser an, wenn der Seitenbetreiber mit dem Mauszeiger auf die Beschriftung (Label) des Eingabefelds fährt:

```
<field type="text" label="Untertitel der Website" description="Hier können Sie
    einen Untertitel angeben." />
```

Auch ein Text als Vorschlag oder Vorgabe ist mithilfe des Attributs default möglich:

```
<field type="text" label="Untertitel der Website" description="Hier können Sie
    einen Untertitel angeben." default="Filmkritiken und mehr ..." />
```

Über das Attribut name bekommt jeder Parameter schließlich noch einen eindeutigen Namen. Ihn sollten Sie sich gut merken, da er später im Template bei der Auswertung des Parameters hilft. Hier im Beispiel erhält das Eingabefeld den Namen subtitel:

```
<field type="text" label="Untertitel der Website" description="Hier können Sie
    einen Untertitel angeben." default="Filmkritiken und mehr ..." name="subtitel" />
```

Diesen Bandwurm platziert man jetzt zwischen `<fieldset name="advanced">` und `</fieldset>`:

```
<config>
    <fields name="params">
        <fieldset name="advanced">
            <field type="text" label="Untertitel der Website" description="Hier können
                Sie einen Untertitel angeben." default="Filmkritiken
                und mehr ..." name="subtitel" />
        </fieldset>
    </fields>
</config>
```

Für Eingabefelder kennt Joomla! noch ein paar weitere optionale Attribute. Mit size="2" nimmt das Textfeld beispielsweise später nur insgesamt zwei Zeichen auf. Mit dem Attribut filter="integer" prüft Joomla! automatisch, ob eine Zahl und nicht irgendein Textmüll eingetippt wurde. Mit filter="string" stellt Joomla! hingegen sicher, dass nur ein Text eingegeben wurde.

Auswahlfeld für Bilder erstellen

Nach dem gleichen Prinzip ergänzen Sie weitere Parameter. Ein Auswahlfeld für ein Bild erzeugt dieses Tag:

```
<field type="media" label="Foto auswählen" description="Wählen Sie ein Foto aus"
    name="foto" />
```

Die Attribute sind die bereits bekannten. `type="media"` sorgt dafür, dass Joomla! ein spezielles Auswahlfeld für ein Bild anzeigt. Der Parameter erhält zudem den Namen `foto`.

Drop-down-Listen anlegen

Eine Drop-down-Liste für die Farbauswahl erstellt schließlich noch dieses Monster:

```
<field type="list" label="Farbe wählen:" description="Wählen Sie eine Farbe aus"
    default="orange" name="farbe" >
    <option value="orange">Orange</option>
    <option value="gruen">Grün</option>
</field>
```

Lassen Sie sich dabei nicht von den zusätzlichen Tags irritieren: Zunächst enthält das `field`-Tag wieder die bekannten Attribute. `type="list"` sorgt für die Darstellung als Drop-down-Liste.

Welche Punkte die Liste enthält, legen Sie mit einem oder mehreren `<option>`-Tags fest. Im Beispiel führt später die Liste wie in Abbildung 16-16 die zwei Einträge *Orange* und *Grün*.

Abbildung 16-16: Die Drop-down-Liste mit zwei Einträgen.

Sobald ein Eintrag ausgewählt wurde, leitet Joomla! den dazugehörigen Wert hinter `value` an das Template weiter – hier also entweder `orange` oder `gruen`.

 Tipp   Alle Werte können übrigens frei gewählt werden. Es wären somit auch folgende Listeneinträge erlaubt:

```
<option value="1">Eine Farbe, die orange ist</option>
<option value="gruen">00FF00</option>
```

Aus Gründen der Lesbarkeit sollte man jedoch möglichst aussagekräftige Werte wählen. Beispielsweise werden nur wenige Benutzer des Templates wissen, dass *00FF00* die Farbe Grün repräsentiert.

Das Attribut `default="orange"` sorgt abschließend noch dafür, dass in der Drop-down-Liste standardmäßig immer der Eintrag für `orange` selektiert ist. Darüber hinaus gilt er stets dann, wenn der Benutzer noch keine Einstellungen vorgenommen hat. Durch diese Vorgabe ist garantiert, dass das Template ordnungsgemäß funktioniert. Beachten Sie auch, dass durch die zusätzlichen option-Tags ein End-Tag </field> notwendig ist. Nur so weiß Joomla! später, wo die Liste mit den Optionen endet.

Der komplette config-Abschnitt

Für das Filmtoaster-Template sind damit alle benötigten Parameter beisammen. Beispiel 16-18 zeigt den kompletten Abschnitt für die *templateDetails.xml*.

Beispiel 16-18:   Die benötigten drei Parameter in der Datei templateDetails.xml

```
<config>
    <fields name="params">
        <fieldset name="advanced">
            <field type="text" label="Untertitel der Website" description="Hier können
                    Sie einen Untertitel angeben." default="Filmkritiken und mehr ..."
                    name="subtitel" />
            <field type="media" label="Foto auswählen" description="Wählen Sie ein
                    Foto aus" name="foto" />
            <field type="list" label="Farbe wählen:" description="Wählen Sie eine Farbe
                    aus" default="orange" name="farbe" >
                <option value="orange">Orange</option>
                <option value="gruen">Grün</option>
            </field>
        </fieldset>
    </fields>
</config>
```

Neben den drei vorgestellten Parametern kennt Joomla! noch viele weitere Felder und Regler. Sie alle vorzustellen, würde den Rahmen dieses Buchs vollends sprengen, zumal man in der Praxis häufig mit der Drop-down-Liste und dem Textfeld auskommt. Eine ausführliche Aufstellung finden Sie in der Joomla!-Dokumentation unter *https://docs.joomla.org/Standard_form_field_types/de*.

Für das Filmtoaster-Template wechseln Sie wieder in Ihr Arbeitsverzeichnis. Ergänzen Sie dort in der Datei *templateDetails.xml* vor dem Tag </extension> den Abschnitt aus Beispiel 16-18. Installieren Sie das geänderte Template aber noch nicht.

Parameter auswerten

Damit kann der Seitenbetreiber bereits im Backend einen Untertitel vorgeben, ein Foto auswählen und die Farbe ändern. Nur ausgewertet werden diese Einstellungen noch nicht.

Den Untertitel hat der Seitenbetreiber in ein Eingabefeld eingetippt, das den internen Namen subtitel erhalten hat (das hat Beispiel 16-18 festgelegt). Den Inhalt dieses Eingabefelds liefert der Platzhalter:

```
<?php echo $this->params->get('subtitel'); ?>
```

Ihn müssen Sie jetzt lediglich an der passenden Stelle in die *index.php* einbauen. Das Filmtoaster-Template soll den Untertitel direkt unter dem Namen der Website anzeigen, der Platzhalter muss also an die folgende Stelle:

```
...
<div>
    <!-- Bereich für den Namen der Website -->
    <h1><a href="<?php echo $this->baseurl; ?>" rel="home"><?php echo Factory::
        getApplication()->get('sitename'); ?></a></h1>
    <p><?php echo $this->params->get('subtitel'); ?></p>
</div>
...
```

Mit dem genannten Platzhalter kommen Sie auch an die Werte der anderen Parameter, Sie müssen in den Hochkommata lediglich den internen Namen des entsprechenden Parameters angeben. Allgemein liefert also:

```
<?php echo $this->params->get('name'); ?>
```

immer den Wert des Parameters mit dem internen Namen name.

Damit ist es jetzt auch einfach, das Foto auszutauschen: Den Dateinamen des vom Seitenbetreiber ausgewählten Bilds liefert der Platzhalter:

```
<?php echo $this->params->get('foto'); ?>
```

Ihn müssen Sie nur noch an der passenden Stelle in das `<img>`-Tag einbauen, das sich damit in diesen Bandwurm verwandelt:

```
<img src="<?php echo Uri::root(); ?>/<?php echo $this->params->get('foto'); ?>" />
```

Tipp PHP-Programmierer und -Programmiererinnen können das etwas eleganter erledigen und zunächst prüfen, ob der Seitenbetreiber im Backend überhaupt ein Bild ausgewählt hat:

```
<?php if($this->params->get('foto')) {
    echo '<img src="' . $this->baseurl . '/' .
        $this-> params->get('foto') . '" />';
} else {
    echo '<img src="' . $this->baseurl . '/templates/' .
    $this->template . '/images/filmprojektor.png" />';'} ?>
```

Hat der Seitenbetreiber kein eigenes Foto ausgewählt, erscheint stattdessen das vom Template mitgelieferte Bild.

Die Farbauswahl ist etwas aufwendiger zu erreichen. Die vom Seitenbetreiber ausgewählte Einstellung liefert zunächst wieder:

```
<?php echo $this->params->get('farbe'); ?>
```

Bei einer Drop-down-Liste gilt allerdings eine kleine Besonderheit: In der *templateDetails.xml* gibt man die verschiedenen Auswahlmöglichkeiten über `<option>`-Tags an, von denen eines etwa so aussieht (siehe dazu auch Beispiel 16-18 auf Seite 651):

```
<option value="gruen">Grün</option>
```

Wenn der Seitenbetreiber diese Option auswählt, ersetzt Joomla! den Platzhalter `<?php echo $this->params->get('farbe'); ?>` nicht mit dem Text Grün, sondern mit dem unter value angegebenen Wert. Entscheidet sich der Seitenbetreiber folglich für eine grüne Farbgebung, ersetzt Joomla! den Platzhalter durch das Wort gruen.

In der *index.php* muss man jetzt prüfen, welche der beiden Werte ausgewählt wurden, und dann die Farbe entsprechend ändern. Das wiederum kann auf mehreren Wegen passieren. Eine extrem simple Methode nutzt einen kleinen Trick: In welchen Farben die Seiten erstrahlen, gibt das Stylesheet vor. Erstellen Sie also zunächst im Unterverzeichnis *css* ein zweites Stylesheet, das die Seite in ein Grün taucht. Sie können dazu das vorhandene Stylesheet einfach kopieren und dann in der Kopie alle orange gegen gruen austauschen. Benennen Sie die erste CSS-Datei in *template_orange.css* um, die zweite mit der grünen Farbgebung taufen Sie auf den Namen *template_gruen.css*. Die Bezeichnungen nach dem Unterstrich sind absichtlich genau so gewählt wie die Werte im value-Attribut.

Wenden Sie sich jetzt wieder der *index.php* zu. Dort sorgt bislang die Zeile

```
$this->addStyleSheet($this->baseurl . '/templates/' . $this->template . '/css/template.css');
```

für die Einbindung des Stylesheets. Ändern Sie diese in:

```
$this->addStyleSheet($this->baseurl . '/templates/' . $this->template . '/css/template_' . $this->params->get('farbe') . '.css');
```

Wenn jetzt der Seitenbetreiber als Farbe *Grün* auswählt, ersetzt Joomla! das Gebilde $this->params->get('farbe') durch gruen, womit sich als Dateiname für das Stylesheet *template_gruen.css* ergibt. Diese Datei bindet Joomla! dann ein.

Tipp Dieses Verfahren ist zugegebenermaßen nicht sehr elegant – vor allem weil man jetzt zwei fast identische Stylesheets pflegen muss. Es bietet sich daher an, die CSS-Regeln mit den Farben in zwei weitere, eigene Stylesheets auszulagern. Diesen Weg geht auch das mitgelieferte *Cassiopeia*-Template.

Alle Änderungen an der *index.php* fasst noch einmal Beispiel 16-19 zusammen.

Beispiel 16-19: Die benötigten drei Parameter in der Datei templateDetails.xml

```
<?php
...
$this->getWebAssetManager()->registerAndUseStyle('stylesheet', 'templates/' . $this->template . '/css/template_' . $this->params->get('farbe') . '.css');
?>
<!DOCTYPE html>
...
<body>
<div class="container">
   ...
   <div>
      <!-- Bereich für den Namen der Website -->
      <h1><a href="<?php echo $this->baseurl; ?>" rel="home"><?php echo Factory::getApplication()->get('sitename'); ?></a></h1><p><?php echo $this->params->get('subtitel'); ?></p>
```

Beispiel 16-19: Die benötigten drei Parameter in der Datei templateDetails.xml *(Fortsetzung)*

```
      <p><?php echo $this->params->get('subtitel'); ?></p><p><?php echo $this->params->
          get('subtitel'); ?></p>
    </div>
    <div>
      <!-- Bereich für das Foto -->
      <img src="<?php echo Uri::root(); ?>/<?php echo $this->params->get('foto'); ?>" />
    </div>
    ...
  </body>
</html>
```

Wenn Sie die *index.php* entsprechend modifiziert haben, verpacken Sie den Inhalt Ihres Arbeitsverzeichnisses in eine ZIP-Datei, installieren diese Datei unter Joomla! und küren den Stil *filmtoaster → Standard* zum Standard.

Tipp Wenn Joomla! jetzt einen Fehler ausgibt, haben Sie sehr wahrscheinlich irgendwo in der Datei *templateDetails.xml* einen Tippfehler. Das ist unter Umständen auch dann der Fall, wenn Joomla! etwas vollkommen anderes bemängelt. Werfen Sie daher immer erst einen prüfenden Blick in diese Datei.

Wenn Sie jetzt in die Einstellungen des Stils wechseln, erscheinen auf der Registerkarte *Erweitert* die drei Einstellungen aus Abbildung 16-15 auf Seite 647. Suchen Sie sich zunächst über *Auswählen* ein neues Bild aus und stellen Sie die Farbe auf den Wert *Grün*. Lassen Sie Ihre Änderung *Speichern* und betrachten Sie das Ergebnis im Frontend. Wechseln Sie anschließend zum Vergleich noch einmal auf *Orange*.

Tipp Wenn Sie die CSS-Dateien von unserer Download-Seite nehmen, strahlen die Texte in ziemlich knalligen Farben. Damit sieht man hier zwar sehr gut die Unterschiede zwischen den beiden Einstellungen, in Ihrem eigenen Template sollten Sie jedoch eine etwas behutsamere und Ihre Augen schonende Farbwahl treffen.

Deinstallieren Sie jetzt das Filmtoaster-Template wieder und wenden Sie sich anschließend Ihrem Arbeitsverzeichnis zu – denn es fehlt noch eine Kleinigkeit.

Texte im Template übersetzen

Bislang erschienen alle Texte des Filmtoaster-Templates im Backend in Deutsch. Das gilt insbesondere für die Parameter aus dem letzten Abschnitt. So prangte vor der Drop-down-Liste beispielsweise der Text *Farbe wählen:* (wie in Abbildung 16-15 auf Seite 647). Diese deutsche Beschriftung erscheint allerdings auch, wenn Sie das Backend auf Englisch oder eine beliebige andere Sprache umstellen. Das ist insbesondere dann ein Problem, wenn Sie das Template über das Internet an andere Joomla!-Nutzer weitergeben möchten und diese kein Deutsch verstehen.

Glücklicherweise lassen sich alle Texte und Beschriftungen übersetzen. Dazu legt man dem Template einfach noch passende Sprachdateien bei. (Zusätzliche Informationen zu den folgenden Schritten erhalten Sie in Kapitel 17, *Mehrsprachigkeit* ab Seite 659.)

Schritt 1: Sprachschlüssel einführen

Öffnen Sie die Datei *templateDetails.xml*. Darin ersetzen Sie alle deutschen Parameterbeschriftungen hinter `label` durch einen eindeutigen Platzhalter in Großbuchstaben.

Ersetzen Sie als Erstes `Untertitel der Website` mit dem Platzhalter `TPL_FILMTOASTER_SUBTITLE`. Auch die Beschreibung `Hier können Sie einen Untertitel angeben.` tauschen Sie mit dem Platzhalter `TPL_FILMTOASTER_SUBTITLE_DESC`. Die gesamte Zeile lautet damit:

```
<field type="text" label="TPL_FILMTOASTER_SUBTITLE" description="TPL_FILMTOASTER_
    SUBTITLE_DESC" default="Filmkritiken und mehr ..." name="subtitel" />
```

Ersetzen Sie auch die anderen Beschriftungen und Beschreibungen durch entsprechende Platzhalter:

```
<field type="media" label="TPL_FILMTOASTER_PHOTO" description="TPL_FILMTOASTER_
    PHOTO_DESC" name="foto" />
<field type="list" label="TPL_FILMTOASTER_COLOR" description="TPL_FILMTOASTER_
    COLOR_DESC" default="orange" name="farbe" >
```

Die Namen der Platzhalter dürfen Sie selbst frei wählen. Jeder Platzhalter darf allerdings in Joomla! nur genau einmal auftauchen. Damit sie unter Garantie eindeutig sind, stellt man ihnen normalerweise ein `TPL` für Template sowie den Template-Namen voran. Darüber hinaus sollte man in den Platzhaltern ausschließlich englische Begriffe verwenden, da dies den Übersetzern künftig die Arbeit erleichtert. In jedem Fall ersetzt Joomla! später alle diese Platzhalter, die sogenannten *Sprachschlüssel*, automatisch durch eine passende Übersetzung. Und genau diese Übersetzungen müssen als Nächstes her (lassen Sie die Datei *templateDetails.xml* aber noch geöffnet).

| Tipp | Sie können auch die anderen (deutschen) Zeichenketten durch Platzhalter ersetzen. Dazu zählen insbesondere die Texte zwischen `<option>` und `</option>`, hier also `Orange` und `Grün`. Damit das Beispiel nicht zu unübersichtlich wird, sollen im Folgenden aber nur die Beschriftungen und die Beschreibungen der Parameter übersetzt werden. | |

Schritt 2: Sprachdateien anlegen

Erstellen Sie in Ihrem Arbeitsverzeichnis das neue Unterverzeichnis *language*. Darin legen Sie jetzt für jede unterstützte Sprache eine neues leeres Verzeichnis an. Als Name für das Verzeichnis wählen Sie das sogenannte Sprach-Tag der jeweiligen Sprache. *en-GB* steht beispielsweise für britisches Englisch. Welches Sprach-Tag zu welcher Sprache gehört, verrät Ihnen Joomla! im Backend unter *System → Sprachen* in der Spalte *Sprach-Tag*. Im Filmtoaster-Beispiel sollen die Parameter sowohl eine deutsche als auch eine englische Beschriftung erhalten. Sie müssen folglich im Verzeichnis *language* die beiden Verzeichnisse *en-GB* und *de-DE* erstellen.

In jedem dieser Verzeichnisse erstellen Sie wiederum eine leere Textdatei. Ihr Dateiname folgt dem Schema *tpl_templatename.ini*. Dabei ersetzen Sie *templatename* durch den Namen Ihres Templates, wie er in der Datei *templateDetails.xml* zwischen <name> und </name> steht.

 Warnung   Beachten Sie stets die Groß- und Kleinschreibung. Achten Sie zudem wieder darauf, dass Ihr Texteditor alle Dateien in der UTF-8-Zeichencodierung speichert. Andernfalls können komplette Beschriftungen beziehungsweise Übersetzungen fehlen.

Schritt 3: Texte übersetzen

In beiden Dateien legen Sie jetzt die Übersetzungen ab. In jeder Zeile steht dabei zunächst ein Sprachschlüssel (also einer der Platzhalter mit den Großbuchstaben), gefolgt von einem Gleichheitszeichen und der entsprechenden Übersetzung in Anführungsstrichen.

Die Datei *de-DE/tpl_filmtoaster.ini* hat somit folgenden Inhalt:

```
TPL_FILMTOASTER_SUBTITLE="Untertitel der Website"
TPL_FILMTOASTER_SUBTITLE_DESC="Hier können Sie einen Untertitel angeben."
TPL_FILMTOASTER_PHOTO="Foto auswählen"
TPL_FILMTOASTER_PHOTO_DESC="Wählen Sie ein Foto aus"
TPL_FILMTOASTER_COLOR="Farbe wählen:"
TPL_FILMTOASTER_COLOR_DESC="Wählen Sie eine Farbe aus"
```

Analog sieht die Datei *en-GB/tpl_filmtoaster.ini* mit den englischen Übersetzungen wie folgt aus:

```
TPL_FILMTOASTER_SUBTITLE="Subtitle"
TPL_FILMTOASTER_SUBTITLE_DESC="Enter a subtile"
TPL_FILMTOASTER_PHOTO="Photo"
TPL_FILMTOASTER_PHOTO_DESC="Choose a picture"
TPL_FILMTOASTER_COLOR="Color:"
TPL_FILMTOASTER_COLOR_DESC="Choose the color"
```

Schritt 4: Sprachdateien anmelden

Abschließend müssen Sie Joomla! nur noch mitteilen, dass es diese beiden Sprachdateien benutzen soll. Dazu wenden Sie sich noch einmal der Datei *templateDetails.xml* zu und ergänzen vor dem letzten Tag </extension> den Abschnitt aus Beispiel 16-20.

Beispiel 16-20:   Die angemeldeten Sprachdateien in der templateDetails.xml

```
<languages folder="language">
    <language tag="en-GB">en-GB/tpl_filmtoaster.ini</language>
    <language tag="de-DE">de-DE/tpl_filmtoaster.ini</language>
</languages>
```

Zwischen <language> und </language> steht jeweils eine Sprachdatei. Welche Sprache sie führt, verrät das Attribut tag="en-GB". Zwischen den Anführungszeichen steht dabei wieder das Sprach-Tag. Das Ganze umrahmen <languages> und </languages>, wobei das Attribut `folder="language"` auf den Speicherort deutet. Den müssen Sie noch zwischen `<files>` und `</files>` anmelden:

```
<files>
  ...
  <folder>language</folder>
  ...
</files>
```

Packen Sie jetzt den Inhalt Ihres Arbeitsverzeichnisses in ein ZIP-Archiv und spielen Sie es in Joomla! ein. In einem deutschsprachigen Backend heißt die Drop-down-Liste nun wie gewohnt *Farbe wählen*, und das Ergebnis entspricht weiterhin dem aus Abbildung 16-16 auf Seite 650. Wenn Sie sich vom Backend abmelden, dann im Anmeldebildschirm unter *Sprache* den Punkt *Englisch* einstellen, sich wieder anmelden, die Einstellungen des Stils erneut aufrufen (via *System → Site Template Styles* und Klick auf *filmtoaster – Standard*), steht neben der Drop-down-Liste jetzt *Color* (wie in Abbildung 16-17). Sollten Sie lediglich irgendwo einen Platzhalter sehen, fehlt entweder die entsprechende Sprachdatei, oder aber es gibt einen Tippfehler in der *templateDetails.xml*. Kontrollieren Sie zudem, ob Sie in der entsprechenden Sprachdatei auch alle Platzhalter beziehungsweise Sprachschlüssel übersetzt haben.

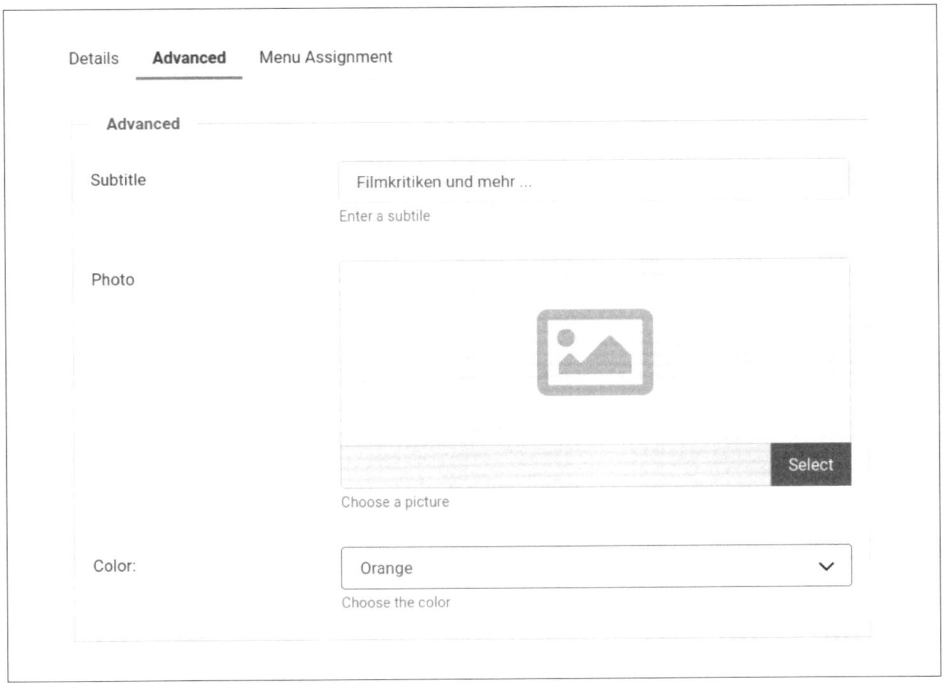

Abbildung 16-17: In einem englischsprachigen Backend sieht man diese Beschriftungen.

In den nachfolgenden Kapiteln kommt wieder das mitgelieferte Cassiopeia-Template zum Einsatz. Melden Sie sich daher jetzt an einem deutschsprachigen Joomla! an (über das *User Menu* und dann *Log out*). Nach der erneuten Anmeldung wechseln Sie hinter *System → Site Template Stile* zum Stil *Cassiopeia – Default*.

KAPITEL 17
Mehrsprachigkeit

In diesem Kapitel:
- Sprachpakete beschaffen und installieren
- Sprachpakete entfernen
- Die Sprache wechseln
- Einen mehrsprachigen Internetauftritt erstellen
- Einzelne Übersetzungen austauschen (Language String Overrides)
- Eigene Sprachpakete erstellen
- Plug-in für Sprachkürzel

Nach seiner Installation »spricht« Joomla! zunächst ausschließlich Englisch. Um einen rein deutschsprachigen Internetauftritt zu erhalten, haben Sie in Kapitel 2, *Installation*, ein passendes Sprachpaket installiert und anschließend alle Texte immer in Deutsch eingegeben.

Auf diesem Weg erstellen Sie auch einen anderssprachigen Internetauftritt: Nach der Installation von Joomla! spielen Sie das zu Ihrer Sprache passende Sprachpaket ein. Dieses übersetzt dann alle von Joomla! erzeugten Elemente, wie etwa die *Anmelden*-Schaltfläche. Die übrigen Texte verfassen Sie oder Ihre Autoren in der entsprechenden Sprache.

Mit Joomla! können Sie Ihren Internetauftritt aber auch gleichzeitig in mehreren Sprachen anbieten. Dabei müssen Sie allerdings Ihre Beiträge immer in alle unterstützten Sprachen übersetzen – eine Arbeit, die Sie nicht unterschätzen sollten. Umgekehrt erschließt man sich insbesondere mit einer zusätzlichen englischen Fassung viele neue internationale Besucherinnen und Besucher.

In den folgenden Abschnitten erfahren Sie zunächst, wie Sie Sprachpakete beschaffen, dann Joomla! auf eine andere Sprache umstellen und schließlich einen mehrsprachigen Internetauftritt erstellen. Zum Abschluss des Kapitels lernen Sie noch, wie man ein eigenes Sprachpaket erstellt.

Tipp Wenn Sie nur einen rein deutschen Internetauftritt bauen möchten, können Sie dieses Kapitel einfach überspringen. Andernfalls sollten Sie sich auf ein paar kompliziertere Konzepte einstellen.

Sprachpakete beschaffen und installieren

Um Joomla! eine andere Sprache beizubringen, muss als Erstes ein passendes Sprachpaket her. Dieses können Sie sich auf gleich zwei verschiedenen Wegen besorgen und einspielen: über das Backend und über das Internet. Zunächst zur einfacheren Variante über das Backend:

Sprachpakete über das Backend beziehen

Um an ein neues Sprachpaket zu gelangen, rufen Sie im Backend den Menüpunkt *System* auf und klicken im Bereich *Installieren* auf den Punkt *Sprachen* (in einem englischsprachigen Joomla! rufen Sie ebenfalls *System* auf und wechseln dann im Kasten *Install* zum Menüpunkt *Languages*). Joomla! listet Ihnen jetzt wie in Abbildung 17-1 alle offiziellen Sprachpakete auf – dummerweise in allen möglichen Versionen und Varianten.

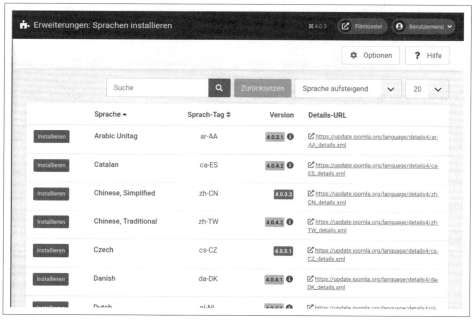

Abbildung 17-1: Weitere Sprachpakete lassen sich direkt im Backend auswählen und einspielen.

Nutzen Sie deshalb die Filtermöglichkeit über das Eingabefeld: Tippen Sie dort die gewünschte Sprache in ihrer englischen Bezeichnung ein. Wenn Sie beispielsweise das französische Sprachpaket suchen, geben Sie im Feld French ein und klicken auf die Lupe. Joomla! zeigt dann nur noch alle französischen Sprachpakete an.

Sofern jetzt mehrere Pakete zur Auswahl stehen, werfen Sie einen Blick in die Spalte *Version*. Die dortigen Nummern bestehen aus vier mit Punkten voneinander getrennten Zahlen. Die ersten drei Ziffern (etwa *4.0.4*) müssen mit Ihrer Joomla!-Version übereinstimmen; alle anderen Pakete sollten Sie direkt ignorieren. Die vierte Ziffer repräsentiert die Versionsnummer des Sprachpakets und sollte so hoch wie möglich sein. Wenn Sie also die Wahl haben, entscheiden Sie sich immer für das Paket mit der höchsten Endziffer.

Darüber hinaus findet man für einige Sprachen mehrere unterschiedliche Einträge – zum Zeitpunkt der Bucherstellung galt das unter anderem für Englisch und Deutsch (*German*). Ihre Existenz hat zwei Gründe: Zum einen gibt es unterschiedliche Dialekte. So spricht man in den USA ein amerikanisches Englisch, in England hingegen wird britisches Englisch gesprochen. Die Sprachpakete enthalten daher teilweise verschiedene Dialekte oder Sprachvarianten.

Das Filmprogramm für das Open-Air-Kino in Berlin dürfte zumindest die meisten Besucher aus Österreich nicht interessieren. Diese würden sich vermutlich mehr über das Filmprogramm eines Wiener Kinos freuen – was wiederum deutsche Besucher nicht interessiert. Wie in diesem Beispiel kann es durchaus nützlich sein, Besuchern aus Deutschland, Österreich und der Schweiz jeweils unterschiedliche Webseiten anzubieten. Das funktioniert recht elegant, indem Sie einen mehrsprachigen Internetauftritt einrichten und dann für Deutschland, Österreich und die Schweiz jeweils eine eigene Sprachfassung vorsehen. Dieser Trick gelingt allerdings nur, wenn es auch ein Sprachpaket für jedes dieser Länder gibt. Aus diesem Grund bieten beispielsweise die deutschen Übersetzer für alle deutschsprachigen Länder jeweils ein eigenes Sprachpaket an. So können Sie mit dem Sprachpaket *German, Austria* eine Fassung Ihrer Website für alle Österreicherinnen und Österreicher anbieten.

In jedem Fall suchen Sie sich das passende Sprachpaket aus der Liste heraus und klicken auf *Installieren (Install)*. Das war bereits alles. Joomla! holt jetzt die Sprachpakete aus dem Internet und spielt sie ein.

Diese Installationsmethode ist extrem bequem, hat aber ein paar kleinere Haken: Die Übersetzer müssen ihre Sprachdateien über den entsprechenden Installationsmechanismus von Joomla! bereitstellen. Ob man also tatsächlich die aktuellen Sprachpakete in Joomla! angeboten bekommt, hängt von den Übersetzern ab.

Tipp Zumindest die Sprachen Englisch und Deutsch waren in der Vergangenheit immer auf dem aktuellen Stand. Sie sollten sie daher stets über diesen Weg beziehen.

Darüber hinaus benötigt Joomla! Zugriff auf das Internet. Insbesondere in Intranets von Unternehmen ist dieser Zugriff jedoch unter Umständen blockiert. Wenn Sie also Ihre Sprache nicht in der Liste finden oder aber die Installation fehlschlägt, müssen Sie die Sprachpakete eigenhändig aus dem Internet fischen und einspielen.

Sprachpakete aus dem Internet beziehen

Eine weitere Quelle für ein Sprachpaket bildet die Homepage des entsprechenden Übersetzerteams. Die deutschen Sprachpakete finden Sie beispielsweise unter *https://www.jgerman.de*.

Wenn Sie die Internetadresse nicht kennen, steuern Sie in Ihrem Browser die Joomla!-Homepage *https://www.joomla.org* an. Im Hauptmenü am oberen Rand finden Sie irgendwo einen Punkt *Languages*. Zum Zeitpunkt der Drucklegung dieses Buchs versteckte er sich hinter *Download & Extend*. Entscheiden Sie sich auf der neuen Seite für Ihre Joomla!-Version. Im Fall von Joomla! 4 folgen Sie *View All Joomla 4.x Language Packs*. Es erscheint jetzt eine lange Liste mit allen derzeit zur Verfügung stehenden Sprachpaketen (siehe Abbildung 17-2). Fahren Sie mit den Bildlaufleisten gegebenenfalls weiter nach unten.

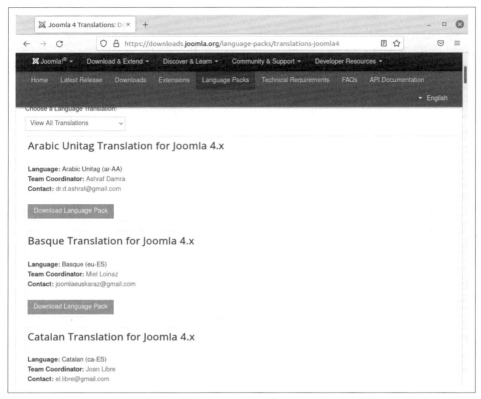

Abbildung 17-2: Auf dieser extrem langen Seite (beachten Sie die Bildlaufleiste am rechten Rand) finden Sie alle existierenden Sprachpakete.

 Tipp Der Weg zu dieser Liste mit Sprachpaketen hat sich in der Vergangenheit immer mal wieder geändert. Nutzen Sie im Zweifelsfall auch die Suchfunktion mit den Stichwörtern *Translations* und *Languages*.

Die Homepage des Übersetzerteams finden Sie neben *Website*. Nicht alle Übersetzer führen jedoch einen eigenen Internetauftritt oder stellen die Sprachpakete selbst bereit. In einem solchen Fall klicken Sie in der Liste aus Abbildung 17-2 auf die Schaltfläche *Download Language Pack*. Sie landen damit in jedem Fall auf einer Seite, auf der Sie die Sprachpakete herunterladen können.

Die Dateinamen der Sprachpakete folgen dem einheitlichen Muster aus Abbildung 17-3. Anhand dieser Bezeichnung finden Sie heraus, in welcher Sprache die Übersetzungen vorliegen und für welche Joomla!-Version das Paket gedacht ist. Welche Sprache ein Sprachpaket enthält, verrät das Kürzel direkt am Anfang. *de-DE* steht beispielsweise für Deutsch, *fr-FR* für Französisch und *en-US* für amerikanisches Englisch. Die ersten beiden Kleinbuchstaben geben dabei die jeweilige Sprache an, die Großbuchstaben das Land. Eine Liste mit den Sprachkürzeln finden Sie unter anderem auf der Wikipedia-Seite *https://en.wikipedia.org/wiki/List_of_ISO_639-1_*

codes, die Länderkennzeichen warten hingegen unter *https://de.wikipedia.org/wiki/ISO-3166-1-Kodierliste* in der Spalte *ALPHA-2*.

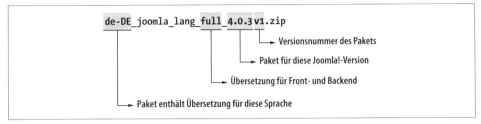

Abbildung 17-3: Die Dateinamen der Sprachpakete folgen häufig diesem Schema.

Das im Dateinamen folgende *_joomla_lang_* weist auf ein Sprachpaket für Joomla! hin. In Abbildung 17-3 enthält es die Übersetzung sowohl für das Front- als auch für das Backend – darauf deutet die Angabe *full*. Gedacht ist das Paket zudem für die Joomla!-Version *4.0.3*.

Warnung Achten Sie unbedingt darauf, dass Sie nur die zu Ihrer Joomla!-Version passenden Sprachpakete herunterladen und installieren. Ansonsten könnten fehlerhafte oder unvollständige Übersetzungen die Folge sein.

Die Übersetzerteams aktualisieren immer mal wieder ihre Sprachpakete. Jedes Paket erhält deshalb seine eigene Versionsnummer. Sie steht für gewöhnlich am Ende des Dateinamens und lautet in Abbildung 17-3 schlicht *v1*. Eine überarbeitete Fassung würde dann das Anhängsel *v2* bekommen, die dann folgende *v3* und so weiter.

Tipp Einige Übersetzerteams nehmen dem Joomla!-Benutzer etwas Arbeit ab und stellen ein Joomla!-Komplettpaket bereit, in das die jeweiligen Sprachpakete schon integriert wurden. Für eine Installation genügt es dann, einfach Kapitel 2, *Installation*, zu folgen.

Wenn Sie also die Wahl zwischen mehreren Sprachpaketen haben, gehen Sie wie folgt vor:

1. Suchen Sie alle Sprachpakete, die zu Ihrer Joomla!-Version passen. Wenn Sie etwa Joomla! 4.0.3 verwenden, konzentrieren Sie sich auf alle Dateien, die eine *4.0.3* im Namen tragen.
2. Wählen Sie das Sprachpaket, das *full* im Namen trägt (also das Sprachpaket mit den Übersetzungen für das Front- und das Backend).
3. Gibt es mehrere mögliche Kandidaten, wählen Sie das Paket mit der höchsten (angehängten) Versionsnummer.

Warnung Wenn Sie gemäß Kapitel 18, *Funktionsumfang erweitern*, Erweiterungen installieren, benötigen Sie für jede Erweiterung ein eigenes Sprachpaket. Welche Übersetzungen wo zu haben sind, sagt Ihnen für gewöhnlich die Homepage der Erweiterung.

Haben Sie das gewünschte Sprachpaket heruntergeladen, wählen Sie im Backend den Menüpunkt *System* und wechseln im Bereich *Installieren* zu den *Erweiterungen* (in einem englischsprachigen Joomla! wählen Sie *System* und dann im Bereich *Install* den Punkt *Extensions*). Dahinter wartet das Formular aus Abbildung 17-4.

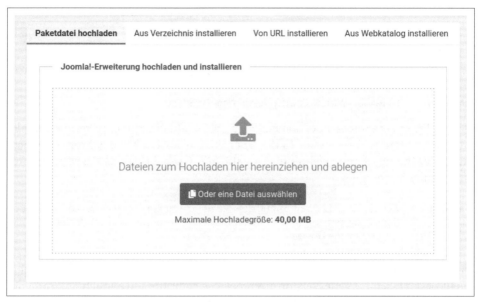

Abbildung 17-4: Über diese Seite spielt man die heruntergeladenen Sprachpakete ein.

Im Register *Paketdatei hochladen* (beziehungsweise *Upload Package File*) klicken Sie auf *Oder eine Datei auswählen* (*Or browse for file*) und wählen das Sprachpaket aus. Joomla! hievt dann das Sprachpaket auf den Webserver und integriert es in Joomla!.

Statt das Sprachpaket erst auf den eigenen Computer herunterzuladen, können Sie seine Download-Adresse auch direkt auf der Registerkarte *Von URL installieren* (*Install from URL*) in das Eingabefeld *Von URL installieren* (*Install from URL*) eintippen. Mit einem Klick auf *Überprüfen und installieren* (*Check & Install*) lädt Joomla! sich dann das Sprachpaket selbst herunter und spielt es ein.

Funktionieren diese beiden Wege nicht oder liegt das Sprachpaket wider Erwarten in einem exotischen Dateiformat vor (das weder auf *.zip* noch auf *.tar.gz* endet), müssen Sie das Sprachpaket zunächst auf Ihrer eigenen Festplatte entpacken. Den herausgepurzelten Inhalt transferieren Sie anschließend per Hand auf Ihren Server in genau das Verzeichnis, das Ihnen Joomla! auf der Registerkarte *Aus Verzeichnis installieren* (*Install from Folder*) nennt. Nach einem Klick auf *Überprüfen und installieren* (*Check & Install*) holt das Content-Management-System die Sprachdateien aus diesem Verzeichnis und spielt sie ein. Anschließend können Sie die hochgeladenen Dateien wieder löschen.

Tipp Sollte bei einer der drei Methoden eine Fehlermeldung erscheinen, fehlen Joomla! sehr wahrscheinlich die Schreibrechte auf die Verzeichnisse *tmp*, *language* und *administrator/language*. Sie finden diese Dreierbande in Ihrem Joomla!-Verzeichnis.

Sprachpakete entfernen

Haben Sie versehentlich ein falsches Sprachpaket installiert oder möchten es später aus anderen Gründen wieder loswerden, rufen Sie *System* auf, wechseln im Bereich *Verwalten* zum Punkt *Erweiterungen*, öffnen die *Filter-Optionen* und stellen die Drop-down-Liste – *Typ wählen* – auf *Paket*. Markieren Sie in der erscheinenden Liste das überflüssige Sprachpaket, klicken Sie dann auf *Deinstallieren* und bestätigen Sie die Rückfrage mit *OK*.

Fehlt in einem Sprachpaket eine Übersetzung oder ist das Sprachpaket defekt, greift Joomla! immer auf die Texte aus dem standardmäßig mitgelieferten englischen Sprachpaket zurück. Da dieses Paket (mit dem Sprachkürzel *en-GB*) somit als Notnagel dient, lässt es sich nicht deinstallieren.

Die Sprache wechseln

Um die per Sprachpaket eingeimpften Übersetzungen zu verwalten, rufen Sie im Backend *System* auf und wechseln dann im Bereich *Verwalten* zu den *Sprachen* (in einem englischen Joomla! rufen Sie *System* auf und klicken unter *Manage* auf *Languages*). Direkt links neben dem Eingabefeld für die *Suche* finden Sie eine Drop-down-Liste. Wenn in ihr *Site* eingestellt ist, sehen Sie wie in Abbildung 17-5 alle möglichen Sprachen für das Frontend.

Abbildung 17-5: Diese recht breite Seite präsentiert alle installierten Sprachpakete für das Frontend. Hier wurde Joomla! nachträglich Deutsch und Niederländisch beigebracht.

Welche dieser Sprachen Joomla! derzeit auf der Website »spricht«, zeigt der gelbe Stern in der Spalte *Standard* (bei einem englischsprachigen Joomla! heißt die Spalte *Default*). In Abbildung 17-5 erscheint die Website folglich mit deutschen Bedienelementen. Sie verändern diesen Zustand, indem Sie ganz links in den Kreis vor der gewünschten Sprache klicken und anschließend in der Werkzeugleiste *Standard* (beziehungsweise bei einem englischsprachigen Joomla! *Default*) aktivieren. Alternativ können Sie auch direkt auf den grauen Kreis in der Spalte *Standard* (respektive *Default*) klicken.

Die übrigen Spalten der Tabelle aus Abbildung 17-5 liefern ein paar ergänzende Informationen zum jeweiligen Sprachpaket und den Übersetzern. So finden Sie in der Spalte *Sprach-Tag* (englisch *Language Tag*) ein Kürzel, das die Sprache und vor allem den Dialekt eindeutig identifiziert. (Es ist übrigens das gleiche Kürzel, das auch ganz vorne im Dateinamen des Sprachpakets auftaucht.) Jedes Sprach-Tag besteht aus zwei Teilen: Die ersten beiden Zeichen liefern einen Hinweis auf die Sprache, die beiden Zeichen nach dem Bindestrich stehen für das Land. *en-GB* steht somit für Englisch (*en*), wie es in Großbritannien gesprochen wird (*GB*). Die Kürzel geben die beiden weltweit gültigen Standards ISO 639-1 und ISO 3166 vor. Eine komplette Liste mit allen Sprachkürzeln finden Sie unter anderem auf der Wikipedia-Seite *https://en.wikipedia.org/wiki/List_of_ISO_639-1_codes*, die Länderkennzeichen stehen unter *https://de.wikipedia.org/wiki/ISO-3166-1-Kodierliste* in der Spalte *ALPHA-2*.

In der Spalte *Version* zeigt Joomla! noch die Versionsnummer des Sprachpakets an. Die ersten drei Ziffern verraten wieder, für welche Joomla!-Version das Sprachpaket gedacht ist. Die letzte Ziffer gibt die eigentliche Versionsnummer des Sprachpakets an. Diese Ziffer sagt Ihnen, wie häufig das Sprachpaket bereits überarbeitet wurde. In Abbildung 17-5 liegt das deutsche Sprachpaket in der ersten Version vor, folglich wurde es noch nicht überarbeitet.

Die Spalte *Datum* verrät, wann das jeweilige Sprachpaket erstellt wurde, den Übersetzer nennt die Spalte *Autor*. In der Regel gibt es mehrere Übersetzer, die sich zu einem Team zusammengeschlossen haben. Für die deutschen Übersetzungen zeichnet etwa das Team *J!German* verantwortlich. Wenn Sie mit den Übersetzern Kontakt aufnehmen möchten, finden Sie in der vorletzten Spalte *E-Mail des Autors* eine passende E-Mail-Adresse. Tabelle 17-1 fast noch einmal alle Spalten und ihre Informationen zusammen.

Tabelle 17-1: Spalten der Tabelle »Sprachen«: Installiert und ihre jeweiligen Informationen

Spalte	Bedeutung
Titel	Die englische Bezeichnung der Sprache. In den Klammern steht der Dialekt beziehungsweise das Land, in dem die Sprache gesprochen wird.
Hauptsprachentitel	Hier steht noch einmal der Name der Sprache, allerdings in der Sprache selbst, etwa *Deutsch*.
Sprach-Tag	Das zur Sprache gehörende Sprach-Tag, mit dem sich die Sprache eindeutig identifizieren lässt – beispielsweise steht *en-GB* für britisches Englisch.
Standard	Die Sprache mit dem Sternchen spricht Joomla! standardmäßig.
Version	Die Übersetzungen liegen in dieser Version vor.
Datum	An diesem Datum wurde das Sprachpaket veröffentlicht.

Tabelle 17-1: Spalten der Tabelle »Sprachen«: Installiert und ihre jeweiligen Informationen *(Fortsetzung)*

Spalte	Bedeutung
Autor	Name des Übersetzers oder des Übersetzerteams.
E-Mail des Autors	Über diese E-Mail-Adresse können Sie mit dem Übersetzer Kontakt aufnehmen.
ID	Die interne Identifikationsnummer der Sprache.

Um dem Backend eine andere Sprache beizubringen, stellen Sie die Drop-down-Liste links oben von *Site* auf *Administrator* um. Joomla! zeigt jetzt in der Tabelle alle vorhandenen Sprachen für das Backend an. Auch hier wechseln Sie die Sprache, indem Sie in den Kreis vor der entsprechenden Sprache klicken und dann die Schaltfläche *Standard* bemühen. Alternativ klicken Sie auf den grauen Kreis in der Spalte *Standard*.

Warnung Dank dieser Zweiteilung können Sie dem Front- und dem Backend unterschiedliche Sprachen beibringen. Allerdings übersieht man im Eifer des Gefechts gern mal, auf welchen Punkt die Drop-down-Liste gerade eingestellt ist. Bevor Sie die Sprache wechseln, sollten Sie daher immer erst kontrollieren, ob Sie dies gerade für die Website (*Site*) oder das Backend (*Administrator*) tun.

Das Angebot an Sprachen für das Front- und das Backend kann übrigens voneinander abweichen – beispielsweise wenn das zuvor installierte Sprachpaket nur die Übersetzungen für das Frontend enthielt.

Die Sprache mit dem gelben Sternchen in der Spalte *Standard* gilt zunächst immer für alle Besucher und Benutzer. Küren Sie beispielsweise Englisch zum Standard, bekommen alle Benutzer ein englischsprachiges Backend beziehungsweise Frontend zu Gesicht. Jeder Benutzer darf allerdings in seinem Profil auf seine Lieblingssprache umschalten (wie im Abschnitt »Benutzerprofil« auf Seite 489 beschrieben).

Das Backend können Sie aber auch nur vorübergehend eine andere Sprache sprechen lassen. Dazu stellen Sie sicher, dass die Drop-down-Liste links neben dem Eingabefeld für die Suche auf *Administrator* steht. Klicken Sie dann in den Kreis vor der gewünschten Sprache und lassen Sie Joomla! in der Werkzeugleiste die *Sprache wechseln*. Das Backend spricht jetzt eine andere Sprache – allerdings nur so lange, bis Sie sich ab- und wieder anmelden (oder alternativ erneut die *Sprache wechseln*).

Um die eigene Website vollständig an eine neue Sprache anzupassen, reicht ein Wechsel des Sprachpakets alleine noch nicht aus. Denn dieses übersetzt immer nur die von Joomla! erzeugten Elemente, wie beispielsweise die *Anmelden*-Schaltfläche.

Für eine komplette Übersetzung müssen Sie folgende Stellen in Joomla! abgrasen:

- In den Spracheinstellungen (die Sie erreichen, indem Sie *System* aufrufen und dann im Kasten *Verwalten* zu den *Sprachen* wechseln) setzen Sie die Drop-down-Liste links neben dem Feld *Suche* auf *Site* und erheben dann die gewünschte Zielsprache zum *Standard*.
- Bei allen veröffentlichten Modulen müssen Sie den *Titel* anpassen.

- Sämtliche von Ihnen eingegebenen Texte müssen in der gewünschten Sprache verfasst worden sein. Dazu zählen nicht nur die Beiträge, sondern unter anderem auch die Beschreibungen der Kategorien, deren Titel, die Menüeinträge, alle Kontakte und Werbebanner.
- In den globalen Einstellungen unter *System* → *Konfiguration* legen Sie auf der Registerkarte *Server* gegebenenfalls die korrekte *Zeitzone* fest (mehr dazu finden Sie in Kapitel 13, *Joomla! konfigurieren*, im Abschnitt »Zeitzone des Servers« auf Seite 540).

Es kostet also einiges an Anstrengung, bis die Website vollständig lokalisiert ist. Das wird noch schlimmer, wenn man einen mehrsprachigen Internetauftritt erstellen möchte.

Einen mehrsprachigen Internetauftritt erstellen

Bislang »spricht« die Website immer nur genau eine Sprache, die Filmtoaster-Seiten beispielsweise nur Deutsch. Wenn sie allerdings schon einmal weltweit erreichbar ist, könnte man sie doch auch in weiteren Sprachen anbieten. Unternehmen erschließen so neue Märkte, während die Filmtoaster-Seiten den englischsprachigen Cineasten eine Heimat bieten kann.

Eine Website in mehreren Sprachen anzubieten, ist in Joomla! allerdings etwas komplizierter beziehungsweise umständlicher. Im Einzelnen müssen Sie dazu

1. für jede unterstützte Sprache die entsprechenden Sprachpakete installieren,
2. festlegen, in welchen Sprachen die Beiträge und andere Inhalte vorliegen können,
3. den mehrsprachigen Auftritt aktivieren (über ein spezielles Plug-in),
4. per Hand alle Beiträge übersetzen,
5. für jede Sprache eine eigene Startseite und ein eigenes Hauptmenü erstellen,
6. ein Modul freigeben, über das die Besucher auf eine andere Sprachfassung wechseln können, und
7. sämtliche verbliebenen (Menü-)Beschriftungen übersetzen.

Wenn Sie das jetzt nicht abschreckt, finden Sie in den folgenden Abschnitten eine detaillierte Schritt-für-Schritt-Anleitung, in der Sie als Beispiel den Filmtoaster-Seiten eine englische Übersetzung spendieren.

Tipp   Dazu benötigen Sie das geballte Wissen aus allen vorangegangenen Kapiteln. Das gilt insbesondere für die Menüs aus Kapitel 10, *Menüs*, die Module aus Kapitel 9, *Module*, und die Beiträge aus Kapitel 6, *Beiträge*.

Schritt 1: Sprachpakete installieren und Mehrsprachigkeit vorbereiten

Für jede Sprache, die Ihr Internetauftritt sprechen soll, installieren Sie zunächst ein passendes Sprachpaket. Das funktioniert genau so, wie es bereits im Abschnitt

»Sprachpakete beschaffen und installieren« beschrieben wurde. Das Sprachpaket sollte mindestens die Übersetzungen für das Frontend enthalten.

Tipp   Sofern Sie kein passendes Sprachpaket im Internet finden, ist das nicht dramatisch: Entweder belassen Sie dann später die wenigen Bedienelemente auf Englisch, das die meisten Besucher verstehen, oder Sie erstellen selbst eine Übersetzung. Wie das funktioniert, verrät gleich noch der Abschnitt »Eigene Sprachpakete erstellen« auf Seite 694.

Die Filmtoaster-Seiten sollen in Deutsch und Englisch erscheinen. Wenn Sie der Installationsanleitung aus Kapitel 2, *Installation*, gefolgt sind, haben Sie die beiden passenden Sprachpakete bereits installiert.

Als Nächstes rufen Sie im Backend *System* auf und klicken im Bereich *Verwalten* auf *Sprachen*. Stellen Sie sicher, dass die Drop-down-Liste links oben neben dem Eingabefeld für die Suche den Punkt *Site* zeigt. Joomla! sollte jetzt in der Tabelle alle Sprachen aufführen, die Ihre Website später anbieten soll. Küren Sie davon eine zum *Standard*. Diese Sprache »spricht« Joomla! dann in allen Zweifelsfällen – etwa wenn der Besucher noch keine Sprache ausgewählt hat.

Tipp   Da heutzutage die meisten Besucher Englisch beherrschen, sollten Sie hier im Zweifelsfall immer *English (en-GB)* als Standard vorgeben.

Damit liegen jetzt für alle Bedienelemente der Website passende Übersetzungen vor. Die *Anmelden*-Schaltfläche kann also auf den Filmtoaster-Seiten prinzipiell eine englische oder eine deutsche Beschriftung tragen.

Schritt 2: Inhaltssprachen festlegen

In welchen Sprachen Beiträge, Kontakte und andere Inhalte vorliegen können, legen Sie separat fest. Dazu wechseln Sie im Backend wieder zum Menüpunkt *System* und klicken im Bereich *Verwalten* auf die *Inhaltssprachen*. Sie landen damit in der ziemlich breiten Tabelle aus Abbildung 17-6.

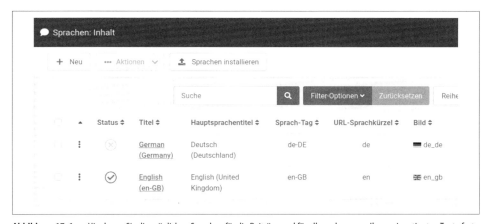

Abbildung 17-6: Hier legen Sie die möglichen Sprachen für die Beiträge und für alle anderen von Ihnen eingetippten Texte fest.

Für jede Sprache, in der Ihr Internetauftritt erscheinen soll, müssen Sie hier jetzt einen Eintrag anlegen. Netterweise richtet Joomla! automatisch für jedes installierte Sprachpaket bereits einen Eintrag ein. Sollten Sie in der Vergangenheit bereits weitere Sprachpakete installiert haben, tauchen diese unter Umständen hier ebenfalls noch mit einem Eintrag auf.

Tipp Dieses Vorgehen ist unlogisch und kompliziert, zumal Sie in fast allen Fällen hier für jedes installierte Sprachpaket ein Pendant erstellen werden.

Tabelle 17-2 fast schon einmal vorab kurz zusammen, welche Informationen die einzelnen Spalten in der Tabelle anzeigen. Die Bedeutungen werden klarer, wenn Sie, wie im Folgenden beschrieben, eine neue Sprache angemeldet haben.

Tabelle 17-2: Spalten der Tabelle »Sprachen«: Inhalt und ihre jeweiligen Informationen

Spalte	Bedeutung
Status	Nur für die hier mit einem grünen Haken markierten Sprachen bietet Joomla! später Übersetzungen an.
Titel	Der Name der Sprache, etwa *German*.
Hauptsprachentitel	In der Regel der Name der Sprache in der Sprache selbst, etwa *Deutsch*.
Sprach-Tag	Das zur Sprache gehörende Sprach-Tag, mit dem sich die Sprache eindeutig identifizieren lässt.
URL-Sprachkürzel	Dieses Sprachkürzel hängt Joomla! später an die Internetadresse an, um so die entsprechende Sprachfassung der Seite auszuwählen.
Bild	Besucher können über kleine Flaggensymbole auf eine andere Sprachfassung umschalten. Hier können Sie ablesen, welche Sprache mit welcher Flagge vertreten ist.
Zugriffsebene	Die Zugriffsebene für die entsprechende Sprachfassung.
Home	Hier können Sie ablesen, ob für die Sprache eine Startseite existiert.
ID	Die interne Identifikationsnummer der Inhaltssprache.

Genau wie alle anderen Elemente in Joomla! können Sie hier auch Sprachen »verstecken«. Besucher können dann nicht mehr zur entsprechenden Sprachfassung wechseln. Welche Sprachen derzeit bereitstehen, zeigen die grünen Haken in der Spalte *Status* an. In Abbildung 17-6 wären nur englische Beiträge möglich. Um das zu ändern, markieren Sie alle gewünschten Sprachen über ihre Kästchen und rufen unter *Aktionen* den Punkt *Veröffentlichen* auf. Setzen Sie auf den Filmtoaster-Seiten auf diesem Weg einen grünen Haken vor *German* und *English*.

Wenn Sie auf den *Titel* einer Sprache klicken, öffnet Joomla! die Einstellungen aus Abbildung 17-7. Die Vorgaben im Register *Details* sollten Sie belassen. Sie bestimmen, wie die Sprache später den Autoren und Besuchern angeboten wird. Es gibt aber zwei Ausnahmen: Zunächst können Sie im unteren Teil noch einmal den *Status* wählen. Des Weiteren bestimmen Sie mit der *Zugriffsebene*, wer Beiträge in der entsprechenden Sprache zu Gesicht bekommt.

Wichtig sind zudem die Einstellungen auf der Registerkarte *Optionen*. Dort können Sie noch eine *Meta-Beschreibung* eintippen. Joomla! versteckt diese Metadaten immer nur in der entsprechenden Sprachfassung – hier im Beispiel also in allen deutschsprachigen Seiten.

Bei der Installation von Joomla! haben Sie Ihrer Website auch einen Namen gegeben. Auf den Filmtoaster-Seiten lautet er schlicht *Filmtoaster*. Dieser taucht unter anderem in der Titelleiste beziehungsweise auf dem Register-Tab Ihres Browsers auf. Ein Besucher aus England dürfte jedoch sehr wahrscheinlich mit diesem Begriff nichts anfangen können. Daher sollten Sie den Namen der Website unter *Eigener Websitename* in die entsprechende Sprache übersetzen. Für die Filmtoaster-Seiten lassen Sie die Felder für die Metadaten und den Seitennamen der Einfachheit halber frei. In jedem Fall dürfen Sie nicht vergessen, etwaige Änderungen mit *Speichern & Schließen* zu sichern

Sofern die Liste aus Abbildung 17-6 bereits alle gewünschten Sprachen enthält, können Sie direkt zum nächsten Abschnitt weiterblättern. Sollte Ihre Sprache hingegen nicht in der Liste erscheinen (und wirklich nur dann), müssen Sie einen passenden Eintrag manuell hinzufügen. Klicken Sie dazu in der Werkzeugleiste auf *Neu*. Damit erscheint wieder das kryptische Formular aus Abbildung 17-7. Hier müssen Sie im Register *Details* folgende Felder ausfüllen:

Titel
> Hier geben Sie der Sprache einen Namen, wie etwa German. Diese Bezeichnung erscheint später sowohl im Backend als auch in allen Formularen, in denen Autoren einen Beitrag einreichen können.

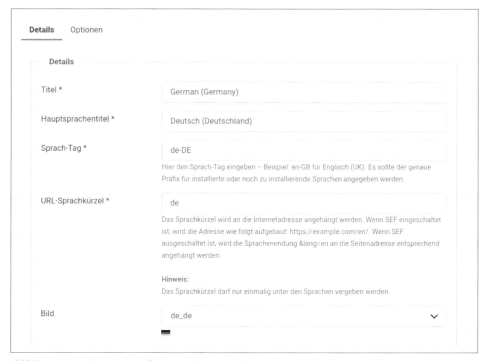

Abbildung 17-7: Mit diesen Einstellungen würde Joomla! erfahren, dass es auf den Filmtoaster-Seiten auch deutschsprachige Beiträge geben kann.

Einen mehrsprachigen Internetauftritt erstellen | 671

Tipp Deshalb sollten Sie anstelle von Deutsch als *Titel* die englische Bezeichnung German wählen. Das verstehen dann im Zweifelsfall auch Autorinnen und Autoren, die kein Deutsch sprechen.

Hauptsprachentitel

Hier tragen Sie den Namen der Sprache in der Muttersprache ein – beispielsweise Français für Französisch. Im Fall der Filmtoaster-Seiten wäre dies Deutsch. Diese Bezeichnung taucht später auch auf der Website auf.

Sprach-Tag

Hier hinterlegen Sie das zur Sprache gehörende Sprach-Tag, das die Sprache eindeutig identifiziert. So steht beispielsweise de-DE für Hochdeutsch. Die beiden Kleinbuchstaben ganz links verweisen dabei auf die Sprache, die Großbuchstaben hinter dem Bindestrich auf das Land. Australisches Englisch erhält beispielsweise das Sprach-Tag en-AU. Das Sprachen- und das Länderkürzel geben die beiden international gültigen Standards ISO 639-1 und ISO 3166 vor. Eine Liste mit allen Sprachkürzeln finden Sie unter anderem auf der Wikipedia-Seite *https://en.wikipedia.org/wiki/List_of_ISO_639-1_codes* in der Spalte 639-1, eine Liste mit allen Länderkürzeln wartet hingegen unter *https://de.wikipedia.org/wiki/ISO-3166-1-Kodierliste*. Relevant ist dort die Spalte ALPHA-2.

In das Feld *Sprach-Tag* gehört das komplette Kürzel aus Sprach- und Länderkennzeichnung. Für Hochdeutsch wäre dies de-DE.

URL-Sprachkürzel

Im Eingabefeld *URL-Sprachkürzel* tragen Sie das Sprachkürzel ein, das gemäß ISO 639-1 zu der hier neu angelegten Sprache gehört, im Fall der Filmtoaster-Seiten de für Deutsch. Eine Liste mit den wichtigsten Sprachkürzeln finden Sie unter *https://en.wikipedia.org/wiki/List_of_ISO_639-1_codes* in Spalte 639-1.

Das hier eingetragene Kürzel hat noch eine weitere Funktion: Wenn Sie es später an die Internetadresse Ihrer Website anhängen, wechselt Joomla! auf die entsprechende Sprache. Beispielsweise erreichen Sie hinter *http://localhost/joomla/index.php/de* die deutsche Startseite Ihres Internetauftritts; *http://localhost/joomla/index.php/en* führt hingegen zur englischen.

 Warnung Aus diesem Grund dürfen Sie das Kürzel ausschließlich für *eine einzige Sprache* verwenden. Es ist also nicht möglich, zweimal die Sprache Deutsch mit dem Kürzel de anzulegen.

Wenn Sie keine suchmaschinenfreundlichen Internetadressen verwenden (wie es Kapitel 20, *Suchmaschinenoptimierung*, noch zeigt), müssen Sie anstelle des Kürzels übrigens das kryptische Gebilde *&lang=de* anhängen. *de* ersetzen Sie dabei durch das hier eingetippte *URL-Sprachkürzel*.

Bild

Später auf der Website darf der Besucher eine der Sprachfassungen auswählen. Joomla! zeigt ihm dazu mehrere kleine Flaggen an. Mit einem Klick auf eine der

Flaggen wechselt der Besucher dann zur entsprechenden Sprachfassung. Welche Flagge dabei die gerade neu erstellte Sprache repräsentiert, legen Sie in der Drop-down-Liste *Bildpräfix* fest. Suchen Sie dazu das Sprachkürzel, das Sie auch in das Eingabefeld *URL-Sprachkürzel* eingetragen haben, wie etwa *de* (für Deutsch). Sobald Sie das Kürzel eingestellt haben, erscheint darunter eine kleine Flagge. Genau die sehen dann später auch Ihre Besucher.

Status
Hier können Sie die Sprache veröffentlichen oder verstecken.

Zugriffsebene
Nur die Mitglieder der hier eingestellten Zugriffsebene bekommen später Beiträge in dieser Sprache zu Gesicht.

Beschreibung
Abschließend können Sie noch eine Beschreibung vergeben. Sie taucht später allerdings weder im Backend noch auf der Website auf. Sie dient daher mehr als kleiner Notizblock.

ID
Auch jede Sprache bekommt eine interne Identifikationsnummer, die Joomla! nach dem Speichern der Sprache hier einträgt.

Legen Sie die Sprache via *Speichern & Schließen* an.

Schritt 3: Plug-in einschalten

Ein kleines Plug-in sorgt dafür, dass jeder Besucher nur noch eine Sprachfassung Ihrer Website präsentiert bekommt. Es erscheinen dann folglich entweder nur die deutschsprachigen oder aber nur noch die englischsprachigen Filmkritiken. Genau dieses hilfreiche Plug-in müssen Sie allerdings erst noch aktivieren und einrichten. Dazu rufen Sie im Backend den Menüpunkt *System* auf, wechseln im Bereich *Verwalten* zu den *Plugins*, suchen in der Tabelle das Plug-in *System – Sprachenfilter* und öffnen dessen Einstellungen (indem Sie seinen Namen anklicken).

Schalten Sie das Plug-in zunächst ein, indem Sie *Status* auf *Aktiviert* setzen. Anschließend bestimmen Sie auf der linken Seite, wie das Plug-in die korrekte Sprache wählt (siehe Abbildung 17-8).

Wenn *Sprachauswahl für neue Besucher* auf *Seitensprache* steht, begrüßt Joomla! alle Besucher zunächst immer in der Sprache, die Sie im Backend als *Standard* festgelegt haben (hinter *System* → *Verwalten* → *Sprache*). Mit den *Browsereinstellungen* beweist Joomla! hingegen etwas Intelligenz: Wenn ein Besucher Ihren Internetauftritt ansteuert, ermittelt Joomla! die in seinem Browser eingestellte Sprache und wechselt dann automatisch zu einer passenden Sprachfassung. Erst wenn diese Erkennung fehlschlägt, spricht Joomla! die im Backend als *Standard* eingestellte Sprache. In jedem Fall kann der Besucher über das gleich noch aktivierte Modul selbst eine andere Sprache einstellen. Für die Filmtoaster-Seiten stellen Sie die Drop-down-Liste auf *Browsereinstellungen*.

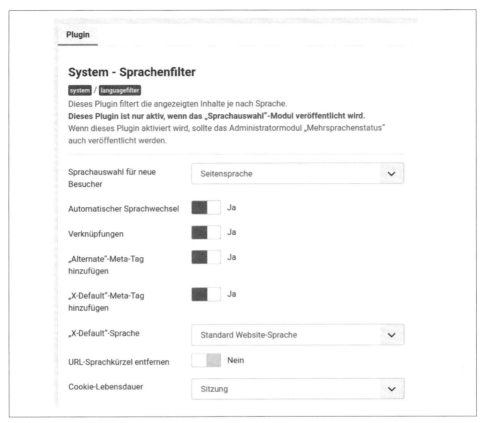

Abbildung 17-8: Die Einstellungen des Sprachenfilter-Plug-ins.

Die übrigen Einstellungen nutzen bereits durchweg sinnvolle Vorgaben, Sie können sie daher in den Voreinstellungen belassen. Der Vollständigkeit halber hier im Schnelldurchgang:

Automatischer Sprachwechsel
 Wenn ein Benutzer in seinem Profil eine andere Sprache auswählt und diese Änderung dann speichert, wechselt Joomla! umgehend zur entsprechenden Sprachfassung. Das passiert allerdings nur, wenn *Automatischer Sprachwechsel* auf *Ja* steht. Für die Filmtoaster-Seiten sollte hier *Ja* eingestellt sein.

Verknüpfungen
 Steht dieser Punkt auf *Ja*, können Sie Menüpunkte miteinander verknüpfen. Der Abschnitt »Schritt 9: Menüpunkte miteinander verknüpfen« auf Seite 687 wird darauf noch einmal zurückkommen.

»Alternate«-Meta-Tag hinzufügen
 Wenn Sie diesen Punkt auf *Ja* setzen, versteckt Joomla! in den Webseiten einen Hinweis auf die anderen Sprachfassungen. Insbesondere Suchmaschinen erkennen auf diese Weise, dass es Ihren Internetauftritt noch in anderen Sprachen gibt. Für HTML-Kenner: Joomla! fügt in den Kopf einer Seite passende `<link>`-Tags

ein. Betreiben Sie etwa einen deutsch- und englischsprachigen Auftritt, schreibt Joomla! in den Kopf der Seite:

```
<link href="http://www.example.org/index.php/de/" rel="alternate" hreflang="de-DE" />
<link href="http://www.example.org/index.php/en/" rel="alternate" hreflang="en-GB" />
```

»X-Default«-Meta-Tag hinzufügen und »X-Default«-Sprache
Wenn Sie Ihre Seiten in Deutsch und Englisch anbieten und ein Spanier mit Google Ihre Seiten durchsucht, sollte er möglichst die englischsprachigen Seiten angeboten bekommen – schließlich ist die Wahrscheinlichkeit höher, dass er Englisch spricht und kein Deutsch. Joomla! kann Google darauf hinweisen, dass eine der Sprachfassungen (wie etwa die englische) im Zweifelsfall als Standardsprache gilt. Dazu stellen Sie *»X-Default«-Meta-Tag hinzufügen* auf *Ja* und wählen dann unter *»X-Default«-Sprache* die Sprache aus, die Google als Standardsprache ansehen soll. Wenn Sie die Vorgabe *Standard Website-Sprache* eingestellt lassen, verwendet Joomla! die im Backend vorgegebene Standardsprache.

Technisch ergänzt Joomla! im Kopf der Webseiten ein `<link>`-Tag der Form:

```
<link href="http://www.example.org/index.php/en/" rel="alternate" hreflang="x-default" />
```

URL-Sprachkürzel entfernen
Wenn Sie einen mehrsprachigen Internetauftritt erstellen, finden Sie in allen von Joomla! erzeugten Internetadressen auch immer ein Sprachkürzel. Es zeigt an, in welcher Sprache die gerade betrachtete Seite verfasst wurde. Indem Sie hier *Ja* wählen, unterdrückt Joomla! das Sprachkürzel – aber nur, wenn auf der Website gerade die Standardsprache zu sehen ist und gleichzeitig suchmaschinenfreundliche URLs zum Einsatz kommen. Für die Filmtoaster-Seiten ist *Nein* die richtige Einstellung. Damit können Sie den Internetadressen immer auch die Sprache entnehmen.

Cookie-Lebensdauer
Die Sprache merkt sich Joomla! in einem sogenannten Cookie, das wiederum der Browser des Besuchers speichert. Dieses Cookie verliert irgendwann seine Gültigkeit. Je nach der Einstellung unter *Cookie-Lebensdauer* ist das wahlweise am Ende der *Sitzung* oder aber erst nach einem *Jahr* der Fall. Für die Filmtoaster-Seiten belassen Sie einfach die Vorgabe *Sitzung*. Das sollte auch in den meisten anderen Fällen die korrekte Einstellung sein.

Für die Filmtoaster-Seiten sollten die Einstellungen damit wie in Abbildung 17-8 aussehen.

Lassen Sie Ihre Änderungen *Speichern & Schließen*.

Schritt 4: Beiträge übersetzen

Im nächsten Schritt müssen Sie die schon vorhandenen Beiträge ihrer richtigen Sprache zuordnen und anschließend alle Beiträge übersetzen.

Auf den Filmtoaster-Seiten soll die Filmkritik zu *James Bond 007: Skyfall* den Anfang machen. Steuern Sie die Tabelle mit allen Beiträgen hinter *Inhalt* → *Beiträge* an, suchen Sie darin den Beitrag zu *James Bond 007: Skyfall* und klicken Sie ihn an. (Wenn Sie die Beispiele aus den vorherigen Kapiteln nicht mitgemacht haben, können Sie auch einen beliebigen anderen Beitrag auswählen.)

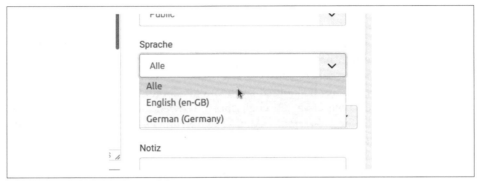

Abbildung 17-9: Über diese Drop-down-Liste legen Sie die Sprache des Beitrags fest.

In den Einstellungen finden Sie im Register *Inhalt* auf der rechten Seite ganz unten die Drop-down-Liste *Sprache*. Wenn sie auf *Alle* steht, erscheint der Beitrag immer in allen Sprachfassungen. Da die Kritik zu *James Bond 007: Skyfall* in Deutsch verfasst wurde, stellen Sie die *Sprache* auf *German (Germany)*. Stellen Sie außerdem sicher, dass *Haupteintrag* auf *Ja* steht und somit der Beitrag auf der Startseite zu sehen ist. Übernehmen Sie die Änderungen via *Speichern & Schließen*.

Um jetzt eine englische Übersetzung zu erstellen, müssen Sie via *Neu* in der Werkzeugleiste einen komplett neuen Beitrag anlegen. Geben Sie als *Titel* Skyfall ein – das ist der englische Originaltitel des Films. Alle anderen Einstellungen setzen Sie auf die gleichen Werte wie im Beitrag zu *James Bond 007: Skyfall*, also die *Kategorie* auf *Actionfilme* und den Haupteintrag auf *Ja*. Die *Sprache* ist jetzt allerdings *English (en-GB)*. Die rechte Seite sollte damit so aussehen wie in Abbildung 17-10. In das große Eingabefeld tippen Sie schließlich die übersetzte Kritik ein.

Speichern & Schließen Sie die fertige Kritik. Damit existieren jetzt zwei Beiträge: einer mit der deutschen und einer mit der englischen Kritik zum Film *James Bond 007: Skyfall*.

 Warnung Beachten Sie, dass es sich um zwei vollkommen unabhängige Beiträge handelt. Den einen zeigt Joomla! nur in der deutschsprachigen Fassung Ihrer Website, den anderen nur in der englischsprachigen.

Sie übersetzen also nicht einen Beitrag, sondern erstellen für jede Sprache einen eigenen. Das ist nicht nur bei der Eingabe extrem umständlich, die ganzen Beiträge überfluten so auch schnell die Tabelle hinter *Inhalt* → *Beiträge*. Allerdings können Sie auf diese Weise in den einzelnen Sprachfassungen Ihrer Website vollkommen unterschiedliche Beiträge anbieten.

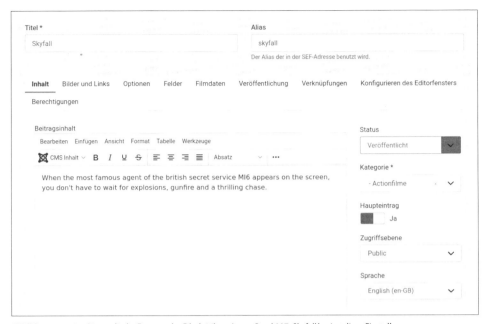

Abbildung 17-10: Die englische Fassung der Filmkritik zu *James Bond 007: Skyfall* besitzt diese Einstellungen.

Tipp Sie erleichtern sich die Arbeit zumindest ein wenig, wenn Sie den Beitrag zu *James Bond 007: Skyfall* erst kopieren und dann im Duplikat alle Texte übersetzen. Damit sehen Sie zumindest noch die (deutschen) Ausgangstexte und übernehmen auch gleich noch alle Einstellungen des Beitrags. Weitere Hilfe bei der Übersetzung erhalten Sie nur von speziellen Erweiterungen.

Das gezeigte Verfahren müssen Sie für alle anderen Beiträge wiederholen. Ausnahmen bilden Beiträge, die in allen Sprachen identisch sind, etwa das Impressum. Dort belassen Sie die *Sprache* auf *Alle*.

Auf den Filmtoaster-Seiten genügt erst einmal die übersetzte Kritik zu *James Bond 007: Skyfall*. Als Fingerübung können Sie aber gern noch ein paar weitere Kritiken ins Englische übertragen.

Wenn Sie jetzt ins Frontend wechseln, sehen Sie nur eine Sprachfassung. In einem deutschen Browser präsentiert Ihnen Joomla! somit sehr wahrscheinlich lediglich die deutsche Kritik zu *James Bond 007: Skyfall*. Die englische Übersetzung versteckt es.

Schritt 5: Für jede Sprache ein Hauptmenü und eine Startseite einrichten

Das *Sprachenfilter*-Plug-in versucht zwar automatisch, die Sprache des Besuchers zu ermitteln, liegt dabei aber hin und wieder daneben. Sie sollten daher Ihren Besuchern immer die Möglichkeit geben, die Sprache selbst umzustellen. Das gilt erst recht, wenn Sie auf die Automatik verzichten und jedem Besucher beispielsweise erst immer die englischsprachige Fassung präsentieren.

Zuständig für die Sprachauswahl ist ein kleines Modul. Abbildung 17-11 zeigt es in Aktion: Alle verfügbaren Sprachen bietet es in Form von kleinen Fähnchen an. Ein Mausklick auf eine der Fahnen leitet den Besucher dann auf die Startseite in der entsprechenden Sprache um. Das setzt allerdings voraus, dass es für jede Sprache eine eigene Startseite und ein eigenes Hauptmenü gibt.

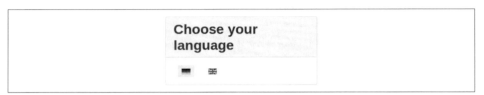

Abbildung 17-11: Später wählt der Besucher die Sprache bequem über dieses Modul aus.

 Auf den Filmtoaster-Seiten existiert im Moment nur eine Startseite für alle Sprachen. Darauf blendet das *Sprachenfilter*-Plug-in die entsprechenden Beiträge ein und aus. Damit die Besucher über das Modul die Sprache wechseln können, müssen jetzt noch zwei Menüs und zwei Startseiten her: jeweils eine für die deutsche und eine weitere für die englische Sprachfassung. Das klingt nicht nur nach viel Arbeit, das wird es leider auch.

Hauptmenüs anlegen

Zunächst zu den Hauptmenüs: Auf den Filmtoaster-Seiten benötigen Sie ein Hauptmenü für die deutsche und eines für die englische Sprachfassung. Wählen Sie also im Backend *Menüs → Verwalten → Neu*. Als *Titel* vergeben Sie etwa `Main Menu German` und als *Menütyp* vielleicht `mainmenu-german`.

 Tipp   Wenn Sie fremdsprachigen Autoren oder Helfern den Zugang zum Backend erlauben, sollten Sie auch dort mit englischen Begriffen arbeiten. So wird ein amerikanischer Helfer sofort erraten, was sich hinter dem *Main Menu German* verbirgt, die Bedeutung eines *Hauptmenü Deutsch* dürfte ihm jedoch verborgen bleiben.

Legen Sie das Menü per *Speichern & Neu* an (den Punkt erreichen Sie, indem Sie rechts neben *Speichern & Schließen* auf das nach unten zeigende Dreieck klicken). Joomla! öffnet damit direkt ein neues leeres Formular, in dem Sie jetzt das Hauptmenü für die englische Sprachfassung anlegen. Als *Titel* passt nun `Main Menu English`, als *Menütyp* `mainmenu-english`. *Speichern & Schließen* Sie das Menü. Damit landen Sie wieder in der Tabelle mit allen Menüs.

Passende Module erstellen

Jedes Menü zeigt ein Modul auf der Website an (siehe Kapitel 10, *Menüs*). Für die beiden neuen Menüs müssen folglich noch jeweils passende Module her. Dazu klicken Sie in der Tabelle hinter *Menüs → Verwalten* in der Zeile *Main Menu German* auf *Ein Modul für dieses Menü hinzufügen*.

Dieses erste angelegte Modul soll das deutsche Hauptmenü anzeigen. Vergeben Sie daher als *Titel* am besten Hauptmenü und setzen Sie den *Status* auf *Veröffentlicht*. Wählen Sie als *Position* absichtlich *sidebar-right*. Damit erscheint das Menü am rechten Seitenrand. Das hat zwei Vorteile: Zum einen bleibt das alte waagerechte Menü bei der noch anstehenden Arbeit erst einmal erhalten, und zum anderen dürfen Sie es nicht so einfach löschen. Der Grund dafür ist etwas komplexer, daher wird sich später noch der Abschnitt »Schritt 7: Das alte Hauptmenü ersetzen« auf Seite 685 genauer damit befassen.

Das deutsche Menü soll nur in der deutschen Sprachfassung zu sehen sein. Setzen Sie deshalb noch die *Sprache* auf *German (Germany)*.

Tipp   Wie Sie hieran sehen, können Sie auch komplette Module nur in einer ganz bestimmten Sprachfassung erscheinen lassen.

Innerhalb der deutschen Seiten soll das Menü immer zu sehen sein, egal welchen (deutschen) Beitrag der Besucher gerade liest. Stellen Sie daher sicher, dass auf der Registerkarte *Menüzuweisung* unter *Modulzuweisung* der Punkt *Auf allen Seiten* eingestellt ist. Legen Sie schließlich das Modul via *Speichern & Schließen* an.

Die ganze Prozedur müssen Sie jetzt noch einmal für das englische Hauptmenü wiederholen: Klicken Sie auf *Ein Modul für dieses Menü hinzufügen* in der Zeile *Main Menu English*, geben Sie als *Titel* vielleicht Navigation ein, setzen Sie den *Status* auf *Veröffentlicht*, wählen Sie als *Position* den Punkt *sidebar-right*, legen Sie die *Sprache* auf *English (en-GB)* um und stellen Sie sicher, dass auf der Registerkarte *Menüzuweisung* unter *Modulzuweisung* der Punkt *Auf allen Seiten* eingestellt ist. Legen Sie das Modul per *Speichern & Schließen* an.

Tipp   Nach der Installation von Joomla! existiert bereits ein Modul mit dem Namen *Main Menu*. Aus diesem Grund erhält hier das englische Modul den Titel *Navigation*. Damit lassen sich die beiden Module leichter unterscheiden. Da die Titel der Module auch auf der Website erscheinen (können), sollten Sie sie auf Ihrer eigenen Website möglichst kurz halten und vor allem in der entsprechenden Sprache vergeben – das Modul mit dem englischen Menü erhält folglich immer einen englischen Titel.

Startseiten einrichten

Als Nächstes muss für jede Sprache eine eigene Startseite her. Erinnern Sie sich daran, dass in Joomla! ein speziell gekennzeichneter Menüpunkt die Startseite festlegt (siehe den Abschnitt »Startseite festlegen« auf Seite 228). Sie müssen also für jede Sprache einen solchen speziellen Menüpunkt anlegen. Am einfachsten kopieren Sie dazu den bereits vorhandenen Menüpunkt. Damit müssen Sie nur noch ein paar wenige Einstellungen anpassen.

Auf den Filmtoaster-Seiten wechseln Sie zu *Menüs → Main Menu*. Markieren Sie das Kästchen des Eintrags *Home* und klicken Sie dann in der Werkzeugleiste unter den *Aktionen* auf die *Stapelverarbeitung*. Dort suchen Sie unter *Zum Verschieben*

oder Kopieren der Auswahl ein Menü oder übergeordneten Eintrag auswählen das *Main Menu German* und wählen den direkt darunter etwas eingerückten Punkt *Zu diesem Menü hinzufügen*. Stellen Sie sicher, dass darunter der Punkt *Kopieren* markiert ist. Klicken Sie abschließend auf *Ausführen*. Jetzt müssen Sie den kopierten Punkt nur noch etwas anpassen. Dazu rufen Sie *Menüs → Main Menu German* auf und klicken *Home (2)* an.

Als *Titel* vergeben Sie entweder wieder Home oder aber – da es sich um die deutsche Website handelt – noch besser Startseite.

Tipp Home hätte wiederum den Vorteil, dass auch verirrte englischsprachige Besucher ihn verstehen und so zumindest immer auf die Startseite zurückfinden.

Rechts setzen Sie *Standardseite* auf *Ja* und die *Sprache* auf *German (Germany)*. Damit zeigt dieser neue Menüpunkt nun auf die Startseite des deutschen Angebots. Nach dem *Speichern & Schließen* finden Sie jetzt in der Tabelle hinter *Menüs → Main Menu German* den neuen Menüpunkt wieder (siehe Abbildung 17-12).

Abbildung 17-12: Dieser Menüpunkt zeigt auf die deutsche Startseite.

In der Spalte *Startseite* sehen Sie jetzt anstelle eines gelben Sterns eine deutsche Fahne. Sie weist darauf hin, dass der Menüpunkt auf die Startseite der deutschen Sprachfassung zeigt.

Erzeugen Sie auf analogem Weg einen Menüpunkt, der zur Startseite des englischen Auftritts führt: Hinter *Menüs → Main Menu* setzen Sie in das Kästchen der Zeile *Home* einen Haken, bemühen unter den *Aktionen* die *Stapelverarbeitung*, öffnen die Drop-down-Liste *Zum Verschieben oder Kopieren der Auswahl ein Menü oder übergeordneten Eintrag auswählen*, suchen den Eintrag *Main Menu English*, entscheiden sich für den direkt darunter etwas eingerückten Punkt *Zu diesem Menü hinzufügen*, selektieren *Kopieren* und aktivieren abschließend *Ausführen*. Weiter geht es zu *Menüs → Main Menu English*, wo Sie *Home (2)* anklicken, dann den *Titel* auf Home ändern, die *Standardseite* auf *Ja* setzen und unter *Sprache* den Punkt *English (en-GB)* wählen. *Speichern & Schließen* Sie Ihre Änderungen.

Wenn Sie jetzt einen Blick ins Frontend werfen, finden Sie in der deutschen Sprachfassung schon das eben angelegte deutsche Hauptmenü, dessen Eintrag auch immer brav zur deutschen Startseite zurückführt (achten Sie auf die Sprache der Kritik zu *James Bond*). Analog zeigt die englische Sprachfassung immer das englische Hauptmenü. (Wenn Sie wie in Kapitel 2, *Installation*, eine Testinstallation mit XAMPP aufgesetzt haben, erreichen Sie die englischen Seiten unter *http://localhost/joomla/*

index.php/en). Wie Abbildung 17-13 zeigt, ist das neue deutschsprachige Hauptmenü allerdings noch recht leer.

Abbildung 17-13: Das noch ziemlich leere Hauptmenü der deutschen Sprachfassung.

Menüeinträge übernehmen

Die beiden Hauptmenüs sollen die gleichen Einträge enthalten wie das noch aktuelle *Main Menu*. Das geht am schnellsten über die schon hinlänglich bekannte Kopieren-Funktion.

Rufen Sie *Menüs* → *Main Menu* auf. Markieren Sie bis auf die erste Zeile *Home* (die mit dem gelben Häuschen) die Kästchen aller Einträge in der ersten Spalte. Der Menüpunkt *Home* wird nicht gebraucht, da die beiden neuen Hauptmenüs bereits ein eigenes Pendant besitzen. Klicken Sie in den *Aktionen* auf die *Stapelverarbeitung*, wählen Sie in der Drop-down-Liste *Zum Verschieben oder Kopieren der Auswahl ein Menü oder übergeordneten Eintrag auswählen* unterhalb von *Main Menu German* den Punkt *Zu diesem Menü hinzufügen* aus, aktivieren Sie *Kopieren* und klicken Sie auf *Ausführen*.

Lassen Sie sich jetzt über *Menüs* → *Main Menu German* alle Menüpunkte des deutschen Hauptmenüs anzeigen. Bringen Sie hier gegebenenfalls die Reihenfolge wieder in Ordnung und entfernen Sie anschließend in den Namen der kopierten Menüpunkte die angehängten Zahlen *(2)* und *(3)* (indem Sie sie jeweils anklicken und dann in ihren Einstellungen den *Titel* anpassen). Des Weiteren müssen Sie für jeden Menüpunkt die *Sprache* auf *German* setzen. Dies können Sie schnell über die Stapelverarbeitung erledigen: Rufen Sie *Menüs* → *Main Menu German* auf, markieren Sie bis auf *Startseite* alle Menüpunkte, klicken Sie in den *Aktionen* auf *Stapelverarbeitung*, stellen Sie *Sprache setzen* auf *German (Germany)* und klicken Sie auf *Ausführen*. Egal welchen Weg Sie wählen, hinter *Menüs* → *Main Menu German* sollten jetzt alle Menüpunkte in der Spalte *Sprache* mit der deutschen Fahne gekennzeichnet sein.

Wiederholen Sie jetzt diese Kopierprozedur für das englischsprachige Hauptmenü: Wechseln Sie zum Menüpunkt *Menüs* → *Main Menu*, markieren Sie alle Einträge bis auf *Home*, aktivieren Sie in der Werkzeugleiste unter den *Aktionen* die *Stapelverarbeitung*, stellen Sie in der Drop-down-Liste *Zum Verschieben oder Kopieren der Auswahl ein Menü oder übergeordneten Eintrag auswählen* unterhalb von *Main Menu English* den Punkt *Zu diesem Menü hinzufügen* ein, aktivieren Sie darunter *Kopieren* und klicken Sie auf *Ausführen*. Wechseln Sie zu *Menüs* → *Main Menu English* und bringen Sie hier gegebenenfalls die Reihenfolge wieder in Ordnung. In den Einstellungen der einzelnen Menüpunkte entfernen Sie im *Titel* der Menüpunkte nicht nur die Zahlen, sondern übersetzen diesen auch gleich ins Englische. Darüber hinaus stellen Sie die *Sprache* auf *English (en-GB)*. Wenn Sie alle Änderungen vorgenommen haben, sollte in der Tabelle hinter *Menüs → Main Menu English* in der Spalte *Sprache* überall eine britische Fahne zu sehen sein.

Zusammenfassung

Nach dieser Klickorgie wird es Zeit für eine kurze Zwischenbilanz:

- Für jede Sprache haben Sie ein neues Menü angelegt (via *Menüs → Verwalten → Neu*).
- Für jedes dieser Menüs haben Sie ein neues Modul vom Typ *Navigation – Menü* angelegt.
- Für jede Sprache haben Sie eine neue, eigene Startseite angelegt. Dazu haben Sie in den neuen Menüs jeweils einen neuen Menüpunkt erstellt, diesen dabei zur *Standardseite* gekürt und ihn auf die zugehörige *Sprache* eingestellt.
- Zum Schluss haben Sie noch die neuen Hauptmenüs mit den Menüpunkten aus dem alten Hauptmenü komplettiert.

Unter dem Strich haben Sie jetzt für die deutsche und für die englische Sprachfassung jeweils ein eigenes Hauptmenü und eine eigene Startseite. Und wofür die ganze Mühe? Zum einen haben Sie auch das Menü übersetzt, und zum anderen benötigen Sie die Vorarbeit für das Modul mit der Sprachauswahl.

Schritt 6: Das Modul für die Sprachauswahl aktivieren

Nachdem die Voraussetzungen geschaffen sind, können Sie das Modul für die Sprachauswahl erstellen und einrichten. Dazu wechseln Sie zum Menüpunkt *Inhalt → Site Module*, klicken auf *Neu* und wählen die *Sprachauswahl*.

In den Einstellungen des Moduls stellen Sie zunächst sicher, dass der *Status* auf *Veröffentlicht* steht. Vergeben Sie dann einen *Titel*. Er erscheint später auch auf der Website, sofern *Titel anzeigen* auf *Ja* steht und das Template nichts dagegen hat. Sie sollten ihn daher möglichst allgemeingültig und auf Englisch wählen, wie etwa Choose your language. Via *Position* platzieren Sie das Modul an einer gut sichtbaren, aber nicht allzu störenden Stelle. Auf den Filmtoaster-Seiten eignet sich am besten *sidebar-right* am Seitenrand.

Idealerweise sollte die Sprachauswahl auf allen Seiten zur Verfügung stehen, mindestens jedoch auf der Startseite. Stellen Sie daher auf den Filmtoaster-Seiten sicher, dass auf der Registerkarte *Menüzuweisung* unter *Modulzuweisung* der Punkt *Auf allen Seiten* eingestellt ist.

Speichern Sie die Änderungen (lassen Sie also die Einstellungen noch geöffnet). Im Frontend erscheint jetzt das Modul aus Abbildung 17-14. Mit einem Klick auf eine der Flaggen wechselt Joomla! automatisch die Sprache. Beobachten und kontrollieren können Sie das anhand der Menüs am rechten Rand sowie des übersetzten Beitrags.

> Choose your language
>
> ▬ ⚡

Abbildung 17-14: Über die Flaggen des neuen Moduls wechselt der Benutzer schnell die Sprache.

Unter Umständen erscheint das Modul irgendwo zwischen oder unterhalb der anderen Module. In solch einem Fall müssen Sie dann noch in seinen Einstellungen die *Reihenfolge* anpassen. Am besten setzen Sie es ganz nach oben, damit es neue Besucher sofort im Blickfeld haben. Wie Sie die Sortierreihenfolge ändern, hat bereits der Abschnitt »Sortierreihenfolge ändern« auf Seite 85 erläutert.

Die Fähnchen sind zwar recht nett, aber nicht besonders aussagekräftig. Möglicherweise stört zudem die britische Fahne einen amerikanischen Besucher. Glücklicherweise können Sie in den Einstellungen des Moduls noch etwas an der Optik schrauben. Wechseln Sie deshalb zurück ins Backend, wo Sie sich dem Register *Modul* zuwenden. Dort warten folgende Einstellungen, mit denen Sie wie folgt die Darstellung modifizieren können:

Text davor
: Der hier eingegebene Text erscheint direkt unter dem Titel (also der Überschrift) des Moduls.

Text danach
: Der hier eingegebene Text erscheint am unteren Ende der Sprachauswahl (also unter den Flaggen).

Drop-Down benutzen
: Wenn Sie diesen Punkt auf *Ja* setzen, präsentiert das Modul anstelle der Flaggen eine Drop-down-Liste, aus der die Besucher dann ihre Sprache auswählen können (siehe Abbildung 17-15).

Abbildung 17-15: Wenn Sie sich für eine Drop-down-Liste entscheiden, enthält diese die vollständigen Namen der Sprachen.

Haben Sie sich mit *Ja* für die Drop-down-Liste entschieden, gelten folgende Einstellungen:

Flaggen im Drop-Down
: Bei einem *Ja* erscheinen in der Drop-down-Liste zusätzlich kleine Flaggensymbole (wie in Abbildung 17-15).

Einen mehrsprachigen Internetauftritt erstellen | 683

Vollständige Sprachennamen
Bei einem *Ja* erscheinen in der Drop-down-Liste die Namen der Sprachen, in Abbildung 17-15 beispielsweise *Deutsch (Deutschland)*.

Aktive Sprache
In Abbildung 17-15 sieht der Besucher gerade die deutsche Sprachfassung. In der Drop-down-Liste bietet Joomla! ihm aber noch einmal *Deutsch* zur Auswahl an. Setzen Sie *Aktive Sprache* auf *Nein*, verschwindet die derzeit aktive Sprache als Wahlmöglichkeit aus der Drop-down-Liste.

Wenn Sie sich unter *Drop-Down benutzen* mit einem *Nein* gegen die Drop-down-Liste entscheiden, gelten die folgenden Einstellungen:

Bildflaggen benutzen
Bei einem *Ja* zeigt das Modul kleine Flaggensymbole an (wie in Abbildung 17-14), bei einem *Nein* schreibt es die zu Verfügung stehenden Sprachen aus (wie in Abbildung 17-16).

Aktive Sprache
Bei einem *Nein* blendet das Modul die Flagge beziehungsweise den Namen der derzeit aktiven Sprache aus.

Abbildung 17-16: Hier wurden die Bildflaggen abgeschaltet.

Vollständige Sprachennamen
Wenn Sie sich gegen die Flaggen entschieden haben (*Bildflaggen benutzen* steht auf *Nein*), schreibt Joomla! normalerweise alle zur Verfügung stehenden Sprachen aus (wie in Abbildung 17-16). Insbesondere wenn Sie Ihre Internetseite in vielen Sprachen anbieten, kann das recht schnell zu einem kleinen Gedränge im Modul führen. Stellen Sie *Vollständige Sprachennamen* auf *Nein*, ersetzt das Modul die Namen der Sprachen durch ihr jeweiliges Kürzel. Aus *Deutsch* würde etwa *DE*, aus *English (UK)* entsprechend *EN*. Ihre Besucher müssen dann aber auch wissen, dass sich hinter dem Kürzel *DE* die deutsche Sprachfassung verbirgt.

Horizontale Anzeige
Bei einem *Ja* zeigt das Modul die zur Auswahl stehenden Sprachen nebeneinander statt untereinander an.

 Für die Filmtoaster-Seiten können Sie die Einstellungen nach Ihrem Geschmack verändern. Belassen Sie im Zweifelsfall einfach überall die Vorgaben.

Das Eingabefeld *Text davor* lädt dazu ein, einen Text wie »Wählen Sie eine Sprache« einzutippen. Dieser Hinweis erscheint dann aber immer in jeder Sprachfassung. Gleiches gilt übrigens auch für den *Titel* des Moduls (im Moment also *Choose your language*). Sie können das direkt im Frontend überprüfen, indem Sie zwischen Englisch und Deutsch wechseln und dabei das Modul im Auge behalten.

Um diese Situation zu ändern, müssten Sie eigentlich zwei Sprachauswahl-Module anlegen: eines mit einem deutschen Titel, das nur in der deutschen Sprachfassung erscheint (indem Sie in seinen Einstellungen die *Sprache* auf *German (Germany)* setzen), und eines mit einem englischen Titel, das nur in der englischen Sprachfassung erscheint (*Sprache* auf *English (en-GB)*). Wenn Sie diesen Aufwand scheuen, setzen Sie *Drop-Down benutzen* auf *Nein*, dann *Bildflaggen benutzen* auf *Ja* und *Titel anzeigen* auf *Verbergen*. Auf diese Weise zeigt das Modul nur die sprachneutralen Flaggen an. Damit reicht ein Modul, das in allen Sprachfassungen erscheint.

Speichern & Schließen Sie die Einstellungen des Moduls. Als Nächstes geht es dem alten waagerechten Menü an den Kragen.

Schritt 7: Das alte Hauptmenü ersetzen

Bislang erscheinen die neuen Hauptmenüs am rechten Seitenrand. Dazu gibt es noch das alte waagerechte Hauptmenü. Man könnte jetzt einfach das alte Hauptmenü löschen und dann die beiden neuen Hauptmenüs an seine Stelle schieben. Das alte Hauptmenü zu löschen, ist jedoch keine so gute Idee:

Warnung Die Joomla!-Entwickler weisen extra und überdeutlich darauf hin, dass es weiterhin einen Menüpunkt auf eine allgemeine Startseite geben sollte.

Zumindest der alte *Home*-Menüpunkt (der mit dem gelben Stern in der Liste hinter *Menüs → Main Menu*) sollte also möglichst weiterhin existieren.

Es kommt sogar noch schlimmer:

Warnung Das Menü-Modul, das ihn anzeigt, *muss* einer Template-Position zugeordnet sein, die es tatsächlich gibt.

Der einfachste Ausweg ist deshalb, das Modul mit dem alten Hauptmenü auf allen Seiten auszublenden. Dazu rufen Sie *Inhalt → Site Module* auf, suchen in der Tabelle das *Main Menu*-Modul, klicken seinen Titel an und setzen dann in seinen Einstellungen im Register *Menüzuweisung* die Drop-down-Liste *Modulzuweisung* auf *Auf keiner Seite*. Nach dem *Speichern & Schließen* ist der Menüpunkt zur alten Startseite immer noch vorhanden, das Modul an einer Position, die es gibt, und das Menü auf der Website unsichtbar – also genau so, wie es sein soll.

Im nächsten Schritt schieben Sie die beiden neuen Menü-Module an die Stelle des alten Menüs. Sie können beide Menü-Module dort bedenkenlos gleichzeitig platzieren, da immer nur eines dieser beiden Module zu sehen sein wird (abhängig von der gerade dargestellten Sprachfassung). Rufen Sie also die Tabelle hinter *Inhalt → Site Module* auf, klicken Sie das *Hauptmenü* an und setzen Sie seine *Position* auf *menu*. Lassen Sie Ihre Änderungen *Speichern & Schließen*. Wiederholen Sie die Prozedur mit dem englischen Menü: Klicken Sie in der Tabelle das Modul *Navigation* an, stellen Sie die *Position* auf *menu* und lassen Sie schließlich die Änderungen *Speichern & Schließen*.

Wenn Sie jetzt im Frontend zwischen Englisch und Deutsch wechseln, passt sich das waagerechte Hauptmenü scheinbar der Sprache an (siehe Abbildung 17-17). Tatsächlich blendet Joomla! immer das zur Sprache passende Menü-Modul ein.

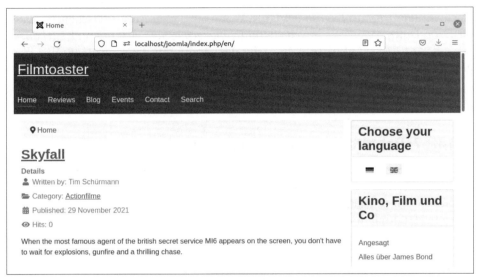

Abbildung 17-17: Hier hat ein Besucher die englischsprachige Fassung aufgerufen. Folglich blendet Joomla! das englische Menü-Modul und den englischen Beitrag ein. Zudem erscheinen alle von Joomla! gestellten Beschriftungen in Englisch (achten Sie links auf die Details).

Schritt 8: Abschlussarbeiten

Zum Schluss steht noch einmal eine richtige Sisyphusarbeit an: Wenn Sie einen Blick ins Frontend werfen und zwischen den beiden Sprachen hin- und herschalten, dürften Ihnen viele Elemente auffallen, die noch nicht übersetzt werden. Dazu zählen beispielsweise alle Menüeinträge des Menüs *Kino, Film und Co*, sämtliche Kategorien, deren Beschreibungen, alle Kontakte und die Werbebanner. Alle diese Elemente müssen Sie jetzt noch einmal in einer englischsprachigen Fassung erstellen. Denken Sie auch daran, die Menüpunkte mit ihren korrekten Inhalten zu verbinden. So muss der Menüpunkt *Angesagt* zu einer Seite mit wichtigen deutschen Beiträgen führen, sein neu zu erstellendes Pendant *Hot!* hingegen zu brandaktuellen englischen Beiträgen. Am Ende haben Sie dann jedes Modul, jedes Menü und jede Kategorie doppelt: einmal mit deutschen und einmal mit englischen Texten beziehungsweise Beschriftungen.

 Warnung   Achten Sie dabei unbedingt darauf, welche Beiträge in welchen Kategorien landen und in welcher Sprachfassung sie zu sehen sind. Ein deutscher Beitrag in einer englischen Kategorie würde auf der Website nicht oder nur einem englischsprachigen Besucher angezeigt werden (je nachdem, welche Einstellungen gewählt wurden).

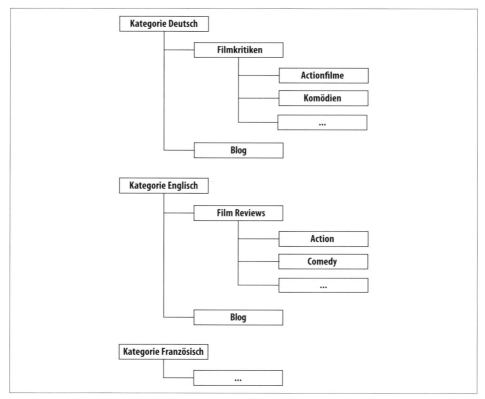

Abbildung 17-18: Möglicher Aufbau eines mehrsprachigen Internetauftritts.

Darüber hinaus müssen Sie noch einmal alle Module daraufhin abklopfen, ob sie überhaupt noch zu sehen sind. Um ein fehlendes Exemplar wieder hervorzuzaubern, rufen Sie seine Einstellungen auf (via *Inhalte → Site Module* und Klick auf seinen Titel) und passen im Register *Menüzuweisung* die *Modulzuweisung* an.

Sie merken schon: Das alles ist nicht nur umständlich, man gerät auch in Gefahr, den Überblick zu verlieren. Sie sollten deshalb am besten einen Plan mit der Gliederung Ihrer Website erstellen (ruhig auf Papier) und dann alle Elemente nacheinander abhaken. Unter Umständen empfiehlt es sich sogar, die Struktur Ihres Internetauftritts noch einmal komplett zu überarbeiten. Wenn Sie gerade erst einen Auftritt erstellen, sollten Sie die Mehrsprachigkeit schon von Beginn an mit einplanen. Bei den Beiträgen empfiehlt sich beispielsweise ein Aufbau wie der aus Abbildung 17-18.

Schritt 9: Menüpunkte miteinander verknüpfen

Wenn Sie im Frontend zum deutschsprachigen Internetauftritt wechseln, dann irgendeine Unterseite aufrufen und über das Sprachauswahl-Modul auf die englische Sprachfassung umschalten, springt Joomla! automatisch wieder zur Startseite zurück. Wesentlich eleganter wäre es jedoch, wenn anstelle der Startseite direkt die passende englische Unterseite erscheinen würde. Betrachtet eine Besucherin beispielsweise gerade den deutschsprachigen Veranstaltungskalender und klickt dann auf die britische Flagge, sollte sie umgehend auch den englischen Veranstaltungskalender zu Gesicht bekommen – und nicht die Startseite.

Damit das funktioniert, müssen Sie Joomla! mitteilen, welche Unterseiten zusammengehören. Das wiederum geschieht, indem Sie – Achtung – die darauf verweisenden Menüpunkte miteinander verknüpfen. Im Beispiel müssten Sie also den Menüpunkt zum deutschsprachigen Veranstaltungskalender mit dem Menüpunkt zum englischsprachigen Veranstaltungskalender verknüpfen. Erst dann können Besucher bequem zwischen ihnen hin- und herschalten. Zwei verknüpfte Menüpunkte bezeichnet Joomla! auch als *verknüpfte Einträge* (englisch *Item Associations*).

Um überhaupt Menüpunkte miteinander verknüpfen zu können, müssen Sie als Erstes im Backend zum Menüpunkt *System* wechseln, dort im Bereich *Verwalten* die *Plugins* aufrufen und zu den Einstellungen des Plug-ins *System – Sprachenfilter* gehen (indem Sie auf seinen Titel in der Tabelle klicken). Stellen Sie dort sicher, dass *Verknüpfungen* auf *Ja* steht. Nach dem *Speichern & Schließen* finden Sie in den Einstellungen eines jeden Menüpunkts ein neues Register namens *Verknüpfungen* (siehe Abbildung 17-19).

Jeder Menüpunkt führt zu einer Seite in einer ganz bestimmten Sprache. So gibt es etwa einen Menüpunkt, der zur deutschen Fassung des Veranstaltungskalenders springt. Auf der Registerkarte *Verknüpfungen* müssen Sie Joomla! mitteilen, welche Menüpunkte die anderen Sprachfassungen aufrufen. Führt der Menüpunkt beispielsweise zum Veranstaltungskalender, klicken Sie neben *English (en-GB)* auf *Auswählen* und entscheiden sich dann in der Liste für den Menüpunkt, der zum englischsprachigen Veranstaltungskalender führt.

Abbildung 17-19: In diesem Register lassen sich verschiedene Sprachfassungen eines Menüpunkts miteinander verbinden.

 Die genaue Funktionsweise und das Konzept dahinter demonstriert am besten ein kleines Beispiel zum Mitmachen. Als Ausgangspunkt dienen dabei wieder die Filmtoaster-Seiten. Stellen Sie zunächst sicher, dass es eine deutsche Filmkritik zu *James*

Bond 007: Skyfall und eine englischsprachige Filmkritik zu *Skyfall* gibt. Wenn Sie den vorherigen Abschnitten gefolgt sind, sollte dies bereits der Fall sein. (Andernfalls können Sie auch zwei andere Beiträge verwenden, von denen der eine in Deutsch vorliegt und der andere in Englisch.)

Erstellen Sie jetzt einen Menüpunkt zur Kritik zu *James Bond 007: Skyfall*, der nur in der deutschen Sprachfassung auftaucht: Klicken Sie auf *Menüs* → *Main Menu German* → *Neu*, dann im Register *Details* auf *Auswählen*, gefolgt von *Beiträge* und *Einzelner Beitrag*. Vergeben Sie als *Titel* die Bezeichnung James Bond 007: Skyfall, stellen Sie *Sprache* auf *German (Germany)*, klicken Sie dann neben *Beitrag auswählen* auf *Auswählen* und entscheiden Sie sich in der Liste für den (deutschsprachigen) Beitrag *James Bond 007: Skyfall*. Legen Sie den Menüpunkt via *Speichern & Schließen* an. Damit gibt es jetzt in der deutschen Sprachfassung einen Menüpunkt, der direkt zur Kritik zu *James Bond 007: Skyfall* führt.

Analog erzeugen Sie anschließend einen Menüpunkt zum Beitrag *Skyfall*, der nur in der englischen Sprachfassung auftaucht: Wählen Sie *Menüs* → *Main Menu English* → *Neu*. Klicken Sie dann auf der Registerkarte *Details* auf *Auswählen*, gefolgt von *Beiträge* und *Einzelner Beitrag*. Vergeben Sie als *Titel* die Bezeichnung Skyfall, stellen Sie die *Sprache* auf *English (en-GB)*, klicken Sie dann neben *Beitrag auswählen* auf *Auswählen* und entscheiden Sie sich in der Liste für den (englischsprachigen) Beitrag *Skyfall*. Legen Sie den Menüpunkt via *Speichern & Schließen* an. Damit gibt es auch in der englischen Sprachfassung einen Menüpunkt, der direkt zur Filmkritik *Skyfall* führt.

Im Frontend können Sie jetzt das alte Verhalten prüfen: Klicken Sie auf den Menüeintrag *James Bond 007: Skyfall* und wechseln Sie dann im Sprachauswahl-Modul auf die englische Sprachfassung. Joomla! springt automatisch zurück zur Startseite. Dies gilt es jetzt zu ändern.

Gehen Sie im Backend wieder zu *Menüs* → *Main Menu German* und klicken Sie dort den Menüeintrag *James Bond 007: Skyfall* an. Öffnen Sie die Registerkarte *Verknüpfungen*. Dort finden Sie für jede weitere Sprachfassung der Webseite einen Eintrag, auf den Filmtoaster-Seiten zumindest eine für Englisch (wie in Abbildung 17-19).

Der Menüpunkt führt zur Filmkritik zu *James Bond 007: Skyfall*. Auf die englische Fassung dieser Filmkritik verweist sein Amtskollege mit der Beschriftung *Skyfall*, der sich wiederum im Menü *Main Menu English* befindet. Um die beiden Menüpunkte miteinander zur verknüpfen, klicken Sie neben *English (en-GB)* auf *Auswählen*. Suchen Sie jetzt den Menüpunkt zur englischsprachigen Fassung des Beitrags. Dazu wählen Sie ganz links oben im neuen Fenster in der Drop-down-Liste (*– Menü wählen –*) das Menü mit dem betroffenen Menüpunkt – im Beispiel *Main Menu English*. Klicken Sie dann in der Liste den passenden Menüpunkt an. Auf den Filmtoaster-Seiten soll die Filmkritik mit *Skyfall* verknüpft werden. Lassen Sie die Änderung *Speichern & Schließen*.

Sie landen jetzt wieder in der Tabelle mit allen Menüpunkten. Dort gibt es die Spalte *Verknüpfung*. Hier weist ein Symbol darauf hin, dass der entsprechende Menüpunkt mit einem anderen verknüpft ist. Das Symbol zeigt dabei das Sprachkürzel des verknüpften Menüpunkts, in Abbildung 17-20 ist der Menüpunkt mit einem Kollegen aus der englischen Sprachfassung verknüpft.

Abbildung 17-20: Wenn Sie den Mauszeiger auf dem Symbol parken, verrät Joomla!, mit welchem Kollegen der Menüpunkt verknüpft ist.

Den englischen Menüpunkt zum Beitrag *Skyfall* müssen Sie jetzt nicht noch einmal mit dem deutschen Pendant verknüpfen. Joomla! hat das bereits automatisch für Sie durchgeführt. Sie können das prüfen, indem Sie *Menüs → Main Menu English* aufrufen: In der Zeile für den Menüpunkt *Skyfall* finden Sie ebenfalls ein Symbol mit dem Sprachkürzel.

Wechseln Sie nun ins Frontend. Laden Sie die Seite einmal neu und stellen Sie sicher, dass Sie die deutsche Sprachfassung sehen. Klicken Sie den Menüpunkt *James Bond 007: Skyfall* an. Wenn Sie jetzt über das Sprachauswahl-Modul zur englischen Fassung wechseln, erscheint automatisch der Beitrag zu *Skyfall* und nicht mehr die Startseite.

Die gezeigte Prozedur müssen Sie jetzt für alle anderen Menüpunkte in Ihrem Internetauftritt wiederholen.

 Auf den Filmtoaster-Seiten haben die beiden Menüeinträge zu *James Bond 007: Skyfall* und *Skyfall* ihre Schuldigkeit getan. Löschen Sie sie hinter *Menüs → Main Menu German* und *Menüs → Main Menu English*.

Nach diesem Ausflug in die komplexe Welt einer mehrsprachigen Website geht es in den folgenden Abschnitten noch einmal um die Sprachpakete – was aber nicht heißt, dass es einfacher wird.

Einzelne Übersetzungen austauschen (Language String Overrides)

 Nicht immer gefallen die Übersetzungen aus den (deutschen) Sprachpaketen. Beispielsweise bietet das *Login Form* aus Abbildung 17-21 den etwas nichtssagenden Link *Registrieren* an. Wesentlich aussagekräftiger wäre die Beschriftung *Benutzerkonto beantragen*. Im Folgenden soll deshalb die Beschriftung *Registrieren* gegen das passendere *Benutzerkonto beantragen* ausgetauscht werden. Alle übrigen Beschriftungen bleiben unverändert.

Abbildung 17-21: Nur die deutsche Beschriftung des Links *Registrieren* soll ausgetauscht werden.

Um eine Beschriftung auszutauschen, rufen Sie im Backend *System* auf und wechseln im Bereich *Verwalten* zum Punkt *Overrides*. Sie landen jetzt in einer Tabelle mit allen ersetzten Beschriftungen. Da es im Moment noch keine Ersetzungen gibt, ist die Tabelle leer – Joomla! verwendet folglich immer die Texte aus den Sprachpaketen. Links oben finden Sie eine Drop-down-Liste mit der Einstellung – *Sprache & Bereich wählen* –. Darin stellen Sie sowohl die Sprache ein, in der die auszutauschende Beschriftung vorliegt, als auch gleichzeitig den Ort, an dem der Text auftaucht. Im Beispiel stammt der Text *Registrieren* aus dem deutschen Sprachpaket und erscheint auf der Website. Wählen Sie folglich den Eintrag *German (Germany)* – *Site*. Um eine Beschriftung zu ersetzen, klicken Sie auf *Neu* in der Werkzeugleiste.

Jeder Beschriftung auf Ihrer Website ordnet Joomla! einen internen, recht kryptischen Bezeichner zu. Mit diesen sogenannten *Sprachschlüsseln* kann Joomla! die Beschriftungen auseinanderhalten und eindeutig identifizieren. Auch der Text *Registrieren* besitzt einen solchen Sprachschlüssel. Um den Link anders beschriften zu können, müssen Sie zunächst seinen Sprachschlüssel herausfinden. Mit dem Eingabefeld *Textsuche* rechts unten geht das jedoch ruck, zuck: Tippen Sie dort den Begriff ein, den Sie austauschen wollen – im Beispiel also Registrieren. Stellen Sie sicher, dass darunter *Suchen nach* auf *Text* steht, und klicken Sie dann auf *Suchen*. Joomla! spuckt daraufhin eine ganze Reihe von *Suchergebnissen* aus (siehe Abbildung 17-22).

Jetzt muss man ein wenig kombinieren: Die kryptischen Begriffe in den Großbuchstaben sind die Sprachschlüssel. Anhand der Texte darunter wird schnell klar, dass nur JREGISTER und MOD_LOGIN_REGISTER infrage kommen. Alle Sprachschlüssel, die mit COM_ beginnen, beziehen sich auf die Ausgaben von Komponenten. Analog sind die Sprachschlüssel, die mit einem MOD_ beginnen, Modulen zugeordnet. Der *Registrieren*-Link erscheint in einem Modul. Ergo heißt der ihm von Joomla! zugeordnete Sprachschlüssel MOD_LOGIN_REGISTER.

Abbildung 17-22: Der Begriff *Registrieren* taucht an insgesamt vier Stellen in Joomla! auf.

Genau diesen Sprachschlüssel klicken Sie jetzt in den Suchergebnissen an. Joomla! trägt ihn daraufhin automatisch links oben in das Feld *Sprachschlüssel* ein – alternativ hätten Sie den Sprachschlüssel dort auch eintippen können. Die aktuelle Beschriftung landet unter *Text*. Tauschen Sie sie dort einfach gegen Benutzerkonto beantragen aus. Das Ergebnis sollte dann so wie in Abbildung 17-23 aussehen. Dem Feld *Sprache* können Sie noch einmal entnehmen, dass die Ersetzung (nur) für die deutsche Sprache gilt. Analog verrät das Feld *Bereich*, dass der Text auf der Website (*Site*) erscheint. Legen Sie den Ersatz jetzt via *Speichern & Schließen* an.

Abbildung 17-23: Hier entsteht ein neuer Override, der den Registrieren-Link neu mit »Benutzerkonto beantragen« beschriftet.

Damit haben Sie einem Element, das Joomla! intern als MOD_LOGIN_REGISTER bezeichnet, die neue Beschriftung *Benutzerkonto beantragen* verpasst. Ob Sie auch das richtige Element erwischt haben, verrät ein Blick ins *Frontend*. Dort zeigt sich jetzt das *Login Form* so wie in Abbildung 17-24. Sie haben folglich die Beschriftung mit einem eigenen Text »überschrieben«. Joomla! bezeichnet daher diese Ersetzungstechnik als *Language String Overrides*, kurz *Language Overrides* oder einfach *Overrides*.

Abbildung 17-24: Die ausgetauschte Beschriftung.

Wenn Sie einen solchen Override wieder loswerden und somit zur ursprünglichen Beschriftung zurückkehren möchten, rufen Sie im Backend wieder *System* auf und wechseln im Bereich *Verwalten* zum Punkt *Overrides*. Setzen Sie einen Haken in das Kästchen vor dem entsprechenden Override und lassen Sie ihn *Löschen*. Entfernen Sie auf diese Weise auch wieder den zuvor angelegten Override für die Filmtoaster-Seiten.

> ### Language Overrides: ein Blick unter die Haube
>
> Sämtliche Ersatztexte sammelt Joomla! in Dateien im Unterverzeichnis *language/overrides* Ihrer Joomla!-Installation. Für jedes Sprachpaket liegt dort eine eigene Textdatei mit dem Namen *xx-XX.override.ini*. Das *xx-XX* steht dabei für das Sprach-Tag des zu verändernden Sprachpakets (siehe auch den Abschnitt »Die Sprache wechseln« auf Seite 665). So überschreiben beispielsweise die Texte in der Datei *de-DE.override.ini* ihre Pendants aus dem deutschen Sprachpaket.
>
> Wenn Sie diese Datei mit einem Texteditor öffnen, finden Sie in jeder Zeile genau eine überschriebene Übersetzung, wie etwa:
>
> ```
> MOD_LOGIN_REGISTER="Benutzerkonto beantragen"
> ```
>
> Vorne steht der Sprachschlüssel, hinter dem Gleichheitszeichen der Ersatztext. Sie können hier selbst weitere Zeilen hinzufügen, was allerdings recht umständlich und fehleranfällig ist. Gehen Sie daher möglichst den Weg über das Backend.
>
> Um später sämtliche Änderungen auf einen Schlag zurückzunehmen, können Sie aber die entsprechende Override-Datei, etwa die *de-DE.override.ini*, einfach löschen.

Eigene Sprachpakete erstellen

In diesem Abschnitt erfahren Sie, wie ein Sprachpaket aufgebaut ist. Dieses Wissen ist vor allem dann nützlich, wenn Sie Ihr selbst entwickeltes Template oder eine Erweiterung in mehrere Sprachen übersetzen möchten. Natürlich können Sie auch ein komplett neues Sprachpaket und somit eine eigene Übersetzung von Joomla! in Angriff nehmen – wie zum Beispiel eine Variante in Plattdeutsch.

Tipp Zuvor sollten Sie allerdings klären, ob dieser doch beträchtliche Aufwand überhaupt notwendig ist. So bietet sich beispielsweise eine kurze Nachfrage in einem Joomla!-Forum an. Vielleicht gibt es ja schon jemanden, der sich eine Übersetzung in dieser Mundart bereits vorgenommen hat.

Die Elemente der Website übersetzen

Der Weg zu einem komplett selbst gebauten Joomla! »op Platt« führt als Erstes in das Unterverzeichnis *language* der Joomla!-Installation. Wenn Sie Kapitel 2, *Installation*, gefolgt sind und eine Testinstallation mit XAMPP eingerichtet haben, ist das

- unter Windows das Verzeichnis *c:\xampp\htdocs\joomla\language*,
- unter OS X beziehungsweise macOS der Ordner */Programme/XAMPP/xamppfiles/htdocs/joomla/language* und
- unter Linux das Verzeichnis */opt/lampp/htdocs/joomla/language*.

Dort steckt jede Sprache in einem eigenen Unterverzeichnis. Deren Namen bestehen aus dem jeweiligen *Sprach-Tag* (englisch *Language Tag*), das Sie bereits aus den vorherigen Abschnitten kennen. So liegen im Unterverzeichnis *de-DE* die deutschen Übersetzungen. Die ersten beiden Kleinbuchstaben benennen dabei die Sprache, wobei beispielsweise de für Deutsch und en für Englisch steht. Welche Buchstabenkombination zu welcher Sprache gehört, regelt der weltweit gültige Standard ISO 639. Eine Liste mit allen Kürzeln finden Sie unter *https://en.wikipedia.org/wiki/List_of_ISO_639-1_codes*. In Joomla! können Sie die üblichen Kürzel mit zwei Buchstaben (ISO-Standard 639-1) oder drei Buchstaben (ISO-Standard 639-2) verwenden. Auch für Plattdeutsch (englisch *Low German* oder *Low Saxon*) gibt es ein passendes Kürzel: nds.

Nach dem Bindestrich weisen die zwei Großbuchstaben auf das Land hin, zum Beispiel AT für Österreich. Diese Länderkürzel sind wiederum im Standard ISO-3166-1 verzeichnet. Eine Aufstellung finden Sie unter *https://de.wikipedia.org/wiki/ISO-3166-1-Kodierliste* in der Spalte *ALPHA-2*. Ein Verzeichnis mit dem Namen *de-AT* enthält somit die Übersetzungen für Deutsch, wie es in Österreich gesprochen wird. Im Beispiel für Plattdeutsch lautet das Sprach-Tag nds-DE.

Tipp Joomla! stützt sich an verschiedenen Stellen auf die Sprach- und Länderkürzel. Wenn Sie davon abweichen, könnten später Probleme bei einem mehrsprachigen Auftritt oder im Zusammenspiel mit Erweiterungen auftreten.

Im Zweifelsfall sollten Sie Sprachkürzel verwenden, die Ihrer Sprache beziehungsweise Ihrem Dialekt möglichst nahe kommen oder aber in den Standards nicht auftauchen (wie etwa **xx-XX**).

In jedem Unterverzeichnis finden Sie gleich einen ganzen Haufen Textdateien. Jede enthält die Übersetzung für einen ganz bestimmten Teilbereich von Joomla!. Bevor es jedoch an deren Modifikation geht, erstellen Sie zunächst irgendwo auf Ihrer Festplatte ein Arbeitsverzeichnis mit einem beliebigen Namen. Dort hinein kopieren Sie alle Dateien aus dem englischen Verzeichnis *en-GB*. Eine bestehende Sprache als Ausgangsbasis zu verwenden, hat den Vorteil, dass keiner der zu übersetzenden Texte in Vergessenheit gerät. Entscheidet man sich zudem für das englische Original, sieht man wesentlich schneller, welche Texte noch nicht übersetzt wurden.

Informationen über die Sprache hinterlegen

Im nächsten Schritt machen Sie sich über die Datei *langmetadata.xml* her. Unter Windows hat diese Datei den Typ *XML-Dokument*. Öffnen Sie sie in einem Texteditor Ihrer Wahl.

Warnung   Doch Vorsicht: Ihr Editor muss die Texte in der sogenannten UTF-8-Zeichencodierung speichern. Andernfalls sind später alle Sonderzeichen und Umlaute entstellt, und unter Umständen weigert sich Joomla! sogar, das Sprachpaket zu installieren. Normalerweise können Sie die UTF-8-Zeichencodierung in Ihrem Texteditor irgendwo im Hauptmenü einstellen oder beim Speichern vorgeben. Moderne Texteditoren erkennen das UTF-8-Format zudem automatisch. Sie können das testen, indem Sie eine *.ini*-Datei aus dem deutschen Verzeichnis *de-DE* öffnen. Bleiben dabei die Umlaute erhalten, kann Ihr Texteditor mit dem UTF-8-Format umgehen.

Windows-Anwender müssen außerdem darauf achten, dass die Dateiendung stimmt. Beispielsweise hängt der mitgelieferte Editor gern ungefragt ein *.txt* als Endung an, die Windows dann im Explorer auch noch ausblendet.

Die Datei *langmetadata.xml* enthält ein paar Basisinformationen, die Sie später auch im Backend wiederfinden. Tauschen Sie einfach die entsprechenden Begriffe gegen passende Werte aus:

- Zwischen `<name>` und `</name>` steht der Name der Sprache.

  Im Beispiel ersetzen Sie den Text folglich durch `Plattdeutsch` (oder korrekter `Plattdüütsch`).

- Zwischen `<version>` und `</version>` steht die Versionsnummer der Übersetzung.

  Wie die Versionsnummer aussieht, können Sie prinzipiell frei bestimmen. Sie sollten sich aber an den üblichen Standard halten. Demnach besteht die Versionsnummer aus der Joomla!-Version und der Revision des Pakets. Im Beispiel erstellen Sie gerade die erste Version eines Sprachpakets für Joomla! 4.0.3, folglich handelt es sich um die Version `4.0.3.1`. (Mehr Informationen zur Versionsnummer finden Sie im Abschnitt »Sprachpakete beschaffen und installieren« auf Seite 659.)

- Zwischen `<creationDate>` und `</creationDate>` steht das Datum, an dem die Übersetzung fertiggestellt wurde.

- Zwischen `<author>` und `</author>` steht der Name des Übersetzers.

- Zwischen `<authorEmail>` und `</authorEmail>` steht die E-Mail-Adresse des Übersetzers.
- Zwischen `<authorUrl>` und `</authorUrl>` steht die Internetadresse des Übersetzers. (Dies ist in der Regel der Ort, an dem man das fertige Sprachpaket bekommt.)
- Zwischen `<copyright>` und `</copyright>` stehen Urheberinformationen, etwa in der Art `(C) 2022 Tim Schürmann. Alle Rechte vorbehalten.`
- Zwischen `<license>` und `</license>` steht die Lizenz, unter der das Sprachpaket steht. Alternativ können Sie hier auch auf eine Datei oder Internetadresse mit weiteren Informationen verweisen.
- Zwischen `<description><![CDATA[` und `]]></description>` folgt noch eine kleine Beschreibung, wie etwa `Website in Plattdeutsch`.

In der Textdatei folgt ein Bereich zwischen den Zeilen `<metadata>` und `</metadata>`. Dieser enthält ein paar (formale) Informationen über die Sprache:

- Zwischen `<name>` und `<name>` steht noch einmal die offizielle englische Bezeichnung der Sprache, im Beispiel also `Low German`.
- `<nativeName>` und `<nativeName>` kesseln den Namen der Sprache in ihrer eigenen Sprache ein, im Beispiel also `Plattdüütsch`.
- Zwischen `<tag>` und `</tag>` steht das Sprach-Tag (im Beispiel `nds-DE`).
- Die Zahl zwischen `<rtl>` und `</rtl>` gibt an, ob die Schreibrichtung der Sprache wie im Deutschen von links nach rechts (0) oder wie etwa im Arabischen von rechts nach links verläuft (dann wäre hier eine 1 richtig).
- Zwischen `<locale>` und `</locale>` gehören alle Sprach-Tags, für die diese Sprache ebenfalls gelten. Für Deutsch kann man beispielsweise nicht nur `de_DE`, sondern nach dem Standard mit den drei Buchstaben auch `deu_DE` schreiben. Schließlich gibt es noch die einzelnen Abkürzungen de und deu sowie die Bezeichnungen german und germany. Alle diese Begriffe sammeln Sie hier zwischen `<locale>` und `</locale>` und trennen sie jeweils durch ein Komma. Als Vorlage können Sie die Angaben aus der englischen Datei *langmetadata.xml* verwenden. Im Fall des Plattdeutschen sieht das dann etwa so aus: `<locale>nds_DE.utf8, nds_DE.UTF-8, nds_DE, nds, platt, plattdeutsch</locale>`.
- Die Zahl zwischen `<firstDay>` und `</firstDay>` legt fest, ob die Arbeitswoche an einem Sonntag beginnt (dann verwenden Sie die Zahl 0) oder wie in Deutschland an einem Montag (dann gehört hier die Ziffer 1 hin).
- In einigen Fällen zeigt Joomla! einen kleinen Kalender an, in dem man dann bequem ein Datum auswählen kann. Das Wochenende hebt der Kalender dabei optisch hervor. Die Zahl zwischen `<weekEnd>` und `</weekEnd>` verrät dem Kalender, auf welche Tage das Wochenende fällt. Wenn Sie hier 0,6 eintragen, ist das Wochenende am Samstag und Sonntag, bei einer 1 hingegen am Freitag.
- Die Art des Kalenders gehört zwischen `<calendar>` und `</calender>`. Den gregorianischen Kalender verwenden die meisten westeuropäischen Länder. Auch für Plattdeutsch ist hier der Eintrag `gregorian` richtig.

Texte übersetzen

Nachdem Sie die Änderungen gespeichert haben, wenden Sie sich einer der Dateien mit der Endung *.ini* zu. Jede von ihnen enthält die Übersetzungen genau einer Komponente, eines Moduls oder eines Plug-ins. Die Datei *mod_login.ini* enthält beispielsweise alle Beschriftungen des Moduls für die Anmeldung (das *Login Form* rechts unten auf der Beispiel-Website). Auch die *.ini*-Dateien können Sie mit einem herkömmlichen Editor bearbeiten.

Warnung Achten Sie aber auch hier wieder darauf, dass dieser Editor die UTF-8-Codierung verwendet.

Jede der *.ini*-Dateien enthält in jeder Zeile die Übersetzung genau eines Elements auf Ihrer Website. Alle Zeilen, die mit einem Semikolon beginnen, werden später von Joomla! ignoriert.

Die übrigen Zeilen starten mit einem in Großbuchstaben geschriebenen Begriff, der ein ganz bestimmtes Element auf der Joomla!-Website repräsentiert. Diese sogenannten *Sprachschlüssel* (englisch *Language Constant*s) geben die Joomla!-Entwickler fest vor. Dem Eingabefeld für den Benutzernamen haben die Joomla!-Entwickler beispielsweise den Sprachschlüssel MOD_LOGIN_VALUE_USERNAME zugeordnet. Hinter jedem Sprachschlüssel steht ein Gleichheitszeichen, gefolgt von der entsprechenden Übersetzung in Anführungszeichen. Dazu ein kleines Beispiel aus der Datei *mod_login.ini*:

```
MOD_LOGIN_REGISTER="Create an account"
```

Hier besitzt das Modul ein Element namens MOD_LOGIN_REGISTER, das mit dem Text *Create an account* beschriftet ist. Es handelt sich hier folglich um den Link *Registrieren*, über den Besucher ein neues Benutzerkonto beantragen können und der im Englischen die Beschriftung *Create an account* trägt.

Tipp Sie sehen an dieser Stelle einen weiteren Grund, warum man eine bestehende Sprache als Ausgangsbasis heranziehen sollte: Nur am Text nach dem Gleichheitszeichen können Sie zweifelsfrei erkennen, welches Element der kryptische Sprachschlüssel zu Beginn der Zeile repräsentiert.

Warnung Wenn Sie eine dieser Zeilen löschen, zeigt Joomla! den entsprechenden Text aus dem englischen Sprachpaket an.

Tauschen Sie jetzt in allen *.ini*-Dateien die Texte in den Anführungszeichen gegen die entsprechenden Übersetzungen in Ihrer Sprache aus. Mitunter stoßen Sie dabei auf merkwürdige Zeichenketten wie %s. Das sind Platzhalter, die Joomla! später durch Zahlen oder andere Begriffe ersetzt.

Die Dateien mit dem Kürzel *tpl_* im Namen übersetzen die Texte einzelner Templates. So liegen beispielsweise in der *tpl_cassiopeia.ini* unter anderem die deutschen Beschriftungen der vom Template *Cassiopeia* angebotenen Einstellungen beziehungsweise Parameter.

Die Datei localize.php

Eine Sonderrolle nimmt die Datei *localize.php* ein: Zum einen enthält sie keine Übersetzungen, sondern liefert Joomla! einige zusätzliche Informationen über die Sprache. Zum anderen weicht ihr Aufbau von dem der anderen Dateien ab.

Öffnen Sie die Datei mit einem Texteditor und suchen Sie zunächst darin folgende Zeile:

```
abstract class En_GBLocalise {
```

Ersetzen Sie En_GB durch das Sprach-Tag der neuen Sprache. Im Plattdeutsch-Beispiel sieht das Ergebnis dann so aus:

```
abstract class Nds-DELocalise {
```

Wenn Joomla! einen Beitrag in der Datenbank sucht, kann es dabei nichtssagende Wörter wie *und*, *oder*, *aber*, *in* und *auf* ignorieren. Diese Füllwörter hinterlegen Sie im unteren Teil der Datei vor der letzten schließenden Klammern }. Direkt davor fügen Sie folgende Zeilen ein:

```
public static function getIgnoredSearchWords()
    {
        $search_ignore = array();
        $search_ignore[] = "und";
        $search_ignore[] = "oder";
        $search_ignore[] = "aber";
        $search_ignore[] = "in";
        $search_ignore[] = "auf";

        return $search_ignore;
    }
```

Hinter jedem $search_ignore[] = steht in Anführungszeichen jeweils ein Begriff, den die in Joomla! eingebaute Suchfunktion später ignoriert. Sie können noch mehr Begriffe hinzufügen, indem Sie unter

```
$search_ignore[] = "auf";
```

weitere entsprechende Zeilen hinterlegen, wie etwa:

```
...
$search_ignore[] = "auf";
$search_ignore[] = "unter";
$search_ignore[] = "über";
```

Des Weiteren können Sie die Suche beeinflussen. Um zu erreichen, dass jeder Suchbegriff mindestens aus drei Zeichen besteht, fügen Sie die folgenden Zeilen vor dem schließenden } ein:

```
public static function getLowerLimitSearchWord()
    {
        return 3;
    }
```

Soll jeder Suchbegriff aus nicht mehr als 20 Zeichen bestehen, hinterlegen Sie vor dem letzten } noch diese Zeilen:

```
public static function getUpperLimitSearchWord()
{
    return 20;
}
```

Abschließend können Sie vorgeben, wie viele Zeichen die komplette Suchanfrage lang sein darf. Dazu fügen Sie vor der letzten schließenden Klammer } noch folgende Zeilen ein. Sie erlauben maximal 200 Zeichen für eine Suchanfrage:

```
public static function getSearchDisplayedCharactersNumber()
{
    return 200;
}
```

Die Datei install.xml

Nun müssen die modifizierten Dateien in Ihrem Arbeitsverzeichnis noch zu einem Paket geschnürt werden. Dazu ist eine weitere Datei mit dem Namen *install.xml* notwendig. Sie können hier wieder eine Datei aus einem bestehenden Sprachpaket in Ihr Arbeitsverzeichnis kopieren und dann modifizieren. Wenn Sie das komplette englische Sprachpaket als Ausgangsbasis verwenden, liegt in Ihrem Arbeitsverzeichnis schon eine *install.xml*, die Sie nur noch in einem Texteditor öffnen und dann anpassen müssen.

Im oberen Teil der Datei *install.xml* verlangt Joomla! wieder ein paar allgemeine Informationen, wie sie auch schon in der Informationsdatei *langmetadata.xml* auftraten. Die dort abgefragten Daten hat der Abschnitt »Informationen über die Sprache hinterlegen« auf Seite 695 vorgestellt. So steht etwa zwischen <name> und </name> der Name der Sprache – im Beispiel also Plattdeutsch. Passen Sie die Informationen im oberen Teil der *install.xml* an Ihre Sprache an.

| Tipp | Wenn Sie die *install.xml* aus dem deutschen Sprachpaket kopiert haben, finden Sie zwischen <description> und </description> einen langen, kryptischen Text. Diesen können Sie einfach löschen und durch eine eigene Beschreibung ersetzen. Im kryptischen Textsalat des deutschen Sprachpakets dürften HTML-Kenner übrigens vieles wiedererkennen: Alles zwischen <![CDATA[und]]> sind HTML-Tags, die den Text später aufhübschen. | |

Im unteren Teil der *install.xml* stehen zwischen <files> und </files> alle Dateien, die zum Sprachpaket gehören. Jeder Dateiname wird dabei zwischen <filename> und </filename> gesetzt. Für das Plattdeutsch-Beispiel sähe ein Eintrag folgendermaßen aus:

```
<files>
    ...
    <filename>langmetada.xml</filename>
    <filename>install.xml</filename>
    ...
</file>
```

Damit Sie hier nicht alle Dateien umständlich auflisten müssen, können Sie mit `<folder>/</folder>` auch in einem Rutsch das komplette Verzeichnis einschließen. Das Ergebnis sieht dann so aus:

```
<files>
   <folder>/</folder>
   <filename>langmetada.xml</filename>
   <filename>install.xml</filename>
</file>
```

Anhand dieser Angaben weiß Joomla! später bei der Installation des Sprachpakets, welche Dateien es aus dem Paket übernehmen und im *language*-Verzeichnis ablegen muss.

Die Elemente des Backends übersetzen

Bislang wurden nur die Elemente der Website übersetzt. Die Sprache des Backends passen Sie auf die gleiche Weise an. Die zugehörigen Dateien liegen im Unterverzeichnis *administrator/language* des Joomla!-Verzeichnisses: Auch von dort können Sie sich einfach die englische Übersetzung aus dem Ordner *en-GB* in ein zweites Arbeitsverzeichnis kopieren. Anschließend müssen Sie dann nur noch dieses Duplikat an Ihre Sprache anpassen. Das funktioniert exakt so, wie in den vorherigen Abschnitten für die Website gezeigt.

Ein Sprachpaket schnüren

Wenn Sie auf die beschriebene Weise sowohl die Texte für das Frontend als auch die für das Backend übersetzt haben, müssen Sie alles in ein kompaktes Sprachpaket verwandeln.

Dazu wechseln Sie zunächst in das Arbeitsverzeichnis mit den Übersetzungen für das Frontend. Packen Sie den Inhalt dieses Verzeichnisses in ein ZIP-Archiv. Geben Sie diesem ZIP-Archiv den Dateinamen *site_de-DE.zip*. Das *de-DE* ersetzen Sie dabei durch Ihr Sprach-Tag. Im Beispiel des Plattdeutschen heißt die ZIP-Datei somit *site_nds-DE.zip*.

Gehen Sie jetzt in das Arbeitsverzeichnis mit den Übersetzungen für das Backend. Packen Sie seinen Inhalt in ein ZIP-Archiv, dem Sie den Dateinamen *admin_de-DE.zip* verpassen. Das *de-DE* ersetzen Sie dabei wieder durch Ihr Sprach-Tag. Im Beispiel des Plattdeutschen heißt die Datei damit *admin_nds-DE.zip*.

An dieser Stelle sollten Sie jetzt zwei ZIP-Archive in den Händen halten: eines mit den Übersetzungen für das Frontend und eines mit den Übersetzungen für das Backend. Kopieren Sie diese beiden ZIP-Archive in ein drittes Arbeitsverzeichnis. Darin erstellen Sie zudem eine Textdatei mit dem Namen *pkg_de-DE.xml*. Der Bestandteil *de-DE* steht dabei wieder für Ihr Sprach-Tag. Bei der Übersetzung ins Plattdeutsche heißt die Datei somit *pkg_nds-DE.xml*. Diese Textdatei füllen Sie jetzt mit folgendem Inhalt:

```xml
<?xml version="1.0" encoding="utf-8"?>
<extension type="package" version="4.0" method="upgrade">
    <name>Plattdüütsch</name>
    <packagename>nds-DE</packagename>
    <version>4.0.3.1</version>
    <creationDate>29.01.2022</creationDate>
    <author>Tim Schürmann</author>
    <authorEmail>info@tim-schuermann.de</authorEmail>
    <authorUrl>https://oreilly.de</authorUrl>
    <copyright>(C) 2022 Tim Schürmann</copyright>
    <license>GNU General Public License version 2 or later; see LICENSE.txt</license>
    <url>https://oreilly.de</url>
    <description><![CDATA[]]>
    </description>
    <files>
        <file type="language" client="site" id="nds-DE">site_nds-DE.zip</file>
        <file type="language" client="administrator" id="nds-DE">admin_nds-DE.zip</file>
    </files>
</extension>
```

Der Aufbau ähnelt dem der Datei *langmetadata.xml* aus dem Abschnitt »Informationen über die Sprache hinterlegen« auf Seite 695. Alle bekannten Zeilen (wie etwa den Namen des Erstellers zwischen `<name>` und `</name>`) passen Sie wieder an Ihre Gegebenheiten an. Neu sind lediglich folgende Zeilen:

Zwischen `<packagename>` und `</packagename>` steht das Sprach-Tag, im Beispiel `nds-DE`.

In den Zeilen

```
<file type="language" client="site" id="xx-XX">site_xx-XX.zip</file>
```

und

```
<file type="language" client="administrator" id="xx-XX">admin_xx-XX.zip</file>
```

müssen Sie nur xx-XX gegen das Sprach-Tag Ihrer Sprache austauschen, im Beispiel für Plattdeutsch also gegen nds-DE. Die beiden Zeilen verraten Joomla!, welches ZIP-Archiv welche Übersetzung enthält.

Nach dem Speichern liegen jetzt in Ihrem Arbeitsverzeichnis drei Dateien:

- *site_nds-DE.zip* mit der Übersetzung für das Frontend
- *admin_nds-DE.zip* mit der Übersetzung für das Backend
- *pkg_nds-DE.xml* mit Informationen für Joomla!

Diese Dreierbande müssen Sie nur noch in ein ZIP-Archiv packen. So erhalten Sie das komplette Sprachpaket, das Sie, wie im Abschnitt »Sprachpakete beschaffen und installieren« auf Seite 659 beschrieben, in Betrieb nehmen können. Um den allgemeinen Standards zu folgen, sollten Sie Ihrem Sprachpaket noch den Namen *nds-DE_joomla_lang_full_4.0.3v1.zip* geben. Dabei tauschen Sie *nds-DE* gegen das Sprach-Tag. Die Versionsnummer passen Sie an die Versionsnummer von Joomla! und die des Sprachpakets an. Mehr zum Aufbau des Paketnamens finden Sie im Abschnitt »Sprachpakete aus dem Internet beziehen« ab Seite 661.

Auch wenn Sie nur die Texte im Frontend übersetzen möchten, sollten Sie dennoch auch die Texte vom Backend übersetzen. Das hat einen einfachen Grund: Einige der für das Backend gedachten Texte tauchen auch im Frontend auf. Darunter fallen unter anderem die Texte aus den Plug-ins für das Captcha und den Seitenumbruch. Im Zweifelsfall sollten Sie einfach die englischen Texte aus dem Unterverzeichnis *administrator/language/en-GB* in Ihr Sprachpaket übernehmen.

Plug-in für Sprachkürzel

Ganz am Anfang einer jeden ausgelieferten Seite versteckt Joomla! auch ein Sprachkürzel (für HTML-Kenner: im Attribut `lang` des `<html>`-Tags). Es soll insbesondere Suchmaschinen auf die im Text verwendete Sprache hinweisen. Normalerweise nutzt Joomla! immer das Kürzel des gerade aktiven Sprachpakets.

Mit dem Plug-in *System – Sprachkürzel* können Sie dieses Kürzel gegen ein beliebiges anderes austauschen. Dazu aktivieren Sie das Plug-in zunächst, indem Sie in seinen Einstellungen den *Status* auf *Aktiviert* setzen und die Änderungen einmal *Speichern*. Auf der Registerkarte *Sprachkürzel* finden Sie jetzt eine Liste mit den Kürzeln aller installierten Sprachpakete. In die Felder tippen Sie nun diejenigen Sprachkürzel ein, die Joomla! stattdessen in den Webseiten verwenden soll.

Wenn Sie sich beispielsweise mit Ihrem Internetangebot ausschließlich an österreichische Besucher richten, tragen Sie neben *de-DE* das entsprechende Kürzel de-AT ein. Dies signalisiert den Suchmaschinen, dass in den Texten österreichische Begriffe und Bezeichnungen auftauchen.

 Tipp   Wenn Sie jetzt verwirrt sind, lassen Sie dieses Plug-in deaktiviert.

In diesem Kapitel:
- Das Joomla! Extensions Directory (JED)
- Erweiterungen installieren
- Erweiterungen verwalten und deinstallieren
- Wartungsfunktionen
- Gefahren und Probleme beim Einsatz von Erweiterungen

KAPITEL 18
Funktionsumfang erweitern

Der Leistungsumfang von Joomla! ist zwar schon recht üppig, bei einem stetig wachsenden Internetauftritt wird man jedoch irgendwann spezielle Funktionen vermissen – erst recht, wenn man hin und wieder einen neidischen Blick auf das Angebot der Konkurrenz wirft. So wäre doch beispielsweise eine schicke Bildergalerie oder aber ein Terminkalender mit den anstehenden Filmpremieren eine feine Sache.

In Joomla! lassen sich solche Spezialfunktionen mit wenigen Handgriffen über Erweiterungspakete nachrüsten. Egal ob Forum, Umfragen oder eine Bildergalerie – für fast jede Lebenslage stehen passende Komponenten bereit. Allein der entsprechende Katalog auf der Joomla!-Homepage unter *https://extensions.joomla.org* zählte zum Erstellungszeitpunkt dieses Buchs über 5.600 Erweiterungen. Die folgenden Abschnitte zeigen Ihnen, wie Sie passende Erweiterungen finden und installieren und worauf Sie dabei jeweils achten müssen.

Warnung Einige Erweiterungen besitzen ganz spezielle Systemanforderungen. So verlangen beispielsweise viele Komponenten eine ganz bestimmte PHP-Version oder besonders viel Hauptspeicher. Sollte eine Erweiterung nicht laufen, prüfen Sie als Erstes, ob Ihr System beziehungsweise der Webserver alle Voraussetzungen erfüllt. Mehr Hauptspeicher und zusätzliche Arbeitszeit genehmigen Sie der Erweiterung bei Bedarf entweder über das Kundencenter Ihres Webhosters oder über die Konfigurationsdatei *php.ini* (wie es der Kasten »Einstellungen in der php.ini« beschreibt). Nehmen Sie gegebenenfalls mit Ihrem Webhoster Kontakt auf.

Einstellungen in der php.ini

Damit eine PHP-Anwendung nicht Amok läuft, schränkt der Server ihre Freiheiten drastisch ein. So darf sie beispielsweise nur eine ganz bestimmte Zeit ununterbrochen vor sich hin werkeln. Vor allem funktionsreiche Erweiterungen, wie etwa ein Onlineshop oder ein Forum, verlangen jedoch meist nach mehr Hauptspeicher und zusätzlicher Arbeitszeit.

In solchen Fällen können Sie die Limitierungen in der Datei *php.ini* aufweichen. Wo Sie diese Datei finden, hängt von Ihrem Server ab. Beim Einsatz von XAMPP liegt sie
- unter Windows im Verzeichnis *C:\xampp\php*,
- unter macOS beziehungsweise OS X im Ordner */Programme/XAMPP/xamppfiles/etc* und
- unter Linux im Verzeichnis */opt/lampp/etc*.

Einige Webhoster verbieten allerdings das Ändern der *php.ini*. In diesem Fall sollten Sie im Kundencenter nach entsprechenden Einstellungen suchen oder Ihren Webhoster kontaktieren. Die Datei *php.ini* können Sie einfach mit einem Texteditor öffnen (nicht aber mit einer Textverarbeitung wie Word).

Um einer Erweiterung mehr Hauptspeicher zu genehmigen, suchen Sie in der *php.ini* die mit `memory_limit` beginnende Zeile. Die Zahl hinter dem Gleichheitszeichen bestimmt, wie viel Hauptspeicher ein PHP-Programm maximal verwenden darf. `128M` steht beispielsweise für 128 MByte. Erhöhen Sie die Zahl auf den von der Erweiterung verlangten Wert.

Mehr Arbeitszeit gestehen Sie zu, indem Sie in der *php.ini* die mit `max_execution_time` beginnende Zeile aufspüren. Die Zahl hinter dem Gleichheitszeichen legt fest, wie viele Sekunden Joomla! beziehungsweise die Erweiterung ohne Pause arbeiten darf. Wählen Sie hier keinen zu hohen Wert. Andernfalls besteht die Gefahr, dass die Erweiterung den Server mit ihrer Arbeit blockiert. Normalerweise reichen 30 Sekunden mehr als aus (`max_execution_time=30`).

Einige umfangreiche Erweiterungen kommen in einem mehrere MByte dicken Paket. Joomla! darf jedoch Dateien nur bis zu einer bestimmten Größe hochladen. Wo die Obergrenze liegt, bestimmen in der Datei *php.ini* gleich zwei Stellen. Suchen Sie zunächst die mit `upload_max_filesize` beginnende Zeile. Hinter dem Gleichheitszeichen können Sie ablesen, wie groß eine Datei und somit auch ein Erweiterungspaket maximal sein dürfen. Bei einem Wert von `2M` kann Joomla! nur bis zu 2 MByte große Dateien auf den Server hieven. Ist Ihr Erweiterungspaket größer, erhöhen Sie den Wert entsprechend. Wenn Sie den Wert angepasst haben, suchen Sie die mit `post_max_size` beginnende Zeile und tragen hinter dem Gleichheitszeichen den gleichen Wert ein.

Nach dem Speichern der geänderten *php.ini* müssen Sie den Webserver einmal neu starten. Erst dann wirken die veränderten Einstellungen.

Joomla! lässt sich nur deshalb so reibungslos um schicke Zusatzfunktionen erweitern, weil es kein starres System ist. Wie bereits in Teil 3 erläutert wurde, besteht es aus einer Ansammlung von Komponenten, Modulen und Plug-ins:

- Eine *Komponente* ist ein Block Software, der eine bestimmte Zusatzfunktion realisiert oder eine größere Aufgabe löst. Beispielsweise gibt es eine Komponente, die Kontaktformulare verwaltet. Die Ausgaben einer Komponente landen immer in einem speziell für sie reservierten und prominenten Bereich auf der Website. Weitere Informationen zu den Komponenten finden Sie in Kapitel 11, *Komponenten – Nützliche Zusatzfunktionen*.

- *Module* realisieren kleine spezielle Funktionen oder liefern interessante Informationen. So existiert beispielsweise ein Modul, das die beliebtesten Beiträge auflistet. Die Ausgaben der Module lassen sich auf der Website an vorgegebenen Positionen einblenden. Weitere Informationen zu den Modulen liefert Kapitel 9, *Module*.
- *Plug-ins* sind kleine unsichtbare Helferlein, die Module und Komponenten bei ihrer Arbeit unterstützen. Kapitel 14, *Plug-ins*, befasste sich eingehender mit den Plug-ins, die normalerweise unbemerkt vom Joomla!-Benutzer im Hintergrund ihren Dienst verrichten.

Ein Erweiterungspaket kann eine Komponente, ein Modul, ein Plug-in oder eine Mischung daraus nachrüsten. Insbesondere die etwas größeren Erweiterungen, etwa eine Bildergalerie oder ein Terminkalender, enthalten neben einer Komponente häufig sogar gleich mehrere Module und Plug-ins.

| Tipp | Die in Joomla! bereits enthaltenen und für den Betrieb zwingend erforderlichen Komponenten werden auch als *Core-Komponenten* bezeichnet. Wie ihr Name schon andeutet, bilden sie den Kern des Content-Management-Systems. |

Das Joomla! Extensions Directory (JED)

Die Joomla!-Entwickler betreiben unter *https://extensions.joomla.org* das sogenannte *Joomla! Extensions Directory* (kurz JED). Dabei handelt es sich um einen Katalog mit fast allen existierenden Erweiterungen. Das Aussehen und die Bedienung dieses Verzeichnisses ändern sich hin und wieder. Abbildung 18-1 zeigt es zum Zeitpunkt der Bucherstellung.

Damit bei mehreren Tausend Erweiterungen die Übersicht erhalten bleibt, fasst das JED thematisch zusammengehörende Erweiterungen in Kategorien zusammen. Diese sind teilweise noch einmal in Unterkategorien unterteilt. In Abbildung 18-1 finden Sie die Kategorien am unteren Seitenrand. Ein Klick auf eine Kategorie führt zu allen darin enthaltenen Erweiterungen. Möchten Sie beispielsweise eine Bildergalerie nachrüsten, wechseln Sie zur Kategorie *Photos & Images* und suchen sich dann eine der Erweiterungen aus.

Alternativ können Sie mit der Suchfunktion im oberen Teil der Seite gezielt eine ganz bestimmte Erweiterung aufspüren. Das JED dürfen Sie übrigens auch direkt und komfortabel im Backend von Joomla! durchstöbern (mehr dazu folgt direkt im nächsten Abschnitt).

| Tipp | Da nicht alle Entwicklerinnen und Entwickler ihre Erweiterungen im Joomla! Extensions Directory anmelden, ist es bei Weitem nicht komplett. Aufgrund seines dennoch recht ansehnlichen Umfangs bildet es aber eine sehr gute erste Anlaufstelle. Sollten Sie in Joomla! eine Funktion vermissen, werfen Sie daher zunächst einen Blick in das Joomla! Extensions Directory. Mit Google, Bing & Co. kann man dann anschließend immer noch das Internet nach zusätzlichen Erweiterungen durchforsten. |

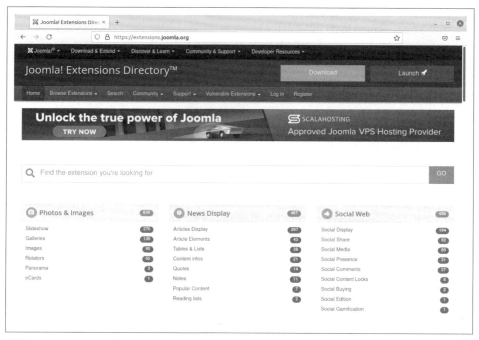

Abbildung 18-1: Das Joomla! Extensions Directory führt zahlreiche Erweiterungen.

Die Joomla!-Entwickler entwickeln selbst einige Erweiterungen. Dazu zählt derzeit vor allem die Weblinks-Erweiterung, die schlichtweg Listen mit Internetlinks verwaltet. Auf den Filmtoaster-Seiten hätte man mit ihr beispielsweise Links zu den Internetauftritten aller Vorortkinos anbieten können. Diese Erweiterungen finden Sie im Joomla! Extensions Directory in der eigens dafür geschaffenen Kategorie *Official Extensions* (direkt erreichbar unter der Internetadresse *https://extensions.joomla.org/category/official-extensions/*).

Erweiterungen installieren

Eine Erweiterung lässt sich auf gleich mehreren Wegen in Joomla! installieren. Sie alle benötigen netterweise nur wenige Mausklicks. In einem Fall können Sie sich die Erweiterung sogar bequem im Backend aussuchen.

Erweiterungen über das JED nachrüsten

Das im vorherigen Abschnitt vorgestellte *Joomla! Extensions Directory* (kurz JED) dürfen Sie nicht nur direkt im Backend durchstöbern, die ins Auge gefasste Erweiterung lässt sich dann auch mit nur einem weiteren Mausklick einspielen. Dazu rufen Sie im Backend den Menüpunkt *System* auf und wechseln dann im Bereich *Installieren* zum Punkt *Erweiterungen*.

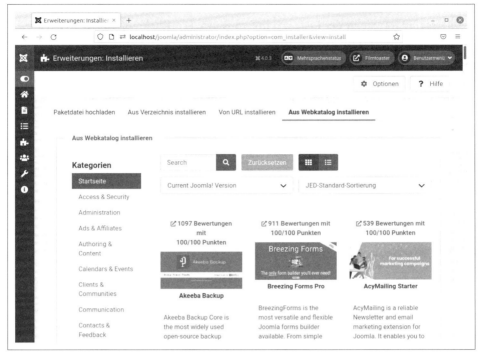

Abbildung 18-2: Über dieses Register können Sie bequem den offiziellen Katalog mit Erweiterungen durchstöbern.

Dort geht es weiter zum Register *Aus Webkatalog installieren*. Nach einer kurzen Bedenkpause können Sie dort auf das komplette Joomla! Extensions Directory zugreifen (siehe Abbildung 18-2).

Tipp Das Register stellt ein Plug-in bereit, das Sie in der Plug-in-Verwaltung unter dem Namen *Installer – Webkataloginstallation* finden. Wenn Sie es dort deaktivieren, verschwindet auch das Register *Aus Webkatalog installieren*. Das ist beispielsweise nützlich, wenn Sie anderen Personen mit Zugang zum Backend diese Installationsmethode grundsätzlich verbieten möchten.

Standardmäßig finden Sie auf der Registerkarte eine Auswahl der beliebtesten Erweiterungen. Jeder Kasten im Bereich rechts unten repräsentiert dabei genau eine Erweiterung. Alternativ können Sie auch auf eine Listendarstellung umschalten. Klicken Sie dazu auf das Symbol mit den drei Streifen direkt rechts neben Schaltfläche *Zurücksetzen*. Über das Symbol mit den vielen Kästchen kehren Sie wieder zur alten Ansicht zurück.

Über das Eingabefeld links neben der Lupe können Sie gezielt nach einer ganz bestimmten Erweiterung suchen: Tippen Sie ihren Namen ein und klicken Sie dann auf die Lupe (oder drücken Sie die *[Enter]*-Taste). Joomla! zeigt dann alle zum Suchbegriff passenden Erweiterungen an. Mit einem Klick auf *Startseite* (am linken Rand) springen Sie wieder zur Liste mit allen beliebten Erweiterungen zurück.

Um die Übersicht zu wahren, sortiert der Katalog alle Erweiterungen in Kategorien ein. Diese finden Sie in der Liste am linken Rand. Ein Klick auf eine der Kategorien führt zu ihren Inhalten.

 Für die Filmtoaster-Seiten wäre ein Terminkalender eine sinnvolle Ergänzung. Entsprechende Erweiterungen finden Sie in der Kategorie *Calendars & Events*. Es klappen jetzt zwei Unterkategorien auf. Der Kalender soll die anstehenden Veranstaltungen präsentieren, folglich kommen die Erweiterungen aus der Unterkategorie *Events* infrage.

Wie im Beispiel des Terminkalenders erhalten Sie in der Regel eine recht lange Liste mit möglichen Erweiterungen. Die für den eigenen Zweck passende zu finden, ist nicht ganz einfach. Das Joomla! Extensions Directory bietet jedoch netterweise ein paar Hilfestellungen: Zunächst zeigt es Ihnen ausschließlich Erweiterungen an, die auch unter Ihrer Joomla!-Version laufen. Möchten Sie darüber hinaus die Erweiterungen für ältere Joomla!-Versionen sehen, setzen Sie *Current Joomla! Version* auf *All Joomla! Versions*.

 Warnung Überlegen Sie sich das gut: Erweiterungen für ältere Joomla!-Versionen laufen in der Regel nicht oder nur eingeschränkt unter aktuellen Installationen. Belassen Sie daher möglichst die Einstellung *Current Joomla! Version*.

Abbildung 18-3 zeigt exemplarisch den Kasten für die Erweiterung JEvents. Im unteren Teil des Kastens finden Sie den Namen der Erweiterung sowie eine kurze Beschreibung ihrer Funktion. Diese Beschreibung geben allerdings die Entwickler der Erweiterung vor, bisweilen fällt sie deshalb nichtssagend oder kryptisch aus.

Abbildung 18-3: Dieser bunte Kasten liefert zahlreiche Informationen über die Erweiterung JEvents.

Die Nutzer des Joomla! Extensions Directory (also auch Sie) dürfen jede Erweiterung bewerten. Maximal möglich sind dabei 100 Punkte. Wie viele Punkte eine Erweiterung derzeit im Schnitt bekommen hat, können Sie in ihrem Kasten über dem

Symbolbild ablesen. JEvents aus Abbildung 18-3 hat mit 100 von 100 Punkten die Höchstpunktzahl erhalten. Die Erweiterung scheint folglich vielen Benutzern zu gefallen. Wie viele Anwender bereits abgestimmt haben, steht vor *Bewertungen*: Bei JEvents haben in Abbildung 18-3 insgesamt 497 Personen ihre Meinung abgegeben. Sofern sehr viele Nutzer eine hohe Punktzahl vergeben haben, dürfte die Erweiterung praxistauglich sein. Vorsicht ist geboten, wenn nur ein Nutzer eine Wertung von 100 Punkten abgibt. In dem Fall hat lediglich ihm allein die Erweiterung gefallen.

Tipp Wenn Sie die Bewertung anklicken, leitet Joomla! Sie weiter ins JED auf seiner Website und öffnet dort eine Liste mit allen bislang eingegangenen Bewertungen.

Über die Drop-down-Liste rechts oben können Sie Reihenfolge verändern, in der Joomla! die Erweiterungen hier auflistet. *Nach Name sortieren* würde beispielsweise die Erweiterungen alphabetisch aufsteigend nach ihren Namen sortieren, *Sortieren nach Bewertung* hingegen aufsteigend nach der erreichten Punktezahl.

Wenn Sie im Kasten einer Erweiterung auf den Namen oder die Beschreibung klicken, erhalten Sie zahlreiche weitere Informationen. Für die Filmtoaster-Seiten klicken Sie *JEvents* an. Das Ergebnis zeigt Abbildung 18-4.

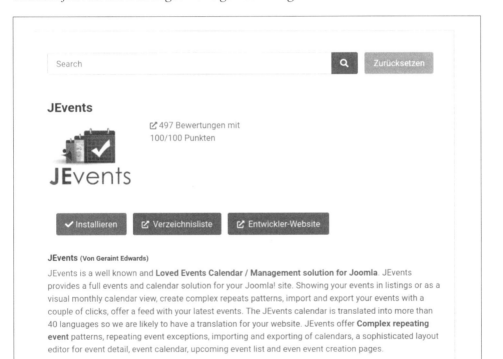

Abbildung 18-4: In dieser Detailansicht finden Sie wichtige Links und können die Erweiterung per Knopfdruck installieren.

Bevor Sie die Erweiterung installieren, sollten Sie zunächst über die Schaltfläche *Verzeichnisliste* noch einmal auf der Joomla!-Website ins JED springen. Dort finden

Sie zahlreiche weitere wichtige Informationen über die Erweiterung. Zumindest aber sollten Sie einen Blick in den Kasten auf der rechten Seite werfen, den auch Abbildung 18-5 zeigt.

Zunächst können Sie dort hinter *Last updated* ablesen, wann die Erweiterung zum letzten Mal aktualisiert wurde. Je länger dieser Zeitpunkt zurückliegt, desto wahrscheinlicher besitzt die Erweiterung nicht korrigierte Fehler oder sogar Sicherheitslücken. Die *Version* nennt die aktuelle Versionsnummer der Erweiterung. Die von ihr unterstützten Joomla!-Versionen verrät die *Compatibility*.

Die bunten Symbole neben *Includes* zeigen an, aus welchen Bestandteilen die Erweiterung besteht. Bei einem grünen *C* rüstet sie eine Komponente nach, bei einem roten *M* mindestens ein Modul, und bei einem lilafarbenen *P* holen Sie sich mit ihr noch mindestens ein Plug-in ins Haus. JEvents aus Abbildung 18-5 besteht folglich aus einer Komponente, mindestens einem Modul und mindestens einem Plug-in.

Abbildung 18-5: Dieser Kasten verrät viele nützliche Eckdaten der Erweiterung – unter anderem, wann sie zuletzt aktualisiert wurde.

Abschließend ist noch ein Blick auf die *License* und somit die Lizenz Pflicht: Nicht jede Erweiterung dürfen Sie kostenlos einsetzen oder nur unter bestimmten Bedingungen. Die GPLv2-Lizenz der JEvents-Erweiterung gestattet glücklicherweise sogar einen kostenlosen Einsatz im kommerziellen Umfeld. Einige Erweiterungen unterstehen zwar einer liberalen Lizenz, ihre Entwickler schalten den Download jedoch erst nach einer Spende oder einem Kauf frei. Neben *Type* steht dann in solchen Fällen *Paid Download*. Zum Erstellungszeitpunkt dieses Buchs betraf das unter anderem die JComment-Erweiterung, die das Kommentieren von Beiträgen ermöglicht.

Haben Sie eine passende Erweiterung gefunden und möchten sie einspielen, kehren Sie ins Backend zurück und klicken dort auf *Installieren*. Fehlt bei Ihnen diese Schaltfläche, handelt es sich um eine kommerzielle Erweiterung. Sie müssen sich dann die Erweiterung auf der Website des Entwicklers besorgen und, wie im folgenden Abschnitt beschrieben, manuell einspielen. Zur Website des Entwicklers springen Sie über die Schaltfläche *Entwickler-Website*.

Nach einem Klick auf *Installieren* müssen Sie die Installation noch einmal explizit mit *Installieren* bestätigen. Joomla! saugt jetzt die Erweiterung aus dem Internet und integriert sie in das Content-Management-System. Nach der Integration in Joomla! erscheint eine Erfolgsmeldung, deren Aussehen von der jeweiligen Erweiterung abhängt. Die neuen Funktionen erreichen Sie dann im Menü des Backends. JEvents finden Sie beispielsweise unter *Komponenten* → *JEvents*.

Wenn das Erweiterungspaket zu groß ist, bricht Joomla! die Installation mit einem entsprechenden Hinweis ab. Sie müssen Ihren Webserver dann so einstellen, dass Joomla! größere Dateien auf den Server laden darf (siehe den Kasten »Einstellungen in der php.ini« auf Seite 703).

Es gibt allerdings noch weitere Fälle, in denen die Installation auf dem beschriebenen Weg scheitert – beispielsweise wenn Joomla! nicht auf das Internet zugreifen darf. Darüber hinaus bieten einige Entwickler ihre Erweiterungen ausschließlich auf ihrer eigenen Homepage zum Download an. Das gilt vor allem für kommerzielle Erweiterungen. Ihnen bleibt dann nichts anderes übrig, als die Erweiterung zunächst herunterzuladen und sie dann im Backend mit einer der folgenden Methoden einzuspielen.

Erweiterungspakete einspielen

Wenn Sie sich eine Erweiterung von einer Internetseite oder aus dem Joomla! Extensions Directory unter *https://extensions.joomla.org* heruntergeladen haben, erhalten Sie in der Regel ein Paket mit der Endung *.zip*, selten auch *.tar.gz* oder *.tgz*. Dessen Installation erfolgt ganz genau so wie das Einspielen von Templates und Sprachpaketen: Rufen Sie zunächst im Backend den Menüpunkt *System* auf und klicken Sie dann im Bereich *Installieren* den Punkt *Erweiterungen* an. Wechseln Sie schließlich noch zum Register *Paketdatei hochladen* (das Abbildung 18-6 zeigt).

Werfen Sie jetzt einen Blick auf den Hinweis unter der grünen Schaltfläche: Ihre Datei mit der Erweiterung darf die dort angegebene *Maximale Hochladegröße* nicht überschreiten. In Abbildung 18-6 kann Joomla! nur Erweiterungspakete installieren, die nicht größer als 40 MByte sind. Sollte Ihr Paket diese Grenze überschreiten, können Sie die Erweiterung über das Register *Aus Verzeichnis installieren* einspielen (dazu folgt in wenigen Zeilen mehr).

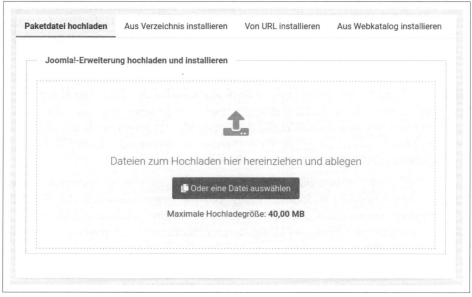

Abbildung 18-6: Der Installationsbildschirm für jede Art von Erweiterungen.

Sofern Ihr Paket unter der maximalen Hochladegröße liegt, haben Sie zwei Möglichkeiten:

- Ziehen Sie das Paket mit der Erweiterung aus Ihrem Dateimanager per Drag-and-drop auf die graue Fläche (also auf den Schriftzug *Dateien zum Hochladen hier hereinziehen und ablegen*). Wenn Sie sich mit der Maus über der grauen Fläche befinden, verdunkelt sie sich leicht. Lassen Sie erst jetzt die Maustaste wieder los.
- Klicken Sie auf *Oder eine Datei auswählen* und wählen Sie die Paketdatei aus.

Was Joomla! nun alles auf den Server schaufelt, hängt von der jeweiligen Erweiterung ab. Wundern Sie sich also nicht, wenn nach der Installation neben einer Komponente auch neue Plug-ins und Module im Backend auftauchen.

Einige Erweiterungen liegen in mehreren separaten Paketen vor. Diese müssen Sie nacheinander auf dem beschriebenen Weg installieren. Die dabei einzuhaltende Reihenfolge hängt von der konkreten Erweiterung ab. In der Regel sollte die entsprechende Information auf der Homepage der Erweiterung zu finden sein.

Alternativ kann Joomla! die Erweiterung auch selbst herunterladen und einspielen. Dazu wechseln Sie zum Register *Von URL installieren*, tippen dann in das Eingabefeld *Von URL installieren* die Internetadresse ein, die zur Paketdatei der Erweiterung führt, und klicken abschließend auf *Überprüfen und installieren*. Damit besitzen Sie dann allerdings keine Kopie der Erweiterung auf der eigenen Festplatte. Sollte die Erweiterung aus mehreren einzelnen Paketen bestehen, wiederholen Sie den Vorgang für jede dieser Dateien.

Schlagen die beschriebenen Installationswege fehl oder kommt die Erweiterung nicht in einem .zip- oder .tar.gz-Archiv, müssen Sie das Erweiterungspaket zunächst auf Ihrer Festplatte entpacken. Den herausgepurzelten Inhalt transferieren Sie anschließend per Hand in genau das Verzeichnis auf Ihrem Server, das Ihnen Joomla! auf der Registerkarte *Aus Verzeichnis installieren* im Eingabefeld *Aus Verzeichnis installieren* nennt. Mit einem Klick auf das nebenstehende *Überprüfen und installieren* spielt Joomla! die Erweiterung schließlich ein. Anschließend können Sie die hochgeladenen Dateien wieder löschen. Auf diesem Weg lassen sich auch Erweiterungspakete hochladen, die eigentlich zu groß sind. Sie müssen dann nicht gleich die PHP-Einstellungen ändern (wie im Kasten »Einstellungen in der php.ini« auf Seite 703 beschrieben).

Warnung   Einige Erweiterungen verändern bei ihrer Installation die Datenbank oder führen andere vorbereitende Maßnahmen durch. Sollte die Installation auf allen drei beschriebenen Wegen fehlschlagen, sollten Sie Kontakt mit dem Autor der Erweiterung aufnehmen oder in einem entsprechenden Internetforum um Hilfe bitten.

Erweiterungen verwalten und deinstallieren

Wenn Sie im Backend *System* aufrufen und dann im Bereich *Verwalten* zum Punkt *Erweiterungen* wechseln, gelangen Sie zu einer Tabelle mit allen derzeit installierten Komponenten, Modulen, Plug-ins, Sprachpaketen und Templates (siehe Abbildung 18-7).

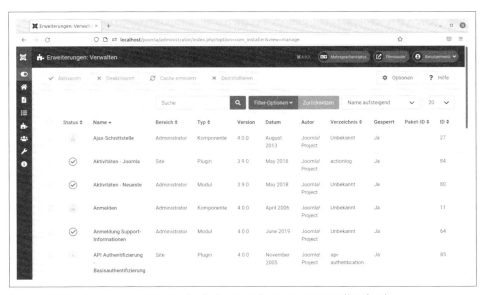

Abbildung 18-7:   Der Verwaltungsbildschirm für alle derzeit installierten Erweiterungen (Ausschnitt).

Schon in der Standardinstallation ist diese Tabelle recht lang. Nutzen Sie daher möglichst auch die *Filter-Optionen*. Besonders hilfreich ist dabei die Drop-down-

Liste – *Typ wählen* –. Wenn Sie diese beispielsweise auf *Komponente* stellen, führt die Tabelle nur noch alle installierten Komponenten auf.

Mit einem Klick auf den grünen Haken in der Spalte *Status* können Sie eine Erweiterung vorübergehend außer Gefecht setzen, mit einem Klick auf das graue *X* schalten Sie sie wieder ein. Alternativ dürfen Sie auch die Erweiterung in ihrem Kästchen ankreuzen und dann die Schaltflächen *Aktivieren* beziehungsweise *Deaktivieren* in der Werkzeugleiste heranziehen.

Tipp Diese Möglichkeit ist insbesondere dann nützlich, wenn Joomla! sich plötzlich bockig verhält. Durch eine gezielte Deaktivierung der Komponenten, Module oder Plug-ins lässt sich so der Übeltäter finden, ohne gleich die Erweiterung komplett wieder deinstallieren zu müssen.

Wenn Sie eine Erweiterung wieder loswerden wollen, markieren Sie wie gewohnt das kleine Kästchen in ihrer Zeile und klicken dann in der Werkzeugleiste auf *Deinstallieren*.

Einige Erweiterungen besitzen in der Spalte *Status* ein Schlosssymbol. Dabei handelt es sich um Basiskomponenten, die Joomla! dringend zum Überleben braucht. Aus diesem Grund widersetzen sie sich jeglichen Löschversuchen. Alle so geschützten Erweiterungen zeigt Joomla! an, wenn Sie in den *Filter-Optionen* die Dropdown-Liste – *Status wählen* – auf *Geschützt* stellen. Umgekehrt präsentiert die Tabelle alle anderen Erweiterungen, wenn Sie den Punkt *Ungeschützt* wählen.

Ein paar der Erweiterungen bestehen aus mehreren Teilen, die in einem Komplettpaket geliefert werden. Dazu gehört beispielsweise das Erweiterungspaket JEvents mit dem Terminkalender: Das Paket hat neben einer Komponente gleich mehrere Module und Plug-ins mitgebracht. Alle diese Bestandteile listet die Tabelle jeweils einzeln auf. Wenn Sie das Beispiel aus dem vorherigen Abschnitt mitgemacht haben und bei Ihnen somit JEvents installiert ist, klicken Sie auf *Zurücksetzen*, tippen in das Eingabefeld JEvents ein und aktivieren dann die Lupe. Joomla! zeigt Ihnen jetzt alle Bestandteile an, die das Erweiterungspaket JEvents mitgebracht hat. Vermutlich überrascht es Sie, wie viele Module und Plug-ins ein kleiner Terminkalender benötigt. Auch andere Erweiterungen installieren mitunter mehr Module und Plug-ins, als man gemeinhin glaubt.

In der Regel übernimmt jedes Modul und jedes Plug-in genau eine fest definierte Aufgabe. Das hat den Vorteil, dass Sie die Komponenten, Module und Plug-ins jeweils einzeln und gezielt deaktivieren können. Wenn Sie etwa verhindern möchten, dass Joomla! auch die Kalendereinträge durchsucht, schalten Sie die Plug-ins *JEvents – Smart Search* und *JEvents – Search Plugin* aus. Alle anderen Funktionen des Kalenders bleiben erhalten.

Die in einem Paket mitgelieferten Teile könnten Sie wie gezeigt einzeln deinstallieren. Möchten Sie gleich die komplette Erweiterung loswerden, öffnen Sie die *Filter-Optionen* und stellen – *Typ wählen* – auf *Paket*. Joomla! zeigt Ihnen jetzt alle von Ihnen installierten Erweiterungspakete an. Um eine komplette Erweiterung zu löschen, setzen Sie zunächst einen Haken in das Kästchen vor dem entsprechenden

Erweiterungspaket. Möchten Sie beispielsweise den Terminkalender JEvents loswerden, setzen Sie den Haken vor das *Jevents – Package*. Nach einem Klick auf *Deinstallieren* entfernt Joomla! alle ursprünglich in diesem Paket enthaltenen Komponenten, Module und Plug-ins – und somit die komplette Erweiterung.

Mit der Schaltfläche *Cache erneuern* können Sie Joomla! zwingen, die in der Tabelle angezeigten Informationen zu aktualisieren. Das sollten Sie immer dann vornehmen lassen, wenn in der Tabelle einige Informationen wie etwa das *Datum* fehlen. Kreuzen Sie die betroffene Erweiterung in ihrem Kästchen an und klicken dann auf *Cache erneuern*, erfragt Joomla! alle zugehörigen Informationen (noch einmal).

Wartungsfunktionen

Im Backend erreichen Sie unter *System* verschiedene Werkzeuge, die Ihnen insbesondere bei Problemen weiterhelfen oder auf solche hinweisen.

Warnungen

Im Bereich *Informationen* sammelt Joomla! hinter *Warnungen* Fehler- und Systemmeldungen, die irgendwie die Erweiterungen betreffen. Sie sollten alle hier gemeldeten Hinweise beachten und ernst nehmen, da sie die Erweiterungen beeinflussen und im Extremfall sogar außer Gefecht setzen könnten.

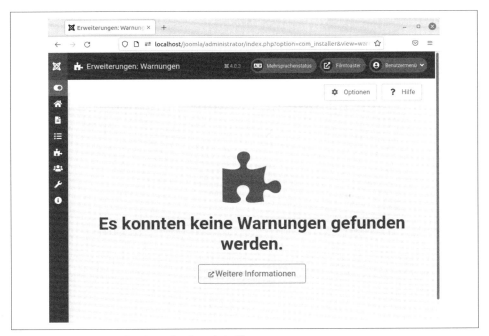

Abbildung 18-8: Wenn Sie diese Seite sehen, liegen keine Warnungen vor.

Überprüfen

In einigen Situationen schlagen die Installationsmethoden aus dem Abschnitt »Erweiterungen installieren« auf Seite 706 fehl. So begrenzen beispielsweise viele Webhoster die Ausführungszeit. Eine etwas länger dauernde Installation einer Erweiterung bricht dann einfach mittendrin ab. Für solche Fälle bietet Joomla! eine Hintertür an.

Dazu entpacken Sie zunächst das Paket mit der Erweiterung auf Ihrer Festplatte. Die dabei zum Vorschein kommenden Verzeichnisse kopieren Sie dann per FTP oder SSH in die entsprechenden Verzeichnisse Ihrer Joomla!-Installation.

 Warnung   Diese Methode setzt voraus, dass Sie genau wissen, welche Verzeichnisse aus dem Erweiterungspaket in welche Joomla!-Verzeichnisse gehören. Darüber hinaus lassen sich nicht alle Erweiterungen auf diesem Weg einspielen. Das äußert sich dann vor allem darin, dass die Erweiterung nicht korrekt funktioniert. Im Zweifelsfall sollten Sie den Entwickler der Erweiterung kontaktieren.

Sind die Paketinhalte alle an ihrem Platz, rufen Sie im Backend *System* auf und wechseln im Bereich *Installation* zum Punkt *Überprüfen*. Nach einem Klick auf *Überprüfen* in der Werkzeugleiste durchläuft Joomla! alle seine Verzeichnisse und schaut nach, ob irgendwo noch nicht installierte Erweiterungen liegen. Alle gefundenen Kandidaten listet Joomla! dann so wie in Abbildung 18-9 auf.

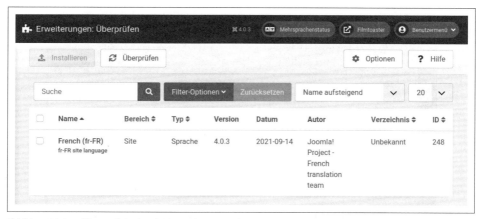

Abbildung 18-9:   Hier wurde im Joomla!-Verzeichnis ein noch nicht installiertes Sprachpaket gefunden.

Alle diese Erweiterungen werden von Joomla! noch ignoriert. Um sie endgültig zu aktivieren, setzen Sie einen Haken in ihr jeweiliges Kästchen und klicken dann auf *Installieren*.

Gefahren und Probleme beim Einsatz von Erweiterungen

Die Installation einer Erweiterung ist simpel und schnell erledigt: Man muss sich nur im Joomla! Extensions Directory ein geeignetes Exemplar aussuchen und dann im Backend mit zwei Mausklicks einspielen. Dies sollte man allerdings nicht gedankenlos machen, denn Erweiterungen bergen auch ein paar Risiken.

Zunächst einmal stammen die Erweiterungen von Dritten, die mal besser und mal schlechter programmieren können. Damit schwankt auch die Qualität der Erweiterungen. Ein schlampig entwickeltes Plug-in kann schon mal die komplette Website lahmlegen. Bevor Sie eine Erweiterung installieren, sollten Sie daher immer auf ihre Bewertungen im Joomla! Extensions Directory achten. Lesen Sie dort auch unbedingt die Kommentare der Nutzer, in denen Sie häufig Hinweise auf Probleme finden.

Tipp Probieren Sie eine Erweiterung immer erst in einer Testinstallation aus. Nur wenn sie dort reibungslos arbeitet, installieren Sie sie auf Ihrem Server. Damit verhindern Sie, dass eine veraltete oder schlampig programmierte Erweiterung Ihre richtige Internetseite lahmlegt.

Ein weiterer Stolperstein ist die Lizenz: Nicht alle Erweiterungen dürfen Sie in allen Situationen kostenlos verwenden. So erlauben einige Entwickler den kostenlosen Einsatz nur auf privaten Websites. Auf der sicheren Seite sind Sie bei der GNU General Public License (kurz GNU GPL). Sie gestattet den kostenfreien Einsatz auch im kommerziellen Umfeld.

Des Weiteren sollten Sie immer prüfen, wann die Erweiterung zum letzten Mal von ihrem Entwickler aktualisiert wurde. Je länger dieser Zeitpunkt zurückliegt, desto wahrscheinlicher enthält die Erweiterung Fehler und Sicherheitslücken. Eine Erweiterung, die über ein Jahr nicht aktualisiert wurde, hat der Entwickler sehr wahrscheinlich sogar ganz aufgegeben.

Schließlich muss die Erweiterung zu Ihrer Joomla!-Version passen: Mit jeder neuen Joomla!-Version ändern sich auch einige Teile unter der Haube. Damit besteht allerdings die Gefahr, dass auf die Vorversion zugeschnittene Erweiterungen nicht mehr funktionieren. Als Faustregel gilt, dass unter der aktuellen Joomla!-Version zumindest auch immer die Erweiterungen für die direkte Vorversion funktionieren. Eine auf Joomla! 4.0 zugeschnittene Komponente läuft mit großer Wahrscheinlichkeit auch unter Joomla! 4.1 – vorausgesetzt, die Komponente nutzt keine speziellen Systemfunktionen.

Warnung Halten Sie auch die Erweiterungen immer auf dem aktuellen Stand. Mehr dazu folgt in Kapitel 22, *Aktualisierung und Migration*.

In diesem Kapitel:
- Komponenten
- Module
- Plug-ins

KAPITEL 19
Eigene Erweiterungen erstellen

Im Internet finden Sie zwar extrem viele fertige Erweiterungen, die aber leider nicht alle erdenklichen Aufgaben abdecken. Als Betreiber einer Website ist man daher häufig vor die Wahl gestellt, eine geplante Funktionalität wieder fallen zu lassen oder aber selbst Hand anzulegen und eine eigene Erweiterung zu programmieren. Das erfordert allerdings gute Kenntnisse in HTML, SQL und der objektorientierten Programmierung in PHP. Da jede dieser Sprachen ein eigenes Buch füllen würde, setzen die folgenden Abschnitte entsprechendes Wissen voraus.

Tipp Wenn Sie über keinerlei Programmiererfahrung verfügen, sollten Sie im Internet nach Helfern suchen oder bei entsprechendem Engagement eines der Einsteigerbücher zu den genannten Themengebieten studieren. Mittlerweile bieten auch verschiedene Firmen die Entwicklung von maßgeschneiderten Joomla!-Komponenten an – entsprechendes Kleingeld im Portemonnaie des Auftraggebers vorausgesetzt.

Bei der Entwicklung von Joomla!-Erweiterungen kommen Sie zudem nicht um die Objektorientierung herum. Falls Sie mit Begriffen wie *Klassen*, *Methoden* und *Vererbung* nur wenig anfangen können, sollten Sie unbedingt mit einem guten PHP-Buch Ihr Wissen auffrischen.

In den nachfolgenden Kapiteln werden nacheinander eine einfache Komponente, ein Modul und ein Plug-in entstehen. Den Anfang macht dabei die Komponente.

Komponenten

Technisch gesehen, besteht eine Komponente aus ein paar PHP-Skripten, deren Ausgaben Joomla! einfach auf der Website anzeigt. Die Ausgaben erscheinen dabei immer in einem vom Template reservierten Bereich. Als Entwickler einer Komponente können Sie das auch nicht umgehen: Das Template gibt stets vor, wo die Ausgaben einer Komponente erscheinen und wie sie der Browser darstellt. Bei der Entwicklung sollten Sie folglich im Hinterkopf behalten, dass Ihre Texte und Informationen unter jedem Template etwas anders aussehen können.

Name und Verzeichnis

Alle zu einer Komponente gehörenden PHP-Skripte sammelt Joomla! in einem eigenen Unterverzeichnis, das den Namen der Komponente in Kleinschreibung mit einem vorangestellten *com_* trägt.

Tipp Dies ist nicht die einzige Namenskonvention, die Joomla! vorgibt. Damit das Content-Management-System die Erweiterungen finden und nutzen kann, unterliegen auch Datei- und Klassennamen sowie die Namespaces verschiedenen Restriktionen. Sollte Joomla! Ihre Erweiterungen später nicht einbinden wollen, überprüfen Sie alle Datei-, Verzeichnis-, Namespace- und Klassennamen auf Tippfehler.

Sämtliche Komponenten liegen wiederum im Ordner *components* der Joomla!-Installation. Sofern Sie der Schnellinstallationsanleitung aus Kapitel 2, *Installation*, gefolgt sind, finden Sie sie also

- unter Windows im Verzeichnis *c:\xampp\htdocs\joomla\components*,
- unter macOS beziehungsweise OS X im Verzeichnis */Programme/XAMPP/xamppfiles/htdocs/joomla/components* und
- unter Linux im Verzeichnis */opt/lampp/htdocs/joomla/components*.

Wenn Sie einen kurzen Blick in das Verzeichnis werfen, werden Sie feststellen, dass dort bereits ziemlich viele Komponenten vorhanden sind. Wie schon in früheren Kapiteln erwähnt wurde, besteht Joomla! selbst aus mehreren einzelnen Komponenten. *com_content* verwaltet und präsentiert beispielsweise die Beiträge, während sich *com_banners* um die Werbeflächen kümmert. Die im Folgenden entstehende Komponente soll den Namen *Filmtoaster* tragen, womit sie später im Verzeichnis *com_filmtoaster* liegen wird. Bevor es jedoch an die Programmierung geht, sollten Sie sich kurz ein paar Gedanken über den internen Aufbau der neuen Komponente machen.

Model-View-Controller

Eine durchschnittliche Joomla!-Komponente enthält mehrere Tausend Zeilen Programmcode. Diesen in eine Klasse und somit in eine einzige große PHP-Datei zu stecken, würde zwangsläufig zum berühmt-berüchtigten Spaghetticode führen – also zu einem heillosen, unübersichtlichen Wust aus PHP-Befehlen. Also muss man sich irgendeine Strategie zurechtlegen, wie man den Programmcode möglichst übersichtlich strukturieren könnte – und zwar am besten gleich so, dass sich zukünftige Änderungswünsche rasch und unkompliziert umsetzen lassen. Eine mögliche Aufteilung wäre die folgende:

- Eine Klasse verwaltet alle Daten. Bei Bedarf holt sie Informationen aus der Datenbank oder speichert sie dort. Diesen Teil der Komponente, der sich ganz der Datenhaltung widmet, nennt man *Model*.
- Um die Anzeige der Informationen kümmert sich eine zweite Klasse. Sie bringt die vom Model gelieferten Texte hübsch formatiert auf den Bildschirm. Man

könnte also sagen, dass diese Klasse eine ganz bestimmte Sicht auf den Datenbestand liefert. Aus diesem Grund bezeichnet man sie als View.

- Abschließend braucht man noch eine Klasse, die alles zusammenhält und gewissermaßen als Kitt fungiert: Sie wartet zunächst auf Benutzereingaben, schaut sich dann die zu lösende Aufgabe an (wie etwa »Zeige einen Text an«), legt sich einen Schlachtplan zurecht (»Text aus der Datenbank holen und ausgeben«) und erteilt schließlich dem Model und der View entsprechende Arbeitsanweisungen. Da diese Klasse somit die gesamte Komponente steuert oder kontrolliert, nennt man sie auch den *Controller*.

In Anlehnung an die drei Aufgabenbereiche bezeichnet man diese Strukturierungsmethode als *Model-View-Controller*, kurz *MVC*. Ihre Grundidee ist die strikte Trennung der eigentlichen Logik (die das Model kapselt) von der Präsentation (über die Views). Möchte man die von der Komponente verwalteten Daten beispielsweise zusätzlich noch als Diagramm anzeigen, fügt man einfach eine weitere passende View(-Klasse) hinzu. Änderungen an anderen Teilen der Komponente sind somit gar nicht erst nötig.

Joomla! stülpt jeder Komponente das MVC-Konzept über und zwingt sie somit zur erwähnten Aufspaltung in drei Klassen. Damit wollten die Entwickler ursprünglich etwas Ordnung in die Programmierung bringen. Dieser prinzipiell lobenswerte Ansatz rächt sich jedoch bei kleineren Erweiterungen. Selbst eine Komponente, die nur einen Text wie etwa »Hallo Welt« ausgibt, besteht notgedrungen aus mindestens drei Klassen. Hinzu kommt noch Programmcode, der die drei Teile zusammenklebt. Unterm Strich jongliert man mit einem halben Dutzend Dateien – Tendenz schnell steigend. Sie sollten sich davon jedoch nicht entmutigen lassen, sondern vielmehr die Chancen sehen: Sobald eine Erweiterung fertig ist, wächst für gewöhnlich der Wunsch, sie um weitere Funktionen zu ergänzen. In genau diesen Fällen spielt das MVC-Konzept seine Trümpfe aus.

Um den Einstieg in die Programmierung zu erleichtern, soll die im Folgenden entstehende Komponente lediglich die existierenden Beiträge zählen und die Anzahl dann auf einer eigenen Seite präsentieren. Auf diese Weise werden Sie ohne Nebenwirkungen mit dem internen Aufbau einer Komponente etwas vertrauter. Zudem liefert es ein gutes Grundgerüst für Ihre eigenen Erweiterungen.

Tipp Dieses Buch kann nur eine erste Einführung in die Joomla!-Programmierung geben. Weitere Informationen finden Sie im Developers-Portal auf der Joomla!-Homepage unter *https://docs.joomla.org/Portal:Developers*.

Erstellen Sie irgendwo auf Ihrer Festplatte ein neues Arbeitsverzeichnis. Darin legen Sie jetzt alle für die Komponente notwendigen PHP-Skripte ab.

Warnung Wie schon bei den Templates müssen Sie auch hier alle Dateien in der UTF-8-Zeichencodierung speichern.

Namespace

Joomla! 4.0 nutzt ausgiebig die sogenannten Namespaces aus PHP. Mit ihnen können Sie unter anderem noch einmal (mehrere) Klassen unter einem Namen zusammenfassen. Das Konzept erklärt ausführlich die PHP-Dokumentation unter *https://www.php.net/manual/de/language.namespaces.php*.

Jede Komponente liegt in einem eigenen Namespace. Aus diesem Grund müssen Sie sich zunächst einen passenden Namen ausdenken, der dabei diesem Schema folgt:

```
Oreilly\Component\Filmtoaster
```

Ganz links steht der Name des Entwicklers. Das kann der Name Ihres Unternehmens, wie etwa `Oreilly`, oder Ihr Vor- und Zuname wie `Schuermann` sein. Bei der gerade entwickelten Erweiterung handelt es sich um eine Komponente. Darauf weist der zweite Teil `Component` hin. Ihn müssen Sie folglich immer übernehmen. Am Ende findet sich der Name der Komponente, im Beispiel also `Filmtoaster`.

Den fertigen Namen müssen Sie gleich an mehreren Stellen verwenden. Behalten Sie ihn folglich im Hinterkopf, wenn es im nächsten Abschnitt endlich an die eigentliche Programmierung geht.

1. Schritt: Das Model

Als Erstes benötigen Sie eine Klasse für die Datenhaltung, das Model. In diesem einfachen Beispiel muss das Model lediglich in der Datenbank nachschlagen, wie viele Beiträge es gibt, und dann die ermittelte Zahl zurückliefern. Den dazu notwendigen Programmcode zeigt Beispiel 19-1.

Beispiel 19-1:   Das Model für das Beispiel (Datei site/src/Model/FilmtoasterModel.php)

```php
<?php

namespace OReilly\Component\Filmtoaster\Site\Model;

defined('_JEXEC') or die;

use Joomla\CMS\MVC\Model\BaseDatabaseModel;

class FilmtoasterModel extends BaseDatabaseModel {

    public function getNumberOfArticles()
    {
        // Hole alle Beiträge aus der Datenbank:
        $db = $this->getDbo();
        $query = $db->getQuery(true);
        $query->from($db->quoteName('#__content'));
        $query->select('*');
        $db->setQuery((string)$query);
        $articles = $db->loadObjectList();
```

Beispiel 19-1: Das Model für das Beispiel (Datei site/src/Model/FilmtoasterModel.php) *(Fortsetzung)*

```
        // Zähle die Beiträge und liefere das Ergebnis zurück:
        return count($articles);
    }

}
?>
```

Das Model Ihrer Komponente liegt im Namespace `Oreilly\Component\Filmtoaster\Site\Model`. In diesen steckt gleich die erste Zeile den nachfolgenden Code. Der Name ist wieder absichtlich so aufgebaut: Es handelt sich um ein `Model`, das Daten für Ihre Website (`Site`) liefert. Vorne steht der im vorherigen Abschnitt ausgedachte Name, der Ihre Komponente eindeutig identifiziert.

Jede von Ihnen erstellte PHP-Datei sollte immer mit der Sicherheitsabfrage

```
defined('_JEXEC') or die;
```

beginnen. Sie prüft, ob die Datei tatsächlich unter einem laufenden Joomla! geöffnet wurde. Damit verhindern Sie, dass Angreifer die Datei später von außen einfach aufrufen und ausführen können. Mit Blick auf Beispiel 19-1 scheint das eine etwas übertriebene Maßnahme zu sein – schließlich würde bei ihrem direkten Aufruf gar nichts passieren. Bei komplexeren Komponenten könnte das Skript jedoch unter Umständen ein anderes, unerwünschtes Verhalten an den Tag legen, an das der Programmierer gar nicht gedacht hat. Insbesondere unentdeckte Programmierfehler öffnen immer wieder eine Hintertür für Hacker. Es ist es also besser, jede PHP-Datei mit einer Sicherheitsabfrage auszustatten. Die Konstante `_JEXEC` wird dem Skript übrigens von der Joomla!-Umgebung zur Verfügung gestellt.

Als Nächstes macht Beispiel 19-1 über die use-Anweisung die Klasse `BaseDatabaseModel` zugänglich. Von ihr abgeleitete Klassen können relativ einfach auf die Datenbank zugreifen. Das macht sich auch Beispiel 19-1 zunutze: Es erstellt eine neue Klasse namens `FilmtoasterModel`, die das eigentliche Model bildet. Da diese Klasse Informationen aus der Datenbank holen muss, leitet sie das Beispiel 19-1 von `BaseDatabaseModel` ab.

Tipp Neben `BaseDatabaseModel` existieren noch zwei weitere nützliche Basisklassen:

- `ItemModel` ist darauf spezialisiert, einen Datensatz aus der Datenbank zu holen – wie etwa einen Beitrag.
- `ListModel` liefert hingegen mehrere Datensätze aus der Datenbank zurück – wie etwa mehrere Newsfeeds.

Beide Klassen liegen im Namespace `Joomla\CMS\MVC\Model`. Ihre Verwendung demonstriert recht übersichtlich die Newsfeed-Komponente, die entsprechenden Models finden Sie im Unterverzeichnis *components/com_newsfeeds/src/Model* Ihrer Joomla!-Installation.

Das neu geschaffene Model soll die Beiträge in der Datenbank zählen und zurückliefern. Die dazu notwendigen Aktionen bündelt die Methode `getNumberOfArticles()`.

Für ihre Arbeit benötigt sie als Erstes Zugriff auf die Datenbank. Da Joomla! dort sowieso alle naselang irgendwelche Daten abruft, existiert bereits eine Datenbankverbindung; man muss sie folglich nicht erst noch umständlich per Hand aufbauen. Stattdessen holt man sich kurzerhand eine Referenz:

```
$db = $this->getDbo();
```

Über das erhaltene Datenbankobjekt kann man nun auf die Datenbank zugreifen. In diesem Fall sollen Informationen abgefragt werden, wozu vier Einzelschritte notwendig sind:

1. Zunächst stellt man eine passende Anfrage zusammen,
2. die man dann an die Datenbank sendet und
3. dort »ausführt«.
4. Anschließend nimmt man das von der Datenbank zurückgelieferte Ergebnis in Empfang.

Zunächst muss also eine passende Datenbankabfrage her. Bei ihrer Zusammenstellung hilft ein Objekt vom Typ `DatabaseQuery`, das man sich in einem ersten Schritt von der Datenbank besorgt:

```
$query = $datenbank->getQuery(true);
```

Mit ein paar Methoden baut man aus dieser leeren Anfrage komfortabel die gewünschte zusammen. Auf den Filmtoaster-Seiten benötigt man aus der Tabelle mit den Beiträgen:

```
$query->from($db->quoteName('#__content'));
```

alle Informationen:

```
$query->select('*');
```

Die jetzt in $query liegende Datenbankabfrage entspricht der SQL-Abfrage:

```
SELECT * FROM #__content
```

Theoretisch könnte man sie auch direkt an die Datenbank senden. Eine solche Abfrage ist aber in der Regel auf nur eine Datenbank zugeschnitten – im Beispiel auf MySQL. Das `DatabaseQuery`-Objekt baut jedoch automatisch eine zur gerade verwendeten Datenbank passende Abfrage zusammen. Folglich ist der Weg über `DatabaseQuery` vorzuziehen.

Der Tabellenname #__content (mit zwei Unterstrichen zwischen # und content) sieht übrigens absichtlich so komisch aus: Bei der Installation von Joomla! konnten Sie den Tabellennamen ein eigenes Präfix spendieren. Die neue Komponente weiß jedoch nicht, wie dieses Präfix aussieht. Würde man hier einfach den Tabellennamen jos_content fest »verdrahten«, würde die Komponente auf einer anderen Joomla!-Installation möglicherweise nicht laufen. Aus diesem Grund bietet Joomla! mit #__ eine Art Platzhalter an, den es automatisch gegen das Präfix tauscht – aus #__content wird dann beispielsweise jos_content. Die Methode quoteName() setzt den

Tabellennamen schließlich noch in passende Anführungsstriche, was Fehlinterpretationen durch die Datenbank verhindern soll.

Den fertigen SQL-Befehl muss man jetzt zur Datenbank schicken:

```
$db->setQuery((string)$query);
```

Die nun dort befindliche Abfrage führt die Methode

```
$articles = $db->loadObjectList();
```

aus und liefert eine Liste mit allen passenden Ergebnissen zurück. Diese Liste fängt das Beispiel im Array `$articles` auf. Sofern Sie nur ein einzelnes Objekt aus der Datenbank abgerufen haben, können Sie statt `loadObjectList()` ihre Kollegin `loadObject()` verwenden.

Um die Anzahl der Beiträge zu bekommen, muss man anschließend nur noch mit `count()` die Einträge des Arrays `articles` zählen. Zum Schluss liefert `getNumberOfArticles()` genau diese Zahl zurück. Der Name dieser Methode beginnt übrigens absichtlich mit get – dazu in wenigen Zeilen mehr.

Warnung   Um das Beispiel möglichst übersichtlich zu halten, holt Beispiel 19-1 einfach alle existierenden Beiträge aus der Datenbank – inklusive ihrer vollständigen Texte. Bei vielen Beiträgen kann man so schnell den Hauptspeicher fluten. In Ihrer eigenen Erweiterung sollten Sie daher möglichst immer nur einen Teil der Beiträge anfordern. Dabei hilft insbesondere die Methode `$query->where()`.

Verschaffen Sie dem neuen Model abschließend noch ein eigenes warmes Plätzchen, indem Sie in Ihrem Arbeitsverzeichnis zunächst das Verzeichnis *site* erstellen. Dieses sammelt sämtliche PHP-Skripte, die Informationen im Frontend ausgeben oder dafür vorbereiten. Im Verzeichnis *site* legen Sie den Unterordner *src* an und darin wiederum den Ordner *Model*, der sämtliche Models sammelt. Speichern Sie dort Beispiel 19-1 in der Datei *FilmtoasterModel.php*. Die Datei heißt absichtlich so wie das Modul. Achten Sie bei den Verzeichnis- und Dateinamen auf die Groß- und Kleinschreibung.

Warnung   Die (meisten) Datei- und Verzeichnisnamen gibt Joomla! vor. Eine Abweichung von den Konventionen könnte dazu führen, dass Teile der Komponente nicht mehr gefunden werden und sie somit ihren Dienst quittiert.

Bis jetzt haben Sie in Ihrem Arbeitsverzeichnis also genau eine Datei:

Datei	Funktion
site/src/Model/FilmtoasterModel.php	Enthält eine Klasse, die das Model realisiert.

2. Schritt: Die View

Die Daten aus dem Model müssen jetzt auf den Schirm. Darum kümmert sich die nächste Klasse, die View. Ihren Programmcode zeigt Beispiel 19-2.

Beispiel 19-2: Die View für das Beispiel (Datei site/src/View/Countarticles/HtmlView.php)

```php
<?php

namespace OReilly\Component\Filmtoaster\Site\View\Countarticles;

defined('_JEXEC') or die;

use Joomla\CMS\MVC\View\HtmlView as BaseHtmlView;

class HtmlView extends BaseHtmlView {

    // Variable zur Speicherung der Beitragszahlen:
    protected $num = 12;

    // Ausgabefunktion:
    public function display($tpl = null)
    {
        // Ausgabe des Model in $numofarticles merken:
        $this->num = $this->get('NumberOfArticles');

        // Model lässt sich aber auch so holen:
        //$model = $this->getModel();
        //$this->num = $model->getNumberOfArticles();

        // Abschließend display() der Basisklasse aufrufen:
        parent::display($tpl);
    }

}
?>
```

Die erste Zeile steckt den Code in den Namespace `Oreilly\Component\Filmtoaster\Site\View\Countarticles`. An ihm können Sie ablesen, dass es sich innerhalb Ihrer Komponente (`Oreilly\Component\Filmtoaster`) um eine View handelt, die sich um die Ausgabe im Frontend kümmert (`Site`). Der letzte Namensbestandteil ist der Name der View – im Beispiel wurde `Countarticles` gewählt. Dieser Name beginnt mit einem Großbuchstaben, dem Kleinbuchstaben folgen.

Als Nächstes steht wieder die Sicherheitsabfrage auf dem Programm. Danach holt `use` die Klasse `HtmlView` unter dem Namen `BaseHtmlView` hinzu. Diese Klasse gießt Informationen in HTML-Inhalte und zeigt sie dann auf Ihrer Website an. Im Beispiel soll die Komponente die Anzahl der Beiträge ausgeben, womit die Klasse genau die richtige Basis für eine eigene View ist.

Von `BaseHtmlView` leitet das Beispiel die Klasse `HtmlView` ab, die wiederum die View bildet. Sie heißt absichtlich `HtmlView`, damit Joomla! sie später automatisch zum Bau der entsprechenden Internetseite heranziehen kann.

Tipp   Die Klassennamen und die Bezeichnungen der Namespaces können Einsteiger in die Joomla!-Programmierung sehr leicht in den Wahnsinn treiben. Wenn Sie sich also wundern, warum eine Klasse plötzlich gerade diesen einen Namen trägt, liegt das meist an den Vorgaben und Automatiken von Joomla!

Eine View-Klasse enthält grundsätzlich immer eine Methode `display()`. In Beispiel 19-2 fragt sie als Erstes über

```
$this->get('NumberOfArticles');
```

den vom Model verwalteten Text ab. Die Methode get() geht dabei ziemlich trickreich zu Werke: Zunächst nimmt sie den Text in den Anführungsstrichen und stellt ihm ein get voran. Im obigen Beispiel entsteht so getNumberOfArticles. Anschließend ruft sie automatisch im Model die Methode mit dem gleichen Namen auf. Im Beispiel würde also die Methode getNumberOfArticles() aufgerufen. Aus genau diesem Grund wurde in Beispiel 19-1 die Methode getNumberOfArticles() und nicht etwa countArticles() getauft. Dank der Namenskonventionen kennt die Methode get zudem bereits das passende Model (in diesem Fall FilmtoasterModelAnzahlbeitraege). Sie müssen sich also nicht erst das Model holen und es dann anzapfen.

Wahrscheinlich legen Sie bei diesem Vorgehen jetzt zu Recht die Stirn in Falten. Glücklicherweise gibt es noch einen alternativen und eleganteren Weg, die Methode getNumberOfArticles aufzurufen. Zunächst verschaffen Sie sich Zugriff auf das Model:

```
$model = $this->getModel();
```

und rufen anschließend die Methode auf:

```
$model->getNumberOfArticles();
```

Die zurückgelieferten Informationen merkt sich die View erst einmal in der Eigenschaft beziehungsweise Variablen $num. Anschließend ruft Beispiel 19-2 noch die display()-Methode der Basisklasse auf, die wiederum für die eigentliche Anzeige auf dem Bildschirm sorgt.

Bleibt nur noch, der View-Klasse eine neue Heimat zu spendieren. Erstellen Sie dazu in Ihrem Arbeitsverzeichnis unterhalb von *site/src* den Ordner *View*. Dort legen Sie ein weiteres Verzeichnis mit dem Namen der View an (das ist der letzte Bestandteil im Namespace). Im Beispiel wäre das also *Countarticles*. Speichern Sie darin das Beispiel 19-2 als *HtmlView.php*. (Die Datei *HtmlView.php* liegt also im Unterordner *site/src/View/Countarticles* Ihres Arbeitsverzeichnisses.)

Bislang fehlt noch etwas: Die aus dem Model geholte Zahl wurde nirgendwo ausgegeben. Das könnte am Ende der Funktion display() ein simples

```
echo $this->num;
```

erledigen. Die Ausgabe der View wäre dann jedoch ein langweiliger, unformatierter Text. Die Zahl soll den Besucher aber besser in einer großen, fetten Schrift anstrahlen. In Joomla! steuern allerdings Templates das Aussehen – so auch in diesem Fall: Der View wird einfach ein kleines Template, das sogenannte *Layout*, an die Seite gestellt, das wiederum die Ausgaben der View mit entsprechenden HTML-Tags hübsch formatiert. Die Anzahl der Beiträge könnte man der Einfachheit halber mit einem zusätzlichen Text zwischen zwei <h2>-Tags setzen. Das Ergebnis zeigt Beispiel 19-3.

Beispiel 19-3: Das kleine Layout für das Beispiel (Datei site/tmpl/countarticles/default.php)

```php
<?php
defined('_JEXEC') or die;
?>
<h2>Anzahl Beiträge: <?php echo $this->num; ?></h2>
```

Genau wie Templates sind auch Layouts nichts anderes als PHP-Dateien, die immer mit der obligatorischen Sicherheitsabfrage beginnen sollten. Netterweise darf das Layout auf die Eigenschaften (beziehungsweise Variablen) der View-Klasse zugreifen. In diesem Fall zapft das Layout den vorhin in num gemerkten Wert an und setzt ihn via echo in die Ausgabe ein. Im Beispiel würde damit die Ausgabe der View so aussehen:

```
<h2>Anzahl Beiträge: 17</h2>
```

Diesen HTML-Schnipsel baut nun wiederum Joomla! an der richtigen Stelle der kompletten, ausgelieferten Seite ein.

Da dieser Ablauf etwas komplizierter ist, sei er hier noch einmal kurz zusammengefasst: Die View holt aus dem Model (über dessen Methode getNumberOfArticles()) die Anzahl der Beiträge, packt diese Zahl in eine Variable und stellt diese wiederum dem Layout bereit. Das Layout setzt den Inhalt der Variablen in ein HTML-Fragment ein, das Joomla! in die ausgelieferte Website integriert.

Die View gibt also nicht selbst Daten aus, sondern steckt sie nur in Variablen. Die eigentliche Ausgabe geschieht dann im zugehörigen Layout. Dies bedeutet aber auch, dass eine View immer aus der Klasse und einem Layout besteht.

Joomla! speichert das Layout in einem eigenen Verzeichnis. Legen Sie zunächst im Ordner *site* das Unterverzeichnis *tmpl* an. Darin erzeugen Sie ein neues Verzeichnis. Dieses trägt den Namen der View in Kleinbuchstaben. Im Beispiel müssen Sie folglich den Ordner *countarticles* erstellen. In ihm speichern Sie die kleine Vorlage aus Beispiel 19-3 unter dem Namen *default.php* ab. Damit besteht die Komponente in Ihrem Arbeitsverzeichnis jetzt schon aus drei Dateien:

Datei	Funktion
site/src/Model/FilmtoasterModel.php	Enthält eine Klasse, die das Model realisiert.
site/src/View/Countarticles/HtmlView.php	Enthält eine Klasse, die eine View realisiert.
site/tmpl/countarticles/default.php	Enthält das zur View gehörende Layout.

3. Schritt: Der Controller

Als Nächstes benötigen Sie eine Klasse, die den Ablauf steuert – den Controller. Er übernimmt die Regie, sobald ein Seitenbesucher die Komponente aufruft und ihr eine Aufgabe stellt. Diese Aufgabe wertet der Controller aus. Er überlegt sich, mit welchen Methoden von Model und View sie sich lösen lässt. In der Regel weist er zunächst das Model an, die Daten entsprechend der Aufgabenstellung zu verändern und sie dann an die View zur Präsentation weiterzureichen.

Warnung   Der Controller koordiniert nur die Aktionen. Er selbst manipuliert weder irgendwelche Daten, noch bringt er sie auf den Bildschirm.

In diesem einfachen Beispiel muss der Controller lediglich dafür sorgen, dass bei einer Aktivierung der Komponente die eben erstellte View geladen wird und somit die Anzahl der Beiträge auf dem Bildschirm erscheint. Alles dazu Notwendige bringt bereits die von Joomla! bereitgestellte Klasse BaseController mit. Von ihr muss man nur eine eigene Klasse ableiten und dann die Methode display() wie in Beispiel 19-4 überschreiben.

Beispiel 19-4:   Der Controller für das Beispiel (Datei site/src/Controller/DisplayController.php)

```php
<?php

namespace Oreilly\Component\Filmtoaster\Site\Controller;

defined('_JEXEC') or die;

use Joomla\CMS\MVC\Controller\BaseController;

class DisplayController extends BaseController {

    public function display($cachable = false, $urlparams = array()) {

        // Passende View holen:
        $view = $this->getView('Countarticles', 'html');

        // Model holen und vorgeben:
        $model = $this->getModel('Filmtoaster');
        $view->setModel($model, true);

        // Seite anzeigen:
        $view->display();

    }
}
?>
```

Das Beispiel steckt den Code zunächst wieder in einen Namespace. Dieser beginnt mit dem Namen der Komponente (Oreilly\Component\Filmtoaster), das Site weist wieder auf eine Klasse für das Frontend hin, während Controller angibt, dass hier eine Controller-Klasse entsteht.

Anschließend folgt die schon bekannte Kontrolle, ob Joomla! läuft. Die use-Anweisung holt die benötigte Klasse BaseController hinzu. Von ihr leitet sich die Klasse DisplayController ab, die in der Komponente den Controller realisiert.

Dessen Methode display() ruft Joomla! automatisch auf, sobald ein Besucher die Komponente aktiviert. In Beispiel 19-4 holt sie zunächst via

```
$this->getView('Countarticles', 'html');
```

die View mit dem Namen Countarticles. Der zweite Parameter gibt dabei den Typ der View an. Im Beispiel generiert die View eine html-Seite.

Im nächsten Schritt holt die Funktion display() das Model mit dem Namen Filmtoaster:

```
$model = $this->getModel('Filmtoaster');
```

und reicht dieses Model an die View weiter:

```
$view->setModel($model, true);
```

Abschließend weist der Controller noch die View an, ihre Inhalte auszugeben. Dazu ruft er ihre Methode display() auf:

```
$view->display();
```

> **Internetadressen auswerten**
>
> Wenn Sie im Frontend einen Menüpunkt anklicken, ruft Joomla! automatisch eine Internetadresse wie diese auf:
>
> http://localhost/joomla/index.php?option=com_filmtoaster&view=countarticles
>
> In dieser Adresse codiert das Content-Management-System hinter option= die betroffene Komponente und hinter view= die vom Controller zu aktivierende View. Im Beispiel bittet Joomla! folglich die Komponente com_filmtoaster, ihre View Countarticles aufzurufen. Der Controller aus Beispiel 19-4 ignoriert jedoch solche Bitten komplett und aktiviert immer stur die gleiche View.
>
> Wenn Sie in Ihrem eigenen Controller die Informationen aus der Internetadresse auswerten und berücksichtigen möchten, hilft Ihnen die Methode $this->input->getCmd(). Ihr übergeben Sie den Namen des gewünschten Parameters aus der Internetadresse. Möchten Sie beispielsweise wissen, welcher Wert hinter view= übergeben wurde, rufen Sie getCmd() wie folgt auf:
>
> ```
> $viewName = $this->input->getCmd('view');
> ```
>
> In $viewName liegt damit der Name der zu konsultierenden View. Mit dieser Information können Sie dann die jeweils passende beziehungsweise angeforderte View aufrufen.
>
> Dabei gibt es aber noch eine kleine Stolperfalle: Ist aus irgendeinem Grund die View nicht in der Internetadresse codiert beziehungsweise enthalten, liefert getCmd() in Joomla! 4.0.3 einfach featured zurück. Sie sollten daher auch diesen Fall in Ihrem Controller berücksichtigen und beispielsweise dann eine andere passende View wählen.

Unterm Strich sorgt der oben geschaffene DisplayController also dafür, dass bei einem Aufruf der Komponente die vom Model ermittelte Zahl auf den Bildschirm wandert. Wechseln Sie in Ihrem Arbeitsverzeichnis in das Verzeichnis *site*. Erstellen Sie im Ordner *src* das neue Unterverzeichnis *Controller* und speichern Sie dort Beispiel 19-4 unter dem Dateinamen *DisplayController.php*. Insgesamt sollten in Ihrem Arbeitsverzeichnis jetzt folgende vier Dateien vorliegen:

Datei	Funktion
site/src/Controller/DisplayController.php	Enthält eine Klasse, die den Controller realisiert.
site/src/Model/FilmtoasterModel.php	Enthält eine Klasse, die das Model realisiert.
site/src/View/Countarticles/HtmlView.php	Enthält eine Klasse, die eine View realisiert.
site/tmpl/countarticles/default.php	Enthält das zur View gehörende Layout.

4. Schritt: Einen Menüeintragstyp anmelden

Später auf der Website muss ein Besucher die Anzahl der Beiträge auch irgendwie abrufen beziehungsweise erreichen können. Das geht besonders bequem über einen entsprechenden Menüpunkt. Um einen solchen anlegen zu können, benötigt man einen passenden Menüeintragstyp. Den gibt es aber bislang noch gar nicht für die Filmtoaster-Komponente (via *Menüs* → *Main Menu* → *Neu* kann man mit einem Klick auf *Auswählen* im Moment nur Menüpunkte auf die anderen Komponenten einrichten).

Sie müssen deshalb erst einen Menüeintragstyp für die neue Komponente anmelden – genauer gesagt, für eine View: Wenn ein Besucher einen Menüpunkt anklickt, aktiviert Joomla! die dahinter wartende Komponente und bittet ihren Controller, eine ganz bestimmte View anzuzeigen. Welche View das sein soll, bestimmt der Menüpunkt über seinen Menüeintragstyp. Mit anderen Worten: Ein Menüeintragstyp ist nichts anderes als ein Hinweispfeil auf eine View (siehe Abbildung 19-1).

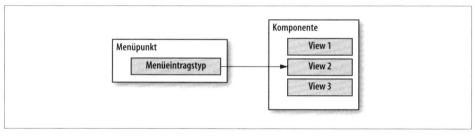

Abbildung 19-1: Ein Menüpunkt führt immer zu einer ganz bestimmten View einer ganz bestimmten Komponente.

Damit Joomla! weiß, für welche View es einen Menüeintragstyp einrichten soll, müssen Sie eine spezielle Datei namens *default.xml* im Verzeichnis des zugehörigen Layouts ablegen. Beispiel 19-5 zeigt den Inhalt der Datei für das Filmtoaster-Beispiel.

Beispiel 19-5: Diese XML-Datei erzeugt einen neuen Menüeintragstyp für die Komponente (Datei site/tmpl/countarticles/default.xml).

```
<?xml version="1.0" encoding="utf-8"?>
<metadata>
   <layout title="Anzahl Beiträge">
      <message>Zählt die Beiträge und zeigt das Ergebnis an.</message>
   </layout>
</metadata>
```

Der Text hinter `title=` gibt die Beschriftung des Menüeintragstyps in der Auswahlliste vor. In Beispiel 19-5 erscheint der Menüeintragstyp später mit dem Namen *Anzahl Beiträge* (`title="Anzahl Beiträge"`). Den Text zwischen `<message>` und `</message>` zeigt Joomla! in kleiner Schrift darunter an (wie in Abbildung 19-2). Den übrigen kryptischen Textwust in der Datei können Sie immer einfach so übernehmen.

Abbildung 19-2: Dank der *default.xml*-Datei erhält die Komponente einen eigenen Menüeintragstyp.

Speichern Sie Beispiel 19-5 im Unterverzeichnis *site/tmpl/countarticles/* in der Datei *default.xml*. Damit sollten in Ihrem Arbeitsverzeichnis jetzt folgende Dateien liegen:

Datei	Funktion
site/src/Controller/DisplayController.php	Enthält eine Klasse, die den Controller realisiert.
site/src/Model/FilmtoasterModel.php	Enthält eine Klasse, die das Model realisiert.
site/src/View/Countarticles/HtmlView.php	Enthält eine Klasse, die eine View realisiert.
site/tmpl/countarticles/default.php	Enthält das zur View gehörende Layout.
site/tmpl/countarticles/default.xml	Weist Joomla! an, einen Menüeintragstyp für die View zu erstellen.

5. Schritt: Die Komponente im Backend

Jede Komponente hat zwei Gesichter: eines, das der Besucher auf der Website sieht, und ein weiteres, das nur der Seitenbetreiber im Backend präsentiert bekommt. Über die Seiten im Backend kann man in der Regel neue Daten eingeben und verwalten. Diese Seiten im Backend bezeichnet man auch als *Administrator-Schnittstelle*.

Im Fall der extrem einfach gestrickten Beispielkomponente soll im Backend lediglich wie in Abbildung 19-3 ein Hinweistext erscheinen. Selbst dazu ist wieder ein Gespann aus Controller, View und Layout notwendig. Bis auf eine kleine Ausnahme entspricht das Vorgehen dem bisher gezeigten im Frontend.

Abbildung 19-3: Im Backend zeigt die Komponente lediglich diesen Informationstext an.

Alle Dateien, die für das Backend zuständig sind, sammelt das Verzeichnis *admin*. Legen Sie es daher in Ihrem Arbeitsverzeichnis neu an. Dort landen jetzt eine View nebst Layout sowie ein Controller, der die View aufruft. Da die Komponente nur einen Text einblenden soll, ist ein Model nicht notwendig.

Die View für das Backend zeigt Beispiel 19-6. Sie funktioniert wie ihre Kollegin für das Frontend. Da das Layout nur einen fertigen Text ausgeben soll, muss die View lediglich die Funktion display() der Basisklasse aufrufen, die wiederum das Layout aktiviert. Beachten Sie den Namespace: Die View gehört jetzt zum Administrator-Bereich und trägt den Namen FilmtoasterInfo. Speichern Sie Beispiel 19-6 in der Datei *HtmlView.php* im Ordner *admin/src/View/FilmtoasterInfo*. Legen Sie dabei die noch nicht existierenden Unterverzeichnisse an. Achten Sie wieder auf die Groß- und Kleinschreibung.

Beispiel 19-6: Die View für das Backend (Datei admin/src/View/FilmtoasterInfo/HtmlView.php)

```php
<?php

namespace Oreilly\Component\Filmtoaster\Administrator\View\FilmtoasterInfo;

defined('_JEXEC') or die;

use Joomla\CMS\MVC\View\HtmlView as BaseHtmlView;


class HtmlView extends BaseHtmlView {

    function display($tpl = null) {
        parent::display($tpl);
    }

}
```

Weiter geht es mit dem Layout, das Sie in Beispiel 19-7 finden. Es gibt nur den Text Die Filmtoaster-Komponente im Backend aus, der später wie in Abbildung 19-3 im Backend erscheint. Speichern Sie Beispiel 19-7 in der Datei *admin/tmpl/filmtoasterinfo/ default.php*, wobei Sie wieder noch nicht existierende Unterverzeichnisse anlegen.

Beispiel 19-7: Das Layout für die Administrator-Schnittstelle (Datei admin/tmpl/filmtoasterinfo/default.php)

```
<?php defined('_JEXEC') or die; ?>
<h2>Die Filmtoaster-Komponente im Backend</h2>
```

Neben der View und dem Layout muss noch der Controller aus Beispiel 19-8 her. Auch er funktioniert wie sein Kollege aus dem Frontend. Der einzige Unterschied liegt wieder in der Bezeichnung des Namespace und dem Aufruf der View. Da es nur eine View gibt, legt der Controller zunächst fest, dass die standardmäßig aufzurufende View den Namen FilmtoasterInfo trägt:

```
protected $default_view = 'FilmtoasterInfo';
```

Die Methode display() ruft lediglich die gleichnamige Methode in der Basisklasse auf. Die wiederum aktiviert automatisch die standardmäßig eingestellte View und somit hier im Beispiel die View FilmtoasterInfo.

Tipp   Wenn es für Ihr Frontend auch nur eine View gibt, können Sie sie im dortigen Controller natürlich auf die gleiche Weise aktivieren.

Erstellen Sie im Verzeichnis *admin/src* den Ordner *Controller* und speichern Sie dort Beispiel 19-8 in der Datei *DisplayController.php*.

Beispiel 19-8: Der Controller für die Administrator-Schnittstelle (Datei /admin/src/Controller/DisplayController.php)

```php
<?php

namespace Oreilly\Component\Filmtoaster\Administrator\Controller;

defined('_JEXEC') or die;

use Joomla\CMS\MVC\Controller\BaseController;

class DisplayController extends BaseController {

    protected $default_view = 'FilmtoasterInfo';

    public function display($cachable = false, $urlparams = array()) {
        return parent::display($cachable, $urlparams);
    }

}
```

Anders als das Frontend benötigt Ihre Komponente im Backend noch eine weitere Hilfsklasse. Dieser sogenannte Service Provider dient als Einsprungpunkt für Joomla!. Für das Filmtoaster-Beispiel finden Sie ihn in Beispiel 19-9. Der Code sieht recht unübersichtlich und wirr aus. Er registriert jedoch lediglich die Komponente als solche in Joomla!. Für Ihre eigene Komponente können Sie ihn übernehmen und darin die Namespaces austauschen. Dessen Trennstriche \ sind innerhalb der Methodenaufrufe jeweils als zwei Backslashs \\ anzugeben.

Erstellen Sie in Ihrem Arbeitsverzeichnis im Ordner *admin* das Unterverzeichnis *services* und speichern Sie darin Beispiel 19-9 in der Datei *provider.php*.

Beispiel 19-9: Der Service Provider für die Administrator-Schnittstelle (Datei admin/services/provider.php)

```php
<?php

defined('_JEXEC') or die;

use Joomla\CMS\Dispatcher\ComponentDispatcherFactoryInterface;
use Joomla\CMS\Extension\ComponentInterface;
use Joomla\CMS\Extension\MVCComponent;
use Joomla\CMS\Extension\Service\Provider\ComponentDispatcherFactory;
use Joomla\CMS\Extension\Service\Provider\MVCFactory;
use Joomla\CMS\MVC\Factory\MVCFactoryInterface;
use Joomla\DI\Container;
use Joomla\DI\ServiceProviderInterface;

return new class implements ServiceProviderInterface {

    public function register(Container $container): void {
        $container->registerServiceProvider(new MVCFactory('\\Oreilly\\Component\\
                                            Filmtoaster'));
        $container->registerServiceProvider(new ComponentDispatcherFactory('\\Oreilly\\
                                            Component\\Filmtoaster'));
        $container->set(
            ComponentInterface::class,
            function (Container $container) {
                $component = new MVCComponent($container->
                            get(ComponentDispatcherFactoryInterface::class));
                $component->setMVCFactory($container->get(MVCFactoryInterface::class));

                return $component;
            }
        );
    }
};
```

Damit müssen jetzt in Ihrem Arbeitsverzeichnis folgende Dateien existieren:

Datei	Funktion
site/src/Controller/DisplayController.php	Enthält eine Klasse, die den Controller realisiert.
site/src/Model/FilmtoasterModel.php	Enthält eine Klasse, die das Model realisiert.
site/src/View/Countarticles/HtmlView.php	Enthält eine Klasse, die eine View realisiert.
site/tmpl/countarticles/default.php	Enthält das zur View gehörende Layout.
site/tmpl/countarticles/default.xml	Weist Joomla! an, einen Menüeintragstyp für die View zu erstellen.
admin/src/View/FilmtoasterInfo/HtmlView.php	Enthält eine Klasse, die eine View für das Backend implementiert.

Datei	Funktion
admin/tmpl/filmtoasterinfo/default.php	Enthält das zur View gehörende Layout für das Backend.
/admin/src/Controller/DisplayController.php	Enthält eine Klasse, die den Controller für das Backend implementiert.
admin/services/provider.php	Einsprungpunkt in die Komponente für Joomla!.

6. Schritt: Verzeichnisse vor neugierigen Blicken schützen

Würden Sie die Komponente in diesem Zustand unter Joomla! installieren, könnte jeder Besucher über die Internetadresse *http://localhost/joomla/components/com_filmtoaster/* alle Dateien Ihrer neuen Komponente sehen. Einem Besucher mit genügend krimineller Energie wäre es somit möglich, alle Bestandteile Ihrer Komponente herunterzuladen und sie in Ruhe auf Angriffsmöglichkeiten hin zu analysieren.

Tipp Um auf die passende Adresse zu kommen, braucht es übrigens nicht viel: Den Namen der Komponente verrät Joomla! unter Umständen selbst in der Adressleiste des Browsers. Als versierter Programmierer weiß der Angreifer also, dass die Erweiterung im Verzeichnis *components/com_filmtoaster* liegt. Das muss er nur noch an *http://localhost/joomla/* hängen, und schon hat er die passende Adresse.

Um die eigenen Dateien vor fremden Blicken und vor allem vor Zugriffen zu schützen, packen Sie in jedes bislang erstellte Unterverzeichnis Ihrer Komponente eine Textdatei mit dem Namen *index.html* und dem folgenden Inhalt:

```
<!DOCTYPE html><title></title>
```

Versucht nun ein Angreifer, die Adresse *http://localhost/joomla/components/com_filmtoaster/* aufzurufen, bekommt er immer nur eine weiße leere Seite vorgesetzt. Damit haben Sie es auch fast geschafft: Zum großen Glück fehlt nur noch eine einzige Datei.

7. Schritt: Die XML-Datei

Damit Joomla! die Komponente installieren und alle Dateien an die richtigen Positionen kopieren kann, muss die Informationsdatei aus Beispiel 19-10 her.

Beispiel 19-10: Die XML-Informationsdatei für das Filmtoaster-Beispiel (Datei filmtoaster.xml)

```xml
<?xml version="1.0" encoding="utf-8"?>
<extension type="component">
    <name>Filmtoaster</name>
    <creationDate>01. Januar 2022</creationDate>
    <author>Tim Schürmann</author>
    <authorEmail>info@tim-schuermann.de</authorEmail>
    <authorUrl>http://www.tim-schuermann.de</authorUrl>
    <copyright>(C) Tim Schürmann 2022</copyright>
    <license>GNU General Public License</license>
    <version>1.0.0</version>
    <description>Dies ist eine Beschreibung der Komponente ...</description>

    <namespace path="src/">Oreilly\Component\Filmtoaster</namespace>
```

Beispiel 19-10: Die XML-Informationsdatei für das Filmtoaster-Beispiel (Datei filmtoaster.xml) *(Fortsetzung)*

```
    <files folder="site/">
        <folder>src</folder>
        <folder>tmpl</folder>
        <filename>index.html</filename>
    </files>

    <administration>
        <menu link="index.php?option=com_filmtoaster">Filmtoaster</menu>
        <files folder="admin/">
            <folder>services</folder>
            <folder>src</folder>
            <folder>tmpl</folder>
            <filename>index.html</filename>
        </files>
    </administration>

</extension>
```

Wenn Sie bereits das Kapitel über Templates gelesen haben, dürfte Ihnen dieser Aufbau bekannt vorkommen. Es handelt sich hierbei um eine Datei im XML-Format, worauf die erste Zeile hinweist:

```
<?xml version="1.0" encoding="utf-8"?>
```

Um den Aufbau der Datei zu verstehen, müssen Sie kein XML beherrschen. Alle Informationen über die Komponente stehen jeweils in HTML-ähnlichen Tags. Als Erstes weist das Start-Tag

```
<extension type="component">
```

darauf hin, dass es im Folgenden um eine Komponente geht (`type="component"`). Alle Informationen über diese Komponente stehen dann innerhalb von `<extension ...>` und `</extension>`.

Als Nächstes folgen ein paar allgemeine Informationen über die Komponente:

`<name>`
  Der Name der Komponente.

`<creationDate>`
  Das Datum der Erstellung.

`<author>`
  Der Autor oder Programmierer der Komponente.

`<authorEmail>`
  Die E-Mail-Adresse des Autors.

`<authorUrl>`
  Die Internetadresse der Homepage des Autors.

`<copyright>`
  Das Copyright der Komponente und dessen Inhaber.

`<license>`
  Die Lizenz, unter der die Komponente veröffentlicht wurde (beispielsweise die GNU GPL).

`<version>`
   Die Version der Komponente.

`<description>`
   Eine kurze Beschreibung dessen, was die Komponente alles so anstellt beziehungsweise welche Daten sie verwaltet.

Es gibt für die Texte zwischen den Tags übrigens keine Vorschriften. Bei der Versionsnummer sollten Sie sich jedoch an die allgemeinen Konventionen halten und ausschließlich Ziffern und Punkte verwenden, etwa 1.2.3.

Zwischen `<namespace path="src/">` und `</namespace>` tragen Sie den Namespace Ihrer Komponente ein, im Beispiel also `Oreilly\Component\Filmtoaster`.

Zwischen `<files>` und `</files>` listet man alle zur Komponente gehörenden Dateien auf, die ihre Arbeit im Frontend verrichten. Diese Dateien wandern später bei der Installation in das Verzeichnis *components/com_filmtoaster* Ihrer Joomla!-Installation. Das Attribut `folder="site"` sagt Joomla!, in welchem Unterverzeichnis es alle diese Dateien zu suchen hat. Jeden einzelnen Dateinamen rahmen noch einmal `<filename>` und `</filename>` ein. Damit man sich bei vielen Dateien nicht die Finger wund tippt, können Sie auch gleich ganze Unterverzeichnisse angeben. Mit der Zeile

   `<folder>views</folder>`

berücksichtigt Joomla! bei der Installation beispielsweise automatisch alle Dateien aus dem Unterverzeichnis *views*.

Tipp   Achten Sie immer penibel darauf, dass sich keine Tippfehler in die Verzeichnis- oder Dateinamen einschleichen. Andernfalls schlägt die Installation gleich fehl.

Der `<administration>`-Abschnitt sorgt schließlich noch für die Integration in das Backend. Mit dem von `<menu>` ... `</menu>` eingerahmten Begriff erstellt Joomla! gleich einen neuen Punkt im Menü *Komponenten*. Der `link` legt dabei fest, wie Joomla! die Komponente aufrufen muss. Bei Ihrer eigenen Komponente tauschen Sie dort `com_filmtoaster` durch den (Verzeichnis-)Namen Ihrer Komponente aus.

Als Nächstes listet der `<administration>`-Abschnitt alle Dateien auf, die im Backend ihre Arbeit verrichten. Das funktioniert wie beim Frontend, zwischen `<folder>` und `</folder>` können Sie beispielsweise jeweils ein komplettes Verzeichnis angeben. Die Dateien wandern bei der Installation in das Unterverzeichnis *administrator/components/com_filmtoaster* Ihrer Joomla!-Installation.

Tipp   Sollte sich eine Komponente aus irgendwelchen Gründen nur unvollständig deinstallieren lassen, müssen Sie deshalb immer an den beiden genannten Stellen nach Dateileichen suchen – im Beispiel also unter *components/com_filmtoaster* und unter *administrator/components/com_filmtoaster*. Darüber hinaus merkt sich Joomla! alle registrierten Komponenten in einer Datenbanktabelle, deren Name auf **extensions** endet. Auch diese sollten Sie im Fehlerfall unter die Lupe nehmen.

Speichern Sie die Datei aus Beispiel 19-8 als *filmtoaster.xml* direkt in Ihrem Arbeitsverzeichnis. Dort sollten sich jetzt die folgenden Dateien befinden:

Datei	Funktion
filmtoaster.xml	Enthält Informationen über die Komponente.
site/src/Controller/DisplayController.php	Enthält eine Klasse, die den Controller realisiert.
site/src/Model/FilmtoasterModel.php	Enthält eine Klasse, die das Model realisiert.
site/src/View/Countarticles/HtmlView.php	Enthält eine Klasse, die eine View realisiert.
site/tmpl/countarticles/default.php	Enthält das zur View gehörende Layout.
site/tmpl/countarticles/default.xml	Weist Joomla! an, einen Menüeintragstyp für die View zu erstellen.
admin/src/View/FilmtoasterInfo/HtmlView.php	Enthält eine Klasse, die eine View für das Backend implementiert.
admin/tmpl/filmtoasterinfo/default.php	Enthält das zur View gehörende Layout für das Backend.
/admin/src/Controller/DisplayController.php	Enthält eine Klasse, die den Controller für das Backend implementiert.
admin/services/provider.php	Einsprungpunkt in die Komponente für Joomla!.

8. Schritt: Probelauf (und eine kleine Zusammenfassung der Geschehnisse)

Packen Sie jetzt den kompletten Inhalt Ihres Arbeitsverzeichnisses in ein ZIP-Archiv, wechseln Sie anschließend ins Backend von Joomla! und installieren Sie das ZIP-Archiv über den bereits bekannten Weg (indem Sie *System* aufrufen, dann im Bereich *Installieren* auf *Erweiterungen* klicken und via *Oder eine Datei auswählen* das ZIP-Archiv einspielen).

Im Erfolgsfall erscheint die Meldung, die Sie in der *filmtoaster.xml*-Datei unter <description> eingetragen haben (siehe Abbildung 19-4).

Sollte etwas schiefgelaufen sein, ist meist ein Tippfehler innerhalb der XML-Datei der Grund. Kontrollieren Sie auch, ob Sie innerhalb des <files>-Abschnitts eine Datei oder ein Verzeichnis vergessen haben. Ging alles glatt, steht eine Funktionsprüfung an.

Abbildung 19-4: Die Installation der Komponente war erfolgreich.

Tipp Sollte dabei etwas nicht wie beschrieben funktionieren, prüfen Sie wieder als Erstes, ob alle Dateien an ihrem korrekten Ort liegen, ob sie den richtigen Namen tragen (achten Sie auch auf Groß- und Kleinschreibung) und ob sich in der XML-Datei kein Tippfehler eingeschlichen hat. Erst danach steht ein Blick in den Programmcode an.

Im *Komponenten*-Menü sollte für die Komponente ein neuer Menüeintrag *Filmtoaster* warten. Wenn Sie ihn anklicken, führt er Sie zur Ansicht aus Abbildung 19-3 auf Seite 733 (die Beschriftung des Menüpunkts stammt aus der Datei *filmtoaster.xml*, die Seite erzeugt die View aus der Datei *admin/src/View/FilmtoasterInfo/HtmlView.php*).

Um Ihren Besuchern die neue Komponente zugänglich zu machen, legen Sie in einem der vorhandenen Menüs wie gewohnt einen neuen Menüpunkt an (beispielsweise via *Menüs* → *Main Menu* → *Neu*). Nach einem Klick auf *Auswählen* finden Sie auf dem Slider *Filmtoaster* den neuen Menüeintragstyp *Anzahl Beiträge* – ganz so wie in Abbildung 19-2 auf Seite 732 (der Text *Anzahl Beiträge* und die Beschreibung stammen aus der Datei *site/tmpl/countarticles/default.xml*). Hier sehen Sie auch noch einmal, dass ein Menüpunkt normalerweise immer zu einer View führt. Hätten Sie weitere Views erstellt, würde Joomla! für jede einen eigenen Menüeintragstyp anbieten.

Entscheiden Sie sich für den Menüeintragstyp *Anzahl Beiträge*, vergeben Sie noch einen *Menütitel* wie etwa `Anzahl Beiträge`, stellen Sie sicher, dass der *Status* auf *Veröffentlicht* steht, und legen Sie den Punkt via *Speichern & Schließen* an. Wenn Sie jetzt im Frontend den neuen Menüpunkt aufrufen, erscheint die Seite aus Abbildung 19-5.

Abbildung 19-5: Die Ausgabe der Filmtoaster-Komponente im Cassiopeia-Template.

Die Zahl stammt aus dem Model (Datei *site/src/Model/FilmtoasterModel.php*), die Seite selbst hat die View (Datei *site/src/View/Countarticles/HtmlView.php*) mithilfe ihres kleinen Layouts (Datei *site/tmpl/countarticles/default.php*) auf den Bildschirm gebracht. Die Ausgabe der Komponente erscheint an ihrem dafür zugewiesenen Platz innerhalb des derzeit aktiven Templates.

Den kompletten Ablauf fasst noch einmal Abbildung 19-6 zusammen:

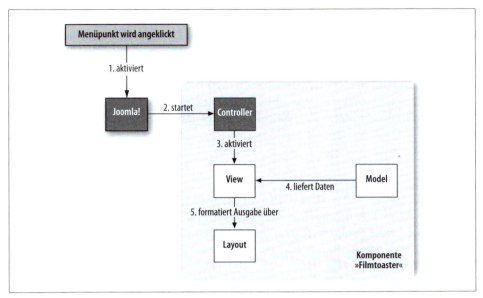

Abbildung 19-6: Ablauf der Filmtoaster-Komponente.

Wenn Sie im Frontend auf den Menüpunkt *Anzahl Beiträge* klicken ❶, betritt Joomla! das Verzeichnis der Komponente (*components/com_filmtoaster*) und weckt dort den Controller, dem es anschließend die Kontrolle übergibt ❷. Der Controller wiederum übergibt das Zepter direkt weiter an die View ❸.

Diese benötigt erst einmal etwas, das sie auf dem Bildschirm anzeigen kann. Die entsprechenden Inhalte kennt das Model, das folglich umgehend um seine Daten gebeten wird ❹. Die vom Model zurückgelieferte Zahl speichert die View zunächst in einer Variablen. Danach konsultiert sie das Layout ❺. Dieses »Mini-Template« hübscht schließlich den Inhalt der Variablen auf.

Die gesamte Ausgabe baut Joomla! anhand des aktiven Templates in die fertige Seite ein und liefert sie an den Browser des Besuchers aus.

Die Komponente übersetzen

Derzeit sind noch sämtliche Texte fest in die Komponente einzementiert. Würden Sie im Backend die Sprache wechseln (hinter *System* im Bereich *Verwalten* unter *Sprachen*), bliebe die Ausgabe der Komponente weiterhin auf Deutsch. Ihre Erweiterung wäre somit nur für deutsche Nutzer interessant. Um das zu ändern, müssen Sie der Komponente eigene Sprachdateien beilegen. Dazu sind wiederum ein paar kleinere Vorbereitungen nötig.

Als Erstes müssen Sie alle in der Komponente vorhandenen Bildschirmtexte durch Platzhalter (Sprachschlüssel) ersetzen. Joomla! tauscht diese dann später automatisch gegen die zur aktuellen Sprache passenden echten Texte aus. Das Model-View-Controller-Konzept packt alle auf dem Bildschirm erscheinenden Texte in die Layouts. Sie müssen deshalb nur die zugehörigen Dateien an einigen wenigen Stellen verändern. Wenden Sie sich also wieder Ihrem Arbeitsverzeichnis zu. Los geht es mit dem Layout *default.php* im Verzeichnis *site/tmpl/countarticles*. Der einzige deutsche Text lautet Anzahl Beiträge. Ihn ersetzen Sie jetzt durch einen Platzhaltertext. Der muss mit dem Verzeichnisnamen der Komponente beginnen, darf nur aus Großbuchstaben bestehen, muss ohne Leerzeichen auskommen und muss eindeutig sein. Im Beispiel könnte man COM_FILMTOASTER_NUMBER wählen:

```
<?php
defined('_JEXEC') or die;
?>
<h2>COM_FILMTOASTER_NUMBER: <?php echo $this->num; ?></h2>
```

Damit nicht COM_FILMTOASTER_NUMBER als Text ausgegeben wird, müssen Sie Joomla! noch anweisen, diesen Sprachschlüssel gegen den richtigen Text auszutauschen. Das übernimmt die Funktion Text::_(), wie es Beispiel 19-11 zeigt. Um sie nutzen zu können, müssen Sie die Klasse Text per use Joomla\CMS\Language\Text hinzuholen.

Beispiel 19-11: Die mit einem Sprachschlüssel ausgestattete default.php

```
<?php

use Joomla\CMS\Language\Text;

defined('_JEXEC') or die;
?>
<h2><?php echo Text::_('COM_FILMTOASTER_NUMBER'); ?>: <?php echo $this->num; ?></h2>
```

Die Text::_()-Methode prüft zunächst, ob der Komponente zur gerade eingestellten Sprache eine Sprachdatei mitgeliefert wurde. Wenn ja, schlägt sie darin die ihr übergebene Zeichenkette nach und ersetzt sie dann automatisch durch die entsprechende Übersetzung. Doch Vorsicht: Sollte es keine Übersetzung geben, verwendet die Text::_()-Methode einfach den ihr übergebenen Text – also den Sprachschlüssel.

Weiter geht es mit der Datei *default.xml* im gleichen Verzeichnis. Darin lagern die Bezeichnungen für den Menüeintragstyp, die natürlich ebenfalls übersetzt werden müssen. Beispiel 19-12 präsentiert das mit den Sprachschlüsseln ausgestattete Ergebnis.

Beispiel 19-12: Der durch Platzhalter ersetzte Menüeintragstyp und seine Beschreibung
(Datei site/tmpl/countarticles/default.xml)

```
<?xml version="1.0" encoding="utf-8"?>
<metadata>
    <layout title="COM_FILMTOASTER_MENU_TITLE">
        <message>COM_FILMTOASTER_MENU_DESCR</message>
    </layout>
</metadata>
```

Da es sich hier um eine XML-Datei handelt, die Joomla! selbst noch auswertet und durch die Mangel dreht, braucht man `Text::_()` hier nicht. Die Namen der Sprachschlüssel beginnen wieder mit `COM_FILMTOASTER`, der Rest wurde erneut irgendwie frei gewählt. Ändern Sie die Datei *default.xml* wie in Beispiel 19-12 dargestellt.

In der Filmtoaster-Komponente erscheint im Backend der Text *Die Filmtoaster-Komponente im Backend*. Dieser Text steckt in der Datei *admin/tmpl/filmtoasterinfo/default.php*. Auch ihn müssen Sie dort durch einen Platzhalter ersetzen und diesen wiederum durch die `Text::_()`-Methode jagen. Das Ergebnis zeigt Beispiel 19-13.

Beispiel 19-13: Die mit einem Sprachschlüssel ausgestattete Datei admin/tmpl/filmtoasterinfo/default.php

```
<?php

use Joomla\CMS\Language\Text;

defined('_JEXEC') or die;
?>
<h2><?php echo Text::_('COM_FILMTOASTER_TEXT_BACKEND'); ?></h2>
```

Weiter geht es mit der Informationsdatei *filmtoaster.xml*. Darin tauschen Sie die Beschreibung gegen

```
<description>COM_FILMTOASTER_DESC</description>
```

aus und schließlich noch die Beschriftung des Menüpunkts gegen:

```
<menu link="index.php?option=com_filmtoaster">COM_FILMTOASTER_MENU</menu>
```

Jetzt sind alle ehemals fest einzementierten Texte durch Sprachschlüssel ersetzt worden. Als Nächstes müssen Sie für jede Sprache, die Sie unterstützen möchten, die passenden Sprachdateien anlegen.

Dazu erstellen Sie zunächst im Verzeichnis *site* den neuen Ordner *language*. In ihm müssen Sie für jede Sprache ein Verzeichnis mit dem Namen seines Sprach-Tags anlegen. Der Einfachheit halber soll die Filmtoaster-Komponente zunächst nur Deutsch sprechen. Das zugehörige Sprach-Tag lautet somit de-DE (siehe Kapitel 17, *Mehrsprachigkeit*). Erstellen Sie also ein Verzeichnis mit diesem Namen.

Darin legen Sie jetzt eine Textdatei an. Ihr Dateiname beginnt mit dem Sprach-Tag, dem der (Verzeichnis-)Name der Komponente folgt. Die Endung lautet schließlich *.ini*. Im Beispiel muss somit die Datei *de-DE.com_filmtoaster.ini* her. Sie übersetzt alle deutschen Texte, die irgendwo im Frontend erscheinen. Um das zu erreichen, gehen Sie alle Views und Layouts für das Frontend durch und sammeln die darin verwendeten Sprachschlüssel in der Datei *de-DE.com_filmtoaster.ini*. Dabei gehört jeder Sprachschlüssel in eine eigene Zeile. Diesen Platzhaltern folgt dann jeweils ein Gleichheitszeichen und in Anführungszeichen sein deutschsprachiger Ersatztext. Beispiel 19-14 zeigt den kompletten Inhalt für das Filmtoaster-Beispiel. Es ist ziemlich übersichtlich, da dort nur der Platzhalter `COM_FILMTOASTER_NUMBER` mit dem Text `Anzahl Beiträge` übersetzt werden muss.

Beispiel 19-14: Die deutschen Übersetzungen für die Website (Datei site/language/de-DE/de-DE.com_filmtoaster.ini)

```
; In diese Sprachdatei gehören die Übersetzungen für das Frontend
COM_FILMTOASTER_NUMBER="Anzahl Beiträge"
```

Joomla! ignoriert alle Zeilen, die mit einem Semikolon beginnen. Zwischen den Anführungszeichen dürfen keine weiteren Anführungszeichen auftauchen. Wenn Sie dennoch unbedingt Anführungszeichen benötigen, müssen Sie sie jeweils durch die kryptische Zeichenfolge "_QQ_" ersetzen.

Die Texte für das Backend sammelt nach dem gleichen Prinzip eine eigene Sprachdatei. Erstellen Sie für sie im Verzeichnis *admin* den neuen Ordner *language*. Darin müssen Sie ebenfalls für jede unterstützte Sprache ein Verzeichnis anlegen, das als Name das entsprechende Sprach-Tag trägt. Für das Filmtoaster-Beispiel legen Sie das Unterverzeichnis *de-DE* an. In diesem Verzeichnis erstellen Sie jetzt eine Datei mit den Übersetzungen. Sie folgt den gleichen Namenskonventionen wie ihr Pendant für das Frontend. Für das Beispiel muss folglich die Datei *de-DE.com_filmtoaster.ini* her. Darin legen Sie die Übersetzungen für alle Views und Layouts ab, die im Backend tätig sind. Im Fall der Filmtoaster-Komponente betrifft das nur einen Text, den Beispiel 19-15 zeigt.

Beispiel 19-15: Die deutschen Übersetzungen für die Website (Datei admin/language/de-DE/de-DE.com_filmtoaster.ini)

```
COM_FILMTOASTER_TEXT_BACKEND="Die Filmtoaster-Komponente im Backend"
```

Die Sprachschlüssel aus der Informationsdatei *filmtoaster.xml* sowie die Kollegen für den Menüeintragstyp erwartet Joomla! in einer eigenen Datei. Diese landet im Ordner *admin/language/de-DE/* und somit neben der Datei *de-DE.com_filmtoaster.ini* mit den Übersetzungen für das Backend. Ihr Dateiname folgt den gleichen Konventionen wie ihr Pendant *de-DE.com_filmtoaster.ini*, besitzt aber die Endung *.sys.ini*. Für das Filmtoaster-Beispiel erstellen Sie folglich die Datei *de-DE.com_filmtoaster.sys.ini* mit dem Inhalt aus Beispiel 19-16.

Beispiel 19-16: Die deutschen Übersetzungen für die Systeminformationen der Komponente (Datei admin/language/de-DE/de-DE.com_filmtoaster.ini.sys)

```
COM_FILMTOASTER_DESC="Diese Komponente zählt die Beiträge"
COM_FILMTOASTER_MENU="Filmtoaster"
COM_FILMTOASTER_MENU_TITLE="Anzahl Beiträge"
COM_FILMTOASTER_MENU_DESCR="Zählt die Beiträge und zeigt das Ergebnis an."
```

Abschließend müssen Sie die neuen Sprachdateien noch in der Informationsdatei *filmtoaster.xml* anmelden. Dazu ergänzen Sie in ihr zunächst den `<files folder="site">`-Abschnitt um das *language*-Verzeichnis:

```
...
<files folder="site">
    ...
    <folder>models</folder>
    <folder>views</folder>
    <folder>language</folder>
```

```
</files>
...
```

Des Weiteren erstellen Sie hinter `</files>` und vor `<administration>` den folgenden Abschnitt:

```
...
</files>

    <languages>
        <language tag="de-DE">site/language/de-DE/de-DE.com_filmtoaster.ini</language>
    </languages>

<administration>
...
```

Er meldet alle Sprachdateien an, die Übersetzungen für das Frontend enthalten. Jeweils eine Sprachdatei steht samt ihrem Verzeichnis zwischen `<language ...>` und `</language>`. Im Filmtoaster-Beispiel gibt es nur die Datei *site/language/de-DE/de-DE.com_filmtoaster.ini*. Welche Sprache sie enthält, verrät Joomla! hinter `tag=`. Dort müssen Sie das zugehörige Sprach-Tag angeben, im Beispiel also de-DE für Deutsch.

Weiter geht es im `<administration>`-Abschnitt. In ihm melden Sie den entsprechenden language-Ordner an:

```
...
<files folder="admin/">
    <folder>language</folder>
    <folder>services</folder>
...
```

Darüber hinaus ergänzen Sie ebenfalls einen `<languages>`-Bereich:

```
...
</files>

<languages>
    <language tag="de-DE">admin/language/de-DE/de-DE.com_filmtoaster.ini</language>
    <language tag="de-DE">admin/language/de-DE/de-DE.com_filmtoaster.sys.ini</language>
</languages>
</administration>
...
```

Jede mitgelieferte Sprachdatei, die irgendwas im Backend übersetzt, wird hier jeweils zwischen `<language>` und `</language>` gesetzt. Im Filmtoaster-Beispiel existieren die deutschen Sprachdateien *de-DE.com_filmtoaster.ini* und *de-DE.com_filmtoaster.sys.ini*, die beide im Verzeichnis *admin/language/de-DE* stecken. Das Attribut tag="de-DE" zeigt noch einmal an, zu welcher Sprache die jeweiligen Dateien gehören.

Für jede weitere Sprache, die Sie unterstützen möchten, müssen Sie jetzt nach dem gleichen Prinzip weitere Sprachdateien hinzufügen und nach dem bekannten Muster befüllen. Denken Sie daran, die Sprachdateien in der Informationsdatei (*filmtoaster.xml*) anzumelden und sie unter den korrekten Dateinamen in den passenden Verzeichnissen abzulegen.

Das war es endlich. Deinstallieren Sie die noch installierte Filmtoaster-Komponente, packen Sie dann den Inhalt Ihres Arbeitsverzeichnisses in ein ZIP-Archiv und spielen Sie es unter Joomla! ein. Auf den ersten Blick scheint sich nichts verändert zu haben. Dass Joomla! tatsächlich auf die Übersetzungen in den Sprachdateien zurückgreift, sehen Sie, wenn Sie die Sprache umschalten. Sofern Sie Ihrer Komponente wie im Beispiel lediglich die deutschen Sprachdateien beigelegt haben, gibt sie jetzt nur noch die Platzhalter aus.

Module

Da Module in der Regel nur eine kleine und genau umrissene Aufgabe lösen, ist auch ihre Programmierung wesentlich einfacher als die Entwicklung einer Komponente. So besteht ein Modul aus mindestens einem PHP-Skript, dessen Ausgaben Joomla! an eine von mehreren möglichen Positionen auf die Website packt. Als Beispiel soll im Folgenden ein kleines Modul entstehen, das lediglich den Text *Hallo Welt!* ausgibt.

Joomla! sammelt alle installierten Module in seinem Unterverzeichnis *modules*. Genau wie bei den Komponenten erhält dort jedes Modul ein eigenes Verzeichnis. Es trägt den gleichen Namen wie das Modul, dem zusätzlich noch ein *mod_* vorangestellt wurde. Auf diese Weise lässt es sich schnell von einer Komponente unterscheiden. Das neue Modul soll den Namen *Filmtoaster* erhalten. Folglich residiert es später im Unterverzeichnis *mod_filmtoaster*.

Als erste Amtshandlung legen Sie auf Ihrer Festplatte ein neues Arbeitsverzeichnis an. Dort hinein packen Sie alle Dateien, die im Folgenden erstellt werden.

Das neue Modul soll lediglich den Text *Hallo Welt!* ausgeben. In PHP könnte man das so wie in Beispiel 19-17 formulieren.

Beispiel 19-17: Ein Modul, das den Text Hallo Welt! ausgibt (Datei mod_filmtoaster.php)

```
<?php defined('_JEXEC') or die; ?>
<p>Hallo Welt!</p>
```

Der erste Befehl stellt sicher, dass die Datei nur von Joomla! aufgerufen werden kann. Anschließend gibt das Skript besagten Text aus. Auch wenn Sie es vermutlich nach der Entwicklung der Komponente kaum glauben können: Das Modul ist damit bereits zur Hälfte fertig. Speichern Sie den Programmcode aus Beispiel 19-17 unter dem Dateinamen *mod_filmtoaster.php* in Ihrem Arbeitsverzeichnis.

Tipp   Achten Sie auch hier wieder darauf, dass Sie alle Dateien in der UTF-8-Zeichencodierung speichern.

Jetzt fehlt nur noch eine Informationsdatei, die Joomla! für eine korrekte Installation des Moduls benötigt. Für das Filmtoaster-Modul sieht sie so wie in Beispiel 19-18 aus:

Beispiel 19-18: Die XML-Informationsdatei für das Filmtoaster-Modul (Datei mod_filmtoaster.xml)

```xml
<?xml version="1.0" encoding="utf-8"?>
<extension type="module" client="site">
    <name>Filmtoaster</name>
    <author>Tim Schürmann</author>
    <version>1.0.0</version>
    <description>Ein einfaches Modul</description>

    <namespace>Oreilly\Module\Filmtoaster</namespace>
    <files>
        <filename module="mod_filmtoaster">mod_filmtoaster.php</filename>
    </files>
</extension>
```

Der Aufbau stimmt weitestgehend mit dem der Informationsdatei der Komponenten überein (siehe den Abschnitt »7. Schritt: Die XML-Datei« auf Seite 736). Das <extension>-Tag weist zunächst mit seinen Attributen darauf hin, dass es sich um ein Modul (type="module") handelt, das auf der Website zum Einsatz kommt (client= "site"). Anschließend folgen ein paar allgemeine Informationen über das Modul. Die Tags nennen hier von oben nach unten den Namen des Moduls, den Autor und die Version. Der Name des Moduls taucht später auch im Backend auf. Den Abschluss bildet eine kurze Beschreibung, die Joomla! beispielsweise nach erfolgreicher Installation anzeigt. Sie können hier übrigens alle Informations-Tags aus dem Abschnitt »7. Schritt: Die XML-Datei« auf Seite 736 verwenden, also beispielsweise auch einen Hinweis auf die Lizenz hinzufügen.

Wie bei den Komponenten nutzt Joomla! auch bei den Modulen die von PHP angebotenen Namespaces. Deshalb müssen Sie sich für Ihr neues Modul einen entsprechenden Namen ausdenken. Der folgt dem Schema:

    Oreilly\Module\Filmtoaster

Ganz links steht der Name des Entwicklers, wie etwa der Name Ihres Unternehmens oder Ihr Vor- und Zuname. Am Ende findet sich der Name des Moduls, im Beispiel folglich Filmtoaster. Der mittlere Bestandteil weist darauf hin, dass es sich um ein Modul handelt. Den kompletten Namen müssen Sie in der Informationsdatei zwischen <namespace> und </namespace> hinterlegen.

Zwischen <files> und </files> listen Sie alle Dateien auf, die zum Modul gehören (ohne diese Informationsdatei). Die Tags <filename> und </filename> rahmen jeweils die einzelnen Dateien ein.

Neu gegenüber der Informationsdatei der Komponenten ist das Attribut module= "mod_filmtoaster". Es ist nur bei der Datei anzugeben, über die Joomla! später das Modul aktivieren soll. Der Wert hat gleich mehrere Funktionen: Zum einen bildet er den Verzeichnisnamen, in dem das Modul später residiert. Zum anderen ist dies auch der Dateiname der Informationsdatei, wobei Joomla! automatisch noch ein *.xml* als Endung anhängt.

Speichern Sie Beispiel 19-18 jetzt unter dem Dateinamen *mod_filmtoaster.xml* in Ihrem Arbeitsverzeichnis. Dessen Inhalt verpacken Sie anschließend in ein ZIP-Archiv, das Sie wiederum im Backend wie jede andere Erweiterung installieren (indem Sie *System* aufrufen, im Bereich *Installieren* auf *Erweiterungen* klicken und via *Oder eine Datei auswählen* das Archiv einspielen).

 Tipp Falls Joomla! dabei eine Fehlermeldung liefert, sollten Sie zunächst den Inhalt der Konfigurationsdatei *mod_filmtoaster.xml* auf Tippfehler untersuchen.

War die Installation erfolgreich, finden Sie das neue Modul in der Liste hinter *Inhalt → Site Module → Neu* (siehe Abbildung 19-7). Klicken Sie dort den Eintrag *Filmtoaster* an, vergeben Sie einen *Titel* sowie eine sichtbare *Position* und legen Sie das Modul via *Speichern & Schließen* an. Wenn Sie jetzt ins Frontend wechseln, erscheint dort wie in Abbildung 19-8 der Gruß.

Abbildung 19-7: Das *Filmtoaster*-Modul taucht hier unter allen verfügbaren Modulen auf.

Abbildung 19-8: *Filmtoaster* ist der Titel des Moduls, wohingegen *Hallo Welt* das Modul ausgibt.

Im Moment formatiert die Datei *mod_filmtoaster.php* den Text `Hallo Welt!` als Absatz und gibt ihn aus. Damit mischt man allerdings auch munter PHP-Code und HTML-Tags. Insbesondere bei größeren Modulen empfiehlt es sich daher, die HTML-Tags in eine separate Datei auszulagern. Dadurch wird der PHP-Code wesentlich übersichtlicher. Möchten Sie zudem nachträglich das Design ändern, müssen Sie nur noch diese zweite Datei, das sogenannte *Layout*, bearbeiten oder austauschen. Damit ergibt sich die folgende Arbeitsteilung:

- Das Skript *mod_filmtoaster.php* beschafft nur noch die anzuzeigenden Informationen.
- Das Layout steckt dann diese Informationen in HTML-Tags und gibt das Ergebnis aus.

Joomla! unterstützt Sie sogar bei dieser Aufteilung, die Entwickler empfehlen sie sogar ausdrücklich.

Zunächst muss das Skript *mod_filmtoaster.php* den Text festlegen, den gleich in einem zweiten Schritt das Layout zwischen HTML-Tags klemmt. Im Beispiel soll das Hallo Welt! sein. Diesen Text parkt man einfach in einer beliebigen Variablen – im Beispiel wäre vielleicht $hello ganz passend:

```
$hello = 'Hallo Welt';
```

Tipp Ein komplexeres Modul würde die anzuzeigenden Informationen sehr wahrscheinlich aus der Datenbank holen. Das gelingt genau so wie bei den Komponenten (siehe den Abschnitt »1. Schritt: Das Model« auf Seite 722). Den Zugriff auf das benötigte Datenbankobjekt erhalten Sie dabei über die Hilfsklasse Factory:

```
$db = Factory::getDbo();
```

Factory holen Sie per use Joomla\CMS\Factory; hinzu.

Damit hat das Skript jetzt alle anzuzeigenden Informationen zusammen, womit das Layout übernehmen kann. Genau das teilen Sie Joomla! über folgenden Befehl mit:

```
require ModuleHelper::getLayoutPath('mod_filmtoaster');
```

ModuleHelper ist eine von Joomla! bereitgestellte Klasse. Dessen Funktion getLayoutPath() aktiviert automatisch das zum angegebenen Modul gehörende Layout und stellt mit ihm die Ausgaben des Moduls zusammen.

Damit ist das Skript *mod_filmtoaster.php* bereits komplett. Sie müssen ModuleHelper nur noch per use-Anweisung verfügbar machen. Die fertige *mod_filmtoaster.php* zeigt Beispiel 19-19.

Beispiel 19-19: Die modifizierte mod_filmtoaster.php

```
<?php

defined('_JEXEC') or die;

use Joomla\CMS\Helper\ModuleHelper;

$hello = 'Hallo Welt';

require ModuleHelper::getLayoutPath('mod_filmtoaster');

?>
```

Ändern Sie in Ihrem Arbeitsverzeichnis die *mod_filmtoaster.php* so ab, dass sie wie in Beispiel 19-19 aussieht.

Im nächsten Schritt entsteht das Layout. Im Beispiel muss es lediglich den Inhalt der Variablen $hello zwischen passende HTML-Tags setzen. Netterweise darf das Layout direkt auf alle (globalen) Variablen aus der *mod_filmtoaster.php* zugreifen. Das Layout für das Filmtoaster-Modul sieht dann so wie in Beispiel 19-20 aus.

Beispiel 19-20: Das Layout aus der Datei tmpl/default.php

```php
<?php defined('_JEXEC') or die; ?>
<p><?php echo $hello; ?></p>
```

Am Anfang steht wieder die obligatorische Abfrage, ob Joomla! das Modul aufgerufen hat. Anschließend steckt Beispiel 19-20 den anzuzeigenden Text aus der Variablen $hello zwischen die HTML-Tags für einen Absatz.

Erstellen Sie in Ihrem Arbeitsverzeichnis den Ordner *tmpl* und speichern Sie darin Beispiel 19-20 in der Datei *default.php*. Der Datei- und der Verzeichnisname sind jeweils notwendig, damit Joomla! das Layout automatisch findet.

Die so neu hinzugekommene Datei muss auch bei der Installation berücksichtigt werden. Dazu melden Sie sie noch wie in Beispiel 19-21 in der XML-Datei an.

Beispiel 19-21: Die erweiterte Informationsdatei mod_filmtoaster.xml

```xml
<?xml version="1.0" encoding="utf-8"?>
<extension type="module" client="site">
    <name>Filmtoaster</name>
    <author>Tim Schürmann</author>
    <version>1.0.0</version>
    <description>Ein einfaches Modul</description>

    <namespace>Oreilly\Module\Filmtoaster</namespace>
    <files>
        <filename module="mod_filmtoaster">mod_filmtoaster.php</filename>
        <folder>tmpl</folder>
    </files>

</extension>
```

Mit <folder> übernimmt Joomla! auf einen Schlag alle Dateien aus dem angegebenen Verzeichnis. Damit besteht das Modul jetzt aus folgenden drei Dateien:

Datei	Funktion
mod_filmtoaster.php	Einsprungpunkt des Moduls, steuert gleichzeitig den Ablauf.
mod_filmtoaster.xml	Informationsdatei für die Integration in Joomla!.
tmpl/default.php	Layout, das die Ausgabe auf der Website erzeugt.

Tipp Um die eigenen Dateien vor fremden Blicken zu schützen, sollten Sie auch hier wieder in jedem (Unter-)Verzeichnis eine HTML-Datei mit dem Namen *index.html* und dem Inhalt `<!DOCTYPE html><title></title>` anlegen. Vergessen Sie nicht, diese zusätzlichen Dateien in der XML-Datei anzumelden.

Deinstallieren Sie das alte Modul, packen Sie dann wieder den Inhalt Ihres Arbeitsverzeichnisses in eine ZIP-Datei und installieren Sie sie unter Joomla!. Nach der Aktivierung des Moduls sollten die gleichen Ausgaben erscheinen wie schon zuvor.

Plug-ins

Plug-ins erledigen im Hintergrund Handlangerarbeiten. Technisch betrachtet, sind sie nichts anderes als PHP-Skripte, die in einer ganz bestimmten Situation von Joomla! aufgerufen werden. Aus diesem Grund gibt es verschiedene Typen von Plug-ins. So durchsuchen beispielsweise Plug-ins vom Typ *search* irgendwelche (Datenbank-)Inhalte, während *content*-Plug-ins Inhalte manipulieren. Die verschiedenen Plug-in-Typen hat bereits Kapitel 14, *Plug-ins*, vorgestellt.

Ein Plug-in zu erstellen, ist erstaunlich einfach: Man muss lediglich eine eigene Klasse von CMSPlugin ableiten und dann die zum gewählten Plug-in-Typ gehörenden Methoden anbieten. Als kleines Beispiel soll im Folgenden ein *content*-Plug-in entstehen. Es ersetzt in allen Texten auf der Website das Wort *Wikipedia* durch einen passenden Link auf die Startseite der deutschen Wikipedia-Ausgabe. Dazu leitet man als Erstes eine Klasse von CMSPlugin ab:

```
class plgContentFilmtoaster extends CMSPlugin
{
}
```

Die Klasse heißt hier plgContentFilmtoaster. Sie folgt damit den allgemeinen Konventionen, nach denen der Klassenname aus der Bezeichnung plg (für Plug-in), dem Plug-in-Typ (hier Content) und dem eigentlichen Namen besteht (in diesem Fall Filmtoaster).

Joomla! startet die Plug-ins immer dann, wenn ein ganz bestimmtes Ereignis eintritt. Jedes dieser Ereignisse hat einen eigenen Namen. Bevor ein Text auf dem Bildschirm erscheint, tritt beispielsweise das Ereignis onContentPrepare ein. Die zu implementierenden Methoden tragen genau die Namen dieser Ereignisse. Tritt etwa besagtes Ereignis onContentPrepare ein, ruft Joomla! automatisch im Plug-in die Methode onContentPrepare() auf. Möchte man wie im Beispiel ein Wort im Text austauschen oder verändern, muss man folglich diese Methode implementieren:

```
class plgContentFilmtoaster extends JPlugin
{
    function onContentPrepare($context, &$article, &$params, $page=0)
    {
    }
}
```

onContentPrepare() wird allerdings nicht nur aufgerufen, wenn ein Beitrag auf dem Bildschirm erscheint, sondern auch noch in einigen anderen Lebenslagen. In diesen Fällen sollte das Beispiel-Plug-in jedoch tunlichst inaktiv bleiben. Wer das Ereignis onContentPrepare ausgelöst hat, verrät Joomla! im Parameter context. Damit lässt sich schnell prüfen, ob gerade die Beitragskomponente einen Beitrag anzeigen möchte:

```
function onContentPrepare($context, &$article, &$params, $page=0)
{
    if($context !== 'com_content.article') return;
}
```

`$context` nimmt den Wert `com_content.article` an, wenn die Beitragskomponente gerade einen Beitrag anzeigen will. Die Abfrage prüft, ob das nicht der Fall ist. Dann bricht das Plug-in seine Arbeit ab.

Die Methode `onContentPrepare()` soll im Beitragstext das Wort `Wikipedia` gegen einen Link zur deutschsprachigen Wikipedia austauschen. Netterweise übergibt Joomla! in `article` ein Objekt, das den kompletten Beitrag enthält. An den eigentlichen Text gelangt man über `$article->text`. Darin lässt sich jetzt das Wort `Wikipedia` mit nur einer Anweisung ersetzen:

```
function onContentPrepare($context, &$article, &$params, $page=0)
{
    /* ... */
    $ersatztext = '<a href="https://de.wikipedia.org">Wikipedia</a>';
    $article->text = preg_replace('/Wikipedia/', $ersatztext, $article->text);
    return;
}
```

In `$ersatztext` liegt der in HTML-Tags verpackte Link. Die eigentliche Ersetzung führt die Funktion `preg_replace()` durch, die PHP bereitstellt (weitere Informationen finden Sie in der PHP-Dokumentation unter *https://www.php.net/manual/de/function.preg-replace.php*).

Die damit fertige Klasse zeigt Beispiel 19-22. Das ist gleichzeitig auch schon das komplette Plug-in.

Beispiel 19-22: Das Filmtoaster-Plug-in (Datei filmtoaster.php)

```
<?php
defined('_JEXEC') or die;

use Joomla\CMS\Plugin\CMSPlugin;

class plgContentFilmtoaster extends CMSPlugin
{
    function onContentPrepare($context, &$article, &$params, $page=0)
    {
        if($context !== 'com_content.article') return;

        $ersatztext = '<a href="https://de.wikipedia.org">Wikipedia</a>';
        $article->text = preg_replace('/Wikipedia/', $ersatztext, $article->text);
    }
}
?>
```

Noch einmal kurz zusammengefasst: Sobald Joomla! einen Beitrag im Browser anzeigen möchte, ruft es die Methode `onContentPrepare()` auf und übergibt ihr im Parameter `article` den Text. Die Methode prüft zunächst, ob gerade tatsächlich ein Beitrag angezeigt wird. Wenn dem nicht so ist, bricht sie die Verarbeitung ab.

Tipp Beachten Sie, dass der `$context` wirklich nur dann `com_content.article` enthält, wenn ein Beitrag alleine angezeigt wird. Wenn Joomla! hingegen eine Seite mit allen Hauptbeiträgen präsentiert, enthält `$context` den Wert `com_content.featured`.

Sofern der Beitrag angezeigt wird, liegt sein Text in $article->text. In ihm kann on ContentPrepare() das Wort Wikipedia gegen einen Link tauschen, wobei ihr die PHP-Funktion preg_replace() hilft.

Erstellen Sie ein neues Arbeitsverzeichnis und speichern Sie darin den Programmcode aus Beispiel 19-22 in der Datei *filmtoaster.php*.

Tipp Vergessen Sie auch hier nicht, die Zeichencodierung auf UTF-8 zu stellen.

Damit Joomla! das Plug-in installieren kann, benötigt man wie bei den Komponenten und Modulen eine entsprechende Informations- beziehungsweise XML-Datei. Für das kleine Filmtoaster-Plug-in ist das passende Pendant in Beispiel 19-23 zu sehen.

Beispiel 19-23: Die Informationsdatei filmtoaster.xml für das Filmtoaster-Plug-in

```xml
<?xml version="1.0" encoding="utf-8"?>
<extension type="plugin" group="content">
<name>Filmtoaster</name>
<author>Tim Schürmann</author>
<version>1.0.0</version>
<description>Das Filmtoaster-Plugin</description>

<files>
    <filename plugin="filmtoaster">filmtoaster.php</filename>
</files>
</extension>
```

Die XML-Datei ist weitestgehend identisch mit der Informationsdatei für Module. Ein kleiner, aber wichtiger Unterschied steckt in der zweiten Zeile:

```
<extension type="plugin" group="content">
```

Sie verrät Joomla!, dass es sich um ein Plug-in handelt (type="plugin"), das der Gruppe der *content*-Plug-ins angehört (group="content"). Da das komplette Plug-in nur aus einer Datei besteht, umfasst der <files>-Abschnitt lediglich einen <filename>-Eintrag für die *filmtoaster.php*. Das Attribut plugin="filmtoaster" kennzeichnet wieder die Datei, in der die Plug-in-Klasse lagert (in diesem Fall also die Datei *filmtoaster.php*). Als Wert erhält das Attribut den Verzeichnisnamen, in dem später das Plug-in landet. Er muss identisch sein mit dem Namen der Plug-in-Datei ohne die Endung *.php*.

Speichern Sie Beispiel 19-23 als *filmtoaster.xml* ab und packen Sie diese Datei zusammen mit der *filmtoaster.php* in ein ZIP-Archiv. Nach der Installation des Plug-ins über das Backend finden Sie das Filmtoaster-Plug-in unter *System → Plugins* wieder. Sobald Sie es hier mit einem Klick auf das graue *X*-Symbol in der Spalte *Status* einschalten, ersetzt es im Frontend in allen Beiträgen das Wort Wikipedia durch einen entsprechenden Link. Testen können Sie das, indem Sie in einen Ihrer Beiträge das Wort Wikipedia schreiben und sich dann im Frontend diesen Beitrag anzeigen lassen.

TEIL V
Tipps und Tricks

KAPITEL 20
Suchmaschinenoptimierung

In diesem Kapitel:
- Funktionsweise einer Suchmaschine
- Seiteninhalte optimieren
- Metadaten: Fluch und Segen
- Der Name der Website
- Suchmaschinenfreundliche URLs (Search Engine Friendly Links)
- Weiterleitungen
- Noch mehr Funktionen mit Erweiterungen

Die Filmkritiken sind geschrieben, die Werbebanner gebucht und die Kontaktformulare eingerichtet. Alles ist für den großen Ansturm vorbereitet – einzig die Besucher müssen noch den Weg auf die neuen Seiten finden. Im Internet helfen ihnen dabei die Suchmaschinen. Sie dienen vielen Internetbenutzern als erste Anlaufstelle und bilden somit gleichzeitig einen Wegweiser zum neu geschaffenen Angebot.

Normalerweise stoßen Google, Bing & Co. irgendwann von allein auf Ihre Website. Einige Suchmaschinen können Sie jedoch über ein Anmeldeformular direkt auf Ihre Seiten hinweisen.

Warnung Einige Internetseiten bieten an, Ihre Website automatisiert bei sehr vielen Suchmaschinen und Verzeichnisdiensten gleichzeitig anzumelden. Das ist zwar eine verlockende Arbeitserleichterung, mitunter wird das jedoch als »Suchmaschinen-Spamming« aufgefasst. Als Folge verhängen die Suchmaschinen und Verzeichnisdienste Sanktionen, was bis zur Verbannung Ihres Auftritts aus den jeweiligen Angeboten reichen kann.

Leider existieren zum Filmtoaster-Auftritt recht viele Konkurrenzseiten, die mit großer Wahrscheinlichkeit ebenfalls in den Suchergebnissen auftauchen. Suchmaschinen ordnen ihre Ergebnisse immer nach Relevanz, also nach der Bedeutung der aufgespürten Seiten für den Suchbegriff. Wenn Sie etwa bei Google nach dem Begriff `Film` suchen, erhalten Sie als erstes Suchergebnis den entsprechenden Wikipedia-Artikel (wie in Abbildung 20-1). Aus Sicht von Google ist dieser Artikel mit sehr hoher Wahrscheinlichkeit genau die von Ihnen benötigte Seite. Google liegt mit dieser Einschätzung extrem häufig richtig. Viele Internetnutzer klicken daher auch meist nur einen der obersten Links in den Suchergebnissen an. Um möglichst viele Besucher auf die eigene Website zu locken, müsste man sie also irgendwie in die oberen Ränge der Suchergebnisse katapultieren. Alle genau hierauf zielenden Maßnahmen bezeichnet man als *Suchmaschinenoptimierung* oder auf Englisch als *Search Engine Optimization*, kurz *SEO*.

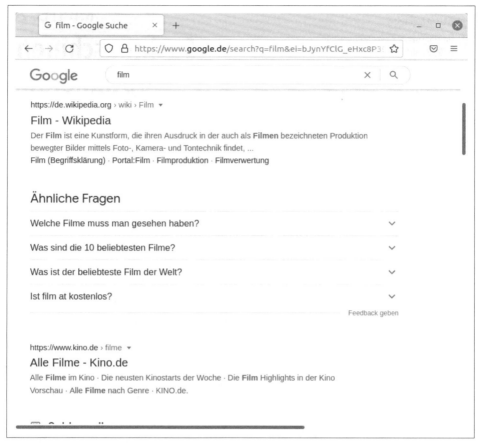

Abbildung 20-1: Alle zum Begriff *film* passenden Internetseiten sortiert Google nach ihrer Relevanz.

Wie die einzelnen Suchmaschinen die Reihenfolge ihrer Suchergebnisse genau bestimmen, hüten ihre Hersteller dummerweise wie Coca-Cola das Rezept seiner prickelnden Brause. Alle Maßnahmen, die ein Website-Betreiber ergreifen kann, basieren daher auf recht kargen Empfehlungen der Suchmaschinenhersteller sowie auf Erfahrungen, Hörensagen, Vermutungen und auf Konsultieren eines Hellsehers.

Bei größeren und insbesondere kommerziell ausgerichteten Internetseiten empfiehlt sich die Konsultation einer entsprechenden Marketingfirma. Unter dem Schlagwort *Internet-Marketing* (auch *Online-* oder *E-Marketing* genannt) haben sich einige dieser Firmen auf die Suchmaschinenoptimierung spezialisiert. Da sich unter diesen Unternehmen jedoch einige schwarze Schafe tummeln, die mit windigen und zweifelhaften Methoden arbeiten, heißt es auch hier, seinen Partner mit wachsamen Augen auszuwählen.

Für alle, die nicht gleich tief ins eigene Portemonnaie greifen möchten, halten die folgenden Abschnitte ein paar grundlegende Maßnahmen bereit. Um deren Wirkungsweise zu verstehen, ist zunächst ein kurzer Exkurs in die Arbeitsweise einer Suchmaschine notwendig.

| **Tipp** | Es gibt eine ganz banale, aber zentrale Regel: Gestalten Sie Ihre Website für *Ihre Besucher*. Geben Sie ihnen einen Grund, immer wiederzukommen. Dann steigen Sie ganz nebenbei auch bei Google & Co. in den Suchergebnissen auf. | |

Funktionsweise einer Suchmaschine

Jede Suchmaschine besteht aus mehreren Komponenten, die sich gegenseitig zuarbeiten. Neben der eigentlichen Suchfunktion arbeitet im Hintergrund ein sogenannter *Webcrawler* (kurz *Crawler* oder auch *Robot* oder *Spider* genannt). Das ist ein kleines Programm, das sich durch das Internet wühlt und einfach allen Links folgt, die ihm über den Weg laufen. Immer wenn es eine neue oder geänderte Seite gefunden hat, legt es die von der eigentlichen Suchfunktion benötigten Informationen in einer riesigen Datenbank ab.

Sobald nun eine Anfrage von einem Benutzer eingeht, kramt die Suchmaschine alle passenden Einträge aus der Datenbank und präsentiert sie in einer langen Liste auf dem Bildschirm. Die Reihenfolge der Suchergebnisse bestimmen die Suchmaschinen anhand einer Mischung aus verschiedenen Kriterien. Von einigen Vertretern (wie beispielsweise Google) ist bekannt, dass sie jeder gefundenen Seite einen Punktwert zuordnen, den sogenannten *Score*, *Rank* oder *PageRank*. Er berechnet sich aus mehreren Faktoren, beispielsweise:

- aus der Anzahl anderer Seiten, die auf die Seite verweisen,
- aus der Häufigkeit, mit der der Suchbegriff in einer Seite auftritt, und daraus,
- welche anderen Texte den Suchbegriff auf der Seite umgeben.

Je höher der Punktwert einer Seite ist, desto weiter oben steht sie in der Liste mit den Suchergebnissen.

Für die eigene Website bedeutet dies:

1. Man muss der Suchmaschine (beziehungsweise dem Webcrawler) das Sammeln von Daten erleichtern. Nur was die Suchmaschine kennt, kann sie später auch in ihren Ergebnissen berücksichtigen.
2. Die einzelnen Seiten müssen so gestaltet beziehungsweise aufgebaut sein, dass sie für bestimmte Suchbegriffe den oben genannten Kriterien entgegenkommen.

Die folgenden Abschnitte verraten Ihnen, mit welchen konkreten Maßnahmen Sie diese beiden Punkte sicherstellen – und wie Joomla! Sie dabei unterstützt.

Da es einen Konkurrenzkampf um die besten Plätze gibt, ist es unwahrscheinlich, für jeden nur erdenklichen Suchbegriff immer an erster Stelle zu landen. Wenn Sie mit Ihrer Seite Geld verdienen wollen, sollten Sie unbedingt weitere Werbemaßnahmen durchführen und beispielsweise Banner auf passenden anderen Seiten schalten. Im Internet gibt es zudem eine Reihe kommerzieller und kostenloser Dienste, die Ihre Website auf Suchmaschinenfreundlichkeit hin abklopfen, wie zum Beispiel *https://www.seitwert.de*.

Des Weiteren sollten Sie möglichst verschlüsselte Verbindungen via HTTPS anbieten. Zum einen erhöhen Sie so die Sicherheit, zum anderen bevorzugt Google mittlerweile verschlüsselte Seiten. Wie Sie HTTPS und das dazu notwendige Zertifikat einrichten, hängt von Ihrem Webhoster ab – sprechen Sie ihn gegebenenfalls an.

Seiteninhalte optimieren

Der entscheidende Weg zu einer guten Platzierung führt über die Inhalte der Seiten. Folglich gilt es, bereits beim Erstellen des Auftritts und bei der Eingabe der Beiträge einige Punkte zu beachten. Sofern auf Ihrer Website mehrere Autoren arbeiten, sollten Sie diese dazu anhalten, die folgenden Kriterien zu beachten, beziehungsweise regelmäßig selbst ihre Beiträge daraufhin begutachten und gegebenenfalls korrigieren.

Überschriften: Was draufsteht, muss auch drin sein

Die Überschriften sollten Sie immer mit Bedacht und zum Thema passend wählen, da ihnen von den Suchmaschinen eine besondere Bedeutung zugesprochen wird. Wenn Sie auf der Website großspurig Filmkritiken ankündigen, sollten auf der Seite folglich auch Filmkritiken vorhanden sein. Hinter der Kritik zum Film *James Bond 007: Skyfall* darf zudem keine Werbung für ein Hautpflegemittel verborgen sein. Des Weiteren taucht der Titel auch später in der Liste mit den Suchergebnissen auf.

Bei den Beiträgen dürfen Sie neben einem Titel auch noch einen sogenannten *Alias* vergeben (siehe Abbildung 20-2). In den vorherigen Kapiteln wurde der Einfachheit halber dazu geraten, ihn schlichtweg von Joomla! wählen zu lassen. Diesen Alias nutzt Joomla! derzeit in Links, die auf diesen Beitrag verweisen, sowie in den suchmaschinenfreundlichen Adressen, die gleich noch besprochen werden. Sie sollten daher immer sicherstellen, dass der Titel möglichst aussagekräftig sowie kurz und knackig ausfällt. Im Idealfall kann ein Mensch vom Alias auf den Beitrag schließen. Für die Filmkritik zu *James Bond 007: Skyfall* wäre beispielsweise der Alias *james-bond-007-skyfall* sinnvoll.

Abbildung 20-2: Verwenden Sie auch den Alias(-Titel).

Das richtige Menü

Zu den Beiträgen führen Menüpunkte. Auch von ihrer Beschriftung nehmen die Suchmaschinen Notiz. Folglich sollten Sie sie weise und inhaltlich richtig wählen. Ungeschickt wäre etwa ein Menüpunkt *Filmkritiken*, der direkt zur Vorstellung eines neuen Parfüms führt. Das würde übrigens auch Ihre Besucher verwirren.

Halten Sie die Navigation schlank und übersichtlich. Bei zu vielen Menüpunkten und verästelten Unterseiten hören Besucher irgendwann genervt auf zu klicken. Auch Suchmaschinen geben früher oder später auf.

Darüber hinaus sollten Sie daran denken, dass Sie in den Einstellungen eines Menüpunkts im Register *Seitenanzeige* über das Eingabefeld *Seitenüberschrift* noch die Überschrift der Zielseite austauschen können. Darüber hinaus erlaubt Joomla! hier, den *Seitentitel im Browser*, also den Text des Browserregisters, auszutauschen. Auch auf diesen Text achten Suchmaschinen (siehe auch Kapitel 10, *Menüs*, im Abschnitt »Seitentitel verändern« auf Seite 219). Stellen Sie sicher, dass er zum Seiteninhalt passt.

Gehaltvolle Texte

Befinden sich zu wenige Inhalte auf der Seite, halten manche Suchmaschinen sie für eher unwichtig. Ihre Kritik zu *James Bond 007: Skyfall* sollte also nicht nur einfach pauschal »Der Film war gut« lauten. Eine etwas ausführlichere Begründung kommt nicht nur den menschlichen Lesern zugute, sondern auch den Suchmaschinen, die auf diese Weise mit vielen weiteren potenziellen Suchwörtern gefüttert werden. Studien zufolge stehen auf von Google besonders bevorzugten Webseiten im Schnitt 1.890 Wörter.

Das ist jedoch kein Aufruf, Texte mit hohlen Phrasen beliebig in die Länge zu ziehen: Zum einen würde das wieder Besucher abschrecken, die sich jetzt durch nichtssagende Textwüsten kämpfen müssen, zum anderen erkennen Suchmaschinen unnütze Füllwörter und strafen diese ähnlich wie Linklisten ab. Auf die gleiche Weise ahnden Suchmaschinen versteckte Schlüsselwörter, die als weißer Text auf weißem Grund an das Ende eines Beitrags geschmuggelt wurden.

Versuchen Sie, qualitativ bessere und interessantere Beiträge als Ihre Konkurrenten zu veröffentlichen. Sehen Sie sich dazu die Seiten Ihrer Konkurrenz an: Welche Themen sind dort beliebt? Was können Sie besser machen? Welche Themen hat die Konkurrenz noch nicht behandelt? Wie können Sie Ihren Besuchern einen Mehrwert bieten oder ihnen sogar weiterhelfen?

Gliedern Sie längere Texte mit aussagekräftigen Zwischenüberschriften. Verwenden Sie dazu im TinyMCE-Editor die *Überschrift 1-* bis *Überschrift 6*-Vorgaben aus der entsprechenden Drop-down-Liste (die aus Abbildung 20-3). Sie erreichen sie auch via *Format → Formate →Überschriften*.

Veröffentlichen Sie niemals den gleichen Text in zwei Beiträgen. Damit würden die beiden Beiträge miteinander um den besten Platz bei Google konkurrieren – und letztendlich zusammen verlieren.

Abbildung 20-3: Unterteilen Sie längere Beiträge mithilfe von Überschriften. Das kommt nicht nur der Lesbarkeit zugute, Suchmaschinen messen Überschriften auch eine erhöhte Bedeutung bei.

Bilder beschriften

Vergeben Sie für jedes Bild eine *Beschreibung*, einen *Bildtitel* und eine *Bildbeschriftung* (siehe Abbildung 20-4). Suchmaschinen werten auch diese Texte aus – denken Sie beispielsweise nur an die Bildersuche von Google.

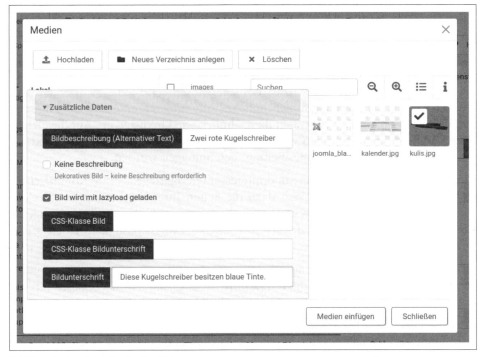

Abbildung 20-4: Beschriften Sie Ihre Bilder.

Links korrekt beschriften

Alle Links sollten passend beschriftet sein – am besten mit einem potenziellen Suchwort. Anstelle eines nichtssagenden »Hier geht es weiter« wählt man besser »Hier geht es zur Kritik zum Film ›Findet Dorie‹«. Das gilt erst recht für Links, die von fremden Seiten auf Ihre verweisen – nur lassen sich diese dummerweise nur selten beeinflussen. Sofern Sie den Betreiber der fremden Website nicht kennen, hilft vielleicht eine freundliche Anfrage.

| Warnung | Meiden Sie unbedingt sogenannte Linklisten. Dabei verlinken sich einfach zahlreiche Seiten mehrfach gegenseitig. Damit erwecken sie gegenüber der Suchmaschine den Eindruck, sie seien alle extrem beliebt. Auf diesen Trick haben die Suchmaschinenbetreiber jedoch reagiert und passende Gegenmaßnahmen eingeleitet. Das kann sogar bis zum kompletten Rauswurf des Internetauftritts aus den Suchergebnissen gehen – wie in der Vergangenheit sogar ein paar größere und durchaus seriöse Unternehmen erfahren durften. | |

Achten Sie darauf, dass keine Links und Menüpunkte ins Leere führen. Sowohl Menschen als auch Suchmaschinen bleiben in diesen Sackgassen hängen. Auch umgekehrt gilt: Eine Seite, zu der kein Link beziehungsweise Menüpunkt führt, kann weder durch normale Benutzer noch durch Suchmaschinen gefunden werden. Stellen Sie daher sicher, dass jedes Element irgendwie in Ihre Website eingebunden ist.

Multimedia-Inhalte sparsam einsetzen

Webcrawler geben sich gegenüber der Seite als herkömmliche Browser aus. Da jedoch kein realer Benutzer diesen Suchroboter bedient, kann der Crawler erst einmal nichts mit Videos anfangen. Setzen Sie daher solche Multimedia-Inhalte nur ergänzend ein. Das kommt darüber hinaus auch Menschen mit eingeschränkter Sehfähigkeit zupass.

Sie lebt

Achten Sie unbedingt auf die Aktualität Ihrer Seite: Anstatt einmal im Monat mehrere Kritiken gleichzeitig online zu stellen, sollten Sie besser jeden Tag eine veröffentlichen. Die Suchmaschine schließt daraus nicht nur auf eine rege Aktivität, sondern auch auf eine hohe Aktualität der Seite – folglich muss sie entsprechend beliebt und wichtig sein.

| Tipp | Erliegen Sie jedoch nicht der Versuchung, die Seite künstlich am Leben zu erhalten. Dies könnte zu den gleichen negativen Auswirkungen führen wie beim Einsatz von Füllwörtern. | |

Metadaten: Fluch und Segen

Jede Internetseite darf versteckte Zusatzinformationen enthalten, die sogenannten Metadaten (siehe Abbildung 20-5). Sie beinhalten beispielsweise den Namen des Autors der Seite. Die Webcrawler der Suchmaschinen können diese Daten auswerten und für ihre Zwecke nutzen.

 Tipp Die Browser verstecken diese Informationen standardmäßig. Um zu sehen, welche Metadaten sich in der ausgelieferten Seite verbergen, müssen Sie deshalb mit der sogenannten Quelltextansicht einen Blick hinter die Kulissen werfen. Unter Firefox drücken Sie dazu die Tastenkombination *[Strg]+[U]*. Das nun erscheinende Fenster präsentiert Ihnen die Seite so, wie Joomla! sie ausliefert und wie auch die Suchmaschinen sie sehen. Ganz zu Beginn finden Sie Zeilen, die mit einem `<meta...` anfangen. Dahinter stehen die Zusatzinformationen.

Abbildung 20-5: Die (versteckten) Metadaten in einer von Joomla! ausgelieferten Seite.

Zu den Metadaten gehört auch eine Liste mit Schlüsselwörtern. Diese sollten ursprünglich einmal beschreiben, worum es auf der Seite geht. Im Fall einer Filmkritik könnten die Schlüsselwörter zum Beispiel *Kino*, *Filmkritik*, *Film*, *Kritik* lauten. Damit weiß die Suchmaschine, dass sie bei einer Suche nach dem Wort *Kino* auch diese Seite berücksichtigen muss. In der Vergangenheit haben leider viele Webseitenbetreiber hier bewusst falsche Angaben eingesetzt, um die Suchmaschinen in die Irre zu führen. Aus diesem Grund behandeln die meisten Suchmaschinen die Schlüsselwörter nur noch als Daten zweiter Klasse.

Teil der Metadaten ist zudem eine kurze Beschreibung der Seiteninhalte, die später in den Suchergebnissen erscheint. Anhand dieser Beschreibung entscheiden Besucherinnen und Besucher, ob sie Ihre Website aufrufen.

Schon allein aus diesem Grund sollten Sie die Metadaten hinterlegen. Joomla! erlaubt das auf zwei Arten. Zum einen finden Sie bei vielen Elementen und Modulen die Möglichkeit, Metadaten einzutippen. Im Bildschirm zur Eingabe eines neuen Beitrags wechseln Sie beispielsweise zum Register *Veröffentlichung* (siehe Abbildung 20-6). Dort können Sie die Seiteninhalte noch einmal kurz beschreiben sowie darunter entsprechende Schlüsselwörter vergeben. (Wie das funktioniert und in welches Feld welche Informationen gehören, hat bereits Kapitel 6, *Beiträge*, im Abschnitt »Metadaten« auf Seite 128 gezeigt.)

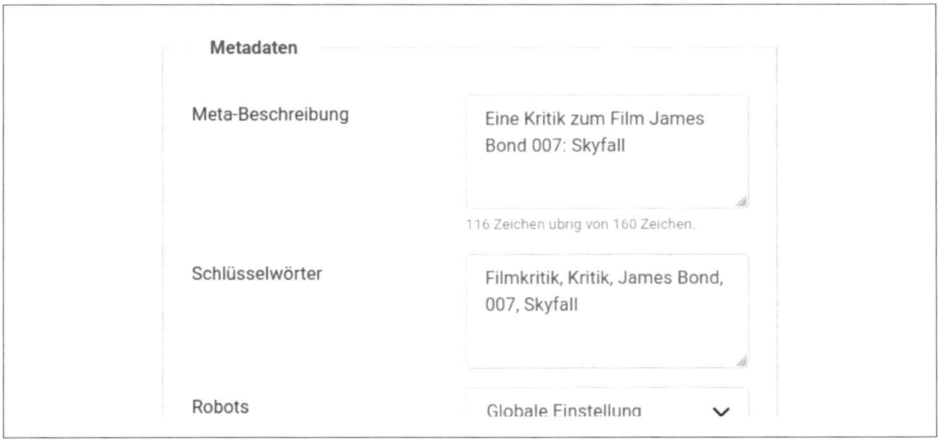

Abbildung 20-6: Die Metadaten eines Beitrags.

Die hier eingetragenen Metadaten liefert Joomla! immer nur mit dem jeweiligen Beitrag beziehungsweise auf der jeweiligen Seite aus. Für alle Seiten gültige Metadaten geben Sie in den Grundeinstellungen hinter *System → Konfiguration* vor. Dort finden Sie im Register *Site* unten den Bereich *Metadaten*. Über dessen Eingabefelder dürfen Sie wieder eine Beschreibung des Internetauftritts (*Meta-Beschreibung*) hinterlegen (siehe Abbildung 20-7). Die hier eingetippten Begriffe sollten sich immer auf den gesamten Internetauftritt beziehen.

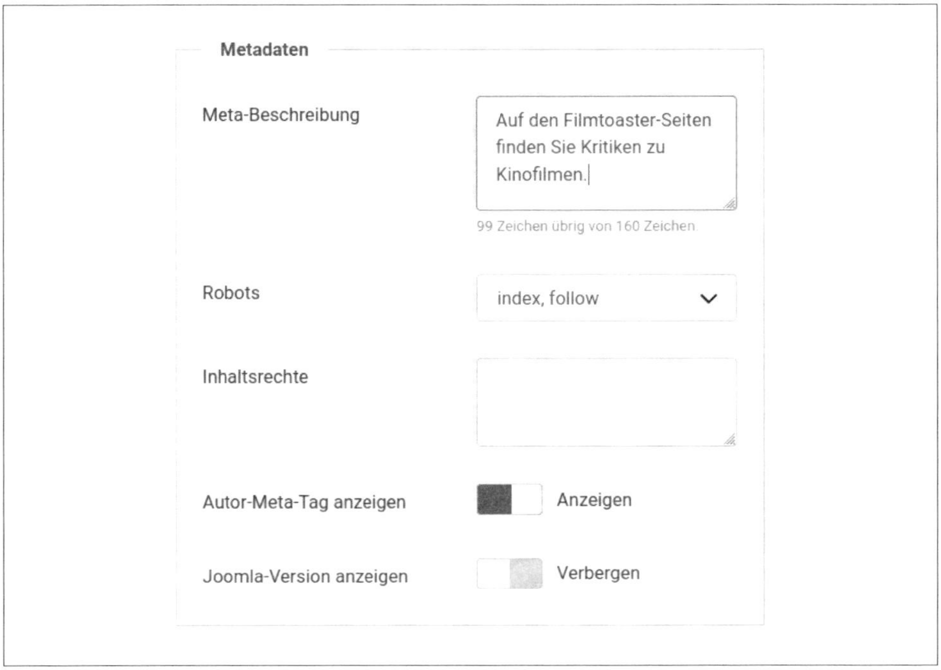

Abbildung 20-7: Die hier eingetragenen Metadaten liefert Joomla! mit jeder Seite aus.

Metadaten: Fluch und Segen | 765

In jedem Fall genügen bereits zehn Schlüsselwörter, die Beschreibung sollte maximal 160 Zeichen umfassen. Andernfalls könnten die Suchmaschinen vermuten, dass hier ein Spam-Versuch vorliegt. Zu viele Begriffe oder eine zu lange Beschreibung wirken sich folglich sogar negativ aus.

Warnung Verwenden Sie ausschließlich Begriffe, die auch mit Ihrem Auftritt in Beziehung stehen. Beispielsweise könnten Sie in Versuchung kommen, den reißerischen Begriff »nackte Stars« oder gar thematisch etwas gänzlich Fremdes wie »Mercedes« einzubinden. Damit irritieren Sie potenzielle Besucher, die nicht das auf der Seite vorfinden, was sie eigentlich gesucht haben. Im Fall von »Mercedes« riskieren Sie sogar Markenrechtsklagen und werden obendrein noch für dieses Verhalten von den Suchmaschinen abgestraft.

Der Name der Website

Unter *System → Konfiguration* finden Sie auf der Registerkarte *Site* im Bereich *Website* den *Namen der Website*, den Sie bereits bei der Installation von Joomla! vergeben haben. Wo der Name der Website erscheint, hängt vor allem vom Template ab. Einige Templates schreiben den Namen prominent links oben über jede Seite. In solchen Fällen messen ihm Suchmaschinen eine besonders hohe Bedeutung bei. Überlegen Sie daher noch einmal, ob er kurz und knackig das Thema der Webseite umreißt. Fragen Sie sich dazu, welche Informationen Ihre Seite enthält und was sie darstellen soll. Bleiben Sie jedoch möglichst unter 80 Zeichen. Ändern Sie zudem den Namen der Website nachträglich nur in Ausnahmefällen – beispielsweise wenn sich Ihr Verein umbenannt hat. Eine Namensänderung verwirrt nicht nur Ihre Besucher, sondern auch Suchmaschinen.

Tipp Genauso wichtig wie der Titel ist der Domainname. So landet *https://www.kinoportal.de* in der Ergebnisliste zum Suchwort *Kino* sicherlich auf einem höheren Platz als *https://www.horstswunderwelt.de*.

Des Weiteren können und sollten Sie den Namen Ihrer Website in der Titelleiste beziehungsweise auf den Register-Tabs des Browsers anzeigen lassen. Dort erscheint standardmäßig der Name eines Beitrags (siehe Abbildung 20-8).

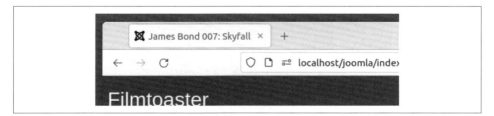

Abbildung 20-8: Standardmäßig erscheint als Seitentitel immer nur der Titel des Beitrags.

Um diese Beschriftung wie in Abbildung 20-9 noch um den Seitennamen zu ergänzen, wählen Sie unter *System → Konfiguration* auf der Registerkarte *Site* im Bereich *Suchmaschinenoptimierung (SEO)* in der Drop-down-Liste *Webseitenname auch im*

Seitentitel einen anderen Punkt. Sie haben dabei die Wahl, ob der Seitenname wie in Abbildung 20-9 vor dem Beitragstitel (Einstellung *Davor*) oder dahinter stehen soll (*Danach*). In jedem Fall ist dann für die Suchmaschine immer eindeutig, dass diese Seite (noch) zu den Filmtoaster-Seiten gehört. Vergessen Sie nicht, die geänderten Einstellungen zu *Speichern*.

Abbildung 20-9: Auf Wunsch erscheint auch immer noch der Name des Internetauftritts im Titel.

Suchmaschinenfreundliche URLs (Search Engine Friendly Links)

Die Webcrawler der Suchmaschinen sind nicht ganz dumm. Würden sie einfach allen Links folgen, könnte man sie durch zwei aufeinander zeigende Links in einer Schleife gefangen halten. Aus diesem Grund hat man ihnen etwas Intelligenz eingepflanzt, dank deren sie beispielsweise Linkfarmen erkennen und umgehen können.

Dies hat leider auch Auswirkungen auf Joomla!. Content-Management-Systeme generieren eine Seite erst dann, wenn ein Besucher sie anfordert. Diese Seite besitzt zudem eine ziemlich kryptische Internetadresse. Webcrawler können dann nicht mehr gut abschätzen, ob dies jetzt eine Seite ist, die man sich merken sollte.

Dazu ein kleines Beispiel: Schalten Sie zunächst hinter *System* → *Konfiguration* auf der Registerkarte *Site* im Bereich *Suchmaschinenoptimierung (SEO)* den Punkt *Suchmaschinen-freundliche URL* auf *Nein* (Sie erfahren gleich, was diese Einstellung macht) und *Speichern* Sie Ihre Änderungen. Wenn Sie jetzt im Frontend einen Beitrag aufrufen und die Angaben in der Adressleiste Ihres Browsers betrachten, taucht dort so etwas auf wie:

```
http://localhost/joomla/index.php?option=com_content&view=article&id=7:james-bond-007-skyfall&catid=10&Itemid=127
```

In dieser Adresse ist die von Joomla! zu aktivierende Komponente sowie deren Aufgabe codiert. (Es handelt sich hier um die Komponente com_content, die die Ansicht article aktiviert, die wiederum den Beitrag mit der ID 7 und den Alias james-bond-007-skyfall aus der Kategorie *Actionfilme* mit der ID 10 anzeigt.)

Der Webcrawler der Suchmaschine stellt sich nun die Frage, was er sich davon merken soll. Schlimmer noch: Es können mehrere Adressen zur gleichen Seite führen. So wartet beispielsweise hinter

```
http://localhost/joomla/index.php?option=com_content&view=article&id=7:james-bond-007-skyfall&catid=10
```

und

    http://localhost/joomla/index.php?option=com_content&view=article&id=7

und

    http://localhost/joomla/index.php?option=com_content&id=7&view=article

derselbe Beitrag. Die Suchmaschine kann das jedoch nicht unterscheiden und vermutet hinter jeder Adresse eine eigene Seite. Hierdurch wird ihr wiederum eine riesige Website vorgegaukelt. Aus diesem Grund fassen Suchmaschinen dynamische Seiten eigentlich nur mit Samthandschuhen an.

Kryptische Adressen umschreiben (URL-Rewrite)

Glücklicherweise gibt es in Joomla! eine Funktion, die den Webcrawlern eine etwas magenschonendere und für jeden Beitrag eindeutige Adresse vorsetzt. Das ist genau die Funktion, die Sie weiter oben abgeschaltet hatten.

Sie aktivieren sie in der globalen Konfiguration hinter *System → Konfiguration* auf der Registerkarte *Site* im Bereich *Suchmaschinenoptimierung (SEO)* (siehe Abbildung 20-10).

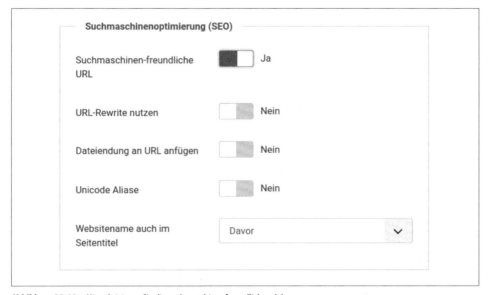

Abbildung 20-10: Hier aktivieren Sie die suchmaschinenfreundlichen Adressen.

Sobald Sie den Schalter *Suchmaschinen-freundliche URL* auf *Ja* umlegen, liefert das Content-Management-System anstelle von

    http://localhost/joomla/index.php?option=com_content&view=article&id=7:james-bond-
    007-skyfall&catid=10&Itemid=127

die für Suchmaschinen besser verdauliche Adresse:

    http://localhost/joomla/index.php/filmkritiken/actionfilme/james-bond-007-skyfall

Wenn die neuen Adressen bei Ihnen nicht sofort zu sehen sind, starten Sie Ihren Browser einmal neu. Kontrollieren Sie zudem hinter *System → Plugins*, ob das Plug-in *System – SEF* aktiviert ist. Dieses baut im Hintergrund die Internetadressen um.

Etwas störend in den optimierten Internetadressen wirkt allerdings noch das *index.php* in der Mitte, das Rückschlüsse auf eine dynamisch generierte Seite zulässt. Wenn Sie den Apache-Webserver oder den IIS von Microsoft einsetzen, lässt sich aber auch dieser Hinweis beseitigen.

Das URL-Rewrite-Modul des Webservers nutzen

Der Apache-Webserver sowie der IIS können jeweils mithilfe einer Erweiterung die Internetadressen flexibel umschreiben. Dies macht sich wiederum Joomla! für seine Zwecke zunutze. Um auch noch das *index.php* loszuwerden, müssen Sie die Erweiterung einrichten und dann Joomla! entsprechend konfigurieren.

In XAMPP ist die passende Erweiterung standardmäßig enthalten und aktiviert. Falls Sie mit den entsprechenden Schritten aus Kapitel 2, *Installation*, eine Testumgebung mit XAMPP eingerichtet haben, sind die Eingriffe aus dem jetzt direkt folgenden Abschnitt somit nicht mehr notwendig.

Apache vorbereiten

Für den Apache-Webserver gibt es die Erweiterung mit dem Namen *mod_rewrite*, die eine Umsetzung der Internetadressen durchführt. Ob Sie bei Ihnen bereits aktiv ist, zeigt Joomla! im Backend unter *System → Systeminformationen*. Im Register *Systeminformationen* muss *Apache* als *Webserver* auftauchen, und auf der Registerkarte *PHP-Informationen* in der Zeile *Loaded Modules* muss die Erweiterung *mod_rewrite* erscheinen.

Falls die Erweiterung nicht aktiviert ist, müssen Sie das Modul entweder über die Konfigurationsoberfläche Ihres Webhosters einschalten oder in der Apache-Konfigurationsdatei *httpd.conf* die folgende Zeile hinzufügen:

```
LoadModule rewrite_module modules/mod_rewrite.so
```

Konsultieren Sie gegebenenfalls die Apache-Dokumentation. Nachdem Sie die Änderungen vorgenommen haben, müssen Sie Apache einmal neu starten. Bitte beachten Sie, dass nicht alle Webhoster derartige Modifikationen gestatten.

Des Weiteren muss es Ihnen erlaubt sein, die *.htaccess*-Datei zu ersetzen beziehungsweise eigene *.htaccess*-Dateien zu erzeugen. Die genannte Datei regelt die Zugriffsrechte auf ein Verzeichnis. Sofern Apache diese Dateien ignoriert, schalten Sie die zugehörige Funktion über Ihre Konfigurationsoberfläche scharf oder suchen in der Apache-Konfigurationsdatei *httpd.conf* den Abschnitt für Ihre Internetseite und ersetzen dort die Zeile

```
AllowOverride None
```

durch:

```
AllowOverride All
```

IIS vorbereiten

Wenn Sie mit dem IIS von Microsoft arbeiten, installieren Sie zunächst das URL-Rewrite-Modul. Bei Drucklegung dieses Buchs war es unter *https://www.iis.net* im *Download*-Bereich erhältlich; weitere Informationen zum Modul liefert die Seite *https://docs.microsoft.com/de-de/iis/extensions/url-rewrite-module/using-the-url-rewrite-module*.

Unterstützung unter Joomla! aktivieren

Sind alle Voraussetzungen erfüllt, müssen Sie noch eine Datei im Joomla!-Verzeichnis umbenennen.

Taufen Sie daher im Joomla!-Verzeichnis die Datei *htaccess.txt* in *.htaccess* um. Da Letztere mit einem Punkt beginnt, ist sie unter Unix-Betriebssystemen (wie zum Beispiel Linux oder macOS beziehungsweise OS X) standardmäßig unsichtbar. Sollte sich Windows weigern, die Umbenennung durchzuführen, können Sie die Datei in einem Texteditor öffnen und dann einfach als *.htaccess* abspeichern.

Sofern Sie den IIS einsetzen, benennen Sie die Datei *web.config.txt* im Joomla!-Verzeichnis in *web.config* um. Sollte sich Windows weigern, die Umbenennung durchzuführen, können Sie auch hier die Datei in einem Texteditor öffnen und als *web.config* abspeichern.

Damit ist die URL-Rewrite-Funktion im Webserver freigeschaltet. Aktivieren Sie jetzt in den Grundeinstellungen von Joomla! hinter *System → Konfiguration* auf der Registerkarte *Site* im Bereich *Suchmaschinenoptimierung (SEO)* die Funktion *URL-Rewrite nutzen*. Nach dem *Speichern* dieser Änderung wird aus der bisherigen Adresse

```
http://localhost/joomla/index.php/filmkritiken/actionfilme/james-bond-007-skyfall
```

das schlanke und suchmaschinenfreundliche:

```
http://localhost/joomla/filmkritiken/actionfilme/james-bond-007-skyfall
```

Sollten Sie eine Fehlermeldung erhalten, kontrollieren Sie noch einmal, ob die Datei *.htaccess* beziehungsweise *web.config* wirklich den richtigen Namen trägt. Insbesondere Windows-Nutzer müssen darauf achten, dass die Endung *.txt* nicht mehr vorhanden ist – häufig blendet Windows sie einfach nur aus.

Feintuning mit Suffixen

Über den nächsten Punkt im Bereich *Suchmaschinenoptimierung (SEO)* namens *Dateiendung an URL anfügen* perfektionieren Sie die Illusion einer herkömmlichen statischen Seite. Sobald Sie die Funktion aktivieren, hängt Joomla! an die Adresse eine zum jeweiligen Inhalt passende Dateiendung an. Aus

```
http://localhost/joomla/filmkritiken/actionfilme/james-bond-007-skyfall
```

wird dann:

```
http://localhost/joomla/filmkritiken/actionfilme/james-bond-007-skyfall.html
```

Diese Endung hilft wiederum den Webcrawlern der Suchmaschinen, indem sie schon vor dem Einlesen der Seite wissen, welche Daten auf sie zukommen (in diesem Fall eine herkömmliche Internetseite).

Zusammenfassung

Zusammengefasst, wandeln die SEO-Funktionen von Joomla! die Internetadressen wie folgt um:

1. Ausgangsadresse:

   http://localhost/joomla/index.php?option=com_content&view=article&id=7: james-bond-007-skyfall&catid=10&Itemid=127

2. Mit aktivierten suchmaschinenfreundlichen URLs:

   http://localhost/joomla/index.php/filmkritiken/actionfilme/james-bond-007-skyfall

3. Mit URL-Rewrite-Unterstützung des Webservers:

   http://localhost/joomla/filmkritiken/actionfilme/james-bond-007-skyfall

4. Mit Endung:

   http://localhost/joomla/filmkritiken/actionfilme/james-bond-007-skyfall.html

Das Ergebnis ist – zumindest bei einem Blick auf die Adresse – nicht mehr von einer statischen Seite zu unterscheiden.

Unicode-Zeichen berücksichtigen

Joomla! nutzt durchgehend den sogenannten Unicode-Standard. Auf diese Weise können Sie in Ihren Beiträgen, Titeln und Links sämtliche Schriftzeichen der Welt verwenden. Einer Filmkritik auf Chinesisch steht damit nichts mehr im Wege. Allerdings gibt es dabei ein kleines Problem. Sehen Sie sich noch einmal die Internetadresse des James-Bond-Beitrags an:

```
http://localhost/joomla/filmkritiken/actionfilme/james-bond-007-skyfall.html
```

Diese enthält unter anderem den Titel des Beitrags. Wenn Sie einen chinesischen Titel vergeben, würde Joomla! die Schriftzeichen folglich auch in der Adresse verwenden. Adressen dürfen laut Standard aber nur die üblichen lateinischen Buchstaben von A bis Z enthalten.

Abhilfe schafft ein sogenanntes Transliterationsverfahren namens *Punycode*. Dabei verwandelt der Browser jedes nicht erlaubte Schriftzeichen in eine ganz bestimmte Folge aus lateinischen Zeichen (wie dieses Verfahren genau funktioniert, erklärt sehr gut die Wikipedia-Seite *https://de.wikipedia.org/wiki/Punycode*). Davon unbeeindruckt ersetzt Joomla! sicherheitshalber selbst automatisch nicht erlaubte Schriftzeichen durch die entsprechenden Platzhalter. Dadurch wird die Internetadresse zwar kryptisch, es gibt aber keine Probleme mehr mit Screenreadern und Suchmaschinen. Wenn Sie hingegen Punycode nutzen beziehungsweise unterstützen wollen, können Sie diese automatische Ersetzung auch abschalten. Dazu setzen Sie *Unicode Aliase* auf *Ja*. Vergessen Sie nicht, diese Änderung zu *Speichern*.

Mehrere Domainnamen

Sind die von Joomla! verwalteten Seiten über mehrere Domainnamen erreichbar, also beispielsweise nicht nur über *filmtoaster.de*, sondern auch noch über *filmbegeisterung.org* und *tollefilme.net*, müssen Sie in den Einstellungen des Plug-ins *System – SEF* unter *Website-Domain* genau eine dieser Domains eintragen. In der Regel wählt man die Hauptdomain – im Beispiel also etwa *filmtoaster.de*. Diese nutzt dann das Plug-in bei seiner Arbeit.

Weiterleitungen

Wenn ein Beitrag veraltet ist, genügt im Backend ein gezielter Mausklick hinter *Inhalt → Beiträge*, um ihn zu sperren und somit umgehend von der Website zu nehmen. Dummerweise bekommt Google davon erst bei seinem nächsten Besuch etwas mit. Und auch andere Websites könnten noch auf den jetzt plötzlich nicht mehr vorhandenen Beitrag verweisen. Sie können deshalb in Joomla! für jede nicht mehr vorhandene Seite eine Umleitung einrichten. Ruft dann ein Besucher den alten, nicht mehr vorhandenen Beitrag auf, wechselt Joomla! automatisch auf eine andere (Nachfolge-)Seite.

Auf den Filmtoaster-Seiten könnte beispielsweise die Filmkritik zu *James Bond 007: Skyfall* veraltet sein. Bislang war sie unter der Internetadresse

```
http://localhost/joomla/filmkritiken/actionfilme/james-bond-007-skyfall.html
```

erreichbar. Diese alte Kritik wurde jedoch durch eine viel ausführlichere ersetzt. Die Neufassung ist ab sofort unter der Internetadresse

```
http://localhost/joomla/filmkritiken/actionfilme/james-bond-007-skyfall-neu.html
```

erreichbar. Wenn ein Besucher die alte Internetadresse aufruft, soll er automatisch bei dieser Neufassung landen. Damit das alles reibungslos klappt, müssen allerdings zwei Voraussetzungen erfüllt sein:

- Das Plug-in *System – Weiterleitung* muss aktiviert sein.
- In den Grundeinstellungen hinter *System → Konfiguration* muss zumindest der Punkt *Suchmaschinen-freundliche URL* aktiviert sein (siehe den Abschnitt »Suchmaschinenfreundliche URLs (Search Engine Friendly Links)« auf Seite 767).

Wenn beides zutrifft, rufen Sie im Backend *System* auf und wechseln im Bereich *Verwalten* zum Punkt *Weiterleitungen*. Hier können Sie jetzt eine neue Umleitung via *Neu* in der Werkzeugleiste anlegen. Sie landen damit in dem kleinen Formular aus Abbildung 20-11.

Unter *Alte Adresse* geben Sie zunächst die Internetadresse ein, unter der die alte, jetzt abgeschaltete Seite zu erreichen war. Im Beispiel der Filmtoaster-Seiten war dies:

```
http://localhost/joomla/filmkritiken/actionfilme/james-bond-007-skyfall.html
```

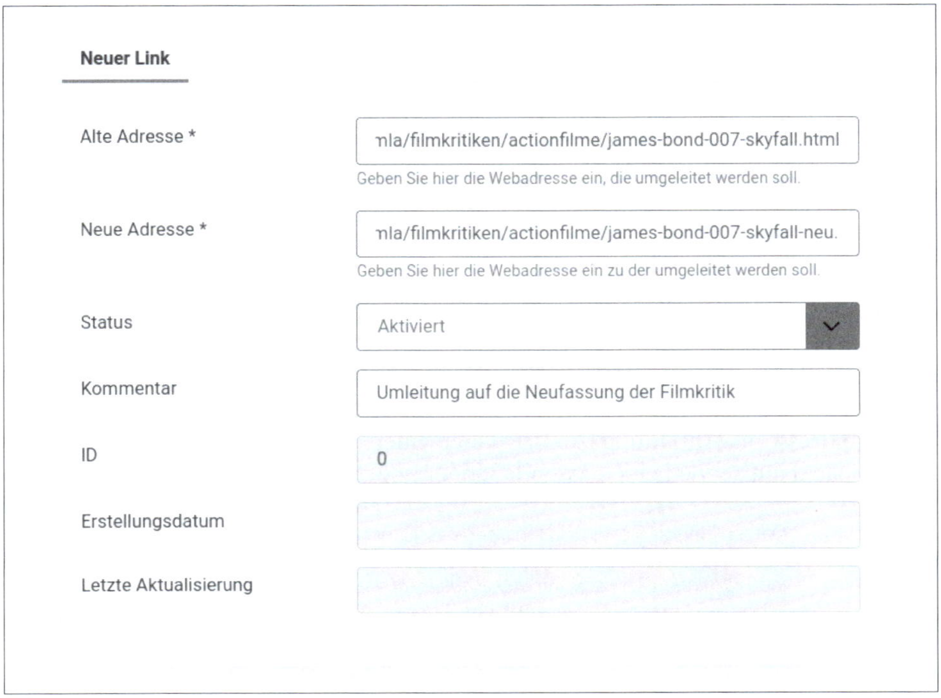

Abbildung 20-11: In diesem Formular richten Sie eine Umleitung ein.

Tipp Sie sparen sich etwas Arbeit, wenn Sie den alten Beitrag noch nicht sperren oder löschen, sondern im Frontend die entsprechende Seite ansteuern und schließlich die Adresse aus der Adressleiste des Browsers in das Eingabefeld *Alte Adresse* kopieren. Erst wenn Sie die Umleitung gespeichert haben, sperren oder löschen Sie den alten Beitrag. Damit ist gleichzeitig sichergestellt, dass ein Besucher nicht (kurzzeitig) eine Fehlermeldung sieht.

In das Feld *Neue Adresse* gehört schließlich die Adresse, auf die Joomla! den Browser des Besuchers umleiten soll. Im Beispiel ist die neue Filmkritik unter

```
http://localhost/joomla/filmkritiken/actionfilme/james-bond-007-skyfall-neu.html
```

zu erreichen. Falls gewünscht, können Sie noch einen *Kommentar* hinterlassen, der Sie beispielsweise daran erinnert, warum Sie diese Internetadresse umgeleitet haben.

Stellen Sie abschließend noch sicher, dass der *Status* auf *Aktiviert* steht und somit die neue Umleitung direkt scharf geschaltet ist. Die übrigen Felder geben nur noch Auskunft über das *Erstellungsdatum* der Umleitung und wann diese Umleitung zuletzt geändert wurde (*Letzte Aktualisierung*).

Nach dem *Speichern & Schließen* erreichen Sie unter der bisherigen Internetadresse *http://localhost/joomla/filmkritiken/actionfilme/james-bond-007-skyfall.html* die neue Filmkritik (die natürlich auch weiterhin über ihre eigene Internetadresse *http://localhost/joomla/filmkritiken/actionfilme/james-bond-007-skyfall-neu.html* aufrufbar ist).

Tipp Mit dieser Umleitung können Sie jedem Beitrag auch eine eigene, kürzere Internetadresse spendieren. Auf den Filmtoaster-Seiten ist beispielsweise die Internetadresse zur Filmkritik immer noch ziemlich lang:

http://localhost/joomla/filmkritiken/actionfilme/james-bond-007-skyfall.html

Da die Kritik äußerst beliebt ist, wäre doch

http://localhost/joomla/kritiken/skyfall

wesentlich eingängiger. Dazu müssen Sie lediglich eine Umleitung von der Seite *http://localhost/joomla/kritiken/skyfall* auf die Seite *http://localhost/joomla/filmkritiken/actionfilme/james-bond-007-skyfall.html* einrichten.

Die Tabelle hinter *System → Weiterleitungen* präsentiert nicht nur alle eingerichteten Umleitungen. Wann immer jemand eine Internetadresse aufruft, die ins Leere führt, erscheint diese Adresse ebenfalls automatisch in der Tabelle (wie die obere Internetadresse in Abbildung 20-12). Über einen Klick auf eine dieser Adressen können Sie dann schnell eine passende Umleitung einrichten.

 Tipp Das empfiehlt sich vor allem bei klassischen Tippfehlern. Beispielsweise könnten viele Menschen die Filmkritik zu *James Bond 007: Skyfall* unter *http://localhost/joomla/filmkritiken/actionfilme/skyfall.html* vermuten. Wie häufig man sich hier schon entsprechend vertippt hat, können Sie in der Spalte *404 Aufrufe* ablesen. Wenn dort hohe Zahlen stehen, sollten Sie eine Weiterleitung einrichten, die von

http://localhost/joomla/filmkritiken/actionfilme/skyfall.html

nach:

http://localhost/joomla/filmkritiken/actionfilme/james-bond-007-skyfall.html

führt. Die vielen Besucher landen dann nicht bei einer Fehlermeldung, sondern direkt bei der richtigen Filmkritik. Sie halten so gleichzeitig die Besucher auf Ihrer Seite.

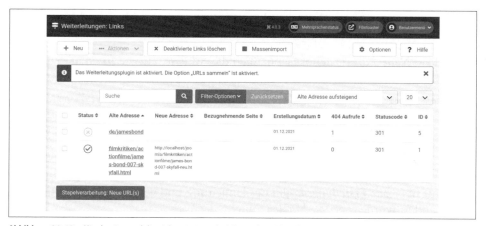

Abbildung 20-12: Hier hat jemand die nicht existierende Adresse *http://localhost/joomla/jamesbond* aufgerufen.

Wenn Sie gleich mehrere Internetadressen auf eine andere umbiegen müssen, beispielsweise weil Sie zuvor eine ganze Kategorie entfernt haben, setzen Sie einen Haken in die Kästchen aller Adressen, die Sie auf eine gemeinsame neue Seite umleiten wollen. Anschließend klicken Sie am unteren Rand der Tabelle auf *Stapelverarbeitung: Neue URL(s)*. Tragen Sie im erscheinenden Eingabefeld die *Neue Adresse* ein (also die Internetadresse der neuen Seite) und klicken Sie dann auf *Links aktualisieren*.

Des Weiteren können Sie alle gerade deaktivierten Weiterleitungen in der Tabelle mit einem Mausklick löschen. Dazu müssen Sie lediglich auf *Deaktivierte Links löschen* klicken und die Rückfrage bestätigen. Auf diese Weise lassen sich die Weiterleitungen schnell bereinigen und auf die wesentlichen aktiven Exemplare reduzieren.

Wann immer jemand (versehentlich) eine nicht existierende Internetadresse aufruft, erscheint sie automatisch in der Tabelle. Im Laufe der Zeit flutet Joomla! so aber auch die Tabelle mit Adressen. Glücklicherweise können Sie die Sammelwut in den Einstellungen des Plug-ins *System – Weiterleitung* steuern. Diese erreichen Sie, indem Sie *System → Plugins* aufrufen und in der Tabelle *System – Weiterleitung* anklicken.

Wenn dort *Domain in die abgelaufene URL aufnehmen* auf *Ja* steht, merkt sich Joomla! die komplette nicht gefundene Internetadresse, wie etwa *http://localhost/ joomla/jamesbond*, bei einem *Nein* hingegen nur den hinteren Teil ohne den Domainnamen – im Beispiel also */joomla/jamesbond*.

Im unteren Teil neben *Auszuschließende URLs* können Sie mehrere Begriffe hinterlegen. Sollte dann ein Besucher eine Internetadresse aufrufen, die nicht existiert und gleichzeitig einen der Begriffe enthält, ignoriert sie Joomla!. Um einen Begriff hinzuzufügen, klicken Sie auf das Plussymbol und hinterlegen dann den Begriff im Eingabefeld. Tragen Sie dort beispielsweise james ein und ruft ein Besucher die nicht existierende Seite *http://localhost/joomla/jamesbond* auf, taucht diese Adresse nicht in der Tabelle aus Abbildung 21-11 auf. Anstelle eines Begriffs können Sie auch einen sogenannten regulären Ausdruck hinterlegen. Dann müssen Sie allerdings noch einen Haken in das Feld *Regulärer Ausdruck* setzen. Informationen zu regulären Ausdrücken finden Sie in der Wikipedia unter *https://de.wikipedia.org/wiki/Regul%C3%A4rer_ Ausdruck*.

Stellen Sie schließlich noch *URLs sammeln* auf *Deaktiviert*, merkt sich Joomla! überhaupt keine falschen Internetadressen mehr.

Denken Sie daran, Ihre Änderungen *Speichern & Schließen* zu lassen.

Noch mehr Funktionen mit Erweiterungen

Wenn Sie noch weiter reichende Einflussmöglichkeiten benötigen, müssen Sie zu einer Erweiterung greifen. Im Joomla! Extensions Directory unter *https://extensions. joomla.org* wartet unter *Site Management* in den Untergruppen *SEO & Metadata* sowie *SEF* eine ganze Reihe passender Erweiterungen auf ihren Einsatz.

Tipp Auch diese Erweiterungen können keine Wunder vollbringen. Die beste Suchmaschinenoptimierung besteht in einer lebendigen und mit qualitativ guten Inhalten gefüllten Seite.

Weitere Informationen und einen guten Einstiegspunkt in die Suchmaschinenoptimierung bietet der Wikipedia-Artikel *https://de.wikipedia.org/wiki/Suchmaschinenoptimierung*.

In diesem Kapitel:
- Backups mit Akeeba Backup
- Backups mit Bordmitteln
- Joomla! auf einen anderen Server verpflanzen
- Super-User-Passwort wiederherstellen
- Datenbank reparieren
- Menüs und Kategorien reparieren

KAPITEL 21
Datensicherung und Wiederherstellung (Backups)

Um gegen Ausfälle, Defekte, Fehlbedienung oder einen Hacker-Angriff gewappnet zu sein, sollten Sie regelmäßig Ihre Website sichern. Im Fall der Fälle müssen Sie dann nur die letzte Sicherung wieder zurück auf den Server kopieren. Leider bietet Joomla! von Haus aus keine Möglichkeit, ein solches Backup anzufertigen. Sie müssen sich folglich selbst um regelmäßige Datensicherungen kümmern.

Dazu gibt es grundsätzlich zwei Möglichkeiten: Sie können ein Backup mit den Bordmitteln Ihres Servers erstellen oder sich von einer entsprechenden Erweiterung helfen lassen. Beide Wege haben ihre eigenen Vor- und Nachteile. So benötigt die Erweiterung entsprechende Zugriffsrechte auf Ihrem Server und stammt von einem Dritthersteller, dem Sie vertrauen müssen. Das manuelle Backup mit Bordmitteln erfordert hingegen wesentlich mehr Handarbeit, ist aber mitunter der einzige Weg zu einer Sicherung – beispielsweise wenn Sie keine Erweiterungen installieren wollen oder dürfen.

Tipp Viele Webhoster bieten in ihrem Kundencenter auch ein automatisches Backup an. Meist landen dabei die Daten im Rechenzentrum des Webhosters. Wenn Ihnen diese komfortable Möglichkeit zur Verfügung steht, sollten Sie sie unbedingt zusätzlich nutzen.

Im Folgenden werden beide Möglichkeiten in jeweils einem eigenen Abschnitt erläutert. Anschließend erfahren Sie noch, wie man den eigenen Internetauftritt auf einen anderen Server verpflanzt und wie man im Notfall das Passwort des Super User wiederherstellt. Zunächst aber zur Datensicherung mit der Erweiterung *Akeeba Backup*.

Tipp Spielen Sie die Datensicherung und vor allem die Wiederherstellung in einer Testinstallation durch. Sie wissen dann, wie die Sicherung abläuft, und geraten im Ernstfall nicht in Panik.

Wenn Sie auf Nummer sicher gehen wollen, sollten Sie die Daten zudem zusätzlich auf mehreren verschiedenen Wegen sichern.

Backups mit Akeeba Backup

Besonders leicht gelingt die Datensicherung und -wiederherstellung mit einer darauf spezialisierten Erweiterung. Zu den beliebtesten zählt Akeeba Backup. Sie gibt es in einer kostenlosen und einer kommerziellen Fassung. Letztgenannte bietet einen etwas größeren Funktionsumfang. Unter anderem kann sie in regelmäßigen Abständen automatisch Backups erstellen. Für kleinere und mittelgroße Seiten genügt jedoch die kostenlose Variante namens *Akeeba Backup Core*. Dank der Lizenz GNU GPL dürfen Sie sie auch einer kommerziellen Website kostenlos einsetzen. Im Folgenden soll daher das Backup und die Wiederherstellung mit Akeeba Backup Core 9.0.9 vorgestellt werden. Leider ist die Erweiterung kein Rundum-sorglos-Paket, das man nur installieren muss, um immer ein Backup in der Hinterhand zu haben. Stattdessen erfordert sie weiterhin Ihre Mitarbeit. So müssen Sie etwa die Backups in regelmäßigen Abständen per Hand auf einen anderen Computer oder Server übertragen (dazu gleich noch mehr). Aufgrund der zahlreichen Funktionen erfordert Akeeba Backup zudem eine etwas längere Einarbeitungszeit. Insbesondere die Wiederherstellung einer Sicherung ist alles andere als intuitiv. Abschließend handelt es sich um eine recht komplexe inoffizielle Erweiterung, die tief in das Joomla!-System eingreift. Niemand kann Ihnen folglich garantieren, dass die Sicherung und die Wiederherstellung immer reibungslos und fehlerfrei funktionieren.

Installation und Einrichtung

Sie finden Akeeba Backup im Joomla! Extensions Directory unter *https://extensions.joomla.org* in der Kategorie *Access & Security*. Alternativ erhalten Sie die Erweiterung auf der Homepage des Herstellers unter *https://www.akeeba.com*. Wenn Sie das Erweiterungspaket selbst herunterladen, achten Sie darauf, dass Sie die *Core*-Variante für Joomla! 4 erwischen. In jedem Fall installieren Sie die Erweiterung und das Sprachpaket wie in Kapitel 18, *Funktionsumfang erweitern*, beschrieben.

Anschließend erreichen Sie alle Funktionen von Akeeba Backup im Backend unter *Komponenten → Akeeba Backup*. Rufen Sie dort zunächst den Unterpunkt *Profile Configuration* auf und starten Sie über die entsprechende Schaltfläche in der Werkzeugleiste den *Configuration Wizard*. Dieser Assistent untersucht jetzt Ihr System und richtet Akeeba Backup ein. Das kann mehrere Minuten dauern. Anschließend erscheint die Meldung aus Abbildung 21-1.

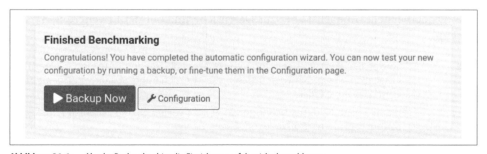

Abbildung 21-1: Akeeba Backup hat hier die Einrichtung erfolgreich abgeschlossen.

Wechseln Sie dort zunächst via *Configuration* in die Grundeinstellungen der Erweiterung. Dorthin gelangen Sie später auch immer über *Komponenten → Akeeba Backup → Profile Configuration*. Wichtig ist hier im Bereich *Basic Configuration* aus Abbildung 21-2 die Einstellung *Output Directory*: Akeeba Backup sichert gleich Ihren kompletten Internetauftritt in einem kompakten Archiv. Diese Datei speichert die Erweiterung im dort angegebenen Verzeichnis. Um einen Ordner einzustellen, klicken Sie auf das Symbol rechts neben dem Eingabefeld. Für einen ersten Test können Sie hier *tmp* in Ihrem Joomla!-Verzeichnis wählen. Später sollten Sie für die Backups ein eigenes Verzeichnis vorsehen. In jedem Fall muss Joomla! in diesem Unterverzeichnis Dateien speichern und löschen dürfen. Passen Sie gegebenenfalls die Rechte entsprechend an oder wählen Sie ein anderes Verzeichnis. Nachdem Sie das Verzeichnis ausgewählt haben, klicken Sie auf *Use*. Neben dem *Output Directory* erscheint jetzt eventuell ein Platzhalter. Wenn Sie sich beispielsweise für *tmp* entschieden haben, steht im Eingabefeld *[SITETMP]*. Dieses Kürzel ersetzt Akeeba Backup später durch das entsprechende Verzeichnis.

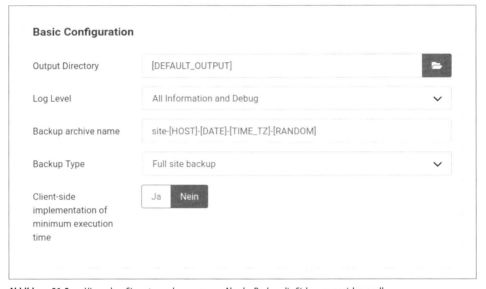

Abbildung 21-2: Hier geben Sie unter anderem vor, wo Akeeba Backup die Sicherung speichern soll.

Warnung Jedes Backup belegt ziemlich viel Speicherplatz. Schon ein frisch installiertes Joomla! sichert Akeeba Backup in einer über 30 MByte großen Datei. Je umfangreicher Ihr Internetauftritt wird, desto größer wird dann das Archiv. So finden darin insbesondere auch alle hochgeladenen Fotos Platz. Stellen Sie also sicher, dass auf dem Server immer genügend freier Speicherplatz vorhanden ist.

Weiter unten im Bereich *Advanced Configuration* können Sie Akeeba Backup neben *Archiver engine* noch anweisen, die Sicherungen jeweils im *ZIP-Format* zu speichern. Jedes Backup landet dann in einem eigenen ZIP-Archiv. Gegenüber dem *JPA-Format* können Sie diese Sicherungen wesentlich einfacher wiederherstellen (dazu später noch mehr im Abschnitt »Wiederherstellung« ab Seite 784). Zudem lässt sich im Notfall ein ZIP-Archiv per Hand entpacken – meist genügt ein Doppelklick auf die Datei. Die Backups im JPA-Format kann hingegen nur Akeeba Backup verarbeiten.

Alle anderen Einstellungen können Sie auf ihren jeweiligen Vorgaben belassen. *Speichern & Schließen* Sie die Grundeinstellungen, womit Sie zur Kommandozentrale von Akeeba Backup aus Abbildung 21-3 gelangen. Diese erreichen Sie zukünftig via *Komponenten → Akeeba Backup → Control Panel*.

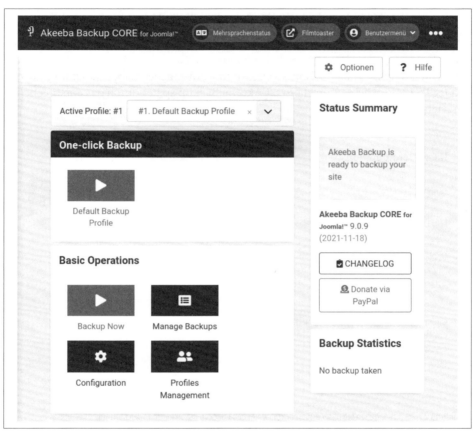

Abbildung 21-3: Hier stoßen Sie manuell eine neue Sicherung an und verwalten die vorhandenen.

Datensicherung mit Akeeba Backup

Bevor Sie eine Sicherung erstellen, sollten Sie zunächst den Zugriff auf Ihre Website blockieren. Damit verhindern Sie, dass während des Backups Autoren neue Beiträge einreichen und somit die Sicherung unterbrechen. Darüber hinaus beschäftigt Akeeba Backup den Server mit der Sicherung eine Weile, was wiederum die Auslieferung der Webseiten verzögern kann. Rufen Sie daher zunächst im Backend *System → Konfiguration* auf und schalten Sie im Register *Site* die *Website offline*. Lassen Sie die Änderung *Speichern & Schließen*.

Um Ihren Internetauftritt zu sichern, rufen Sie *Komponenten → Akeeba Backup → Control Panel* auf. Klicken Sie ganz oben im *Bereich One-click Backup* die Schaltfläche *Default Backup Profile* an. Warten Sie, bis Akeeba Backup die Sicherung erstellt hat. Dies kann eine Weile dauern, wobei selbst leistungsstarke Server bei kleinen Internetauftritten mehrere Minuten vor sich hin werkeln (siehe Abbildung 21-4). Akeeba Backup packt dabei den gesamten Internetauftritt in ein kompaktes Archiv. Neben den Inhalten aus der Datenbank gehört dazu auch das komplette Joomla!-Verzeichnis samt allen nachträglich installierten Erweiterungen und Templates.

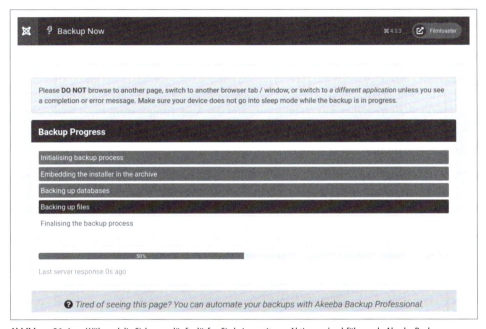

Abbildung 21-4: Während die Sicherung läuft, dürfen Sie keine weiteren Aktionen durchführen, da Akeeba Backup ansonsten den Vorgang unterbricht.

Sobald Akeeba Backup die Sicherung erstellt hat, präsentiert es die Meldung aus Abbildung 21-5.

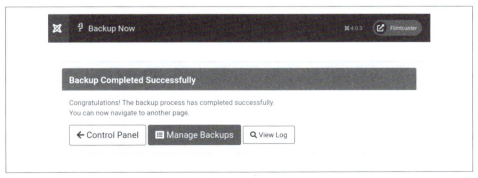

Abbildung 21-5: Das Backup wurde erfolgreich erstellt.

Via *Control Panel* kommen Sie wieder zurück zum Bildschirm aus Abbildung 21-3. Alternativ können Sie sich mit einem Klick auf *View Log* das während des Backups erstellte Protokoll ansehen. Darin hat Akeeba Backup penibel alle seine Aktionen notiert. Sie sollten es vor allem dann konsultieren, wenn während des Backups ein Problem auftrat. Ist die Protokolldatei recht groß geworden, bietet Ihnen Akeeba Backup an, sie herunterzuladen. Dies sollten Sie annehmen, zumal Sie dann das Protokoll in Ruhe auf Ihrem Computer studieren können. Die Protokolle aller Sicherungen dürfen Sie jederzeit auch nachträglich einsehen beziehungsweise herunterladen. Dazu rufen Sie *Komponenten* → *Akeeba Backup* → *Control Panel* auf und klicken dann unten auf der Seite im Bereich *Troubleshooting* auf *View Log*. Sobald Sie in der Drop-down-Liste die entsprechende Sicherung ausgewählt haben, können Sie sich die Protokolldatei herunterladen oder anzeigen lassen.

Nach dem Backup sollten Sie Ihre Website wieder für Ihre Besucherinnen und Besucher freigeben. Dazu wechseln Sie zu *System* → *Konfiguration*, setzen im Register *Site* den Punkt *Website offline* auf *Nein* und lassen die Änderung *Speichern & Schließen*.

Backups verwalten und herunterladen

Alle bereits erstellten Backups erreichen Sie über *Komponenten* → *Akeeba Backup* → *Manage Backups*. Das Informationsfenster können Sie mit *Got it!* schließen. Damit wird der Blick auf eine Tabelle frei, die sämtliche bislang erstellten Backups anzeigt (siehe Abbildung 21-6). In der Spalte *Description* können Sie ablesen, wann die Sicherung erfolgte, mit einem Klick auf *View Log* können Sie noch einmal das bei der Sicherung erstellte Protokoll einsehen.

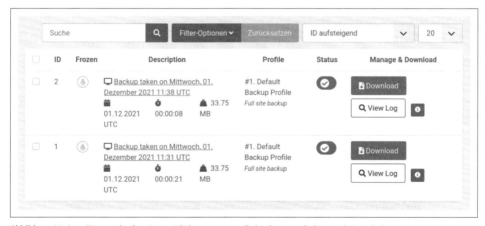

Abbildung 21-6: Hier wurden bereits zwei Sicherungen erstellt (und zwar recht kurz nacheinander).

Via *Download* laden Sie sich die entsprechende Sicherung auf Ihren eigenen Computer herunter.

Warnung Davon sollten Sie unbedingt Gebrauch machen! Wenn Sie die Sicherungen auf dem Server liegen lassen und dessen Festplatte plötzlich den Dienst einstellt oder Sie Joomla! wiederherstellen müssen, sind auch alle Backups verloren.

Bei sehr großen Sicherungen kann der Download über den Browser das Backup-Archiv beschädigen. Auf dieses Problem weist Akeeba Backup mit einer entsprechenden Meldung hin. Sie haben dann die Wahl, den Download trotzdem auf eigene Gefahr mit dem Browser durchzuführen oder aber das Fenster über das kleine *X* zu schließen und das Backup manuell über einen anderen Weg herunterzuladen. Wo auf dem Server die Sicherung lagert, erfahren Sie nach einem Klick auf das *i*-Symbol in der Spalte *Manage & Download*. Damit öffnet sich das Fenster aus Abbildung 21-7. Dort können Sie ablesen, in welchem Unterverzeichnis das Backup liegt (*Where can I find it on my server?*) und welchen Dateinamen die Sicherung trägt (*What's it called?*). Genau diese Datei müssen Sie jetzt mit einem FTP- oder SSH-Programm herunterladen. Wie das genau funktioniert, hängt von Ihrem Webhoster ab.

Tipp Sämtliche Sicherungen speichert Akeeba Backup in einem Unterverzeichnis Ihrer Joomla!-Installation. Sie können folglich auch einfach immer regelmäßig dieses Verzeichnis per FTP- oder SSH-Programm auf Ihren Computer kopieren.

Abbildung 21-7: In diesem Fenster verrät Akeeba Backup, in welchem Verzeichnis und in welcher Datei es den Internetauftritt gespeichert hat.

In der Tabelle mit allen Sicherungen aus Abbildung 21-5 können Sie jederzeit einzelne Backups löschen und so wieder etwas Speicherplatz auf dem Server frei räumen. Dazu setzen Sie einen Haken in das Kästchen vor dem zu eliminierenden Backup und klicken dann in der Werkzeugleiste unter den *Aktionen* auf *Delete Files*.

Die Beschreibungen in der Spalte *Descriptions* wählt Akeeba Backup automatisch. Sie können sie ändern, indem Sie die entsprechende Beschreibung anklicken. Die *Description* im ersten Feld erscheint später auch in der Tabelle. Im großen Eingabefeld *Comment* dürfen Sie eine ausführlichere Beschreibung hinterlegen. Lassen Sie anschließend Ihre Eingaben *Speichern & Schließen*.

Wiederherstellung

Im Ernstfall können Sie mit einem Backup den alten Zustand Ihrer Website wiederherstellen. Die dazu notwendigen Handgriffe sind allerdings etwas aufwendiger, Sie sollten sie daher unbedingt einmal in einer Testinstallation durchspielen.

Stellen Sie zunächst sicher, dass sich die Datei mit dem Backup auf Ihrer eigenen Festplatte befindet. Laden Sie sie gegebenenfalls vom Server herunter. Löschen Sie dann die Joomla!-Installation auf Ihrem Server. Es genügt dazu bereits, das komplette Verzeichnis mit der Joomla!-Installation zu eliminieren.

Wenden Sie sich jetzt der Datei mit dem Backup zu. Diese Datei trägt entweder die Endung *.jpa* oder *.zip*. Davon abhängig sind jetzt unterschiedliche Schritte notwendig.

Wiederherstellung aus einem ZIP-Archiv

Sofern es sich um ein ZIP-Archiv handelt, entpacken Sie es und transferieren alle so freigelegten Dateien auf Ihren Webserver. Diesen steuern Sie dann mit Ihrem Internetbrowser an. Das funktioniert genau so, wie in Kapitel 2, *Installation*, im Abschnitt »Schritt 2: Joomla! entpacken« ab Seite 40 beschrieben. Es meldet sich dann allerdings nicht der Joomla!-Installationsassistent, sondern wieder Akeeba Backup. Das durchläuft jetzt noch einmal im Schnellverfahren die Joomla!-Installation. Zunächst prüft Akeeba Backup, ob der Server alle von Joomla! geforderten Voraussetzungen erfüllt (siehe Abbildung 21-8). Da Joomla! bereits auf Ihrem Server beziehungsweise Computer lief, sollte das der Fall sein. Sie können also einfach mit einem Klick auf *Next* ganz rechts oben in der Seitenecke zum nächsten Schritt gehen.

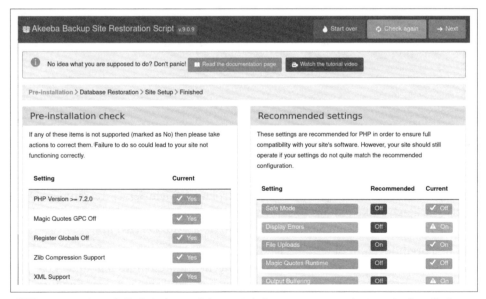

Abbildung 21-8: Hier stellt Akeeba Backup eine Sicherung wieder her – genauer gesagt, übernimmt dies die zu Akeeba Backup gehörende Komponente ANGIE.

Prüfen Sie dort, ob die Einstellungen zur Datenbank korrekt sind. Von Bedeutung ist dabei vor allem die *Connection information* auf der linken Seite (siehe Abbildung 21-9). Kontrollieren Sie, ob diese Zugangsdaten noch stimmen. Alle anderen Einstellungen belassen Sie auf ihren Vorgaben und gehen dann per *Next* zum letzten Schritt.

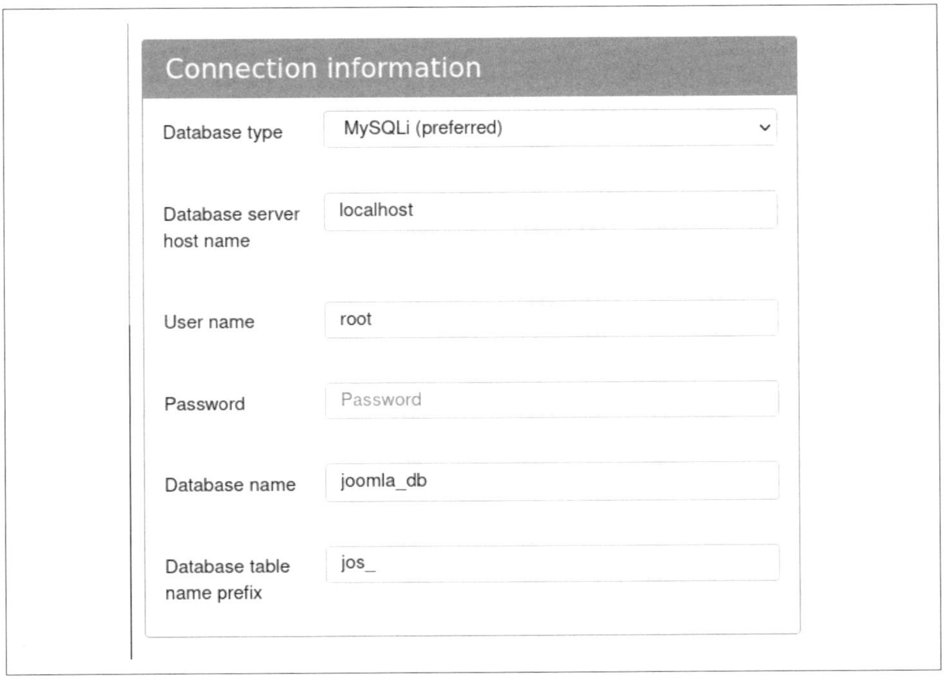

Abbildung 21-9: Die Datenbankeinstellungen sollten bereits stimmen.

Akeeba Backup schreibt jetzt die Inhalte aus dem Backup in die Datenbank zurück und stellt so den alten Zustand wieder her. Sobald dieser Vorgang abgeschlossen ist, klicken Sie auf *Next step*.

Im letzten Schritt zeigt Ihnen Akeeba Backup einige Grundeinstellungen an (siehe Abbildung 21-10). So steht beispielsweise im Eingabefeld *Site name* der Name Ihrer Website. Ihren Benutzernamen und Ihre eigene E-Mail-Adresse finden Sie im unteren Teil der Seite im Bereich *Super User settings*. Kontrollieren Sie sämtliche Einstellungen und passen Sie sie gegebenenfalls an. Sofern Sie unsicher sind, belassen Sie alles auf den Vorgaben und klicken erneut auf *Next*.

Um die Wiederherstellung abzuschließen, klicken Sie dann auf die große Schaltfläche *Remove the installation directory*. Dies löscht das Unterverzeichnis *installation*. Schließen Sie das erscheinende Fenster über die entsprechende Schaltfläche. Jetzt können Sie sich erneut im Backend bei Joomla! anmelden.

Dort schalten Sie Ihre Website wieder ein, indem Sie *System → Konfiguration* aufrufen, den Punkt *Website offline* auf *Nein* setzen und die Änderung *Speichern & Schließen* lassen. Prüfen Sie jetzt, ob alles wie gewünscht funktioniert.

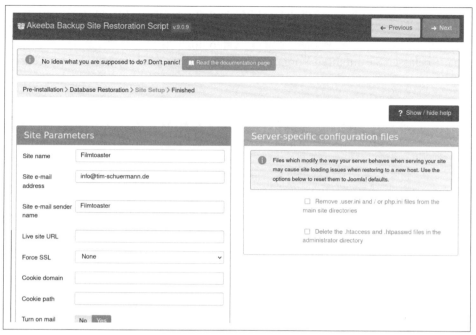

Abbildung 21-10: Zum Abschluss können Sie noch ein paar Grundeinstellungen anpassen.

Wiederherstellung aus einem JPA-Archiv

Sofern die Datei mit dem Backup die Endung *.jpa* trägt, wird es etwas komplizierter. Laden Sie sich zunächst unter *https://www.akeeba.com* im Bereich *Download* das Programm *Kickstart* herunter – formal trägt es den Namen *Akeeba Kickstart Core*. Dieses wird gleich die Sicherung zurückspielen. Entpacken Sie das heruntergeladene ZIP-Archiv auf Ihrer Festplatte und kopieren Sie alle darin enthaltenen Dateien auf Ihren Server in das Verzeichnis, in dem später die komplette Joomla!-Installation liegen soll – wenn Sie gemäß Kapitel 2, *Installation*, eine Testinstallation mit XAMPP erstellt haben, also:

- unter Windows in das Verzeichnis *C:/xampp/htdocs/joomla/*,
- unter macOS beziehungsweise OS X in das Verzeichnis */Programme/XAMPP/xampfiles/htdocs/joomla* oder
- unter Linux in das Verzeichnis */opt/lampp/htdocs/joomla*.

Dorthin kopieren Sie auch die Backup-Datei, aus der Akeeba Backup Ihren Internetauftritt wiederherstellen soll. In den folgenden Beispielen ist das die Datei *site-localhost-201211201-211711utc-84Pw8tPhilCrKZw.jpa*. Stellen Sie zudem sicher, dass Akeeba Kickstart Core in diesem Verzeichnis Dateien erstellen, verändern und lesen darf.

Rufen Sie jetzt in Ihrem Browser Akeeba Kickstart Core auf. Dazu hängen Sie an die Internetadresse zu Ihrer Joomla!-Installation noch *kickstart.php* an. In der Testinstallation müssen Sie folglich die Adresse *http://localhost/joomla/kickstart.php* aufrufen. Akeeba Kickstart Core klärt Sie jetzt in einem ziemlich langen Text darüber auf, was das Programm gleich macht und welche Probleme unter bestimmten Umständen auftauchen können. Lesen Sie den Text einmal durch und klicken Sie dann auf den Link, um das Fenster zu schließen.

Es erscheint jetzt das Formular aus Abbildung 21-11. Dort sollte unter *Archive file* der Name der Datei mit dem Backup stehen, im Beispiel also *site-localhost-20211201-121711utc-_84Pw8tPgilCrKZw.jpa*. Andernfalls kopieren Sie die Datei mit dem Backup in das darüber angezeigte *Archive directory* und klicken auf *Reload*.

Belassen Sie alle anderen Einstellungen auf ihren Vorgaben und klicken Sie ganz am unteren Rand der Seite auf *Start*. Warten Sie, bis Akeeba Kickstart Core die Inhalte aus dem Backup ausgepackt hat. Dies kann einige Minuten dauern. Brechen Sie den Vorgang nicht ab (lassen Sie also insbesondere den Browser geöffnet). Anschließend klicken Sie auf die Schaltfläche *Run the Installer*. Die weiteren Schritte sind analog zu denen aus dem vorherigen Abschnitt »Wiederherstellung aus einem ZIP-Archiv« ab Seite 784.

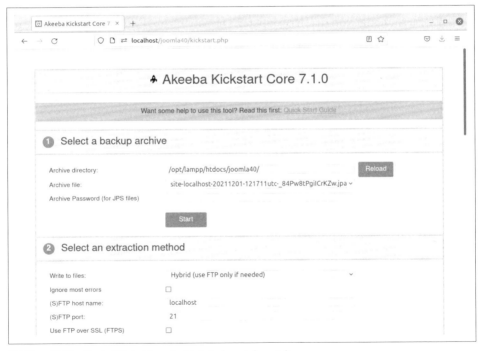

Abbildung 21-11: Akeeba Kickstart Core schreibt ein Backup wieder zurück.

Backups mit Bordmitteln

Ein Backup Ihrer Joomla!-Installation können Sie auch ohne die Hilfe einer Erweiterung erstellen und zurückschreiben. Das dazu notwendige Vorgehen ist allerdings etwas umständlicher und hängt zudem maßgeblich von Ihrem Webhoster ab.

In jedem Fall schalten Sie vor der Sicherung zunächst Ihre Website offline. Damit verhindern Sie, dass Autoren während der Sicherung Texte einreichen und so das Backup inkonsistent oder gar zerstört wird. Um das Frontend abzuschalten, wechseln Sie im Backend zum Menüpunkt *System* → *Konfiguration* und stellen im Register *Site* den Punkt *Website offline* auf *Ja*. Nach der Sicherung beziehungsweise Wiederherstellung schalten Sie Ihre Website erneut für Ihre Besucher frei, indem Sie *Website offline* wieder auf *Nein* setzen. Vergessen Sie in jedem Fall nicht, die Einstellungen *Speichern & Schließen zu lassen*.

Datensicherung mit Bordmitteln

Sichern Sie zunächst das komplette Joomla!-Verzeichnis mit Haut und Haaren. Sie müssen dabei lediglich darauf achten, dass die Dateizugriffsrechte erhalten bleiben. Einige FTP- und SSH-Programme helfen hierbei.

Etwas komplizierter wird es bei den Inhalten der Datenbank. Wie Sie diese im Einzelnen sichern, hängt von der verwendeten Datenbank ab. Entsprechende Anleitungen würden allerdings den Rahmen dieses Buchs sprengen. Daher werden im Folgenden die notwendigen Schritte nur am Beispiel von MySQL gezeigt. Diese oder eine kompatible Datenbank kommt auf den meisten angemieteten Webservern zum Einsatz.

Um die MySQL-Datenbank mit den Joomla!-Inhalten zu sichern, gibt es zwei Wege. Zum einen können Sie einfach das gesamte Datenbankverzeichnis kopieren. In der lokalen XAMPP-Installation funktioniert das ohne Weiteres, auf einem angemieteten Internetserver hat man solche Zugriffsmöglichkeiten jedoch nur in seltenen Fällen – insbesondere weil Sie hierzu MySQL für die Dauer des Kopiervorgangs anhalten beziehungsweise stoppen müssen.

Der empfohlene Weg führt daher über den Export des Datenbestands in eine einzelne Datei, den sogenannten Dump. Anfertigen können Sie ihn entweder auf der Kommandozeile oder aber bequem über eine grafische Konfigurationsoberfläche, wie beispielsweise phpMyAdmin (*https://www.phpmyadmin.net*).

Mit einer grafischen Konfigurationsoberfläche

Falls Sie eine Konfigurationsoberfläche verwenden, wählen Sie dort den entsprechenden Punkt für den Export beziehungsweise das Backup. Achten Sie darauf, dass wirklich alle Tabellen der Joomla!-Datenbank in der Sicherung landen. Wenn Sie den Schritten aus Kapitel 2, *Installation*, gefolgt sind, heißt die Datenbank *joomla_db*.

Im Folgenden soll das Vorgehen am Beispiel der beliebten Software phpMyAdmin gezeigt werden. Sie liegt ebenfalls XAMPP bei, wo Sie sie über die Internetadresse *http://localhost/phpmyadmin* erreichen. Klicken Sie auf der linken Seite die zu sichernde Datenbank an (für gewöhnlich *joomla_db*) und wechseln Sie dann im rechten Bereich zum Register *Exportieren*. Nach einem Klick auf *OK* bietet Ihnen phpMyAdmin den Inhalt der Datenbank in einer Datei zum Download an.

Tipp Die exportierte Datei enthält SQL-Befehle, mit denen die Datenbank wieder rekonstruiert werden kann. Da diese Befehle im Klartext lesbar sind, kann man auch noch von Hand Veränderungen an den Daten oder den SQL-Befehlen einpflegen. Allerdings sollten Sie sich dabei bewusst machen, welch heißes Eisen Sie hier anfassen: Schon ein einziger falscher SQL-Befehl oder ein Tippfehler kann die gesamte Sicherung ruinieren.

Mit einem Kommandozeilenprogramm

Wenn Sie auf Ihrem Server die mit MySQL ausgelieferten Kommandozeilenprogramme aufrufen dürfen, können Sie auch die Anwendung *mysqldump* zur Sicherung der Datenbank verwenden. Sofern Sie mit der Installationsanleitung aus Kapitel 2, *Installation*, eine Testinstallation aufgesetzt haben, liegt die Anwendung

- unter XAMPP für Windows im Verzeichnis *c:\xampp\mysql\bin*,
- unter XAMPP für macOS beziehungsweise OS X im Verzeichnis */Programme/XAMPP/xamppfiles/bin* und
- unter XAMPP für Linux im Verzeichnis */opt/lampp/bin*.

Der vollständige Befehl für ein Backup lautet:

```
mysqldump -u benutzername --password=passwort datenbankname > backup.sql
```

Hierbei stehen **benutzername** und **passwort** für Ihre jeweiligen MySQL-Anmeldedaten. Im Fall von XAMPP lautet der Benutzer root, das Passwort entfällt. **datenbankname** ersetzen Sie durch den Namen der zu sichernden Datenbank (wie zum Beispiel joomla_db) und **backup.sql** schließlich durch den Namen der Datei, die sämtliche zu sichernden Daten aufnimmt. Unter XAMPP sieht der Befehl dann wie folgt aus:

```
mysqldump -u root --password= joomla_db > backup.sql
```

Sicherung wieder zurückspielen

Wenn der Ernstfall eintritt, löschen Sie zunächst die defekte Joomla!-Installation. Kopieren Sie anschließend das gesicherte Joomla!-Verzeichnis zurück. Melden Sie sich aber noch nicht am System an! Zuvor muss erst die Datenbank wiederhergestellt werden.

Wie das funktioniert, hängt von der verwendeten Datenbanksoftware ab. Exemplarisch soll im Folgenden wieder das Vorgehen anhand einer MySQL-Datenbank vorgestellt werden. Das Ganze setzt dabei voraus, dass Sie sich penibel an die Schritte aus dem vorhergehenden Abschnitt gehalten haben.

Mit einer grafischen Konfigurationsoberfläche

Sofern es noch keine Datenbank für Joomla! gibt, müssen Sie diese zunächst anlegen. phpMyAdmin bietet diese Option auf der Registerkarte *Datenbanken* an. Der korrekte Zeichensatz ist *utf8mb4_unicode_ci*.

 Warnung Der Name der Datenbank muss mit dem von Joomla! genutzten Namen übereinstimmen. Sollten Sie ihn vergessen haben, öffnen Sie die Datei *configuration.php* im Joomla!-Verzeichnis mit einem Texteditor. Dort finden Sie den Datenbanknamen in Hochkommata in der Zeile, die mit `public $db =` beginnt. Wenn Sie der Anleitung aus Kapitel 2, *Installation*, gefolgt sind, heißt die Datenbank `joomla_db`.

Betreten Sie jetzt die Datenbank – bei phpMyAdmin beispielsweise mit einem Klick auf ihren Namen in der Leiste am linken Seitenrand. Nun haben Sie in der Regel zwei Möglichkeiten:

- Sie rufen das Eingabefeld für die SQL-Befehle auf (unter phpMyAdmin im Register *SQL*) und kopieren den Inhalt des vorliegenden Dumps (also der Datei mit der Endung *.sql*) über die Zwischenablage dort hinein. Stoßen Sie dann die Verarbeitung an – bei phpMyAdmin via *OK*.
- Alternativ verwenden Sie die Funktion für den Import. Unter phpMyAdmin wechseln Sie dazu zum Register *Importieren*, wählen per *Durchsuchen...* die Datei mit dem Backup und stoßen schließlich die Rücksicherung mit einem Klick auf *OK* an.

Mit einem Kommandozeilenprogramm

Möchten Sie die Datenbank mit den Kommandozeilenwerkzeugen von MySQL zurückholen, ist hierfür das Programm *mysql* zuständig. Der benötigte Befehl lautet:

```
mysql -u benutzer -p datenbankname < backup.sql
```

Dabei müssen Sie **benutzer** durch den Benutzernamen für die Anmeldung an MySQL und **datenbankname** durch den Namen der Datenbank ersetzen. *backup.sql* enthält den Dump mit der Sicherung. Im Fall von XAMPP lautet der vollständige Befehl:

```
mysql -u root -p joomla_db < backup.sql
```

Nach dem Abschicken des `mysql`-Befehls müssen Sie noch das zum Benutzer gehörende MySQL-Passwort eintippen. Da unter XAMPP kein Passwort vergeben ist, drücken Sie hier einfach die *[Enter]*-Taste.

Joomla! auf einen anderen Server verpflanzen

Die Anbieter von Internetservern liefern sich einen heißen Preiskrieg. Da kommt schnell der Wunsch auf, die Internetpräsenz auf die Festplatten eines günstigeren Konkurrenten zu verlagern. Aber auch bei den stetig wachsenden Filmtoaster-Seiten könnte es unter Umständen notwendig werden, Joomla! auf einen größeren Server zu verlagern.

Das Verschieben einer kompletten Joomla!-Installation auf einen neuen Server oder in ein anderes Verzeichnis ist zwar in wenigen Schritten erledigt, kann aber auch ebenso schnell schiefgehen.

Umzug mit Akeeba Backup

Besonders leicht gelingt der Umzug mit Akeeba Backup: Sichern Sie mit der Erweiterung den aktuellen Stand Ihres Internetauftritts und spielen Sie die Sicherung dann auf dem neuen Server wieder ein. Das funktioniert wie im Abschnitt »Backups mit Akeeba Backup« auf Seite 778 vorgestellt. Bei der Wiederherstellung dürfen Sie allerdings jetzt nicht einfach immer auf *Next* klicken, sondern müssen in jedem Schritt die angezeigten Daten kontrollieren und bei Bedarf an den neuen Server anpassen.

Prüfen Sie im ersten Schritt, ob der neue Server alle geforderten Bedingungen für den Betrieb von Joomla! erfüllt. Achten Sie insbesondere auf gelb oder rot markierte Punkte und ändern Sie gegebenenfalls die Einstellungen Ihres Server. Mussten Sie die Servereinstellungen ändern, klicken Sie auf *Check again* – Akeeba Backup klopft dann noch einmal die Einstellungen des Servers ab.

Im zweiten Schritt der Installation hinterlegen Sie unter den *Connection information* die Zugangsdaten für die Datenbank auf dem neuen Server. Weitere Hilfe dazu liefert in Kapitel 2, *Installation*, der Abschnitt »Schritt 6: Konfiguration der Datenbank« auf Seite 47. Die übrigen Einstellungen können Sie normalerweise wieder übernehmen. Sobald Akeeba Backup die Sicherung eingespielt hat, läuft auf dem neuen Server Ihr alter Internetauftritt.

Umzug per Hand

Komplizierter wird es, wenn Sie Joomla! manuell umsiedeln möchten. Sichern Sie als erste Maßnahme die gesamte Datenbank (siehe den Abschnitt »Datensicherung mit Bordmitteln« auf Seite 788). Für den Fall, dass bei der Übertragung etwas nicht klappt, haben Sie damit gleichzeitig noch ein Backup zur Hand.

| Warnung | Das Verschieben auf einen anderen Server funktioniert nur, wenn dort die gleiche Datenbank wie auf dem alten Server werkelt. Ein Umstieg von beispielsweise MySQL auf PostgreSQL ist nicht so einfach möglich und erfordert gute Kenntnisse beider Datenbanken. | |

Kopieren Sie als Nächstes das gesamte Joomla!-Verzeichnis auf den neuen Server. Dies kann je nach Zugangsmöglichkeiten zum Beispiel über ein FTP- oder SSH-Programm geschehen. Denken Sie auch daran, die Schreibrechte für die Verzeichnisse in der neuen Umgebung zu kontrollieren und gegebenenfalls anzupassen.

Spielen Sie jetzt die Sicherung der Datenbank auf dem neuen Server ein. Verfahren Sie dazu analog zu den Schritten aus dem Abschnitt »Sicherung wieder zurückspielen« auf Seite 789. Melden Sie sich danach aber nicht sofort wieder bei Joomla! an!

Zuvor müssen Sie noch die Konfigurationsdatei *configuration.php* mit einem Texteditor öffnen und in ihr folgende Zeilen manipulieren:

- `public $user = '...';`

  Zwischen die Hochkommata gehört der Benutzername, mit dem sich Joomla! bei der Datenbank anmeldet.

- `public $password = '...';`

  Zwischen die Hochkommata gehört das Passwort, mit dem sich Joomla! bei der Datenbank anmeldet.

- `public $db = '...';`

  Zwischen die Hochkommata gehört der Name der Datenbank, zum Beispiel `joomla_db`.

- `public $dbprefix = '...';`

  Zwischen die Hochkommata gehört das Präfix, das Joomla! jeder Datenbanktabelle voranstellt (siehe auch Kapitel 2, *Installation*). Normalerweise müssen Sie es nicht anpassen.

- `public $host = 'localhost';`

  Zwischen die Hochkommata gehört die Internetadresse des Servers, auf dem die Datenbank läuft. Sofern sie auf dem gleichen Server wie Joomla! läuft, ist dies `localhost`.

- `public $log_path = '/opt/lampp/htdocs/joomla/administrator/logs';`

  Zwischen die Hochkommata gehört das Verzeichnis, in dem Joomla! seine Logdateien ablegt (für gewöhnlich können Sie die Vorgabe belassen).

- `public $tmp_path = '/opt/lampp/htdocs/joomla/tmp';`

  Zwischen die Hochkommata gehört das Verzeichnis, in dem Joomla! seine temporären Dateien speichern darf (für gewöhnlich ist es das Unterverzeichnis *tmp* im Joomla!-Ordner, auch hier können Sie die Vorgabe belassen).

Alle betroffenen Zeilen verteilen sich leider quer über die Datei *configuration.php*. Die Werte in den Hochkommata hängen natürlich von Ihrer Joomla!-Installation und den Gegebenheiten auf dem neuen Server ab.

Nachdem Sie die Konfigurationsdatei entsprechend geändert haben, können Sie sich bei der neuen Joomla!-Installation anmelden. Anschließend sollten Sie die Grundeinstellungen hinter *System → Konfiguration* überprüfen. Das gilt insbesondere für den E-Mail-Server im Register *Server*.

Super-User-Passwort wiederherstellen

Wenn ein normaler Benutzer sein Passwort vergisst, kann er per E-Mail ein neues Passwort anfordern (wie es der Abschnitt »Vergessene Benutzernamen und Passwörter« auf Seite 466 beschreibt). Ein Super User darf diesen Weg jedoch nicht gehen.

Wenn Sie als Super User Ihr Passwort vergessen haben, können Sie sich nur von einem anderen Super User ein neues Passwort geben lassen. Das funktioniert natürlich nicht, wenn Sie der einzige Super User sind. Glücklicherweise gibt es in solch einem Fall noch zwei recht steinige Wege, über die Sie doch wieder Zutritt zum Backend erlangen: Entweder müssen Sie Ihr Passwort direkt in der Datenbank austauschen oder aber ein Hintertürchen über die Datei *configuration.php* nutzen.

Warnung	Beide Methoden kann selbstverständlich auch ein Angreifer ausnutzen – er muss sich nur einen Zugang zur Datenbank beziehungsweise Zugriff auf die *configuration.php* verschaffen. Aus diesem Grund sollten Sie die Datenbank und diese Datei ganz besonders schützen. Insbesondere dürfen keine fremden Personen Zugriff auf die Konfigurationsoberfläche, zum Beispiel in Form von phpMyAdmin, bekommen.	

Benutzer zum Super User erheben

Öffnen Sie die Datei *configuration.php* im Joomla!-Verzeichnis mit einem Texteditor (verwenden Sie dabei keine Textverarbeitung wie Word!). Fügen Sie vor der schließenden Klammer } am Ende der Datei diese neue Zeile ein:

```
public $root_user='einname';
```

Dabei ersetzen Sie **einname** durch den Benutzernamen eines x-beliebigen anderen Benutzers, dessen Passwort Sie kennen. Nachdem Sie Ihre Änderungen gespeichert haben, erhebt Joomla! diesen Benutzer zu einem Super User. Mit ihm können Sie sich folglich im Backend ein neues Passwort verpassen.

Warnung	Löschen Sie nach der Arbeit die Zeile wieder aus der *configuration.php* – sicher ist sicher. Das erledigt auch ein Klick auf den entsprechenden Link in dem von Joomla! angezeigten blauen Warnhinweis.	

Passwort direkt in der Datenbank ändern

Wenn lediglich ein Super User existiert und man kein anderes Benutzerkonto in der *configuration.php* eintragen kann, hilft nur noch ein Austausch des Passworts direkt in der Datenbank. Das ist allerdings nicht ganz so einfach, da Joomla! das Passwort dort in einer verschlüsselten Form ablegt. Diese Maßnahme ist aus Sicherheitsgründen notwendig: Sollte ein Angreifer die Kommunikation zwischen Joomla! und der Datenbank belauschen, findet er nur das verschlüsselte Passwort vor. Mit diesem Zeichensalat kann er sich aber weder bei Joomla! Anmelden, noch bekommt er mit seiner Hilfe das ursprüngliche Passwort heraus. Des Weiteren bleibt das Passwort vor neugierigen Augen verdeckt, die lesenden Zugang zur Datenbank erhalten. Dies betrifft nicht nur Hacker, sondern auch den Systemadministrator der Datenbank – der nicht notwendigerweise mit dem Betreiber der Website übereinstimmen muss.

Um das Passwort des Super User zu ändern, müssen Sie sich zunächst an seinen vollständigen Namen und möglichst auch an den Benutzernamen erinnern. Wenn Sie den Schritten aus Kapitel 2, *Installation*, gefolgt sind, lautet sein Benutzername *admin*. Mit diesen Namen im Hinterkopf suchen Sie in der Joomla!-Datenbank zunächst eine Tabelle, die auf users endet. Darin spüren Sie den Eintrag für das Benutzerkonto des Super User auf. Seinen Namen finden Sie in der Spalte *name*, der Benutzername steht in der Spalte *username*. Ersetzen Sie dann den Inhalt seines Felds *password* durch folgende Zeichenkette:

```
$2y$10$ODAT8B2K4jD/oECuhgeALecbRHvSOCzvEM93nGdxL1r4WviPw8lF.
```

Beachten Sie dabei unbedingt die Groß- und Kleinschreibung und vermeiden Sie Tippfehler. Damit lautet das Passwort des Super User ab sofort *1234567890ab* (in Kleinschreibung). Melden Sie sich mit diesem neuen Passwort an und tauschen Sie es in der Benutzerverwaltung von Joomla! sofort gegen ein besseres aus.

Das genaue Vorgehen unterscheidet sich je nach der verwendeten Datenbank und den zur Verfügung stehenden Konfigurationswerkzeugen. Wenn Sie den Eingriff nicht bequem über die Benutzeroberfläche Ihres Webhosters vornehmen können, suchen Sie eine Stelle oder Seite, auf der Sie sogenannte SQL-Befehle abschicken können. Stellen Sie dabei sicher, dass sich alle Kommandos auf die Joomla!-Datenbank beziehen. Tippen Sie dann in das Eingabefeld folgenden SQL-Befehl ein (in einer Zeile):

```
UPDATE jos_users SET password='$2y$10$ODAT8B2K4jD/
oECuhgeALecbRHvSOCzvEM93nGdxL1r4WviPw8lF.' WHERE username='admin';
```

Ersetzen Sie dabei *jos_* durch das bei der Installation von Joomla! eingestellte Tabellenpräfix. Der Benutzername des Super User lautet in der obigen Zeile admin. Wenn Sie bei der Installation einen anderen Benutzernamen gewählt haben, tauschen Sie ihn im obigen Befehl aus. Nachdem Sie den Befehl ausgeführt haben, können Sie sich am Backend als Super User mit dem Passwort *1234567890ab* anmelden. Klappt das nicht, hat sich bei der Eingabe des SQL-Befehls irgendwo ein Tippfehler eingeschlichen.

Als Alternative zu einem grafischen Konfigurationswerkzeug bringt MySQL das Programm *mysql* mit. Sofern Sie wider Erwarten keine grafische Konfigurationsoberfläche von Ihrem Webhoster gestellt bekommen, bietet diese Anwendung eine kleine Notlösung – vorausgesetzt, Ihr Anbieter gestattet Ihnen die Ausführung des Programms. Für den Befehl mysql benötigen Sie Zugang zur Kommandozeile, zum Beispiel über eine Anmeldung per SSH-Programm. Die Befehle lauten dann im Einzelnen (und sind jeweils mit der *[Enter]*-Taste zu bestätigen):

```
mysql -u benutzername -p
```

Hierbei steht **benutzername** für Ihren MySQL-Benutzernamen. Im Fall von XAMPP lautet der Befehl:

```
mysql -u root -p
```

Geben Sie nun Ihr MySQL-Passwort ein. Bei einer XAMPP-Installation drücken Sie nur die *[Enter]*-Taste. Es erscheint die Kommandoeingabezeile von mysql. Tippen Sie nun ein:

```
USE joomla_db;
```

Damit wechseln Sie in die Joomla!-Datenbank mit dem Namen joomla_db. Jetzt ersetzen Sie das Super-User-Passwort durch folgenden Befehl (tippen Sie alles hintereinander in eine einzige Zeile):

```
UPDATE jos_users SET password='$2y$10$ODAT8B2K4jD/
oECuhgeALecbRHvSOCzvEM93nGdxL1r4WviPw8lF.' WHERE username='admin';
```

Auch hier ist admin wieder der Benutzername des Super User, *jos_* ersetzen Sie durch das bei Ihnen gültige Tabellenpräfix. Beenden Sie das Programm *mysql* mit dem Kommando exit.

Egal auf welchem Weg Sie das Passwort geändert haben, in jedem Fall können Sie sich am Backend mit dem Passwort *1234567890ab* wieder anmelden. Rufen Sie dann umgehend den Menüpunkt *Benutzer → Verwalten* auf, klicken Sie Ihr Benutzerkonto an und wählen Sie ein neues Passwort.

Datenbank reparieren

Sollte Joomla! nicht auf die Datenbank zugreifen können, erzeugt es eine mehr oder weniger aussagekräftige Fehlermeldung. In solch einem Fall sollten Sie als Erstes prüfen, ob die Datenbank überhaupt läuft. Wenn Sie selbst für die Wartung zuständig sind, starten Sie die Datenbank zudem probeweise neu (siehe auch Kapitel 2, *Installation*). Sollte immer noch keine Verbindung zustande kommen, müssen Sie Ihren Webhoster kontaktieren.

Wurde im laufenden Betrieb eine Tabelle beschädigt oder ist eine Erweiterung bei ihrer Installation Amok gelaufen, rufen Sie im Backend *System* auf und klicken im Bereich *Wartung* auf *Datenbank*. Joomla! prüft jetzt die Datenbank auf Probleme und zeigt diese an. In der Tabelle finden Sie für Joomla! und jede Erweiterung einen passenden Eintrag. Wenn in der Spalte *Probleme* überall nur *Keine Probleme* vermeldet werden, müssen Sie nicht weiter tätig werden.

Andernfalls setzen Sie einen Haken in das Kästchen vor der problematischen Erweiterung und rufen dann *Reparieren* auf. Joomla! versucht nun, die Probleme zu beseitigen. Die Betonung liegt hier auf »versuchen«: Sind bereits Daten gelöscht, kann auch die Reparaturfunktion sie nicht wieder zurückholen. Sie sollten also keine Wunder erwarten, im Zweifelsfall lohnt es sich aber, die Funktion auszuprobieren.

Menüs und Kategorien reparieren

Hin und wieder finden Sie in der Werkzeugleiste einen ominösen Punkt namens *Wiederherstellen* (siehe Abbildung 21-12). Er erscheint in der Menüverwaltung (*Menüs → Alle Menüeinträge*) und in allen Kategorieverwaltungen – unter anderem also bei den Beitragskategorien (*Inhalt → Kategorien*) und den Kontaktkategorien (*Komponenten → Kontakte → Kategorien*).

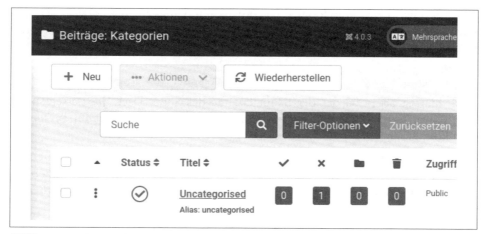

Abbildung 21-12: Die *Wiederherstellen*-Schaltfläche bringt Menüs und Kategorien wieder in einen konsistenten Zustand.

Wenn man Erweiterungen einsetzt, die Menüs und Kategorien manipulieren, kann es mitunter vorkommen, dass Menüpunkte und Kategorien plötzlich falsch verschachtelt sind oder aber nicht mit dem Ergebnis im Frontend übereinstimmen. In solchen Fällen klicken Sie auf *Wiederherstellen*. Joomla! versucht dann, die korrekte Gliederung zu rekonstruieren. Glücklicherweise ist diese Reißleine nur sehr selten notwendig.

 Warnung   Diese Funktion ist allerdings kein Reparaturwunder. Regelmäßige Sicherungskopien Ihrer Joomla!-Installation sind daher weiterhin Pflicht.

KAPITEL 22

Aktualisierung und Migration

In diesem Kapitel:
- Sprachpakete und Erweiterungen aktualisieren
- Joomla! aktuell halten
- Aktualisierungsquellen
- Migration von Joomla! 3.x
- Über Aktualisierungen informieren lassen

Sobald eine neue Joomla!-Version vorliegt, weist Sie das Dashboard mit einer entsprechenden Warnmeldung im Kasten *Notifications* darauf hin. In Abbildung 22-1 ist beispielsweise *Joomla! 4.0.4* verfügbar. Das Backend schlägt zudem Alarm, wenn für eine der installierten Erweiterungen eine Aktualisierung bereitsteht. In Abbildung 22-1 gibt es genau drei Erweiterungen, die dringend aktualisiert werden müssten. Zu den Erweiterungen zählt hier Joomla! allerdings unter anderem auch die Sprachpakete und Templates. Wundern Sie sich also nicht, dass Joomla! selbst dann Erweiterungen aktualisieren möchte, wenn Sie (noch) gar keine installiert haben. Erweiterungen von Drittherstellern kann Joomla! zudem nur dann prüfen, wenn diese sich an einige von Joomla! vorgegebene Regeln halten. Das ist zwar bei vielen Erweiterungen mittlerweile der Fall, aber eben leider nicht bei allen. Sie müssen folglich bei nachträglich installierten Erweiterungen immer selbst noch kontrollieren, ob Aktualisierungen bereitstehen (dazu später noch mehr).

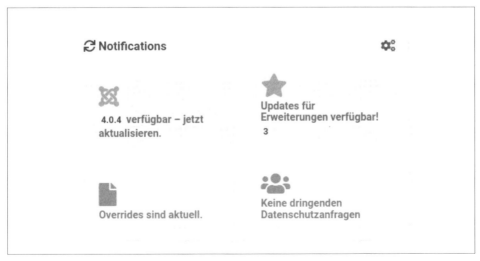

Abbildung 22-1: Hier möchte Joomla! zwei Erweiterungen und sich selbst aktualisieren.

Warnung   Joomla! weist absichtlich penetrant auf neue Versionen hin – schließlich beheben sie Fehler und schließen Sicherheitslücken. Aktualisieren Sie daher Joomla! und die Erweiterungen immer möglichst schnell. Wie Sie gleich sehen werden, gelingt das mit wenigen Mausklicks.

Bevor Sie Joomla! und/oder die Erweiterungen aktualisieren, sollten Sie Ihre Website hinter *System* → *Konfiguration* im Register *Site* unter *Website offline* in den Offlinemodus schalten. Damit stellen Sie sicher, dass niemand während des Aktualisierungsvorgangs auf Joomla! zugreift und so unter Umständen das ganze System durcheinanderbringt.

Joomla! und die Erweiterungen aktualisieren Sie an unterschiedlichen Stellen im Backend und auf unterschiedliche Weise. Zunächst zu den Erweiterungen und Sprachpaketen – diese sollten Sie immer zuerst aktualisieren.

Sprachpakete und Erweiterungen aktualisieren

Um die Sprachpakete und Erweiterungen auf den neuesten Stand zu bringen, rufen Sie im Backend den Menüpunkt *System* auf und wechseln dann im Kasten *Updates* zu den *Erweiterungen*. Alternativ können Sie im Dashboard unter *Notifications* auf den roten Kasten mit der Aufschrift *Updates für Erweiterungen verfügbar!* klicken (in Abbildung 22-1 das rechte obere Kästchen).

In jedem Fall landen Sie in der Tabelle aus Abbildung 22-2. Sofern es von einer Erweiterung oder einem Sprachpaket eine neuere Fassung gibt, zeigt sie Joomla! dort an. Setzen Sie dann einen Haken vor alle Erweiterungen, die Sie aktualisieren möchten (normalerweise sind das alle) und klicken Sie auf *Aktualisieren*.

Wenn die Tabelle aus Abbildung 22-2 leer bleibt, obwohl es nachweislich ein neues Sprachpaket beziehungsweise eine aktuellere Erweiterung gibt, klicken Sie in der Werkzeugleiste auf *Updates suchen*. Damit geht Joomla! noch einmal auf die Suche nach Aktualisierungen.

 Warnung   Allerdings gibt es immer noch viele Erweiterungen, die sich auf diesem Weg nicht aktualisieren lassen. Sie müssen dann wohl oder übel ständig selbst prüfen, ob es eine Aktualisierung gibt, und diese dann per Hand einspielen.

Sofern also hier in der Liste kein Eintrag erscheint, sollten Sie unbedingt noch die Internetseiten aller von Ihnen nachträglich installierten Erweiterungen abklappern und prüfen, ob es eine neuere Version gibt. Wie man diese dann einspielt, hängt von der jeweiligen Erweiterung ab – die Dokumentation wird Ihnen dazu sicher entsprechende Hinweise liefern.

Die betroffenen Erweiterungen sollten Sie aber nicht einfach deinstallieren und ihre neuen Versionen installieren, denn dabei gehen meistens auch alle mühsam eingepflegten Inhalte in der Datenbank verloren.

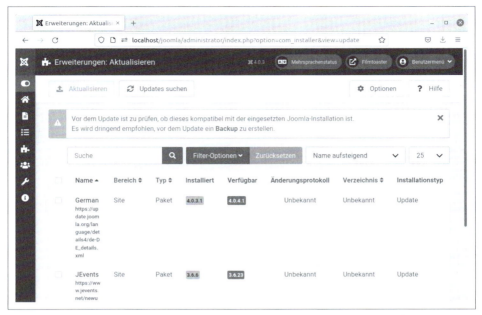

Abbildung 22-2: Hier kann Joomla! sowohl das deutsche Sprachpaket als auch die Erweiterung JEvents aktualisieren.

Joomla! aktuell halten

Wenn Sie Joomla! aktualisieren möchten, prüfen Sie als Erstes, ob alle installierten Erweiterungen die neue Version unterstützen. Das gilt insbesondere dann, wenn sich bei der neuen Joomla!-Version die Zahl an der zweiten Stelle erhöht hat. Entsprechende Informationen finden Sie auf den Internetseiten der jeweiligen Erweiterungen.

Warnung Zwar testen die Joomla!-Entwickler jede neue Version, es kann aber immer mal passieren, dass die Aktualisierung fehlschlägt oder nicht funktioniert. Im Extremfall könnte anschließend Ihre Joomla!-Installation zerstört sein. Erstellen Sie daher vor einer Aktualisierung immer ein Backup. Das gilt erst recht, wenn Sie ein System im produktiven Betrieb auf den neuesten Stand bringen möchten. Wer sichergehen will, sollte die Aktualisierung erst auf einem lokalen Testsystem ausprobieren. Wie man eine (Sicherheits-)Kopie einer Joomla!-Installation erstellt, hat bereits Kapitel 21, *Datensicherung und Wiederherstellung (Backups)*, gezeigt.

Halb automatische Aktualisierung

Rufen Sie als Nächstes im Backend den Menüpunkt *System* auf und klicken Sie im Bereich *Updates* auf *Joomla*. Alternativ können Sie übrigens auch im Dashboard unter *Notifications* auf den entsprechenden roten Kasten klicken (in Abbildung 22-1 wäre dies das linke obere Kästchen). In jedem Fall erscheint jetzt entweder die Seite aus Abbildung 22-3 oder aber ihre Kollegin aus Abbildung 22-4.

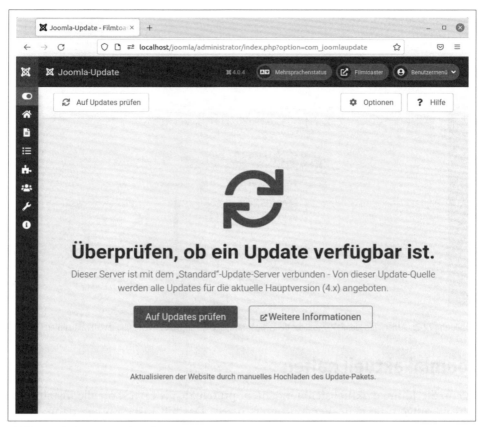

Abbildung 22-3: Hier ist Joomla! auf dem aktuellen Stand.

Wenn Sie die Seite aus Abbildung 22-3 sehen, hat Joomla! keine Aktualisierung gefunden. Ihr System ist folglich auf dem aktuellen Stand. Mit einem Klick auf *Auf Updates prüfen* können Sie Joomla! noch einmal explizit auf die Suche nach Aktualisierungen schicken. Erscheinen am oberen Rand der Seite eine oder mehrere gelbe Hinweise der Form *Die Update-Quelle ... konnte nicht geöffnet werden*, kann Joomla! keine Verbindung zur Joomla!-Website aufbauen. Prüfen Sie dann, ob das Content-Management-System auf das Internet zugreifen kann. Insbesondere in Intranets wird der Zugriff gerne unterbunden oder über einen Proxy geleitet (siehe dazu auch Kapitel 13, *Joomla! konfigurieren*).

Sofern die Seite aus Abbildung 22-4 erscheint, liegt eine neue Aktualisierung vor. Joomla! hat zudem noch einmal geprüft, ob Ihr Server alle Voraussetzungen für die neue Version erfüllt. Dazu kontrolliert das Content-Management-System zahlreiche Einstellungen. Stellen Sie zunächst sicher, dass auf der linken Seite *Erforderliche Einstellungen* aktiviert ist. Rechts listet Joomla! dann alle Bedingungen und Funktionen auf, die zwingend für die neue Version erfüllt sein müssen. In Abbildung 22-4 muss beispielsweise auf dem Server PHP mindestens in der Version 7.2.5 arbeiten, andernfalls würde die neue Joomla!-Version 4.0.4 nicht laufen.

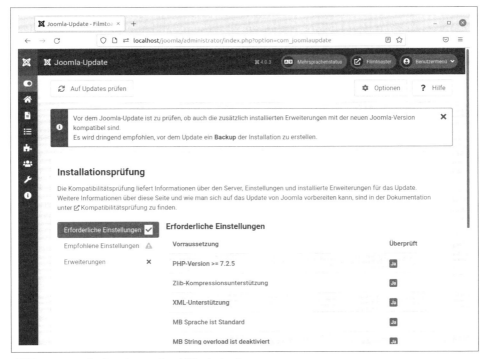

Abbildung 22-4: Hier liegt eine neue Joomla!-Version bereit.

Ob sämtliche Bedingungen erfüllt sind, kontrollieren Sie in der Spalte *Überprüft*: Wenn dort überall ein grünes *Ja* leuchtet, können Sie Joomla! bedenkenlos aktualisieren. Andernfalls müssen Sie Ihren Server und dessen Einstellungen anpassen. Kontaktieren Sie hier bei Bedarf Ihren Webhoster.

Wenn Sie links *Empfohlene Einstellungen* aktivieren, zeigt Ihnen Joomla! noch ein paar weitere Bedingungen an. Die muss Ihr Server (beziehungsweise das dort installierte PHP) nicht zwingend erfüllen. Die Joomla!-Entwickler empfehlen die entsprechenden Einstellungen aber für einen reibungslosen Betrieb.

Die Aktualisierung sollten Sie erst dann anstoßen, wenn alle Erweiterungen auf dem neuesten Stand sind. Welche Erweiterungen noch auf eine Aktualisierung warten, erfahren Sie nach einem Klick auf *Erweiterungen* im Abschnitt *Update erforderlich*. Alle hier aufgelisteten Erweiterungen aktualisieren Sie wie im vorherigen Abschnitt beschrieben. Im Abschnitt *Update-Informationen nicht verfügbar* weist Sie Joomla! noch auf Erweiterungen hin, die möglicherweise nicht mit der neuen Version des Content-Management-Systems zusammenarbeiten. Sofern Sie nicht absolut sicher sind, dass diese Erweiterungen mit der neuen Joomla!-Version reibungslos funktionieren, sollten Sie sie sicherheitshalber deaktivieren.

Sofern alle Erweiterungen aktuell und die Bedingungen unter *Erforderliche Einstellungen* erfüllt sind, fahren Sie auf der Seite ganz nach unten. Unter Umständen erscheint dort der Hinweis *Die Warnungen über möglicherweise inkompatible Plugins ignorieren und mit dem Update fortfahren*. In diesem Fall kann Joomla! von einigen Erweiterungen nicht mit Gewissheit sagen, ob sie auch mit der neuen Version des Content-Management-Systems zusammenarbeiten. Das sind genau die Erweiterungen, die Sie unter *Erweiterungen* im Abschnitt *Update-Informationen nicht verfügbar* finden. Wenn Sie wissen, dass diese Erweiterungen keine Probleme bereiten werden, setzen Sie einen Haken in das Kästchen und bestätigen die Rückfrage.

In jedem Fall klicken Sie auf *Update*. Joomla! weist Sie jetzt noch einmal auf die Notwendigkeit eines Backups hin. Setzen Sie einen Haken vor *Ein Backup wurde erstellt und die Erweiterungen sind kompatibel*. Stoßen Sie dann die Aktualisierung mit *Update starten* an. Damit holt Joomla! die Aktualisierung aus dem Internet und spielt sie ein. Sobald Sie die Erfolgsmeldung sehen, ist Joomla! auf dem neuesten Stand.

Rufen Sie noch *System* → *Cache leeren* auf und lassen Sie *Alles löschen*. Abschließend können Sie Ihre Installation via *System* → *Konfiguration* wieder für Ihre Besucherinnen und Besucher öffnen (indem Sie *Website offline* auf *Nein* setzen).

Manuelle Aktualisierung

Mitunter kann die Aktualisierung fehlschlagen, etwa wenn Ihr Webhoster das Herunterladen des dicken Aktualisierungspakets verhindert. In solchen Fällen müssen Sie Joomla! manuell auf den neuesten Stand bringen.

Dazu wechseln Sie auf die Joomla!-Homepage (*https://www.joomla.org*) und dort weiter zum *Download*-Bereich. Klicken Sie auf die Schaltfläche, die Ihnen die *Upgrade Packages* verspricht. Die jetzt erscheinende Seite bietet Ihnen mehrere Pakete an, mit denen Sie Joomla! auf den neuesten Stand bringen können. Diese Pakete tragen ein *Patch* oder *Update* im Namen. Das Aussehen der Seite hat sich in der Vergangenheit immer mal wieder verändert. Zum Erstellungszeitpunkt des Buchs zeigte sie sich wie in Abbildung 22-5. Die Update-Pakete fanden Sie hier im unteren Teil der Seite. Suchen Sie sich das zu Ihrer aktuell installierten Joomla!-Version passende *Patch Package* heraus. Jedes dieser Pakete steht dabei noch einmal in verschiedenen Dateiformaten bereit. Da das ZIP-Format von fast allen Betriebssystemen geöffnet werden kann, sollten Sie sich möglichst immer für das Paket mit der Endung *.zip* entscheiden. Zum Erstellungszeitpunkt dieses Buchs mussten Nutzer von Joomla! 4.0.3 im Kasten *Joomla! 4.0.3 to 4.0.4 Patch Package (.zip)* auf *Download now* klicken, um auf die Version 4.0.4 aktualisieren zu können. Achten Sie vor dem Download auch noch auf eventuell angezeigte Hinweise der Joomla!-Entwickler.

Sobald Sie das passende Paket heruntergeladen haben, können Sie Joomla! damit auf gleich mehreren Wegen aktualisieren.

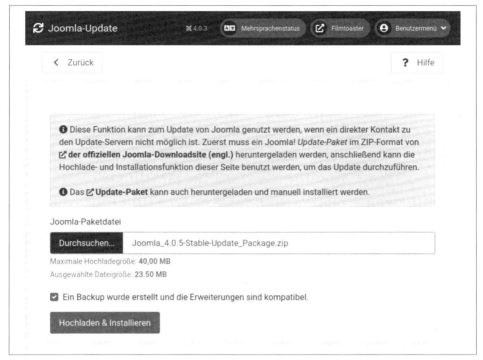

Abbildung 22-5: Auf dieser Seite stellen die Joomla!-Entwickler Pakete bereit, mit denen Sie Ihre Aktualisierung manuell vornehmen können.

Besonders schnell gelingt das im Backend: Rufen Sie dort den Menüpunkt *System* auf und wechseln Sie im Bereich *Updates* zum Punkt *Joomla*. Ganz am unteren Ende der Seite finden Sie den Link *Aktualisieren der Website durch manuelles Hochladen des Upgrade-Pakets*. Wenn Sie ihn anklicken, landen Sie im Formular aus Abbildung 22-6. Klicken Sie dort auf *Durchsuchen* und wählen Sie das gerade heruntergeladene Archiv aus. Setzen Sie dann einen Haken vor *Ein Backup wurde erstellt und die Erweiterungen sind kompatibel*. Klicken Sie auf *Hochladen & Installieren*. In den neu angezeigten Feldern müssen Sie Ihren Benutzernamen und Ihr Passwort hinterlegen (mit dem gleichen Gespann melden Sie sich auch am Backend an). Damit möchte Joomla! sichergehen, dass nicht ein Unbefugter eine (schadhafte) Aktualisierung einspielen kann. Stoßen Sie schließlich die Aktualisierung per *Installieren* an.

Sofern die Installation auch auf diese Weise fehlschlägt, können Sie das heruntergeladene Update-Paket noch manuell entpacken und kopieren. Da Sie dabei jedoch Gefahr laufen, ein zerstörtes System zu hinterlassen, ist diese Methode wirklich nur im äußersten Notfall zu empfehlen. Um sie durchzuführen, melden Sie sich vom Joomla!-Backend ab und entpacken das Update-Paket auf Ihrer Festplatte. Laden Sie dann den aus dem Paket herausgepurzelten Inhalt in das Joomla!-Verzeichnis auf Ihrem Webserver. Überschreiben Sie dabei die Dateien der alten Joomla!-Installation mit ihren aktualisierten Pendants. Melden Sie sich anschließend wieder im Backend an.

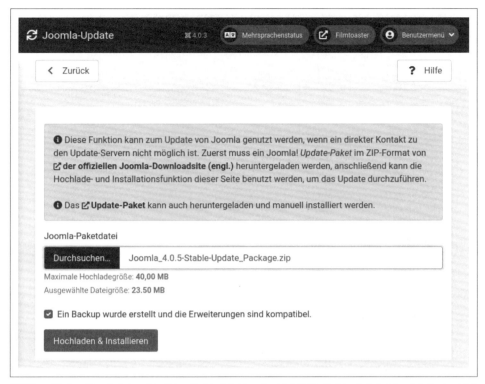

Abbildung 22-6: Hier würde Joomla! mit dem Update-Paket Joomla_4.0.5-Stable-Update_Package.zip auf die Version 4.0.5 aktualisiert

Es erscheint jetzt schon das aktuelle Joomla!, in dem Sie allerdings noch ein paar Dinge geraderücken müssen. Dazu wechseln Sie zunächst zum Menüpunkt *System* und klicken im Bereich *Wartung* auf *Datenbank*. Setzen Sie Haken vor alle in der Tabelle angezeigten Zeilen und lassen Sie dann das System über die entsprechende Schaltfläche in der Werkzeugleiste *Reparieren*. Damit bringt Joomla! seine Datenbank auf den aktuellen Stand. Rufen Sie jetzt wieder den Menüpunkt *System* auf und wechseln Sie im Bereich *Installieren* zum Punkt *Überprüfen*. Klicken Sie in der Werkzeugleiste auf *Überprüfen*. Sofern eine Liste erscheint, setzen Sie darin jeweils einen Haken vor alle zu Joomla! gehörenden Komponenten. Klicken Sie anschließend auf *Installieren*. Wenn anstelle einer Liste nur eine Meldung erscheint, müssen Sie nichts weiter unternehmen.

Abschließend rufen Sie noch *System → Cache leeren* auf und lassen *Alles löschen*. Unter Umständen erscheinen nach der Aktualisierung einige merkwürdige Menübeschriftungen. Das ist kein Grund zur Panik: In diesem Fall sind schlichtweg die Sprachpakete noch nicht auf dem aktuellen Stand.

Aktualisierungsquellen

Joomla! holt alle Aktualisierungen aus dem Internet. Von wo genau, können Sie sich ansehen, wenn Sie im Backend *System* aufrufen und dann im Bereich *Updates* auf die *Update-Quellen* klicken. Dort begrüßt Sie die Tabelle aus Abbildung 22-7. In jeder Zeile finden Sie eine Quelle beziehungsweise einen Ort, an dem Joomla! regelmäßig nach verfügbaren Aktualisierungen sucht. Diese Quellen können Erweiterungen um weitere ergänzen. Mindestens vorhanden sind in Joomla! 4.0 die Quellen aus Tabelle 22-1.

Tabelle 22-1: Standardmäßig vorhandene Aktualisierungsquellen

Aktualisierungsquelle	Bietet Aktualisierungen für ...
Accredited Joomla! Translations	alle offiziellen Sprachpakete.
Joomla! Update Component Update Site	die Joomla!-Update-Komponente. Sie führt die eigentliche Aktualisierung durch.
Joomla! Core	Joomla!.

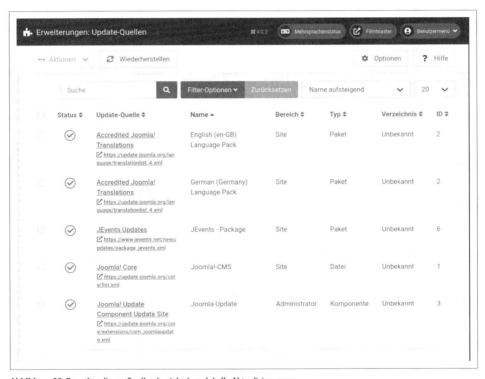

Abbildung 22-7: Aus diesen Quellen bezieht Joomla! alle Aktualisierungen.

Sie selbst dürfen zwar keine eigenen Quellen hinzufügen, können aber die vorhandenen absichtlich deaktivieren und sogar löschen. Das ist beispielsweise dann notwendig, wenn über eine der Quellen nur veraltete oder gar Schadprogramme verbreitet werden. Wenn Sie eine Quelle lediglich deaktivieren, holt Joomla! von dort (vorübergehend) keine Aktualisierungen mehr ab. Sie können die Quelle jedoch jederzeit wieder aktivieren. Nach dem Löschen ist das jedoch nicht mehr möglich, Joomla! kennt dann die Quelle nicht mehr.

Warnung Wenn Sie eine Quelle deaktivieren oder gar löschen, bekommen Sie keine Aktualisierungen mehr! Fehler und Sicherheitslücken werden dann in Joomla! oder den Erweiterungen nicht mehr behoben. Deaktivieren oder löschen Sie eine Quelle daher immer nur aus guten Gründen!

Um eine Quelle zu deaktivieren, setzen Sie einen Haken in ihr Kästchen und klicken dann unter den *Aktionen* auf *Deaktivieren*. Via *Aktivieren* schalten Sie sie wieder ein. Alternativ können Sie auch einfach auf das Symbol in der Spalte *Status* klicken. Möchten Sie eine Quelle komplett löschen, setzen Sie ebenfalls einen Haken in ihr Kästchen und klicken dann in den *Aktionen* auf *Löschen*.

Hin und wieder veröffentlichen die Joomla!-Entwickler Testversionen von zukünftigen Joomla!-Versionen. Diese möglicherweise noch fehlerhaften Versionen bietet Joomla! Zu Recht nicht zur Installation an. Wenn Sie den Entwicklern helfen oder einen Blick auf kommende Joomla!-Versionen werfen möchten, können Sie die Installation dieser Testversionen erlauben. Sobald dann eine neue Testversion vorliegt, bietet Joomla! eine entsprechende Aktualisierung an.

Warnung Überlegen Sie sich das gut: Diese Vorabversionen enthalten zahlreiche Fehler. Insbesondere auf einem Server im Internet sollten die Vorabversionen unter keinen Umständen zum Einsatz kommen.

Um die Installation von Testversionen zu erlauben, wechseln Sie zum Menüpunkt *System*, rufen im Bereich *Updates* den Punkt *Joomla* auf und klicken in der Werkzeugleiste auf *Optionen*. Unter *Update-Server* können Sie jetzt einstellen, ob und, wenn ja, welche Testversionen Ihnen Joomla! anbieten soll. Sofern die Drop-down-Liste auf *Stabil* steht, erhalten Sie nur gut getestete und stabile Versionen. Mit *Test* bietet Ihnen Joomla! auch Versionen an, die sich noch in der Entwicklung befinden. Über eine zweite Drop-down-Liste können Sie dann festlegen, wie gut getestet diese Vorabversionen sein sollen. Bei *Release Candidate (RC)* bietet Ihnen Joomla! nur Versionen an, die eigentlich fertig sind und kurz vor der Veröffentlichung stehen. Mit *Beta* erhalten Sie hingegen auch Versionen, die zwar noch in der Entwicklung stecken, aber bereits die meisten neuen Funktionen enthalten. Im Fall von *Alpha* bietet Ihnen Joomla! auch solche Versionen an, die sich noch am Anfang ihrer Entwicklung befinden. Der Unterschied zwischen Alpha- und Betaversion hängt dabei von den Launen der Joomla!-Entwickler ab. In der Vergangenheit enthielten Betaversionen zusätzliche Funktionen und weniger Fehler, zudem erscheinen Alphaversionen immer vor den Betaversionen. Den aktuellen Entwicklungsstand erhalten Sie mit der Einstellung *Entwicklung*. Dabei laufen Sie jedoch Gefahr, dass nach einer Aktualisierung die komplette Joomla!-Installation nicht mehr funktioniert – je nachdem, welche Fehler ein Programmierer gerade eingebaut hat. Von *Stabil* bis

Entwicklung nehmen folglich die in Joomla! enthaltenen Fehler zu. Vergessen Sie nicht, Ihre Änderung *Speichern & Schließen* zu lassen.

Abschließend können Sie auch selbst einen (Internet-)Server aufsetzen, der dann die Aktualisierungen bereitstellt. An dieses Vorhaben sollten sich allerdings nur erfahrene Administratoren wagen, die wissen, was sie tun. In diesem Fall finden Sie eine entsprechende Anleitung in der Joomla!-Dokumentation unter *https://docs.joomla. org/Deploying_an_Update_Server*. Anschließend wählen Sie als *Update-Server* die *Eigene URL* und tragen dann die Internetadresse Ihres eigenen Aktualisierungsservers unter *Eigene URL* ein.

Migration von Joomla! 3.x

Der Umstieg von Joomla! 3.x auf die aktuelle Version erfordert mehrere Handgriffe, bei denen leider immer wieder etwas schiefgehen kann. Erstellen Sie daher zuallererst ein Backup sowohl des gesamten Joomla!-Verzeichnisses als auch der Datenbank. Wie das im Einzelnen funktioniert, zeigte bereits Kapitel 21, *Datensicherung und Wiederherstellung (Backups)*. Sollte später einmal etwas schiefgehen, ist das Backup Ihr Sicherheitsnetz.

Warnung Sofern sich Ihre Joomla!-Installation im produktiven Einsatz befindet, gelten besondere Vorsichtsmaßnahmen. In diesem Fall probieren Sie am besten die Migration zunächst auf einem Testrechner aus. Dazu kopieren Sie die Joomla!-Installation samt Datenbank vom Server auf Ihren eigenen Computer (siehe hierzu auch Kapitel 21, *Datensicherung und Wiederherstellung (Backups)*, Abschnitt »Joomla! auf einen anderen Server verpflanzen« auf Seite 790). Spielen Sie dort dann die Aktualisierung durch. Erst wenn in der Testumgebung alles funktioniert hat und keine Probleme im Betrieb auftauchen, sollten Sie sich an die Umstellung der produktiven Joomla!-Installation auf dem Server wagen. Für die eigentliche Aktualisierung wählen Sie dann einen Zeitpunkt, zu dem das System möglichst wenig genutzt wird. Darüber hinaus ist es ratsam, die in einem Katastrophenfall betroffenen Personen vorab über die Umstellung zu informieren. Hierzu zählen auf den Filmtoaster-Seiten beispielsweise die Autoren, Moderatoren und Super User.

Sobald Sie ein Backup angelegt haben, bereiten Sie die Migration vor. Blockieren Sie zunächst den Zugriff auf Ihre Website. Dazu stellen Sie unter *System → Konfiguration* im Register *Site* den Punkt *Website offline* auf *Ja*. Direkt weiter geht es mit dem Register *Server*, wo Sie *Fehler berichten* auf *Maximum* umlegen. *Speichern & Schließen* Sie Ihre Änderungen.

1. Bringen Sie als Nächstes Joomla! 3.x auf den letzten Stand. Dazu wechseln Sie zum Menüpunkt *Komponenten → Joomla-Update*. Sofern Ihnen Joomla! hier eine Aktualisierung anbietet, spielen Sie sie via *Update installieren* ein. Zum Zeitpunkt der Bucherstellung war die Version 3.10.3 aktuell.

2. Prüfen Sie als Nächstes für jede installierte Erweiterung, ob es sie auch in einer Fassung für die aktuelle Joomla!-Version gibt. Die Projekt-Homepage der jeweiligen Erweiterung sollte hierüber Auskunft geben. Wurde die Entwicklung

einer Erweiterung komplett eingestellt, können Sie entweder versuchen, die alte Erweiterung von Hand in das neue Joomla! zu zwingen (was jedoch oftmals schiefgeht), oder aber nach einem anderen, modernen Ersatz suchen. In letzterem Fall können Sie zwar den alten Datenbestand nicht mitnehmen, dafür ist diese Methode jedoch eine Investition in die Zukunft und dank entsprechender Updates auch sicherer – bei einer veralteten Komponente stopft schließlich niemand mehr entdeckte Sicherheitslöcher. Sollte eine Erweiterung nur unter Joomla! 3.x laufen, müssen Sie sie vor der Aktualisierung deinstallieren.

3. Was für die Erweiterungen gilt, trifft auch auf die Templates und die Sprachpakete zu: Prüfen Sie auf der Homepage der Designer- und Übersetzerteams, ob es angepasste Fassungen für die aktuelle Joomla!-Version gibt.

> **Warnung** Die in Joomla! 3 mitgelieferten Templates Beez3 und Protostar funktionieren nicht mehr unter Joomla! 4. Bei der Migration löscht sie das Content-Management-System.

4. Alle für Joomla! 4 vorbereiteten Erweiterungen klopfen Sie jetzt daraufhin ab, ob sie die gleich anlaufende Migration reibungslos mitmachen und überstehen. Entsprechende Informationen liefert Ihnen der Entwickler beziehungsweise die Homepage der Erweiterung. Sofern die Erweiterung bei der Migration Probleme bereitet oder die Migration sogar verhindert, müssen Sie sie zunächst deinstallieren (und dann nach der Migration wieder neu installieren). Sollte die Erweiterung für die Migration geeignet sein, bringen Sie sie auf den aktuellen Stand. Das gelingt bei vielen Erweiterungen komfortabel über *Erweiterungen → Verwalten → Aktualisieren*. In jedem Fall deaktivieren Sie alle noch jetzt vorhandenen Erweiterungen.

5. Abschließend müssen Sie noch sicherstellen, dass Ihr Server beziehungsweise die XAMPP-Installation die von der aktuellen Joomla!-Version geforderten Bedingungen erfüllt (diese finden Sie in Kapitel 2, *Installation*, im Abschnitt »Voraussetzungen« ab Seite 26).

6. Wechseln Sie zum Menüpunkt *Erweiterungen → Verwalten → Datenbank*. Joomla! sollte hier vermelden, dass die Datenbanktabellenstruktur aktuell ist, und zudem darunter als *Version des Datenbankschemas (in #__schemas)* mindestens die Nummer *3.10.0* anzeigen. Andernfalls klicken Sie in der Werkzeugleiste auf *Reparieren*.

7. Weiter geht der Einstellungsmarathon hinter *Erweiterungen → Plugins*. Deaktivieren Sie dort das Plug-in *System – Angemeldet bleiben*. Damit wären endlich alle Vorbereitungen abgeschlossen.

8. Leeren Sie sämtliche Papierkörbe. Kontrollieren Sie insbesondere die Papierkörbe für die Beiträge (*Inhalt → Beiträge*), die Kategorien (*Inhalt → Kategorie*) und die Menüeinträge (*Menüs → Alle Menüeinträge*).

Nach diesen umfangreichen Vorbereitungen können Sie jetzt endlich die eigentliche Migration anstoßen. Auch das erfordert wieder mehrere Handgriffe.

1. Rufen Sie *Komponenten* → *Joomla-Update* auf, betreten Sie die *Optionen* und stellen Sie den *Update-Server* auf *Joomla! Next. Speichern & Schließen* Sie die Änderungen. Damit landen Sie auf der eventuell recht bunten Seite aus Abbildung 22-7.

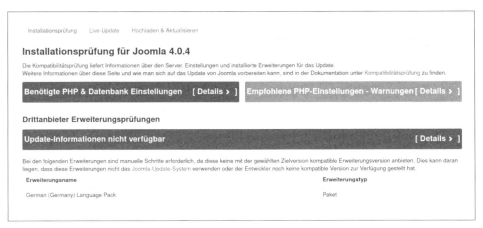

Abbildung 22-8: Hier hat Joomla! geprüft, ob sich das System für Joomla! 4 eignet.

2. Klicken Sie neben *Benötigte PHP & Datenbank Einstellungen* auf *Details*. Joomla! listet jetzt alle Bedingungen auf, die auf Ihrem Server PHP und die Datenbank zwingend erfüllen müssen. Nur wenn in der Spalte *Überprüft* überall ein grünes *Ja* leuchtet, können Sie auf Joomla! 4 umsteigen. Andernfalls müssen Sie die entsprechenden Bedingungen beziehungsweise Einstellungen auf Ihrem Server korrigieren. Das gelingt entweder im Kundencenter Ihres Webhosters oder aber in der Konfigurationsdatei *php.ini*. Bitten Sie gegebenenfalls Ihren Webhoster um Hilfe. Weitere Informationen hierzu lieferte in Kapitel 2, *Installation*, der Abschnitt »PHP-Einstellungen anpassen« auf Seite 57).

3. Klicken Sie jetzt im Kasten *Empfohlene PHP-Einstellungen – Warnungen auf Details*. Hier listet Joomla! weitere Einstellungen auf, die PHP auf Ihrem Server erfüllen sollte – aber nicht zwingend muss. Wenn bei einer Einstellung nicht die gleichen Werte in den Spalten *Empfohlen* und *Aktuell* stehen, sollten Sie die entsprechende Einstellung anpassen beziehungsweise korrigieren. Andernfalls läuft Joomla! 4 zwar, es könnten aber Einschränkungen im Betrieb auftreten.

4. Klicken Sie abschließend im Kasten *Update-Informationen nicht verfügbar* auf *Details*. Bei allen hier aufgelisteten Erweiterungen, Templates und Sprachdateien kann Joomla! nicht garantieren, dass sie auch unter Joomla! 4 funktionieren. Sie sollten sie daher zumindest deaktivieren.

5. Wechseln Sie zur Registerkarte *Live-Update*. Kontrollieren Sie dort, ob neben *Aktuellste Version* eine mit 4 beginnende Versionsnummer angezeigt wird. Wenn das nicht der Fall ist, klicken Sie auf die Schaltfläche *Auf Updates prüfen*. Mit *Update installieren* stoßen Sie die Migration an.

Ab hier gibt es kein Zurück mehr: Joomla! aktualisiert sich selbst. Anschließend landen Sie direkt in der Benutzerfläche von Joomla! 4.

 Warnung   Dabei lauert allerdings eine kleine Falle: Der Webserver bricht länger laufende PHP-Programme irgendwann einfach ab. Sollte das während der Migration passieren, bleibt eine defekte Joomla!-Installation zurück, die sich auch nicht mehr reparieren lässt. Stellen Sie daher sicher, dass Joomla! nicht von Ihrem Webserver unterbrochen wird. Wenn Sie Joomla! für die Aktualisierung zwei Minuten Arbeitszeit zugestehen, sollten Sie auf der sicheren Seite sein. Wie Sie diese Einstellung vornehmen, hängt von Ihrem Webhoster ab.

Nach der Migration stehen noch ein paar Aufräum- und Nacharbeiten an:

1. Aktualisieren Sie Joomla! wie im Abschnitt »Joomla! aktuell halten« ab Seite 799 beschrieben.
2. Sehr wahrscheinlich müssen Sie die Sprachpakete erneuern – darunter fallen auch die deutschen Übersetzungen. Dazu rufen Sie *System* auf, klicken im Bereich *Install* auf *Languages*, suchen in der Tabelle die Zeile *German* und lassen die Sprache über die Schaltfläche erneut einspielen. Je nach Migrationserfolg ist sie mit *Neuinstallation*, *Installation*, *Reinstall* oder *Install* beschriftet. In jedem Fall sollte Joomla! 4 jetzt wieder fehlerfrei Deutsch sprechen.
3. Rufen Sie den Menüpunkt *System* auf und klicken Sie im Bereich *Verwalten* auf *Plugins*. Suchen Sie in der Liste das Plug-in *System → Angemeldet bleiben* und stellen Sie sicher, dass es aktiviert ist.
4. Im nächsten Schritt müssen Sie unter Umständen einige Erweiterungen wieder installieren. Lassen Sie zudem alle vorhandenen Erweiterungen aktualisieren (wie im Abschnitt »Sprachpakete und Erweiterungen aktualisieren« ab Seite 798 beschrieben). Schalten Sie schließlich alle deaktivierten Erweiterungen nacheinander wieder ein. Kontrollieren Sie dabei, ob die Erweiterung reibungslos läuft.
5. Joomla! 4 nutzt nur noch die neue Suchfunktion *Smart Search* (alias Finder). Die in Joomla! 3 zum Einsatz kommende alte Suchfunktion überlebt allerdings die Migration und funktioniert auch in Joomla! 4. Die Entwickler pflegen die entsprechende Komponente noch eine Weile, raten aber eindringlich dazu, nach der Migration auf Smart Search umzusteigen.
6. Kontrollieren Sie bei einem Rundgang durch das Backend, ob noch alle Inhalte vorhanden sind und alles wie gewünscht funktioniert.
7. Zum Schluss wechseln Sie zu *System → Konfiguration* und setzen im Register *Server* den Punkt *Fehler berichten* auf *Standard*. Des Weiteren öffnen Sie Ihren Internetauftritt wieder für Besucher, indem Sie auf der Registerkarte *Site* den Punkt *Website offline* auf *Nein* umlegen. *Speichern & Schließen* Sie Ihre Änderungen.

Beobachten Sie in der nächsten Zeit Ihren Internetauftritt und besuchen Sie selbst das Frontend. Testen Sie wenn möglich alle Funktionen.

Über Aktualisierungen informieren lassen

Sobald eine neue Joomla!-Version vorliegt, schickt Ihnen das Plug-in *System – Joomla-Update-Mitteilung* automatisch eine E-Mail. Diese Nachricht soll Sie daran erinnern, Joomla! schnellstmöglich zu aktualisieren.

Wer solch eine E-Mail bekommt, legen Sie in den Einstellungen des Plug-ins fest. Sie erreichen sie, indem Sie *System* aufrufen, im Bereich *Verwalten* zu den *Plugins* wechseln und dann in der Liste das Plug-in *System – Joomla-Update-Mitteilung* anklicken.

Dort hinterlegen Sie im Eingabefeld *Super Benutzer E-Mails* die E-Mail-Adressen der entsprechenden Empfänger. Mehrere E-Mail-Adressen trennen Sie jeweils durch ein Komma. Die E-Mail-Adressen müssen dabei zwingend zu Benutzern aus der Gruppe *Super Users* gehören. Wenn Sie das Eingabefeld leer lassen, schickt Joomla! allen Super Users eine E-Mail.

Den Inhalt der E-Mail bestimmt das derzeit auf der Website aktive Sprachpaket. In den Einstellungen des Plug-ins können Sie unter *E-Mail-Sprache* explizit eine (andere) Sprache wählen. Wenn Sie mit mehreren Super Users arbeiten, die sich in verschiedenen Ländern befinden, sollten Sie als *E-Mail-Sprache* Englisch wählen. Diese Sprache verstehen die meisten Menschen.

ANHANG
TinyMCE-Editor

Der TinyMCE-Editor kommt in Joomla! immer dann zum Einsatz, wenn längere Texte eingegeben werden müssen – wie zum Beispiel beim Erstellen eines neuen Beitrags (siehe Kapitel 6, *Beiträge*). Dieser Anhang bietet eine Einführung in die Bedienung, erklärt die Symbole in der Symbolleiste und geht kurz auf Tabellen ein, die sich nicht ganz trivial anlegen lassen.

Grundlegende Bedienung

Der TinyMCE-Editor arbeitet wie eine Textverarbeitung: In das große Eingabefeld tippen Sie Ihren Text. Sobald Sie eine Passage mit der Maus oder bei gedrückter *[Umschalt]*-Taste markieren, klappt automatisch eine Leiste auf, die häufig benötigte Aktionen anbietet (wie in Abbildung A-1). Unter anderem können Sie den Text schnell fett (über das *B*) oder kursiv (über das *I*) auszeichnen.

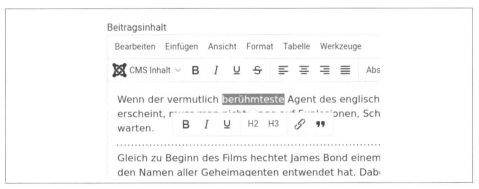

Abbildung A-1: Hier wurde das Wort »berühmteste« markiert, woraufhin der TinyMCE-Editor die Symbolleiste mit häufig benötigten Aktionen aufklappt.

Den Text können Sie zudem über das Menü *Format* formatieren. Dort stehen auch zahlreiche Absatzformate und verschiedene Schriften zur Auswahl. In Joomla! ist allerdings das Template für die Darstellung der Texte zuständig. Obwohl es extrem verlockend ist, sollten Sie daher hier weder eine Schriftgröße noch eine andere

Schriftart vorgeben. Idealerweise ignorieren Sie die Untermenüs *Fonts* und *Schriftgröße*. Es genügt, wenn Sie für Ihre Absätze die passenden Absatzformate wählen. Den Rest übernimmt das Template.

Über das Menü *Bearbeiten* kopieren Sie eine markierte Textpassage in die Zwischenablage oder fügen umgekehrt deren Inhalt wieder ein. Dabei ist allerdings Vorsicht geboten: Wenn Sie etwa Text aus Word kopieren, übernimmt der TinyMCE-Editor beim Einfügen unter Umständen auch dessen Formatierungen. Möchten Sie nur den reinen Text einfügen, wählen Sie *Bearbeiten* → *Als Text einfügen*.

Während Text über das Menü *Bearbeiten* eingefügt wird, erfolgt das für viele weitere Dinge mithilfe des Menüs *Einfügen*. Darüber können Sie beispielsweise das aktuelle Datum oder eine *Horizontale Linie* in den Text setzen lassen.

Abschließend dürfen Sie noch im entsprechenden Menü auf eine andere *Ansicht* umschalten. Die *Quelltext*-Ansicht richtet sich an Kenner des HTML-Standards. Diese können dort mit den entsprechenden HTML-Tags den Text formatieren. Die *Vorschau* zeigt den Beitrag in einem eigenen Fenster an – allerdings nicht so, wie er später tatsächlich im Frontend erscheint. Die Vorschau erlaubt allerdings schon einmal eine Begutachtung des Texts.

Symbole in den Symbolleisten

Mit den Elementen aus der Symbolleiste erlaubt der TinyMCE-Editor das komfortable Formatieren der Texte. Die jeweilige Bedeutung der einzelnen Symbole in der standardmäßig angezeigten Symbolleiste finden Sie in der folgenden Tabelle.

Tabelle A-1: Die Symbole des TinyMCE-Editors im standardmäßig verwendeten Modus.

Symbol	Bedeutung	Entspricht Menüpunkt
CMS Inhalt ⌄	Fügt ein Joomla!-eigenes Element ein, wie etwa ein Bild oder einen Seitenumbruch.	
B	Formatiert den Text fett.	*Format* → *Fett*
I	Formatiert den Text kursiv (Schrägschrift).	*Format* → *Kursiv*
U	Unterstreicht den Text.	*Format* → *Unterstrichen*
S	Streicht den Text durch.	*Format* → *Durchgestrichen*
≡	Richtet den Text linksbündig aus.	*Format* → *Formate* → *Align* → *Linksbündig*
≡	Richtet den Text zentriert aus.	*Format* → *Formate* → *Align* → *Zentriert*
≡	Richtet den Text rechtsbündig aus.	*Format* → *Formate* → *Align* → *Rechtsbündig*
≡	Blocksatz.	*Format* → *Formate* → *Align* → *Blocksatz*

Tabelle A-1: Die Symbole des TinyMCE-Editors im standardmäßig verwendeten Modus. *(Fortsetzung)*

Symbol	Bedeutung	Entspricht Menüpunkt
Absatz	Wählt ein vordefiniertes Format, wie zum Beispiel eine (Zwischen-)Überschrift.	*Format → Formate → Überschriften* und
	Dahinter stecken die entsprechenden HTML-Befehle: Der *Absatz* fasst beispielsweise den Text in `<p>`-Tags ein, *Überschrift 2* entspricht einer `<h2>`-Überschrift.	*Format → Formate → Absatzformate*
...	Klappt weitere Symbole aus, die den Funktionen in den Menüs entsprechen.	

Tabellen erstellen und ändern

Die Bedienung des TinyMCE-Editors ist weitgehend selbsterklärend. Eine Ausnahme bildet das Erstellen von Tabellen, das ein wenig fummelig geraten ist und eine etwas ausführlichere Vorstellung erzwingt.

Tabellen anlegen

Um eine neue Tabelle zu erstellen, fahren Sie zunächst im Text an die Stelle, an der später die Tabelle erscheinen soll. Rufen Sie dann den Menüpunkt *Tabelle* auf. Fahren Sie über den Eintrag *Tabelle*. Es klappt jetzt wie in Abbildung A-2 eine Art Gitter aus. Wenn Sie mit dem Mauszeiger darüber fahren, ziehen Sie automatisch mehrere blaue Kästchen auf. Diese repräsentieren die Größe der zu erzeugenden Tabelle. Stellen Sie durch Verschieben der Maus die gewünschte Abmessung der Tabelle ein und drücken Sie dann die linke Maustaste.

Abbildung A-2: In diesem Fall würde der TinyMCE-Editor eine Tabelle mit drei Zeilen und fünf Spalten anlegen.

Der TinyMCE-Editor erstellt jetzt eine passende Tabelle. Über ihr erscheint eine Symbolleiste, in der Sie häufig benötigte Funktionen abrufen können. Wenn Sie mit der Maus über die Symbole fahren, verraten Sprechblasen die entsprechende Funktion.

Tabellengröße ändern

Um die Tabelle herum befinden sich vier Kästchen. Über diese können Sie die Tabelle in ihrer Größe verändern: Fahren Sie mit der Maus auf eines der Kästchen. Sobald sich der Mauszeiger in einen Doppelpfeil verwandelt, halten Sie die linke Maustaste gedrückt. Ziehen Sie dann die Tabelle auf die gewünschte Größe. Über *Tabelle → Zeile* und *Tabelle → Spalte* können Sie jederzeit einzelne Zeilen und Spalten löschen oder umgekehrt weitere nachträglich hinzufügen.

Wenn Sie die Abmessungen der Tabelle exakt vorgeben möchten, rufen Sie *Tabelle → Tabelleneigenschaften* auf. Mithilfe der entsprechenden Eingabefelder können Sie jetzt *Breite* und *Höhe* der Tabelle bestimmen. Ergänzend dürfen Sie auch noch den Abstand um jede Zelle herum (*Zellenabstand*) und den Abstand vom Text zum Zellenrand (*Zelleninnenabstand*) vorgeben. Des Weiteren lässt sich die Dicke des Rahmens festlegen. Wenn Sie *Beschriftung* anklicken, erstellt der TinyMCE-Editor wie in Abbildung A-3 über der Tabelle ein weiteres Feld. Darin können Sie der Tabelle eine Überschrift verpassen. Die *Ausrichtung* schließlich legt fest, wie der Beitragstext später auf der Webseite die Tabelle umfließt.

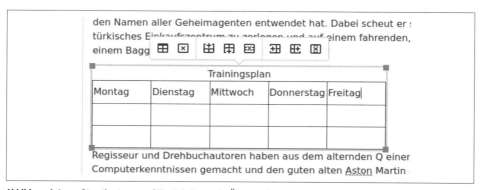

Abbildung A-3: Die teilweise ausgefüllte Tabelle mit der Überschrift »Trainingsplan«.

Einzelne Zellen anpassen

Um eine der Zellen mit Inhalt zu füllen, klicken Sie in sie hinein und schreiben drauflos. Wenn Sie mit der Maus in der Tabelle zwischen zwei Spalten oder Zeilen fahren, verwandelt sich der Mauszeiger wieder in einen Doppelpfeil. Halten Sie jetzt die linke Maustaste gedrückt, können Sie die Größe der beiden Spalten beziehungsweise Zeilen verändern.

Wenn Sie die Eingabemarke in der Zelle platzieren (etwa indem Sie in die Zelle klicken) und dann *Tabelle → Zelle → Zelleneigenschaften* aufrufen, können Sie zunächst die *Breite* und die *Höhe* der Zelle exakt vorgeben. Unter *Horizontal Align* lässt sich der Text in der Zelle zentrieren oder linksbündig beziehungsweise rechtsbündig ausrichten. Analog setzen Sie ihn mit *Vertical Align* an den oberen beziehungsweise unteren Zellenrand. Stellen Sie den *Zellentyp* auf *Kopfzeile*, verwandelt sich die Zelle in eine entsprechend hervorgehobene Spaltenbeschriftung.

Sie dürfen auch zwei Zellen zu einer verschmelzen. Dazu klicken Sie in eine der beiden Zellen, halten die linke Maustaste gedrückt, fahren mit der Maus über die andere Zelle und lassen die Maustaste wieder los. Beide Zellen sollten jetzt markiert erscheinen. Rufen Sie dann *Tabelle → Zelle → Zellen verbinden* auf. Eine einzelne Zelle spalten Sie in zwei auf, indem Sie in die Zelle klicken und dann *Tabelle → Zellen → Zelle aufteilen* wählen.

Tabellen umpositionieren und löschen

Die Tabelle bleibt immer fest an der Stelle, an der Sie sie eingefügt haben. Sie können sie aber wie ein Zeichen ausschneiden und an einer anderen Position wieder einfügen. Wenn Sie die Tabelle komplett loswerden wollen, klicken Sie in eine ihrer Zellen und rufen dann *Tabelle → Tabelle löschen* auf.

Index

A
Abbrechen 116
Abmelden 70
Abmeldung 465
Access Levels 451
ACLs 479
Admin(-Bereich) 65
Administration 65
<administration> 738
Administration Modules 284
Administrationsbereich 65
Administrationsoberfläche 65
Administrator 65
Administrator-Module 283
Administratoroberfläche 65
Administrator-Schnittstelle 732
Akeeba Backup
   Akeeba Kickstart Core 786
   Backups
      herunterladen 782
      verwalten 782
      wiederherstellen 784
   Datensicherung 780
   Einrichtung 778
   Installation 778
   JPA-Format 779
   Wiederherstellung 783
   ZIP-Format 779
Aktualisierung
   E-Mail-Benachrichtigung 811
   Erweiterungen 798
   halb automatische 799
   manuelle 802
   Sprachpakete 804
Angemeldet bleiben 551
Anmeldeformular 462
Anmeldung 488
   Google Authenticator 555
Apache 26
Archiv 235
Articles 97
ATOM 419
Atum 586
Aufmacher 135
Authentication-Plug-ins 550
<author> 629, 737
<authorEmail> 737
<authorUrl> 629, 737
Autor 130

B
Backend 65
   Abmelden 70
   angemeldete Benutzer 74
   Anmeldung 64
   Barrierefreiheit 70
   Beispieldaten 73
   Benachrichtigungen 73
   Dashboard 72
   Filter 84
   Hauptmenü 68
   Hilfe 93
   Kontrollzentrum 72
   Listen 78
   Logged-in Users 74
   Notifications 73
   Recently Added Articles 75
   Statusleiste 70
   Tabellen 81
   Werkzeugleiste 89
   zuletzt hinzugefügte Beiträge 75

Backup
    Akeeba Backup 778
    mit Bordmitteln 788
Bannerwerbung 349
BaseController 729
Baukastenanwendung 17
Bauplan 80
Bearbeitungsbildschirm
    Beiträge 122
    Kategorien 106
    Menüpunkt 170
Beispieldaten 73
Beispielseiten 62
    aufrufen 54
    Breadcrumb-Leiste 63
Beiträge 64, 97
    Alias 123
    anlegen 121
    archivieren 235
    aus dem Archiv holen 240
    bearbeitet von 131
    Bearbeitungsdatum 131
    bewerten 562
    Bilder einbauen 140
    Darstellung anpassen 155
    eingebundene Module 565
    Einleitungsbilder 146
    E-Mail-Adressen verschleiern 563
    erstellen 122
    Erstellungsdatum 155
    Felder 161
    Feldgruppen 166
    Fields 161
    gliedern 135
    Haupteintrag 128
    Inhalt 124
    Inhaltsrechte 130
    Inhaltsverzeichnis 138
    in Menü einbinden 199
    Kategorie wählen 126
    kopieren 160
    Links auf Internetseiten 150
    Meta-Beschreibung 129
    Metadaten 128
    Meta-Schlüsselwörter 129
    Querverweise 149
    Seitennavigation anpassen 563
    Seitentitel 138
    Seitenumbruch 138, 564
    Sichtbarkeit 456
    speichern 132
    Status ändern 126
    Text eingeben 124
    Titel 122
    umsortieren 160
    veröffentlichen 126
    Veröffentlichung beenden 154
    Veröffentlichung starten 154
    Versionshinweis 128
    verstecken 126
    Weiterlesen 136
    zeitgesteuert freischalten 154
    Zugriffe 131
Benutzer 436
    abmelden 436, 451
    aktivieren 471
    Aktivitäten protokollieren 507
    Anmeldung 459
    aus Benutzergruppe entfernen 451
    Beiträge
        einreichen 482
        freischalten 485
        schreiben 482
    Benutzernamen 446
    Benutzerprofil (Register) 561
    Berechtigungsbericht 482
    einer anderen Benutzergruppe hinzu-
        fügen 450
    Gruppen 437
    Hinweise 495
    in andere Benutzergruppe verschieben
        450
    konsistent halten 558
    Konto 436
    mit Kontakten verknüpfen 559
    Profil 436, 489
    Registrierung 468
    Registrierungsformular 469
    verwalten 443
    Visitenkarte 370
    YubiKey 555
    Zugewiesene Gruppen 447
Benutzeraktivitäten 507
Benutzergruppen
    Administrator 440
    Author 439
    Editor 439
    Guest 439
    Manager 439
    Public 439
    Publisher 439
    Registered 439

Super Users 440
Textfilter 488
Benutzerhinweise 488
  anlegen 497
  verwalten 498
Benutzerkonten 64
  aktivieren 471
  anlegen 445
Benutzermenü 70
Benutzername 45, 64, 436
  vergessener 466
Benutzerprofil 554
  anzeigen 489
  bearbeiten 490
Berechtigungen 128, 472
  Access Control Lists 479
  ACL & Optionen konfigurieren 476
  Administrationszugriff 474, 476
  Administratoranmeldung 474
  anpassen 473
  bearbeiten 475, 477, 478
  Blacklist 488
  Blockierte Elemente 488
  Eigene Inhalte bearbeiten 475, 477, 478
  erstellen 474, 476, 478
  HTML verbieten 488
  löschen 474, 477, 478
  nur Optionen konfigurieren 476
  Offlinezugang 474
  Permissions 479
  Seitenanmeldung 474
  Status bearbeiten 475, 477, 478
  Super Benutzer 474
  Textfilter 482
  vererben 475
  Vererbungslehre 479
  Whitelist 488
Berechtigungsbericht 482
Bilder
  bearbeiten 274
  Beitragsbild 146
  Beschreibung 142
  einbinden 276
  Einleitungsbild 146
  Einstellungen ändern 145
  herunterladen 276
  in Beiträge einbauen 140
  Link 277
  Suchmaschinenoptimierung 761
  umbenennen 276
  umplatzieren 145

  Vorschau 267
Bildergalerie 97
Bildunterschrift 142
Bildverzeichnisse 271
Branches 422
Breadcrumb-Leiste 344

C
Cache 534
Captchas 553
Cascading Style Sheets 639
Cassiopeia 585
Categories 98
Cloaking 563
CMS 18
CMSPlugin 751
CodeMirror 567
com_banners 720
com_content 720
components, Verzeichnis 720
configuration.php 43, 525, 530, 793
Contacts 370
Content-Management-System 18
  Funktionsweise 19
  serverseitig 19
Content Maps 422
Controller 728
Cookies 382, 538, 552
<copyright> 629, 737
Core-Komponenten 705
<creationDate> 737
CSS 639
CSS-Klasse für Link 645
CSS-Klasse Menü 644
CSS-Klasse Modul 644

D
Dashboard 72
  Beispieldaten 73
  Benachrichtigungen 73
  Module bearbeiten 75
  Module entfernen 75
  Module hinzufügen 75
  Notifications 73
  Schnellstartsymbole 72
DatabaseQuery 724
Dateien
  herunterladen 276
  überprüfen 273
  umbenennen 276
Datenbank 19, 27, 47

alte Tabellen 50
Fehlermeldungen 795
localhost 47
MariaDB 27
MySQL 789
phpMyAdmin 789
Präfix 724
reparieren 795
Servername 47
Tabellenpräfix 49
Zugangsdaten 48
Datenbanktyp 47
Datenschutzanfragen 504
Datenschutzerklärung 500
Datenschutzwerkzeuge 500
<description> 630, 738
Designs, verschiedene auf einer Seite 596
display() 730
DocumentRoot 41, 43
Dokumente hochladen 272
Drupal 19
dynamisch erzeugte Seiten 20

E
Editor 528
Editors-xtd-Plug-ins 576
Eindeutige ID 579
Einleitung, Aufmacher 135
Einleitungsbilder 145
Einzelner Kontakt (Menüeintragstyp) 391
Erscheinungsbild 585
Erstellungsdatum 153
Erweiterungen 703
　aktivieren 714
　deaktivieren 714
　erstellen 719
　Gefahren 716
　geschützte 714
　installieren 706
　　als Pakete 711
　　über das JED 706
　JED 706
　Joomla! Extensions Directory 706
　Module 704
　Official Extensions 706
　Probleme 717
　Suchmaschinenoptimierung 775
　verwalten 713
　Warnungen 715
　Wartungsfunktionen 715
<extension> 737

F
Factory 749
Featured Articles 202
Featured Contacts 395
Fehlerprotokolle 532
Fehlerseite, error.php 625
Fehlersuche 532
Felder 161
Feldgruppen 166
Fileinfo 273
<filename> 630, 738
<files> 738
FileZilla 43
Filmtoaster 24
Filmtoaster-Seiten, Gliederung 102
Filter 84
Filter-Optionen 121
<folder> 738
<footer> 606
Frontend 62
Frontpage 24
FTP 43
FTP-Einstellungen 540

G
Gesperrt, Inhalte 91
getCmd() 730
getModel() 727, 730
getView() 729
Gliederung von Inhalten 100
Globale Einstellung 233
GNU General Public License 11, 20
GPL 11, 20
Grundeinstellungen
　Beiträge 233
　Bildverzeichnisse ändern 270
　Datenbank 539
　E-Mail-Versand 541
　im Frontend ändern 543
　Medienverwaltung 270
　Proxy 542
　Sitzung 537
　Webserver 539
　Zeitzone 540

H
Hauptbeiträge 202
Haupteinträge 202, 377
Header-Klasse 643
Header-Tag 642
Hilfen 92

Hinweiskategorien 495
Home 62
Homepage 24, 62
   Aufbau 100
   Design 585
htdocs 40
HTML
   <a> 620
   <aside> 607
   <div> 607
   <jdoc:include> 613
   Kommentar 607
   <link> 609
   <nav> 607
   <title> 609
   <ul> 627
   Zeichencodierung 605
<html> 609, 610
HtmlView 726

I
Iframe-Wrapper 227
images, Verzeichnis 266
Impressum 101, 384
   mit Kontaktformular 384
index.php 603, 605
Indexierung 419
Informationsdatei
   für Komponenten 736
   für Module 747
Inhalte
   archivieren 235
   Blog 101
   freigeben 91
   gesperrte 89
   gliedern 100
   Sortierreihenfolge 85
   Suchmaschinenoptimierung 760, 761
   veröffentlichen 90
   versteckte 212
   Zugriff regeln 451
Inhaltsgruppen 421
install.xml 699
Installation 38
   Konfiguration 44
Installationsassistent 43
Installationspaket 38
Internet Media Type 273
Intro 135
Item Associations 688

J
JDatabase, loadObjectList() 725
JDatabaseQuery
   from() 724
   getQuery() 724
   select() 724
   setQuery() 725
<jdoc:include> 609, 611, 613, 618
JDocumentHTML 610
_JEXEC 723
JFactory 724
   getDbo() 724
Joomla! 11
   aktuell halten 797, 799
   anmelden 54
   Arbeitsweisen 61
   auf anderen Server verschieben 790
   Aussprache 21
   Datensicherung 777
   einrichten 525
   entpacken 40
   erweitern 703
   Erweiterungspakete 703
   Funktionsweise 19
   Hilfen 92
   Installation 38
   Leistungsumfang erweitern 703
   Schnellinstallation 28
   Sprache wechseln 665
   Systeminformationen 530
   Terminologie 61
   Versionen 20
   Versionsnummern 20
   Voraussetzungen 26
   Vorteile 18
   Wortbedeutung 21
Joomla!-Debug-Konsole 534
Joomla! Extensions Directory 705
JURI-Templates, root() 621
JViewLegacy, display() 727

K
Kategoriebild 112
Kategorieblog (Menüeintragstyp) 190
Kategorieliste (Menüeintragstyp) 181
Kategorien 98
   Alias 107
   Basisoptionen 111
   Berechtigungen 109
   Beschreibung 107
   Bild zuordnen 112

Einstellungen 106
erstellen 106
für Banner 352
für Kontakte 371
für Newsfeeds 399
Kategoriebild 111
Kategorieblog 190
kopieren 119
Layout ändern 112
Meta-Beschreibung 115
Meta-Informationen 115
Meta-Schlüsselwörter 115
Papierkorb 109
reparieren 795
Schlagwörter 109
speichern 115
Stapelverarbeitung 118, 119
Status 109
Tags 109
Veröffentlicht 109
Veröffentlichung (Register) 113
Verschachtelung ändern 117
verschieben 117
Versteckt 109
verwalten 105
Vorgaben 213
Zugriffsebene 109
Komponenten 347, 704
    Banner 349
    erstellen 719
    Kontakte 369
    Model 720
    Model-View-Controller 720
    Newsfeeds 398
    Templates einbinden 611
    Werbung 349
Konfigurieren des Editorfensters 486
Kontakte 369
    erstellen 375
    Felder 396, 493
    Haupteinträge 377, 395
    Hauptkontakte 395
    Impressum 384
    in Menü einbinden 391
    Kategorien 370
    Kategorien in Menü einbinden 385
    Kontaktformular 382
    Symbole 394
    vCard 379
Kontaktformular 382
Kontaktkategorie 370

Metadaten 374
Optionen 375
Veröffentlichungsoptionen 374
Kontrollzentrum, beliebteste Beiträge 75

L

<language> 745
Language Overrides 693
Language Tag 694
Latest Actions 74
Layout 727
LDAP 550
<li> 627
<license> 629, 737
Lightweight Directory Access Protocol 550
Links 151
    Transliterationsverfahren 771
    Umleitungen 772
Listen
    filtern 83
    Suchfunktion 83
    Übersicht schaffen 83
loadObject() 725
Login Form 64
Logo 595
Logs 532
Löschen, aus dem Papierkorb 90

M

Mambo 20
Map Groups 422
Markdown 575
max_execution_time 58
Media Manager 266
Medien 265
    Content-Type 273
    Dateitypen überprüfen 273
    löschen 269
    Verzeichnisse 270
Medienverwaltung 266
    rechtliche Aspekte 277
Medienverzeichnis 266
Mehrsprachigkeit
    Beiträge übersetzen 675
    Hauptmenü 677
    Inhaltssprachen festlegen 669
    Menüpunkte verknüpfen 687
    Plug-in 673
    Sprachenfilter 673
    Sprach-Tag 672
    Startseite 677

URL-Sprachkürzel 672
vorbereiten 668
<menu> 738
Menüeintrag-Alias 224
Menüeinträge 169, 330
　abmelden 466, 557
　auflisten 337
　aufspüren 337
　ausblenden 216
　Bild als Beschriftung 218
　Bild hinzufügen 328
　erstellen 169
　gliedern 213
　Grundeinstellungen 170
　in andere Menüs verschieben 339
　Integrationseinstellungen 217
　kopieren 342
　Linktyp 218
　Metadaten 173
　Modulzuweisung 326
　Optik ändern 218
　reCAPTCHA 553
　Reihenfolge 215
　Seitenanzeige 219
　Seitentitel verändern 219
　sichtbare Module 326
　typabhängige Einstellungen 173
　Unterpunkte 214
　verschieben 339
　verschwunden 343
　zum Archiv 236
Menüeintragstyp 174, 330, 333
　Alle Kategorien einer Kontaktkategorie
　　auflisten 390
　Alle Kategorien in einer Beitragskategorie
　　auflisten 175
　Alle Kontaktkategorien auflisten 390
　Alle Newsfeed-Kategorien auflisten 414
　Anfrage erstellen 505
　Anmeldeformular 463
　anmelden (Programmierung) 731
　Archivierte Beiträge 236
　Benutzername erneut zusenden 468
　Benutzerprofil 489
　Benutzerprofil bearbeiten 491
　Einzelner Beitrag 199
　Einzelner Newsfeed 415
　Iframe-Wrapper 227
　Kompaktliste der verschlagworteten
　　Einträge 247
　Kontakte in Kategorie auflisten 386

Liste aller Schlagwörter 257
Menüeintrag-Alias 223
Menü-Überschrift 226
Newsfeeds in Kategorie auflisten 409
Passwort zurücksetzen 467
Registrierungsformular 469
Suche 423
Trennzeichen 224
URL 222
Verschlagwortete Einträge 254
Websitekonfiguration 543
Menu Item Type 174
Menüpunkte
　anlegen 169
　für Haupteinträge 203
　für Kontakte 385
　für Newsfeeds 409
　Hauptkontakte 395
　Menüeinträge 169
Menüs 329, 330
　Begriffe 330
　CSS-Klasse 644
　erstellen 332
　indirekt erreichbare Inhalte 207
　Kategorien 174
　löschen 332
　Modul 330, 331, 334
　reparieren 795
　verwalten 330
　Zwischenüberschriften 226
Menü-Tag-ID 644
<message> 732
<meta> 609
Metadaten 115, 128
　Globale 529
　Kontaktkategorie 381
　Newsfeed-Kategorien 402
　Newsfeeds 406
　Robots 115
　Suchmaschinenoptimierung 764
　Werbekunden 351
Migration, von Joomla! 3.x 807
MIME Magic 273
MIME-Typ 273
Miro 20
Model 722
Module 281, 705
　Backend 325
　Beiträge – Archiv 297
　Beiträge – Beliebte 298
　Beiträge – Kategorie 301

Beiträge – Kategorien 304
Beiträge – Neueste 305
Beiträge – Newsflash 307
Beiträge – Verwandte 309
Benutzerdefiniertes Modul 310
Benutzer – Neueste 461
Benutzer – Wer ist online 519
Brotkrumennavigation 345
CSS-Klasse 643
Eigenes Modul 310
Eigenschaften verändern 289
Einstellungen 288
erstellen 286, 746
 für Beiträge 297
 für eigene Texte 310
 für Newsfeeds 415
 für Schlagwörter 311
 für spezielle Situationen 314
Fußzeile 314
hinzufügen 286
im Frontend bearbeiten 322
in Beiträge einbinden 324
in die Ausgaben eingreifen 633
loadmodule 324
loadposition 325
Menüs 330, 331, 334
Modulklassensuffix 291
Navigation – Menü 334
Neueste Benutzer, nur auf bestimmten
 Unterseiten anzeigen 295
Position 285, 318
Schlagwörter – Ähnliche 313
Schlagwörter – Beliebte 311
Sprachauswahl 682
Statistiken 315
Titel anzeigen 289
Typ 285
umplatzieren 318
verschwunden 326
Verwaltung 283
Wrapper 316
zeitgesteuert anzeigen 290
Zufallsbild 317
zur Benutzerverwaltung 518
Module Chrome
 eigene Attribute 638
 erstellen 636
 Parameter 638
ModuleHelper 749
Module Type 286
Modultyp 286

Beiträge – Archiv 300
Beiträge – Kategorie 300
Beiträge – Kategorien 304
Beiträge – Neueste 305
Beiträge – Newsflash 307
Beiträge – Verwandte 309
Beitragskategorien 304
Benutzer – Neueste 518
Eigene Inhalte 310
Feeds – Externen Feed anzeigen 415
Feeds – Feed erzeugen 418
Fußzeile 314
Leeres Modul 310
Menü 334
Schlagwörter – Ähnliche 313
Schlagwörter – Beliebte 311
Statistiken 315
Suchindex 431
Wer ist online 519
Wrapper 316
Zufallsbild 317
MySQL 27, 47
 Dump 788
 mysql (Befehl) 790
 mysqldump 789
 Sicherung zurückspielen 789
MySQL (PDO) 47
MySQLi 47

N

Nachinstallationshinweise 71
Nachrichten 519
 Einstellungen 520
 empfangene 519
 verschicken 520
Nachrichtenkanäle 398
Nachrichtensystem
 Einstellungen 520
 Massenmail 521
<name> 737
Name der Website 44
Navigationspfad 344, 345
Newsfeeds 217, 398
 Alle Kategorien in einer Newsfeed-
  Kategorie auflisten 409, 414
 einrichten 403
 Einzelner Newsfeed 409, 415
 Kategorien 399
 mit Menüpunkt verbinden 409
 Newsfeeds in Kategorie auflisten 409
 Schlagwörter verstecken 415

Nginx 26
Notes 495
Notiz 111
Nutzungsbedingungen 500, 561

O
Offlinemodus 526
OpenSearch 433
Open Source Matters 19
Optionen
    Kategorien 233
    Medienverwaltung 272
Overrides 693

P
Papierkorb 89
Passwort 45, 64, 436, 446
    reglementieren 491
    vergessenes 466
    zurücksetzen 492
Permission Hierarchy 479
PHP 26, 719
    Einstellungen 530
    Interpreter 26
    php.ini 54
php.ini 57
PHP-Mail 541
phpMyAdmin 790
Platzhalter für Texte 742
Plug-ins 545, 705
    Authentication-Plug-ins 549
    Authentifizierung – Cookies 552
    Authentifizierung – Joomla! 550
    Benutzer – Joomla! 558
    Benutzer – Kontakterstellung 558, 559
    Benutzer – Nutzungsbedingungen 504
    Benutzer – Profile 559, 560
    Captcha-Plug-ins 551
    Captcha – reCAPTCHA 553
    CAPTCHA – Unsichtbares reCAPTCHA 554
    Editor – CodeMirror 567, 568
    Editor – Keine 570
    Editor – Keiner 566
    Editor – TinyMCE-Editor 570
    erstellen 751
    Inhalt – Bewertung 562
    Inhalt – E-Mail-Verschleierung 563
    Inhalt – Joomla! 563
    Inhalt – Module laden 565
    Inhalt – Seitennavigation 563, 566
    Inhalt – Seitenumbruch 564
    Inhalt – Suchindex 565
    Installer – Webkataloginstallation 707
    System – Abmelden 576
    System – Benutzeraktivitäten 509
    System – Datenschutz Zustimmung 502
    System – Debug 576
    System – Highlight 579
    System – Joomla!-Statistikerhebung 579
    System – Joomla-Update-Mitteilung 811
    System – P3P-Richtlinien 581
    System – SEF 769, 772
    System – Seitencache 581
    System – Sprachenfilter 582, 673
    System – Sprachkürzel 702
    System – Weiterleitung 772
    Typ 546
    Zwei-Faktor-Authentifizierung – Google Authenticator 555
    Zwei-Faktor-Authentifizierung – YubiKey 555
Popular Articles 75
Postfach 519
PostgreSQL 27
Privacy Dashboard 74
Privacy Tools 500
Profile 489
    erweitern 560
Programmierung
    Ablauf 739
    Controller 721
    Informationsdatei 753
    Layout 748
    Sprach-Tag 743
Protokoll 532
Protokollverzeichnis 532

Q
Quick Icons 72
quoteName() 724

R
Rechte-Hierarchie 479
Registrierung 468
    aktivieren 468
    Formular 469
Responsive Design 75
RSS 419

S
Sample Data 73

Schlagwörter 133, 240
    ändern 246
    auf Website auflisten 256
    ausmisten 242
    bearbeiten 243
    Beschreibung 244
    Einleitungsbild 246
    erstellen 243
    gliedern 244
    Menüpunkt zu einem Schlagwort 246
    Schlagwortbild 246
    Schlagwörter-Wolke 133, 311
    schnell zuweisen 246
    Tag-Cloud 133, 311
    unterordnen 244
    Verschlagwortete Einträge 255
Schlüsselwörter 764
Schnellinstallation, XAMPP installieren 29
Schnellstartsymbole 72
Search Engine Optimization 757
Secure Shell 43
Sendmail 541
SEO 757
Serienmail 521
Server mieten 27
Session-Management 537
setModel() 730
Site 62
Site Modules 284
Sitzungsmanagement 537
Slider (Begriffserklärung) 174
Smart Search 419
    Statistiken 429
    Suchformular 422
SMTP-Server 541
Speichern & Neu 116
Speichern & Schließen 116
Spider 759
Sprachauswahl 678
Sprache 659
    einzelne Übersetzungen austauschen 690
    mehrere Sprachfassungen 668
    Modul 682
Sprachpakete 659
    .ini-Dateien 697
    .localize.php 698
    aus dem Internet beziehen 661
    Backend übersetzen 700
    beschaffen 659
    entfernen 665
    erstellen 694

Informationen zur Sprache 695
    langmetadata.xml 695
    Language Constants 697
    Language Overrides 693
    Language Tag 666
    löschen 665
    schnüren 700
    Sprachschlüssel 691
    Texte übersetzen 696
    über das Backend beziehen 660
Sprachschlüssel 697, 742
Sprach-Tag 666, 672, 694
ssh, Secure Shell 43
Stammverzeichnis 41, 43
Startseite 24, 62
statische Seite 20
Statistikerhebung 67, 72
Status 90
Statusleiste 70
Stile 589
    Default 589
    erstellen 592
    Erweitert (Register) 594
    im Frontend ändern 598
    Probleme beheben 591
    Standard 589
    tauschen 590
    verändern 592
style 615
Styles 589
Stylesheets 603
    einbinden 639
Suche 419
    Nodes 422
Suchfunktion 415
Suchindex 419
    Filter 427
    Indexierung 419
    Modul 431
Suchfilter 427
Suchformular 422
Suchmaschinen
    Funktionsweise 759
    Rank 759
    Robot 759
    Score 759
    Webcrawler 759
Suchmaschinenfreundliche URLs 767
Suchmaschinenoptimierung 757
    Aktualität 763
    E-Marketing 758

Füllwörter 761
Internet-Marketing 758
Linklisten 763
Links 762
Menüs 761
Name der Website 766
Onlinemarketing 758
PageRank 759
Punktwert 759
Schlüsselwörter 761
Suchmaschinenfreundliche URLs 767
Überschriften 760
Unicode-Zeichen 771
URL-Rewrite-Modul (Apache) 769
Super Benutzer 64
Super User 64, 66
    Passwort wiederherstellen 792
Syntax-Highlighting 567
Systeminformationen 543
Systemmeldungen 618
System – Sprachkürzel, Register 702

T

Tabellen
    Sortierkriterien 85
    Übersicht schaffen 83
Tag-Cloud 133, 312
Tags 133, 240
    verwalten 240
template_preview.png 603
template_thumbnail.png 603
templateDetails.xml
    <authorEmail> 629
    <authorUrl> 629
    <copyright> 629
    <creationDate> 629
    <description> 630
    <extension> 629
    <folder> 630
    <version> 629
Templates 80, 585, 601
    Atum 586
    Ausgaben von Komponenten verändern 635
    <author> 629
    <authorEmail> 629
    Bauplan 585
    beschaffen 586
    Bilder einbauen 621
    Cassiopeia 585
    <creationDate> 629

default.php 634
defined('_JEXEC') 623
deinstallieren 599
einzelne Elemente 642
Entwurfsskizze 603
Fehlerseite 624
<files> 630
<folder> 630
get() 619
Grundgerüst 605
Header-Tag 642
index.php 623
installieren 587
<jdoc:include> 611
Komponenten 611
Kopf 608
Leserichtung 610
<license> 629
Link zur Startseite 619
Menüzuweisung (Register) 596
Metadaten 608
Module
    Ausgaben über das Backend steuern 617
    verpacken 615
Module Chrome 636
Modulpositionen 611
    benennen 611
    identifizieren 611
    Platzhalter 613
Name der Website 619
Overrides 632
Paket erstellen 630
Parameter 646
Pfadangaben 622
<position> 630
<positions> 630
Schreibrichtung 610
Seitenklasse 645
Seitenname 619
Spezialbefehle 608
Sprachdateien 655
Sprache 609
Sprache einbinden 609
Sprachschlüssel 655
style-Attribut 614
Systemmeldungen 618
template_preview.png 642
template_thumbnail.png 642
templateDetails.xml 603, 628
$this 622

übersetzen 654
UTF-8-Zeichenkodierung 605
<version> 629
verwalten 585
Verzeichnis 602
XML 608
Zeichenkodierung 609
Testumgebung 28
Text 742
Text::_() 742
Texteditoren 566
Thumbnails 267
TinyMCE 124, 813
Tabellen 815
Toolbar 82
Two-Factor Authentication 555
TYPO3 19

U

Übersetzungen austauschen 690
Umleitungen 772
Unterseiten 137
Uploads blockieren 273
URL Rewrite 768
URL-Sprachkürzel 672
User 436
User Notes 495
UTF-8-Zeichenkodierung 605, 695

V

Verknüpfte Einträge 688
Veröffentlichungsdatum 154
Veröffentlichungsoptionen, Werbebanner 360
<version> 737
Versionsnummern 22
Versionsverwaltung 259
　aufrufen 260
　automatische Löschung 264
　Versionen einsehen 262
　Versionen löschen 264
　Versionen vergleichen 262
Verwaltungszentrale 66
Verweise auf andere Beiträge 149
Verzeichnisrechte 531
Verzeichnisse, vor Blicken schützen 736
View 721, 725
　Template 727
Voraussetzungen 25
Vorlage 80
Vorspann 135

W

Wartungsarbeiten 526
Wartungsmodus 526
web.config.txt 770
Web Asset Manager 640
Webhoster 27
Weblinks 717
Webseite 24
Webserver 26
　htaccess.txt 770
　IIS 26
　mod_rewrite 769
　URL-Rewrite 769
Website 24, 62
　abschalten 526
　Offline 526
　offline 526
Weiterleitungen 772
Werbebanner 349
　Abrechnungsdetails 358
　abschalten 368
　Anzahl Aufrufe 359
　Anzahl Klicks 359
　anzeigen 363
　Fullbanner-Format 357
　Kategorien 352
　kontextabhängig 362
　Metadaten 355
　Modul 363
　Standardgrößen 357
　Statistik 366
　Veröffentlichungsoptionen 360
　Veröffentlichungsstart 361
　verstecken 368
　Zahlweise 360
Werbung
　einbinden 355
　kontextabhängig 351, 362
　veröffentlichen 360
　Werbekunden verwalten 349
　Zahlweise 360
Werkzeugleiste 82
WordPress 19
Workflows 509
　durchlaufen 516
　erstellen 510
　Phasen 509, 511
　planen 509
　Stages 509
　testen 516
　Transitions 510

Übergänge 510, 513
zuweisen 515

X
XAMPP 29
   beenden 36
   BitNami 29
   Sicherheit 37
   unter Linux installieren 34
   unter macOS installieren 31
   unter Windows installieren 29
   XAMPP Application Manager 32
   XAMPP Control Panel 30
XAMPP Control Panel 30
   starten 31

XML 628
XML-Informationsdatei 736

Z
Zeichencodierung 606
Zugriffsebenen 128, 451
   anlegen 454
   anwenden 455
   Arbeitsweise 451
   Beiträge 456
Zwei-Faktor-Authentifizierung 554
Zwischenspeicher 581

Über den Autor

Tim Schürmann ist selbstständiger Diplom-Informatiker und derzeit hauptsächlich als freier Autor unterwegs. Seine zahlreichen Artikel erscheinen in führenden Zeitschriften und wurden in mehrere Sprachen übersetzt. Er hat bereits einige erfolgreiche Bücher geschrieben, darunter mehrere Auflagen von *Praxiswissen Joomla!* oder *WordPress 4 komplett – Das Kompendium für Websites und Blogs* (O'Reilly Verlag). Die Entwicklung von Joomla! verfolgt er nicht nur seit dessen Anfängen, er folterte das Content-Management-System selbstverständlich auch schon in der Praxis mit schwer verdaulichen Inhalten. Seine Steckenpferde sind die Programmierung, Algorithmen, freie Software, Computergeschichte, Schokoladeneis und der ganz alltägliche Wahnsinn.

Kolophon

Das Tier auf dem Cover von *Praxiswissen Joomla! 4* ist ein Kronensifaka (*Propithecus coronatus*). Auch wenn man dieses Tier für einen Affen halten könnte, gehören Sifakas zu den Lemuren, einer Primatengattung, die ausschließlich auf Madagaskar vorkommt.

Kronensifakas leben tagaktiv in den Baumkronen des Urwalds und klettern beziehungsweise springen dort von Ast zu Ast. Da die Beine länger sind als die Arme, laufen sie selten auf allen Vieren, sondern tänzeln aufrecht auf den Hinterbeinen. Mit einer Kopf-Rumpf-Länge von 40 bis 47 Zentimetern gehören sie zu den eher kleinen Sifakas. Die Färbung des Fells ist weiß bis auf die Schultern und die Kopfpartie. Hier geht die weiße Farbe ins Gelbliche und über Braun ins Schwarze über. Auffallend sind die runden, gelben Augen mit schwarzer Iris in einem unbehaarten Gesicht. Wie alle Feuchtnasenprimaten haben auch sie eine feuchte Nasenspitze.

Das Verbreitungsgebiet der Kronensifakas liegt im Nordwesten von Madagaskar und bildet einen Streifen von der Küste bis ca. 450 Kilometer ins Landesinnere hinein. Hier leben sie in kleinen Familienverbänden aus einigen Weibchen und Männchen mit ihren Nachkommen.

Kronensifakas sind stark vom Aussterben bedroht, da ihr Lebensraum – die Wälder Madagaskars – abgeholzt werden. Früher wurden sie noch als Heilige verehrt, da sie während ihrer Sonnenbäder mit gespreizten Armen in der Sonne sitzen. Heute aber werden sie wegen ihres Fleisches gejagt.

Das Design der Reihe *O'Reillys Basics* wurde von Michael Oreal entworfen, der auch das Coverlayout dieses Buchs gestaltet hat. Als Textschrift verwenden wir die Linotype Birka, die Überschriftenschrift ist die Adobe Myriad Condensed, und die Nichtproportionalschrift für Codes ist LucasFont's TheSansMono Condensed. Das Kolophon hat Geesche Kieckbusch geschrieben.